D1670511

JUS PUBLICUM

Beiträge zum Öffentlichen Recht

Band 196

Ferdinand Wollenschläger

Verteilungsverfahren

Die staatliche Verteilung knapper Güter:
verfassungs- und unionsrechtlicher Rahmen,
Verfahren im Fachrecht,
bereichsspezifische verwaltungsrechtliche
Typen- und Systembildung

Mohr Siebeck

Ferdinand Wollenschläger, geboren 1976; Studium der Rechtswissenschaft in München und Oxford; 2006 Promotion; 2010 Habilitation; Akademischer Rat a.Z. am Lehrstuhl für Öffentliches Recht und Staatsphilosophie der LMU München; im Sommersemester 2010 Lehrstuhlvertretung an der Juristischen Fakultät der Universität Augsburg.

Gedruckt mit Unterstützung des Förderungs- und Beihilfefonds Wissenschaft der VG WORT.

ISBN 978-3-16-150484-6
ISSN 0941-0503 (Jus Publicum)

Die Deutsche Nationalbibliothek verzeichnet diese Publikation in der Deutschen Nationalbibliographie; detaillierte bibliographische Daten sind im Internet über *http://dnb.d-nb.de* abrufbar.

© 2010 Mohr Siebeck Tübingen.

Das Buch wurde von Computersatz Staiger in Rottenburg/N. aus der Stempel Garamond gesetzt, von Gulde-Druck in Tübingen auf alterungsbeständiges Werkdruckpapier gedruckt und von der Buchbinderei Spinner in Ottersweier gebunden.

Dem Gedenken an meinen Vater

Michael Wollenschläger

(11.3.1946–30.12.2008)

Vorwort

Die Juristische Fakultät der Ludwig-Maximilians-Universität München hat die vorliegende Arbeit im Wintersemester 2009/2010 als Habilitationsschrift angenommen. Rechtsprechung und Literatur befinden sich in dieser für die Drucklegung aktualisierten Fassung auf dem Stand von Anfang Mai 2010.

Danken möchte ich allen voran meinem Habilitationsvater und akademischem Lehrer, Prof. Dr. Peter M. Huber, der diese Arbeit wie auch meinen wissenschaftlichen Werdegang nicht nur stets aktiv mit Rat und Tat unterstützt hat und unterstützt, sondern mir auch die hierzu unerlässlichen Freiräume großzügig gewährt hat. Besonders zu Dank verpflichtet bin ich ihm auch für die trotz der zeitlichen Belastung durch das Amt des Innenministers des Freistaates Thüringen zügige Begutachtung meiner Arbeit.

Prof. Dr. Rudolf Streinz möchte ich für die rasche Erstellung des Zweitgutachtens und hilfreiche Hinweise für die Überarbeitung der Habilitationsschrift danken. Mit Rat und Tat stand mir auch Prof. Dr. Stefan Korioth, das dritte Mitglied meines Fachmentorats, zur Seite, dem hierfür mein Dank gilt.

Dr. Franz-Peter Gillig und Ilse König haben die Arbeit seitens des Verlages Mohr Siebeck zuverlässig betreut.

Manche Anregung verdankt die Arbeit meinen Kollegen Dr. Dr. Ino Augsberg, Dr. Kai Engelbrecht und Dr. Sebastian Unger. Wertvoll war auch die Möglichkeit, mein Habilitationsprojekt beim ersten Symposium der Hohbühl-Stiftung unter dem Vorsitz von Prof. Dr. Reiner Schmidt im Herbst 2007 vorstellen zu dürfen. Die Mühen des Korrekturlesens auf sich genommen haben meine Mutter Sibylle, Florian Erdle und Kerstin Bold, der auch für wertvolle Unterstützung in Zeiten der Habilitation im Übrigen gedankt sei. Meine studentischen Mitarbeiter Bernd Herrmann und Ionut Radulescu schließlich haben die Kontrolle des Umbruchs übernommen.

Überschattet hat die Arbeit an meiner Habilitationsschrift der frühe Tod meines Vaters Michael, dem ich viel zu verdanken habe. Seinem Gedenken sei diese Arbeit gewidmet.

München, im August 2010   Ferdinand Wollenschläger

Inhaltsübersicht

Inhaltsverzeichnis

1. Teil

Der Rahmen staatlicher Verteilungstätigkeit

2. Teil

Referenzgebiete

3. Teil

Das Verteilungsverfahren als Verfahrenstyp

Einführung und Grundlagen

In den unterschiedlichsten Sachbereichen obliegt es der Verwaltung, knappe Güter in Konkurrenzsituationen zu verteilen. Die Ursachen der Knappheit können vielgestaltig sein.[1] Oftmals veranlasst das nur beschränkte Vorhandensein einer natürlichen Ressource den Staat dazu, die Lösung des Verteilungskonflikts aus der gesellschaftlichen Sphäre herauszunehmen und einem öffentlich-rechtlichen Regime zu überantworten: So hat der Staat Nutzungskonflikte hinsichtlich des knappen Guts „Frequenz" einer Frequenzordnung (§§ 52 ff. TKG) unterstellt, um eine im Sinne der Regulierungsziele des Telekommunikationsrechts (§ 2 Abs. 2 TKG) effiziente Frequenznutzung zu gewährleisten. Das Beispiel der Kontingentierung von Taxenkonzessionen, die eine Existenzbedrohung des örtlichen Taxengewerbes durch Überkapazitäten im Interesse seiner Funktionsfähigkeit verhindern soll (§ 13 Abs. 4 PBefG), zeigt, dass dem Staat auch jenseits von Knappheitsproblemen bei natürlichen Ressourcen Verteilungsaufgaben zukommen, nämlich dann, wenn er aus Gemeinwohlgründen bestimmte Betätigungen in nur eingeschränktem Umfange zulässt. Knappheit herrscht schließlich dann, wenn die öffentliche Hand selbst Güter nachfragt oder bereitstellt, aufgrund eines beschränkten Bedarfs oder endlicher Ressourcen aber nur in begrenzter Anzahl: Studienplätze, Subventionen, öffentliche Aufträge oder Beamtenstellen mögen als Beispiele genügen.

Zur Bewältigung dieser Aufgabe, knappe Güter in Konkurrenzsituationen zu verteilen, hat sich, so die zentrale These dieser Arbeit, ein eigenständiger, hier – aber auch bereits anderswo[2] – als „Verteilungsverfahren" bezeichneter

---

[1] Die im Folgenden vorgestellten drei Kategorien der natürlichen und gewillkürten Knappheit sowie eines nur begrenzten staatlichen Leistungsangebots (siehe für eine derartige Kategorisierung ferner *D. Kupfer*, Verteilung, S. 103 ff.) sind freilich nicht trennscharf, etwa kann letzteres auch aus einer natürlichen Knappheit resultieren; siehe auch *C. Fuchs*, Verteilungsverwaltung, S. 205 (206 f.); *D. Kupfer*, Verteilung, S. 103; *M. Martini*, Der Markt als Instrument hoheitlicher Verteilungslenkung, S. 18 f. Siehe zur Knappheit als Rechtsproblem nur: *W. Berg*, Der Staat 15 (1976), S. 1; *C. Tomuschat*, Der Staat 12 (1973), S. 433; *A. Voßkuhle*, DV 32 (1999), S. 21 (23 f.).

[2] Der Begriff (im Sinne eines Verfahrenstyps; allgemein bereits zuvor *W. Berg*, Der Staat 15 [1976], S. 1 [3]) findet sich erstmals in einem Beitrag *Andreas Voßkuhles* zur Verwaltungsrechtsreform (Strukturen und Bauformen, S. 277), in dem er das „Verteilungsverfahren" als einen der neu aufscheinenden Verfahrenstypen identifiziert, allerdings unter Verweis auf die Unspezifität dieses Begriffes. Ihm folgend *H. C. Röhl*, der in seiner Vorstellung ausgewählter Verwaltungsverfahren im Handbuch „Grundlagen des Verwaltungsrechts" u.a. das „Ver-

und einleitend zu konturierender (I.) Verfahrenstyp etabliert. Seine Analyse soll im Mittelpunkt dieser Untersuchung stehen. Damit ist die Arbeit einem Grundanliegen der Verwaltungsrechtswissenschaft verpflichtet, nämlich der Entwicklung einer systematischen Verwaltungsverfahrenslehre (II.). In deren Rahmen fungiert die Typenlehre als zweite Ebene der verwaltungsverfahrens-rechtlichen Systembildung (III.). Methodisch hat die Typenbildung aus zwei Perspektiven zu erfolgen, einer deduktiven, aus namentlich dem Verfassungs-und Unionsrecht übergreifende Vorgaben für das Verteilungsverfahren gewin-nenden, und einer induktiven, nach verallgemeinerungsfähigen Konkretionen des Verteilungsverfahrens im Besonderen Verwaltungsrecht suchenden; dieser Ansatz determiniert den Gang der Untersuchung (IV.). Abschließend seien das Erkenntnisinteresse aufgezeigt (V.) und die Referenzgebiete bestimmt (VI.).

I. Das Verteilungsverfahren als Untersuchungsgegenstand

Unter Verteilungsverfahren versteht die Arbeit Verwaltungsverfahren[3], mittels derer die Verwaltung aus einer Mehrzahl von Personen anhand bestimmter Kriterien eine oder mehrere Personen zu einem bestimmten Zweck auswählt, wobei die Berücksichtigung aller Bewerber aufgrund der aus welchem Grund auch immer bestehenden Knappheit des zu verteilenden Objekts ausgeschlos-sen ist. Konstitutiv für Verteilungsverfahren ist mithin die ihnen zugrunde lie-gende und von der Verwaltung zu bewältigende Konkurrenzsituation.[4] Diese

---

teilungsverfahren" präsentiert (GVwR II, § 30, Rn. 10 ff.); ferner *S. Gers-Grapperhaus*, Aus-wahlrechtsverhältnis, S. 149 f.; *N. Malaviya*, Verteilungsentscheidungen, S. 250 ff.; *E. Schmidt-Aßmann*, Ordnungsidee, S. 308, 368; *ders.*, GVwR II, § 27, Rn. 78; *ders.*, Organisa-tions- und Verfahrensgarantien, § 45, Rn. 73; *W. Hoffmann-Riem*, Verwaltungsverfahren, S. 9 (36): „Auswahl- und Verteilungsverfahren". *J.-P. Schneider*, GVwR II, § 28, Rn. 169, ver-weist auf die Herausbildung eines „gestaltenden Auswahlverfahrens". In der Sache bereits ähnlich, wenn auch nicht spezifisch auf das Verwaltungsverfahren bezogen, *M. Schmidt-Preuß*, Kollidierende Privatinteressen, S. 11, der „Konflikte zwischen konkurrierenden ka-pazitätsbezogenen Zugangsinteressen" (wechselbezügliche Konflikte) als „fünfte Grund-konstellation multipolarer Konfliktlagen" im Verwaltungsrecht identifiziert. Weiter auch *C. Fuchs*, Verteilungsverwaltung, S. 205 (206), die nach „einem neuen systematischen Verständ-nis des ‚modernen' Verteilungsverwaltungsrechts" fragt.
[3] Zum Begriff des Verwaltungsverfahrens nur *E. Schmidt-Aßmann*, Ordnungsidee, S. 305, der hierunter „planvoll gegliederte Vorgänge der Informationsgewinnung und Infor-mationsverarbeitung, die in der Verantwortung eines Trägers öffentlicher Verwaltung ablau-fen", versteht (ähnlich *ders.*, GVwR II, § 27, Rn. 1; *ders.*, Verwaltungsverfahren, S. 429 [446]; den Entscheidungsbezug demgegenüber betonend: § 9 VwVfG; *M. Sachs*, GVwR II, § 31, Rn. 17); dort (*E. Schmidt-Aßmann*, Ordnungsidee, S. 305 f. bzw. Rn. 1, 47 ff. bzw. S. 447) so-wie andernorts (*K. A. Bettermann*, VVDStRL 17 [1959], S. 118 [121 ff.]; *J.-P. Schneider*, GVwR II, § 28, Rn. 8) auch zum notwendig weiten Verfahrensbegriff.
[4] Für vergleichbare Näherungen siehe die bereits erwähnte Definition wechselbezüg-licher Konflikte von *M. Schmidt-Preuß* (Fn. 2). Nach *A. Voßkuhle*, Strukturen und Baufor-

Definition erlaubt in verschiedener Hinsicht notwendige Präzisierungen des Untersuchungsgegenstands.[5]

Unschädlich ist es zunächst, wenn die Verwaltung die Konkurrenzsituation im Außenverhältnis nicht mittels eines einzigen multipolaren, sondern eines Bündels von parallel ablaufenden, bipolaren Verwaltungsverfahren verarbeitet, mag auch die erste Variante dem multipolaren Verteilungskonflikt adäquater erscheinen. Ersteres illustriert die verfahrensimmanente Konkurrenz mehrerer

---

men, S. 277 (290 f.), kennzeichnet Verteilungsverfahren ihre Funktion der „(sach)gerechten Verteilung knapper Güter bei einer Überzahl von Bewerbern, also in Konkurrenzsituationen"; ähnlich *S. Gers-Grapperhaus*, Auswahlrechtsverhältnis, S. 149 f.; *E. Schmidt-Aßmann*, GVwR II, § 27, Rn. 78: Aufgabe der „Distribution knapper Ressourcen"; *N. Malaviya*, Verteilungsentscheidungen, S. 4 (ausf. S. 55 ff.): Verteilungsentscheidungen als „hoheitliche Handlungen, mit denen knappheitsbedingte Konkurrenzsituationen entschieden werden". *H. C. Röhl*, GVwR II, § 30, Rn. 11, versteht unter Verteilungsverfahren „Verwaltungsverfahren, die über die bloße Gewährung einer Leistung im Vollzug eines an anderer Stelle festgelegten Programms hinaus eine Auswahl unter mehreren Bewerbern zum Ziel haben, denen also eine Verteilungssituation zugrunde liegt". Nach *W. Hoffmann-Riem*, Verwaltungsverfahren, S. 9 (36), charakterisiert den Verfahrenstyp „Auswahl- und Verteilungsverfahren" eine „Eröffnungskontrolle verbunden mit einer Auswahl zur Verteilung knapper Güter in Konkurrenzsituationen". *C. Fuchs*, Strukturen und Merkmale, S. 3, definiert das Auswahlverfahren als „Procedere …, dem die Lösung von Konkurrenzsituationen im öffentlichen Recht aufgetragen ist, indem eine Auswahlentscheidung zwischen konkurrierenden Zugangsinteressen herbeigeführt wird" (siehe auch *dies.*, Verteilungsverwaltung, S. 205 [208]: „Verwaltungsverfahren, in deren Rahmen … Verteilungsentscheidungen [d.h., *ibid.*, S. 207, Entscheidungen, die „die Zuteilung knapper Güter auf einen bzw. einige wenige Bewerber unter Ausschluss anderer" bewirken] getroffen werden"). Diese Definitionen sind teils zu eng: So ist die Anlegung (sach)gerechter Auswahlkriterien (*Voßkuhle*) Rechtmäßigkeits-, aber keine begriffliche Voraussetzung des Verteilungsverfahrens; ferner ist die Bezugnahme auf „Konkurrenzsituationen im öffentlichen Recht" (*Fuchs*, Strukturen und Merkmale) zumindest ambivalent, darf doch das privatrechtliche Handeln der Verwaltung nicht ausgeklammert werden (weiter dann auch *dies.*, Verteilungsverwaltung, S. 205 [207 m. Fn. 10]; ähnlich problematisch auch die Bezugnahme auf „hoheitliche Handlungen" bei *N. Malaviya*, Verteilungsentscheidungen, S. 4); schließlich überbetont *Röhls* Definition zum einen die Stellung der verteilenden Verwaltung, können sich Verteilungsverfahren doch auch im reinen Gesetzesvollzug ohne Spielraum (z.B. Vergabe nach Priorität oder Seniorität) erschöpfen, und ist zum anderen die Bezugnahme auf eine Leistungsgewährung zu eng. – Fächert man mit *Jens Kersten* (VVDStRL 69 [2009], S. 288) die Verwaltungsaufgabe „Herstellung von Wettbewerb" in die Herstellung optimierten, instrumentellen und regulierten Wettbewerbs auf, so stellen Verteilungsverfahren das Instrument der an zweiter Stelle genannten Wettbewerbsverwaltung dar.

[5] Da Verteilung nach *H. C. Röhl*, GVwR II, § 30, Rn. 11, Vergleichbares voraussetze, könne „von einer Verteilungssituation nur dann die Rede sein, wenn es um eine Verteilung unter parallel Interessierten (Konkurrenten) geht, nicht jedoch um einen Ausgleich unter divergenten Interessen, wie es etwa im Umweltrecht hinsichtlich unterschiedlicher Nutzungsinteressen an Umweltgütern der Fall sein kann." Da „[f]ür diese unterschiedlichen, nicht parallel liegenden Interessen … kein Verteilungsprogramm entwickelt werden" kann, weist *Röhl* den Interessenausgleich dem Planungsrecht zu. Siehe auch die Differenzierung zwischen vertikaler und horizontaler Verteilung bei *M. Kloepfer/S. Reinert*, Zuteilungsgerechtigkeit, S. 47 (47 Fn. 2, 73 ff.); ferner *N. Malaviya*, Verteilungsentscheidungen, S. 254 f.

Bieter um einen öffentlichen Auftrag;[6] und das bei der Studienplatzvergabe nach orthodoxer Lehre bestehende Nebeneinander von Verfahren, an denen jeweils ein Bewerber und die Verwaltung beteiligt sind, stellt ein Beispiel für die zweite Alternative dar[7]. Denn für die Annahme eines Verteilungsverfahrens ausreichend ist die aus der Konkurrenz um das knappe Gut resultierende verfahrensübergreifende Verklammerung der einzelnen Verfahren; eine qua Beteiligung mehrerer an einem Verfahren (§ 13 VwVfG) bestehende verfahrensimmanente Konkurrenzsituation ist mithin nicht konstitutiv.

Mit Blick auf das Verfahrensziel abzugrenzen sind Verteilungsverfahren einmal von solchen Verfahren – namentlich der Leistungsverwaltung –, die auf die schlichte Zuteilung von Gütern zielen. Musterbeispiel hierfür ist die sozialrechtliche Leistungserbringung, etwa die Sozialhilfe (§ 17 Abs. 1 S. 1 SGB XII); zu nennen ist aber auch die Primärverteilung von Treibhausgas-Emissionszertifikaten nach dem ZuG 2007 und – soweit diese nicht im Wege der Versteigerung erfolgt – auch nach dem ZuG 2012[8]. Zwar werden auch hier Güter verteilt, mit Blick auf endliche Haushaltsmittel respektive eine aus Umweltschutzgründen begrenzte Gesamtmenge von Emissionsberechtigungen zudem oftmals in Knappheitssituationen. Es fehlt jedoch an einer von der Verwaltung im Verfahren zu bewältigenden Konkurrenzsituation; vielmehr hat diese der Gesetzgeber geklärt, und ist jeder die Anspruchsvoraussetzungen erfüllende Bewerber leistungsberechtigt.[9] Und die Bewältigung von Verteilungsproblemen durch den Gesetzgeber selbst bewegt sich jenseits des verwaltungsverfahrensrechtlichen Erkenntnisinteresses dieser Untersuchung. Dass sich Verwaltungsverfahren mitunter als bifunktional erweisen, mithin sowohl die Zuteilungs- als auch die Verteilungssituation erfassen und damit – bei Überzahl der Anspruchsteller – von einem Zuteilungs- in ein Verteilungsverfahren umschlagen, ist für die Zwecke der vorliegenden Untersuchung unschädlich, mag dies auch oftmals auf eine ungenügende Verarbeitung der Verteilungssituation hindeuten[10]. Denn auch in diesem Fall gilt es, das prozedurale Arrangement für die Konkurrenzsituation zu untersuchen.

Ferner scheiden reine Genehmigungs- und Zulassungsverfahren aus, in deren Rahmen zwar unter Umständen auch eine Auswahl nach bestimmten Kriterien erfolgt, allerdings nicht – und dies ist der entscheidende Punkt – unter der Be-

---

[6] Näher zur multipolaren Konzeptionalisierung der öffentlichen Auftragsvergabe unten, 2. Teil, B.V.

[7] Zur bipolaren Konzeptionalisierung der Studienplatzvergabe ausführlich unten, 2. Teil, E.V.

[8] Mit dem ZuG 2012 erfolgt ein (partieller) Übergang zum Versteigerungsverfahren (§§ 19, 21 ZuG 2012), dazu unten, VI.1.g.

[9] Vgl. *W. Hoffmann-Riem*, Verwaltungsverfahren, S. 9 (36); ferner *H. C. Röhl*, GVwR II, § 30, Rn. 11.

[10] Siehe auch *H. C. Röhl*, GVwR II, § 30, Rn. 11: unverarbeitete Verteilungswirkung.

dingung der Knappheit.[11] Ein Beispiel hierfür ist die insbesondere bei Unzuverlässigkeit zu versagende Gaststättenerlaubnis (§ 4 GastG). Diese Ausgrenzung darf freilich nicht dahin missverstanden werden, dass Verteilungsverfahren – neben der für sie konstitutiven vergleichenden Auswahl vor dem Hintergrund der Knappheit – keine derartige absolute Eignungsprüfung immanent sein kann; oftmals ist vielmehr das Gegenteil der Fall, etwa im Vergabeverfahren in Gestalt der für jeden Bieter zu prüfenden Fachkunde, Leistungsfähigkeit sowie Gesetzestreue und Zuverlässigkeit (§ 97 Abs. 4 S. 1 GWB) als Voraussetzung für die Berücksichtigung bei der eigentlichen Auswahlentscheidung[12].

Das Erfordernis einer von der *Verwaltung* zu bewältigenden Knappheitssituation erlaubt schließlich nicht nur die bereits erwähnte Ausgrenzung von abschließend gesetzgeberisch bewältigten Konkurrenzsituationen, sondern auch die Ausklammerung von Privaten überlassenen Vergabeentscheidungen, mögen für diese auch mehr oder weniger dichte staatliche Rahmenvorgaben bestehen.[13] Die vorliegende Untersuchung klammert daher privatautonom zu treffende, ggf. gesetzlich – etwa durch das Wettbewerbs- oder Anti-Diskriminierungsrecht – beschränkte Auswahlentscheidungen aus, namentlich die einer Primärverteilung durch die Verwaltung nachgelagerte Sekundärverteilung durch Private, wie etwa den Handel mit Taxikonzessionen (§ 2 Abs. 3 PBefG), Treibhausgas-Emissionszertifikaten (§§ 15 f. TEHG) oder Frequenzen (§ 62 TKG).[14] Genauso wenig thematisiert wird die im Regulierungsrecht vorgesehene Verpflichtung der Eisenbahninfrastrukturunternehmen (§§ 14 ff. AEG),[15] der marktstarken Betreiber öffentlicher Telekommunikationsnetze (§ 21 TKG; ZugangsRL 2002/19/EG)[16] und der Betreiber von Energieversorgungsnetzen (§§ 20 ff. EnWG; vgl. § 22 Abs. 2 EnWG), entsprechend den gesetzlichen Bestimmungen – die auch die Frage knapper Kapazitäten thematisieren – Netzzugang zu gewähren, ohne freilich zu verkennen, dass der Bundesnetzagentur hier zur Schlichtung des Verteilungskonflikts Kompetenzen eingeräumt sind.[17] Selbiges

---

[11] Vgl. auch *W. Hoffmann-Riem*, Verwaltungsverfahren, S. 9 (36); *C. Koenig*, Verteilungslenkung, S. 81 f.

[12] Siehe zur Eignungsprüfung im Vergaberecht unten, 2. Teil, B.III.2.a.bb.(1) und d.aa.

[13] Siehe auch *H. C. Röhl*, GVwR II, § 30, Rn. 23; *E. Schmidt-Aßmann*, GVwR II, § 27, Rn. 54, der „Privatverfahren" als Ausdruck gesellschaftlicher Selbstregulierung unbeschadet ihrer oftmals anzutreffenden staatlichen Determinierung aus der Verfahrenslehre ausklammert.

[14] Umfassend dazu *M. Martini*, Der Markt als Instrument hoheitlicher Verteilungslenkung, S. 133 ff., 724 ff.

[15] Dazu *T. Schmitt / E. Staebe*, VerwArch 100 (2009), S. 228 (230 ff.).

[16] Siehe insoweit *J. Kühling / A. Elbracht*, Telekommunikationsrecht, Rn. 128 ff.; *J.-P. Schneider*, Telekommunikation, § 8, Rn. 41 ff.

[17] Im Eisenbahn- und Energiewirtschaftsrecht richtet sich der Zugangsanspruch gegen den Betreiber selbst; beim Staat verbleibt jedoch die Verteilungsverantwortung: So obliegt es der Regulierungsbehörde, den Zugangsanspruch bei Nichtbeachtung durchzusetzen (§ 14b, c AEG; § 30 EnWG). Im Telekommunikationsrecht kann die Bundesnetzagentur Betreiber eines

gilt für die rundfunkrechtlichen Bestimmungen zur Belegung von durch Private betriebenen Plattformen (§§ 52 ff. RStV).

II. Die Entwicklung einer Verfahrenslehre als Aufgabe der Verwaltungsrechtswissenschaft

Nach *Eberhard Schmidt-Aßmann* kommt der Verwaltungsrechtswissenschaft die Aufgabe zu, „die in der Gesetzes- und Verwaltungspraxis vorkommenden Verfahren zu analysieren und ihre Bestandteile zu einer systematischen Verwaltungsverfahrenslehre zusammenzufügen: Es geht um Grundsätze, Grundformen, Sanktionen, die für das Standardverfahren und seine Derivate zu ermitteln sind."[18] Ähnlich verweisen *Hermann Hill* und, ihm folgend, *Jens-Peter Schneider* auf das Grundanliegen einer Strukturanalyse des Verwaltungsverfahrens, innere Organisation, Aufbau und das „Zusammenwirken seiner einzelnen Elemente in einem ganzheitlichen Beziehungsgefüge" zu erforschen.[19] Auf der Basis von *Schmidt-Aßmanns* Entfaltung einer Verfahrenslehre[20] und den Ordnungsleistungen anderer[21] kann ein Analyseraster entwickelt und auf die einzelnen Verteilungsverfahren angewendet werden.

Eine Verfahrenslehre muss sich zunächst einmal der grundlegenden Ordnungselemente des Verwaltungsverfahrens vergewissern. Als deren erstes identifiziert *Schmidt-Aßmann* den Aspekt der Verfahrensphasen und differenziert für das Standardverfahren zwischen der Einleitungsphase, der Entscheidungsvorbereitung, -findung (materielles Entscheidungsprogramm), -formung (Handlungsform, Begründung) und -bekanntgabe.[22] Durch Stufung einzelner

---

öffentlichen Telekommunikationsnetzes mit beträchtlicher Marktmacht zu Nichtdiskriminierung (§ 19 TKG), Transparenz (§ 20 TKG) und Zugangsgewährung (§ 21 TKG) verpflichten. Erwähnenswert aus dem Energiewirtschaftsrecht ist ferner der Anspruch von Letztverbrauchern auf Netzanschluss gegen die Netzbetreiber (§ 17 f. EnWG), wobei § 17 Abs. 2 S. 1 EnWG explizit die Frage der Knappheit anspricht. Darüber hinaus kennt auch das Postrecht einen Anspruch auf Zugang zur Infrastruktur: Gemäß § 28 Abs. 1 PostG ist ein marktbeherrschender Lizenznehmer auf einem Markt für lizenzpflichtige Postdienstleistungen verpflichtet, „Teile der von ihm erbrachten Beförderungsleistungen gesondert anzubieten, sofern ihm dies wirtschaftlich zumutbar ist." Zur Durchsetzung dieser Verpflichtung berufen ist wiederum die Regulierungsbehörde (§ 31 PostG). Umfassend zur Zugangsregulierung als „Herzstück der Regulierung der Netzwirtschaften" *J. Kühling*, Sektorspezifische Regulierung, S. 182 ff.

[18] *E. Schmidt-Aßmann*, GVwR II, § 27, Rn. 84; ferner die Skizze *dess.*, Verwaltungsverfahren, S. 429 (461 ff.). Siehe auch den Katalog von Verfahrenselementen bei W. *Hoffmann-Riem*, Verwaltungsverfahren, S. 9 (36 ff.).

[19] *H. Hill*, Fehlerhafte Verfahren, S. 258; *J.-P. Schneider*, GVwR II, § 28, Rn. 7.

[20] *E. Schmidt-Aßmann*, GVwR II, § 27, Rn. 84 ff.; ferner *ders.*, Ordnungsidee, S. 362 ff.

[21] Siehe nur *H. Hill*, Fehlerhafte Verfahren, S. 227 ff.; *H. Pünder*, Verwaltungsverfahren, §§ 12–14; *J.-P. Schneider*, GVwR II, § 28.

[22] *E. Schmidt-Aßmann*, GVwR II, § 27, Rn. 97 f. Die sich im Modell *Schmidt-Aßmanns* hieran regelmäßig anschließenden selbstständigen Verfahren der Umsetzung (Implementa-

Verfahrensschritte können zudem komplexe Varianten des Grundmodells entstehen, in deren Rahmen dann oftmals „Abschichtungsleistungen" zu erbringen sind.[23] Die weitere Frage nach Verfahrenssubjekten und -rechtsverhältnissen richtet den Blick auf die am Verfahren Beteiligten und das zwischen ihnen bestehende Beziehungsgefüge.[24] Unter dem Gesichtspunkt „Verfahrensermessen" verhandelt wird ferner der Gestaltungsspielraum der Verwaltung hinsichtlich der Verfahrensführung.[25] Eine Abrundung erfährt die Betrachtung prozeduraler Ordnungselemente schließlich durch die Beleuchtung von Querschnittsthemen wie Neutralität und Unbefangenheit der Amtsträger, Geheimnisschutz sowie die Einbeziehung privaten Sachverstands.[26]

Ein weiteres Element der Verfahrenslehre stellt das Fehlerfolgenregime dar, das sich den Konsequenzen von Verstößen gegen bei der Entscheidung zu beachtende materielle und prozedurale Vorgaben widmet.[27] Ihre konsequente Fortsetzung erfährt die Fehlerfolgenlehre in der Einnahme der Rechtsschutzperspektive,[28] die sich zudem dadurch rechtfertigt, dass die Rechtsschutzgarantie unmittelbar Vorwirkungen für das Verwaltungsverfahren zeitigt[29].

Anliegen einer Betrachtung der Verteilungsproblematik aus verfahrensrechtlicher Perspektive ist demgegenüber nicht – und dies sei, um Missverständnissen vorzubeugen, betont –, den Zusammenhang von materiellem Recht und Verwaltungsverfahren in Frage zu stellen. Sie sucht das Heil nicht im Vorschlag einer Prozeduralisierung von Konkurrenzkonflikten, mithin darin, „mittels Verfahren, mit verringerten inhaltlichen Vorgaben oder gänzlich ohne Vorgaben Entscheidungen zu konstituieren und dabei die Inhalte der Entscheidung mit zu determinieren"[30]. Mag sich die Steuerungskraft des Parlamentsge-

---

tion) und Kontrolle (Evaluation) können für den Zweck der vorliegenden Untersuchung außer Betracht bleiben; Gleiches gilt für bestimmte Verfahrensmomente, die *J.-P. Schneider,* GVwR II, § 28, Rn. 118 ff., aufgrund der funktionalen Entgrenzung des Verwaltungsverfahrens in seine Analyse einbezieht (Widerspruchsverfahren und prozessnahe Heilungsverfahren; Implementation; Korrekturverfahren). Siehe ferner *H. Hill,* Fehlerhafte Verfahren, S. 281 ff., sowie die Herausarbeitung idealtypischer Ebenen des Verwaltungshandelns bei *W. Hoffmann-Riem,* Flexibilität, S. 9 (29 ff.).

[23] Dazu *H. Hill,* Fehlerhafte Verfahren, S. 287 ff.; *E. Schmidt-Aßmann,* GVwR II, § 27, Rn. 98; *ders.,* Ordnungsidee, S. 363 f.; *J.-P. Schneider,* GVwR II, § 28, Rn. 102.

[24] *E. Schmidt-Aßmann,* GVwR II, § 27, Rn. 99 ff.; *ders.,* Ordnungsidee, S. 364 f.; ferner *H. Hill,* Fehlerhafte Verfahren, S. 265 ff. Siehe zum Verwaltungsrechtsverhältnis ferner *B. Remmert,* Verwaltungshandeln, § 17.

[25] *E. Schmidt-Aßmann,* GVwR II, § 27, Rn. 104; *J.-P. Schneider,* GVwR II, § 28, Rn. 24 ff.

[26] *E. Schmidt-Aßmann,* GVwR II, § 27, Rn. 96 ff.

[27] Dazu *E. Schmidt-Aßmann,* GVwR II, § 27, Rn. 105 ff.

[28] Ausgeklammert bleiben weitere – etwa von *E. Schmidt-Aßmann,* GVwR II, § 27, Rn. 106; ferner *ders.,* Ordnungsidee, S. 229 ff. – herausgearbeitete Schutzmechanismen des Aufsichts-, Disziplinar- und Strafrechts.

[29] Dazu unten, 1. Teil, A.I.2.c.

[30] *E. Hagenah,* Neue Instrumente, S. 487 (492). Zum Begriff der Prozeduralisierung *C. Quabeck,* Dienende Funktion, S. 92 ff.

setzes auch als begrenzt erweisen und die Bedeutung des Verfahrens für eine
sachgerechte Verteilungsentscheidung zunehmen, so bleibt das Verwaltungsverfahren trotz allem „Verwirklichungsmodus" des materiellen Rechts[31] und
wird vor diesem Hintergrund betrachtet, mithin als – freilich bedeutsames und
nicht gering zu schätzendes – Instrument, eine im Sinne der materiell-rechtlichen Vorgaben sachgerechte Verteilungsentscheidung zu realisieren.

III. Die verwaltungsverfahrensrechtliche Typenlehre als zweite Ebene der verwaltungsverfahrensrechtlichen Systembildung

Die Typenlehre erbringt innerhalb der Verfahrenslehre eine spezifische Ordnungsleistung: Sie schlägt den Bogen zwischen der allgemeinen Verfahrenslehre und den einzelnen Tätigkeitsbereichen der Verwaltung, indem sie „die
Vielfalt der fachgesetzlichen Verfahrensvorschriften auswertet und zu Rege-
lungsmustern einer mittleren Ebene der Verallgemeinerung zusammenführt"[32].
Damit fungiert sie als zweite Ebene der verwaltungsverfahrensrechtlichen Systembildung, der sie mit ihrer Konkretionsleistung Anschaulichkeit und An-
schlussfähigkeit verleiht.[33] Vergegenwärtigt man sich die von *Rainer Wahl* beklagte „Typenarmut" des Verwaltungsverfahrensgesetzes,[34] das neben dem
Standardverfahren lediglich drei weitere Spezialverfahren kennt, nämlich das
Planfeststellungsverfahren (§§ 72 ff. VwVfG), das ein Schattendasein fristende
förmliche Verfahren (§§ 63 ff. VwVfG) und nunmehr das im Zuge der Umsetzung der EU-Dienstleistungsrichtlinie in den §§ 71a ff. VwVfG eingeführte
Verfahren über eine einheitliche Stelle, erscheint der Brückenschlag zwischen
allgemeinem und Sonderverfahrensrecht umso dringlicher. Denn er verleiht
ersterem Prägekraft für letzteres, die sich bislang – sieht man insbesondere vom
Erfolgsmodell „Planfeststellungsverfahren" ab[35] – als beschränkt erwiesen

---

[31] *R. Wahl*, VVDStRL 41 (1983), S. 151 (153 ff., 171), der mit dieser Formel allerdings
nicht auf den Bedeutungszuwachs des Verfahrens angesichts abnehmender gesetzlicher Steuerung verweisen wollte, sondern auf die Verfahrensabhängigkeit der Rechtsverwirklichung,
mithin die Vollzugsbedürftigkeit des materiellen Verwaltungsrechts im Verfahren, um
Rechte und Pflichten der Bürger zu konstituieren (siehe auch *ders.*, Vereinheitlichung, S. 19
[41 f.]). Zwischen Verfahrensrecht, das der „Verwirklichung abstrakt formulierter inhaltlicher Vorgaben für den Einzelfall" dient, und prozeduralem Recht differenzierend aber: *E.
Hagenah*, Neue Instrumente, S. 487 (492 f.).
[32] *E. Schmidt-Aßmann*, Ordnungsidee, S. 368; ferner *J.-P. Schneider*, GVwR II, § 28,
Rn. 159 f.
[33] *E. Schmidt-Aßmann*, Ordnungsidee, S. 368.
[34] *R. Wahl*, NVwZ 2002, S. 1192 (1192); ferner *H. J. Bonk*, NVwZ 2001, S. 636 (642); *W.
Hoffmann-Riem*, Verwaltungsverfahren, S. 9 (30); *W. Kahl*, Kodifikationsidee, S. 67 (132 f.);
E. Schmidt-Aßmann, NVwZ 2007, S. 40 (42).
[35] Dazu *R. Wahl*, Neues Verfahrensrecht, S. 83 (91 f.); *ders.*, NVwZ 2002, S. 1192 (1192).

hat,[36] und vermag es zu erneuern.[37] Mithin erlaubt eine ausdifferenzierte Typenlehre, die Verfahrenslehre bereichsspezifisch weiterzuentwickeln.[38]

Als Ausgangspunkt für die Typenbildung fungiert die im jeweiligen Verfahren zu bewältigende Aufgabe. Verfahrenstypen stellen demnach mit *Eberhard Schmidt-Aßmann* „verwaltungspraktisch bestimmte Konstrukte [dar], in denen bestimmte Verfahrenselemente im Blick auf eine bestimmte Verwaltungsaufgabe zu prozeduralen Arrangements zusammengesetzt sind."[39] Angesichts des Zwecks der vorliegenden Untersuchung kann es an dieser Stelle unterbleiben, eine ausgreifende Lehre auch der Verwaltungsaufgaben zu entwickeln.[40] Um die Spezifika der auf die Verteilung knapper Güter in Konkurrenzsituationen zielenden Verwaltungsverfahren herauszuarbeiten, genügt es nämlich, eine auf diese „Aufgabe" bezogene Typenbildung vorzunehmen und das „Verteilungsverfahren" dementsprechend, wie oben geschehen, zu definieren: als Verwaltungsverfahren, mittels dessen die Verwaltung aus einer Mehrzahl von Personen anhand bestimmter Kriterien eine oder mehrere Personen zu einem bestimmten Zweck auswählt, wobei die Berücksichtigung aller Bewerber aufgrund der aus welchem Grund auch immer bestehenden Knappheit des zu verteilenden Objekts ausgeschlossen ist[41].[42] Man mag gegenüber diesem Zugriff einwenden, dass

---

[36] So *R. Wahl*, Neues Verfahrensrecht, S. 83 (85, 91 ff.); *ders.*, NVwZ 2002, S. 1192 (1192 f.); ferner *W. Kahl*, Kodifikationsidee, S. 67 (132 f.).

[37] *W. Hoffmann-Riem*, Verwaltungsverfahren, S. 9 (30, 34); *W. Kahl*, Kodifikationsidee, S. 67 (127 ff.). Zur wechselseitigen Durchdringung von Allgemeinem und Besonderem Verwaltungsrecht noch unten, V.

[38] *E. Schmidt-Aßmann*, Ordnungsidee, S. 369; ferner *A. Voßkuhle*, Strukturen und Bauformen, S. 277 (284).

[39] *E. Schmidt-Aßmann*, GVwR II, § 27, Rn. 77; ferner *ders.*, Ordnungsidee, S. 164 ff.; *R. Pitschas*, Verwaltungsverantwortung, S. 44; *J.-P. Schneider*, GVwR II, § 28, Rn. 159 f.; *A. Voßkuhle*, Strukturen und Bauformen, S. 277 (286). *W. Hoffmann-Riem*, Verwaltungsverfahren, S. 9 (35), orientiert seine Typenbildung demgegenüber „stärker an den Handlungsformen und deren Verknüpfung mit Aufgaben sowie an den in den Aufgabenfeldern zum Teil je unterschiedlichen Intensitäten staatlicher Verantwortungsübernahme". Kritisch zu einer handlungsformbezogenen Typenbildung demgegenüber *R. Pitschas*, Verwaltungsverantwortung, S. 44.

[40] Siehe dazu nur *S. Baer*, GVwR I, § 11; *R. Wahl*, Aufgabenabhängigkeit; vgl. ferner auch *H. Schulze-Fielitz*, GVwR I, § 12, Rn. 13 ff.

[41] Eingehend oben, I. Zu einer derartigen Typisierung nur *C. Fuchs*, Strukturen und Merkmale, S. 106 ff.; *W. Hoffmann-Riem*, Verwaltungsverfahren, S. 9 (36); *N. Malaviya*, Verteilungsentscheidungen, S. 250 ff.; *M. Pöcker*, DÖV 2003, S. 193; *H. C. Röhl*, GVwR II, § 30, Rn. 11; *E. Schmidt-Aßmann*, Ordnungsidee, S. 368; ferner *ders.*, Verwaltungsverfahren, S. 429 (457 ff.); *ders.*, GVwR II, § 27, Rn. 77 f.; *J.-P. Schneider*, GVwR II, § 28, Rn. 169 („Typus des gestaltenden Auswahlverfahrens"); *U. Stelkens*, NZBau 2003, S. 654 (655); *A. Voßkuhle*, Strukturen und Bauformen, S. 277 (306); *H.J. Wolff/O. Bachof/R. Stober/W. Kluth*, Verwaltungsrecht, Bd. 1, § 58, Rn. 3; ferner *M. Burgi*, DVBl. 2003, S. 949: Ausschreibungsverwaltung als neuer Verwaltungstyp.

[42] Zu weiteren möglichen und unternommenen Typisierungen *S. Baer*, GVwR I, § 11, Rn. 23 ff.

der Aufgabenbegriff auf einer höheren Ebene anzusetzen habe – Gefahrenabwehr, sozialrechtliche Leistungsgewährung, Daseinsvorsorge, Bedarfsdeckung
etc. – und sich die Verteilung lediglich als Modus der Aufgabenwahrnehmung
darstelle oder dass das Verteilungsverfahren lediglich einen Untertyp von Verfahren zur Kontrolle privater Freiheitsbetätigung bilde[43]; mit Blick auf das hie-
sige Erkenntnisinteresse vermag dies jedoch die vorgeschlagene Typenbildung
nicht zu erschüttern.[44]

Derart verstandene Verfahrenstypen lassen sich mit *Rainer Wahl* als „Institute der mittleren Ebene der dogmatischen Systembildung" begreifen. Nach
Wahl spiegelt das bereichsspezifische Verfahrensrecht[45] die den jeweiligen
Sachbereich prägenden Interessenkonflikte und materiell-rechtlichen Regelungen wider. Daher ist eine Begriffs- und Systembildung auf „mittlerer Ebene"
angezeigt, d.h. eine Analyse, die zwar oberhalb der jeweiligen spezialgesetzlichen Regelung ansetzt, nicht jedoch die Abstraktionshöhe des Allgemeinen
Verwaltungsrechts zugrunde legt:[46] „Angesichts der Vielfalt und beträchtli-
chen inhaltlichen Differenziertheit der Verwaltungsaufgaben läßt sich die für
das Verwaltungsrecht unerläßliche Sach- und Wirklichkeitszugewandtheit
nicht generell für alle Verwaltungstätigkeiten erreichen. Auf der mittleren
Ebene dagegen verschwimmt der Aufgabenbezug weder in der sehr hohen Abstraktion, noch verliert er sich in der zu großen Konkretion und Spezialität (des

---

[43] So *S. Bumke*, Frequenzvergabe, S. 212 ff.

[44] Vgl. in methodischer Hinsicht auch *T. Groß*, DV Beih. 2/1999, S. 57 (78); *H. Schulze-
Fielitz*, GVwR I, § 12, Rn. 3. Eine derartige Aufgabendefinition entzieht auch dem Bedenken
J.-P. Schneiders, GVwR II, § 28, Rn. 159, den Boden, nach dem aufgrund der mangelnden
Trennschärfe und Bestimmungskraft einer aufgabenbezogenen Typenbildung kaum rechts-
dogmatisch unmittelbar nutzbare und folgenreiche Konsequenzen zu erwarten seien. Dieser
Einwand träfe nur bei einem zu hohen Abstraktionsgrad des Aufgabenbegriffs zu, was bei
einer Typenbildung auf mittlerer Ebene nicht zu befürchten ist.

[45] Zum Begriff *R. Wahl*, Vereinheitlichung, S. 19 (30), der hierunter „Verfahrensrecht mit
gegenständlich beschränktem Anwendungsbereich" versteht.

[46] *R. Wahl*, Neues Verfahrensrecht, S. 83 (86 ff.). Zur mittleren Abstraktionsebene siehe
auch *ders.*, Vereinheitlichung, S. 19 (30 ff., insb. 42 ff.); *ders.*, Aufgabenabhängigkeit, S. 177
(209 ff.); ferner bereits *ders.*, VVDStRL 41 (1983), S. 151 (171 f., 173 f.); *M. Burgi*, GVwR I,
§ 18, Rn. 113 f. („Allgemeiner Teil des Fachverwaltungsrechts"); *M. Eifert*, VVDStRL 67
(2008), S. 286 (305 ff., 316 f.) – aus steuerungswissenschaftlicher Perspektive; *M. Fehling*, Unparteilichkeit, S. 93 ff.; *T. Groß*, DV Beih. 2/1999, S. 57 (80); *F. Hufen*, Fehler, Rn. 41 ff. – allerdings ablehnend gegenüber Regelungsbestrebungen auf mittlerer Ebene; *W. Kahl*, Kodifikationsidee, S. 67 (86 ff.); *P. Krause*, NJW 1981, S. 81 (82); *J. Pietzcker*, VVDStRL 41 (1983),
S. 193 (209 f. m. Fn. 59); *E. Schmidt-Aßmann*, Ordnungsidee, S. 9 f.; *M. Schmidt-Preuß*, Das
Allgemeine des Verwaltungsrechts, S. 777 (780 f.). Vgl. ferner die Typenbildung anhand des
Zwecks der Verwaltungstätigkeit bei *P. Badura*, Verwaltungsrecht, S. 16 f., 22 f.; die Idee der
„Gruppenbildung" bei *K. A. Bettermann*, VVDStRL 17 (1959), S. 118 (141 ff.); *W. Hoffmann-
Riem*, Verwaltungsverfahren, S. 9 (29 f.). Kritisch zur „Teilbereichsintegration und Cluster-
bildung" wegen der damit einhergehenden Auflösungstendenzen aber *E. Wiederin*, Allge-
meines Verwaltungsrecht, S. 281 (295 ff.).

einzelnen Verwaltungsgesetzes)"[47]. Die einzelnen Bereiche sind durch gemeinsame Sachstrukturen und Herausforderungen geprägt, wobei auf Verfahrenstypen abzustellen ist.[48] Die typologische Betrachtung zeigt, dass in den Spezialgesetzen keine zufällig komponierten Einzelregelungen enthalten sind, sondern „die einzelnen Modifikationen ihre Berechtigung im übergreifenden Zusammenhang eines Verfahrenstyps finden und sich aus der Eigenart des jeweiligen Typs begründen".[49]

Mit der entfalteten Differenzierung zwischen Allgemeinem und bereichsspezifischem Verwaltungs(verfahrens)recht sollen diese beiden Ebenen der verwaltungsrechtlichen Systembildung freilich nicht gegeneinander ausgespielt werden. Vielmehr schließen sich beide Ansätze nicht wechselseitig aus, sondern ergänzen sich sinnvoll. Denn einmal unterscheiden sie sich lediglich in ihrem Abstraktionsgrad, nicht aber von ihrem Grundanliegen her: aus dem Besonderen Verwaltungsrecht verallgemeinerungsfähige und -würdige Aussagen zu destillieren, um zum einen Systembildung zu ermöglichen und zum anderen mittels dieser rationalisierend und disziplinierend auf die jeweilige Spezialregelung zu wirken[50]. Zudem versprechen beide Ansätze Erkenntnisgewinne, die auf der jeweils anderen Ebene wegen ihrer zu geringen bzw. zu großen Abstraktion nicht zu erzielen sind.[51]

Abschließend sei festgehalten, dass die der Arbeit zugrunde liegende, aufgabenorientiert mit Blick auf die im Verfahren zu bewältigende Konkurrenzsituation vorgenommene Typenbildung keinen Exklusivitätsanspruch erhebt.[52] Sie bestreitet nicht, dass anderweitige, auch querliegende Typisierungen möglich sind[53] – etwa nach dem in der klassischen Gegenüberstellung von Eingriffs- (oder auch: Ordnungs-) und Leistungsverwaltung zum Ausdruck kommenden Status des Einzelnen gegenüber dem Staat,[54] nach dem Verwaltungsbereich, die

---

[47] *R. Wahl*, Neues Verfahrensrecht, S. 83 (87); ferner *ders.*, Vereinheitlichung, S. 19 (45 f.).

[48] *R. Wahl*, Neues Verfahrensrecht, S. 83 (88). Siehe auch *ders.*, Vereinheitlichung, S. 19 (50 f.); *ders.*, Herausforderungen, S. 44; *ders.*, VVDStRL 41 (1983), S. 151 (171 f., 173 ff.).

[49] *R. Wahl*, Neues Verfahrensrecht, S. 83 (90). Siehe auch *H. C. Röhl*, GVwR II, § 30, Rn. 6, nach dem dem „Analyseinstrument ‚Verfahrensarten' ... der Gedanke einer verallgemeinerbaren Gemeinsamkeit verschiedener prozeduraler Arrangements zu Grunde" liegt; ferner *J.-P. Schneider*, GVwR II, § 28, Rn. 159 f.; *R. Wahl*, Herausforderungen, S. 44.

[50] Zum Anliegen einer verwaltungsrechtlichen Systembildung näher auch unten, V.

[51] Siehe auch *T. Groß*, DV Beih. 2/1999, S. 57 (78 ff.); *W. Kahl*, Kodifikationsidee, S. 67 (86 f.); *R. Wahl*, Vereinheitlichung, S. 19 (44 f., 58); *ders.*, Aufgabenabhängigkeit, S. 177 (211 ff.); *ders.*, VVDStRL 41 (1983), S. 151 (174); *J. Ziekow*, GewArch 2007, S. 217 (224).

[52] Nichts anderes gilt für die Bestimmung und Typisierung von Verwaltungsaufgaben – dazu nur *R. Wahl*, Aufgabenabhängigkeit, S. 177 (insb. 187 ff.); *ders.*, Herausforderungen, S. 43 ff.

[53] Siehe auch *K. A. Bettermann*, VVDStRL 17 (1959), S. 118 (147 f.); *J.-P. Schneider*, GVwR II, § 28, Rn. 161; *H. J. Wolff / O. Bachof / R. Stober / W. Kluth*, Verwaltungsrecht, Bd. 1, § 4, Rn. 2.

[54] Siehe etwa *E. Schmidt-Aßmann*, Ordnungsidee, S. 166 f.; *J.-P. Schneider*, GVwR II, § 28, Rn. 161 ff., 170 ff.; *H. J. Wolff / O. Bachof / R. Stober / W. Kluth*, Verwaltungsrecht, Bd. 1,

etwa das Entstehen eines Regulierungsverwaltungsrechts zutage fördert,[55] nach der jeweiligen Verantwortungsteilung zwischen Staat und Privaten, die den Blick auf das Gewährleistungsverwaltungsrecht lenkt,[56] nach dem Spielraum der Verwaltung, was die Beschäftigung mit einem „Gestaltungsverfahren" lohnend erscheinen lässt,[57] oder nach der Kommunikationsstruktur, die ein Vertragsverfahren neben die hoheitliche Vollzugsverwaltung stellt[58].[59] Typisierungen der Tätigkeit der öffentlichen Verwaltung werden dementsprechend uneinheitlich vorgenommen,[60] ohne dass trennscharfe Abgrenzungen erkennbar wären[61]; und auch die hier dem Verteilungsverfahren zugeordneten Anwendungsfälle können nach den eben erwähnten Systematisierungen auch unter einem anderen Blickwinkel betrachtet werden. Dieser Befund darf freilich nicht zu dem Fehlschluss verleiten, dass mit der hiesigen respektive den erwähnten weiteren Typenbildung(en) kein Erkenntnisgewinn verbunden wäre. Dieser geht vielmehr Hand in Hand mit dem Anliegen der vorgenommenen Typisierung, hier etwa Verfahrensstrukturen für die Bewältigung von Verteilungskonflikten herauszuarbeiten.[62] Entscheidend ist mithin weniger die Entwicklung einer erschöpfenden Kategorisierung der Verwaltungstätigkeit, sondern die Schärfung eines Verfahrenstyps, für den verallgemeinerungsfähige Aussagen im Sinne des beschriebenen Anliegens der Systembildung getroffen werden können.[63]

Ein ähnlicher Ansatz liegt der Betrachtung weiterer, teils „neuer" Verfahrenstypen zugrunde, um diese zu durchdringen und aus ihnen Lehren für die Verfahrenslehre zu ziehen, etwa von Qualitätssicherungs-,[64] Risikobewälti-

---

§ 4, Rn. 8 ff., allerdings ergänzt um die planende, bewahrende, Bedarfs- und wirtschaftende Verwaltung; ferner *D. Ehlers*, Verwaltung und Verwaltungsrecht, § 1, Rn. 35 ff. Kritisch zum Wert dieser Differenzierung für die verwaltungsrechtliche Systembildung *P. Badura*, Verwaltungsrecht, S. 22.

[55] *M. Ruffert*, AöR 124 (1999), S. 237.

[56] *E. Schmidt-Aßmann*, Ordnungsidee, S. 170 ff., insb. 173 f.; *ders.*, Reform, S. 11 (43 f.).

[57] *J.-P. Schneider*, GVwR II, § 28, Rn. 161, 169; ferner *A. Voßkuhle*, Strukturen und Bauformen, S. 277 (285 m. Fn. 41): Grad der Gesetzesbindung.

[58] *J.-P. Schneider*, GVwR II, § 28, Rn. 161, 173.

[59] Weitere Typisierungsmöglichkeiten bei *H. Hill*, Fehlerhafte Verfahren, S. 292 ff.; *E. Schmidt-Aßmann*, Verwaltungsverfahren, S. 429 (471 ff.); *C. H. Ule / H.-W. Laubinger*, Umweltschutz, B 24 ff.; *A. Voßkuhle*, Strukturen und Bauformen, S. 277 (285 f.); *R. Wahl*, Vereinheitlichung, S. 19 (50 f.); *ders.*, Neues Verfahrensrecht, S. 83 (89).

[60] *H. J. Wolff / O. Bachof / R. Stober / W. Kluth*, Verwaltungsrecht, Bd. 1, § 4, Rn. 2.

[61] Ibid.

[62] Vgl. auch *J.-P. Schneider*, GVwR II, § 28, Rn. 161.

[63] Vgl. auch *M. Fehling*, Unparteilichkeit, S. 95 f.; *H. Schulze-Fielitz*, GVwR I, § 12, Rn. 3.

[64] Zu diesen *E. Schmidt-Aßmann*, GVwR II, § 27, Rn. 79; *A. Voßkuhle*, Strukturen und Bauformen, S. 277 (309 ff.).

gungs-,[65] Verbund-[66] oder Überwachungsverfahren[67] sowie solchen der Exekutivrechtsetzung[68] oder der Wissensgenerierung[69].

IV. Perspektiven der Typenbildung und ihr Niederschlag im Gang der Untersuchung

Dass die bisherigen Überlegungen die Bedeutung der im Fachrecht zu findenden Regelungsmuster für die verwaltungsverfahrensrechtliche Typenbildung betonten, darf nicht den Blick dafür verstellen, dass diese in methodischer Hinsicht aus zwei Perspektiven zu erfolgen hat: einer deduktiven und einer induktiven, mithin ausgehend von den übergeordneten Vorgaben namentlich des Verfassungs- und Unionsrechts einerseits und von verallgemeinerungsfähigen Konkretionen im Besonderen Verwaltungsrecht andererseits.[70] Dies bestimmt den Gang der Untersuchung: Zum einen soll als Basis der Entwicklung einer

---

[65] *E. Schmidt-Aßmann*, GVwR II, § 27, Rn. 80; *A. Voßkuhle*, Strukturen und Bauformen, S. 277 (330 ff.).

[66] Siehe dazu *H. C. Röhl*, GVwR II, § 30, Rn. 4, 48 ff.; *E. Schmidt-Aßmann*, GVwR II, § 27, Rn. 81.

[67] *H. C. Röhl*, GVwR II, § 30, Rn. 3, 40 ff. Vgl. auch *J.-P. Schneider*, GVwR II, § 28, Rn. 164 ff.

[68] *H. C. Röhl*, GVwR II, § 30, Rn. 5, 70 ff.

[69] Umfassend *Bu. Wollenschläger*, Wissensgenerierung; ferner *H. C. Röhl*, GVwR II, § 30, Rn. 3, 24 ff.

[70] Zu diesem methodischen Ansatz für eine verwaltungsrechtliche Systembildung: *E. Schmidt-Aßmann*, Ordnungsidee, S. 1, 8; *ders.*, Reform, S. 11 (13 ff.); ferner *M. Burgi*, GVwR I, § 18, Rn. 107; *R. Wahl*, Aufgabenabhängigkeit, S. 177 (212). Kritisch zu einem einseitig-deduktiven Vorgehen *P. Krause*, NJW 1981, S. 81 (82): Die Reformatoren des allgemeinen Sozialverwaltungsverfahrensrechts „haben es nicht vermocht, vielfach gar nicht versucht, die zahlreichen gewachsenen Strukturen und Institutionen des speziellen Verwaltungsverfahrensrechts auf ihren Sinn zu untersuchen und zu ermitteln, ob an ihnen um der Sache willen festgehalten oder ob sie um der Vereinheitlichung willen aufgegeben werden sollen. Dabei hätte auch das deduktiv aus Prinzipien entwickelte Verfahrensrecht der Nagelprobe unterworfen und von den Besonderheiten her in Frage gestellt werden können und müssen. Die Weise, ein allgemeines Recht nicht mehr – wie etwa die Rechtsgeschäftslehre im Zivilrecht – konkret aus zahlreichen speziellen Regelungen heraus zu abstrahieren, sondern unvermittelt den allgemeinsten Rechtsprinzipien zu entnehmen, ist das Kennzeichen für eine Rechtskultur, die nur noch in geringem Maß aus den Erfahrungen des Alltags zu schöpfen bereit ist. Sie birgt schwere Gefahren. Die Vereinheitlichung muß scheitern, wenn die besonderen Regelungen sachnäher und interessegerechter sind als die allgemeinen Normen, es sei denn, man sei bereit – und dafür gibt es in der jüngsten Geschichte hinreichende Beispiele – [,] die angemessenen Strukturen deduktiv gewonnener Einheitlichkeit zuliebe aufzuopfern. Jedenfalls ist der dadurch eintretende Sachzwang, auf sinnvolle Besonderheit zu verzichten oder die Vereinheitlichung preiszugeben, wenn nicht geschaffen, dann doch wesentlich verschärft durch die anfänglich getroffene Entscheidung für die deduktive Entwicklung der allgemeinen Regelung."

Lehre vom Verteilungsverfahren in einem ersten Teil der Arbeit der verfassungs-, unions- und einfach-rechtliche Rahmen der staatlichen Verteilungstätigkeit vermessen werden, folgen aus ihm doch Anforderungen nicht nur an die Verteilungskriterien, sondern aufgrund der „Komplementärfunktion des Verfahrens für die Durchsetzung der materiellen Rechte"[71] auch an das Verteilungsverfahren; zudem bestimmt er den Spielraum der verteilenden Verwaltung im Verhältnis zum Gesetzgeber. Angesichts der – oftmals unter dem Schlagwort der Konstitutionalisierung verhandelten, mitunter auch kritisierten[72] – Bedeutung des über eine politische Rahmenordnung hinausgehenden Grundgesetzes für das einfache Recht, gipfelnd im Diktum *Fritz Werners* vom „Verwaltungsrecht als konkretisiertem Verfassungsrecht",[73] konnte sich dieses als systembildend erweisen:[74] So haben nicht nur zahlreiche Verteilungsverfahren erst in Reibung mit den grundgesetzlichen Vorgaben ihre Konturen gewonnen – man denke nur an das Hochschulzulassungsrecht oder die mehrfach in Reaktion auf Urteile des Bundesverfassungs- und Bundesverwaltungsgerichts novellierte Vergabe von Taxenkonzessionen; darüber hinaus fungiert das Grundgesetz nicht nur als Maßstab, sondern in den zahlreichen nur rudimentär, mitunter sogar defizitär normierten Verteilungsverfahren auch als Ersatz für eine gesetzliche Regelung.[75] Dies gilt gleichermaßen für das Europarecht, das sich in Verteilungsfragen als von zunehmender Bedeutung erweist, und zwar nicht nur, weil einige Verteilungsverfahren entweder, wie das Kartellvergaberecht, auf umgesetzten EU-Richtlinien beruhen, oder, wie etwa die Zuteilung von Slots, durch EU-Verordnungen unmittelbar unionsrechtlich geregelt sind, sondern weil sich im Primärrecht ein bereichsübergreifendes unionsrechtliches Verteilungsregime abzeichnet. So formten und formen die Anforderungen des Europarechts die Gestalt von Auswahlverfahren, wovon etwa die Einführung von subjektiven Rechten und Primärrechtsschutz in das bereits erwähnte Kartellvergaberecht zeugt; zudem zeigt vermehrt auch das Primärrecht, namentlich die Grundfreiheiten, auf, wo Defizite in der Normierung von Verteilungsfragen liegen und wie etwaige Regelungslücken zu schließen sind. In die Entfaltung des Rahmens der staatlichen Verteilungstätigkeit einbezogen werden schließlich allgemeine Vorgaben des einfachen Rechts, die sich etwa im Kartell-

---

[71] BVerfGE 73, 280 (296).

[72] Zu Zurückhaltung mahnend: *E. Schmidt-Aßmann*, Ordnungsidee, S. 10 f. Siehe allgemein *G. F. Schuppert / C. Bumke*, Konstitutionalisierung.

[73] So der Titel des Aufsatzes von *F. Werner*, DVBl. 1959, S. 527.

[74] Allgemein dazu *M. Ruffert*, GVwR I, § 17, Rn. 48 ff.; *E. Schmidt-Aßmann*, Grundrechtswirkungen im Verwaltungsrecht, S. 225 (239); *ders.*, Ordnungsidee, S. 10 ff., 62 ff.; *ders.*, Reform, S. 11 (16 ff.); *R. Wahl*, Herausforderungen, S. 31 ff., insb. auch 38 f.

[75] Zu Recht betont *H. Schulze-Fielitz*, GVwR I, § 12, Rn. 138: „Der konstruktive Durchgriff auf Grundrechte indiziert, dass der einfache Gesetzgeber von seinen Möglichkeiten der gesetzlichen Ausgestaltung der beteiligten Interessensphären auf offenbar nicht befriedigende Weise Gebrauch gemacht hat".

und Wettbewerbsrecht mit seinem Gebot einer diskriminierungsfreien Verteilung knapper Güter manifestieren; in diesem Kontext aufzuwerfen ist auch die Frage nach einer Mutation des Vergaberechts in ein bereichsübergreifendes Verteilungsregime.

Zum anderen fußt die Typenbildung auf der in einem zweiten Teil zu unternehmenden Feinanalyse ausgewählter Verteilungsverfahren. Aufbauend auf den bereits aufgezeigten Ordnungsleistungen der verwaltungsrechtswissenschaftlichen Verfahrenslehre[76] und deren Adaption für das Verteilungsverfahren[77] sollen die verfahrensrechtlichen Grundstrukturen ausgewählter Referenzgebiete – Verfahrensphasen, verfahrensrechtliche Spezifika, Verfahrenssubjekte, Fehlerfolgenregime, Rechtsschutzsystem – nebst Reflexion der Verteilungssituation und ihrer regelungstechnischen Ausgestaltung herausgearbeitet werden. Im Interesse einer geschlossenen und (auch) für sich lesbaren Darstellung der einzelnen Verteilungsverfahren zielt die Analyse der Referenzgebiete allerdings nicht nur darauf, die für die Typenbildung essentiellen Aspekte der einzelnen Verfahren herauszupräparieren, sondern möchte letztere in ihrer Gesamtheit vorstellen.[78]

Beides, die Vergewisserung des Rahmens der staatlichen Verteilungstätigkeit einerseits und andererseits das Abklopfen der im Besonderen Verwaltungsrecht zu findenden Verteilungsverfahren auf ihre Grundstrukturen hin, gestattet die dann in einem dritten Teil der Arbeit unternommene Entfaltung des Verteilungsverfahrens als eigenständigem Verfahrenstyp. Diese macht die idealtypische Struktur des Verteilungsverfahrens und ihre Varianten sichtbar. Methodisch beruht die Typenbildung darauf, die im Fachrecht identifizierten Verfahrenselemente zu verallgemeinern, wobei auf horizontaler Ebene ein Vergleich der Spezialgesetze untereinander mitläuft und auf vertikaler Ebene deren Abgleich mit den verfassungs- und unionsrechtlichen Rahmenvorgaben sowie mit den Instituten des Allgemeinen Verwaltungsrechts. Dieser Ansatz verleiht der Typenbildung eine rationalisierende und disziplinierende Kraft, nicht nur hinsichtlich ihrer selbst, sondern insbesondere für das Besondere Verwaltungsrecht. Damit ist schon zum Erkenntnisinteresse übergeleitet.

---

[76] Dazu soeben, II.
[77] Dazu unten, 2. Teil, A.
[78] Siehe demgegenüber aber auch den Ansatz *H. C. Röhls*, GVwR II, § 30, Rn. 6.

V. Erkenntnisinteresse

Mit der im dritten Teil unternommenen Typenbildung verfolgt die Arbeit drei Anliegen. Auf der Hand liegt, dass die Typenbildung zunächst einmal gestattet, die in zahlreichen Spezialgesetzen des Besonderen Verwaltungsrechts zu findenden Regelungen zu systematisieren, ein schon angesichts des Dickichts der Spezialregelungen einerseits und der „Typenarmut" des Verwaltungsverfahrensgesetzes (*Rainer Wahl*)[79] andererseits lohnendes Unterfangen.[80] Freilich liegt der Untersuchung nicht nur dieses systematisch-ordnende Interesse zugrunde. Vielmehr wirkt die Typenbildung in verschiedener Hinsicht rationalisierend und disziplinierend auf das Fachrecht ein. Schließlich sollen die typspezifisch gewonnenen Erkenntnisse auch dem allgemeinen Verfahrensrecht neue Perspektiven erschließen.

Die bereichsspezifische Typenbildung entspricht insoweit einer Arbeit mit Referenzgebieten, die eine wechselseitige Durchdringung von Besonderem und Allgemeinem Verwaltungsrecht erlaubt.[81] Allgemeine Prinzipien und deren Ausprägungen im Besonderen stehen in einem wechselbezüglichen Verhältnis. Für das Allgemeine Verwaltungsrecht stellt sich die Frage, inwieweit Entwicklungen in den Referenzgebieten in dessen *Acquis* aufzunehmen sind. Für das Besondere Verwaltungsrecht erfüllt das Arbeiten mit Referenzgebieten eine Rationalisierungs- und Disziplinierungsfunktion.[82] So verspricht die Herausarbeitung übergreifender Strukturen und der Abgleich mit dem Modell des allgemeinen Verwaltungsverfahrensrechts Erkenntnisgewinne für die Durchdringung der einzelnen Verteilungsverfahren; sie fördern Systemwidrigkeiten zutage und erlauben, diese Brüche auf ihren Grund, ja ihre Rechtfertigung hin zu befragen.[83] Erwähnt seien etwa die grundrechtlich-rechtsstaatlich nicht unproblematische besondere Bestandskraft, die Verteilungsentscheidungen weithin zugesprochen wird, oder die unreflektierte Zuerkennung von Ermessens- und Beurteilungsspielräumen nicht nur im Vergaberecht.

---

[79] *R. Wahl*, NVwZ 2002, S. 1192 (1192); ferner *H. J. Bonk*, NVwZ 2001, S. 636 (642); *W. Hoffmann-Riem*, Verwaltungsverfahren, S. 9 (30); *W. Kahl*, Kodifikationsidee, S. 67 (132 f.); *A. Voßkuhle*, Strukturen und Bauformen, S. 277 (285).

[80] Siehe auch *A. Voßkuhle*, Strukturen und Bauformen, S. 277 (284 f.).

[81] Siehe auch *E. Schmidt-Aßmann*, Ordnungsidee, S. 305 ff.; *ders.*, Reform, S. 11 (14 f.); *M. Schmidt-Preuß*, Das Allgemeine des Verwaltungsrechts, S. 777 (779); *A. Voßkuhle*, GVwR I, § 1, Rn. 44; ferner *M. Burgi*, GVwR I, § 18, Rn. 107 f. Zur Genese des Allgemeinen Verwaltungsrechts nur *T. Groß*, DV Beih. 2/1999, S. 57 (58 ff.).

[82] Zum Arbeiten mit Referenzgebieten allgemein *E. Schmidt-Aßmann*, Ordnungsidee, S. 8 ff.; *A. Voßkuhle*, GVwR I, § 1, Rn. 43 ff.

[83] Zu dieser „rechtspolitischen" Funktion der Systembildung *E. Schmidt-Aßmann*, Ordnungsidee, S. 5 f., 7; *ders.*, Reform, S. 11 (13); ferner *T. Groß*, DV Beih. 2/1999, S. 57 (71 f.); *M. Pöcker*, DÖV 2003, S. 193 (200).

Darüber hinaus erlaubt eine Modell- und Maßstabsbildung, Defizite existenter Verteilungsverfahren aufzuzeigen, und liefert dem Gesetzgeber Bausteine für die Schaffung neuer Verteilungsverfahren, eine Aufgabe, die sich – wie etwa die Einbeziehung Dritter in die sozialrechtliche Leistungserbringung unterstreicht – ständig stellt.[84] Damit lässt sich ein steuerungswissenschaftlicher Ansatz verfolgen hinsichtlich der Frage nach der Institutionenauswahl. Dies ermöglicht, den Gesetzgeber bei einer Abweichung vom Standardverfahren zu disziplinieren und diese Entscheidung zu bewerten.[85] Im Raum steht damit auch die Frage nach einer Kodifikation,[86] für die die vorliegende Untersuchung – unabhängig von der Beantwortung der Kodifikationsfrage – Ansatzpunkte aufzeigt.

Diese Disziplinierung und Rationalisierung erscheint angesichts des Auseinanderklaffens von praktischer Bedeutung zahlreicher Referenzgebiete und wissenschaftlicher Aufmerksamkeit, die diese erfahren (haben), umso dringender angezeigt. Zwar mag sich der Spalt langsam schließen, wovon etwa die Karriere des Vergaberechts, das allein in Deutschland Beschaffungen von etwa 250 Mrd. € jährlich, immerhin etwa 13 % des BIP, steuert,[87] oder die Tatsache zeugen, dass die Verteilungsproblematik mehr und mehr auch in weiteren (Rand-)Gebieten in den Mittelpunkt des Interesses rückt, oftmals induziert durch die drohende Kolonialisierung durch das Vergaberecht – die aktuellen Kontroversen um die Vergabepflichtigkeit des Abschlusses städtebaulicher Verträge oder der Einbeziehung Dritter in die sozialrechtliche Leistungserbringung illustrieren dies. Nichtsdestoweniger erscheint der Ausgangsbefund nach wie vor zutreffend. Dieser resultiert zum einen aus dem Nischendasein, das manches Referenzgebiet und damit auch die in ihm zu findende Verteilungsproblematik fristet. Daher haben sich in diesen auch eigene, oftmals interessengeleitete Diskurse entwickelt, die – mit Blick auf die Rationalisierungs- und Disziplinierungsfunktion der Arbeit mit Referenzgebieten – des Anschlusses an die allgemeine verwaltungsverfahrensrechtliche Diskussion bedürfen.[88] Zum anderen stellen zahlreiche Verteilungsverfahren sicherlich

---

[84] Auch hierin sieht *E. Schmidt-Aßmann*, Reform, S. 11 (13), eine „rechtspolitische" Funktion der Systembildung im Verwaltungsrecht; ferner *ders.*, GVwR II, § 27, Rn. 56; *M. Schmidt-Preuß*, Das Allgemeine des Verwaltungsrechts, S. 777 (778); *R. Wahl*, NVwZ 2002, S. 1192 (1193 f.).

[85] *J.-P. Schneider*, GVwR II, § 27, Rn. 159.

[86] Umfassend *K. A. Bettermann*, VVDStRL 17 (1959), S. 118 (141 ff.); *W. Kahl*, Kodifikationsidee; ferner *M. Burgi*, JZ 2010, S. 105 (109 f.); *J. Dietlein*, NZBau 2004, S. 472 (479); *N. Malaviya*, Verteilungsentscheidungen, S. 263 f.; *R. Wahl*, Vereinheitlichung, S. 19 (19 ff.); *ders.*, Neues Verfahrensrecht, S. 83 (83 ff.); *ders.*, NVwZ 2002, S. 1192. Zurückhaltend *J. Pietzcker*, NVwZ 2007, S. 1225 (1232); *H. C. Röhl*, GVwR II, § 30, Rn. 9; *A. Voßkuhle*, Strukturen und Bauformen, S. 277 (347).

[87] Zahlen bei *W. Irmer*, VergabeR 2006, S. 308 (316).

[88] Siehe auch *F. Hufen*, Fehler, Rn. 44.

auch kein Musterbeispiel für ein gelungenes gesetzgeberisches Tätigwerden dar. Teils wurde die Verteilungsproblematik überhaupt nicht geregelt, teils nur sehr unklar, und teils beschränkt sich die Normierung auf die Vorgabe von materiellen Auswahlkriterien.[89]

Interessant erscheint die Befassung mit der Verteilungsthematik auch deshalb, weil sie quer zu herkömmlichen Dichotomien im Verwaltungsrecht liegt und damit Gefahr läuft, perspektivisch verengt betrachtet zu werden. So ist Verteilung nicht nur Thema des „Leistungsstaats", sondern auch der Eingriffsverwaltung, vergegenwärtigt man sich, dass zahlreiche Konkurrenzsituationen, wie etwa bei Taxikonzessionen, allein daraus resultieren, dass der Staat die Möglichkeit, grundrechtlich geschützte Verhaltensweisen auszuüben, aus Gemeinwohlgründen verknappt. Die Ubiquität der Verteilungsthematik manifestiert sich auch bei weiterer Ausdifferenzierung der Verwaltungstätigkeit, etwa in eine Regulierungs- oder Gewährleistungsverwaltung. Ob mehr oder weniger Staat – die Verteilungsfrage bleibt: Behält der Staat die Erfüllungsverantwortung, muss er die von ihm bereitgestellten Güter verteilen; zieht sich der Staat zurück, müssen das Gewährleistungsverwaltungs- respektive das Privatisierungsfolgenrecht Vertragspartner auswählen. Ferner illustriert die Ernennung von Beamten einerseits und die Veräußerung öffentlichen Vermögens andererseits, dass für die verteilende Verwaltung weder die Unterscheidung von konsensualen und hoheitlichen Handlungsformen noch die von einer privatrechtsförmig und einer öffentlich-rechtlich handelnden Verwaltung konstitutiv ist.

Nicht zuletzt eröffnet die Entwicklung einer Lehre vom Verteilungsverfahren dem Verfahrensrecht insgesamt neue Perspektiven, indem aus dem beschränkten Fokus des Standardverfahrens resultierende Engführungen aufgebrochen werden können[90]. Zahlreiche Verteilungsverfahren vollziehen sich nämlich jenseits des Standardmodells des VwVfG, das angesichts seiner Beschränkung auf öffentlich-rechtliches Verwaltungshandeln (§ 9 VwVfG) oftmals schon gar nicht anwendbar ist und im Übrigen mit seiner Fokussierung auf bipolare Rechtsverhältnisse[91] sowie die gesetzesvollziehende Hoheitsverwaltung an seine Grenzen bei der Bewältigung multipolarer Verteilungskon-

---

[89] Siehe insoweit auch *A. Voßkuhle*, Strukturen und Bauformen, S. 277 (293 f.).

[90] Dazu *E. Schmidt-Aßmann*, GVwR II, § 27, Rn. 14. Kritisch zur Fokussierung auf den Typ der gesetzesvollziehenden Hoheitsverwaltung schon zuvor *E. Forsthoff*, Verwaltungsrecht, S. 368 ff.

[91] So sind nach *Joachim Wieland* (DV 32 [1999], S. 217) „[m]aterielles Recht wie auch Prozeßrecht ... primär immer noch auf ein zweipoliges Rechtsverhältnis ausgerichtet, das der klassischen Dogmatik des allgemeinen Verwaltungsrechts und insbesondere der Lehre vom Verwaltungsakt entspricht"; siehe auch *W. Brohm*, Konkurrentenklage, S. 235 (238, 252 f.); *C. Gusy*, NJW 1988, S. 2505 (2510 f.); *T. Kingreen*, DV 36 (2003), S. 33 (45 ff.); *E. Schmidt-Aßmann*, in: Maunz/Dürig, GG, Art. 19 IV, Rn. 22; *M. Schmidt-Preuß*, Multipolarität, S. 597 (600); *F. Schoch*, DV 25 (1992), S. 21 (34 f.).

flikte stößt. Zudem finden behördeninterne Verfahrensphasen, etwa die Arbeit mit Konzepten[92] oder anlassunabhängige Verfahren[93], keine Berücksichtigung.[94] Damit wird das Verteilungsverfahren von der allgemeinen verfahrensrechtlichen Diskussion und Entwicklung abgekoppelt.[95] In deren Mittelpunkt stand ohnehin nicht die Leistungsverwaltung, in deren Rahmen zahlreiche Verteilungsverfahren Anwendung finden.[96] Mithin kann das Verteilungsverfahren insbesondere als Lehrstück für den Umgang mit Multipolarität fruchtbar gemacht werden; zudem lädt es angesichts der Bedeutung einer adäquaten Verfahrensgestaltung für die Realisierung einer sachgerechten Güterverteilung zu einer abschließenden Reflexion über den Verfahrensgedanken im deutschen Verwaltungsrecht ein, der weithin unter Verweis auf eine nur „dienende Funktion" des Verfahrens gegenüber dem mit ihm zu realisierenden Verfahrensziel gering geachtet wird[97].[98]

Wenn schließlich *Jan Ziekow* auf die Notwendigkeit verweist, ein im Allgemeinen Verwaltungsrecht anzusiedelndes Verfahrensrecht der Verteilung knapper Genehmigungen zu schaffen,[99] oder *Martin Burgi* die „Erarbeitung eines Allgemeinen Teils für die verschiedenen fachverwaltungsrechtlichen [Verteilungs-]Materien" als „lohnendes rechtswissenschaftliches Unterfangen" qualifiziert,[100] ist ein entsprechender Forschungsbedarf skizziert.[101] Seine Verfolgung kann, abgesehen von den bereits erwähnten verfahrensrechtlichen Ansätzen,[102] auf bereichsbezogenen Einzelstudien, etwa für das Beschaffungs-

---

[92] *J.-P. Schneider*, GVwR II, § 28, Rn. 8, 19.

[93] Dazu *E. Schmidt-Aßmann*, GVwR II, § 27, Rn. 51 ff.

[94] Zu den Lücken des VwVfG *H. Pünder*, Verwaltungsverfahren, § 12, Rn. 6; *H. J. Wolff / O. Bachof / R. Stober / W. Kluth*, Verwaltungsrecht, Bd. 1, § 58, Rn. 2, 53 ff. Speziell mit Blick auf Verteilungsverfahren: *H. C. Röhl*, GVwR II, § 30, Rn. 17.

[95] Siehe dazu *H. C. Röhl*, GVwR II, § 30, Rn. 17; *R. Wahl*, Neues Verfahrensrecht, S. 83 (84 f.).

[96] *T. Groß*, DV Beih. 2/1999, S. 57 (75 f.); *H. C. Röhl*, GVwR II, § 30, Rn. 3; *E. Schmidt-Aßmann*, GVwR II, § 27, Rn. 13.

[97] Vgl. BVerwGE 92, 258 (261); ferner *F. Schoch*, DV 25 (1992), S. 21 (24 f.).

[98] Siehe insoweit auch *H. C. Röhl*, GVwR II, § 30, Rn. 3, 8. Umfassend zur zunehmenden Prozeduralisierung des deutschen Verwaltungsrechts nunmehr *C. Quabeck*, Dienende Funktion.

[99] *J. Ziekow*, GewArch 2007, S. 217 (219 f., 224 f.).

[100] *M. Burgi*, GVwR I, § 18, Rn. 114; siehe auch *ders.*, NZS 2005, S. 169 (174).

[101] Vgl. auch *W. Hoffmann-Riem*, Verwaltungsverfahren, S. 9 (30); *W. Kahl*, Kodifikationsidee, S. 67 (132 f.); *A. Voßkuhle*, Strukturen und Bauformen, S. 277 (347). Siehe allgemein auch *H. J. Bonk*, NVwZ 2001, S. 636 (642), der das für das Besondere Verwaltungsrecht zu konstatierende vielfache Fehlen von „berechenbare[n], einheitliche[n] und plausible[n] Maßstäbe[n]" bemängelt und auf „ein[en] deutliche[n] normative[n] Systematisierungsbedarf" verweist.

[102] Siehe die Nachweise in Fn. 2.

wesen[103] oder die Vergabe von Subventionen[104], und einzelnen, die Verteilungsthematik gebietsübergreifend, aber nicht verfahrensspezifisch untersuchenden
Abhandlungen[105] und Monographien[106] aufbauen.

---

[103] Siehe namentlich *J. Pietzcker*, Der Staatsauftrag als Instrument des Verwaltungshandelns, 1978; *M. Wallerath*, Öffentliche Bedarfsdeckung und Verfassungsrecht, 1988; *M. Bungenberg*, Vergaberecht im Wettbewerb der Systeme, 2007.

[104] *H. P. Ipsen*, Öffentliche Subventionierung Privater, 1956; *V. Götz*, Recht der Wirtschaftssubventionen, 1966; *H. P. Ipsen*, Verwaltung durch Subventionen, VVDStRL 25 (1967), S. 257; *H. Zacher*, Verwaltung durch Subventionen, VVDStRL 25 (1967), S. 308; *W. Henke*, Das Recht der Wirtschaftssubventionen als öffentliches Vertragsrecht, 1979; *A. Bleckmann*, Ordnungsrahmen für das Recht der Subventionen, Gutachten für den 55. Deutschen Juristentag, 1984, D; *K. H. Friauf*, Ordnungsrahmen für das Recht der Subventionen, Referat für den 55. Deutschen Juristentag, 1984, M 8; *M. Rodi*, Die Subventionsrechtsordnung, 2000.

[105] Siehe etwa *C. Tomuschat*, Güterverteilung als rechtliches Problem, Der Staat 12 (1973), S. 433; *W. Berg*, Die Verwaltung des Mangels. Verfassungsrechtliche Determinanten für Zuteilungskriterien bei knappen Ressourcen, Der Staat 15 (1976), S. 1; *P. Badura*, Verteilungsordnung und Zuteilungsverfahren bei der Bewirtschaftung knapper Güter durch die öffentliche Verwaltung, in: FS für Karl Heinrich Friauf, 1996, S. 529; *A. Voßkuhle*, „Wer zuerst kommt, mahlt zuerst!" – Das Prioritätsprinzip als antiquierter Verteilungsmodus einer modernen Rechtsordnung, DV 32 (1999), S. 21; *C. Fuchs*, Instrumente und Verfahren staatlicher Verteilungsverwaltung, in: E. V. Towfigh u.a. (Hrsg.), Recht und Markt, 2009, S. 205.

[106] Die Verteilungsproblematik aus der Perspektive des Konkurrentenschutzes beleuchtet *P. M. Huber*, Konkurrenzschutz im Verwaltungsrecht. Schutzanspruch und Rechtsschutz bei Lenkungs- und Verteilungsentscheidungen der öffentlichen Verwaltung, 1991; als Aspekt multipolarer Konflikte im Verwaltungsrecht: *M. Schmidt-Preuß*, Kollidierende Privatinteressen im Verwaltungsrecht. Das subjektive öffentliche Recht im multipolaren Verwaltungsrechtsverhältnis, 1. Aufl. 1992, 2. Aufl. 2005; mit Blick auf die Deregulierung: *C. Koenig*, Die öffentlich-rechtliche Verteilungslenkung. Grund und Grenzen einer Deregulierung am Beispiel der Vergabe von Konzessionen, Kontingenten und Genehmigungen zur unternehmerischen Nutzung öffentlich verwalteter Güter, 1994; fokussiert auf verfassungs- und unionsrechtliche Vorgaben (materieller Natur) für die Allokationssteuerung: *D. Kupfer*, Die Verteilung knapper Ressourcen im Wirtschaftsverwaltungsrecht, 2005; mit Blick auf die Integration ökonomischer Handlungsrationalitäten in das Verwaltungsrecht: *M. Martini*, Der Markt als Instrument hoheitlicher Verteilungslenkung. Möglichkeiten und Grenzen einer staatlichen Verwaltung des Mangels durch Marktmechanismen, 2007; aus schweizerischer Perspektive: *D. Kunz*, Verfahren und Rechtsschutz bei der Vergabe von Konzessionen. Eine Analyse der Anforderungen an eine rechtsstaatliche Verteilungslenkung bei begrenzten wirtschaftlichen Berechtigungen, 2004. Ungeachtet des Titels interessiert sich schließlich auch die jüngste Arbeit von *N. Malaviya*, Verteilungsentscheidungen und Verteilungsverfahren. Zur staatlichen Güterverteilung in Konkurrenzsituationen, 2009, nur am Rande (insb. S. 250–265) für das Verfahrensrecht.

VI. Die Referenzgebiete und ihre Auswahl

1. Verteilungsverfahren im Besonderen Verwaltungsrecht

In zahlreichen Gebieten des Besonderen Verwaltungsrechts finden sich Beispiele für Verteilungsverfahren. Schon lange Zeit Thema in Schrifttum sowie Rechtsprechung und damit hinlänglich bekannt sind Knappheitsprobleme in bestimmten Bereichen des Wirtschaftsverwaltungsrechts, etwa bei der Vergabe von Subventionen oder Taxenkonzessionen (a), beim Hochschulzugang (b) und bei der Vergabe öffentlicher Ämter (c). Auch das Vergaberecht dürfte angesichts seiner steilen Karriere und der zunehmenden verwaltungsrechtlichen Durchdringung mittlerweile zum Gemeingut rechnen (d), genauso wie im Übrigen das Regulierungsrecht mit seiner Versteigerung von Telekommunikationsfrequenzen (e). Fündig wird man aber auch im Privatisierungsfolgenrecht (f), im Umwelt- und Planungs- (g) sowie im Rundfunkrecht (h); schließlich zu nennen sind der Themenkomplex Sozial-, Gesundheits- und Medizinrecht (i) sowie das Luftverkehrsrecht (j).

a) Wirtschaftsverwaltungsrecht

Zahlreiche wirtschaftsverwaltungsrechtliche Verfahren haben die Verteilung knapper Güter zum Gegenstand. Angesichts von Privatisierung und Liberalisierung mag deren Zahl zwar abnehmen – so unterliegt zwischenzeitlich weder eine Betätigung im Güterfernverkehr[107] noch im Mühlenwesen[108] mehr einer Kontingentierung –, bedeutsame Beispiele existieren aber nach wie vor: Zu den bekannteren rechnet die Vergabe von Subventionen,[109] von Genehmigungen im Taxenverkehr (§§ 13, 47 PBefG) oder von Standplätzen auf Messen und Märkten etc. (§§ 70, 64 ff. GewO) sowie, eng mit letzterer zusammenhängend, wiewohl mitunter über das Wirtschaftsverwaltungsrecht hinausweisend, die Zulassung zu kommunalen Einrichtungen (Art. 21 BayGO). Auswahlregelungen existieren jedoch auch für die Genehmigung einer Tätigkeit im Personennahverkehr (§ 13 Abs. 2 PBefG; VO [EG] Nr. 1370/2007), für Erlaubnisse zur Aufsuchung bzw. für Bewilligungen zur Gewinnung von berg-

---

[107] Infolge der Liberalisierung des Güterkraftverkehrs auf europäischer Ebene und der GüKG-Novelle auf nationaler Ebene wurde die in diesem Sektor bestehende Kontingentierung zum 1.7.1998 aufgehoben. Siehe dazu *W. Frotscher / U. Kramer*, Wirtschaftsverfassungs- und Wirtschaftsverwaltungsrecht, § 18, Rn. 455 ff.; *M. Schmidt-Preuß*, Kollidierende Privatinteressen, S. 774.

[108] Nachweis bei *C. Tomuschat*, Der Staat 12 (1973), S. 433 (445 Fn. 51).

[109] Mit Blick auf die Obergrenze auch bei der Parteienfinanzierung: siehe § 18 Abs. 2, § 19a Abs. 5 PartG.

freien Bodenschätzen (§ 14 BBergG),[110] für die Zuteilung von Skontren an zugelassene Skontroführer (§ 29 BörsenG; auch §§ 27 ff. BörsenG), bei Kontingenten im Außenwirtschaftsrecht (§ 10 Abs. 3, § 12 Abs. 2 AWG),[111] im Kontext von Marktordnungen (Kontingentierung,[112] Ankauf landwirtschaftlicher Erzeugnisse,[113] Ausfuhrerstattungen[114] oder Zollkontingente[115])[116] oder
– partiell[117] – für die Vergabe von Dienstleistungskonzessionen (z.B. regelt
§ 16 Abs. 2 KrW-/AbfG die Beauftragung Dritter mit der Abfallentsorgung,[118] § 18a WHG die Einbeziehung Dritter in die Abwasserbeseitigung
oder § 5 SpielbkG HE das Auswahlverfahren für die Vergabe von Spielbankkonzessionen[119]).

b) Bildungswesen

Ein für das Bildungswesen und darüber hinaus bedeutsamer Anwendungsfall
des Verteilungsverfahrens stellt die Vergabe von Studienplätzen gemäß §§ 27 ff.
HRG, dem Hochschulzulassungsrecht der Länder (etwa BayHZG) sowie den
staatsvertraglichen Regelungen[120] dar. Sich mehrende Prozesse um die Zulassung von Schülern zu weiterführenden Schulen[121] und politische Initiativen,
etwa die in Berlin geplante Losvergabe von Plätzen an Gymnasien, verdeutlichen jedoch, dass die Bildungsverwaltung auch jenseits des Hochschulzugangs
Verteilungsfragen bewältigen muss.

---

[110] Siehe auch Art. 7 Annex III der UN-Seerechtskonvention für die Gewinnung mariti-
mer Bodenschätze; § 4 Meeresbodenbergbaugesetz.

[111] Dazu *H. Rummer*, NJW 1988, S. 225.

[112] Siehe im Bereich der Seefischerei etwa § 3 Seefischereigesetz für Fangerlaubnisse.

[113] So sieht etwa Art. 27 VO (EG) Nr. 1254/1999 (ABl. L 160 v. 26.6.1999, S. 21, zul. geändert durch die VO [EG] Nr. 1913/2005 v. 23.11.2005, ABl. L 307 v. 25.11.2005, S. 2) die Möglichkeit von Interventionskäufen von Rindfleisch aufgrund von Ausschreibungen vor.

[114] Siehe etwa im Rahmen der Marktorganisation für Zucker Art. 27 ff. VO (EG)
Nr. 1260/2001, ABl. L 178 v. 30.6.2001, S. 1, zul. geändert durch die VO (EG) Nr. 39/2004 v.
9.1.2004, ABl. L 6, S. 16.

[115] Siehe allgemein Art. 308a–c DVO-Zollkodex; Spezialregelungen existieren im Rahmen der Marktorganisation, z.B. für Zucker: Art. 26 VO (EG) Nr. 1260/2001.

[116] Dazu *H. C. Röhl*, GVwR II, § 30, Rn. 14.

[117] Siehe zu dem Ausschreibungswettbewerb um den Betrieb von Wasserversorgungsan-
lagen, der sich in der Praxis etabliert hat, *C. Theobald*, NJW 2003, S. 324 (327).

[118] Dazu *W. Kahl*, Abfall, § 13, Rn. 38 ff., 110.

[119] Siehe insoweit die Ausschreibung im Kontext des Auswahlverfahrens „Spielbank im
Transitbereich Flughafen Frankfurt am Main", FAZ v. 27.7.2009, S. 14.

[120] Zu diesen unten, 2. Teil, E. II.

[121] Siehe etwa OVG Bautzen, SächsVBl. 2010, S. 146; OVG Bremen, 1 B 408/08 – juris;
NordÖR 2008, S. 537; 2 B 244/09 – juris; 2 B 246/09 – juris; VGH Mannheim, VBlBW 2010,
S. 46; OVG Münster, 19 A 3316/08 – juris; VG Braunschweig, NVwZ-RR 2007, S. 324; VG
Bremen, 1 V 1991/08 – juris; VG Düsseldorf, 1 L 2617/02 – juris.

c) Zugang zu öffentlichen Ämtern

Konkurrenzsituationen manifestieren sich ferner beim Zugang zu öffentlichen Ämtern. Besondere Aufmerksamkeit insoweit erfahren haben schon lange die Einstellung als Beamter (§§ 6 ff., 8 BBG; Art. 7 ff., 12 BayBG; auch Beförderung) sowie die Bestellung zum Notar (§§ 1, 4 ff. BNotO). Daneben zu nennen wäre die in den jüngst novellierten §§ 9 f. SchfHwG geregelte Vergabe von Kehrbezirken an Bezirksschornsteinfeger (§§ 4 ff. SchfG) und die Bestellung zum Insolvenzverwalter gemäß § 56 InsO, genauso wie im Übrigen die Bestellung von Sachverständigen (siehe nur §§ 404 ff. ZPO), Dolmetschern (§ 185 Abs. 1 S. 1 GVG; BayDolmG), Pflichtverteidigern (§§ 140 ff. StPO), Betreuern (§§ 1896 ff. BGB), Verfahrenspflegern (§§ 276, 317, 419 FamFG) oder Nachlassverwaltern (§ 1981 BGB).

d) Vergaberecht

Die ausdifferenzierteste Regelung eines Verteilungsverfahrens findet sich im Vergaberecht, das die Beschaffungstätigkeit der öffentlichen Hand steuert. Es unterteilt sich in das auf bestimmte Schwellenwerte erreichende Aufträge Anwendung findende, in Umsetzung der EU-Vergaberichtlinien ergangene Kartellvergaberecht (§§ 97 ff. GWB, VgV sowie „a-Paragraphen" der Verdingungs- bzw. moderner: der Vergabe- und Vertragsordnungen VOL / A, VOB / A, VOF) und das im Übrigen geltende Haushaltsvergaberecht der jeweiligen Körperschaft[122].

e) (Netz-)Regulierungsrecht

Verteilungsverfahren finden sich auch im noch jungen Gebiet des (Netz-)Regulierungsrechts. Besondere Aufmerksamkeit nicht nur im wissenschaftlichen Schrifttum, sondern auch in der Öffentlichkeit erlangte die Vergabe von Telekommunikationsfrequenzen (§§ 52 ff. TKG) durch die im Jahr 2000 erfolgte Versteigerung der UMTS-Lizenzen, die dem Bund Erlöse in Milliardenhöhe einbrachte; ein aktuelles Beispiel stellt die 2010 ebenfalls im Auktionswege erfolgte Verteilung u.a. der digitalen Dividende dar, mithin der infolge der Digitalisierung des Rundfunks für diesen nicht mehr benötigten und damit für die Telekommunikationsnutzung frei werdenden Frequenzen. Auswahlverfahren finden auch dann Anwendung, wenn ein Telekommunikations- (§ 81 Abs. 3 TKG) bzw. Postdienstleister (§ 14 PostG) zu finden ist, der den regulierungs-

---

[122] Siehe § 30 HGrG, § 55 BHO, Art. / § 55 LHO sowie die kommunalen Haushaltsverordnungen (in Bayern etwa Art. 123 I 1, 2 Nr. 3 GO i.V.m. § 31 KommHV) mit den dazugehörigen Verwaltungsvorschriften, z.B. für Bundesbehörden VV-BHO zu § 55 II BHO, Nr. 2.2.

rechtlich unabdingbaren Universaldienst – im Falle seiner Nichtgewährleistung – übernimmt. Ein weiteres Verteilungsverfahren enthält das EnWG, nämlich hinsichtlich der Nutzung der öffentlichen Verkehrswege der Gemeinden für die Verlegung und den Betrieb von Leitungen durch Energieversorgungsunternehmen (§ 46 EnWG).

f) Privatisierungsfolgenrecht

Gibt der Staat im Zuge von Privatisierungsmaßnahmen seine Erfüllungsverantwortung auf, stellen sich oftmals Verteilungsfragen, nämlich wenn nunmehr ein geeigneter Privater die frühere Staatsaufgabe übernehmen soll. Derartige Auswahlverfahren können dem Vergaberecht oder den im Kontext des Wirtschaftsverwaltungsrechts angesprochenen Regelungen zur Konzessionsvergabe unterliegen. Soweit Maßnahmen der Vermögensprivatisierung inmitten stehen, etwa der Verkauf von Unternehmensanteilen oder von Immobilienbeständen, kann auf sich in der Verwaltungspraxis herausbildende strukturierte Veräußerungsverfahren verwiesen werden.

g) Umwelt- und Planungsrecht

Nach der zum 1.1.2010 erfolgten partiellen Umstellung der (Primär-)Zuteilung von Emissionsberechtigungen auf den Vergabemodus „Versteigerung" (siehe dazu §§ 19, 21 ZuG 2012)[123] findet auch in diesem Bereich des Umweltrechts ein Verteilungsverfahren Anwendung; im Übrigen hat der Gesetzgeber die von der

---

[123] Gemäß § 19 Abs. 1 S. 1 ZuG 2012 werden „[i]n der Zuteilungsperiode 2008 bis 2012 … 40 Millionen Berechtigungen pro Jahr nach Maßgabe der §§ 20 und 21 veräußert." Abs. 1 S. 1 und 3 des letzteren bestimmen: „Die Berechtigungen werden entweder an den Handelsplätzen für Berechtigungen zum Marktpreis verkauft oder spätestens ab dem Jahr 2010 im Rahmen einer Versteigerung abgegeben. Im Falle der Versteigerung wird die in den Jahren 2008 bis 2012 zur Verfügung stehende Menge von 40 Millionen Berechtigungen pro Jahr in regelmäßigen Abständen in gleichen Teilmengen angeboten." Details des Versteigerungsverfahrens werden in einer Rechtsverordnung gemäß § 21 Abs. 2 ZuG 2012 festgelegt (siehe insoweit die Emissionshandels-Versteigerungsverordnung 2012 – EHVV 2012), namentlich zuständige Stelle und „die Regeln für die Durchführung des Versteigerungsverfahrens …; diese müssen objektiv, nachvollziehbar und diskriminierungsfrei sein und Vorkehrungen gegen die Beeinflussung der Preisbildung durch das Verhalten einzelner Bieter treffen." Nach §§ 2 f. EHHV 2012 werden bis zur Erschöpfung der Gesamtmenge jeweils einmal wöchentlich 870.000 Berechtigungen versteigert, und zwar in einem Einheitspreisverfahren mit einer Bieterrunde pro Versteigerung bei geschlossenem Orderbuch. § 21 Abs. 3 S. 2 ZuG 2012 sieht die Bekanntgabe der Versteigerungstermine „spätestens zwei Monate im Voraus im elektronischen Bundesanzeiger" vor. – Ab der 2013 beginnenden dritten Zuteilungsperiode ist die Versteigerung als Regelfall mit Ausnahmen vorgesehen (siehe Art. 10 Abs. 1 S. 1 RL 2003/87/EG, ABl. L 275 v. 25.10.2003, S. 32, zul. geändert durch RL 2009/29/EG, ABl. L 140 v. 5.6.2009, S. 63); gemäß Art. 10 Abs. 4 S. 1 RL 2003/87/EG erlässt die „Kommission … bis zum 30. Juni 2010 eine Verordnung über den zeitlichen und administrativen Ablauf sowie

Verwaltung umzusetzende Allokation der Emissionsberechtigungen im jeweiligen Zuteilungsgesetz vorgenommen (ZuG 2007, ZuG 2012). Punktuelle Regelungen für Verteilungsprobleme finden sich ferner im Fall des Zusammentreffens mehrerer Erlaubnis- oder Bewilligungsanträge im Wasserrecht (z.B. Art. 68 BayWG)[124] sowie mehrerer Anträge für konkurrierende Seeanlagen (§ 5 Abs. 1 S. 4 SeeAnlV)[125] und bei Immissionen im Hinblick auf räumliche Immissionsbelastungsgrenzen (§ 5 Abs. 1 Nr. 1 BImSchG)[126].

h) Rundfunkrecht

Trotz zunehmender Digitalisierung herrscht im Rundfunkrecht nach wie vor eine Knappheit von Übertragungskapazitäten. Daher müssen, ähnlich wie im Telekommunikationsrecht, Entscheidungen über die Verteilung von Frequenzen getroffen werden. Vergabeverfahren finden sich sowohl im RStV als auch im Landesmedienrecht: Der RStV enthält seit der zehnten Novelle Regelungen zur Vergabe drahtloser Übertragungskapazitäten für bundesweite Versorgungsbedarfe (§§ 51, 51a ff. RStV); das Landesmedienrecht befasst sich demgegenüber mit der Vergabe von Frequenzen für lokale und regionale Rundfunkprogramme.

i) Sozial-, Gesundheits- und Medizinrecht

Zahlreiche Verteilungsverfahren finden sich auch in den Bereichen des Sozial-, Gesundheits- und Medizinrechts. Da die Leistungträger Sozialleistungen regelmäßig nicht selbst, sondern durch Dritte erbringen, wie es etwa im Bereich der gesetzlichen Krankenversicherung der Fall ist, müssen geeignete Leistungserbringer ausgewählt werden. Pars pro toto aus den Sozialgesetzbüchern[127] genannt seien das vertragsärztliche Zulassungsrecht (§§ 95 ff. SGB V), der Abschluss von Rabattverträgen mit pharmazeutischen Unternehmern (§ 130a Abs. 8 SGB V) und die – bereits über das SGB V hinausweisende, nämlich auch dem Gesundheitsrecht zuzurechnende – Krankenhausplanung (KHG, § 108 Nr. 3, § 109 SGB V). Ferner zu nennen wäre der Zugang zum Rettungsdienst (siehe nur BayRDG), die von einem entsprechenden Versorgungsbedarf abhän-

---

sonstige Aspekte der Versteigerung, um ein offenes, transparentes, harmonisiertes und nicht diskriminierendes Verfahren sicherzustellen."

[124] Dazu VGH München, 8 BV 08.1113 – juris; *M. Kloepfer/S. Reinert*, Zuteilungsgerechtigkeit, S. 47 (61 f.).

[125] § 5 Abs. 1 S. 4 SeeAnlV bestimmt: „Liegen mehrere Anträge für den gleichen Standort oder benachbarte Standorte vor, so ist über den Antrag zuerst zu entscheiden, der zuerst genehmigungsfähig ist (Prioritätsprinzip)".

[126] Siehe insoweit *M. Kloepfer/S. Reinert*, Zuteilungsgerechtigkeit, S. 47 (78 ff.).

[127] Siehe zu den zahlreichen weiteren Fällen die Einleitung zum Kapitel Vergabeverfahren im Sozial-, Medizin- und Gesundheitsrecht, unten, 2. Teil, J.

gige Erlaubnis zum Betrieb von Rezeptsammelstellen (§ 24 ApBetrO),[128] die
Berücksichtigung bei Transplantationen (TPG)[129] oder die Vergabe von Plätzen
in Krankenhäusern (Intensivmedizin, Operationen; Behandlung im Katastro-
phenschutzfall)[130].

j) Luftverkehrsrecht

Auch im weitgehend europarechtlich geregelten Luftverkehrsrecht kommen
Verteilungsverfahren zur Anwendung. Allen voran zu nennen ist die Vergabe
von Landerechten auf Verkehrsflughäfen, sog. Slots, gemäß der VO (EWG)
Nr. 95/1993, § 27a LuftVG und der FHKV. Weitere Beispiele wären Auswahlentscheidungen für die Bedienung von Flugstrecken, für die aufgrund ernsthafter Überlastung respektive von Umweltproblemen Verkehrsrechte beschränkt
wurden (§§ 20 ff. LuftVG; Art. 9 VO [EWG] Nr. 2408/92), oder für die ausschließliche Rechte als Ausgleich für die Übernahme gemeinwirtschaftlicher
Verpflichtungen vorgesehen wurden (§§ 20 ff. LuftVG; Art. 4 der VO [EWG]
Nr. 2408/92; § 21 LuftVG); schließlich Auswahlentscheidungen im Kontext der
Erbringung von Bodenabfertigungsdienstleistungen (§§ 19c, 31 Abs. 2 Nr. 4a,
32 Abs. 1 S. 1 Nr. 3a LuftVG, BADV).

2. Zur Auswahl der Referenzgebiete

Die Auswahl der im zweiten Teil näher zu untersuchenden Referenzgebiete hat
mit Blick auf das Erkenntnisinteresse der Arbeit zu erfolgen, nämlich aus den im
Besonderen Verwaltungsrecht zu findenden Spezialregelungen den Verfahrenstyp „Verteilungsverfahren" zu destillieren. Es liegt auf der Hand, dass die eben
aufgezeigte Vielzahl der Anwendungsfälle insoweit ein exemplarisches Vorgehen erfordert.[131] Das Versprechen reichlichen Anschauungsmaterials legt zunächst die Einbeziehung der in Wissenschaft, Verwaltungspraxis und Rechtsprechung fortgeschritten durchdrungenen „Klassiker" nahe: die Vergabe öffentlicher Ämter, von Studienplätzen, Taxenkonzessionen[132] sowie Standplätzen
auf Messen und Märkten. Aus denselben Gründen drängt sich der „shooting

---

[128] Zu einem Konkurrentenstreit in diesem Zusammenhang: VGH München, NJW 1984,
S. 680; ferner BVerwGE 45, 331 (340).

[129] Siehe dazu etwa *E. Schmidt-Aßmann*, Gesundheitswesen, S. 22 f., 95 ff. Umfassend
M. Bader, Organverteilung.

[130] Dazu *H. C. Röhl*, GVwR II, § 30, Rn. 16.

[131] Zur Arbeit mit Referenzgebieten *E. Schmidt-Aßmann*, Ordnungsidee, S. 8 ff.; *A. Voß-
kuhle*, GVwR I, § 1, Rn. 43 ff. Kritisch zur „inflationistischen Verwendung" des Begriffs im
Sinne eines bloßen Anwendungsbeispiels für eine These *R. Wahl*, Herausforderungen, S. 43
Fn. 109.

[132] Die Betrachtung in Teil 2, F., wird auf das Personenbeförderungsrecht insgesamt ge-
weitet und damit auch der Linienverkehr mit einbezogen.

star" öffentliche Auftragsvergabe geradezu auf, der zudem das am detailliertesten normierte Verteilungsverfahren mit zahlreichen Modelllösungen darstellt. Im Übrigen gilt es, im Interesse einer möglichst breiten Grundlage für die Typenbildung die Verteilungsverfahren in ihrer Vielfalt einzufangen.[133] Dies verlangt nach Auswahl- bzw. Unterscheidungskriterien. Es bietet sich an abzustellen auf: Verwaltungstyp (z.B. Eingriffs-, Leistungs-, Regulierungs- oder Gewährleistungsverwaltung), Verteilungsobjekt, Grundrechtsrelevanz, Grad der gesetzlichen Normierung, europarechtliche Überformung, Handlungsform (hoheitlich/konsensual respektive öffentlich-rechtlich/privatrechtlich) und verfahrensrechtliche Spezifika von allgemeinem Interesse.

Vor diesem Hintergrund sei die obige Liste ergänzt um die privatrechtsförmig verfassten und kaum gesetzlich vorstrukturierten Veräußerungsverfahren, das Telekommunikationsrecht mit seinen komplexen Verfahrensstufen und dem innovativen Vergabemodus „Versteigerung", das Rundfunkrecht mit seiner „einheitlichen Gesamtvergabeentscheidung" und das Sozialvergaberecht als – nur rudimentär geregelter, vielfach mit öffentlich-rechtlichen Verträgen operierender – Teil der Leistungsverwaltung.

---

[133] Darauf, dass Maßstab für die Auswahl von Referenzgebieten kein Exklusivitätsanspruch, sondern die Veranschaulichung ist, verweist zu Recht *E. Schmidt-Aßmann*, Reform, S. 11 (26 f.).

1. Teil

Der Rahmen staatlicher Verteilungstätigkeit

A. Der verfassungsrechtliche Rahmen
staatlicher Verteilungstätigkeit

Eberhard Schmidt-Aßmanns Befund, wonach die „bisherigen Leistungen und die künftige Bedeutung der Grundrechte für die verwaltungsrechtliche Systembildung ... kaum zu überschätzen" sind,[1] gilt gerade für Verteilungsverfahren, müssen diese doch grundrechtlich aufgeladene Verteilungskonflikte auf oftmals defizitär normierter Grundlage verarbeiten. Es ist daher nicht weiter verwunderlich, dass sich namentlich in der Rechtsprechung des BVerfG entwickelte grundrechtliche Direktiven als maßstabsetzend für Verteilungsverfahren erwiesen haben und nach wie vor erweisen. Diesen grundrechtlichen Rahmen für die staatliche Verteilungstätigkeit gilt es im Folgenden abzustecken (I.). Seine Herausarbeitung gestattet, existente Verfahrensmodelle rechtlich zu bewerten; überdies kommt dem Verteilungsrecht „ex constitutione", anders gewendet: der normexternen Wirkung der Grundrechte,[2] angesichts der fehlenden respektive nur rudimentären Normierung vieler Verteilungsverfahren und der oftmals anzutreffenden Gestaltungsspielräume der Verwaltung auch in detailliert normierten Verfahrensmodellen eine besondere Bedeutung zu.[3] Von Bedeutung ist die Frage nach den grundrechtlichen Anforderungen an die Verfahrensgestaltung freilich nicht nur aus der Kontrollperspektive des Rechtsschutz suchenden Bürgers; vielmehr kommen diese auch in der Handlungsperspektive zum Tragen, indem sie Gesetzgeber und Verwaltung Gestaltungsoptionen aufzeigen.

Verfassungsrechtliche Anforderungen an das Verteilungsverfahren formuliert das Grundgesetz indes nicht nur aus der subjektiv-rechtlichen Warte der Grundrechte, ein Ansatz, mit dem die Herausbildung des Verwaltungsrechts in Deutschland im Übrigen – verfassungsvergleichend betrachtet – einen Sonderweg beschritt[4]. Vielmehr wurzeln Mindestanforderungen an das Verwaltungsverfahren auch im Rechtsstaatsprinzip und seinen Einzelausprägungen (II.).[5]

---

[1] *E. Schmidt-Aßmann*, Grundrechtswirkungen im Verwaltungsrecht, S. 225 (239).

[2] Zu dieser *P. M. Huber*, Konkurrenzschutz, S. 284 ff.

[3] Dies vernachlässigt *C. Braun*, VergabeR 2006, S. 657 (660 f.), der im Kontext der Durchführung einfach-gesetzlich nicht gebotener Ausschreibungsverfahren keinerlei Rechtsbindung annimmt.

[4] Dazu nur *R. Wahl*, Herausforderungen, S. 31 ff., 35 ff.

[5] Ausgeblendet bleiben im Folgenden die als spezifische Rahmenvorgaben für die staat-

I. Grundrechtliche Direktiven

Nach einer einleitenden Bekräftigung des Geltungsanspruchs der Grundrechte für jedwede staatliche Verteilungstätigkeit (1.) seien die grundrechtlichen Direktiven für die staatliche Verteilungstätigkeit ausgehend von der Scheidung von Gleichheits- und Freiheitsrechten sowie ihren jeweiligen Funktionen entfaltet (2.). Ein solcher, abstrakt auf die Grundrechtsfunktionen, nicht aber auf konkrete Grundrechte abhebender Ansatz bannt die Gefahr, nicht verallgemeinerungsfähige Spezialdogmatiken zu einzelnen Grundrechten zu entwickeln[6];[7] letztere werden dann im Kontext der Referenzgebiete in den Blick genommen. Darüber hinaus ist das Problem des Grundrechtsverzichts qua freiwillige Bewerbung um eine staatliche Leistung (3.) und das der gerechten Verteilung in der Zeit (4.) zu untersuchen. Schließlich muss der Spielraum der verteilenden Verwaltung im Verhältnis zum Gesetzgeber bestimmt werden (5.).

1. Die Maßgeblichkeit der Grundrechte für jedwede staatliche Verteilungstätigkeit: die Fiskalgeltung der Grundrechte

Angesichts der von Art. 1 Abs. 3 GG angeordneten umfassenden Grundrechtsbindung der öffentlichen Hand bilden die Grundrechte den Maßstab für jedwede staatliche Verteilungstätigkeit. Außer Zweifel steht dies, soweit der Staat knappe Güter in den Handlungsformen des Öffentlichen Rechts verteilt, beispielsweise bei der Erteilung von Genehmigungen im Taxenverkehr durch Verwaltungsakt oder beim Abschluss öffentlich-rechtlicher Verträge über Dienstleistungskonzessionen. Mitunter treten Verteilungsentscheidungen allerdings ausschließlich privatrechtsförmig zutage, so bei Vermögensprivatisierungen oder nach herrschender Auffassung auch bei der Vergabe öffentlicher Aufträge[8]. Dann stellt sich die kontrovers beurteilte Frage nach der sog. Fiskalgeltung der Grundrechte. Diese wird mitunter verneint, da die fiskalische Verwaltung keine vollziehende Gewalt i.S.d. Art. 1 Abs. 3 GG ausübe: Denn sie trete nicht als Trägerin hoheitlicher Aufgaben unter Einsatz hoheitlicher Mittel auf.[9]

---

liche Verteilungstätigkeit nicht weiter relevanten Vorgaben des Demokratieprinzips (dazu *E. Schmidt-Aßmann*, Ordnungsidee, S. 87 ff.; *S. Unger*, Demokratie) und des Sozialstaatsgebots (siehe insoweit *E. Schmidt-Aßmann*, Ordnungsidee, S. 157 ff.).

[6] Auf diese verweisen BVerfGE 60, 253 (297); *E. Schmidt-Aßmann*, Grundrechtswirkungen im Verwaltungsrecht, S. 225 (240); *ders.*, GVwR II, § 27, Rn. 39.

[7] Siehe dazu auch *M. Burgi*, WiVerw 2007, S. 173.

[8] Dazu unten, 2. Teil, B.III.2.e.bb., I.III.3.b., und 3. Teil, B.I.5.a.ff.

[9] BGH, NJW 1962, S. 196 (197 f.) – kritisch dazu *G. Hermes*, JZ 1997, S. 909 (912); VG Chemnitz, NVwZ-RR 1997, S. 198 (198); *G. Dürig*, in: Maunz/*ders.*, GG, Art. 3 I, Rn. 490; *E. Forsthoff*, Staat als Auftraggeber, S. 13 f.: fehlende Subordination – kritisch insoweit *M. Möstl*, Grundrechtsbindung, S. 81 f.; *H. Hilderscheid*, Zulassung, S. 172 ff. Offengelassen

Dem ist jedoch die von Art. 1 Abs. 3 GG bezweckte umfassende Grundrechtsbindung der öffentlichen Gewalt entgegenzuhalten. Da es nur eine vom Grundgesetz konstituierte und dessen Bindungen unterliegende Staatlichkeit gibt, stellt sich auch staatliches Handeln in Privatrechtsform als vom Grundgesetz erfasstes und damit grundrechtsgebundenes staatliches Handeln dar.[10] Dem Staat kommt damit keine Privatautonomie zu, auch im fiskalischen Bereich tritt er als dem Gemeinwohl verpflichteter Sachwalter der Allgemeinheit auf.[11] Schließlich ist es praktisch unmöglich, überzeugend zwischen rein fiskalischem und öffentlichen Aufgaben dienendem Handeln zu unterscheiden.[12] Dementsprechend geht die herrschende Meinung heute zu Recht von einer Grundrechtsbindung der öffentlichen Hand auch in der Fiskalverwaltung aus.[13]

Für den allgemeinen Gleichheitssatz hat sich das BVerfG dem in seiner Entscheidung zum Vergaberechtsschutz vom 13.6.2006 nunmehr angeschlossen: „Jede staatliche Stelle hat bei ihrem Handeln, unabhängig von der Handlungsform und dem betroffenen Lebensbereich, die in dem Gleichheitssatz niedergelegte Gerechtigkeitsvorstellung zu beachten. Dieses Handeln ist anders als die in freiheitlicher Selbstbestimmung erfolgende Tätigkeit eines Privaten stets dem Gemeinwohl verpflichtet. Eine willkürliche Ungleichbehandlung kann dem Gemeinwohl nicht dienen."[14] Die – aus den genannten Gründen ebenfalls zu bejahende – Fiskalgeltung der Berufsfreiheit hat das BVerfG in derselben Entscheidung allerdings offengelassen.[15]

---

von BGH, DÖV 1967, S. 569 (570); NJW 2001, S. 1492 (1494); VG Leipzig, Az. 5 K 1069/05 – juris.

[10] VK Bund, NJW 2000, S. 151 (153); *O. Dörr*, DÖV 2001, S. 1014 (1015); *H. Dreier*, in: ders., GG, Art. 1 III, Rn. 66 f.; *D. Ehlers*, Verwaltung in Privatrechtsform, S. 212 ff.; *P. M. Huber*, Konkurrenzschutz, S. 315 f.; *M. Möstl*, Grundrechtsbindung, S. 73 ff.

[11] *H. Dreier*, in: ders., GG, Art. 1 III, Rn. 66; *C. Starck*, in: v. Mangoldt/Klein/ders., GG, Art. 1, Rn. 228 f.

[12] *O. Dörr*, DÖV 2001, S. 1014 (1015 f.); *H. Dreier*, in: ders., GG, Art. 1 III, Rn. 66; *M. Möstl*, Grundrechtsbindung, S. 80 f.; *C. Starck*, in: v. Mangoldt/Klein/ders., GG, Art. 1, Rn. 229.

[13] Siehe nur für die Fiskaltätigkeit „Auftragsvergabe": BVerfGE 116, 135 (153) – für Art. 3 Abs. 1 GG, für die Berufsfreiheit dagegen offengelassen (151); BVerwGE 129, 9 (16); OLG Brandenburg, NVwZ 1999, S. 1142 (1146); OLG Stuttgart, NZBau 2002, S. 395 (397); VK Bund, NJW 2000, S. 151 (153); *J.-H. Binder*, ZZP 113 (2000), S. 195 (208 f.); *S. Broß*, ZWeR 2003, S. 270 (272); *M. Burgi*, NZBau 2005, S. 610 (613); *W. Cremer*, Rechtsstaatliche Vorgaben, S. 29 (38); *H. Dreier*, in: ders., GG, Art. 1 III, Rn. 66; *P. M. Huber*, Konkurrenzschutz, S. 442; *ders.*, Kampf um den öffentlichen Auftrag, S. 29 f.; *H. Kaelble*, Vergabeentscheidung, S. 47; *W. Kahl*, Privatrechtliches Verwaltungshandeln, S. 151 (158); *N. Meyer*, Beschaffung, S. 299 f.; *E. Pache*, DVBl. 2001, S. 1781 (1787); *J. Pietzcker*, Zweiteilung, S. 16 f.; *T. Puhl*, VVDStRL 60 (2001), S. 456 (477 f.); *H. Pünder*, VerwArch 95 (2004), S. 38 (41); *U. Schliesky*, DVBl. 1999, S. 78 (81 f.); *A. Voßkuhle*, Strukturen und Bauformen, S. 277 (295 f.). Im Übrigen: *J. Becker*, Verwaltungsprivatrecht, S. 48 ff.; *D. Ehlers*, Verwaltung in Privatrechtsform, S. 214 ff.; *S. Klein*, VergabeR 2005, S. 22 (24).

[14] BVerfGE 116, 135 (153).

[15] BVerfGE 116, 135 (151).

2. Die staatliche Verteilungstätigkeit im Spiegel der Grundrechtsfunktionen

Verteilungsverfahren zielen auf die (sach-)gerechte Zuteilung knapper Güter. Damit besteht die von ihnen zu bewältigende Aufgabe allen voran in der Lösung eines Gleichheitsproblems, das an den Gleichheitsrechten abgearbeitet werden kann (a). Darüber hinaus müssen allerdings auch die Freiheitsrechte in die Betrachtung miteinbezogen werden, steht doch die Verteilung von Freiheitschancen auf dem Spiel (b). Ein abschließender Blick gilt der Rechtsschutzgarantie, die die Konsequenzen von Vergabeverstößen determiniert (c).

a) Gleichheitsrechte

Anliegen der Gleichheitsrechte ist es, staatliche Stellen zu einer (sach-)gerechten Behandlung verschiedener Personengruppen respektive Sachverhalte anzuhalten.[16] Im Folgenden sei das Potential des in Art. 3 Abs. 1 GG verankerten allgemeinen Gleichheitssatzes für die Verarbeitung von Verteilungskonflikten ausgelotet. Als eigenständiges Grundrecht greift dieser unabhängig von einer anderweitigen Rechtsbetroffenheit im Kontext der Verteilungssituation (aa). In dieser kommt das Gleichheitsgrundrecht in zwei Dimensionen zum Tragen: Zum einen bindet es die öffentliche Hand bei der Bestimmung von Verteilungskriterien und -verfahren (bb); zum anderen vermittelt es jedem Interessenten ein Recht auf chancengleiche Berücksichtigung bei der Verteilungsentscheidung (cc).

aa) Der Selbststand des allgemeinen Gleichheitssatzes

Der Charakter des allgemeinen Gleichheitssatzes als eigenständiges, Gesetzgeber und Verwaltung (Art. 1 Abs. 3 GG) umfassend bindendes Grundrecht verbietet es, dem Einzelnen mit Teilen des Schrifttums[17] und älteren Entscheidungen des BVerwG[18] nur dann eine Befugnis, sich auf Art. 3 Abs. 1 GG zu berufen,

---

[16] Zum eigenständigen Charakter der Gleichheitsgrundrechte und ihrer Abgrenzung zu den Abwehrrechten *H. D. Jarass*, HGR II, § 38, Rn. 43 ff.

[17] *D. Frers*, Klagebefugnis des Dritten, S. 250 f., 254; *ders.*, DÖV 1988, S. 670 (677 f.); *W. Rüfner*, in: BK, Art. 3 I, Rn. 158; *M.-J. Seibert*, Einwirkung des Gleichheitssatzes, S. 535 (548 ff.); ferner *G. Jellinek*, System, S. 135. Zweifelnd *H.-U. Erichsen*, HStR VI, § 152, Rn. 67 Fn. 220; offengelassen bei *W. Krebs*, ZIP 1990, S. 1513 (1521 f.); *B. Remmert*, DV 26 (1996), S. 465 (483).

[18] BVerwGE 39, 235 (238 f.): „Mangels einer Rechtsgrundlage, die ihm auch nur den Anspruch auf ermessensfehlerfreie Entscheidung der Beklagten über seine Zulassung einräumt, kann sich der Kläger nicht mit Erfolg auf den Gleichheitssatz (Art. 3 Abs. 1 GG) berufen. Denn obschon der Gleichheitssatz die Ausübung des Verwaltungsermessens eingrenzt, sind die Verwaltungsbehörden dem Einzelnen gegenüber nur insoweit zur Beachtung des Gleichheitssatzes verpflichtet, als sie ihm gegenüber überhaupt zur Ermessensausübung verpflich-

zuzusprechen, wenn ihn die angegriffene Entscheidung rechtlich belastet, insbesondere in Freiheitsrechte eingreift. Andernfalls könnte die Verwaltung nämlich überall dort, wo keine Rechtsansprüche auf bestimmte, seien es auch nur auf ermessensfehlerfreie, Verteilungsentscheidungen bestehen, willkürlich handeln, und der allgemeine Gleichheitssatz wäre nur nach Maßgabe des einfachen Rechts gewährleistet. So distanzierte sich auch das BVerfG[19] in Einklang mit dem jüngeren Schrifttum[20] von dieser überkommenen Auffassung. Eine – bei Verteilungsentscheidungen regelmäßig vorliegende – Beeinträchtigung in der eigenen Interessenssphäre muss für eine Aktivierung des allgemeinen Gleichheitssatzes genügen.[21]

bb) Der allgemeine Gleichheitssatz als Maßstab für Verteilungskriterien und -verfahren

Wenn das BVerfG in seiner Entscheidung zum Vergaberechtsschutz formuliert, dass es der öffentlichen Hand „verwehrt [ist], das Verfahren oder die Kriterien der Vergabe willkürlich zu bestimmen",[22] so verweist dies auf eine materielle und eine prozedurale Dimension des allgemeinen Gleichheitssatzes bei staatlichen Verteilungsentscheidungen. In materieller Hinsicht fordert Art. 3 Abs. 1 GG die Festlegung (sach-)gerechter Verteilungskriterien, die den Gegebenheiten der jeweiligen Materie, der „Natur der Sache", Rechnung tragen müssen

---

tet sind"; DÖV 1979, S. 911 (912); VII C 32.77 – juris. Ebenso OVG Münster, NVwZ 1987, S. 723 (723), sowie jüngst NJW 2004, S. 625 (626). Siehe aber auch BVerwGE 65, 167 (173): „Was Art. 3 GG anbetrifft, so kann dahinstehen, ob der Gleichheitssatz überhaupt ein Recht im Sinne des § 113 Abs. 1 Satz 1 VwGO vermittelt oder nur bei vorausgesetzter rechtlicher Betroffenheit die Rechtsgleichheit gewährleistet"; weitergehend jedoch BVerwGE 91, 135 (139 f.); ebenfalls offengelassen BFH, NVwZ 2000, S. 1331 (1333); NV 1995, S. 77.

[19] BVerfGE 116, 1 (12 f.); E 135 (153 f.).

[20] So auch *S. Gers-Grapperhaus*, Auswahlrechtsverhältnis, S. 193 ff.; *M. Hoffmann-Becking*, JuS 1973, S. 615 (616 f.); *J. Pietzcker*, Zweiteilung, S. 34 ff.; *T. Pollmann*, Gleichbehandlungsgrundsatz, S. 30 ff.; *H. Pünder*, VerwArch 95 (2004), S. 38 (54 f.); *M. Sachs*, Gleichheitssatz als Grundrecht, S. 309 (310 Fn. 9); *ders.*, in: Stelkens/Bonk/ders., VwVfG, § 40, Rn. 143; *F. Schoch*, DVBl. 1988, S. 863 (867); *W. Wollenschläger*, Treuhandanstalt, S. 210 f.; *M. Wallerath*, Bedarfsdeckung, S. 323 ff.; *Be. Wollenschläger*, Rückholoptionen, S. 115.

[21] *S. Huster*, in: Friauf/Höfling, GG, Art. 3, Rn. 46; *H. D. Jarass*, in: ders./Pieroth, GG, Art. 3, Rn. 10; *G. Lübbe-Wolff*, Grundrechte, S. 239 ff.; *L. Osterloh*, in: Sachs, GG, Art. 3, Rn. 87; *J. Pietzcker*, Zweiteilung, S. 35; *T. Pollmann*, Gleichbehandlungsgrundsatz, S. 30 ff.; *M. Sachs*, Gleichheitssatz als Grundrecht, S. 309 (317). Siehe ferner *W. Krebs*, ZIP 1990, S. 1513 (1522); *M. Wallerath*, Bedarfsdeckung, S. 326, der eine individuelle Betroffenheit allerdings erst bei einer hinreichenden Konkretisierung der Rechtsbeziehung zur öffentlichen Hand anerkennt und demzufolge eine Relevanz des Art. 3 Abs. 1 GG bei der Entscheidung über die Vergabeart (Ausschreibung) verneint; ähnlich *W. Spoerr*, Treuhandanstalt, S. 212 f., der zur Effektuierung des Gleichheitssatzes allerdings eine objektiv-rechtliche Ausschreibungspflicht anerkennt. Demgegenüber auch in diesem Fall eine Rechtsverletzung annehmend: *T. Pollmann*, Gleichbehandlungsgrundsatz, S. 54.

[22] BVerfGE 116, 135 (153). Ebenso BVerwG, NZBau 2007, S. 389 (391).

(1).[23] Deren Umsetzung im Verfahrensergebnis ist, dies verlangt der prozedurale Aspekt des Gleichheitssatzes, durch eine entsprechende Verfahrensgestaltung zu gewährleisten (2).[24]

(1) Anforderungen an die Verteilungskriterien

Die Festlegung von Vergabekriterien grenzt den Kreis der Begünstigten von dem der Nichtbegünstigten anhand bestimmter Differenzierungskriterien ab und statuiert damit eine am allgemeinen Gleichheitssatz hinsichtlich ihrer sachlichen Rechtfertigung zu messende Ungleichbehandlung.

Welcher Gestaltungsspielraum dem Staat insoweit zukommt, ist differenziert zu betrachten: Je nach Regelungsgegenstand und Unterscheidungsmerkmal reicht die Rechtfertigungslast für Differenzierungen von einem bloßen Verbot willkürlicher Gestaltungen bis hin zu einer strengen Bindung an den Verhältnismäßigkeitsgrundsatz. Letztere greift nach der Rechtsprechung des BVerfG[25] zum einen dann, wenn der Normgeber Personengruppen unter-

---

[23] BVerfGE 1, 14 (52); E 76, 256 (329); E 107, 257 (270); E 116, 1 (12 ff.); *J. Englisch*, Verw-Arch 98 (2007), S. 410 (421 f.); *H.-U. Erichsen*, VerwArch 71 (1980), S. 289 (293); *M. Martini*, Der Markt als Instrument hoheitlicher Verteilungslenkung, S. 68; *P. Kirchhof*, HStR V, § 124, Rn. 205 ff.; *D. Kupfer*, Verteilung, S. 409; *D. Murswiek*, Gestufte Teilhabe-/Freiheitsverhältnisse, S. 647 (653 f.); *J. Pietzcker*, Zweiteilung, S. 36 ff.; *H. Pünder*, VerwArch 95 (2004), S. 38 (42 f.); *F. Wollenschläger*, DVBl. 2007, S. 589 (596 f.); *R. Zippelius*, VVDStRL 47 (1989), S. 7 (23 ff.).

[24] BVerfGE 116, 1 (16 f.); *J. Englisch*, VerwArch 98 (2007), S. 410 (423); *A. Funke*, AöR 132 (2007), S. 168 (204 f.); *S. Gers-Grapperhaus*, Auswahlrechtsverhältnis, S. 151, 170 f.; *C. Gusy*, NJW 1988, S. 2505 (2510 f.); *O. Otting/U. H. Olgemöller*, DÖV 2009, S. 364 (370); *J. Pietzcker*, Zweiteilung, S. 38 ff.; *T. Pollmann*, Gleichbehandlungsgrundsatz, S. 128 ff.; *T. Puhl*, VVDStRL 60 (2001), S. 456 (479); *H. Pünder*, VerwArch 95 (2004), S. 38 (49 ff.); *H. C. Röhl*, GVwR II, § 30, Rn. 17; *B. Ruhland*, ThürVBl. 2008, S. 198 (199); *H.-H. Trute*, in: AK-GG, Art. 33 Abs. 1–3, Rn. 67; *M. Wallerath*, Bedarfsdeckung, S. 318 ff., 329; *H. J. Wolff/O. Bachof/R. Stober/W. Kluth*, Verwaltungsrecht, Bd. 1, § 59, Rn. 10 f.; *F. Wollenschläger*, DVBl. 2007, S. 589 (596). Ferner BVerfGE 110, 94 (112 ff.); *H. Scholler*, Gleichheitssatz, S. 84 ff.; *H. F. Zacher*, VVDStRL 25 (1967), S. 308 (363). Ablehnend gegenüber einer verfahrensrechtlichen Dimension des allgemeinen Gleichheitssatzes: *N. Meyer*, Beschaffung, S. 384; differenzierend *W. Heun*, in: Dreier, GG, Art. 3, Rn. 72.

[25] Für eine generelle Heranziehung des Verhältnismäßigkeitsgrundsatzes bei Gleichheitsprüfungen insbesondere *M. Kloepfer*, Gleichheit, S. 58 ff. Ablehnend: *W. Heun*, in: Dreier, GG, Art. 3, Rn. 26 f.; *P. Lerche*, Übermaß, S. 29 ff. Differenzierend *S. Huster*, Rechte und Ziele, S. 164 ff., der interne, d.h. aus den Gegebenheiten des Sachbereichs folgende, und externe, mithin auf bereichsunspezifischen Gesichtspunkten beruhende Zwecke von Ungleichbehandlungen unterscheidet und nur die zweite Fallgruppe einer Verhältnismäßigkeitsprüfung unterwirft. Am Vergaberecht lässt sich diese Unterscheidung illustrieren: So kommen in der Berücksichtigung nur von geeigneten Bietern und dem Zuschlag auf das wirtschaftlichste Angebot interne Differenzierungszwecke zum Ausdruck; die Verfolgung sog. Sekundäraspekte, etwa von Belangen des Umweltschutzes oder der Gleichberechtigung von Mann und Frau, stellt demgegenüber eine Differenzierung nach externen Zwecken dar. Insoweit ablehnend *M. Bader*, Organverteilung, S. 306 f.; *W. Heun*, in: Dreier, GG, Art. 3, Rn. 29 f.

schiedlich behandelt.[26] Hierunter kann nach jüngeren Entscheidungen des BVerfG auch eine Ungleichbehandlung von Sachverhalten fallen, wenn sie mittelbar eine Ungleichbehandlung von Personengruppen bewirkt.[27] Zum anderen verdichtet sich der Regelungsspielraum dann, wenn sich die Ungleichbehandlung auf die Ausübung grundrechtlich geschützter Freiheiten auswirkt.[28] Greift der allgemeine Gleichheitssatz lediglich als Willkürverbot, so „verlangt Art. 3 Abs. 1 GG nicht, dass der Gesetzgeber unter mehreren möglichen Lösungen die zweckmäßigste oder vernünftigste wählt. Ein vom BVerfG zu beanstandender Verstoß gegen den allgemeinen Gleichheitssatz ist erst dann anzunehmen, wenn offenkundig ist, dass sich für die angegriffene gesetzliche Regelung und die durch sie bewirkte Ungleichbehandlung kein sachlicher Grund finden lässt".[29] So bedeutet die Bindung des Gesetzgebers an das Willkürverbot für den Bereich der Subventionierung lediglich,

dass er seine Leistungen nicht nach unsachlichen Gesichtspunkten, also nicht willkürlich verteilen darf. Sachbezogene Gesichtspunkte stehen ihm in weitem Umfang zu Gebote, solange die Regelung sich nicht auf eine der Lebenserfahrung geradezu widersprechende Würdigung der jeweiligen Lebenssachverhalte stützt, insbesondere der Kreis der von der Maßnahme Begünstigten sachgerecht abgegrenzt ist ...[30]

Nach der strengeren, erstmals im Beschluss des ersten Senats vom 7.10.1980 anklingenden „Neuen Formel" steht eine Ungleichbehandlung demgegenüber schon dann nicht mit Art. 3 Abs. 1 GG in Einklang, wenn zwischen den Vergleichsgruppen „keine Unterschiede von solcher Art und solchem Gewicht bestehen, daß sie die ungleiche Behandlung rechtfertigen könnten".[31]

Demnach können – unbeschadet der Frage der Kontrollintensität – die aus dem allgemeinen Gleichheitssatz abgeleiteten Vorgaben nur einen Rahmen liefern, ohne jede Detailfrage zu beantworten.[32] Gerade dem Gesetzgeber kommt ein weiter Spielraum für die Festlegung des Gesetzeszwecks und damit der Differenzierungsziele zu. Für die Verteilungskriterien kann in verallgemeinerungsfähiger Weise folglich nicht mehr als das Gebot ihrer am Verteilungszweck orientierten Sachgerechtigkeit festgehalten werden.[33] In Rechnung zu

---

[26] BVerfGE 55, 72 (88 f.); E 83, 1 (23); E 99, 367 (389 f.); E 116, 135 (161).

[27] BVerfGE 101, 54 (101) – hinsichtlich Eigentümern von Erholungs- und Freizeitgrundstücken, die im Beitrittsgebiet belegen sind, im Vergleich zu Eigentümern anderer Grundstücke; ferner E 103, 310 (319).

[28] Siehe nur BVerfGE 37, 342 (353 f.); E 62, 256 (274); E 107, 133 (141); E 116, 135 (161); E 118, 79 (100).

[29] BVerfGE 116, 135 (161); ferner E 55, 72 (88 f.); E 83, 1 (23); E 89, 132 (141 f.); E 91, 118 (123); E 99, 367 (389).

[30] BVerfGE 110, 274 (293).

[31] BVerfGE 55, 72 (88); ferner E 81, 228 (236).

[32] *M. Martini*, Der Markt als Instrument hoheitlicher Verteilungslenkung, S. 81 f.; *M. Wallerath*, Bedarfsdeckung, S. 327.

[33] BVerwG, NJW 1975, S. 891 (892 f.); VGH München, NJW 1984, S. 680 (681); *W. Frenz*,

stellen ist dabei nicht nur das Teilhabeinteresse des Bewerbers, sondern auch das Interesse der Verwaltung, der Allgemeinheit respektive Dritter an einer bestimmten Nutzung des Guts.[34] Dies verlangt etwa im Kontext der staatlichen Auftragsvergabe, den Bedarf nur bei leistungsfähigen, fachkundigen, gesetzestreuen sowie zuverlässigen Anbietern zu decken und den Zuschlag auf das wirtschaftlich günstigste Angebot zu erteilen, wie § 97 Abs. 4 und 5 GWB dies im Übrigen auch bestimmen. Andere Aspekte dürfen in die Vergabeentscheidung dagegen nur einfließen, wenn sich eine entsprechende (verfassungsrechtliche) Legitimation hierfür findet und sich die Kopplung nicht als unangemessen darstellt. Angesichts des in Art. 20a GG verankerten Staatsziels Umweltschutz grundsätzlich nicht zu beanstanden ist demnach die Berücksichtigung umweltschutzrelevanter Gesichtspunkte bei der Auftragsvergabe.[35]

Sachgerecht sind die Verteilungskriterien schließlich dann nicht mehr, wenn sie derart unbestimmt formuliert sind, dass der Interessent die Anforderungen nicht erkennen kann respektive der verteilenden Behörde ein willkürliche Entscheidungen ermöglichender Spielraum eingeräumt wird.

(2) Anforderungen an das Verteilungsverfahren

Für das Verteilungsverfahren lassen sich demgegenüber in größerem Maße bereichsübergreifende Anforderungen formulieren: Dieses muss so ausgestaltet sein, dass eine gleichheitskonforme Vergabeentscheidung hergestellt werden kann.

Um die Gleichbehandlung der Bewerber sicherzustellen, trifft Gesetzgeber respektive Verwaltung allen voran eine Konzeptpflicht.[36] Eine solche impliziert zunächst, dass das Verteilungsproblem und damit die etwaige Notwendigkeit,

---

VergabeR 2007, S. 1 (7); *M. Kloepfer / S. Reinert*, Zuteilungsgerechtigkeit, S. 47 (70); *M. Martini*, Der Markt als Instrument hoheitlicher Verteilungslenkung, S. 82.

[34] Ebenso *W. Berg*, Der Staat 15 (1976), S. 1 (18 f.); *S. Bumke*, Frequenzvergabe, S. 222; *M. Kloepfer / S. Reinert*, Zuteilungsgerechtigkeit, S. 47 (67 f., 70 ff.).

[35] Näher *P. M. Huber / F. Wollenschläger*, WiVerw 2005, S. 212 (230 f.); vgl. für die Tariftreue auch BVerfGE 116, 202 (223 ff.).

[36] BVerfGE 57, 295 (327): „Sofern die zur Verfügung stehenden Verbreitungsmöglichkeiten es nicht erlauben, allen auftretenden Bewerbern den Zugang zur Veranstaltung privater Rundfunksendungen zu eröffnen, müssen in die Zugangsregelungen auch Regeln über die Auswahl der Bewerber aufgenommen werden. Das gebietet der Gleichheitssatz (Art. 3 Abs. 1 GG)“; BVerwGE 82, 246 (255); E 104, 220 (223); *C. Gusy*, NJW 1988, S. 2505 (2511); *C. Koenig / K. Hentschel*, ZIP 2005, S. 1937 (1941); *M. Oldiges*, NJW 1984, S. 1927 (1929); *B. Ruhland*, ThürVBl. 2008, S. 198 (199); *M. Sachs*, Fragen der Gleichheitsgrundrechte, S. 137 (139); *M.-J. Seibert*, Einwirkung des Gleichheitssatzes, S. 535 (540); im Ansatz auch *P. M. Huber*, Konkurrenzschutz, S. 519 f. Zurückhaltend zu grundrechtlich fundierten Konzeptpflichten *M. Burgi*, WiVerw 2007, S. 173 (173). Insoweit besteht allerdings nach *C. Gusy*, NJW 1988, S. 2505 (2510), kein „Rechtsnormvorbehalt für die Entscheidungssteuerung“; gleichwohl erachtet er die Explizierung eines Entscheidungsprogramms zur Kompetenzwahrung gegenüber der Judikative – die andernfalls Konzepte „ermittle“ – für praktisch geboten. Zu einem

ein Verteilungsverfahren durchzuführen, überhaupt erkannt wurden. Dem widerspricht etwa die unbesehene Auskehr von Subventionen nach dem Zeitpunkt der Antragstellung oder der Verkauf öffentlichen Eigentums, ohne zu erwägen, ob eine Mehrzahl von Interessenten und folglich eine Ausschreibung des Objekts in Betracht kommt.[37] Zudem ist ein Verteilungsprogramm aufzustellen: Auskunft zu geben hat dieses zum einen, und zwar hinreichend bestimmt,[38] über Verteilungsgegenstand und -kriterien, zum anderen über wesentliche Aspekte des Verteilungsverfahrens. Geboten erscheint die Konzepterstellung deshalb, weil sie eine verlässliche, Raum für Willkür ausschließende und aus der Perspektive des Rechtsschutzes nachvollziehbare Entscheidungsbasis schafft. Derartigen Konzeptpflichten kann eine kompensatorische Funktion zugesprochen werden, vermögen sie doch, ein transparentes, rationales und gleichheitskonformes Handeln auch jenseits parlamentsgesetzlicher Steuerung zu gewährleisten.[39] Es versteht sich hinsichtlich der Konzeptpflicht schließlich von selbst, dass das entwickelte Verteilungskonzept für das weitere Verfahren grundsätzlich verbindlich sein muss; Konzeptänderungen aus sachlichen Gründen, die den Verfahrensbeteiligten mitgeteilt werden, damit sie hierauf reagieren können, schließt dies nicht aus.

Des Weiteren muss die Vergabe einschließlich ihrer wesentlichen Modalitäten im Interesse individueller Partizipationsmöglichkeiten und auch einer optimalen Güterverteilung adäquat bekannt gemacht werden.[40] Die Reichweite dieser Bekanntmachungspflicht variiert nach den Umständen des Einzelfalls.[41]

Rechtssatzvorbehalt *M. Kloepfer,* JZ 1984, S. 685 (693 f.). Ausführlich zur Reichweite des Gesetzesvorbehalts unten, I.5.

[37] Siehe auch *H. C. Röhl,* GVwR II, § 30, Rn. 11.

[38] Siehe etwa LSG Baden-Württemberg, MedR 2008, S. 309 (318 f.).

[39] Siehe zur kompensatorischen Funktion des Verwaltungsverfahrens die Nachweise in Fn. 256 f. Zurückhaltend zum Kompensationspotential von Konzeptpflichten allerdings *N. Meyer,* Beschaffung, S. 389 f. Zu Konzeptpflichten als Garant folgerichtigen staatlichen Handelns jüngst BVerfGE 121, 317 (356 ff.).

[40] VGH München, NVwZ-RR 1993, S. 552 (556); *W. Henke,* Wirtschaftssubventionen, S. 78 ff.; *H. P. Ipsen,* VVDStRL 25 (1967), S. 257 (297); *T. Kingreen,* VergabeR 2007, S. 355 (363); *J. Knöbl,* Rechtsschutz, S. 206 ff.; *M. Oldiges,* NJW 1984, S. 1927 (1930); *O. Otting / U. H. Olgemöller,* DÖV 2009, S. 364 (370 f.); *R. Stober,* GewArch 1993, S. 187 (190); siehe zur Bedeutung von „Publizität" im Kontext der verteilenden Verwaltung bereits *H. F. Zacher,* VVDStRL 25 (1967), S. 308 (355 ff.). Eine Veröffentlichungspflicht von Verwaltungsvorschriften enthaltenen Verteilungsprogrammen indes verneinend BVerwGE 104, 220 (224, 227 f.); a.A. *W. R. Schenke,* in: BK, Art. 19 Abs. 4, Rn. 718, jedenfalls für gesetzesvertretende Verwaltungsvorschriften; für außenwirksame Verwaltungsvorschriften auch BVerwGE 122, 264 (269 f.).

[41] OVG Koblenz, LKV 2006, S. 276 (277); OVG Münster, NVwZ-RR 2007, S. 178 (179 f.); *M. Burgi,* NZBau 2005, S. 610 (615); *J. Englisch,* VerwArch 98 (2007), S. 410 (422 f.); *W. Henke,* Wirtschaftssubventionen, S. 79 f.; *S. Klein,* VergabeR 2005, S. 22 (24); *T. Puhl,* VVDStRL 60 (2001), S. 456 (479 f.); ferner *C. Gusy,* NJW 1988, S. 2505 (2511). Ablehnend *C. Braun,* VergabeR 2006, S. 657 (659). Zurückhaltend auch *N. Meyer,* Beschaffung, S. 362 f.

Auch im Übrigen muss das Verfahren am Grundsatz der Chancengleichheit orientiert sein, was die Ausschaltung sachwidriger Einflüsse (etwa durch Befangenheitsregelungen) oder die Sicherung der Neutralität der Verwaltung im Kontakt mit einzelnen Bewerbern (z.B. Verbot der selektiven Information) impliziert. Schon eng mit der Rechtsschutzdimension, die auch dem allgemeinen Gleichheitssatz eignet, verknüpft sind das Gebot einer hinreichend aussagekräftigen Begründung der Auswahlentscheidung[42] einschließlich Information über die Person des Begünstigten[43] sowie Dokumentationspflichten.[44]

Mit der Entfaltung dieser grundlegenden Verfahrensanforderungen ist freilich keiner Hypertrophie des Verfahrensrechts das Wort geredet. Vielmehr muss bei der Konkretisierung dieser Vorgaben für den Einzelfall, wie noch ausführlich zu zeigen sein wird,[45] der Multipolarität des Verteilungskonflikts Rechnung getragen werden: Gegenläufige Interessen anderer Bewerber sowie das öffentliche Interesse an einer effizienten Verwaltung müssen gleichfalls in die Bestimmung des verfahrensrechtlich Gebotenen einfließen.

cc) Das Recht auf chancengleiche Teilnahme am Vergabeverfahren

Der allgemeine Gleichheitssatz steckt nicht nur den Rahmen für die Gestaltung von Vergabekriterien und -verfahren ab, sondern sichert auch deren Beachtung bei der Herstellung der Verteilungsentscheidung. So betonte das BVerfG im Kontext seiner Entscheidung zum Vergaberechtsschutz, dass jeder Bieter „eine faire Chance erhalten [muss], nach Maßgabe der für den spezifischen Auftrag wesentlichen Kriterien und des vorgesehenen Verfahrens berücksichtigt zu werden. Eine Abweichung von solchen Vorgaben kann eine Verletzung des Art. 3 Abs. 1 GG bedeuten. Insofern verfügt jeder Mitbewerber über ein subjektives Recht".[46]

Ausgesprochen hat das BVerfG dies mit Blick auf den Grundsatz der Selbstbindung der Verwaltung. Dieser verpflichtet die staatlichen Auftraggeber im

---

[42] C. Gusy, NJW 1988, S. 2505 (2511) – anders aber außerhalb von Verteilungsverfahren (ibid., S. 2509); P. M. Huber, Konkurrenzschutz, S. 519 f.

[43] C. Gusy, NJW 1988, S. 2505 (2511).

[44] Darüber hinaus gefordert werden ein Anhörungsrecht (P. M. Huber, Konkurrenzschutz, S. 519 f.), dem mit der Teilnahmemöglichkeit qua Ausschreibung regelmäßig genügt ist, sowie ein Anspruch auf Akteneinsicht (C. Gusy, NJW 1988, S. 2505 [2511]).

[45] Dazu unten, I.2.b.cc.

[46] BVerfGE 116, 135 (154); ferner NZBau 2009, S. 464 (465); ähnlich, obgleich weniger deutlich bereits E 116, 1 (12 f.). Auch in der Rspr. des BVerwG ist ein derartiger Anspruch etabliert: „Überdies begründet der Gleichheitssatz zugunsten jedes Zuwendungsbewerbers einen Anspruch darauf, nach einem aufgestellten Verteilungsprogramm behandelt zu werden" (E 104, 220 [223]). Einen solchen Anspruch erkennen ebenfalls an: BGH, NZI 2008, S. 161 (162); M. Bungenberg, Vergaberecht, S. 224 f.; J. Kühling, Sektorspezifische Regulierung, S. 507 f.; J. Pietzcker, Zweiteilung, S. 44; M.-J. Seibert, Einwirkung des Gleichheitssatzes, S. 535 (539); M. Wallerath, Bedarfsdeckung, S. 323, 329 f.

unterschwelligen Vergaberecht – die Existenz einer entsprechenden Verwaltungspraxis einmal unterstellt –, die in Verwaltungsvorschriften enthaltenen Vergabebestimmungen grundsätzlich einzuhalten.[47] Nichts anderes gilt jedoch für Verteilungsprogramme auf einfach-rechtlicher Basis, deren Beachtung Bewerber ebenfalls unter Berufung auf den vom allgemeinen Gleichheitssatz umfassten Teilhabeanspruch verlangen können.[48] Gewährt bereits das einfache Recht einen Anspruch auf eine in diesem Sinne fehlerfreie Verteilungsentscheidung, wie etwa § 97 Abs. 7 GWB im Kartellvergaberecht, so wird diese Rechtsposition grundrechtlich unterfüttert;[49] ist die Individualberechtigung dagegen fraglich, wird der aus Art. 3 Abs. 1 GG abgeleitete Teilhabeanspruch praktisch, indem er aufgrund seiner norminternen Wirkung[50] für eine subjektive Berechtigung streitet respektive diese bei fehlender oder nur rudimentärer Normierung eines Verteilungsprogramms aufgrund seiner normexternen Wirkung[51] unmittelbar verleiht.[52]

Zu klären bleibt freilich, wie weit der gleichheitsrechtliche Anspruch auf Beachtung des Verteilungsprogramms reicht. Erfährt dieses über Art. 3 Abs. 1 GG eine vollumfängliche Subjektivierung, oder gebietet der allgemeine Gleichheitssatz lediglich eine mit ihm als solchem – d.h. unabhängig vom entwickelten Verteilungskonzept – in Einklang stehende Vergabe? Die zuerst genannte Auffassung entspräche dem bei Abwehrrechten allgemein anerkannten formellen Grundrechtsschutz. Dort begründet nämlich bereits die Nicht- bzw. Falschanwendung des in Freiheitsrechte eingreifenden einfachen Rechts aufgrund des Gesetzesvorbehalts stets eine Grundrechtsverletzung, ohne dass gleichzeitig

---

[47] BVerfGE 116, 135 (153 f.); *V. Götz*, Wirtschaftssubventionen, S. 37; *W. Henke*, Wirtschaftssubventionen, S. 128 ff.; *T. Puhl*, VVDStRL 60 (2001), S. 456 (478). Zurückhaltend *T. Pollmann*, Gleichbehandlungsgrundsatz, S. 146 f. Zur nur mittelbaren Außenwirkung von Verwaltungsvorschriften nach den Grundsätzen der Selbstbindung der Verwaltung statt vieler BVerwGE 104, 220 (223); *H. Maurer*, Allgemeines Verwaltungsrecht, § 24, Rn. 21 ff. (dort auch zu den verschiedenen Erklärungsansätzen und konkurrierenden Konzeptionen). Diese Bindung gestattet – anders als die an Rechtsnormen – sachlich begründete, d.h. willkürfreie Änderungen des Verteilungsprogramms, dazu etwa BVerwGE 46, 89 (90 f.); E 104, 220 (223 ff.); E 126, 33 (51); *M.-J. Seibert*, Einwirkung des Gleichheitssatzes, S. 535 (545 ff.). Zur Änderungsbefugnis nach Einleitung des Verteilungsverfahrens BVerwGE 35, 159 (163), und näher unten, 3. Teil, B.I.1.c.
[48] BVerfGE 116, 1 (12 f.); *M. Bungenberg*, Vergaberecht, S. 225 f.; *T. Puhl*, VVDStRL 60 (2001), S. 456 (480).
[49] Zur Verstärkung einfachgesetzlicher Rechtspositionen durch den allgemeinen Gleichheitssatz *L. Osterloh*, in: Sachs, GG, Art. 3, Rn. 53.
[50] Dazu *P. M. Huber*, in: v. Mangoldt/Klein/Starck, GG, Art. 19, Rn. 390 ff.; *H. Maurer*, Allgemeines Verwaltungsrecht, § 8, Rn. 10 ff.; *E. Schmidt-Aßmann*, in: Maunz/Dürig, GG, Art. 19 IV, Rn. 128; *F. Wollenschläger*, DVBl. 2007, S. 589 (595).
[51] Zur normexternen Wirkung der Grundrechte bereits oben, A.
[52] Siehe etwa BVerfGE 116, 1 (12 f.): keine subjektive Berechtigung aus § 56 Abs. 1 InsO allein, wohl aber über Art. 3 Abs. 1 GG; in der Literatur *J. Englisch*, VerwArch 98 (2007), S. 410 (420 ff.); *T. Puhl*, VVDStRL 60 (2001), S. 456 (477 f.).

eine materielle Grundrechtswidrigkeit[53] erforderlich wäre.[54] Eine Übertragung dieses Grundsatzes auf den vorliegenden Fall birgt freilich die Gefahr, über den Umweg des allgemeinen Gleichheitssatzes einen generellen Gesetzesbefolgungsanspruch bzw. – in der Terminologie *Lübbe-Wolffs* – umfassenden grundrechtlichen Normanwendungsschutz[55] zu schaffen. Mit der Begründung verfassungsrechtlicher Positionen ohne verfassungsrechtliche Rückkopplung wäre die Trennung zwischen einfachem Recht und Verfassungsrecht in Frage gestellt.[56] Demzufolge scheidet die Annahme eines generellen Konzeptbefolgungsanspruchs aus. Für einen solchen streitet auch nicht die Tatsache, dass der allgemeine Gleichheitssatz Gesetzgeber bzw. Verwaltung verpflichtet, ein entsprechendes Verteilungskonzept vorzuhalten. Denn obgleich dies zutrifft,[57] sagt dies noch nichts darüber aus, inwieweit das Verteilungsprogramm – insbesondere ein über den von Art. 3 Abs. 1 GG gebotenen Rahmen hinausgehender Inhalt – verfassungskräftige Bindungswirkung entfaltet. Gleichwohl verbietet diese gleichheitsrechtlich fundierte Konzeptpflicht, den Gewährleistungsgehalt des Art. 3 Abs. 1 GG isoliert vom Verteilungsprogramm zu betrachten und die Rechtmäßigkeitsprüfung dementsprechend darauf zu beschränken, ob sich die Verteilung – unabhängig von dessen Beachtung – als nicht willkürlich darstellt.[58] Denn damit würde die Konzeptpflicht ausgehöhlt. Zudem trüge die Doppelgleisigkeit von konkretem Verteilungsprogramm einerseits und einem von ihm abstrahierten verfassungsrechtlichen Rahmen andererseits erhebliche Rechtsunsicherheit in das Verteilungsverfahren. Das Verteilungskonzept ist folglich als Konkretisierung des Gleichheitsgrundrechts heranzuziehen, allerdings nur insoweit, wie sich seine Einzelaussagen auch auf den allgemeinen Gleichheitssatz zurückführen lassen.[59] Bei den materiellen Vergabekriterien ist

---

[53] Zur Differenzierung zwischen formeller und materieller Grundrechtswidrigkeit *W. Cremer*, Freiheitsgrundrechte, S. 141: Bei letzterer steht die behördliche Maßnahme nicht nur mit dem grundrechtsbeschränkenden einfachen Recht nicht in Einklang, sondern verstößt zugleich gegen materielle Vorgaben des Grundrechts; ferner *H.-U. Gallwas*, Faktische Beeinträchtigungen, S. 49 ff. Zum Vorliegen einer Grundrechtsverletzung bei Verfahrensverstößen noch unten, A.I.2.b.cc.

[54] Differenzierend *P. M. Huber*, Konkurrenzschutz, S. 238 ff.

[55] Zu diesem *G. Lübbe-Wolff*, Grundrechte, S. 103 ff.

[56] Vgl. *W. Cremer*, Freiheitsgrundrechte, S. 93 ff.; *J. Englisch*, VerwArch 98 (2007), S. 410 (420 f.); *S. Gers-Grapperhaus*, Auswahlrechtsverhältnis, S. 192; *G. Lübbe-Wolff*, Grundrechte, S. 119.

[57] Zur Konzeptpflicht soeben, I.2.a.bb.(2).

[58] So aber *S. Gers-Grapperhaus*, Auswahlrechtsverhältnis, S. 169 ff.

[59] So auch *J. Englisch*, VerwArch 98 (2007), S. 410 (422): Nach diesem ist Drittschutz dann zu bejahen, wenn die Norm „typischen und ex ante erkennbaren grundrechtlichen Gefährdungslagen bzw. Fördergeboten Rechnung trägt" (421); ferner OVG Münster, NZBau 2006, S. 531 (531); *C. Braun*, SächsVBl. 2006, S. 249 (254); *ders.*, NZBau 2008, S. 160 (162); *D. Kallerhoff*, NZBau 2008, S. 97 (101 f.); *W. Krohn*, NZBau 2007, S. 493 (496). Nach *G. Lübbe-Wolff* (Grundrechte, S. 119) genießen nicht alle grundrechtseffektuierenden Regelungen des einfachen Gesetzgebers Normanwendungsschutz; vielmehr müsse dieser mit der Verab-

dies stets der Fall, da diese die Sachgründe für die Ungleichbehandlung zwischen erfolgreichen und abgelehnten Bewerbern konkretisieren.[60] Hinsichtlich der verfahrensrechtlichen Vorgaben des Verteilungsprogramms ist im Einzelfall zu prüfen, inwieweit sie der Realisierung eines chancengleichen Verteilungsverfahrens dienen. Ist Selbiges einer Verfahrensvorschrift zu attestieren, kommt ihr individualschützender Charakter zu. Dieses Ergebnis findet auch Rückhalt in der Rechtsprechung des BVerfG zur verfahrensrechtlichen Dimension der Grundrechte. Hier gilt, wie das Gericht in seinem Mülheim-Kärlich-Beschluss betont hat, dass die Verletzung einer Verfahrensvorschrift nur dann grundrechtsrelevant ist, wenn letztere das grundrechtliche Schutzgut absichert.[61] Bei einem Verfahrensverstoß liegt eine Grundrechtsverletzung allerdings nur unter der weiteren Voraussetzung vor, dass sich dieser auf das Verfahrensergebnis auswirkt.[62]

Das aus Art. 3 Abs. 1 GG abgeleitete Recht auf chancengleiche Teilnahme am Vergabeverfahren stellt sich folglich als dessen spezifischer Schutzgehalt in Verteilungskonstellationen dar. In der positiven respektive negativen Verteilungsentscheidung liegt eine Ungleichbehandlung der Bewerber; diese ist nur dann sachlich gerechtfertigt, wenn sie – im entwickelten Umfang – in Einklang mit Vergabekriterien und -verfahren steht.[63] Nach *Peter M. Hubers* Systemati-

---

schiedung der Norm einem entsprechenden grundrechtlichen Verfassungsauftrag nachgekommen sein. Damit beschränkt sich der „grundrechtliche Normanwendungsschutz im Bereich konstituierenden einfachen Rechts ... auf Norminhalte, die objektivrechtlich durch Verfassungsaufträge abgestützt sind" (Grundrechte, S. 122); siehe ferner ibid., S. 145: bloße „Grundrechtsgünstigkeit einer einfachrechtlichen Regelung" nicht ausreichend, vielmehr erforderlich, dass „die Regelung einem objektiven, auch an den Gesetzgeber gerichteten verfassungsrechtlichen Gebot des Schutzes und / oder der Förderung grundrechtlicher Rechtspositionen entspricht".

[60] Dass nicht zwischen im Individual- und Allgemeininteresse liegenden Kriterien differenziert werden kann, verdeutlicht auch BVerfG, NVwZ 2008, S. 194 (195): Der in Art. 33 Abs. 2 GG verankerte Anspruch „auf eine fehlerfreie Entscheidung über die Bewerbung bringt es ... mit sich, dass inzident auch die Einhaltung objektiver Rechtsnormen geprüft werden muss, soweit diese maßgebend für die Eignung des ausgewählten Konkurrenten sind". Vgl. ferner *B. Grzeszick*, ZUM 1997, S. 911 (924). Siehe demgegenüber aber auch BVerwG, 2 A 3/96 – juris, Rn. 25 ff.

[61] BVerfGE 53, 30 (65 f.): „Das bedeutet nicht, daß jeder Verfahrensfehler in einem atomrechtlichen Massenverfahren bereits als Grundrechtsverletzung zu beurteilen wäre. Eine solche Verletzung kommt aber dann in Betracht, wenn die Genehmigungsbehörde solche Verfahrensvorschriften außer acht läßt, die der Staat in Erfüllung seiner Pflicht zum Schutz der in Art. 2 Abs. 2 GG genannten Rechtsgüter erlassen hat."

[62] BVerfGE 73, 280 (299); E 84, 34 (56); NVwZ-RR 2000, S. 487 (488); BVerwGE 19, 216 (221); E 69, 256 (269); E 75, 214 (228); E 75, 285 (291); E 78, 280 (284 f.); E 91, 262 (270); NVwZ-RR 1994, 14 (14 f.); E 98, 339 (361); E 105, 328 (332 f.); E 120, 193 (199 f.); *P. Baumeister*, Beseitigungsanspruch, S. 325 ff.; *H. Hill*, Fehlerhafte Verfahren, S. 401; *M. Sachs*, GVwR II, § 31, Rn. 53, 66 ff.; *M. Schmidt-Preuß*, Kollidierende Privatinteressen, S. 525, 806 f. Ausführlich zum Auswirkungs-Kriterium unten, 3. Teil, B.V.2.a.bb.(2).

[63] Angesichts dieser Fundierung im allgemeinen Gleichheitssatz greift der von *W. Cremer*, Freiheitsgrundrechte, S. 96 ff., gegenüber *Lübbe-Wolffs* Konzept eines grund-

sierung der Anspruchsziele im Konkurrenzschutz stellt sich dieses Teilhabe-recht als Konkurrentenverdrängungsanspruch dar.[64] Gerichtet ist dieser zum einen auf die Abwehr der einem Konkurrenten gleichheitswidrig zugesproche-nen Vergünstigung; diese ist wegen ihres Verstoßes gegen Art. 3 Abs. 1 GG rechtswidrig.[65] Zum anderen erstrebt der rechtswidrig unterlegene Bewerber eine eigene Begünstigung, jedenfalls aber die (erneute) ermessensfehlerfreie Entscheidung hierüber. Insoweit – und anders als bei einer Infragestellung des Gesamtsystems wegen einer gleichheitswidrigen Abgrenzung des Kreises der Begünstigten oder einer defizitären Verfahrensgestaltung – ist die in Recht-sprechung[66] und Literatur[67] aus Gründen der Gewaltenteilung anzutreffende Zurückhaltung hinsichtlich der Einbeziehung gleichheitswidrig Ausgeschlos-sener in bestehende Leistungssysteme durch die Judikative nicht angezeigt, da hier meist schon keine Beschneidung der gesetzgeberischen Gestaltungsfrei-heit, sondern die Kontrolle einer gleichheitskonformen Rechtsanwendung durch die Exekutive erfolgt; und selbst wo und wenn man der Verwaltung Ge-staltungsspielräume zugesteht, ist zu berücksichtigen, dass nicht Außenste-hende die Einbeziehung in bestehende Leistungssysteme verlangen, sondern eine Neuverteilung innerhalb eines Systems inmitten steht, deren Parameter feststehen. Damit kann regelmäßig von einem entsprechenden Begünstigungs-willen ausgegangen werden, und kommt nur eine Möglichkeit der Herstellung gleichheitskonformer Zustände in Betracht;[68] allerdings kann sich die Verwal-

---

rechtlichen Anwendungsschutzes einfachrechtlicher Positionen erhobene Einwand man-gelnder verfassungsrechtlicher Fundierung nicht durch; vgl. auch *F. Schoch*, DVBl. 1988, S. 863 (868).

[64] *P. M. Huber*, Konkurrenzschutz, S. 76 ff., differenziert nach dem jeweiligen An-spruchsziel und unterscheidet Konkurrenten-, Fiskus- und Begünstigungsabwehransprü-che, Konkurrentengleichstellungsansprüche und Konkurrentenverdrängungsansprüche. Zu letzteren ibid., S. 94 ff., 431 ff.

[65] Nach *G. Dürig*, in: Maunz / ders., GG, Art. 3 I, Rn. 172, 473 f., der allerdings die Kon-kurrenz um knappe Güter nicht in den Blick nimmt, ist die Anfechtung einer Begünstigung Dritter unter isolierter Berufung auf den allgemeinen Gleichheitssatz ausgeschlossen; ähn-lich *H.-U. Erichsen*, DVBl. 1983, S. 289 (295 f.), und *F. Schoch*, DVBl. 1988, S. 863 (867 Fn. 65), die die Abwehr einer Fremdbegünstigung den Freiheitsrechten zuordnen. Zum „Eingriffsmodell des Gleichheitssatzes" *S. Huster*, Rechte und Ziele, S. 225 f.

[66] BVerfGE 8, 28 (36 f.); E 22, 163 (174 f.); E 22, 349 (360 f.); E 27, 220 (230 f.); E 43, 58 (74 f.); E 45, 104 (141); E 61, 319 (356 f.); E 84, 9 (20 f.).

[67] *R. Breuer*, Grundrechte als Anspruchsnormen, S. 89 (102 f.); *D. Murswiek*, HStR V, § 112, Rn. 69 ff.

[68] So auch *F. Schoch*, DVBl. 1988, S. 863 (867 f.). Vgl. ferner BVerwGE 102, 113 (117 f.); E 118, 379 (383 f.). Siehe demgegenüber aber auch *M. Sachs*, Grenzen des Diskriminierungsver-bots, S. 29 ff., nach dem sich auf das – als „modales Abwehrrecht" verstandene – Gleichheits-recht allein die begehrte Begünstigung nicht stützen lasse, da auch die generelle Versagung mit Art. 3 Abs. 1 GG in Einklang stünde (allerdings relativiert in *ders.*, Gleichheitssatz als Grundrecht, S. 309 [319 m. Fn. 41, 323]).

tung beim Vorliegen sachlicher Gründe auch dafür entscheiden, das Verteilungsverfahren ohne Zuteilung einzustellen[69].

Dieser spezifische Schutzgehalt des allgemeinen Gleichheitssatzes in Verteilungskonstellationen verbietet auch, in der Anerkennung eines Anspruchs auf Zuteilung gemäß den Verteilungsbedingungen einen Wertungswiderspruch zwischen einer Verteilung in Konkurrenzsituationen, bei der nach dem Gesagten ohne Weiteres ein Leistungsanspruch aus dem allgemeinen Gleichheitssatz folgt, und schlichten Zuteilungskonstellationen, in denen mangels Konkurrenz Art. 3 Abs. 1 GG keinen Leistungsanspruch vermitteln kann, zu sehen. Im Übrigen kann zum einen bei einer Selbstbindung der Verwaltung der Gleichheitssatz auch im zuletzt genannten Fall einen entsprechenden Anspruch vermitteln. Zum anderen aber müssen einfach-rechtliche Normen, die die Verwaltung zur Leistungsgewährung verpflichten, stets als auch individualberechtigend ausgelegt werden; nur ein derartiges Verständnis entspricht nämlich, wie das BVerwG schon in einem im ersten Band seiner Entscheidungssammlung veröffentlichten Urteil betont hat, der in der Verfassung angelegten Subjektstellung des Einzelnen.[70]

Keinesfalls verwechselt werden darf der Teilhabeanspruch vor diesem Hintergrund ferner mit dem aus dem allgemeinen Gleichheitssatz folgenden Anspruch auf gleichheitskonforme Rechtsanwendung, der erst bei einer willkürlichen, auf unsachlichen Erwägungen beruhenden Handhabung des Rechts verletzt ist[71]. Der Teilhabeanspruch ist demgegenüber bei einer schlichten Falschanwendung der aus ihm folgenden – mitunter freilich lediglich in Rahmenvorgaben bestehenden – Anforderungen verletzt. Zu trennen ist mithin die Frage nach den Vorgaben, die bei verfassungsunmittelbarem Rekurs auf Art. 3 Abs. 1 GG lediglich in Rahmenvorgaben bestehen, von der Pflicht zu deren unbedingter Anwendung. Es kann aber nicht angehen, wie dies im Vergaberecht unterhalb der Schwellenwerte und für Veräußerungsverfahren mitunter vertreten wird,[72] nur offensichtliche, auf Willkür beruhende Rechtsanwendungsfehler für beachtlich zu erachten.

Was schließlich den grundrechtlich gebotenen Rechtsschutz bei Verstößen gegen diesen Teilhabeanspruch angeht, hat das BVerfG dem Recht auf chancengleiche Wettbewerbsteilnahme eine nur mindere Qualität zugesprochen. Dieses Recht kann nämlich bei der Frage, ob eine bestimmte Ausgestaltung des Rechtsschutzes bei seiner Verletzung mit dem allgemeinen Gleichheitssatz (in casu: kein explizit normierter Primärrechtsschutz für Auftragsvergaben unterhalb bestimmter Schwellenwerte) vereinbar ist, nicht in die Wagschale zuguns-

---

[69] *D. Murswiek*, HStR V, § 112, Rn. 69 ff. Näher dazu unten, 3. Teil, B.I.6.
[70] BVerwGE 1, 159 (161 f.); ferner *E. Schmidt-Aßmann*, Ordnungsidee, S. 13 ff.; *ders.*, Reform, S. 11 (17 f.).
[71] Dazu BVerfGE 58, 163 (167 f.); *H. Hill*, Fehlerhafte Verfahren, S. 206 f.
[72] Siehe unten, 2. Teil, I.IV.1.

ten der Heranziehung der „Neuen Formel", also eines strengen, nicht auf Willkür beschränkten Prüfungsmaßstabs, geworfen werden:

Nach diesen Kriterien ist es hier nicht angezeigt, der Prüfung einen strengeren Maßstab als das Willkürverbot zugrunde zu legen. Die Unterscheidung im Rechtsschutz gegen Vergabeentscheidungen knüpft nicht an die Zugehörigkeit zu einer bestimmten Personengruppe an, sondern an die Höhe des finanziellen Betrags des zu vergebenden Auftrags. Dies ist ein rein sachverhaltsbezogenes Kriterium. Auch eine mittelbare Ungleichbehandlung von Personengruppen ist nicht ersichtlich. Zudem wirkt sich die Ungleichbehandlung von öffentlichen Aufträgen oberhalb und unterhalb der Schwellenwerte nicht auf die Ausübung grundrechtlich geschützter Freiheiten aus. Die Vergabe solcher Aufträge ist *lediglich* an dem allgemeinen Gleichheitssatz zu messen ... Freiheitsrechtliche Schutzbereiche, insbesondere die Berufsfreiheit nach Art. 12 Abs. 1 GG, werden durch eine Nichtberücksichtigung bei der Vergabe dagegen grundsätzlich nicht berührt ...[73]

Auch bei der sich hieran anschließenden Prüfung hat das BVerfG dem aus Art. 3 Abs. 1 GG folgenden Recht auf chancengleiche Wettbewerbsteilnahme keine besondere Bedeutung beigemessen, sondern seine Prüfung auf die Vertretbarkeit der gesetzgeberischen Entscheidung, dass der Ausschluss von Rechtsschutz unterhalb der Schwellenwerte wirtschaftlich sinnvoll ist, beschränkt.[74]

Diese bereits früher im Kontext der Frage nach dem Grundrechtscharakter von Art. 3 Abs. 1 GG aufscheinende[75] Behandlung des allgemeinen Gleichheitssatzes als Grundrecht minderer Qualität vermag freilich auch hier nicht zu überzeugen.[76] Schon innerhalb der Entscheidung des BVerfG erscheint sie als Systembruch, steht sie doch in offensichtlichem Widerspruch zur Aktivierung des Art. 3 Abs. 1 GG in Verteilungssituationen. Zudem verbietet es sich, die Verletzung von Gleichheitsrechten generell als weniger bedeutsam als die von Freiheitsrechten zu behandeln. Dies schließt allerdings die generelle Zulässigkeit von Beschränkungen des Rechtsschutzes aufgrund der Multipolarität des Verteilungskonflikts, wie noch zu zeigen sein wird,[77] nicht aus.

b) Freiheitsrechte

Nach traditionellem, liberal-rechtsstaatlichem Verständnis schützen Freiheitsrechte die Freiheit des Einzelnen vor dem Staat. Dem Individuum wird ein dem Staat vorausliegender Freiheitsraum zuerkannt, in den der Staat grundsätzlich nicht eingreifen darf.[78] Dieser Freiheitsraum ist gemäß dem rechtsstaatlichen

---

[73] BVerfGE 116, 135 (161) – Hervorhebung nicht im Original.
[74] BVerfGE 116, 135 (161 ff.).
[75] Dazu oben, I.1.
[76] Kritisch auch *P. M. Huber*, Demontage, S. 547 (555).
[77] Dazu unten, I.2.c.
[78] Siehe BVerfGE 1, 97 (104); *E.-W. Böckenförde*, NJW 1974, S. 1529 (1530 f.); *R. Breuer*, Jura 1979, S. 401 (401); *K. H. Friauf*, DVBl. 1971, S. 674 (674); *G. Jellinek*, System, S. 94 ff.; *D.*

Verteilungsprinzip (*Carl Schmitt*)[79] prinzipiell unbeschränkt, wohingegen die staatliche Intervention rechtfertigungsbedürftig ist.[80] In dieser Gewährleistung negativer Freiheit[81] wird auch unter dem Grundgesetz das Kernanliegen der Freiheitsrechte gesehen; sie sind, um die vielzitierte Formel der Lüth-Entscheidung des BVerfG zu bemühen, „in erster Linie Abwehrrechte des Bürgers gegen den Staat".[82] Dies folge „aus der geistesgeschichtlichen Entwicklung der Grundrechtsidee wie aus den geschichtlichen Vorgängen, die zur Aufnahme von Grundrechten in die Verfassungen der einzelnen Staaten geführt haben. Diesen Sinn haben auch die Grundrechte des Grundgesetzes, das mit der Voranstellung des Grundrechtsabschnitts den Vorrang des Menschen und seiner Würde gegenüber der Macht des Staates betonen wollte."[83]

Auf der Basis eines auch materialen Freiheitsverständnisses[84] hat sich allerdings zunehmend die Ansicht durchgesetzt, dass dem freiheitssichernden Anliegen der Freiheitsrechte nicht bereits durch die Abwesenheit ungerechtfertigter staatlicher Interferenzen mit individuellen Freiheitsräumen genüge getan ist; vielmehr kann dieses auch ein staatliches, auf die Sicherstellung von Realisierungsmöglichkeiten grundrechtlicher Freiheit gerichtetes Tätigwerden ver-

---

Murswiek, HStR V, § 112, Rn. 26; *F. Ossenbühl*, NJW 1976, S. 2100 (2100 f.); *B. Schlink*, EuGRZ 1984, S. 457 (457 f.); *C. Schmitt*, Verfassungslehre, S. 125 ff. Auf den Punkt gebracht etwa bei *G. Jellinek* (Die Erklärung der Menschen- und Bürgerrechte, S. 26), der 1904 schreibt: „Wir wissen heute, daß die Freiheitsrechte nicht positiver, sondern negativer Natur sind, daß sie nicht einen Anspruch auf ein Tun, sondern auf ein Unterlassen des Staates begründen. Darin liegt auch einzig und allein ihre praktische Bedeutung." Zur Geschichte des Abwehrrechts *R. Poscher*, Abwehrrechte, S. 15 ff. Kritisch gegenüber einem auf die Bewahrung vorstaatlicher Freiheit fußenden Grundrechtsverständnis: *C. Bumke*, Relative Rechtswidrigkeit, S. 228 f.

[79] *C. Schmitt*, Verfassungslehre, S. 126 f.

[80] *E.-W. Böckenförde*, NJW 1974, S. 1529 (1530); *B. Schlink*, EuGRZ 1984, S. 457 (467).

[81] Zum Begriff negativer Freiheit *R. Poscher*, Abwehrrechte, S. 112 f.; zu den verschiedenen Facetten des Freiheitsbegriffs ibid., S. 109 ff.; ferner *H. H. Klein*, Grundrechte, S. 48 ff. Ein individual- und teilhaberechtliches Freiheitsverständnis kontrastiert *G. Haverkate*, Rechtsfragen des Leistungsstaats, S. 65 ff.

[82] BVerfGE 7, 198 (LS 1); ferner E 1, 97 (104); E 50, 290 (337); E 68, 193 (205), sowie *H. Bethge*, VVDStRL 57 (1998), S. 7 (14); *E.-W. Böckenförde*, NJW 1974, S. 1529 (1537 f.); *K. Hesse*, EuGRZ 1978, S. 427 (430); *P. M. Huber*, Konkurrenzschutz, S. 174 f.; *H. D. Jarass*, AöR 120 (1995), S. 345 (347); *ders.*, HGR II, § 38, Rn. 15 f.; *F. Müller / B. Pieroth / L. Fohmann*, Leistungsrechte, S. 81 f.; *M. Sachs*, HGR II, § 39, Rn. 1 ff.

[83] BVerfGE 7, 198 (204 f.). Differenzierend *H. Dreier*, Dimensionen der Grundrechte, S. 27 ff.

[84] Dazu *C. Enders*, in: Friauf/Höfling, GG, vor Art. 1, Rn. 48 ff.; *H. H. Klein*, Grundrechte, S. 49 f.; *D. Murswiek*, HStR V, § 112, Rn. 27 ff., nach dem Teilhabe allerdings nur als „notwendige Bedingung der Freiheitsgewährleistung, nicht aber [als] Bestandteil der Freiheit selber" verstanden werden kann (Rn. 29). Siehe auch Art. 3 Abs. 2 der italienischen Verfassung: "È compito della Repubblica rimuovere gli ostacoli di ordine economico e sociale, che, limitando di fatto la libertà e l'eguaglianza dei cittadini, impediscono il pieno sviluppo della persona umana e l'effettiva partecipazione di tutti i lavoratori all'organizzazione politica, economica e sociale del Paese."

langen.[85] In diesem Sinne betonte das BVerfG im ersten Numerus-clausus-Urteil: „Je stärker der moderne Staat sich der sozialen Sicherung und kulturellen Förderung der Bürger zuwendet, desto mehr tritt im Verhältnis zwischen Bürger und Staat neben das ursprüngliche Postulat grundrechtlicher Freiheitssicherung vor dem Staat die komplementäre Forderung nach grundrechtlicher Verbürgung der Teilhabe an staatlichen Leistungen";[86] und wenig später: „Staatliches Handeln, durch das dem Einzelnen Leistungen und Chancen gewährt und angeboten werden, ist für eine Existenz in Freiheit oft nicht weniger bedeutungsvoll als das Unterbleiben eines ‚Eingriffs'."[87] Neben der überkommenen Abwehrfunktion der Freiheitsrechte haben sich daher weitere, unter dem auf die Lüth-Entscheidung des BVerfG zurückgehenden Topos „objektive Wertordnung"[88] respektive „objektiv-rechtliche Dimension" verhandelte[89] Gewährleistungsdimensionen etabliert: Einrichtungsgarantien, Schutzpflichten, Teilhabe- und Leistungsrechte sowie Verfahrensrechte.[90] Diese entfalten auch subjektiv-rechtliche Wirkungen.[91]

---

[85] Zu diesem Defizit des bürgerlich-liberalen Grundrechtsverständnisses *E.-W. Böckenförde*, NJW 1974, S. 1529 (1531 f., 1535); *K. Hesse*, EuGRZ 1978, S. 427 (430 f.). Ablehnend zu einer leistungsrechtlichen Dimension der Freiheitsrechte noch *H. Quaritsch*, Der Staat 5 (1966), S. 451 (469).

[86] BVerfGE 33, 303 (330).

[87] BVerfGE 40, 237 (249).

[88] BVerfGE 7, 198 (205): „Ebenso richtig ist aber, daß das Grundgesetz, das keine wertneutrale Ordnung sein will …, in seinem Grundrechtsabschnitt auch eine objektive Wertordnung aufgerichtet hat und daß gerade hierin eine prinzipielle Verstärkung der Geltungskraft der Grundrechte zum Ausdruck kommt … Dieses Wertsystem, das seinen Mittelpunkt in der innerhalb der sozialen Gemeinschaft sich frei entfaltenden menschlichen Persönlichkeit und ihrer Würde findet, muß als verfassungsrechtliche Grundentscheidung für alle Bereiche des Rechts gelten; Gesetzgebung, Verwaltung und Rechtsprechung empfangen von ihm Richtlinien und Impulse." Siehe bereits zuvor E 6, 55 (71 ff.).

[89] Kritisch zur – im Rahmen der vorliegenden Untersuchung nicht weiter relevanten – Ableitung der weiteren Gewährleistungsdimensionen der Freiheitsrechte aus einer durch die Grundrechte konstituierten objektiven Wertordnung *W. Cremer*, Freiheitsgrundrechte, S. 195 ff.; *P. Häberle*, DÖV 1972, S. 729 (731); siehe ferner *H. Dreier*, Dimensionen der Grundrechte, S. 12 ff.; *H. D. Jarass*, HGR II, § 38, Rn. 7; *S. Lenz*, Vorbehaltlose Freiheitsrechte, S. 86 f.; *G. Lübbe-Wolff*, Grundrechte, S. 281 ff.; *F. Ossenbühl*, NJW 1976, S. 2100 (2106 f.).

[90] Zur Multifunktionalität der Freiheitsrechte *W. Cremer*, Freiheitsgrundrechte, S. 191 ff.; *H. Dreier*, IPE I, § 1, Rn. 140; *C. Enders*, in: Friauf/Höfling, GG, vor Art. 1, Rn. 62 ff., 84 (kritisch dazu aber Rn. 135 ff.); *H. D. Jarass*, HGR II, § 38, Rn. 5 ff.; *S. Lenz*, Vorbehaltlose Freiheitsrechte, S. 74 ff.; *J. F. Lindner*, Theorie der Grundrechtsdogmatik, S. 11 ff.; *F. Ossenbühl*, NJW 1976, S. 2100 (2100); *H. Willke*, Grundrechtstheorie, S. 204 ff. Gegen die Pluralisierung der Grundrechtsfunktionen wendet sich etwa *R. Poschers* (Abwehrrechte) abwehrrechtszentriertes Grundrechtsverständnis.

[91] Siehe nur BVerfGE 33, 303 (333); E 46, 160; E 53, 30 (57); *C. Enders*, in: Friauf/Höfling, GG, vor Art. 1, Rn. 83; *P. M. Huber*, Konkurrenzschutz, S. 183 ff.; *H. D. Jarass*, HGR II, § 38, Rn. 8; *N. Malaviya*, Verteilungsentscheidungen, S. 194 ff.; *M. Sachs*, Leistungsrechte, S. 687 (709 ff.).

Wie die in Verteilungsverfahren abzuarbeitenden Verteilungskonflikte in diesem Pluriversum der Grundrechtsfunktionen zu verorten sind, sei im Folgenden erörtert. Näher in Blick genommen werden neben dem abwehrrechtlichen Gehalt der Freiheitsrechte (aa) Teilhabe- und Leistungsrechte (bb), die Verfahrensdimension (cc) sowie Schutzpflichten (dd).

aa) Abwehrrechte

Trotz jüngerer Plädoyers für ein wieder verstärkt abwehrrechtszentriertes Verständnis der Freiheitsrechte[92] vermag diese Gewährleistungsdimension den Verteilungsverfahren zugrunde liegenden Konflikt um die (sach-)gerechte Zuteilung knapper Güter nur unvollkommen einzufangen. Dieses Defizit liegt in Funktion und Gewährleistungsstruktur des Abwehrrechts begründet, das nach orthodoxer Lehre nicht auf die Vermittlung von Leistungsansprüchen gegenüber der öffentlichen Hand zielt (1); auch neuere Rekonstruktionen des Abwehrrechts vermögen diesen Befund nicht zu erschüttern (2). Allein bei Verteilungskonflikten, die daraus resultieren, dass der Staat freiheitsrechtlich geschützte Verhaltensweisen limitiert, erscheint ein Rekurs auf die abwehrrechtliche Dimension der Freiheitsrechte denkbar (3). Eine Rolle spielt diese ferner jenseits von Zuteilungsfragen (4).

(1) Die orthodoxe Lehre: das funktionale und strukturelle Defizit des Abwehrrechts für die Verarbeitung von Verteilungskonflikten

Als Integritätsrechte[93] schützen Abwehrrechte eine jedenfalls vorstaatlich gedachte „Freiheitssphäre des einzelnen vor Eingriffen der öffentlichen Gewalt".[94] Dass an dieser Gewährleistungsdimension der im Verteilungsverfahren zu bewältigende Zuteilungskonflikt regelmäßig nicht abgearbeitet werden kann, erhellt schon in grundsätzlicher Weise daraus, dass die öffentliche Hand mit der Bereitstellung von Leistungen Freiheitsräume eröffnet respektive erweitert, sie aber gerade nicht einschränkt.[95] Die Struktur des Abwehrrechts erhärtet diesen

---

[92] Siehe nur *R. Poscher*, Abwehrrechte; ferner *G. Lübbe-Wolff*, Grundrechte; *B. Schlink*, EuGRZ 1984, S. 457.

[93] Vgl. *W. Cremer*, Freiheitsgrundrechte, S. 137.

[94] BVerfGE 7, 198 (204); *H. D. Jarass*, HGR II, § 38, Rn. 15 f.

[95] *D. Murswiek*, Gestufte Teilhabe-/Freiheitsverhältnisse, S. 647 (649 f.). Dies gilt auch, insoweit die Nutzung staatlicher Einrichtungen inmitten steht. Zwar ließe sich diese konstruktiv als Freiheitsgebrauch und ließen sich Beschränkungen damit als Eingriff jedenfalls in die allgemeine Handlungsfreiheit deuten (so etwa *J. Schwabe*, Grundrechtsdogmatik, S. 244 ff.; *M. Sachs*, Leistungsrechte, S. 687 [701 ff.], beide mit Differenzierung danach, ob die öffentliche Einrichtung über die Zulassung hinaus Leistungen erbringt, z.B. Hochschulunterricht); diese Auffassung vernachlässigt jedoch, dass zwischen der Frage des Zugangs und der ihm nachfolgenden Nutzung getrennt werden kann (siehe für eine freiheitsrechtlich relevante Beschränkung der Anstaltsnutzung etwa VGH München, VGH n.F. 52, 63 [65]), und dass hier die Inanspruchnahme staatlicher und damit nicht dem Zugangspetenten qua seiner

Befund: Als negatorische Rechte zielen Abwehrrechte auf die Unterlassung bzw. Beseitigung freiheitsverkürzenden staatlichen Handelns.[96] Genau spiegelbildlich hierzu verhält sich jedoch das in Verteilungsverfahren inmitten stehende Teilhabebegehren, das auf eine staatliche Leistung gerichtet ist.[97] Zudem setzt nach überwiegender Auffassung ein Eingriff in ein Freiheitsrecht ein positives Tun voraus, womit ein solcher bei einem bloßen staatlichen Unterlassen stets ausscheiden muss.[98] Damit erweist sich die schlichte Nichtzuteilung eines knappen Guts als abwehrrechtlich irrelevant. Konsequenterweise vermögen auch weder die negative Verteilungsentscheidung noch die ihr vorgelagerte Festlegung der Verteilungsmodalitäten als solche die Abwehrfunktion der Freiheitsrechte zu aktivieren. Denn obgleich beide Maßnahmen bei formaler Betrachtung Handlungscharakter aufweisen, sind sie unter Wertungsgesichtspunkten als Unterlassen zu qualifizieren. Es kann nämlich keinen Unterschied machen, ob der Staat schlicht nichts zuteilt oder dies zusätzlich mittels einer Entscheidung bestätigt bzw. vorab Kriterien hierfür aufstellt.

Dies darf freilich nicht dahin missverstanden werden, dass Abwehrrechte in Verteilungskonstellationen überhaupt keine Rolle spielen könnten.[99] Vielmehr ist es vom Anspruchsziel her betrachtet möglich, die Verteilung als solche wie

---

Freiheit zugeordneter Güter begehrt wird, womit allein Teilhabe- und nicht Abwehransprüche weiterführen, vgl. *D. Murswiek*, HStR V, § 112, Rn. 66 f.; *ders.*, DVBl. 1994, S. 77 (81). Ein Parallelproblem stellt sich auch bei der Verteilung von Skontren im Börsenrecht (§ 29 BörsenG i.V.m. den Vorschriften der jeweiligen Börsenordnung): Da hier eine Tätigkeit im Rahmen einer Anstalt des öffentlichen Rechts, der Börse (§ 2 Abs. 1 BörsenG), angestrebt wird, ist die Zuteilung nicht abwehrrechtlich, sondern teilhabe-, d.h. gleichheitsrechtlich einzuordnen (so auch *J. Pietzcker*, ZBB 2007, S. 295 [297 ff.]; vgl. auch VG Frankfurt, ZBB 2007, S. 291 [293 f.]; a.A. VGH Kassel, ZBB 2007, S. 288 [289 f.]; Beschl. v. 21.3.2007, 6 TG 540/07, Umdruck S. 3 f.; 6 UE 1472/07 – juris, Rn. 34 ff.; VG Frankfurt, ZBB 2007, S. 285 [286 f.]). Siehe zur dem zugrunde liegenden Unterscheidung von natürlicher und staatlicherseits konstituierter Freiheit *W. Cremer*, Freiheitsgrundrechte, S. 89 ff.; *G. Lübbe-Wolff*, Grundrechte, S. 75 ff. (insb. S. 81 ff.); ferner *W. Roth*, Faktische Eingriffe, S. 166 ff., der der abwehrrechtlichen Dimension den hier nicht interessierenden Titelerwerb aufgrund eigener Leistungen zuordnet; *A. von Arnauld*, Freiheitsrechte, S. 28 ff., der eine Trennung von Eingriffs- und Leistungsfällen auch im modernen Staat für möglich hält.

[96] Zum negatorischen Charakter der Abwehrrechte *H. D. Jarass*, AöR 120 (1995), S. 345 (349, 356); *N. Malaviya*, Verteilungsentscheidungen, S. 200 ff., 229 f.; *M. Sachs*, Abwehrrechte, S. 621, 671 ff.; *ders.*, Grundrechte, S. 558 ff. Differenzierend *C. Bumke*, Relative Rechtswidrigkeit, S. 225 ff. m. Fn. 94.; *W. Höfling*, VVDStRL 61 (2002), S. 260 (270 ff.).

[97] *H. D. Jarass*, AöR 120 (1995), S. 345 (356); *F. Müller/B. Pieroth/L. Fohmann*, Leistungsrechte, S. 125; *H. H. Rupp*, AöR 101 (1976), S. 161 (177 f.); *M. Sachs*, Abwehrrechte, S. 687. Siehe auch *O. Depenheuer*, Krankenhauswesen, S. 193 f.

[98] Siehe nur *G. Lübbe-Wolff*, Grundrechte, S. 33 ff.; *N. Malaviya*, Verteilungsentscheidungen, S. 201, 229 f.; *W. Roth*, Faktische Eingriffe, S. 102 f. Differenzierend *W. Cremer*, Freiheitsgrundrechte, S. 137 ff., nach dem zwar auch ein Unterlassen einen Grundrechtseingriff begründen kann, allerdings nur mit Blick auf ein „vorgängiges positives staatliches Handeln". Siehe demgegenüber aber auch *P. Lerche*, Übermaß, S. 265 f.; *R. Poscher*, Abwehrrechte, S. 156 ff.; *B. Weber-Dürler*, VVDStRL 57 (1998), S. 57 (78 f.).

[99] Ausführlich dazu unten, I.2.b.aa.(3) und (4).

auch die Zuteilung des begehrten knappen Guts an den erfolgreichen Mitbewerber abwehrrechtlich in Frage zu stellen. Dass der abwehrrechtliche Ansatz hier gleichwohl für nicht weiterführend erachtet wird, resultiert in erster Linie daraus, dass sich die in Verteilungskonflikten inmitten stehenden Ansprüche nicht in der Begünstigtenabwehr erschöpfen, sondern gleichzeitig auf eine staatliche Leistung, nämlich die Zuteilung an den erfolgreichen Bewerber respektive die ermessensfehlerfreie Entscheidung hierüber, gerichtet sind. Dies kann abwehrrechtlich nicht abgebildet werden.[100] Darüber hinaus ist das Problemverarbeitungspotential des Abwehrrechts auch deshalb zurückhaltend zu beurteilen, weil der Abwehranspruch aufgrund seines – in Verteilungskonstellationen regelmäßig vorliegenden – Bezuges auf einen nicht-klassischen Eingriff nur in Ausnahmefällen greift.[101]

Nach der orthodoxen Lehre stellen sich folglich Abwehrrechte aufgrund ihres funktionalen und strukturellen Defizits als ungeeignet für die Verarbeitung von Verteilungskonflikten dar.[102]

(2) Abwehrrechtliche Rekonstruktion von Verteilungskonflikten?

Der Auflösung der Freiheitsrechte in eine Vielzahl koexistenter Grundrechtsfunktionen suchen neuere Ansätze im grundrechtsdogmatischen und -theoretischen Schrifttum entgegenzuwirken. Diese zielen auf eine Stärkung der klassischen Abwehrfunktion der Freiheitsrechte als Alternative zu der vom BVerfG und der herrschenden Lehre betriebenen Pluralisierung der Grundrechtsdimensionen. Für die hier untersuchten Verteilungskonstellationen erweisen sie sich allerdings nicht als weiterführend.

Fragwürdig erscheint eine abwehrrechtliche Konzeptionalisierung der Leistungs- und Teilhabedimension der Freiheitsrechte, nach der das Nichterfüllen eines Leistungsgebots als Eingriff in das Freiheitsrecht gedeutet und das Anspruchsziel auf die Abwehr grundrechtswidrigen Unterlassens durch eine staatliche Handlung erweitert wird.[103] Gewonnen ist damit nämlich nichts; das bei freiheitsrechtlichen Teilhabe- und Leistungsansprüchen virulente Problem, deren Reichweite zu bestimmen, wird vielmehr nur in den Schutzbereich des Abwehrrechts verlagert. Gleiches gilt für das ebenfalls nur verlagerte Problem eines Gesetzesvorbehalts für die leistende Staatstätigkeit. Noch schwerer wiegt allerdings, dass mit diesem Ansatz ohne Not die etablierte Kategorie des Ab-

---

[100] Siehe auch *N. Malaviya*, Verteilungsentscheidungen, S. 230 f.

[101] Auch hierzu sogleich, I.2.b.aa.(4).

[102] *G. Hermes*, JZ 1997, S. 909 (913), und im Anschluss *M. Pöcker*, DÖV 2003, S. 193 (193 f.), halten die Freiheitsrechte darüber hinaus für problemlösungsinadäquat, da ihnen keine Maßstäbe für die Bewältigung von Gleichheitsproblemen entnommen werden könnten.

[103] Vgl. etwa *A. Bleckmann / R. Eckhoff*, DVBl. 1988, S. 373 (378). Siehe ferner *H. Kaelble*, Vergabeentscheidung, S. 74 f.; *C. Koenig / K. Hentschel*, ZIP 2005, S. 1937 (1941).

wehrrechts – mit seinem nicht nur historischen, sondern nach wie vor aktuellen Kernanliegen, individuelle Freiheitsräume vor ungerechtfertigter staatlicher Machtausübung zu schützen, und seiner dogmatischen Übersetzung in Gestalt des negatorischen Anspruchsziels und des zwingenden Handlungscharakters des Eingriffs – an Konturen verlieren würde.[104]

Wenig überzeugend erscheint auch, mit der ersten Entscheidung des BVerfG zur Krankenhausfinanzierung den Verteilungskonflikt dann abwehrrechtlich zu deuten, wenn und weil das begehrte Gut – die Aufnahme in den Krankenhausplan – für die Ausübung der freiheitsrechtlich geschützten Tätigkeit – die Betätigung als Krankenhausbetreiber – essentiell ist und dessen Versagung damit eine aufgrund ihrer Intensität einem Eingriff gleichzustellende Behinderung der Freiheitsausübung darstellt („staatliche Planung und Subventionierung mit berufsregelnder Tendenz").[105] Ähnlich ließe sich im Übrigen auch in zahlreichen anderen Verteilungssituationen argumentieren, etwa im Fall der Auftragsvergabe bei großer Marktmacht des Staates. Zwar verhindert die Notwendigkeit, die Eingriffsqualität der stets nur mittelbaren Beeinträchtigung darzutun, die Begründung freiheitsrechtlich vermittelter Leistungsansprüche in großem Umfange. Statt auf die versagte Subventionierung als solche auf die daraus resultierende Behinderung der Berufsausübung abzustellen, vernachlässigt allerdings, dass in der Sache ein Leistungsbegehren inmitten steht. Denn vom Staat wird ein positives Tun verlangt. Dieses kann aber, wie im vorausgehenden Abschnitt ausgeführt, nicht unter Berufung auf ein Abwehrrecht eingefordert werden. Mit einer derartigen Deutung des Vorgangs ist auch nichts gewonnen. Steht nämlich zu besorgen, dass aus der Versagung der Vergünstigung ein erheblicher, einer Berufswahlregel gleichkommender Konkurrenznachteil erwächst, aktiviert dies die leistungs- respektive teilhaberechtliche Dimension des Freiheitsrechts, die zur Konfliktbewältigung ausreicht.[106]

Elaborierter abwehrrechtlich rekonstruieren ließen sich die in Verteilungsverfahren inmitten stehenden Teilhaberechte mit *Lübbe-Wolffs* Konzept des grundrechtlichen Normanwendungsschutzes, nach dem die Falsch- respektive Nichtanwendung einfachgesetzlich konstituierter Rechtspositionen einen

---

[104] So auch *H. D. Jarass*, AöR 120 (1995), S. 345 (350 f.); ferner *S. Hobe*, DÖV 1996, S. 190 (194).

[105] BVerfGE 82, 209 (223 f., 228 f.); zustimmend *M. Burgi / M. U. Brohm*, MedR 2005, S. 74 (75 f.); ferner BVerfG, NVwZ 2009, S. 977 (977 f.); – ohne nähere Festlegung – NVwZ 2004, S. 718 (719); BVerwG, NVwZ 2009, S. 525 (527) – siehe dort aber auch S. 529: Neubewerber „haben aus Art. 12 I GG ein Recht auf gleiche Teilhabe an diesem Wettbewerb oder – mit anderen Worten – auf gleichen Zutritt zum Kreis der privilegierten Plankrankenhäuser; sie dürfen nur aus Gründen ferngehalten werden, die gleich und verhältnismäßig sind (vgl. § 8 II 2 KHG)." Darüber hinaus misst BVerfG, NJW 2004, S. 1648 (1648 f.), die Auswahlentscheidung in Konkurrenzsituationen an Art. 12 Abs. 1 i.V.m. Art. 3 Abs. 1 GG.

[106] Dazu unten, I.2.b.bb.

Grundrechtseingriff darstellen.[107] Von nur begrenztem Problemlösungspotential ist dieser Ansatz allerdings schon aufgrund seines nur eingeschränkten Anwendungsbereichs: Um zum einen der aus dem formellen Grundrechtsschutz resultierenden Konsequenz eines Legalisierungszwangs gesetzesfrei gewährter Leistungen zu entgehen, muss *Lübbe-Wolff* untergesetzlich eingeräumte Rechtspositionen aus dem Normanwendungsschutz ausklammern.[108] Zum anderen greift dieser nur in Ausnahmefällen, d.h. nicht bereits bei Grundrechtsgünstigkeit einer einfach-rechtlichen Regelung,[109] sondern erst bei „objektivrechtlich durch Verfassungsaufträge abgestützt[en]" Leistungen;[110] dabei sind allerdings „die Voraussetzungen … andere, und zwar weniger strenge … als die für etwaige positive Ansprüche auf gesetzgeberisches Tätigwerden zu fordern. Es genügen hier prinzipiell verfassungsrechtliche Gesetzgebungspflichten von der Art der grundrechtlichen Schutzpflichten, aus denen zwar kein festumrissener einfach-rechtlicher Sollzustand ableitbar ist, die der Gesetzgebung aber mit hinreichender Deutlichkeit eine Richtung weisen, auf deren Einhaltung oder Verkehrung hin positive Akte der Gesetzgebung überprüfbar sind."[111] Diese Notwendigkeit, einen entsprechenden Verfassungsauftrag darzutun, begründet ein weiteres Problem des grundrechtlichen Normanwendungsschutzes, nicht nur weil dessen Reichweite bei *Lübbe-Wolff* im Vagen bleibt[112], sondern diese auch unabhängig davon schwer rechtssicher fassbar ist. Selbiges gilt schließlich für die bei auslegungsbedürftigen Normen zu unternehmende Scheidung von grundrechtsrelevanten und schlichten Normanwendungsfehlern.[113] Auf ähnliche Bedenken stößt die von *Lübbe-Wolff* über den grundrechtlichen Normanwendungsschutz hinaus befürwortete „vorsichtige Ausweitung des subjektivrechtlichen Schutzbereichs der Grundrechte in den Leistungsbereich hinein", kann dessen Reichweite doch „sinnvoll nur fallgruppenweise unter Berücksich-

---

[107] *G. Lübbe-Wolff*, Grundrechte, S. 103 ff., 225. In diese Richtung auch, wenngleich noch weiter, *P. Baumeister*, Beseitigungsanspruch, S. 41 ff., nach dem „[d]er Gesetzgeber … sowohl durch Eingriffsregelungen als auch durch die Schaffung materieller subjektiver Rechte maßgeblich den Inhalt und den Umfang des Schutzgegenstands der Grundrechte als Abwehrrechte" bestimmt. Konsequenterweise stellt sich jeder Verstoß gegen eine einfach-rechtliche Verteilungsregelung als abwehrrechtlich zu bewältigende Grundrechtsverletzung dar. Gegen diesen Ansatz spricht jedoch die mit ihm einhergehende, bereits im Text kritisierte Verwässerung der etablierten Kategorie des Abwehrrechts; zudem führt er in gesetzlich nicht geregelten Verteilungssituationen nicht weiter.

[108] *G. Lübbe-Wolff*, Grundrechte, S. 153 ff., 210 f.

[109] *G. Lübbe-Wolff*, Grundrechte, S. 145.

[110] *G. Lübbe-Wolff*, Grundrechte, S. 122.

[111] *G. Lübbe-Wolff*, Grundrechte, S. 149 f. Kritisch zu dieser Beschränkung *P. Baumeister*, Beseitigungsanspruch, S. 53 ff.

[112] Von *G. Lübbe-Wolff*, Grundrechte, S. 225, dann etwa auch offengelassen für die Subventionierung notleidender Presseunternehmen.

[113] Dazu *G. Lübbe-Wolff*, Grundrechte, S. 111 ff.

tigung des spezifischen Gehalts einzelner Grundrechte und der historisch veränderlichen faktischen Bedingungen ihrer Ausübung beantworte[t werden]."[114]

Als ebenfalls nicht weiterführend erweist sich schließlich *Poschers* abwehrrechtszentriertes Grundrechtsverständnis, das sich gegen die vom BVerfG und der herrschenden Lehre vertretene Multifunktionalität der Grundrechte wendet und namentlich auf Dreieckskonstellationen bezogene objektive Grundrechtsfunktionen im Interesse einer überzeugenderen dogmatischen Systembildung abwehrrechtlich zu rekonstruieren sucht.[115] Denn für die in der vorliegenden Untersuchung im Vordergrund stehende Verteilungsproblematik erscheint es unergiebig, blendet es doch den Leistungsaspekt der Freiheitsrechte aus,[116] deutet es Konkurrenzsituationen ausschließlich gleichheitsrechtlich[117] und reformuliert den Gleichheitssatz lediglich als Abwehrrecht[118].[119]

(3) Staatliche Verknappung als Eingriff

Auch wenn man mit der hier vertretenen Auffassung am zwingenden Handlungscharakter des Eingriffs und der negatorischen Stoßrichtung des Abwehrrechts festhält, bedarf eine Verteilungskonstellation noch näherer Betrachtung: die praktisch durchaus bedeutsame Situation, dass sich die Zuteilung bereits durch das Unterlassen einer staatlichen Handlung und damit abwehrrechtlich realisieren lässt, ohne dass ein Rekurs auf Leistungsansprüche angezeigt wäre.[120] Gestattet der Staat nämlich freiheitsrechtlich geschützte Verhaltenswei-

---

[114] G. *Lübbe-Wolff*, Grundrechte, S. 231 ff., Zitate auf S. 235 f.

[115] R. *Poscher*, Abwehrrechte.

[116] R. *Poscher*, Abwehrrechte, S. 154.

[117] R. *Poscher*, Abwehrrechte, S. 309 ff.

[118] R. *Poscher*, Abwehrrechte, S, 157 f., 337 ff.

[119] Ähnlich im Kontext originärer Leistungsrechte auch *H. M. Heinig*, Sozialstaat, S. 367 f. *Mutatis mutandis* trifft der hier formulierte Vorbehalt auch auf *Schlinks* Plädoyer für ein abwehrrechtliches Verständnis der Freiheitsrechte (*B. Schlink*, EuGRZ 1984, S. 457) zu, der originäre Leistungsrechte teils ausklammert (466) und im Übrigen auf das „Zusammenspie[l] der Freiheitsrechte mit dem Gleichheitssatz" in Verteilungskonstellationen verweist (465): „Wenn der Staat die Wirtschaft fördert und dabei nur über knappe Mittel verfügt, dann müssen diese gleichmäßig unter möglichst geringem Eingriff in die Position der Wettbewerber verteilt werden. In diesem Sinn [kann auch das Problem der] Studienplatzvergabe ... aufgeschlüsselt werden. Bei der Studienplatzvergabe geht es um die Knappheit der Studienplätze, ... um eine Organisation, die gewährleistet, daß in die grundrechtliche Freiheit ... nicht mehr eingegriffen wird als nötig. Dabei wird der Eingriff dadurch gewissermaßen abgefedert, daß der Einzelne immerhin nach objektiven Auswahlkriterien ... einen Einfluß auf die Verteilung des knappen Guts erhält".

[120] R. *Brehm / W. Zimmerling*, WissR 2000, S. 22 (39 f.), beziehen darüber hinaus den Abbau von Kapazitäten öffentlicher Einrichtungen in das Abwehrrecht ein. Dies ist zwar mit Blick auf das Anspruchsziel konstruktiv möglich, verkennt jedoch den leistungsrechtlichen Charakter der Bereitstellung öffentlicher Einrichtungen – zutreffend daher BVerfG, NVwZ-RR 2000, S. 22 (22 f.); ferner NVwZ-RR 1999, S. 481 (481); *M. Deutsch*, Planung und Abwägung im Kapazitätsrecht, S. 813 (821 f.).

sen in nur begrenztem Umfange, so kann angesichts des Verbotscharakters der Verknappung ein staatlicher Eingriff, sogar in seiner klassischen Form, ohne Weiteres bejaht werden.[121] Ein Beispiel für eine derartige Verteilungssituation stellt etwa die im Interesse der Funktionsfähigkeit des örtlichen Taxengewerbes vorgenommene Kontingentierung von Konzessionen für den Taxenverkehr dar (§ 13 Abs. 4 PBefG).[122] Ebenfalls zu dieser Fallgruppe rechnet die staatlicherseits nur in beschränktem Umfang zugelassene Inanspruchnahme öffentlicher Güter, so in dieser die Ausübung natürlicher Freiheit zum Ausdruck kommt.[123] Dies gilt etwa für die Frequenznutzung im Zusammenhang mit einer Tätigkeit als Mobilfunkanbieter, die im Interesse eines effizienten und störungsfreien Nebeneinanders der Nutzungen einem staatlichen Verteilungsregime unterworfen ist (vgl. § 2 Abs. 2, §§ 52 ff. TKG).[124] Ein weiteres Beispiel wäre das

---

[121] *M. Bader*, Organverteilung, S. 295; *N. Malaviya*, Verteilungsentscheidungen, S. 239 ff. Umstritten ist allerdings, ob hier ein wegen des vorausgegangenen staatlichen Handelns ausnahmsweise eingriffsbegründendes Unterlassen anzunehmen ist (so *W. Cremer*, Freiheitsgrundrechte, S. 141 ff.), oder ob bei wertender Gesamtbetrachtung mit Blick auf die untergeordnete Rolle der Versagung der Begünstigung ein positives Tun vorliegt (in diesem Sinne *W. Roth*, Faktische Eingriffe, S. 103 m. Fn. 60).

[122] Gleichfalls abwehrrechtlich qualifiziert diesen Sachverhalt *S. Langer*, NJW 1990, S. 1328 (1330). Siehe ferner BVerfGE 40, 196 (216 f.), und BVerwGE 80, 270 (273), für die frühere Kontingentierung im Güterfernverkehr. Zum beschränkten Marktzugang Privater im Bereich des Rettungsdienstes als gerechtfertigter Eingriff in Art. 12 Abs. 1 GG: BVerwGE 97, 79 (83 ff.); NVwZ-RR 2000, S. 213 (213 f.).

[123] Anders *D. Murswiek*, DVBl. 1994, S. 77 (80 ff.), der die abwehrrechtliche Konstruktion – einschlägig allerdings nur Art. 2 Abs. 1 GG – zwar für grundrechtsdogmatisch zutreffend erachtet, dem Abwehrrecht aus grundrechtstheoretischen Erwägungen gleichwohl keine Bedeutung beimisst. Denn die Inanspruchnahme öffentlicher Güter sei nicht der rechtlich anzuerkennenden Freiheit des Einzelnen zugeordnet; vielmehr sei die für die Begründung einer bürgerlichen Rechtsordnung notwendige Abgrenzung der Freiheitssphären Voraussetzung, nicht aber Gegenstand rechtlich garantierter Freiheit, und trage ihre Rechtfertigung in sich. Für das Abwehrrecht bedeute dies, dass es zwar formal aufgrund des durch den Grundrechtseingriff ausgelösten Gesetzesvorbehalts relevant sei, aber mangels Rechts zur Inanspruchnahme von Gütern Dritter keinen materiellen Gewährleistungsgehalt umfasse. Entsprechende Nutzungsbeschränkungen seien mithin von vornherein gerechtfertigt, es sei denn, es bestehe ein originärer oder derivativer Teilhabeanspruch (siehe auch *ders.*, Staatliche Verantwortung, S. 245 ff.; JZ 1988, S. 985 [986 f., 992 f.]; HStR V, § 112, Rn. 67, 83; zustimmend *N. Malaviya*, Verteilungsentscheidungen, S. 244 f.). Diese im Ergebnis eine Absenkung des Rechtfertigungsstandards zugunsten gesetzgeberischer Gestaltungsspielräume bewirkende Auffassung sieht sich indes dem Einwand ausgesetzt, dass die Abgrenzung der Freiheitssphären eine sich im Verfassungsstaat kontinuierlich stellende Aufgabe ist, die angesichts ihrer Relevanz für die individuelle Freiheitsentfaltung nicht für a priori geringwertiger als sonstige Freiheitsbeschränkungen erklärt werden kann (ebenso *W. Finger*, Zertifikatmärkte, S. 124 f.; *K. Kruhl*, Versteigerung, S. 151 f.; *M. Martini*, Der Markt als Instrument hoheitlicher Verteilungslenkung, S. 28 ff.; *J. Schwabe*, Grundrechtsdogmatik, S. 246 f.; ferner *S. Bumke*, Frequenzvergabe, S. 250 f.; *K. Ritgen*, AöR 127 (2002), S. 351 [386 f.]).

[124] Ebenso *R. Breuer*, Versteigerungsverfahren, S. 25 (39 f.); *S. Bumke*, Frequenzvergabe, S. 249 ff.; *R. Hahn / A. M. Hartl*, in: Scheurle / Mayen, TKG, § 55, Rn. 5 f.; *K. Ritgen*, AöR 127 (2002), S. 351 (386 f.); *M. Ruffert*, AöR 124 (1999), S. 237 (260 ff.). Im Ergebnis ebenso, wenn-

Emissionshandelssystem, in dessen Rahmen die mit der unternehmerischen Betätigung verbundene Freisetzung von Treibhausgasen und damit die Inanspruchnahme des Umweltmediums Luft insofern beschränkt wird, als sie eine im Wege der Primär- oder Sekundärverteilung zu erwerbende Berechtigung voraussetzt (TEHG; Zuteilungsgesetze).[125] Zu nennen ist schließlich die Nutzung besonderen öffentlich-rechtlichen Regimes unterstellter Ressourcen, etwa das Aufsuchen und die Gewinnung bergfreier Bodenschätze (§ 3 Abs. 2, §§ 11 ff. BBergG), da auch in diesem Fall die der natürlichen Freiheitssphäre zuzuordnende Nutzung der Ressource abgeschirmt wird.[126] Abzugrenzen von diesen Konstellationen ist die bereits erörterte Verteilung staatlicherseits bereitgestellter Güter, etwa die Vergabe von Studienplätzen oder der Zugang zu öffentlichen Einrichtungen, die mangels Eingriffs in die natürliche Freiheitssphäre nicht abwehrrechtlich verarbeitet werden kann. Freilich darf bei dieser Fallgruppenbildung nicht aus dem Auge verloren werden, dass es sich hierbei um eine wertende Abgrenzung natürlicher und staatlicherseits konstituierter Freiheit handelt, die im Einzelfall Zweifelsfragen aufwerfen kann.[127]

---

gleich die Frequenznutzung nicht als Element der Freiheitsausübung, sondern der Inanspruchnahme natürlicher Ressourcen qualifizierend *K. Kruhl*, Versteigerung, S. 149 ff. A.A. *S. Kösling*, Lizenzierung, S. 96 ff.; *N. Malaviya*, Verteilungsentscheidungen, S. 245.

[125] *M. Burgi / P. Selmer*, Zuteilung, S. 63 ff. Vgl. auch *M. Martini*, Der Markt als Instrument hoheitlicher Verteilungslenkung, S. 684 m. Fn. 1524.

[126] Aus Sicht des Grundeigentümers liegt zudem eine eigentumsrelevante Inhalts- und Schrankenbestimmung vor. Zu deren Zulässigkeit hat das BVerfG im Nassauskiesungs-Beschluss festgehalten, dass die Institutsgarantie des Art. 14 GG nicht angetastet werde, „wenn für die Allgemeinheit lebensnotwendige Güter zur Sicherung überragender Gemeinwohlbelange und zur Abwehr von Gefahren nicht der Privatrechtsordnung, sondern einer öffentlich-rechtlichen Ordnung unterstellt werden" (BVerfGE 58, 300 [339]). Hinsichtlich der Abkopplung des Grundwassers vom Grundeigentum hielt das BVerfG diese Voraussetzungen für gegeben (E 58, 300 [341 ff.]; vgl. auch E 93, 319 [345]; NVwZ 2003, S. 467 [469]).

[127] Dazu bereits oben, Fn. 95. Siehe etwa zum Sonderfall des der „natürlichen … Freiheit des einzelnen" (BVerwGE 4, 342 [346]) zugeordneten und daher abwehrrechtlich konzipierten Gemeingebrauchs, d.h. der „jedermann gewährte[n] öffentliche[n] Berechtigung, die [Sache] ohne besondere Zulassung gemäß der hoheitlichen Zweckbestimmung und in der üblichen Weise … zu benutzen" (BVerfGE 40, 371 [378]; *G. Dürig*, in: Maunz / ders., GG, Art. 3 I, Rn. 85; *H.-J. Papier*, Recht der öffentlichen Sachen, § 38, Rn. 3), BVerwGE 4, 342 (346); E 27, 181 (185); E 30, 235 (238); E 32, 222 (224 ff.); NJW 1988, S. 432 (432 f.); *A. Dietz*, AöR 133 (2008), S. 557 (560 ff.); *H.-U. Erichsen*, HStR VI, § 152, Rn. 63 ff.; *D. Murswiek*, HStR V, § 112, Rn. 66, 82; *H.-J. Papier*, Recht der öffentlichen Sachen, § 40, Rn. 61; für das vom Schutzbereich der allgemeinen Handlungsfreiheit erfasste „Reiten im Walde": BVerfGE 80, 137 (155); siehe demgegenüber aber auch *W. Krebs*, VerwArch 67 (1976), S. 329 (332 ff.), der den Gemeingebrauch der teilhaberechtlichen Funktion der Freiheitsrechte zuordnet. – Nach *D. Kupfer* (Verteilung, S. 302 ff.) ist im hier inmitten stehenden Fall natürlicher Knappheit danach zu differenzieren, ob der Staat aufgrund einer hoheitlichen Bewirtschaftungsentscheidung eine öffentlich-rechtliche Benutzungsordnung etabliert hat oder, wie etwa bei der Frequenzordnung, lediglich Verteilungs- und Nutzungskonflikte regelt. Im zuerst genannten Fall stelle sich zwar die Bewirtschaftungsentscheidung als abwehrrechtlich rechtfertigungsbedürftig dar, nicht jedoch die der teilhaberechtlichen Funktion der Grundrechte zu-

In dem Maße, in dem die Verknappung nun als ungerechtfertigter Eingriff in ein Freiheitsrecht vom Staat zu unterlassen ist, kann der Zugang abwehrrechtlich gesichert werden. Als ein die Schutzfunktion der Abwehrrechte auslösendes staatliches Handeln lassen sich dann nicht nur die Verknappung als solche einfangen, sondern auch Verteilungskriterien und negative Verteilungsentscheidung, so man in diesen die im Verbot liegende Freiheitsbeschränkung perpetuiert sieht. Beide Aspekte, d.h. die Knappheit und die Modalitäten ihrer Bewältigung, müssen sich dann als Eingriff in das jeweils betroffene Freiheitsrecht rechtfertigen lassen und bedürfen einer gesetzlichen Grundlage. Im Interesse einer einheitlichen grundrechtlichen Konzeptionalisierung der Teilhabe im Verteilungsverfahren erscheint es allerdings vorzugswürdig, die Verknappung von ihrer Bewältigung durch die Aufstellung von Verteilungskriterien und durch die Verteilungsentscheidung zu trennen und nur erstere abwehrrechtlich zu deuten.[128] Die beiden zuletzt genannten Aspekte lassen sich nämlich zwanglos in das später entwickelte, gleichheitsrechtlich fundierte Teilhaberecht integrieren. Ein Schutzverlust geht damit nicht einher, wenn und weil die der Verteilung vorausgehende, in Freiheitsrechte eingreifende Verknappung als Grund für die Geltung strenger Rechtfertigungsstandards und des Gesetzesvorbehalts anzuerkennen ist.[129] Bei verfassungsrechtlich nicht zu beanstandenden Kontingentierungen reduziert sich der Freiheits- damit auf einen Teilhabeanspruch.[130]

(4) Der verbleibende Anwendungsbereich der Abwehrrechte bei der staatlichen Güterverteilung

Für die in Verteilungsverfahren zu verarbeitenden Konkurrenzrechtsverhältnisse, die sowohl Leistungs- als auch Unterlassungs- bzw. Beseitigungsansprüche umfassen, hat sich das Abwehrrecht mit seiner aus den funktional-strukturellen Grenzen dieser Gewährleistung resultierenden Monodimensionalität als unterkomplex erwiesen. Jenseits des Sonderfalls staatlicher Verknappung freiheitsrechtlich geschützter Verhaltensweisen verbleibt ein

---

zuordnende Lösung des Verteilungskonflikts; im zweiten Fall löse jede Nutzungsverweigerung einen Abwehranspruch aus, es sei denn, die knappen Ressourcen sind Einzelnen oder dem Staat eigentumsrechtlich zugeordnet, und ist die Nutzung damit nur teilhaberechtlich einzufangen.

[128] In diesem Sinne auch *G. Hermes*, JZ 1997, S. 909 (913), und dem folgend *M. Pöcker*, DÖV 2003, S. 193 (194 m. Fn. 12). Für eine umfassende abwehrrechtliche Bewältigung – mit der Ausnahme öffentlich-rechtlicher Bewirtschaftungsregimes – *D. Kupfer*, Verteilung, S. 304 ff. Nach *N. Malaviya*, Verteilungsentscheidungen, S. 242, sind hier „Abwehr- und Leistungsfunktion … kaum mehr auseinander zu halten".

[129] Vgl. auch *W. Berg*, Der Staat 15 (1976), S. 1 (19 f.). Im Ergebnis ebenso, obgleich den Abwehrgedanken akzentuierend *S. Bumke*, Frequenzvergabe, S. 268 ff. Dazu noch näher unten, I.2.b.bb.(1)(c).

[130] Vgl. auch *H. Baumeister*, LKV 1999, S. 12 (13).

Anwendungsbereich vielmehr nur insoweit, wie in Verteilungskonstellationen punktuell freiheitsverkürzendes staatliches Handeln abgewehrt werden soll. Neben der isolierten Begünstigtenabwehr, die im Kontext von gegenläufige Zugangsinteressen verarbeitenden Verteilungsverfahren allerdings keine prominente Rolle spielt, bezieht sich dies auf die der Verteilungsentscheidung vorgelagerte Festlegung des „Ob" und „Wie" der Leistungsgewährung.

Da hier einerseits angesichts des umfassenden Freiheitsschutzes die Berührung des Schutzbereichs eines der Freiheitsrechte im Regelfall ohne Weiteres dargetan werden kann,[131] der verteilende Staat andererseits regelmäßig in nichtimperativer Weise handelt, erweist sich die Eingriffsqualität einer Maßnahme als Scheidepunkt für deren abwehrrechtliche Verarbeitung. Aufbauend auf einer Vergewisserung des Eingriffsbegriffs (a) sei erörtert, wann überhaupt Eingriffe im Rahmen der verteilenden Staatstätigkeit vorliegen können (b). Die abwehrrechtliche Relevanz der Verteilungssituation muss allerdings hiervon getrennt betrachtet werden (c).

(a) Die Eingriffsqualität verteilender Staatstätigkeit als Scheidepunkt ihrer abwehrrechtlichen Verarbeitung

Der bislang betonte Handlungscharakter einer staatlichen Maßnahme ist notwendige, aber nicht hinreichende Bedingung für die Bejahung eines Grundrechtseingriffs. Hierfür muss dem inkriminierten Akt vielmehr noch Eingriffsqualität zukommen. Nach klassischem Verständnis[132] – das BVerfG spricht in neueren Entscheidungen von einem „Grundrechtseingrif[f] im her-

---

[131] Siehe aber BVerfGE 116, 135 (151 ff.), für die grundsätzliche Ausklammerung der staatlichen Vergabetätigkeit aus dem Schutzbereich der Berufsfreiheit (bestätigt in ZfBR 2008, S. 816 [816]; erläuternd *R. Gaier*, NZBau 2008, S. 289 [290 f.]). Fährt das BVerfG dann aber fort, dass es „[b]esondere Umstände [geben kann], aufgrund derer die Nichtberücksichtigung ... bei der ... Auftragsvergabe gleichwohl an der Berufsfreiheit zu messen sein könnte, weil sie nach Ziel und Wirkungen Ersatz für eine staatliche Maßnahme ist, die als Grundrechtseingriff zu qualifizieren wäre ...," so illustriert dies in gewissem Widerspruch zu Vorherigem, dass ein Betroffensein des Schutzbereichs des Art. 12 Abs. 1 GG auch bei der Auftragsvergabe möglich ist. Da die insoweit für maßgeblich erklärten Kriterien diejenigen sind, die nach herkömmlicher Auffassung die Eingriffsqualität mittelbar-faktischer Beeinträchtigungen determinieren, erscheint mit der vom BVerfG entwickelten Sonderdogmatik (grundsätzliche Ausklammerung der Vergabetätigkeit aus dem Schutzbereich und in diesen verlagerte Eingriffsprüfung) gegenüber der herkömmlichen Dogmatik nichts gewonnen (siehe insoweit auch *H. Kaelble*, Vergabeentscheidung, S. 57 ff., insb. S. 63 f.). Im Folgenden sei daher an letzterer festgehalten.

[132] Die Klassizität des klassischen Eingriffsverständnisses bedarf freilich der Qualifikation; prägnant *H. Bethge*, VVDStRL 57 (1998), S. 7 (38), der in ihr „weder eine historische Momentaufnahme noch eine dogmatische Einheit [sieht]; sie ist Extrakt einer idealtypischen Fokussierung auf Beeinträchtigungsfälle von fragloser Grundrechtsrelevanz"; vgl. ferner *W. Cremer*, Freiheitsgrundrechte, S. 147 ff.; *R. Eckhoff*, Grundrechtseingriff, S. 48 ff.; *A. Roth*, Drittbetroffenheit, S. 134 ff.; *W. Roth*, Faktische Eingriffe, S. 7 ff.; *M. Sachs*, Grundrechtseingriff, S. 75 (85 ff.).

kömmlichen Sinne"[133] – wird ein Eingriff als „rechtsförmiger Vorgang verstanden, der unmittelbar und gezielt (final) durch ein vom Staat verfügtes, erforderlichenfalls zwangsweise durchzusetzendes Ge- oder Verbot, also imperativ, zu einer Verkürzung grundrechtlicher Freiheiten führt."[134] Derartige Eingriffe sind im Kontext verteilender, d.h. gewährender Staatstätigkeit freilich die Ausnahme. Allein die nur beschränkte Zulassung freiheitsrechtlich geschützter Verhaltensweisen lässt sich hierunter subsumieren.

Allerdings ist allgemein anerkannt, dass sich der Schutz vor grundrechtsrelevanten Maßnahmen der öffentlichen Hand nicht auf derartige klassische Eingriffe beschränkt, sondern auch Handlungen mit nur mittelbaren respektive faktischen Wirkungen auf freiheitsrechtlich geschützte Verhaltensweisen erfassen kann.[135] Denn auch diese „können in ihrer Zielsetzung und Wirkung einem normativen und direkten Eingriff gleichkommen und müssen dann wie dieser behandelt werden".[136] Mithin fordert das Gebot effektiven Grundrechtsschutzes, der in erster Linie wirkungsbezogen beim Grundrechtsträger, nicht aber handlungsbezogen beim Staat ansetzen muss, eine Erweiterung des klassischen Eingriffsbegriffs. Damit ist freilich noch nicht gesagt, wann nicht-imperativem staatlichem Handeln Eingriffsqualität zukommt. Einigkeit besteht darin, dass diese auch auf der Basis eines modernen, erweiterten Eingriffsbegriffs nicht jeder vom Staat äquivalent kausal veranlassten und einen Grundrechtsträger belastenden Maßnahme zugesprochen werden kann.[137] Vielmehr ist deren Eingriffscharakter auf der Basis einer wertenden Betrachtung[138] zu ermitteln. Obgleich die maßgeblichen Kriterien im Einzelnen umstritten sind, kann bei allen Differenzierungen im Detail für den begrenzten Zweck der vorliegenden Untersuchung festgehalten werden, dass entscheidend auf die Zielsetzung der staatlichen Maßnahme (Finalität), deren Auswirkungen beim Grundrechtsträ-

---

[133] Siehe nur BVerfGE 105, 279 (299).

[134] BVerfGE 105, 279 (300); *H. Dreier*, in: ders., GG, Vorb., Rn. 124; *H. D. Jarass*, HGR II, § 38, Rn. 19; *M. Sachs*, Grundrechtseingriff, S. 75 (82 ff.); *B. Weber-Dürler*, VVDStRL 57 (1998), S. 57 (60 f.).

[135] BVerfGE 105, 252 (273); E 105, 279 (300 f.); E 110, 177 (191); E 113, 63 (76); E 116, 202 (222); BVerwGE 71, 183 (191 f.); *W. Cremer*, Freiheitsgrundrechte, S. 150 ff.; *ders.*, Rechtsstaatliche Vorgaben, S. 29 (43 f.); *U. Di Fabio*, JZ 1993, S. 689 (694 f.); *H.-U. Gallwas*, Faktische Beeinträchtigungen, S. 41 ff.; *P. M. Huber*, Konkurrenzschutz, S. 231; *H. D. Jarass*, HGR II, § 38, Rn. 20; *E. Schmidt-Aßmann*, Grundrechtswirkungen im Verwaltungsrecht, S. 225 (235 f.); *B. Weber-Dürler*, VVDStRL 57 (1998), S. 57 (74 ff.).

[136] BVerfGE 110, 177 (191).

[137] BVerwGE 71, 183 (192); *H. Dreier*, in: ders., GG, Vorb., Rn. 125; *H.-U. Gallwas*, Faktische Beeinträchtigungen, S. 41 ff.; *H. D. Jarass*, HGR II, § 38, Rn. 20 f. Zur Rechtfertigungsbedürftigkeit der Erweiterungen des klassischen Eingriffsbegriffs *B. Weber-Dürler*, VVDStRL 57 (1998), S. 57 (89 f.); anders *M. Sachs*, Grundrechtseingriff, S. 75 (174): Ausklammerung einer Beeinträchtigung begründungsbedürftig.

[138] Zur Wertungsoffenheit des Eingriffsbegriffs *H. Bethge*, VVDStRL 57 (1998), S. 7 (38); *P. M. Huber*, Konkurrenzschutz, S. 236 ff.

ger (Intensität) und den Kausalzusammenhang zwischen staatlichem Handeln und Grundrechtsbeeinträchtigung (Unmittelbarkeit) abzustellen ist.[139]

Das die Zwecksetzung der Maßnahme in Blick nehmende Finalitätskriterium fragt danach, ob der Staat trotz des Verzichts auf rechtsförmige Verhaltensgebote bzw. -verbote grundrechtlich geschützte Verhaltensweisen zu beeinflussen sucht. In diesem Fall gebietet die funktionale Austauschbarkeit von mittelbar-faktischer Beeinträchtigung und klassischem Eingriff ihre Gleichstellung.[140] Hierfür reicht allerdings nicht aus, dass die „mittelbare[n] Folgen ein bloßer Reflex einer nicht entsprechend ausgerichteten gesetzlichen Regelung sind".[141] Ist eine entsprechende verhaltenssteuernde Ausrichtung der staatlichen Maßnahme aber dargetan, rechtfertigt bereits dies die Annahme eines Grundrechtseingriffs; die Intensität der Belastung des Grundrechtsträgers fällt dann nicht mehr ins Gewicht.[142]

Unabhängig von der Zielsetzung der staatlichen Maßnahme können auch deren Auswirkungen auf den Grundrechtsträger für die Eingriffsqualität streiten: Im Interesse eines effektiven Freiheitsschutzes sind mittelbar-faktische Beeinträchtigungen, die gewichtige Konsequenzen für den Betroffenen zeitigen, ebenfalls als Eingriff zu werten.[143] Zugleich dient das Intensitätskriterium als

---

[139] *U. Di Fabio*, JZ 1993, S. 689 (694 ff.); *H. Dreier*, in: ders., GG, Vorb., Rn. 126 f. Für (teils) abweichende Konzeptionen siehe *A. von Arnauld*, Freiheitsrechte, S. 101 ff.: Zurechenbarkeit; *W. Cremer*, Freiheitsgrundrechte, S. 151 ff.: dem Staat zurechenbare, objektiv vorhersehbare Grundrechtsbeeinträchtigungen; *R. Eckhoff*, Grundrechtseingriff, S. 285 ff.: Zurechenbarkeit unter Differenzierung zwischen ein- und mehrdimensionalen Freiheitsproblemen; *H.-U. Gallwas*, Faktische Beeinträchtigungen, S. 41 ff.; *U. Ramsauer*, Die faktischen Beeinträchtigungen: Normzweckorientierte Auslegung des Gewährleistungsgehalts; *B. Weber-Dürler*, VVDStRL 57 (1998), S. 57 (86 ff.): Zwangsähnlichkeit und individuell konkrete Betroffenheit.

[140] BVerfGE 116, 202 (222); ferner BVerwGE 90, 112 (120); *A. Bleckmann/R. Eckhoff*, DVBl. 1988, S. 373 (377); *U. Di Fabio*, JZ 1993, S. 689 (695); *K. H. Friauf*, DVBl. 1971, S. 674 (681); *P. M. Huber*, Konkurrenzschutz, S. 233 f.; *D. Murswiek*, DVBl. 1997, S. 1021 (1025); *A. Roth*, Drittbetroffenheit, S. 196 ff.; *B. Weber-Dürler*, VVDStRL 57 (1998), S. 57 (90).

[141] BVerfGE 116, 202 (222).

[142] Vgl. BVerfGE 116, 202 (222 f.); so auch *H. Bethge*, VVDStRL 57 (1998), S. 7 (40); *U. Di Fabio*, JZ 1993, S. 689 (695); *P. M. Huber*, Konkurrenzschutz, S. 233 f., 236. Anders *A. Roth*, Drittbetroffenheit, S. 230 f., der eine „gewisse Schwere" der Beeinträchtigung fordert; siehe auch *G. Lübbe-Wolff*, Grundrechte, S. 267 ff., die die „zwangsgleich[e] Intensität der verhaltensbeeinflussenden Wirkung" akzentuiert.

[143] *A. Bleckmann/R. Eckhoff*, DVBl. 1988, S. 373 (380); *U. Di Fabio*, JZ 1993, S. 689 (695); *P. M. Huber*, Konkurrenzschutz, S. 234 ff.; *A. Roth*, Drittbetroffenheit, S. 317 ff. (im Regelfall; zu Ausnahmen trotz hinreichender Intensität ibid., S. 330 ff.). Hierzu steht die gelegentliche Ablehnung des Intensitätskriteriums in der Literatur – etwa bei *M. Sachs*, Grundrechtseingriff, S. 75 (157 f.), oder *B. Weber-Dürler*, VVDStRL 57 (1998), S. 57 (87), mangels Bestimmtheit und Rechtfertigung eines Ausschlusses auch geringfügiger Belastungen – nicht in Widerspruch, da sich diese Autoren lediglich gegen die Ausklammerung nicht hinreichend intensiver mittelbar-faktischer Beeinträchtigungen wenden, woraus nichts gegen die Einbeziehung gewichtiger Belastungen in den Grundrechtsschutz gefolgert werden kann.

Korrektiv für die mit der Erweiterung des Eingriffsbegriffs verbundene Gefahr seiner Hypertrophie.[144]

Schließlich wird zur Beurteilung, ob ein Handeln der öffentlichen Hand als Eingriff zu qualifizieren ist, das Kriterium der Unmittelbarkeit herangezogen. Dieses stellt auf die staatliche Maßnahme und Grundrechtsbeeinträchtigung verknüpfende Kausalkette ab und wird in den verschiedensten Nuancierungen vertreten. Gefordert wird ein hinreichend enger respektive vorhersehbarer Zusammenhang.[145] Dessen Fehlen kann in Einzelfällen trotz einer hinreichend intensiven Belastung gegen die Eingriffsqualität streiten.[146] In Verteilungskonstellationen muss dieser Aspekt indes nicht weiter vertieft werden, da ein unmittelbarer Zusammenhang stets vorliegt: Denn die Begünstigung der erfolgreichen Bewerber und der Ausschluss der erfolglosen Bewerber stellen sich als zwei Seiten ein und derselben Medaille dar.[147]

An diesen drei Kriterien ist, dies sei mit Blick auf die neuere Rechtsprechung des BVerfG zur Eingriffsqualität mittelbar-faktischer Beeinträchtigungen angemerkt, nach wie vor festzuhalten. In jüngeren Entscheidungen rekurriert das Gericht zwar mitunter auf das Kriterium der „funktionalen Äquivalenz", die dann zu bejahen sei, wenn die in Frage stehende staatliche Maßnahme „in der Zielsetzung und ihren Wirkungen" als Ersatz für einen klassischen Eingriff anzusehen ist.[148] Dies darf allerdings nicht dahin missverstanden werden, dass ein Eingriff allein dann in Betracht kommt, wenn der Staat die ihm zuzurechnende mittelbar-faktische Beeinträchtigung statt eines Ge- bzw. Verbots gewählt hat. Vielmehr ist nach wie vor eine Gesamtbetrachtung von Intensität, Finalität und Unmittelbarkeit der staatlichen Maßnahme geboten.[149] Denn einmal betont das BVerfG bereits in der Glykol-Entscheidung den nicht ausschließlichen Charakter des Kriteriums der „funktionalen Äquivalenz".[150] Des Weiteren finden sich auch neuere Entscheidungen, die – sogar unter ausdrücklicher Bezugnahme auf die Glykol-Entscheidung – auf die Wirkung der staatlichen Maßnahme auf den Betroffenen abstellen.[151] Im Übrigen darf nicht übersehen werden, dass die Kriterien, nach denen sich die „funktionale Äquivalenz" bemisst, nämlich die Fina-

---

[144] *P. M. Huber*, Konkurrenzschutz, S. 235; siehe aber auch *A. Roth*, Drittbetroffenheit, S. 328 ff., der bei „Grundrechten mit erhöhter ‚Sensibilität'" eine Absenkung der Intensitätsschwelle annimmt.

[145] Näher *P. M. Huber*, Konkurrenzschutz, S. 232 f.; *A. Roth*, Drittbetroffenheit, S. 330 ff.; *B. Weber-Dürler*, VVDStRL 57 (1998), S. 57 (88 f.).

[146] So etwa *A. Roth*, Drittbetroffenheit, S. 326 f., 330 ff.

[147] Siehe auch *P. M. Huber*, Konkurrenzschutz, S. 436.

[148] BVerfGE 105, 252 (273); E 116, 135 (153); E 116, 202 (222).

[149] So auch *W. Cremer*, Rechtsstaatliche Vorgaben, S. 29 (44 ff.).

[150] Siehe BVerfGE 105, 252 (273 – Hervorhebung nicht im Original): „*Insbesondere* kann die staatliche Informationstätigkeit eine Beeinträchtigung im Gewährleistungsbereich des Grundrechts sein, wenn sie in der Zielsetzung und ihren Wirkungen Ersatz für eine staatliche Maßnahme ist, die als Grundrechtseingriff zu qualifizieren wäre."

[151] BVerfGE 110, 177 (191); E 116, 202 (222 f.).

lität und Intensität der staatlichen Maßnahmen, den nach der bislang herrschenden Auffassung maßgeblichen Wertungsgesichtspunkten entsprechen.[152]

(b) Die Eingriffsqualität verteilender Staatstätigkeit

Wirkt sich die Leistungsbereitstellung oder die Festlegung ihrer Modalitäten negativ auf individuelle Freiheitsräume aus, so bieten die Abwehrrechte einen Ansatzpunkt für die grundrechtliche Verarbeitung dieses Problems. Angesichts der Nichtimperativität der staatlichen Verteilungstätigkeit setzt die Bejahung eines Eingriffs allerdings einen qualifizierten Zusammenhang zwischen der Beeinträchtigung des Grundrechtsträgers und der staatlichen Maßnahme voraus. Ein solcher liegt mit Blick auf die eben unternommene Grundlegung namentlich dann vor, wenn der Staat mit der Güterverteilung lenkende Zwecke verfolgt (aa) oder eine besonders intensive Grundrechtsbetroffenheit gegeben ist (bb).[153]

Bei der wertenden Äquivalenzprüfung nicht aus den Augen verloren werden darf freilich, dass sich die Beeinflussung des Verhaltens respektive die Beeinträchtigung in einem dem Staat vorgelagerten Freiheitsraum manifestieren muss. Das staatliche Verteilungsregime muss sich mithin außerhalb staatlich eröffneter Betätigungsmöglichkeiten auswirken, um die abwehrrechtliche Funktion der Freiheitsrechte zu aktivieren. Reine Verteilungsfragen, d.h. die Festlegung sachgerechter Modalitäten der Vergabe, scheiden damit als Gegenstand abwehrrechtlicher Beanstandung aus.[154] Darüber hinaus stellt sich angesichts der freiwilligen Beteiligung an dem Verteilungsverfahren die später noch abzuhandelnde Frage eines Grundrechtsverzichts.[155]

(aa) Verteilung und Lenkung

Bezieht der Staat die Freiheitsausübung lenkende Momente in die Verteilungskriterien ein, knüpft er mithin etwa die Vergabe öffentlicher Aufträge an eine Tariftreueerklärung der Auftragnehmer, lässt sich mit dem Finalitäts-Kriterium ein Eingriff begründen. Trotz seiner nur mittelbaren Konsequenzen für den Grundrechtsträger wohnt dem staatlichen Verteilungsregime dann nämlich eine verhaltenssteuernde Zielsetzung inne. Dementsprechend hat das

---

[152] Siehe auch *H. Kaelble*, Vergabeentscheidung, S. 93 ff.

[153] Nicht überzeugend erscheint es, mit *N. Meyer*, Beschaffung, S. 317 ff., zwischen nur faktisch wirkenden Bevorzugungs- und Ausschlussregelungen einerseits und vom erfolgreichen Bewerber übernommenen, rechtliche Bindungswirkung entfaltenden Vertragsbedingungen andererseits zu differenzieren und erstere strengeren Eingriffsvoraussetzungen zu unterwerfen. Denn trotz unterschiedlicher Rechtsverbindlichkeit der Verhaltensanforderungen unterscheidet sich die Lenkungswirkung nur graduell.

[154] Siehe auch *H. D. Jarass*, NVwZ 1984, S. 473 (477); *H. Kaelble*, Vergabeentscheidung, S. 68 ff.; *N. Meyer*, Beschaffung, S. 324; *J. Pietzcker*, Zweiteilung, S. 32 f.

[155] Siehe unten, A.I.3.

BVerfG im erwähnten Beispiel der Tariftreue einen Eingriff in die Berufsfreiheit damit begründet, dass die streitgegenständliche Vergabevorschrift „aus wirtschafts- und sozialpolitischen Gründen darauf ab[zielt], die Arbeitgeber bei der Gestaltung ihrer arbeitsvertraglichen Beziehungen zu einem bestimmten Verhalten zu veranlassen."[156] Zwei einschränkende Hinweise erscheinen allerdings angebracht: Zum einen kann von einer lenkenden Staatstätigkeit nur dann die Rede sein, wenn nicht den Sachgesetzlichkeiten der Materie entsprechende Kriterien für maßgeblich erklärt werden. Andernfalls fehlt es nämlich schon an einer staatlicherseits bezweckten Verhaltssteuerung, und stellen sich die mittelbaren Folgen für den Grundrechtsträger lediglich als nicht-influenzierender Reflex dar. Eine Lenkungswirkung wäre demnach, um im Beispiel der öffentlichen Auftragsvergabe zu bleiben, nur vergabefremden Kriterien – wie dem Erfordernis, Tariflöhne zu zahlen – zu attestieren, nicht aber dem Zuschlag auf das wirtschaftlich günstigste Angebot oder der Berücksichtigung nur fachkundiger, zuverlässiger, gesetzestreuer und leistungsfähiger Bieter.[157] Zum anderen muss, worauf bereits eingangs hingewiesen wurde, Verhalten im natürlichen Freiheitsraum des Grundrechtsträgers gesteuert werden. In – auch belastenden – Verteilungskriterien als solchen kann mithin noch kein Eingriff gesehen werden; erforderlich ist vielmehr, dass diese sich jenseits der Verteilungskonstellation niederschlagen.[158] Um ein weiteres Mal das Tariftreueerfor-

---

[156] BVerfGE 116, 202 (222). Zustimmend *J. Englisch*, VerwArch 98 (2007), S. 410 (419 f. m. Fn. 69).

[157] So auch *H. D. Jarass*, NVwZ 1984, S. 473 (477); *H. Kaelble*, Vergabeentscheidung, S. 68 ff.; *N. Meyer*, Beschaffung, S. 324; *M. Oldiges*, NJW 1984, S. 1927 (1929); *J. Pietzcker*, Zweiteilung, S. 32 f. Vgl. ferner die Differenzierung zwischen internen und externen Zwecken von Ungleichbehandlungen bei *S. Huster*, Rechte und Ziele, S. 164 ff. (bezogen auf einen Eingriff S. 232 f.).

[158] Ebenso im Kontext des Subventionsrechts *G. Lübbe-Wolff*, Grundrechte, S. 271 ff., nach der man dann nicht von einer selbstständigen Belastung des Subventionsempfängers durch Vergabemodalitäten sprechen könne, wenn sie „nur Verhaltensalternativen betrifft, die ihm erst durch die Subventionierung eröffnet worden sind" (273; so auch im Kontext des Grundrechtsverzichts *P. F. Bultmann*, Beihilfenrecht und Vergaberecht, S. 195 m. Fn. 11) – eine im Einzelfall freilich schwierig zu ziehende Trennlinie; deshalb kritisch: *G. Haverkate*, Subventionsrecht, Rn. 59. In die Richtung *Lübbe-Wolffs* auch *M. Oldiges*, NJW 1984, S. 1927 (1928 f.): zwecksichernde Beschränkungen, so sachgerecht, grundsätzlich kein Eingriff. Siehe für beschaffungsfremde Zwecke der Auftragsvergabe auch *J. Pietzcker*, Zweiteilung, S. 32 f.; ferner für Subventionen *H. D. Jarass*, NVwZ 1984, S. 473 (477). *G. Manssen*, in: v. Mangoldt / Klein / Starck, GG, Art. 12, Rn. 95 ff., nimmt einen Eingriff demgegenüber nur im Fall „echter Verhaltenspflichten" an, die dann vorliegen, wenn der Begünstigte im Falle eines Verstoßes nicht lediglich zur Rückgewähr verpflichtet ist, sondern das Verhaltensgebot selbst durchsetzbar ist (vgl. auch *P. Henseler*, VerwArch 77 [1986], S. 249 [267 ff., 274 ff.]). Letzteres nur im Ausnahmefall für grundrechtskonform erachten *R. Breuer*, HStR VI, § 148, Rn. 72, und *P. Henseler*, VerwArch 77 (1986), S. 249 (267 ff.). *R. Breuer*, HStR VI, § 148, Rn. 72 f., geht schließlich generell von einem Grundrechtseingriff aus und verortet die Problematik auf der Rechtfertigungsebene; ferner *R. Stober*, GewArch 1993, S. 136 und S. 187, der zwar auf die freiheitsfördernde Wirkung der Subventionierung und die Freiheit, diese in An-

dernis zu bemühen: Dieses erweist sich nur dann als abwehrrechtlich relevant, wenn es den Auftraggeber zu einer Gestaltung seiner arbeitsvertraglichen Beziehungen veranlasst, die über die Beteiligung am konkreten Auftrag hinausgehende Auswirkungen zeitigt.[159] Beide Vorbehalte können allerdings schwierige Abgrenzungsfragen aufwerfen.

Dass bei Vorliegen einer entsprechenden verhaltenssteuernden Ausrichtung der staatlichen Maßnahme die Intensität der Grundrechtsbetroffenheit nicht entscheidend ins Gewicht fällt, lässt sich ebenfalls an der Tariftreueentscheidung des BVerfG illustrieren: In dieser hat nämlich die Frage, ob der Ausschluss von staatlichen Aufträgen bei Nichteinhaltung der Tariflöhne mit Blick auf die Bedeutung staatlicher Aufträge im jeweiligen Sektor überhaupt Unternehmer zur Änderung ihrer Vertragsgestaltung wegen des damit verbundenen wirtschaftlichen Vorteils bewegen würde, keine Rolle gespielt.[160]

In den Kontext influenzierender und damit eingreifender staatlicher Verteilungstätigkeit einzuordnen sind schließlich Konstellationen, in denen bestimmten Freiheitsrechten, wie der Presse-[161] oder der Religionsfreiheit[162], staatliche Neutralitätspflichten entnommen werden. Denn nach dem BVerfG entspricht der „Neutralitätspflicht des Staates … auf seiten des Trägers der Pressefreiheit ein subjektives Abwehrrecht gegen die mit staatlichen Förderungsmaßnahmen etwa verbundenen inhaltslenkenden Wirkungen".[163]

(bb) Intensive Grundrechtsbetroffenheit als Konsequenz staatlicher Verteilung

Die Verteilung staatlicher Güter kann ferner dann als Eingriff in Freiheitsrechte gewertet werden, wenn sie eine besondere Grundrechtsbetroffenheit auslöst. So ist es im Kontext der Wettbewerbsfreiheit anerkannt, dass sich die

---

spruch zu nehmen, verweist (142), aber der Verpflichtung, dem Subventionszweck nachzukommen, belastende Wirkung beimisst (143, 191 f.). Die Begründung eines Eingriffs qua intensiver Grundrechtsbetroffenheit bleibt auch in Fällen mangelnder Lenkungswirkung möglich, vgl. dazu *H.-J. Papier*, DVBl. 1984, S. 801 (810).

[159] *H. Kaelble*, Vergabeentscheidung, S. 65 ff., verlangt demgegenüber eine über die Verhaltenslenkung beim Auftragnehmer hinausgehende Beeinflussung des Marktes insgesamt. Es erscheint allerdings fraglich, ob zwischen der Verhaltenssteuerung beim Auftragnehmer und bei den übrigen Marktteilnehmern differenziert werden kann, da grundrechtlich geschützte Verhaltensweisen beider Personengruppen gelenkt werden sollen.

[160] So auch *H. Bethge*, VVDStRL 57 (1998), S. 7 (40). Anders *N. Meyer*, Beschaffung, S. 318. Auch *G. Lübbe-Wolff*, Grundrechte, S. 267 ff., akzentuiert die „zwangsgleich[e] Intensität der verhaltensbeeinflussenden Wirkung".

[161] Siehe insoweit BVerfGE 80, 124.

[162] Dazu BVerfGE 93, 1; E 105, 279.

[163] BVerfGE 80, 124 (134). Nach *R. Stober*, GewArch 1993, S. 187 (192 f.), ist allerdings auch insoweit eine „besondere Grundrechtsgefährdung" durch die Subventionierung erforderlich. Siehe zur Neutralitäts-Dimension der Freiheitsrechte allgemein *H. D. Jarass*, HGR II, § 38, Rn. 39 f.; *G. Lübbe-Wolff*, Grundrechte, S. 299 ff.

Begünstigung von Konkurrenten dann als Eingriff darstellt, wenn „durch die hoheitliche Maßnahme die Fähigkeit der [nicht Berücksichtigten] zur Teilnahme am Wettbewerb so eingeschränkt worden wäre, daß ihre Möglichkeit, sich als verantwortliche Unternehmer wirtschaftlich zu betätigen, beeinträchtigt gewesen wäre".[164] Über die Verteilungsentscheidung hinaus gilt dies auch für die Festlegung der Vergabekriterien. Aus dem Intensitätskriterium folgt allerdings zugleich, dass in der schlichten Beeinträchtigung der erfolglosen Mitbewerber durch die Besserstellung des erfolgreichen Konkurrenten kein Eingriff gesehen werden kann.[165]

Demnach könnte in staatlich dominierten Bereichen, wie etwa dem Hochschulwesen oder der Auftragsvergabe im Rüstungsbereich, Verteilungsmaßnahmen generell Eingriffscharakter unter Verweis auf ein intensives Betroffensein durch jedwede staatliche Regelung zugesprochen werden. Denn in diesen Sektoren sind die Grundrechtsträger auf ein staatliches Leistungsangebot angewiesen, dessen Modalitäten folglich grundrechtsrelevant sind. Dementsprechend nimmt eine starke Strömung im Schrifttum an, dass bei Vorliegen einer marktbeherrschenden Stellung der öffentlichen Hand und einer entsprechenden Abhängigkeit des Unternehmens vergaberechtlichen Maßnahmen stets Eingriffscharakter zukomme, da die Freiheit der unternehmerischen Betätigung in diesem Fall entscheidend vom Verhalten des nachfragenden Staates abhänge.[166] Das BVerfG vermag in einer derartigen Konstellation demgegenüber noch keine einem klassischen Eingriff vergleichbare Grundrechtsbetroffenheit zu sehen.[167] Anders hat es aber für Auswahlentscheidungen auf regulierten,

---

[164] BVerwGE 65, 167 (174); ferner E 30, 191 (197 ff.); E 60, 154 (160); NVwZ 2009, S. 977 (977); OVG Münster, NVwZ 1984, S. 522 (524 f.); *R. Breuer*, HStR VI, § 148, Rn. 77 f.; *W. Brohm*, Konkurrentenklage, S. 235 (245); *H.-U. Erichsen*, Jura 1994, S. 385 (386 f.); *H. D. Jarass*, NVwZ 1984, S. 473 (477); *G. Manssen*, in: v. Mangoldt / Klein / Starck, GG, Art. 12, Rn. 100: „spürbare Verschlechterung der Wettbewerbssituation"; *R. Stober*, GewArch 1993, S. 136 (143 f.). Ablehnend etwa *H. Kaelble*, Vergabeentscheidung, S. 82 f.; *R. Wernsmann*, DV 36 (2003), S. 67 (94 f.). Eine grundrechtsabhängige Intensitätsschwelle vertritt *R. Eckhoff*, Grundrechtseingriff, S. 252 ff. (insb. 264), 285.

[165] *R. Breuer*, HStR VI, § 148, Rn. 77 f.; *J. Englisch*, VerwArch 98 (2007), S. 410 (419 f.); *H. D. Jarass*, NVwZ 1984, S. 473 (477); *G. Manssen*, in: v. Mangoldt / Klein / Starck, GG, Art. 12, Rn. 100; *N. Meyer*, Beschaffung, S. 314 ff.; *J. Schwabe*, Grundrechtsdogmatik, S. 185 f.; *R. Stober*, GewArch 1993, S. 136 (143 f.). So aber im Kontext der Subventionsvergabe *W. Cremer*, Freiheitsgrundrechte, S. 166; *G. Lübbe-Wolff*, Grundrechte, S. 303 ff.; für die Auftragsvergabe *W. Cremer*, Rechtsstaatliche Vorgaben, S. 29 (46) – allerdings unter Betonung der Unmittelbarkeit; *T. Puhl*, VVDStRL 60 (2001), S. 456 (482 und 483 Fn. 114).

[166] *P. M. Huber*, Konkurrenzschutz, S. 443 ff., 545 f.; *ders.*, JZ 2000, S. 877 (879 f.). Ähnlich *J. Englisch*, VerwArch 98 (2007), S. 410 (420); *G. Manssen*, in: v. Mangoldt / Klein / Starck, GG, Art. 12, Rn. 102 (wiewohl zurückhaltend); *H.-J. Prieß / M. Niestedt*, Rechtsschutz, S. 143, Fn. 793; *J. Ziekow / T. Siegel*, ZfBR 2004, 30 (35).

[167] BVerfGE 116, 135 (153); ferner NZBau 2009, S. 464 (465). Ebenso *J. F. Lindner*, DÖV 2003, S. 185 (191 f. m. Fn. 48); *N. Meyer*, Beschaffung, S. 308 ff.; *J. Pietzcker*, Zweiteilung, S. 27 ff.; *ders.*, NZBau 2003, S. 242 (244), mit dem Argument, dass den Staat auch bei markt-

d.h. durch staatliche Planung und Subventionierung gekennzeichneten Märkten, wie etwa im Bereich der Krankenhausplanung, entschieden:

Im Grundsatz gewährt Art. 12 Abs. 1 GG keinen Schutz vor Konkurrenz ... Eine Wettbewerbsveränderung durch Einzelakt, die erhebliche Konkurrenznachteile zur Folge hat, kann aber das Grundrecht der Berufsfreiheit beeinträchtigen, wenn sie im Zusammenhang mit staatlicher Planung und der Verteilung staatlicher Mittel steht ... Insbesondere bei einem regulierten Marktzugang können auch Einzelentscheidungen, die das erzielbare Entgelt beeinflussen, die Freiheit der Berufsausübung beeinträchtigen ... Wird zur Wahrung von Gemeinwohlbelangen der einzelne Leistungserbringer weitgehenden Einschränkungen unterworfen und kommt es in einem dergestalt durchstrukturierten Markt durch hoheitliche Maßnahmen zu weiter gehenden, an den Gemeinwohlbelangen nicht ausgerichteten Eingriffen in die Marktbedingungen, die zu einer Verwerfung der Konkurrenzverhältnisse führen, so besteht die Möglichkeit, dass die im System eingebundenen Leistungserbringer in ihrem Grundrecht aus Art. 12 Abs. 1 GG verletzt sind ... Eine Verwerfung der Konkurrenzverhältnisse ist dann zu besorgen, wenn den bereits zum Markt zugelassenen Leistungserbringern ein gesetzlicher Vorrang gegenüber auf den Markt drängenden Konkurrenten eingeräumt ist ... Fehlt es hieran, so realisiert sich in dem Marktzutritt lediglich ein dem jeweiligen Markt bereits immanentes Wettbewerbsrisiko.[168]

Ein Eingriff qua grundrechtsintensiver Beeinträchtigung kommt mithin nur in Ausnahmefällen in Betracht.

(c) Die abwehrrechtliche Relevanz der Verteilungssituation

Die Möglichkeit, im Einzelfall einen Eingriff aufgrund des lenkenden Charakters der Verteilungskriterien oder der Intensität der Grundrechtsbetroffenheit zu bejahen, hilft freilich nicht über die bereits mehrfach betonte Inadäquanz des Abwehrrechts für die Bewältigung von Verteilungskonflikten hinweg: Es taugt lediglich für die in Verteilungsverfahren regelmäßig nicht angestrebte isolierte Begünstigtenabwehr respektive die Infragestellung der staatlichen Verteilung als solche, etwa mit dem Ziel, die Subventionierung eines Konkurrenten oder die Durchführung eines bestimmten Subventionsprogramms zu verhindern. Sobald aber die eigene Begünstigung inmitten steht, muss auf einen gleichheits- respektive teilhaberechtlich fundierten Anspruch rekurriert werden. Für dessen Tragweite kann dann, wie im eben erörterten Fall der Verknappung, die Eingriffsqualität der Verteilung fruchtbar gemacht werden, indem die intensive Grundrechtsbetroffenheit respektive die Heranziehung lenkender Vergabekriterien für strenge Anforderungen sowohl an Vergabekriterien und -verfahren als auch an den Grad ihrer gesetzlichen Determinierung streiten.[169]

---

beherrschender Stellung keine Marktstrukturverantwortung treffe; *C. Riese / P. Schimanek*, DVBl. 2009, S. 1486 (1487).

[168] BVerfG, NVwZ 2009, S. 977 (977).

[169] Siehe dazu näher unten, I.2.b.bb.(1)(c).

bb) Teilhabe- und Leistungsrechte

Die Herausbildung einer leistungs- respektive teilhaberechtlichen Dimension der Freiheitsrechte spiegelt im Bereich von Grundrechtsdogmatik und -theorie die Anerkennung eines auch materialen Verständnisses von Freiheit wider. Erkennt man mit dem BVerfG an, dass „[s]taatliches Handeln, durch das dem Einzelnen Leistungen und Chancen gewährt und angeboten werden, … für eine Existenz in Freiheit oft nicht weniger bedeutungsvoll als das Unterbleiben eines ‚Eingriffs‘" ist,[170] so ließe sich hieraus die Konsequenz ziehen, dass sich auch die Freiheitsrechte nicht mehr im liberal-rechtsstaatlichen Anliegen, die Freiheit des Einzelnen vor dem Staat zu verteidigen, erschöpfen können. Vielmehr erfüllten sie ihr freiheitssicherndes Anliegen nur dann, wenn sie ebenfalls die materiellen Voraussetzungen für die vom BVerfG angesprochene „Existenz in Freiheit" gewährleisten, mithin die Brücke von „liberté" zu „capacité"[171] schlagen. Mit *Peter Häberle*: „Grundrechte sind Normierungen nicht nur rechtlichen Dürfens, sondern auch *tatsächlichen Handeln-Könnens*. Die faktischen Barrieren zum Grundrechtsgebrauch müssen realistisch abgebaut werden"[172]. Genau hierauf zielen Teilhabe- und Leistungsrechte, die sich auf dem Höhepunkt der Sozialstaatlichkeit in den 1970er und 1980er Jahren als weitere, neben die Abwehr-

---

[170] BVerfGE 40, 237 (249) – im Kontext der Reichweite des Gesetzesvorbehalts; das Angewiesensein auf Teilhabe an der staatlichen Daseinsvorsorge betonend, die liberal-abwehrrechtliche Grundrechtstradition gegen Teilhaberechte jedoch ausspielend *E. Forsthoff*, Die Verwaltung als Leistungsträger, passim, S. 45 f.: „Im modernen Staate behauptet sich der Mensch nicht durch eine ihm garantierte individuelle Freiheit, sondern durch die Teilhabe … An dieser Stelle wird klar, daß eine rechtlich gesicherte Teilhabe an der Daseinsvorsorge, funktionell betrachtet, eine Art von Ersatz für jene überholten Sicherungen bietet, welche die Grundrechte in sich beschlossen. Unter diesem Gesichtspunkt dürfte sich ein Anschluß der Daseinsvorsorge an die Dogmatik des Verwaltungsrechts finden lassen. Natürlich beileibe nicht so, daß das Recht auf Daseinsvorsorge sozusagen als ein Grundrecht an die Stelle der früheren Grundrechte treten soll"; versöhnlicher *ders.*, Rechtsfragen der leistenden Verwaltung, S. 9: „Ist [das Grundverhältnis des einzelnen zum Staat] im Bereich der rechtsstaatlichen Eingriffsverwaltung durch die Freiheit bestimmt, so beruht es bei der Leistungsverwaltung auf der Teilhabe"; ferner *ders.*, VVDStRL 12 (1954), S. 8 (18 ff.).
[171] Zu dieser *R. Aron*, Essai sur les libertés, S. 209 ff.; *W. Martens*, VVDStRL 30 (1972), S. 7 (12); *D. Murswiek*, HStR V, § 112, Rn. 26 ff.; *F. Ossenbühl*, NJW 1976, S. 2100 (2105); *L. von Stein*, Soziale Bewegung III, S. 104.
[172] *P. Häberle*, DÖV 1972, S. 729 (731); ferner *ders.*, VVDStRL 30 (1972), S. 43 (69 ff.), etwa S. 72: „Die Grundrechtsdogmatik hat im Dienst *personaler* Freiheitssicherung zu stehen und das bedeutet heute: sie ist vom Sozialstaat her zu betreiben …"; ebenso *K. H. Friauf*, DVBl. 1971, S. 674 (676); *H. H. Rupp*, JZ 1971, S. 401 (401 f.): „Grundrechte, würde man sie nach wie vor nur als Abwehrrechte verstehen, [sind] zur Freiheitssicherung auf weiten Strecken nicht mehr in der Lage" (402); ferner *P. Lerche*, HStR V, § 121, Rn. 6: „[G]rundrechtliche Freiheit ist heute vielfach nur als Sicherung der Teilhabe an Leistungen vorstellbar". Um Missverständnisse zu vermeiden: Mit dem Aufzeigen dieser Argumentationslinie ist die Frage nach der Anerkennung einer leistungs- und teilhaberechtlichen Dimension der Freiheitsrechte noch nicht im positiven Sinne entschieden.

funktion tretende Gewährleistungsdimension der Freiheitsrechte etabliert haben.[173] Anders als Abwehrrechte knüpfen sie nicht an ein staatliches Handeln, sondern an ein Unterlassen an; sie schützen nicht vor staatlichem Zwang, sondern eröffnen Verhaltensmöglichkeiten.[174]

Angesichts der uneinheitlichen Terminologie[175] und, damit zusammenhängend, divergierender inhaltlicher Vorstellungen – *Karl August Bettermann* spricht vom „Nebelbegriff der Teilhaberechte"[176] – erscheint eine einleitende begriffliche Klärung angezeigt. Bedingt durch das Thema der Arbeit, Verteilungsverfahren, interessiert die Frage, inwieweit die Freiheitsrechte einen Anspruch auf (Berücksichtigung bei der) Zuteilung knapper Güter umfassen. Damit bietet sich folgende, auf das Staatsrechtslehrerreferat von *Wolfgang Martens* zurückgehende[177] begriffliche Fassung und Unterscheidung von Leistungs- und Teilhaberechten an: Teilhaberechte gewährleisten die Partizipation an einem staatlicherseits vorgehaltenen Leistungsangebot. Konstitutiv ist ihr Bezug auf Bestehendes, der ihren nur „derivativen" Charakter erklärt und sie von über den Status quo hinauszielenden, „originären" Leistungsrechten unterscheidet. Letztere wiederum verleihen dem Einzelnen einen Anspruch auf Neuschaffung respektive Erweiterung staatlicher Einrichtungen einschließlich Partizipation hieran.[178] Für die vorliegende Untersuchung nicht von Interesse sind demgegenüber die bisweilen ebenfalls unter dem Begriff „Teilhaberechte" ver-

---

[173] Zu dieser Gewährleistungsdimension der Freiheitsrechte *W. Cremer*, Freiheitsgrundrechte, S. 360 ff.; *H. M. Heinig*, Sozialstaat, S. 359 ff.; *D. Murswiek*, HStR V, § 112. Kritisch zum Begriff des Teilhaberechts wegen seiner anti-freiheitlichen Implikationen *H. H. Rupp*, AöR 101 (1976), S. 161 (179 ff.).

[174] Zum Gegensatz von Abwehr- und Teilhaberechten *D. Murswiek*, HStR V, § 112, Rn. 1 ff., 7.

[175] Siehe den Überblick bei *D. Murswiek*, HStR V, § 112, Rn. 5 ff. Zur unscharfen Begrifflichkeit auch *W. Cremer*, Freiheitsgrundrechte, S. 5, 360 f.; *N. Malaviya*, Verteilungsentscheidungen, S. 207 ff.; *F. Müller / B. Pieroth / L. Fohmann*, Leistungsrechte, S. 60; *K. Redeker*, Teilhaberechte, S. 511 (512).

[176] *K. A. Bettermann*, DVBl. 1975, S. 548 (548).

[177] *W. Martens*, VVDStRL 30 (1972), S. 7 (21).

[178] Entsprechend differenzieren BVerwGE 52, 339 (349); *G. Haverkate*, Rechtsfragen des Leistungsstaats, S. 91 f., 207 m. Fn. 3; *N. Malaviya*, Verteilungsentscheidungen, S. 208; *A. von Mutius*, VerwArch 64 (1973), S. 183 (187 ff.); *M. Ruffert*, Vorrang der Verfassung, S. 259 ff.; ähnlich *W. Rüfner*, Grundrechtliche Leistungsansprüche, S. 379 (380 m. Fn. 7, 384); *E. Forsthoff*, Rechtsfragen der leistenden Verwaltung, S. 12 f., dessen Daseinsvorsorgekonzept keine originären Leistungsrechte beinhaltet, sondern auf den jeweiligen Status quo bezogen ist. Kritisch *K. Redeker*, Teilhaberechte, S. 511 (515), wegen des Bezugs auf eine austauschbare Begründung, nicht aber auf den Anspruchsinhalt. Abweichend etwa *B. Weber-Dürler*, VVDStRL 57 (1998), S. 57 (79 f.), die unter Teilhaberechten originäre Leistungsrechte versteht; *H. Sendler*, DÖV 1978, S. 581, differenziert zwischen derivativen und originären Teilhaberechten; ähnlich weit *E. Forsthoff*, VVDStRL 12 (1954), S. 8 (18 ff.).

handelten Rechte auf demokratische Mitwirkung bzw. auf Teilnahme am Staat[179] sowie auf Partizipation im Verwaltungsverfahren[180].[181]

Da die im Mittelpunkt der vorliegenden Untersuchung stehenden Verteilungsverfahren auf die Zuteilung existenter Güter in Konkurrenzsituationen zielen, stehen die im Rahmen dieser Verwaltungsverfahren zum Tragen kommenden (derivativen) Teilhaberechte im Vordergrund der folgenden Betrachtung (1). Den abschließend kurz beleuchteten (originären) Leistungsrechten kommt lediglich insofern Bedeutung zu, als sie die Knappheit als solche in Frage stellen können (2).

(1) Teilhaberechte

Anders als originäre Leistungsrechte können die auf eine Partizipation an bestehenden staatlichen Leistungen zielenden und damit derivativen Teilhaberechte als im Grundsatz allgemein anerkannt bezeichnet werden.[182] Modellcharakter kommt Art. 33 Abs. 2 GG zu, der ein Teilhaberecht hinsichtlich des Zugangs zu öffentlichen Ämtern normiert.[183] Dieser Konsens darf allerdings nicht über die Problematik dieser Normkategorie im Detail hinwegtäuschen. Bereits eine Vergewisserung des Gewährleistungsgehalts zeigt nämlich, dass diesen der Begriff „Teilhaberecht" nur unvollkommen umschreibt (a). Als nach wie vor umstritten erweisen sich darüber hinaus die grundrechtsdogmatische und -theoretische Verortung des Teilhaberechts (b) und sein Anwendungsbereich (c).

(a) Gewährleistungsgehalt

Es liegt auf der Hand, dass Teilhaberechte einen Anspruch auf Berücksichtigung bei der staatlichen Verteilungsentscheidung verleihen (aa); mehr als „Teilhabe" ist freilich verbürgt, wenn man diese Gewährleistungsdimension

---

[179] Zu dieser Gewährleistungsdimension *D. Murswiek*, HStR V, § 112, Rn. 14 ff. („Teilhaberechte im weiteren Sinne"); *C. Starck*, HGR II, § 42 („Teilnahmerecht"); *S. Unger*, Demokratie, S. 257 f.; *R. Zippelius*, VVDStRL 47 (1989), S. 7 (8 f.).

[180] Siehe etwa *C. Enders*, in: Friauf / Höfling, GG, vor Art. 1, Rn. 71, der zwischen Rechten auf Verfahrens- und Entscheidungsteilhabe einerseits und auf Leistungsteilhabe andererseits differenziert; ferner *D. Murswiek*, HStR V, § 112, Rn. 8, 19 („Teilhaberechte im weiteren Sinne").

[181] Siehe für ein weites Teilhabeverständnis auch *P. Häberle*, VVDStRL 30 (1972), S. 43 (82 ff.); *K. Redeker*, Teilhaberechte, S. 511 (515 ff.).

[182] Vgl. nur *F. Müller / B. Pieroth / L. Fohmann*, Leistungsrechte, S. 52; *M. Ruffert*, Vorrang der Verfassung, S. 261 f. („in der Verfassungsordnung unter dem Grundgesetz mittlerweile fest verankert").

[183] *B. Pieroth / B. Schlink*, Grundrechte, Rn. 429, verstehen ihn als gegenüber Art. 3 Abs. 1 GG spezielles Gleichheitsrecht. Ihm wird freilich auch eine freiheitsrechtliche Dimension beigemessen: *B. J. Hartmann / N. Nöllenburg*, ZBR 2007, S. 242 (246); ferner *A. von Mutius*, VerwArch 69 (1978), S. 103 (109), der auf die „freiheitssichernde Funktion" des Art. 33 Abs. 2 GG verweist, die allerdings auf jedes Teilhaberecht zutrifft.

der Freiheitsrechte auch als Maßstab für den Institutionengestalter versteht (bb).

(aa) Anspruch auf Berücksichtigung bei der staatlichen Verteilungsentscheidung

Ein Recht auf Teilhabe am Bestehenden impliziert zunächst einmal einen grundrechtlich vermittelten Anspruch des die Zuteilungsbedingungen erfüllenden Prätendenten auf Begünstigung. Dieser Zuteilungsanspruch erfährt in den hier primär interessierenden Konkurrenzsituationen eine Inhaltsänderung; Teilhabe am Bestehenden kann nämlich nur im Rahmen der vorhandenen Kapazitäten gewährleistet sein. Damit reduziert sich das Teilhaberecht auf ein Gleichheitsrecht, der Zugangsanspruch auf einen Anspruch auf gleichheitskonforme Berücksichtigung bei der Zugangsentscheidung, dessen Konsequenz auch in der versagten Partizipation bestehen kann.[184] Ein so umschriebener Gewährleistungsgehalt verweist auf den janusköpfigen Anspruchsinhalt des Teilhaberechts.

Die Tragweite einer derartigen Gewährleistung erscheint freilich gering, erschöpft sie sich doch in einem zwar nun grundrechtlich unterfütterten, im Regelfall jedoch bereits einfach-rechtlich statuierten Zugangsanspruch. Von Interesse ist diese grundrechtliche Dimension nur in dem seltenen Fall, dass der individualberechtigende Charakter der für die Verteilung maßgeblichen Normen fraglich ist. Wie im Kontext des allgemeinen Gleichheitssatzes auch streitet der grundrechtliche Teilhabeanspruch dann aufgrund seiner norminternen Wirkung zugunsten einer subjektiven Berechtigung; fehlt ein einfach-rechtliches Zulassungsregime, vermittelt das Teilhabegrundrecht einen Anspruch auf Berücksichtigung.[185]

(bb) Teilhabe und Institutionengestaltung

Herkömmlicherweise werden Teilhaberechte nicht nur in diesem beschränkten, da lediglich Partizipation am Bestehenden (in seiner einfach-rechtlichen Ausprägung) verbürgenden Sinne verstanden. Vielmehr soll der Teilhabeanspruch auch für die Ausgestaltung der Institution von Bedeutung sein: So müssen sich Verteilungskriterien und -verfahren an diesem messen lassen und wird aus ihm ein Gebot der optimalen Ressourcennutzung gefolgert.

Unabdingbar ist ein derartiges Teilhabe-Verständnis freilich nicht schon deshalb, weil jede andere Auffassung im Widerspruch zur Grundrechtskonzeption des Grundgesetzes stünde. Denn dieses bringt zwar in Art. 1 Abs. 3 zum Aus-

---

[184] Zu diesen beiden Gewährleistungsdimensionen *H. D. Jarass*, HGR II, § 38, Rn. 25.

[185] Siehe – auch zur daran anknüpfenden Frage der Reichweite der grundrechtlichen Unterfütterung – oben, I.2.a.cc.

druck, dass Freiheit und Gleichheit nicht nur nach Maßgabe des einfachen Rechts gewährleistet sind, sondern auch der Gesetzgeber Grundrechte aufgrund ihrer umfassenden Bindungswirkung zu berücksichtigen hat. Gleichwohl enthebt die umfassende Grundrechtsbindung nicht davon, einen konkreten Grundrechtsgehalt nachweisen zu müssen, an den die öffentliche Hand gebunden sein soll.

Möchte man Teilhabe nicht auf Existentes und damit auch nur auf durch Recht Geformtes fixieren, kommen zwei Erklärungsansätze in Betracht: Zum einen lässt sich, wie bereits oben ausgeführt, der allgemeine Gleichheitssatz als Maßstab für Verteilungskriterien und -verfahren, mithin für die Institutionengestaltung, fruchtbar machen. Er gebietet nämlich (sach-)gerechte Verteilungskriterien und eine diese umsetzende Verfahrensgestaltung;[186] angesichts des Mitbetroffenseins freiheitsrechtlich relevanter Zugangsinteressen gelten, wie sogleich aufgezeigt wird, strenge Anforderungen sowohl an die Rechtfertigung der in den Vergabekriterien zum Ausdruck kommenden Differenzierung und ihrer verfahrensmäßigen Umsetzung als auch an den Grad ihrer gesetzlichen Determinierung. Zum anderen kommt ein Rekurs auf Freiheitsrechte in Betracht, denen eine leistungsrechtliche Dimension beizumessen ist.[187] Diese darf, um die Grenze zum originären Leistungsrecht nicht zu überschreiten, den Staat niemals dazu verpflichten, ein bestehendes Leistungsangebot zu erweitern respektive noch nicht bestehende Institutionen bereitzustellen. Teilhabe kann sich folglich nur im Rahmen bestehender Institutionen realisieren. Diesen muss man freilich überwinden, möchte man auch Vergabekriterien und -verfahren, mithin die Ausgestaltung des staatlichen Leistungsangebots, am Teilhaberecht messen. Dem Teilhaberecht wohnt folglich insofern eine leistungsrechtliche Dimension inne, als es dem Einzelnen einen – von der konkreten Ausgestaltung der Institution abstrahierten – Anspruch auf Zugang zu existenten Institutionen gewährt. Diesen darf der Gesetzgeber, etwa aufgrund seines Organisationsermessens, beschränken, wobei sich die Grenzen des Anspruchs wiederum am individuellen Zugangsrecht messen lassen müssen. In materieller Hinsicht fordert dieses Leistungsrecht dem Nutzungsinteresse angemessene, d.h. sachgerechte Zugangs- und Verteilungskriterien; deren Umsetzung muss das Vergabeverfahren sicherstellen.

Trotz ihrer unterschiedlichen Wurzel stellen beide Erklärungsansätze identische Zuteilungsvorgaben auf; für deren Konkretisierung kann daher auf das zur materiellen und prozeduralen Dimension des allgemeinen Gleichheitssatzes Gesagte verwiesen werden.[188]

---

[186] Dazu oben, I.2.a.bb.
[187] Die Problematik ist auch angedeutet bei *J. F. Lindner*, Theorie der Grundrechtsdogmatik, S. 459.
[188] Siehe oben, I.2.a.bb.

(b) Grundrechtstheoretische Verortung des Teilhaberechts:
eine gleichheitsrechtliche Rekonstruktion und ihre Grenzen

Bereits der allgemeine Gleichheitssatz bindet die öffentliche Hand bei der Festlegung von Verteilungskriterien sowie -verfahren und verleiht dem Einzelnen einen Anspruch auf chancengleiche Berücksichtigung bei der Verteilungsentscheidung. Nun wurden im vorangegangenen Abschnitt dem vergleichbare Gewährleistungen unter dem Aspekt eines „Teilhaberechts" auch als Dimension der Freiheitsrechte erörtert. Dies wirft die Frage nach dessen grundrechtstheoretischer und -dogmatischer Verortung auf, die in Literatur und Rechtsprechung nicht einheitlich beantwortet wird.[189] Teilhaberechte werden teils ausschließlich gleichheitsrechtlich,[190] meist jedoch als Kombination von Freiheits- und Gleichheitsrechten konzipiert[191] und mitunter durch Staatszielbestimmungen, namentlich durch das Sozialstaatsprinzip, angereichert[192]. Des Weiteren werden die unterschiedlichen Gehalte des Teilhaberechts isoliert und zwischen dem Freiheits- und Gleichheitsrecht dergestalt differenziert, dass ersteres Maßstab für die Knappheit ist (Kapazitätserschöpfungsgebot) und an letzterem die Vergabe des Vorhandenen zu messen ist.[193] Oftmals bleibt eine grundrechtstheoretische Einordnung freilich auch im Dunklen.[194]

---

[189] *E. Friesenhahn*, Wandel des Grundrechtsverständnisses, S. G 32, bezeichnet die Einordnung als „Geschmacksfrage".

[190] *M. Burgi*, JZ 1999, S. 873 (878 f.); *W. Cremer*, Freiheitsgrundrechte, S. 361 ff.; *H. Dreier*, Dimensionen der Grundrechte, S. 45; *J. F. Lindner*, Theorie der Grundrechtsdogmatik, S. 399 Fn. 34; *C. Starck*, Hilfen zu Grundrechtsverwirklichungen, S. 480 (526). Siehe auch *D. Murswiek*, HStR V, § 112, Rn. 80, der den Rekurs auf Freiheitsrechte hinsichtlich eines derivativen Zulassungsanspruchs erachtet; ebenso *ders.*, Gestufte Teilhabe-/Freiheitsverhältnisse, S. 647 (649 f.): „Die Teilhabe an öffentlichen Leistungen bzw. an der Nutzung öffentlicher Einrichtungen unterliegt nicht dem Regime der Freiheitsrechte, sondern dem Regime der Verteilungsgerechtigkeit" (650); siehe ferner *M. Ronellenfitsch*, JöR nF 44 (1996), S. 167 (174), nach dem derivative Teilhaberechte letztlich Abwehrrechte seien, da sie der Abwehr einer Ungleichbehandlung dienten. Demgegenüber kommt nach *M. Sachs*, Grenzen des Diskriminierungsverbots, S. 29 ff., eine ausschließlich gleichheitsrechtliche Konzeptionalisierung des Teilhaberechts nicht in Betracht, da der allgemeine Gleichheitssatz lediglich die Abwehr der gleichheitswidrigen Begünstigung gestatte (relativiert in *ders.*, Gleichheitssatz als Grundrecht, S. 309 [319 m. Fn. 41, 323]). In den hier untersuchten Verteilungskonstellationen ist dem aber nicht zu folgen, siehe oben, I.2.a.cc., und *F. Schoch*, DVBl. 1988, S. 863 (867 f.).

[191] BVerwGE 52, 339 (348 f.); *C. Enders*, in: Friauf/Höfling, GG, vor Art. 1, Rn. 72; *B. J. Hartmann/N. Nöllenburg*, ZBR 2007, S. 242 (246): Art. 33 Abs. 2 GG als besonderes Gleichheits- und Freiheitsrecht; *H. M. Heinig*, Sozialstaat, S. 360; *F. Ossenbühl*, NJW 1976, S. 2100 (2104); *A. Voßkuhle*, VVDStRL 62 (2003), S. 266 (317). Siehe allgemein zur Figur der „Kombinationsgrundrechte" nur *I. Augsberg/S. Augsberg*, AöR 132 (2007), S. 539; *M. M. Meinke*, In Verbindung mit.

[192] BVerfGE 33, 303 (331 f.); *M. Ruffert*, Vorrang der Verfassung, S. 261; *J. Schwabe*, Grundrechtsdogmatik, S. 248.

[193] *F. Rottmann/A. W. Breinersdorfer*, NVwZ 1987, S. 666 (667 m. Fn. 6); *F. Schoch*, DVBl. 1988, S. 863 (867 f.).

[194] Vgl. etwa *H.-U. Erichsen*, VerwArch 64 (1973), S. 299 (302); *R. Gaier*, NZBau 2008,

Angesichts des Anliegens von Teilhaberechten, die Partizipation an vorhandenen Gütern zu gewährleisten und damit deren Verteilung zu steuern, stellt diese Gewährleistungsdimension – jedenfalls in den hier betrachteten Konkurrenzsituationen – eine gleichheitsrechtlich zu konzeptionalisierende Kategorie dar. Dies bedeutet allerdings nicht, dass Freiheitsrechte insoweit gänzlich unbedeutend wären; vielmehr verstärken sie den gleichheitsrechtlichen Zugangsschutz in zweifacher Hinsicht. Zum einen erhöhen sie die Rechtfertigungslast des Institutionengestalters bei zugangsrelevanten Ungleichbehandlungen, ein der „Neuen Formel" des BVerfG bei Gleichheitsprüfungen[195] entsprechender Befund.[196] Zum anderen kann das intensive Betroffensein von Freiheitsrechten eine (parlaments)gesetzgeberische Regelung im Sinne der Wesentlichkeitslehre erforderlich machen.[197] In diesen beiden Aspekten, mithin in der Potenzierung des Gleichheitssatzes in bestimmten Verteilungskonstellationen, ist die – auch praktische – Bedeutung der Freiheitsrechte für den Teilhabeanspruch in Konkurrenzsituationen zu sehen. Diese betrifft nicht den Anspruch auf Berücksichtigung bei der staatlichen Verteilungsentscheidung, sondern kommt ausschließlich auf der Ebene der Institutionengestaltung zum Tragen.

Ebenfalls gleichheitsrechtlich erklärbar, obgleich unter Zugrundelegung eines sehr weit reichenden Gleichheitsverständnisses, ist das teilhaberechtliche Kapazitätserschöpfungsgebot.[198] Insoweit ist Art. 3 Abs. 1 GG auf der Ebene

---

S. 289 (291), der zwar einerseits von einer Kombination von Freiheits- und Gleichheitsrecht, andererseits aber auch von einem „mit dem Freiheitsgrundrecht verbundene[n] sekundäre[n] Bereich positiver Handlungspflichten" spricht; *K. Hesse*, EuGRZ 1978, S. 427 (433); *K. Redeker*, Teilhaberechte, S. 511 (515).

[195] Zur Geltung des Verhältnismäßigkeitsgrundsatzes bei freiheitsrechtlich relevanten Ungleichbehandlungen BVerfGE 37, 342 (353 f.); E 62, 256 (274); E 107, 133 (141); E 116, 135 (161). Zurückhaltend *O. Kimminich*, JZ 1972, S. 696 (699). Dazu bereits oben, I.2.a.bb.(1).

[196] So insbesondere *W. Cremer*, Freiheitsgrundrechte, S. 362 f., der das Teilhaberecht im allgemeinen Gleichheitssatz radiziert sieht und der nicht zu leugnenden freiheitsrechtlichen Relevanz von Teilhabekonstellationen eine nur flankierende Bedeutung beimisst; in diesem Sinne auch *A. von Arnauld*, Freiheitsrechte, S. 29 f.; *M. Bader*, Organverteilung, S. 303 ff.; *M. Burgi*, JZ 1999, S. 873 (878 f.); *G. Haverkate*, Rechtsfragen des Leistungsstaats, S. 207 f.; *W. Martens*, VVDStRL 30 (1972), S. 7 (21 f.); *M. Martini*, Der Markt als Instrument hoheitlicher Verteilungslenkung, S. 87 f.; *H. C. Röhl*, GVwR II, § 30, Rn. 10; *J. Schwabe*, Grundrechtsdogmatik, S. 248 f.; *D. Wiegand*, DVBl. 1974, S. 657 (660): Bei existentieller Bedeutung der Leistung müssten Verteilungskriterien zwingend erforderlich sein. Im Ergebnis ähnlich *N. Malaviya*, Verteilungsentscheidungen, S. 217 ff., 228. Siehe für eine gleichheitsrechtliche Deutung auch *F. Ossenbühl*, NJW 1976, S. 2100 (2104). Changierend BVerwGE 52, 339, das von einem „Recht auf verhältnismäßige und am allgemeinen Gleichheitssatz orientierte Teilhabe an Leistungen und Einrichtungen, die vom Staat bereitgestellt sind", spricht (348 f.), im Folgenden dies aber relativiert, da bei der Mittelverteilung nur der Willkürmaßstab Anwendung finde (349 f.).

[197] Siehe nur BVerfGE 33, 303 (337). Ausführlich dazu im Kontext des Gesetzesvorbehalts unten, I.5.

[198] *G. Haverkate*, Rechtsfragen des Leistungsstaats, S. 208 f. A.A. *H. M. Heinig*, Sozialstaat, S. 360; *N. Malaviya*, Verteilungsentscheidungen, S. 218 f.; *F. Müller / B. Pieroth / L.*

der Institutionengestaltung ein Optimierungsgebot des Inhalts, die Zahl der Ausgeschlossenen möglichst klein zu halten, zu entnehmen. Den Boden des allgemeinen Gleichheitssatzes verlassen hat man auch dann noch nicht, wenn man dem sich zu Recht auf mangelnde Kapazitätserschöpfung berufenden Kläger mit dem BVerfG einen Anspruch auf Zuteilung aus dem zu erweiternden Kontingent unabhängig von seiner Rangstelle gemäß den Verteilungskriterien zuerkennt.[199] Hier findet nämlich eine Verteilung der Restplätze unter den Klägern statt.

Dass Teilhaberechte in Konkurrenzsituationen demnach gleichheitsrechtlich konzeptionalisiert werden können, ändert freilich nichts am – daneben stehenden – freiheitsrechtlichen Herleitungszusammenhang. Diesen beiden Ansätzen liegen, wie bereits erwähnt, unterschiedliche Perspektiven auf die Zugangssituation zugrunde. Aus den Freiheitsrechten folgt ein absoluter Maßstab für Vergabekriterien und -entscheidung: Erstere stellen sich als Anspruchsgrenzen, letztere stellt sich als Versagung bzw. Bejahung des Anspruchs dar;[200] sie sind als solche zu prüfen. Ein gleichheitsrechtliches Teilhabeverständnis ist demgegenüber stets relativ: Die Verteilungskriterien sind nur insofern Prüfungsgegenstand, als ihnen mit Blick auf Ein- und Ausgrenzungen eine Ungleichbehandlung innewohnt; die Verteilungsentscheidung ist nur insofern gleichheitsrelevant, als andere in der Verteilungssituation begünstigt werden. Können freiheitsrechtlich fundierte Zugangsinteressen auch in die Gleichheitsprüfung einfließen und geht der freiheitsrechtliche Zulassungsanspruch in Konkurrenzsituationen auch in ein Gleichheitsrecht über, so bleibt der freiheitsrechtliche Ansatz für den Zuteilungsanspruchs jenseits von Konkurrenzsituationen von eigenständiger Bedeutung. Dieser kann nämlich nur als Leistungsanspruch gedeutet werden.[201] Anzunehmen, dass die Vergabekriterien die vorzunehmende Verteilung programmieren und damit die Fremdbegünstigung antizipieren, so dass auch insoweit der allgemeine Gleichheitssatz zum Tragen kommt, würde diesen in einen allgemeinen Gesetzesbefolgungsanspruch verwandeln und ist daher abzulehnen: Ließe sich nicht generell argumentieren, dass in der Verabschiedung eines Gesetzes die Festlegung auf ein bestimmtes Verhalten liegt?

Fohmann, Leistungsrechte, S. 61 m. Fn. 100; *G. F. Schuppert*, Verfassungsinterpretation, S. 24 f. m. Fn. 96; *ders.*, Zugang zu den Universitäten, S. 567 (571, 573 f.), der das Teilhaberecht auf die Verteilung des Vorhandenen beschränkt. Vgl. auch *P. Becker*, NVwZ 1987, S. 653 (665 f.).

[199] Anders *R. Breuer*, Grundrechte als Anspruchsnormen, S. 89 (115); *D. Murswiek*, HStR V, § 112, Rn. 80 (der allerdings eine verfahrensrechtliche Deutung präferiert); *H. Sendler*, DÖV 1978, S. 581 (585). Zur Problematik auch *S. Langer*, NJW 1990, S. 1328 (1328 ff.).

[200] Vgl. etwa *H. D. Jarass*, HGR II, § 38, Rn. 33, nach dem die Verweigerung grundrechtlich gebotener Teilhabe einen Eingriff darstellt.

[201] So auch *A. Kleinschmidt*, Versteigerung, S. 136. Siehe demgegenüber aber auch *W. Cremer*, Freiheitsgrundrechte, S. 6, 363, der Teilhaberechte angesichts ihrer gleichheitsrechtlichen Fundierung als eigentlich überflüssige Grundrechtsdimension qualifiziert.

Dies stellt auch keinen Widerspruch zur Ableitung eines Zuteilungsanspruchs in Konkurrenzsituationen aus Art. 3 Abs. 1 GG dar, da der Gleichheitssatz in diesen, wie aufgezeigt, einen verteilungsspezifischen Schutzgehalt aufweist.[202] Auch treffen Begründungsversuche mit Blick auf eine vorangegangene Zuteilung, die gemäß Art. 3 Abs. 1 GG zu wiederholen ist, so sachliche Gründe nicht Gegenteiliges gestatten,[203] nicht den Kern des Teilhaberechts, da dieses auf einen Zugangsanspruch unabhängig von Bezugsfällen zielt.

(c) Zum Anwendungsbereich der Teilhaberechte: die Teilhabesituation

Ein allein auf den allgemeinen Gleichheitssatz gestützter Teilhabeanspruch kommt angesichts der thematisch unbegrenzten Reichweite des Art. 3 Abs. 1 GG in jeder Verteilungssituation zum Tragen; insoweit erweisen sich Teilhaberechte in der Tat als Konsequenz der Leistungsbereitstellung[204]. Fraglich ist allerdings, in welchen Fällen der allgemeine Gleichheitssatz eine freiheitsrechtliche Anreicherung erfährt und damit einen besonders wirkmächtigen, da die Geltung strenger Rechtfertigungsstandards und des Gesetzesvorbehalts umfassenden Teilhabeanspruch vermittelt. Diesbezüglich war bislang sehr vage von dem Erfordernis eines freiheitsrechtlich fundierten Zugangsinteresses die Rede.

In seiner ständigen Rechtsprechung zieht das BVerfG dem Institutionengestalter umso engere Grenzen, „je stärker sich die Ungleichbehandlung von Personen oder Sachverhalten auf die Ausübung grundrechtlich geschützter Freiheiten nachteilig auswirken kann".[205] Der stete Rekurs auf diese Formel hat allerdings noch nicht zu einer prinzipiellen Klärung der Frage geführt, in welchen Fällen von einer derartigen Grundrechtsbetroffenheit auszugehen ist. Nach den nicht gerade zahlreichen Aussagen hierzu in der Kasuistik des BVerfG liegt eine nachteilige Auswirkung auf grundrechtlich geschützte Freiheiten insbesondere dann vor, wenn im Kontext von Grundrechtseingriffen[206] oder Inhalts- und Schrankenbestimmungen[207] differenziert wird,[208] nicht aber bei feh-

---

[202] Siehe oben, I.2.a.cc.

[203] Siehe insoweit D. *Murswiek*, Gestufte Teilhabe-/Freiheitsverhältnisse, S. 647 (647).

[204] Zu dieser Begründung D. *Kupfer*, Verteilung, S. 409; M. *Ruffert*, Vorrang der Verfassung, S. 261; F. *Schoch*, DVBl. 1988, S. 863 (873). Ähnlich H. *Scholler*, Gleichheitssatz, S. 28 f., der das Recht auf gleichmäßigen Zugang aus dem Widmungsakt ableitet.

[205] BVerfGE 116, 135 (161); ferner E 37, 342 (353 f.); E 60, 123 (134); E 62, 256 (274); E 74, 9 (24): Berührung „andere[r] grundrechtlich verbürgte[r] Positionen"; E 82, 126 (146); E 88, 87 (96 f.); E 89, 15 (22 f.); E 89, 365 (376); E 90, 46 (56); E 91, 346 (362 f.); E 95, 267 (316 f.); E 97, 271 (290 f.); E 99, 341 (355 f.); E 105, 73 (110 f.); vgl. auch E 103, 242 (258). Siehe ferner L. *Osterloh*, in: Sachs, GG, Art. 3, Rn. 15, 32.

[206] BVerfGE 89, 365 (375); E 97, 271 (290 f.).

[207] BVerfGE 99, 341 (355 f.).

[208] Diffuse Grundrechtsbetroffenheit demgegenüber in BVerfGE 37, 342 (353 f.); E 60, 123 (134).

lender Berührung eines freiheitsrechtlichen Schutzbereichs[209]. Darüber hinaus werden erhebliche Auswirkungen auf Freiheitsrechte als Grund für die Geltung strenger Anforderungen an Differenzierungen genannt.[210] Schließlich können grundrechtliche Schutzpflichten, etwa zugunsten von Ehe und Familie (Art. 6 Abs. 1 GG), für einen engen Gestaltungsspielraum streiten.[211]

Bezogen auf die hier interessierenden Verteilungskonstellationen wäre es nicht weiterführend, ein freiheitsrechtlich relevantes Zugangsinteresse erst dann anzunehmen, wenn sich die Nichtleistung als die Abwehrwehrfunktion aktivierender Eingriff in das einschlägige Freiheitsrecht darstellen würde; denn Abwehrrechte und damit auch Eingriffe in diese scheiden, wie oben dargelegt, als Maßstab für die Verteilung öffentlicher Güter regelmäßig aus. Immerhin lässt sich mit der Potenzierung des Gleichheitsrechts im Umfeld von Grundrechtseingriffen die ausnahmsweise abwehrrechtlich relevante Fallgruppe der staatlichen Verknappung freiheitsrechtlich geschützter Verhaltensweisen, wie ebenfalls bereits oben angedeutet,[212] in das gleichheitsrechtlich fundierte Teilhaberecht integrieren: Beruht die Knappheit mithin auf einem Grundrechtseingriff, kann ein freiheitsrechtliches Zugangsinteresse angenommen werden. Selbiges gilt für die Eingriffsqualität staatlicher Verteilungstätigkeit qua intensiver Grundrechtsbetroffenheit respektive Heranziehung lenkender Vergabekriterien.[213]

Gleichfalls abzulehnen ist das andere Extrem, es mithin genügen zu lassen, dass Freiheitsrechte im Kontext des staatlichen Leistungsangebots ausgeübt werden, wie etwa die Berufsfreiheit (Art. 12 Abs. 1 GG) bei der Bewerbung um einen öffentlichen Auftrag,[214] oder dass die staatliche Leistung der Freiheitsausübung dienlich ist, wie im Fall der Subventionsgewährung.[215] Denn angesichts des aus dem weiten Verständnis der allgemeinen Handlungsfreiheit resultierenden lückenlosen Freiheitsschutzes sind staatliche Leistungen stets in diesem Sinne freiheitsrechtlich relevant. Damit wäre der Ausnahmecharakter des

---

[209] BVerfGE 116, 135 (161).

[210] BVerfGE 88, 87 (96 ff.); vgl. auch E 62, 256 (274); E 95, 267 (317): kein strenger Rechtfertigungsstandard bei Betroffensein des „von vornherein in den Rahmen der verfassungsgemäßen Ordnung verwiesene[n] Grundrecht[s] der allgemeinen Handlungsfreiheit".

[211] BVerfGE 103, 242 (258).

[212] Dazu oben, I.2.b.aa.(3).

[213] Siehe oben, I.2.b.aa.(4).

[214] Zu deren teilhaberechtlicher Relevanz noch unten, 2. Teil, B.I.2.a.aa. Siehe auch *W. Frenz*, Erweiterung der Berufsfreiheit, S. 243 (250), der die Chancengleichheit im Wettbewerb der Berufsfreiheit zuordnet.

[215] Derart weit etwa *M. Burgi*, NZBau 2005, S. 610 (612 f.); *W. Krebs*, VerwArch 67 (1976), S. 329 (333 f.), für die freiheitsfördernde Teilhabe am Gemeingebrauch. Siehe demgegenüber aber auch die Entscheidung des BVerfG, NVwZ 2004, S. 472 (472), in der es die Teilhabe eines Künstlers an der Kunstförderung zwar an einem aus dem Freiheitsrecht abgeleiteten Teilhabeanspruch maß, aber nur das Willkürverbot für einschlägig erachtete.

freiheitsrechtlich abgestützten Teilhaberechts konterkariert,[216] im Übrigen die staatliche Verteilungstätigkeit einem umfassenden Gesetzesvorbehalt unterstellt[217].

Ein freiheitsrechtlich fundiertes Zugangsinteresse kommt vielmehr erst dann in Betracht, wenn ein qualifizierter Zusammenhang zwischen der Inanspruchnahme staatlicher Institutionen und der Grundrechtsausübung besteht. Anzuerkennen ist ein solcher dann, wenn der Grundrechtsträger auf das staatliche Leistungsangebot zur Grundrechtsausübung angewiesen ist, etwa weil dem zu verteilenden Gut eine herausragende Bedeutung für den Petenten zukommt oder der Staat eine Monopolstellung innehat[218]. Demnach wäre eine entsprechende Angewiesenheit im eben erwähnten Beispiel der öffentlichen Auftragsvergabe regelmäßig nicht zu bejahen, wohl aber für den von seiner Ausbildungsfreiheit (Art. 12 Abs. 1 GG) Gebrauch machenden Studierenden mit Blick auf eine im Wesentlichen staatlich dominierte Hochschullandschaft.[219]

Entsprechende Anhaltspunkte lassen sich den wenigen Teilhaberechte thematisierenden Entscheidungen des BVerfG und des BVerwG entnehmen, ohne dass diese Fragen allerdings weiter vertieft würden. Aus der Rechtsprechung des BVerfG lässt sich schließen, dass auch dieses einer restriktiven Position zuneigt. So hat es sich im ersten Numerus-clausus-Urteil nicht darauf beschränkt festzustellen, dass der auf Art. 3 Abs. 1 i.V.m. Art. 12 Abs. 1 GG und das Sozialstaatsprinzip gestützte Zugangsanspruch Konsequenz der Schaffung von Hochschuleinrichtungen sei, sondern hinzugefügt: „Das gilt besonders, wo der Staat – wie im Bereich des Hochschulwesens – ein faktisches, nicht beliebig aufgebbares Monopol für sich in Anspruch genommen hat und wo – wie im Bereich der Ausbildung zu akademischen Berufen – die Beteiligung an staatlichen Leistungen zugleich notwendige Voraussetzung für die Verwirklichung von Grundrechten ist."[220] Auch das BVerwG hat zur Begründung eines Teilhabeanspruchs des Hochschullehrers an den dem Fachbereich zugewiesenen Mitteln das Angewiesensein des Wissenschaftlers auf staatliche Zuweisungen hervorgehoben.[221]

---

[216] Zurückhaltend zur Geltung eines strengen Rechtfertigungsstandards bei Betroffenseins „nur" der allgemeinen Handlungsfreiheit BVerfGE 95, 267 (317).

[217] Vgl. auch *G. Lübbe-Wolff*, Grundrechte, S. 228 ff., für die Leistungsverwaltung.

[218] Zu dieser Alternative: *W. Brohm*, Konkurrentenklage, S. 235 (249); *R. Gaier*, NZBau 2008, S. 289 (291); *N. Malaviya*, Verteilungsentscheidungen, S. 220, 233 f.; *G. F. Schuppert*, Zugang zu den Universitäten, S. 567 (573 f.).

[219] So *R. Gaier*, NZBau 2008, S. 289 (291); *H. D. Jarass*, HGR II, § 38, Rn. 25; *J. F. Lindner*, Theorie der Grundrechtsdogmatik, S. 376 ff. Zurückhaltend auch VGH München, GewArch 1982, S. 98 (99).

[220] BVerfGE 33, 303 (331 f.). Siehe auch *M. Bader*, Organverteilung, S. 298 f., 303.

[221] BVerwGE 52, 339 (349); siehe auch BVerfGE 35, 79 (114 ff.); E 95, 267 (317). Nicht zu überzeugen vermag allerdings die vom BVerwG im Folgenden (349 f.) angestellte Differenzierung zwischen der Behandlung eines Zugangsanspruchs und eines Anspruchs auf Zuwendung finanzieller Mittel, wobei nur im zuerst genannten Fall eine gesetzliche Grundlage erforderlich sei und strenge Anforderungen an die Rechtfertigung von Differenzierungen gälten. Dies

Die Unabdingbarkeit einer staatlichen Frequenzzuteilung für die Veranstaltung von Rundfunk erklärt auch, warum das BVerfG diesbezügliche Zulassungs- und Auswahlregeln nicht nur am Willkürverbot misst, sondern darüber hinausgehende Anforderungen stellt.[222] Sehr weitgehend und nur unter der Prämisse einer staatlichen Monopolstellung tragbar erscheint es schließlich, der Berufsfreiheit mit einer jüngeren Kammerentscheidung des BVerfG das Zugangsrecht zu öffentlichen Märkten zu entnehmen.[223]

(2) Leistungsrechte

Die bisweilen mit sozialen Grundrechten[224] gleichgesetzten originären Leistungsrechte gehen in ihrem Gewährleistungsgehalt über die eben erörterten, die Partizipation am Status quo des staatlichen Leistungsangebots sichernden derivativen Teilhaberechte hinaus: Sie verbürgen dem Einzelnen einen Anspruch auf Neuschaffung respektive Erweiterung staatlicher Einrichtungen einschließlich Partizipation hieran.[225]

Grundrechtlich fundierte Leistungsansprüche wurden seit den 1960er Jahren vor dem Hintergrund eines auch sozialen Grundrechtsverständnisses verstärkt diskutiert, eine Diskussion, die zu Beginn der 1980er Jahre infolge zunehmend schwindender Haushaltsmittel wieder abebbte. Derartige Leistungs-

---

ergebe „sich aus den ... Unterschieden zwischen einem Teilhaberecht, das auf Zutritt zu einer vom Staat geschaffenen Einrichtung gerichtet ist, und der Teilhabe an Mitteln ... Der Anspruch auf Zutritt kann im Einzelfall nur ganz oder gar nicht erfüllt werden; wegen des vollständigen Ausschlusses einzelner bedarf er einer gesetzlichen Regelung. Bei einer Teilhabegewährung an zur Verfügung gestellten staatlichen Mitteln dagegen ist eine prinzipiell gleiche Beteiligung aller möglich; sie bedarf wie auch sonst in den Fällen, in denen ein Anspruch nur auf eine willkürfreie Verteilung gerichtet ist – zB bei den Subventionen –, ... keiner gesetzlichen Regelung." Diese Unterscheidung verkennt nämlich, dass es auch bei der Verteilung staatlicher Mittel um „Alles oder Nichts" gehen kann; wichtiger als eine abstrakte Qualifikation des zu verteilenden Guts erscheint das Angewiesensein des Grundrechtsträgers hierauf.

[222] BVerfGE 97, 298 (314 f.).

[223] BVerfG, NJW 2002, S. 3691 (3692). Siehe auch VGH München, NVwZ 1982, S. 120 (122); *P. M. Huber*, Konkurrenzschutz, S. 433 f.; *F. Ley*, Märkte, Rn. 398. Differenzierend *N. Malaviya*, Verteilungsentscheidungen, S. 234 f. A.A., obgleich nicht widerspruchsfrei, da Art. 12 GG dennoch für einschlägig erachtend, VGH Mannheim, GewArch 1979, S. 335 (336).

[224] Dazu *G. Haverkate*, Rechtsfragen des Leistungsstaats, S. 107 ff.; *H. M. Heinig*, Sozialstaat, S. 360 f.; *J. Iliopoulos-Strangas*, Soziale Grundrechte; *D. Murswiek*, HStR V, § 112, Rn. 13, 40 ff. Soziale Grundrechte kennen etwa die WRV (vgl. nur Art. 161 f.), zahlreiche Landesverfassungen (vgl. etwa Art. 128 BV) oder die Grundrechte-Charta der EU (vgl. Art. 27 ff.).

[225] Sie werden in den verschiedensten Ausprägungen konzeptionalisiert: als Leistungsrechte (vgl. *D. Murswiek*, HStR V, § 112, Rn. 87 ff.), als objektive Verfassungsaufträge, deren Beachtung in begrenztem Umfang gerichtlich kontrollier- und durchsetzbar ist (*W. Rüfner*, Grundrechtliche Leistungsansprüche, S. 379 [387 f.]; vgl. ferner *D. Murswiek*, HStR V, § 112, Rn. 97), als Minimalgarantie (*R. Breuer*, Grundrechte als Anspruchsnormen, S. 89 [113]; *H. M. Heinig*, Sozialstaat, insb. S. 404 ff.; *D. Murswiek*, HStR V, § 112, Rn. 98 ff.) oder als Pflicht zur Gewährleistung der rechtlichen Verfassungsvoraussetzungen (*D. Murswiek*, HStR V, § 112, Rn. 102 ff.).

rechte fußen auf dem Gedanken, dass die individuelle Freiheit nicht bereits durch die Abwesenheit staatlicher Eingriffe in grundrechtlich geschützte Verhaltensweisen hinreichend gesichert sei; vielmehr müsse der Einzelne durch die Einräumung der Grundrechtsverwirklichung dienender Leistungsansprüche erst in die Lage versetzt werden, die ihm vom Grundgesetz garantierten Freiheiten auszuüben.[226] Besonders dringlich erscheine dies gerade mit Blick auf das den umverteilenden Sozialstaat neuerer Prägung kennzeichnende besondere Angewiesensein des Einzelnen auf staatliche Leistungen:[227] „In einer hochkomplexen Industriegesellschaft sind Grundrechte Teilhaberechte oder sie sind nicht"[228]. Flankierend hingewiesen wird auf die Monopolstellung des Staates in für die Verwirklichung bestimmter Grundrechte wesentlichen Bereichen, die eine Pflicht zur Bereitstellung eines entsprechenden Angebots nach sich ziehe.[229] Diese Verpflichtung könne sich auch als Kompensation für Freiheitsbeschränkungen darstellen: Macht der Staat die Ausübung bestimmter Berufe von einem Hochschulabschluss abhängig, muss er auch Zugang zu entsprechenden Ausbildungsmöglichkeiten sicherstellen.[230]

Aufgegriffen hat das BVerfG diese Argumentation namentlich in seiner Rechtsprechung zum Hochschulzugang, insbesondere im ersten Numerusclausus-Urteil, ohne jedoch die letzte Konsequenz eines originären Leistungsanspruchs zu ziehen.[231] Das BVerfG hat vielmehr offengelassen, ob „aus den grundrechtlichen Wertentscheidungen und der Inanspruchnahme des Ausbildungsmonopols ein objektiver sozialstaatlicher Verfassungsauftrag zur Bereitstellung ausreichender Ausbildungskapazitäten für die verschiedenen Studienrichtungen folgt … und ob sich aus diesem Verfassungsauftrag unter besonderen Voraussetzungen ein einklagbarer Individualanspruch des Staatsbürgers auf Schaffung von Studienplätzen herleiten ließe … Denn verfassungsrechtliche Konsequenzen kämen erst bei evidenter Verletzung jenes Verfassungsauftrages in Betracht", die hier nicht vorlägen:[232] „Auch soweit Teilhaberechte nicht von vornherein auf das jeweils Vorhandene beschränkt

---

[226] Vgl. W. Cremer, Freiheitsgrundrechte, S. 364 ff.; H. H. Klein, Grundrechte, S. 49 f.; D. Murswiek, HStR V, § 112, Rn. 87 ff.; H. H. Rupp, JZ 1971, S. 401 (401 f.).

[227] Vgl. D. Murswiek, HStR V, § 112, Rn. 87. Kritisch zu dieser Argumentationslinie J. Schwabe, Grundrechtsdogmatik, S. 247 ff.

[228] H. Willke, Grundrechtstheorie, S. 216.

[229] Vgl. S. Hobe, DÖV 1996, S. 190 (196); W. Martens, VVDStRL 30 (1972), S. 7 (28); D. Murswiek, HStR V, § 112, Rn. 88.

[230] J. F. Lindner, Theorie der Grundrechtsdogmatik, S. 376 ff.

[231] BVerfGE 33, 303 (330 ff.); weitergehend zuvor jedoch einige Instanzgerichte: VG Berlin, DVBl. 1971, S. 150; VG Frankfurt/Main, DVBl. 1969, S. 940. Weitergehend auch die Rechtsprechung des BVerfG zur Privatschulförderung: E 75, 40; E 90, 107; E 112, 74; siehe ferner die ein aus der Wissenschaftsfreiheit (Art. 5 Abs. 3 GG) folgendes Leistungsrecht nahelegende Rechtsprechung des BVerfG (E 35, 79 [114 ff.]) – insoweit ablehnend jedoch BVerwGE 52, 339 (341 ff.).

[232] BVerfGE 33, 303 (333); ebenfalls offengelassen in E 43, 291 (325 f.).

sind, stehen sie doch unter dem Vorbehalt des Möglichen im Sinne dessen, was der Einzelne vernünftigerweise von der Gesellschaft beanspruchen kann. Dies hat in erster Linie der Gesetzgeber in eigener Verantwortung zu beurteilen".[233] Entsprechend restriktiv urteilte das BVerfG auch im Folgenden: Eine leistungsrechtliche Dimension der Freiheitsrechte hat sich – von wenigen bereichsspezifischen Ausnahmen abgesehen[234] – nicht etabliert;[235] und auch dort sieht sie sich mit zahlreichen Vorbehalten versehen. So verdichtet sich etwa die Förderpflicht für das private Ersatzschulwesen erst bei dessen evidenter Bestandsgefährdung als Institution zu einer Handlungspflicht,[236] ist diese in ihrem Umfang auf eine Minimalförderung beschränkt[237] und steht, wie bereits im ersten Numerus-clausus-Urteil hervorgehoben, unter dem primär vom Gesetzgeber in eigener Verantwortung zu konkretisierenden Vorbehalt des gesamtgesellschaftlich Akzeptablen[238].

Die Zurückhaltung des BVerfG – wie im Übrigen auch die des überwiegenden Schrifttums[239] – hat gute Gründe.[240] Zwar kommt dem Sozialstaat des

---

[233] BVerfGE 33, 303 (333); ferner E 40, 121 (133 f.); E 43, 291 (314); E 75, 40 (68 f.); E 90, 107 (116 f.); E 112, 74 (84 f.).

[234] Zu nennen wären etwa der aus der Menschenwürde (Art. 1 Abs. 1 GG) i.V.m. dem Sozialstaatsprinzip (Art. 20 Abs. 1 GG) abgeleitete Anspruch auf „Schaffung der Mindestvoraussetzungen für ein menschenwürdiges Dasein" in Gestalt des Existenzminimums (BVerfGE 82, 60 [85]; ferner E 40, 121 [132 f.]; NJW 2010, S. 505 [507 ff.]; BVerwGE 1, 159 [161 f.]; E 5, 27 [31]) oder der aus der Privatschulfreiheit (Art. 7 Abs. 4 GG) abgeleitete, bei Bestandsgefährdung des Ersatzschulwesens als Institution zu bejahende Anspruch auf Privatschulförderung (BVerfGE 75, 40 [62 ff.]; E 90, 107 [114 ff.]; E 112, 74 [83 ff.]). In diesem Sinne etwa *D. Wiegand*, DVBl. 1974, S. 657 (661 ff.).

[235] Abgelehnt hat das BVerfG z.B. einen grundrechtlichen Anspruch auf Pressesubventionen (E 80, 124 [133]), das BVerwG etwa Ansprüche auf eine bestimmte Mindestausstattung für Hochschullehrer (E 52, 339 [342 ff.]) oder auf Zurverfügungstellen öffentlicher Grundstücke für Demonstrationen (E 91, 135 [139]).

[236] BVerfGE 75, 40 (67 ff.).

[237] BVerfGE 75, 40 (68).

[238] BVerfGE 75, 40 (68 f.).

[239] Siehe nur *E.-W. Böckenförde*, NJW 1974, S. 1529 (1538); *R. Breuer*, Grundrechte als Anspruchsnormen, S. 89 (92 ff.; 112 ff.); *ders.*, HStR VI, § 147, Rn. 76 ff.; *W. Cremer*, Freiheitsgrundrechte, S. 364 f.; *M. Deutsch*, Planung und Abwägung im Kapazitätsrecht, S. 813 (818 f.); *H. Dreier*, DV 36 (2003), S. 105 (117); *E. Friesenhahn*, Wandel des Grundrechtsverständnisses, S. G 21 f., G 29 ff.; *H. D. Jarass*, HGR II, § 38, Rn. 27; *C. Enders*, in: Friauf/Höfling, GG, vor Art. 1, Rn. 72 f.; *G. Haverkate*, Rechtsfragen des Leistungsstaats, S. 63 ff.; *K. Hesse*, EuGRZ 1978, S. 427 (433 f.); *H. H. Klein*, Grundrechte, S. 58 ff.; *S. Lenz*, Vorbehaltlose Freiheitsrechte, S. 79 ff.; *G. Lübbe-Wolff*, Grundrechte, S. 226 ff.; *N. Malaviya*, Verteilungsentscheidungen, S. 212 ff.; *D. Murswiek*, HStR V, § 112, Rn. 90 ff.; *A. von Mutius*, VerwArch 64 (1973), S. 183 (191 ff.); *F. Ossenbühl*, NJW 1976, S. 2100 (2104 f.); *L. Osterloh*, in: Sachs, GG, Art. 3, Rn. 55; *M. Ruffert*, Vorrang der Verfassung, S. 259 ff.; *W. Rüfner*, Grundrechtliche Leistungsansprüche, S. 379 (386 ff.); *J. Schwabe*, Grundrechtsdogmatik, S. 247 ff.; *H. Sendler*, DÖV 1978, S. 581 (583 f., 589); *C. Starck*, Hilfen zu Grundrechtsverwirklichungen, S. 480 (516 ff.).

[240] Ausführlich zu den Einwänden *H. M. Heinig*, Sozialstaat, S. 374 ff., der sie zugleich einer kritischen Würdigung unterzieht (ibid., S. 379 ff.).

Grundgesetzes die Aufgabe zu, die materiellen Grundlagen für die Freiheitsausübung sicherzustellen;[241] den Freiheitsrechten kann eine entsprechende Verpflichtung jedoch grundsätzlich nicht entnommen werden.[242] Angesichts der
bewussten Entscheidung des parlamentarischen Rates gegen „soziale Grundrechte" widerspricht dem schon eine historische Auslegung der grundrechtlichen Verbürgungen.[243] Aufgrund ihrer inhaltlichen Offenheit und ihrer Begrenzung auf das Mögliche stellen sich freiheitsrechtlich abgeleitete Leistungsansprüche zudem als hochgradig konkretisierungsbedürftig dar; diese Aufgabe
politischer Gestaltung würde angesichts der Subjektivierung von Leistungsansprüchen in einer das Demokratieprinzip und den Grundsatz der Gewaltenteilung in Frage stellenden Weise auf die Judikative verlagert.[244] Im Übrigen bestünde die Gefahr, den Grundrechtsschutz insgesamt durch die Anerkennung
einer inhaltsoffenen Grundrechtskategorie zu verwässern.[245] Verwiesen sei
schließlich auf die Beschneidung des Budgetrechts des Parlaments[246] und die
freiheitsgefährdenden, da Umverteilungsprozesse in Gang setzenden Implikationen der Anerkennung derartiger Rechte[247].

Eine Ableitung originärer Leistungsrechte aus den Freiheitsrechten scheidet
damit grundsätzlich aus. Sie mögen in Ausnahmefällen, namentlich in Verbindung mit dem Sozialstaatsprinzip, als Grundlage für Verfassungsaufträge fungieren, die der Gesetzgeber unter Beachtung des Untermaßverbots und unter
Berücksichtigung konfligierender Belange zu konkretisieren hat. Mehr als ein
Minimalstandard lässt sich aber nicht aus ihnen ableiten.[248]

---

[241] BVerfGE 1, 97 (105); *E.-W. Böckenförde*, NJW 1974, S. 1529 (1538); *W. Martens*, VVD-
StRL 30 (1972), S. 7 (31); *D. Murswiek*, HStR V, § 112, Rn. 90. Zur Bedeutung des Sozialstaatsprinzips im Kontext von Leistungsrechten *W. Rüfner*, Grundrechtliche Leistungsansprüche, S. 379 (381 ff.).

[242] *E.-W. Böckenförde*, NJW 1974, S. 1529 (1538).

[243] *R. Breuer*, Grundrechte als Anspruchsnormen, S. 89 (92 f.); *H. H. Klein*, Grundrechte,
S. 58 f.; *W. Martens*, VVDStRL 30 (1972), S. 7 (29 f.); *D. Murswiek*, HStR V, § 112, Rn. 91.

[244] *E.-W. Böckenförde*, NJW 1974, S. 1529 (1536, 1538); *R. Breuer*, Grundrechte als An-
spruchsnormen, S. 89 (93); *E. Friesenhahn*, Wandel des Grundrechtsverständnisses, S. G13 f.;
G. Haverkate, Rechtsfragen des Leistungsstaats, S. 75 f., 103 ff.; *K. Hesse*, EuGRZ 1978,
S. 427 (434); *W. Martens*, VVDStRL 30 (1972), S. 7 (35 f.); *D. Murswiek*, HStR V, § 112,
Rn. 93 ff.; *A. von Mutius*, VerwArch 64 (1973), S. 183 (191 f.); *F. Ossenbühl*, NJW 1976, S. 2100
(2105); *H. Sendler*, DÖV 1978, S. 581 (589).

[245] Vgl. *H. M. Heinig*, Sozialstaat, S. 378 f.; *F. Müller / B. Pieroth / L. Fohmann*, Leistungsrechte, S. 72 f.

[246] *H. Dreier*, DV 36 (2003), S. 105 (117); *C. Starck*, Hilfen zu Grundrechtsverwirklichungen, S. 480 (518).

[247] *H. Quaritsch*, Der Staat 5 (1966), S. 451 (469); *W. Rüfner*, Grundrechtliche Leistungsansprüche, S. 379 (389).

[248] BVerfG, 1 BvL 1/09, 1 BvL 3/09 und 1 BvL 4/09 – juris, Rn. 135; BVerwG, NVwZ
1993, S. 60 (61); *H. Dreier*, DV 36 (2003), S. 105 (117).

Für die Beschäftigung mit Verteilungsverfahren kann es mit dieser Grobskizze der Problematik der Anerkennung von Leistungsrechten sein Bewenden haben, da sich diese Gewährleistungsdimension der Freiheitsrechte als nur am Rande relevant erweist: Würde man ihre Existenz anerkennen, stellte sich die wegen endlicher Kapazitäten, Haushaltsmittel oder eines nicht unbegrenzten Bedürfnisses nur begrenzte Bereitstellung staatlicher Güter, wie etwa von öffentlichen Ämtern und Aufträgen oder von Studienplätzen, nicht lediglich als Ausdruck des von freiheitsgrundrechtlichen Bindungen immunen staatlichen Organisationsermessens dar, sondern als zu rechtfertigende Freiheitsbeschränkung. Damit wäre die Knappheit als solche rechtfertigungsbedürftig. Insoweit ist allerdings auf Basis der überzeugenden herrschenden Auffassung zu berücksichtigen, dass für Leistungsrechte nur in Ausnahmefällen Raum ist; zudem ist der weite Gestaltungsspielraum des Gesetzgebers zu berücksichtigen. Für die der Knappheitsproblematik nachgelagerte Frage der Verteilung des erweiterten Leistungsangebots folgen aus dem Leistungsrecht demgegenüber keine über das eben zum Teilhaberecht Ausgeführte hinausgehenden Konsequenzen, so dass darauf verwiesen werden kann: Insoweit verdichtet freilich die Bejahung des Ausnahmefalles eines freiheitsrechtlich gebotenen Leistungsanspruchs gegenüber dem Staat dessen Handlungsspielraum für die Festlegung von Vergabekriterien und -verfahren.

cc) Verfahrensdimension

Rechtsprechung und Literatur erkennen an, dass den Freiheitsrechten auch eine verfahrensrechtliche Dimension zukommt.[249] Bereits in seinem Elfes-Urteil hat es das BVerfG als Gebot des Rechtsstaats angesehen, in Freiheitsrechte eingreifende Verwaltungsentscheidungen zu begründen. Andernfalls könne der Betroffene nämlich seine Rechte nicht adäquat verteidigen.[250] Im Kontext der vorläufigen Amtsenthebung von Notaren hat das BVerfG einige Jahre später aus Art. 12 Abs. 1 GG i.V.m. dem Rechtsstaatsprinzip die Notwendigkeit einer „streng rechtsstaatliche[n] Ausgestaltung des Verfahrens" bei grundrechtsintensiven Maßnahmen abgeleitet.[251] Am prominentesten zum Ausdruck gekommen ist die verfahrensrechtliche Dimension der Freiheitsrechte dann in der Mülheim-Kärlich-Entscheidung des BVerfG, in der dieses auf seine gefestigte Rechtsprechung verwies, wonach „Grundrechtsschutz weitgehend auch durch

---

[249] Vgl. die Nachweise bei W. Cremer, Freiheitsgrundrechte, S. 394 ff.; H. Hill, Fehlerhafte Verfahren, S. 229 ff. Ferner BVerwGE 118, 270 (274 f.); P. M. Huber, Grundrechtsschutz; E. Schmidt-Aßmann, Ordnungsidee, S. 309 f.; ders., GVwR II, § 27, Rn. 32 ff.; ders., Organisations- und Verfahrensgarantien. Siehe ferner den „status activus processualis" bei P. Häberle, VVDStRL 30 (1972), S. 43 (81). Zu Differenzierungen innerhalb des Grundrechtsschutzes durch Verfahren F. Hufen, Fehler, Rn. 27 ff.

[250] BVerfGE 6, 32 (44).

[251] BVerfGE 45, 422 (430 ff.).

die Gestaltung von Verfahren zu bewirken ist und … die Grundrechte demgemäß nicht nur das gesamte materielle, sondern auch das Verfahrensrecht beeinflussen, soweit dieses für einen effektiven Grundrechtsschutz von Bedeutung ist."[252] Ein Verstoß gegen grundrechtsdienliche Verfahrensnormen kann damit eine Grundrechtsverletzung begründen,[253] allerdings nur unter der weiteren Voraussetzung einer Auswirkung des Verfahrensfehlers auf das Verfahrensergebnis: Aus der Grundrechtsrelevanz einer Verfahrensvorschrift folgt nämlich, wie das BVerfG ebenfalls im Atomrecht betonte, „nicht im Umkehrschluss, dass ein Verstoß gegen drittschützendes Verfahrensrecht bereits hinreichende Bedingung für den materiellen Aufhebungsanspruch wäre. Art. 2 II 1 GG verlangt nicht, dass die Verletzung – auch grundrechtsrelevanter – Verfahrensvorschriften über die Öffentlichkeitsbeteiligung nach der Atomrechtlichen Verfahrensverordnung stets als absoluter Verfahrensfehler ohne Rücksicht auf seine Erheblichkeit für die Sachentscheidung zur Aufhebung der erteilten Genehmigung führt."[254]

In der Brokdorf-Entscheidung hielt das BVerfG dann nochmals fest, dass „die Grundrechte nicht nur die Ausgestaltung des materiellen Rechts beeinflussen, sondern zugleich Maßstäbe für eine den Grundrechtsschutz effektuierende Organisationsgestaltung und Verfahrensgestaltung sowie für eine grundrechtsfreundliche Anwendung vorhandener Verfahrensvorschriften setzen".[255] „Ob und inwieweit Garantien für das Verwaltungsverfahren grundrechtlich gefordert sind", so das BVerfG dann in seiner Entscheidung zu Prüfungsverfahren, „richtet sich zum einen nach Art und Intensität des Grundrechtseingriffs, zum anderen danach, inwieweit der Grundrechtsschutz durch die nachträgliche Kon-

---

[252] BVerfGE 53, 30 (65). Dezidierter noch die Sondervoten der Richter *Simon* und *Heußner*, ibid., S. 71 ff.

[253] BVerfGE 53, 30 (65 f.). Drittschutz ist einer Verfahrensvorschrift dann zuzuerkennen, wenn diese entweder grundrechtlich geboten (dazu auch BVerfG, a.a.O.) oder die Sachentscheidung grundrechtsrelevant ist und ihr ein Verwaltungsverfahren vorausgeht, vgl. *P. M. Huber*, Konkurrenzschutz, S. 272 ff.

[254] BVerfG, NVwZ-RR 2000, S. 487 (488); ferner bereits zuvor E 73, 280 (299). Zum Auswirkungs-Kriterium bereits oben, A.I.2.a.bb.(2), sowie ausführlich unten, 3. Teil, B.V.1.b.

[255] BVerfGE 69, 315 (355). Siehe aus jüngerer Zeit E 84, 34 (45 f.); E 118, 270 (275 f.); BayVerfGH, Az. Vf. 15–VII-05 – juris, Rn. 215: „Bei Grundrechten ist ein prozeduraler Schutz seit längerem anerkannt …, wenn aus in der Sache liegenden Gründen ein nachträglicher verfassungsgerichtlicher Schutz nicht hinreichend gewährt werden kann. Prozeduraler Grundrechtsschutz ist insbesondere dort geboten, wo die Grundrechte ihre materielle Schutzfunktion nicht hinlänglich erfüllen können. Das ist etwa der Fall, wenn ein Grundrecht keine materiellen Maßstäbe für bestimmte grundrechtsrelevante staatliche Maßnahmen zu liefern vermag und folglich auch die Ergebniskontrolle am Maßstab des Grundrechts ausfällt. Ferner kommt es dazu, wenn eine Ergebniskontrolle an materiellen Maßstäben zwar noch denkbar ist, aber erst zu einem Zeitpunkt stattfinden kann, in dem etwaige Grundrechtsverletzungen nicht mehr korrigierbar sind. In beiden Fällen ist es erforderlich, den Grundrechtsschutz in den Prozess der Entscheidungsfindung vorzuverlagern und nicht erst auf das Entscheidungsergebnis zu beziehen (BVerfGE 90, 60/96)."

trolle der Gerichte gewährleistet ist."[256] Gerade dem zuletzt genannten Aspekt, der sogenannten kompensatorischen Funktion des Verwaltungsverfahrens,[257] kommt in Verteilungsverfahren eine besondere Bedeutung zu: Denn in diesen wird der Verwaltung in Gestalt der Verpflichtung, den am besten Geeigneten auszuwählen, regelmäßig ein weiter Spielraum zugestanden (vgl. etwa Art. 33 Abs. 2 GG für das Beamtenrecht; § 97 Abs. 4 und 5 GWB im Vergaberecht).

Vor zu viel grundrechtlicher Verfahrenseuphorie sei freilich gewarnt: Gefordert ist eine angemessene, nicht aber eine optimale Verfahrensgestaltung,[258] das Grundrecht ist erst dann verletzt, wenn „das vom Gesetzgeber geschaffene Verfahrensrecht seine Aufgabe nicht [erfüllt] oder ... es der Rechtsausübung so hohe Hindernisse entgegen[setzt], daß die Gefahr einer Entwertung der materiellen Grundrechtsposition entsteht"[259]. Zudem muss der mit der jeweiligen Verfahrensanforderung einhergehende Verwaltungsaufwand mit Blick auf das Gebot eines effizienten Verwaltungsverfahrens (vgl. auch § 10 VwVfG) berücksichtigt werden.[260]

Als Elemente eines in diesem Sinne verstandenen Mindeststandards für Verteilungsverfahren genannt werden die Pflicht zur grundsätzlichen Ausschreibung, jedenfalls aber zur turnusmäßigen Einbeziehung der Interessenten,[261] das Gebot der Bekanntgabe von Verteilungsentscheidungen,[262] die Rechte auf Anhörung,[263] Akteneinsicht[264] und eine weitgehende verfahrensrechtliche

---

[256] BVerfGE 84, 34 (46). Vgl. auch E 85, 36 (57).

[257] Zu dieser ferner BVerfG, NJW 2002, S. 3090 (3091); OVG Bautzen, ZBR 2001, S. 372 (373); VGH Mannheim, NVwZ-RR 1992, S. 132 (134); VG Hannover, NVwZ-RR 1988, S. 27 (29); VG Oldenburg, 12 B 1761/03 – juris, Rn. 22; *C. Calliess*, Schutzpflichten, § 44, Rn. 27 f.; *M. Fehling*, Konkurrentenklage, S. 242 ff.; *C. Heinze*, Personenbeförderungsrecht, Einleitung S. 36; *C. Heitsch*, GewArch 2004, S. 225 (227); *W. Höfling*, in: BK, Art. 33 Abs. 1 bis 3, Rn. 240, 243, 356; *H. D. Jarass*, in: ders. / *Pieroth*, GG, Art. 33, Rn. 18; *J. Masing*, in: Dreier, GG, Art. 33, Rn. 51; *H. C. Röhl*, GVwR II, § 30, Rn. 10; *W.-R. Schenke*, Auswahlentscheidung, S. 221 (224); *H.-H. Trute*, in: AK-GG, Art. 33 Abs. 1–3, Rn. 67, 83; *R. Wahl*, VVDStRL 41 (1983), S. 151 (158 f., 185).

[258] *E. Schmidt-Aßmann*, in: Maunz / Dürig, GG, Art. 19 IV, Rn. 21; ferner *ders.*, GVwR II, § 27, Rn. 37 f., 42 f.; *ders.*, Ordnungsidee, S. 67 f., 310; *H. Hill*, Fehlerhafte Verfahren, S. 240 ff.; *H. Pünder*, Verwaltungsverfahren, § 12, Rn. 10, 13; *J. Ruthig*, in: Arndt / Fetzer / Scherer, TKG, § 61, Rn. 6 m. Fn. 25; *C. Starck*, in: v. Mangoldt / Klein / ders., GG, Art. 1, Rn. 203; *H.-H. Trute*, in: AK-GG, Art. 33 Abs. 1–3, Rn. 68.

[259] BVerfGE 63, 131 (143). Siehe auch *H. Hill*, Fehlerhafte Verfahren, S. 208.

[260] Siehe etwa BVerwGE 16, 190 (191); OVG Berlin, 4 S 29.09 – juris, Rn. 8.

[261] *P. M. Huber*, Konkurrenzschutz, S. 469; *M. Martini*, Der Markt als Instrument hoheitlicher Verteilungslenkung, S. 86 f. Vgl. auch BVerwGE 118, 270 (273 ff.).

[262] *P. M. Huber*, Konkurrenzschutz, S. 469.

[263] Ibid.

[264] Ibid.

Gleichstellung aller Konkurrenten[265] sowie die Durchführung eines i.S.d. § 13 VwVfG einheitlichen Verwaltungsverfahrens[266].

Dass eine (sach-)gerechte Verteilungsentscheidung nicht allein dadurch garantiert wird, dass der Staat entsprechende materielle Vergabekriterien festlegt, wurde bereits im Kontext der Entfaltung der Abwehr- und Teilhabefunktion der Freiheitsrechte – wie im Übrigen auch des allgemeinen Gleichheitssatzes – dargelegt. Vielmehr gebieten beide auch eine der Grundrechtsverwirklichung dienende Verfahrensgestaltung und umfassen damit sowohl eine materielle als auch eine formelle Komponente. Dies erübrigt, im Rahmen der vorliegenden Untersuchung der Frage nach einer selbstständigen Verfahrensdimension der Grundrechte weiter nachzugehen.[267]

Festgehalten sei allerdings nochmals, dass die multipolare Konfliktlage auch bei der Bestimmung der verfassungskräftig verankerten Verfahrensrechte der Bewerber Berücksichtigung finden muss. Dies verbietet, die Chancengleichheit der Bewerber gegenüber widerstreitenden Aspekten, etwa einer effizienten Verwaltung oder dem Zugangsinteresse des zum Zuge gekommenen Bewerbers, zu verabsolutieren.[268] In der Insolvenzverwalter-Entscheidung formuliert das BVerfG in diesem Zusammenhang:

Soweit unterschiedliche Interessen aufeinander zu beziehen sind, müssen die jeweiligen Vor- und Nachteile bei der Verwirklichung der verschiedenen betroffenen Rechtsgüter in ihrer Gesamtheit berücksichtigt werden. Das weite Auswahlermessen des Insolvenzrichters erlaubt es insbesondere, sachwidrige Verzögerungen des Insolvenzverfahrens zu vermeiden. Diesem Ziel stände beispielsweise das Erfordernis einer Bestenauslese entgegen. Sie würde insbesondere wegen der dann notwendigen Ausschreibung der zu besetzenden Position ..., wegen der erforderlichen Gelegenheit zu aussagekräftigen Bewerbungen, wegen der Sichtung und Prüfung der Bewerbungsunterlagen und schließlich wegen der Bewertung der Prätendenten mit dem Ziel der Auswahl des für das konkrete Verfahren am ehesten geeigneten Bewerbers erhebliche Zeit beanspruchen. Damit wären Verzögerungen zu befürchten, die das Insolvenzverfahren zur Erreichung der mit ihm verfolgten Ziele ungeeignet machen würden.[269]

---

[265] Ibid.

[266] *P. M. Huber*, Konkurrenzschutz, S. 470. Zu deren Entbehrlichkeit aber noch unten, 3. Teil, B.IV.

[267] Ausführlich dazu *W. Cremer*, Freiheitsgrundrechte, S. 392 ff. *H. D. Jarass*, in: *ders./Pieroth*, GG, Vorb. vor Art. 1, Rn. 11 f., qualifiziert die Verfahrensdimension etwa als „querliegende Funktion".

[268] Vgl. auch BVerfGE 116, 1 (15 f.), mit Blick auf die konfligierenden Interessen der Bewerber an chancengleichem Zugang zum Insolvenzverwalteramt einerseits und von Gläubiger und Schuldner an einem reibungslosen und zügigen Fortgang des Insolvenzverfahrens andererseits; E 115, 205 (233). Siehe auch BVerwGE 118, 270 (275 f.); *A. Funke*, AöR 132 (2007), S. 168 (210 f.); *N. Malaviya*, Verteilungsentscheidungen, S. 223; *M. Schmidt-Preuß*, Multipolarität, S. 597 (607 f., 610 f.); *R. Wahl*, Vereinheitlichung, S. 19 (56).

[269] BVerfGE 116, 1 (16).

In seiner Entscheidung zu Informationspflichten hinsichtlich auslaufender Konzessionen im Linienverkehr verwies das BVerwG schließlich darauf, dass der Informationsanspruch seine Grenze in berechtigten Interessen der Mitbewerber finde, insbesondere keine ungerechtfertigten Wettbewerbsvorteile verschafft werden dürften.[270]

dd) Schutzpflichten

Der vom Grundgesetz vorgezeichnete Freiheitsschutz erschöpft sich nicht in einer Verpflichtung des Staates, ungerechtfertigte Eingriffe in die Grundrechte zu unterlassen. Vielmehr können diese in ihrer Dimension als „Schutzpflichten" den Staat auch dazu verpflichten, schützend und fördernd zugunsten der von ihnen garantierten Rechtsgüter tätig zu werden.[271] Hierzu rechnen vor allem die Verhinderung von Beeinträchtigungen durch Dritte, etwa im Kontext des Schwangerschaftsabbruchs,[272] terroristischer Gefahren[273] oder von Gesundheitsbeeinträchtigungen durch Lärm[274], sowie die Bereitstellung von zur Grundrechtsverwirklichung notwendiger Verfahren[275].

In Verteilungssituationen erlangen Schutzpflichten nun insoweit Bedeutung, als diese Grundrechtsdimension den Staat dazu verpflichten kann, im Interesse eines effektiven Grundrechtsschutzes die Lösung eines Verteilungskonflikts der gesellschaftlichen Sphäre zu entziehen und ein staatliches Verteilungsregime zu etablieren.[276] Ein Beispiel hierfür stellt das im Transplantationsgesetz enthaltene und strafbewehrte Verbot des Organ- und Gewebehandels (§§ 17 f. TPG) in Verbindung mit dem dort ebenfalls vorgesehenen Verteilungsverfahren (zur Organvermittlung insb. § 12 TPG) dar;[277] ferner zu nennen wären die Vorgaben für den Netzzugang im Regulierungsrecht (siehe etwa §§ 16 ff. TKG)[278] oder für die Belegung von durch Private betriebenen Plattformen im Rundfunkrecht (§§ 52 ff. RStV). Die weitere Frage nach der adäquaten Bewältigung der Verteilungssituation wurde unter dem Gesichtspunkt „Konzeptpflicht" bereits in der verfahrensrechtlichen Dimension des Teilhaberechts verortet.[279] Insoweit können, wie

---

[270] BVerwGE 118, 270 (275 f.).

[271] Siehe neben den in den folgenden Fn. zitierten Entscheidungen des BVerfG *C. Calliess*, Schutzpflichten; *J. Dietlein*, Schutzpflichten; *E. Schmidt-Aßmann*, Ordnungsidee, S. 64 ff.; *P. Szczekalla*, Schutzpflichten.

[272] Dazu BVerfGE 39, 1(42); E 88, 203 (251 f.).

[273] BVerfGE 46, 160 (164 f.); E 115, 118 (152).

[274] BVerfGE 56, 54 (73); E 79, 174 (201 f.). Siehe ferner E 121, 317 (356) – Schutz vor Passivrauchen.

[275] BVerfGE 117, 202 (227).

[276] Siehe auch *C. Tomuschat*, Der Staat 12 (1973), S. 433 (448 f.).

[277] Siehe zur insoweit bestehenden Schutzpflicht nur *M. Bader*, Organverteilung, S. 36 ff.

[278] Siehe zu Schutzpflichten in diesem Kontext nur *J. Kühling*, Sektorspezifische Regulierung, S. 503 ff.

[279] Dazu oben, I.2.a.bb.

etwa beim Hochschulzugang, zentralisierte Verteilungsverfahren zur Realisierung des Teilhaberechts gefordert sein.

Da regelmäßig ein komplexer Interessenausgleich herzustellen ist, obliegt die Erfüllung derartiger Schutzpflichten in erster Linie dem Gesetzgeber, dem dabei ein Gestaltungsspielraum zukommt.[280] Begrenzt wird das gesetzgeberische Ermessen durch das Untermaßverbot, das den Staat dazu verpflichtet, „ausreichende Maßnahmen normativer und tatsächlicher Art [zu] ergreifen, die dazu führen, daß ein – unter Berücksichtigung entgegenstehender Rechtsgüter – angemessener und als solcher wirksamer Schutz erreicht wird".[281] Mithin hängt das Ob, Wann und Wie der Pflicht des Gesetzgebers, schützend tätig zu werden, „von der Art, der Nähe und dem Ausmaß möglicher Gefahren, der Art und dem Rang des verfassungsrechtlich geschützten Rechtsguts sowie von den schon vorhandenen Regelungen ab."[282]

c) Rechtsschutzgarantie

Der grundgesetzlichen Garantie effektiven Rechtsschutzes kommt eine doppelte Bedeutung für das Verteilungsverfahren zu: Sie bestimmt nicht nur, inwieweit dessen Produkt, die Verteilungsentscheidung, einer gerichtlichen Überprüfung zugänglich sein muss;[283] vielmehr strahlt sie auch unmittelbar auf das Verwaltungsverfahren aus, indem sie eine Verfahrensgestaltung verlangt, die die Erlangung gerichtlichen Rechtsschutzes weder vereitelt noch unzumutbar erschwert.[284] Diese Vorwirkungen für das Verteilungsverfahren bestehen namentlich in behördlichen Bekanntgabe-[285], Begründungs-[286] und Dokumen-

---

[280] BVerfGE 39, 1 (44); ferner E 46, 160 (164 f.); E 79, 174 (201 f.); E 92, 26 (46); E 96, 56 (64); E 117, 202 (227); E 121, 317 (356); *E. Schmidt-Aßmann*, Ordnungsidee, S. 65.

[281] BVerfGE 88, 203 (LS 6).

[282] BVerfGE 49, 89 (142); ferner BVerfGE 39, 1 (42).

[283] Insoweit ist zu berücksichtigen, dass bereits den einzelnen Grundrechten eine Rechtsschutzdimension innewohnt: „Zu den wesentlichen Bestandteilen eines verfassungsmäßigen Rechts gehört ... seine Durchsetzbarkeit" (siehe nur BVerfGE 39, 276 [294]). Dementsprechend ordnen *P. Baumeister*, Beseitigungsanspruch, S. 241 f., und *W. R. Schenke*, in: BK, Art. 19 Abs. 4, Rn. 222, die Frage nach den Konsequenzen der Verletzung eines Grundrechts der materiell-rechtlichen Gewährleistung selbst zu; für einen Vorrang der Rechtsschutzgarantie in ihrem Anwendungsbereich demgegenüber *P. M. Huber*, in: v. Mangoldt/Klein/Starck, GG, Art. 19, Rn. 364; in diese Richtung auch BVerfGE 116, 1 (18 ff.); E 116, 135 (154 ff.). Siehe ferner unten, 3. Teil, B.V.3.b.aa.

[284] BVerfGE 61, 82 (110); E 69, 1 (49); NJW 1990, S. 501 (501); E 116, 135 (156); vgl. auch E 22, 49 (81 f.); *E. Schmidt-Aßmann*, GVwR II, § 27, Rn. 68; *ders.*, Ordnungsidee, S. 374 f.; *F. Schoch*, GVwR III, § 50, Rn. 353.

[285] BVerfGE 40, 276 (286); *C. R. Eggers/B. Malmendier*, NJW 2003, S. 780 (782 f.); *P. M. Huber*, in: v. Mangoldt/Klein/Starck, GG, Art. 19, Rn. 490, 495.

[286] BVerfGE 69, 1 (49); E 103, 142 (160 f.); K 2, 310 (315); ferner E 6, 32 (44); E 40, 276 (286); *M. Sachs*, in: ders., GG, Art. 19, Rn. 143a; *E. Schmidt-Aßmann*, in: Maunz/Dürig, GG, Art. 19 IV, Rn. 253 f.

tationspflichten,[287] die allerdings in materieller Hinsicht nicht über die bereits erörterten verfahrensrechtlichen Anforderungen der Freiheits- und Gleichheitsrechte hinausgehen[288].

Steht eine Maßnahme der öffentlichen Gewalt i.S.d. Art. 19 Abs. 4 GG inmitten, folgt die Rechtsschutzgarantie aus diesem; im Übrigen kommt der aus dem Rechtsstaatsprinzip abgeleitete und über Art. 2 Abs. 1 GG subjektivierte allgemeine Justizgewährleistungsanspruch zum Tragen.[289] Obgleich in der jüngeren Rechtsprechung des BVerfG fragwürdige Tendenzen hin zu einem engen, auf den Bereich der Eingriffsverwaltung beschränkten Verständnis des Begriffs „öffentliche Gewalt" erkennbar sind,[290] geht das BVerfG jedenfalls für die hier interessierenden Rahmenvorgaben vom Gleichlauf der beiden Garantien aus: „Der im Rechtsstaatsprinzip wurzelnde allgemeine Grundsatz der Justizgewährung ist im Kern inhaltsgleich mit der Rechtsschutzgarantie des Art. 19 Abs. 4 GG."[291] Damit erscheint es nicht angezeigt, die Ab-

---

[287] BVerfGE 65, 1 (70); 103, 142 (160 f.); K 2, 310 (315); *P. M. Huber*, in: v. Mangoldt / Klein / Starck, GG, Art. 19, Rn. 491 f.; *M. Sachs*, in: ders., GG, Art. 19, Rn. 143a; *E. Schmidt-Aßmann*, in: Maunz / Dürig, GG, Art. 19 IV, Rn. 255.

[288] Auch insoweit ergeben sich Überschneidungen mit den Gleichheits- und Freiheitsrechten, als deren „wesentliches Element" das BVerfG den effektiven Rechtsschutz versteht (BVerfGE 24, 367 [401]; ferner E 107, 299 [311]); zudem enthalten diese auch eine Verfahrensdimension. Siehe zu diesem Konflikt und seiner Auflösung E 101, 106 (122); *P. M. Huber*, in: v. Mangoldt / Klein / Starck, GG, Art. 19, Rn. 361 ff.; *E. Schmidt-Aßmann*, in: Maunz / Dürig, GG, Art. 19 IV, Rn. 23.

[289] BVerfGE 116, 135 (150).

[290] BVerfGE 116, 135 (149 f.); ferner *W. Kahl*, GVwR III, § 47, Rn. 129; *W. R. Schenke*, in: BK, Art. 19 Abs. 4, Rn. 284 f. (unter Einbeziehung des Verwaltungsprivatrechts, Rn. 283). Ablehnend *M. Burgi*, NZBau 2005, S. 610 (616); *C. R. Eggers / B. Malmendier*, NJW 2003, S. 780 (782); *J. Englisch*, VerwArch 98 (2007), S. 410 (417 f.); *P. M. Huber*, Demontage, S. 547 (554 f.); *M. Knauff*, NVwZ 2007, S. 546; *ders.*, VergabeR 2008, S. 312 (320); *M. Niestedt / F. J. Hölzl*, NJW 2006, S. 3680 (3681); *T. Pollmann*, Gleichbehandlungsgrundsatz, S. 152 ff.; *F. Schoch*, GVwR III, § 50, Rn. 10; *U. Stelkens*, in: Stelkens / Bonk / Sachs, VwVfG, § 35, Rn. 124. Siehe dazu auch *F. Wollenschläger*, DVBl. 2007, S. 589 (592). Zu vermerken ist freilich, dass das BVerfG in den Insolvenzverwalter-Entscheidungen die Auswahlentscheidung bezüglich dieses Amts ohne Weiteres an Art. 19 Abs. 4 GG maß (NJW 2004, S. 2725 [2726 ff.]; E 116, 1 [9 ff.]), an dieser Garantie auch die Vergabe öffentlicher Ämter misst (siehe nur NJW 1990, S. 501 [501 f.]) und zwei Jahre zuvor in einer Kammerentscheidung auch die öffentliche Auftragsvergabe maß (NZBau 2004, S. 564 [565]).

[291] BVerfG, NVwZ 2007, S. 1176 (1177). Siehe ferner bereits E 107, 395 (403): Kongruenz des „rechtsstaatlichen Kerngehalt[s]"; E 112, 185 (207); E 117, 71 (122); BGHZ 146, 202 (212); *S. Detterbeck*, Rechtswegprobleme, S. 399 (415). Umstritten ist allerdings, ob von einem vollständigen Gleichlauf der beiden Gewährleistungen – so etwa *J. Gundel*, Jura 2008, S. 288 (290), und *E. Schmidt-Aßmann*, in: Maunz / Dürig, GG, Art. 19 IV, Rn. 17a; ähnlich *R. Gaier*, NZBau 2008, S. 289 (290) – auszugehen ist oder aus Art. 19 Abs. 4 GG strengere Anforderungen folgen (in diesem Sinne *M. Bungenberg*, SächsVBl. 2008, S. 53 [54]; *P. M. Huber*, in: v. Mangoldt / Klein / Starck, GG, Art. 19, Rn. 354 f.; *M. Knauff*, NVwZ 2007, S. 546 [547]).

grenzungsfrage im Rahmen der vorliegenden Untersuchung weiter zu erörtern.[292]

Bezüglich der Angreifbarkeit der Verteilungsentscheidung gebietet die Garantie effektiven Rechtsschutzes nicht nur den Zugang zu Gerichten, sondern auch „eine möglichst wirksame gerichtliche Kontrolle".[293] Dies verlangt eine umfassende tatsächliche und rechtliche Überprüfung des dem Rechtsstreit zugrunde liegenden Sachverhalts durch die Gerichte.[294] Wenn angesichts des Effektivitätsgebots zudem „[i]rreparable Entscheidungen soweit wie möglich auszuschließen" sind,[295] ist damit das Verhältnis von Primär- und Sekundärrechtsschutz grundsätzlich zugunsten des ersteren entschieden: Einer Kompensation von Rechtseinbußen durch die Zuerkennung von Schadensersatz geht die Korrektur rechtswidriger und Einzelne in ihren Rechten verletzender Verteilungsentscheidungen vor.[296] Mit Blick auf die diesen Entscheidungen oftmals zugesprochene besondere Stabilität verdient dieser Grundsatz besonderer Hervorhebung. Seine Einschränkung folgt allerdings auf dem Fuße: Denn die Verteilungsverfahren zugrunde liegende Multipolarität des Konflikts um die Zuteilung knapper Güter muss sich auch bei der Bestimmung der Reichweite der Rechtsschutzgarantie niederschlagen.[297] Anders als das Standard- prägt das Verteilungsverfahren nicht ein antagonistisches Staat-Bürger-Verhältnis, sondern das zu schlichtende Konkurrenzverhältnis mehrerer Privater. Von vornherein kann die Grundrechtsverwirklichung einschließlich der sie flankierenden Rechtsschutzgarantie damit nicht auf den größtmöglichen Freiheits- und Gleichheitsschutz des Einzelnen angelegt sein, sondern muss den Ausgleich der konfligierenden Interessen suchen. Für den Eingriffs-Bereich formulierte das BVerfG in seiner Telekom-Entscheidung mit Blick auf die widerstreitenden Interessen Informationszugang und Schutz von Betriebs- und Geschäftsgeheimnissen:

---

[292] Ausführlich dazu etwa *M. Knauff*, NVwZ 2007, S. 546.

[293] BVerfG, NVwZ 2009, S. 977 (977); ferner E 35, 263 (274); E 40, 272 (275); NZBau 2004, S. 564 (565); *P. M. Huber*, in: v. Mangoldt / Klein / Starck, GG, Art. 19, Rn. 459 f.; *E. Schmidt-Aßmann*, in: Maunz / Dürig, GG, Art. 19 IV, Rn. 229.

[294] BVerfGE 35, 263 (274); E 61, 82 (111); E 101, 106 (123 f.); *P. M. Huber*, in: v. Mangoldt / Klein / Starck, GG, Art. 19, Rn. 460.

[295] BVerfG, NVwZ 2009, S. 977 (977); ferner E 35, 263 (274). Vgl. auch *M. Morlok*, Folgen von Verfahrensfehlern, S. 69 f.

[296] Siehe nur BVerfGE 58, 300 (324); E 100, 226 (246); NJW 2000, S. 1402 (1402); BGH, NJW 1991, S. 1168 (1170); *W. Erbguth*, VVDStRL 61 (2002), S. 221 (229 ff., 238 ff.); *S. Gers-Grapperhaus*, Auswahlrechtsverhältnis, S. 215; *P. M. Huber*, in: v. Mangoldt / Klein / Starck, GG, Art. 19, Rn. 455, 458; *E. Schmidt-Aßmann*, in: Maunz / Dürig, GG, Art. 19 IV, Rn. 28, 283; *ders.*, in: Schoch / *ders.* / Pietzner, VwGO, Einl., Rn. 231. Differenzierend *W. Höfling*, VVDStRL 61 (2002), S. 260 (278 ff.).

[297] Dazu *R. Gaier*, NZBau 2008, S. 289 (292 f.); *W. Kahl*, GVwR III, § 47, Rn. 130; *T. Pollmann*, Gleichbehandlungsgrundsatz, S. 159 ff.; *M. Ronellenfitsch*, VerwArch 82 (1991), S. 121 (133); *E. Schmidt-Aßmann*, in: Maunz / Dürig, GG, Art. 19 IV, Rn. 22. Zurückhaltend *J. Gundel*, DV 37 (2004), S. 401 (426 f.).

[D]ie für bipolare Konfliktlagen entwickelten Regeln zur abwägenden Prüfung der Verhältnismäßigkeit eines Eingriffs [können] nicht ohne Anpassung an die Besonderheiten der Mehrpoligkeit, und damit nicht ohne Beachtung der Möglichkeit jeweils unterschiedlicher Beeinträchtigungen und Begünstigungen, angewendet werden.[298]

In Verteilungsverfahren kann die Garantie effektiven Rechtsschutzes dementsprechend auch eine Einschränkung von Rechtsschutzmöglichkeiten einzelner Verfahrensbeteiligter verlangen.[299] Dies verdeutlichen die Insolvenzverwalter- und Vergaberechtsschutzentscheidungen des BVerfG. Im zuerst genannten Verfahren hielt das BVerfG den Ausschluss einer Drittanfechtung der Bestellung zum Insolvenzverwalter durch konkurrierende Bewerber für verfassungsrechtlich geboten. Insoweit spielten aber weniger die konfligierenden Interessen der Mitbewerber eine Rolle, die das BVerfG vielmehr als eine Gruppe betrachtete, als namentlich die Interessen der Insolvenzgläubiger an einem raschen Fortgang des Insolvenzverfahrens.[300] In seiner Entscheidung zum Vergaberechtsschutz unterhalb der Schwellenwerte betonte das BVerfG, dass der Justizgewährungsanspruch „in Lagen, in denen unterschiedliche Interessen Mehrerer betroffen sind, keine schlichte Maximierung der Rechtsschutzmöglichkeiten des einzelnen Rechtsuchenden [ermöglicht und verlangt]. Er zielt vielmehr auf eine sachgerechte Gewichtung und Zuordnung der betroffenen rechtlich geschützten Belange.“[301] Insoweit einen verhältnismäßigen Interessenausgleich herzustellen, sei Sache des Gesetzgebers; diesem komme dabei ein Einschätzungs- und Beurteilungsspielraum hinsichtlich der „Beurteilung der Vor- und Nachteile für die jeweils betroffenen Güter sowie [der] Güterabwägung mit Blick auf die Folgen für die verschiedenen rechtlich geschützten Interessen" zu.[302] Zusammenfassend hält das BVerfG fest:

Ob besondere Maßgaben aus dem allgemeinen Justizgewährungsanspruch für den Gesetzgeber folgen, wenn er den Rechtsschutz in einer Situation ausgestaltet, durch die unterschiedliche Interessen betroffen sind, lässt sich nur mit Rücksicht auf die Eigenart gerade der konkret betroffenen Interessenlage beurteilen. Der Gesetzgeber hat insbesondere grundrechtliche Schutzaussagen zugunsten des Rechtsuchenden, aber auch zugunsten Dritter, deren Belange durch den begehrten Rechtsschutz berührt werden, zu beachten und hierbei bereichsspezifischen Besonderheiten Rechnung zu tragen. Sollen

---

[298] BVerfGE 115, 205 (234).

[299] *W. Kahl*, GVwR III, § 47, Rn. 130; *M. Ronellenfitsch*, VerwArch 82 (1991), S. 121 (133); *E. Schmidt-Aßmann*, in: Maunz / Dürig, GG, Art. 19 IV, Rn. 22. Siehe etwa BVerwGE 60, 297 (307), wonach die materielle Präklusion „die auf ein mehrpoliges Rechtsverhältnis einwirkenden gegenläufigen, jeweils auf materielle Grundrechtspositionen zurückzuführenden Interessen aus[balanciert] und ... sie in ein angemessenes Verhältnis zueinander [bringt]“; ferner BVerfGE 61, 82 (113 f.).

[300] BVerfGE 116, 1 (19 ff.). Zustimmend *M. Martini*, Der Markt als Instrument hoheitlicher Verteilungslenkung, S. 130.

[301] BVerfGE 116, 135 (154).

[302] BVerfGE 116, 135 (155).

Rechtsschutzmöglichkeiten aufgrund öffentlicher Belange erweitert oder beschränkt werden, muss auch das Gewicht dieser Belange in die Abwägung eingestellt werden.[303]

Nach dieser Maßgabe erachtete das BVerfG den faktischen Ausschluss von Primärrechtsschutz mangels Informationspflicht über die geplante Zuschlagserteilung für Auftragsvergaben unterhalb der Schwellenwerte für verfassungsrechtlich akzeptabel: „Es liegt im Hinblick auf Vergabeentscheidungen im gesetzgeberischen Gestaltungsspielraum, das Interesse des Auftraggebers an einer zügigen Ausführung der Maßnahmen und das des erfolgreichen Bewerbers an alsbaldiger Rechtssicherheit dem Interesse des erfolglosen Bieters an Primärrechtsschutz vorzuziehen und Letzteren regelmäßig auf Sekundärrechtsschutz zu beschränken."[304] In anderen Konkurrenzsituationen kam das BVerfG freilich zum gegenteiligen Ergebnis, so bei Stellenbesetzungen im öffentlichen Dienst[305] und bei der Verteilung von Standplätzen auf Messen und Märkten[306],[307] ohne allerdings die Multipolarität des Verteilungskonflikts näher zu erörtern.

Dies erhellt, dass die im Einzelfall geltenden Rechtsschutzanforderungen von einer Güter- und Interessenabwägung abhängen,[308] für die freilich das

---

[303] Ibid.

[304] BVerfGE 116, 135 (156); vgl. auch ZfBR 2008, S. 816 (816) – anders akzentuierend freilich NZBau 2004, S. 564 (565). Zustimmend OLG Brandenburg, 13 W 79/09 – juris, Rn. 5; *R. Gaier*, NZBau 2008, S. 289 (292 f.); *J. Gundel*, Jura 2008, S. 288 (290 f.); ähnlich *R. Ortner*, Dienstleistungskonzessionen, S. 186 f. Siehe insoweit aber auch BVerwGE 129, 9 (20), nach dem „die rechtzeitige Information der Mitbieter über die beabsichtigte Auswahlentscheidung" „[e]ntscheidend für die Effektivität des Rechtsschutzes" sei. Eine Informationspflicht bejahend *M. Burgi*, NZBau 2005, S. 610 (617); *J. Englisch*, VerwArch 98 (2007), S. 410 (441); *W. Frenz*, VergabeR 2007, S. 1 (13); *S. Gers-Grapperhaus*, Auswahlrechtsverhältnis, S. 219 ff.; *M. Knauff*, NVwZ 2007, S. 546 (548 f.); *J. Knöbl*, Rechtsschutz, S. 185 ff.; *M. Niestedt / F. J. Hölzl*, NJW 2006, S. 3680 (3681); *K. Rennert*, DVBl. 2009, S. 1333 (1337); *H. C. Röhl*, VerwArch 86 (1995), S. 531 (561 f.); *W. R. Schenke*, in: BK, Art. 19 Abs. 4, Rn. 746; *C. Weißenberger*, GewArch 2009, S. 417 (426). Ablehnend ferner *M. Dreher*, NZBau 2002, S. 419 (426); *J. Englisch*, VerwArch 98 (2007), S. 410, der zwar die Verweisung auf Sekundärrechtsschutz im Vergaberecht prinzipiell für möglich erachtet (425), angesichts der Rechtsschutzmöglichkeiten oberhalb der Schwellenwerte den Spielraum des Gesetzgebers aber gleichheitsrechtlich auf Primärrechtsschutz reduziert erachtet (430); *W. Kahl*, GVwR III, § 47, Rn. 130 m. Fn. 488; *J. Knöbl*, Rechtsschutz, S. 125 ff.; *F. Schoch*, GVwR III, § 50, Rn. 10; *C. Weißenberger*, GewArch 2009, S. 417 (425 f.).

[305] BVerfG, NJW 1990, S. 501 (501 f.). Aufgeweicht allerdings in einer späteren Entscheidung zur Bestellung von Notaren (NJW 2006, S. 2395 [2396]), in der das BVerfG einen Verstoß gegen die rechtsschutzermöglichende verfassungsrechtliche Informationspflicht nicht mit der Nichtigkeitsfolge sanktionierte und den übergangenen Bewerber damit auf Sekundärrechtsschutz verwies. Näher unten, 2. Teil, C.VI.2.c.bb.

[306] BVerfG, NJW 2002, S. 3691 (3692).

[307] Siehe ferner für die Zuteilung von Aktienkontren: VGH Kassel, 6 TG 540/07, Umdruck S. 5.

[308] *T. Pollmann*, Gleichbehandlungsgrundsatz, S. 159 ff.; *H. C. Röhl*, GVwR II, § 30, Rn. 20; vgl. auch BVerwGE 67, 206 (209 f.).

oben entwickelte Regel-Ausnahme-Verhältnis gilt. Einschränkungen des Primärrechtsschutzes stellen die rechtfertigungsbedürftige Ausnahme dar, die einer besonderen Begründung bedarf.

In die Abwägung einzustellen sind die Art des verteilten Gutes und das Gewicht der jeweils inmitten stehenden Zugangsinteressen[309]. Darüber hinaus müssen die gegenläufigen Bestandsinteressen von öffentlicher Hand, Allgemeinheit sowie erfolgreichem Mitbewerber berücksichtigt werden. Vor diesem Hintergrund erscheint eine Beschränkung auf Sekundärrechtsschutz leichter zu rechtfertigen, wenn rein vermögensrechtliche Interessen inmitten stehen, schwieriger dagegen, wenn persönlichkeitsrelevante Güter verteilt werden; in diesem Sinne stützte das BVerfG die Beschränkung auf Sekundärrechtsschutz im Vergaberecht auch damit, dass kein über „ein bloßes Schadensersatzinteresse" hinausgehendes Interesse an Primärrechtsschutz erkennbar sei.[310] Ein ausgewogener Interessenausgleich kann auch in einer Modifikation des Primärrechtsschutzes bestehen, etwa wenn sich dieser, wie bei Stellenbesetzungen im Beamtenrecht, auf präventiven Eilrechtsschutz beschränkt[311] oder auf einen Folgenbeseitigungsanspruch auf nächstmögliche Berücksichtigung, wie bei der Studienplatzvergabe[312]. Zweifelhaft ist allerdings, ob ein zusätzliches Interesse des Staats als Nachfrager, wie etwa im Vergabe- und Beamtenrecht, rechtsschutzmindernd in die Wagschale geworfen werden kann, da auch im Übrigen ein öffentliches Interesse an einer raschen Verteilung, etwa hinsichtlich einer funktionierenden ÖPNV-Bedienung, vorliegt.[313]

Nicht übersehen werden darf schließlich, dass das BVerfG sowohl in der Insolvenzverwalter- als auch in der Vergaberechtsschutz-Entscheidung dem Sekundärrechtsschutz und dem u.U. eröffneten Weg der Feststellungsklage eine kompensatorische Funktion zugesprochen hat.[314]

3. Die Teilnahme an Verteilungsverfahren als Problem des Grundrechtsverzichts

Der Zuteilung eines staatlichen Guts geht die jedem Grundrechtsträger freigestellte Bewerbung hierum voraus. Da diese in Kenntnis von Vergabebedingungen und -modalitäten erfolgt, stellt sich die Frage, ob und inwieweit ihr ein Grundrechtsverzicht entnommen werden kann.[315] Ein solcher ist prinzipiell

---

[309] Vgl. *J. Gundel*, Jura 2008, S. 288 (291).
[310] BVerfG, ZfBR 2008, S. 816 (816). Siehe auch *T. Pollmann*, Gleichbehandlungsgrundsatz, S. 160.
[311] Dazu noch ausführlich unten, 2. Teil, C.VI.2., und 3. Teil, B.VII.3.b.
[312] Im Einzelnen unten, 2. Teil, E.VI. und VII.1., und 3. Teil, B.VII.3.b.
[313] Siehe auch *J. Gundel*, DV 37 (2004), S. 401 (426 f.).
[314] BVerfGE 116, 1 (22); E 116, 135 (159).
[315] Sehr weitgehend im Kontext der öffentlichen Auftragsvergabe *H. Kaelble*, Vergabe-

möglich, so das betroffene Grundrecht disponibel ist und der Verzicht frei von Willensmängeln erklärt wurde.[316]

Schon hinsichtlich der tatsächlichen Voraussetzung eines Grundrechtsverzichts, nämlich dessen Erklärung, ist jedoch fraglich, so sie wie regelmäßig nicht ausdrücklich erfolgt ist, ob sie ohne Weiteres in die Bewerbung hineingelesen werden kann. Da Bewerber regelmäßig nicht auf ihre Grundrechtspositionen verzichten (wollen), erscheint eine derartige Annahme fiktiv. Denkbar wäre allenfalls, dem Bewerber aufgrund von dessen Kenntnis der Vergabebedingungen nach dem Verbot des „venire contra factum proprium" die Berufung auf einen entgegenstehenden inneren Willen zu versagen. Als Ausdruck des Gebots von Treu und Glauben greift dieses Verbot indes nur, wenn sich das Verzichtsverlangen selbst als nicht treuwidrig darstellt, insbesondere als freiwillig zu qualifizieren wäre. An der Freiwilligkeit eines erklärten oder angenommenen Verzichts bestehen jedoch in verschiedenen für Verteilungsverfahren typischen Konstellationen Bedenken, so bei Vorliegen einer Zwangswirkung wegen des Angewiesenseins des Begünstigten auf die Leistung.[317] Verfolgt der Staat verhaltenslenkende Zwecke mit der Bereitstellung eines Vorteils, kann auch dies die Freiwilligkeit in Frage stellen.[318] Ganz generell könnte man letzteres zudem annehmen, wenn der Staat Vorteile für den Grundrechtsverzicht in Aussicht gestellt hat,[319] was freilich eine Verzichtsmöglichkeit im Bereich der Leistungsverwaltung ausschlösse. Abgesehen von der Frage der Freiwilligkeit eines Verzichts ziehen schließlich die vom Staat unabhängig von einem Grundrechtsverzicht zu beachtenden rechtsstaatlichen Verfahrensanforderungen, die dem entfalteten grundrechtlichen Mindeststandard entsprechen,[320] sowie der auch rechtsstaatlich fundierte Grundsatz der Verhältnismäßigkeit, der sachangemessene Vergabekriterien fordert,[321] Grenzen.

---

entscheidung, S. 70 ff.; in diese Richtung auch *G. Hermes*, JZ 1997, S. 909 (912); für das Beihilfenrecht hinsichtlich sachgerechter Verteilungsmodalitäten *P. F. Bultmann*, Beihilfenrecht und Vergaberecht, S. 194 f. Diese beiden Materien wegen der unterschiedlichen Interessenlage nicht für vergleichbar erachtet *H. Kaelble*, Vergabeentscheidung, S. 72.

[316] *H. D. Jarass*, in: ders. / Pieroth, GG, Vorb. vor Art. 1, Rn. 36; *H. Kaelble*, Vergabeentscheidung, S. 70 f.; *B. Pieroth / B. Schlink*, Grundrechte, Rn. 131 ff.; *M. Sachs*, in: ders., GG, Vor Art. 1, Rn. 52 ff.

[317] BVerwG, NJW 2004, S. 1191 (1192), für die Teilnahme an der Sprachtelefonie; *P. F. Bultmann*, Beihilfenrecht und Vergaberecht, S. 194 m. Fn. 6; *H. Kaelble*, Vergabeentscheidung, S. 71 m. Fn. 152; *N. Meyer*, Beschaffung, S. 324 f.; *B. Pieroth / B. Schlink*, Grundrechte, Rn. 139.

[318] *H. Kaelble*, Vergabeentscheidung, S. 71.

[319] *H. D. Jarass*, in: ders. / Pieroth, GG, Vorb. vor Art. 1, Rn. 36; *M. Sachs*, in: ders., GG, Vor Art. 1, Rn. 56. Zurückhaltend *H. Kaelble*, Vergabeentscheidung, S. 71.

[320] Siehe für eine Parallelisierung etwa BVerfGE 45, 422 (430 ff.); ferner unten, II.

[321] *P. F. Bultmann*, Beihilfenrecht und Vergaberecht, S. 195; *P. Henseler*, VerwArch 77 (1986), S. 249 (275 f.); *N. Meyer*, Beschaffung, S. 325 ff.

4. Das Problem der gerechten Verteilung in der Zeit

Die Frage der sachgerechten Verteilung stellt sich nicht nur mit Blick auf eine konkrete Verteilungssituation, sondern auch in der Zeit: So darf ein verfassungskonformes Verteilungsregime die Interessen von erst später hinzutretenden Bewerbern nicht übersehen und den Status quo nicht auf unabsehbare Zeit zementieren. Dies kann zum einen eine Befristung der Zuteilung verlangen (a). Zum anderen ist in diesem Zusammenhang zu untersuchen, ob und inwieweit eine Privilegierung von Altsassen bei der Neuzuteilung statthaft ist (b).

a) Befristung

Ein Vergaberegime, das Güter für einen unangemessen langen Zeitraum zuteilt, vernachlässigt Zugangschancen späterer Bewerber und erweist sich aus diesem Grund als verfassungswidrig.[322] Die Angemessenheit des Zuteilungszeitraums bestimmt sich nach der Eigenart der fraglichen Materie: Ist die Zuteilung der Natur der Sache nach auf Dauer angelegt, wie etwa die Veräußerung öffentlichen Eigentums oder die Vergabe von (Lebenszeit-)Beamtenstellen und Studienplätzen, kann eine Befristung unterbleiben.[323] Hierfür streitet auch, dass der Zugang zum öffentlichen Dienst respektive zum Studium für spätere Bewerber aufgrund eines kontinuierlichen Angebots neuer Stellen respektive Studienplätze nicht versperrt ist. Handelt es sich dagegen um punktuelle wirtschaftliche Betätigungen, etwa die Übernahme eines Auftrags oder die Tätigkeit als Konzessionär, ist die Zuteilung entsprechend zu befristen, so dass einerseits dem zum Zuge gekommenen Unternehmer die Amortisation seiner Investitionen einschließlich eines angemessenen Gewinns ermöglicht, andererseits aber der Marktzugang nicht auf Dauer versperrt wird.

b) Privilegierung von Altsassen bei der Neuzuteilung

Eng mit der Frage nach Notwendigkeit und Dauer einer Befristung hängt die nach der Möglichkeit einer bevorzugten Zulassung von Altbewerben bei der Neuverteilung zusammen. So erfolgt etwa die Vergabe von Standplätzen auf Messen und Märkten (auch) nach dem Kriterium „bekannt und bewährt", ist bei einer Genehmigung für den Linienverkehr gemäß § 13 Abs. 3 PBefG „angemessen" zu berücksichtigen, dass „ein Verkehr von einem Unternehmer jahrelang in einer dem öffentlichen Verkehrsinteresse entsprechenden Weise betrieben worden" ist, oder genießen Inhaber von „Slots" gemäß Art. 8 Abs. 2 VO (EWG)

---

[322] *M. Martini*, Der Markt als Instrument hoheitlicher Verteilungslenkung, S. 122. Siehe für den Bereich des Personenbeförderungsrechts *C. Heinze*, Personenbeförderungsrecht, § 13, Anm. 15.
[323] Vgl. auch *A. Voßkuhle*, DV 32 (1999), S. 21 (40).

Nr. 95/1993 Bestandsschutz für einmal zugewiesene Zeitnischen („grandfathering"), genauso wie Inhabern von Taxenkonzessionen ein unbegrenzter Verlängerungsanspruch zusteht.

In der Regel unterfallen diese Rechtspositionen nicht der Eigentumsgarantie. Diese kann zwar auch vermögenswerte, wie ein Ausschließlichkeitsrecht zugeordnete öffentlich-rechtliche Berechtigungen erfassen; angesichts deren einseitiger Gewährung durch den Staat setzt dies jedoch eine „den Eigentumsschutz rechtfertigende Leistung des Einzelnen" voraus.[324] Bei Vergünstigungen oder (Berufs-)Zulassungen fehlt es hieran meist, mögen für die Auswahl auch Leistungskriterien maßgeblich sein: Denn diese Rechtspositionen verkörpern keine eigenen Leistungen.[325] Darüber hinaus stellen die fehlende Verfügungsbefugnis über derartige Positionen[326] sowie eine Gewährung im Ermessenswege[327] den für Eigentumspositionen charakteristischen Ausschließlichkeitscharakter in Frage; auch ist zweifelhaft, ob für die berufliche Betätigung ermöglichende Genehmigungen nicht ohnehin die Berufsfreiheit das spezielle Grundrecht ist[328]. Damit kann der Eigentumsschutz nur an das auf der Grundlage derartiger Erlaubnisse Geschaffene anknüpfen.[329] Im Übrigen verbleibt lediglich die Möglichkeit, sich auf den im Rechtsstaatsprinzip wurzelnden und über Art. 2 Abs. 1 GG subjektivierten Bestands- und Vertrauensschutz zu berufen.[330]

Mithin müssen der Gesetzgeber respektive die Kriterien festlegende Verwal-

---

[324] Siehe nur BVerfGE 18, 392 (397); E 45, 142 (170); E 72, 175 (193); NJW 2002, S. 3460 (3460).

[325] Allgemein: *J. Pietzcker*, ZBB 2007, S. 295 (302); *U. Steiner*, NVwZ 2009, S. 486 (489); *J. Wieland*, in: Dreier, GG, Art. 14, Rn. 64. Für Taxenkonzessionen BGH, NJW 1990, S. 1354 (1355); für Subventionen BVerfGE 72, 175 (193 ff.); *H. D. Jarass*, in: ders. / Pieroth, GG, Art. 14, Rn. 13. Offengelassen für die Apotheken-Betriebserlaubnis in BVerfGE 17, 232 (247 f.); verneinend: *C. Starck*, VerwArch 71 (1980), S. 1 (24, 30 ff.). Anders aber BGH, NJW 1981, S. 2000 (2002), für die Kassenarztzulassung: „Als eine öffentlich-rechtliche Berechtigung, die in ihrer Bedeutung – und damit wirtschaftlich gesehen auch in ihrem Vermögenswert – entscheidend durch die beruflichen Fähigkeiten und die Initiative des Berechtigten ausgefüllt und geprägt wird, trägt sie die konstituierenden Merkmale des Eigentumsbegriffs und kann mit Forderungsrechten fürsorgerischer Art, in denen der Staat der einseitig ‚Gebende' ist, nicht gleichgesetzt werden"; ebenso BSGE 58, 18 (26); in BGH, NJW 1986, S. 2499 (2500), demgegenüber offengelassen für die Anwaltszulassung. Für möglich erachtet hinsichtlich im Versteigerungswege erworbener UMTS-Lizenzen OVG Münster, 13 A 2069/07 – juris, Rn. 123.

[326] *J. Wieland*, in: Dreier, GG, Art. 14, Rn. 64.

[327] BVerfGE 63, 152 (174); E 69, 272 (298, 300 f.); *H. D. Jarass*, in: ders. / Pieroth, GG, Art. 14, Rn. 11.

[328] *J. Wieland*, in: Dreier, GG, Art. 14, Rn. 64. Offengelassen von BGH, NJW 1986, S. 2499 (2500).

[329] *O. Depenheuer*, in: v. Mangoldt / Klein / Starck, GG, Art. 14, Rn. 172, der zugleich darauf hinweist, dass der Eigentumsschutz allerdings auch nicht von der Zulassung verselbstständigt bestehen kann, so dass ihr nicht deren Widerruf und Erlöschen durch Ablauf der Befristung entgegengehalten werden kann. Ebenso *U. Steiner*, NVwZ 2009, S. 486 (489).

[330] In diesem Sinne BVerfGE 72, 175 (195 f.); ferner *J. Pietzcker*, ZBB 2007, S. 295 (302).

tung das Bestandsinteresse der Altsassen mit dem Zugangsinteresse der Newcomer abwägen.[331] Dem Bestandsschutz generell Vorrang einzuräumen, stellt regelmäßig keinen verfassungskonformen Ausgleich dar.[332] Parameter für die Abwägung sind eine etwaige Vernichtung wirtschaftlicher Werte (Personal, Strukturen ohne Weiterverwendungs- bzw. Verwertungsmöglichkeit) durch die Neuverteilung,[333] ein aufgrund der Bewährung der Altsassen anzuerkennendes legitimes Interesse der Verwaltung an deren erneuter Zulassung[334] oder trotz der Privilegierung bestehende Zulassungschancen für Neubewerber, etwa aufgrund der Einräumung einer Zulassungsquote für diese[335]. Zu berücksichtigen ist schließlich, inwieweit das Bestandsinteresse schon in die Bemessung der Dauer der ursprünglichen Zuteilung eingeflossen ist: Erfolgte diese etwa mit Rücksicht auf das Amortisationsinteresse des erfolgreichen Bewerbers für einen diesem entsprechenden, längeren Zeitraum, so bedarf dessen Privilegierung bei der Neuzuteilung gewichtiger Gründe; umgekehrt rechtfertigt eine knappe Bemessung des Zuteilungszeitraums, um etwa kontinuierlichen Leistungswettbewerb zu ermöglichen, eine besondere Gewichtung des Bestandsinteresses bei der Auswahlentscheidung.[336]

5. Der Spielraum der verteilenden Verwaltung

Nach der Entfaltung der grundrechtlichen Vorgaben für Vergabekriterien und -verfahren stellt sich abschließend die Frage, wer zu deren Festlegung berufen ist. Die Antwort folgt aus der nunmehr zu bestimmenden Reichweite des Gesetzesvorbehalts im Kontext der staatlichen Verteilungstätigkeit.

Ist diese mit einem Grundrechtseingriff verbunden, etwa aufgrund von Verknappungsentscheidungen oder des Rekurses auf lenkende Verteilungskriterien,[337] greift der formelle Grundrechtsschutz des Freiheitsrechts: Eingriffe in Freiheit und Eigentum bedürfen einer parlamentarischen Legitimation.

Zurückhaltend hinsichtlich der Einschlägigkeit der Eigentumsgarantie auch _H. Zuck_, Verteilungsentscheidungen, S. 11 ff.

[331] Siehe allgemein: _M. Martini_, Der Markt als Instrument hoheitlicher Verteilungslenkung, S. 122 ff.; hinsichtlich der Privilegierung früherer Marktbeschicker nach dem Grundsatz „bekannt und bewährt" unten, 2. Teil, D.III.1.a.bb.(2), und des Genehmigungsinhabers im Linienverkehr unten, PersonenbeförderungsR, III.1.e.aa.

[332] _J. Kühling_, Sektorspezifische Regulierung, S. 177; _M. Martini_, Der Markt als Instrument hoheitlicher Verteilungslenkung, S. 123 f.; _J. Pietzcker_, ZBB 2007, S. 295 (302 f.).

[333] BVerwGE 31, 184 (189); _J. Pietzcker_, ZBB 2007, S. 295 (302 f.).

[334] Siehe insoweit im Kontext des § 13 Abs. 3 PBefG: BVerwGE 127, 42 (54), und im Kontext der Vergabe von Standplätzen auf Messen und Märkten: BVerwG, GewArch 1965, S. 30 (31); NVwZ 1982, S. 194 (194 f.).

[335] Siehe nur BVerwG, NVwZ 1984, S. 585 (585).

[336] Siehe auch _M. Martini_, Der Markt als Instrument hoheitlicher Verteilungslenkung, S. 123.

[337] Dazu oben, I.2.b.aa.(3) und (4).

Demgegenüber wird für den allgemeinen Gleichheitssatz zu Recht ein genereller Gesetzesvorbehalt abgelehnt.[338] Weder finden sich für einen solchen nämlich Anhaltspunkte im Wortlaut des Art. 3 Abs. 1 GG, noch wäre ein solcher mit Blick auf die gleichheitsrechtliche Relevanz einer jeden Regelung sinnvoll, führte er doch zu einem „Totalvorbehalt". Diese Feststellungen entlassen den Gesetzgeber freilich nicht aus seiner Verantwortung für diejenigen Bereiche der staatlichen Verteilungstätigkeit, die sich nicht im Fokus der klassischen Abwehrfunktion der Freiheitsrechte bewegen. Denn auch jenseits abwehrrechtlich relevanter Konstellationen kann ein Gesetzesvorbehalt gelten: Bereits in seiner Kalkar-Entscheidung bezeichnete es das BVerfG als seine „ständige Rechtsprechung, daß der Gesetzgeber verpflichtet ist, – losgelöst vom Merkmal des ‚Eingriffs' – in grundlegenden normativen Bereichen, zumal im Bereich der Grundrechtsausübung, soweit diese staatlicher Regelung zugänglich ist, alle wesentlichen Entscheidungen selbst zu treffen".[339] Konkretisierend führte das BVerfG weiter aus: „In welchen Bereichen danach staatliches Handeln einer Rechtsgrundlage im förmlichen Gesetz bedarf, läßt sich nur im Blick auf den jeweiligen Sachbereich und die Intensität der geplanten oder getroffenen Regelung ermitteln. Die verfassungsrechtlichen Wertungskriterien sind dabei in erster Linie den tragenden Prinzipien des Grundgesetzes, insbesondere den vom Grundgesetz anerkannten und verbürgten Grundrechten zu entnehmen."[340] Demnach verlangt die schlichte Berührung grundrechtlich geschützter Interessen, um keinen Totalvorbehalt des Gesetzes zu statuieren, noch kein parlamentarisches Tätigwerden,[341] wohl aber eine intensive Grundrechtsbetroffenheit.

Hier lässt sich nun ein Bogen zur oben entwickelten Scheidung von lediglich gleichheitsrechtlich und auch freiheitsrechtlich relevanten Verteilungssituationen schlagen: Im zuletzt genannten Bereich, wenn mithin ein qualifizierter Zusammenhang zwischen der Inanspruchnahme staatlicher Institutionen und der Grundrechtsausübung besteht – wie etwa bei staatlicher Monopolstellung, ei-

---

[338] *B. J. Hartmann / N. Nöllenburg*, ZBR 2007, S. 242 (246 Fn. 67); *H. D. Jarass*, AöR 120 (1995), S. 345 (376 f.); *N. Meyer*, Beschaffung, S. 381 f. Anders aber *M. Sachs*, Fragen der Gleichheitsgrundrechte, S. 137 (148 ff.). Einen gleichheitsrechtlichen Vorbehalt des Gesetzes bzw. genereller Regelungen für möglich erachtet auch *D. Murswiek*, Gestufte Teilhabe- / Freiheitsverhältnisse, S. 647 (656).

[339] BVerfGE 49, 89 (126), unter Verweis auf seine frühere Rechtsprechung; ferner E 98, 218 (251). Kritisch zur Unbestimmtheit und Undifferenziertheit des Wesentlichkeitskriteriums: *E. Schmidt-Aßmann*, Ordnungsidee, S. 191. Diesen Einwand zurückweisend *H. Maurer*, Allgemeines Verwaltungsrecht, § 6, Rn. 13.

[340] BVerfGE 49, 89 (127). Siehe auch E 98, 218 (251); BVerwGE 80, 270 (275 f.); *H. C. Röhl*, GVwR II, § 30, Rn. 18. Für die Geltung des Gesetzesvorbehalts bei im Sinne der Wesentlichkeitslehre besonders gewichtigen Ungleichbehandlungen auch *B. J. Hartmann / N. Nöllenburg*, ZBR 2007, S. 242 (246 f.) – für besondere Gleichheitsrechte; *N. Meyer*, Beschaffung, S. 385 ff.

[341] Siehe auch BVerfGE 98, 218 (256 ff.).

nem besonderen Angewiesensein auf die staatliche Leistung oder bei Verteilungsentscheidungen im Schatten von Grundrechtseingriffen –,[342] ist der parlamentarische Gesetzgeber in besonderem Maße gefordert.[343] Diesem obliegt es dann, jedenfalls in Grundzügen Art und Gewichtung der heranzuziehenden Verteilungskriterien sowie das Auswahlverfahren[344] zu regeln.[345] Freilich muss der Gesetzgeber nicht jedes Detail selbst festlegen; welcher Konkretisierungsspielraum der Verwaltung in diesem Rahmen zukommen darf, lässt sich abstrakt schwer beantworten und ist neben der Frage der Grundrechtswesentlichkeit auch eine solche der sachgerechten Aufgabenverteilung zwischen Verwaltung und Parlament[346]. Gerade mit Blick darauf ist ein gesetzgeberisches Tätigwerden auch dort gefordert, wo die Verwaltung angesichts der Begrenztheit ihrer Handlungsmöglichkeiten, namentlich aufgrund der beschränkten Zuständigkeit, kein angemessenes Verteilungskonzept entwickeln kann.[347]

---

[342] Vorsichtige Analogien lassen sich auch zu im Eingriffsbereich entwickelten Differenzierungen bilden, namentlich zur Drei-Stufen-Lehre für die Berufsfreiheit: Zeitigt eine Auswahlregelung einer Berufswahlregelung vergleichbare Konsequenzen, legt dies ein intensives Betroffensein nahe; ein solches scheidet demgegenüber bei sonstigen, Berufsausübungsregeln gleichkommenden Maßnahmen aus. Dazu auch *D. Kupfer*, Verteilung, S. 426.

[343] Siehe etwa BVerfGE 33, 303 (337, 345 f.); E 73, 280 (296); BVerwGE 51, 235 (238 ff.); 1 WB 48/07 – juris, Rn. 38 (für Art. 33 Abs. 2 GG); VGH Kassel, ZBB 2007, S. 288 (289 f.); *P. Badura*, Verteilungsordnung und Zuteilungsverfahren, S. 529 (542 f.); *W. Kluth*, WissR 2007, Beih. 18, S. 60 (89); *M. Martini*, Der Markt als Instrument hoheitlicher Verteilungslenkung, S. 88 f.; *A. Voßkuhle*, Strukturen und Bauformen, S. 277 (292 f.). Nichts anderes folgt aus dem Numerus-clausus-Urteil des BVerfG, in dem dieses offengelassen hat, ob Freiheitsrechte als Teilhaberechte hinsichtlich des Gesetzesvorbehalts genauso wie in ihrer abwehrrechtlichen Funktion zu behandeln sind, die Festlegung der Verteilungsmodalitäten mithin stets einer gesetzlichen Grundlage bedarf (BVerfGE 33, 303 [337]; vgl. auch *H. Maurer*, Allgemeines Verwaltungsrecht, § 6, Rn. 23). In casu folge dieses Erfordernis nämlich bereits daraus, dass „die Beteiligung an staatlichen Leistungen die notwendige Voraussetzung für die Verwirklichung von Grundrechten darstellt. Hier muß der Gesetzgeber als derjenige, von dessen Entschließungen der Umfang des Leistungsangebots abhängt, selbst die Verantwortung dafür übernehmen, wenn als Folge unzureichender Kapazitäten der Kreis der Begünstigten unter Inkaufnahme schwerwiegender Ungleichbehandlungen einzuschränken ist" (BVerfGE 33, 303 [337]). Statuiert ist damit ein Gesetzesvorbehalt für wesentliche Verteilungsfragen.

[344] Die Erkenntnis, dass sich der Gesetzesvorbehalt nicht nur auf die materiellen Verteilungskriterien, sondern auch das Vergabeverfahren bezieht, entspricht dem Desiderat, eine prozedurale Wesentlichkeitslehre zu schaffen – in diesem Sinne *E. Schmidt-Aßmann*, Verwaltungsverfahren, S. 429 (454 f.); ferner *P. Häberle*, VVDStRL 30 (1972), S. 43 (81).

[345] *M. Martini*, Der Markt als Instrument hoheitlicher Verteilungslenkung, S. 88; *C. Starck*, VerwArch 71 (1980), S. 1 (29 f.).

[346] BVerfGE 98, 218 (251 f.).

[347] Siehe dazu im Kontext der Slot-Vergabe BVerwGE 82, 246 (255): „Lassen sich diese miteinander konkurrierenden, in unterschiedlicher Weise standortgebundenen beruflichen Betätigungen nicht mehr ohne erhebliche Benachteiligung einzelner Gruppen und nicht mehr nur in lokaler Bedeutung für den einzelnen Flughafen koordinieren, bedarf es einer parlamentarischen Leitentscheidung darüber, welche Kapazitäten in welchen Regionen für die unterschiedlichen Arten des beruflichen – z.B. regionalen oder überregionalen – Luft-

Umgekehrt besteht ein größerer Gestaltungsspielraum der Verwaltung in Bereichen, in denen die Verteilungsproblematik durch abstrakt-generelle gesetzgeberische Vorgaben nicht angemessen geregelt werden kann,[348] etwa hinsichtlich der von den jeweiligen örtlichen Verhältnissen abhängigen Vergabekriterien für die Standplatzvergabe auf Messen und Märkten[349]. Im Übrigen ist zu berücksichtigen, dass die oben als prozedurale Anforderung des Gleichheits- bzw. Teilhabeanspruchs entwickelte Konzeptpflicht[350] ein transparentes, rationales und gleichheitskonformes Handeln auch jenseits parlamentsgesetzlicher Steuerung ermöglicht und etwaige Defizite zu kompensieren vermag.[351] Weniger strenge Anforderungen gelten demgegenüber, wenn lediglich der allgemeine Gleichheitssatz betroffen ist.

Das Erfordernis adäquater gesetzlicher Vorgaben hat die Rechtsprechung für zahlreiche Materien ausbuchstabiert und, da zahlreiche Verteilungsverfahren defizitär (parlamentsgesetzlich) normiert waren, oftmals auch einfordern müssen.[352] So verlangt das BVerfG im Kontext des Hochschulzugangs, dass der Gesetzgeber nicht nur Verantwortung für die Kapazitätsbestimmung übernimmt, sondern „zumindest die Art der anzuwendenden Auswahlkriterien und deren Rangverhältnis untereinander selbst fest[legt]".[353] Ferner müssten bei der Einstellung von Notarbewerbern „zumindest die grundlegenden Eignungsanforderungen und Auswahlgesichtspunkte" sowie die „grundlegenden Anforderungen" an das Auswahlverfahren, „zumindest die Pflicht zur Stellenausschreibung", gesetzlich fixiert werden.[354]

---

verkehrs zu schaffen und wie auf dieser Grundlage die Start- und Landeberechtigungen aufgrund von Koordinierungseckwerten angemessen zu verteilen sind. Singuläre Änderungen der Genehmigungen einzelner Verkehrsflughäfen nach § 6 Abs. 4 Satz 2 LuftVG sind dazu prinzipiell nicht geeignet, weil diese Vorschrift weder auf eine Lösung der inzwischen aufgetretenen Kapazitäts- und Verteilungsprobleme auf der Grundlage einer luftverkehrspolitischen Gesamtkonzeption abzielt, noch sach- und fachspezifische Kriterien dafür enthält, wie der sich anbahnende ‚Verteilungskampf‘ der Flughafenbenutzer zu bewältigen ist"; ferner BVerwGE 51, 235 (241 f.).

[348] Siehe auch *D. Kupfer*, Verteilung, S. 426 f.

[349] Mithin – und weil die freiheitsrechtliche Teilhabedimension nicht einschlägig sei – wird § 70 Abs. 3 GewO für hinreichend gesetzgeberisch determiniert erachtet: VGH Mannheim, GewArch 1979, S. 335 (336); *D. Kupfer*, Verteilung, S. 426 f.; *U. Schönleiter*, in: Landmann/Rohmer, GewO, § 70, Rn. 12; *P. J. Tettinger*, in: ders./Wank, GewO, § 70, Rn. 26; *K.-L. Wirth*, Marktverkehr, S. 205 f. A.A. *M. Martini*, Der Markt als Instrument hoheitlicher Verteilungslenkung, S. 89; *H.-A. Roth*, WiVerw 1985, S. 46 (57 f.).

[350] Siehe zu dieser oben, A.I.2.a.bb.(2).

[351] Zurückhaltend *N. Meyer*, Beschaffung, S. 389 f.

[352] Siehe neben den folgenden Beispielen BVerfGE 82, 209 (224 f., 227), für die Krankenhausplanung; BVerwGE 82, 246 (254 f.), für die Slotvergabe; VGH Kassel, ZBB 2007, S. 288 (289 f.), für die Zuteilung von Aktienkontren.

[353] BVerfGE 33, 303 (337, 345 f.).

[354] BVerfGE 73, 280 (296).

Angesichts der Auswirkungen auf die Berufsfreiheit hielt es das BVerwG bei der Vergabe von Konzessionen für den Güterverkehr für „erforderlich, aber auch ausreichend, daß das Gesetz die für die Auswahl der Bewerber anzulegenden Maßstäbe in den Grundzügen umreißt, d.h. die in Betracht kommenden Kriterien und ihr Gewicht nach Tendenz und Programm bestimmt." Allerdings mag es sich „[w]egen des ständigen Wechsels der wirtschaftlichen Gegebenheiten und des daraus folgenden Wandels der wirtschaftspolitischen Zielsetzungen ... anbieten, die Einzelheiten" dem Verordnungsgeber zu überlassen.[355] Auch sind die Verwendung unbestimmter Rechtsbegriffe und die Zuerkennung von Beurteilungsspielräumen an die Verwaltung grundsätzlich nicht zu beanstanden,[356] ebenso wenig in Massenverfahren ein systematisierendes und pauschalierendes Vorgehen, etwa mittels eines Punktesystems.[357]

Die schlichte, d.h. keine intensive Grundrechtsbetroffenheit[358] auslösende Subventionierung bedarf demgegenüber nach der Rechtsprechung des BVerwG nicht zwingend einer formell-gesetzlichen Grundlage; vielmehr reicht eine irgendwie geartete parlamentarische Willensäußerung, etwa im Haushaltsplan, aus.[359]

II. Rechtsstaatsprinzip

Mit namentlich seinem Gebot einer rationalen Sachentscheidung, dem Gesetzmäßigkeitsprinzip, den Grundsätzen eines fairen und transparenten Verfahrens sowie des Vertrauensschutzes und schließlich der Rechtsschutzgarantie formuliert auch das im Grundgesetz verankerte Rechtsstaatsprinzip grundlegende Anforderungen an das Verwaltungsverfahren.[360] Diese objektiv-rechtlichen Verfassungsgarantien stehen neben den im ersten Abschnitt aus den Grundrechten abgeleiteten Vorgaben, mit denen sie sich weitgehend decken. Dies lässt ihre Ausbuchstabierung im Einzelnen für den Zweck der vorliegenden Untersu-

---

[355] BVerwGE 51, 235 (242; siehe auch 238 ff.); ferner E 80, 270 (274 f.). Großzügiger noch BVerfGE 40, 196 (232): „Das Güterkraftverkehrsgesetz regelt das Verfahren der Verteilung der Genehmigungen nicht. Es werden Richtlinien angewendet, die aber nicht einheitlich in allen Ländern gelten und zum Teil wohl auch nicht veröffentlicht sind ... Der Gesetzgeber wird zu prüfen haben, ob die Maßstäbe und Kriterien, die bei der Vergabe der Genehmigungen zugrunde zu legen sind, nicht im Gesetz selbst deutlichen Ausdruck finden sollten."

[356] BVerwGE 80, 270 (275 ff.); ferner BVerfGE 82, 209 (224 ff.).

[357] BVerwGE 80, 270 (281); ferner OVG Lüneburg, NJW 1992, S. 1979 (1981).

[358] Zum dann geltenden Gesetzesvorbehalt: BVerwGE 6, 282 (288); E 20, 101 (102).

[359] BVerwGE 6, 282 (287 f.); E 20, 101 (102); ferner OVG Münster, NVwZ 1984, S. 522 (524). Zustimmend *W. Henke*, Wirtschaftssubventionen, S. 55; *H.P. Ipsen*, VVDStRL 25 (1967), S. 257 (290 ff.). Strenger *H. Maurer*, Allgemeines Verwaltungsrecht, § 6, Rn. 21 f.

[360] *H. Hill*, Fehlerhafte Verfahren, S. 201 ff., 229; *E. Schmidt-Aßmann*, Verwaltungsverfahren, S. 429 (454); *ders.*, GVwR II, § 27, Rn. 39; *ders.*, Ordnungsidee, S. 80 ff.; *ders.*, Reform, S. 11 (19 ff.).

chung entbehrlich erscheinen. Auch besteht bei der bereichsspezifisch-verfahrensübergreifenden Entwicklung von Verfahrensgrundsätzen nicht die vom BVerfG herausgestrichene Gefahr der Auflösung des Verfahrensrechts „nach Maßgabe der jeweils in Rede stehenden subjektiven Rechte (einschließlich der Grundrechte) in ein aktionenrechtliches Verfahrensgeflecht"[361] und erscheint es damit nicht notwendig, „den Rechtsboden der verfassungsgebotenen Verfahrensinstitute vorrangig doch im Rechtsstaatsprinzip zu sehen und auf einzelne Grundrechte zu zusätzlicher Wertverdeutlichung nur dann zurückzugreifen, wenn jenseits des allgemeinen Standards ein grundrechtlich besonders intensiv geschütztes Rechtsgut zwingend und eindeutig weitere Verfahrenssicherungen verlangt"[362].

---

[361] BVerfGE 60, 253 (297).
[362] So aber *E. Schmidt-Aßmann*, GVwR II, § 27, Rn. 39.

B. Der unionsrechtliche Rahmen
staatlicher Verteilungstätigkeit

Während *Peter M. Huber* in seiner 1991 vorgelegten Untersuchung zum „Gemeinschaftsrechtliche[n] Schutz vor einer Verteilungslenkung durch deutsche Behörden" noch konstatieren musste, dass „europarechtlich begründete Konkurrenzschutzansprüche im deutschen Verwaltungsrecht praktisch bislang keine Rolle gespielt haben",[1] hat sich das Bild mittlerweile grundlegend gewandelt. Den Rahmen für Verteilungsverfahren stecken, wie dies im Zuge der Europäisierung des nationalen Verwaltungsrechts allenthalben zu beobachten ist,[2] in zunehmendem Maße unionsrechtliche Vorgaben ab. Dies ist nicht nur der Tatsache geschuldet, dass zahlreiche Verteilungsverfahren entweder, wie das Kartellvergaberecht, auf umgesetzten EU-Richtlinien beruhen, oder, wie etwa die Zuteilung von Slots, eine unmittelbare unionsrechtliche Regelung durch EU-Verordnungen erfahren haben. Vielmehr zeichnen sich im Primärrecht bereichsübergreifende Anforderungen an die staatliche Verteilungstätigkeit ab, die auch auf sekundärrechtlich nicht normierte Materien einwirken. Mit *Johannes Dietlein* ist es mittlerweile „unverkennbar, dass sich unter dem Einfluss speziell des europäischen Unionsrechts eine zunehmende Dynamik in Richtung offener, transparenter und wirtschaftlichkeitsorientierter Bieterverfahren" nicht nur, wie hinzuzufügen ist, „für die Veräußerung öffentlichen Vermögens entwickelt".[3]

Vor diesem Hintergrund erscheint methodisch eine zweigleisige Entwicklung des unionsrechtlichen Rahmens staatlicher Verteilungstätigkeit angezeigt: Zum einen sollen die Anforderungen eines unionsrechtlichen Verteilungsregimes deduktiv, mithin aus den bereichsübergreifenden Vorgaben des Primärrechts abgeleitet werden (I.); zum anderen seien induktiv die sektorspezifischen Regelungen des Sekundärrechts auf Verteilungsregeln hin untersucht, denen

---

[1] *P. M. Huber*, EuR 1991, S. 31 (61).

[2] Allgemein zur Europäisierung des nationalen Verwaltungsrechts *M. Brenner*, Gestaltungsauftrag der Verwaltung in der EU; *T. von Danwitz*, Verwaltungsrechtliches System und europäische Integration; *S. Kadelbach*, Allgemeines Verwaltungsrecht unter europäischem Einfluß; *E. Schmidt-Aßmann*, Ordnungsidee, S. 31 ff., 377 ff.

[3] *J. Dietlein*, NZBau 2004, S. 472 (479). Ähnlich *S. Klein*, VergabeR 2005, S. 22 (23); *J. Kühling*, ZfBR 2006, S. 661 (664); *M. Martini*, Der Markt als Instrument hoheitlicher Verteilungslenkung, S. 90 f.; *J. Wolswinkel*, REALaw 2 (2009), S. 61.

auch Maßstabsfunktion für die Ausgestaltung nationaler Verteilungsverfahren zukommt (II.).

I. Bereichsübergreifende Vorgaben des Primärrechts

Das EU-Primärrecht, namentlich das Recht des Binnenmarkts, formuliert an den verschiedensten Stellen allgemeine Anforderungen an die staatliche Verteilungstätigkeit. Dessen Grundsatzcharakter bringt es freilich mit sich, dass die Vorgaben im Detail oftmals erst in einer mitunter kontrovers aufgenommenen Rechtsprechung des Gerichtshofs respektive Entscheidungspraxis der Kommission sichtbar wurden. Aus dem Reservoir des Primärrechts sind neben den (nicht nur) für Verteilungsfragen bislang noch unterbelichteten Unionsgrundrechten (1.) in erster Linie die Grundfreiheiten zu nennen: Dass aus diesen weit reichende Vorgaben für die staatliche Verteilungstätigkeit folgen, hat gerade die jüngere Rechtsprechung des EuGH zu den nicht von den EU-Vergaberichtlinien erfassten Auftragsvergaben gezeigt, eine Rechtsprechung, die sich über das Vergaberecht hinaus verallgemeinern lässt und Geltung für alle Verteilungsverfahren beansprucht, die die Möglichkeit einer wirtschaftlichen Betätigung eröffnen (2.).[4] Darüber hinaus haben sich inhaltlich mit den genannten Normkomplexen konvergierende Verteilungsregimes unter dem Beihilfen- (3.) sowie dem Wettbewerbs- und Kartellrecht (4.) etabliert.

1. Der unionsgrundrechtliche Rahmen
staatlicher Verteilungstätigkeit

Den Rahmen für die staatliche Verteilungstätigkeit stecken neben den grundrechtlichen Gewährleistungen des nationalen Verfassungsrechts angesichts der fortschreitenden unionsrechtlichen Überformung zahlreicher Verteilungsverfahren in zunehmendem Maße auch die Grundrechte der Union ab. Diese bildeten sich zunächst als allgemeine, aus den gemeinsamen Verfassungsüberlieferungen der Mitgliedstaaten und den internationalen Verträgen zum Schutz der Menschenrechte, namentlich der EMRK, abgeleitete Grundsätze in der Rechtsprechung des EuGH heraus.[5] Diese Herleitung erfuhr mit der Maastrichter Vertragsrevision in Art. 6 Abs. 2 EU eine primärrechtliche Anerkennung und

---

[4] In diese Richtung auch *C. Braun*, VergabeR 2006, S. 657 (665); *S. Klein*, VergabeR 2005, S. 22 (23); *J. Kühling*, ZfBR 2006, S. 661 (663); ferner EuGH, Rs. C-431/07, Slg. 2009, I-2665, Rn. 124 – Bouygues SA u.a.; EK, Mitteilung zu Auslegungsfragen in Bezug auf die Anwendung der gemeinschaftlichen Rechtsvorschriften für öffentliche Aufträge und Konzessionen auf institutionalisierte Öffentlich Private Partnerschaften (IÖPP) vom 5.2.2008, C (2007) 6661, S. 6.

[5] Siehe aus der Anfangszeit nur EuGH, Rs. 29/69, Slg. 1969, 419, Rn. 7 – Stauder; Rs.

beansprucht auch nach dem Primärrecht in der Fassung des Vertrags von Lissabon nach wie vor Geltung (Art. 6 Abs. 3 EUV). Daneben ist allerdings zwischenzeitlich eine Kodifikation der Unionsgrundrechte in der durch den Vertrag von Lissabon nunmehr für verbindlich erklärten Grundrechte-Charta (Art. 6 Abs. 1 EUV) getreten.

Das im europäischen Rechtsraum zu verzeichnende Nebeneinander von unionalem und nationalen Grundrechtsregimes wirft zunächst einmal die Frage nach dem Geltungsanspruch des ersteren neben letzterem auf (a). Nach ihrer Klärung seien die unionsgrundrechtlichen Vorgaben für Verteilungsverfahren im Einzelnen erörtert (b). Abschließend sei die Bedeutung der EMRK für die staatliche Verteilungstätigkeit in Blick genommen (c).

a) Der Geltungsanspruch des unionalen Grundrechtsschutzes

Während der Europäischen Union zugehörige Organe, Einrichtungen und sonstige Stellen ohne Weiteres an die Unionsgrundrechte gebunden sind (Art. 51 Abs. 1 S. 1 GRC), ist auf der mit der Durchführung der meisten Verteilungsverfahren betrauten nationalen Ebene ein Konkurrenzverhältnis von unionalem und nationalem Grundrechtsschutz zu konstatieren. Dass hier nicht unbesehen – analog zur supranationalen Ebene und wie dies auch Art. 1 Abs. 3 GG nahelegen könnte – die nationalen Grundrechte für maßstäblich erklärt werden können, resultiert aus der Europäisierung des nationalen Verwaltungsrechts und der damit einhergehenden Einbeziehung nationaler Behörden in den Vollzug des Unionsrechts. Um die unionsweit einheitliche Anwendung des Unionsrechts sicherzustellen, verbietet es sich nämlich, dieses nach Maßgabe des jeweiligen nationalen Grundrechtsstandards anzuwenden respektive zu vollziehen. Dementsprechend geht der EuGH dann von einer Bindung nationaler Stellen an die Unionsgrundrechte aus, wenn erstere „im Anwendungsbereich des Gemeinschaftsrechts" handeln.[6] Dies betrifft zwei Konstellationen: den Vollzug und die Umsetzung von Sekundärrecht einerseits sowie die Beschränkung von Grundfreiheiten andererseits. Während die erste Fallgruppe im Grundsatz allgemein anerkannt ist,[7] wendet sich eine starke Mindermei-

---

11/70, Slg. 1970, 1125, Rn. 4 – Internationale Handelsgesellschaft; Rs. 4/73, Slg. 1974, 491, Rn. 13 – Nold.

[6] EuGH, Rs. C-260/89, Slg. 1991, I-2925, Rn. 42 ff. – ERT; Rs. C-368/95, Slg. 1997, I-3689, Rn. 24 – Familiapress; Rs. C-71/02, Slg. 2004, I-3025, Rn. 48 ff. – Karner.

[7] Für eine Beschränkung der Grundrechtsbindung auf zwingende Vorgaben des Sekundärrechts: *T. Kingreen*, in: Calliess / Ruffert, EUV / EGV, Art. 51 GRCh, Rn. 12; *F. Wollenschläger*, Konkurrierende Grundrechtsregimes, II.A.b. Dagegen von einer generellen Bindung an die Unionsgrundrechte bei der Umsetzung von Sekundärrecht ausgehend EuGH, Rs. C-540/03, Slg. 2006, I-5769, Rn. 104 f. – EP / Rat; ferner Rs. 5/88, Slg. 1989, 2609, Rn. 17 ff. – Wachauf. Vgl. im zuerst genannte Sinne auch BVerfGE 118, 79 (95 ff.), allerdings beschränkt auf die zu verneinende Bindung an nationale Grundrechte bei der Umsetzung *ver-*

nung in der Literatur im Interesse einer Wahrung nationaler Gestaltungsspielräume gegen eine Heranziehung der Unionsgrundrechte als „Schranken-
Schranken" der Grundfreiheiten[8]. Ob dem nun Art. 51 Abs. 1 S. 1 GRC, der
eine Grundrechtsbindung der Mitgliedstaaten „ausschließlich bei der Durchführung des Rechts der Union" anordnet, in Abkehr von der bisherigen Rechtsprechung des Gerichtshofs folgt, ist fraglich; die Entstehungsgeschichte legt
vielmehr eine Übernahme der Rechtsprechung und nicht deren Einschränkung
nahe.[9] Somit ist von einer Bindung der Mitgliedstaaten an die Unionsgrundrechte auch bei die Marktfreiheiten beschränkenden nationalen Maßnahmen
auszugehen.

Hinsichtlich der Maßstäblichkeit der Unionsgrundrechte für die staatliche
Verteilungstätigkeit ist demnach zwischen auf Sekundärrecht beruhenden und
sonstigen Verteilungsverfahren zu differenzieren. Im zuerst genannten Fall
können die Grundrechte der Union – jedenfalls soweit es sich um die Anwendung respektive Umsetzung unionsrechtlich verbindlicher Vorgaben handelt[10]
– unmittelbar herangezogen werden. Angesichts der detaillierten Normierung
dieser Verfahren erscheint die Bedeutung der Unionsgrundrechte jedoch gering.[11] Im Übrigen finden die Unionsgrundrechte nur als „Schranken-Schran-
ken" bei der Rechtfertigung von die Marktfreiheiten beschränkenden nationalen Regelungen Anwendung. Dies verbietet, wie in der Rs. Parking Brixen
geschehen, ein auf das Unionsgrundrecht allgemeiner Gleichheitssatz gestütz-
tes Recht auf Chancengleichheit der Bieter generell in Verteilungsverfahren für
maßgeblich zu erklären:

---

bindlicher, d.h. keinen Ermessensspielraum für nationale Stellen einräumender, unionsrechtlicher Vorgaben.

[8] So *P. M. Huber*, Recht der Europäischen Integration, § 8, Rn. 59 ff.; *ders.*, EuR 2008,
S. 190 (194 ff.); *T. Kingreen*, in: Calliess / Ruffert, EUV / EGV, Art. 51 GRCh, Rn. 16 f.
A. A. *M. Bungenberg*, Vergaberecht, S. 232; *W. Frenz*, Beihilfe- und Vergaberecht, Rn. 1792 f.;
D. H. Scheuing, EuR 2005, S. 162 (177 ff.). Siehe ferner *P. Eeckhout*, CML Rev. 39 (2002),
S. 945; *T. Jürgensen / I. Schlünder*, AöR 121 (1996), S. 201.

[9] Siehe Erläuterungen zur Charta der Grundrechte (2007/C 303/02), ABl. EU C 303 v.
14.12.2007, S. 32; dazu auch *P. M. Huber*, IPE II, § 26, Rn. 78; *ders.*, Recht der Europäischen
Integration, § 8, Rn. 62; *ders.*, EuR 2008, S. 190 (197); *T. Kingreen*, in: Calliess / Ruffert,
EUV / EGV, Art. 51 GRCh, Rn. 15.

[10] Dazu bereits oben, Fn. 7.

[11] Siehe für den allgemeinen Gleichheitssatz im Kontext des koordinierten EU-Vergaberechts etwa EuGH, Rs. C-243/89, Slg. 1993, I-3353, Rn. 33 ff. – EK / Dänemark; Rs. C-87/94,
Slg. 1996, I-2043, Rn. 51 ff. – EK / Belgien (in diesen beiden Entscheidungen wird der Gleichbehandlungsgrundsatz allerdings richtlinienimmanent gewonnen; Art. 2 der neuen VRL
2004/18/EG normiert nunmehr ausdrücklich die Grundsätze der Gleichbehandlung, Nichtdiskriminierung und Transparenz); ferner Rs. C-470/99, Slg. 2002, I-11617, Rn. 84 ff. – Universale Bau u.a.; verb. Rs. C-21/03 und C-34/03, Slg. 2005, I-1559, Rn. 26 ff. – Fabricom.
Siehe des Weiteren zum Schutz von Geschäftsgeheimnissen im Nachprüfungsverfahren Rs.
C-450/06, Slg. 2008, I-581, Rn. 44 ff. – Varec.

Nach der Rechtsprechung des Gerichtshofes sind die Artikel 43 EG und 49 EG [= Art. 49 und 56 AEUV] eine besondere Ausprägung des Gleichbehandlungsgrundsatzes … Auch beim Verbot der Diskriminierung aus Gründen der Staatsangehörigkeit handelt es sich um eine spezielle Ausprägung des allgemeinen Gleichbehandlungsgrundsatzes … In seinen Urteilen zu den Gemeinschaftsrichtlinien auf dem Gebiet der öffentlichen Aufträge hat der Gerichtshof ausgeführt, dass der Grundsatz der Gleichbehandlung der Bieter bedeutet, dass alle Bieter unabhängig von ihrer Staatsangehörigkeit bei der Aufstellung ihrer Angebote über die gleichen Chancen verfügen müssen … Demnach ist der Grundsatz der Gleichbehandlung der Bieter auf öffentliche Dienstleistungskonzessionen auch dann anwendbar, wenn keine Diskriminierung aus Gründen der Staatsangehörigkeit vorliegt.[12]

Dieser Ansatz verkennt, dass die Mitgliedstaaten jenseits der Umsetzung und Anwendung von (umgesetztem) Sekundärrecht, wie etwa im Bereich der EU-Vergaberichtlinien, grundsätzlich nicht an das Unionsgrundrecht allgemeiner Gleichheitssatz gebunden sind; insoweit besteht lediglich eine generelle Bindung an die in den grundfreiheitlichen Diskriminierungsverboten und dem allgemeinen Diskriminierungsverbot verkörperten besonderen Gleichheitssätze[13]. Die Grundrechte der Union greifen nach oben Dargelegtem demgegenüber nur in einem Ausnahmefall, nämlich dann, wenn eine nationale Vorschrift inmitten steht, die eine Marktfreiheit beschränkt. Dies ist im Einzelfall darzutun.[14] Damit relativiert sich zugleich die Bedeutung der Unionsgrundrechte. Denn die entscheidende Frage lautet, ob sich eine bestimmte Ausgestaltung des Verteilungsverfahrens als grundfreiheitlich relevantes Marktzugangshindernis darstellt;[15] nur wenn dies bejaht werden kann, kommen die Unionsgrundrechte auf sekundärer Ebene, nämlich als Begrenzung des Gestaltungsspielraums nationaler Stellen auf Rechtfertigungsebene, ins Spiel.

---

[12] EuGH, Rs. C-458/03, Slg. 2005, I-8612, Rn. 48 – Parking Brixen; bestätigt in Rs. C-410/04, Slg. 2006, I-3303, Rn. 20 – ANAV; Rs. C-6/05, Slg. 2007, I-4557, Rn. 33 – Medipac-Kazantzidis; Rs. C-260/04, Slg. 2007, I-7083, Rn. 22 ff. – EK / Italien; Rs. C-220/06, Slg. 2007, I-12175, Rn. 74 – Asociación Profesional de Empresas de Reparto y Manipulado de Correspondencia. Aus der Literatur: *H. Kaelble*, Vergabeentscheidung, S. 233 f.; *J. Wolswinkel*, REALaw 2 (2009), S. 61 (87). In der Rs. C-108/98, Slg. 1999, I-5219, Rn. 20 – RI.SAN, leitete der EuGH die Gleichbehandlungspflicht allerdings noch aus dem Marktfreiheiten ab.

[13] Zutreffend EuGH, Rs. C-412/04, Slg. 2008, I-619, Rn. 106 – EK / Italien; *M. Diehr*, VergabeR 2009, S. 719 (721); *A. Egger*, Europäisches Vergaberecht, Rn. 151; *M. Krügner*, PPLR 12 (2003), S. 181 (186 ff.). Vgl. auch *P. Braun*, PPLR 9 (2000), S. 39 (44 ff.).

[14] So auch *F. Wollenschläger*, NVwZ 2007, S. 388 (393 f.). Leicht möglich erscheint dieser Nachweis freilich bei staatlicherseits angeordneter Verknappung, da sich diese stets als Marktzugangshindernis darstellt. Siehe für ein Verständnis der grundfreiheitlichen Beschränkungsverbote im Beschaffungswesen als Gebote der Gleichbehandlung der Bieter, was im Ergebnis auf die Bindung der Mitgliedstaaten an einen unionsrechtlichen allgemeinen Gleichheitssatz hinausläuft: *F. Huerkamp*, EuR 2009, S. 563 (566 ff.); ferner *ders.*, Gleichbehandlung und Transparenz, S. 65 ff.

[15] Dazu noch ausführlich unten, I.2.a.cc.(4).

b) Der unionsgrundrechtliche Rahmen staatlicher Verteilungstätigkeit

Der beschränkte Anwendungsbereich der Unionsgrundrechte sowohl im Kontext des (umgesetzten) Sekundärrechts als auch darüber hinaus erhellt, warum diese Gewährleistungskategorie, anders als etwa die sogleich zu erörternden Marktfreiheiten, in Verteilungsverfahren bislang keine prominente Rolle gespielt hat.[16] Gleichwohl bestehen auch hier thematisch einschlägige Vorgaben: So fordert der unionsgrundrechtliche allgemeine Gleichheitssatz (Art. 20 GRC) die Festlegung (sach-)gerechter Verteilungskriterien[17] und eine deren Umsetzung im Verfahrensergebnis sicherstellende Gestaltung des Verteilungsverfahrens. Darüber hinaus müssen die in den einzelnen Verteilungsverfahren jeweils konkurrierenden freiheitsrechtlichen Positionen – im Kontext der wirtschaftlich relevanten Zugangsinteressen etwa die Berufs- (Art. 15 Abs. 1 GRC) und unternehmerische Freiheit (Art. 16 GRC)[18] sowie das Eigentumsrecht (Art. 17 Abs. 1 GRC) – in Ausgleich gebracht werden. Allgemeine rechtsstaatliche Anforderungen an das Verwaltungsverfahren folgen ferner aus dem Recht auf eine gute Verwaltung (Art. 41 GRC). Schließlich ist die in Art. 47 GRC verankerte Garantie effektiven Rechtsschutzes zu beachten.[19]

Abgesehen vom punktuellen Rekurs auf Unionsgrundrechte und auf andere allgemeine Rechtsgrundsätze zur Auslegung des sekundärrechtlich koordinierten Vergaberegimes[20] lässt sich die Rs. CAS Succhi di Frutta als einer der wenigen Anwendungsfälle[21] eines unionsgrundrechtlich fundierten Verteilungsregimes begreifen. Diese thematisierte die Rechtmäßigkeit einer Vergabeentscheidung der Europäischen Kommission im Rahmen der Beschaffung von Lebensmitteln für Nahrungsmittelhilfen für den Kaukasus, auf die das sekundärrechtliche Vergaberegime keine Anwendung fand und für die auch die einschlägigen EU-Verordnungen[22] nur dürftige Vergaberegelungen enthielten.

---

[16] Die noch unterentwickelte Rolle der Unionsgrundrechte konstatiert auch *W. Frenz*, Beihilfe- und Vergaberecht, Rn. 1786.

[17] Umfassend zu den materiellen Vorgaben des Gleichbehandlungsgebots *F. Huerkamp*, Gleichbehandlung und Transparenz, S. 226 ff.

[18] Zu dieser nur *B. Schöbener*, Die unternehmerische Freiheit.

[19] Zu deren Konsequenzen für die staatliche Verteilungstätigkeit noch unten, I.2.a.cc.(5). Allgemein EuGH, Rs. C-50/00 P, Slg. 2002, I-6677, Rn. 39 – Unión de Pequeños Agricultores; Rs. C-432/05, Slg. 2007, I-2271, Rn. 37 – Unibet.

[20] Siehe die Nachweise in Fn. 11.

[21] Siehe ferner etwa EuG, Rs. T-203/96, Slg. 1998, II-4239, Rn. 85 – Embassy Limousines; Rs. T-145/98, Slg. 2000, II-387, Rn. 164 – ADT.

[22] VO (EG) Nr. 1975/95 des Rates vom 4. August 1995 über Maßnahmen zur unentgeltlichen Lieferung landwirtschaftlicher Erzeugnisse an die Bevölkerung von Georgien, Armenien, Aserbaidschan, Kirgistan und Tadschikistan, ABl. L 191 v. 12.8.1995, S. 2; VO (EG) Nr. 2009/95 der Kommission vom 18. August 1995 mit Durchführungsbestimmungen zur in der Verordnung (EG) Nr. 1975/95 des Rates vorgesehenen unentgeltlichen Lieferung landwirtschaftlicher Erzeugnisse aus Interventionsbeständen nach Georgien, Armenien, Aserbaidschan, Kirgistan und Tadschikistan, ABl. L 196 v. 19.8.1995, S. 4; VO (EG) Nr. 228/96

EuG und EuGH erklärten unter Verweis auf die Rechtsprechung zu den Vergaberichtlinien den Gleichheitsgrundsatz und das Transparenzgebot für anwendbar[23] und entnahmen beiden Vorgaben für das Verteilungsverfahren.

Gefordert ist zum einen eine hinreichend aussagekräftige Ausschreibung:
„[A]lle Bedingungen und Modalitäten des Vergabeverfahrens [sind] in der Bekanntmachung oder im Lastenheft klar, genau und eindeutig [zu formulieren],
damit alle durchschnittlich fachkundigen Bieter bei Anwendung der üblichen
Sorgfalt deren genaue Bedeutung verstehen und sie in gleicher Weise auslegen
können und der Auftraggeber im Stande ist, tatsächlich zu überprüfen, ob die
Angebote der Bieter die für den betreffenden Auftrag geltenden Kriterien er-
füll[e]n."[24] Zudem muss die auftragsvergebende Stelle

nicht nur im Verfahren der eigentlichen Ausschreibung, in dem es um die Bewertung der
Angebote und die Auswahl des Auftragnehmers geht, sondern ganz allgemein bis zum
Ende des Abschnitts der Auftragsausführung die von ihr selbst festgelegten Kriterien
strikt einhalten. Wenn daher ein Angebot, das nicht den festgelegten Bedingungen entspricht, ganz offenkundig auszuschließen ist, dann ist auch der Auftraggeber nicht befugt,
die allgemeine Systematik der Ausschreibung durch eine einseitige Änderung einer der wesentlichen Vergabebedingungen abzuändern, insbesondere wenn es sich um eine Bestimmung handelt, die den Bietern, wenn sie in der Ausschreibungsbekanntmachung enthalten
gewesen wäre, die Abgabe eines erheblich abweichenden Angebots erlaubt hätte.[25]

Dies bedeutet nicht, dass sich der Auftraggeber keine Änderungsbefugnis vorbehalten könnte. Eine solche muss er aber „ebenso wie die Modalitäten ihrer
Durchführung in der Ausschreibungsbekanntmachung, die er selbst erstellt hat
und die den Rahmen für den Ablauf des Verfahrens vorgibt, ausdrücklich vorsehen, so dass sämtliche am Auftrag interessierten Unternehmen hiervon von
Anfang an Kenntnis haben und daher bei der Abfassung ihres Angebots gleich-
gestellt sind."[26] Andernfalls bestünde die einzig rechtmäßige Alternative in der
Einleitung eines neuen Vergabeverfahrens.[27]

---

der Kommission vom 7. Februar 1996 zur Lieferung von Fruchtsäften und Fruchtkonfitüren
für die Bevölkerung von Armenien und Aserbaidschan, ABl. L 30 v. 8.2.1996, S. 18.

[23] EuG, verb. Rs. T-191/96 und 106/97, Slg. 1999, II-3181, Rn. 72 – CAS Succhi di Frutta;
EuGH, Rs. C-496/99 P, Slg. 2004, I-3801, Rn. 107 ff. – CAS Succhi di Frutta.

[24] EuGH, Rs. C-496/99 P, Slg. 2004, I-3801, Rn. 111 – CAS Succhi di Frutta; ebenso
EuG, verb. Rs. T-191/96 und 106/97, Slg. 1999, II-3181, Rn. 73 – CAS Succhi di Frutta; ferner
EuGH, Rs. C-470/99, Slg. 2002, I-11617, Rn. 84 ff. – Universale Bau u.a.; *H. Kaelble*, Verga-
beentscheidung, S. 239 ff.

[25] EuGH, Rs. C-496/99 P, Slg. 2004, I-3801, Rn. 115 f. – CAS Succhi di Frutta; ferner
EuG, verb. Rs. T-191/96 und 106/97, Slg. 1999, II-3181, Rn. 73 – CAS Succhi di Frutta; *H.
Kaelble*, Vergabeentscheidung, S. 234 f.

[26] EuGH, Rs. C-496/99 P, Slg. 2004, I-3801, Rn. 118 – CAS Succhi di Frutta; ferner EuG,
verb. Rs. T-191/96 und 106/97, Slg. 1999, II-3181, Rn. 73 – CAS Succhi di Frutta. Siehe auch
H. Kaelble, Vergabeentscheidung, S. 234 f.

[27] EuGH, Rs. C-496/99 P, Slg. 2004, I-3801, Rn. 119, 127 – CAS Succhi di Frutta; ferner

In der Rs. Embassy Limousines hat das EuG schließlich den Grundsätzen der Gleichbehandlung und der Transparenz, wiederum im Kontext einer Auftragsvergabe durch Gemeinschaftsorgane, die Pflicht zur Mitteilung und Begründung einer negativen Vergabeentscheidung entnommen;[28] zudem hat es jüngst in der Rs. VIP Car Solutions auf die Bedeutung des Begründungserfordernisses für die Ermöglichung der gerichtlichen Kontrolle von Vergabeentscheidungen, insbesondere angesichts bestehender Ermessensspielräume der Verwaltung, verwiesen und damit den Gedanken der kompensatorischen Funktion des Verwaltungsverfahrens auch für das Unionsrecht fruchtbar gemacht[29].

c) Exkurs: die EMRK als weitere Grundrechtsebene im Europäischen Rechtsraum

Neben dem unionalen Grundrechtsschutz zieht die Europäische Menschenrechtskonvention eine weitere, zunehmend an Bedeutung gewinnende Grundrechtsebene in den europäischen Rechtsraum ein. Angesichts ihrer eingeschränkten Bindungswirkung sowie von Defiziten im gleichheits- und freiheitsrechtlichen Schutzgehalt hat sie für Verteilungsverfahren allerdings bislang keine besondere Relevanz erlangt. Gleichwohl seien im Folgenden Perspektiven für deren Aktivierung für die staatliche Verteilungstätigkeit aufgezeigt.[30]

Dem vorwegzuschicken ist, dass der EMRK eine nur eingeschränkte Bindungswirkung zukommt:[31] Als völkerrechtlicher Vertrag ist sie nicht unmittelbar innerstaatlich anwendbar, sondern bedarf einer Transformation in die nationale Rechtsordnung gemäß den Bestimmungen des nationalen Außenverfassungsrechts. Ihre Verbindlichkeit in den einzelnen Konventionsstaaten steht damit unter einem Verfassungsvorbehalt: Art. 59 Abs. 2 S. 1 GG weist ihr den Rang eines einfachen Bundesgesetzes zu.[32] Auch beansprucht die EMRK, anders als das Unionsrecht, keinen Anwendungsvorrang vor dem nationalen

---

EuG, verb. Rs. T-191/96 und 106/97, Slg. 1999, II-3181, Rn. 81 – CAS Succhi di Frutta; *H. Kaelble*, Vergabeentscheidung, S. 235.

[28] EuG, Rs. T-203/96, Slg. 1998, II-4239, Rn. 85 – Embassy Limousines; ferner *H. Kaelble*, Vergabeentscheidung, S. 242.

[29] EuG, Rs. T-89/07, Slg. 2009, II-1403, Rn. 56 ff., insb. Rn. 61 – VIP Car Solutions.

[30] Siehe für Belebungsversuche – im Kontext der Vergaberechts – auch *M. Bungenberg*, Vergaberecht, S. 203 f., 247 ff.; *M. Holoubek*, WiVerw 2008, S. 273; *A. R. Ziegler*, WiVerw 2008, S. 285.

[31] Es ist hier nicht der Ort, die Wirkung der EMRK in der unionalen und den nationalen Rechtsordnungen eingehend zu untersuchen und damit zusammenhängenden Konkurrenzen der verschiedenen Grundrechtsregimes im europäischen Rechtsraum nachzugehen. Ausführlich dazu aber *S. Schmahl*, EuR Beih. 1/2008, S. 7; *F. Wollenschläger*, Konkurrierende Grundrechtsregimes.

[32] BVerfGE 74, 358 (370); E 111, 307 (316 f.); *S. Schmahl*, EuR Beih. 1/2008, S. 7 (30 f.).

Recht.[33] Erheblich relativiert wird diese formal schwache Rangstellung freilich dadurch, dass das BVerfG mit Blick auf die Völkerrechtsfreundlichkeit des Grundgesetzes das Gebot einer konventionskonformen Auslegung der nationalen Grundrechte anerkennt.[34] Zudem statuierte das BVerfG eine – allerdings qualifizierte – Pflicht aller staatlichen Stellen zur Berücksichtigung der Entscheidungen des EGMR.[35] Auf Unionsebene scheitert eine unmittelbare Bindung der Unionsorgane an die EMRK schon daran, dass die Europäische Union (noch – siehe nunmehr aber Art. 6 Abs. 2 EUV) keine Vertragspartei der EMRK ist. Gleichwohl kommt der EMRK mittelbar eine erhebliche Bedeutung innerhalb der Unionsrechtsordnung zu, da sie zum einen als Rechtserkenntnisquelle für die Gewinnung der Unionsgrundrechte fungiert (Art. 6 Abs. 3 EUV; ferner Art. 52 Abs. 3 GRC) und zum anderen sich über die Beteiligung der Mitgliedstaaten am europäischen Integrationsprozess, namentlich durch die Übertragung von Kompetenzen, als maßstäblich für dessen Produkte – unbeschadet des Kontrollverzichts aufgrund der Bosphorus-Rechtsprechung[36] – erweist[37].

Was nun die materiellen Vorgaben der EMRK für die staatliche Verteilungstätigkeit betrifft, so ist zunächst festzuhalten, dass die Konventionsgarantien – anders als das nationale und das Unionsrecht – keinen allgemeinen Gleichheitssatz umfassen. Zunächst ist Gleichbehandlung gemäß Art. 14 EMRK lediglich in Zusammenhang mit der Ausübung anderweitig garantierter Konventionsrechte gewährleistet.[38] Dies ändert sich zwar mit dem zwölften Zusatzprotokoll zur EMRK, das ein nicht akzessorisches Diskriminierungsverbot verbürgt;[39] mit Ausnahme von Finnland, Luxemburg, den Niederlanden, Rumänien, Spanien und Zypern wurde es allerdings von keinem weiteren Mitgliedstaat der EU bislang ratifiziert[40]. Darüber hinaus untersagt das Diskriminierungsverbot der EMRK, wie im Übrigen auch das des Art. 1 12. ZP, lediglich an persönliche Merkmale anknüpfende Ungleichbehandlungen: Obgleich der Katalog der pöna-

---

[33] Siehe nur C. *Grabenwarter*, EMRK, § 3, Rn. 1.

[34] BVerfGE 74, 358 (370); E 82, 106 (120); E 83, 119 (128); E 111, 307 (317, 329). Darüber hinaus wird in der deutschen Rechtsordnung die Rangzuweisung dadurch relativiert, dass der Lex-posterior-Grundsatz nicht auf die EMRK angewandt wird (siehe BVerfGE 74, 358 [370]; *S. Schmahl*, EuR Beih. 1/2008, S. 7 [36]), so dass sie vor einfachem Bundesrecht zu beachten ist, vgl. *S. Schmahl*, EuR Beih. 1/2008, S. 7 (36).

[35] Näher BVerfGE 111, 307 (323 ff.).

[36] EGMR, Nr. 45036/98, Rep. 2005–VI, Rn. 155 ff. – Bosphorus.

[37] Siehe für das Sekundärrecht EGMR, Nr. 45036/98, Rep. 2005–VI, Rn. 152 ff. – Bosphorus.

[38] Siehe nur EGMR, Nr. 34369/97, Rep. 2000–IV, Rn. 40 – Thlimmenos / Griechenland; *C. Grabenwarter*, EMRK, § 26, Rn. 1 f.; *J. Meyer-Ladewig*, EMRK, Art. 14, Rn. 5 ff.; speziell für die öffentliche Auftragsvergabe: *M. Bungenberg*, Vergaberecht, S. 203.

[39] Zu diesem *C. Grabenwarter*, EMRK, § 26, Rn. 22 f.; *J. Meyer-Ladewig*, EMRK, Art. 14, Rn. 3 f.

[40] Zum Ratifikationsstand: http://conventions.coe.int/Treaty/Commun/ChercheSig.asp ?NT=177&CM=10&DF=09/12/2009&CL=ENG (9.12.2009).

lisierten Differenzierungskriterien – genannt werden: Geschlecht, Rasse, Hautfarbe, Sprache, Religion, politische oder sonstige Anschauung, nationale oder soziale Herkunft, Zugehörigkeit zu einer nationalen Minderheit, Vermögen, Geburt – nicht abschließend ist („insbesondere"), bleibt ein Bezug zu einem „sonstigen Status" jedoch erforderlich.[41] Damit garantiert die EMRK ein spezielles Diskriminierungsverbot, aber keinen allgemeinen Gleichheitssatz. Sollte es einmal einschlägig sein, etwa bei der Verfolgung von Sekundärzwecken, ist zudem zu berücksichtigen, dass Ungleichbehandlungen einer Rechtfertigung aus sachlichen Gründen zugänglich sind.[42]

Auch aus freiheitsrechtlicher Warte sind der Aktivierung der EMRK für Verteilungsfragen Grenzen gesetzt. Als gewichtigstes Defizit insoweit erweist sich der Umstand, dass die EMRK weder die Berufs- noch die unternehmerische Freiheit garantiert.[43] Nicht zu verkennen ist allerdings, dass der EGMR dem durch die extensive Auslegung anderweitiger Konventionsgarantien abzuhelfen versucht. So sieht der Gerichtshof den – bewusst nicht in die EMRK aufgenommenen – Zugang zum öffentlichen Dienst als solchen[44] bzw. die Wahl eines bestimmten Berufes[45] zwar nicht als von der Konvention erfasst an; gleichwohl hat er in zwei jüngeren Entscheidungen betont, dass ein weitgehender und langfristiger Ausschluss der Möglichkeit, sich beruflich zu betätigen, angesichts seiner Auswirkungen auf das Privatleben vom Recht auf dessen Achtung (Art. 8 EMRK) umfasst ist.[46] Unter diesen Voraussetzungen können mithin für den Berufszugang relevante Verteilungsverfahren der EMRK unterfallen.[47] Darüber hinaus hat der EGMR Genehmigungen und Zulassungen, die eine berufliche Betätigung ermöglichen, der in Art. 1 1. ZP EMRK verankerten Eigentumsgarantie zugeordnet, da diese einen ökonomischen Wert verkörpern.[48] Die entschiedenen Sachverhalte zeichneten sich allerdings durch einen Bezug zu beste-

---

[41] C. Grabenwarter, EMRK, § 26, Rn. 7; D. König/A. Peters, Diskriminierungsverbot, Kap. 21, Rn. 17, 19 ff., 102, 153.

[42] Siehe nur EGMR, Nr. 34369/97, Rep. 2000–IV, Rn. 46 ff. – Thlimmenos/Griechenland; C. Grabenwarter, EMRK, § 26, Rn. 9 ff.; J. Meyer-Ladewig, EMRK, Art. 14, Rn. 8 f.

[43] Siehe auch C. Grabenwarter, EMRK, § 25, Rn. 25, der allerdings aufgrund von durch anderweitige Konventionsrechte erfassten Aspekten der beruflichen Betätigung von einem „Konventionsgrundrecht der Berufsfreiheit" spricht.

[44] Siehe nur EGMR, Nr. 9228/80, Serie A, Nr. 104, Rn. 48 ff. – Glasenapp/Deutschland; Nr. 9704/82, Serie A, Nr. 105, Rn. 34 ff. – Kosiek; Nr. 17851/91, Serie A, Nr. 323, Rn. 43 f. – Vogt/Deutschland; J. Meyer-Ladewig, EMRK, Art. 10, Rn. 19.

[45] EGMR, Nr. 34369/97, Rep. 2000–IV, Rn. 41 – Thlimmenos/Griechenland.

[46] EGMR, Nr. 55480/00 und 59330/00, Rep. 2004–VIII, Rn. 47 f. – Sidabras und Džiautas/Litauen; Nr. 70665/01 und 74345/01, unveröffentlicht, Rn. 34 f. – Rainys und Gasparavičius/Litauen.

[47] Sehr weitgehend C. Grabenwarter, EMRK, § 25, Rn. 27: Recht auf diskriminierungsfreien Zugang zum öffentlichen Dienst.

[48] EGMR, Nr. 8543/79, 8674/79, 8675/79 und 8685/79, Serie A, Nr. 101, Rn. 41 f. – van Marle u.a.; Nr. 10873/84, Serie A, Nr. 159, Rn. 53 – Tre Traktörer Aktiebolag; Nr. 12033/86, Serie A, Nr. 192, Rn. 41 ff. – Fredin; ferner C. Grabenwarter, EMRK, § 25, Rn. 4, 29.

henden Eigentumspositionen, nämlich ein etabliertes Unternehmen, aus, dem
für die Betätigung notwendige Lizenzen entzogen respektive nicht gewährt
wurden. Der erstmalige Erwerb einer Konzession als solcher kann damit nicht
der Eigentumsgarantie zugeordnet werden, wenn und weil lediglich – von Art. 1
1. ZP EMRK nicht geschützte[49] – zukünftige Erwerbschancen inmitten stehen.[50] Anders liegen Fallgestaltungen, in denen Zulassungen mit Blick auf einen
bestehenden Geschäftsbetrieb erstrebt werden und damit (auch) die Nutzung
vorhandenen Eigentums respektive dessen Entwertung bei Versagung auf dem
Spiel steht.[51] Im Kontext des Eigentumsrechts mit Blick auf Verteilungsverfahren ferner von Interesse ist die jüngst erfolgte Einbeziehung jedweder Sozialleis-
tungsansprüche in Art. 1 1. ZP EMRK, ohne dass es, wie in der früheren Rechtsprechung des EGMR verlangt, auf Eigenleistungen ankäme.[52]

Darüber hinaus sind punktuelle Anknüpfungen an anderweitige Freiheits-
garantien der EMRK denkbar, etwa wenn die Auftragsvergabe von der (Nicht-)
Zugehörigkeit zu bestimmten Religionsgemeinschaften abhängig gemacht
wird und damit Art. 9 i.V.m. 14 EMRK betroffen ist.[53]

Erwähnung verdienen schließlich die beiden Verfahrensgarantien der EMRK:
Art. 6 und Art. 13. So räumt Art. 6 Abs. 1 EMRK jeder Person das Recht ein, dass
„über Streitigkeiten in bezug auf ihre zivilrechtlichen Ansprüche und Verpflichtungen … von einem unabhängigen und unparteiischen, auf Gesetz beruhenden
Gericht in einem fairen Verfahren, öffentlich und innerhalb angemessener Frist
verhandelt wird."[54] Der für die Anwendung dieser Konventionsgarantie notwendig zivilrechtliche Charakter der Streitigkeit bestimmt sich nicht nach der Einordnung im jeweiligen nationalen Recht, sondern ist auf der Basis einer wertenden Betrachtung konventionsautonom zu beurteilen.[55] Zu bejahen ist er nach der
reichen Kasuistik des EGMR insbesondere dann, wenn die Streitigkeit Auswir-

---

[49] Siehe nur EGMR, Nr. 61302/00, unveröffentlicht, Rn. 81 – Buzescu/Rumänien; *J. Meyer-Ladewig*, EMRK, Art. 1 1. ZP, Rn. 7.

[50] Sehr weitgehend wiederum: *C. Grabenwarter*, EMRK, § 25, Rn. 29, der eine Überprüfbarkeit von Genehmigungserfordernissen an Art. 1 1. ZP EMRK annimmt. Zurückhaltend *M. Bungenberg*, Vergaberecht, S. 251.

[51] Vgl. EGMR, Nr. 8543/79, 8674/79, 8675/79 und 8685/79, Serie A, Nr. 101, Rn. 41 f. –
van Marle u.a.; Nr. 12033/86, Serie A, Nr. 192, Rn. 41 ff. – Fredin; EGMR, Nr. 61302/00, unveröffentlicht, Rn. 81 ff., 88 – Buzescu/Rumänien; *H.-J. Cremer*, Eigentumsschutz, Kap. 22,
Rn. 48.

[52] EGMR, Nr. 65731/01 und 65900/01, unveröffentlicht, Rn. 47 ff. – Stec u.a; dazu auch
C. Grabenwarter, EMRK, § 25, Rn. 5.

[53] Siehe *M. Bungenberg*, Vergaberecht, S. 203 f.

[54] Da Art. 6 Abs. 1 EMRK – wie im Übrigen auch Art. 19 Abs. 4 GG – ein durchzusetzendes subjektives Recht voraussetzt, ein solches aber nicht selbst begründet, scheitert dessen Anwendbarkeit dort, wo im Rahmen von Auswahlverfahren keine subjektiven Ansprüche bestehen (siehe dazu auch *A. R. Ziegler*, WiVerw 2008, S. 285 [292 f.]). Angesichts des jedenfalls aus Art. 3 Abs. 1 GG folgenden Teilhabeanspruchs bei jedweder staatlichen
Verteilungstätigkeit (dazu oben, A.I.2.a.aa.) ist diese Ausnahme aber irrelevant.

[55] Siehe nur EGMR, Nr. 8848/80, Serie A, Nr. 97, Rn. 34 – Benthem/Niederlande;

kungen auf zivilrechtliche Rechtspositionen hat oder vermögensrechtliche Ansprüche betrifft, nicht aber, wenn es im Kern um hoheitliche Fragen geht.[56] Im hier interessierenden Zusammenhang hat der EGMR Art. 6 Abs. 1 EMRK erstreckt etwa auf den Immobilienverkauf[57] oder Zulassungsentscheidungen, die die berufliche Betätigung betreffen[58]. Gleichfalls erfasst ist die öffentliche Auftragsvergabe.[59] Hinsichtlich des Zugangs zum öffentlichen Dienst gilt schließlich, dass die Rechtsschutzgarantie sich nicht auf Streitigkeiten um Stellen, die mit der Ausübung hoheitlicher Kernaufgaben zusammenhängen, bezieht.[60] Was den Gewährleistungsgehalt betrifft, so garantiert Art. 6 Abs. 1 EMRK, wie die Rechtsschutzgarantie des Grundgesetzes auch, nicht nur Zugang zu Gerichten, sondern auch effektiven Rechtsschutz.[61] Freilich sind verhältnismäßige Beschränkungen der Rechtsschutzgarantie möglich,[62] so dass auch Sekundärrechtsschutz ausreichen kann[63]. Darüber hinaus entfaltet Art. 6 Abs. 1 EMRK Vorwirkungen auf das Auswahlverfahren, das die Erlangung von Rechtsschutz nicht unmöglich machen darf. Hieraus lassen sich etwa Begründungspflichten ableiten.[64]

Nr. 10426/83, Serie A, Nr. 125–A, Rn. 35 – Pudas / Schweden; Nr. 44759/98, Rep. 2001–VII, Rn. 24 – Ferrazzini / Italien; *C. Grabenwarter*, EMRK, § 24, Rn. 7 ff.

[56] Siehe etwa EGMR, Nr. 44759/98, Rep. 2001–VII, Rn. 25 ff. – Ferrazzini / Italien; *C. Grabenwarter*, EMRK, § 24, Rn. 8 ff.; *D. Kunz*, Konzessionen, S. 310.

[57] EGMR, Nr. 44759/98, Rep. 2001–VII, Rn. 27 – Ferrazzini / Italien.

[58] EGMR, Nr. 8848/80, Serie A, Nr. 97, Rn. 36 – Benthem / Niederlande; Nr. 10426/83, Serie A, Nr. 125–A, Rn. 36 ff. – Pudas / Schweden; Nr. 44759/98, Rep. 2001–VII, Rn. 27 – Ferrazzini / Italien. Siehe für die Konzessionsvergabe ferner *D. Kunz*, Konzessionen, S. 310.

[59] ÖVfGH, Urt. v. 28.11.2005, B 817/05–8, Umdruck S. 6; *M. Bungenberg*, Vergaberecht, S. 247 ff., mit Verweis auf weitere Judikate des ÖVfGH und der eidgenössischen Rekurskommission; *M. Holoubek*, WiVerw 2008, S. 273 (275) – dort auch zur Frage der Anwendbarkeit des Art. 6 Abs. 1 EMRK auf das Vergabeverfahren selbst (275 ff.); *A. R. Ziegler*, WiVerw 2008, S. 285 (292).

[60] Siehe nur EGMR, Nr. 28541/95, Rep. 1999–VIII, Rn. 58 ff. – Pellegrin / Frankreich; *J. Meyer-Ladewig*, EMRK, Art. 6, Rn. 10 ff. Enger nunmehr Nr. 63235/00, unveröffentlicht, Rn. 42 ff. – Eskelinen u.a. / Finnland. Näher dazu *C. Grabenwarter*, EMRK, § 24, Rn. 11.

[61] Statt vieler EGMR, Nr. 37571/97, unveröffentlicht, Rn. 70 – Veeber / Estland; *C. Grabenwarter*, EMRK, § 24, Rn. 48; *J. Meyer-Ladewig*, EMRK, Art. 6, Rn. 19; *R. Streinz*, VVDStRL 61 (2002), S. 300 (306 ff.). Zu Konsequenzen für das Vergaberecht in der Judikatur des ÖVfGH: *M. Holoubek*, WiVerw 2008, S. 273 (278 ff.).

[62] Siehe nur EGMR, Nr. 9006/80, 9262/81, 9263/81, 9265/81, 9266/81, 9313/81 und 9405/81, Serie A, Nr. 102, Rn. 194 – Lithgow u.a.; *O. Dörr*, Gerichtsschutz, S. 129 (141); *C. Grabenwarter*, EMRK, § 24, Rn. 49 ff.; *J. Meyer-Ladewig*, EMRK, Art. 6, Rn. 20 f.

[63] Bejahend: *O. Dörr*, Gerichtsschutz, S. 129 (139 f.); *R. Streinz*, VVDStRL 61 (2002), S. 300 (311). Der EGMR hat dies allerdings noch nicht entschieden, vgl. *C. Grabenwarter*, EMRK, § 24, Rn. 58 m.w.N. Siehe aber – im Kontext von Art. 13 EMRK – EGMR, Nr. 30210/96, Rep. 2000–XI, Rn. 159 – Kudła / Polen; ferner Nr. 57220/00, Rep. 2002 – VIII, Rn. 17 – Mifsud: "a remedy is 'effective' if it can be used either to expedite a decision by the courts dealing with the case, or to provide the litigant with adequate redress for delays that have already occurred"; ebenso Nr. 40063/98, unveröffentlicht, Rn. 156 – Mitev.

[64] *M. Holoubek*, WiVerw 2008, S. 273 (279).

Abgesehen von der Rechtsschutzgarantie des Art. 6 Abs. 1 EMRK gewährleistet deren Art. 13 schließlich jeder in ihren Konventionsrechten verletzten Person „das Recht, bei einer innerstaatlichen Instanz eine wirksame Beschwerde zu erheben, auch wenn die Verletzung von Personen begangen worden ist, die in amtlicher Eigenschaft gehandelt haben." Die Wirksamkeit der Beschwerdemöglichkeit ist wiederum mit Blick auf die Umstände des Einzelfalls zu beurteilen.[65]

2. Das grundfreiheitliche Verteilungsregime

Die den Binnenmarkt konstituierenden Marktfreiheiten verbürgen den Angehörigen der Mitgliedstaaten die Aufnahme und Ausübung selbstständiger und unselbstständiger Erwerbstätigkeiten in der Union. Folglich müssen Verwaltungsverfahren, die Marktzugangschancen verteilen, in Einklang mit den Freiheiten des Waren-, Personen- und Kapitalverkehrs ausgestaltet sein. Dass hieraus weit reichende Vorgaben für die staatliche Verteilungstätigkeit resultieren, unterstreicht nicht zuletzt die namentlich in der Rechtsprechung des EuGH zutage tretende Herausbildung eines Vergaberegimes für nicht von den EU-Vergaberichtlinien erfasste Beschaffungsvorgänge.[66] Die dort entwickelten Grundsätze sind verallgemeinerungsfähig, wie nicht nur Entscheidungen in anderen Bereichen, sondern auch das im zweiten Abschnitt in Blick genommene, dem Ziel der Marktöffnung dienende Sekundärrecht zeigen.[67] Im Folgenden sei nun der primärrechtliche Rahmen des marktfreiheitlichen Verteilungsregimes abgesteckt (a), und zwar hinsichtlich seines gegenständlichen Anwendungsbereichs (aa), seiner Beschränkung auf binnenmarktrelevante Sachverhalte (bb) und seiner Vorgaben im Einzelnen (cc). Ein abschließender Exkurs verdeutlicht, dass das Unionsrecht als Konsequenz der durch die Einführung der Unionsbürgerschaft bedingten Erweiterung des grundfreiheitlichen Integrationsprogramms sogar Verteilungsverfahren jenseits der Marktintegration determiniert (b).

---

[65] EGMR, Nr. 30210/96, Rep. 2000–XI, Rn. 157 – Kudła/Polen; Nr. 40063/98, unveröffentlicht, Rn. 155 – Mitev. Näher zum Gewährleistungsumfang *C. Grabenwarter*, EMRK, § 24, Rn. 174 ff. Zur Frage des Ausschlusses von Primärrechtsschutz bereits oben, Fn. 63.

[66] *W. Frenz*, EWS 2006, S. 347 (350), spricht von einem „Primärvergabeeuroparecht".

[67] Siehe auch *M. Gabriel*, NVwZ 2006, S. 1262 (1263); *U. Jasper/J. Seidel*, NZBau 2008, S. 427 (428); *C. Koenig*, Insolvenzverwalter, S. 449 (459 f.). Anders *R. Regler*, MittBayNot 2008, S. 477 (477), der das primärrechtliche Vergaberegime (fälschlicherweise) auf die öffentliche Auftragsvergabe beschränken möchte.

a) Konturen eines marktfreiheitlichen Verteilungsregimes

aa) Zum Anwendungsbereich des marktfreiheitlichen Verteilungsregimes

Alle Verteilungsverfahren, die die Möglichkeit einer wirtschaftlichen Betätigung eröffnen, unterliegen den Anforderungen des marktfreiheitlichen Vergaberegimes. Welche Grundfreiheit im Einzelfall einschlägig ist, bestimmt grundsätzlich der Verfahrensgegenstand. Angesichts der bei den einzelnen Marktfreiheiten zu verzeichnenden Konvergenztendenzen darf die Abgrenzungsfrage allerdings nicht überbewertet werden.[68]

Praktisch am bedeutsamsten dürften die Niederlassungs- (Art. 49 ff. AEUV) und die Dienstleistungsfreiheit (Art. 56 ff. AEUV) sein, da die meisten ökonomisch relevanten Verteilungsverfahren die von den beiden Freiheiten geschützte dauerhafte bzw. vorübergehende Ausübung selbstständiger Tätigkeiten betreffen, so etwa die Vergabe von Standplätzen auf Messen und Märkten (§§ 70, 64 ff. GewO) oder von Konzessionen im Personennah- (§ 13 Abs. 2 PBefG) und Taxenverkehr (§§ 13, 47 PBefG)[69]. Demgegenüber als von nur marginaler Bedeutung erweist sich die namentlich Lieferaufträge erfassende Warenverkehrsfreiheit (Art. 28 ff. AEUV), die etwa im Bereich der Versorgung gesetzlich Versicherter mit Heil- und Hilfsmitteln (§§ 124 ff. SGB V) einschlägig ist. Selbiges gilt für die in den Art. 45 ff. AEUV verankerte Arbeitnehmerfreizügigkeit, die lediglich beim Zugang zu abhängigen Beschäftigungen, mithin zum öffentlichen Dienst, weiterführt. Insoweit ist allerdings, wie im Übrigen auch bei der Niederlassungs- und Dienstleistungsfreiheit, die Bereichsausnahme für mit der Ausübung hoheitlicher Befugnisse verbundene Tätigkeiten zu berücksichtigen (Art. 45 Abs. 4, Art. 51, 62 AEUV), die Beschäftigungen im Kernbereich der Exekutive und Judikative aus dem marktfreiheitlichen Verteilungsregime ausklammert.[70] Die Kapitalverkehrsfreiheit (Art. 63 ff. AEUV) schließlich schützt grenzüberschreitende Investitionsvorgänge und spielt damit insbesondere bei

---

[68] In diesem Sinne auch *F. Wollenschläger*, NVwZ 2007, S. 388 (390).

[69] Art. 58 Abs. 1 AEUV ordnet insoweit freilich den Vorrang von auf den Verkehrstitel (Art. 90 ff. AEUV) gestützten Maßnahmen vor der Dienstleistungsfreiheit an; hat der Unionsgesetzgeber keine entsprechende Regelung erlassen, ist ein unmittelbarer Rückgriff auf die Dienstleistungsfreiheit gesperrt, vgl. EuGH, Rs. 13/83, Slg. 1985, 1513, Rn. 62 f. – EP/Rat; Rs. C-17/90, Slg. 1991, I-5253, Rn. 7 ff. – Pinaud Wieger; *D. Kupfer*, Verteilung, S. 460; *M. Ronellenfitsch*, VerwArch 92 (2001), S. 293 (302); *P. Schäfer*, in: Streinz, Art. 70, Rn. 5 ff. Für die zwischenzeitliche unmittelbare Anwendbarkeit der Dienstleistungsfreiheit dagegen *A. Bardarsky*, Marktzugangsbeschränkungen, S. 255 ff. Mangels Parallelregelung zu Art. 58 Abs. 1 AEUV im Kapitel über die Niederlassungsfreiheit erstreckt sich der Vorrang des Verkehrstitels nicht auf diese, siehe EuGH, Rs. C-476/98, Slg. 2002, I-9855, Rn. 144 f. – EK/Deutschland; *D. Kupfer*, Verteilung, S. 461 m. Fn. 71, 511 ff.; *P. Schäfer*, in: Streinz, Art. 70, Rn. 9.

[70] Zur Reichweite der Bereichsausnahme EuGH, Rs. 149/79, Slg. 1980, 3881 – EK/Belgien I; Rs. 149/79, Slg. 1982, 1845 – EK/Belgien II; Rs. 307/84, Slg. 1986, 1725 – EK/Frankreich; Rs. C-405/01, Slg. 2003, I-10391 – Colegio de Oficiales; Rs. C-47/02, Slg. 2003, I-10477

Maßnahmen der Vermögensprivatisierung eine Rolle, wie der Veräußerung von Gesellschaftsanteilen und Immobilien.[71]

Mitunter haben Verteilungsverfahren eine Ausgestaltung durch den Gemeinschaftsgesetzgeber erfahren, wie beispielsweise wirtschaftlich bedeutsame Auftragsvergaben in den EU-Vergaberichtlinien. Dieses Sekundärrecht darf aber in zweifacher Hinsicht nicht als abschließende Kodifikation der jeweiligen Materien verstanden werden: Zum einen beanspruchen die Marktfreiheiten aufgrund ihrer Höherrangigkeit auch innerhalb des normierten Bereichs Geltung, nämlich als Rechtmäßigkeitsmaßstab und Direktive für die Auslegung und Lückenfüllung.[72] Zum anderen sperrt die Existenz von Sekundärrecht nicht die Heranziehung der Marktfreiheiten für nicht von ihm erfasste Verteilungsvorgänge, jedenfalls solange dies nicht explizit – und vor allem in primärrechtskonformer Weise – angeordnet ist.[73]

bb) Das Erfordernis eines grenzüberschreitenden Moments

Als dem Binnenmarktziel der Union, d.h. der Integration der nationalen Teilmärkte zu einem gemeinsamen Markt, verpflichtete Gewährleistungen beanspruchen die Marktfreiheiten nur insoweit Geltung, wie Verteilungsverfahren einen grenzüberschreitenden Bezug aufweisen.[74] In welchen Fällen ein solcher

---

– Anker u.a. Aus der Literatur nur *J. E. Beenen*, Access to Public Service Employment; *M. Henssler / M. Kilian*, EuR 2005, S. 192; *F. Wollenschläger*, Grundfreiheit ohne Markt, S. 62 f.

[71] Je nach Zielrichtung der Investition stellen sich hier nicht weiter zu vertiefende Abgrenzungsfragen zu den anderen Marktfreiheiten, namentlich der Niederlassungsfreiheit, dazu nur *J. Bröhmer*, in: Calliess / Ruffert, EUV / EGV, Art. 56 EGV, Rn. 20 f., 23 ff.; *W. Frenz*, Europäische Grundfreiheiten, Rn. 2760 ff., 2770, 2774 ff.

[72] EuGH, Rs. C-92/00, Slg. 2002, I-5553, Rn. 42 ff. – Hospital Ingenieure; *K. Bitterich*, EuZW 2008, S. 14 (15 f.); *P. Braun*, PPLR 9 (2000), S. 39 (41 f., 48); *W. Frenz*, Beihilfe- und Vergaberecht, Rn. 1724; *F. Wollenschläger*, NVwZ 2007, S. 388 (389). Enger, nämlich das die Grundfreiheiten konkretisierende Sekundärrecht als lex specialis verstehend, *P. M. Huber*, EuR 1991, S. 31 (56).

[73] Für das EU-Vergaberecht EuGH, Rs. C-59/00, Slg. 2001, I-9505, Rn. 19 – Vestergaard; Rs. C-324/98, Slg. 2000, I-10745, Rn. 60 – Teleaustria; Rs. C-231/03, Slg. 2005, I-7287, Rn. 16 – Coname; Rs. C-458/03, Slg. 2005, I-8612, Rn. 46 – Parking Brixen; Rs. C-264/03, Slg. 2005, I-8831, Rn. 32 f. – EK / Frankreich; Rs. C-234/03, Slg. 2005, I-9315 Rn. 23 – Contse u.a.; Rs. C-220/06, Slg. 2007, I-12175, Rn. 71 ff. – Asociación Profesional de Empresas de Reparto y Manipulado de Correspondencia; verb. Rs. C-147/06 und C-148/06, Slg. 2008, I-3565, Rn. 20 – SECAP u.a.; Rs. C-376/08, n.n.v., Rn. 20 ff. – Serrantoni. Vgl. ferner die Erwägungsgründe 10 f., 20 VO (EG) Nr. 1370/2007. In der Literatur: *K. Bitterich*, EuZW 2008, S. 14 (15 f.); *F. Wollenschläger*, NVwZ 2007, S. 388 (389).

[74] Am Erfordernis eines grenzüberschreitenden Bezuges ist ungeachtet seiner Infragestellung in der Literatur, die sich insbesondere an der daraus resultierenden Inländerdiskriminierung und deren angeblicher Unvereinbarkeit mit dem allen Angehörigen der Mitgliedstaaten gemeinen Status als Unionsbürger entzündet (siehe nur *K.-D. Borchardt*, NJW 2000, S. 2057 [2059]; *J. A. Kämmerer*, EuR 2008, S. 45 [49]; *N. Reich / S. Harbacevica*, CML Rev. 40 [2003], S. 615 [633 ff.]; *R. C. A. White*, ICLQ 54 [2005], S. 885 [901]), festzuhalten. Denn die gegenteilige Auffassung verkennt den insoweit sachlich beschränkten Anwendungsbereich

vorliegt, ist, gerade um Fehlinterpretationen der Rechtsprechung des EuGH vorzubeugen, differenziert zu betrachten: Streng zu unterscheiden ist nämlich die Frage einer marktfreiheitenkonformen Gestaltung des Verteilungsverfahrens von der einer etwaigen Rechtsverletzung inländischer Beteiligter bei Verstößen gegen die unionsrechtlichen Vorgaben. Anhand der Rechtsprechung des EuGH zum Vergaberegime für nicht von den EU-Vergaberichtlinien erfasste Beschaffungsvorgänge sei dies illustriert.

Als der Gerichtshof 1999 in der Rs. RI.SAN über die Vereinbarkeit der Vergabe einer Dienstleistungskonzession mit den Grundfreiheiten zu befinden hatte, verneinte er deren Einschlägigkeit zu Recht mangels grenzüberschreitenden Bezugs des Ausgangsfalls: Die die Vergabeentscheidung einer italienischen Stelle angreifende Klägerin hatte nämlich „ihren Sitz in Italien … und [war] auf dem italienischen Markt nicht unter Berufung auf die Niederlassungs- oder die Dienstleistungsfreiheit tätig …".[75] Aus dieser auf den Rechtsschutz inländischer Bieter bezogenen Entscheidung darf allerdings nicht der Fehlschluss gezogen werden, die Marktfreiheiten spielten bei der Ausgestaltung des Verteilungsverfahrens, selbst wenn sich dann ausschließlich Inländer beteiligen, keine Rolle. So wehrte sich Generalanwältin *Stix-Hackl* in einem späteren, der Rs. RI.SAN vergleichbaren Fall, der Rs. Coname, gegen eine „Dogmatisierung" der früheren Entscheidung und wies darauf hin, dass es

[g]erade im Vergaberecht, welches auf die Öffnung der nationalen Märkte gerichtet ist, … nämlich nicht darauf ankommen [darf], ob in einem konkreten Vergabeverfahren und / oder im daran anschließenden nationalen Nachprüfungsverfahren alle Beteiligten aus demselben Mitgliedstaat wie der Auftraggeber kommen … Denn das könnte man auch als Indiz dafür deuten, dass eben nicht die erforderliche Publizität des Vergabeverfahrens gegeben war … Zu schützen sind so nicht nur die tatsächlich an einem Vergabeverfahren teilnehmenden Unternehmen, sondern auch die potenziellen Bieter. Die potenzielle Betroffenheit von Unternehmen aus anderen Mitgliedstaaten genügt daher bereits, dass ein grenzüberschreitender Sachverhalt vorliegt und damit eine Voraussetzung für die Anwendung der Grundfreiheiten erfüllt ist.[76]

Dem folgte der EuGH in dieser und einer weiteren Entscheidung.[77] Wichtig zu sehen ist freilich, dass die Urteile, wie eingangs betont, zwei verschiedene Ebenen betreffen: die Ausgestaltung des Verteilungsverfahrens einerseits und die Betroffenheit inländischer Bieter in eigenen Rechten andererseits. Dies verken-

---

des AEUV: so EuGH, verb. Rs. C-64/96 und C-65/96, Slg. 1997, I-3171, Rn. 22 – Uecker und Jacquet; Rs. C-148/02, Slg. 2003, I-11613, Rn. 26 – Avello; Rs. C-403/03, Slg. 2005, I-6421, Rn. 20 – Schempp; Rs. C-212/06, Slg. 2008, I-1683, Rn. 39 – Gouvernement de la Communauté française; *S. Bode*, EuZW 2003, S. 552 (556); *G. Desolre*, CDE 2000, S. 311 (321); *C. Schönberger*, Unionsbürger, S. 404 f.; *F. Wollenschläger*, Grundfreiheit ohne Markt, S. 222 f.

[75] EuGH, Rs. C-108/98, Slg. 1999, I-5219, Rn. 21 ff. – RI.SAN.

[76] GA *Stix-Hackl*, in: EuGH, Rs. C-231/03, Slg. 2005, I-7287, Rn. 27 – Coname.

[77] EuGH, Rs. C-231/03, Slg. 2005, I-7287, Rn. 17 f. – Coname; Rs. C-458/03, Slg. 2005, I-8612, Rn. 54 f. – Parking Brixen.

nen Autoren und Gerichte, die mit Blick auf die erörterte Rechtsprechung des EuGH vertreten, eine unionsrechtswidrige, da die grundfreiheitlich abgesicherten Marktzugangsinteressen *ausländischer* Bieter verletzende Ausgestaltung des Verfahrens begründe im Interesse der Marktintegration automatisch eine Rechtsverletzung *inländischer* Bieter.[78] Dies ist mitnichten der Fall: Zwar ist die Beschaffung wegen des Unionsrechtsverstoßes objektiv rechtswidrig, inländische Beteiligte können sich mangels Verwirklichung eines grenzüberschreitenden Sachverhalts in ihrer Person jedoch nicht auf die Grundfreiheiten berufen. Dies folgt aus dem insoweit beschränkten sachlichen Anwendungsbereich des Primärrechts, der auch bei Verstößen gegen das Transparenzgebot nicht ausgeblendet werden darf, zumal sich diese qualitativ nicht von anderen Marktzugangshindernissen unterscheiden.[79] Anders ist dies nur im Kontext der Einheitsrecht schaffenden EU-Vergaberichtlinien, die auch inländische Bieter berechtigen.[80]

Damit bleibt auf der Ebene der Verfahrensgestaltung die Frage, wann ein Marktzugangsinteresse ausländischer Wirtschaftssubjekte und damit ein grenzüberschreitendes, die Grundfreiheiten aktivierendes Moment zu bejahen ist. In seiner Rechtsprechung zum Transparenzgebot hat der EuGH insoweit einen Vorbehalt formuliert, nach dem eine Ausschreibung dann nicht geboten sei, wenn „wegen besonderer Umstände wie beispielsweise einer sehr geringfügigen wirtschaftlichen Bedeutung vernünftigerweise angenommen werden könnte, dass ein Unternehmen, das in einem anderen Mitgliedstaat als demjenigen niedergelassen ist, dem [der Auftraggeber] angehört, kein Interesse an der in Rede stehenden Konzession hätte und dass die Auswirkungen auf die betreffenden Grundfreiheiten daher zu zufällig und zu mittelbar wären, als dass auf eine Verletzung dieser Freiheiten geschlossen werden könnte"[81]. Deutlich restriktiver qualifizierte der Gerichtshof in einem Vertragsverletzungsverfahren hinsichtlich der De-facto-Vergabe einer nicht-prioritären Dienstleistung, mit-

---

[78] So aber VG Münster, 1 L 64/07 – juris, Rn. 38 ff.; *C. Braun / C. Hauswaldt*, EuZW 2006, S. 176 (177); *D. Kallerhoff*, NZBau 2008, S. 97 (102); *R. Ortner*, Dienstleistungskonzessionen, S. 180.

[79] *F. Wollenschläger*, NVwZ 2007, S. 388 (396). Siehe auch *F. Bayreuther*, EuZW 2009, S. 102 (104); *A. Egger*, Europäisches Vergaberecht, Rn. 161; *F. Huerkamp*, Gleichbehandlung und Transparenz, S. 84 f.

[80] Dazu EuGH, Rs. C-87/94, Slg. 1996, I-2043, Rn. 33 – EK / Belgien.

[81] EuGH, Rs. C-231/03, Slg. 2005, I-7287, Rn. 20 – Coname; zum Erfordernis einer „grenzüberschreitenden Bedeutung" für die Ausschreibungspflicht ferner Rs. C-412/04, Slg. 2008, I-619, Rn. 66, 81 – EK / Italien. Siehe zu einer weiteren Konkretisierung dieses Vorbehalts für das Vergaberecht die Mitteilung der EK vom 24.7.2006 zu Auslegungsfragen in Bezug auf das Gemeinschaftsrecht, das für die Vergabe öffentlicher Aufträge gilt, die nicht oder nur teilweise unter die Vergaberichtlinien fallen, ABl. 2006 C 179, S. 2; diese Mitteilung hat das EuG (Rs. T-258/06, n.n.v. – Deutschland / EK) als zutreffende Wiedergabe des EU-Primärrechts qualifiziert. Siehe ferner *F. Wollenschläger*, NVwZ 2007, S. 388 (391).

hin eines die Schwellenwerte der EU-Vergaberichtlinien erreichenden, den Transparenzanforderungen der letzteren aber nur eingeschränkt unterliegenden Auftrags, den Verweis der Kommission auf die Beschwerde eines ausländischen Interessenten als eine für die Annahme eines grenzüberschreitenden Interesses und damit einer mittelbaren Diskriminierung ausländischer Bieter nicht hinreichende Vermutung.[82] Die Kommission müsse vielmehr nachweisen, dass der Auftrag für ein ausländisches Unternehmen „von eindeutigem Interesse ist und dass dieses nicht in der Lage war, sein Interesse an dem Auftrag zu bekunden, weil es vor dessen Vergabe keinen Zugang zu angemessenen Informationen hatte."[83] Diese restriktive Linie spiegelt judikative Zurückhaltung angesichts der Entscheidung des Gemeinschaftsgesetzgebers wider, nicht-prioritäre Dienstleistungen nur einer Ex-post-Transparenz, d.h. der Anforderung einer nachträglichen Bekanntmachung, zu unterwerfen (vgl. Art. 21 VRL). Dies setzt der Verallgemeinerung der Entscheidung – unabhängig von ihrer Rechtfertigung[84] – von vornherein Grenzen.[85] Im Übrigen erscheint aber auch die Entwicklung einer bereichsspezifischen Anwendbarkeitsschwelle mit Blick auf eine einheitliche Dogmatik der Grundfreiheiten nicht angezeigt.[86] Mehr als einen Bagatellvorbehalt wird man demnach für die Einschlägigkeit des marktfreiheitlichen Vergaberegimes nicht fordern können.[87]

Auf dieser Linie liegt auch die jüngere Rechtsprechung des EuGH. Nach dieser kann das zu fordernde „eindeutige grenzüberschreitende Interesse" an einem Bauauftrag „aufgrund seines geschätzten Werts in Verbindung mit seinen technischen Merkmalen oder dem für die Durchführung der Arbeiten vorgesehenen Ort, der für ausländische Wirtschaftsteilnehmer interessant sein

---

[82] EuGH, Rs. C-507/03, Slg. 2007, I-9777, Rn. 29 ff. – EK / Irland; ferner Rs. C-119/06, Slg. 2007, I-168, Rn. 63 ff. – EK / Italien.

[83] EuGH, Rs. C-507/03, Slg. 2007, I-9777, Rn. 32 – EK / Irland; ferner Rs. C-119/06, Slg. 2007, I-168, Rn. 65 – EK / Italien; verb. Rs. C-147/06 und C-148/06, Slg. 2008, I-3565, Rn. 21 – SECAP u.a.: „eindeutiges grenzüberschreitendes Interesse".

[84] Zustimmend *M. Diehr*, VergabeR 2009, S. 719 (729); *A. Hübner*, VergabeR 2008, S. 58 (59 ff.). Ablehnend *K. Bitterich*, EuZW 2008, S. 14 (18); *F. Huerkamp*, Gleichbehandlung und Transparenz, S. 79 ff.

[85] So auch *T. Siegel*, EWS 2008, S. 66 (67 f.). Anders *M. Diehr*, VergabeR 2009, S. 719 (726 f.).

[86] Siehe auch *K. Bitterich*, EuZW 2008, S. 14 (18); *F. Huerkamp*, Gleichbehandlung und Transparenz, S. 81 f.

[87] So auch *K. Bitterich*, NVwZ 2007, S. 890 (891); *M. Dreher*, NZBau 2002, S. 419 (423); *A. Egger*, Europäisches Vergaberecht, Rn. 157 ff.; *W. Frenz*, EWS 2006, S. 347 (350); *T. Siegel*, EWS 2008, S. 66 (68 f., 72); *F. Wollenschläger*, NVwZ 2007, S. 388 (391); vgl. ferner *F. Huerkamp*, Gleichbehandlung und Transparenz, S. 78 ff.; *J. A. Kämmerer*, EuR 2008, S. 45 (48). Weiter demgegenüber *M. Burgi*, NZBau 2009, S. 609 (613); *M. Diehr*, VergabeR 2009, S. 719 (729); *S. Gers-Grapperhaus*, Auswahlrechtsverhältnis, S. 245 f.; *C. Jennert*, NZBau 2005, S. 623 (625).

könnte", bestehen.[88] Zusammenfassend hielt der Gerichtshof in dieser Entscheidung fest:

> Grundsätzlich ist es Sache des öffentlichen Auftraggebers, vor der Festlegung der Bedingungen der Vergabebekanntmachung ein etwaiges grenzüberschreitendes Interesse an einem Auftrag zu prüfen, dessen geschätzter Wert unter dem in den Gemeinschaftsvorschriften vorgesehenen Schwellenwert liegt, wobei diese Prüfung der gerichtlichen Kontrolle unterliegt. Es ist jedoch zulässig, in einer nationalen oder örtlichen Regelung objektive Kriterien aufzustellen, die für ein eindeutiges grenzüberschreitendes Interesse sprechen. Als ein solches Kriterium kommt insbesondere ein Auftragswert von gewisser Bedeutung in Verbindung mit dem Ort der Ausführung der Arbeiten in Betracht. Auch wäre es möglich, ein solches Interesse auszuschließen, wenn der fragliche Auftrag z.B. eine sehr geringe wirtschaftliche Bedeutung hat ... Allerdings ist zu berücksichtigen, dass die Grenzen manchmal durch Ballungsräume verlaufen, die sich über das Gebiet verschiedener Mitgliedstaaten erstrecken, so dass unter solchen Umständen selbst an Aufträgen mit einem niedrigen Auftragswert ein eindeutiges grenzüberschreitendes Interesse bestehen kann.[89]

cc) Die Anforderungen des marktfreiheitlichen Verteilungsregimes

Auf der Grundlage einer einleitenden Vergewisserung des Gewährleistungsgehalts der Marktfreiheiten (1) seien im folgenden Abschnitt die Anforderungen des marktfreiheitlichen Verteilungsregimes entfaltet. Zwei Ebenen sind dabei zu trennen: Einmal kann sich bereits die Knappheit als solche als unionsrechtlich rechtfertigungsbedürftig erweisen, nämlich dann, wenn sie wie im Fall der Kontingentierung auf der staatlichen Entscheidung beruht, marktfreiheitlich geschützte Verhaltensweisen nur in begrenztem Umfange zuzulassen (2). Unabhängig davon folgen aus den Marktfreiheiten nicht nur materielle (3), sondern insbesondere auch prozedurale (4) Vorgaben für jedwede marktzugangschancenrelevante staatliche Verteilungstätigkeit. Diese erstrecken sich auch auf den Rechtsschutz (5).

(1) Der Gewährleistungsgehalt der Marktfreiheiten

Als Konstitutionsprinzipien des Binnenmarktes sind die Marktfreiheiten dem nach wie vor zentralen, wenn auch durch zahlreiche weitere Politikfelder ergänzten Integrationsziel verpflichtet, die nationalen Märkte der einzelnen Mitgliedstaaten zu einem einheitlichen europäischen Wirtschaftsraum zu integrieren. Sie zielen auf eine Liberalisierung des Waren-, Personen-, Dienstleistungs- und Ka-

---

[88] EuGH, verb. Rs. C-147/06 und C-148/06, Slg. 2008, I-3565, Rn. 24 – SECAP u.a. Ebenso Rs. C-347/06, Slg. 2008, I-5641, Rn. 59, 62 – ASM Brescia SpA; vgl. ferner EuG, Rs. T-258/06, n.n.v., Rn. 82 ff. – Deutschland / EK.

[89] EuGH, verb. Rs. C-147/06 und C-148/06, Slg. 2008, I-3565, Rn. 30 f. – SECAP u.a. Bestätigt in Rs. C-347/06, Slg. 2008, I-5641, Rn. 59, 62 – ASM Brescia SpA; ferner GA *Bot*, in: Rs. C-203/08 und Rs. C-258/08, n.n.v., Rn. 166 f. – Sporting Exchange und Ladbrokes.

pitalverkehrs zwischen den Mitgliedstaaten und verleihen den Unionsbürgern subjektive Rechte, die diese gegen das Binnenmarktziel beeinträchtigende Handelshemmnisse in Stellung bringen können. Insoweit gewährleisten die Grundfreiheiten Marktgleichheit und Marktfreiheit: Sie umfassen Diskriminierungs- (a) und Beschränkungsverbote (b).

(a) Die Marktfreiheiten als Diskriminierungsverbote

Als Diskriminierungsverbote stehen die Marktfreiheiten einer Schlechterstellung von ausländischen gegenüber inländischen Erwerbstätigen, Investoren und Waren entgegen. Eine solche liegt einmal dann vor, wenn eine nationale Regelung Nachteile formal an das Differenzierungskriterium der Staatsangehörigkeit bzw. der Warenherkunft knüpft (offene Diskriminierung). Eine marktfreiheitlich relevante Schlechterstellung kann allerdings auch daraus resultieren, dass eine nationale Regelung zwar auf ein anderes Unterscheidungsmerkmal als die Staatsangehörigkeit bzw. die Warenherkunft abstellt, die Regelung aber – ob bezweckt oder lediglich als Nebenfolge – geeignet ist, sich typischerweise zum Nachteil von EU-Ausländern oder ausländischen Waren respektive zum Vorteil von Inländern oder inländischen Waren auszuwirken.[90] Um eine auch faktische Gleichbehandlung sicherzustellen, erstrecken sich die unionsrechtlichen Diskriminierungsverbote auch auf derartige, sog. versteckte Diskriminierungen. Dabei liegt der Rechtsprechung des Gerichtshofs ein äußerst weites Diskriminierungsverständnis zugrunde: Weder muss die Eignung nämlich statistisch nachgewiesen werden[91] noch das beanstandete Differenzierungskriterium sich überwiegend zugunsten von Inländern bzw. inländischen Produkten und zulasten von EU-Ausländern bzw. ausländischen Produkten auswirken. Ausreichend ist vielmehr – wie etwa beim Erfordernis eines Wohnsitzes an einem *bestimmten* Ort im Inland –, dass nur ein kleiner Teil der Inländer besser und gleichzeitig der Großteil sowohl der Inländer als auch der EU-Ausländer schlechter gestellt wird[92].

Eine Schlechterstellung von EU-Ausländern bzw. ausländischen Waren ist nicht schlechterdings unzulässig. Vielmehr können offene Diskriminierungen aus Gründen der öffentlichen Ordnung, Sicherheit und Gesundheit gemäß dem in den Art. 36, 45 Abs. 3, 52 Abs. 1 (i.V.m. Art. 62) und 65 Abs. 1 lit. b AEUV

---

[90] Grundlegend EuGH, Rs. 152/73, Slg. 1974, 153 Rn. 11 – Sotgiu; Rs. C-237/94, Slg. 1996, I-2617 – O'Flynn. In der Literatur: *N. Görlitz*, Rechtsfigur der mittelbaren Diskriminierung; *A. Roeßing*, Einheimischenprivilegierungen, S. 98 ff., 163 ff.; *F. Wollenschläger*, Grundfreiheit ohne Markt, S. 39 ff.; *ders.*, NVwZ 2008, S. 506 (509 f.). Siehe im Kontext der Arbeitnehmerfreizügigkeit ferner Art. 3 Abs. 1 2. SpS Verordnung (EWG) Nr. 1612/68.

[91] EuGH, Rs. C-237/94, Slg. 1996, I-2617, Rn. 21 – O'Flynn.

[92] EuGH, Rs. C-281/98, Slg. 2000, I-4139, Rn. 41 – Angonese; Rs. C-388/01, Slg. 2003, I-721, Rn. 14 – EK / Italien.

verankerten *Ordre-public*-Vorbehalt gerechtfertigt werden,[93] versteckte darüber hinaus auch „durch objektive, von der Staatsangehörigkeit der betroffenen [Personen] unabhängige Erwägungen …[, die] in einem angemessenen Verhältnis zu dem Zweck stehen, der mit den nationalen Rechtsvorschriften zulässigerweise verfolgt wird"[94].

(b) Die Marktfreiheiten als Beschränkungsverbote

Dass der Marktintegration entgegenstehende Mobilitätshindernisse nicht nur aus einer Schlechterstellung EWG-ausländischer Erwerbstätiger, Investoren und Produkte resultieren, wurde im Laufe der Zeit immer deutlicher. In seiner Rechtsprechung hat der Gerichtshof darauf durch einen schrittweisen Ausbau der Marktfreiheiten zu sog. Beschränkungsverboten reagiert, mithin zu freiheitsrechtlichen Gewährleistungen, die Hemmnisse für die transnationale wirtschaftliche Betätigung auch dann erfassen, wenn die nationale Regelung den grenzüberschreitenden Sachverhalt genauso nachteilig wie den inländischen behandelt.[95] Teile des Schrifttums folgen dem jedoch nicht; sie verweisen auf eine damit angeblich einhergehende Mutation der Grundfreiheiten in eine transnationale Wirtschaftsfreiheit, die die im Grundsatz der begrenzten Einzelermächtigung (Art. 5 Abs. 1 und 2 EUV) und im Subsidiaritätsprinzip (Art. 5 Abs. 1 S. 2, Abs. 3 EUV) angelegte Primärzuständigkeit der Mitgliedstaaten zugunsten der transnationalen Marktintegration vernachlässige, und befürworten demgegenüber ein Verständnis der Grundfreiheiten als – wenn auch auf das Verbot der Schlechterstellung transnationaler gegenüber rein inländischen Sachverhalten erweiterte – (materielle) Diskriminierungsverbote.[96] Letzterem ist jedoch nicht zu folgen, vielmehr in Einklang mit dem EuGH[97] und der herrschenden Auffassung im Schrifttum[98] eine auch freiheitsrechtliche Dimension der Grundfreihei-

---

[93] Zur ausschließlichen Rechtfertigungsmöglichkeit offener Diskriminierungen mit dem *Ordre-public*-Vorbehalt EuGH, Rs. C-388/01, Slg. 2003, I-721 Rn. 19 – EK / Italien (str.).

[94] Siehe nur EuGH, Rs. C-237/94, Slg. 1996, I-2617 Rn. 19 – O'Flynn; Rs. C-281/98, Slg. 2000, I-4139, Rn. 42 – Angonese.

[95] Ausführlich zu dieser Entwicklung *F. Wollenschläger*, Grundfreiheit ohne Markt, S. 41 ff.

[96] Siehe nur *G. Davies*, Nationality Discrimination in the Internal Market; *T. Kingreen*, Struktur der Grundfreiheiten; *ders.*, Grundfreiheiten, S. 705; *G. Marenco*, CDE 1984, S. 291; *J. Snell*, Goods and Services. Zusammenfassend zur Argumentation der Befürworter dieses Konzepts: *F. Wollenschläger*, Grundfreiheit ohne Markt, S. 52 ff.

[97] EuGH, Rs. 8/74, Slg. 1974, 837, Rn. 5 – Dassonville; Rs. 120/78, Slg. 1979, 649, Rn. 8 – Cassis de Dijon; verb. Rs. C-267/91 und 268/91, Slg. 1993, I-6097, Rn. 16 – Keck und Mithouard; Rs. C-415/93, Slg. 1995, I-4921, Rn. 92 ff. – Bosman; Rs. C-190/98, Slg. 2000, I-493, Rn. 18 – Graf; Rs. C-134/03, Slg. 2005, I-1167, Rn. 35 – Viacom; Rs. C-370/05, Slg. 2007, I-1135, Rn. 24 f. – Festersen; Rs. C-169/07, Slg. 2009, I-1721, Rn. 33 – Hartlauer; spezifisch für das Vergaberecht: Rs. C-376/08, n.n.v., Rn. 41 ff. – Serrantoni (Beschränkung bei abschreckenden Kriterien).

[98] *U. Becker*, Arbeitnehmerfreizügigkeit, Rn. 41 ff.; *A. Biondi*, 19 YEL (1999/2000),

ten anzuerkennen. Seine Rechtfertigung findet dies vor allem[99] darin, dass bereits im Wortlaut der Grundfreiheiten eine freiheitsrechtliche Komponente angelegt ist (vgl. etwa Art. 45 Abs. 1 und 3 lit. c, 49 UAbs. 1 S. 1, 63 AEUV),[100] dem Binnenmarktziel der Union widersprechende Mobilitätshindernisse nicht nur in Diskriminierungen bestehen[101] und der vorgeschlagene materielle Diskriminierungsbegriff mit erheblichen Unschärfen behaftet ist[102].

Die Befürwortung eines auch freiheitsrechtlichen Verständnisses der Grundfreiheiten bedeutet freilich nicht, dass nunmehr jede belastende und damit potentiell mobilitätshemmende nationale Maßnahme vom Tatbestand der Marktfreiheiten erfasst wäre. Obgleich das Binnenmarktziel der Union, Hindernisse für den freien Waren-, Personen-, Dienstleistungs- und Kapitalverkehr zwischen den Mitgliedstaaten umfassend zu beseitigen (Art. 3 Abs. 2 und 3 S. 1 EUV, Art. 26 Abs. 2 AEUV), ein derartiges Beschränkungsverständnis *prima facie* naheliegen mag, darf nicht übersehen werden, dass es zu einer uferlosen, dem Subsidiaritätsprinzip (Art. 5 Abs. 1 S. 2, Abs. 3 EUV) und der Kompetenzverteilung zwischen Mitgliedstaaten und Union (vgl. Art. 5 Abs. 1 und 2 EUV) widersprechenden, da einen faktischen Harmonisierungszwang nach sich ziehende Ausdehnung der Grundfreiheiten führte und so die Freizügigkeitsgarantie in ein allgemeines Freiheitsrecht im wirtschaftlichen Bereich mutierte. Um eine dementsprechend freizügigkeitsspezifische Konturierung der Grundfreiheiten sicherzustellen, haben Rechtsprechung und Literatur tatbestandliche Korrektive der weiten Beschränkungsformel entwickelt, die sich auf jedwede nationale Maßnahme erstreckt, die die Ausübung des Freizügigkeitsrechts behindern oder weniger attraktiv machen könnte[103]. Erfasst sind zum einen lediglich marktzugangsrelevante Hemmnisse;[104] zum anderen muss ein hinreichend

---

S. 469 (480 ff.); *O. Due / C. Gulmann*, Restrictions à la libre circulation intracommunautaire, S. 377 (378 f.); *D. Ehlers*, Allgemeine Lehren, Rn. 24 f.; *W. Frenz*, Europäische Grundfreiheiten, Rn. 415 ff., 432 f., 456, 1445 ff.; *H. D. Jarass*, EuR 2000, S. 705 (711 f.); *ders.*, Unified Approach, S. 141 (146 ff.); *M. P. Maduro*, Harmony and Dissonance in Free Movement, S. 41 (63 ff.); *M. Nettesheim*, NVwZ 1996, S. 342; *P. Oliver / W.-H. Roth*, CML Rev. 41 (2004), S. 407 (415 f.); *S. Plötscher*, Begriff der Diskriminierung, S. 295 ff.; *R. Streinz*, Europarecht, Rn. 797 ff.; *ders.*, Konvergenz, S. 199 (207 ff.); *S. Weatherill*, CML Rev. 33 (1996), S. 885 (901); *F. Wollenschläger*, Grundfreiheit ohne Markt, S. 54 ff.; *ders.*, NVwZ 2008, S. 506 (511); *ders.*, ZEuS 2009, S. 1 (11 ff.).

[99] Näher zu den Argumenten der Befürworter eines auch freiheitsrechtlichen Verständnisses der Grundfreiheiten *F. Wollenschläger*, Grundfreiheit ohne Markt, S. 54 ff.

[100] *D. Ehlers*, Jura 2001, S. 266 (270); *A. Mühl*, Diskriminierung und Beschränkung, S. 231; *F. Wollenschläger*, Grundfreiheit ohne Markt, S. 55.

[101] *C. Barnard*, EL Rev. 26 (2001), S. 35 (54 f.); *D. Ehlers*, Jura 2001, S. 266 (270); *R. Streinz*, Konvergenz, S. 199 (208 f.); *F. Wollenschläger*, Grundfreiheit ohne Markt, S. 55.

[102] *A. Mühl*, Diskriminierung und Beschränkung, S. 231 f.; *F. Wollenschläger*, Grundfreiheit ohne Markt, S. 55 f.

[103] Siehe etwa EuGH, Rs. C-55/94, Slg. 1995, I-4165, Rn. 37 – Gebhard.

[104] EuGH, Rs. C-415/93, Slg. 1995, I-4921, Rn. 103 – Bosman; Rs. C-190/98, Slg. 2000, I-493, Rn. 23 – Graf.

enger Bezug zur Ausübung des Freizügigkeitsrechts bestehen: zu ungewisse und indirekte Folgen genügen nicht.[105] Bejaht hat der EuGH eine Beschränkung etwa bei abschreckenden Vergabemodalitäten.[106]

Mit der Bejahung des beschränkenden Charakters einer staatlichen Maßnahme ist freilich noch nicht das Verdikt ihrer Unionsrechtswidrigkeit gefällt. Beschränkungen sind vielmehr einer Rechtfertigung zugänglich, und zwar dann, wenn sie folgende „vier Voraussetzungen erfüllen ...: Sie müssen in nicht-diskriminierender Weise angewandt werden, sie müssen aus zwingenden Gründen des Allgemeininteresses gerechtfertigt sein, sie müssen geeignet sein, die Verwirklichung des mit ihnen verfolgten Zieles zu gewährleisten, und sie dürfen nicht über das hinausgehen, was zur Erreichung dieses Zieles erforderlich ist".[107]

(2) Staatliche Verknappung im Lichte der Marktfreiheiten

Genauso wie staatliche Beschränkungen der Möglichkeit, sich erwerbswirtschaftlich zu betätigen, einen vor den Grundrechten des nationalen Verfassungsrechts rechtfertigungsbedürftigen Eingriff in die unternehmerische respektive Berufsfreiheit (Art. 12 GG) darstellen,[108] genauso sind derartige staatliche Maßnahmen auch vor den Marktfreiheiten rechtfertigungsbedürftig. Sie stellen sich nämlich als von diesen tatbestandlich erfasstes Marktzugangshindernis dar, auch wenn sie unterschiedslos ausländische und inländische Marktteilnehmer betreffen.[109] Folglich müssen Kontingentierungen durch im Interesse der Allgemeinheit liegende Ziele gerechtfertigt sowie zur Erreichung des mit ihnen verfolgten Ziels geeignet sein und dürfen nicht über das zur Zielverwirklichung Erforderliche hinausgehen.[110] Die Verteilung des zulässigerweise verknappten Gutes richtet sind dann nach den im Folgenden erörterten materiellen und prozeduralen Vorgaben. Hierbei kann die Tatsache, dass schon die Knappheit auf einer staatlichen Entscheidung beruht, zu strengeren Maßstäben führen.

---

[105] Siehe etwa EuGH, Rs. C-190/98, Slg. 2000, I-493, Rn. 25 – Graf; verb. Rs. C-418 bis 421/93, C-460 bis 462/93, C-464/93, C-9 bis 11/94, C-14/94, C-15/94, C-23/94, C-24/94 und C-332/94, Slg. 1996, I-2975, Rn. 32 – Semeraro u.a.

[106] EuGH, Rs. C-376/08, n.n.v., Rn. 43 – Serrantoni.

[107] EuGH, Rs. C-55/94, Slg. 1995, I-4165, Rn. 37 – Gebhard.

[108] Dazu bereits oben, A.I.2.b.aa.(3).

[109] Siehe nur EuGH, Rs. C-323/03, Slg. 2006, I-2161, Rn. 43 ff. – EK / Spanien; verb. Rs. C-338/04, C-359/04 und C-360/04, Slg. 2007, I-1891, Rn. 51 – Placanica u.a.; Rs. C-380/05, Slg. 2008, I-349, Rn. 95 ff. – Centro Europa 7 Srl; Rs. C-169/07, Slg. 2009, I-1721, Rn. 33 ff. – Hartlauer; *J. Wolswinkel*, REALaw 2 (2009), S. 61 (78 f.).

[110] EuGH, verb. Rs. C-338/04, C-359/04 und C-360/04, Slg. 2007, I-1891, Rn. 52 ff. – Placanica u.a.; Rs. C-380/05, Slg. 2008, I-349, Rn. 100 – Centro Europa 7 Srl; Rs. C-169/07, Slg. 2009, I-1721, Rn. 40 ff. – Hartlauer.

(3) Die materielle Komponente des marktfreiheitlichen Verteilungsregimes:
Anforderungen an die Verteilungskriterien

Nur einer kurzen Notiz bedürfen die aus dem Liberalisierungsprogramm der
Marktfreiheiten folgenden Anforderungen an die Verteilungskriterien, lässt
sich wegen der Vielgestaltigkeit der Verfahren doch nur ein abstrakter Rahmen
aufzeigen. Unionsrechtlich unzulässig sind zunächst Vorgaben, die ausländische Erwerbstätige, Investoren respektive Produkte offen oder versteckt diskriminieren. Das Vergaberecht weist hier eine reiche Kasuistik auf, wobei formal an die Ausländereigenschaft anknüpfende Differenzierungen selten, versteckte Diskriminierungen dagegen häufiger sind.[111] Zu beanstanden wäre
beispielsweise, bei der Auftragsvergabe nur Bieter zu berücksichtigen, die zum
Zeitpunkt der Abgabe des Angebots über Geschäftsräume am Ort der Dienstleistung verfügen.[112] Auch kann der automatische Ausschluss von ungewöhnlich niedrigen Angeboten zu einer Marktabschottung zulasten ausländischer
Bieter führen.[113] Unzulässig sind darüber hinaus den innergemeinschaftlichen
Handel im oben ausgeführten Sinne ungerechtfertigt beschränkende Maßnahmen, wie etwa das Gebot, bei der Auftragsausführung nur bestimmte Produkte
zu verwenden.[114]

In einer neuen Entscheidung zur Verteilung knapper Rundfunkfrequenzen
hat der Gerichtshof nun erstmals Anforderungen an die Vergabekriterien abstrakt formuliert, wie diese auch in verschiedenen Sekundärrechtsakten aufscheinen[115]. Die grundfreiheitlich geschützten Marktzugangsinteressen ausländischer Interessenten seien nämlich nur dann gewahrt, wenn die Verteilung
„auf objektiven, transparenten, nichtdiskriminierenden und angemessenen
Kriterien" beruht.[116] Die Gebote der Objektivität und Nichtdiskriminierung
untersagen auf den Ausschluss bestimmter Bieter gerichtete Kriterien; das
Transparenzerfordernis verlangt die Formulierung klarer und aussagekräftiger
Vergabebedingungen, um zum einen Zugangsbarrieren für Interessenten entgegenzuwirken und zum anderen Willkür ermöglichende Entscheidungsfreiräume für die verteilende Behörde auszuschließen sowie eine Nachprüfbarkeit

---

[111] Siehe etwa EuGH, Rs. C-225/98, Slg. 2000, I-7445, Rn. 85 ff. – EK / Frankreich (Nord-
Pas-de-Calais); Rs. C-234/03, Slg. 2005, I-9315, Rn. 28 ff. – Contse u.a. Näher *A. Egger*,
Europäisches Vergaberecht, Rn. 267 ff.; *F. Wollenschläger*, NVwZ 2007, S. 388 (391 f.).

[112] EuGH, Rs. C-234/03, Slg. 2005, I-9315, Rn. 28 ff. – Contse u.a.; ferner Rs. C-264/03,
Slg. 2005, I-8831, Rn. 64 ff. – EK / Frankreich.

[113] So EuGH, verb. Rs. C-147/06 und C-148/06, Slg. 2008, I-3565, Rn. 23 ff. – SECAP u.a.

[114] EuGH, Rs. C-359/93, Slg. 1995, I-157, Rn. 27 – UNIX; Rs. C-59/00, Slg. 2001, I-9505,
Rn. 22 – Vestergaard; LG Frankfurt / Oder, 13 O 360/07 – juris, Rn. 76.

[115] Dazu ausführlich unten, II.

[116] EuGH, Rs. C-380/05, Slg. 2008, I-349, Rn. 103 f. – Centro Europa 7 Srl. Zum Verhältnismäßigkeitsgrundsatz ferner Rs. C-538/07, Slg. 2009, I-4219, Rn. 24 ff. – Assitur Srl. Siehe
auch die EK in ihrer Mitteilung zu IÖPP (Fn. 4), S. 8; *M. Krügner*, PPLR 12 (2003), S. 181
(202).

der Vergabeentscheidung zu ermöglichen.[117] Das Angemessenheits- oder Verhältnismäßigkeitskriterium schließlich entspricht dem der Sachgerechtigkeit des nationalen Verfassungsrechts und fordert einen sachlichen Zusammenhang zwischen dem zu verteilenden Gut und den hierfür maßgeblichen Kriterien.[118] Dies schließt die Verfolgung von hinreichend legitimierten und gerechtfertigten Sekundärzwecken nicht aus.[119]

Als unangemessen, da den Aspekt der gerechten Verteilung in der Zeit nicht berücksichtigend,[120] können sich zudem, wie der EuGH schon zuvor betont hat, Konzessionen darstellen, deren Laufzeit weit über die Amortisation von Investitionen hinaus bemessen ist. Dies beschränkt nämlich die Marktzugangschancen von Neubewerbern.[121]

(4) Die prozedurale Komponente des marktfreiheitlichen Verteilungsregimes: Anforderungen an das Verteilungsverfahren

Genauso wie auf die Grundrechte des Grundgesetzes trifft auch auf die Marktfreiheiten die Erkenntnis zu, dass deren Verwirklichung nicht nur von der Ausgestaltung des materiellen Rechts, sondern auch der des Verfahrensrechts abhängt. Eine Stütze finden derartige positive Verfahrensvorgaben nicht nur in den im Lichte des Effektivitätsgrundsatzes ausgelegten Marktfreiheiten, sondern ganz allgemein in Art. 4 Abs. 3 UAbs. 2 EUV, nach dem „[d]ie Mitgliedstaaten … alle geeigneten Maßnahmen allgemeiner oder besonderer Art zur Erfüllung der Verpflichtungen, die sich aus den Verträgen … ergeben", treffen.[122] In diesem Sinne hob der EuGH verschiedentlich hervor, dass der Zugang zu ge-

---

[117] Siehe insoweit EuGH, Rs. C-199/07, n.n.v., Rn. 35 ff. – EK / Griechenland.

[118] Umfassend *F. Huerkamp*, Gleichbehandlung und Transparenz, S. 226 ff. Vgl. auch EuGH, Rs. C-376/08, n.n.v., Rn. 31 ff. – Serrantoni.

[119] So auch *M. Krügner*, PPLR 12 (2003), S. 181 (203 f.).

[120] Zu diesem im Kontext des nationalen Verfassungsrechts bereits oben, A.I.4.

[121] EuGH, Rs. C-323/03, Slg. 2006, I-2161, Rn. 47 f. – EK / Spanien; ferner Rs. C-451/08, n.n.v., Rn. 79 – Helmut Müller GmbH; *W. Frenz*, Beihilfe- und Vergaberecht, Rn. 1849; *ders.*, EWS 2006, S. 347 (349); *J. Wolswinkel*, REALaw 2 (2009), S. 61 (98 ff.). Im Bereich der EU-Vergaberichtlinien akzeptiert der EuGH (Rs. C-454/06, Slg. 2008, I-4401, Rn. 73 f. – pressetext Nachrichtenagentur GmbH) allerdings unbefristet abgeschlossene Verträge mangels eines entsprechenden Verbotes und trotz des gleichzeitig betonten Widerspruchs zu Systematik und Zielen des Unionsvergaberechts.

[122] Siehe auch GA *Stix-Hackl*, in: EuGH, Rs. C-231/03, Slg. 2005, I-7287, Rn. 42 ff. – Coname; *H. Kaelble*, Vergabeentscheidung, S. 228; *F. Neumayr*, PPLR 11 (2002), S. 215 (231). Es trifft mithin nicht zu, dass dem Primärrecht keine positiven Pflichten, d.h. Handlungspflichten, entnommen werden könnten (so aber *P. Braun*, PPLR 9 [2000], S. 39 [45]; auf diese Unterscheidung abhebend auch *F. Marx*, Vergaberecht, S. 305 [322]), einmal ganz abgesehen vom zu Recht betonten fließenden Übergang beider Aspekte (siehe insoweit *F. Huerkamp*, Gleichbehandlung und Transparenz, S. 319 f.; *H. Kaelble*, Vergabeentscheidung, S. 227 f.; *M. Krügner*, PPLR 12 [2003], S. 181 [193 ff.]; *F. Neumayr*, PPLR 11 [2002], S. 215 [231]; vgl. auch GA *Stix-Hackl*, a.a.O., Rn. 43 ff.).

richtlichem Rechtsschutz, um zu überprüfen, ob nationale Maßnahmen mit den Marktfreiheiten in Einklang stehen, für deren Effektivität von entscheidender Bedeutung ist.[123] Namentlich in seiner jüngeren Rechtsprechung zu den nicht von den EU-Vergaberichtlinien erfassten Beschaffungsvorgängen hat er die prozedurale Dimension der Marktfreiheiten weiter ausgebaut und letzteren Transparenz- und Ausschreibungspflichten (a) sowie das Gebot einer chancengleichen Gestaltung des Vergabeverfahrens (b) entnommen. Bei ihrer Entfaltung darf freilich nie übersehen werden, dass sie nur um der Sicherung des Marktzugangs willen zum Tragen kommt.

(a) Transparenz- und Ausschreibungspflichten

Einen bedeutsamen Aspekt des prozeduralen Marktfreiheitenschutzes stellen die Gebote einer transparenten Einleitung und Durchführung des Verteilungsverfahrens dar. So hat der Gerichtshof zunächst in der Rs. Unitron Scandinavia dem unionsrechtlichen Diskriminierungsverbot das Gebot einer transparenten Verfahrensgestaltung entnommen. Denn nur bei dessen Beachtung könne festgestellt werden, ob das Verwaltungsverfahren diskriminierungsfrei durchgeführt wurde.[124] Damit hat der EuGH, obgleich er in casu keine konkreten Folgerungen explizierte, Dokumentationspflichten anerkannt.[125] Bereits zuvor hatte der Gerichtshof aus der Garantie effektiven Rechtsschutzes ein Begründungserfordernis abgeleitet.[126]

In einer späteren Entscheidung, der Rs. Telaustria, hat es der Gerichtshof darüber hinaus als Inhalt der Transparenzpflicht angesehen, dass „der Auftraggeber zugunsten potenzieller Bieter einen angemessenen Grad von Öffentlichkeit sicherstellen [muss], der den Dienstleistungsmarkt dem Wettbewerb öffnet".[127] Dieser Gedanke antizipiert das dann in der Rs. Parking Brixen den Marktfreiheiten zu Recht entnommene Gebot, die Vergabe öffentlicher Aufträge hin-

---

[123] EuGH, Rs. 222/86, Slg. 1987, 4097, Rn. 14 ff. – Heylens; Rs. C-340/89, Slg. 1991, I-2357, Rn. 22 – Vlassopoulou. Siehe nunmehr auch Art. 47 GRC.

[124] EuGH, Rs. C-275/98, Slg. 1999, I-8291, Rn. 31 – Unitron Scandinavia; Rs. C-324/98, Slg. 2000, I-10745, Rn. 61 – Telaustria; Rs. C-458/03, Slg. 2005, I-8612, Rn. 49 – Parking Brixen; Rs. C-410/04, Slg. 2006, I-3303, Rn. 21 – ANAV; Rs. C-260/04, Slg. 2007, I-7083, Rn. 24 – EK / Italien; Rs. C-196/08, n.n.v., Rn. 49 – Acoset. Ein aus den Marktfreiheiten abgeleiteter Transparenzgrundsatz klang ferner an in der Rs. C-108/98, Slg. 1999, I-5219, Rn. 20 – RI.SAN.

[125] Siehe auch *W. Frenz*, Beihilfe- und Vergaberecht, Rn. 1845; *ders.*, EWS 2006, S. 347 (349); *M. Knauff*, in: Müller-Wrede, Kompendium Vergaberecht, Kap. 22, Rn. 7. Ablehnend *A. Egger*, Europäisches Vergaberecht, Rn. 147.

[126] EuGH, Rs. 222/86, Slg. 1987, 4097, Rn. 15 – Heylens; ferner Rs. C-75/08, Slg. 2009, I-3799, Rn. 59 – Mellor.

[127] EuGH, Rs. C-324/98, Slg. 2000, I-10745, Rn. 62 – Telaustria; ebenso Rs. C-458/03, Slg. 2005, I-8612, Rn. 49 – Parking Brixen; Rs. C-260/04, Slg. 2007, I-7083, Rn. 24 – EK / Italien; Rs. C-220/06, Slg. 2007, I-12175, Rn. 75 – Asociación Profesional de Empresas de Reparto y Manipulado de Correspondencia.

reichend publik zu machen.[128] In der Tat wäre nämlich die von den Marktfreiheiten eröffnete Möglichkeit, sich im EU-Ausland wirtschaftlich zu betätigen,
hinfällig, könnten ausländische Bieter keine Kenntnis von entsprechenden Erwerbschancen erlangen.[129] Art und Umfang der Ausschreibungspflicht hängen
vom jeweiligen Einzelfall ab,[130] wobei nicht zwingend eine Ausschreibung im
förmlichen Sinne erforderlich ist, sondern auch anderweitig ein angemessener

---

[128] EuGH, Rs. C-458/03, Slg. 2005, I-8612, Rn. 49 f. – Parking Brixen; ferner Rs.
C-231/03, Slg. 2005, I-7287, Rn. 17 ff. – Coname; Rs. C-410/04, Slg. 2006, I-3303, Rn. 21 –
ANAV; Rs. C-260/04, Slg. 2007, I-7083, Rn. 24 – EK / Italien; Rs. C-507/03, Slg. 2007, I-9777,
Rn. 29 ff. – EK / Irland; Rs. C-220/06, Slg. 2007, I-12175, Rn. 75 – Asociación Profesional de
Empresas de Reparto y Manipulado de Correspondencia; Rs. C-412/04, Slg. 2008, I-619,
Rn. 66, 81 – EK / Italien; Rs. C-347/06, Slg. 2008, I-5641, Rn. 58 ff. – ASM Brescia SpA; Rs.
C-324/07, Slg. 2008, I-8457, Rn. 25 – Coditel Brabant; BGH, NJW-RR 2006, S. 836 (843); GA
Bot, in: Rs. C-203/08 und Rs. C-258/08, n.n.v., Rn. 152 ff. – Sporting Exchange und Ladbro-
kes; VG Köln, K 4507/08 – juris, Rn. 20 ff.; EuG, Rs. C-258/06, n.n.v., Rn. 68 ff. – Deutschland / EK. Es ist allerdings fraglich, ob sich die Pflicht zur Ausschreibung mit dem Gerichtshof aus dem grundfreiheitlichen Diskriminierungsverbot ableiten lässt (insoweit besonders
deutlich Rs. C-231/03, Slg. 2005, I-7287, Rn. 17 ff. – Coname; Rs. C-507/03, Slg. 2007, I-9777,
Rn. 30 f. – EK / Irland; Rs. C-412/04, Slg. 2008, I-619, Rn. 66 – EK / Italien; Rs. C-347/06, Slg.
2008, I-5641, Rn. 58 ff. – ASM Brescia SpA; zustimmend *F. Huerkamp*, Gleichbehandlung
und Transparenz, S. 159 f., 315 ff.). Dies setzte nämlich voraus, dass die Nichtausschreibung
als versteckte Diskriminierung, mithin als faktische Bevorzugung von Inländern, zu qualifizieren wäre. Begründbar ist dies ausschließlich unter Zugrundelegung des weiten Diskrimi-
nierungsverständnisses des EuGH (zu diesem bereits oben, I.2.a.cc.[1][a]) und nur damit,
dass bei De-facto-Vergaben typischerweise Inländer den Zuschlag erhielten. Unbeschadet
dessen stellt die Nichtausschreibung allerdings ein Hindernis für den Marktzugang ausländischer Bieter dar und lässt sich damit jedenfalls als Beschränkung der Marktfreiheiten qualifizieren – näher zur Problematik *F. Wollenschläger*, NVwZ 2007, S. 388 (393); a.A. *F. Huerkamp*, Gleichbehandlung und Transparenz, S. 317 ff. (siehe demgegenüber aber EuGH, Rs.
C-376/08, n.n.v., Rn. 41 – Serrantoni). Wie beim Unionsgrundrecht allgemeiner Gleichheitssatz auch (dazu oben, I.1.a.) sind die Mitgliedstaaten aber nicht ohne Weiteres an einen isolierten primärrechtlichen Grundsatz der Transparenz gebunden (dazu auch *M. Krügner*,
PPLR 12 [2003], S. 181 [193 ff.]).

[129] Eine grundsätzliche Ausschreibungspflicht daher auch annehmend die EK in ihrer Mitteilung zu IÖPP (Fn. 4), S. 7; *C. Braun*, VergabeR 2007, S. 17 (21 f.); *M. Bungenberg*, Vergaberecht, S. 210; *M. Burgi*, NZBau 2005, S. 610 (612, 615); *W. Frenz*, Beihilfe- und Vergaberecht,
Rn. 1837 ff.; *ders.*, VergabeR 2007, S. 1 (8); *M. Fruhmann*, ZVB 2006, S. 261 (265 f.); *H. Höfler*,
NZBau 2010, S. 73 (77); *H. Kaelble*, Vergabeentscheidung, S. 237 ff.; *S. Klein*, VergabeR 2005,
S. 22 (23); *J. Kühling*, WiVerw 2008, S. 239 (241, 245 f.); *M. Krügner*, PPLR 12 (2003), S. 181
(197 ff.); *F. Neumayr*, PPLR 11 (2002), S. 215 (222, 227); *R. Ortner*, Dienstleistungskonzessio-
nen, S. 174 ff.; *T. Siegel*, EWS 2008, S. 66 (69 f.); *F. Wollenschläger*, NVwZ 2007, S. 388 (392 f.); *J.
Wolswinkel*, REALaw 2 (2009), S. 61 (90 ff.). Ablehnend *P. Braun*, PPLR 9 (2000), S. 39 (44 ff.);
N. Meyer, Beschaffung, S. 182; kritisch mit Blick auf die mangelnde Rechtssicherheit auch GA
Sharpston, in: EuGH, Rs. C-195/04, Slg. 2007, I-3351, Rn. 84 ff. – EK / Finnland.

[130] EuGH, Rs. C-458/03, Slg. 2005, I-8612, Rn. 50 – Parking Brixen; Rs. C-231/03, Slg.
2005, I-7287, Rn. 21 – Coname; Rs. C-324/07, Slg. 2008, I-8457, Rn. 25 – Coditel Brabant. Siehe
für eine weitere Konkretisierung GA *Stix-Hackl*, in: EuGH, Rs. C-231/03, Slg. 2005, I-7287,
Rn. 91 ff. – Coname, die Mitteilungen der EK zu Auslegungsfragen (Fn. 81), S. 3 ff., und zu
IÖPP (Fn. 4), S. 8, sowie in der Literatur: *M. Burgi*, NZBau 2005, S. 610 (615); *A. Egger*, Europäisches Vergaberecht, Rn. 253 f.; *W. Frenz*, Beihilfe- und Vergaberecht, Rn. 1838 ff.; *ders.*,

Grad an Öffentlichkeit sichergestellt werden kann[131]. Berücksichtigungsfähig ist auch der verursachte Verwaltungsaufwand.[132] Das Fehlen jeglicher Ausschreibung stellt sich jedenfalls als unionrechtswidrig dar,[133] sofern es nicht, wie etwa bei besonderer Dringlichkeit, ausnahmsweise gerechtfertigt werden kann[134]. Darüber hinaus muss die Ausschreibung hinreichende Auskunft über den Vergabegegenstand sowie über die für die Verteilung maßgeblichen Kriterien und das Verfahren geben.[135]

(b) Gleichbehandlung und Chancengleichheit im Vergabeverfahren

Als für die Herstellung einer (sach-)gerechten Verteilungsentscheidung von eminenter Bedeutung erweist sich die Gleichbehandlung der Bieter im Verwaltungsverfahren. Eine dementsprechende Verfahrensgestaltung hat der Gerichtshof im Kontext seiner Rechtsprechung zu den Anforderungen an Auftragsvergaben jenseits des koordinierten Vergaberechts immer wieder angemahnt. Diese kann zwar angesichts der nur eingeschränkten Bindung der Mitgliedstaaten an die Unionsgrundrechte entgegen dem EuGH nicht auf die verfahrensrechtliche Dimension eines primärrechtlichen Grundsatzes der Chancengleichheit gestützt werden;[136] gleichwohl gebieten die den Marktzugang ausländischer Bewerber schützenden Grundfreiheiten eine Marktzugangschancen wahrende Verfahrensgestaltung.[137] Ganz in diesem Sinne unter-

---

EWS 2006, S. 347 (350); *F. Huerkamp*, Gleichbehandlung und Transparenz, S. 322 ff.; *R. Ortner*, Dienstleistungskonzessionen, S. 178 ff.; *F. Wollenschläger*, NVwZ 2007, S. 388 (393).

[131] EuGH, Rs. C-324/07, Slg. 2008, I-8457, Rn. 25 – Coditel Brabant.

[132] Siehe verb. Rs. C-147/06 und C-148/06, Slg. 2008, I-3565, Rn. 32 – SECAP u.a.; *F. Huerkamp*, Gleichbehandlung und Transparenz, S. 181 ff.

[133] EuGH, Rs. C-458/03, Slg. 2005, I-8612, Rn. 50 – Parking Brixen; Rs. C-231/03, Slg. 2005, I-7287, Rn. 17 – Coname; Rs. C-410/04, Slg. 2006, I-3303, Rn. 22 – ANAV; Rs. C-260/04, Slg. 2007, I-7083, Rn. 25 – EK / Italien; Rs. C-220/06, Slg. 2007, I-12175, Rn. 76 – Asociación Profesional de Empresas de Reparto y Manipulado de Correspondencia; Rs. C-412/04, Slg. 2008, I-619, Rn. 66 – EK / Italien; Rs. C-347/06, Slg. 2008, I-5641, Rn. 59 – ASM Brescia SpA; BGH, NJW-RR 2006, S. 836 (843).

[134] Dazu EuGH, Rs. C-231/03, Slg. 2005, I-7287, Rn. 19 f. – Coname; Rs. C-260/04, Slg. 2007, I-7083, Rn. 26 ff. – EK / Italien; Rs. C-507/03, Slg. 2007, I-9777, Rn. 31 – EK / Irland; Rs. C-412/04, Slg. 2008, I-619, Rn. 66 – EK / Italien; Rs. C-347/06, Slg. 2008, I-5641, Rn. 60, 64 ff. – ASM Brescia SpA; EuG, Rs. T-258/06, n.n.v., Rn. 138 ff. – Deutschland / EK; *J. Kühling / F. Huerkamp*, NVwZ 2009, S. 557 (560); *R. Ortner*, Dienstleistungskonzessionen, S. 176 ff.; *J. Wolswinkel*, REALaw 2 (2009), S. 61 (96).

[135] Siehe die EK in ihrer Mitteilung zu IÖPP (Fn. 4), S. 8 f.; *H. Kaelble*, Vergabeentscheidung, S. 239 ff.; *J. Wolswinkel*, REALaw 2 (2009), S. 61 (90). Zurückhaltend zu derartigen Konzeptpflichten *F. Huerkamp*, Gleichbehandlung und Transparenz, S. 324 f., 335 ff.

[136] Näher dazu bereits oben, B.I.1.a.

[137] So noch EuGH, Rs. C-108/98, Slg. 1999, I-5219, Rn. 20 – RI.SAN; siehe ferner *F. Wollenschläger*, NVwZ 2007, S. 388 (394). Den Gleichbehandlungsgrundsatz für nicht primärrechtlich ableitbar hält demgegenüber *P. Braun*, PPLR 9 (2000), S. 39 (44 ff.). Anders *F. Huerkamp*, EuR 2009, S. 563 (566 ff.), sowie *ders.*, Gleichbehandlung und Transparenz, S. 65 ff.,

strich der EuGH in einer Entscheidung zur Verteilung von Rundfunkfrequenzen die Bedeutung eines „offenen, transparenten und nichtdiskriminierenden Verfahrens" für den Marktzugang,[138] und die Kommission verwies in ihrer Mitteilung zum nicht-koordinierten Vergaberegime auf die „Pflicht zur Gewährleistung eines fairen und unparteiischen Verfahrens"[139].

In seiner Rechtsprechung zum primärrechtlichen Vergaberegime hat der Gerichtshof aus diesem Postulat allerdings noch kaum über die bereits erörterten Transparenz- und Ausschreibungspflichten hinausgehende Folgerungen gezogen;[140] auch die erwähnte Mitteilung der Kommission enthält nur wenige Anforderungen, die nicht schon aus dem Verbot der Diskriminierung ausländischer Bieter respektive Waren folgen, wie etwa die Geltung angemessener Fristen[141].[142]

Immerhin hat der EuGH das sich gewissermaßen als Konsequenz der Ausschreibungspflicht darstellende Gebot anerkannt, das Verteilungsverfahren nach Maßgabe der Ausschreibung durchzuführen. Damit ist es dem Auftraggeber untersagt, „ein den Anforderungen der Ausschreibung genügendes Angebot unter Berufung auf Gründe abzulehnen, die nicht in der Ausschreibung vorgesehen sind und die nach Einreichung dieses Angebots angeführt werden." Andernfalls bestünde nämlich die Gefahr einer willkürlichen, die Chancengleichheit der Bewerber beeinträchtigenden Verfahrensgestaltung.[143] In diese Richtung weist auch der von der Kommission in ihrer Mitteilung geforderte „objektive und transparente Ansatz", nach dem „[a]lle Teilnehmer ... in der Lage sein [müssen], sich im Voraus über die geltenden Verfahrensregeln zu informieren, und ... die Gewissheit haben [müssen], dass diese Regeln für jeden gleichermaßen gelten ... Wichtig ist, dass die letztendliche Entscheidung über

---

der für ein Verständnis der grundfreiheitlichen Beschränkungsverbote im Beschaffungswesen als Gebote der Gleichbehandlung der Bieter plädiert.

[138] EuGH, Rs. C-380/05, Slg. 2008, I-349, Rn. 99 ff., insb. 105 – Centro Europa 7 Srl.

[139] Mitteilung der EK zu Auslegungsfragen (Fn. 81), S. 5. Vgl. auch EuGH, Rs. C-324/07, Slg. 2008, I-8457, Rn. 25 – Coditel Brabant.

[140] Vgl. nur EuGH, Rs. C-458/03, Slg. 2005, I-8612, Rn. 49 ff. – Parking Brixen; Rs. C-410/04, Slg. 2006, I-3303, Rn. 20 ff. – ANAV; Rs. C-6/05, Slg. 2007, I-4557, Rn. 33 – Medipac-Kazantzidis; Rs. C-260/04, Slg. 2007, I-7083, Rn. 23 ff. – EK / Italien; Rs. C-220/06, Slg. 2007, I-12175, Rn. 74 ff. – Asociación Profesional de Empresas de Reparto y Manipulado de Correspondencia.

[141] Zu diesem Gebot *W. Frenz*, VergabeR 2007, S. 1 (8).

[142] Mitteilung der EK zu Auslegungsfragen (Fn. 81), S. 5 f.

[143] EuGH, Rs. C-6/05, Slg. 2007, I-4557, Rn. 53 f. – Medipac-Kazantzidis; *C. Braun*, VergabeR 2006, S. 657 (667); *M. Burgi*, NZBau 2005, S. 610 (615); *A. Egger*, Europäisches Vergaberecht, Rn. 274; *W. Frenz*, VergabeR 2007, S. 1 (8); *ders.*, EWS 2006, S. 347 (348 f.); *C. Koenig*, Insolvenzverwalter, S. 449 (462); *M. Krügner*, PPLR 12 (2003), S. 181 (201, 204 ff.); *F. Neumayr*, PPLR 11 (2002), S. 215 (230, 233 f.); *R. Ortner*, Dienstleistungskonzessionen, S. 180 f. Siehe auch im Kontext der Vergaberichtlinien Rs. C-532/06, Slg. 2008, I-251, Rn. 33 ff. – Lianakis; ferner – eine Änderungsbefugnis nicht ausschließend – Rs. C-431/07, Slg. 2009, I-2665, Rn. 124 – Bouygues SA u.a.

die Vergabe des Auftrags den zu Anfang festgelegten Verfahrensregeln entspricht".[144] Dies bedeutet, negativ gewendet, auch, dass nicht den Vorgaben entsprechende Angebote unberücksichtigt zu bleiben haben.[145]

Analog zum für das nationale Teilhabegrundrecht Entwickelten[146] verbietet es sich freilich auch hier, über die Marktfreiheiten einen allgemeinen Gesetzesbefolgungsanspruch zu schaffen; vielmehr ist zwischen marktzugangsrelevanten Verfahrensregeln und reinen Ordnungsvorschriften zu differenzieren und sind nur Verstöße gegen erstere als Verletzung der Marktfreiheiten zu qualifizieren.[147]

Von Bedeutung für eine marktzugangschancengleiche Verfahrensgestaltung, insbesondere in Verhandlungsverfahren, ist schließlich die Wahrung der Neutralität gegenüber den Bewerbern, etwa beim Zugang zu Informationen[148] oder durch den Ausschluss befangener Amtswalter[149].

(5) Rechtsschutz

Behauptete Verstöße gegen die Marktfreiheiten gerichtlich überprüfen lassen zu können, ist für deren Effektivität von entscheidender Bedeutung; demzufolge wird eine entsprechende Rechtsschutzgarantie als integraler Bestandteil dieser Gewährleistungen angesehen.[150] Diese ist mit dem Gerichtshof grundsätzlich auf Primärrechtsschutz gerichtet, da nicht nur individuellen Rechtsschutzinteressen, sondern auch dem Binnenmarktziel der Union durch den Abbau von Mobilitätshindernissen in höherem Maße genüge getan ist als durch finanzielle Kompensation für Rechtsverletzungen.[151] Dass der Vorrang des Pri-

---

[144] Mitteilung der EK zu Auslegungsfragen (Fn. 81), S. 6; bestätigt in EuG, Rs. T-258/06, n.n.v., Rn. 129 f. – Deutschland / EK. Ebenso die EK in ihrer Mitteilung zu IÖPP (Fn. 4), S. 7; ferner *J. Wolswinkel*, REALaw 2 (2009), S. 61 (90). Zur Frage der Änderungsbefugnis *M. Krügner*, PPLR 12 (2003), S. 181 (204 ff.).

[145] *F. Neumayr*, PPLR 11 (2002), S. 215 (233 f.).

[146] Dazu oben, A.I.2.a.cc.

[147] In diesem Sinne bereits *F. Wollenschläger*, NVwZ 2007, S. 388 (394 f.).

[148] Vgl. dazu auch die Mitteilung der EK zu Auslegungsfragen (Fn. 81), S. 6.

[149] *M. Burgi*, NZBau 2005, S. 610 (615); *W. Frenz*, Beihilfe- und Vergaberecht, Rn. 1846; *ders.*, EWS 2006, S. 347 (349); *ders.*, VergabeR 2007, S. 1 (6).

[150] EuGH, Rs. 222/86, Slg. 1987, 4097, Rn. 14 ff. – Heylens; Rs. C-340/89, Slg. 1991, I-2357, Rn. 22 – Vlassopoulou; Rs. C-91/08, n.n.v., Rn. 61 ff. – Wall AG; GA *Bot*, ibid., Rn. 124 ff.; Mitteilung der EK zu Auslegungsfragen (Fn. 81), S. 6 f. Siehe nunmehr auch Art. 47 GRC. In der Literatur: *J. Englisch*, VerwArch 98 (2007), S. 410 (431).

[151] In diesem Sinne EuGH, Rs. C-265/95, Slg. 1997, I-6959, Rn. 59 f. – EK / Frankreich: „Auf den Ausgleich der den Opfern entstandenen Schäden, den die Französische Republik gewähre, kann sich deren Regierung nicht berufen, um sich von ihren gemeinschaftsrechtlichen Pflichten zu befreien. Eine Entschädigung ist zwar geeignet, den von den betroffenen Wirtschaftsteilnehmern erlittenen Schaden zumindest teilweise auszugleichen, kann aber die Vertragsverletzung des Mitgliedstaats nicht beseitigen"; ferner – für die öffentliche Auftragsvergabe – Rs. C-81/98, Slg. 1999, I-7671, Rn. 37 ff. – Alcatel Austria; OLG Düsseldorf, 27 U 1/09 – juris, Rn. 41. Ebenso *K. Bitterich*, NVwZ 2007, S. 890 (893 f.); *C. Braun*, Ver-

märrechtsschutzes allerdings auch im Unionsrecht kein Dogma ist, verdeutlicht die Rs. Unibet. In dieser hat der EuGH nämlich den nationalen Gesetzgeber bzw. die rechtsfortbildende Judikative für nicht verpflichtet gehalten, auf Primärrechtsschutz zielende Rechtsbehelfe neu zu schaffen, wenn im Kontext von Schadensersatzklagen die Vereinbarkeit nationaler Maßnahmen mit dem Unionsrecht effektiv geprüft werden könne.[152] Zudem hat der Gemeinschaftsgesetzgeber im Zusammenhang mit der multipolaren Konfliktlage des Zugangs zu einer Beschäftigung bei einer die Antidiskriminierungsrichtlinie 76/207/EWG verletzenden Einstellungspraxis Primärrechtsschutz für nicht zwingend geboten erachtet, sondern effektiven Schadensersatz für ausreichend gehalten (Art. 6 RL 76/207/EWG). Der EuGH hat dies nicht beanstandet.[153] Wie weit reichende Folgerungen hieraus gezogen werden können, ist freilich offen.[154] Festgehalten werden kann allerdings, dass Beschränkungen der Rechtsschutzgarantie in multipolaren Rechtsverhältnissen bei Vorliegen gewichtiger Gründe nicht schlechthin unzulässig sind.

Genauso wie die Rechtsschutzgarantie des nationalen Verfassungsrechts zeitigt die des Unionsrechts schließlich Vorwirkungen für das Verwaltungsverfahren. Um effektiven Rechtsschutz zu gewährleisten, ist das Verfahren, wie bereits im Kontext des Transparenzgebots betont, hinreichend zu dokumentieren und die Verteilungsentscheidung zu begründen[155].

---

gabeR 2007, S. 17 (19); *ders.*, NZBau 2008, S. 160 (161); *M. Bungenberg*, SächsVBl. 2008, S. 53 (56 f.); *M. Burgi*, NVwZ 2007, S. 737 (742); *W. Frenz*, VergabeR 2007, S. 1 (9 f., 13); *S. Gers-Grapperhaus*, Auswahlrechtsverhältnis, S. 246 ff.; *F. Wollenschläger*, NVwZ 2007, S. 388 (395). Mit Blick auf den Rechtsschutzsuchenden: *R. Streinz*, VVDStRL 61 (2002), S. 300 (351 f.).

[152] EuGH, Rs. C-432/05, Slg. 2007, I-2271, Rn. 36 ff., insb. 53 ff. – Unibet; siehe ferner Rs. C-91/08, n.n.v., Rn. 61 ff. – Wall AG; EuG, verb. Rs. T-172/98 und T-175/98 bis T-177/98, Slg. 2000, II-2487, Rn. 77 f. – Salamander AG u.a.; verb. Rs. T-377/00, T-379/00, T-380/00, T-260/01 und T-272/01, Slg. 2003, II-1, Rn. 123 – Philip Morris u.a.; GA *Bot*, in: Rs. C-91/08, n.n.v., Rn. 136 ff. – Wall AG. Ebenso *K. Bitterich*, NVwZ 2007, S. 890 (893 f.); *O. Dörr*, Gerichtsschutz, S. 129 (139 f.); *J. Gundel*, Jura 2008, S. 288 (293 f.); *F. Huerkamp*, Gleichbehandlung und Transparenz, S. 338 f. Anders *C. Braun*, VergabeR 2007, S. 17 (19, 22 ff.); *J. Englisch*, VerwArch 98 (2007), S. 410 (433 f.).

[153] EuGH, Rs. 14/83, Slg. 1984, 1891, Rn. 8 ff., 22 ff. – von Colson und Kamann; Rs. 79/83, Slg. 1984, 1921, Rn. 16 ff. – Harz; Rs. C-380/01, Slg. 2004, I-1389, Rn. 27 f. – Schneider; *K. Bitterich*, NVwZ 2007, S. 890 (894).

[154] Weitgehend *J. Gundel*, Jura 2008, S. 288 (293 f.). Streng *C. Weißenberger*, GewArch 2009, S. 417 (426).

[155] EuGH, Rs. 222/86, Slg. 1987, 4097, Rn. 15 – Heylens; Rs. C-340/89, Slg. 1991, I-2357, Rn. 22 – Vlassopoulou; Rs. C-75/08, Slg. 2009, I-3799, Rn. 59 – Mellor; ferner die Mitteilung der EK zu Auslegungsfragen (Fn. 81), S. 7; *W. Frenz*, Beihilfe- und Vergaberecht, Rn. 1824, 1844; *ders.*, EWS 2006, S. 347 (349); *R. Ortner*, Dienstleistungskonzessionen, S. 181 f.

b) Exkurs: Verteilung jenseits des Marktes

Mit Einführung der Unionsbürgerschaft im Zuge der Maastrichter Vertragsrevision und ihrer dynamischen Entfaltung durch den EuGH[156] hat das grundfreiheitliche Integrationsprogramm einen andernorts näher beschriebenen[157] Paradigmenwechsel erfahren: Weder die Eigenschaft als Marktteilnehmer noch die grenzüberschreitende Marktteilnahme sind nämlich mehr Voraussetzung, um von dessen Integrationsgarantien – einem Aufenthaltsrecht einschließlich eines weit reichenden Anspruchs auf Inländerbehandlung im Zielstaat und umfassendem Schutz vor mitgliedstaatlichen Mobilitätshindernissen – zu profitieren. Dies rückt Verteilungskonstellationen jenseits der Eröffnung von Marktzugangschancen in das Blickfeld des Unionsrechts.

Das prominenteste Beispiel hierfür dürfte der Hochschulzugang sein, für den sich in der Rechtsprechung des EuGH materielle Verteilungsdirektiven entwickelt haben: Bereits in den Rs. Forcheri, Gravier und Blaizot, die den Gerichtshof in den 1980er Jahren beschäftigten, erstreckte dieser das allgemeine Diskriminierungsverbot des heutigen Art. 18 AEUV auf den Zugang zu Bildungseinrichtungen, womit den Mitgliedstaaten insoweit die Schlechterstellung von EU-Ausländern grundsätzlich[158] verwehrt ist.[159] Entsprechende Verpflichtungen folgen heute aus dem auf Art. 21 i.V.m. 18 AEUV gestützten unions-

---

[156] Siehe nur EuGH, Rs. C-85/96, Slg. 1998, I-2691 – Martínez Sala; Rs. C-274/96, Slg. 1998, I-7637 – Bickel und Franz; Rs. C-184/99, Slg. 2001, I 6193 – Grzelczyk; Rs. C-378/97, Slg. 1999, I-6207 – Wijsenbeek; Rs. C-135/99, Slg. 2000, I-10409 – Elsen; Rs. C-224/98, Slg. 2002, I-6191 – D'Hoop; Rs. C-413/99, Slg. 2002, I 7091 – Baumbast und R; Rs. C-148/02, Slg. 2003, I-11613 – Avello; Rs. C-138/02, Slg. 2004, I-2703 – Collins; Rs. C-224/02, Slg. 2004, I-5763 – Pusa; Rs. C-456/02, Slg. 2004, I 7573 – Trojani; Rs. C-200/02, Slg. 2004, I-9925 – Chen/Zhu; Rs. C-209/03, Slg. 2005, I 2119 – Dany Bidar; Rs. C-403/03, Slg. 2005, I-6421 – Schempp; Rs. C-258/04, Slg. 2005, I-8275 – Ioannidis; Rs. C-96/04, Slg. 2006, I-3561 – Standesamt Niebüll; Rs. C-406/04, Slg. 2006, I-6947 – De Cuyper; Rs. C-192/05, Slg. 2006, I-10451 – Tas-Hagen; Rs. C-520/04, Slg. 2006, I-10685 – Turpeinen; Rs. C-318/05, Slg. 2007, I-6957 – EK/Deutschland; Rs. C-76/05, Slg. 2007, I-6849 – Schwarz; verb. Rs. C-11 und 12/06, Slg. 2007, I-9161 – Morgan und Bucher; Rs. C-152/05, Slg. 2008, I-39 – EK/Deutschland; Rs. C-398/06, Slg. 2008, I-56 – EK/Niederlande; Rs. C-499/06, Slg. 2008, I-3993 – Nerkowska; Rs. C-524/06, Slg. 2008, I-9705 – Huber; Rs. C-33/07, Slg. 2008, I-5157 – Jipa; Rs. C-353/06, Slg. 2008, I-7639 – Grunkin; Rs. C-158/07, Slg. 2008, I-8507 – Förster; Rs. C-221/07, Slg. 2008, I-9029 – Zablocka-Weyhermüller; verb. Rs. C-22 und C-23/08, Slg. 2009, I-4585 – Vatsouras und Koupatantze; Rs. C-103/08, n.n.v. – Gottwald; Rs. C-310/08, n.n.v. – Ibrahim; Rs. C-480/08, n.n.v. – Teixeira.

[157] *F. Wollenschläger*, Grundfreiheit ohne Markt; ferner *ders.*, ZEuS 2009, S. 1.

[158] Ein Vorbehalt greift allerdings zugunsten des Allgemeininteresses am Fortbestand des nationalen Bildungssystems, womit Zugangsrestriktionen rechtfertigungsfähig sind, die bestandsgefährdenden strukturellen, finanziellen und personellen Problemen des nationalen Bildungssystems entgegenwirken, vgl. EuGH, Rs. C-147/03, Slg. 2005, I-5969, Rn. 50, 62 ff. – EK/Österreich; Rs. C-73/08, n.n.v., Rn. 47 ff. – Bressol.

[159] EuGH, Rs. 152/82, Slg. 1983, 2323, Rn. 13 ff. – Forcheri; Rs. 293/83, Slg. 1985, 593, Rn. 19 ff. – Gravier; Rs. 24/86, Slg. 1988, 379, Rn. 16 ff. – Blaizot. Aus jüngerer Zeit: Rs. C-65/03, Slg. 2004, I-6427 – EK/Belgien; Rs. C-147/03, Slg. 2005, I-5969 – EK/Österreich.

bürgerlichen Diskriminierungsverbot.[160] Eine darüber hinausgehende prozedurale Dimension des Hochschulzulassungswesens hat bislang weder Rechtsprechung noch Wissenschaft weiter beschäftigt; freilich gilt auch hier, dass das Zulassungsverfahren in einer den diskriminierungsfreien Zugang gewährleistenden Weise ausgestaltet sein muss. Ein vom BayVGH 2007 entschiedener Sachverhalt zu Zulassungsterminen weist allerdings in diese Richtung: Der von der beklagten Universität festgesetzte Termin für die Vorlage des Abiturzeugnisses war so bestimmt, dass Studienbewerber, die in Großbritannien ihr Abitur abgelegt haben, nicht zu dem auf ihren Schulabschluss folgenden Wintersemester zugelassen werden konnten, da die britischen Schulbehörden das entsprechende Zeugnis erst zu einem späteren Zeitpunkt ausstellten. Hierin sah der BayVGH eine vor Art. 21 AEUV rechtfertigungsbedürftige – angesichts der Zulassungsinteressen anderer Bewerber aber auch rechtfertigungsfähige – Benachteiligung von Personen, die ihre Hochschulzugangsberechtigung in Großbritannien erworben haben.[161]

3. Das beihilfenrechtliche Gebot eines bedingungsfreien, transparenten und objektiven Vergabeverfahrens

Direktiven für die Bewältigung von Verteilungsfragen folgen auch aus dem unionsrechtlichen Beihilfenregime (Art. 107 ff. AEUV). Das Beihilfenverbot des Art. 107 Abs. 1 AEUV untersagt – unbeschadet Spezial- und Ausnahmeregelungen – „staatliche oder aus staatlichen Mitteln gewährte Beihilfen gleich welcher Art, die durch die Begünstigung bestimmter Unternehmen oder Produktionszweige den Wettbewerb verfälschen oder zu verfälschen drohen, ... soweit sie den Handel zwischen Mitgliedstaaten beeinträchtigen." Von Bedeutung für die vorliegende Untersuchung ist diese Vertragsbestimmung nun nicht bereits deshalb, weil sie dem Staat die Verteilung bestimmter Vorteile untersagt.[162] Vielmehr zeigt das Beihilfenverbot auch Konsequenzen für das „Wie"

Näher zur Entwicklung des Freizügigkeitsrechts Studierender *F. Wollenschläger*, Grundfreiheit ohne Markt, S. 80 ff.; ferner *P. M. Huber*, Konkurrenzschutz, S. 459 ff.

[160] Zu diesem *F. Wollenschläger*, Grundfreiheit ohne Markt, S. 197 ff.; zu dessen Verhältnis zur früheren Rechtsprechung des EuGH zum diskriminierungsfreien Hochschulzugang ibid., S. 210 f.

[161] BayVGH, 7 CE 07.2872 – juris. Für eine weitere Aktivierung des Art. 21 AEUV im Kontext des Hochschulzugangs: OVG Münster, 13 B 1185/09 und 13 B 1186/09 – juris, Rn. 10 ff.

[162] Im Kontext von Verteilungsverfahren kann das Beihilfenverbot auch den Vergabekriterien materielle Grenzen ziehen, etwa mit Blick auf sog. vergabefremde Kriterien bei der Beschaffung von Gütern und Dienstleistungen (dazu *M. Bungenberg*, Vergaberecht, S. 194 ff.; *W. Frenz*, Beihilfe- und Vergaberecht, Rn. 1774 ff.; *H. Kaelble*, Vergabeentscheidung, S. 127 ff., 245 ff.; *N. Meyer*, Beschaffung, S. 146 ff.). Darüber hinaus kann auch einer Vergabe zu Marktkonditionen Beihilfecharakter zukommen, nämlich wenn kein entspre-

der Zuteilung knapper Güter: Denn deren Vergabe im Wettbewerb, mithin die Durchführung eines bedingungsfreien, transparenten und objektiven Verteilungsverfahrens, kann prozedural Gewähr für die Markt- und damit Beihilfenkonformität des Verteilungsakts bieten.

Zum Tragen kommt diese prozedurale Dimension des Beihilfenregimes im Kontext der Begründung von Austauschverhältnissen zwischen der öffentlichen Hand und Privaten, namentlich bei Vermögensprivatisierungen (z.B. öffentliche Unternehmen und Immobilien) und der Einschaltung Privater in die Erbringung gemeinwirtschaftlicher Dienstleistungen. Anders als bei einseitigen Zuwendungen oder Verschonungen, deren begünstigende Wirkung i.S.d. Art. 107 Abs. 1 AEUV mangels Gegenleistung ohne Weiteres dargetan werden kann, ist die beihilfenrechtliche Beurteilung synallagmatischer Verträge nämlich mit der Schwierigkeit behaftet, dass hier der Leistung des Staates eine – sie möglicherweise beihilfenrechtlich kompensierende – Gegenleistung des Vertragspartners gegenübersteht. Um die Ausgewogenheit der vertraglichen Beziehung und damit die Nichtbegünstigung des privaten Vertragspartners festzustellen, rekurrieren Gerichtshof und Kommission auf einen Vergleich mit einem hypothetischen privaten Marktteilnehmer, „der eine globale oder sektorale Strukturpolitik verfolgt und sich von längerfristigen Rentabilitätsaussichten leiten lässt" (market economy investor).[163] Hätte dieser ein entsprechendes Austauschgeschäft abgeschlossen, so ist von einer markt- und damit beihilfenregimekonformen Maßnahme auszugehen. Die Vergleichsbetrachtung bedarf freilich der weiteren Konkretisierung. Existiert wie bei börsennotierten Aktien ein transparenter Marktpreis, so schließt dessen Zahlung eine beihilfenwidrige Begünstigung aus;[164] im Übrigen, und damit ist nun die Brücke zum Verteilungsverfahren geschlagen, wird die Durchführung eines bedingungsfreien, transparenten und objektiven Vergabeverfahrens als prozeduraler Garant für die Angemessenheit des Austauschverhältnisses und damit für die Konformität der Maßnahme mit dem unionsrechtlichen Beihilfenregime angesehen.[165] In diesem Sinne betonte die Europäische Kommission jüngst im Beihilfeverfahren Bank Burgenland:

---

chender Bedarf besteht (dazu *H.-J. Prieß*, Handbuch Vergaberecht, S. 26 f.; eine Beschaffung in diesem Fall ist allerdings bereits vergaberechtswidrig, vgl. § 2 Abs. 4 VOB/A 2009).

[163] EuGH, Rs. C-256/97, Slg. 1999, I-3913, Rn. 23 f. – DMT; ferner Rs. 40/85, Slg. 1986, 2321, Rn. 13 ff. – Belgien/EK; Rs. C-305/89, Slg. 1991, I-1603, Rn. 19 f. – Italien/EK; Rs. C-42/93, Slg. 1994, I-4175, Rn. 13 f. – Spanien/EK; *M. Heidenhain*, in: ders., Hdb. Beihilfenrecht, § 4, Rn. 2 ff.; *C. Koenig/J. Kühling*, in: Streinz, Art. 87, Rn. 31 ff.

[164] Entscheidung der EK vom 27.2.2008 in Sachen Craiova (2008/717/EG), ABl. L 239 v. 6.9.2008, S. 12, Rn. 49; Entscheidung der EK vom 2.4.2008 in Sachen Tractorul (2008/767/EG), ABl. L 263 v. 2.10.2008, S. 5, Rn. 36; *M. Heidenhain*, in: ders., Hdb. Beihilfenrecht, § 4, Rn. 9; *C. Koenig/J. Kühling*, in: Streinz, Art. 87, Rn. 34; XXIII. Wettbewerbsbericht der EK, Rn. 403. Vgl. auch *H.-J. Prieß/M. Gabriel*, NZBau 2007, S. 617 (619).

[165] Indizcharakter misst dem bei *A. Egger*, Europäisches Vergaberecht, Rn. 241.

Aufgrund des ... nicht transparenten und diskriminierenden Charakters der Auswahlkriterien bezweifelt die Kommission zudem, dass das Ausschreibungsverfahren tatsächlich den Marktpreis ergeben hat. Es lässt sich nicht ausschließen, dass noch höhere Angebote eingereicht worden wären oder dass andere Bieter sich an der Ausschreibung beteiligt hätten, wenn die Auswahlkriterien nicht in dieser Weise angewandt worden wären.[166]

Im Folgenden seien nun nach einem Blick auf die Genese des Bietverfahrens in der Praxis der Europäischen Kommission (a) und auf seinen Niederschlag in der Rechtsprechung des Gerichtshofs (b) dessen Anforderungen erörtert (c). Zuvor sei allerdings noch zwei möglichen Missverständnissen vorgebeugt: Zum einen verlangt das Beihilferecht nicht, ein entsprechendes Vergabeverfahren durchzuführen; hiermit lässt sich lediglich die Marktäquivalenz des Austauschverhältnisses und damit das Nichtvorliegen einer Begünstigung begründen. Ein anderweitiger, oftmals allerdings nur schwer führbarer Nachweis der Marktkonformität bleibt möglich.[167] Zum anderen kann die staatliche Leistungsgewährung im Wettbewerb nicht per se als beihilfenrechtlich unbedenklich qualifiziert werden; die Durchführung des Bietverfahrens spielt lediglich im Rahmen der Bewertung eines Austauschverhältnisses eine Rolle und exkulpiert damit insbesondere keine einseitige Vorteilsgewährung.

---

[166] Aufforderung zur Stellungnahme der EK gemäß Art. 88 Abs. 2 EG in Sachen Bank Burgenland AG, ABl. C 28 v. 8.2.2007, S. 8, Rn. 73; ferner Entscheidung der EK vom 2.10.2002 in Sachen London Underground PPP, N 264/2002, Rn. 79: "In particular, the Commission considers that when these types of infrastructure arrangements are concluded after the observance of an open, transparent and non-discriminatory procedure, it is, in principle, presumed that the level of any public sector support can be regarded as representing the market price for the execution of a project. This conclusion should lead to the assumption that, in principle, no State aid is involved."

[167] Vgl. Entscheidung der EK vom 11.4.2000 in Sachen Latte di Roma (2000/628/EG), ABl. L 265 v. 19.10.2000, S. 15, Rn. 88; Entscheidung der EK vom 13.6.2000 in Sachen Kali und Salz GmbH (2001/120/EG), ABl. L 44 v. 15.2.2001, S. 39, Rn. 24; Entscheidung der EK vom 20.10.2005 in Sachen Componenta Oy (2006/900/EG), ABl. L 353 v. 13.12.2006, S. 36, Rn. 36 f.; ferner *H.-P. Fehr / H.-J. Wichardt*, ZfIR 2008, S. 221 (229); *H. Kristoferitsch*, EuZW 2006, S. 428 (430 f.). Restriktiv für Unternehmenstransaktionen jüngst Entscheidung der EK vom 30.4.2008 in Sachen Bank Burgenland AG, ABl. L 239 v. 6.9.2008, S. 32, Rn. 108; dazu *A. Bartosch*, EU-Beihilfenrecht, Art. 87 Abs. 1 EGV, Rn. 42. Zum Verhältnis von materieller und prozeduraler Bestimmung der Beihilfenkonformität *M. Pöcker*, EuZW 2007, S. 167; *C. Quabeck*, Dienende Funktion, S. 242 ff. Siehe ferner zur Unternehmensbewertung *C. Koenig / C. Hasenkamp*, DVBl. 2008, S. 1340. Wurde ein Bietverfahren durchgeführt, kann der Zuschlag auf ein anderes Angebot als das Meistgebot allerdings nicht damit gerechtfertigt werden, dass auch das niedrigere Angebot dem ex ante durch ein Wertgutachten ermittelten Marktpreis entsprochen hätte (dazu Entscheidung der EK vom 30.4.2008, a.a.O., Rn. 108 ff.; *T. Jaeger*, EuZW 2008, S. 686 [687]; *C. Koenig / S. Fechtner / J. Paul*, BRZ 2009, S. 52 [54]). Zur Rolle von Wertgutachten mit Blick auf die Entscheidung in Sachen Bank Burgenland AG, a.a.O., Rn. 108: *T. Jaeger*, EuZW 2008, S. 686 (687); siehe ferner *C. Koenig*, EuZW 2006, S. 203 (205 ff.); *ders. / S. Fechtner / J. Paul*, BRZ 2009, S. 52 (54 ff.).

a) Die Genese des Bietverfahrens in der Praxis der Europäischen Kommission

Im Zuge der in den 1980er Jahren einsetzenden Privatisierungswelle war die Europäische Kommission vermehrt mit der beihilfenrechtlichen Beurteilung von Veräußerungen öffentlicher Unternehmen befasst. Angesichts der oftmals mit Schwierigkeiten behafteten Ermittlung des marktangemessenen Verkaufspreises etablierte sich in der Kommissionspraxis eine prozedurale Alternative zur Gewährleistung einer beihilfenregimekonformen Transaktion: die Durchführung eines bedingungsfreien, transparenten und objektiven Bietverfahrens. Als Leitlinie für zukünftige Privatisierungsverfahren formuliert finden sich die Eckpunkte dieser Entscheidungspraxis erstmals im XXIII. Wettbewerbsbericht der Europäischen Kommission aus dem Jahr 1993 (aa).[168] Weiter konkretisiert wurden die Anforderungen 1997 in einer Kommissionsmitteilung zu ebenfalls Bewertungsprobleme aufwerfenden Immobiliengeschäften der öffentlichen Hand (bb).[169] Die in diesen beiden Dokumenten[170] niedergelegten Grundsätze bilden nach wie vor den Maßstab für die an Anwendungsfällen reiche Kommissionspraxis, auch über Unternehmens- und Immobilientransaktionen hinaus.[171]

---

[168] XXIII. Wettbewerbsbericht der EK, Rn. 403.

[169] Mitteilung der Kommission betreffend Elemente staatlicher Beihilfe bei Verkäufen von Bauten oder Grundstücken durch die öffentliche Hand, ABl. C 209 v. 10.7.1997, S. 3.

[170] Siehe darüber hinaus den Gemeinschaftsrahmen für staatliche Beihilfen für Forschung, Entwicklung und Innovation (ABl. C 323 v. 30.12.2006, S. 1), in dem die EK die Bedeutung eines offenen Auswahlverfahrens für die Unionsrechtskonformität entsprechender staatlicher Maßnahmen betont (7.3.4, 7.4.1); die Leitlinien der Gemeinschaft für staatliche Beihilfen im Seeverkehr, ABl. C 205 v. 5.7.1997, S. 5, Nr. 9; die Mitteilung der Kommission – Gemeinschaftsleitlinien für staatliche Beihilfen zur Werbung für in Anhang I des EG-Vertrags genannte Erzeugnisse und bestimmte nicht in Anhang I genannte Erzeugnisse, ABl. C 252 v. 12.9.2001, S. 5, Rn. 30.

[171] Siehe nur Entscheidung der EK vom 30.7.1996 in Sachen Head Tyrolia Mares (97/81/EG), ABl. L 25 v. 28.1.1997, S. 25, 7.2.5; Entscheidung der EK vom 22.7.1998 in Sachen Banque Occidentale (1999/262/EG), ABl. L 103 v. 20.4.1999, S. 19, V. ii); Entscheidung der EK vom 14.10.1998 in Sachen SMC (1999/508/EG), ABl. L 198 v. 30.7.1999, S. 1, 5.2.1; Entscheidung der EK vom 8.7.1999 in Sachen Gröditzer Stahlwerke (1999/720/EG, EGKS), ABl. L 292 v. 13.11.1999, S. 27, Rn. 84 ff.; Entscheidung der EK vom 8.9.1999 in Sachen Stardust Marine (2000/513/EG), ABl. L 206 v. 15.8.2000, S. 6, Rn. 10, 61; Entscheidung der EK vom 11.4.2000 in Sachen Latte di Roma (2000/628/EG), ABl. L 265 v. 19.10.2000, S. 15, Rn. 32, 85; Entscheidung der EK vom 3.5.2000 in Sachen TASQ (2000/647/EG), ABl. L 272 v. 25.10.2000, S. 29, Rn. 43 ff.; Entscheidung der EK vom 13.6.2000 in Sachen Kali und Salz GmbH (2001/120/EG), ABl. L 44 v. 15.2.2001, S. 39, Rn. 24; Entscheidung der EK vom 12.7.2000 in Sachen Scott Paper SA (2002/14/EG), ABl. L 12 v. 15.1.2002, S. 1, Rn. 135 ff.; Entscheidung der EK vom 20.12.2001 in Sachen Georgsmarienhütte (2002/286, EG, EGKS), ABl. L 105 v. 20.4.2002, S. 33, Rn. 23, 35 ff.; Entscheidung der EK vom 30.1.2002 in Sachen Gothaer Fahrzeugtechnik (2002/896/EG), ABl. L 314 v. 18.11.2002, S. 62, Rn. 28; Entscheidung der EK vom 2.10.2002 in Sachen London Underground PPP, N 264/2002, Rn. 77 ff.; Entscheidung der EK vom 20.10.2005 in Sachen Componenta Oy (2006/900/EG), ABl. L

Im Kontext der Bewertung von Ausgleichzahlungen für die Erfüllung gemeinwirtschaftlicher Verpflichtungen betonte die Kommission gar, dass die
Auswahl des Vertragspartners „im Rahmen einer nicht diskriminierenden
Ausschreibung, die allen bestehenden und potentiellen Bietern offen steht, ...
die beste Möglichkeit dar[stelle] zu gewährleisten, daß die öffentliche Unterstützung dem Mindestbetrag entspricht, der für die Realisierung des Vorhabens benötigt wird, und auch den Marktpreis für die Durchführung des Projekts widerspiegelt."[172]

aa) Der XXIII. Wettbewerbsbericht der Europäischen Kommission

In ihrem XXIII. Wettbewerbsbericht hat die Europäische Kommission 1993 die
für die beihilfenrechtliche Beurteilung von Unternehmensverkäufen durch die
öffentliche Hand geltenden Grundsätze zusammengefasst: Wenn die Marktäquivalenz des Veräußerungsgeschäfts nicht aufgrund des Verkaufs von börsennotierten Unternehmensanteilen feststeht, hat die Privatisierung im Rahmen eines Ausschreibungswettbewerbs zu erfolgen. Dieser muss „allen offensteh[en],
transparent ... und an keine weiteren Bedingungen geknüpft" sein, was eine ausreichende Unterrichtung potentieller Bieter und hinreichend lange Entschei-
dungszeiträume einschließt. Der Zuschlag hat auf das Angebot des Meistbietenden zu erfolgen. Als beihilfenrechtlich problematisch stellen sich demgegenüber
Veräußerungsvorgänge dar, denen Verhandlungen mit nur einem oder wenigen
Bietern vorausgingen.[173]

---

353 v. 13.12.2006, S. 36, Rn. 36; Aufforderung zur Stellungnahme der EK gemäß Art. 88
Abs. 2 EG in Sachen Bank Burgenland AG, ABl. C 28 v. 8.2.2007, S. 8, Rn. 61 ff.; Entscheidung der EK vom 27.2.2008 in Sachen Craiova (2008/717/EG), ABl. L 239 v. 6.9.2008, S. 12;
Aufforderung zur Stellungnahme der EK gemäß Art. 88 Abs. 2 EG in Sachen Sachsen LB,
ABl. C 71 v. 18.3.2008, S. 14, Rn. 48 ff.; Entscheidung der EK vom 2.4.2008 in Sachen Tractorul (2008/767/EG), ABl. L 263 v. 2.10.2008, S. 5, Rn. 35 ff.; Entscheidung der EK vom
30.4.2008 in Sachen Bank Burgenland AG, ABl. L 239 v. 6.9.2008, S. 32, Rn. 103 ff. Zur Kommissionspraxis in der Literatur: *T. Jaeger*, EuZW 2008, S. 686 (686 f.); *C. Koenig / J. Kühling*,
NVwZ 2003, S. 779 (780); *T. Lübbig*, Grundsätze des Beihilfenrechts, S. 2 ff., der die flexible
Handhabung der Grundsätze im Einzelfall betont.
[172] XXIX. Wettbewerbsbericht der EK, Rn. 235; ferner XXX. Wettbewerbsbericht,
Rn. 318. Zu den bei der Infrastrukturförderung bestehenden Besonderheiten *C. Koenig / J.*
Kühling, DVBl. 2003, S. 289 (292 ff.).
[173] XXIII. Wettbewerbsbericht der EK, Rn. 403.

bb) Die Mitteilung der Europäischen Kommission zu Grundstücksgeschäften der öffentlichen Hand

In ihrer Mitteilung zu Immobiliengeschäften der öffentlichen Hand[174] erläuterte die Europäische Kommission, unter welchen Voraussetzungen diese als marktkonform und damit beihilfenrechtlich unbedenklich qualifiziert werden können. Die Marktäquivalenz könne auf zweierlei Weise begründet werden: materiell mittels eines unabhängigen Wertgutachtens (II.2.)[175] oder prozedural, nämlich wenn der Veräußerung ein hinreichend publiziertes, allgemeines und transparentes Bietverfahren vorausgeht und der Zuschlag an den Meistbietenden erfolgt (II.1.). Dem Publizitätserfordernis genügt „ein Angebot, wenn es über einen längeren Zeitraum (zwei Monate und mehr) mehrfach in der nationalen Presse, Immobilienanzeigern oder sonstigen geeigneten Veröffentlichungen und durch Makler, die für eine große Anzahl potentieller Käufer tätig sind, bekanntgemacht wurde und so allen potentiellen Käufern zur Kenntnis gelangen konnte." Angebote von grenzüberschreitendem Interesse erfordern darüber hinaus internationale Publizität (II.1.a). Allgemeinheit bzw. Bedingungsfreiheit ist der Ausschreibung dann zu attestieren, wenn die Immobilie der Nutzung durch jeden Käufer zugänglich ist; Beschränkungen „aus Gründen des Nachbar- oder Umweltschutzes oder zur Vermeidung rein spekulativer Gebote sowie raumordnungsrechtliche Einschränkungen für den Eigentümer eines Grundstücks nach nationalem Recht" sind freilich unschädlich (II.1.b). Werden dem Erwerber nicht aus dem allgemeinen nationalen Planungsrecht folgende Verpflichtungen bzw. im Allgemeininteresse liegende Auflagen zugunsten des Umwelt- oder Gesundheitsschutzes auferlegt, so ist das Angebot nur dann bedingungsfrei, wenn es keinen potentiellen Erwerber begünstigt (II.1.c).

b) Das Bietverfahren in der Rechtsprechung des EuGH

Ganz im Kontrast zu der an Fallbeispielen reichen Kommissionspraxis hat das Bietverfahren in der Kasuistik des Gerichtshofs bislang keine prominente Rolle gespielt.[176] In der Rs. H. J. Banks & Co. Ltd findet sich der Hinweis, dass ein Unternehmensverkauf „im Rahmen einer offenen und durch Wettbewerb gekennzeichneten Ausschreibung zu Marktbedingungen" das Vorliegen einer Beihilfe ausschließe.[177] Größere Bekanntheit erlangte die Altmark-Trans-Ent-

---

[174] Grundstücksmitteilung der EK (Fn. 169), S. 3. Diese gelten auch für Nutzungsüberlassungen, vgl. Aufforderung zur Stellungnahme der EK gemäß Art. 88 Abs. 2 EG in Sachen LEG Thüringen mbH, ABl. C 280 v. 2.10.1999, S. 8, 5.2.

[175] Näher dazu *M. Heidenhain*, in: ders., Hdb. Beihilfenrecht, § 9, Rn. 12 ff., 22; *C. Koenig / J. Kühling*, NZBau 2001, S. 409 (410 ff.).

[176] Siehe auch *H. Kaelble*, Vergabeentscheidung, S. 247.

[177] EuGH, Rs. C-390/98, Slg. 2001, I-6117, Rn. 77 – H. J. Banks & Co. Ltd. Siehe ferner

scheidung, die die prozedurale Dimension des Beihilfenregimes im Kontext der Beurteilung von Ausgleichszahlungen an mit gemeinwirtschaftlichen Dienstleistungen betraute Unternehmen thematisierte. Insoweit hat der Gerichtshof eine materielle und eine prozedurale Feststellung der Marktäquivalenz des Austauschverhältnisses als gleichwertige Alternativen anerkannt: Beihilfenrechtlich unbedenklich sei die Kompensation der Höhe nach nämlich nicht nur dann, wenn der Ausgleich nach den Kosten eines durchschnittlichen, gut geführten Unternehmens bemessen ist, sondern auch dann, wenn die Auswahl des Dienstleistungserbringers in einem Vergabeverfahren erfolgte, das auf die Ermittlung des wirtschaftlich günstigsten Bewerbers gerichtet ist.[178]

c) Anforderungen an das Bietverfahren

Auf der Basis der im XIII. Wettbewerbsbericht und in der Grundstücksmitteilung entwickelten Grundsätze sowie deren Konkretisierung in der sich daran anschließenden Kommissionspraxis seien im Folgenden die Anforderungen ausgelotet, denen ein Verteilungsverfahren genügen muss, um prozedural Gewähr für die Marktkonformität des Austauschverhältnisses zu bieten. Unterteilen lassen sich diese in das materielle Kriterium der Bedingungs- respektive Diskriminierungsfreiheit (aa) und die prozeduralen Vorgaben der Transparenz (bb) sowie des Wettbewerbs bzw. der Gleichbehandlung der Bieter (cc).[179] Nicht betroffen von diesen Vorgaben sind allerdings vom unionsrechtlichen Beihilfenregime ausgenommene geringwertige (sog. De-minimis-)Beihilfen (dd).

---

die Erwähnung in Rs. C-334/99, Slg. 2003, I-1139, Rn. 142 – EK / Deutschland, und in EuG, verb. Rs. T-116/01 und 118/01, Slg. 2003, II-2957, Rn. 118 – P&O, sowie Rs. T-366/00, Slg. 2007, II-797, Rn. 107 f. – Scott SA.

[178] EuGH, Rs. C-280/00, Slg. 2003, I-7747, Rn. 93 – Altmark Trans. Dies allein schließt freilich noch nicht das Vorliegen einer Beihilfe aus; vielmehr müssen hierzu noch folgende weitere drei Kriterien erfüllt sein (Rn. 89 ff.): „Erstens muss das begünstigte Unternehmen tatsächlich mit der Erfüllung gemeinwirtschaftlicher Verpflichtungen betraut sein, und diese Verpflichtungen müssen klar definiert sein … Zweitens sind die Parameter, anhand deren der Ausgleich berechnet wird, zuvor objektiv und transparent aufzustellen, um zu verhindern, dass der Ausgleich einen wirtschaftlichen Vorteil mit sich bringt, der das Unternehmen, dem er gewährt wird, gegenüber konkurrierenden Unternehmen begünstigt … Drittens darf der Ausgleich nicht über das hinausgehen, was erforderlich ist, um die Kosten der Erfüllung der gemeinwirtschaftlichen Verpflichtungen unter Berücksichtigung der dabei erzielten Einnahmen und eines angemessenen Gewinns aus der Erfüllung dieser Verpflichtungen ganz oder teilweise zu decken.“ Bestätigt in Rs. C-34/01, Slg. 2003, I-14243, Rn. 30 ff. – Enirisorse. Siehe zu den darin zum Ausdruck kommenden Prozeduralisierungstendenzen *M. Pöcker*, EuZW 2007, S. 167; *C. Quabeck*, Dienende Funktion, S. 242 ff.; siehe zur Problematik der Ausgleichzahlungen für die Erfüllung gemeinwirtschaftlicher Verpflichtungen auch *C. Koenig / J. Kühling*, DVBl. 2003, S. 289 (292 ff.).

[179] Zusammenfassend zur daraus folgenden Verfahrensgestaltung: *H.-J. Prieß / M. Gabriel*, NZBau 2007, S. 617 (620 f.).

aa) Die Bedingungs- respektive Diskriminierungsfreiheit der Vergabekriterien

Gemäß dem XIII. Wettbewerbsbericht und der Grundstücksmitteilung bedeutet die geforderte Bedingungs- und Diskriminierungsfreiheit der Ausschreibung zunächst einmal, dass die Veräußerungsbedingungen grundsätzlich nicht so formuliert sein dürfen, dass sie bestimmte Bieter von der Teilnahme am Ausschreibungsverfahren ausschließen.[180] Dies gilt namentlich für eine Benachteiligung ausländischer Bieter,[181] die auch aus der Bestimmung unangemessen kurzer Fristen resultieren kann[182]. Über dieses allgemeine Diskriminierungsverbot hinaus müssen die Vergabekriterien in einem spezifisch beihilferechtlichen Sinne bedingungsfrei sein: In materieller Hinsicht haben sie dem zu entsprechen, was aus Sicht eines längerfristig und strategisch orientierten Verkäufers bzw. Investors vernünftig wäre.[183] Bei Geschäften unter Privaten übliche Bedingungen – die Europäische Kommission verweist auf „Standardformen der Entschädigung wegen der Solvenz des Bieters oder Einhaltung des inländischen Arbeitsrechts" – sind demnach nicht zu beanstanden.[184] Eine Beihilfe kann aber dann vorliegen, „wenn der private Kapitalgeber einen niedrigeren Preis entrichtet hat als den, der ohne [bestimmte] Klauseln – insbesondere betreffend die Erhaltung eines bestimmten Beschäftigungsniveaus ... – gezahlt worden wäre."[185] Denn „[b]ei Anwendung des Grundsatzes des marktwirt-

---

[180] Siehe auch Entscheidung der EK vom 11.4.2000 in Sachen Latte di Roma (2000/628/ EG), ABl. L 265 v. 19.10.2000, S. 15, Rn. 91; Aufforderung zur Stellungnahme der EK gemäß Art. 88 Abs. 2 EG in Sachen Bank Burgenland AG, ABl. C 28 v. 8.2.2007, S. 8, Rn. 62; Entscheidung der EK vom 30.4.2008 in Sachen Bank Burgenland AG, ABl. L 239 v. 6.9.2008, S. 32, Rn. 106. In der Literatur: *H. Kaelble*, Vergabeentscheidung, S. 264 f.; *C. Koenig / R. Pfromm*, NZBau 2004, S. 375 (379).

[181] Entscheidung der EK vom 22.7.1998 in Sachen Banque Occidentale (1999/262/EG), ABl. L 103 v. 20.4.1999, S. 19, V. ii); Entscheidung der EK vom 8.9.1999 in Sachen Stardust Marine (2000/513/EG), ABl. L 206 v. 15.8.2000, S. 6, Rn. 73; *T. Jaeger*, EuZW 2008, S. 686 (686).

[182] Entscheidung der EK vom 22.7.1998 in Sachen Banque Occidentale (1999/262/EG), ABl. L 103 v. 20.4.1999, S. 19, V. ii); ferner Entscheidung der EK vom 27.2.2008 in Sachen Craiova (2008/717/EG), ABl. L 239 v. 6.9.2008, S. 12, Rn. 49; Entscheidung der EK vom 2.4.2008 in Sachen Tractorul (2008/767/EG), ABl. L 263 v. 2.10.2008, S. 5, Rn. 36; *K. Bauer*, EuZW 2001, S. 748 (755); *T. Jaeger*, EuZW 2008, S. 686 (686).

[183] Entscheidung der EK vom 22.7.1998 in Sachen Banque Occidentale (1999/262/EG), ABl. L 103 v. 20.4.1999, S. 19, V. ii); Aufforderung zur Stellungnahme der EK gemäß Art. 88 Abs. 2 EG in Sachen Bank Burgenland AG, ABl. C 28 v. 8.2.2007, S. 8, Rn. 67; Entscheidung der EK vom 27.2.2008 in Sachen Craiova (2008/717/EG), ABl. L 239 v. 6.9.2008, S. 12, Rn. 49 ff.; Entscheidung der EK vom 2.4.2008 in Sachen Tractorul (2008/767/EG), ABl. L 263 v. 2.10.2008, S. 5, Rn. 36 ff.; Entscheidung der EK vom 30.4.2008 in Sachen Bank Burgenland AG, ABl. L 239 v. 6.9.2008, S. 32, Rn. 114 ff.; *T. Jaeger*, EuZW 2007, S. 499 (501).

[184] Entscheidung der EK vom 27.2.2008 in Sachen Craiova (2008/717/EG), ABl. L 239 v. 6.9.2008, S. 12, Rn. 54; Entscheidung der EK vom 2.4.2008 in Sachen Tractorul (2008/767/ EG), ABl. L 263 v. 2.10.2008, S. 5, Rn. 41.

[185] Entscheidung der EK vom 11.4.2000 in Sachen Latte di Roma (2000/628/EG), ABl. L

schaftlich handelnden Kapitalgebers können nichtwirtschaftliche Erwägungen, zum Beispiel industrie- oder arbeitsmarktpolitische Gründe oder regionale Entwicklungsziele, die ein marktwirtschaftlich handelnder Kapitalgeber nicht akzeptieren würde, nicht als Gründe für einen niedrigeren Preis berücksichtigt werden, sondern deuten vielmehr auf das Vorliegen einer Beihilfe hin.“[186] Ausgeschlossen werden kann eine Beihilfe nur dann, wenn die in diesem Sinne marktunübliche Bedingung zu keinem niedrigeren Kaufpreis geführt hat.[187] Die weitere Konkretisierung dieser bereichsspezifischen, mitunter als das Gebot marktüblicher und sachgerechter[188] oder auch verhältnismäßiger[189] Kriterien verstandenen Vorgabe ist im Einzelnen umstritten, bedarf aber im Rahmen der vorliegenden Untersuchung keiner näheren Erörterung.[190] Als Ausdruck marktüblicher Kriterien werden schließlich angemessene Vertragslaufzeiten angesehen.[191]

Erfolgt der Zuschlag nicht auf das höchste Angebot, das in einem offenen und an keine Bedingungen geknüpften Verfahren abgegeben wurde, so kann die Adäquanz des Marktpreises nur mittels einer unabhängigen Wertermitt-

---

265 v. 19.10.2000, S. 15, Rn. 82; siehe ferner Entscheidung der EK vom 30.7.1996 in Sachen Head Tyrolia Mares (97/81/EG), ABl. L 25 v. 28.1.1997, S. 25, 7.2.6; Entscheidung der EK vom 14.10.1998 in Sachen SMC (1999/508/EG), ABl. L 198 v. 30.7.1999, S. 1, 5.2.1; Entscheidung der EK vom 8.7.1999 in Sachen Gröditzer Stahlwerke (1999/720/EG, EGKS), ABl. L 292 v. 13.11.1999, S. 27, Rn. 87; Entscheidung der EK vom 27.2.2008 in Sachen Craiova (2008/717/EG), ABl. L 239 v. 6.9.2008, S. 12, Rn. 49 ff.; Entscheidung der EK vom 2.4.2008 in Sachen Tractorul (2008/767/EG), ABl. L 263 v. 2.10.2008, S. 5, Rn. 36 ff. In der Literatur: *C. Koenig*, EuZW 2001, S. 741 (746 f.).

[186] Entscheidung der EK vom 27.2.2008 in Sachen Craiova (2008/717/EG), ABl. L 239 v. 6.9.2008, S. 12, Rn. 50; Entscheidung der EK vom 2.4.2008 in Sachen Tractorul (2008/767/EG), ABl. L 263 v. 2.10.2008, S. 5, Rn. 37.

[187] Entscheidung der EK vom 27.2.2008 in Sachen Craiova (2008/717/EG), ABl. L 239 v. 6.9.2008, S. 12, Rn. 54; Entscheidung der EK vom 2.4.2008 in Sachen Tractorul (2008/767/EG), ABl. L 263 v. 2.10.2008, S. 5, Rn. 41.

[188] *K. Bauer*, EuZW 2001, S. 748 (752); *C. Koenig*, EuZW 2001, S. 741 (746 f.); *C. Koenig / J. Kühling*, NVwZ 2003, S. 779 (782). Siehe aber auch *F. Montag / C. Leibenath*, in: Heidenhain, Hdb. Beihilfenrecht, § 28, Rn. 13 ff. *M. Dreher*, ZWeR 2005, S. 121 (131 ff.), verlangt einen Zuschlag nach Preiskriterien, nicht nach dem wirtschaftlich günstigsten Angebot.

[189] So Entscheidung der EK vom 2.10.2002 in Sachen London Underground PPP, N 264/2002, Rn. 104: "The Commission needs to analyse at this stage whether the PPP arrangements chosen are both necessary and appropriate in the light of the objectives sought. In choosing the measures to be taken, a Member State must adopt those which cause the least possible disruption to the pursuit of an economic activity." Die EK rechnet hierzu das Verbot der Überkompensation (Rn. 106 ff.).

[190] Siehe dazu *A. Bartosch*, EU-Beihilfenrecht, Art. 87 Abs. 1 EGV, Rn. 45; *C. Koenig / J. Kühling*, NVwZ 2003, S. 779 (781 ff.); *H.-J. Prieß / M. Gabriel*, NZBau 2007, S. 617 (619 f.). Für die Rückführung auf ein Diskriminierungsverbot *H. Kaelble*, Vergabeentscheidung, S. 264 f.

[191] Entscheidung der EK vom 2.10.2002 in Sachen London Underground PPP, N 264/2002, Rn. 104 f.; *M. Dreher*, ZWeR 2005, S. 121 (133).

lung festgestellt werden.[192] Dies gilt freilich dann nicht, wenn ein Marktwert bereits ex ante ermittelt wurde.[193] Rekurriert werden kann im Rahmen der Auswahl darüber hinaus auf weitere Aspekte, die auch ein marktwirtschaftlich handelnder Käufer berücksichtigt hätte, wie etwa die Transaktionssicherheit (Fähigkeit des Erwerbers zur Entrichtung des Kaufpreises), die (finanzaufsichtliche) Genehmigungsfähigkeit des Erwerbs oder Haftungsrisiken.[194]

bb) Transparenzgebot

Ein transparentes Bietverfahren setzt zunächst einmal voraus, dass alle potentiell Interessierten von dessen Durchführung erfahren, was namentlich durch eine öffentliche Bekanntmachung erreicht werden kann.[195] Freilich kann eine hinreichende Publizität auch anderweitig hergestellt werden;[196] der öffentlichen Hand ist es allerdings verwehrt, den Bewerberkreis – etwa durch eine nur selektive Ansprache – eigenmächtig einzugrenzen[197]. Kommen ausländische Unter-

---

[192] Siehe Entscheidung der EK vom 27.2.2008 in Sachen Craiova (2008/717/EG), ABl. L 239 v. 6.9.2008, S. 12, Rn. 49; Entscheidung der EK vom 2.4.2008 in Sachen Tractorul (2008/767/EG), ABl. L 263 v. 2.10.2008, S. 5, Rn. 36; Aufforderung zur Stellungnahme der EK gemäß Art. 88 Abs. 2 EG in Sachen Sachsen LB, ABl. C 71 v. 18.3.2008, S. 14, Rn. 50 f.; vgl. auch Entscheidung der EK vom 30.4.2008 in Sachen Bank Burgenland AG, ABl. L 239 v. 6.9.2008, S. 32, Rn. 104.

[193] So jedenfalls eine jüngere Entscheidung der EK zu Privatisierungen vom 30.4.2008 in Sachen Bank Burgenland AG, ABl. L 239 v. 6.9.2008, S. 32, Rn. 108 ff.; *T. Jaeger*, EuZW 2008, S. 686 (687).

[194] Entscheidung der EK vom 30.4.2008 in Sachen Bank Burgenland AG, ABl. L 239 v. 6.9.2008, S. 32, Rn. 119 ff.; *T. Jaeger*, EuZW 2008, S. 686 (689 f.).

[195] Entscheidung der EK vom 22.7.1998 in Sachen Banque Occidentale (1999/262/EG), ABl. L 103 v. 20.4.1999, S. 19, V. ii); Entscheidung der EK vom 8.9.1999 in Sachen Stardust Marine (2000/513/EG), ABl. L 206 v. 15.8.2000, S. 6, Rn. 66; Entscheidung der EK vom 2.10.2002 in Sachen London Underground PPP, N 264/2002, Rn. 81 ff.; ferner Entscheidung der EK vom 13.6.2000 in Sachen Seetransport (2000/625/EG), ABl. L 263 v. 18.10.2000, S. 17, Rn. 69; Entscheidung der EK vom 20.12.2001 in Sachen Georgsmarienhütte (2002/286, EG, EGKS), ABl. L 105 v. 20.4.2002, S. 33, Rn. 38 ff.; Entscheidung der EK vom 30.1.2002 in Sachen Gothaer Fahrzeugtechnik (2002/896/EG), ABl. L 314 v. 18.11.2002, S. 62, Rn. 28 f. Siehe auch Entscheidung der EK vom 14.10.1998 in Sachen SMC (1999/508/EG), ABl. L 198 v. 30.7.1999, S. 1, 5.2.1; Entscheidung der EK vom 25.11.1998 in Sachen InfraLeuna (1999/646/EG), ABl. L 260 v. 6.10.1999, S. 1, IV.3.3.3. In der Literatur: *K. Bauer*, EuZW 2001, S. 748 (752); *M. Dreher*, ZWeR 2005, S. 121 (130); *H. Kaelble*, Vergabeentscheidung, S. 262 f.; *C. Koenig*, EuZW 2001, S. 741 (746).

[196] Auch bei Absehen von einer öffentlichen Ausschreibung kann eine hinreichende Transparenz zu bejahen sein, insbesondere dann, wenn die Veräußerung „im Rahmen eines breitangelegten Verfahrens erfolgte, das in seiner Wirkung einer normalen öffentlichen Ausschreibung entspricht" (Entscheidung der EK vom 30.7.1996 in Sachen Head Tyrolia Mares [97/81/EG], ABl. L 25 v. 28.1.1997, S. 25, 7.2.5). Siehe ferner Entscheidung der EK vom 13.6.2000 in Sachen Kali und Salz GmbH (2001/120/EG), ABl. L 44 v. 15.2.2001, S. 39, Rn. 24 f.

[197] Entscheidung der EK vom 22.7.1998 in Sachen Banque Occidentale (1999/262/EG), ABl. L 103 v. 20.4.1999, S. 19, V. ii); Entscheidung der EK vom 8.9.1999 in Sachen Stardust

nehmen als Bewerber in Betracht, so muss eine europaweite Ausschreibung erfolgen.[198] Rekurriert die öffentliche Hand auf die förmlichen Verfahren des koordinierten EU-Vergaberechts, so können das offene, das nicht offene und das Verhandlungsverfahren mit einem vorgeschalteten Teilnahmewettbewerb als hinreichend publik angesehen werden.[199]

Des Weiteren impliziert eine transparente Verfahrensgestaltung, die potentiellen Bieter „im Voraus in klarer und transparenter Weise über die tatsächlich angewandten Kriterien einschließlich ihrer Gewichtung"[200] und den Leistungsgegenstand[201] zu unterrichten.[202] Diese Kriterien müssen dann auch dem weiteren Verfahren zugrunde gelegt werden.[203] Der Komplexität des Infrastrukturprojekts geschuldete Abweichungen von der Leistungsbeschreibung, die den Charakter des zu verwirklichenden Projekts nicht verändern dürfen, sind nur dann möglich, wenn dies allen Bietern im vornhinein bekannt ist und die Änderung in objektiver Weise erfolgt.[204]

Marine (2000/513/EG), ABl. L 206 v. 15.8.2000, S. 6, Rn. 67; Entscheidung der EK vom 30.1.2002 in Sachen Gothaer Fahrzeugtechnik (2002/896/EG), ABl. L 314 v. 18.11.2002, S. 62, Rn. 29; *A. Egger*, in: Müller-Wrede, Kompendium Vergaberecht, Kap. 33, Rn. 16; *H. Kristoferitsch*, EuZW 2006, S. 428 (430). Vgl. auch Aufforderung zur Stellungnahme der EK gemäß Art. 88 Abs. 2 EG in Sachen Sachsen LB, ABl. C 71 v. 18.3.2008, S. 14, Rn. 51.

[198] Entscheidung der EK vom 11.4.2000 in Sachen Latte di Roma (2000/628/EG), ABl. L 265 v. 19.10.2000, S. 15, Rn. 82. Ferner *K. Bauer*, EuZW 2001, S. 748 (755); *M. Dreher*, ZWeR 2005, S. 121 (130); *H. Kaelble*, Vergabeentscheidung, S. 263.

[199] Vgl. *K. Bauer*, EuZW 2001, S. 748 (753); *M. Dreher*, ZWeR 2005, S. 121 (126 ff.); *A. Egger*, Vergabe- und Privatisierungsmaßnahmen, S. 53; *C. Koenig*, EuZW 2001, S. 741 (746); *C. Koenig/J. Kühling*, NVwZ 2003, S. 779 (785 f.); *C. Koenig/R. Pfromm*, NZBau 2004, S. 375 (378).

[200] Aufforderung zur Stellungnahme der EK gemäß Art. 88 Abs. 2 EG in Sachen Bank Burgenland AG, ABl. C 28 v. 8.2.2007, S. 8, Rn. 68; in diesem Sinne bereits Entscheidung der EK vom 8.7.1999 in Sachen Gröditzer Stahlwerke (1999/720/EG, EGKS), ABl. L 292 v. 13.11.1999, S. 27, Rn. 88; ferner Entscheidung der EK vom 22.7.1998 in Sachen Banque Occidentale (1999/262/EG), ABl. L 103 v. 20.4.1999, S. 19, V. ii); Entscheidung der EK vom 13.6.2000 in Sachen Seetransport (2000/625/EG), ABl. L 263 v. 18.10.2000, S. 17, Rn. 69; Entscheidung der EK vom 30.1.2002 in Sachen Gothaer Fahrzeugtechnik (2002/896/EG), ABl. L 314 v. 18.11.2002, S. 62, Rn. 28. In der Literatur: *K. Bauer*, EuZW 2001, S. 748 (752, 755); *C. Koenig*, EuZW 2001, S. 741 (746); *C. Koenig/R. Pfromm*, NZBau 2004, S. 375 (378 f.).

[201] Entscheidung der EK vom 12.7.2000 in Sachen Scott Paper SA (2002/14/EG), ABl. L 12 v. 15.1.2002, S. 1, Rn. 146; *M. Heidenhain*, in: ders., Hdb. Beihilfenrecht, § 9, Rn. 11; *C. Koenig/R. Pfromm*, NZBau 2004, S. 375 (378 f.).

[202] Siehe auch Entscheidung der EK vom 27.2.2008 in Sachen Craiova (2008/717/EG), ABl. L 239 v. 6.9.2008, S. 12, Rn. 49; Entscheidung der EK vom 2.4.2008 in Sachen Tractorul (2008/767/EG), ABl. L 263 v. 2.10.2008, S. 5, Rn. 36; *T. Jaeger*, EuZW 2007, S. 499 (501); *H. Kristoferitsch*, EuZW 2006, S. 428 (430).

[203] Entscheidung der EK vom 22.7.1998 in Sachen Banque Occidentale (1999/262/EG), ABl. L 103 v. 20.4.1999, S. 19, V. ii). In der Literatur: *K. Bauer*, EuZW 2001, S. 748 (753).

[204] Entscheidung der EK vom 2.10.2002 in Sachen London Underground PPP, N 264/2002, Rn. 86 ff.; *M. Dreher*, ZWeR 2005, S. 121 (130); *C. Koenig/J. Wetzel*, EWS 2006, S. 145 (147 ff.).

Schließlich verlangt das Transparenzgebot, das Bietverfahren hinreichend aussagekräftig zu dokumentieren[205] und Vergabeentscheidungen zu begründen[206].

cc) Vergabe im Wettbewerb und Gleichbehandlung der Bieter

Schlussendlich bietet das Verteilungsverfahren nur dann Gewähr für ein marktkonformes Ergebnis, wenn die Vergabe im Wettbewerb und unter Gleichbehandlung der Bewerber erfolgt ist. Es sind angemessene,[207] als Ausschlussfristen[208] ausgestaltete Bewerbungsfristen vorzusehen; im Ausschreibungsverfahren ist die Neutralität gegenüber den Bewerbern zu wahren,[209] etwa hinsichtlich der Informationserteilung[210]. Abgegebene Angebote müssen als verbindlich behandelt werden, was einer späteren Abänderung entgegensteht.[211] Angesichts der oftmals anzutreffenden Komplexität der Transaktionen, wie etwa von Unternehmensveräußerungen, steht der Gleichbehandlungsgrundsatz allerdings nicht Verhandlungen mit aus dem Bewerberkreis ausgewählten Bietern entgegen, so die Ermittlung des Bewerberkreises auf einem hinreichend publizierten Verfahren beruht.[212]

---

[205] *K. Bauer*, EuZW 2001, S. 748 (756).

[206] *K. Bauer*, EuZW 2001, S. 748 (756).

[207] Entscheidung der EK vom 30.1.2002 in Sachen Gothaer Fahrzeugtechnik (2002/896/EG), ABl. L 314 v. 18.11.2002, S. 62, Rn. 28; *K. Bauer*, EuZW 2001, S. 748 (755); *M. Dreher*, ZWeR 2005, S. 121 (129); *H. Kaelble*, Vergabeentscheidung, S. 263; *C. Koenig / R. Pfromm*, NZBau 2004, S. 375 (378).

[208] *K. Bauer*, EuZW 2001, S. 748 (755).

[209] Entscheidung der EK vom 22.7.1998 in Sachen Banque Occidentale (1999/262/EG), ABl. L 103 v. 20.4.1999, S. 19, V. ii); Entscheidung der EK vom 8.9.1999 in Sachen Stardust Marine (2000/513/EG), ABl. L 206 v. 15.8.2000, S. 6, Rn. 68 ff.; Entscheidung der EK vom 20.12.2001 in Sachen Georgsmarienhütte (2002/286, EG, EGKS), ABl. L 105 v. 20.4.2002, S. 33, Rn. 44 f.; Aufforderung zur Stellungnahme der EK gemäß Art. 88 Abs. 2 EG in Sachen Bank Burgenland AG, ABl. C 28 v. 8.2.2007, S. 8, Rn. 66; Entscheidung der EK vom 27.2.2008 in Sachen Craiova (2008/717/EG), ABl. L 239 v. 6.9.2008, S. 12, Rn. 67 ff. Zur Problematik des Verkaufs an verbundene Unternehmen bzw. Insider *K. Bauer*, EuZW 2001, S. 748 (753 f.).

[210] Entscheidung der EK vom 27.2.2008 in Sachen Craiova (2008/717/EG), ABl. L 239 v. 6.9.2008, S. 12, Rn. 70; *K. Bauer*, EuZW 2001, S. 748 (751 f.); *M. Dreher*, ZWeR 2005, S. 121 (131); *A. Egger*, in: Müller-Wrede, Kompendium Vergaberecht, Kap. 33, Rn. 16; *C. Koenig / R. Pfromm*, NZBau 2004, S. 375 (378); *C. Koenig / J. Wetzel*, EWS 2006, S. 145 (147).

[211] *K. Bauer*, EuZW 2001, S. 748 (755).

[212] Entscheidung der EK vom 2.10.2002 in Sachen London Underground PPP, N 264/2002, Rn. 81 ff.; vgl. auch Entscheidung der EK vom 27.2.2008 in Sachen Craiova (2008/717/EG), ABl. L 239 v. 6.9.2008, S. 12, Rn. 77 ff.; *K. Bauer*, EuZW 2001, S. 748 (753, 756); *H. Berger*, ZfBR 2002, S. 134 (138); *M. Dreher*, ZWeR 2005, S. 121 (128 f.); *H. Kaelble*, Vergabeentscheidung, S. 266 f.; *C. Koenig*, EuZW 2001, S. 741 (746).

dd) Exkurs: De-minimis-Ausnahme

Als für die Praxis bedeutsame Ausnahme sei abschließend auf die De-minimis-Verordnung der Kommission[213] hingewiesen, nach der Zuwendungen an ein Unternehmen, deren Gesamtsumme in einem Zeitraum von drei Steuerjahren 200.000 Euro nicht übersteigt, wegen ihrer Geringwertigkeit nicht vom unionsrechtlichen Beihilfenverbot erfasst sind (Art. 2 VO [EG] 1998/2006). Diese Ausnahme greift allerdings nur für transparente Beihilfen, bei denen „das Bruttosubventionsäquivalent im Voraus genau berechnet werden kann, ohne dass eine Risikobewertung erforderlich ist" (Art. 2 Abs. 4 VO [EG] 1998/2006). Vermag erst ein Bietverfahren Aufschluss über den Marktpreis zu geben, greift die De-minimis-Regelung mangels Transparenz nicht.

4. Die diskriminierungsfreie Verteilung als Anforderung des europäischen Wettbewerbs- und Kartellrechts

Das in den Art. 101 ff. AEUV verankerte unionale Wettbewerbs- und Kartellrecht untersagt marktbeherrschenden Unternehmen bestimmte einseitige, wettbewerbsbeschränkende Verhaltensweisen. Für die Verteilungsproblematik von besonderer Bedeutung ist das wettbewerbsrechtliche Missbrauchsverbot des Art. 102 AEUV, das der „missbräuchliche[n] Ausnutzung einer beherrschenden Stellung auf dem Binnenmarkt oder auf einem wesentlichen Teil desselben durch ein oder mehrere Unternehmen [entgegensteht], soweit dies dazu führen kann, den Handel zwischen Mitgliedstaaten zu beeinträchtigen". Dieses Verhaltensgebot kann nämlich den Staat, so er unternehmerisch handelt (a) und ihm eine beherrschende Stellung auf dem jeweiligen Markt zukommt (b), zu einer diskriminierungsfreien Güterverteilung anhalten (c).[214]

a) Der Staat als Unternehmer bei der Güterverteilung

Die Anwendbarkeit der kartell- und wettbewerbsrechtlichen Normen des Vertrags über die Arbeitsweise der EU setzt zunächst einmal voraus, dass der Staat als Unternehmer i.S.d. unionsrechtlichen Wettbewerbsrechts handelt. Nach dem funktionalen Unternehmensbegriff bestimmt sich dies danach, ob der Staat eine wirtschaftliche Tätigkeit ausübt.[215] Hierfür spielt die Rechtsnatur der

---

[213] VO (EG) Nr. 1998/2006 der Kommission vom 15. Dezember 2006 über die Anwendung der Artikel 87 und 88 EG-Vertrag auf De-minimis-Beihilfen, ABl. L 379 vom 28.12.2006, S. 5.

[214] *P. M. Huber*, Konkurrenzschutz, S. 449 f., misst den öffentlich-rechtlichen Bindungen der öffentlichen Hand allerdings Vorrang vor dem Wettbewerbsrecht zu.

[215] EuGH, Rs. C-205/03 P, Slg. 2006, I-6295, Rn. 25 – Fenin; verb. Rs. C-264/01, C-306/01, C-354/01 und C-355/01, Slg. 2004, I-2493, Rn. 46 – AOK Bundesverband u.a.; Rs. C-35/96, Slg. 1998, I-3851, Rn. 36 – EK / Italien; Rs. C-41/90, Slg. 1991, I-1979, Rn. 21 –

staatlichen Einrichtung, die Rechtsform ihrer Handlungen und ihre Finanzierung keine Rolle.[216] Allerdings impliziert die Ausübung einer wirtschaftlichen Tätigkeit „das Anbieten von Gütern oder Dienstleistungen auf einem bestimmten Markt".[217]

Hieraus folgt zweierlei: Zum einen kann die staatliche Beschaffungstätigkeit nur dann als wettbewerbsrechtlich relevant qualifiziert werden, wenn der Staat die erworbenen Güter respektive Dienstleistungen später als Anbieter weiterverwendet.[218] Zum anderen scheidet die Anwendbarkeit des Wettbewerbs- und Kartellrechts dort aus, wo der Staat nicht als Marktakteur, sondern hoheitlich handelt. Letzteres gilt für Bereiche, in denen eine Konkurrenz mit privaten Wettbewerbern fehlt, die Tätigkeit mithin ihrer Art nach für den Staat charakteristisch ist und nur von diesem ausgeübt werden kann.[219] Indizcharakter kommt insoweit der Gewinnerzielungsabsicht zu;[220] abgestellt werden kann ferner auf die Wahrnehmung von im Allgemeininteresse liegenden Aufgaben[221]. Demnach ist etwa die Erteilung von Konzessionen und Genehmigungen nur dann vom Wettbewerbsrecht erfasst, wenn der Staat insoweit erwerbswirtschaftliche Zwecke verfolgt.

Abschließend noch eine Anmerkung zur Bindung des Staates an das Kartellrecht: Für den Staat als Unternehmer gelten die Art. 101 ff. AEUV unmittelbar;

Höfner und Elser; EuG, Rs. T-319/99, Slg. 2003, II-357, Rn. 35 – Fenin; *A. Egger,* Europäisches Vergaberecht, Rn. 224; *T. Eilmansberger,* in: Streinz, vor Art. 81, Rn. 21 ff.; *W. Weiß,* in: Calliess/Ruffert, EUV/EGV, Art. 81, Rn. 25 ff.

[216] EuGH, Rs. C-205/03 P, Slg. 2006, I-6295, Rn. 25 – Fenin; verb. Rs. C-264/01, C-306/01, C-354/01 und C-355/01, Slg. 2004, I-2493, Rn. 46 – AOK Bundesverband u.a.; Rs. C-35/96, Slg. 1998, I-3851, Rn. 36 – EK/Italien; Rs. C-41/90, Slg. 1991, I-1979, Rn. 21 – Höfner und Elser; Rs. C-49/07, Slg. 2008, I-4863, Rn. 21 – MOTOE; EuG, Rs. T-319/99, Slg. 2003, II-357, Rn. 35 – Fenin; *A. Egger,* Europäisches Vergaberecht, Rn. 224 f.; *W. Weiß,* in: Calliess/Ruffert, EUV/EGV, Art. 81, Rn. 25 ff.

[217] EuGH, Rs. C-205/03 P, Slg. 2006, I-6295, Rn. 25 – Fenin; ferner Rs. C-343/95, Slg. 1997, I-1547, Rn. 16 – Calì; Rs. C-35/96, Slg. 1998, I-3851, Rn. 36 – EK/Italien; Rs. C-82/01 P, Slg. 2002, I-9297, Rn. 79 – Aéroports de Paris; Rs. C-49/07, Slg. 2008, I-4863, Rn. 22 – MOTOE; EuG, Rs. T-319/99, Slg. 2003, II-357, Rn. 36 f. – Fenin.

[218] EuGH, Rs. C-205/03 P, Slg. 2006, I-6295, Rn. 26 – Fenin; EuG, Rs. T-319/99, Slg. 2003, II-357, Rn. 36 f. – Fenin; *A. Egger,* Europäisches Vergaberecht, Rn. 226; *T. Eilmansberger,* in: Streinz, vor Art. 81, Rn. 27; *N. Meyer,* Beschaffung, S. 132 ff. Anders *W. Frenz,* Beihilfe- und Vergaberecht, Rn. 1766 ff.; *A. Scheffler,* EuZW 2006, S. 601 (601 f.).

[219] EuGH, Rs. 94/74, Slg. 1975, 699, Rn. 33/35 – INAV; Rs. 30/87, Slg. 1988, 2479, Rn. 18 – Bodson; Rs. C-343/95, Slg. 1997, I-1547, Rn. 16 ff. – Calì; Rs. C-82/01 P, Slg. 2002, I-9297, Rn. 74 ff. – Aéroports de Paris; Rs. C-49/07, Slg. 2008, I-4863, Rn. 24 – MOTOE; *T. Eilmansberger,* in: Streinz, vor Art. 81, Rn. 26; *G. Hitzler,* GewArch 1981, S. 360 (361); *C. Koenig,* Verteilungslenkung, S. 40 ff.; *ders./K. Hentschel,* ZIP 2005, S. 1937 (1942); *D. Kupfer,* Verteilung, S. 239 ff.; *K. W. Lange,* EuR 2008, S. 3 (4 f.); *J. P. Terhechte,* in: ders., Kartellrecht, 3.40; *W. Weiß,* in: Calliess/Ruffert, EUV/EGV, Art. 81, Rn. 29, 32.

[220] EuGH, verb. Rs. C-264/01, C-306/01, C-354/01 und C-355/01, Slg. 2004, I-2493, Rn. 47 ff. – AOK Bundesverband u.a.

[221] EuGH, Rs. C-343/95, Slg. 1997, I-1547, Rn. 22 – Calì.

verpflichtet die öffentliche Hand Unternehmen zu einem wettbewerbswidrigen Verhalten – bestehende Entscheidungsfreiräume sind freilich in Einklang mit dem Wettbewerbsrecht auszufüllen[222] –, ist das letzteren zwar nicht als Wettbewerbsrechtsverstoß anzulasten;[223] allerdings untersagen die Art. 4 Abs. 3 i.V.m. 3 Abs. 3 S. 1[224] EUV, 101 ff. AEUV dem Staat, entsprechende Regelungen zu erlassen respektive anzuwenden[225].

b) Marktbeherrschende Stellung

Das unionale Wettbewerbsrecht verlangt des Weiteren eine marktbeherrschende Stellung des Unternehmens im Binnenmarkt oder in einem wesentlichen Teil desselben.

Deren Feststellung erfordert zunächst eine Bestimmung des sachlich und räumlich relevanten Marktes.[226] Maßgeblich für die Abgrenzung des relevanten Marktes in sachlicher Hinsicht ist die Substituierbarkeit der von ihm erfassten Produkte; es sind mithin alle Produkte zusammenzufassen, „die sich aufgrund ihrer Merkmale zur Befriedigung eines gleichbleibenden Bedarfs besonders eignen und mit anderen Erzeugnissen nur in geringem Maße austauschbar sind."[227] Dabei „kann sich die Prüfung nicht auf die objektiven Merkmale der in Rede stehenden Erzeugnisse beschränken, sondern es müssen auch die Wettbewerbsbedingungen sowie die Struktur der Nachfrage und des Angebots auf

---

[222] EuGH, Rs. 7/82, Slg. 1983, 483, Rn. 53 – GVL.

[223] Siehe etwa EuGH, Rs. C-198/01, Slg. 2003, I-8055, Rn. 51 – CIF.

[224] Obgleich das Ziel, ein System des unverfälschten Wettbewerbs zu schaffen, nicht mehr ausdrücklich in der Zielbestimmung des Art. 3 EUV genannt ist (vgl. demgegenüber Art. 3 Abs. 1 lit. g EG), stellt das – dem Primärrecht gemäß Art. 51 EUV zuzurechnende – Protokoll Nr. 27 über den Binnenmarkt und den Wettbewerb klar, „dass der Binnenmarkt, wie er in Artikel 3 des Vertrags über die Europäische Union beschrieben wird, ein System umfasst, das den Wettbewerb vor Verfälschungen schützt".

[225] Siehe nur EuGH, Rs. C-35/99, Slg. 2002, I-1529, Rn. 34 – Arduino: „Artikel [101 AEUV] betrifft zwar an sich nur das Verhalten von Unternehmen und nicht durch Gesetz oder Verordnung getroffene Maßnahmen der Mitgliedstaaten; in Verbindung mit Artikel [4 Abs. 3 EUV] verbietet er es jedoch den Mitgliedstaaten, Maßnahmen, auch in Form von Gesetzen oder Verordnungen, zu treffen oder beizubehalten, die die praktische Wirksamkeit der für die Unternehmen geltenden Wettbewerbsregeln aufheben könnten"; ferner Rs. 13/77, Slg. 1977, 2115, Rn. 30 ff. – GB-Inno-BM; Rs. 267/86, Slg. 1988, 4769, Rn. 16 – Van Eycke; Rs. C-49/07, Slg. 2008, I-4863, Rn. 49 f. – MOTOE. Umfassend (und kritisch) dazu *K. W. Lange,* EuR 2008, S. 3.

[226] EuGH, Rs. 27/76, Slg. 1978, 207, Rn. 10 f. – United Brands / EK; Rs. 247/86, Slg. 1988, 5987, Rn. 13 – Alsatel; Rs. C-7/97, Slg. 1998, I-7791, Rn. 32 – Bronner; Rs. C-49/07, Slg. 2008, I-4863, Rn. 31 – MOTOE; *W. Weiß,* in: Calliess / Ruffert, EUV / EGV, Art. 82, Rn. 5.

[227] EuGH, Rs. 322/81, Slg. 1983, 3461, Rn. 37 – Michelin / EK; ferner Rs. C-7/97, Slg. 1998, I-7791, Rn. 32 – Bronner; Rs. C-49/07, Slg. 2008, I-4863, Rn. 32 – MOTOE. Siehe näher *H. Schröter,* in: von der Groeben / Schwarze, Art. 82, Rn. 130 ff.; *W. Weiß,* in: Calliess / Ruffert, EUV / EGV, Art. 81, Rn. 91 ff.

dem Markt in Betracht gezogen werden."[228] In räumlicher Hinsicht wird der relevante Markt durch hinreichend homogene Wettbewerbsbedingungen abgegrenzt.[229]

Ein Unternehmen hat dann eine marktbeherrschende Stellung inne, wenn ihm eine wirtschaftliche Machtstellung zukommt, die es „in die Lage versetzt, die Aufrechterhaltung eines wirksamen Wettbewerbs auf dem relevanten Markt zu verhindern, indem sie ihm die Möglichkeit verschafft, sich seinen Wettbewerbern und seinen Abnehmern gegenüber in einem nennenswerten Umfang unabhängig zu verhalten."[230] Diese Unabhängigkeit spiegelt sich namentlich darin wider, dass das Unternehmen in der Lage ist, die Wettbewerbsbedingungen „zu bestimmen oder wenigstens merklich zu beeinflussen".[231] Eine derartige Marktstellung kann allen voran aufgrund eines entsprechend hohen Marktanteils des Unternehmens angenommen werden;[232] des Weiteren zu berücksichtigen ist die jeweilige Marktstruktur[233] sowie die etwaige Inhaberschaft von Ausschließlichkeitsrechten[234].

Die beherrschende Stellung muss sich schließlich auf den Binnenmarkt oder einen wesentlichen Teil desselben beziehen. Die Wesentlichkeit eines Teilmarktes bestimmt sich nach dessen Bedeutung für den Binnenmarkt, wobei entscheidend nicht auf dessen räumliche Ausdehnung, sondern auf „Struktur und Umfang der Produktion und des Verbrauchs des in Betracht kommenden Erzeugnisses sowie die Gewohnheiten und die wirtschaftlichen Möglichkeiten der Verkäufer und der Käufer" abzustellen ist.[235] Wesentlicher Teil des Binnen-

---

[228] EuGH, Rs. 322/81, Slg. 1983, 3461, Rn. 37 – Michelin / EK; ferner Rs. C-49/07, Slg. 2008, I-4863, Rn. 32 – MOTOE; *W. Weiß*, in: Calliess / Ruffert, EUV / EGV, Art. 81, Rn. 91 ff.

[229] EuGH, Rs. 27/76, Slg. 1978, 207, Rn. 10 f., 44 – United Brands / EK; Rs. 247/86, Slg. 1988, 5987, Rn. 12 – Alsatel; Rs. C-49/07, Slg. 2008, I-4863, Rn. 34 – MOTOE; *H. Schröter*, in: von der Groeben / Schwarze, Art. 82, Rn. 146 ff.; *W. Weiß*, in: Calliess / Ruffert, EUV / EGV, Art. 81, Rn. 93.

[230] EuGH, Rs. 247/86, Slg. 1988, 5987, Rn. 12 – Alsatel; ferner Rs. 27/76, Slg. 1978, 207, Rn. 63 ff. – United Brands / EK; Rs. 85/76, Slg. 1979, 461, Rn. 38 – Hoffmann-La Roche; Rs. 322/81, Slg. 1983, 3461, Rn. 37 – Michelin / EK; Rs. C-49/07, Slg. 2008, I-4863, Rn. 37 – MOTOE; *W. Weiß*, in: Calliess / Ruffert, EUV / EGV, Art. 82, Rn. 7 ff.

[231] EuGH, Rs. 85/76, Slg. 1979, 461, Rn. 38 – Hoffmann-La Roche; *W. Weiß*, in: Calliess / Ruffert, EUV / EGV, Art. 82, Rn. 9.

[232] EuGH, Rs. 27/76, Slg. 1978, 207, Rn. 97 ff. – United Brands / EK; Rs. 85/76, Slg. 1979, 461, Rn. 39 ff. – Hoffmann-La Roche; *W. Weiß*, in: Calliess / Ruffert, EUV / EGV, Art. 82, Rn. 10 ff.

[233] EuGH, Rs. 85/76, Slg. 1979, 461, Rn. 40 f. – Hoffmann-La Roche; *W. Weiß*, in: Calliess / Ruffert, EUV / EGV, Art. 82, Rn. 13.

[234] EuGH, Rs. C-49/07, Slg. 2008, I-4863, Rn. 38 – MOTOE; *W. Weiß*, in: Calliess / Ruffert, EUV / EGV, Art. 82, Rn. 14.

[235] EuGH, verb. Rs. 40–48, 50, 54–56, 111, 113 und 114/73, Slg. 1975, 1663, Rn. 371 ff. – Suiker Unie; *T. Eilmansberger*, in: Streinz, Art. 82, Rn. 18; *H. Schröter*, in: von der Groeben / Schwarze, Art. 82, Rn. 156 ff.; *W. Weiß*, in: Calliess / Ruffert, EUV / EGV, Art. 82, Rn. 22.

marktes sind jedenfalls die einzelnen Märkte der Mitgliedstaaten, auch die der kleineren;[236] bei hinreichender Bedeutung können auch regional radizierte Märkte einen wesentlichen Teil des Binnenmarktes konstituieren[237].

c) Die Pflicht zur wettbewerblichen Güterverteilung qua *kartellrechtlicher Missbrauchstatbestände*

Angesichts der in Verteilungsverfahren zu verarbeitenden Aufgabe, knappe Güter nach (sach-)gerechten Kriterien und Verfahren zuzuteilen, stellt sich die Frage, inwieweit dem wettbewerbsrechtlichen Missbrauchsverbot des Art. 102 AEUV entsprechende Anforderungen zu entnehmen sind. Diese Frage hat bislang, anders als die später noch ausführlich zu erörternde Parallelproblematik im nationalen Wettbewerbsrecht,[238] weder im Schrifttum noch in der Rechtsprechung des EuGH oder der Entscheidungspraxis der Kommission eine besondere Aufmerksamkeit erfahren.[239] Nichtsdestoweniger finden sich auch im unionalen Wettbewerbsrecht Ansatzpunkte für die Bewältigung von Verteilungskonflikten. So enthalten die Regelbeispiele des Art. 102 UAbs. 2 AEUV ein spezielles wettbewerbsrechtliches Diskriminierungsverbot: Nach diesem kann der Missbrauch einer marktbeherrschenden Stellung in „der Anwendung unterschiedlicher Bedingungen bei gleichwertigen Leistungen gegenüber Handelspartnern, wodurch diese im Wettbewerb benachteiligt werden", bestehen (Art. 102 UAbs. 2 lit. c AEUV). Auch im Übrigen[240] ist die unterschiedliche Be-

---

[236] EuGH, Rs. 247/86, Slg. 1988, 5987, Rn. 23 – Alsatel; *T. Eilmansberger*, in: Streinz, Art. 82, Rn. 18; *W. Weiß*, in: Calliess/Ruffert, EUV/EGV, Art. 82, Rn. 22.

[237] *T. Eilmansberger*, in: Streinz, Art. 82, Rn. 18; *W. Weiß*, in: Calliess/Ruffert, EUV/EGV, Art. 82, Rn. 22. Siehe etwa EuGH, Rs. C-179/90, Slg. 1991, I-5889, Rn. 15 – Porto di Genova: Hafen von Genua wesentlicher Teil des Gemeinsamen Marktes (ebenso Rs. C-18/93, Slg. 1994, I-1783, Rn. 41 – Corsica Ferries); Rs. C-475/99, Slg. 2001, I-8089, Rn. 37 f. – Ambulanz Glöckner: Krankentransporte im Bundesland Rheinland-Pfalz. Eine nur regionale Bedeutung genügt nicht: Rs. 247/86, Slg. 1988, 5987, Rn. 18 f. – Alsatel.

[238] Siehe unten, C.II.

[239] So auch *W. Spannowsky*, GewArch 1995, S. 265 (269 f.).

[240] Ob die Nichtberücksichtigung von Marktteilnehmern unter das Regelbeispiel des Art. 102 UAbs. 2 lit. c AEUV oder die Generalklausel (Art. 102 UAbs. 1 AEUV) fällt, hängt davon ab, ob man von ersterem auch Beziehungen zu potentiellen Handelspartnern für erfasst erachtet (so *W. Weiß*, in: Calliess/Ruffert, EUV/EGV, Art. 82, Rn. 55 f.; a.A. *H. Schröter*, in: von der Groeben/Schwarze, Art. 82, Rn. 224). Denkbar wäre schließlich auch eine Subsumtion unter das Regelbeispiel der Absatzeinschränkung (Art. 102 UAbs. 2 lit. b AEUV), was allerdings den Nachweis eines Schadens für die Verbraucher voraussetzt (wegen der damit einhergehenden Beschränkung des Missbrauchstatbestands ablehnend *W. Weiß*, a.a.O., Rn. 55 m. Fn. 137). Die Einordnung in der Rechtsprechung des EuGH ist nicht eindeutig, vgl. nur Rs. 27/76, Slg. 1978, 207, Rn. 182 f. – United Brands/EK (heutiger Art. 102 UAbs. 2 lit. a und b AEUV bei Abbruch bestehender Geschäftsbeziehungen); Rs. 7/82, Slg. 1983, 483, Rn. 53 – GVL (zumindest von Art. 102 UAbs. 1 AEUV erfasst); Rs. C-147 und 148/97, Slg. 2000, I-825, Rn. 59 f. – Deutsche Post AG (Art. 102 AEUV, insbesondere UAbs. 2 lit. b und c). Mit der Zuordnung sind allerdings keine Unterschiede in der Sache verbunden.

handlung von Unternehmen beim Angebot respektive der Nachfrage von Gütern am Missbrauchsverbot des Art. 102 AEUV zu messen, nämlich an der Generalklausel des ersten Unterabsatzes von Art. 102 AEUV.[241] Für das Problem der Geschäftsverweigerung, d.h. der abgelehnten Aufnahme bzw. des Abbruchs von Handelsbeziehungen, und des Zugangs zur Infrastruktur eines Unternehmens wurden diese Tatbestände bereits fruchtbar gemacht.[242] Der Hintergrund jener Sachverhalte ist freilich meist ein anderer, nämlich die Wahrung eigener wettbewerblicher Interessen des marktbeherrschenden Unternehmens gegenüber Konkurrenten.[243] Immerhin ist die Grundkonstellation mit der Zuteilung knapper Güter vergleichbar, steht doch auch hier die Ungleichbehandlung von (potentiellen) Handelspartnern inmitten.

Von einer wettbewerbswidrigen Diskriminierung kann freilich nur dann die Rede sein, wenn sich die Interessenten in einer vergleichbaren Lage befinden und sich die unterschiedliche Behandlung auch im Übrigen als sachlich nicht gerechtfertigt darstellt.[244] Letzteres erfordert eine Abwägung der widerstreitenden Interessen – hier: die positive und negative Vertragsfreiheit des marktbeherrschenden Unternehmens gegenüber den Marktzugangsinteressen der Bewerber –, bei der dem Unionsziel eines unverfälschten Wettbewerbs (Art. 3 Abs. 3 S. 1 EUV i.V.m. Protokoll 27, Art. 101 ff. AEUV) Rechnung zu tragen ist.[245] Bei der daraus abzuleitenden Ermittlung des wettbewerbsrechtlichen Rahmens der staatlichen Verteilungstätigkeit zu unterscheiden sind die Problematik der Knappheit und des Umgangs mit ihr.

Zu ersterem: Resultiert die Nichtberücksichtigung aus einem knappen Angebot bzw. einer nur begrenzten Nachfrage nach Gütern, so ist dies mit Blick auf die wirtschaftliche Dispositionsfreiheit grundsätzlich wettbewerbsrechtlich nicht zu beanstanden.[246] Dies gilt freilich dann nicht, wenn die Knappheit gezielt als Instrument zur Wettbewerbsbehinderung eingesetzt wird, etwa um unangemessene Geschäftsbedingungen zu erzwingen (vgl. Art. 102 UAbs. 2 lit. a AEUV) oder die Erzeugung bzw. den Absatz zum Schaden der

---

[241] Siehe nur *H. Schröter*, in: von der Groeben/Schwarze, Art. 82, Rn. 249 ff.

[242] Ausführlich dazu *T. Eilmansberger*, in: Streinz, Art. 82, Rn. 39 ff.; *H. Schröter*, in: von der Groeben/Schwarze, Art. 82, Rn. 251 ff. Siehe ferner *W. Weiß*, in: Calliess/Ruffert, EUV/EGV, Art. 82, Rn. 54 ff.

[243] Siehe etwa den Sachverhalt in EuGH, Rs. 311/84, Slg. 1985, 3261 – Télémarketing, oder in Rs. C-7/97, Slg. 1998, I-7791 – Bronner; ferner *T. Eilmansberger*, in: Streinz, Art. 82, Rn. 40; *W. Weiß*, in: Calliess/Ruffert, EUV/EGV, Art. 82, Rn. 60 f.

[244] *H. Schröter*, in: von der Groeben/Schwarze, Art. 82, Rn. 251; *W. Weiß*, in: Calliess/Ruffert, EUV/EGV, Art. 82, Rn. 59.

[245] *H. Schröter*, in: von der Groeben/Schwarze, Art. 82, Rn. 251. Zum fortgeltenden Ziel eines unverfälschten Wettbewerbs bereits oben, Fn. 224.

[246] Vgl. auch EuGH, Rs. 77/77, Slg. 1978, 1513, Rn. 29 ff. – BP, für den Fall natürlicher Knappheit. Ferner *T. Eilmansberger*, in: Streinz, Art. 82, Rn. 42. Siehe aber für eine wettbewerbsrechtliche Pflicht des Flughafenbetreibers zu einer effizienten Nutzung der Kapazitäten: *D. Kupfer*, ZLW 2005, S. 513 (521 f.).

Verbraucher einzuschränken (vgl. Art. 102 UAbs. 2 lit. b AEUV). Mutatis mutandis gilt dies auch für die Definition des Leistungsgegenstands, bei der dem marktbeherrschenden Unternehmen ebenfalls eine weit reichende Dispositionsfreiheit zuzusprechen ist.

Auf der dem nachgelagerten Ebene der Bewältigung der Knappheit lassen sich materielle und prozedurale Anforderungen formulieren: In materieller Hinsicht ist das Unternehmen nicht zu einer Pro-rata-Verteilung des knappen Guts verpflichtet,[247] sondern darf zwischen den Bewerbern auf der Basis sachgerechter Vergabekriterien differenzieren[248]. Darüber hinaus darf das Verteilungsverfahren keine ungerechtfertigten Zugangsbarrieren aufstellen. Weiter konkretisiert wurde dieser abstrakte Rahmen, wie bereits erwähnt, bislang noch nicht. Die Vorgaben, die sich für das nationale Kartellrecht herausgebildet haben, bieten allerdings Anhaltspunkte auch für eine entsprechende Fortentwicklung des unionalen Wettbewerbsrechts.[249]

Zu berücksichtigen ist schließlich, dass der Missbrauchstatbestand nur dann erfüllt ist, wenn die Maßnahme geeignet ist, den zwischenstaatlichen Handel zu beeinträchtigen[250]. Hierbei sind die Konsequenzen des missbräuchlichen Verhaltens für „die Struktur eines wirksamen Wettbewerbs im Gemeinsamen Markt zu berücksichtigen".[251] In wirtschaftlich relevanten Verteilungssituationen begründet werden kann dies oftmals mit einer in der Aufstellung von Marktzutrittsbarrieren liegenden Beeinträchtigung der Marktfreiheiten.[252]

II. Verteilungsprinzipien in europäisierten Verteilungsverfahren

Die Entfaltung des unionsrechtlichen Rahmens staatlicher Verteilungstätigkeit wäre unvollkommen, beschränkte sie sich auf die eben untersuchten bereichsübergreifenden Vorgaben des Primärrechts. Denn diese haben Eingang in zahlreiche Sekundärrechtsakte gefunden, die sich mit der Verteilung knapper Güter

---

[247] EuGH, Rs. 77/77, Slg. 1978, 1513, Rn. 29 ff. – BP; *T. Eilmansberger*, in: Streinz, Art. 82, Rn. 42.

[248] Vgl. EuGH, Rs. 7/82, Slg. 1983, 483, Rn. 54 ff. – GVL; *W. Weiß*, in: Calliess/Ruffert, EUV/EGV, Art. 82, Rn. 59.

[249] Siehe unten, C.II.3.

[250] Str. ist, ob die Handelsbeeinträchtigung spürbar sein muss, vgl. dazu *H. Schröter*, in: von der Groeben/Schwarze, Art. 82, Rn. 301; *W. Weiß*, in: Calliess/Ruffert, EUV/EGV, Art. 82, Rn. 72.

[251] Siehe nur EuGH, Rs. 30/87, Slg. 1988, 2479, Rn. 24 – Bodson. Ferner *T. Eilmansberger*, in: Streinz, Art. 82, Rn. 79, Art. 81, Rn. 28 ff.; *W. Weiß*, in: Calliess/Ruffert, EUV/EGV, Art. 82, Rn. 69.

[252] Siehe *W. Weiß*, in: Calliess/Ruffert, EUV/EGV, Art. 82, Rn. 71.

befassen.[253] Freilich kann diesen bereichsspezifischen Regelungen des Gemeinschaftsgesetzgebers weder ein allgemeiner Geltungsanspruch beigemessen werden, noch dürfen sie als Ausdruck eines primärrechtlich zwingend gebotenen Mindeststandards missverstanden werden. Nichtsdestoweniger spiegeln sie Grundmuster für den Umgang mit Verteilungskonflikten durch das Unionsrecht wider,[254] auf die sich das Erkenntnisinteresse dieses Abschnitts richtet.

Fruchtbare Referenzgebiete stellen neben dem Prototyp des Verteilungsverfahrens, dem koordinierten EU-Vergaberecht (1.), verschiedene Sekundärrechtsakte dar, die auf die Öffnung der nationalen Dienstleistungsmärkte zielen (2.), und zwar sowohl sektorübergreifend wie die Dienstleistungsrichtlinie 2006/123/EG (a) als auch sektorspezifisch wie der einheitliche Rechtsrahmen für Dienstleistungen im Bereich der elektronischen Kommunikation (b), das Port-Package (c), die Verordnung über Dienstleistungen im Bereich des öffentlichen Personenverkehrs auf Schiene und Straße (d) sowie die luftverkehrsrechtlichen Regelungen zu Bodenabfertigungsdiensten auf Flughäfen der Gemeinschaft (e) und zur Slot-Vergabe (f).[255] Angesichts ihrer marktöffnenden Zielsetzung sind diese Sekundärrechtsakte in erster Linie der Verwirklichung der Marktfreiheiten verpflichtet; mitunter fließen aber auch andere Aspekte des eben entwickelten primärrechtlichen Verteilungsregimes ein, etwa beihilfenrechtliche Aspekte im Kontext der Personenverkehrsverordnung.

---

[253] Von einer Erlahmung der „sekundärrechtlichen Expansion des Ausschreibungsmodells" spricht allerdings *J. Kühling*, WiVerw 2008, S. 239 (243).

[254] Konvergenzen konstatieren auch *M. Cornils*, in: Schlachter/Ohler, Dienstleistungsrichtlinie, Art. 12, Rn. 6, und *M. Krajewski*, NVwZ 2009, S. 929 (932).

[255] Im Folgenden nicht weiter vertiefte Verteilungsregelungen finden sich ferner in der VO (EWG) Nr. 2408/92 des Rates vom 23. Juli 1992 über den Zugang von Luftfahrtunternehmen der Gemeinschaft zu Strecken des innergemeinschaftlichen Flugverkehrs, ABl. L 240 vom 24.8.1992, S. 8, zuletzt geändert durch VO (EG) Nr. 1791/2006, ABl. L 363 vom 20.12.2006, S. 1, und zwar hinsichtlich der Auswahl von Luftverkehrsunternehmen für die Erbringung gemeinwirtschaftlicher Luftverkehrsdienstleistungen (Art. 4 Abs. 1 lit. d–k, Abs. 2) und hinsichtlich der Dienstleistungserbringung in Knappheitssituationen (Art. 9). Eine mögliche Verteilungsproblematik nicht thematisiert demgegenüber die VO (EWG) Nr. 3577/92 des Rates vom 7. Dezember 1992 zur Anwendung des Grundsatzes des freien Dienstleistungsverkehrs auf den Seeverkehr in den Mitgliedstaaten (Seekabotage), ABl. L 364 vom 12.12.1992, S. 7. Siehe ferner aus dem Bereich des Soft-Law die Mitteilung der Kommission zu Auslegungsfragen im Bereich Konzessionen im Gemeinschaftsrecht, ABl. C 121 vom 29.4.2000, S. 2, das Grünbuch zu öffentlich-privaten Partnerschaften und den Gemeinschaftlichen Rechtsvorschriften für öffentliche Aufträge und Konzessionen vom 30.4.2004, KOM (2004) 327 endg., die Mitteilung der Kommission an das Europäische Parlament, den Rat, den Europäischen Wirtschafts- und Sozialausschuss und den Ausschuss der Regionen zu öffentlich-privaten Partnerschaften und den gemeinschaftlichen Rechtsvorschriften für das öffentliche Beschaffungswesen und Konzessionen vom 15.11.2005, KOM (2005) 569 endg., die Mitteilungen der EK zu Auslegungsfragen (Fn. 81) und zu IÖPP (Fn. 4).

1. Das koordinierte EU-Vergaberecht als Prototyp des Verteilungsverfahrens

Seine ausdifferenzierteste Regelung hat das Verteilungsverfahren in dem aus mehreren Sekundärrechtsakten bestehenden koordinierten EU-Vergaberecht erfahren.[256] Dieses bezweckt allen voran, in Umsetzung des Binnenmarktziels der Union die nationalen Beschaffungsmärkte für den innergemeinschaftlichen Wettbewerb zu öffnen, und verlangt dementsprechend, für den grenzüberschreitenden Handel bedeutsame Aufträge in einer den Marktfreiheiten und den aus ihnen abgeleiteten Grundsätzen der Gleichbehandlung, der Nichtdiskriminierung, der Verhältnismäßigkeit sowie der Transparenz Rechnung tragenden Weise zu vergeben.[257] Hieraus folgen materielle und prozedurale Anforderungen.

Die Sachgerechtigkeit der Vergabekriterien sichert die Richtlinie dadurch, dass Aufträge nur an zuverlässige (Art. 45 f.) und geeignete, d.h. wirtschaftlich sowie finanziell leistungsfähige und fachkundige (Art. 44, 47–52) Bieter vergeben werden dürfen. Zudem hat der Zuschlag auf das preis- oder wirtschaftlich günstigste Angebot zu erfolgen (Art. 53).

Um legitime Interessen des Auftraggebers an einer effizienten und flexiblen Beschaffung mit den Anforderungen eines transparenten und wettbewerblichen Vergabeverfahrens in Einklang zu bringen, sehen die Richtlinien verschiedene Vergabeverfahren vor, die diesen Interessengegenlauf unterschiedlich ausbalancieren, namentlich das offene und nicht offene Verfahren sowie das Verhandlungsverfahren (Art. 1 Abs. 11). Ein Rückgriff auf das Verhandlungsverfahren, das dem Auftraggeber gestattet, „sich an Wirtschaftsteilnehmer seiner Wahl [zu] wende[n] und mit einem oder mehreren von ihnen über die Auftragsbedingungen [zu] verhandel[n]" (Art. 1 Abs. 11 lit. d), ist mit Blick auf die geschilderte Zielsetzung der Richtlinie nur im Ausnahmefall zulässig (Art. 28, 30, 31). Im Übrigen gewährleistet die Realisierung der Vergabegrundsätze in verfahrensrechtlicher Hinsicht die Anforderung, Vergabeabsicht (Art. 35), Auftragsgegenstand (Art. 23, 36, 39 f.) und Vergabekriterien (Art. 26, 53 Abs. 2) bekanntzumachen.[258] Abweichungen hiervon im Vergabeverfahren sind unzulässig.[259] Ferner ist das Vergabeverfahren in einem Vergabevermerk zu dokumentieren (Art. 43),

---

[256] VRL (2004/18/EG); SRL (2004/17/EG); VO (EG) Nr. 1564/2005 der Kommission vom 7.9.2005 zur Einführung von Standardformularen für die Veröffentlichung von Vergabebekanntmachungen, ABl. L 257 v. 1.10.2005, S. 1, geändert durch VO (EG) Nr. 1792/2006 der Kommission vom 23.10.2006, ABl. L 362 v. 20.12.2006, S. 1.

[257] Vgl. Art. 2 mit Begründungserwägung 2 VRL. Siehe zur Bedeutung der kartellvergaberechtlichen Grundsätze des Wettbewerbs, der Transparenz und Gleichbehandlung auch *M. Burgi*, NZBau 2008, S. 29.

[258] Siehe auch Begründungserwägungen 36 und 46.

[259] EuGH, Rs. 31/87, Slg. 1988, 4635, Rn. 35 – Beentjes; Rs. C-324/93, Slg. 1995, I-563, Rn. 45 – Evans Medical Ltd.; Rs. C-87/94, Slg. 1996, I-2043, Rn. 88 – EK/Belgien; Rs.

die Vergabeentscheidung den Bietern mitzuteilen (Art. 41 Abs. 1) und auf Verlangen zu begründen (Art. 41 Abs. 2).

Angesichts der Bedeutung eines effektiven Rechtsschutzes für die Realisierung eines den unionsrechtlichen Anforderungen entsprechenden Vergabeverfahrens hat der Gemeinschaftsgesetzgeber die Rechtsschutzgarantie in eigenständigen, 2007 grundlegend reformierten Sekundärrechtsakten ausbuchstabiert.[260] Gegen Entscheidungen des öffentlichen Auftraggebers im Vergabeverfahren müssen wirksame und rasche Rechtsschutzmöglichkeiten für durch die Maßnahme nachteilig Betroffene (Art. 1 Abs. 3) bestehen (Art. 1 Abs. 1, Art. 2 ff.). Um die Schaffung vollendeter Tatsachen zu verhindern, darf der öffentliche Auftraggeber die Vergabeentscheidung nicht vor Ablauf einer mindestens zehntägigen Stillhaltefrist durch den Vertragsschluss vollziehen (Art. 2a). Ein Vollzugsverbot besteht auch bei Stellung eines Nachprüfungsantrags (Art. 2 Abs. 3). Verstöße hiergegen führen in beiden Fällen grundsätzlich zur Ex-tuncbzw. Ex-nunc-Unwirksamkeit des Vertrags (Art. 2d Abs. 1 und 2); Gleiches gilt für de facto vergebene Aufträge (Art. 2d Abs. 1 lit. a, Abs. 4). Ausnahmen hiervon sind nur aus zwingenden Gründen des Allgemeininteresses möglich (Art. 2d Abs. 3 UAbs. 1). Für den insoweit praktisch bedeutsamen Fall negativer wirtschaftlichen Folgen bestimmen Art. 2d Abs. 3 UAbs. 2 und 3 allerdings:

Wirtschaftliche Interessen an der Wirksamkeit eines Vertrags dürfen nur als zwingende Gründe gelten, wenn die Unwirksamkeit in Ausnahmesituationen unverhältnismäßige Folgen hätte.

Wirtschaftliche Interessen in unmittelbarem Zusammenhang mit dem betreffenden Vertrag dürfen jedoch nicht als zwingende Gründe eines Allgemeininteresses gelten. Zu den wirtschaftlichen Interessen in unmittelbarem Zusammenhang mit dem Vertrag gehören unter anderem die durch die Verzögerung bei der Ausführung des Vertrags verursachten Kosten, die durch die Einleitung eines neuen Vergabeverfahrens verursachten Kosten, die durch den Wechsel des Wirtschaftsteilnehmers, der den Vertrag ausführt, verursachten Kosten und die Kosten, die durch rechtliche Verpflichtungen aufgrund der Unwirksamkeit verursacht werden.

C-19/00, Slg. 2001, I-7725, Rn. 43 – SIAC Construction; Rs. C-470/99, Slg. 2002, I-11617, Rn. 84 ff. – Universale Bau u.a.; Rs. C-331/04, Slg. 2005, I-10109, Rn. 21 ff. – ATI EAC u.a.

[260] RL 89/665/EWG des Rates vom 21.12.1989 zur Koordinierung der Rechts- und Verwaltungsvorschriften für die Anwendung der Nachprüfungsverfahren im Rahmen der Vergabe öffentlicher Liefer- und Bauaufträge, ABl. L 395 v. 30.12.1989, S. 33, zuletzt geändert durch die RL 2007/66/EG des Europäischen Parlaments und des Rates vom 11.12.2007, ABl. L 335 v. 20.12.2007, S. 31; RL 92/13/EWG des Rates vom 25.2.1992 zur Koordinierung der Rechts- und Verwaltungsvorschriften für die Anwendung der Gemeinschaftsvorschriften über die Auftragsvergabe durch Auftraggeber im Bereich der Wasser-, Energie- und Verkehrsversorgung sowie im Telekommunikationssektor, ABl. L 76 v. 23.3.1992, S. 14, zuletzt geändert durch die RL 2007/66/EG, a.a.O.

Die ausnahmsweise Wirksamkeit des Vertrags ist allerdings durch die Anordnung wirksamer, verhältnismäßiger und abschreckender alternativer Sanktionen, wie Geldbußen bzw. -strafen oder eine Laufzeitverkürzung, zu kompensieren; nicht ausreichend ist die Gewährung von Schadensersatz (Art. 2d Abs. 3 UAbs. 1 S. 2, Art. 2e).

Aus Gründen der Rechtssicherheit können die Mitgliedstaaten gemäß Art. 2 f verlangen, dass die Unwirksamkeit eines Vertrages innerhalb bestimmter Mindestfristen geltend gemacht wird, und zwar innerhalb von 30 Tagen ab Bekanntmachung der erfolgten Vergabe ohne vorherige Veröffentlichung bzw. ab Information der unterlegenen Bieter über den beabsichtigten Vertragsschluss; für De-facto-Vergaben beträgt die Mindestfrist sechs Monate ab Vertragsschluss.

2. Vorgaben für die Dienstleistungserbringung

a) Dienstleistungsrichtlinie 2006/123/EG

Sektorübergreifende Bedeutung für Verteilungsverfahren kommt der bis zum 28.12.2009 umzusetzenden Dienstleistungsrichtlinie 2006/123/EG[261] zu. Ihr Regelungsanspruch erstreckt sich grundsätzlich auf alle Verteilungssituationen, in denen die Möglichkeit einer selbstständig ausgeübten wirtschaftlichen Betätigung inmitten steht.[262] Insoweit greifen allerdings bedeutsame Bereichsausnahmen (Art. 2 Abs. 2; ferner Art. 17): So findet der Sekundärrechtsakt in dem hier interessierenden Kontext keine Anwendung auf Verkehrsdienstleistungen einschließlich des Personennah- und Taxenverkehrs (Art. 2 Abs. 2 lit. d; Erwägungsgrund 21), auf medizinische und bestimmte soziale Dienstleistungen (Art. 2 Abs. 2 lit. a, f, j; Erwägungsgründe 22, 27), auf die von den Telekommunikationsrichtlinien erfassten Dienstleistungen (Art. 2 Abs. 2 lit. c) sowie auf die Tätigkeit von Notaren (Art. 2 Abs. 2 lit. l) und Dienstleistungen, die mit der Ausübung öffentlicher Gewalt i.S.d. Art. 51 AEUV verbunden sind (Art. 2 Abs. 2 lit. i). Anders gewendet, d.h. vom verbleibenden Anwendungsbereich her betrachtet, muss sich namentlich die Vergabe von Konzessionen für wirtschaftliche Betätigungen, etwa im Abfall-, Wasser- und Bergrecht, sowie wohl auch die Zuteilung von Standplätzen auf Messen und Märkten (siehe Erwägungsgrund 39 einerseits, aber auch 57 andererseits) an den Direktiven der Richtlinie messen lassen. Zu beachten ist freilich, dass Art. 17 bzgl. der Dienstleistungs-

---

[261] Richtlinie 2006/123/EG des Europäischen Parlaments und des Rates vom 12. Dezember 2006 über Dienstleistungen im Binnenmarkt, ABl. L 376 v. 27.12.2006, S. 36. Ausführlich zur Genese der hier interessierenden Vorschriften *D. Hissnauer*, Dienstleistungsrichtlinie, S. 55 ff.

[262] Siehe zum Anwendungsbereich der Dienstleistungsrichtlinie *U. Schliesky/A. D. Luch/S. E. Schulz*, WiVerw 2008, S. 151, sowie die entsprechenden Kommentierungen in: Schlachter/Ohler, Dienstleistungsrichtlinie.

freiheit Dienstleistungen von allgemeinem wirtschaftlichen Interesse (Nr. 1), wie Dienste der Wasserverteilung und -versorgung sowie der Abwasserbewirtschaftung (Nr. 1 lit. d) und der Abfallbewirtschaftung (Nr. 1 lit. e), ausnimmt. Hinsichtlich des Anwendungsbereichs der Dienstleistungsrichtlinie zu berücksichtigen ist schließlich, dass diese als Instrument zur besseren Verwirklichung der Niederlassungs- (Art. 49 ff. AEUV) und Dienstleistungsfreiheit (Art. 56 ff. AEUV)[263] unmittelbar nur Vorgaben für die Behandlung *grenzüberschreitend* tätiger Selbstständiger macht.[264] Berücksichtigt man allerdings, dass sich im nationalen Verwaltungs(verfahrens)recht zwei parallele Regimes nur schwerlich werden halten können, so ist eine Konvergenz der Regelungen für rein innerstaatliche und grenzüberschreitende Sachverhalte zu erwarten.[265]

Die in der Dienstleistungsrichtlinie aufgestellten Direktiven für den mitgliedstaatlichen Umgang mit Knappheit betreffen sowohl die Mangelsituation als auch deren Bewältigung. Diese seien im Folgenden anhand der insoweit expliziten Regelung für Niederlassungswillige erörtert. Für von der Dienstleistungsfreiheit Gebrauch machende Selbstständige finden sich nicht nur keine vergleichbaren Bestimmungen; vielmehr dürfen Anforderungen an die Aufnahme oder Ausübung einer Dienstleistungtätigkeit gemäß Art. 16 Abs. 1 lediglich aus Gründen der öffentlichen Ordnung, der öffentlichen Sicherheit, der öffentlichen Gesundheit oder des Schutzes der Umwelt erfolgen, und verbietet Art. 16 Abs. 2 lit. b den Mitgliedstaaten, die Dienstleistungserbringung von einer Genehmigung abhängig zu machen. Knappheitsprobleme, etwa bei der Konzessionserteilung, können damit nicht bewältigt werden – ein schwerlich von der Richtlinie intendiertes und im Übrigen auch unhaltbares Ergebnis. So man nicht die Begriffe der Anforderung in Art. 16 Abs. 1 und der Genehmigung in Art. 16 Abs. 2 lit. b einschränkend dahingehend auslegen möchte, dass sie sich nicht auf die Verteilung knapper Berechtigungen beziehen, bleibt nur die Knappheitsregelungen zur Niederlassungsfreiheit – obgleich die Dienstleistungsrichtlinie mit ihren Abschnitten II und III systematisch zwischen beiden Arten der Erbringung selbstständiger Leistungen differenziert – auf die Dienstleistungsfreiheit zu übertragen. Darüber hinaus adressiert die Dienstleistungsrichtlinie auch den Staat als Leistungsanbieter (vgl. nur Art. 4 Nr. 3, Art. 19).

Anders als der aus einer Knappheit natürlicher Ressourcen oder technischer Kapazitäten resultierende Mangel ist die gewillkürte staatliche Verknappung der Möglichkeit, sich selbstständig zu betätigen, rechtfertigungsbedürftig (vgl. Art. 11 Abs. 1 lit. b; Erwägungsgrund 62):[266] Die Entscheidung über die Kontingentierung muss auf nichtdiskriminierenden, durch zwingende Gründe des

---

[263] Siehe insoweit Erwägungsgründe 5 f.

[264] So auch *D. Hissnauer*, Dienstleistungsrichtlinie, S. 124 ff., 141 m.w.N. auch zur Gegenauffassung.

[265] Vgl. auch *J. Wolswinkel*, REALaw 2 (2009), S. 61 (71).

[266] Vgl. auch *J. Wolswinkel*, REALaw 2 (2009), S. 61 (78 ff.). Die Bereitstellung eines be-

Allgemeininteresses[267] gerechtfertigten und verhältnismäßigen Erwägungen beruhen (Art. 9 Abs. 1). Insoweit gemäß Art. 14 Nr. 5 unzulässig wäre es, Genehmigungen aufgrund eines nur beschränkten wirtschaftlichen Bedarfs zu kontingentieren.[268] Erheblich relativiert wird dieses Verbot allerdings dadurch, dass „Planungserfordernisse, die keine wirtschaftlichen Ziele verfolgen, sondern zwingenden Gründen des Allgemeininteresses dienen", hiervon unberührt bleiben. Als derartige Erfordernisse nennt der 66. Erwägungsgrund exemplarisch „den Schutz der städtischen Umwelt, die Sozialpolitik und Ziele der öffentlichen Gesundheit". Damit könnte die Zahl der zu erteilenden Genehmigungen zwar nicht aufgrund fehlender Nachfrage, wohl aber aufgrund einer Bestandsgefährdung des jeweiligen (Wirtschafts-)Sektors aufgrund eines Überangebots beschränkt werden.[269] So ist etwa im Bereich der medizinischen Versorgung anerkannt, dass bedarfsabhängige Zugangsbeschränkungen zulässig sind, um „eine qualitativ hochwertige, ausgewogene und allgemein zugängliche medizinische Versorgung aufrechtzuerhalten" oder „eine erhebliche Gefährdung des finanziellen Gleichgewichts des Systems der sozialen Sicherheit zu vermeiden."[270] Denn entsprechende Planungen können „sich als unerlässlich erweisen, um eventuelle Lücken im Zugang zu ambulanter Versorgung zu schließen und um die Einrichtung von Strukturen einer Doppelversorgung zu vermeiden, so dass eine medizinische Versorgung gewährleistet ist, die den Bedürfnissen der Bevölkerung angepasst ist, das gesamte Staatsgebiet abdeckt und geografisch isolierte oder auf andere Weise benachteiligte Regionen berücksichtigt."[271]

Auch bei einer unionsrechtlich zulässigen Kontingentierung muss den Marktzugangschancen von Neubewerbern hinreichend Rechnung getragen werden. Für den Fall der Knappheit natürlicher Ressourcen oder technischer Kapazitäten verlangt Art. 12 Abs. 2, dass die Genehmigung nur für einen angemessenen Zeitraum befristet gewährt und nicht automatisch verlängert werden darf. Dabei muss ausweislich des 62. Erwägungsgrunds die „Geltungsdauer der Genehmigung so bemessen sein, dass sie den freien Wettbewerb nicht über das

---

grenzten staatlichen Leistungsangebots ordnet *M. Cornils*, in: Schlachter / Ohler, Dienstleistungsrichtlinie, Art. 12, Rn. 5, der ersten Fallgruppe, mithin Art. 12, zu.

[267] Siehe exemplarisch Erwägungsgründe 40, 56.

[268] Art. 14 Nr. 5 verbietet eine „wirtschaftlich[e] Überprüfung im Einzelfall, bei der die Erteilung der Genehmigung vom Nachweis eines wirtschaftlichen Bedarfs oder einer Marktnachfrage abhängig gemacht wird, oder der Beurteilung der tatsächlichen oder möglichen wirtschaftlichen Auswirkungen der Tätigkeit oder der Bewertung ihrer Eignung für die Verwirklichung wirtschaftlicher, von der zuständigen Behörde festgelegter Programmziele".

[269] Siehe auch *M. Cornils*, in: Schlachter / Ohler, Dienstleistungsrichtlinie, Art. 14, Rn. 18.

[270] EuGH, Rs. C-169/07, Slg. 2009, I-1721, Rn. 50 – Hartlauer.

[271] EuGH, Rs. C-169/07, Slg. 2009, I-1721, Rn. 52 – Hartlauer.

für die Amortisierung der Investitionen und die Erwirtschaftung einer angemessenen Investitionsrendite notwendige Maß hinaus einschränkt oder
begrenzt."[272] Ferner darf die Genehmigung weder ihren (Alt-)Inhaber noch
ihm nahe stehende Personen begünstigen.[273] Entsprechendes gilt für den Fall
staatlicher Verknappung, da die in der Kontingentierung der Konzessionen liegende Beschränkung der Marktfreiheiten nur bei einer Berücksichtigung der
Chancen von Neubewerbern für gerechtfertigt erachtet werden kann (vgl. auch
Art. 11 Abs. 1 lit. b).[274]

Für die Bewältigung der Knappheitssituation enthält die Dienstleistungsrichtlinie materielle und prozedurale Vorgaben. Die Verteilungskriterien müssen nichtdiskriminierend, durch einen zwingenden Grund des Allgemeininteresses gerechtfertigt und verhältnismäßig, klar, unzweideutig und transparent
sowie objektiv sein (Art. 10 Abs. 2, 3). Ferner dürfen sie der nationalen Behörde
keine willkürliche Ausübung des Ermessens ermöglichen (Art. 10 Abs. 1). Das
vorzusehende Verteilungsverfahren muss transparent und objektiv ausgestaltet
sein, um – so der auch für die Bestimmung der Vergabekriterien relevante[275] 62.
Erwägungsgrund – „mit Hilfe des freien Wettbewerbs höchstmögliche Qualität
und optimale Angebotsbedingungen im Interesse der Dienstleistungsempfänger zu erzielen": Seine (geplante) Durchführung, sein Ablauf und die maßgeblichen Vergabekriterien müssen im Voraus angemessen bekannt gemacht werden; eine objektive und unparteiische Behandlung der Bewerbungen ist sicherzustellen (Art. 10 Abs. 2 lit. f; Art. 12 Abs. 1, Art. 13).[276] Allerdings gestattet
Art. 12 Abs. 3 den Mitgliedstaaten, „[v]orbehaltlich des Absatzes 1 und der Artikel 9 und 10 … bei der Festlegung der Regeln für das Auswahlverfahren unter
Beachtung des Gemeinschaftsrechts Überlegungen im Hinblick auf die öffentliche Gesundheit, sozialpolitische Ziele, die Gesundheit und Sicherheit von Arbeitnehmern oder Selbstständigen, den Schutz der Umwelt, die Erhaltung des
kulturellen Erbes sowie jeden anderen zwingenden Grund des Allgemeininteresses [zu] berücksichtigen."[277] Der Neutralität dient ferner das in Art. 14 Nr. 6
enthaltene Verbot „der direkten oder indirekten Beteiligung von konkurrierenden Marktteilnehmern, einschließlich in Beratungsgremien, an der Erteilung
von Genehmigungen oder dem Erlass anderer Entscheidungen".[278]

---

[272] Dazu *M. Cornils*, in: Schlachter/Ohler, Dienstleistungsrichtlinie, Art. 12, Rn. 21 ff.;
D. Hissnauer, Dienstleistungsrichtlinie, S. 90, 207.

[273] Näher dazu *D. Hissnauer*, Dienstleistungsrichtlinie, S. 208 f.

[274] In diesem Sinne EuGH, Rs. C-323/03, Slg. 2006, I-2161, Rn. 47 f. – EK/Spanien; *W.
Frenz*, Beihilfe- und Vergaberecht, Rn. 1849; *ders.*, EWS 2006, S. 347 (349); *D. Hissnauer*,
Dienstleistungsrichtlinie, S. 181, 316. Zur Umsetzungsproblematik *J. Ziekow*, GewArch
2007, S. 217 (220).

[275] Dazu *D. Hissnauer*, Dienstleistungsrichtlinie, S. 206 f.

[276] Näher *M. Cornils*, in: Schlachter/Ohler, Dienstleistungsrichtlinie, Art. 14, Rn. 9 ff.

[277] Näher *D. Hissnauer*, Dienstleistungsrichtlinie, S. 136 ff., 209 f.

[278] Art. 14 Nr. 6 nimmt die Einbeziehung von Berufsverbänden und -vereinigungen oder

Schließlich konkretisiert auch die Dienstleistungsrichtlinie die unionsrechtliche Rechtsschutzgarantie: Negativentscheidungen sind ausführlich zu begründen und „einer Überprüfung durch ein Gericht oder eine andere Rechtsbehelfsinstanz zugänglich" zu machen (Art. 10 Abs. 6).

b) Dienstleistungen im Bereich der elektronischen Kommunikation

Aufgrund der ihm inhärenten Knappheit natürlicher und technischer Ressourcen wirft der Telekommunikation, Medien und Informationstechnologien umfassende Bereich der elektronischen Kommunikationsnetze und -dienste Verteilungsfragen auf. Hier hält das Unionsrecht einen in mehreren Richtlinien ausdifferenzierten einheitlichen Rechtsrahmen bereit.[279] Dieser enthält sowohl Regelungen zur mitgliedstaatlichen Befugnis, Nutzungsrechte an Funkfrequenzen zu verknappen, als auch zur nachgelagerten Frage der Verteilung.[280]

Gemäß Art. 5 Abs. 1 Genehmigungs-RL soll die Frequenznutzung grundsätzlich im Wege einer Allgemeingenehmigung, nicht aber durch die Vergabe individueller Nutzungsrechte ermöglicht werden; statthaft ist letzteres allerdings bei einer bedeutenden Gefahr funktechnischer Störungen[281]. Der 11. Erwägungsgrund der Genehmigungs-RL verweist ferner auf die Möglichkeit, beson-

---

anderen Berufsorganisationen, die als zuständige Behörde fungieren, vom Verbot aus; dieses gilt darüber hinaus „weder für die Anhörung von Organisationen wie Handelskammern oder Sozialpartnern zu Fragen, die nicht einzelne Genehmigungsanträge betreffen, noch für die Anhörung der Öffentlichkeit".

[279] Hier von Bedeutung: RL 2002/21/EG des Europäischen Parlaments und des Rates vom 7. März 2002 über einen gemeinsamen Rechtsrahmen für elektronische Kommunikationsnetze und -dienste (Rahmenrichtlinie), ABl. L 108 v. 24.4.2002, S. 33, zul. geändert durch die VO (EG) Nr. 544/2009, ABl. L 167 v. 29.6.2009, S. 12; RL 2002/20/EG des Europäischen Parlaments und des Rates vom 7. März 2002 über die Genehmigung elektronischer Kommunikationsnetze und -dienste (Genehmigungsrichtlinie), ABl. L 108 v. 24.4.2002, S. 21; RL 2002/19/EG des Europäischen Parlaments und des Rates vom 7. März 2002 über den Zugang zu elektronischen Kommunikationsnetzen und zugehörigen Einrichtungen sowie deren Zusammenschaltung (Zugangsrichtlinie), ABl. L 108 v. 24.4.2002, S. 7; Richtlinie 2002/77/EG der Kommission vom 16. September 2002 über den Wettbewerb auf den Märkten für elektronische Kommunikationsnetze und -dienste (Wettbewerbsrichtlinie), ABl. L 249 v. 17.9.2002, S. 21. Dieser Rechtsrahmen hat mit dem am 19.12.2009 in Kraft getretenen neuen Telekommunikationspaket eine Reform erfahren, die bis Juni 2011 in das nationale Recht umzusetzen ist – siehe insoweit namentlich die Richtlinien 2009/136/EG (ABl. L 337 v. 18.12.2009, S. 11) und 2009/140/EG (ABl. L 337 v. 18.12.2009, S. 37).

[280] Für den ebenfalls vom einheitlichen Rechtsrahmen geregelten Zugang zu Nummerierungsressourcen siehe Art. 9 sowie Erwägungsgrund 20 Rahmen-RL, Art. 5 Abs. 4, 5 Genehmigungs-RL.

[281] Art. 2 Abs. 2 lit. b Genehmigungs-RL definiert die funktechnische Störung legal als einen „Störeffekt, der für das Funktionieren eines Funknavigationsdienstes oder anderer sicherheitsbezogener Dienste eine Gefahr darstellt oder einen Funkdienst, der im Einklang mit den geltenden gemeinschaftlichen oder einzelstaatlichen Regelungen betrieben wird, anderweitig schwerwiegend beeinträchtigt, behindert oder wiederholt unterbricht."

dere Rechte zu verleihen, „wenn dies angesichts des begrenzten Frequenzspektrums unumgänglich und zur Sicherung einer effizienten Nutzung desselben notwendig ist."

Gewillkürte Beschränkungen der Nutzungsrechte für Funkfrequenzen sind nur nach Anhörung der interessierten Kreise (Art. 7 Abs. 1 lit. b Genehmigungs-RL) und nur insoweit zulässig, wie dies für deren effiziente Nutzung notwendig ist; dabei ist „der Nutzen für die Nutzer zu maximieren und de[r] Wettbewerb zu erleichtern" (Art. 9 Abs. 1 Rahmen-RL; Art. 5 Abs. 5, Art. 7 Abs. 1 lit. a Genehmigungs-RL). Miteinzufließen in die Erwägungen hat ferner das Regulierungsziel, demokratische, soziale, sprachliche und kulturelle Interessen, namentlich den Pluralismus der Medien, zu wahren (Art. 9 Abs. 1 i.V.m. Art. 8 Rahmen-RL). Die Verknappungsentscheidung ist zu begründen, bekanntzumachen (Art. 7 Abs. 1 lit. c Genehmigungs-RL) und regelmäßig auf ihre Rechtfertigung hin zu überprüfen (Art. 7 Abs. 1 lit. e Genehmigungs-RL). Es ist gemäß Art. 5 Abs. 2 UAbs. 2 S. 3 Genehmigungs-RL möglich, die Nutzungsrechte nur für einen angemessen begrenzten Zeitraum zu erteilen. Art. 4 Nr. 2 Wettbewerbs-RL verbietet schließlich, ausschließliche oder besondere Rechte zur Nutzung von Funkfrequenzen für die Erbringung elektronischer Kommunikationsdienste einzuräumen.[282]

Für die Vergabe der Nutzungsrechte enthalten die Richtlinien materielle und prozedurale Vorgaben. Die Frequenzzuteilung hat auf der Grundlage objektiver, transparenter, nichtdiskriminierender und angemessener Kriterien zu erfolgen. Das Angemessenheitskriterium wird hier wesentlich durch die eben explizierten Regulierungsziele konkretisiert (Art. 8 Abs. 1 mit Erwägungsgrund 19 Rahmen-RL; Art. 7 Abs. 3 Genehmigungs-RL; Art. 4 Nr. 2 Wettbewerbs-RL). Die Genehmigungs-RL stellt wettbewerbsorientierte (Versteigerung) und vergleichende Auswahlverfahren alternativ nebeneinander (Art. 7 Abs. 4 UAbs. 1).[283] Hinsichtlich des Verteilungsverfahrens bestimmt Art. 5 Abs. 2 UAbs. 2 S. 1 Genehmigungs-RL, dass dieses den Grundsätzen der Offenheit, Transparenz und Nichtdiskriminierung genügen muss. Die Vergabe von Nutzungsrechten ist auszuschreiben (Art. 7 Abs. 1 lit. d, Abs. 2, Art. 15 Genehmigungs-RL). Die Vergabe kann schließlich von der Entrichtung eines Nutzungsentgelts abhängig gemacht werden, um eine optimale Ressourcennutzung sicherzustellen; die Entgelte müssen freilich den Regulierungszielen des Art. 8 Rahmen-RL Rechnung tragen und „objektiv gerechtfertigt, transparent, nichtdiskriminierend und ihrem Zweck angemessen" sein (Art. 13 Genehmigungs-RL). Ferner enthält der einheitliche Rahmen in Art. 4 Rahmen-RL eine Rechtsschutzgarantie. Die Zugangsrichtlinie schließlich legt marktstarken Pri-

---

[282] Siehe zum Sonderfall der Anbieter von Rundfunk- oder Fernsehinhaltsdiensten Art. 5 Abs. 2 UAbs. 2 S. 1 mit Erwägungsgrund 12 Genehmigungs-RL, Art. 4 mit Erwägungsgründen 8 und 11 Wettbewerbs-RL.

[283] Siehe *S. H. Korehnke / D. Tewes*, in: BeckTKG-Kommentar, Vor § 52, Rn. 77.

vatunternehmen gewisse Verpflichtungen hinsichtlich der Verteilung des Zugangs zu in ihrem Eigentum befindlichen Netzen auf (vgl. Erwägungsgründe 6 und 19 Zugangs-RL).

c) Port-Package

Der von der Kommission vorgelegte Entwurf einer Richtlinie über den Zugang zum Markt für Hafendienste (Port-Package)[284] zielte auf die Realisierung der Dienstleistungsfreiheit in diesem Sektor. Dass deren Verabschiedung am gesellschaftlichen und politischen Widerstand, der aus der mit der Marktöffnung verbundenen Befürchtung arbeitsmarkt- und sozialpolitischer Verwerfungen resultierte, gescheitert ist, ändert nichts an ihrer Bedeutung für die vorliegende Untersuchung. Der auf ein bestimmtes Transportvolumen erreichende Häfen (Art. 2 Nr. 2) anwendbare Richtlinienentwurf kodifiziert nämlich ein Verteilungsverfahren: Sowohl die Verknappung der Möglichkeit, sich als Anbieter von Hafendienstleistungen zu betätigen, als auch die sich daran anschließende Auswahl unter konkurrierenden Bewerbern werden unionsrechtlichen Anforderungen unterworfen.

Eine Kontingentierung ist möglich, als Beschränkung der Dienstleistungsfreiheit jedoch rechtfertigungsbedürftig: Sie muss auf transparenten, nichtdiskriminierenden, objektiven, sachgerechten und verhältnismäßigen Erwägungen beruhen – abstrakte Vorgaben, die der Richtlinienentwurf mit Blick auf die Besonderheiten der in Rede stehenden Hafendienste näher konkretisiert (Art. 7 Nr. 3, Art. 9 Nr. 1).[285] Zudem statuiert der Richtlinienentwurf ein Optimierungsgebot hinsichtlich der Zulassung der größtmöglichen Zahl an Diensteanbietern (Art. 9 Nr. 1 lit. b). Um die Zugangschancen von Neubewerbern zu wahren, sieht Art. 12 eine zeitliche Begrenzung der Konzessionen vor, deren Bemessung dem Interesse der Genehmigungsinhaber an einer Amortisation ihrer Investitionen Rechnung tragen muss. Des Weiteren sind neu zu vergebende Konzessionen rechtzeitig, nämlich mindestens sechs Monate vor deren Ablauf, bekanntzugeben.

Für die Verteilung der Konzessionen stellt das Port-Package materielle und prozedurale Vorgaben auf: Die Vergabe der Konzessionen hat gemäß Art. 7 Nr. 3, Art. 8 Nr. 1 in einem transparenten und objektiven Verfahren sowie anhand von Kriterien zu erfolgen, die den bereits oben genannten Anforderungen (Transparenz, Nichtdiskriminierung, Objektivität, Sachgerechtigkeit, Verhältnismäßigkeit) genügen (Art. 7 Nr. 3, 5). Das verfahrensrechtliche Transparenzerfordernis konkretisiert der Richtlinienentwurf dahin, dass die beabsichtige Vergabe gemeinschaftsweit ausgeschrieben (Art. 8 Nr. 2) und Interessenten auf

---

[284] KOM (2004) 654 endg., ABl. 2004 C 24 v. 28.1.2004, S. 9.
[285] Siehe auch die Erwägungsgründe 20, 22.

Nachfrage hinreichend aussagekräftige Informationen zur Verfügung gestellt werden müssen (Art. 8 Nr. 3). Ferner sind die Vergabekriterien und die Eckpunkte des Vergabeverfahrens im Voraus bekanntzugeben (Art. 7 Nr. 4) und muss die getroffene Verteilungsentscheidung veröffentlicht werden (Art. 8 Nr. 5). Ein objektives Verfahren im Sinne des Richtlinienentwurfs bedeutet, dass eine ausreichend lange bemessene Bewerbungsfrist vorzusehen ist (Art. 8 Nr. 4) und dass bei Interessenkonflikten, namentlich aufgrund der Kontrolle eines Anbieters durch die verteilende Behörde, gemäß Art. 8 Nr. 7 eine Zuständigkeitsverschiebung zu erfolgen hat.

Schließlich enthält das Port-Package eine Rechtsschutzgarantie, die das Recht auf eine aussagekräftige Begründung der Zuteilungsentscheidung sowie Zugang zu einer gerichtlichen Überprüfung umfasst (Art. 15).

d) Verkehrsdienstleistungen

Die Erbringung von Dienstleistungen im Bereich des öffentlichen Personenverkehrs auf Schiene und Straße hat in der einen langjährigen Rechtsetzungsprozess abschließenden,[286] am 3.12.2009 in Kraft getretenen Verordnung (EG) Nr. 1370/2007[287] eine eigenständige Regelung erfahren. Umzusetzen ist diese innerhalb eines gestuften zehnjährigen Übergangszeitraums bis zum 3.12.2019 (vgl. Art. 8). Der öffentliche Personenverkehr kann nach Auffassung des Gemeinschaftsgesetzgebers nicht in „das freie Spiel des Marktes" entlassen werden; vielmehr müssen hier die Ziele der Marktöffnung und des unverfälschten, von staatlichen Interventionen freien Wettbewerbs mit der Sicherung eines hinsichtlich Quantität, Qualität, Sicherheit und Preisgestaltung angemessenen Dienstleistungsangebots in Einklang gebracht werden (vgl. Art. 1 Abs. 1). Dementsprechend gestattet die Personenverkehrsdienst-Verordnung den Mitgliedstaaten, Verkehrsdienstleistungen selbst zu erbringen, mithin überhaupt nicht dem Markt zu öffnen (Art. 5 Abs. 2), sowie von ihnen beauftragten Verkehrsdienstleistern ausschließliche Rechte bzw. Ausgleichsleistungen für die Erbringung gemeinwirtschaftlicher Verpflichtungen zu gewähren (Art. 3 Abs. 1)[288].

Mit dem 2007 reformierten Rechtsrahmen liegen nun erstmals Vorgaben für die Vergabe von Verkehrsdienstleistungsaufträgen vor, deren Fehlen als Defizit

---

[286] Zur Genese O. *Wittig / P. Schimanek*, NZBau 2008, S. 222 (222 m. Fn. 2).

[287] Verordnung (EG) Nr. 1370/2007 des Europäischen Parlaments und des Rates vom 23. Oktober 2007 über öffentliche Personenverkehrsdienste auf Schiene und Straße und zur Aufhebung der Verordnungen (EWG) Nr. 1191/69 und (EWG) Nr. 1107/70 des Rates, ABl. L 315 v. 3.12.2007, S. 1.

[288] Gemäß Art. 3 Abs. 1 kann dies allerdings nur im Rahmen eines öffentlichen Dienstleistungsauftrags erfolgen.

der Vorgängerregelung[289] angesehen wurde[290]. Während öffentliche Dienstleistungsaufträge i.S.d. EU-Vergaberichtlinien für öffentliche Personenverkehrsdienste mit Bussen und Straßenbahnen (mit Ausnahme der Dienstleistungskonzessionen) dem allgemeinen Vergaberecht unterstellt werden, gilt im Übrigen das Vergaberegime des Art. 5 der Personenverkehrsdienst-Verordnung.[291]

Gemäß Art. 5 Abs. 3 muss die Beauftragung Dritter grundsätzlich „im Wege eines wettbewerblichen Vergabeverfahrens" erfolgen. Dieses „muss allen Betreibern offen stehen, fair sein und den Grundsätzen der Transparenz und Nichtdiskriminierung genügen." Die Transparenzpflicht konkretisiert die Verordnung dahin, dass die Leistungsbeschreibung hinreichend deutlich zu erfolgen hat (Art. 4 Abs. 1, 2, 5–7) und die Vergabeabsicht einschließlich aussagekräftiger Informationen zum Auftrag spätestens ein Jahr vor Einleitung des Verfahrens im Amtsblatt der EU zu veröffentlichen ist (Art. 7 Abs. 2). Bei komplexen Aufträgen können „[n]ach Abgabe der Angebote und einer eventuellen Vorauswahl … unter Einhaltung dieser Grundsätze Verhandlungen geführt werden, um festzulegen, wie der Besonderheit oder Komplexität der Anforderungen am besten Rechnung zu tragen ist."

Eine Direktvergabe ist demgegenüber möglich bei geringwertigen Aufträgen (Art. 5 Abs. 4) und solchen im Eisenbahnverkehr (Art. 5 Abs. 6) sowie in Notsituationen (Art. 5 Abs. 5). Allerdings sollte ausweislich des 30. Erwägungsgrundes auch insoweit „für größere Transparenz gesorgt werden." Dementsprechend verlangt Art. 7 Abs. 2 die Eckpunkte des Auftrags spätestens ein Jahr vor der Direktvergabe im Amtsblatt der EU bekanntzumachen. Die Veröffentlichungspflicht gilt allerdings nicht für besonders geringwertige Aufträge sowie in Notsituationen; im Eisenbahnverkehr wird sie durch eine Ex-post-Bekanntmachungspflicht ersetzt (Art. 7 Abs. 3).

Des Weiteren sieht die Verordnung vor, um eine Zementierung des Marktes mit den daraus resultierenden negativen Folgen für Wettbewerb, Neubewerber und Qualität der Dienstleistungen zu verhindern, Dienstleistungsaufträge nur befristet zu vergeben. Dabei ist die Höchstlaufzeit unter Berücksichtigung des

---

[289] Verordnung (EWG) Nr. 1191/69 des Rates vom 26. Juni 1969 über das Vorgehen der Mitgliedstaaten bei mit dem Begriff des öffentlichen Dienstes verbundenen Verpflichtungen auf dem Gebiet des Eisenbahn-, Straßen- und Binnenschiffsverkehrs, ABl. L 156 v. 28.6.1969, S. 1, zuletzt geändert durch die VO (EWG) Nr. 1893/91 des Rates vom 20. Juni 1991, ABl. L 169 v. 29.6.1991, S. 1.

[290] Siehe Erwägungsgrund 6: „Die Verordnung (EWG) Nr. 1191/69 … regelt nicht die Art und Weise, in der in der Gemeinschaft öffentliche Dienstleistungsaufträge vergeben werden müssen, und insbesondere nicht die Bedingungen, unter denen diese ausgeschrieben werden sollten. Eine Aktualisierung des gemeinschaftlichen Rechtsrahmens ist daher angebracht."

[291] Näher zum Anwendungsbereich *O. Wittig/P. Schimanek*, NZBau 2008, S. 222 (223 ff.).

Interesses des Konzessionsinhabers an der Amortisierung getätigter Investitionen zu bemessen (Art. 4 Abs. 3 und 4).

Auch die Personenverkehrsdienst-Verordnung kodifiziert in Art. 5 Abs. 7 die unionsrechtliche Rechtsschutzgarantie:[292] Vergabeentscheidungen müssen gerichtlich „wirksam und rasch auf Antrag einer Person überprüft werden können, die ein Interesse daran hat bzw. hatte, einen bestimmten Auftrag zu erhalten, und die angibt, durch einen Verstoß dieser Entscheidungen gegen Gemeinschaftsrecht oder nationale Vorschriften zur Durchführung des Gemeinschaftsrechts geschädigt zu sein oder geschädigt werden zu können."

e) Bodenabfertigungsdienste auf Flughäfen der Gemeinschaft

Die Richtlinie 96/67/EG über den Zugang zum Markt der Bodenabfertigungsdienste auf den Flughäfen der Gemeinschaft[293] zielt auf die Verwirklichung der Dienstleistungsfreiheit in diesem Sektor unter Beachtung der spezifischen Erfordernisse des Luftverkehrs. In ihrem beförderungsaufkommensabhängigen Anwendungsbereich (Art. 1) begrenzt die Richtlinie im Interesse einer Marktöffnung die Möglichkeit der Mitgliedstaaten, die Erbringung von Bodenabfertigungsdienstleistungen einschließlich der Selbstabfertigung zahlenmäßig zu beschränken (Art. 6 Abs. 2, Art. 7, 9). Für die Bewältigung hieraus resultierender Verteilungskonflikte stellen Art. 11 und 14 materielle und prozedurale Vorgaben für die Auswahl der Dienstleister auf: Die Vergabekriterien müssen sachgerecht, objektiv, transparent und nichtdiskriminierend sein (Art. 11 Abs. 1 lit. a, Art. 14 Abs. 1). Des Weiteren sind die zu vergebenden Aufträge im Amtsblatt der EU hinreichend aussagekräftig auszuschreiben (Art. 11 Abs. 1 lit. b). Neutralität im Vergabeverfahren sichert das Gebot, eine neutrale Instanz mit der Auswahl zu betrauen (Art. 11 Abs. 1 lit. c). Um Marktzugangschancen für Neubewerber zu gewährleisten, darf die Auswahl im Übrigen für nicht mehr als sieben Jahre erfolgen (Art. 11 Abs. 1 lit. d). Schließlich konkretisiert Art. 21 die unionsrechtliche Rechtsschutzgarantie, indem er den Zugang zu Gerichten respektive unabhängigen Behörden für die Überprüfung von belastenden Maßnahmen fordert.

---

[292] Erwägungsgrund 21 spricht sogar vom Ziel, einen den Standards der Vergabe-Rechtsmittelrichtlinien vergleichbaren Rechtsschutz zu schaffen.

[293] Richtlinie 96/67/EG des Rates vom 15. Oktober 1996 über den Zugang zum Markt der Bodenabfertigungsdienste auf den Flughäfen der Gemeinschaft, ABl. L 272 v. 25.10.1996, S. 36, zuletzt geändert durch die VO (EG) Nr. 1882/2003, ABl. L 284 v. 31.10.2003, S. 1.

f) Slotvergabe

Um den Marktzugang und Wettbewerb im innergemeinschaftlichen Flugverkehr vor dem Hintergrund einer zunehmenden Zahl überlasteter Flughäfen zu fördern, etabliert die Verordnung (EWG) Nr. 95/93 über gemeinsame Regeln für die Zuweisung von Zeitnischen auf Flughäfen in der Gemeinschaft[294] ein gemeinschaftseinheitliches Verteilungsregime für die Vergabe sog. Slots.[295] Dieses reguliert sowohl das „Ob" der Knappheit als auch den Umgang mit ihr.

Ein Flughafen darf grundsätzlich nur bei anderweitig nicht beseitigbaren Kapazitätsengpässen für koordiniert erklärt werden; jedenfalls müssen die Grundsätze der Transparenz, Unparteilichkeit und Nichtdiskriminierung gewahrt werden (Art. 3). Ausweislich des zweiten Erwägungsgrunds soll die „Zuweisung von Zeitnischen auf überlasteten Flughäfen ... nach neutralen, transparenten und nichtdiskriminierenden Regeln erfolgen." Die verfügbaren Zeitnischen werden von einem organisatorisch von den Interessenten unabhängigen und unparteiisch, diskriminierungsfrei sowie transparent handelnden Koordinator vergeben (Art. 4). Dieser wird von einem aus interessierten Kreisen zusammengesetzten Koordinierungsausschuss unterstützt (Art. 5). Für die Verteilung sind mindestens zweimal jährlich „Koordinierungsparameter" aufzustellen, „wobei alle relevanten technischen, betrieblichen und umweltschutzbedingten Einschränkungen sowie die diesbezüglichen Änderungen berücksichtigt werden. Grundlage hierfür ist eine objektive Analyse der Möglichkeiten zur Aufnahme des Luftverkehrs unter Berücksichtigung der verschiedenen Verkehrsarten auf dem jeweiligen Flughafen, der in dem Koordinierungszeitraum zu erwartenden Luftraumüberlastung und der Kapazitätslage" (Art. 6 Abs. 1). Bei der Verteilung sind zunächst Altinhaber bevorzugt zu berücksichtigen („Grandfather-rights"; Art. 8 Abs. 2). Die nicht bevorzugt zuzuteilenden Slots werden in einen „Zeitnischenpool" eingestellt (Art. 10 Abs. 1) und unter den Interessenten verteilt (Art. 10 Abs. 6 UAbs. 1 S. 1). Die Hälfte hiervon ist Neubewerbern zur Verfügung zu stellen (Art. 10 Abs. 6 UAbs. 1 S. 2). Slots sind innerhalb des Luftfahrtunternehmens und an mit ihm verbundene Unternehmen übertragbar (Art. 8a).

---

[294] VO (EWG) Nr. 95/93 des Rates vom 18. Januar 1993 über gemeinsame Regeln für die Zuweisung von Zeitnischen auf Flughäfen in der Gemeinschaft, ABl. L 14 v. 22.1.1993, S. 1, zuletzt geändert durch die VO (EG) Nr. 793/2004 des Europäischen Parlaments und des Rates vom 21. April 2004, ABl. L 138 v. 30.4.2004, S. 50.
[295] Vgl. Erwägungsgrund 8, 12. Näher zur Slotvergabe *S. Hobe/P. Weiner*, Slotvergabe, S. 57; *D. Kupfer*, ZLW 2005, S. 386 (Teil I), S. 513 (Teil II).

C. Der einfach-rechtliche Rahmen staatlicher Verteilungstätigkeit

Den Rahmen für die staatliche Verteilungstätigkeit markieren nicht nur das dem Besonderen Verwaltungsrecht vorgehende Unions- und Verfassungsrecht. Vielmehr folgen bereichsübergreifende Vorgaben – und nur von solchen, mithin nicht von deren Ausbuchstabierung in der Regelung einzelner Verteilungsverfahren im Fachrecht, handelt dieser Abschnitt – auch aus dem einfachen Recht. Zunächst stellt sich angesichts des expansiven Anwendungsbereichs des Kartellvergaberechts die Frage, inwieweit sich dieses als bereichsübergreifendes Verteilungsregime darstellt (I.). Darüber hinaus fordert das (nationale) Kartell- und Wettbewerbsrecht eine diskriminierungsfreie Vergabe knapper Güter (II.). Anforderungen an die staatliche Verteilungstätigkeit können schließlich aus dem Haushaltsrecht (III.) und aus vorvertraglichen Pflichten i.S.d. § 311 Abs. 2 Nr. 1 und 2 BGB folgen (IV.).

I. Das Vergaberecht als bereichsübergreifendes Verteilungsregime?

Die Einbeziehung des Vergaberechts in die Untersuchung bereichsübergreifender Anforderungen des einfachen Rechts mag überraschen, könnte dies doch dem eingangs ausgeschlossenen Exkurs in ein Rechtsgebiet gleichkommen, dem zwar ohne Weiteres Modellcharakter für die Ausgestaltung des Verteilungsverfahrens zugesprochen werden kann, aber gerade kein bereichsübergreifender Geltungsanspruch. Analysiert man allerdings den sachlichen Anwendungsbereich des Vergaberechts näher, wird deutlich, dass dieses längst nicht mehr nur Maßstab für im herkömmlichen Sinne verstandene staatliche Einkaufstätigkeiten ist, wie etwa die Beschaffung sächlicher Verwaltungsmittel oder die Nachfrage nach Baudienstleistungen. Vielmehr ist eine Expansion der vergaberechtlich relevanten Vorgänge zu verzeichnen. Verwiesen sei nur auf die jüngst vehement diskutierten Beispiele der Einbeziehung Privater in die sozialstaatliche Leistungserbringung, der Privatisierung staatlicher Unternehmen oder der Investorenauswahl im Kontext städtebaulicher Verträge. Doch geht es an, das Vergaberecht zu einem allumfassenden Verteilungsrecht mit weit reichendem normativem Geltungsanspruch zu adeln? Mittels einer Analyse seines sachlichen Anwendungsbereichs, der namentlich dessen Grenzen aufzeigen wird, sei diese Frage erörtert.

§ 99 Abs. 1 GWB knüpft den sachlichen Anwendungsbereich des Vergaberechts an das Vorliegen eines öffentlichen Auftrags und definiert derartige Aufträge als „entgeltliche Verträge von öffentlichen Auftraggebern mit Unternehmen über die Beschaffung von Leistungen, die Liefer-, Bau- oder Dienstleistungen zum Gegenstand haben, Baukonzessionen und Auslobungsverfahren, die zu Dienstleistungsaufträgen führen sollen."[1] Drei wesentliche Merkmale eines öffentlichen Auftrags sind damit angesprochen:[2] Erstens muss die Beschaffung auf vertraglicher Grundlage erfolgen, mithin eine auf übereinstimmenden Willenserklärungen beruhende Vereinbarung gleichrangiger Partner vorliegen. Damit scheiden einseitig – insbesondere kraft Gesetzes oder Verwaltungsakt – auferlegte Verpflichtungen aus.[3] Nicht (allein) entscheidend hierfür ist freilich die Handlungsform, in der der Zuteilungsakt erfolgt: Diese Betrachtung verschlösse bei Verwaltungsakten, dem klassisch-hoheitlichen Instrument der Verwaltung, stets die Anwendung des Vergaberechts, wohingegen konsensuales Handeln in Vertragsform diese generell verlangte. Maßgeblich muss vielmehr eine wertende Betrachtung des Gesamtgepräges des Zuteilungsvorgangs sein: So kann von einer Vereinbarung keine Rede sein, wenn lediglich einseitig Verpflichtungen auferlegt werden;[4] dies ist bei der Gewährung einer Gegenleistung allerdings nicht der Fall. Maßgeblich ist zudem, ob der Vertragspartner über Spielraum hinsichtlich Inhalt, Ausführung und Vergütung der Leistung verfügt.[5]

Erforderlich ist zweitens die Entgeltlichkeit der Beschaffung.[6] Daran fehlt es namentlich bei Dienstleistungskonzessionen, d.h. bei Verträgen, bei denen „die Gegenleistung für die Erbringung der Dienstleistungen ausschließlich in dem Recht zur Nutzung der Dienstleistung oder in diesem Recht zuzüglich der Zahlung eines Preises besteht" (Art. 1 Abs. 4 VRL). Charakteristisch für diese sind der dem Konzessionär zukommende Gestaltungsspielraum und das von ihm übernommene Verwertungsrisiko: Er verfügt mithin „im Rahmen des ge-

---

[1] Zu Ausnahmen vom sachlichen Anwendungsbereich siehe § 100 Abs. 2 GWB.

[2] Näher *A. Egger*, Europäisches Vergaberecht, Rn. 570 ff.; *F. Wollenschläger*, Europäisches Vergabeverwaltungsrecht, Rn. 24 f.; *J. Ziekow*, Öffentliches Wirtschaftsrecht, § 9, Rn. 11 ff.

[3] EuGH, Rs. C-295/05, Slg. 2007, I-2999, Rn. 54 – Asemfo; Rs. C-220/06, Slg. 2007, I-12175, Rn. 49 ff., 84 f. – Asociación Profesional de Empresas de Reparto y Manipulado de Correspondencia; *A. Egger*, Europäisches Vergaberecht, Rn. 575 f.; *J. Ziekow*, Öffentliches Wirtschaftsrecht, § 9, Rn. 12.

[4] EuGH, Rs. C-220/06, Slg. 2007, I-12175, Rn. 54 – Asociación Profesional de Empresas de Reparto y Manipulado de Correspondencia.

[5] EuGH, Rs. C-295/05, Slg. 2007, I-2999, Rn. 54 – Asemfo; Rs. C-220/06, Slg. 2007, I-12175, Rn. 51 ff. – Asociación Profesional de Empresas de Reparto y Manipulado de Correspondencia.

[6] *J. Ziekow*, Öffentliches Wirtschaftsrecht, § 9, Rn. 15.

schlossenen Vertrags über eine bestimmte wirtschaftliche Freiheit ..., um die Bedingungen zur Nutzung dieses Rechts zu bestimmen, und [ist] somit parallel dazu weitgehend den mit dieser Nutzung verbundenen Risiken ausgesetzt".[7] Hier können sich, wie die Diskussion um die Vergabepflichtigkeit von Rabattverträgen zwischen gesetzlichen Krankenkassen und pharmazeutischen Unternehmen (§ 130a Abs. 8 SGB V) gezeigt hat, schwierige Abgrenzungsfragen zu Rahmenvereinbarungen ergeben, mithin zu „Aufträgen, die ein oder mehrere Auftraggeber an ein oder mehrere Unternehmen vergeben können, um die Bedingungen für Einzelaufträge, die während eines bestimmten Zeitraumes vergeben werden sollen, festzulegen, insbesondere über den in Aussicht genommenen Preis" (§ 4 EG VOL / A 2009; ferner Art. 1 Abs. 5 VRL). Auch bei diesen besteht nämlich Ungewissheit hinsichtlich des späteren Vertragsschlusses, allerdings kann weder von einem besonderen Gestaltungsspielraum noch Risiko des Auftragnehmers die Rede sein.[8]

Drittens muss der Vertrag eine Beschaffung zum Gegenstand haben, die öffentliche Hand mithin als Nachfrager auftreten.[9] Dementsprechend ausgeklammert bleiben die Gründung von Gesellschaften, die Veräußerung, Vermietung und Verpachtung von Gütern oder der Verkauf von Gesellschaftsbeteiligungen. Mitunter weisen derartige Geschäfte allerdings einen Beschaffungsbezug auf, der zu ihrer Einbeziehung in das Kartellvergaberecht und damit zu dessen Extension über herkömmliche Einkaufstätigkeiten hinaus führt. Anhand der kontrovers diskutierten Vergabepflichtigkeit der Veräußerung von Gesellschaftsanteilen (1.) und von Immobilientransaktionen (2.) sei diese Erweiterung des Vergaberechts analysiert und abschließend der Frage nach dessen Potential als bereichsübergreifendes Verteilungsregime nachgegangen (3.).

1. Veräußerung von Gesellschaftsanteilen

Aufgrund ihres mangelnden Beschaffungscharakters fällt die Veräußerung von Gesellschaftsanteilen durch die öffentliche Hand für sich genommen nicht in den sachlichen Anwendungsbereich des Vergaberechts.[10] Allerdings kann mit

---

[7] EuGH, Rs. C-300/07, n.n.v., Rn. 71 – Oymanns; zur erforderlichen Risikoübernahme auch Rs. C-206/08, n.n.v., Rn. 46 ff. – Eurawasser.

[8] Näher zur Abgrenzung mit Blick auf Rabattverträge noch unten, 2. Teil, J.II.2.

[9] *J. Ziekow*, Öffentliches Wirtschaftsrecht, § 9, Rn. 14.

[10] Ganz h.M.: *H. Berger*, ZfBR 2002, S. 134 (135); *C. Braun*, VergabeR 2006, S. 657 (659); *J. Dietlein*, NZBau 2004, S. 472 (476); *M. Dreher*, NZBau 2002, S. 245 (247 f.); *W. Frenz*, Beihilfe- und Vergaberecht, Rn. 2436 ff. (in den Rn. 2440 ff. auch zur darüber hinaus fraglichen Entgeltlichkeit des Veräußerungsvorgangs); *S. Klein*, VergabeR 2005, S. 22 (25 f.); *W. Kleine / L. Flöther / G. Bräuer*, NVwZ 2002, S. 1046 (1046 f.); *J. Kühling*, ZfBR 2006, S. 661 (661 f.); *J. Mehlitz*, WuW 2001, S. 569 (570 f.); *P. Schimanek*, NZBau 2005, S. 304 (305 f.). Anders nur *T. Graf Kerssenbrock*, WuW 1991, S. 122 (123 ff.) – dessen Argumentation ablehnend: *S. Klein*, VergabeR 2005, S. 22 (25 f.); *J. Mehlitz*, WuW 2001, S. 569 (570 ff.).

dem Privatisierungsvorgang die Beauftragung eines Privaten mit der Erbringung von Bau-, Dienst- oder Lieferleistungen einhergehen und daher die Durchführung eines Vergabeverfahrens geboten sein. In Betracht kommt letzteres freilich nur, wenn im Zuge der Unternehmenstransaktion bei wertender Gesamtbetrachtung die Gefahr einer Aushebelung des Vergaberechts besteht.

Dies setzt zunächst einmal voraus, dass das zu privatisierende Unternehmen vom sachlichen Anwendungsbereich des Vergaberechts erfasste Aufträge für einen öffentlichen Auftraggeber erbringt, die ursprüngliche Beauftragung aber weder aufgrund eines vergaberechtlichen Ausnahmetatbestands ausschreibungspflichtig war noch tatsächlich ausgeschrieben wurde und dass nach der Privatisierung bei hypothetischer Neuvergabe des Auftrags nunmehr ein Vergabeverfahren durchzuführen wäre. Damit reduzieren sich etwaige Ausschreibungspflichten von vornherein auf zwei Konstellationen:[11] Zum einen ist die Privatisierung von *vollständig* im Eigentum der öffentlichen Hand stehenden Unternehmen betroffen. In diesem Fall wäre nämlich eine ursprünglich als In-House-Geschäft vergaberechtsfreie Beauftragung des öffentlichen Unternehmens[12] aufgrund der privaten Beteiligung nunmehr – d.h. bei einer hypothetischen Neuvergabe nach der Privatisierung – den Anforderungen des Vergaberechts unterworfen; für Unternehmen mit privater (Minderheits-)Beteiligung greift die In-House-Ausnahme dagegen nicht, weshalb deren Beauftragung von vornherein nach den Vorschriften des Kartellvergaberechts erfolgen muss. Zum anderen entfällt gemäß § 100 Abs. 2 lit. g GWB die Ausschreibungspflicht für Aufträge, „die an eine Person vergeben werden, die ihrerseits Auftraggeber nach § 98 Nr. 1, 2 oder 3 ist und ein auf Gesetz oder Verordnung beruhendes ausschließliches Recht zur Erbringung der Leistung hat".[13] Wird ein derartiges

---

[11] Nicht angehen kann es, die Anteilsveräußerung bereits dann als ausschreibungspflichtig zu behandeln, wenn die ursprüngliche Auftragsvergabe rechtsfehlerhaft war. Denn in diesem Fall lässt sich die „Missachtung" des Vergaberechts nicht auf den Privatisierungsakt zurückführen und ist damit im Rahmen der vergaberechtlichen Rechtsschutzmöglichkeiten zu korrigieren, vgl. auch *J. Dietlein*, NZBau 2004, S. 472 (478).

[12] Nach der Rechtsprechung des EuGH sind im Binnenbereich des Staates verbleibende Beschaffungsvorgänge, sog. „In-House-Geschäfte", nicht dem Vergaberecht unterworfen. Solche liegen bei Beauftragung eines Unternehmens mit eigener Rechtspersönlichkeit allerdings nur unter „zwei Voraussetzungen [vor] … Erstens muss die öffentliche Stelle, die ein öffentlicher Auftraggeber ist, über die fragliche Einrichtung eine ähnliche Kontrolle ausüben wie über ihre eigenen Dienststellen, und zweitens muss diese Einrichtung ihre Tätigkeit im Wesentlichen mit der oder den öffentlichen Körperschaften ausführen, die ihre Anteile innehaben" (siehe nur EuGH, Rs. C-220/06, Slg. 2007, I-12175, Rn. 58 – Asociación Profesional de Empresas de Reparto y Manipulado de Correspondencia; ferner Rs. C-107/98, Slg. 1999, I-8121, Rn. 50 f. – Teckal; Rs. C-26/03, Slg. 2005, I-1, Rn. 49 – Stadt Halle). Eine hinreichende Kontrolle scheidet bei jeder auch noch so geringfügigen Beteiligung Privater aus (vgl. etwa Rs. C-26/03, Slg. 2005, I-1, Rn. 49 – Stadt Halle). Spielraum bei interkommunalen Kooperationen eröffnete jüngst Rs. C-480/06, Slg. 2009, I-4747, Rn. 31 ff. –EK/Deutschland.

[13] Zu den Voraussetzungen dieser – von Art. 25 VRL wegen dessen Beschränkung auf Dienstleistungsaufträge nur teilweise gedeckten und daher europarechtskonform restriktiv

Unternehmen[14] nun in einer Weise privatisiert, dass die Voraussetzungen des Ausnahmetatbestands nicht mehr vorliegen, namentlich durch Aufgabe der Beteiligungsmehrheit der öffentlichen Hand, besteht genauso wie im ersten Fall die Gefahr der Ausschaltung des Vergaberechts.

Freilich stellt sich die Frage, ob Ausschreibungspflichten bereits durch die bloße Privatisierung eines ursprünglich vergaberechtsfrei beauftragten Unternehmens ausgelöst werden oder nur in Ausnahmefällen, namentlich in Umgehungs-Konstellationen, angenommen werden können. Angesichts des Gebots einer effektiven Durchsetzung des EU-Vergaberechts ist die zuletzt genannte Alternative allgemein anerkannt.[15] So wertete auch der EuGH in der Rs. Stadt Mödling die – bei streng formaler Betrachtung als In-House-Geschäft vergaberechtsfreie – Betrauung eines zu privatisierenden Unternehmens mit Aufgaben der Abfallentsorgung als Umgehung der Ausschreibungspflicht, da in casu die Anteilsveräußerung kurz nach der Vergabe des Dienstleistungsauftrags erfolgte und das Unternehmen seine operative Tätigkeit erst nach dem Privatisierungsvorgang aufnahm.[16] Eine je nach Lesart gewisse oder beträchtliche Erweiterung erfuhr dieser Ausnahmetatbestand in der Rs. ANAV: Die Möglichkeit einer Berufung auf die Ausnahme für In-House-Geschäfte sei nämlich auch dann zu versagen, wenn eine (Teil-)Privatisierung während der Laufzeit eines nur wegen jener Privilegierung vergaberechtsimmunen Vorgangs erfolge.[17] Versteht man diese Entscheidung nun so, dass zum Zeitpunkt der Auftragsvergabe eine – freilich mit Unsicherheiten und der Schwierigkeit der Motivforschung behaftete[18] – Prognose hinsichtlich einer etwaigen Privatisierung anzustellen ist,[19] dann wäre der Boden eines Umgehungstatbestands noch nicht verlassen. Verstanden werden kann die Rs. ANAV aber – in Einklang mit einer

---

auszulegenden (siehe nur *A. Faber*, DVBl. 2001, S. 249 [255]) – Ausnahme: *A. Egger*, Europäisches Vergaberecht, Rn. 739 ff.

[14] Zum Begriff des öffentlichen Auftraggebers *F. Wollenschläger*, EWS 2005, S. 343.

[15] Siehe nur *H. Berger*, ZfBR 2002, S. 134 (135); *J. Dietlein*, NZBau 2004, S. 472 (478); *A. Egger*, Europäisches Vergaberecht, Rn. 670 ff.; *ders.*, Vergabe- und Privatisierungsmaßnahmen, S. 45 ff.; *A. Faber*, DVBl. 2001, S. 249 (257); *W. Frenz*, Beihilfe- und Vergaberecht, Rn. 2354 ff.; *H. Grotelüschen/N. Lübben*, VergabeR 2008, S. 169 (171); *W. Jaeger*, NZBau 2001, S. 6 (7 f., 10); *J. Kühling*, ZfBR 2006, S. 661 (662 f.); *P. Schimanek*, NZBau 2005, S. 304 (306 f.).

[16] EuGH, Rs. C-29/04, Slg. 2005, I-9705, Rn. 38 ff. – Stadt Mödling; bekräftigt in Rs. C-573/07, n.n.v., Rn. 48 – Sea. Siehe auch bereits zuvor VK Düsseldorf, NZBau 2001, S. 46 (47); VK Stuttgart, NZBau 2001, S. 340 (342).

[17] EuGH, Rs. C-410/04, Slg. 2006, I-3303, Rn. 29 ff. – ANAV. Dazu *W. Frenz*, Beihilfe- und Vergaberecht, Rn. 2364 ff., 2402 ff.

[18] Insoweit kritisch *M. Dreher*, NZBau 2002, S. 245 (249 f.); *H. Grotelüschen/N. Lübben*, VergabeR 2008, S. 169 (174); *S. Klein*, VergabeR 2005, S. 22 (27).

[19] So EK, Mitteilung zu IÖPP (B., Fn. 4), S. 4 m. Fn. 14; *W. Frenz*, Beihilfe- und Vergaberecht, Rn. 2364, 2409 ff., 2426, 2470. Zu einer derartigen Prognose: EuGH, Rs. C-573/07, n.n.v., Rn. 47 ff. – Sea.

bereits zuvor vertretenen Auffassung in der Literatur[20] und einem obiter dictum in einer jüngeren Entscheidung des EuGH[21] – auch in dem Sinne, dass schon die Veräußerung eines Unternehmens, das zum Verkaufszeitpunkt Leistungen für die öffentliche Hand erbringt, zur Durchführung eines Vergabeverfahrens zwingt. Hierfür streitet, dass mit der Veräußerung die die ursprüngliche Ausnahme vom Vergaberecht tragende Rechtfertigung entfällt. In diesem Fall müsste die Anteilsveräußerung selbst ausgeschrieben werden; demgegenüber kann den vergaberechtlichen Anforderungen in der Umgehungs-Konstellation durch eine Ausschreibung des Auftrags genügt werden.[22]

Ein weites Verständnis der Ausschreibungspflicht bedeutete freilich, dass diese nicht mehr die Ausnahme, sondern die Regel wäre. Hiergegen wendet sich ein Großteil der Literatur, der den – auch in der Rechtsprechung des EuGH zum Ausdruck kommenden – Ausnahmecharakter der Ausschreibungspflicht von Anteilsveräußerungen betont.[23] Diesen bekräftigten die Organisationsfreiheit der Verwaltung,[24] die Tatsache, dass das Vergaberecht aufgrund seiner andersartigen Zwecksetzung dem spezifisch gesellschaftsrechtlichen Treueverhältnis nicht Rechnung trage und damit nicht auf Privatisierungsvorgänge zugeschnitten sei,[25] und der Umstand, dass es bei letzteren auch zu keinem Wechsel in der Person des Auftragnehmers käme[26]. Mitunter erkennen aber auch Vertreter der engeren Auffassung an, dass eine Ausschreibungspflicht über den Umgehungstatbestand bei Vorliegen eines engen inhaltlichen und zeitlichen Zusammenhangs zwischen der Auftragsvergabe und der Anteilsveräußerung in Betracht kommt, namentlich dann, wenn die Weitergabe von öffentlichen Aufträgen den

---

[20] In diese Richtung bereits zuvor *M. Dreher*, NZBau 2002, S. 245 (249 f.) – zu Ausnahmen ibid., S. 251 f.; *W. Jaeger*, NZBau 2001, S. 6 (10 f.). Befürwortend auch *S. Klein*, VergabeR 2005, S. 22 (28 f.) m.w.N.

[21] Siehe EuGH, Rs. C-573/07, n.n.v., Rn. 53 – Sea: „Zu beachten ist allerdings, dass es im Fall [einer zunächst zulässigen In-House-Vergabe] eine eine Ausschreibung erfordernde Änderung einer grundlegenden Bedingung dieses Auftrags bedeuten würde, wenn zu einem späteren Zeitpunkt, aber immer noch innerhalb der Gültigkeitsdauer des Auftrags, Privatpersonen zur Beteiligung am Grundkapital der genannten Gesellschaft zugelassen würden."

[22] Dazu auch *M. Dreher*, NZBau 2002, S. 245 (248); *W. Frenz*, Beihilfe- und Vergaberecht, Rn. 2412, 2426; *J. Mehlitz*, WuW 2001, S. 569 (573). Die EK empfiehlt in ihrer Mitteilung zu IÖPP (B., Fn. 4), S. 5 f., eine kombinierte Ausschreibung.

[23] So *J. Dietlein*, NZBau 2004, S. 472 (476 f.); *A. Egger*, Europäisches Vergaberecht, Rn. 667 f.; *ders.*, Vergabe- und Privatisierungsmaßnahmen, S. 44 ff.; *W. Frenz*, Beihilfe- und Vergaberecht, Rn. 2425; *H. Grotelüschen/N. Lübben*, VergabeR 2008, S. 169 (171 ff.); *U. Jasper/H. Arnold*, NZBau 2006, S. 24 (26); *J. Kühling*, ZfBR 2006, S. 661 (662 f.).

[24] *W. Frenz*, Beihilfe- und Vergaberecht, Rn. 2447 ff. Ablehnend *J. Dietlein*, NZBau 2004, S. 472 (475 f.); *S. Klein*, VergabeR 2005, S. 22 (30).

[25] *W. Frenz*, Beihilfe- und Vergaberecht, Rn. 2452 ff. A.A. OLG Brandenburg, NZBau 2001, S. 645 (646); *J. Dietlein*, NZBau 2004, S. 472 (475); *A. Faber*, DVBl. 2001, S. 249 (256 f.); *S. Klein*, VergabeR 2005, S. 22 (30 f.); *W. Kleine/L. Flöther/G. Bräuer*, NVwZ 2002, S. 1046 (1048).

[26] *J. Dietlein*, NZBau 2004, S. 472 (477).

Privatisierungsvorgang prägt.[27] Dies gilt auch dann, wenn die Anteilsveräußerung einer Neuvergabe des Auftrags gleichkommt, etwa weil der Auftraggeber nur durch den neuen Gesellschafter in der Lage ist, seinen Verpflichtungen aus dem Auftrag in finanzieller Hinsicht nachzukommen.[28] Des Weiteren wird die Anteilsveräußerung nur dann für ausschreibungspflichtig erachtet, wenn der Beschaffungsanteil – maßgeblich ist insoweit der Restwert des Auftrags bzw. der Aufträge[29] – unabhängig von dessen Anteil am Privatisierungsvolumen[30] die Schwellenwerte der Vergaberichtlinien erreicht.[31] Dies ist an und für sich zutreffend, muss aber mit Blick auf die Etablierung eines primärrechtlichen Vergaberegimes auch für nicht vom koordinierten EU-Vergaberecht erfasste Beschaffungsvorgänge[32] dahingehend modifiziert werden, dass unterhalb der Schwellenwerte dessen Anforderungen zu beachten sind.

Schließlich stellt sich die Frage der verfahrensrechtlichen Realisierung der Ausschreibung einer geplanten Anteilsveräußerung. Insoweit wird, um die notwendige Flexibilität bei komplexen Unternehmenstransaktionen zu gewährleisten, die Durchführung eines Verhandlungsverfahrens mit vorheriger Bekanntmachung für ausreichend erachtet.[33] Mit Blick auf während der Auftragsabwicklung oftmals notwendig werdende Änderungen bei der Definition des Auftragsgegenstands ist darauf hinzuweisen, dass diese für ausschreibungsfrei möglich gehalten werden, so bereits die Gründung der institutionalisierten ÖPP (Gründungsakt und Auftragserteilung) ausgeschrieben wurde und die

---

[27] *W. Frenz,* Beihilfe- und Vergaberecht, Rn. 2458; ebenso *J. Dietlein,* NZBau 2004, S. 472 (477 f.); *A. Egger,* Vergabe- und Privatisierungsmaßnahmen, S. 46; *P. Schimanek,* NZBau 2005, S. 304 (306 ff.). Zu den Kriterien im Einzelnen: *W. Frenz,* Beihilfe- und Vergaberecht, Rn. 2465 ff. Siehe auch OLG Brandenburg, NZBau 2001, S. 645 (646): selbst sechsjähriger Zeitraum zwischen Beauftragung und Anteilsveräußerung unschädlich; enger: *H. Grotelüschen/N. Lübben,* VergabeR 2008, S. 169 (173): regelmäßig ein Jahr.

[28] OLG Brandenburg, NZBau 2001, S. 645 (646); *J. Dietlein,* NZBau 2004, S. 472 (477 f.).

[29] *M. Dreher,* NZBau 2002, S. 245 (250 f.). Mitunter wird der Restwert noch nach dem veräußerten Gesellschaftsanteil quotiert, mithin etwa bei einer Veräußerung von 50 % der Gesellschaftsanteile halbiert (so *W. Jaeger,* NZBau 2001, S. 6 [11]; *S. Klein,* VergabeR 2005, S. 22 [29]). Hiergegen spricht jedoch der Umstand, dass die Ausschreibungspflicht aus dem Verlust des vergaberechtlichen Privilegierung resultiert und damit auf die Gesellschaft insgesamt abzustellen ist, vgl. *M. Dreher,* NZBau 2002, S. 245 (250 f.).

[30] *A. Egger,* Vergabe- und Privatisierungsmaßnahmen, S. 49. Anders *M. Dreher,* NZBau 2002, S. 245 (252); *H. Grotelüschen/N. Lübben,* VergabeR 2008, S. 169 (173, 175).

[31] *A. Egger,* Vergabe- und Privatisierungsmaßnahmen, S. 48 f.; *W. Frenz,* Beihilfe- und Vergaberecht, Rn. 2475.

[32] Dazu oben, B.I.2.

[33] *J. Dietlein,* NZBau 2004, S. 472 (479); *A. Drügemöller/S. Conrad,* ZfBR 2008, S. 651 (655); *W. Jaeger,* NZBau 2001, S. 6 (11); *S. Klein,* VergabeR 2005, S. 22 (30). In ihrer Mitteilung zu IÖPP (B., Fn. 4), S. 6 f., erkennt die EK angesichts der Komplexität des Vorgangs zwar das Bedürfnis nach einer flexiblen Verfahrensgestaltung an; sie postuliert jedoch den Vorrang des wettbewerblichen Dialogs vor dem nur in Ausnahmefällen statthaften Verhandlungsverfahren.

Änderungen in der ursprünglichen Ausschreibung vorgesehen waren oder nur unwesentlich sind.[34]

2. Grundstücksveräußerungen

Genauso wie Veräußerungen von Gesellschaftsanteilen können auch Immobilientransaktionen, bei denen die öffentliche Hand als Anbieter von Grundstücken auftritt, mangels Beschaffungscharakters nicht als vom sachlichen Anwendungsbereich des Kartellvergaberechts erfasst angesehen werden.[35] Genauso wie dort kann allerdings das Vorliegen eines Beschaffungsmoments beim Veräußerungsvorgang, d.h. die gleichzeitige Vergabe eines Bauauftrags, eine Ausschreibungspflicht begründen. Diesen Ansatz forcierte das OLG Düsseldorf in einer heftig angegriffenen Rechtsprechungslinie, in deren Zuge sich städtebauliche Vereinbarungen mit Investoren in weitem Umfange dem Kartellvergaberecht unterworfen sahen.

Die unternommene Ausdehnung des Vergaberechts auf Kooperationen im Städtebaurecht setzt freilich ein Verständnis des Bauauftrags voraus, nach welchem es unerheblich ist, ob der öffentliche Auftraggeber einen eigenen Beschaffungsbedarf befriedigen[36] oder lediglich Dritte zur Vornahme von Bauleistungen, die in seinem Interesse liegen, verpflichten[37] möchte. Bis zur „Ahlhorn"-Entscheidung des OLG Düsseldorf vom 13.6.2007 vorherrschend war die zuerst genannte Lesart. So betonte das BayObLG im Jahre 2000, dass von

---

[34] Siehe EK, Mitteilung zu IÖPP (B., Fn. 4), S. 9 f.

[35] EuGH, Rs. C-451/08, n.n.v., Rn. 41 ff. – Helmut Müller GmbH; *S. Klein*, VergabeR 2005, S. 22 (22 f.); *J. Kühling*, ZfBR 2006, S. 661 (661 f.); *ders.*, JZ 2008, S. 1117 (1118).

[36] Dies aber für erforderlich halten: *H.-P. Fehr / H.-J. Wichardt*, ZfIR 2008, S. 221 (225); *L. Horn*, VergabeR 2008, S. 158 (162, 167); *J. Pietzcker*, NZBau 2008, S. 293 (295 f.). Siehe auch BGH, NZBau 2005, S. 290 (293); BayObLG, ZfBR 2003, S. 511. Dem entspricht auch die Auffassung des Reformgesetzgebers, der in der Begründung RegE Gesetz zur Modernisierung des Vergaberechts, BT-Drs. 16/10117, S. 18, betont: „[E]in Bauauftrag setzt einen eigenen Beschaffungsbedarf des Auftraggebers voraus, wobei allein die Verwirklichung einer von dem Planungsträger angestrebten städtebaulichen Entwicklung nicht als einzukaufende Leistung ausreicht. Vergaberecht betrifft prinzipiell – außer im Falle einer besonderen Beschaffungsbehörde – nicht die Aufgabenebene einer staatlichen Institution, sondern lediglich die Ebene der Ressourcenbeschaffung zur Bewältigung der Aufgaben der Institution. Beide Ebenen dürfen nicht miteinander verwechselt oder verquickt werden."

[37] So OLG Bremen, NZBau 2008, S. 336; OLG Düsseldorf, NZBau 2007, S. 530; NZBau 2008, S. 138; NZBau 2008, S. 271; NZBau 2008, S. 461 (464); OLG Karlsruhe, NZBau 2008, S. 537 (538); *J. Brambring / M. Vogt*, NJW 2008, S. 1855 (1856); *H. Grziwotz*, NotBZ 2008, S. 85 (88); *T. Heilshorn / D. Mock*, VBlBW 2008, S. 328 (331 f.); *S. Hertwig / R. Öynhausen*, KommJur 2008, S. 121 (121 f.); *B. Köster*, NZBau 2008, S. 300 (303); *W. Krohn*, ZfBR 2008, S. 27 (29 ff.); *A. Losch*, ZfBR 2008, S. 341 (342 ff.); *R. Regler*, MittBayNot 2008, S. 253 (257 f.); *A. Rosenkötter / A. Fritz*, NZBau 2007, S. 559 (560); *A. Vetter / T. Bergmann*, NVwZ 2008, S. 133 (135); *O. Wagner / B. Görs*, NVwZ 2007, S. 900 (901); *J. Ziekow*, DVBl. 2008, S. 137 (139 f.): mittelbares (z.B. städtebauliches) Interesse mit Bezug zur Bauleistung ausreichend; ebenso *ders.*, VergabeR 2008, S. 151 (153 f.).

einem Bauauftrag nur dann die Rede sein könne, wenn der Auftraggeber als Güternachfrager auftrete und der Vertrag damit eigenen Beschaffungszwecken diene. Dies sei bei städtebaulichen Durchführungsverträgen regelmäßig nicht der Fall. Denn die in diesen „notwendig ... enthaltene Verpflichtung des Vorhabenträgers, auf der Grundlage des mit der Gemeinde abgestimmten Vorhaben- und Bebauungsplans das Vorhaben durchzuführen, ist auf die Realisierung des Vorhabens an sich, nicht auf die Erbringung einer an sich vergütungspflichtigen (Bau-)Leistung an die Gemeinde gerichtet ... Das bloße städtebauliche Interesse der [Gemeinde] an einer Infrastrukturmaßnahme wie einer innerstädtischen Tiefgarage reicht dafür nicht aus."[38] Etwas anderes könne allenfalls dann gelten, wenn die Gemeinde später Eigentum am Bauwerk erlangen soll.[39]

Der Gerichtshof schloss sich in der Rs. Auroux der Gegenposition an.[40] In dem dieser Entscheidung zugrunde liegenden Sachverhalt beauftragte die Stadt Roanne eine Entwicklungsgesellschaft, im Rahmen einer städtebaulichen Entwicklungsmaßnahme (Errichtung eines Freizeitzentrums) neben der Erbringung untergeordneter Dienstleistungen Planungs- und Bauarbeiten durchführen zu lassen. Dabei waren Teile des Bauwerks zur Weiterveräußerung an Dritte bestimmt. Der EuGH nahm einen Bauauftrag an; entscheidend sei, dass ein Auftraggeber die Erstellung des Bauwerks nach seinen Erfordernissen veranlasst; ob er darüber hinaus „Eigentümer des gesamten Bauwerks oder eines Teils davon ist oder wird", sei irrelevant.[41] Für die erforderliche Entgeltlichkeit des Auftrags allein entscheidend sei schließlich, dass die Auftragnehmerin eine Gegenleistung erhält; diese muss nicht vom Auftraggeber stammen.[42]

Dem folgte das OLG Düsseldorf in einer Reihe Aufsehen erregender Entscheidungen. Im Beschluss „Fliegerhorst Ahlhorn" vom 13.6.2007 betonte es unter Verweis auf die Rechtsprechung des EuGH, dass ein Bauauftrag bzw. eine Baukonzession nicht voraussetzt, „dass der Auftraggeber damit einen eigenen Bedarf befriedigen will"; ausreichend sei vielmehr, dass dieser einen Dritten „mit der Erstellung (gegebenenfalls einschließlich Planung) von Bauwerken/Bauvorhaben entsprechend seinen Erfordernissen beauftragt."[43] Auch

---

[38] BayObLG, NZBau 2002, S. 108 (108 f.). Siehe ferner BayObLG, ZfBR 2003, S. 511; OLG Düsseldorf, NZBau 2004, S. 400 (401); OLG München, NVwZ 2008, S. 927 (928), unter Betonung der kommunalen Selbstverwaltungsgarantie.

[39] BayObLG, NZBau 2002, S. 108 (109); *J. Dietlein*, NZBau 2004, S. 472 (474).

[40] Mitunter wird bestritten, dass der EuGH sich dieser Position angeschlossen habe und seine Entscheidung die Rechtsprechung des OLG Düsseldorf decke. Denn in der Rs. Roanne hätte unstreitig ein Bauauftrag vorgelegen, vgl. *K. Eisenreich/K.-H. Barth*, NVwZ 2008, S. 635 (635 f.); *H.-P. Fehr/H.-J. Wichardt*, ZfIR 2008, S. 221 (224 ff.). Von einer einseitigen Rezeption spricht auch *J. Pietzcker*, NZBau 2008, S. 293 (294 f.). Dem tritt *R. Regler*, Mitt-BayNot 2008, S. 253 (257 f.), entgegen.

[41] EuGH, Rs. C-220/05, Slg. 2007, I-385, Rn. 39 ff. – Auroux.

[42] EuGH, Rs. C-220/05, Slg. 2007, I-385, Rn. 45 – Auroux.

[43] OLG Düsseldorf, NZBau 2007, S. 530 (531).

hinsichtlich der Entgeltlichkeit des Auftrags erklärte es das OLG Düsseldorf für unerheblich, von wem das Entgelt stamme.[44] Der Abschluss städtebaulicher Verträge, in denen sich der Vertragspartner der öffentlichen Hand zur Durchführung von Baumaßnahmen, an denen ein öffentliches Interesse besteht, verpflichtet, unterliegt danach dem Vergaberecht. Dies bezieht sich auch auf im Zusammenhang mit dem städtebaulichen Vertrag abgeschlossene Grundstückskaufverträge; insoweit ist eine einheitliche Betrachtung anzustellen.[45]

Hinsichtlich der Abgrenzung von Bauauftrag und Baukonzession betonte das OLG Düsseldorf, dass diese sich nur darin unterscheiden, „dass der Vertragspartner des öffentlichen Auftraggebers das wirtschaftliche Risiko des Geschäfts trägt … [O]b der erfolgreiche Bieter sich über einen Verkauf oder über eine Vermietung der von ihm – entsprechend den Erfordernissen der öffentlichen Hand bebauten – Grundstücke refinanzieren wird", sei irrelevant.[46]

Die Grundsätze der „Ahlhorn"-Entscheidung bekräftigte das OLG Düsseldorf in den Rs. „Wuppertal-Vohwinkel"[47] und „Oer-Erkenschwick"[48]. In der zuletzt genannten Entscheidung wurde auch festgehalten, dass § 99 Abs. 3 3. Alt. GWB a.F. erfüllt ist bei Aufträgen, die

mittels der vom Auftraggeber genannten Erfordernisse gewährleisten sollen, dass das herzustellende Bauwerk einem bestimmten öffentlichen Zweck zur Verfügung steht, und die dem Auftraggeber kraft vertraglicher Abrede zugleich die rechtliche Befugnis geben, die Verfügbarkeit des Bauwerks für die öffentliche und durch die wirtschaftliche oder technische Funktion des Bauvorhabens definierte Zweckbestimmung sicherzustellen …[49]

Gleichzeitig markierte das OLG Düsseldorf die Grenzen des Vergaberechts. Dieses ist zum einen dann nicht einschlägig, wenn

– ohne dass der jeweilige Fall Anhaltspunkte für eine Umgehung des Vergaberechts erkennen lässt – unabhängig von einem konkreten Bauvorhaben ein Bebauungsplan bereits besteht, und vom öffentlichen Auftraggeber im Plangebiet ein Grundstück veräußert wird, das ohne eine ausdrückliche Bauverpflichtung (und ohne Vereinbarung eines Rücktritts- oder Wiederkaufrechts) ausschließlich im Rahmen der Festsetzungen des Bebauungsplans vom Erwerber bebaut werden kann.[50]

---

[44] OLG Düsseldorf, NZBau 2007, S. 530 (532).
[45] OLG Düsseldorf, NZBau 2007, S. 530 (533).
[46] OLG Düsseldorf, NZBau 2007, S. 530 (532). Ebenso OLG Bremen, NZBau 2008, S. 336 (338 f.). A.A. *B. Gartz*, NZBau 2008, S. 473 (477); *K. Greb / M. Rolshoven*, NZBau 2008, S. 163 (165): Konzession nicht mit dem Übergang von Eigentum auf Konzessionär verbunden; ebenso *L. Horn*, VergabeR 2008, S. 158 (165): Befristung erforderlich.
[47] OLG Düsseldorf, NZBau 2008, S. 138 (140 f.).
[48] OLG Düsseldorf, NZBau 2008, S. 271 (273 ff.).
[49] OLG Düsseldorf, NZBau 2008, S. 271 (275).
[50] OLG Düsseldorf, NZBau 2008, S. 271 (276); *H.-P. Fehr / H.-J. Wichardt*, ZfIR 2008, S. 221 (232); *L. Horn*, VergabeR 2008, S. 158 (166); *J. Ziekow*, VergabeR 2008, S. 151 (156). Im Ergebnis ebenso *S. Hertwig / R. Öynhausen*, KommJur 2008, S. 121 (122), die zwischen dem „Ob" und „Wie" des Bauens differenzieren.

Zum anderen ausgeklammert bleibt der Fall, dass „der Veräußerung eines Grundstücks und seiner Bebauung keine wirtschaftliche, insbesondere keine raumordnende oder städtebauliche Funktion zuzuerkennen ist, dies zum Beispiel dann, wenn ein auf einen einzelnen Unternehmenszweck begrenztes Einzelbauvorhaben errichtet werden soll."[51] Fraglich ist allerdings, in welchen Fällen diese Ausnahme greifen soll, da die öffentliche Hand mit Vorgaben an die Bebauung stets derartige Ziele verfolgt.[52]

Ob die unternommene Einbeziehung städtebaulicher Verträge, die Bauverpflichtungen umfassen, in das Kartellvergaberecht gerechtfertigt ist, muss anhand der Festlegung von dessen Anwendungsbereich in § 99 GWB beurteilt werden. Dessen Absatz 3 a.f. definierte den unionsrechtlich-autonom auszulegenden Begriff des Bauauftrags – in Einklang mit Art. 1 Abs. 2 lit. b VRL – als Vertrag „entweder über die Ausführung oder die gleichzeitige Planung und Ausführung eines Bauvorhabens oder eines Bauwerks, das Ergebnis von Tief- oder Hochbauarbeiten ist und eine wirtschaftliche oder technische Funktion erfüllen soll, oder einer Bauleistung durch Dritte gemäß den vom Auftraggeber genannten Erfordernissen." Baukonzessionen – wiederum ein Begriff des Unionsrechts, der in Art. 1 Abs. 3 VRL identisch legaldefiniert wird – waren gemäß § 32 Abs. 1 VOB/A a.F. „Bauaufträge zwischen einem Auftraggeber und einem Unternehmer (Baukonzessionär), bei denen die Gegenleistung für die Bauarbeiten statt in einer Vergütung in dem Recht auf Nutzung der baulichen Anlage, gegebenenfalls zuzüglich der Zahlung eines Preises, besteht."

Für die Annahme eines vergabepflichtigen Vorgangs kann damit nicht die Grundstücksveräußerung entscheidend sein, sondern nur der Konnex zu einer gleichzeitig damit beauftragten Bauleistung.[53] Gleiches gilt für Baukonzessionen: Auch hier ist der schlichte Grundstücksverkauf nicht ausreichend, da das Nutzungsrecht dann bereits aus der Eigentümerstellung folgt.[54] Vielmehr muss „zusätzlich ein spezifischer Konnex zur Nutzung einer baulichen Anlage hergestellt [werden]", etwa durch die Vereinbarung einer bestimmten Grundstücksnutzung.[55]

Vom Wortlaut der zitierten Normen her erscheint es mit Blick auf den Vertragsgegenstand von Grundstückveräußerungsgeschäften, die mit Bauverpflichtungen einhergehen, im Grundsatz unproblematisch, diese unter § 99 Abs. 3 GWB a.F. bzw. § 99 Abs. 6 GWB zu subsumieren: Denn sie zielen – obgleich der öffentliche Auftraggeber keinen eigenen Beschaffungsbedarf im Sinne einer Selbstnutzung befriedigt – auf die Erbringung von in seinem Inter-

---

[51] OLG Düsseldorf, NZBau 2008, S. 271 (276). Ähnlich *A. Losch*, VergabeR 2008, S. 239 (241 f.); *dies.*, ZfBR 2008, S. 341 (342 f.).

[52] Vgl. auch *K. Eisenreich / K.-H. Barth*, NVwZ 2008, S. 635 (637).

[53] *J. Ziekow*, DVBl. 2008, S. 137 (141 f.).

[54] *J. Ziekow*, VergabeR 2008, S. 151 (154).

[55] *J. Ziekow*, VergabeR 2008, S. 151 (154 f.).

esse liegenden Bauleistungen.[56] So stellte auch der EuGH in der Rs. Teatro alla Scala für das Vorliegen öffentlicher Bauvorhaben entscheidend darauf ab, dass sie nach ihren funktionellen Eigenschaften über bloße Einzelwohnstätten hinausgehende Erschließungszwecke erfüllen sollen und der Herrschaft der zuständigen Behörden unterliegen, die rechtliche Befugnisse besitzen, mit denen sie die Verfügbarkeit der Anlagen sicherstellen können, um allen örtlichen Nutzern den Zugang zu gewährleisten. Diese Gesichtspunkte sind deshalb bedeutsam, weil sie die öffentliche Zweckbestimmung bestätigen, denen die auszuführenden Bauvorhaben von Anfang an gewidmet sind.[57]

Fraglich ist freilich, ob bestimmte Anforderungen an die von der öffentlichen Hand gemachten Vorgaben für das Bauwerk zu stellen sind, um den Staat als Auftraggeber desselben qualifizieren zu können. Dies wird weitgehend angenommen: So könne von einer „Bauleistung durch Dritte gemäß den vom Auftraggeber genannten Erfordernissen" i.S.d. § 99 Abs. 3 3. Alt. GWB a.F. nur dann gesprochen werden, wenn die Verwaltung die Bauleistung (inhaltlich) beeinflusse und Vorgaben für diese aufstelle, mithin als Bauherr auftrete.[58] Hierfür seien die schlichte Auswahl eines Investorenkonzepts und die Verpflichtung zu seiner Durchführung nicht ausreichend.[59] Genauso wenig reiche die Verpflichtung zur Einhaltung planerischer Konzeptionen aus, da dies keine Bauherrenstellung des Staates begründe.[60] Hinsichtlich des erforderlichen Verpflichtungsgrades ist zudem umstritten, ob eine einklagbare Bauverpflichtung vereinbart werden muss.[61] Die Europäische Kommission hielt die Vereinbarung eines Rückkaufrechts bei Nichtrealisierung des Projekts nicht für ausrei-

---

[56] So auch *J. Brambring / M. Vogt*, NJW 2008, S. 1855 (1856 f.); *R. Regler*, MittBayNot 2008, S. 253 (257 f.); *O. Wagner / B. Görs*, NVwZ 2007, S. 900 (901). Siehe auch *M. Burgi*, NVwZ 2008, S. 929 (932 f.), der die Begründung städtebaulicher Pflichten und die Herrschaft über das Bauvorhaben für konstitutiv erachtet.

[57] EuGH, Rs. C-399/98, Slg. 2001, I-5409, Rn. 67 f. – Ordine degli Architetti delle Province di Milano et Lodi u.a. Hierauf stellt *M. Burgi*, NVwZ 2008, S. 929 (932 f.), entscheidend ab.

[58] *J. Ziekow*, DVBl. 2008, S. 137 (142 f.); *ders.*, VergabeR 2008, S. 151 (156 f.). Ähnlich *K. Eisenreich / K.-H. Barth*, NVwZ 2008, S. 635 (636); *L. Horn*, VergabeR 2008, S. 158 (165 f.); *J. Kühling*, JZ 2008, S. 1117 (1118 ff.).

[59] *J. Ziekow*, VergabeR 2008, S. 151 (157). Ähnlich *L. Horn*, VergabeR 2008, S. 158 (166).

[60] *J. Ziekow*, DVBl. 2008, S. 137 (143); *ders.*, VergabeR 2008, S. 151 (157). Ähnlich *M. Burgi*, NVwZ 2008, S. 929 (932 f.); *L. Horn*, VergabeR 2008, S. 158 (166); *R. Regler*, MittBayNot 2008, S. 253 (259 f.). A.A. *S. Hertwig / R. Öynhausen*, KommJur 2008, S. 121 (123). Ob es ausreicht, wenn die Erfordernisse aus einem bereits aufgestellten Bebauungsplan hervorgehen, hat das OLG Düsseldorf, NZBau 2008, S. 138 (141), offengelassen.

[61] Offengelassen von OLG Düsseldorf, NZBau 2008, S. 138 (139); NZBau 2008, S. 271 (272 f.). Bejahend: *K. Greb / M. Rolshoven*, NZBau 2008, S. 163 (164); *A. Losch*, ZfBR 2008, S. 341 (344). Ablehnend *J. Brambring / M. Vogt*, NJW 2008, S. 1855 (1856); *J. Kühling*, JZ 2008, S. 1117 (1119); *J. Ziekow*, VergabeR 2008, S. 151 (154) – aber: irgendwie geartete rechtliche Verpflichtung zur Bebauung erforderlich, z.B. Absicherung durch Wiederkaufsrecht (ibid., S. 155 f.). Differenzierend: *O. Reidt*, VergabeR 2008, S. 11 (11 f.); *R. Regler*, MittBayNot 2008, S. 253 (259).

chend.[62] Problematisch an der damit geforderten wertenden Betrachtung ist freilich die dadurch bedingte Rechtsunsicherheit.

Die Bejahung eines Bauauftrags in Frage stellen kann darüber hinaus eine fehlende Gegenleistung der öffentlichen Hand für die Erstellung des Bauwerks. Fordert man, dass diese im Wesentlichen vom Auftraggeber stammen müsse,[63] kann die Entgeltlichkeit allenfalls unter Verweis auf eine städtebaulich motivierte verbilligte Überlassung des Grundstücks bejaht werden. In der Rs. Auroux hat sich der EuGH allerdings der Gegenposition angeschlossen,[64] so dass auch Leistungen Dritter – etwa für die Nutzung oder den Erwerb des vom Investor zu errichtenden Bauwerks – für die Annahme eines entgeltlichen Bauauftrags genügen.[65] Im Übrigen bleibt die Annahme einer Baukonzession, bei der die Entgeltlichkeit gerade im Recht besteht, die bauliche Anlage zu nutzen.[66] Insoweit umstritten ist freilich, ob eine Weiterveräußerung des bebauten Grundstücks noch als dessen Nutzung qualifiziert werden kann. Da es keinen Unterschied macht, in welcher Weise der Vertragspartner der öffentlichen Hand aus dem errichteten Bauwerk einen Nutzen zieht, wurde dies mitunter bejaht.[67]

Nicht verschwiegen werden darf schließlich, dass der Gesetzgeber der Vergaberechtsreform 2009 durch die Neufassung des § 99 GWB das skizzierte weite Verständnis rückgängig machen möchte, wie die Hinzufügung der im Folgenden kursiv hervorgehobenen Passagen deutlich machen soll. § 99 Abs. 3 GWB lautet nunmehr: „Bauaufträge sind Verträge über die Ausführung oder die gleichzeitige Planung und Ausführung eines Bauvorhabens oder eines Bauwerkes *für den öffentlichen Auftraggeber*, das Ergebnis von Tief- oder Hochbauarbeiten ist und eine wirtschaftliche oder technische Funktion erfüllen soll,

---

[62] Entscheidung der EK vom 5.6.2008 im Vertragsverletzungsverfahren in Sachen Stadtentwicklungsprojekt Flensburg (IP/08/867). Ein Rücktrittsrecht bei Scheitern allgemeinplanerischer Vorgaben für unbeachtlich halten: *F. Scheffczyk/H.A. Wolff*, KommJur 2008, S. 408 (411 f.).

[63] So *J. Pietzcker*, NZBau 2008, S. 293 (296 f.); *A. Vetter/T. Bergmann*, NVwZ 2008, S. 133 (136 f.); *J. Ziekow*, DVBl. 2008, S. 137 (140 f.). Anders *R. Regler*, MittBayNot 2008, S. 253 (260).

[64] EuGH, Rs. C-220/05, Slg. 2007, I-385, Rn. 45 – Auroux. Ebenso OLG Düsseldorf, NZBau 2007, S. 530 (532); *W. Krohn*, ZfBR 2008, S. 27 (31). Dies bestreiten *A. Vetter/T. Bergmann*, NVwZ 2008, S. 133 (136 f.).

[65] So etwa *T. Heilshorn/D. Mock*, VBlBW 2008, S. 328 (333).

[66] Siehe *M. Burgi*, NVwZ 2008, S. 929 (933).

[67] Bejahend: OLG Bremen, NZBau 2008, S. 336 (338 f.); OLG Düsseldorf, NZBau 2007, S. 530 (532); *J. Brambring/M. Vogt*, NJW 2008, S. 1855 (1857); *W. Krohn*, ZfBR 2008, S. 27 (31 f.); *A. Losch*, VergabeR 2008, S. 239 (241); *A. Rosenkötter/A. Fritz*, NZBau 2007, S. 559 (563). Ablehnend: GA *Mengozzi*, in: EuGH, Rs. C-451/08, n.n.v., Rn. 86 ff. – Helmut Müller GmbH; *K. Greb/M. Rolshoven*, NZBau 2008, S. 163 (165): Konzession nicht mit dem Übergang von Eigentum auf Konzessionär verbunden; ebenso *L. Horn*, VergabeR 2008, S. 158 (165): Befristung erforderlich; *J. Kühling*, JZ 2008, S. 1117 (1120); *A. Vetter/T. Bergmann*, NVwZ 2008, S. 133 (137 f.). Vgl. ferner *O. Reidt*, BauR 2007, S. 1664 (1669 ff.).

oder einer *dem Auftraggeber unmittelbar wirtschaftlich zugute kommenden Bauleistung* durch Dritte gemäß den vom Auftraggeber genannten Erfordernissen". Die Baukonzession ist nunmehr in § 99 Abs. 6 GWB legaldefiniert als „Vertrag über die Durchführung eines Bauauftrags, bei dem die Gegenleistung für die Bauarbeiten statt in einem Entgelt in dem *befristeten* Recht auf Nutzung der baulichen Anlage, gegebenenfalls zuzüglich der Zahlung eines Preises besteht" (siehe nunmehr auch § 22 Abs. 1 VOB/A 2009). In der Gesetzesbegründung wird insoweit ausgeführt:

> Die aus der Rechtsprechung des OLG Düsseldorf … resultierenden rechtlichen Unklarheiten sollen durch eine Klarstellung des Bauauftragsbegriffs beseitigt werden. Hierfür soll der einem Bauauftrag immanente Beschaffungscharakter durch eine Textergänzung deutlicher hervorgehoben werden. Die Ergänzung sagt, dass die Bauleistung dem öffentlichen Auftraggeber unmittelbar wirtschaftlich zugute kommen muss. Denn ein Bauauftrag setzt einen eigenen Beschaffungsbedarf des Auftraggebers voraus, wobei allein die Verwirklichung einer von dem Planungsträger angestrebten städtebaulichen Entwicklung nicht als einzukaufende Leistung ausreicht. Vergaberecht betrifft prinzipiell – außer im Falle einer besonderen Beschaffungsbehörde – nicht die Aufgabenebene einer staatlichen Institution, sondern lediglich die Ebene der Ressourcenbeschaffung zur Bewältigung der Aufgaben der Institution. Beide Ebenen dürfen nicht miteinander verwechselt oder verquickt werden.[68]

Ginge man allerdings davon aus, dass das weite Verständnis unionsrechtlich geboten ist, so stellte sich die Reform als europarechtswidrig dar.[69] § 99 Abs. 3 GWB wäre demzufolge europarechtskonform weit auszulegen, was sein Wortlaut noch zuließe; bei § 99 Abs. 6 GWB wäre dies mit Blick auf das Befristungserfordernis allerdings nicht möglich.

In einer auf diesen Streit und auf Vorlage des OLG Düsseldorf hin ergangenen Entscheidung, dem Urteil in der Rs. Helmut Müller GmbH vom 25.3.2010, hat sich der EuGH nunmehr einer restriktiven, gleichwohl nicht gänzlich ablehnenden Position hinsichtlich der Vergabepflichtigkeit von Grundstückstransaktionen angeschlossen: Von einem entgeltlichen Bauauftrag kann nur dann die Rede sein, wenn der öffentliche Auftraggeber ein „unmittelbares wirtschaftliches Interesse" an der Bauleistung hat. Ein solches setzt zwar keinen Erwerb des Eigentums am Bauwerk voraus, sondern „lässt sich ebenfalls feststellen, wenn vorgesehen ist, dass der öffentliche Auftraggeber über einen Rechtstitel verfügen soll, der ihm die Verfügbarkeit der Bauwerke, die Gegenstand des Auftrags sind, im Hinblick auf ihre öffentliche Zweckbestimmung sicherstellt"; bestehen kann ein „wirtschaftliche[s] Interesse … ferner in wirtschaftlichen

---

[68] Begründung RegE Gesetz zur Modernisierung des Vergaberechts, BT-Drs. 16/10117, S. 18.

[69] Siehe auch *M. Burgi*, NVwZ 2008, S. 929 (935); *R. Regler*, MittBayNot 2008, S. 253 (260). Restriktiver nun aber GA *Mengozzi*, in: EuGH, Rs. C-451/08, n.n.v., Rn. 46 ff. – Helmut Müller GmbH: „*unmittelbare* Verbindung zwischen der öffentlichen Verwaltung und den zu verwirklichenden Arbeiten oder Werken."

Vorteilen, die der öffentliche Auftraggeber aus der zukünftigen Nutzung oder
Veräußerung des Bauwerks ziehen kann, in seiner finanziellen Beteiligung an
der Erstellung des Bauwerks oder in den Risiken, die er im Fall eines wirtschaftlichen Fehlschlags des Bauwerks trägt". Keinesfalls jedoch genügt die „bloße
Ausübung von städtebaulichen Regelungszuständigkeiten im Hinblick auf die
Verwirklichung des allgemeinen Interesses".[70] Die Verpflichtung des Auftragnehmers, die Bauleistung zu erbringen, muss zudem einklagbar sein.[71] Auch
liegt eine Bauleistung nach den Erfordernissen des Auftraggebers nicht bereits
dann vor, wenn „eine Behörde bestimmte, ihr vorgelegte Baupläne prüft oder in
Ausübung ihrer städtebaulichen Regelungszuständigkeiten eine Entscheidung
trifft"; vielmehr muss der Auftraggeber „Maßnahmen ergriffen ha[ben], um die
Merkmale der Bauleistung zu definieren oder zumindest einen entscheidenden
Einfluss auf ihre Konzeption auszuüben."[72] Was schließlich die Annahme einer
Baukonzession betrifft, so hat der EuGH betont, dass zum einen eine Nutzungsübertragung durch den öffentlichen Auftraggeber dann nicht vorliegt,
„wenn das Nutzungsrecht allein im Eigentumsrecht des entsprechenden Wirtschaftsteilnehmers verwurzelt ist"; zum anderen muss das mit der Konzession
verbundene Risiko aus der Nutzung des Bauwerks folgen, wozu Ungewisshei-
ten über den Erhalt der Baugenehmigung nicht zählen.[73]

Liegt dennoch eine vergabepflichtigen Immobilientransaktionen vor, stellt
sich schließlich die Frage der verfahrensrechtlichen Realisierung der Ausschreibung einer Veräußerung: Hier wird, um die notwendige Flexibilität bei komplexen Transaktionen zu gewährleisten, die Durchführung eines Verhandlungsverfahrens mit vorheriger Bekanntmachung respektive eines wettbewerblichen Dialogs für ausreichend erachtet.[74]

3. Fazit

Für die Entwicklung des Kartellvergaberechts zweifelsohne prägend war eine
größtenteils auf europarechtliche Einflüsse zurückzuführende Extension seines Regelungsanspruchs. Dieser erstreckt sich weit über im herkömmlichen
Sinne verstandene Einkaufstätigkeiten der öffentlichen Hand, wie den sprichwörtlichen Bleistiftkauf der Verwaltung, hinaus: Die Maßstäblichkeit des Vergaberechts für die sozialrechtliche Leistungserbringung, für Privatisierungs-

---

[70] EuGH, Rs. C-451/08, n.n.v., Rn. 45 ff. – Helmut Müller GmbH.
[71] EuGH, Rs. C-451/08, n.n.v., Rn. 60 ff. – Helmut Müller GmbH.
[72] EuGH, Rs. C-451/08, n.n.v., Rn. 66 ff. – Helmut Müller GmbH.
[73] EuGH, Rs. C-451/08, n.n.v., Rn. 72 ff. – Helmut Müller GmbH. Dass eine Konzession
unbefristet erteilt werden kann, verneint GA *Mengozzi*, in: EuGH, Rs. C-451/08, n.n.v.,
Rn. 86 ff. – Helmut Müller GmbH. Der EuGH, a.a.O., Rn. 79, verweist sybillinisch auf die
Unionsrechtswidrigkeit einer dauerhaften Nutzungsübertragung.
[74] *S. Hertwig / R. Öynhausen*, KommJur 2008, S. 121 (123).

vorgänge oder für die Investorenauswahl im Kontext von städtebaulichen Verträgen zeugt hiervon. Hinwegtäuschen darf diese Entwicklung freilich nicht darüber, dass sein sachlicher Anwendungsbereich nach wie vor mit dem Vorliegen eines Beschaffungsbezugs der Verteilungssituation steht und fällt, wie weit auch immer man diesen fassen mag. Damit kann das Kartellvergaberecht zwar als weit reichendes, aber keinesfalls als bereichsübergreifendes einfach-rechtliches Verteilungsregime qualifiziert werden.[75]

Unabhängig von diesem Befund auf der Basis der gegenwärtigen Rechtslage ist weiteren Extensionsbemühungen ohnehin mit Vorsicht zu begegnen. Nicht nur geht mit dem dadurch bedingten Konturenverlust ein Verlust an Rechtssicherheit einher, wie schon jetzt die unterschiedlich beantworteten Fragen illustrieren, wann von einem nach den Erfordernissen des öffentlichen Auftraggebers zu erstellenden Bauwerk ausgegangen werden kann bzw. in welchen Fällen die Veräußerung eines von der öffentlichen Hand beauftragten Unternehmens Ausschreibungspflichten auslöst. Zudem ist fraglich, ob das streng formalisierte Vergaberecht – das mitunter bereits in seinem ureignen Anwendungsbereich, der staatlichen Einkaufstätigkeit, als Hindernis für eine effiziente Beschaffung betrachtet wird[76] – den Sachgesetzlichkeiten anderer Materien hinreichend Rechnung zu tragen vermag.

Immerhin verweisen die zu konstatierenden Extensionsbestrebungen, und dies ist für die vorliegende Untersuchung von besonderem Interesse, auf die offensichtlich empfundene Notwendigkeit, die Verteilung knapper Güter über das Kartellrechtvergaberecht hinaus verfahrensrechtlich und rechtsstaatlich zu domestizieren. Hierfür erscheint ein Rückgriff auf dieses attraktiv, umfasst es doch detaillierte materielle und prozedurale Vorgaben und gewährleistet Interessenten seit seiner Europäisierung effektiven Rechtsschutz. Ein derartiger Rückgriff ist aus den genannten Gründen *de lege lata* nicht möglich und *de lege ferenda* fragwürdig. Deshalb erscheint es als Alternative zu einer Hypertrophie des Vergaberechts vorzugswürdig, die Verteilungsproblematik durch die – in der vorliegenden Untersuchung unternommene – Entwicklung eines allgemeinen Verteilungsverfahrens in den Griff zu bekommen.[77]

---

[75] Siehe auch *M. Burgi*, NZBau 2009, S. 609 (611).

[76] *J. Pietzcker*, NVwZ 2007, S. 1225 (1225 f.); *ders.*, NZBau 2008, S. 293 (299 f.).

[77] Siehe auch GA *Mengozzi*, in: EuGH, Rs. C-451/08, n.n.v., Rn. 50 – Helmut Müller GmbH: „Auch wenn nämlich das Hauptziel der Vergaberichtlinien sicherlich in der Förderung des Wettbewerbs zwischen den Unternehmen und der Öffnung der Märkte besteht, muss doch auch außerhalb des Anwendungsbereichs der Richtlinie dieses Ziel mit anderen geeigneten gesetzgeberischen Mitteln verfolgt werden, ohne den Anwendungsbereich der Vergabebestimmungen über die Maßen zu erweitern"; ferner *T. Schabel*, VergabeR 2008, S. 103 (105). Für eine Ausdehnung des Anwendungsbereichs des Kartellvergaberechts de lege ferenda *J. Kühling*, ZfBR 2006, S. 661 (664); *T. Schotten*, NZBau 2008, S. 741 (746).

II. Die diskriminierungsfreie Verteilung knapper Güter als Anforderung des nationalen Kartell- und Wettbewerbsrechts

Das nationale Kartell- und Wettbewerbsrecht verbietet „die missbräuchliche Ausnutzung einer marktbeherrschenden Stellung durch ein oder mehrere Unternehmen" (§ 19 Abs. 1 GWB); in § 20 Abs. 1 GWB enthält es darüber hinaus ein Diskriminierungsverbot, nach dem „[m]arktbeherrschende Unternehmen … ein anderes Unternehmen in einem Geschäftsverkehr, der gleichartigen Unternehmen üblicherweise zugänglich ist, … gegenüber gleichartigen Unternehmen ohne sachlich gerechtfertigten Grund [nicht] unmittelbar oder mittelbar unterschiedlich behandeln" dürfen. Für die vorliegende Untersuchung sind diese Verhaltensgebote insofern von Bedeutung, als sie den Staat, so er unternehmerisch handelt (1) und ihm eine beherrschende Stellung auf dem jeweiligen Markt zukommt (2), zu einer wettbewerblichen Güterverteilung anhalten können (3). Dem entsprechende Verpflichtungen folgen auch aus dem ebenfalls dem Wettbewerbsrecht zuzuordnenden Lauterkeitsrecht (4). Dass die öffentliche Hand spezifischen Verpflichtungen, wie etwa dem haushaltsrechtlichen Gebot der Wirtschaftlichkeit und Sparsamkeit, unterliegt, entbindet nicht von der Beachtung des Kartellrechts.[78]

1. Der Staat als Unternehmer

Dem nationalen Wettbewerbsrecht liegt ein dem unionsrechtlichen[79] vergleichbar weiter und funktionaler Unternehmensbegriff zugrunde, der alle Tätigkeiten im geschäftlichen Verkehr unabhängig von der Rechtsform des Handelnden erfasst (vgl. auch § 130 Abs. 1 GWB).[80] Ausgeklammert bleibt damit auch im Anwendungsbereich des GWB eine der hoheitlichen Sphäre zuzuordnende Verteilung knapper Güter.[81] Privatrechtliches Handeln unterliegt allerdings auch bei einer gemeinwohlorientierten Zielsetzung grundsätzlich dem Wettbewerbsrecht.[82]

---

[78] BGH, NVwZ 2003, S. 1012 (1013); *H.-A. Roth*, WiVerw 1985, S. 46 (50 f.). *P. M. Huber*, Konkurrenzschutz, S. 449 f., misst den öffentlich-rechtlichen Bindungen der öffentlichen Hand allerdings Vorrang vor dem Wettbewerbsrecht zu.

[79] Dazu oben, B.I.4.a.

[80] Siehe nur BGH, NJW-RR 1999, S. 1266 (1267 f.); *G. Hitzler*, GewArch 1981, S. 360 (360 f.).

[81] Dazu näher oben im Kontext des europäischen Wettbewerbs- und Kartellrechts, B.I.4.a.; ferner *H. Altmeppen / H.-J. Bunte*, Kartellrechtliche Probleme, S. 443 (447 f.).

[82] BGH, NJW-RR 1999, S. 1266 (1268); *H. Altmeppen / H.-J. Bunte*, Kartellrechtliche Probleme, S. 443 (448).

Der Unternehmensbegriff des GWB ist indes insofern weit reichender als der des europäischen Wettbewerbsrechts, als er auch die Nachfragetätigkeit generell, d.h. unabhängig von einer Weiterverwendung der erworbenen Güter im Rahmen einer anbietenden Tätigkeit, einbezieht (vgl. § 19 Abs. 2 S. 1, Abs. 4 GWB).[83] Europarechtlich ist dies unbedenklich, da Art. 3 Abs. 2 S. 2 der Kartell-VO (EG) Nr. 1/2003 „strengere innerstaatliche Vorschriften zur Unterbindung oder Ahndung einseitiger Handlungen von Unternehmen" ausdrücklich zulässt (vgl. auch § 22 Abs. 3 GWB).[84] Am Rande vermerkt sei allerdings, dass es der BGH in einer jüngeren Entscheidung vom 19.6.2007 offengelassen hat, ob aufgrund des nunmehr vom EuGH vertretenen engen Unternehmensbegriffs[85] „Anlass besteht, die gefestigte Rechtsprechung zum Unternehmensbegriff im deutschen Recht einer Überprüfung zu unterziehen".[86]

2. Marktbeherrschende Stellung

Das nationale Wettbewerbsrecht verlangt des Weiteren eine marktbeherrschende Stellung des Unternehmens. Deren Voraussetzungen sind in § 19 Abs. 2 GWB legaldefiniert, wobei auch insoweit dem Unionsrecht vergleichbare Grundsätze gelten. Erforderlich ist zunächst eine Abgrenzung des relevanten Marktes in sachlicher und räumlicher Hinsicht. Auf diesem ist ein Unternehmen dann marktbeherrschend, wenn es entweder „ohne Wettbewerber" bzw. „keinem wesentlichen Wettbewerb ausgesetzt ist" oder „eine im Verhältnis zu seinen Wettbewerbern überragende Marktstellung hat". Für die Beurteilung letzterer liefert § 19 Abs. 2 S. 1 Nr. 2 2. HS GWB Kriterien;[87] eine solche ist ab

---

[83] Siehe auch BGH, NVwZ 2003, S. 1012 (1013): Es spielt „weder eine Rolle, ob sich die Nachfrage auf Gegenstände richtet, die in unmittelbarem Zusammenhang mit der hoheitlichen Tätigkeit stehen, noch ob die Gemeinde im Hinblick auf den nachgefragten Gegenstand Endverbraucher ist. Greift ein Hoheitsträger im Zusammenhang mit der Erfüllung seiner Aufgaben zu den von der Privatrechtsordnung bereitgestellten Mitteln, unterliegt er in diesem Bereich den gleichen Beschränkungen wie jeder andere Teilnehmer und hat dabei insbesondere die durch das Wettbewerbsrecht gezogenen Grenzen einer solchen Tätigkeit zu beachten ..."; ferner NJW 1988, S. 772 (773); WRP 2000, S. 397 (399); NJW-RR 2002, S. 763 (764); OLG Düsseldorf, NJW 1981, S. 585 (586). Ablehnend aber N. Meyer, Beschaffung, S. 503 ff.

[84] Siehe auch M. Bungenberg, Vergaberecht, S. 190; A. Scheffler, EuZW 2006, S. 601 (602).

[85] Dazu bereits oben, B.I.4.a., und EuGH, Rs. C-205/03 P, Slg. 2006, I-6295, Rn. 25 – Fenin; ferner Rs. C-35/96, Slg. 1998, I-3851, Rn. 36 – EK / Italien; EuG, Rs. T-319/99, Slg. 2003, II-357, Rn. 36 f. – Fenin.

[86] BGH, WRP 2008, S. 252 (253).

[87] Bei der Beurteilung der Frage, ob ein Unternehmen eine überragende Marktstellung innehat, sind gemäß § 19 Abs. 2 S. 1 Nr. 2 2. HS GWB „insbesondere sein Marktanteil, seine Finanzkraft, sein Zugang zu den Beschaffungs- oder Absatzmärkten, Verflechtungen mit anderen Unternehmen, rechtliche oder tatsächliche Schranken für den Marktzutritt anderer Unternehmen, der tatsächliche oder potentielle Wettbewerb durch innerhalb oder außerhalb des Geltungsbereichs dieses Gesetzes ansässige Unternehmen, die Fähigkeit, sein Angebot

einem bestimmten Marktanteil, der für einzelne Unternehmen bei mindestens einem Drittel liegt, gemäß § 19 Abs. 3 GWB zu vermuten. § 20 Abs. 2 GWB erstreckt das kartellrechtliche Diskriminierungsverbot zudem auf sog. marktstarke Unternehmen oder Unternehmensvereinigungen, von denen „kleine oder mittlere Unternehmen als Anbieter oder Nachfrager einer bestimmten Art von Waren oder gewerblichen Leistungen in der Weise abhängig sind, dass ausreichende und zumutbare Möglichkeiten, auf andere Unternehmen auszuweichen, nicht bestehen." Räumlich ist der relevante Markt auf die Bundesrepublik Deutschland begrenzt.[88]

Von erheblicher Bedeutung für die im Einzelfall festzustellende marktbeherrschende Stellung eines Unternehmens im Kontext der vorliegenden Untersuchung ist eine Entscheidung des BGH vom 22.7.1999 zur Marktabgrenzung bei Immobilienveräußerungen der öffentlichen Hand. In dieser verwarf er die Ansicht, dass ein „Einzelobjekt schon begrifflich keinen Markt" i.S.d. GWB bilden könne; vielmehr habe die Behörde

den Grundbesitz mit der beschränkten Ausschreibung zumindest vorläufig vom allgemeinen Grundstücksmarkt genommen und zugleich einen auf diese Liegenschaft beschränkten Markt eröffnet, auf dem Nachfragewettbewerb unter den Beteiligten stattfinden sollte. Relevanter Markt ... kann auch ein temporärer Markt sein, der durch ein Versteigerungsverfahren zur Verwertung eines einzelnen Grundstücks oder Unternehmens entsteht ... Dies entspricht der Rechtsprechung des erkennenden Senats, der auch in anderen, vergleichbaren Fällen davon ausgegangen ist, dass eine sachliche, räumliche und zeitliche Begrenzung der jeweiligen Veranstaltung der Anwendung des Gesetzes nicht entgegensteht ...[89]

Die Verallgemeinerung dieser Marktdefinition für Verteilungsverfahren hat weit reichende Konsequenzen, eröffnete demnach jede Ausschreibung einen gesonderten Markt, auf dem der güterverteilenden öffentlichen Hand *qua* ihrer Monopolistenrolle als einziger Nachfrager respektive Anbieter eine marktbeherrschende Stellung zu attestieren wäre. Demzufolge unterläge der Staat – und nicht nur dieser – in sich als unternehmerische Aktivität darstellenden Verteilungssituationen stets dem wettbewerbsrechtlichen Behinderungs- und Diskriminierungsverbot.[90] Es ist allerdings fraglich, ob die Annahme eines bereits

---

oder seine Nachfrage auf andere Waren oder gewerbliche Leistungen umzustellen, sowie die Möglichkeit der Marktgegenseite, auf andere Unternehmen auszuweichen, zu berücksichtigen."

[88] OLG Düsseldorf, U (Kart) 40/00 – juris, Rn. 23.

[89] BGH, NJW-RR 2000, S. 90 (91); ferner OLG Bremen, ZIP 1985, S. 1085 (1086); OLG Frankfurt, WRP 1989, S. 598 (601). Einen gesonderten Markt für die konkrete Ausschreibungsleistung annehmend auch *J. Dietlein*, NZBau 2004, S. 472 (474) – siehe aber auch ibid., Fn. 30; *U. Immenga*, DB 1984, S. 385 (385); *S. Klein*, VergabeR 2005, S. 22 (24 f.): für Grundstücksveräußerungen, zurückhaltend aber für die Veräußerung von Gesellschaftsanteilen (32). Ferner BGH, NJW 1987, S. 3007 (3008), für ein Spitzenfußballspiel.

[90] Vgl. auch *M. Opitz*, WuW 2003, S. 37 (37 f.).

durch die bloße Tatsache der Ausschreibung generierten Sondermarktes zutreffend ist, oder ob die Bestimmung des relevanten Marktes nicht vielmehr am nachgefragten bzw. angebotenen Wirtschaftsgut anzusetzen hat.[91] Letzteres ist der Fall. Die Marktabgrenzung dient der Identifikation von Wettbewerbsbeziehungen.[92] Dementsprechend orientiert sie sich für den Fall des Leistungsangebots nach dem herrschenden Bedarfsmarktkonzept an der funktionellen Austauschbarkeit der angebotenen Güter aus Abnehmersicht.[93] Nur wenn diese zu verneinen ist, mithin keine funktionell äquivalenten Alternativen ersichtlich sind, liegt ein auf das ausgeschriebene Gut bezogener, abgegrenzter Markt vor; hierfür kommt der Ausschreibung als solcher allerdings keine Bedeutung zu.[94] *Mutatis mutandis* gilt dies auch für die staatliche Nachfrage nach Gütern und Dienstleistungen. Hier ist für die Marktabgrenzung auf die Seite der Anbieter abzustellen und zu fragen, inwieweit diese, auch durch Produktionsumstellungen (Angebotsumstellungskonzept), dem Verhalten des Nachfragers ausweichen können.[95] Für die Veräußerung von Unternehmensanteilen durch die öffentliche Hand bedeutet dies etwa, dass insoweit kein gegenüber privat gehaltenen Unternehmensbeteiligungen abgegrenzter Markt besteht, womit der öffentlichen Hand auf dem Beteiligungsmarkt insgesamt keine marktbeherrschende Stellung zugesprochen werden kann.[96] Bejaht wurde eine (zumindest) marktstarke Stellung demgegenüber für bedeutende Messen und Märkte.[97]

---

[91] So auch *M. Opitz*, WuW 2003, S. 37 (38 ff.) m.w.N.

[92] *W. Möschel*, in: Immenga / Mestmäcker, § 19 GWB, Rn. 24; *M. Opitz*, WuW 2003, S. 37 (38).

[93] Siehe nur *W. Möschel*, in: Immenga / Mestmäcker, § 19 GWB, Rn. 24. Dort (Rn. 32 f.) auch zu konkurrierenden Ansätzen.

[94] Im Detail *M. Opitz*, WuW 2003, S. 37 (38 ff.).

[95] Ausführlich *W. Möschel*, in: Immenga / Mestmäcker, § 19 GWB, Rn. 40 ff. Siehe ferner BGH, WRP 2000, S. 397 (399); *N. Meyer*, Beschaffung, S. 508 f.

[96] KG, WuW / E DE-R 165, S. 865 (867 f.); *H. Berger*, ZfBR 2002, S. 134 (136). Enger, da auf den Unternehmensgegenstand abstellend und auf Monopolmärkten eine marktbeherrschende Stellung annehmend: *C. R. Eggers / B. Malmendier*, NJW 2003, S. 780 (783); ebenso für die Treuhand: *W. Spoerr*, Treuhandanstalt, S. 159.

[97] Siehe nur OLG Düsseldorf, U (Kart) 40/00 – juris, Rn. 23 (Art Cologne); *H. Hilderscheid*, Zulassung, S. 198 ff.; *W. Spannowsky*, GewArch 1995, S. 265 (270). Zur Marktabgrenzung bei Messen und Märkten BGH, NJW 1969, S. 1716 (1716 f.); OLG Düsseldorf, WRP 1987, S. 734 (734 f.); OLG Frankfurt, NJW-RR 1990, S. 1069 (1069); NJW 1992, S. 2579 (2580); OLG Koblenz, NJW-RR 1990, S. 808 (809 f.); *W. Spannowsky*, GewArch 1995, S. 265 (270).

3. Die Pflicht zur wettbewerblichen Güterverteilung qua *kartellrechtlicher Missbrauchstatbestände*

Bei der staatlichen Güterverteilung steht die in materieller und prozeduraler Hinsicht (sach-)gerechte Zuteilung unter mehreren Interessenten inmitten; als am sachnächsten stellt sich mithin der wettbewerbsrechtliche Diskriminierungstatbestand des § 20 Abs. 1 GWB dar. Dieser untersagt der öffentlichen Hand, „gleichartig[e] Unternehmen ohne sachlich gerechtfertigten Grund unmittelbar oder mittelbar unterschiedlich [zu] behandeln." Eine derartige Ungleichbehandlung kann in der Nichtberücksichtigung bei der Verteilung liegen. Freilich muss sich diese auch als sachlich nicht gerechtfertigt darstellen, was eine „Abwägung der beiderseitigen Interessen unter Berücksichtigung der auf die Freiheit des Wettbewerbs gerichteten Zielsetzung des Gesetzes" verlangt.[98] In diese gegenüber den Marktzugangsinteressen der Bewerber einzustellen ist, dass auch marktstarke Anbieter respektive Nachfrager „ihre Vertriebs- und Bezugswege nach eigener kaufmännischer Entscheidung bestimmen" können müssen.[99] Zudem stellt eine flexible und effiziente Verfahrensgestaltung ein legitimes Interesse der öffentlichen Hand dar.

Auch wenn dies zu Zurückhaltung hinsichtlich der Generierung weit reichender wettbewerbsrechtlicher Verfahrenspflichten mahnt,[100] lassen sich doch jedenfalls für gewichtige Verteilungsfälle materielle und prozedurale Mindestanforderungen aufstellen. Diese haben sich namentlich in Entscheidungen zur Beschränkung von Vertriebswegen,[101] zu Beschaffungs-[102] und Privatisierungsvorgängen,[103] zur Vermietung öffentlichen Eigentums[104] sowie zur Vergabe von Standplätzen auf Messen und Märkten[105] herausgebildet, bei letzterer teils unter

---

[98] BGHZ 38, 90 (102); ferner NJW 1969, S. 1716 (1717); KG, NJW E-WettbR 1998, S. 284 (286); *K. Markert*, in: Immenga/Mestmäcker, § 20 GWB, Rn. 128 ff.; *N. Meyer*, Beschaffung, S. 515 ff.

[99] BGH, NJW 1988, S. 772 (773 f.); *D. Kupfer*, Verteilung, S. 245 f.; *K. Markert*, in: Immenga/Mestmäcker, § 20 GWB, Rn. 131.

[100] So lehnt *K. Markert*, in: Immenga/Mestmäcker, § 20 GWB, Rn. 211, eine generelle Ausschreibungspflicht ab. Weitergehend aber *V. Emmerich/E. Rehbinder/K. Markert*, in: Immenga/Mestmäcker, § 20 GWB, Rn. 92 ff.

[101] BGH, NJW 1979, S. 2515.

[102] Siehe nur KG, NJW E-WettbR 1998, S. 284; OLG Schleswig, 6 Kart U 45/01 – juris.

[103] Dazu OLG Düsseldorf, NWVBl. 1994, S. 193; *S. Tomerius*, NVwZ 2000, S. 727 (733 f.).

[104] Siehe etwa VG Freiburg, 4 K 1763/06 – juris; BGH, NJW 2003, S. 2684; OLG Düsseldorf, GRUR 2002, S. 831.

[105] Siehe etwa BGH, NJW 1969, S. 1716; OLG Celle, 13 U (Kart) 95/86 – juris; OLG Düsseldorf, WRP 1987, S. 734; U (Kart) 40/00 – juris; OLG Frankfurt, NJW-RR 1990, S. 1069; NJW 1992, S. 2579; OLG München, GRUR 1989, S. 370; *H. Hilderscheid*, Zulassung, S. 215 ff.; *F. Ley*, Märkte, Rn. 406.

ausdrücklicher Parallelisierung zu den im Kontext des Gewerberechts entwickelten Grundsätzen[106].

Weitgehende Freiheit kommt der öffentlichen Hand hinsichtlich der Definition des zu verteilenden Gegenstandes zu, bei Messen und Märkten etwa hinsichtlich Veranstaltungskonzept und Teilnehmerkreis.[107] Gleichfalls wettbewerbsrechtlich unbedenklich ist ein nur knappes Angebot bzw. eine nur begrenzte Nachfrage nach Gütern.[108]

Freilich befreit, wie das OLG Frankfurt in einer Entscheidung zum Zugang von Galeristen zur Kunstmesse „Art Frankfurt" ausführte, „eine Mangellage ... nicht von dem grundsätzlichen Verbot der unterschiedlichen Behandlung oder unbilligen Behinderung. Das marktbeherrschende oder marktstarke Unternehmen ist in einem solchen Fall nicht befugt, nur den Bedarf eines Teils der Nachfrage zu decken und andere gleichartige Unternehmen auszuschließen. Es ist vielmehr gehalten, die Nachfrage anteilig zu befriedigen und nach sachgerechten Gesichtspunkten zu repartieren".[109] In materieller Hinsicht gebietet demnach das Wettbewerbsrecht, den oben aufgezeigten Interessenwiderstreit sachgerecht auflösende Verteilungskriterien festzulegen.[110] Paradigmatisch formuliert etwa das OLG Schleswig, dass der „Kreis der zu berücksichtigenden Anbieter nach objektiven, sachbezogenen Kriterien zu bestimmen und – in diesem Rahmen – die Auswahlentscheidung auf nachvollziehbare Gesichtspunkte zu stützen" ist.[111] Darüber hinaus nimmt sich auch das Wettbewerbsrecht der Sicherung der Zulassungschancen von Neubewerbern an: Zwar wurde im Kontext des Zugangs zu Messen und Märkten die bevorzugte Berücksichtigung von Altteilnehmern nicht schlechthin für unzulässig erachtet; Neubewerbern müs-

---

[106] Vgl. OLG München, GRUR 1989, S. 370 (371 ff.); ferner C. Heitsch, GewArch 2004, S. 225 (230); F. Ley, Märkte, Rn. 408; U. Schönleiter, in: Landmann/Rohmer, GewO, § 70, Rn. 9.

[107] Siehe OLG Düsseldorf, WRP 1987, S. 734 (OS 2): „Jeder Messeveranstalter ist im Rahmen seiner unternehmerischen Freiheit dahingehend ungebunden, welche Art von Messe er gestalten und welchen Charakter er ihr beimessen will"; ferner BGH, NJW 1979, S. 2515 (2516); OLG Frankfurt, NJW-RR 1990, S. 1069 (1070); NJW 1992, S. 2579 (2580); OLG München, GRUR 1989, S. 370 (371); W. Spannowsky, GewArch 1995, S. 265 (270).

[108] Siehe BGH, NJW 1969, S. 1716 (1717); OLG Düsseldorf, WRP 1987, S. 734 (OS 2); OLG Frankfurt, NJW-RR 1990, S. 1069 (1070). Siehe demgegenüber für eine wettbewerbsrechtliche Pflicht des Flughafenbetreibers zu einer effizienten Kapazitätsnutzung: D. Kupfer, ZLW 2005, S. 513 (524).

[109] OLG Frankfurt, NJW-RR 1990, S. 1069 (1071).

[110] Siehe BGH, NJW 1987, S. 3007 (3008 f.); NJW 1988, S. 772 (774); NJW 1998, S. 3778 (3780); KG, NJWE-WettbR 1998, S. 284 (286 ff.); OLG Düsseldorf, WRP 1987, S. 734 (735); GRUR 2002, S. 831 (832); OLG Frankfurt, NJW-RR 1990, S. 1069 (1070 f.); NJW 1992, S. 2579 (2580 f.); OLG Koblenz, NJW-RR 1990, S. 808 (810); OLG München, GewArch 1980, S. 271 (271); GRUR 1989, S. 370 (371 f.); OLG Schleswig, 6 Kart U 45/01 – juris. In der Literatur: H. Hilderscheid, Zulassung, S. 215 ff.; H. Kaelble, ZfBR 2003, S. 657 (660); F. Ley, Märkte, Rn. 406; S. Tomerius, NVwZ 2000, S. 727 (734).

[111] OLG Schleswig, 6 Kart U 45/01 – juris.

sen allerdings, etwa durch die Vergabe eines Teils der Plätze im Rotationssystem oder durch Losvergabe, Zulassungschancen verbleiben.[112] Zudem darf Wettbewerb nicht dadurch ausgeschlossen werden, dass unangemessen lange Vertragslaufzeiten vereinbart werden.[113]

Genauso wie das grundfreiheitliche und das beihilfenrechtliche Verteilungsregime umfasst auch das wettbewerbsrechtliche neben materiellen Vorgaben eine prozedurale Komponente. Diese beinhaltet einmal Transparenzpflichten. So kann eine wettbewerbswidrige Nichtberücksichtigung eines Unternehmens darin liegen, dass diesem durch eine unterlassene Bekanntmachung keine Zugangschancen eröffnet wurden. Dem Kartellrecht kann folglich das Gebot der Ausschreibung (gewichtiger) Aufträge bzw. Leistungsangebote entnommen werden.[114] Diese hat zudem hinreichend aussagekräftig zu sein: die Auswahlkriterien müssen „von vornherein im einzelnen konkret und nachvollziehbar festgelegt werden, um die danach getroffene Entscheidung über die Nichtzulassung eines Bewerbers und die sachgerechte Ausübung des unternehmerischen Ermessens überprüfbar zu machen."[115] Hier klingt eine Konzeptpflicht an.[116] An ein einmal aufgestelltes Verteilungsprogramm bleibt die öffentliche Hand grundsätzlich gebunden; gleichwohl kann eine Abweichung aus sachlichen Gründen gerechtfertigt sein.[117] Schließlich sind negative Auswahlentscheidungen jedenfalls auf Verlangen des abgelehnten Bewerbers aussagekräftig zu begründen, um eine Nachprüfung der Entscheidung zu ermöglichen.[118]

Abschließend sei darauf hingewiesen, dass das Marktverhalten eines Unternehmens dann nicht als wettbewerbsrechtswidrig eingestuft werden kann, wenn ein entsprechendes Verhalten gesetzlich geboten ist.[119] In diesen Fällen bleibt nur zu prüfen, ob das wettbewerbsbeschränkende Gesetz auch auf marktbeherrschende Unternehmen Anwendung finden soll und ob es mit hö-

---

[112] Vgl. BGH, NJW 2003, S. 2684 (2685); OLG Celle, 13 U (Kart) 95/86 – juris; OLG Frankfurt, NJW-RR 1990, S. 1069 (1071 f.); OLG Düsseldorf, WRP 1987, S. 734 (735 f.); ferner VG Freiburg, 4 K 1763/06 – juris, Rn. 84; *G. Hitzler*, GewArch 1981, S. 360 (364 f.); *D. Kupfer*, Verteilung, S. 247 f.; *W. Spannowsky*, GewArch 1995, S. 265 (270).

[113] BGH, NJW 1998, S. 3778 (3780). Siehe auch OLG Düsseldorf, VI-2 U (Kart) 8/07 – juris, Rn. 35 ff.

[114] BGH, NJW 1988, S. 772 (774); NJW 1998, S. 3778 (3780); NJW 2003, S. 2684 (2685); OLG Düsseldorf, NJW 1981, S. 585 (586 f.); NWVBl. 1994, S. 193 (195); ferner VG Freiburg, 4 K 1763/06 – juris, Rn. 84. In der Literatur: *M. Bungenberg*, Vergaberecht, S. 192; *V. Emmerich / E. Rehbinder / K. Markert*, in: Immenga / Mestmäcker, § 20 GWB, Rn. 92; *S. Tomerius*, NVwZ 2000, S. 727 (734).

[115] OLG Frankfurt, NJW-RR 1990, S. 1069 (1071). A.A. *H. Hilderscheid*, Zulassung, S. 221.

[116] Eine solche ebenfalls befürwortend *F. Ley*, Märkte, Rn. 406.

[117] Vgl. OLG Düsseldorf, WRP 1987, S. 734 (735); U (Kart) 40/00 – juris, Rn. 24 ff.; OLG Frankfurt, NJW 1992, S. 2579 (2580).

[118] OLG Frankfurt, NJW-RR 1990, S. 1069 (1071); NJW 1992, S. 2579 (2580). A.A. *H. Hilderscheid*, Zulassung, S. 221 f.

[119] BGH, WRP 2000, S. 397 (402); *N. Meyer*, Beschaffung, S. 516.

herrangigem Recht in Einklang steht.[120] Entscheidungsspielräume müssen freilich in Einklang mit dem GWB ausgefüllt werden.

4. Lauterkeitsrechtliche Anforderungen

Vorgaben für die verteilende Tätigkeit der am Wirtschaftsleben teilnehmenden öffentlichen Hand können auch aus dem im UWG normierten Lauterkeitsrecht folgen. Mit dem Kartell- und Wettbewerbsrecht teilt dieses das Ziel, die Freiheit des Wettbewerbs zu sichern,[121] weshalb es an dieser Stelle mitverhandelt sei. § 3 UWG verbietet „[u]nlautere Wettbewerbshandlungen, die geeignet sind, den Wettbewerb zum Nachteil der Mitbewerber, der Verbraucher oder der sonstigen Marktteilnehmer nicht nur unerheblich zu beeinträchtigen". Unlauter ist namentlich der Verstoß gegen eine wettbewerbsbezogene Norm, mithin gegen eine Vorschrift, „die auch dazu bestimmt ist, im Interesse der Marktteilnehmer das Marktverhalten zu regeln" (§ 4 Nr. 11 UWG). Hierzu zählen etwa die besonderen Bindungen, denen die öffentliche Hand beim Abschluss von Beschaffungsverträgen gemäß dem Kartellvergaberecht unterliegt.[122]

Nach der Legaldefinition des § 2 Abs. 1 Nr. UWG ist eine Wettbewerbshandlung „jede Handlung einer Person mit dem Ziel, zugunsten des eigenen oder eines fremden Unternehmens den Absatz oder den Bezug von Waren oder die Erbringung oder den Bezug von Dienstleistungen, einschließlich unbeweglicher Sachen, Rechte und Verpflichtungen zu fördern".[123] Dass der güterverteilende Staat oftmals nicht Mitbewerber der an der Zuteilung interessierten Unternehmen ist, schließt die Anwendbarkeit des UWG nicht aus. Denn der Handelnde selbst muss „nicht in einem konkreten Wettbewerbsverhältnis zu den Wettbewerbern steh[en] ...; ausreichend ist das Wettbewerbsverhältnis zwischen dem geförderten und dem benachteiligten Unternehmen".[124] Stets vorliegen muss allerdings eine Absicht zur Förderung des Wettbewerbs. Diese darf „nicht völlig hinter anderen Beweggründen" zurücktreten,[125] weshalb dem hoheitlichen Bereich zuzuordnende, gemeinwohlorientierte Verteilungsverfahren mangels entsprechender Förderungsabsicht nicht den Anforderungen des Lauterkeitsrechts unterliegen[126]. In seltenen Fällen kann die Wettbewerbsförderungsabsicht damit bejaht werden, dass die öffentliche Hand aufgrund besonderer Umstände ein eigenes Interesse am Erfolg des bevorzugten Unternehmens im Wettbewerb

---

[120]   BGH, WRP 2000, S. 397 (402); *N. Meyer*, Beschaffung, S. 516.

[121]   *U. Immenga*, NJW 1995, S. 1921 (1921).

[122]   BGH, NZBau 2008, S. 664 (667).

[123]   Siehe auch BGH, NJW 1989, S. 2325 (2325).

[124]   BGH, NJW 1989, S. 2325 (2325); *M. Burgi*, NVwZ 2007, S. 737 (741); *M. Dreher*, NZBau 2002, S. 419 (427). Siehe aber auch *H. Hilderscheid*, Zulassung, S. 239 f.

[125]   BGH, NJW 1989, S. 2325 (2325).

[126]   *S. Gers-Grapperhaus*, Auswahlrechtsverhältnis, S. 95; *C. Koenig*, Verteilungslenkung, S. 43 f.

hat.[127] Im Übrigen wird eine – nur selten beweisbare – Absicht der Verwaltung verlangt, einzelne Wettbewerber gezielt zu bevorzugen,[128] mitunter allerdings auch darauf hingewiesen, dass diese bereits bei Bösgläubigkeit – mithin Kenntnis des Rechtsverstoßes – angenommen werden kann[129].

Da den primären Ansatzpunkt für die Verhandlung von Fragen des Marktzugangs allerdings das Wettbewerbsrecht darstellt, dessen Wertungen mit Blick auf die Einheit der Wettbewerbsordnung zudem im Rahmen des Lauterkeitsrechts zu berücksichtigen sind,[130] folgen aus dem UWG keine anderen als die im Kontext des Wettbewerbsrechts bereits erörterten Anforderungen.[131]

III. Haushaltsrecht

Eine sparsame und wirtschaftliche Verwendung öffentlicher Mittel sicherzustellen, ist das Regelungsanliegen des Haushaltsrechts (§ 6 Abs. 1 HGrG, § 7 Abs. 1 S. 1 BHO und – im Folgenden ausgeklammerte – landesrechtliche Parallelnormen, etwa Art. 7 BayLHO). Dementsprechend bindet es staatliche Stellen – im hier interessierenden Zusammenhang – beim Einkauf von Gütern und Leistungen sowie bei der Veräußerung respektive Nutzungsüberlassung von staatlichem Eigentum, indem es dem Wirtschaftlichkeitsgebot Rechnung tragende Anforderungen materieller und prozeduraler Natur aufstellt.

Da die Vorgaben der Haushaltsordnung für die staatliche Beschaffungstätigkeit (§ 30 HGrG, § 55 BHO) mittlerweile in einem ausdifferenzierten Rechtsregime, dem Vergaberecht, aufgegangen sind, verdient dieses Verteilungsverfahren eine gesonderte Betrachtung in dem den Referenzgebieten gewidmeten zweiten Teil.[132] Angesichts der Verfestigung eines strukturierten Veräußerungsverfahrens in der Verwaltungspraxis gilt Selbiges für das ebenfalls in der Haushaltsordnung geregelte Auftreten des Staates als Anbieter von Immobilien und Unternehmen (§§ 63 f. BHO).[133]

---

[127] BGH, NZBau 2008, S. 664 (667). Für die Verfolgung von Sekundärzwecken s. *Gers-Grapperhaus*, Auswahlrechtsverhältnis, S. 95.
[128] Siehe nur OLG Stuttgart, NZBau 2002, S. 395 (396); LG Arnsberg, NZBau 2008, S. 206 (206 f.); LG Bad Kreuznach, NZBau 2007, S. 471 (472); LG Düsseldorf, NZBau 2009, S. 142 (144); LG Mannheim, NZBau 2006, S. 199 (200); *J. Knöbl*, Rechtsschutz, S. 88; vgl. auch *J. Byok / R. Dissmann / S. Müller-Kabisch*, WuW 2009, S. 269 (272 f.). Großzügiger: LG Heilbronn, NZBau 2002, S. 239 (240).
[129] *J. Byok / R. Dissmann / S. Müller-Kabisch*, WuW 2009, S. 269 (273 f.).
[130] *U. Immenga*, NJW 1995, S. 1921 (1921 f.).
[131] Siehe auch *C. R. Eggers / B. Malmendier*, NJW 2003, S. 780 (786).
[132] Siehe unten, 2. Teil, B. (Vergabeverfahren).
[133] Dazu unten, 2. Teil, I. (Veräußerungsverfahren).

IV. Vorvertragliche Pflichten i.S.d. § 311 Abs. 2 Nr. 1 und 2 BGB

Verteilungsverfahren, die die Veräußerung, Vermietung oder Verpachtung von Eigentum der öffentlichen Hand zum Gegenstand haben, münden – genauso wie entsprechende Nachfragegeschäfte – in den Abschluss eines zivilrechtlichen Vertrages. Ist diesem keine öffentlich-rechtliche Verteilungsentscheidung vorgeschaltet, stellt sich das zu ihm führende „Verfahren" als vorvertragliches Vertrauensverhältnis i.S.d. § 311 Abs. 2 Nr. 1 und 2 BGB dar.[134] So betonte der BGH in seiner Entscheidung vom 22.2.2008 zu einem Bietverfahren im Kontext einer Grundstücksveräußerung: „Wird von einem Träger der öffentlichen Verwaltung oder einem von diesem mit der Suche nach einem Käufer beauftragten Unternehmen hierzu ... ein ‚Bieterverfahren' veranstaltet, entsteht zwischen dem Träger der öffentlichen Verwaltung und den Teilnehmern dieses Verfahrens ... ein vorvertragliches Vertrauensverhältnis."[135] Nichts anderes gilt für die staatliche Beschaffungstätigkeit, so man das Vergabeverfahren nicht mit der hier vertretenen Auffassung öffentlich-rechtlich deutet.[136]

Das Bestehen eines vorvertraglichen Vertrauensverhältnisses verpflichtet die Beteiligten „nach seinem Inhalt ... zur Rücksicht auf die Rechte, Rechtsgüter und Interessen des anderen Teils" (§ 241 Abs. 2 BGB). Dementsprechend hat der BGH die öffentliche Hand auch „außerhalb des Anwendungsbereichs der allgemeinen Vergabevorschriften und Verdingungsordnungen ... zu[r] Gleichbehandlung der Teilnehmer, Transparenz und Rücksichtnahme" für verpflichtet erachtet,[137] mögen die in casu hieraus gezogenen Konsequenzen auch bescheiden gewesen sein[138]. Unbeschadet dessen ist damit jedenfalls ein Einfallstor für die Integration der in den ersten beiden Abschnitten entwickelten verfassungs- und europarechtlichen Vorgaben[139] geöffnet: Diese müssen nämlich in die Bestimmung der vorvertraglichen Pflichten im Wege einer verfassungs- respektive unionsrechtskonformen Auslegung einfließen.[140]

---

[134] Eingehend dazu unten, 2. Teil, I.III.3.b.
[135] BGH, NZBau 2008, S. 407 (407 f.).
[136] Siehe insoweit unten, 2. Teil, B.III.2.e.
[137] BGH, NZBau 2008, S. 407 (408).
[138] Näher unten, 2. Teil, I.III.3.a.bb.
[139] Zu diesen oben, A. und B.
[140] Vgl. auch *U. Jasper / J. Seidel*, NZBau 2008, S. 427 (428 f.).

2. Teil

Referenzgebiete

Wenn im Folgenden als zweite Basis der Entwicklung einer Lehre vom Verteilungsverfahren ausgewählte Referenzgebiete aufzubereiten sind, so bedarf dies
eines von diesem Erkenntnisinteresse geleiteten und einleitend zu skizzierenden
Analyserasters (A.). Auf seiner Grundlage erfolgt die Betrachtung der einzelnen
Materien des Fachrechts: der öffentlichen Auftragsvergabe (B.), der Besetzung
von öffentlichen Ämtern (C.), des Zugangs zu öffentlichen Einrichtungen (D.),
der Vergabe von Studienplätzen (E.), von Konzessionen im Personenverkehr (F.)
und von Frequenzen sowohl im Telekommunikations- (G.) als auch im Rundfunkrecht (H.), der Verwertung öffentlichen Eigentums (I.) und von Verteilungskonflikten im Sozial-, Medizin- und Gesundheitsrecht (J.). Vorweggeschickt sei, dass der folgenden Darstellung nicht nur daran gelegen ist, für die
Typenbildung essentielle Aspekte der einzelnen Verfahren herauszupräparieren,
sondern dass die einzelnen Verfahren im Interesse einer geschlossenen und
(auch) für sich lesbaren Aufbereitung in ihrer Gesamtheit vorgestellt werden.[1]

---

[1] Anders freilich der Ansatz bei *H. C. Röhl*, GVwR II, § 30, Rn. 6.

A. Zum Analyseraster

Aufbauend auf der Ordnungsleistung der verwaltungsrechtswissenschaftlichen Verfahrenslehre kann im Folgenden ein Analyseraster für den Verfahrenstyp des Verteilungsverfahrens entwickelt werden.[1] Einleitend aufzuzeigen sind der dem Verfahren zugrunde liegende Verteilungskonflikt, seine unions- und verfassungsrechtlichen Determinanten sowie die mitunter sehr komplexen, mitunter aber auch nur rudimentären Regelungsstrukturen des Fachrechts.

Den Schwerpunkt der Analyse bilden dann die einzelnen Verfahrensphasen, die gegenüber dem Standardmodell des Verwaltungsverfahrensgesetzes teils der Erweiterung und Modifikation bedürfen. Namentlich kann sie nicht auf die vom VwVfG erfassten Verfahrensphasen beschränkt bleiben; vielmehr ist die „Fortsetzung und funktionale Entgrenzung von Verwaltungsverfahren" zu berücksichtigen.[2] So fächert sich bereits die Einleitungsphase in drei Abschnitte auf: Angesichts oftmals bestehender Gestaltungsspielräume muss die Verwaltung meist in einer Konzeptphase erst einmal Verteilungsobjekt, Vergabekriterien und -verfahren näher konkretisieren. Hieran schließen sich Ausschreibungs- und Bewerbungsphase an, die der Ermittlung der Verfahrensbeteiligten dienen. Der Entscheidungsprozess selbst verläuft dann weitgehend in herkömmlichen Bahnen und soll unter den Aspekten Entscheidungsfindungsphase und Vergabeentscheidung verhandelt werden: In ersterer vollzieht sich das im Einzelnen zu betrachtende Entscheidungsprogramm (mit Blick namentlich auf Auswahlkriterien und Entscheidungsspielräume der Verwaltung),[3] letztere setzt das Ergebnis jenes Prozesses um und soll auf Entscheidungsform und -formalitäten (insbesondere Begründung und Bekanntgabe) hin untersucht werden[4]. Bei der Analyse dieser Verfahrensphasen Ausschau zu halten ist auch nach Stufungen im Auswahlprocedere und damit nach komplexen Arrangements.[5] Eine in Verteilungsverfahren äußerst relevante und folglich einzubeziehende Alternative zur Beendigung des Verfahrens durch Entscheidung stellt dessen Einstellung

---

[1] Siehe bereits oben, Einführung und Grundlagen, II.
[2] *J.-P. Schneider*, GVwR II, § 28, Rn. 8, 119 ff. Hierzu rechnen vor- und nachgelagerte Verfahrensphasen, von denen im hier interessierenden Zusammenhang die Konzeptentwicklung von besonderem Interesse ist.
[3] Siehe *E. Schmidt-Aßmann*, GVwR II, § 27, Rn. 97.
[4] Dazu *E. Schmidt-Aßmann*, GVwR II, § 27, Rn. 97.
[5] Dazu *E. Schmidt-Aßmann*, GVwR II, § 27, Rn. 98.

dar. Schließlich finden sich mit Vorauswahlmechanismen anlassunabhängige
Verfahren, ein Spezifikum des Verteilungsverfahrens, dem ebenfalls Aufmerksamkeit zu schenken ist. Hinsichtlich Verfahrenssubjekten und -rechtsverhält-
nissen, zwei weiteren grundlegenden Ordnungselementen der Verfahrenslehre,
von besonderem Interesse ist, wie Verteilungsverfahren die ihnen zugrunde liegende multipolare Konkurrenzsituation verarbeiten, namentlich ob und wie die
bipolare Struktur des Standardverfahrens aufgebrochen wird. Die Bedeutung
der Gebote der Transparenz und der Neutralität für das Verteilungsverfahren
rechtfertigt es, dieses auch mit Blick auf diese beiden Querschnittsthemen zu
untersuchen.

Die Entwicklung einer Lehre vom Verteilungsverfahren kommt nicht ohne
die Entwicklung eines Fehlerfolgenregimes aus, ein weiterer wesentlicher Bestandteil der Verfahrenslehre: Zu untersuchen sind zum einen die Konsequenzen von Verfahrensfehlern und von Verstößen gegen materielles Recht für
Rechtmäßigkeit und Bestand der zu treffenden Auswahlentscheidung. Zum anderen stellt sich die Frage, ob, wie und inwieweit die prozeduralen und materiellen Vorgaben für die Herstellung der Entscheidung durchgesetzt werden
können.[6] Eine konsequente Fortsetzung findet das Fehlerregime in der Betrachtung des Verteilungsverfahrens aus der Rechtsschutzperspektive.[7] Deren
Einnahme auch in einer verwaltungsverfahrensrechtlichen Arbeit rechtfertigt
sich zudem daraus, dass die Anforderungen der Rechtsschutzgarantie Vorwirkungen für das Verwaltungsverfahren zeitigen.[8]

---

[6] Siehe auch *E. Schmidt-Aßmann*, GVwR II, § 27, Rn. 105 ff.
[7] Ausgeklammert bleiben weitere – etwa von *E. Schmidt-Aßmann*, GVwR II, § 27,
Rn. 106 – herausgearbeitete Schutzmechanismen des Aufsichts-, Disziplinar- und Strafrechts.
[8] Dazu bereits oben, 1. Teil, A.I.2.c.

B. Öffentliche Auftragsvergabe

Möchte die öffentliche Hand[1] einen Liefer-, Bau- oder Dienstleistungsauftrag[2] vergeben, muss die Auswahl des Auftragnehmers in einem wettbewerblichen Verfahren, dem Vergabeverfahren, erfolgen. Dies fordern nicht nur die haushaltsrechtlichen Grundsätze der Wirtschaftlichkeit und Sparsamkeit, sondern auch das Interesse der Bieter an einem chancengleichen Marktzugang, die unionsrechtlich vorgezeichnete Liberalisierung des Beschaffungswesens, das Anliegen der Korruptionsbekämpfung und die angesichts der Nachfragemacht des Staates bestehende Gefahr von Wettbewerbsverzerrungen durch politisch motivierte Vergabeentscheidungen.[3] Mit dem im Folgenden zu analysierenden Vergabeverfahren, das die Beschaffungstätigkeit der öffentlichen Hand steuert, hat das Verteilungsverfahren seine wohl ausdifferenzierteste Regelung erfahren.

---

[1] Das Kartellvergaberecht findet auch Anwendung auf staatlich dominierte (§ 98 Nr. 2 GWB) oder subventionierte (§ 98 Nr. 5 GWB) oder in bestimmten Wirtschaftssektoren mit Monopolstrukturen (Trinkwasser- oder Energieversorgung und Verkehr) tätige (sog. Sektorenauftraggeber, § 98 Nr. 4 GWB) juristische Personen des Privatrechts sowie auf Baukonzessionäre unabhängig von ihrer Rechtsform (§ 98 Nr. 6 GWB). Dies kann angesichts des auf die staatliche Verteilungstätigkeit beschränkten Zwecks der vorliegenden Untersuchung jedoch außer Betracht bleiben. Näher zum persönlichen Anwendungsbereich des Kartellvergaberechts *F. Wollenschläger*, EWS 2005, S. 343; *ders.*, Europäisches Vergabeverwaltungsrecht, Rn. 21 f.

[2] Den sachlichen Anwendungsbereich des Kartellvergaberechts – ausführlich zu diesem bereits oben, 1. Teil, C.I.; ferner *F. Wollenschläger*, Europäisches Vergabeverwaltungsrecht, Rn. 24 f.; *J. Ziekow*, Öffentliches Wirtschaftsrecht, § 9, Rn. 11 ff. – definiert § 99 Abs. 1 GWB: Vergabepflichtige öffentliche Aufträge sind „entgeltliche Verträge von öffentlichen Auftraggebern mit Unternehmen über die Beschaffung von Leistungen, die Liefer-, Bau- oder Dienstleistungen zum Gegenstand haben, Baukonzessionen und Auslobungsverfahren, die zu Dienstleistungsaufträgen führen sollen." Zahlreiche, hier nicht weiter interessierende Ausnahmen finden sich in § 100 Abs. 2 GWB normiert.

[3] Ausführlich zum Regelungsanliegen des Vergaberechts *F. Wollenschläger*, Europäisches Vergabeverwaltungsrecht, Rn. 7.

I. Die Verteilungssituation

1. Verfassungsrechtliche Perspektive

Angesichts der anzuerkennenden Fiskalgeltung der Grundrechte[4] stellt sich der im Vergabeverfahren zu bewältigende Verteilungskonflikt unabhängig davon, ob man die Verteilungsentscheidung dem Privat- oder dem Öffentlichen Recht zuordnet,[5] als Grundrechtskonflikt dar. Inwieweit er an den Freiheits- (a) und Gleichheitsrechten (b) abgearbeitet werden kann, sei im Folgenden erörtert.

a) Das Vergabeverfahren im Lichte der Freiheitsrechte (Art. 12 Abs. 1 GG)

Ob und inwiefern die Berufsfreiheit bei staatlichen Vergabeentscheidungen betroffen sein kann, wird im Schrifttum kontrovers beurteilt;[6] das BVerfG hat ihre Maßgeblichkeit in seinem Beschluss vom 13.6.2006 zum Vergaberechtsschutz unterhalb der Schwellenwerte grundsätzlich verneint[7]. Für eine grundrechtsdogmatisch und -theoretisch informierte Analyse[8] verbietet sich freilich die pauschale Frage nach der Einschlägigkeit des Art. 12 Abs. 1 GG, wie sie oftmals, etwa in der erwähnten Entscheidung des BVerfG, anzutreffen ist. Vielmehr ist nach den einzelnen Grundrechtsfunktionen zu differenzieren: der abwehr- (aa), leistungs- (bb) und teilhaberechtlichen (cc).

---

[4] Dazu ausführlich oben, 1. Teil, A.I.1.

[5] Näher dazu unten, III.2.e.

[6] Generell bejahend *J.-H. Binder*, ZZP 113 (2000), S. 195 (208 f.); *M. Bungenberg*, Vergaberecht, S. 238 ff.; *T. Puhl*, VVDStRL 60 (2001), S. 456 (481 ff.). Differenzierend *S. Gers-Grapperhaus*, Auswahlrechtsverhältnis, S. 204 ff.; *P. M. Huber*, Konkurrenzschutz, S. 443 ff., 545 f.; *ders.*, JZ 2000, S. 877 (878 ff.); *J. Kersten*, VVDStRL 69 (2009), S. 288 (315 Fn. 107) – unter Verweis auf die objektive Dimension; *J. Knöbl*, Rechtsschutz, S. 38 ff.; *G. Manssen*, in: v. Mangoldt/Klein/Starck, GG, Art. 12, Rn. 102; *J. Ruthig/S. Storr*, Öffentliches Wirtschaftsrecht, Rn. 1044; *J. Ziekow/T. Siegel*, ZfBR 2004, S. 30 (35). Ablehnend *M. Burgi*, NZBau 2001, S. 64 (65 f.); *G. Dabringhausen/P. Sroka*, VergabeR 2006, S. 462 (473); *J. Gröning*, ZWeR 2005, S. 276 (281); *J.F. Lindner*, DÖV 2003, S. 185 (191 f. m. Fn. 48) – mit Differenzierung zwischen freiheitsrechtlich relevanter Betätigungsmöglichkeit und gleichheitsrechtlich relevanter Erfolgschance; *J. Pietzcker*, Zweiteilung, S. 22 ff.; *ders.*, NZBau 2003, S. 242 (243 f.); *T. Pollmann*, Gleichbehandlungsgrundsatz, S. 33 ff. Zurückhaltend auch *F. Marx*, Vergaberecht, S. 305 (318 ff.).

[7] BVerfGE 116, 135 (151 ff.); bestätigt in ZfBR 2008, S. 816 (816); NZBau 2009, S. 464 (465). Anders allerdings bei Verfolgung sog. „Sekundärzwecke", siehe E 116, 202 (220 ff.), und unten III.2.a.bb.(3).

[8] Für eine solche siehe oben, 1. Teil, A.I.2.

aa) Die abwehrrechtliche Relevanz des Vergabeverfahrens

Angesichts der herausgearbeiteten strukturellen und funktionalen Defizite scheiden Abwehrrechte für die Bewältigung von Verteilungskonflikten, bei denen der Staat – wie im Kontext der Auftragsvergabe – Leistungen bereitstellt, grundsätzlich aus: Die erstrebte eigene Begünstigung vermag diese Grundrechtsdimension nämlich nicht zu vermitteln.[9] Ein Anwendungsbereich verbleibt lediglich jenseits des Vergabeverfahrens für die (isolierte) Abwehr belastender Verteilungskriterien, des generellen Ausschlusses von Vergabeverfahren (Auftragssperre) und von Drittbegünstigungen.[10] In allen Fällen ist das Vorliegen eines Eingriffs allerdings gesondert zu begründen, da lediglich mittelbar-faktische Beeinträchtigungen inmitten stehen. Mithin verbietet sich, jede Auftragsvergabe als Eingriff in die unternehmerische Freiheit der unterlegenen Mitbewerber unter Verweis darauf zu qualifizieren, dass diese die Wettbewerbsposition des erfolgreichen Bieters zulasten der nicht berücksichtigten stärke.[11] Vielmehr ist mittels einer wertenden Gesamtbetrachtung von Schwere, Finalität und Unmittelbarkeit der Beeinträchtigung zu prüfen, ob diese grundrechtsrelevant ist. Anzunehmen sein kann dies, wenn der Staat den Wettbewerb dadurch behindert oder verzerrt, dass er Konkurrenten Wettbewerbsvorteile verschafft,[12] oder wenn er lenkende Vergabekriterien aufstellt. So sah das BVerfG einen – wenn auch gerechtfertigten – Eingriff in der Vorgabe an den Auftraggeber, den bei der Ausführung des Auftrags beschäftigten Arbeitnehmern Tariflöhne zu zahlen.[13] Denn hier liege „[k]ein bloßer Reflex einer nicht entsprechend ausgerichteten gesetzlichen Regelung" vor,[14] sondern eine gesetzlich bezweckte Einflussnahme auf die Arbeitsbedingungen.[15] Schließlich kann auch eine Auftragssperre bei hinreichender Schwere als Eingriff in die Berufsfreiheit zu qualifizieren sein.[16]

---

[9] Ausführlich dazu oben, 1. Teil, A.I.2.b.aa.(1).

[10] Ausführlich dazu oben, 1. Teil, A.I.2.b.aa.(4). Zur Problematik der Auftragssperren mit einem gleichheitsrechtlichen Ansatz nur *T. Pollmann*, Gleichbehandlungsgrundsatz, S. 41, 122 ff.

[11] So aber *T. Puhl*, VVDStRL 60 (2001), S. 456 (481 f.). Zu recht ablehnend *J. Pietzcker*, Zweiteilung, S. 26; *ders.*, NZBau 2003, S. 242 (243 f.). Ihm folgend *J. Gröning*, ZWeR 2005, S. 276 (281). Ähnlich *M. Burgi*, NZBau 2001, 64 (65 f.), unter Verweis darauf, dass der Staat nicht in den Wettbewerb eingreife, sondern lediglich Einzelne auf einem zusätzlichen Markt respektive Marktsegment begünstige, ohne den erfolglosen Bietern etwas zu nehmen.

[12] *P. M. Huber*, Konkurrenzschutz, S. 321 f.; *W. Kahl*, Privatrechtliches Verwaltungshandeln, S. 151 (159 f.).

[13] BVerfGE 116, 202; ebenso *M. Bungenberg*, Vergaberecht, S. 240 f.

[14] BVerfGE 116, 202 (222).

[15] BVerfGE 116, 202 (222 f.).

[16] *P. M. Huber*, Konkurrenzschutz, S. 444, 504 f. Ausschließlich gleichheitsrechtlich deutet diese aber *R. Gaier*, NZBau 2008, S. 289 (291 f.).

bb) Die leistungsrechtliche Relevanz des Vergabeverfahrens

Leistungsrechtlich ist das Vergabeverfahren ebenfalls irrelevant. Ein Ausnahmefall, der es rechtfertigte, diese Grundrechtsdimension zu aktivieren,[17] scheidet bei der staatlichen Nachfrage nach Gütern und Dienstleistungen offensichtlich aus; der Staat ist wie jeder andere Marktteilnehmer auch frei darin, nur eine beschränkte, seinem Bedarf entsprechende Anzahl von Aufträgen zu vergeben.[18]

cc) Die teilhaberechtliche Relevanz des Vergabeverfahrens

Fraglich ist, ob die Berufsfreiheit ein Recht auf chancengleiche Teilhabe am Vergabeverfahren vermittelt – eine Grundrechtsdimension, die für die Verarbeitung von Verteilungskonflikten zwar im Grundsatz geeignet ist, angesichts der durch sie ausgelösten Rechtfertigungslast jedoch nur ausnahmsweise anerkannt werden kann. Klammert man mit dem BVerfG die Bewerbung um öffentliche Aufträge aus dem Schutzbereich der Berufsfreiheit aus, ist für ein Teilhaberecht von vornherein kein Raum. Dies ist allerdings abzulehnen (1), vielmehr zu untersuchen, ob hier ein hinreichend qualifizierter Zusammenhang zur Berufsausübung und damit die Rechtfertigung für die Aktivierung der Teilhabedimension besteht (2).

(1) Die Eröffnung des Schutzbereichs der Berufsfreiheit im Kontext
der öffentlichen Auftragsvergabe

Die Berufsfreiheit schützt – in den Worten des BVerfG – „das berufsbezogene Verhalten einzelner Personen oder Unternehmen am Markt".[19] Auf der Basis dieser Schutzbereichsdefinition liegt es nahe, auch die Bewerbung eines Unternehmens um öffentliche Aufträge als von Art. 12 Abs. 1 GG erfasst anzusehen.[20] Dass das BVerfG dem nicht folgte, resultiert aus dessen erstmals im Glykol-Beschluss vom 26.6.2002 zutage getretener restriktiver Konzeptionalisierung des Schutzbereichs der Berufsfreiheit: Gewährleistet sei diese nämlich nur nach Maßgabe der Funktionsbedingungen des Wettbewerbs.[21] Hieran knüpfte das BVerfG in seiner Entscheidung zum Vergaberechtsschutz an:[22]

---

[17] Zu dieser näher oben, 1. Teil, A.I.2.b.bb.(2).
[18] Vgl. auch BVerfGE 116, 135 (152); NVwZ 2002, S. 197 (198); *P. F. Bultmann*, Beihilfenrecht und Vergaberecht, S. 65; *P. M. Huber*, Konkurrenzschutz, S. 444, 447; *N. Meyer*, Beschaffung, S. 302 f.
[19] BVerfGE 116, 135 (151); ferner E 105, 252 (265); E 106, 275 (298).
[20] So auch *W. Cremer*, Rechtsstaatliche Vorgaben, S. 29 (39 f.).
[21] BVerfGE 105, 252 (265 ff.). Kritisch *P. M. Huber*, Demontage, S. 547 (552 f.).
[22] Die Übertragbarkeit der in der Glykol-Entscheidung entwickelten Grundsätze auf die öffentliche Auftragsvergabe bezweifelt dagegen *W. Cremer*, Rechtsstaatliche Vorgaben, S. 29 (42 f.).

Erfolgt die unternehmerische Berufstätigkeit am Markt nach den Grundsätzen des Wettbewerbs, wird die Reichweite des Freiheitsschutzes auch durch die rechtlichen Regeln mitbestimmt, die den Wettbewerb ermöglichen und begrenzen. Art. 12 Abs. 1 GG sichert in diesem Rahmen die Teilhabe am Wettbewerb nach Maßgabe seiner Funktionsbedingungen ... Dagegen umfasst das Grundrecht keinen Anspruch auf Erfolg im Wettbewerb und auf Sicherung künftiger Erwerbsmöglichkeiten ... Vielmehr unterliegen die Wettbewerbsposition und damit auch der Umsatz und die Erträge dem Risiko laufender Veränderung je nach den Marktverhältnissen.[23]

Sieht man nun mit dem BVerfG in der Beschaffungstätigkeit der öffentlichen Hand nichts anderes als deren Teilnahme am Marktgeschehen, so kann diese um einen Auftrag konkurrierende Bieter nicht in ihrer unternehmerischen Freiheit berühren. Denn letztere kennzeichnet gerade der Wettbewerb:

Bei der Vergabe eines öffentlichen Auftrags beeinflusst die handelnde staatliche Stelle den Wettbewerb nicht von außen, sondern wird selbst auf der Nachfrageseite wettbewerblich tätig und eröffnet so einen Vergabewettbewerb zwischen den potentiellen Anbietern. Ein solches Verhalten einer staatlichen Stelle steht mit den Funktionsbedingungen der bestehenden Wirtschaftsordnung in Einklang. Es ist ein Wesenselement dieser Wirtschaftsordnung, dass ein Nachfrager den auf der Angebotsseite bestehenden Wettbewerb zu seinen Zwecken nutzt, indem er konkurrierende Angebote vergleicht und sich für das entscheidet, das ihm am günstigsten erscheint. Dabei ist es grundsätzlich Sache des Nachfragers, nach welchen Kriterien und in welchem Verfahren er das günstigste Angebot auswählt. Dementsprechend trägt ein Wettbewerber auf der Angebotsseite stets das Risiko, dass seinem Angebot ein anderes, für den Nachfrager günstigeres vorgezogen wird. Der wettbewerblichen Herausforderung durch konkurrierende Angebote hat der Anbieter sich durch sein eigenes wettbewerbliches Verhalten zu stellen.[24]

Es ist hier nicht die Stelle, die Berechtigung und die grundrechtsdogmatischen Implikationen dieser – namentlich auch bei der Religionsfreiheit zu beobachtenden[25] – Neukonturierung des Schutzgehalts der Freiheitsrechte grundsätzlich und vor allem kritisch zu hinterfragen.[26] Für die staatliche Vergabetätigkeit sei lediglich festgehalten, dass die dieser Rechtsprechung zugrunde liegende Gleichsetzung von privatwirtschaftlicher und staatlicher Nachfrage am Markt einen wesentlichen Aspekt verkennt: Anders als die Privatautonomie genießenden privaten Nachfrager ist der Staat, selbst bei einem Handeln in Privatrechtsform, dem Gemeinwohl verpflichtet. Damit sind Vergabekriterien und -verfah-

---

[23] BVerfGE 116, 135 (152). Ähnlich bereits E 105, 252 (265); ferner E 106, 275 (298 f.).

[24] BVerfGE 116, 135 (152). Ebenso O. *Otting/U.H. Olgemöller*, DÖV 2009, S. 364 (365 ff.); *J. Pietzcker*, ZBB 2007, S. 295 (299).

[25] BVerfGE 105, 279 (293 ff.).

[26] Siehe dazu nur *E.-W. Böckenförde*, Der Staat 42 (2003), S. 165; *W. Cremer*, Freiheitsgrundrechte, S. 158 f.; *H. Dreier*, in: ders., GG, Vorb., Rn. 122, 128; *W. Hoffmann-Riem*, Gewährleistungsgehalte; ders., Der Staat 43 (2004), S. 203; *P. M. Huber*, JZ 2003, S. 290; *W. Kahl*, Der Staat 43 (2004), S. 167; ders., AöR 131 (2006), S. 579; *J. F. Lindner*, DÖV 2003, S. 185; *D. Murswiek*, NVwZ 2003, S. 1.

ren nicht seiner Willkür anheimgestellt. Der Staat ist eben kein Wettbewerbsteilnehmer wie jeder andere, seine Nachfrage nicht generell hinzunehmendes Wesenselement des Marktes.[27] Dies findet gerade in der umfassenden Grundrechtsbindung der öffentlichen Hand seinen Ausdruck; beschaffen demgegenüber nicht grundrechtsverpflichtete Private Güter am Markt, fehlt es schon an einem Anknüpfungspunkt für die Heranziehung der Berufsfreiheit.

Mithin kann die Bewerbung eines Unternehmens um öffentliche Aufträge nicht mangels Berührung des Schutzbereichs aus Art. 12 Abs. 1 GG ausgeklammert werden.[28] Dies scheint auch das BVerfG im Übrigen und in Widerspruch zu seiner kategorischen Verneinung der Einschlägigkeit der Berufsfreiheit anzuerkennen, wenn es im Anschluss daran fortfährt: „Besondere Umstände, aufgrund derer die Nichtberücksichtigung der Beschwerdeführerin bei der umstrittenen Auftragsvergabe gleichwohl an der Berufsfreiheit zu messen sein könnte, weil sie nach Ziel und Wirkungen Ersatz für eine staatliche Maßnahme ist, die als Grundrechtseingriff zu qualifizieren wäre ..., hat die Beschwerdeführerin nicht dargelegt und sind auch nicht ersichtlich."[29]

(2) Die Auftragsvergabe als Teilhabesituation

Die prinzipielle Einschlägigkeit der Berufsfreiheit sagt noch nichts über das Bestehen eines grundrechtlichen Teilhabeanspruchs aus. Um einen solchen bei der Vergabe öffentlicher Aufträge annehmen zu können, müsste ein hinreichend qualifizierter Zusammenhang zwischen dieser und der Grundrechtsausübung bestehen. Dies kann nicht bereits mit dem Argument bejaht werden, dass ein Unternehmen sich durch die Bewerbung um einen öffentlichen Auftrag unternehmerisch und damit im Schutzbereich des Art. 12 Abs. 1 GG betätigt.[30] Maßgeblich hierfür ist vielmehr, ob ein besonderes Angewiesensein des Unternehmens auf staatliche Aufträge angenommen werden kann.[31] Dies ist zu verneinen, da die öffentliche Hand lediglich ein Nachfrager unter vielen ist. Eine starke Strömung im Schrifttum macht hiervon bei Vorliegen einer marktbeherrschenden Stellung der öffentlichen Hand eine Ausnahme: Denn in diesem Fall hänge die Freiheit der unternehmerischen Betätigung entscheidend

---

[27] Siehe auch *T. Puhl*, VVDStRL 60 (2001), S. 456 (482).

[28] Den Schutzbereich ebenfalls für eröffnet erachten *W. Cremer*, Rechtsstaatliche Vorgaben, S. 29 (38 ff.); *T. Pollmann*, Gleichbehandlungsgrundsatz, S. 34; *T. Puhl*, VVDStRL 60 (2001), S. 456 (481 f.).

[29] BVerfGE 116, 135 (146).

[30] Sehr weit aber *P. M. Huber*, Konkurrenzschutz, S. 506; *C. Koenig*, Verteilungslenkung, S. 208 ff.; ferner *W. Frenz*, Erweiterung der Berufsfreiheit, S. 243 (250), der zu diesem Ergebnis über eine Einbeziehung der Chancengleichheit im Wettbewerb in die Berufsfreiheit gelangt. Kritisch *N. Meyer*, Beschaffung, S. 308.

[31] Siehe dazu oben, 1. Teil, A.I.2.b.bb.(1)(c).

vom Verhalten des nachfragenden Staates ab.[32] Das BVerfG geht demgegenüber davon aus, dass eine marktbeherrschende Stellung der öffentlichen Hand allein noch keinen Eingriff zu begründen vermag, womit auch eine Aktivierung des Teilhaberechts ausscheidet.[33]

b) Das Vergabeverfahren im Lichte des allgemeinen Gleichheitssatzes (Art. 3 Abs. 1 GG)

Nachdem eine freiheitsrechtliche Verarbeitung des Verteilungskonflikts im Regelfall ausscheidet, bleibt nur ein Rekurs auf den in Art. 3 Abs. 1 GG verankerten allgemeinen Gleichheitssatz. Diesem kommt eine Doppelfunktion zu: Zum einen gewährleistet er das bereits entfaltete Recht auf Berücksichtigung im Vergabeverfahren „nach Maßgabe der für den spezifischen Auftrag wesentlichen Kriterien und des vorgesehenen Verfahrens".[34] Zum anderen stellt er materielle und prozedurale Anforderungen an die Vergabeentscheidung: Der öffentlichen Hand ist es nämlich „verwehrt, das Verfahren oder die Kriterien der Vergabe willkürlich zu bestimmen".[35]

In materieller Hinsicht fordert Art. 3 Abs. 1 GG eine (sach-)gerechte Vergabeentscheidung. Die für diese festgelegten Kriterien müssen sich am verfassungs- und haushaltsrechtlich vorgezeichneten Gebot einer wirtschaftlichen und effizienten Beschaffung orientieren und damit die Auswahl eines geeigneten Auftragnehmers und des wirtschaftlich günstigsten Angebots gewährleisten;[36] die parallele Verfolgung von Sekundärzwecken, etwa umwelt- oder sozialpolitischer Art, schließt dies, weil und wenn eine entsprechende verfassungsrechtliche Legitimation vorhanden ist (etwa in Gestalt des Staatsziels Umweltschutz, Art. 20a GG, oder des Sozialstaatsprinzips, Art. 20 Abs. 1 GG) nicht aus[37].

---

[32] *S. Gers-Grapperhaus*, Auswahlrechtsverhältnis, S. 208; *P. M. Huber*, Konkurrenzschutz, S. 443 ff., 545 f.; *ders.*, JZ 2000, S. 877 (879 f.). Ähnlich *M. Burgi*, NZBau 2001, S. 64 (66); *G. Manssen*, in: v. Mangoldt/Klein/Starck, GG, Art. 12, Rdnr. 102 (wiewohl zurückhaltend); *H.-J. Prieß/M. Niestedt*, Rechtsschutz, S. 143, Fn. 793; *J. Ziekow/T. Siegel*, ZfBR 2004, 30 (35).

[33] BVerfGE 116, 135 (153). Ebenso *R. Gaier*, NZBau 2008, S. 289 (291); *J. Knöbl*, Rechtsschutz, S. 41 f.; *N. Meyer*, Beschaffung, S. 308 ff.; *O. Otting/U. H. Olgemöller*, DÖV 2009, S. 364 (368 f.); *J. Pietzcker*, Zweiteilung, S. 27 ff.; *ders.*, NZBau 2003, S. 242 (244), da den Staat auch bei marktbeherrschender Stellung keine Marktstrukturverantwortung treffe; *T. Pollmann*, Gleichbehandlungsgrundsatz, S. 39 ff.

[34] Vgl. BVerfGE 116, 135 (154); ferner NZBau 2009, S. 464 (465), und näher oben, 1. Teil, A.I.2.a.cc.

[35] BVerfGE 116, 135 (153).

[36] BVerfGE 116, 135 (161 f.); *M. Bungenberg*, Vergaberecht, S. 215; *T. Pollmann*, Gleichbehandlungsgrundsatz, S. 42 ff., 56 f.; *F. Wollenschläger*, DVBl. 2007, S. 589 (596 f.).

[37] BVerfGE 116, 202 (227); *M. Bungenberg*, Vergaberecht, S. 218; *P. M. Huber*, Konkurrenzschutz, S. 546; *ders./F. Wollenschläger*, WiVerw 2005, S. 212 (230 f.); *F. Wollenschläger*, DVBl. 2007, S. 589 (596 f.).

Darüber hinaus folgen aus dem allgemeinen Gleichheitssatz auch prozedurale Vorgaben: Das Vergabeverfahren muss nämlich so ausgestaltet sein, dass
tatsächlich das wirtschaftlich günstigste Angebot gefunden wird.[38] Allen voran
setzt dies eine öffentliche Bekanntmachung der geplanten Auftragsvergabe voraus, da andernfalls Markttransparenz nicht hergestellt werden kann und Teil-
nahmechancen von vornherein frustriert werden.[39] Wesentlich ist des Weiteren
die Entwicklung eines hinreichend bestimmten, vorab bekannt gemachten Verteilungskonzepts, an das die Verwaltung im folgenden Verfahren grundsätzlich
gebunden bleibt.[40] Schließlich existieren weitere, die Chancengleichheit der Bieter sichernde Vorgaben, etwa die Bestimmung angemessener Fristen,[41] neutralitätssichernde Kauteln (wie die vertrauliche Behandlung eingegangener Angebote oder ein Nachverhandlungsverbot)[42] oder eine Begründungspflicht.[43]

2. Unionsrechtliche Perspektive

Den primärrechtlichen Rahmen der staatlichen Beschaffungstätigkeit stecken
– neben dem bislang noch unterentwickelten Unionsgrundrecht „allgemeiner
Gleichheitssatz"[44] – die Marktfreiheiten des AEUV ab. Welche Grundfreiheit
für die konkrete Auftragsvergabe maßgeblich ist, bestimmt sich danach, welche
Form der grenzüberschreitenden Tätigkeit die zu überprüfende staatliche Maßnahme beeinträchtigt. Regelmäßig betroffen ist die den Auftragsgegenstand erfassende Marktfreiheit, bei der Vergabe staatlicher Bau-, Dienstleistungs- und
Lieferaufträge mithin die Freiheit des Waren- (Art. 34 ff. AEUV) oder Dienstleistungsverkehrs (Art. 56 ff. AEUV), da grenzüberschreitend Waren geliefert
respektive Dienstleistungen erbracht werden sollen. Aufgrund des weitgehenden Gewährleistungsgleichlaufs der Marktfreiheiten kommt der Abgrenzung
freilich eine praktisch nur geringe Bedeutung zu.

Genauso wie aus den Grundrechten folgen aus den Marktfreiheiten sowohl
materielle wie auch prozedurale Anforderungen an die staatliche Auftragsvergabe. Einmal dürfen Aufträge nicht nach Kriterien vergeben werden, die
ausländische Bieter oder Waren offen oder versteckt diskriminieren respektive den innergemeinschaftlichen Handel unverhältnismäßig beschränken.
Diese materiellen Vorgaben an die Vergabeentscheidung verbieten dement-

---

[38] *T. Puhl*, VVDStRL 60 (2001), S. 456 (479); *F. Wollenschläger*, DVBl. 2007, S. 589 (596).
Zurückhaltend *T. Pollmann*, Gleichbehandlungsgrundsatz, S. 133 ff.

[39] *M. Bungenberg*, Vergaberecht, S. 222; *T. Puhl*, VVDStRL 60 (2001), S. 456 (479 f.); *M. Wallerath*, Bedarfsdeckung, S. 321 f.; *F. Wollenschläger*, DVBl. 2007, S. 589 (596) – dort auch
zum kontroversen Umfang der verfassungsrechtlichen Ausschreibungspflicht.

[40] *M. Wallerath*, Bedarfsdeckung, S. 323; *F. Wollenschläger*, DVBl. 2007, S. 589 (596).

[41] *M. Wallerath*, Bedarfsdeckung, S. 323.

[42] *M. Wallerath*, Bedarfsdeckung, S. 323.

[43] *G. Hermes*, JZ 1997, S. 909 (914).

[44] Zu diesem oben, 1. Teil, B.I.1.b.

sprechende Anforderungen an zu beschaffende oder zu verwendende Produkte und den diskriminierenden Ausschluss ausländischer Bieter. Die sich in jüngeren Entscheidungen des EuGH zudem abzeichnende prozedurale Dimension der Grundfreiheiten umfasst Transparenz- und Gleichbehandlungspflichten. Der EuGH fordert die grundsätzliche Ausschreibung des Auftrags und die Beachtung der Chancengleichheit der Bieter im Vergabeverfahren.

Die marktfreiheitlichen Vorgaben für die öffentliche Auftragsvergabe haben im Anwendungsbereich des hier näher betrachteten koordinierten EU-Vergaberechts ihre besondere Ausprägung in den EU-Vergaberichtlinien erfahren. Letztere sind damit vorrangig heranzuziehen; bleiben Auslegungszweifel, können diese unter Heranziehung der Marktfreiheiten gelöst werden.[45]

3. Einfach-rechtliche Verteilungsgrundsätze

Abgesehen von den verfassungs- und unionsrechtlichen Direktiven stellt auch das einfache Kartellvergaberecht Anforderungen an das Vergabeverfahren: So hat die Beschaffung „nach Maßgabe der folgenden Vorschriften im Wettbewerb und im Wege transparenter Vergabeverfahren" zu erfolgen (§ 97 Abs. 1 GWB); des Weiteren sind „[d]ie Teilnehmer an einem Vergabeverfahren … gleich zu behandeln, es sei denn, eine Benachteiligung ist auf Grund dieses Gesetzes ausdrücklich geboten oder gestattet" (§ 97 Abs. 2 GWB).

II. Regelungsstrukturen des Vergaberechts

Das Vergaberegime ist zweigeteilt: Oberhalb bestimmter Schwellenwerte[46] findet das in Umsetzung der EU-Vergaberichtlinien (VRL, SRL, RL 89/665/ EWG, RL 92/13/EWG) ergangene Kartellvergaberecht Anwendung (1.). Die Mehrzahl der vergebenen Aufträge, über 90 %,[47] spielt sich demgegenüber im „unterschwelligen" Bereich ab. Hier greifen – abgesehen von den verfassungs- und unionsrechtlichen Rahmenvorgaben – in erster Linie haushaltsrechtliche Vorgaben (2.).

---

[45] Siehe den zweiten Erwägungsgrund der VRL und *F. Wollenschläger*, NVwZ 2007, S. 388 (389).

[46] Diese Schwellenwerte betragen ab dem 1.1.2010 gemäß § 100 Abs. 1 GWB, § 2 VgV und VO (EG) Nr. 1177/2009 für Bauaufträge 4,845 Mio. €, für Liefer- und Dienstleistungsaufträge oberster oder oberer Bundesbehörden sowie vergleichbarer Bundeseinrichtungen mit Ausnahme bestimmter Dienstleistungsaufträge (namentlich nicht-prioritärer Dienstleistungen) 125.000 € und im Übrigen 193.000 €. Der Schwellenwert für Aufträge im Bereich der Trinkwasser- und Energieversorgung sowie des Verkehrs beträgt gemäß § 1 Abs. 2 SektVO i.V.m. Art. 16 RL 2004/17/EG für Liefer- sowie Dienstleistungsaufträge 387.000 € und für Bauaufträge 4,845 Mio. €.

[47] Quote bei *J. Pietzcker*, NJW 2005, S. 2881 (2881).

1. Kartellvergaberecht

Das Kartellvergaberecht ist im vierten Teil des GWB (§§ 97 ff.), der VgV sowie den „a-Paragraphen" der Verdingungs- bzw., in der heutigen Terminologie, Vergabe- und Vertragsordnungen (VOL/A, VOB/A, VOF) geregelt. Es zeichnet sich durch eine komplizierte Delegations- und Verweisungstechnik aus.

Abgesehen von eigenen Bestimmungen zu Verfahrensgrundsätzen und -arten, Vergabekriterien, Anwendungsbereich sowie Rechtsschutz ermächtigt das einfache Kartellvergaberecht in § 97 Abs. 6 GWB die Bundesregierung, „durch Rechtsverordnung mit Zustimmung des Bundesrates nähere Bestimmungen über das bei der Vergabe einzuhaltende Verfahren zu treffen, insbesondere über die Bekanntmachung, den Ablauf und die Arten der Vergabe, über die Auswahl und Prüfung der Unternehmen und Angebote, über den Abschluss des Vertrages und sonstige Fragen des Vergabeverfahrens." Die darin liegende Überantwortung der näheren Verfahrensausgestaltung an den Verordnungsgeber hat der BGH – im Kontext der Nichtigkeitsfolge des § 13 VgV a.F. – für hinreichend bestimmt (Art. 80 Abs. 1 S. 2 GG) und damit verfassungskonform erachtet. Denn dem Verordnungsgeber sind in den §§ 97 ff. GWB (insbesondere in § 97 Abs. 1–4 GWB) allgemeine Grundsätze, die bei der Regelung des Vergabeverfahrens zu beachten sind, gemacht worden.[48]

Die Vergabeverordnung selbst enthält genauso wie das GWB wiederum eine nur rudimentäre Regelung des Vergabeverfahrens. Es finden sich im Wesentlichen Bestimmungen zu Anwendungsbereich und anzuwendendem Vergabeverfahren. Im Detail sind diese dann in den „a- bzw. EG-Paragraphen" der Verdingungsordnungen geregelt. Hierbei handelt es sich um von privaten, paritätisch aus Mitgliedern der Auftragnehmer- und Auftraggeberseite besetzten Gremien erarbeitete Regeln, die über einen statischen Verweis in der VgV für anwendbar erklärt werden und damit deren Rang als Rechtsverordnung teilen. Einen regelungstechnisch bemerkenswerten, möglicherweise Vorbildwirkung auch im Übrigen entfaltenden Weg ist der Reformgesetzgeber für das im Bereich der Trinkwasser- und Energieversorgung sowie des Verkehrs Anwendung findende Sektorenvergaberecht gegangen: Die neue, im September 2009 in Kraft getretene Sektorenverordnung[49] regelt das Vergabeverfahren nämlich unter Verzicht auf die nachgelagerte Ebene der Verdingungsordnungen nunmehr abschließend.

---

[48] BGH, NJW 2004, S. 2092 (2094). A.A. *W. G. Kau*, NZBau 2003, S. 310 (310); ferner *U. Stelkens*, Verwaltungsprivatrecht, S. 1135 f.

[49] Verordnung zur Neuregelung der für die Vergabe von Aufträgen im Bereich des Verkehrs, der Trinkwasserversorgung und der Energieversorgung anzuwendenden Regeln vom 23.9.2009, BGBl. I, S. 3110, geändert durch Art. 2 der Verordnung vom 7.6.2010 (BGBl. I, S. 724).

2. Haushaltsvergaberecht

Gegenüber dem Kartellvergaberecht hat das unterhalb der Schwellenwerte und ausschließlich auf institutionelle Auftraggeber anwendbare Haushaltsvergaberecht eine nur punktuelle gesetzliche Regelung erfahren. Daher konzentriert sich auch die im Folgenden unternommene Entfaltung des Vergabeverfahrens auf das Kartellvergaberecht.[50]

§ 55 BHO, genauso wie die entsprechenden Vorschriften der Landeshaushaltsordnungen,[51] verlangt in seinem ersten Absatz, Aufträge grundsätzlich öffentlich auszuschreiben. Darüber hinaus ist bei der Auftragsvergabe gemäß § 55 Abs. 2 BHO „nach einheitlichen Richtlinien zu verfahren". Letztere werden in den vom BMF erlassenen Verwaltungsvorschriften zu § 55 BHO bestimmt, die eine Anwendung der sog. Basisparagraphen der Verdingungsordnungen vorschreiben. § 55 Abs. 2 BHO stellt keine (dynamische) Verweisung auf die gemäß den VV-BHO anzuwendenden Richtlinien dar, womit diesen Gesetzesrang zukäme.[52] Damit hätte der Gesetzgeber nämlich, eine entsprechende Regelungsintention einmal unterstellt, nicht nur seine Gesetzgebungskompetenz im Widerspruch zum Demokratieprinzip des GG preisgegeben.[53] Vielmehr fordert auch der Bestimmtheitsgrundsatz, dass das Verweisungsobjekt in der Verweisungsnorm hinreichend deutlich erkennbar sein muss;[54] dies ist bei § 55 Abs. 2 BHO, der von „einheitlichen Richtlinien" spricht, offensichtlich nicht der Fall.[55] Sein Regelungsgehalt besteht mithin in der Statuierung einer Konzeptpflicht, d.h. darin, die Verwaltung mit Blick auf die im allgemeinen Gleichheitssatz fundierte Chancengleichheit der Bieter und den Grundsatz der sparsamen Haushaltsführung dazu zu verpflichten, vorab allgemeine Regelungen für die Auftragsvergabe aufzustellen und nicht einzelfallbezogen vorzugehen.[56]

---

[50] Siehe aber zur kontroversen Zuordnung des Haushaltsvergaberechts zum Öffentlichen oder Privatrecht ausführlich unten, III.2.e.bb.(2). Im Übrigen sind die entwickelten Grundsätze für das Veräußerungsverfahren (zu diesem unten, 2. Teil, I.) übertragbar; so werden dort etwa Fehlerfolgenregime und Rechtsschutz bei einstufig-zivilrechtlicher Konstruktion erörtert (siehe unten, 2. Teil, I.IV. und V.).

[51] Auf kommunaler Ebene enthalten vergleichbare Bestimmungen die kommunalen Haushaltsverordnungen (in Bayern etwa Art. 123 I 1, 2 Nr. 3 GO i.V.m. § 31 KommHV).

[52] F. Wollenschläger, DVBl. 2007, S. 589 (594). A.A. A. Losch, VergabeR 2006, S. 298 (300); J. Ruthig, NZBau 2005, S. 497 (502). Allgemein zur Außenwirkung von Verwaltungsvorschriften kraft Transformation: A. Rogmann, Die Bindungswirkung von Verwaltungsvorschriften, S. 44 ff.; H.-U. Karpen, Verweisung, S. 122.

[53] Siehe insoweit BVerfGE 47, 285 (312 ff.); E 60, 135 (161); E 64, 208 (214 f.); E 78, 32 (36); T. Clemens, AöR 111 (1986), S. 63 (100 ff.).

[54] Siehe BVerfGE 47, 285 (311); E 64, 208 (215); E 78, 32 (35); T. Clemens, AöR 111 (1986), S. 63 (83 ff.).

[55] F. Wollenschläger, DVBl. 2007, S. 589 (594).

[56] F. Wollenschläger, DVBl. 2007, S. 589 (594).

III. Ablauf des Vergabeverfahrens

Im Vergaberecht haben sich vier, im Wesentlichen hinsichtlich der Anforderungen an Wettbewerb und Transparenz differierende Verfahrensarten herausgebildet (1.). Am Regelfall des offenen Verfahrens und der für Bauaufträge geltenden VOB/A (2009)[57] sei der Ablauf des Vergabeverfahrens analysiert (2.). Es gliedert sich in eine Konzept- (a), Ausschreibungs- (b), Bewerbungs- (c) und Entscheidungsfindungsphase (d). An seinem Ende steht im Regelfall die Vergabeentscheidung (e), so es nicht zuvor eingestellt wird (f). Ein abschließender Blick gilt der Grundstruktur der übrigen drei Verfahrensarten (3.).[58] Zudem kennt das Vergabeverwaltungsrecht in Gestalt des Präqualifizierungsverfahrens ein anlassunabhängiges Verwaltungsverfahren (4.).

1. Verfahrensarten

Die Ausgestaltung des Vergabeverfahrens bewegt sich im Spannungsfeld zwischen dem Interesse der Verwaltung an einer einfachen, flexiblen und zügigen Beschaffung auf der einen Seite und den auch in § 97 Abs. 1 und 2 GWB zum Ausdruck kommenden Geboten des Wettbewerbs, der Transparenz und der Chancengleichheit auf der anderen Seite. Das Kartellvergaberecht hält vier Verfahrensarten bereit, die diese gegenläufigen Positionen in unterschiedlicher Weise austarieren: das offene, das nicht offene und das Verhandlungsverfahren sowie den wettbewerblichen Dialog (§ 101 Abs. 1 GWB).[59]

Im offenen Verfahren wird eine unbeschränkte Anzahl von Unternehmen öffentlich zur Abgabe von Angeboten aufgefordert (§ 101 Abs. 2 GWB), im nicht offenen Verfahren bezieht sich die öffentliche Aufforderung dagegen nur darauf, Interesse an der Teilnahme zu bekunden; aus dem Kreis der Bewerber wird sodann eine nur beschränkte Anzahl von Unternehmen um die Abgabe von Angeboten gebeten (§ 101 Abs. 3 GWB). Verhandlungsverfahren sind „Verfahren, bei denen sich der Auftraggeber mit oder ohne vorherige öffentliche Aufforderung zur Teilnahme an ausgewählte Unternehmen wendet, um mit einem oder mehreren über die Auftragsbedingungen zu verhandeln" (§ 101 Abs. 5 GWB). Schließlich erfolgen beim wettbewerblichen Dialog, der der Vergabe besonders komplexer Aufträge dient, „eine Aufforderung zur Teilnahme und

---

[57] Nach der statischen Verweisung in § 6 VgV ist die VOB/A (2009) in der Fassung der Bekanntmachung v. 31.7.2009 (BAnz. Nr. 155a v. 15.10.2009, S. 3349), geändert durch Bekanntmachung v. 19.2.2010 (BAnz. Nr. 36 v. 5.3.2010, S. 940), anzuwenden. Zur VOB/A 2009 im Überblick *J. Gröning*, VergabeR 2009, S. 117.

[58] Siehe für eine Analyse des Vergabeverfahrens auch *F. Wollenschläger*, Europäisches Vergabeverwaltungsrecht, Rn. 34 ff.

[59] Näher *T. Pollmann*, Gleichbehandlungsgrundsatz, S. 136 ff.

anschließend Verhandlungen mit ausgewählten Unternehmen über alle Einzelheiten des Auftrags" (§ 101 Abs. 4 S. 2 GWB).

Seit der GWB-Novelle des Jahres 2009, die diese Innovation des EU-Legislativpakets aufgegriffen hat, kann zur Ermittlung des „wirtschaftlichsten Angebotes" namentlich im offenen, nicht offenen und im Verhandlungsverfahren mit vorheriger Vergabebekanntmachung eine „elektronische Auktion" zum Einsatz kommen (Art. 54 RL 2004/18/EG; § 101 Abs. 6 S. 1 GWB). Hierbei handelt es sich gemäß der Legaldefinition in Art. 1 Abs. 7 S. 1 RL 2004/18/EG um „ein iteratives Verfahren, bei dem mittels einer elektronischen Vorrichtung nach einer ersten vollständigen Bewertung der Angebote jeweils neue, nach unten korrigierte Preise und / oder neue, auf bestimmte Komponenten der Angebote abstellende Werte vorgelegt werden, und das eine automatische Klassifizierung dieser Angebote ermöglicht." Dieser Vergabemodus setzt gemäß Art. 54 Abs. 2 UAbs. 1 S. 2 RL 2004/18/EG voraus, dass „die Spezifikationen des Auftrags hinreichend präzise beschrieben werden können". Die zentrale Herausforderung dieses im deutschen Vergaberecht allerdings noch nicht näher ausgestalteten Vergabemodus ist, eine (erste) Abgabe überteuerter Angebote genauso wie ein in der Versteigerungsphase drohendes gegenseitiges Unterbieten der Bieter mit nicht mehr kostendeckenden Angeboten zu verhindern.[60]

2. Der Ablauf des Vergabeverfahrens am Beispiel des offenen Verfahrens

a) Konzeptphase

Am Beginn des Vergabeverfahrens steht eine Konzeptphase, in der der Auftraggeber den Gegenstand der Beschaffung (aa), die für die Auswahl maßgeblichen Kriterien (bb) und das anzuwendende Verfahren (cc) bestimmen muss. Obgleich der Vergabestelle hinsichtlich der beiden zuerst genannten Punkte ein weiter Gestaltungsspielraum zukommt, zwingt der Transparenzgrundsatz (§ 97 Abs. 1 GWB) zu klaren Festlegungen zu Beginn des Vergabeverfahrens, von denen der Auftraggeber im Laufe des Verfahrens nicht abweichen darf (dd).

aa) Bestimmung des Gegenstands der Beschaffung

Dem öffentlichen Auftraggeber kommt eine weitgehende Dispositionsfreiheit hinsichtlich des Auftragsgegenstands zu. Als Nachfrager von Gütern bzw. Leistungen kann er bestimmen, was in welcher Menge, Qualität oder Ausführung beschafft werden soll.[61] Gleichwohl unterliegt er im Interesse des Wettbe-

---

[60] Näher dazu *J. Kersten*, VVDStRL 69 (2009), S. 288 (314 ff.), m.w.N.; *H. Schröder*, NZBau 2010, S. 411.

[61] Zur Dispositionsfreiheit der Vergabestelle und ihren Grenzen *M. Burgi*, VergabeR 2007, S. 457 (460 f.); *N. Meyer*, Beschaffung, S. 354 ff.; *R. Noch*, Vergaberecht kompakt, S. 266 ff.; OLG Düsseldorf, NZBau 2005, S. 532 (533); OLG München, Verg 1/2006 – juris.

werbs, der Transparenz und der Chancengleichheit der Bieter Schranken bei der Beschreibung des von ihm nachgefragten Gegenstands.

Diese spiegeln die Anforderungen an die Leistungsbeschreibung, das „Kernstück des Vergabeverfahrens"[62], wider (§ 7 VOB/A 2009). In dieser ist die Leistung nämlich „eindeutig und so erschöpfend zu beschreiben, dass alle Bewerber die Beschreibung im gleichen Sinne verstehen müssen und ihre Preise sicher und ohne umfangreiche Vorarbeiten berechnen können" (§ 7 Abs. 1 Nr. 1 VOB/A 2009);[63] auf die Verwendung verkehrsüblicher Bezeichnungen ist zu achten (§ 7 Abs. 2 VOB/A 2009). Die technischen Anforderungen an den Auftragsgegenstand (sog. technische Spezifikationen) müssen allen Bietern gleichermaßen zugänglich sein (§ 7 Abs. 3 VOB/A 2009). Sie sind entweder durch Bezugnahme auf eingeführte Standards (§ 7 Abs. 4 Nr. 1 VOB/A 2009) oder „in Form von Leistungs- oder Funktionsanforderungen, die so genau zu fassen sind, dass sie den Unternehmen ein klares Bild vom Auftragsgegenstand vermitteln und dem Auftraggeber die Erteilung des Zuschlags ermöglichen" (§ 7 Abs. 4 Nr. 2 VOB/A 2009), oder als Kombination von beiden (§ 7 Abs. 4 Nr. 3 VOB/A 2009) zu formulieren; gleichwertige Ausführungen sind zu gestatten (§ 7 Abs. 4 ff. VOB/A 2009).[64] Je nach dem, wie präzise der Auftraggeber zur Beschreibung des Auftragsgegenstands in der Lage ist bzw. inwieweit er auf technische Normen zurückgreifen möchte, kann er also entweder auf eingeführte Standards Bezug nehmen oder aber lediglich Anforderungen an Funktion und Leistung vorgeben.[65]

---

[62] So der Titel des Aufsatzes von *H.-J. Prieß*, NZBau 2004, S. 20 (Teil 1); S. 87 (Teil 2). Siehe auch *M. Burgi*, ZSE 2007, S. 46 (54 ff.).

[63] Siehe zu den Details der Leistungsbeschreibung § 9 Abs. 9 ff. VOB/A 2009. Nach EuGH, Rs. C-421/01, Slg. 2003, I-11941, Rn. 29 – Traunfellner, unzulässig ist etwa der Weiterverweis auf Vorschriften des nationalen Rechts zur Konkretisierung der Ausschreibung: „Denn nur eine Erläuterung in den Verdingungsunterlagen ermöglicht den Bietern in gleicher Weise die Kenntnis von den Mindestanforderungen, die ihre Änderungsvorschläge erfüllen müssen, um vom Auftraggeber berücksichtigt werden zu können. Es geht dabei um eine Verpflichtung zur Transparenz, die die Beachtung des Grundsatzes der Gleichbehandlung der Bieter gewährleisten soll, der bei jedem von der Richtlinie erfassten Vergabeverfahren für Aufträge einzuhalten ist".

[64] Zur Frage der zulässigen Anforderungen an die Leistungsbeschreibung existiert eine Vielzahl von Entscheidungen des EuGH, der den Marktfreiheiten das Verbot entnimmt, Leistungsanforderungen festzulegen, die ausländische Bieter oder Waren diskriminieren respektive den innergemeinschaftlichen Handel unverhältnismäßig beschränken, siehe etwa Rs. 263/85, Slg. 1991, I-2457 – EK/Italien; Rs. 45/87, Slg. 1988, 4929, Rn. 18 ff. – EK/Irland; Rs. 21/88, Slg. 1990, I-889, Rn. 10 ff. – Pont de Nemours; Rs. C-243/89, Slg. 1993, I-3353, Rn. 23 – EK/Dänemark; Rs. C-359/93, Slg. 1995, I-157, Rn. 27 – UNIX; Rs. C-59/00, Slg. 2001, I-9505, Rn. 22 – Vestergaard. Dazu *F. Wollenschläger*, NVwZ 2007, S. 388 (391).

[65] Zur Differenzierung zwischen einer konstruktiven und funktionalen Leistungsbeschreibung siehe auch *M. Burgi*, VergabeR 2007, S. 457 (462 f.); ferner *T. Pollmann*, Gleichbehandlungsgrundsatz, S. 70 ff.

bb) Festlegung der Auswahlkriterien

Für die Festlegung der Auswahlkriterien zeichnet der Gesetzgeber einen Rahmen vor: Gemäß § 97 Abs. 4 S. 1 GWB dürfen Aufträge nur an geeignete, d.h. fachkundige, leistungsfähige, gesetzestreue und zuverlässige Unternehmen vergeben werden (1); der Zuschlag hat auf das wirtschaftlichste Angebot zu erfolgen (§ 97 Abs. 5 GWB; [2]). Diesen Rahmen muss die Vergabeverwaltung aufgrund des Transparenzgebots bereits in der Konzeptphase ausfüllen. Darüber hinaus kann die Verwaltung – in noch näher darzustellenden Grenzen – weitere Aspekte bei der Auswahl berücksichtigen (3).

(1) Eignungskriterien

Unter welchen Voraussetzungen ein Unternehmen als für die Auftragsdurchführung geeignet anzusehen ist, folgt bereits unmittelbar aus § 97 Abs. 4 S. 1 GWB: Maßgeblich sind die Fachkunde, Leistungsfähigkeit, Gesetzestreue und Zuverlässigkeit des Bieters.[66] Nichtsdestoweniger bedarf es auch insoweit der administrativen Konkretisierung in der Konzeptphase. Der öffentliche Auftraggeber muss nämlich festlegen, anhand welcher Nachweise er die Eignung der Bieter zu beurteilen gedenkt. Hierfür halten § 6 Abs. 3, § 6a Abs. 1, 7 und 11 VOB / A 2009 einen Katalog möglicher Nachweise bereit. Gefordert werden können etwa Angaben über die Ausführung vergleichbarer Bauleistungen in den letzten drei abgeschlossenen Geschäftsjahren und den damit erzielten Umsatz oder über bei der Ausführung des Auftrags anzuwendende Umweltmanagementverfahren[67]. Die aufgestellten Eignungskriterien müssen einen Zusammenhang zu der nachgefragten Leistung aufweisen und dürfen nicht außer Verhältnis zu ihr stehen (§ 6a Abs. 7 Nr. 1 VOB / A 2009);[68] zudem sind gleichwertige Eignungsnachweise zu akzeptieren (§ 6a Abs. 7 Nr. 2 VOB / A 2009).

(2) Zuschlagskriterien

Bedeutend größer als bei der Konkretisierung der Eignungskriterien ist der Gestaltungsspielraum der Vergabeverwaltung bei der Festlegung der Zuschlagskriterien. Hier hält das einfache Vergaberecht in § 97 Abs. 5 GWB lediglich die Vorgabe bereit, dass der Zuschlag auf das wirtschaftlichste Angebot zu erfolgen hat. Nach § 16 Abs. 6 Nr. 3 S. 3 VOB / A 2009 besagt dies zunächst einmal nur, dass der niedrigste Preis nicht allein entscheidend sein darf, eine Vor-

---

[66] Zu den Kriterien im Einzelnen unten, III.2.d.bb. Die VRL differenziert demgegenüber zwischen der persönlichen Lage des Bieters (Art. 45), dessen Befähigung zur Berufsausübung (Art. 46) sowie seiner wirtschaftlichen und finanziellen (Art. 47) und seiner technischen und / oder beruflichen (Art. 48) Leistungsfähigkeit.

[67] Dazu *P. M. Huber / F. Wollenschläger*, WiVerw 2005, S. 212 (221 f.).

[68] EuGH, Rs. C-538/07, Slg. 2009, I-4219, Rn. 24 ff. – Assitur Srl; *M. Burgi*, VergabeR 2007, S. 457 (465); *R. Noch*, Vergaberecht kompakt, S. 315.

gabe, die mitunter für nicht europarechtskonform erachtet wird[69]. Mögliche, wiewohl nicht abschließend zu verstehende Zuschlagskriterien nennt § 16 Abs. 6 Nr. 3 S. 2 VOB/A 2009. Abgestellt werden kann demnach auf Qualität, Preis, technischen Wert, Ästhetik, Zweckmäßigkeit, Umwelteigenschaften, Betriebs- und Folgekosten, Rentabilität, Kundendienst und technische Hilfe oder Ausführungsfrist.

In der Konzeptphase muss der öffentliche Auftraggeber nun die für die jeweilige Beschaffung maßgeblichen Zuschlagskriterien einschließlich ihrer Gewichtung, jedenfalls aber ihrer Bedeutung,[70] festlegen (§ 8a VOB/A 2009 i.V.m. Nr. IV.2 Anhang II VO [EG] 1564/2005). Dabei steht ihm ein weiter, wenn auch nicht unbeschränkter Gestaltungsspielraum zu. Zu beachten sind zunächst die allgemeinen unionsrechtlichen Vergabegrundsätze, namentlich das Transparenz- und Gleichbehandlungsgebot (Art. 2 VRL) sowie die aus den Marktfreiheiten folgenden Vorgaben.[71] Transparenz und Chancengleichheit fordern etwa, dass nur solche Kriterien Berücksichtigung finden, die der auftragsvergebenden Stelle keine uneingeschränkte Entscheidungsfreiheit einräumen.[72] Darüber hinaus müssen die bekanntzumachenden Kriterien so gefasst sein, „dass alle durchschnittlich fachkundigen Bieter sie bei Anwendung der üblichen Sorgfalt in gleicher Weise auslegen können".[73] Ferner stehen die Marktfreiheiten Zuschlagskriterien entgegen, die ausländische Bieter oder Waren diskriminieren respektive den innergemeinschaftlichen Handel unverhältnismäßig beschränken.[74]

Darüber hinaus müssen die Zuschlagskriterien der Ermittlung des wirtschaftlich günstigsten Angebots dienen,[75] eine Anforderung, die im Mittel-

---

[69] Die gegenteilige Vorgabe entspräche dem europarechtlich zulässigen (siehe Art. 53 Abs. 1 VRL) „Günstigkeitsprinzip". In der Rs. C-247/02, Slg. 2004, I-9215, Rn. 35 ff. – Sintesi, hat der EuGH allerdings eine Regelung für unionsrechtswidrig erklärt, die dem Auftraggeber die Wahlmöglichkeit hinsichtlich der beiden in der BKR vorgesehen Zuschlagskriterien nahm und zwingend den Zuschlag nach dem niedrigsten Preis vorsah. Hieraus wird gefolgert, dass auch deutsche öffentliche Auftraggeber allein nach dem niedrigsten Preis vergeben dürfen (so etwa *M. Burgi*, VergabeR 2007, S. 457 [471 f.]; *ders.*, ZSE 2007, S. 46 [60 ff.]; *R. Noch*, Vergaberecht kompakt, S. 338).

[70] Kann die Gewichtung der Zuschlagskriterien aus nachvollziehbaren Gründen nicht angegeben werden, gestattet Art. 53 Abs. 2 VRL, diese in absteigender Reihenfolge ihrer Bedeutung zu nennen.

[71] EuGH, Rs. C-19/00, Slg. 2001, I-7725, Rn. 34, 40 f. – SIAC Construction; Rs. C-513/99, Slg. 2002, I-7213, Rn. 63, 81 ff. – Concordia Bus Finland; Rs. C-448/01, Slg. 2003, I-14527, Rn. 33, 38 – Wienstrom; Rs. C-331/04, Slg. 2005, I-10109, Rn. 21 f. – ATI EAC u.a.

[72] EuGH, Rs. 31/87, Slg. 1988, 4635, Rn. 26 f. – Beentjes; Rs. C-19/00, Slg. 2001, I-7725, Rn. 37 f. – SIAC Construction; Rs. C-513/99, Slg. 2002, I-7213, Rn. 61 – Concordia Bus Finland; Rs. C-448/01, Slg. 2003, I-14527, Rn. 33, 37 – Wienstrom; Rs. C-331/04, Slg. 2005, I-10109, Rn. 21 f. – ATI EAC u.a.

[73] EuGH, Rs. C-19/00, Slg. 2001, I-7725, Rn. 42 – SIAC Construction.

[74] EuGH, Rs. C-513/99, Slg. 2002, I-7213, Rn. 59, 61 – Concordia Bus Finland.

[75] EuGH, Rs. 31/87, Slg. 1988, 4635, Rn. 19 – Beentjes; Rs. C-19/00, Slg. 2001, I-7725,

punkt der Kontroverse um die Zulässigkeit sog. vergabefremder Zuschlagskriterien stand und steht[76]. Bei der Frage, inwieweit vergabefremde Zuschlagskriterien statthaft sind, hat sich im Unionsrecht eine mittlere Position etabliert. Weder folgte der Gerichtshof der ursprünglichen Auffassung der Europäischen Kommission, wonach ein Zuschlagskriterium nur dann der Ermittlung des wirtschaftlich günstigsten Angebots diene, wenn es mit einem unmittelbaren wirtschaftlichen Vorteil für den Auftraggeber verbunden sei,[77] noch einer weiten Auffassung, nach der es auf einen wirtschaftlichen Vorteil gerade für den Auftraggeber nicht ankomme[78]. Nach der Rechtsprechung des EuGH müssen die Zuschlagskriterien, wie die in den Vergaberichtlinien angeführten Beispiele zeigen, nicht rein wirtschaftlicher Art sein, solange sie sich auf den Wert des Angebots für den Auftraggeber auswirken.[79] Da Zuschlagskriterien der Ermittlung des wirtschaftlich günstigsten Angebots dienen, ist allerdings ein Zusammenhang mit dem Auftragsgegenstand erforderlich.[80] Die VRL greift diese Rechtsprechung in Art. 53 Abs. 1 lit. a VRL dadurch auf, dass der Zuschlag auf das aus Sicht des öffentlichen Auftraggebers wirtschaftlich günstigste Angebot zu erfolgen hat und die Kriterien mit dem Auftragsgegenstand zusammenhängen müssen.[81]

Rn. 36 – SIAC Construction; Rs. C-513/99, Slg. 2002, I-7213, Rn. 59 – Concordia Bus Finland; Rs. C-448/01, Slg. 2003, I-14527, Rn. 37 – Wienstrom; EuG, Rs. T-4/01, Slg. 2003, II-171, Rn. 66 – Renco SpA.

[76] Sekundärzwecke können freilich nicht nur durch entsprechende Zuschlagskriterien verfolgt werden, sondern auch durch eine entsprechende Definition des Auftragsgegenstands und seiner technischen Spezifikationen bzw. der Eignungskriterien und Ausführungsbedingungen, näher dazu *P. M. Huber / F. Wollenschläger*, WiVerw 2005, S. 212 (218 ff.). Allgemein zur Berücksichtigung vergabefremder Zwecke aus der umfangreichen Literatur neben *dens.*, a.a.O., *M. Beckmann*, NZBau 2004, S. 600; *C. Benedict*, Sekundärzwecke; *M. Brenner*, JUTR 1997, S. 141; *M. Bungenberg*, NVwZ 2003, S. 314; *ders.*, Vergaberecht, S. 270 ff.; *M. Burgi*, NZBau 2001, S. 64; *A. Dageförde-Reuter*, Umweltschutz durch öffentliche Auftragsvergabe; *C. Franzius*, Gewährleistung, S. 518 ff.; *M. Heintzen*, ZHR 2001, S. 62; *P. M. Huber*, ThürVBl. 2000, S. 193; *H. Kaelble*, Vergabeentscheidung; *J. Kühling*, VerwArch 95 (2004), S. 337; *N. Meyer*, Beschaffung; *T. Pollmann*, Gleichbehandlungsgrundsatz, S. 89 ff.; *J.-P. Schneider*, NVwZ 2009, S. 1057; *A. Wiedmann*, Soziale Vergabekriterien.

[77] Siehe Vortrag der EK, in: EuGH, Rs. C-513/99, Slg. 2002, I-7213, Rn. 52 – Concordia Bus Finland, und deren Entwurf der VRL, ABl. EG Nr. C 29 v. 30.1.2001, S. 11, sowie deren Stellungnahme im weiteren Gesetzgebungsverfahren (zu Änderungsvorschlägen 70–95 des EP in 2. Lesung, KOM [2003] 503 endg.).

[78] Siehe etwa GA *Mischo*, in: EuGH, Rs. C-513/99, Slg. 2002, I-7213, Rn. 105 – Concordia Bus Finland.

[79] EuGH, Rs. C-513/99, Slg. 2002, I-7213, Rn. 55 – Concordia Bus Finland; Rs. C-448/01, Slg. 2003, I-14527, Rn. 32 – Wienstrom. Siehe auch EuG, Rs. T-4/01, Slg. 2003, II-171, Rn. 67 – Renco SpA.

[80] Siehe auch EuGH, Rs. C-513/99, Slg. 2002, I-7213, Rn. 59 – Concordia Bus Finland; Rs. C-448/01, Slg. 2003, I-14527, Rn. 33 – Wienstrom.

[81] Zum Entstehungskontext *P. M. Huber / F. Wollenschläger*, WiVerw 2005, S. 212 (222 ff.); *P. Steinberg*, NZBau 2005, S. 85 (88 ff.).

Nach der Rechtsprechung des EuGH kann ein entsprechender Zusammenhang auch bei Anforderungen an den Herstellungsprozess bestehen, etwa die Lieferung von Strom aus erneuerbaren Energiequellen gefordert werden.[82] Die erforderliche Konnexität liegt allerdings bei allgemein auf die Geschäftspolitik zielenden Vorgaben nicht mehr vor, etwa wenn der Auftraggeber im erwähnten Beispielsfall des Weiteren berücksichtigen möchte, inwieweit der Bieter Strom aus erneuerbaren Energiequellen an Dritte liefert.[83]

Der Gestaltungsspielraum des öffentlichen Auftraggebers bezieht sich schließlich auch auf die Gewichtung der Zuschlagskriterien. Nach der Rechtsprechung des Gerichtshofs muss diese lediglich „eine Gesamtwürdigung der Kriterien ermöglich[en], die der Ermittlung des wirtschaftlich günstigsten Angebots dienen."[84] Auch wenn diese Formel im Vagen verbleibt, legt sie doch einen weiten Gewichtungsspielraum der auftragsvergebenden Stelle nahe, insbesondere wenn man das Ergebnis der Entscheidung betrachtet. In der Rs. Wienstrom hat der EuGH nämlich eine Gewichtung des Kriteriums „Energie aus erneuerbaren Energieträgern" mit 45 % bei der Vergabe eines Stromlieferungsvertrags angesichts der hohen Bedeutung des Umweltschutzes nicht beanstandet.[85] Unvereinbar mit diesem Gewichtungsspielraum wäre es allerdings zu fordern, dass der Angebotspreis regelmäßig mit mindestens 30 % in die Wertung einfließen müsse.[86]

(3) Weitere Vergabekriterien

Über die Festlegung von Eignungs- und Zuschlagskriterien hinaus ermöglicht § 97 Abs. 4 S. 2 GWB dem Auftraggeber nunmehr – nachdem die VRL in Art. 26 diese Kategorie einführte –, für „die Auftragsausführung ... zusätzliche Anforderungen an Auftragnehmer [zu stellen], die insbesondere soziale, umweltbezogene oder innovative Aspekte betreffen, wenn sie im sachlichen Zu-

---

[82] EuGH, Rs. C-448/01, Slg. 2003, I-14527, Rn. 34 – Wienstrom. Insoweit können sich freilich Abgrenzungsschwierigkeiten ergeben, da nach der VRL technische Anforderungen an Produktionsprozess und -methoden zu den technischen Spezifikationen zählen (Art. 23 Abs. 1 i.V.m. Anhang VI Nr. 1 VRL).

[83] EuGH, Rs. C-448/01, Slg. 2003, I-14527, Rn. 66 ff. – Wienstrom. In der Literatur werden als nicht auftrags*gegenstands*bezogen Kriterien solche Vorgaben verstanden, die sich lediglich auf die Modalitäten der Leistungserbringung beziehen, wie z.B. die Verpflichtung zur Tariftreue oder die Beschäftigung von Langzeitarbeitslosen, vgl. *H.-J. Prieß*, Handbuch Vergaberecht, S. 285.

[84] EuGH, Rs. C-448/01, Slg. 2003, I-14527, Rn. 39 – Wienstrom.

[85] Siehe auch *J. Ziekow*, Öffentliches Wirtschaftsrecht, § 9, Rn. 53, nach dem die Gewichtung sich nicht als „offensichtlich unangemessen" darstellen dürfe.

[86] *M. Bungenberg*, in: Loewenheim / Meesen / Riesenkampff, Kartellrecht, § 97, Rn. 68; *M. Burgi*, VergabeR 2007, S. 457 (473); *ders.*, ZSE 2007, S. 46 (63); *P. Steinberg*, NVwZ 2006, S. 1349 (1353); für eine Einzelfallbetrachtung auch *T. Pollmann*, Gleichbehandlungsgrundsatz, S. 79 f. Anders aber OLG Dresden, NZBau 2001, S. 459 (460).

sammenhang mit dem Auftragsgegenstand stehen und sich aus der Leistungsbeschreibung ergeben." Diese Ausführungsbedingungen gestatten etwa die
Vorgabe, Langzeitarbeitslose oder Behinderte einzusetzen;[87] bei diesen Bedingungen handelt es sich nicht um Zuschlagskriterien, sondern um Anforderungen an die zu erbringende Leistung und letztere damit definierende Vorgaben[88].
Weigert sich ein Bieter, sie einzuhalten, ist dies nicht auf der Wertungsebene zu
berücksichtigen, sondern führt zu einem Ausschluss vom Verfahren.

Die Festlegung derartiger Ausführungsbedingungen ermöglicht freilich
keine weit reichende Instrumentalisierung der öffentlichen Auftragsvergabe
zur Realisierung allgemeinpolitischer Ziele, da, wie bei den Zuschlagskriterien
auch, stets ein Bezug zum Auftragsgegenstand erforderlich ist. Damit können
unter Berufung auf § 97 Abs. 4 S. 2 GWB, wie die Gesetzesbegründung zum
Reformentwurf unmissverständlich festhält, keine „allgemeine[n] Anforderungen an die Unternehmens- oder Geschäftspolitik ohne konkreten Bezug
zum Auftrag (z.B. allgemeine Ausbildungsquoten, Quotierungen von Füh-
rungspositionen zugunsten der Frauenförderung, generelle Beschäftigung von
Langzeitarbeitslosen)" vorgegeben werden.[89] Ob die Berücksichtigung derartiger auftragsgegenstandsunabhängiger Vorgaben möglich ist, muss als noch un-
geklärt gelten. Zu bejahen wäre diese Frage nur dann, wenn die aufgezeigten
Vorgaben der VRL nicht als abschließende Kodifikation der Berücksichti-
gungsfähigkeit von Sekundärzwecken zu verstehen wäre. Dies hängt namentlich davon ab, wie sich die erstmals mit der VRL in das koordinierte EU-Vergabe-
berecht eingeführte Kategorie der „Auftragsbedingungen" zu den in der Rechtsprechung des EuGH zuvor anerkannten „besonderen Zuschlagskriterien"
verhält. In der Rs. Beentjes hatte der Gerichtshof über die Frage zu entscheiden,
ob ein Bieter ausgeschlossen werden dürfe, wenn er nicht in der Lage sei, Langzeitarbeitslose zu beschäftigen. Der EuGH stellte fest, dass es sich bei dieser
Vorgabe weder um ein Eignungskriterium noch um ein der Ermittlung des
wirtschaftlich günstigsten Angebots dienendes Zuschlagskriterium handele,
sondern um eine – nicht in der zum damaligen Zeitpunkt einschlägigen Vergaberichtlinie geregelte – „besondere zusätzliche Bedingung".[90] Dies ziehe jedoch
nicht ihre Unzulässigkeit nach sich, da die Vergaberichtlinie nicht abschließend
zu verstehen sei. Vielmehr bleibe es den Mitgliedstaaten unbenommen, derartige Bedingungen vorzusehen, so sie die allgemeinen unionsrechtlichen Anfor-

---

[87] Siehe auch die Beispiele im 33. Erwägungsgrund der VRL.

[88] Siehe Begründung RegE Gesetz zur Modernisierung des Vergaberechts, BT-DrS
16/10117, S. 16 f.; ferner *P. M. Huber / F. Wollenschläger*, WiVerw 2005, S. 212 (227).

[89] Begründung RegE Gesetz zur Modernisierung des Vergaberechts, BT-DrS 16/10117,
S. 16 f.; ferner Beschlussempfehlung und Bericht des Ausschusses für Wirtschaft und Technologie zum Entwurf eines Gesetzes zur Modernisierung des Vergaberechts u.a., BT-DrS
16/11428, S. 49.

[90] EuGH, Rs. 31/87, Slg. 1988, 4635, Rn. 28, 36 f. – Beentjes.

derungen an die Auftragsvergabe beachten, namentlich die marktfreiheitlichen Diskriminierungsverbote und das Transparenzgebot.[91] In der Rs. Nord-Pas-de-Calais bestätigte der EuGH dieses Urteil und unterstrich, dass es sich bei dem in der Rs. Beentjes herangezogenen Kriterium nicht um eine Ausführungsbedingung handelte, sondern um ein Zuschlagskriterium. Denn es diente als Ausschlussgrund.[92]

Ob an dieser Rechtsprechung unter Geltung der VRL festgehalten werden kann, ist allerdings fraglich. Zwar hat der Gerichtshof die Kategorie der „besonderen zusätzlichen (Zuschlags-)Bedingung" in den Folgeentscheidungen zu vergabefremden Kriterien, den bereits erörterten Rs. Concordia Bus Finland[93] und Wienstrom[94], nicht aufgegeben.[95] Mit der VRL wurde jedoch, anders als in den Vorgängerrichtlinien, nicht nur die Berücksichtigung vergabefremder Zwecke detailliert geregelt, was ihren abschließenden Charakter nahelegt.[96] Vielmehr sollte mit Art. 26 VRL die Rechtsprechung des EuGH in der Rs. Beentjes aufgegriffen werden.[97] Auch dies streitet für eine abschließende Regelung durch die VRL. Somit spricht viel dafür, dass neben den Eignungs- und Zuschlagskriterien keine weiteren „besonderen Zuschlagskriterien" mehr aufgestellt werden können, sondern nur noch Ausführungsbedingungen.[98] Diese müssen aber, wie § 97 Abs. 4 S. 2 GWB und Art. 26 VRL klarstellen, einen Bezug zur Ausführung des Auftrags aufweisen. Nicht verschwiegen werden darf freilich, dass der deutsche Reformgesetzgeber eine andere Auffassung vertritt: In § 97 Abs. 4 S. 3 GWB lässt er nämlich das Aufstellen anderer oder weitergehender Anforderungen zu, so dies in einem Bundes- oder Landesgesetz vorgesehen ist.[99] Materiell relativiert wird diese Öffnung freilich durch die Tariftreue-Rechtsprechung des EuGH, nach der derartige Vorgaben als Beschränkung der Dienstleistungsfreiheit (Art. 56 ff. AEUV) rechtfertigungsbedürftig – und, wie die Entscheidung in der Rs. Rüffert zeigt, nicht immer rechtfertigungsfähig – sind.[100]

---

[91] EuGH, Rs. 31/87, Slg. 1988, 4635, Rn. 20 – Beentjes.
[92] EuGH, Rs. C-225/98, Slg. 2000, I-7445, Rn. 46 ff. – EK / Frankreich (Nord-Pas-de-Calais).
[93] EuGH, Rs. C-513/99, Slg. 2002, I-7213 – Concordia Bus Finland.
[94] EuGH, Rs. C-448/01, Slg. 2003, I-14527 – Wienstrom.
[95] Siehe aber auch *H.-J. Prieß*, Handbuch Vergaberecht, S. 287 f.
[96] Siehe *P. M. Huber / F. Wollenschläger*, WiVerw 2005, S. 212 (226); ferner *J. Mohr*, VergabeR 2009, S. 543 (548).
[97] Vgl. Geänderter Vorschlag der EK zur VRL, ABl. EG Nr. C 203 v. 27.8.2002, S. 210 (zu Abänderungen 10 und 127).
[98] Siehe auch *P. M. Huber / F. Wollenschläger*, WiVerw 2005, S. 212 (226 f.); *F. Wollenschläger*, Europäisches Vergabeverwaltungsrecht, Rn. 43.
[99] Siehe ferner die Begründung RegE Gesetz zur Modernisierung des Vergaberechts, BT-DrS 16/10117, S. 16 f.
[100] EuGH, Rs. C-346/06, Slg. 2008, I-1989, Rn. 37 ff. – Rüffert.

Was eine mitunter apostrophierte „politische" Rolle der Vergabeverwaltung betrifft, so ist ungeachtet dieser Kontroverse festzuhalten, dass deren Spielraum angesichts des in § 97 Abs. 4 S. 3 GWB verankerten Gesetzesvorbehalts begrenzt ist. Dieser einfachgesetzliche Gesetzesvorbehalt ist mit Blick auf die Tariftreue-Entscheidung des BVerfG[101] auch verfassungsrechtlich unterfüttert: Versteht man nämlich derartige vergabefremde Zwecke als Eingriff in die Berufsfreiheit, verlangt bereits Art. 12 Abs. 1 S. 2 GG eine gesetzliche Regelung.

cc) Wahl der Verfahrensart

In der Konzeptphase ist schließlich die Verfahrensart – offenes, nicht offenes, Verhandlungsverfahren oder wettbewerblicher Dialog – festzulegen. Die Auswahl eines dieser in § 101 Abs. 1 GWB abschließend aufgezählten Verfahren steht nicht im Belieben des öffentlichen Auftraggebers. Vielmehr begrenzt § 101 Abs. 7 S. 1 GWB dessen Verfahrensermessen. Nach diesem ist grundsätzlich das offene Verfahren anzuwenden.[102] Eine Auftragsvergabe im Wege des nicht offenen oder Verhandlungsverfahrens kommt dagegen nur dann in Betracht, wenn die Eigenart der Leistung oder besondere Umstände dies rechtfertigen (§ 101 Abs. 7 S. 1 GWB, § 3a Abs. 2 i.V.m. § 3 Abs. 2 VOB/A 2009). So ist nach den eng auszulegenden Ausnahmetatbeständen das nicht offene Verfahren etwa zulässig bei besonderer Dringlichkeit des Auftrags oder wenn nur ein beschränkter Kreis von Unternehmern die Leistung nach ihrer Eigenart ausführen kann (§ 3a Abs. 3 i.V.m. § 3 Abs. 3 Nr. 3 und Abs. 4 Nr. 1 VOB/A 2009); das Verhandlungsverfahren kommt beispielsweise in Betracht, wenn „die Arbeiten aus technischen oder künstlerischen Gründen oder aufgrund des Schutzes von Ausschließlichkeitsrechten nur von einem bestimmten Unternehmer ausgeführt werden können" oder weil wegen der Dringlichkeit der Leistung aus zwingenden Gründen infolge von Ereignissen, die der Auftraggeber nicht verursacht hat und nicht voraussehen konnte, die Angebots- und Bewerbungsfristen gemäß § 10a Abs. 1–3 VOB/A 2009 nicht gewahrt werden können (§ 3a Abs. 6 VOB/A 2009).[103] Eine Vergabe im Wege des wettbewerblichen Dialogs erklärt § 3a Abs. 4 Nr. 1 VOB/A 2009 schließlich dann für statthaft, wenn der „Auftraggeber objektiv nicht in der Lage ist, a) die technischen Mittel anzugeben, mit denen seine Bedürfnisse und Ziele erfüllt werden können oder b) die rechtlichen oder finanziellen Bedingungen des Vorhabens anzugeben."

---

[101] BVerfGE 116, 202.

[102] Im Unionsvergabeverwaltungsrecht sind das offene und das nicht offene Verfahren demgegenüber gleichrangig; lediglich die Wahl des Verhandlungsverfahrens oder des wettbewerblichen Dialogs muss gesondert gerechtfertigt werden (Art. 28 VRL).

[103] Zu den Ausnahmetatbeständen im Einzelnen *H.-J. Prieß*, Handbuch Vergaberecht, S. 209 ff.

Die einzelnen Verfahrensarten stehen in einem hierarchischen Verhältnis zueinander, indem die Flexibilität für den öffentlichen Auftraggeber in der beschriebenen Reihenfolge zunimmt. Preis für die damit einhergehende Beschränkung des Wettbewerbs und den Verlust an Transparenz sind allerdings auch mit Zunahme der Flexibilität strenger werdende Anforderungen an die Zulässigkeit des jeweiligen Verfahrens.

dd) Verbindlichkeit des Vergabekonzepts

Von einem an den Grundsätzen der Gleichbehandlung, der Transparenz und des Wettbewerbs (§ 97 Abs. 1 und 2 GWB) orientierten Vergabeverfahren kann nur dann die Rede sein, wenn diesem das von der Verwaltung vorab entwickelte und bekanntgegebene Vergabekonzept zugrunde gelegt wird. Dementsprechend ist es dem Auftraggeber verwehrt, die Leistungsbeschreibung nachträglich zu ändern oder von ihr abzuweichen.[104] Dies gilt auch für die Vergabekriterien[105] einschließlich ihrer Gewichtung[106] (§ 16a Abs. 1 VOB/A 2009). Diese müssen zudem auf alle Bieter Anwendung finden[107] und ihre Erfüllung muss vom Auftraggeber nachgeprüft werden[108].

b) Ausschreibungsphase

Eine transparente und im Wettbewerb erfolgende Auftragsvergabe erfordert allen voran die Information potentieller Interessenten über die geplante Beschaffung. Dementsprechend muss diese europaweit ausgeschrieben werden, und zwar im seit 1998 nur noch elektronisch verfügbaren Supplement zum Amtsblatt der EU[109]. Die geforderte Publizität kann in einem ein- oder zweistufigen

---

[104] EuGH, Rs. C-243/89, Slg. 1993, I-3353, Rn. 37 – EK/Dänemark; Rs. C-87/94, Slg. 1996, I-2043, Rn. 70 – EK/Belgien; *T. Pollmann*, Gleichbehandlungsgrundsatz, S. 64 ff.

[105] Siehe dazu etwa EuGH, Rs. C-19/00, Slg. 2001, I-7725, Rn. 43 – SIAC Construction; BGH, NZBau 2004, S. 517 (518): „Es ist deshalb unabdingbar, dass die Wertung der Angebote nur auf solche Kriterien gestützt wird, die vorher, d.h. bei der Aufforderung zur Angebotsabgabe, bekanntgemacht worden sind. Nur dann ist auch dem Gebot der Rechtsstaatlichkeit genügt, zu dem die Vorhersehbarkeit und Transparenz staatlichen Handelns gehören"; ferner EuGH, Rs. 31/87, Slg. 1988, 4635, Rn. 35 – Beentjes; Rs. C-324/93, Slg. 1995, I-563, Rn. 45 – Evans Medical Ltd.; Rs. C-87/94, Slg. 1996, I-2043, Rn. 88 – EK/Belgien; Rs. C-470/99, Slg. 2002, I-11617, Rn. 84 ff. – Universale Bau u.a.; Rs. C-331/04, Slg. 2005, I-10109, Rn. 21 ff. – ATI EAC u.a.; Rs. C-532/06, Slg. 2008, I-251, Rn. 33 ff. – Lianakis; BGH, NJW 2000, S. 137 (139); KG, NZBau 2008, S. 466 (471).

[106] EuGH, Rs. C-532/06, Slg. 2008, I-251, Rn. 33 ff. – Lianakis; KG, NZBau 2008, S. 466 (471).

[107] EuGH, Rs. C-19/00, Slg. 2001, I-7725, Rn. 44 – SIAC Construction; Rs. C-448/01, Slg. 2003, I-14527, Rn. 48 – Wienstrom; Rs. C-331/04, Slg. 2005, I-10109, Rn. 21 ff. – ATI EAC u.a.

[108] EuGH, Rs. C-448/01, Slg. 2003, I-14527, Rn. 49 ff. – Wienstrom.

[109] http://ted.europa.eu (10.12.2009). Siehe ferner das Informationssystem für die Euro-

Verfahren hergestellt werden, mithin durch Bekanntmachung ohne respektive mit einer vorgeschalteten Vorabinformation. Beide haben mittels der in der VO 1564/2005 enthaltenen Standardformulare zu erfolgen. Die Vorabinformation, die zwingend nur dann vorgeschrieben ist, wenn der Auftraggeber die Angebotsfrist gemäß § 10a Abs. 1 Nr. 2 VOB/A 2009 verkürzen möchte (§ 12a Abs. 1 Nr. 2 VOB/A 2009),[110] gibt Auskunft über die wesentlichen Merkmale des beabsichtigten Bauauftrags bzw. -werks (§ 12a Abs. 1 Nr. 1 VOB/A 2009). In der jedenfalls erforderlichen Vergabebekanntmachung werden die Unternehmer aufgefordert, ihre Teilnahme am Wettbewerb zu beantragen; die Bekanntmachung muss aussagekräftige Informationen über die Vergabe enthalten (§ 12a Abs. 2 und 3 VOB/A 2009 i.V.m. Anhang II VO [EG] 1564/2005), insbesondere zu Auftraggeber und Auftragsgegenstand, den Auftrags- und Teilnahmebedingungen, den geforderten Eignungsnachweisen, der Verfahrensart und zu den Zuschlagskriterien einschließlich deren Gewichtung.[111]

c) Bewerbungsphase

Am Auftrag interessierte und gewerbsmäßig mit der Ausführung von Leistungen der ausgeschriebenen Art befasste Unternehmen können vom Auftraggeber die Übersendung der Vergabeunterlagen verlangen, so er diese Informationen nicht ohnehin schon frei, direkt und vollständig elektronisch verfügbar gemacht hat; diesem Ersuchen ist binnen sechs Tagen nach Eingang des Antrags zu entsprechen (§ 6a Abs. 2, § 12a Abs. 4 VOB/A 2009).[112]

Eine Bewerbung um den öffentlichen Auftrag ist innerhalb der Angebotsfrist möglich, die „mindestens 52 Kalendertage, gerechnet vom Tag nach Absendung der Bekanntmachung", betragen muss (§ 10a Abs. 1 Nr. 1 VOB/A 2009). Die Angebotsfrist kann bei erfolgter Vorabinformation (§ 10a Abs. 1 Nr. 2 VOB/A 2009) oder dem Einsatz elektronischer Kommunikationsmittel (§ 10a Abs. 1 Nr. 4 und 5 VOB/A 2009) verkürzt werden.

---

päische öffentliche Auftragsvergabe (SIMAP): http://simap.europa.eu/index_de.htm (30.1. 2010).

[110] Siehe auch EuGH, Rs. C-225/98, Slg. 2000, I-7445, Rn. 27 ff. – EK/Frankreich (Nord-Pas-de-Calais).

[111] Siehe zu den Transparenzanforderungen nur EuGH, Rs. C-470/99, Slg. 2002, I-11617, Rn. 84 ff. – Universale Bau u.a.

[112] Die Vergabeunterlagen bestehen aus dem Anschreiben (Aufforderung zur Angebotsabgabe) sowie den Vertragsunterlagen (Leistungsbeschreibung nach § 7 VOB/A 2009 sowie die nach § 8 III–VI VOB/A 2009 erforderlichen Informationen). Das Anschreiben soll alle Angaben enthalten, die – außer den Verdingungsunterlagen – für die Entscheidung notwendig sind, ein Angebot abzugeben.

d) Entscheidungsfindungsphase

Im Eröffnungstermin, in dem nur die Bieter und ihre Bevollmächtigten anwesend sein dürfen, sind die eingegangenen, unter Verschluss zu haltenden Angebote vom Verhandlungsleiter zu öffnen, auf ihre Unversehrtheit hin zu überprüfen, zu kennzeichnen, und (nur) die Angaben zu Bieter und Preis zu verlesen (§ 14 VOB/A 2009).

Mit dem Eröffnungstermin beginnt die Zuschlagsfrist, innerhalb derer die Angebote zu bewerten sind und der Zuschlag an den erfolgreichen Bieter zu übermitteln ist (§ 10 Abs. 5, § 18 Abs. 2 VOB/A 2009).[113] Sie „soll so kurz wie möglich und nicht länger bemessen werden, als der Auftraggeber für eine zügige Prüfung und Wertung der Angebote ... benötigt. Sie soll nicht mehr als 30 Kalendertage betragen" (§ 10 Abs. 6 VOB/A 2009).[114] Gemäß § 10 Abs. 7 VOB/A 2009 ist vorzusehen, „dass der Bieter bis zum Ablauf der Zuschlagsfrist an sein Angebot gebunden ist" (Bindefrist).

Die Bewertung erfolgt in vier – sachlich zwingend zu trennenden[115] – Phasen: die Ermittlung auszuschließender Angebote (aa), die Beurteilung der Eignung der Bieter (bb), der Ausschluss von Angeboten mit einem unangemessen hohen oder niedrigen Preis (cc) und schließlich die Ermittlung des wirtschaftlichsten Angebots (dd). Die neue VOB/A 2009 differenziert in ihrem § 16 nunmehr ausdrücklich zwischen den Phasen Ausschluss, Eignung, Prüfung und Wertung.

aa) Ermittlung auszuschließender Angebote

In einem ersten Schritt gemäß § 16 Abs. 1 Nr. 1 VOB/A 2009 auszuschließen sind nicht form- und fristgerecht bzw. unverschlossen eingegangene Angebote sowie solche, die von den Verdingungsunterlagen abweichen oder auf einer un-

---

[113] Der Ablauf der Zuschlagsfrist zieht allerdings nicht die Beendigung des Vergabeverfahrens nach sich; vielmehr ist die verspätete Annahme als neues Angebot zu werten, das der erfolgreiche Bieter annehmen kann (§ 18 Abs. 2 VOB/A 2009). Unterlässt er dies und kommt auch mit keinem anderen nachplatzierten Bieter ein Vertrag zustande, kann der Auftraggeber das Vergabeverfahren gemäß § 17 Abs. 1 Nr. 3 VOB/A 2009 aufheben (BayObLG, NZBau 2000, S. 49 [51]).

[114] Die Frage einer Verlängerung der Zuschlagsfrist ist im Kartellvergaberecht nicht geregelt, wird aber unter im Einzelnen str. Voraussetzungen für möglich gehalten, dazu BayObLG, NZBau 2000, S. 49 (51).

[115] EuGH, Rs. C-532/06, Slg. 2008, I-251, Rn. 25 ff. – Lianakis; Rs. C-199/07, n.n.v., Rn. 51 ff. – EK/Griechenland; BGH, NJW 1998, S. 3644 (3645 f.); NZBau 2002, S. 107; *M. Bungenberg*, in: Loewenheim/Meesen/Riesenkampff, Kartellrecht, § 97, Rn. 40. Die gebotene sachliche Trennung der Stufen steht etwa einer doppelten Berücksichtigung der Erfahrung des Bieters als Eignungs- und Zuschlagskriterium entgegen (kritisch *M. Opitz*, BauR 2000, S. 1564 [1567 f.]). Siehe auch EuGH, Rs. 31/87, Slg. 1988, 4635, Rn. 15 ff. – Beentjes; Rs. C-315/01, Slg. 2003, I-6351, Rn. 57 ff – GAT; Rs. C-199/07, n.n.v., Rn. 55 ff. – EK/Griechenland.

zulässigen Absprache beruhen. Gleiches gilt für Nebenangebote, so diese nicht zugelassen oder nicht ausdrücklich als solche gekennzeichnet wurden. Darüber hinaus können Angebote von i.S.d. § 16 Abs. 1 Nr. 2 VOB/A 2009 ungeeigneten Unternehmern[116] ausgeschlossen werden. Fehlen geforderte Erklärungen oder Nachweise, können diese nunmehr gemäß § 16 Abs. 1 Nr. 3 VOB/A 2009 vor dem Ausschluss nachgefordert werden.

bb) Beurteilung der Eignung der Bieter

In einem zweiten Schritt ist die Eignung der Bieter festzustellen. Für insoweit maßgeblich erklärt § 97 Abs. 4 S. 1 GWB deren Fachkunde, Leistungsfähigkeit, Gesetzestreue und Zuverlässigkeit. Fachkundig ist ein Bieter, wenn er über die zur Durchführung des Auftrags erforderlichen Kenntnisse verfügt,[117] leistungsfähig, wenn er technisch, kaufmännisch, personell sowie finanziell dazu in der Lage ist,[118] und zuverlässig, wenn er in seiner Person die Gewähr für eine ordnungsgemäße Auftragsdurchführung bietet sowie seinen gesetzlichen Verpflichtungen nachgekommen ist[119]. Gesetzestreue – ein erst im Kontext der Vergaberechtsmodernisierung des Jahres 2009 eingeführtes Eignungskriterium – ist einem Bieter schließlich dann zu attestieren, wenn er alle „Regeln, an die sich alle Unternehmen, die eine entsprechende Tätigkeit ausüben, halten müssen", einhält.[120]

Bei den die Eignung konstituierenden Merkmalen der Fachkunde, Leistungsfähigkeit, Gesetzestreue und Zuverlässigkeit handelt es sich um unbestimmte Rechtsbegriffe, denen auch ein prognostisches Moment innewohnt[121]. Bei deren Ausfüllung wird dem Auftraggeber insoweit oftmals ein nur beschränkt nachprüfbarer Beurteilungsspielraum zugestanden.[122] Der Raum für

---

[116] Ausgeschlossen werden „Angebote von Bietern …, wenn a) ein Insolvenzverfahren oder ein vergleichbares gesetzlich geregeltes Verfahren eröffnet oder die Eröffnung beantragt worden ist oder der Antrag mangels Masse abgelehnt wurde oder ein Insolvenzplan rechtskräftig bestätigt wurde, b) sich das Unternehmen in Liquidation befindet, c) nachweislich eine schwere Verfehlung begangen wurde, die die Zuverlässigkeit als Bewerber in Frage stellt, d) die Verpflichtung zur Zahlung von Steuern und Abgaben sowie der Beiträge zur gesetzlichen Sozialversicherung nicht ordnungsgemäß erfüllt wurde, e) sich das Unternehmen nicht bei der Berufsgenossenschaft angemeldet hat."

[117] *H.-J. Prieß*, Handbuch Vergaberecht, S. 256.

[118] *H.-J. Prieß*, Handbuch Vergaberecht, S. 256.

[119] OLG Naumburg, NZBau 2004, S. 350 (351); *H.-J. Prieß*, Handbuch Vergaberecht, S. 257; *H. Wirner*, ZfBR 2003, S. 545 (545).

[120] Siehe Beschlussempfehlung und Bericht des Ausschusses für Wirtschaft und Technologie zum Entwurf eines Gesetzes zur Modernisierung des Vergaberechts u.a., BT-DrS 16/11428, S. 50.

[121] *R. Noch*, Vergaberecht kompakt, S. 306; *H. Wirner*, ZfBR 2003, S. 545 (546).

[122] OLG München, ZfBR 2006, S. 507; *M. Bungenberg*, in: Loewenheim/Meesen/Riesenkampff, Kartellrecht, § 97, Rn. 57; *R. Noch*, Vergaberecht kompakt, S. 306, der jedoch gleichzeitig konstatiert, dass „die nach § 8 Nr. 3 I lit. a bis g VOB/A geforderten Eignungs-

einen solchen ist jedoch, sollte man ihn überhaupt anerkennen, sehr eng. Denn die Eignung der Bieter ist auf der Grundlage der in der Vergabebekanntmachung von den Bietern geforderten und nunmehr von diesen vorgelegten Nachweisen festzustellen.[123] Hierbei hat der Auftraggeber zudem andere für geeignet erachtete Nachweise zu akzeptieren, falls ein Bieter die vorzulegenden Nachweise aus einem berechtigten Grund nicht beibringen kann (§ 6a Abs. 7 Nr. 2 VOB/A 2009). Bei der Feststellung der Zuverlässigkeit darf der Auftraggeber auch auf eigene Erfahrungen mit dem Bieter in der Vergangenheit abstellen.[124] Schließlich enthält der Katalog des § 6a Abs. 1 VOB/A 2009 grundsätzlich zwingende Unzuverlässigkeitsgründe. Danach ist ein Unternehmen dann unzuverlässig, wenn eine ihm zuzurechnende Person rechtskräftig wegen eines Verstoßes gegen bestimmte Strafvorschriften, etwa Vermögens- oder Korruptionsdelikte, verurteilt worden ist.

cc) Ausschluss von Angeboten mit einem unangemessen hohen oder niedrigen Preis

In einem dritten Schritt sind – nach einer rechnerischen, technischen und wirtschaftlichen Prüfung der Angebote (§ 16 Abs. 3–5 VOB/A 2009) – Angebote mit einem unangemessen hohen oder niedrigen Preis auszusondern (§ 16 Abs. 6 Nr. 1 VOB/A 2009);[125] um willkürlichen Entscheidungen des Auftraggebers vorzubeugen, muss dieser den Bietern allerdings Gelegenheit zur Stellungnahme gewähren (Art. 55 VRL; Art. 16 Abs. 6 Nr. 2 VOB/A 2009).[126] Des Weiteren gelangen Angebote, die unter Berücksichtigung rationellen Baubetriebs und sparsamer Wirtschaftsführung eine einwandfreie Ausführung einschließlich Haftung für Mängelansprüche nicht erwarten lassen, nicht in die engere Wahl (§ 16 Abs. 6 Nr. 3 S. 1 VOB/A 2009).

dd) Ermittlung des wirtschaftlichsten Angebots

Aus den verbliebenen Angeboten ist nunmehr in einem vierten Schritt das wirtschaftlichste zu ermitteln (§ 97 Abs. 5 GWB; § 16 Abs. 6 Nr. 3 S. 2 VOB/A 2009). Systematisch ist diese angebotsbezogene Wertung streng von der bieterbezogenen Eignungsprüfung zu trennen:

---

nachweise zumindest vom Ansatz her recht objektive Kriterien" beinhalten (323); *H.-J. Prieß*, Handbuch Vergaberecht, S. 254, 260 f.; *H. Wirner*, ZfBR 2003, S. 545 (546 f.); *J. Ziekow*, Öffentliches Wirtschaftsrecht, § 9, Rn. 46.
[123] Dazu bereits oben, III.2.bb.(1).
[124] *M. Bungenberg*, in: Loewenheim/Meesen/Riesenkampff, Kartellrecht, § 97, Rn. 56.
[125] Näher dazu *M. Bungenberg*, in: Loewenheim/Meesen/Riesenkampff, Kartellrecht, § 97, Rn. 71 ff.
[126] *A. Egger*, Europäisches Vergaberecht, Rn. 1215 ff.; *H.-J. Prieß*, Handbuch Vergaberecht, S. 292 ff.

Die Eignungsprüfung dient im System der VOB/A bei öffentlicher Ausschreibung bzw. beim offenen Verfahren dazu, die Unternehmen zu ermitteln, die zur Erbringung der konkret nachgefragten Bauleistung nach Fachkunde, Leistungsfähigkeit und Zuverlässigkeit generell in Betracht kommen[,] und die unzureichend qualifizierten Bieter auszusondern. Sie dient dabei nicht der Ermittlung qualitativer Unterschiede zwischen den einzelnen Bewerbern ... Dass Eignung und Wirtschaftlichkeit nach § 25 VOB/A [= § 16 VOB/A 2009] ... unabhängig voneinander zu prüfen sind, hat Gründe, die in der Natur der Sache liegen. Die Eignungsprüfung ist eine unternehmensbezogene Untersuchung, mit der prognostiziert werden soll, ob ein Unternehmen nach seiner personellen, sachlichen und finanziellen Ausstattung zur Ausführung des Auftrags in der Lage sein wird. Die Wirtschaftlichkeitsprüfung bezieht sich dagegen nicht auf die konkurrierenden Unternehmen, sondern auf ihre Angebote ... Bewertet werden mit Gesichtspunkten wie dem Preis, der Ausführungsfrist, Betriebs- und Folgekosten, der Gestaltung, Rentabilität oder dem technische[n] Wert Eigenschaften der angebotenen Leistung, nicht aber des Anbieters ...[127]

Grundlage der Bewertung ist das in der Konzeptphase entwickelte und in der Ausschreibungs- und Bewerbungsphase kommunizierte Vergabeprogramm: Die Vergabegrundsätze des Wettbewerbs, der Chancengleichheit und der Transparenz gebieten, nur die vorab festgelegten Kriterien zu berücksichtigen;[128] ebenfalls gebunden ist der Auftraggeber an die vorgenommene Gewichtung der einzelnen Zuschlagskriterien (§ 16a Abs. 1 VOB/A 2009).[129] In der Wertungsphase obliegt es nun dem Auftraggeber, „den Angeboten für jedes Bewertungskriterium eine Größe zuzuordnen, um so anhand der Gewichtung der Kriterien das optima[le] Angebot zu ermitteln"[130]. Kommt der Auftraggeber zum Ergebnis, mehrere Angebote sind gleichwertig, steht der Zuschlag nicht in seinem Ermessen; vielmehr muss dann der niedrigste Preis entscheidend sein.[131]

In Rechtsprechung und Schrifttum umstritten ist, ob und inwieweit der auftragsvergebenden Stelle bei der Ermittlung des wirtschaftlich günstigsten An-

---

[127] BGH, NZBau 2008, S. 505 (506).
[128] Siehe dazu etwa BGH, NZBau 2004, S. 517 (518): „Es ist deshalb unabdingbar, dass die Wertung der Angebote nur auf solche Kriterien gestützt wird, die vorher, d.h. bei der Aufforderung zur Angebotsabgabe, bekanntgemacht worden sind. Nur dann ist auch dem Gebot der Rechtsstaatlichkeit genügt, zu dem die Vorhersehbarkeit und Transparenz staatlichen Handelns gehören"; ferner EuGH, Rs. 31/87, Slg. 1988, 4635, Rn. 35 – Beentjes; Rs. C-324/93, Slg. 1995, I-563, Rn. 45 – Evans Medical Ltd.; Rs. C-470/99, Slg. 2002, I-11617, Rn. 84 ff. – Universale Bau u.a.; Rs. C-532/06, Slg. 2008, I-251, Rn. 33 ff. – Lianakis; BGH, NJW 2000, S. 137 (139); KG, NZBau 2008, S. 466 (471).
[129] EuGH, Rs. C-532/06, Slg. 2008, I-251, Rn. 33 ff. – Lianakis; KG, NZBau 2008, S. 466 (471). Zur Bestimmung von Zuschlagskriterien und deren Gewichtung in der Konzeptphase bereits oben, III.2.a.bb.(2).
[130] *M. Opitz*, BauR 2000, S. 1564 (1570).
[131] BGH, NZBau 2002, S. 107 (107 f.); *R. Noch*, Vergaberecht kompakt, S. 341.

gebots ein Beurteilungs- oder Wertungsspielraum zukommt.[132] Eine einheitliche Linie ist nicht erkennbar.[133]

In Entscheidungen des EuGH finden sich immer wieder Passagen, die pauschal von einem Entscheidungsspielraum des Auftraggebers ausgehen. Verwiesen sei auf ein Vertragsverletzungsverfahren der Europäischen Kommission gegen Italien, das die Frage zum Gegenstand hatte, ob der italienische Gesetzgeber neben den in den Vergaberichtlinien vorgesehenen Kriterien des niedrigsten
Preises und des wirtschaftlich günstigsten Angebots auch die Nähe zu einem
Durchschnittspreis für maßgeblich erklären durfte. Zu bestimmen war dieser
auf der Grundlage der Hälfte der Angebote mit den niedrigsten Preisen. Das
Vorbringen der italienischen Regierung, dass auch das Kriterium des Durchschnittspreises der Ermittlung des wirtschaftlich günstigsten Angebots diene,
wies der EuGH zurück. Denn bei letzterem müsse der öffentliche Auftraggeber
„aufgrund qualitativer und quantitativer Kriterien, die je nach Auftrag wech-
seln, eine Ermessensentscheidung treffen und kann sich folglich nicht allein auf
das quantitative Kriterium des Durchschnittspreises stützen".[134] Diese Entscheidung darf freilich nicht überbewertet werden, da sie das mechanische Zuschlagskriterium „Durchschnittspreis" vom wertenden Kriterium „wirtschaftlichstes Angebot" abgrenzen wollte. Des Weiteren zu nennen wäre die Rs.
Beentjes, die sich u.a. mit der Vereinbarkeit eines im nationalen Recht festgelegten Zuschlagskriteriums, das des „günstigsten Preises", mit den EG-Vergaberichtlinien befasste. Der EuGH wies darauf hin, dass dieses Kriterium unions-
rechtskonform sei, „wenn es das Beurteilungsermessen zum Ausdruck bringt,
über das die öffentlichen Auftraggeber verfügen, um nach objektiven Gesichtspunkten das wirtschaftlich vorteilhafteste Angebot zu ermitteln, und somit
kein willkürliches Auswahlelement enthält"[135]. Was schließlich die Auftragsvergabe durch europäische Institutionen betrifft, so konzediert das Gericht
erster Instanz diesen einen „weiten Spielraum bei der Beurteilung der Gesichtspunkte, die bei einer Entscheidung über die Vergabe eines ausgeschriebenen
Auftrags zu berücksichtigen sind", und beschränkt seine Kontrolle darauf, ob
schwere und offenkundige Fehler vorliegen.[136]

---

[132] Ablehnend (mit Ausnahme faktischer Kontrollgrenzen) *M. Opitz*, BauR 2000,
S. 1564.

[133] So auch *J. Schwarze*, EuZW 2000, S. 133 (142).

[134] EuGH, Rs. 274/83, Slg. 1985, 1077, Rn. 25 – EK / Italien.

[135] EuGH, Rs. 31/87, Slg. 1988, 4635, Rn. 37 – Beentjes.

[136] EuG, Rs. T-19/95, Slg. 1996, II-321, Rn. 49 – Adia Interim SA, unter Berufung auf
EuGH, Rs. 56/77, Slg. 1978, 2215, Rn. 20 – Agence européenne d'interims SA, in der der
EuGH seinen Prüfungsmaßstab bei der Vergabe öffentlicher Aufträge wie folgt umschrieb:
„Wenngleich der Gerichtshof dafür zuständig ist, die Ermessensausübung der Dienststellen
der Kommission nachzuprüfen, um das mögliche Vorliegen eines Ermessensmissbrauchs
oder eines schweren und offenkundigen Ermessensfehlers festzustellen, hat er doch den
Spielraum zu beachten, der den zuständigen Stellen, einschließlich des Vergabebeirats, bei

Eine Analyse der Rechtsprechung des BGH fördert einen uneinheitlichen Befund zutage, obgleich sich eine Tendenz zur Anerkennung eines Beurteilungsspielraums ausmachen lässt. Zunächst hat der BGH einen solchen angenommen. Er betonte in einem Urteil vom 8.11.1984, dass es sich bei der Entscheidung über den Zuschlag um „eine Gesamtschau zahlreicher die Entscheidung beeinflussender Einzelumstände und somit um eine Wertung, die – im Gegensatz zur Anwendung bloßer Verfahrensregeln der VOB/A – einen angemessenen Beurteilungsspielraum voraussetzt."[137] In einer Entscheidung vom 17.2.1999 hat der BGH dann eine Kehrtwende vollzogen, indem er einen Beurteilungsspielraum abgelehnt hat. Ein solcher wäre nämlich mit „Sinn und Zweck des Vergaberechts nicht zu vereinbaren. Dessen Funktion, die Chancengleichheit unter Bewerbern zu sichern, verlangt eine Vergabeentscheidung, die in Anbindung an die rechtlichen Vorgaben und frei von willkürliche Ergebnisse ermöglichenden Wertungen in einem rechtsförmigen Verfahren ergeht."[138] Diese Entscheidung war allerdings dadurch gekennzeichnet, dass die abgegebenen Angebote gleichwertig waren und sich nur im Preis unterschieden, weshalb ihre Verallgemeinerungsfähigkeit mitunter bezweifelt wird.[139] Auf der früheren Linie liegt dagegen die Entscheidung vom 16.10.2001, in der der BGH auf ein durch § 25 Nr. 3 Abs. 3 VOB/A a.F. (= § 16 Abs. 6 Nr. 3 VOB/A 2009) eingeräumtes „Ermessen" des Auftraggebers verweist; dieser könne seinen „Beurteilungsspielraum voll ausschöpfen und bei der Prüfung des annehmbarsten Angebots alle technischen, wirtschaftlichen, gestalterischen und funktionsbedingten Gesichtspunkte berücksichtigen."[140] Ähnliche Entscheidungen folgten, etwa das Urteil vom 6.2.2002: „Der Ausschreibende hat die Angebote vor seiner Zuschlagsentscheidung zu bewerten; dabei steht ihm ein Beurteilungsspielraum zu."[141]

---

der Beurteilung der Gesichtspunkte eingeräumt ist, die im dienstlichen Interesse bei einer Entscheidung über den Abschluss eines Vertrages ... zu berücksichtigen sind." Zum damaligen Zeitpunkt enthielt die Haushaltsordnung der EG allerdings noch keinen Verweis auf die Vergaberichtlinien, sondern bestimmte, dass das nach bestimmten Kriterien für am vorteilhaftesten befundene Angebot frei gewählt werden könne. Ferner EuG, Rs. T-203/96, Slg. 1998, II-4239, Rn. 56 – Embassy Limousines; Rs. T-145/98, Slg. 2000, II-387, Rn. 147 – ADT Projekt Gesellschaft; Rs. T-139/99, Slg. 2000, II-2849, Rn. 39 – Alsace International Car Service; Rs. T-4/01, Slg. 2003, II-171, Rn. 62, 66, 86 – Renco SpA; Rs. T-89/07, Slg. 2009, II-1403, Rn. 56 – VIP Car Solutions; Rs. T-121/08, n.n.v., Rn. 73 – PC-Ware/EK.

[137] BGH, NJW 1985, S. 1466.

[138] BGH, NJW 2000, S. 137 (139), mit klarer Abgrenzung zum Beurteilungs- und Ermessensspielraum (140). Ebenso, aber weniger deutlich BGH, NZBau 2000, S. 35 (37).

[139] *M. Opitz*, BauR 2000, S. 1564 (1568).

[140] BGH, NZBau 2002, S. 107.

[141] BGH, NJW 2002, S. 1952 (1954). Siehe auch BGH, NZBau 2006, S. 797 (800), wo von einem „der Vergabestelle gegebenenfalls zukommenden Wertungsspielrau[m]" die Rede ist. Siehe ferner OLG München, NJW-RR 1997, S. 1514 (1515); Verg 1/06 – juris.

Auch das Meinungsbild in der Literatur ist uneinheitlich. Einerseits wird dem Auftraggeber ein nur begrenzt überprüfbarer Beurteilungsspielraum zugesprochen. Damit muss entsprechend den im Allgemeinen Verwaltungsrecht entwickelten Kriterien eine gerichtliche Nachprüfung darauf beschränkt bleiben, ob „das vorgeschriebene Verfahren eingehalten sowie von einem zutreffenden und vollständig ermittelten Sachverhalt ausgegangen worden ist, keine sachwidrigen Erwägungen in die Entscheidung eingeflossen und allgemein gültige Bewertungsmaßstäbe beachtet worden sind."[142] Andererseits wird bestritten, dass die angesichts der grundgesetzlichen Rechtsschutzgarantie engen Voraussetzungen für die Zuerkennung eines Beurteilungsspielraums bei Vergabeentscheidungen vorliegen. Weder seien diese wie im Prüfungsrecht unwiederholbar,[143] noch rechtfertige der wertende Charakter der Entscheidung einen Beurteilungsspielraum, da die Rechtsanwendung generell durch Wertungen geprägt sei.[144] Mitunter werden auch differenzierende Auffassungen vertreten. Nach diesen komme ein Beurteilungsspielraum nur dann in Betracht, wenn die Vergabestelle eine Prognose- oder sonst faktisch nicht kontrollierbare (höchstpersönliche Wertung) Entscheidung trifft (z.B. von Marktentwicklung abhängige Betriebskosten oder Rentabilität; Ästhetik); im Übrigen verbleibe es bei der uneingeschränkten richterlichen Kontrolle.[145]

Ausgangspunkt einer Beantwortung der Frage nach Beurteilungsspielräumen der Vergabeverwaltung bei der Entscheidung über den Zuschlag, die namentlich aus dem Organisationsermessen der öffentlichen Hand folgen,[146] muss die Entscheidungssituation sein. Eine derartige Betrachtung relativiert die Problematik erheblich. Es geht bei der Ermittlung des wirtschaftlichsten Angebots nämlich mitnichten darum, diesen unbestimmten Rechtsbegriff auszufüllen. Vielmehr ist die Entscheidung aufgrund der in der Konzeptphase vorab festzulegenden, zu gewichtenden und bekanntzumachenden Unterkriterien vorstrukturiert – Vorgaben, die der Verwaltung zudem keine uneingeschränkte Entscheidungsfreiheit einräumen dürfen[147]. Zwar mag bei der darauf

---

[142] *J. Ziekow*, Öffentliches Wirtschaftsrecht, § 9, Rn. 53. Ähnlich *M. Bungenberg*, Vergaberecht, S. 217; *K. Hailbronner*, in: Byok / Jaeger, § 97 GWB, Rn. 230 f.; *R. Noch*, Vergaberecht kompakt, S. 339, ferner 353 ff.; OLG Düsseldorf, Verg 108/04 – juris, Rn. 40; Verg 46/06 – juris, Rn. 46.

[143] *S. Hertwig*, Praxis der öffentlichen Auftragsvergabe, Rn. 258; *M. Opitz*, BauR 2000, S. 1564 (1570).

[144] *M. Opitz*, BauR 2000, S. 1564 (1567).

[145] *J. Schwarze*, EuZW 2000, S. 133 (143). Zurückhaltend hinsichtlich des Prognoseaspekts *M. Opitz*, BauR 2000, S. 1564 (1570 f.); zustimmend hinsichtlich faktisch nicht kontrollierbarer Erwägungen wie der Ästhetik *M. Opitz*, ibid., S. 1573 f.

[146] Allgemein und näher zu Beurteilungsspielräumen noch unten, 3. Teil, B.I.4.c.

[147] EuGH, Rs. 31/87, Slg. 1988, 4635, Rn. 26 f. – Beentjes; Rs. C-19/00, Slg. 2001, I-7725, Rn. 37 f. – SIAC Construction; Rs. C-513/99, Slg. 2002, I-7213, Rn. 61 – Concordia Bus Finland; Rs. C-448/01, Slg. 2003, I-14527, Rn. 33, 37 – Wienstrom.

aufbauenden Bewertung der Angebote ein je nach Zuschlagskriterium mehr oder wenig großer Spielraum bestehen – man vergleiche etwa das Kriterium des Preises mit gestalterischen Vorgaben –, insgesamt ist für die Zuschlagsentscheidung jedoch ein enges Korsett geschnürt. Die von den Vergabegrundsätzen der Gleichbehandlung und Transparenz geforderte Konzeptentwicklung stellt damit eine verfahrensrechtliche Kautel gegen diesen Grundsätzen widersprechende Entscheidungsspielräume der Vergabeverwaltung dar.[148]

e) Vergabeentscheidung

Am Ende des vierphasigen behördlichen Entscheidungsprozesses steht fest, welches Angebot das wirtschaftlichste ist und auf welches damit der Zuschlag zu erfolgen hat (§ 16 Abs. 6 Nr. 3 S. 2 VOB/A 2009). Dieses Ergebnis ist nun im Außenverhältnis umzusetzen. Hierfür gibt das Kartellvergaberecht ein zweistufiges Vorgehen vor: die Vorabinformation der unterlegenen Bieter über den beabsichtigten Vertragsschluss (aa) und dessen Vollzug (bb).

aa) Vorabinformation der unterlegenen Bieter über den beabsichtigten Vertragsschluss

Steht der Inhalt der Vergabeentscheidung fest, muss der öffentliche Auftraggeber gemäß § 101a Abs. 1 S. 1 und 2 GWB die unterlegenen Bieter über den Namen des erfolgreichen Bieters, den Grund ihrer Nichtberücksichtigung und den frühesten Zeitpunkt des ins Auge gefassten Vertragsschlusses informieren. Mit dieser Negativmitteilung stuft das Vergabeverwaltungsrecht den Darstellungsprozess, um präventiven Rechtsschutz gegen den bevorstehenden – und grundsätzlich irreversiblen – Vertragsschluss zu ermöglichen. Bei der Vorabinformation können gemäß §§ 19a Abs. 1 S. 3 i.V.m. 17a VOB/A 2009 bestimmte Informationen zurückgehalten werden, „wenn die Weitergabe den Gesetzesvollzug vereiteln würde oder sonst nicht im öffentlichen Interesse läge, oder die berechtigten Geschäftsinteressen von Unternehmen oder den fairen Wettbewerb beeinträchtigen würde.“

---

[148] Siehe auch *M. Goede*, VergabeR 2002, S. 347 (350), nach dem die Verpflichtung des Auftraggebers zu Transparenz einen Beurteilungsspielraum ausschlösse: Von Anfang an müsse nämlich eindeutig feststehen, was beschafft werden soll. Darauf, dass der Beurteilungsspielraum desto mehr abnimmt, je höher die Transparenzanforderungen sind, weist auch *T. Noelle*, VergabeR 2006, S. 266 (267), hin.

bb) Darstellung der positiven Vergabeentscheidung

Vollziehen darf die öffentliche Hand die (positive) Auswahlentscheidung aus Gründen des effektiven Rechtsschutzes erst 15 Kalendertage[149] nach Absendung der Vorabinformation (§ 101a Abs. 1 S. 3 GWB). Denn ein einmal erteilter Zuschlag kann nicht rückgängig gemacht werden.[150] Die Zuschlagserteilung ist dem erfolgreichen Bieter gegenüber zu erklären (§ 28 Abs. 1 VOB/A 2009); so diese „rechtzeitig und ohne Abänderungen" erfolgt, „ist damit nach allgemeinen Rechtsgrundsätzen der Vertrag abgeschlossen … Werden dagegen Erweiterungen, Einschränkungen oder Änderungen vorgenommen oder wird der Zuschlag verspätet erteilt, so ist der Bieter bei Erteilung des Zuschlags aufzufordern, sich unverzüglich über die Annahme zu erklären" (§ 28 Nr. 2 VOB/A a.F.).

Nach der VOB/A stellt sich die Zuschlagserteilung damit als Annahme des vom Bieter in der Bewerbungsphase abgegebenen Angebots dar; der daraufhin zustande gekommene Vertrag ist dem Zivilrecht zuzuordnen (1). Fraglich ist allerdings, wie die der Erteilung des Zuschlags zwingend vorgelagerte Entscheidung über den Vertragsschluss, mithin die Auswahlentscheidung, rechtlich zu qualifizieren ist (2).

(1) Die zivilrechtliche Natur des Beschaffungsvertrages

Der aufgrund des Zuschlags zustande gekommene Vertrag ist mit der ganz überwiegenden Auffassung zivilrechtlich zu qualifizieren.[151] Gegenstand des Austauschverhältnisses[152] ist nämlich der entgeltliche Erwerb von Gütern respektive Leistungen, also traditionell zivilrechtliche Vorgänge. Dass die öffentliche Hand auch bei fiskalischem Handeln öffentlich-rechtlichen Bindungen unterliegt, ist genauso wenig qualifikationsrelevant wie der spätere Einsatz des erworbenen Guts zu öffentlichen Zwecken. Denn sowohl die öffentlich-rechtliche Bindung als auch die – jedenfalls mittelbare – öffentliche Zielsetzung kennzeichnen jedes staatliche Handeln.[153] Dieser generell zivilrechtlichen

---

[149] Zur Verkürzung dieser Frist auf zehn Kalendertage bei Informationsübermittlung per Fax oder auf elektronischem Weg siehe § 101a Abs. 1 S. 4 GWB.

[150] Zur Stabilität der Vergabeentscheidung noch ausführlich unten, VI.2.

[151] BVerwGE 129, 9 (13); BGH, III ZR 230/63 – juris; *O. Dörr*, DÖV 2001, S. 1014 (1024); *J. Gröning*, ZWeR 2005, S. 276 (286); *H. Maurer*, Allgemeines Verwaltungsrecht, § 3, Rn. 7; § 17, Rn. 31; *J. Pietzcker*, Staatsauftrag, S. 362 ff.; *ders.*, ZHR 162 (1998), S. 427 (456 f.); *H. Sodan*, in: *ders./Ziekow*, VwGO, § 40, Rn. 334 f., 356; *F. Wollenschläger*, DVBl. 2007, S. 589 (593). Mitunter wird die Beschaffung aber ausschließlich öffentlich-rechtlich, nämlich als öffentlich-rechtlicher Vertrag, qualifiziert, so etwa *V. Schlette*, Verwaltung als Vertragspartner, S. 148 ff.; *M. Zuleeg*, WiVerw 1984, S. 112 (115 f.).

[152] Zur Maßgeblichkeit des Vertragsgegenstands für die Zuordnung von Verträgen zum Privat- respektive Öffentlichen Recht *D. Ehlers*, in: Schoch/Schmidt-Aßmann/Pietzner, VwGO, § 40, Rn. 306 ff.; *H. Sodan*, in: *ders./Ziekow*, VwGO, § 40, Rn. 392 ff.

[153] Ebenso BVerwGE 5, 325 (327); DÖV 1973, S. 244; E 129, 9 (15 ff.); GmS-OGB, NJW 1986, S. 2359 (2360); NJW 1988, S. 2297 (2298).

Qualifikation des Beschaffungsvorgangs wird mitunter ein Vorbehalt zugefügt: So verneinen manche Obergerichte und Stimmen in der Literatur dann eine bloß fiskalische Teilnahme der öffentlichen Hand „in der Rolle eines Verbrauchers am wettbewerblichen Wirtschafts- und Erwerbsleben", wenn diese „politische Ziele" mit der Auftragsvergabe verfolgt. Denn dann sei die Beschaffung durch „[ö]ffentlich-rechtliche Vorschriften, die das konkrete Vergabeverfahren beeinflußten und überlagerten", geprägt.[154] Dem ist jedoch nicht zu folgen. Denn auch wenn mit der Beschaffung Sekundärzwecke verfolgt werden, etwa besonders umweltfreundliche, aber teurere Produkte erworben oder Vertragsklauseln vereinbart werden sollen, die die Anwendung umweltfreundlicher Produktionsmethoden oder den Einsatz von Langzeitarbeitslosen vorsehen, steht die entgeltliche Beschaffung von Gütern respektive Leistungen im Vordergrund des Austauschverhältnisses. Zudem ist eine Qualifikation danach, ob dem Vertragsverhältnis eine mehr oder wenig deutlich zutage tretende unmittelbare öffentliche Zwecksetzung innewohnt, der Rechtssicherheit abträglich.[155]

(2) Die Auswahlentscheidung

Dem Vertragsschluss mit dem erfolgreichen Bieter zwingend vorausgehen muss die Entscheidung über dessen Auswahl. Obgleich das GWB, die VgV und die Verdingungsordnungen detaillierte Regeln für Entscheidungsverfahren und -maßstäbe aufstellen, verbleibt die Auswahlentscheidung im Dunkeln. Herkömmlicherweise wird sie als nicht weiter relevantes, den zivilrechtlichen Vertragsschluss vorbereitendes und damit dessen Rechtsnatur teilendes Verwaltungsinternum abqualifiziert (a), eine Auffassung, der sich das BVerwG für Unterschwellenvergaben anschloss und damit den (vorläufigen) Endpunkt der Kontroverse um deren rechtliche Qualifikation markierte (b). Für das hier behandelte Kartellvergaberecht sei diese Frage näher untersucht (c).

(a) Herkömmliche Deutung: Verwaltungsinternum

Es ist angesichts des unklaren Normbefunds nicht weiter verwunderlich, dass die unzweifelhaft getroffene Auswahlentscheidung überwiegend als Abschluss des jedenfalls im Außenverhältnis nicht weiter relevanten behördeninternen Willensbildungsprozesses aufgefasst wird. Symptomatisch ist eine Entscheidung des BVerwG aus dem Jahre 1957, die im Kontext einer verhaltensbezogenen Auftragssperre erging und festhielt, dass die dem Abschluss des zivilrecht-

---

[154] OVG Berlin-Brandenburg, VergabeR 2006, S. 85 (86). Ähnlich zuvor OVG Schleswig, 2 L 153/98 – juris; VG Koblenz, NZBau 2005, S. 412; VG Potsdam, VergabeR 2006, S. 83 (84 f.).

[155] Für eine prinzipielle Lösung deshalb auch *S. Tomerius / F. Kiser*, VergabeR 2005, S. 551 (555 f.); *F. Wollenschläger*, DVBl. 2007, S. 589 (594).

lichen Vertrages vorausgehende „Entschließung nicht anders beurteilt werden [kann] als die einer Privatperson …, die sich ebenfalls erst bei sich selbst schlüssig werden [muss], ob und welche bürgerlichen Willenserklärungen sie im Geschäftsverkehr abgeben [will].“[156] Anderes soll nach einer vereinzelt gebliebenen und auch zwischen den Senaten umstrittenen Entscheidung des BVerwG nur dann gelten, wenn der öffentlichen Hand spezifische Pflichten zur bevorzugten Berücksichtigung bestimmter Bewerber, etwa von Flüchtlingen oder Vertriebenen nach §§ 74 BVFG a.F., 68 BEG a.F., aufgegeben sind. Dann sei der Auftragsvergabe durch privatrechtlichen Vertrag eine Entscheidung über die Bevorzugung durch Verwaltungsakt vorgeschaltet (Zwei-Stufen-Theorie).[157] Diese Auffassung entspricht freilich nicht (mehr) der vom Kartellvergaberecht vorgezeichneten Verfahrensgestaltung, nach der die Berücksichtigung von Sekundärzwecken in die einzelnen Verfahrensschritte integriert ist.[158]

(b) Kontroverse im Unterschwellenbereich

Die Frage, ob das Vergabeverfahren darüber hinaus nicht generell öffentlich-rechtlich, vielleicht sogar mehrphasig im Sinne der Zwei-Stufen-Theorie zu konzeptionalisieren ist, stand im Mittelpunkt der Kontroverse um den Rechtsschutz für Vergaben im Unterschwellenbereich. Anders als bei den vom Kartellvergaberecht erfassten Auftragsvergaben oberhalb der Schwellenwerte, für die der Rechtsschutz spezialgesetzlich geregelt ist (§§ 102 ff. GWB), kommt der Qualifikationsfrage hier eine besondere Bedeutung auch für die Vergabepraxis zu, da sich danach der einzuschlagende Rechtsweg richtet: Die einstufig zivilrechtliche Deutung eröffnet nach herrschender Meinung den Weg zur ordentlichen Gerichtsbarkeit; trennt man dagegen öffentlich-rechtliches Auswahlverfahren und zivilrechtliche Abwicklung, wären für Streitigkeiten über die Recht-

---

[156] BVerwGE 5, 325 (326, s. auch 328). Ebenso GmS-OGB, NJW 1986, S. 2359 (2359 f.); BGH, NJW 1967, S. 1911 (1911 f.); *U. Jasper/S. Pooth*, NZBau 2003, S. 261 (264); *H.-J. Prieß*, Handbuch Vergaberecht, S. 334; *U. Scharen*, NZBau 2003, S. 585. Plastisch auch *F. Marx*, Vergaberecht, S. 305 (314): „Das ‚Vergabeverfahren‘ ist die Vorbereitung einer Entscheidung. Es ist Willensbindung in einer Organisation mit dem Ziel eines Vertragsabschlusses. Als ‚Verfahren‘ ist es ein künstliches Konstrukt.“

[157] BVerwGE 7, 89 (90 f.). Befürwortend auch *T. Siegel*, DVBl. 2007, S. 942 (944); *J. Ziekow/T. Siegel*, ZfBR 2004, S. 30 (33); ferner *W. Kahl*, Kodifikationsidee, S. 67 (75 f.). Ablehnend aber BVerwGE 14, 65: „Es ist weder rechtlich noch aus logischen Gründen geboten, einen solchen Verwaltungsakt zu fingieren mit der Folge, daß vor dem Verwaltungsgericht auf seine Aufhebung oder auf die nachträgliche Feststellung seiner Rechtswidrigkeit oder auf seine Vornahme geklagt werden könnte. Der Vorzug des Bewerbers wirkt sich nur als Vorrang bei der Wertung der Angebote aus … Die Ermittlung der Rangfolge bleibt ein innerer Vorgang der auftraggebenden Stelle. Diese trifft über die Rangfolge keine den Einzelfall des Bewerbers verbindlich regelnde hoheitliche Entscheidung“ (69 f.). Offen E 35, 103 (105 f.); E 129, 9 (14 f.); BGH, VersR 1965, S. 764; VersR 1966, S. 630 (630 f.); NJW 1968, S. 547 (548). Vgl. ferner BVerwG, MDR 1966, S. 536; E 34, 213; DVBl. 1970, S. 866.

[158] Siehe ausführlich oben, III.2.a.bb.(2) und (3).

mäßigkeit der Auswahlentscheidung die Verwaltungsgerichte anzurufen. Die von einem Teil der Literatur vertretene zweistufige Konstruktion der öffentlichen Auftragsvergabe[159] fand mit der Lenkwaffenentscheidung des OVG Koblenz vom 25.5.2005 einen prominenten Anhänger in der Rechtsprechung.[160] In der Folgezeit sind ihr Teile der Zivil- und Verwaltungsgerichtsbarkeit gefolgt,[161] andere nicht[162]. Das Echo im Schrifttum war ebenfalls geteilt,[163] wenn auch die besseren Gründe für eine Scheidung von öffentlich-rechtlichem Auswahlverfahren und zivilrechtlichem Vertragsschluss sprechen[164]. Letzterer hat jedenfalls für die Vergabepraxis dann der Beschluss des BVerwG vom 2.5.2007 ein jähes Ende bereitet.[165] Nach diesem gehören die

von der öffentlichen Hand abgeschlossenen Werk- und Dienstverträge ... ausschließlich dem Privatrecht an ... Das Gleiche gilt für das dem Abschluss des Vertrags vorausgehende Vergabeverfahren, das der Auswahl der öffentlichen Hand zwischen mehreren Bietern dient. Mit der Aufnahme der Vertragsverhandlungen entsteht zwischen dem öffentlichen Auftraggeber und den Bietern ein privatrechtliches Rechtsverhältnis, welches bis zur Auftragsvergabe an einen der Bieter andauert. Die öffentliche Hand trifft in diesem Vergabeverfahren eine Entscheidung über die Abgabe einer privatrechtlichen Willenserklärung, die die Rechtsnatur des beabsichtigten bürgerlich-rechtlichen Rechtsgeschäfts teilt. Die Vergabe öffentlicher Aufträge ist als einheitlicher Vorgang insgesamt dem Privatrecht zuzuordnen ...[166]

---

[159] *G. Hermes,* JZ 1997, S. 909 (915); *P. M. Huber,* JZ 2000, S. 877 (881); *ders.,* Kampf um den öffentlichen Auftrag, 2002, S. 33 ff.; *F. Hufen,* Verwaltungsprozessrecht, § 11, Rn. 37; *F. Kopp,* BayVBl. 1980, S. 609 (611); *I. Pernice/S. Kadelbach,* DVBl. 1996, S. 1100 (1106); *H. Pünder,* VerwArch 95 (2004), S. 38 (57 f.); *H. Sodan,* in: *ders./Ziekow,* VwGO, § 40, Rn. 340; *D. Triantafyllou,* NVwZ 1994, S. 943 (946).

[160] OVG Koblenz, DVBl. 2005, S. 988.

[161] OVG Bautzen, VergabeR 2006, S. 348 (348 f.); OVG Münster, VergabeR 2006, S. 86 (87); NVwZ 2006, S. 848; VergabeR 2006, S. 771 (771 ff.); VergabeR 2007, S. 196; VG Meiningen, 2 E 613/06 Me – juris; VG Münster, 1 L 349/06 – juris; VG Neustadt/Weinstraße, VergabeR 2006, S. 78 (78 f.); NZBau 2006, S. 335 (336); jedenfalls bei summarischer Prüfung im einstweiligen Rechtsschutz VG Düsseldorf, 20 L 537/06 – juris; VG Trier, 2 L 794/05.TR – juris.

[162] OVG Berlin-Brandenburg, VergabeR 2006, S. 85 (86); DVBl. 2006, S. 1250; OVG Lüneburg, NZBau 2006, S. 670 (siehe auch NVwZ-RR 2006, S. 845); VGH Mannheim, VBlBW 2007, S. 147; VG Karlsruhe, 8 K 1437/06 – juris; VG Leipzig, 5 K 1069/05 – juris; VG Potsdam, VergabeR 2006, S. 83 (84 f.).

[163] Zustimmend: *C. Braun,* SächsVBl. 2006, S. 249 (256 ff.); *W. Frenz,* VergabeR 2007, S. 1 (14 f.); *H.-J. Prieß/F. J. Hölzl,* NZBau 2005, S. 367 (371 f.); *H.-J. Prieß/M. Niestedt,* Rechtsschutz, S. 135 ff.; *K. Rennert,* DVBl. 2006, S. 1252; *F. Wollenschläger,* DVBl. 2007, S. 589 (593 f.); ferner *U. Schliesky,* Verdrängung, S. 523 (526 ff.). Ablehnend: *G. Dabringhausen/P. Sroka,* VergabeR 2006, S. 462 (465 f.); *J. Gröning,* ZWeR 2005, S. 276 (288 f.); *W. Jaeger,* ZWeR 2006, S. 366 (380 ff.); *B. Köster,* NZBau 2006, S. 540 (541 ff.); *A. Losch,* VergabeR 2006, S. 298 (306 f.); *F. Marx,* VergabeR 2005, S. 763 (764 f.); *ders.,* Vergaberecht, S. 305 (313 ff.); *S. Tomerius/F. Kiser,* VergabeR 2005, S. 551 (556 ff.).

[164] Siehe nur *F. Wollenschläger,* DVBl. 2007, S. 589 (593 f.).

[165] BVerwGE 129, 9.

[166] BVerwGE 129, 9 (13).

Aufgrund der Ausgestaltung des Vergabeverfahrens scheide zudem eine zweistufige Konzeptionalisierung i.S.d. Zwei-Stufen-Theorie aus:

Das Vergabeverfahren ist … seiner Struktur nach gerade nicht zweistufig; vielmehr erfolgt die Entscheidung über die Auswahl zwischen mehreren Bietern im Regelfall unmittelbar durch den Abschluss eines privatrechtlichen Vertrags mit einem der Bieter durch
Zuschlag (vgl. § 28 Nr. 2 Abs. 1 VOB/A [a.F.]). Hiernach fehlt es an einem Anknüpfungspunkt für eine „erste Stufe", auf der eine – nach öffentlichem Recht zu beurteilende –
selbstständige „Vergabeentscheidung" fallen könnte. Durch die Anwendung der Zwei-
Stufen-Theorie auf die Vergabe öffentlicher Aufträge würde vielmehr ein einheitlicher
Vorgang künstlich in zwei Teile aufgespalten. Die öffentlich-rechtlichen Bindungen, vor
allem die Bindung an den Gleichheitssatz, denen die öffentliche Hand bei der Vergabe öffentlicher Aufträge unterliegt, zwingen nicht zur Annahme einer „ersten Stufe" bei der
Auftragsvergabe in Form einer gesonderten „Vergabeentscheidung". Die öffentlich-rechtliche Überlagerung der privatrechtlichen Auftragsvergabe kann vielmehr ohne Weiteres
nach den Grundsätzen des Verwaltungsprivatrechts bewältigt werden, indem die ordentlichen Gerichte über die Ergänzungen, Modifizierungen und Überlagerungen des Privatrechts durch öffentlich-rechtliche Bindungen mit zu entscheiden haben.[167]

Stellt der Auftraggeber die verwaltungsintern getroffene Auswahlentscheidung
nicht vor Vertragsschluss im Außenverhältnis dar, wie dies auch die Basisparagraphen vorzeichnen (§ 19 Abs. 1 VOB/A 2009), scheidet mit dem BVerwG eine
mehrphasige Verfahrensgestaltung i.S.d. Zwei-Stufen-Theorie aus; nicht zu folgen ist diesem allerdings in der zivilrechtlichen Qualifikation des multipolaren
Auswahlrechtsverhältnisses, da dieses, wie für die Auftragsvergabe oberhalb
der Schwellenwerte sogleich zu zeigen sein wird, dem Öffentlichen Recht zuzuordnen ist.

(c) Die Auswahlentscheidung im Kartellvergaberecht

Im nun näher zu betrachtenden Kartellvergaberecht spielt die rechtskonstruk-
tive Deutung des Vergabevorgangs, dies sei vorweggeschickt, eine nur untergeordnete Rolle, da die damit zusammenhängenden Streitfragen aufgrund des im
GWB geregelten Rechtsschutzverfahrens für die Vergabepraxis geklärt sind.
Dieser Burgfrieden tut dem Interesse an einer verfahrensrechtlichen Analyse
freilich keinen Abbruch.[168]

Auch im Oberschwellenbereich hält die herrschende Meinung an der einstufig zivilrechtlichen Konzeptionalisierung des Vergabeverfahrens fest und deutet es als – wenn auch durch öffentlich-rechtliche Bindungen ergänztes – vorvertragliches Vertrauensverhältnis (§ 311 Abs. 2 Nr. 1 und 2 BGB), das dem aufgrund des Zuschlags zustande kommenden zivilrechtlichen Beschaffungsvertrag
vorausgeht.[169] Darüber hinaus gebe es keine nach außen tretende Vergabeent-

---

[167] BVerwGE 129, 9 (19).
[168] Allgemein zur Qualifikation des Auswahlprozesses unten, 3. Teil, B.I.5.a.ff.
[169] Symptomatisch BGH, NZBau 2007, S. 727 (729): „Bei der Ausschreibung eines öf-

scheidung.[170] Fraglich ist allerdings, ob dieses Verständnis den normativen Ausgangsbefund adäquat abbildet.

Zunächst ist festzuhalten, dass die Verwaltung eine Auswahlentscheidung trifft, die von der Zuschlagserteilung als Annahme des Angebots des Bieters streng zu trennen ist.[171] Dies ist schon logisch zwingend, da die Verwaltung vor Zuschlagserteilung entscheiden muss, auf welches Angebot diese erfolgen soll. Darüber hinaus geht auch das Vergabeverfahrensrecht von der Existenz einer Auswahlentscheidung aus, indem es in § 101a Abs. 1 S. 1 und 2 GWB Informationspflichten hinsichtlich dieser statuiert. Noch deutlicher und anders als in früheren Fassungen spricht die VOB/A seit 2006 nunmehr sogar von der „Entscheidung über den Vertragsabschluss", die mitzuteilen ist (§ 19a Abs. 1 S. 1 VOB/A 2009).[172] Des Weiteren ist eine deutliche Zäsur zwischen der Verteilungsentscheidung und dem Vertragsschluss zu verzeichnen, die einem unbesehenen Rückschluss von der Rechtsnatur des Beschaffungsvertrages auf die des Auswahlverfahrens, das diesem vorangeht, entgegensteht. Formal folgt dies aus dem gesetzlich angeordneten mindestens fünfzehntägigen Abstand zwischen beiden (§ 101a Abs. 1 S. 3 GWB). Aber auch in materieller Hinsicht sind sie zu trennen: Die Auswahlentscheidung steht am Ende der sich in einer multipolaren Rechtsbeziehung zwischen öffentlicher Hand und allen Bietern vollziehenden Ermittlung des den haushaltsrechtlichen und sonstigen Vorgaben entsprechenden Angebots unter Berücksichtigung der Rechtspositionen der beteiligten Unternehmen; demgegenüber betrifft der aufgrund des Zuschlags geschlossene Vertrag das bipolare Verhältnis von Staat und erfolgreichem Bieter und dient dem Erwerb der ausgeschriebenen Leistung. Schließlich kann dem Auswahlver-

---

fentlichen Auftrags handelt es sich der Sache nach um die – je nach einschlägiger Verfahrensart mehr oder minder streng formalisierte – Anbahnung eines Vertrags und die Aufnahme von Vertragsverhandlungen."

[170] BVerwGE 129, 9 (18 f.); VG Leipzig, 5 K 1069/05 – juris; st. Rspr. BGH, VI ZR 51/56 – unveröffentlicht; NJW 1968, S. 547 (547 f.); NJW 1993, S. 520 (521); NJW 1998, S. 3636 (3636 f.); NJW 2004, S. 2165. In der Literatur: *S. Detterbeck*, Rechtswegprobleme, S. 399 (409 f.) – zwar für den Unterschwellenbereich, aber mit übertragbarer Argumentation; *J. Gröning*, ZWeR 2005, S. 276 (288 f.); *W. Irmer*, VergabeR 2006, S. 159 (165); *H. Kaelble*, Vergabeentscheidung, S. 205 ff.; *A. Losch*, VergabeR 2006, S. 298 (306 f.); *F. Marx*, VergabeR 2005, S. 763 (764); *J. Ruthig*, NZBau 2005, S. 497 (500 f.); *S. Tomerius / F. Kiser*, VergabeR 2005, S. 551 (556 ff.), die allenfalls der Entscheidung, ob ausgeschrieben wird, öffentlichrechtlichen Charakter zuerkennen wollen (559). *H. Kaelble*, ZfBR 2003, S. 657 (661 Fn. 33), hält demgegenüber ein Nebeneinander von öffentlich-rechtlichem Vergabeverfahren und zivilrechtlichem Vertragsanbahnungsverhältnis für möglich.

[171] Siehe auch *S. Gers-Grapperhaus*, Auswahlrechtsverhältnis, S. 226 ff.; ferner *H. Jochum*, Verwaltungsverfahrensrecht, S. 351 ff. Für eine zweistufige Deutung *W. Krohn*, in: Müller-Wrede, Kompendium Vergaberecht, Kap. 24, Rn. 54 f.; *F. Schoch*, GVwR III, § 50, Rn. 97.

[172] Auch der EuGH geht vom Vorliegen einer dem Vertragsschluss vorausgehenden Auswahlentscheidung aus: Rs. C-81/98, Slg. 1999, I-7671, Rn. 43 – Alcatel Austria; Rs. C-26/03, Slg. 2005, I-1, Rn. 31 – Stadt Halle. Siehe ferner *U. Schliesky*, Verdrängung, S. 523 (528).

fahren nur schwerlich eine gegenüber dem Vertragsschluss untergeordnete Rolle zugeschrieben werden. Denn dieses nimmt nicht nur einen bedeutenden Zeitraum in Anspruch, sondern hat ferner sowohl in formeller als auch in materieller Hinsicht eine detaillierte Ausgestaltung erfahren.[173]

Mithin steht die konstatierte Zäsur der Annahme einer Abfärbung des zivilrechtlichen Vertragsschlusses auf die Rechtsnatur des Auswahlverfahrens entgegen und verlangt, dieses autonom zu qualifizieren. Als insoweit konstitutiv stellen sich nicht nur die jedwedes staatliche Handeln bindenden und damit nicht entscheidend für die Qualifikation ins Gewicht fallenden allgemeinen Vorgaben aus den Grundrechten und -freiheiten sowie dem Rechtsstaatsgebot dar; vielmehr finden sich in GWB, VgV und den Verdingungsordnungen spezifische prozedurale und materielle Vorgaben normiert, die über den allgemeinen Handlungsrahmen für die privatrechtsförmig agierende Verwaltung hinausgehen. Freilich müssten diese auch dem Öffentlichen Recht zuzuordnen sein, um von einem öffentlich-rechtlichen Auswahlrechtsverhältnis ausgehen zu können.

Zur Abgrenzung von Öffentlichem Recht und Privatrecht werden im Wesentlichen drei Ansätze vertreten, die Interessen-, die Subordinations- und die Subjektstheorie. Wegen der Unergiebigkeit der beiden zuerst genannten Ansätze wird überwiegend letztere bevorzugt, und zwar in ihrer materiellen Lesart (materielle oder modifizierte Subjektstheorie).[174] Zum Öffentlichen Recht gehören demnach diejenigen Normen, die den Staat als solchen, also in seiner Eigenschaft als Hoheitsträger, verpflichten.[175] Hierzu gehören die die Vergabeentscheidung determinierenden Normen. Diese adressieren den Staat nicht in seiner Eigenschaft als Marktteilnehmer, sondern als Hoheitsträger.[176] Die verfahrensrechtlichen Kautelen der Verdingungsordnungen sollen nämlich nicht nur die im öffentlichen Interesse liegende wirtschaftliche Verwendung der

---

[173] So auch *S. Gers-Grapperhaus*, Auswahlrechtsverhältnis, S. 226 ff.

[174] Siehe etwa *D. Ehlers*, in: Schoch/Schmidt-Aßmann/Pietzner, VwGO, § 40, Rn. 221 ff.; *H. Maurer*, Allgemeines Verwaltungsrecht, § 3, Rn. 14 ff.; *H. Sodan*, in: *ders.*/Ziekow, VwGO, § 40, Rn. 289 ff.

[175] *D. Ehlers*, in: Schoch/Schmidt-Aßmann/Pietzner, VwGO, § 40, Rn. 235 ff.; *H. Maurer*, Allgemeines Verwaltungsrecht, § 3, Rn. 17; *H. Sodan*, in: *ders.*/Ziekow, VwGO, § 40, Rn. 302 ff.

[176] OVG Koblenz, NZBau 2005, S. 411 (412); OVG Bautzen, VergabeR 2006, S. 348 (349); *S. Gers-Grapperhaus*, Auswahlrechtsverhältnis, S. 233 ff.; *G. Hermes*, JZ 1997, S. 909 (915); *P. M. Huber*, JZ 2000, S. 877 (881); *I. Pernice/S. Kadelbach*, DVBl. 1996, S. 1100 (1106); *T. Puhl*, VVDStRL 60 (2001), S. 456 (484); *H. Pünder*, VerwArch 95 (2004), S. 38 (57); *K. Rennert*, DVBl. 2009, S. 1333 (1337 m. Fn. 47 – siehe aber auch 1339 Fn. 63); *F. Schoch*, GVwR III, § 50, Rn. 94, 97; *H. Sodan*, in: *ders.*/Ziekow, VwGO, § 40, Rn. 339; *U. Stelkens*, Verwaltungsprivatrecht, S. 414 ff.; *C. Weißenberger*, GewArch 2009, S. 417 (422 f.). Differenzierend *H. Jochum*, Verwaltungsverfahrensrecht, S. 358 ff. A.A. VG Leipzig, 5 K 1069/05 – juris; *H. Kaelble*, Vergabeentscheidung, S. 207 f.; *J. Pietzcker*, ZHR 162 (1998), S. 427 (457 f.); *A. Voßkuhle*, Strukturen und Bauformen, S. 277 (301); *ders.*, VVDStRL 62 (2003), S. 266 (314 Fn. 206). Vgl. auch *S. Detterbeck*, Rechtswegprobleme, S. 399 (410 f.).

Haushaltsmittel sicherstellen, sondern auch die Gleichbehandlung aller Bieter (vgl. § 2 Abs. 2, § 6 Abs. 1 Nr. 1 VOB/A 2009). Des Weiteren stellt sich jede Auftragsvergabe nicht nur als bloße Bedarfsdeckung dar, die auf den Erwerb des wirtschaftlichsten Guts gerichtet ist. Denn die öffentliche Hand hat bei jeder Auftragsvergabe zu prüfen, inwieweit sie wirtschaftspolitische und andere allgemeinpolitische Belange (Umweltschutz, sozialpolitische Aspekte) in die Entscheidung einfließen lässt, auch wenn diese im Einzelfall keine Rolle spielen.[177] Dass auch juristische Personen des Privatrechts als öffentliche Auftraggeber i.S.d. § 98 Nr. 2 GWB im Bereich oberhalb der Schwellenwerte gebunden sind,[178] spricht schließlich nicht gegen eine öffentlich-rechtliche Einordnung.[179] Denn diese Ausdehnung des Anwendungsbereichs ist dem Unionsrecht geschuldet, das anders als die deutsche Rechtsordnung keine strikte Trennung zwischen Öffentlichem und Privatrecht kennt, und zudem Konsequenz der Staatsnähe solcher Einrichtungen. Dass die dem Vertragsschluss vorgelagerte Auswahlphase nicht als zivilrechtliches Vertragsanbahnungsverhältnis, sondern als öffentlich-rechtliches Verwaltungsverfahren zu verstehen ist, bestätigt schließlich die Terminologie des GWB selbst, das in § 97 mehrfach den Begriff des „Vergabeverfahrens" verwendet.

Mit der Zuordnung des Auswahlverfahrens zum Öffentlichen Recht ist allerdings noch nicht gesagt, dass das Vergabeverfahren als Anwendungsfall der klassischen Zwei-Stufen-Theorie zu deuten wäre. Diese wurde in den Anfangsjahren der Bundesrepublik im Kontext von Subventionsdarlehen entwickelt, zu deren für unbefriedigend empfundenen ausschließlich privatrechtliche Qualifikation sie eine Alternative bieten sollte. Mittels einer dem Vertragsschluss vorgeschalteten Entscheidung über die Gewährung des Darlehens durch Verwaltungsakt war es möglich, öffentlich-rechtliche Bindungen und verwaltungsgerichtlichen Rechtsschutz sicherzustellen, gleichzeitig aber die der Abwicklung adäquatere privatrechtliche Form beizubehalten.[180] Um ein zweistufiges Verfahren in diesem Sinne annehmen zu können, müsste dem zivilrechtlichen Beschaffungsvertrag mithin eine Auswahlentscheidung durch Verwaltungsakt vorausgehen. Dies bedarf näherer Erörterung. Prinzipiell kommen nämlich

---

[177] Siehe auch *F. Hufen*, Verwaltungsprozessrecht, § 11, Rn. 37; *I. Pernice/S. Kadelbach*, DVBl. 1996, S. 1100 (1106); *H. Sodan*, in: *ders./Ziekow*, VwGO, § 40, Rn. 340. Ablehnend *S. Detterbeck*, Rechtswegprobleme, S. 399 (412 f.).

[178] Zum Kreis der als öffentliche Auftraggeber an das Kartellvergaberecht gebundenen Einrichtungen *F. Wollenschläger*, EWS 2005, S. 343.

[179] So aber *O. Dörr*, DÖV 2001, S. 1014 (1024); *D. Ehlers*, in: Schoch/Schmidt-Aßmann/Pietzner, VwGO, § 40, Rn. 277; *J. Pietzcker*, ZHR 162 (1998), S. 427 (458). A.A. *U. Stelkens*, Verwaltungsprivatrecht, S. 417 ff. – siehe aber auch *ders.*, in: Stelkens/Bonk/Sachs, VwVfG, § 35, Rn. 126.

[180] Grundlegend *H. P. Ipsen*, Öffentliche Subventionierung Privater, insb. S. 64 ff. Ferner *H. Maurer*, Allgemeines Verwaltungsrecht, § 17, Rn. 11 ff., auch zur Kritik; *U. Stelkens*, Verwaltungsprivatrecht, S. 967 ff.

zwei Konstruktionsmöglichkeiten in Betracht:[181] Zum einen könnte man mit der überkommenen Auffassung daran festhalten, dass der Vertragsschluss die einzige im Außenverhältnis Rechte begründende Maßnahme darstellt; der diesem vorausgehenden Mitteilung komme demgegenüber kein Regelungscharakter zu, da sie lediglich auf den bevorstehenden Vertragsschluss hinweist.[182] Zum anderen könnte man aber auch in der Auswahlentscheidung einen Verwaltungsakt sehen.

Gemäß der verwaltungsverfahrensrechtlichen Legaldefinition (§ 35 S. 1 VwVfG) ist ein Verwaltungsakt eine „Verfügung, Entscheidung oder andere hoheitliche Maßnahme, die eine Behörde zur Regelung eines Einzelfalls auf dem Gebiet des öffentlichen Rechts trifft und die auf unmittelbare Rechtswirkung nach außen gerichtet ist". Ob diese Voraussetzungen vorliegen, muss durch Auslegung der Maßnahme nach § 133 BGB analog ermittelt werden. Maßgeblich ist der Empfängerhorizont, d. h. nicht der innere Behördenwille, sondern der erklärte Wille, wie ihn der Empfänger bei verständiger Würdigung verstehen konnte.[183] Regelungscharakter – und dies ist das hier entscheidende Tatbestandsmerkmal – kommt einer Maßnahme dann zu, wenn sie auf die Setzung einer Rechtsfolge gerichtet ist, d. h. Rechte respektive Pflichten begründet, ändert, aufhebt oder verbindlich feststellt.[184] Bei Maßnahmen, die Regelungen lediglich vorbereiten, ist dies abzulehnen.[185]

Der gesetzlichen Regelung des § 101a Abs. 1 S. 1 und 2 GWB lässt sich lediglich entnehmen, dass die verwaltungsintern getroffene Auswahlentscheidung im Außenverhältnis kommuniziert werden soll. Ein Regelungswille im eben beschriebenen Sinne folgt hieraus nicht. Gegen ihn spricht nicht nur die Überschrift der Norm „Informations- und Wartepflicht", sondern auch der verfassungs- und unionsrechtliche Hintergrund der Verankerung einer Vorab-Informationspflicht, nämlich (präventiven) Primärrechtsschutz zu ermöglichen, wofür mehr als eine schlichte Information über die Person des ins Auge gefassten Vertragspartners und die Gründe für die Auswahl nicht erforderlich erscheint.

---

[181] So auch *B. Malmendier*, DVBl. 2000, S. 963 (966).

[182] Siehe *M. Müller-Wrede / H. Kaelble*, VergabeR 2002, S. 1, die in der Einführung der Vorabinformation den Versuch sehen, „diesen abschließenden, rein zivilrechtlichen Charakter des Zuschlags zu bewahren und gleichzeitig einen vergaberechtlichen Rechtsschutz anzubieten, der auf den Bestand der Vergabeentscheidung einwirken kann." Ferner *S. Detterbeck*, Rechtswegprobleme, S. 399 (409); *J. Englisch*, VerwArch 98 (2007), S. 410 (441 f.); *H. Kaelble*, ZfBR 2003, S. 657 (658); *ders.*, Vergabeentscheidung, S. 211; *F. Marx*, Vergaberecht, S. 305 (315); *H. C. Röhl*, VerwArch 86 (1995), S. 531 (561); *U. Stelkens*, Verwaltungsprivatrecht, S. 979 f.; *ders.*, in: Stelkens / Bonk / Sachs, VwVfG, § 35, Rn. 111, 126, 163.

[183] St. Rspr. BVerwGE 29, 310 (312); E 41, 305 (306); E 60, 223 (228 f.); E 74, 15 (17); E 106, 187 (189); *M. Ruffert*, Verwaltungsakt, § 20, Rn. 15.

[184] *H. Maurer*, Allgemeines Verwaltungsrecht, § 9, Rn. 6; *M. Ruffert*, Verwaltungsakt, § 20, Rn. 24; *J. Wolff / O. Bachof / R. Stober / W. Kluth*, Verwaltungsrecht, Bd. 1, § 45, Rn. 38 f.

[185] *H. J. Wolff / O. Bachof / R. Stober / W. Kluth*, Verwaltungsrecht, Bd. 1, § 45, Rn. 43, 48.

Vor allem aber entscheidend ist, dass sich die Vorabinformation ausschließlich an die nicht zum Zuge gekommenen Bieter richtet, so dass kein Regelungswille gegenüber dem erfolgreichen Bieter angenommen werden kann. Eine positive Auswahlentscheidung – in Gestalt einer rechtsverbindlichen Feststellung des Auswahlergebnisses oder der Einräumung eines Anspruchs auf Zuschlagserteilung – ist aber zwingende Voraussetzung für die Annahme eines zweistufigen Vergabevorgangs.[186] Hinsichtlich der mit ihrem Angebot unterlegenen Bieter kommt zwar eine Deutung der Negativmitteilung als ablehnender Verwaltungsakt in Betracht; auch insoweit lässt sich § 101a Abs. 1 GWB jedoch kein entsprechender Regelungswille mit hinreichender Deutlichkeit entnehmen[187].

Die Mitteilung ist folglich als schlicht-hoheitliche Kommunikation des Ergebnisses des Auswahlverfahrens an die unterlegenen Bieter zu konzipieren, um diesen (Primär-)Rechtsschutz zu ermöglichen.[188] Sie teilt dessen öffentlich-rechtlichen Charakter. Daneben bedarf es keiner separaten (privatrechtlichen) Ablehnungsentscheidung, da die Angebote mit Ablauf der Zuschlagsfrist automatisch erlöschen (§§ 146, 148 BGB, § 10 Abs. 5 und 6, § 18 VOB/A 2009). Es spricht freilich auch nichts dagegen, eine gleichzeitig (konkludent) miterklärte Ablehnung des Angebots anzunehmen.

f) Abschluss ohne Entscheidung: Aufhebung der Ausschreibung

Das Vergabeverfahren kann nicht ohne Weiteres eingestellt, d.h. ohne Zuschlagserteilung beendet werden. Genauso wenig endet das Vergabeverfahren mit Ablauf der Zuschlagsfrist.[189] Als einzige rechtmäßige Alternative zur Erteilung des Zuschlags kennt das Vergaberecht vielmehr nur die Aufhebung der Ausschreibung.

Der vom Unionsrecht vorgezeichnete Rahmen für eine Aufhebung der Ausschreibung erweist sich als weit und in der VRL nur lückenhaft geregelt. Letztere verlangt lediglich, die Gründe für die Aufhebung den beteiligten Bietern mitzuteilen und zu dokumentieren (Art. 41 Abs. 1, Art. 43 UA 1 lit. h VRL). Aus

---

[186] Dazu ausführlich unten, 3. Teil, B.I.5.a.bb.

[187] Hierfür lässt sich auch nicht die Entscheidung des EuGH in der Rs. Stadt Halle anführen (Rs. C-26/03, Slg. 2005, I-1, Rn. 34 f.), in der er der Verteilungsentscheidung Außenwirkung beimisst, indem er die Überprüfbarkeit von Maßnahmen mit *Rechtswirkung* wie die Auswahlentscheidung oder die Entscheidung, die Ausschreibung aufzuheben, herausstellt und diese von der Nachprüfung nicht zugänglichen internen Vorgängen abgrenzt, d.h. von „Handlungen, die eine bloße Vorstudie des Marktes darstellen oder die rein vorbereitend sind und sich im Rahmen der internen Überlegungen des öffentlichen Auftraggebers im Hinblick auf die Vergabe eines öffentlichen Auftrags abspielen". Denn diese Ausführungen beziehen sich auf die Bestimmung kontrollfähiger Maßnahmen. Demgegenüber geht *W. Wegmann*, NZBau 2001, S. 475 (476), von der Anfechtbarkeit der Zuschlagsentscheidung aus.

[188] Siehe die Nachweise in Fn. 182.

[189] BayObLG, NZBau 2000, S. 49 (51).

dem Schweigen zu etwaigen Voraussetzungen folgert der EuGH zwar, dass die Aufhebung der Ausschreibung nicht „nur in Ausnahmefällen oder bei Vorliegen schwerwiegender Gründe erfolgen dürfte"[190]. Für statthaft erachtete er beispielsweise die Einstellung des Verfahrens, wenn sich herausstellt, dass sich die vorgegebenen Zuschlagskriterien als nicht im Interesse des Auftraggebers erweisen.[191] Gleichwohl könne hieraus nicht geschlossen werden, dass insoweit keine Grenzen bestünden. Vielmehr sind die für jede Auftragsvergabe geltenden allgemeinen Regeln des Unionsrechts zu beachten, namentlich der den Vergaberichtlinien zugrunde liegende Gleichbehandlungsgrundsatz und die Marktfreiheiten. Letztere verbieten, ausländische Dienstleistungserbringer zu diskriminieren und deren Marktzugang zu erschweren.[192] So dürfe nicht in unionsrechtswidriger Weise eine „Aufhebung der Ausschreibung im offenen Verfahren … dazu eingesetzt werden, einen unerwünschten Bieter, dem der ausgeschriebene Auftrag erteilt werden müsste, zu übergehen und in einem anschließenden Verhandlungsverfahren einen genehmen Bieter auszuwählen"[193].

Im nationalen Kartellvergaberecht existiert mit § 17 VOB/A 2009 eine Vorschrift, die Voraussetzungen normiert, unter denen die auftragsvergebende Stelle eine Ausschreibung aufheben kann. Danach kommt eine Aufhebung nur in Betracht, wenn kein Angebot eingegangen ist, das den Ausschreibungsbedingungen entspricht, wenn die Verdingungsunterlagen grundlegend geändert werden müssen oder wenn andere schwerwiegende Gründe bestehen. Nach der Rechtsprechung des BGH sind diese Aufhebungsgründe abschließend zu verstehen, eng auszulegen und dürfen erst nach Beginn der Ausschreibung zutage getreten oder dem Auftraggeber bekannt geworden sein.[194] Ein anderer schwerwiegender Grund muss in seiner Intensität mit den beiden ersten Alternativen vergleichbar sein.[195] Mit diesen engen Aufhebungsvoraussetzungen geht § 17 VOB/A 2009 zwar über das unionsrechtlich Gebotene hinaus;[196] eine Aufhebung der Ausschreibung wird gleichwohl nicht nur in den dort genannten Fällen für zulässig erachtet. Vielmehr gestattet der BGH der öffentlichen Hand auch dann die Beendigung des Vergabeverfahrens ohne Zuschlag, wenn sie endgültig von der Auftragsvergabe Abstand genommen hat. Denn aus vertrags-

---

[190] EuGH, Rs. C-27/98, Slg. 1999, I-5697, Rn. 23 – Fracasso; ferner Rs. C-244/02, Slg. 2003, I-12139, Rn. 29 – Kauppatalo Hansel; EuG, Rs. T-203/96, Slg. 1998, II-4239, Rn. 54 – Embassy Limousines.

[191] EuGH, Rs. C-244/02, Slg. 2003, I-12139, Rn. 36 – Kauppatalo Hansel.

[192] EuGH, Rs. C-92/00, Slg. 2002, I-5553, Rn. 42 ff. – Hospital Ingenieure; ferner Rs. C-244/02, Slg. 2003, I-12139, Rn. 31 ff. – Kauppatalo Hansel.

[193] BGH, NVwZ 2003, S. 1149 (1151).

[194] BGH, NJW 1993, S. 520 (521); NJW 1998, S. 3640 (3641); *U. Scharen*, NZBau 2003, S. 585 (586).

[195] BGH, NJW 1998, S. 3698 (3701); BayObLG, NZBau 2005, S. 595 (596); OLG München, Verg 1/06 – juris.

[196] *M. Mantler*, VergabeR 2003, S. 119 (121).

und haushaltsrechtlichen Gründen unterliege der Auftraggeber keinem Kontrahierungszwang, sobald er einen Auftrag ausgeschrieben hat.[197] Hierin spiegelt sich die vorherrschende rein zivilistische Deutung des Vergabeverfahrens wider, nach der sich dieses in vorvertraglichen Verhandlungen erschöpfe, die jederzeit ohne Vertragsschluss abgebrochen werden können: „Die Ausschreibung betrifft die Stadien im Vorfeld der Auftragsvergabe, in dem es jedem Beteiligten nach allgemeinem Zivilrecht unbenommen bleibt, von der Vergabe des in Aussicht genommenen Auftrags abzusehen ...".[198] Die Vertragsfreiheit der öffentlichen Hand könne nun nicht aufgrund der Regelung des § 17 VOB/A 2009 entfallen, da dem höherrangige haushaltsrechtliche Vorgaben entgegenstünden. Nach diesen

ist die öffentliche Hand im Interesse einer sachgerechten und zweckmäßigen Verwendung der von den Bürgern aufgebrachten Steuern zur sparsamen und effizienten Verwendung der Haushaltsmittel verpflichtet (vgl. für das derzeitige Recht § 90 BHO und § 6 HaushaltsgrundsätzeG). Mit diesem Grundsatz wäre eine Verpflichtung zur Vergabe von Aufträgen, für deren Durchführung ein öffentliches Interesse nicht mehr besteht, unvereinbar ... Das Gleiche gilt für eine Regelung, die die Verwaltung auch daran hindert, von Vorhaben aus sachlichen und willkürfreien Erwägungen, etwa bei geändertem Bedarf oder infolge veränderten Steueraufkommens fehlender Mittel, Abstand zu nehmen.[199]

§ 17 VOB/A 2009 trifft demnach keine Aussage zur rechtlichen Zulässigkeit einer Verfahrenseinstellung, sondern markiert lediglich die für den Sekundärrechtsschutz relevante Grenze zwischen einem Schadensersatzpflichten auslösenden und einem ohne weitere Folgen für den Auftraggeber zulässigen Abbruch des Vergabeverfahrens. Als Konsequenz folgt aus § 17 VOB/A 2009 ein Anspruch des Bieters mit dem annehmbarsten Angebot auf Schadensersatz wegen Aufhebung der Ausschreibung;[200] diese Norm schützt damit das Vertrauen des Bieters darauf, dass er „eine realistische Chance auf eine Amortisation seiner oft sehr erheblichen Aufwendungen zur Ausarbeitung eines sorgfältig kalkulierten Angebots hat."[201]

---

[197] BGH, NVwZ 2003, S. 1149 (1150); OLG Naumburg, NZBau 2004, S. 62 (63 f.); NJOZ 2007, S. 275 (279). Ebenso *M. Mantler*, VergabeR 2003, S. 119 (125 ff.).

[198] BGH, NJW 1998, S. 3636 (3639); NZBau 2003, S. 168; NVwZ 2003, S. 1149 (1150); NZBau 2004, S. 283 (284). Siehe auch *U. Jasper/S. Pooth*, NZBau 2003, S. 261 (264), die von einem „tiefgehende[n] Eingriff in die Privatautonomie öffentlicher Auftraggeber" sprechen.

[199] BGH, NJW 1998, S. 3636 (3639). Zum Entscheidungszeitpunkt kam der VOB/A noch der Charakter einer Verwaltungsvorschrift zu, während sie mittlerweile im Oberschwellenbereich aufgrund der statischen Verweisung in § 6 Abs. 1 VgV Verordnungsrang einnimmt. An dem gegenüber dem einfachen Haushaltsrecht niedrigeren Rang ändert dieser „Aufstieg" freilich nichts. A.A. *H. Kaelble*, ZfBR 2003, S. 657 (665), der auf § 97 Abs. 5 GWB abstellt.

[200] Dazu unten, VI.1.b.aa. und VII.4.

[201] BGH, NJW 1998, S. 3640 (3641); siehe auch BayObLG, NZBau 2002, S. 689 (690 f.).

Rechtlich zu beanstanden ist die Aufhebung des Vergabeverfahrens demgegenüber nur unter den weiteren, von EuGH und BGH aufgestellten Voraussetzungen, die im Ergebnis einen sachlichen Grund für die Einstellung des Verfahrens fordern. Ein solcher scheidet namentlich beim gezielten Ausschluss einzelner Bieter bei fortbestehender Beschaffungsabsicht aus. Dann ist die Fortsetzung des Vergabeverfahrens angezeigt.[202]

Die Einstellungsentscheidung ist zu begründen: Der öffentliche Auftraggeber muss den Bewerbern bzw. Bietern die Gründe dafür mitteilen, warum er auf die Vergabe eines Auftrags verzichten oder das Verfahren erneut einleiten möchte. Dabei können Informationen zurückgehalten werden, deren Weitergabe den Gesetzesvollzug vereiteln würde oder sonst nicht im öffentlichen Interesse läge oder die berechtigten Geschäftsinteressen von Unternehmen oder den fairen Wettbewerb beeinträchtigen würde (§ 17a VOB/A 2009).

3. Grundstruktur der weiteren Vergabeverfahren

a) Nicht offene Verfahren

Anders als beim offenen Verfahren kann beim nicht offenen Verfahren nicht jeder Bieter ein Angebot abgeben. Vielmehr muss er sich zunächst um die Teilnahme bewerben; aus diesem Kreis wählt der öffentliche Auftraggeber dann – mindestens fünf, jedenfalls aber eine echten Wettbewerb sicherstellende Zahl von – Unternehmen aus, die ein Angebot einreichen dürfen (vgl. Art. 1 Abs. 11 lit. b VRL, § 101 Abs. 3 GWB). Die Auswahl der zuzulassenden Unternehmen erfolgt aufgrund einer vorgezogenen Eignungsprüfung (§ 6a Abs. 3 S. 3 VOB/A 2009). Möchte der Auftraggeber „die Zahl der Teilnehmer begrenzen, so gibt er in der Bekanntmachung die von ihm vorgesehenen objektiven und nicht diskriminierenden, auftragsbezogenen Kriterien, die vorgesehene Mindestzahl und gegebenenfalls auch die Höchstzahl an einzuladenden Bewerbern an" (§ 6a Abs. 6 VOB/A 2009).

b) Verhandlungsverfahren

Das Verhandlungsverfahren kennzeichnet eine nur sehr geringe Formalisierung. Es ermöglicht dem Auftraggeber, einzelne Unternehmer zu kontaktieren und mit diesem, diesen bzw. einigen von ihnen über den Auftragsinhalt zu verhandeln (Art. 1 Abs. 11 lit. c VRL; § 101 Abs. 5 GWB). In bestimmten Situationen muss ihm eine öffentliche Vergabebekanntmachung vorausgehen (§ 3a Abs. 5 VOB/A 2009). In diesem Fall „verhandelt der öffentliche Auftraggeber mit den Bietern über die von diesen unterbreiteten Angebote, um sie entspre-

---

[202] Vgl. auch BayObLG, NZBau 2003, S. 342 (346); OLG Naumburg, NZBau 2004, S. 62 (63 f.); NJOZ 2007, S. 275 (279 f.).

chend den in der Bekanntmachung, den Verdingungsunterlagen und etwaigen zusätzlichen Unterlagen angegebenen Anforderungen anzupassen und das beste Angebot im Sinne von Artikel 53 Absatz 1 zu ermitteln" (Art. 30 Abs. 2 VRL). Andernfalls kann der öffentliche Auftraggeber unmittelbar an potentielle Auftragnehmer herantreten.

Im Rahmen des ihr eingeräumten Verfahrensermessens kann die Beschaffungsverwaltung „vorsehen, dass das Verhandlungsverfahren in verschiedenen aufeinander folgenden Phasen abgewickelt wird, um so die Zahl der Angebote, über die verhandelt wird, anhand der in der Bekanntmachung oder in den Verdingungsunterlagen angegebenen Zuschlagskriterien zu verringern. In der Schlussphase müssen aber noch so viele Angebote vorliegen, dass ein echter Wettbewerb gewährleistet ist" (§ 3a Abs. 7 Nr. 2 VOB/A 2009). Die Konzeptpflicht greift ungeachtet des bestehenden Verfahrensermessens: Die vom Auftraggeber „aus freien Stücken als zwingend eingestuft[en Bedingungen der Verdingungsunterlagen müssen] … eingehalten werden."[203]

c) Wettbewerblicher Dialog

Bei der Realisierung komplexer Vorhaben – wie bedeutender integrierter Verkehrsinfrastrukturprojekte, großer Computernetzwerke oder solchen mit einer komplexen und strukturierten Finanzierung – kann der öffentlichen Hand bereits die Definition des Auftragsgegenstands Schwierigkeiten bereiten. Um hier neben dem Verhandlungsverfahren (vgl. § 3a Abs. 5 Nr. 3 VOB/A 2009)[204] ein flexibles, aber dennoch den Wettbewerb zwischen unterschiedlichen Anbietern sicherstellendes Vergabeverfahren zur Verfügung zu stellen, hat das Legislativpaket den wettbewerblichen Dialog als viertes Vergabeverfahren eingeführt.[205] Er ermöglicht, mit ausgewählten Unternehmen eine Lösung für den Bedarf des Staates zu entwickeln, auf deren Basis diese dann Angebote abgeben können. Vor diesem Hintergrund erhellen sich zwanglos die Voraussetzungen für den Rekurs auf dieses Verfahren: Dem Auftraggeber muss es objektiv unmöglich sein, entweder „die technischen Mittel anzugeben, mit denen seine Bedürfnisse und Ziele erfüllt werden können[,] oder … die rechtlichen oder finanziellen Bedingungen des Vorhabens anzugeben" (§ 3a Abs. 4 Nr. 1 VOB/A 2009).[206]

---

[203] EuG, Rs. T-40/01, Slg. 2002, II-5043, Rn. 76 ff. – Scan Office Design.

[204] Zur parallelen Anwendbarkeit beider Verfahren *H. Pünder/I. Franzius*, ZfBR 2006, S. 20 (24); *H. Schröder*, NZBau 2007, S. 216 (217). Siehe auch die Begründung RegE Gesetz zur Modernisierung des Vergaberechts, BT-DrS 16/10117, S. 20.

[205] Vgl. 31. Erwägungsgrund VRL. Näher zum wettbewerblichen Dialog *H. Kaelble*, Vergabeentscheidung, S. 269 ff.; *M. Knauff*, VergabeR 2004, S. 287; *H.-J. Prieß*, Handbuch Vergaberecht, S. 199 ff.; *H. Pünder/I. Franzius*, ZfBR 2006, S. 20; *H. Schröder*, NZBau 2007, S. 216.

[206] Zu den Voraussetzungen im Einzelnen *M. Knauff*, VergabeR 2004, S. 287 (289 f.); *H. Pünder/I. Franzius*, ZfBR 2006, S. 20 (21 f.); *H. Schröder*, NZBau 2007, S. 216 (218 ff.).

Der wettbewerbliche Dialog umfasst mehrere Verfahrensabschnitte:[207] In einer – verkürzten – Konzeptphase formuliert die öffentliche Hand ihre Bedürfnisse sowie Anforderungen und stellt fest, dass zu deren Realisierung die Wahl dieser Verfahrensart i.S.d. § 3a Abs. 4 Nr. 1 VOB/A 2009 geboten ist. Anschließend sind die Vergabemodalitäten bekanntzumachen (§ 3a Abs. 4 Nr. 2 VOB/A 2009). Unter den daraufhin Interesse bekundenden Unternehmern muss der Staat für den Dialog geeignete auswählen und in der sich daran anschließenden Dialogphase ermitteln und bestimmen, auf welche Weise seinen Bedürfnissen am besten entsprochen werden kann; hierbei ist es zulässig, mit den ausgewählten Unternehmen alle Einzelheiten des Auftrages zu erörtern (§ 3a Abs. 4 Nr. 3 S. 1 und 2 VOB/A 2009). Wie im Verhandlungsverfahren auch ist eine gestufte Gestaltung des Auswahlprozesses möglich, so dies vorab bekannt gemacht wurde: „Der Auftraggeber kann vorsehen, dass der Dialog in verschiedenen aufeinander folgenden Phasen abgewickelt wird, um die Zahl der in der Dialogphase zu erörternden Lösungen anhand der in der Bekanntmachung oder in den Vergabeunterlagen angegebenen Zuschlagskriterien zu verringern" (§ 3a Abs. 4 Nr. 4 S. 1 VOB/A 2009). Sobald eine bedürfnisgerechte Lösung gefunden worden ist, muss die öffentliche Hand die Dialogphase für beendet erklären und die Dialogpartner auffordern, ihr Angebot zu unterbreiten (§ 3a Abs. 4 Nr. 5 VOB/A 2009). Anschließend sind „die Angebote auf Grund der in der Bekanntmachung oder in der Beschreibung festgelegten Zuschlagskriterien zu bewerten und das wirtschaftlichste Angebot auszuwählen" (§ 3a Abs. 4 Nr. 6 S. 1 VOB/A 2009).

4. Die Präqualifikation als anlassunabhängiges Verfahren

Mit dem Präqualifizierungsverfahren hat sich im Vergabeverwaltungsrecht ein anlassunabhängiges Verwaltungsverfahren herausgebildet: Um das anlassbezogene, nämlich durch einen konkreten Beschaffungsbedarf der öffentlichen Hand ausgelöste Vergabeverfahren im Interesse einer effizienten Beschaffung zu entlasten, kann der Auftraggeber gemäß § 6 Abs. 3 Nr. 2 VOB/A verlangen, dass die Bieter ihre Eignung durch „die Eintragung in die allgemein zugängliche Liste des Vereins für die Präqualifikation von Bauunternehmen e.V. (Präqualifikationsverzeichnis)" nachweisen. Präqualifikation ist mithin „die vorgelagerte auftragsunabhängige Prüfung der Eignungsnachweise nach [bestimmten] Kriterien insbesondere auf Basis der in § 8 VOB/A [a.F.] definierten Anforderungen" (Nr. 2 Abs. 1 PQ-Leitlinie).[208] Ihre Ermöglichung liegt nicht nur im Inter-

---

[207] Zu den einzelnen Verfahrensabschnitten *M. Knauff*, VergabeR 2004, S. 287 (290 ff.); *H. Pünder/I. Franzius*, ZfBR 2006, S. 20 (22 ff.); *H. Schröder*, NZBau 2007, S. 216 (220 ff.).

[208] Zur Präqualifikation: *M. Werner*, NZBau 2006, S. 12. Siehe ferner die Homepage des Vereins für die Präqualifikation von Bauunternehmen e.V., der mit der Einführung und Fortentwicklung eines Präqualifikationssystems für Bauunternehmen bei der Vergabe öf-

esse des Auftraggebers an einem weniger aufwändigen Vergabeverfahren; vielmehr vermag sie auch den Bewerbungsaufwand potentieller Interessenten zu verringern, was angesichts der Vielzahl von Ausschreibungen gerade für die wirtschaftlich sinnvolle Beteiligungsmöglichkeit kleinerer und mittelständischer Unternehmen von besonderer Bedeutung ist[209].

Näher geregelt ist das Präqualifizierungsverfahren in der Leitlinie des Bundesministeriums für Verkehr, Bau und Stadtentwicklung für die Durchführung eines Präqualifizierungsverfahrens.[210] Im Zuge der Vergaberechtsreform 2009 fand die Präqualifikation zudem eine gesetzliche Grundlage: § 97 Abs. 4a GWB ermächtigt die Auftraggeber nunmehr dazu, „Präqualifikationssysteme ein[zu]richten oder zu[zu]lassen, mit denen die Eignung von Unternehmen nachgewiesen werden kann."

Da im Präqualifizierungsverfahren Teile der Auswahlentscheidung antizipiert werden, müssen vergleichbare Standards gelten: So muss es einen chancengleichen Zugang gewähren und den Geboten der Transparenz und Nichtdiskriminierung (Nr. 3.1.1 PQ-Leitlinie) sowie der Vertraulichkeit (Nr. 11 Abs. 2 und 3 PQ-Leitlinie) genügen; zudem ist die Neutralität der Entscheidungsträger zu gewährleisten (Nr. 3.1.2 Abs. 2 PQ-Leitlinie) – eine Vorgabe, der auch die Anordnung des Vier-Augen-Prinzips für Entscheidungen dient (Nr. 6 PQ-Leitlinie). Ferner gilt ein Beschleunigungsgebot (Nr. 5.4 PQ-Leitlinie). Hinsichtlich der Prüfungskriterien versteht sich von selbst, dass diese mit denen der vorweggenommenen Entscheidung korrespondieren müssen (vgl. Nr. 6.1 i.V.m. Anlage 1 PQ-Leitlinie). Um die Richtigkeit des Verzeichnisses und damit die leistungsorientierte Gleichbehandlung der Bieter im späteren Vergabeverfahren zu gewährleisten, müssen eingetragene Unternehmen den Präqualifizierungsstellen wesentliche Änderungen unverzüglich mitteilen (Nr. 6.4 PQ-Leitlinie) und ist die Gültigkeitsdauer der Präqualifikation beschränkt (Nr. 9 i.V.m. Anlage 1 PQ-Leitlinie). Ablehnende Entscheidungen sind zu begründen und mit einer Rechtsbehelfsbelehrung zu versehen (Nr. 8 Abs. 1 PQ-Leitlinie); gegen sie ist die Beschwerde vor einem Beschwerdeausschuss und bei deren Erfolglosigkeit gerichtlicher Rechtsschutz eröffnet (Nr. 10 PQ-Leitlinie).

Die Formulierung, dass der Auftragnehmer seine Eignung durch Eintragung nachweisen kann (vgl. § 97 Abs. 4a GWB), spricht schließlich in Einklang mit der insoweit eindeutigen Gesetzesbegründung[211] dafür, dass es den Unter-

---

fentlicher Bauaufträge in Deutschland betraut ist, http://www.pq-verein.de (10.12.2009); *H.-J. Prieß*, Handbuch Vergaberecht, S. 267 f.; Art. 52 VRL, Art. 53 SRL.

[209] Siehe nur Beschlussempfehlung und Bericht des Ausschusses für Wirtschaft und Technologie zum Entwurf eines Gesetzes zur Modernisierung des Vergaberechts u.a., BT-Drs 16/11428, S. 34.

[210] Leitlinie vom 25. April 2005 in der Fassung vom 14.09.2007, http://www.pq-verein.de/anlage6560binary (10.12.2009). Siehe zum europarechtlichen Rahmen Art. 52 VRL.

[211] Siehe Beschlussempfehlung und Bericht des Ausschusses für Wirtschaft und Techno-

nehmen unbenommen bleibt, ihre Eignung im Einzelfall auch anderweitig nachzuweisen.[212]

IV. Verfahrensrechtliche Spezifika

Die besondere Bedeutung der Grundsätze der Transparenz, des Wettbewerbs und der Gleichbehandlung in Verteilungsverfahren wie dem Vergabeverfahren unterstreicht deren Normierung an der Spitze der Regelungen zum Kartellvergaberecht (§ 97 Abs. 1 und 2 GWB). In spezifischen Dokumentations- (1.) und Neutralitätspflichten (2.) haben diese Vergabeprinzipien einen verfahrensrechtlichen Niederschlag gefunden.

1. Dokumentationspflichten

Ein bedeutsames Instrument zur Sicherstellung eines von sachwidrigen Einflüssen freien, rationalen und transparenten Vergabeverfahrens stellt die den Auftraggebern obliegende Dokumentationspflicht dar. Gemäß § 20 VOB/A 2009 müssen sie „[d]as Vergabeverfahren … zeitnah so … dokumentieren, dass die einzelnen Stufen des Verfahrens, die einzelnen Maßnahmen, die maßgebenden Feststellungen sowie die Begründung der einzelnen Entscheidungen in Textform festgehalten werden." Dieser muss gemäß § 20 Abs. 1 S. 2 VOB/A 2009 mindestens enthalten: „1. Name und Anschrift des Auftraggebers, 2. Art und Umfang der Leistung, 3. Wert des Auftrags, 4. Namen der berücksichtigten Bewerber oder Bieter und Gründe für ihre Auswahl, 5. Namen der nicht berücksichtigten Bewerber oder Bieter und die Gründe für die Ablehnung, 6. Gründe für die Ablehnung von ungewöhnlich niedrigen Angeboten, 7. Name des Auftragnehmers und Gründe für die Erteilung des Zuschlags auf sein Angebot, 8. Anteil der beabsichtigten Weitergabe an Nachunternehmen, soweit bekannt, 9. bei Beschränkter Ausschreibung, Freihändiger Vergabe Gründe für die Wahl des jeweiligen Verfahrens, [und] 10. gegebenenfalls die Gründe, aus denen der Auftraggeber auf die Vergabe eines Auftrags verzichtet hat." Anders als der Wortlaut von § 20 VOB/A 2009 dies nahelegt, ist der Vergabevermerk aus Gründen der Transparenz und der Überprüfbarkeit zudem verfahrensbegleitend und nicht erst nach Abschluss des Vergabeverfahrens zu erstellen.[213] Dies unter-

---

logie zum Entwurf eines Gesetzes zur Modernisierung des Vergaberechts u.a., BT-DrS 16/11428, S. 34.

[212] Anderes gilt nach einem Erlass des BMVBS vom 17.1.2008 (Az. B 15–01082–102/11) für beschränkte Ausschreibungen ohne Teilnahmewettbewerb und freihändige Vergaben im Bundeshochbau.

[213] BayObLG, Verg 4/00 – juris; Verg 6/01 – juris; OLG Celle, 13 Verg 3/10 – juris, Rn. 39; NZBau 2002, S. 348 (350); OLG Düsseldorf, NZBau 2004, S. 461 (462); OLG Naumburg,

scheidet die herstellungsprozessbezogene Dokumentations- von der entscheidungsbezogenen Begründungspflicht.

2. Neutralitätssicherung

a) Verbot der selektiven Bekanntmachung (§ 12a Abs. 2 Nr. 5 VOB/A 2009)

Dem Auftraggeber bleibt es gemäß § 12a Abs. 2 Nr. 5 VOB/A 2009 zwar unbenommen, die Vergabebekanntmachung neben der zwingend vorgeschriebenen europaweiten Mitteilung im Supplement zum Amtsblatt der EU auch inländisch zu veröffentlichen. In diesem Fall darf die nationale Publikation, um die Chancengleichheit der Bewerber zu wahren, allerdings „nur die dem Amt für amtliche Veröffentlichungen der Europäischen Gemeinschaften übermittelten Angaben enthalten und ... nicht vor Absendung an dieses Amt veröffentlicht werden."

b) Behandlung von Rückfragen (§ 12 Abs. 7 VOB/A 2009)

Neutralität und Chancengleichheit sind auch bei Rückfragen einzelner Interessenten zu den Vergabeunterlagen gesichert. Zusätzliche sachdienliche Auskünfte sind zwar unverzüglich zu erteilen; allerdings „allen Bewerbern ... in gleicher Weise" (§ 12 Abs. 7 VOB/A 2009).

c) Nachverhandlungsverbot (§ 15 VOB/A 2009)

Neutralität und Gleichbehandlung der Bieter sichert auch das in § 15 VOB/A 2009 verankerte Nachverhandlungsverbot.[214] Dieses untersagt der Vergabestelle in der Bewertungsphase, d.h. von der Öffnung der Angebote bis zur Erteilung des Zuschlags, mit Bietern zum Zwecke einer Änderung von Preisen oder Angeboten zu verhandeln (§ 15 Abs. 3 VOB/A 2009).[215] Gestattet ist lediglich eine Kontaktaufnahme, um sich über Aspekte wie die Eignung des Bieters, das Angebot selbst, etwaige Nebenangebote, die geplante Art der Durchführung oder die Angemessenheit der Preise zu *unterrichten* (§ 15 Abs. 1 Nr. 1 VOB/A 2009).

NZBau 2003, S. 628 (633); *R. Noch*, Vergaberecht kompakt, S. 365 f. Siehe auch OLG Brandenburg, NZBau 2000, S. 39 (44 f.), für das Verhandlungsverfahren mit Präqualifikationsverfahren.

[214] Zur Bedeutung des Nachverhandlungsverbots für eine transparente und chancengleiche Verfahrensgestaltung auch EuGH, Rs. C-87/94, Slg. 1996, I-2043, Rn. 56 – EK/Belgien.

[215] Derartige Verhandlungen sind ausnahmsweise zulässig, wenn „sie bei Nebenangeboten oder Angeboten aufgrund eines Leistungsprogramms nötig sind, um unumgängliche technische Änderungen geringen Umfangs und daraus sich ergebende Änderungen der Preise zu vereinbaren" (§ 15 Abs. 3 VOB/A 2009).

Im Verhandlungsverfahren greift das Verbot von Nachverhandlungen zwar naturgemäß nicht; allerdings darf der Auftraggeber auch hier nicht in diskriminierender Weise Informationen weitergeben, die bestimmten Bietern gegenüber anderen Vorteile verschaffen (§ 3a Abs. 7 Nr. 1 VOB/A 2009). Mutatis mutandis gilt dies auch für den wettbewerblichen Dialog (§ 3a Abs. 4 Nr. 3 S. 3 und 4, Nr. 5 S. 4 und 5 sowie Nr. 6 S. 2 und 3 VOB/A 2009).

d) Manipulations- und Vertraulichkeitsschutz (§ 13 Abs. 1 Nr. 2 VOB/A 2009)

Der öffentliche Auftraggeber ist gemäß § 13 Abs. 1 Nr. 2 VOB/A 2009 verpflichtet, Manipulationen an den Angeboten zu verhindern sowie die Vertraulichkeit von Angeboten zu gewährleisten. „Per Post oder direkt übermittelte Angebote sind in einem verschlossenen Umschlag einzureichen, als solche zu kennzeichnen und bis zum Ablauf der für die Einreichung vorgesehenen Frist unter Verschluss zu halten"; für elektronisch übermittelte Angebote ist Entsprechendes durch technische Maßnahmen sicherzustellen. Schließlich müssen Änderungen des Bieters an seinen Eintragungen zweifelsfrei sein (§ 13 Abs. 1 Nr. 5 VOB/A 2009).

e) Ausgeschlossene Personen, § 16 VgV

Das Kartellvergaberecht kennt mit § 16 VgV schließlich eine Sonderregelung für den Ausschluss von als voreingenommen geltenden natürlichen Personen bei Entscheidungen in einem Vergabeverfahren. Bereits vor dessen Einführung hatten das OLG Brandenburg[216] und das BayObLG[217] den in der Befangenheitsvorschrift des allgemeinen Verwaltungsverfahrensrechts (§ 20 VwVfG) zum Ausdruck kommenden Rechtsgedanken als Aspekt des vergaberechtlichen Transparenz- (§ 97 Abs. 1 GWB) und Neutralitätsgebots (§ 97 Abs. 2 GWB) verstanden und die Mitwirkung von Personen, die Aufsichtsratfunktionen bei einem Bieter ausüben bzw. mit dem Bieter verwandt sind, an der Vergabeentscheidung als Verfahrensfehler gewertet.[218]

Gemäß § 16 Abs. 1 VgV dürfen auf Auftraggeberseite Personen nicht tätig werden, die im Vergabeverfahren (1) Bieter oder Bewerber sind, (2) diese bera-

---

[216] OLG Brandenburg, NZBau 2000, S. 39 (42 f.). Siehe auch BVerwG, ZBR 1983, S. 244 (245), im Kontext einer Disziplinarstreitigkeit.

[217] BayObLG, NZBau 2000, S. 259 (260 f.).

[218] Enger demgegenüber OLG Stuttgart, NZBau 2000, S. 301 (304 f.), nach dem zweifelhaft sei, ob die von § 20 VwVfG unwiderleglich vermutete Befangenheit zur Bejahung eines Verstoßes gegen das vergaberechtliche Diskriminierungsverbot ausreiche oder nicht vielmehr eine tatsächliche Betroffenheit der Neutralität festgestellt werden müsse. Ebenso V. Neßler, NVwZ 1999, S. 1081 (1082 f.).

ten oder sonst unterstützen oder als gesetzliche Vertreter oder nur in dem Vergabeverfahren vertreten, (3a) bei diesen gegen Entgelt beschäftigt oder als Organmitglied tätig sind oder (3b) für ein in das Vergabeverfahren eingeschaltetes Unternehmen tätig sind, wenn dieses Unternehmen zugleich geschäftliche Beziehungen zum Auftraggeber und zum Bieter oder Bewerber hat. Ebenfalls ausgeschlossen gemäß § 16 Abs. 2 VgV sind bestimmte Angehörige des in Abs. 1 genannten Personenkreises.

Im Vergleich zum Ausschlusstatbestand des allgemeinen Verwaltungsverfahrensrechts weist die kartellvergaberechtliche Regelung eine Besonderheit auf: Während § 20 VwVfG die Befangenheit aufgrund der Beziehung des Amtsträgers zum Beteiligten unwiderleglich vermutet,[219] scheidet gemäß § 16 Abs. 1 VgV in den Fällen der Nr. 3 lit. a und b ein Ausschluss dann aus, wenn „für die Personen kein Interessenkonflikt besteht oder sich die Tätigkeiten nicht auf die Entscheidungen in dem Vergabeverfahren auswirken." Die Möglichkeit, die Befangenheit von für den Auftraggeber tätigen Beschäftigten und Organmitgliedern eines Bieters oder Bewerbers zu widerlegen, wurde auf Initiative des Bundesrates eingeführt. Dieser wollte verhindern, dass Unternehmen, an denen die öffentliche Hand beteiligt und folglich in Leitungs- respektive Kontrollgremien vertreten ist, nicht mehr an öffentlichen Ausschreibungen teilnehmen können.[220] In der Literatur werden allerdings Zweifel sowohl an der tatsächlichen Widerlegbarkeit der Befangenheitsvermutung[221] als auch an ihrer Vereinbarkeit mit dem Transparenz- (§ 97 Abs. 1 GWB) und Neutralitätsgebot (§ 97 Abs. 2 GWB) geäußert[222].

V. Verfahrenssubjekte (Beteiligte)

Bei dem Vergabeverfahren handelt es sich um ein multipolar strukturiertes Verwaltungsverfahren. Es besteht nicht aus unabhängig nebeneinander stehenden Verfahren zwischen der öffentlichen Hand und jeweils einem Bieter; vielmehr stehen sich öffentliche Hand und alle Bieter gegenüber.

---

[219] BVerwGE 69, 256 (269); *H. J. Bonk* und *H. Schmitz*, in: Stelkens / Bonk / Sachs, VwVfG, § 20, Rn. 10.

[220] BR-DrS 455/00, S. 2 f. (zu § 16 Abs. 1 VgV). Zustimmend *V. Neßler*, NVwZ 1999, S. 1081 (1082 f.).

[221] *R. N. Danckwerts*, NZBau 2001, S. 242 (244); *T. Kirch*, ZfBR 2004, S. 769 (771 f.).

[222] *R. N. Danckwerts*, NZBau 2001, S. 242 (244); a.A. *T. Kirch*, ZfBR 2004, S. 769 (772 Fn. 57).

VI. Fehlerfolgenregime

Das Vergabeverwaltungsrecht kennt ein eigenes, ausdifferenziertes Fehlerfolgenregime. Beachtlichkeit und Konsequenzen von Vergabefehlern seien ausgehend von der Grundnorm des § 97 Abs. 7 GWB analysiert (1.). Ein Spezifikum des Vergabeverfahrens stellt die der durch Vertragsschluss vollzogenen Vergabeentscheidung zugesprochene besondere Stabilität dar, die eine Geltendmachung von Vergabefehlern nach Vertragsschluss grundsätzlich ausschließt (2.).

1. Beachtlichkeit von Fehlern

a) Die Grundnorm des § 97 Abs. 7 GWB

Infolge der europarechtlich durch die EU-Vergaberichtlinien des Jahres 1993 erzwungenen, gleichwohl erst nach mehreren Umsetzungsversuchen realisierten Abkehr von einem rein haushaltsrechtlichen und damit subjektive Rechte der Bieter negierenden Verständnis des Vergaberechts gewährleistet § 97 Abs. 7 GWB nunmehr jedem Unternehmen einen „Anspruch darauf, dass der Auftraggeber die Bestimmungen über das Vergabeverfahren einhält."[223] Diese scheinbar umfassende Subjektivierung von Verfahrenspositionen bedarf indes der zweifachen Qualifikation. Aus dieser pauschalen Formulierung folgt zum einen nicht, dass jeder Vergabefehler beachtlich und damit auch einer gerichtlichen Nachprüfung zugänglich ist. Vielmehr differenziert bereits die Gesetzesbegründung zum VgRÄG zwischen dem Schutz des (potentiellen) Auftragnehmers dienenden Vorschriften und reinen Ordnungsvorschriften. Nur erstere seien von § 97 Abs. 7 GWB erfasst: „Der Rechtsschutz kann jedoch nur soweit gehen, soweit eine bestimmte vergaberechtliche Vorschrift gerade auch den Schutz des potentiellen Auftragnehmers bezweckt. Auf die Einhaltung von Vorschriften, die anderen Zwecken dienen, z.B. von reinen Ordnungsvorschriften, kann sich der Auftragnehmer nicht berufen."[224] Dem folgt das überwiegende Schrifttum.[225] Deutlich relativiert wird diese Differenzierung freilich dadurch, dass sich die Mehrzahl der Verfahrensvorschriften als Ausdruck der Vergabegrundsätze der Transparenz, Chancengleichheit und des Wettbewerbs

---

[223] Zur Europäisierung des deutschen Vergaberechts insoweit nur *F. Wollenschläger*, Europäisches Vergabeverwaltungsrecht, Rn. 79 ff.

[224] Siehe die Begründung RegE VgRÄG, BT-DrS 13/9340, S. 14 (zu § 106 Abs. 6 GWB a.F.). Namentlich aus Gründen der Rechtssicherheit hat der Reformgesetzgeber den Rechtsschutz nicht auf die europarechtlichen Vorgaben beschränkt (siehe ibid., S. 14 f.).

[225] *M. Bungenberg*, Vergaberecht, S. 226 f.; *K. Hailbronner*, in: Byok/Jaeger, § 97 GWB, Rn. 273; *A. Herrmann*, VergabeR 2009, S. 249 (253). Offengelassen bei BGH, NVwZ 2003, S. 1149 (1149). Nachweise für weitere Auffassungen bei *M. Mantler*, VergabeR 2003, S. 119 (124 f.).

darstellt und damit Drittschutz entfaltet.[226] Zum anderen steht auch im Vergaberecht die Beachtlichkeit von Verfahrensverstößen unter dem Vorbehalt einer Auswirkung auf die Sachentscheidung;[227] diese Grenze ist als Zulässigkeits- respektive Begründetheitsvoraussetzung für das Nachprüfungsverfahren normiert (§ 107 Abs. 2 GWB) und wird in diesem Zusammenhang behandelt[228].

b) Einzelne Verfahrensfehler

aa) Rechtswidrige Verfahrenseinstellung (§§ 17, 17a VOB/A 2009)

Eine rechtswidrige Aufhebung der Ausschreibung (§§ 17, 17a VOB/A 2009) stellt einen beachtlichen Vergabefehler dar.[229] Denn trotz des haushaltsrechtlichen Ursprungs dieser Normen ist ihr Zweck auch darin zu sehen „sicherzustellen, dass die Aufhebung der Ausschreibung nicht als Maßnahme der Diskriminierung einzelner Bieter missbraucht werden kann"[230]. Nach der Rechtsprechung des BGH führt eine rechtswidrige Verfahrenseinstellung allerdings nicht zwingend zu einer „Aufhebung der Aufhebung" und damit zu einer Fortsetzung des Vergabeverfahrens. Da der öffentliche Auftraggeber nämlich aus haushalts- und vertragsrechtlichen Gründen nicht verpflichtet ist, den Zuschlag auf eines der abgegebenen Angebote zu erteilen,[231] kommt eine derartige Korrektur nur dann in Betracht, wenn er nicht endgültig von der Auftragsvergabe Abstand genommen hat – etwa im Falle der geplanten Neuausschreibung aufgrund der irrigen Annahme des Auftraggebers, dass kein den Ausschreibungsbedingungen entsprechendes Angebot eingegangen ist. Andernfalls kann nur die Rechtswidrigkeit der Verfahrenseinstellung festgestellt und dem Bieter mit dem „annehmbarsten Angebot" Schadensersatz wegen vergeblicher Aufwendungen für dessen Erstellung zugesprochen werden.[232] Ist der ausgeschriebene Auftrag nach Verfahrenseinstellung in einem neuen Vergabeverfahren tatsächlich erteilt worden, kann der Bieter, dem „bei Fortsetzung des Verfahrens der

---

[226] Siehe auch *M. Bungenberg*, in: Loewenheim/Meesen/Riesenkampff, Kartellrecht, § 97, Rn. 79 f.; *K. Hailbronner*, in: Byok/Jaeger, § 97 GWB, Rn. 274.

[227] *T. Pollmann*, Gleichbehandlungsgrundsatz, S. 129. Allgemein zum Auswirkungskriterium unten, 3. Teil, B.V.2.a.bb.(2).

[228] Siehe unten, VII.3.b und c.

[229] BGH, NVwZ 2003, S. 1149; *U. Scharen*, NZBau 2003, S. 585 (589).

[230] BGH, NVwZ 2003, S. 1149; *U. Scharen*, NZBau 2003, S. 585 (589). Zurückhaltender noch BGH, NJW 1993, S. 520 (521): „Die Regelungen über ... die Aufhebung einer Ausschreibung in § 26 VOL/A dienen nicht allein und zum Teil nicht einmal in erster Linie dem Schutz des einzelnen Bieters, sondern zumindest auch den Interessen des Ausschreibenden selbst ..., bei öffentlichen Auftraggebern zumal auch dem Erfordernis sparsamer Haushaltsführung".

[231] Siehe dazu bereits oben, III.2.f.

[232] BGH, NVwZ 2003, S. 1149 (1150). Zum Sekundärrechtsschutz auch BGH, NJW 1998, S. 3640 (3641), sowie oben, III.2.f., und unten, VII.4.

Zuschlag hätte erteilt werden müssen, weil er das annehmbarste Angebot abgegeben hat", Ersatz des positiven Interesses (entgangener Gewinn) verlangen,[233] sofern sich nicht „für die vorausgegangene Aufhebung des ersten Verfahrens sachliche und willkürfreie Gründe feststellen lassen"[234]. Ob ein Auftrag tatsächlich vergeben wurde, bestimmt sich nach einer wirtschaftlichen Betrachtungsweise, die die ausgeschriebenen und später dann tatsächlich vergebenen Leistungen vergleicht.[235] Schließlich ist zu berücksichtigen, dass der Übergang von einer aufgehobenen Ausschreibung in ein Vergabeverfahren mit nur ausgewählten Bietern die Unwirksamkeitsfolge des § 101b Abs. 1 Nr. 2 GWB nach sich zieht.[236]

bb) Fehlender oder nicht ordnungsgemäßer Vergabevermerk, § 20 VOB/A 2009

Dokumentationsmängel, d.h. ein fehlender oder nicht ordnungsgemäßer Vergabevermerk, können Bieter in eigenen Rechten verletzen, da § 20 VOB/A 2009 der Transparenz des Verfahrens und der Gewährleistung von Rechtsschutz dient.[237] Dieser Vergaberechtsverstoß muss allerdings kausal für einen drohenden Schaden in Form der Nichterteilung des Auftrags sein,[238] sich also nachteilig auf die Rechtsstellung des Bieters im Vergabeverfahren ausgewirkt haben können[239]. Anzunehmen ist dies, wenn die Dokumentationsmängel eine Überprüfung von Entscheidungen zulasten des Beschwerten ausschließen, sich der Antragsteller etwa mit seinem Nachprüfungsbegehren gegen die Angebotswertung wendet und die Dokumentation insoweit unzureichend ist, „d.h. die Angebotswertung anhand des Vergabevermerks nicht oder nicht hinreichend nachvollzogen werden kann."[240] Anderes soll gelten, wenn auch unter Zugrundelegung einer bestmöglichen Erfüllung des fehlerhaft dokumentierten Kriteriums ein Zuschlag nicht in Betracht käme.[241] Steht eine Rechtsverletzung auf-

---

[233] BGH, NZBau 2004, S. 283 (LS 1).

[234] BGH, NJW 1998, S. 3640 (3644).

[235] BGH, NZBau 2004, S. 283 (284); ferner bereits NJW 1998, S. 3640 (3644).

[236] *M. Mantler*, VergabeR 2003, S. 119 (128).

[237] BayObLG, Verg 4/00 – juris; Verg 6/01 – juris; NZBau 2002, S. 348 (350); OLG Brandenburg, NZBau 2000, S. 39 (44 f.); OLG Düsseldorf, NZBau 2004, S. 461 (462).

[238] BayObLG, NZBau 2002, S. 348 (350); OLG Celle, 13 Verg 3/10 – juris, Rn. 39; *S. Hertwig*, Praxis der öffentlichen Auftragsvergabe, Rn. 327.

[239] OLG Celle, 13 Verg 3/10 – juris, Rn. 39; OLG Düsseldorf, NZBau 2004, S. 461 (462); OLG Frankfurt, NZBau 2007, S. 804 (805); OLG Jena, NZBau 2008, S. 77 (77); *C. Jennert*, in: Müller-Wrede, Kompendium Vergaberecht, Kap. 25, Rn. 28.

[240] OLG Düsseldorf, NZBau 2004, S. 461 (462); ferner OLG Celle, 13 Verg 3/10 – juris, Rn. 39; OLG Frankfurt, NZBau 2007, S. 804 (805).

[241] BayObLG, NZBau 2002, S. 348 (351); OLG Celle, 13 Verg 3/10 – juris, Rn. 39. Siehe auch BayObLG, Verg 6/01 – juris, LS 6, wonach „der Dokumentationsmangel sich gerade auf die Rechtsstellung des Bieters mit Rücksicht auf seine im übrigen erhobenen Rügen im Vergabeverfahren auswirk[en]" muss, um eine Rechtsverletzung zu begründen.

grund eines Dokumentationsmangels fest, ist „das Vergabeverfahren ab dem Zeitpunkt, in dem die Dokumentation unzureichend ist, fehlerbehaftet und ... in diesem Umfang zu wiederholen".[242]

2. Die „Stabilität" der Vergabeentscheidung

Das vergaberechtliche Fehlerfolgenregime beruht auf dem Grundsatz der Irreversibilität der durch Vertragsschluss vollzogenen Vergabeentscheidung und misst dieser so eine besondere Stabilität bei (a). Aus rechtsstaatlichen Gründen haltbar ist dieses Dogma freilich nur um den Preis einer die Erlangung von Rechtsschutz ermöglichenden Vorabinformation über den geplanten Vertragsschluss (b). Auch sind Durchbrechungen für den Fall der Rechtsschutzvereitelung angezeigt (c).

a) Grundsatz

Die überkommene Auffassung misst der durch Zuschlag vollzogenen Auswahlentscheidung eine besondere Stabilität bei: Ein einmal abgeschlossener Beschaffungsvertrag kann nämlich nach dem Grundsatz „pacta sunt servanda" nicht mehr aufgehoben werden.[243] Dementsprechend ist auch die Aufhebung eines bereits erteilten Zuschlags im Nachprüfungsverfahren ausgeschlossen (§ 114 Abs. 2 S. 1 GWB, für das Beschwerdegericht i.V.m. § 123 S. 4 GWB).[244] Dies bedeutet, dass Fehler im Vergabeverfahren keine Konsequenzen für die Gültigkeit des abgeschlossenen Vertrages zeitigen. Folglich werden dem Grundsatz der Rechtssicherheit und dem Vertrauen der Vertragspartner in den Bestand ihrer Vereinbarung ein höheres Gewicht als dem Vor-

---

[242] OLG Düsseldorf, NZBau 2004, S. 461 (462); ferner OLG Celle, 13 Verg 3/10 – juris, Rn. 39; OLG Frankfurt, NZBau 2007, S. 804 (805).

[243] Zur Stabilität der Vergabeentscheidung auch *H. C. Röhl*, GVwR II, § 30, Rn. 20.

[244] Siehe die Begründung RegE VgRÄG, BT-DrS 13/9340, S. 17 (zu § 114 GWB a.F.): „Das Recht auf Einhaltung der Vergaberegeln kann nur bis zum Abschluß des Vergabeverfahrens geltend gemacht werden, weil nach erteiltem Zuschlag und Abschluß eines Vertrages kein Raum mehr für Rechte auf Einhaltung von Verfahrensregeln ist; nach deutschem Recht kommt durch den Zuschlag der Vertrag zustande, der grundsätzlich nicht mehr aufhebbar ist (§ 124 Abs. 2)"; ferner S. 19 (zu § 124 GWB a.F.): „[§ 114 Abs. 2 S. 1 GWB] schreibt ein Prinzip des deutschen Vergaberechts fest. Mit dem Zuschlag wird das Vergabeverfahren beendet und zugleich der Vertrag zwischen Auftraggeber und Auftragnehmer geschlossen. Eine Aufhebung dieses Vertrags ist nicht möglich ..."; BGH, NJW 2001, S. 1492 (1492 f.); NZBau 2005, S. 290 (292); *C. Antweiler*, DB 2001, S. 1975 (1975 f.); *K. Hailbronner*, NZBau 2002, S. 474 (481); *W. Wegmann*, NZBau 2001, S. 475 (475 f.). Mitunter wird betont, dass § 114 Abs. 2 S. 1 GWB keine Aussage zum Schicksal des materiell-rechtlichen Anspruchs des Bieters treffe, sondern lediglich die Kompetenzen der Nachprüfungsbehörde beschränke (*U. Stelkens*, NZBau 2003, S. 654 [655, 659]); dies schließt das Bestehen eines entsprechenden Grundsatzes aber auch nicht aus.

rang des Gesetzes (Art. 20 Abs. 3 GG) und den Rechtspositionen unterlegener Bieter beigemessen.[245]

Mitunter wird dieses Dogma der Irreversibilität des Zuschlags allerdings in Frage gestellt.[246] Der Anspruch auf eine fehlerfreie Entscheidung über die Bewerberauswahl könne nämlich nur dann aufgrund des Vertragsschlusses untergehen, wenn dessen Erfüllung damit unmöglich würde. Dies sei aber regelmäßig nicht der Fall, da der Abschluss weiterer Verträge vielleicht wirtschaftlich fragwürdig, aber doch noch möglich ist; im Übrigen komme auch eine Rückgängigmachung des zuerst geschlossenen Vertrages in Betracht. Gestützt werde diese Auffassung durch die Wertung des § 275 Abs. 1 und 2 BGB, wonach der Schuldner nur in Ausnahmefällen von seiner Erfüllungspflicht frei werde.[247] Einer Abkehr vom Dogma der Irreversibilität des Zuschlags könne schließlich nicht entgegengehalten werden, dass sie die Belange der Rechtssicherheit und des Vertrauensschutzes vernachlässige: Verpflichtet man nämlich die nicht zum Zuge gekommenen Bieter, Rechtsbeeinträchtigungen unverzüglich zu rügen (wie dies mit den §§ 101a Abs. 2 GWB, 107 Abs. 3 GWB geschehen ist), kann schnell Rechtssicherheit hergestellt werden.[248] Dieser Auffassung steht allerdings entgegen, dass der Rechtsuntergang Folge einer Beschränkung des Korrekturanspruchs ist, der die Nichtigkeitsfolge ausschließt.[249]

Europarechtlich ist gegen das Stabilitätsdogma nichts zu erinnern: Der vollzogenen Vergabeentscheidung eine besondere Stabilität zuzuerkennen, stellt die Rechtsmittelrichtlinie grundsätzlich in das Ermessen der Mitgliedstaaten. Diese können gemäß Art. 2 Abs. 7 UA 2 RL 89/665/EWG die Befugnisse der Nachprüfungsinstanz nach dem Vertragsschluss nämlich – bei Gewährleistung von effektivem Rechtsschutz gegen die Vergabeentscheidung – darauf beschränken, einer durch einen Rechtsverstoß geschädigten Person Schadenersatz zuzuerkennen.[250]

---

[245] Siehe aber auch BGH, NZBau 2005, S. 290 (294), der den Einwand des Vertrauensschutzes gegen eine vorsichtig analoge Ausdehnung des § 13 VgV a.F. wie folgt zurückweist: „Zu berücksichtigen ist auch nicht etwa ein vorrangiges Interesse des Unternehmens, mit dem sich der öffentliche Auftraggeber über den öffentlichen Auftrag geeinigt hat. Nach § 97 GWB, der insoweit die maßgebliche Bestimmung ist, gehört es nicht zu den Aufgaben des Vergaberechts, dass die Beteiligten auf die Wirksamkeit eines Vertragsschlusses über die Beschaffung am Markt vertrauen können, und auch aus zivilrechtlicher Sicht steht jede Einigung unter dem Vorbehalt der Anerkennung der rechtlichen Wirksamkeit."

[246] *U. Stelkens*, NZBau 2003, S. 654 (657 f.).

[247] *U. Stelkens*, NZBau 2003, S. 654 (657).

[248] *U. Stelkens*, NZBau 2003, S. 654 (657).

[249] Ausführlich unten, 3. Teil, B.V.3.b.aa. Siehe zur Parallelproblematik bei zivilrechtlichen Veräußerungsvorgängen unten, 2. Teil, I.IV.2.

[250] Siehe auch EuGH, Rs. C-81/98, Slg. 1999, I-7671, Rn. 37 – Alcatel Austria.

b) Die Vorabinformationspflicht als Korrelat

Das Dogma der Irreversibilität des Zuschlags gewährleistet Rechtssicherheit und Vertragsverbindlichkeit. Diese sind freilich nur eine Seite der Medaille. Erkauft wird ihre Stärkung mit einer Beschneidung der Rechtsschutzmöglichkeiten nicht berücksichtigter Bieter.

Besonders gravierend war dieses Defizit vor Einführung der Vorabinformationspflicht in § 13 VgV a.F. Nach der früheren Konzeption des deutschen Vergabeverfahrens trat die Verteilungsentscheidung nämlich erstmals mit dem Zuschlag aus dem Binnenbereich der Verwaltung hinaus. Zu diesem Zeitpunkt konnte sie aber schon nicht mehr angefochten werden, da mit der Erteilung des Zuschlags der Vertrag unumkehrbar zustande gekommen war (§ 114 Abs. 2 S. 1 GWB, § 28 Nr. 2 Abs. 1 VOB/A a.F.). Damit waren die unterlegenen Bieter, die regelmäßig erst im Nachhinein vom Zuschlag erfuhren, primärrechtsschutzlos gestellt.

Dass dieser Befund mit der Garantie effektiven Rechtsschutzes schwerlich vereinbar ist, liegt auf der Hand. Daher musste das dem deutschen Vergaberecht eherne Primat der Vertragsverbindlichkeit mit Blick auf unions- und verfassungsrechtliche Vorgaben auch aufgegeben werden. Aus der Perspektive des Gemeinschaftsrechts stellte sich die Frage, ob die faktische Beschneidung des Primärrechtsschutzes mit den Anforderungen der Rechtsmittelrichtlinie 89/665/EWG in Einklang stand. In der Rs. Alcatel Austria verneinte der Gerichtshof dies und hob hervor, dass sich der nach Art. 2 Abs. 6 RL 89/665/EWG a.F. mögliche Ersatz des Primär- durch Sekundärrechtsschutz in Form von Schadensersatz nur auf die Zeit nach Vertragsschluss beziehe.[251] Im Übrigen müssen die Mitgliedstaaten

die dem Vertragsschluß vorangehende Entscheidung des Auftraggebers darüber, mit welchem Bieter eines Vergabeverfahrens er den Vertrag schließt, in jedem Fall einem Nachprüfungsverfahren zugänglich ... machen, in dem der Antragsteller unabhängig von der Möglichkeit, nach dem Vertragsschluß Schadensersatz zu erlangen, die Aufhebung der Entscheidung erwirken kann, wenn die Voraussetzungen hierfür erfüllt sind.[252]

Klar benannte der Gerichtshof das Defizit einer rein zivilistischen, einstufigen Konzeption:

[D]ie Entscheidung des Auftraggebers, wem er den Zuschlag erteilt, [ist] eine in seinem inneren Organisationssystem getroffene Entscheidung, die nach österreichischem Recht nicht nach außen in Erscheinung tritt. Nach den Erklärungen des vorlegenden Gerichts bedient sich nämlich der Staat als Auftraggeber in Vergabeverfahren der Regeln, Formen und Mittel des Zivilrechts, so daß die Vergabe eines öffentlichen Auftrags durch den Abschluß eines Vertrages zwischen dem Auftraggeber und dem Bieter vollzogen wird. Da die Erteilung des Zuschlags und der Abschluß des Vertrages in der Praxis zusammenfal-

---

251 EuGH, Rs. C-81/98, Slg. 1999, I-7671, Rn. 37 – Alcatel Austria.
252 EuGH, Rs. C-81/98, Slg. 1999, I-7671, Rn. 43 – Alcatel Austria.

len, fehlt in einem solchen System ein öffentlich-rechtlicher Akt, der den Beteiligten zur Kenntnis gelangen und im Rahmen einer Nachprüfung aufgehoben werden könnte, wie es Artikel 2 Absatz 1 Buchstabe b der Richtlinie 89/665 vorsieht.[253]

Knapp ein halbes Jahr zuvor kam die Erste Vergabekammer des Bundes zu einem ähnlichen Ergebnis. Sie sah im faktischen Ausschluss des Primärrechtsschutzes einen Verstoß gegen die grundrechtliche Garantie effektiven Rechtsschutzes (Art. 19 Abs. 4 GG) und gab, anders als der EuGH, auch einen Lösungsweg vor: Die in den Verdingungsordnungen vorgesehene nachträgliche Informationspflicht über die Zuschlagserteilung sei verfassungskonform so auszulegen, dass die erfolglosen Bieter rechtzeitig vor Erteilung des Zuschlags über ihre Nichtberücksichtigung zu unterrichten sind. Damit ist ihnen die Möglichkeit eröffnet, Rechtsschutz in Anspruch zu nehmen.[254]

Auf diese verfassungs- und unionsrechtlichen Vorgaben musste der deutsche Gesetzgeber reagieren. Dies geschah durch die Verankerung einer Vorabinformationspflicht in der VgV (§ 13 VgV a.F.), die im Zuge der Vergaberechtsreform des Jahres 2009 in das GWB übernommen wurde. § 101a Abs. 1 GWB verlangt nunmehr, die unterlegenen Bieter über den Namen des erfolgreichen Bieters, den Grund ihrer Nichtberücksichtigung und den frühesten Zeitpunkt des ins Auge gefassten Vertragsschlusses zu informieren. Zwischen der Absendung dieser Information und dem Vertragsschluss müssen mindestens 15 Kalendertage liegen, um den unterlegenen Bietern die Stellung eines Nachprüfungsantrags zu ermöglichen. Unterlässt es der Auftraggeber, diese zu informieren, oder erteilt er eine fehlerhafte Information, ist der Vertrag gemäß § 101b Abs. 1 GWB unwirksam. Prozessual flankiert wird der den nicht berücksichtigten Bietern eingeräumte Zugang zu Primärrechtsschutz dadurch, dass der öffentliche Auftraggeber gemäß § 115 Abs. 1 GWB nach Information über den Nachprüfungsantrag den Zuschlag vor einer Entscheidung der Vergabekammer und dem Ablauf der 14–tägigen Beschwerdefrist grundsätzlich nicht erteilen darf. Zuwiderhandlungen ziehen wiederum die Unwirksamkeit des Vertrags nach sich.[255] Um Investitionshemmnissen entgegenzuwirken, können Auftraggeber und erfolgreiches Unternehmen allerdings bereits vor der Endentscheidung der

---

[253] EuGH, Rs. C-81/98, Slg. 1999, I-7671, Rn. 46 ff. – Alcatel Austria. Bei Vorabinformation halten einen öffentlich-rechtlichen Akt für entbehrlich *I. Brinker*, JZ 1999, S. 462 (464); *A. Kus*, NJW 2000, S. 544 (545).

[254] VK Bund, NJW 2000, S. 151 (152 ff.). Insoweit zutreffend wies im Übrigen auch das BVerwG in seiner Entscheidung zum Vergaberechtsschutz unterhalb der Schwellenwerte darauf hin, dass „[e]ntscheidend für die Effektivität des Rechtsschutzes … nicht die Zweistufigkeit des Verfahrens, sondern die rechtzeitige Information der Mitbieter über die beabsichtigte Auswahlentscheidung" sei (E 129, 9 [20]). Das BVerfG (E 116, 135) kam freilich zu einem anderen Ergebnis.

[255] *C. Antweiler*, DB 2001, S. 1975 (1976 f.); *J. Byok*, in: *ders.*/Jaeger, § 115 GWB, Rn. 1097; *S. Hertwig*, Praxis der öffentlichen Auftragsvergabe, Rn. 367; *H.-J. Prieß*, Handbuch Vergaberecht, S. 336.

Vergabekammer gemäß § 115 Abs. 2 S. 1 GWB beantragen, den Zuschlag zu gestatten. Diese Vorwegnahme der Hauptsache ist nur ausnahmsweise zulässig, nämlich „wenn unter Berücksichtigung aller möglicherweise geschädigten Interessen sowie des Interesses der Allgemeinheit an einem raschen Abschluss des Vergabeverfahrens die nachteiligen Folgen einer Verzögerung der Vergabe bis zum Abschluss der Nachprüfung die damit verbundenen Vorteile überwiegen."[256] Die Gestattung kann genauso wie ihre etwaige Ablehnung im Beschwerdeverfahren angegriffen werden (§ 115 Abs. 2 S. 5 und 6 GWB). Hat die Vergabekammer in ihrer Endentscheidung den Zuschlag untersagt, so hat dieser bei Meidung der Unwirksamkeitsfolge[257] zu unterbleiben (§ 118 Abs. 3 GWB). Allerdings kann auch das Beschwerdegericht diesen im Wege einer Vorabentscheidung gemäß § 121 GWB gestatten.

Das durch die Unwiderruflichkeit der vollzogenen Verteilungsentscheidung begründete Rechtsschutzdilemma hat der deutsche Gesetzgeber mithin dadurch kompensiert, dass der Auftraggeber die erfolglosen Bieter im Vorhinein über den geplanten Zuschlag unterrichten und damit die Möglichkeit von Primärrechtsschutz einräumen muss.

c) Durchbrechungen

Die aus dem Grundsatz „pacta sunt servanda" folgende Stabilität der vollzogenen Auswahlentscheidung beansprucht keine absolute Geltung. Bereits die in § 101b Abs. 1 GWB angeordnete Unwirksamkeitsfolge bei Verstößen gegen die Informationspflicht verweist auf eine erste vergabespezifische Durchbrechung;[258] Gleiches gilt für die bei Missachtung des Zuschlagsverbots nach §§ 115 Abs. 1, 118 Abs. 3 GWB vorgesehene Unwirksamkeit des Vertrages (aa.1). In diesem Zusammenhang einzuordnen ist ferner die Behandlung von De-facto-Vergaben, d.h. von Aufträgen, die ohne Durchführung eines Vergabeverfahrens vergeben wurden (aa.2). Über diese vergabespezifischen Unwirksamkeitsgründe hinaus stellt sich die Frage, inwieweit Durchbrechungen des Stabilitäts-Dogmas aufgrund allgemeiner Regeln in Betracht kommen, und zwar in Gestalt von Nichtigkeitsgründen (bb) und Kündigungspflichten (cc).

---

[256] Die im Zuge der Vergaberechtsmodernisierung 2009 eingefügten Sätze 2–4 des § 115 Abs. 2 GWB präzisieren nunmehr: „Bei der Abwägung ist das Interesse der Allgemeinheit an einer wirtschaftlichen Erfüllung der Aufgaben des Auftraggebers zu berücksichtigen. Die Vergabekammer berücksichtigt dabei auch die allgemeinen Aussichten des Antragstellers im Vergabeverfahren, den Auftrag zu erhalten. Die Erfolgsaussichten des Nachprüfungsantrags müssen nicht in jedem Falle Gegenstand der Abwägung sein."

[257] *C. Antweiler*, DB 2001, S. 1975 (1977).

[258] Kritisch zur Nichtigkeitsfolge *K. Hailbronner*, NZBau 2002, S. 474; *W. G. Kau*, NZBau 2003, S. 310 (314 f.). Eine teleologische Reduktion bei unzureichender Begründung nehmen vor BayObLG, NZBau 2003, S. 105 (105 f.); OLG Koblenz, NZBau 2002, S. 526 (526 f.); *W. Wegmann*, NZBau 2001, S. 475 (478). A.A. *C. Antweiler*, DB 2001, S. 1975 (1978).

aa) Vergabespezifische Unwirksamkeitsgründe

(1) Verstöße gegen die Informationspflicht und Missachtung des Zuschlagsverbots

Frustriert der öffentliche Auftraggeber den unions- und verfassungsrechtlich gebotenen Zugang unterlegener Bieter zum Primärrechtsschutz dadurch, dass er die gemäß § 101a GWB gebotene Vorabinformation entweder überhaupt nicht oder fehlerhaft erteilt, so sanktioniert dies § 101b Abs. 1 Nr. 1 GWB mit der Unwirksamkeit des abgeschlossenen Vertrages.[259] Aus demselben Grund sind auch Verträge unwirksam, die vor Ablauf der 15–tägigen Wartefrist ab Informationserteilung (§§ 101a Abs. 1 S. 3 und 4, 101b Abs. 1 Nr. 1 GWB) oder entgegen dem durch Stellen eines Nachprüfungsantrags ausgelösten Zuschlagsverbot (§§ 115 Abs. 1, 118 Abs. 3 GWB)[260] abgeschlossen werden.

Um Rechtsklarheit hinsichtlich der Gültigkeit des Vertrages herzustellen, sieht § 101b Abs. 1 GWB allerdings lediglich die schwebende Unwirksamkeit des Vertrages – bzw. rechtsdogmatisch zutreffend: einen auflösend bedingten Vertragsschluss[261] – vor und vollzieht damit eine Abkehr von § 13 VgV a.F., nach dem unter Verstoß gegen die Informationspflicht zustande gekommene Verträge nichtig waren. Nunmehr muss die Unwirksamkeit in einem Nachprüfungsverfahren festgestellt werden, das nur von Antragsberechtigten[262] und innerhalb einer bestimmten Frist eingeleitet werden kann (§ 101b Abs. 2 GWB). Diese beträgt 30 Kalendertage ab Kenntnis des Verstoßes, maximal jedoch sechs Monate ab Vertragsschluss. Bei Bekanntmachung der Auftragsvergabe im Amtsblatt der EU verkürzt sich die Frist auf 30 Kalendertage nach Veröffentlichung. Mithin ist der Vertrag „von Anfang an wirksam, wenn die Frist nach Absatz 2 abgelaufen [ist] und die Unwirksamkeit nicht in einem Nachprüfungsverfahren geltend gemacht wurde."[263]

---

[259] Eine Ausnahme bei zweifelsfreier Rechtmäßigkeit der Vergabeentscheidung erwägt *J. Kühnen,* in: Byok/Jaeger, § 13 VgV, Rn. 1591; auf die Nichtigkeit kann sich zudem nur der nicht informierte, nicht aber auch der erfolgreiche Bieter berufen, siehe Begründung RegE Gesetz zur Modernisierung des Vergaberechts, BT-DrS 16/10117, S. 21; *J. Kühnen,* in: Byok/Jaeger, § 13 VgV, Rn. 1595.

[260] *C. Antweiler,* DB 2001, S. 1975 (1976 f.); *J. Byok,* in: *ders./*Jaeger, § 115 GWB, Rn. 1097; *S. Hertwig,* Praxis der öffentlichen Auftragsvergabe, Rn. 367; *H.-J. Prieß,* Handbuch Vergaberecht, S. 336.

[261] Dazu unten, Fn. 277.

[262] Dazu unten, VII.3.b.

[263] Begründung RegE Gesetz zur Modernisierung des Vergaberechts, BT-DrS 16/10117, S. 21.

(2) De-facto-Vergabe

Eine Lücke im vergaberechtlichen Fehlerfolgenregime stellte lange Zeit die sog. De-facto-Vergabe dar, mithin die Auftragserteilung ohne Durchführung eines an und für sich gebotenen Vergabeverfahrens. Unter Geltung des § 13 VgV a.F. war diese gravierende Verletzung des Transparenz- und Wettbewerbsgebots nicht befriedigend in Griff zu bekommen (a). Im Zuge der Revision der Rechtsmittelrichtlinien und der Vergaberechtsreform des Jahres 2009 hat sich nunmehr eine ausgewogene Lösung durchgesetzt (b).

(a) Rechtslage unter Geltung des § 13 VgV a.F.

Die in § 13 S. 1 VgV a.F. verankerte und in § 13 S. 6 VgV a.F. mit der Nichtigkeitsfolge sanktionierte Informationspflicht bestand gegenüber den nicht zum Zuge gekommenen Bietern. Bieter existieren freilich nur in einem tatsächlich durchgeführten Vergabeverfahren, nicht aber, wenn dem öffentlichen Auftraggeber der mit Blick auf die Grundsätze der Transparenz, der Gleichbehandlung und des Wettbewerbs gravierende Vergaberechtsverstoß vorzuwerfen ist, den Auftrag überhaupt nicht ausgeschrieben, sondern freihändig vergeben zu haben (De-facto-Vergabe). Ob auch in diesem Fall eine Durchbrechung der Stabilität der vollzogenen Auswahlentscheidung in Betracht kommt, war umstritten. Angesichts der Entscheidung des Gesetzgebers, auch vergaberechtswidrig zustande gekommenen Verträgen Bestandsschutz zu verleihen,[264] kommt eine Unwirksamkeit gemäß § 134 BGB i.V.m. der zur Ausschreibung verpflichtenden Norm nicht in Betracht.[265] Auch der Nichtigkeitsgrund der Sittenwidrigkeit (§ 138 Abs. 1 BGB) scheidet regelmäßig aus, da dieser ein kollusives Zusammenwirken von Auftraggeber und -nehmer voraussetzt, d.h. eine Fallgestaltung, in der die Ausschreibungspflicht entweder bewusst missachtet wurde oder sich geradezu aufdrängte.[266] Nachdem schließlich eine direkte Heranziehung des § 13 S. 6 VgV a.F. mangels Bieter-Eigenschaft der Übergangenen nicht möglich war,[267] ver-

---

[264] Siehe dazu oben VI.2.

[265] LG München I, NZBau 2006, S. 269 (270); *M. Burgi*, NZBau 2003, S. 16 (20); *H. von Gehlen*, NZBau 2005, S. 503 (504 f.); *J. Kühnen*, in: Byok/Jaeger, § 13 VgV, Rn. 1603 f.; *R. Regler*, MittBayNot 2008, S. 253 (261 f.). A.A. *K. Heuvels/C. Kaiser*, NZBau 2001, S. 479 (480); *C. Kaiser*, NZBau 2005, S. 311 (312 ff.); *M. Müller-Wrede/H. Kaelble*, VergabeR 2002, S. 1 (7 ff.). Offengelassen von KG, NZBau 2005, S. 538 (542 f.).

[266] OLG Düsseldorf, NZBau 2004, S. 113 (116); OLG Karlsruhe, NZBau 2007, S. 395 (399 f.); LG München I, NZBau 2006, S. 269 (270); *K. Bitterich*, NJW 2006, S. 1845 (1847); *M. Burgi*, NZBau 2003, S. 16 (20); *H. von Gehlen*, NZBau 2005, S. 503 (504 f.); *J. Kühnen*, in: Byok/Jaeger, § 13 VgV, Rn. 1610; *W. Wegmann*, NZBau 2001, S. 475 (478). Siehe aber auch KG, NZBau 2005, S. 538 (543 f.); *M. Müller-Wrede/H. Kaelble*, VergabeR 2002, S. 1 (9); *R. Regler*, MittBayNot 2008, S. 253 (261).

[267] BGH, NZBau 2005, S. 290 (294); OLG Düsseldorf, NZBau 2004, S. 113 (115); *J. Kühnen*, in: Byok/Jaeger, § 13 VgV, Rn. 1602; *R. Regler*, MittBayNot 2008, S. 253 (261). Anders aber *M. Burgi*, NZBau 2003, S. 16 (20 f.), nach dem die an die Pflicht zur Durchführung eines

blieb allenfalls dessen analoge Anwendung. Mitunter wurde diese unter Verweis darauf, dass andernfalls der schwerste Verstoß gegen das Vergabeverfahrensrecht ohne Konsequenzen bliebe, befürwortet (*argumentum a maiore ad minus*). Darüber hinaus könne nur so effektiver Primärrechtsschutz gewährleistet werden.[268] Demgegenüber lehnte die herrschende Auffassung eine generelle analoge Anwendung des § 13 S. 6 VgV a.F. überwiegend ab.[269] Zum einen fehle es an einer Regelungslücke. Denn obgleich dem Gesetzgeber die Problematik der De-facto-Vergabe bekannt war,[270] ordnete er für diesen Fall keine Ausnahme vom Grundsatz der Irreversibilität des Zuschlags (§ 114 Abs. 2 S. 1 GWB) an.[271] Zum anderen sei die Missachtung der Informationspflicht nicht mit einer De-facto-Vergabe vergleichbar. Erstere beruhe nämlich regelmäßig auf einem bewussten Pflichtverstoß, letztere meist auf einem Rechtsirrtum.[272] Des Weiteren fehle es bei einer De-facto-Vergabe mangels Bietern an einem Anknüpfungspunkt für die Informationspflicht, auf der die Nichtigkeitsfolge aufbaut.[273] Gegen eine analoge Anwendung des § 13 S. 6 VgV spreche schließlich die durch sie hervorgerufene Rechtsunsicherheit.[274]

Eine Ausnahme befürwortete die herrschende Meinung jedoch für den Fall, dass mehrere der Vergabestelle bekannte Interessenten vorhanden sind – etwa aufgrund einer Angebotseinholung durch den Auftraggeber, einer Interessenbekundung ihm gegenüber oder bei Beauftragung eines Unternehmens nach vorangegangener Aufhebung der Ausschreibung –, ohne dass ein förmliches Vergabeverfahren durchgeführt worden wäre:

Verfahrens (§ 97 Abs. 1 GWB) anknüpfenden S. 1 und 2 des § 13 VgV a.F. bei Nichtdurchführung eines Verfahrens „akzessorisch verletzt" seien und die Nichtigkeitsfolge damit greife; anders auch *S. Hertwig*, NZBau 2001, S. 241 (242), und *H. Wirner*, LKV 2005, S. 293 (294 f.), mit Blick auf das unionsrechtliche Gebot effektiven Rechtsschutzes, wobei letzterer eine alternative Heranziehung von § 134 BGB für möglich erachtet.

[268] *R. Noch*, Vergaberecht kompakt, S. 84; *H.-J. Prieß*, Handbuch Vergaberecht, S. 342 ff.

[269] KG, NZBau 2005, S. 538 (542); OLG Düsseldorf, NZBau 2004, S. 113 (115 f.); LG München I, NZBau 2006, S. 269 (270); *J. Kühnen*, in: Byok / Jaeger, § 13 VgV, Rn. 1607 ff.; *M. Müller-Wrede / H. Kaelble*, VergabeR 2002, S. 1 (5); *R. Regler*, MittBayNot 2008, S. 253 (261); *W. Wegmann*, NZBau 2001, S. 475 (478); *J. Ziekow*, Öffentliches Wirtschaftsrecht, § 9, Rn. 71.

[270] Siehe Begründung RegE VgRÄG, BT-DrS 13/9340, S. 17 (zu § 117 GWB a.F.): „Die Verletzung kann auch darin bestehen, daß die Ausschreibung einer Vergabe rechtswidrig unterblieb. Gegenstand der Nachprüfung ist das noch nicht abgeschlossene Vergabeverfahren."

[271] OLG Düsseldorf, NZBau 2004, S. 113 (115 f.); *M. Burgi*, NZBau 2003, S. 16 (20); *J. Kühnen*, in: Byok / Jaeger, § 13 VgV, Rn. 1608. Diese These für nicht belegbar hält *C. Kaiser*, NZBau 2005, S. 311 (313).

[272] OLG Düsseldorf, NZBau 2004, S. 113 (116); *J. Kühnen*, in: Byok / Jaeger, § 13 VgV, Rn. 1609.

[273] OLG Düsseldorf, NZBau 2004, S. 113 (116); *K. Hailbronner*, NZBau 2002, S. 474 (479); *J. Kühnen*, in: Byok / Jaeger, § 13 VgV, Rn. 1609.

[274] OLG Düsseldorf, NZBau 2004, S. 113 (116); *J. Kühnen*, in: Byok / Jaeger, § 13 VgV, Rn. 1609.

Denn dann gibt es neben dem in Aussicht genommenen Unternehmen bestimmte andere außenstehende Dritte, die wie im Falle eines geregelten Vergabeverfahrens als Bieter aufgetreten sind, und deren Angebote nicht berücksichtigt werden sollen, sowie Gründe für die Nichtberücksichtigung dieser Angebote. Diese Gegebenheiten kann der öffentliche Auftraggeber wie bei einem geregelten Vergabeverfahren zu einer sachgerechten Information der Unternehmen nutzen, deren Angebote nicht zum Zuge kommen sollen, so dass insoweit Unsicherheiten hinsichtlich der Informationspflicht nicht bestehen.[275]

Im Übrigen blieb die De-facto-Vergabe allerdings sanktionslos. Bei aller berechtigter Kritik hieran dürfen freilich die mit der Vertragsnichtigkeit in Fällen der De-facto-Vergabe einhergehenden praktischen Probleme nicht übersehen werden: Zum einen stellt sich die Frage, wer in einem Nachprüfungsverfahren berechtigt sein soll, den Vergabeverstoß zu rügen. Zum anderen muss beantwortet werden, wie lange eine Rüge möglich ist. Bezüglich ersterem mag man eine mehr oder weniger sachgerechte Begrenzung des Kreises der Rügeberechtigten vielleicht noch durch das Erfordernis eines Nachweises von Eignung und konkreter Leistungsfähigkeit erreichen[276]. Hinsichtlich des zweiten Punktes ist allerdings festzuhalten, dass die Rechtssicherheit und der Vertrauensschutz empfindlich berührt wären, müssten de facto vergebene Verträge in den Grenzen der Verjährung, d.h. bis zu 10 Jahren ab Leistungsaustausch (§ 199 Abs. 4 BGB), bereicherungsrechtlich rückabgewickelt und könnten für denselben Zeitraum von Dritten in Frage gestellt (§ 199 Abs. 3 Nr. 1 BGB) werden.

(b) Die Regelung des § 101b Abs. 1 Nr. 2, Abs. 2 GWB

Die Neu- respektive die erstmalige Regelung der Konsequenzen einer De-facto-Vergabe mit der Vergaberechtsreform 2009 sucht – in Einklang mit den Vorgaben der Rechtsmittelrichtlinie – einen überzeugenden Ausgleich zwischen den widerstreitenden Belangen der Rechtssicherheit und eines effektiven Rechtsschutzes, indem de facto vergebene Aufträge für schwebend unwirksam erklärt werden[277]. § 101b Abs. 1 Nr. 2 GWB bestimmt, dass ein Beschaffungsvertrag „von Anfang an unwirksam [ist], wenn der Auftraggeber einen öffentlichen Auftrag unmittelbar an ein Unternehmen erteilt, ohne andere Unterneh-

---

[275] BGH, NZBau 2005, S. 290 (294). Siehe auch OLG Düsseldorf, NZBau 2003, S. 401 (405); NZBau 2005, S. 535; NZBau 2005, S. 536 (536 f.); NZBau 2005, S. 537 (537 f.); OLG Hamburg, 1 Verg 5/06 – juris; OLG Karlsruhe, NZBau 2007, S. 395 (399): abstrakte Interessenbekundung aber nicht ausreichend (kritisch zu dieser Einschränkung *H. von Gehlen*, NZBau 2007, S. 358 [359]; demgegenüber fordert die Abgabe eines Angebots *M. Raabe*, NJW 2004, S. 1284 [1287]); VergabeR 2009, S. 200 (206): konkrete Interessenbekundung.

[276] Vgl. insoweit *H.-J. Prieß*, Handbuch Vergaberecht, S. 343 f.

[277] Misslich an der Konstruktion über die schwebende Unwirksamkeit ist, dass letztere nicht ex tunc entfällt, sondern der Vertrag erst zum entsprechenden Zeitpunkt wirksam wird. Um dies zu vermeiden, wird die gesetzliche Regelung unter Berufung auf die Intention des Gesetzgebers als Anordnung einer auflösenden Bedingung verstanden, vgl. *A. Herrmann*, VergabeR 2009, S. 249 (261).

men am Vergabeverfahren zu beteiligen und ohne dass dies aufgrund Gesetzes gestattet ist". Allerdings muss die Unwirksamkeit in einem Nachprüfungsverfahren festgestellt werden, das „innerhalb von 30 Kalendertagen ab Kenntnis des Verstoßes, jedoch nicht später als sechs Monate nach Vertragsschluss" einzuleiten ist (§ 101b Abs. 2 GWB). Andernfalls ist der zunächst „schwebend unwirksame" Vertrag wirksam. Um rasch Rechtssicherheit herzustellen, kann der Auftraggeber die Auftragsvergabe im Amtsblatt der Europäischen Union bekanntmachen. In diesem Fall verkürzt sich nämlich gemäß § 101b Abs. 2 S. 2 GWB die Sechsmonatsfrist für die Geltendmachung der Unwirksamkeit auf 30 Kalendertage nach Veröffentlichung der Bekanntmachung im Amtsblatt.

bb) Unwirksamkeit nach allgemeinen Regeln

Fraglich ist, ob der Grundsatz der Vertragsverbindlichkeit auch aufgrund allgemeiner Regeln durchbrochen werden kann. Da der Beschaffungsvertrag dem Zivilrecht zuzuordnen ist, kommen insoweit die allgemeinen zivilrechtlichen Nichtigkeitsgründe in Betracht, nämlich die Brückennorm des § 134 BGB, nach der ein Verstoß gegen ein Verbotsgesetz die Unwirksamkeit des Vertrags nach sich zieht (1), und der in § 138 BGB geregelte Nichtigkeitsgrund der Sittenwidrigkeit (2).

(1) Verstoß gegen ein Verbotsgesetz (§ 134 BGB)

§ 134 BGB ordnet die Nichtigkeit von Rechtsgeschäften an, die gegen ein gesetzliches Verbot verstoßen. Diese Norm findet auch auf die dem Zivilrecht zuzuordnenden Beschaffungsverträge Anwendung und kann damit prinzipiell die Stabilität der vollzogenen Auswahlentscheidung durchbrechen. Zu berücksichtigen ist jedoch, dass nicht jedwede Missachtung einer Vergabevorschrift als Verstoß gegen ein Verbotsgesetz i.S.d. § 134 BGB gewertet werden kann. Denn andernfalls würde die Systematik des Kartellvergaberechts gesprengt, das, wie die ausdrücklich normierten und mit der Unwirksamkeitsfolge sanktionierten Zuschlagsverbote (§§ 101b, 115 Abs. 1 GWB) zeigen, grundsätzlich von der Wirksamkeit auch vergaberechtswidrig zustande gekommener Verträge ausgeht.[278] Eine Nichtigkeit aufgrund eines Verstoßes gegen die kartellvergaberechtlichen Verfahrensvorschriften scheidet damit aus.[279]

---

[278] BGH, NJW 2001, S. 1492 (1494 f.); OLG Karlsruhe, NZBau 2007, S. 395 (400); LG München I, NZBau 2006, S. 269 (270); *C. Antweiler*, DB 2001, S. 1975 (1975 f.); *H. von Gehlen*, NZBau 2005, S. 503 (504 f.); *J. Kühnen*, in: Byok/Jaeger, § 13 VgV, Rn. 1603 f.; *R. Regler*, MittBayNot 2008, S. 253 (261 f.). Anders jedenfalls für die De-facto-Vergabe *K. Heuvels/ C. Kaiser*, NZBau 2001, S. 479 (480); *C. Kaiser*, NZBau 2005, S. 311 (312 ff.); *M. MüllerWrede/H. Kaelble*, VergabeR 2002, S. 1 (7 ff.).

[279] Ebenso *C. Antweiler*, DB 2001, S. 1975 (1976), der dies allerdings fälschlicherweise damit begründet, dass es sich bei den Verfahrensvorschriften um keine Verbotsgesetze i.S.d. § 134 BGB handle, da jene lediglich die Art und Weise des Zustandekommens des Vertrages

(2) Sittenwidrigkeit (§ 138 BGB)

Gemäß § 138 Abs. 1 BGB sind Rechtsgeschäfte, die gegen die guten Sitten verstoßen, nichtig. Für die Annahme eines derartigen Verstoßes reicht freilich die schlichte Verletzung von Verfahrensvorschriften – schon aus den im Kontext von § 134 BGB genannten Gründen – niemals aus. Zum Vergabeverstoß müssen vielmehr noch besondere Umstände hinzutreten, die den Beschaffungsvorgang insgesamt als sittenwidrig erscheinen lassen. Der BGH nimmt dies bei Geschäften an, „durch die Dritte gefährdet oder geschädigt werden oder die im Falle einer Beteiligung der öffentlichen Hand in krassem Widerspruch zum Gemeinwohl stehen …, sofern alle an dem Geschäft Beteiligten sittenwidrig handeln, das heißt die Tatsachen, die die Sittenwidrigkeit begründen, kennen oder sich zumindest ihrer Kenntnis grob fahrlässig verschließen".[280] Zu fordern ist mithin eine bewusste Missachtung von Vergabevorschriften zum Nachteil Dritter.[281]

cc) Aufhebung des Vertrags

Die im nationalen Recht vorgesehene Verbindlichkeit auch vergaberechtswidrig zustande gekommener Verträge wird auch dann durchbrochen, wenn man die Mitgliedstaaten für verpflichtet hält, derartige Verträge durch Kündigung oder Rücktritt aufzuheben, respektive dem öffentlichen Auftraggeber ein Kündigungsrecht einräumt.

Derartiges nahm der EuGH für auf lange Zeit ohne Ausschreibung vergebene Verträge an: Zwei niedersächsische Kommunen schlossen Abwasser- bzw. Abfallentsorgungsverträge mit einer Laufzeit von 30 Jahren, ohne diese entsprechend den Vorgaben des Unionsrechts ausgeschrieben zu haben. Im daraufhin eingeleiteten Vertragsverletzungsverfahren gegen die Bundesrepublik Deutschland stellte der Gerichtshof fest, dass der gemeinschaftsrechtlich anerkannte, im nationalen Recht verankerte Grundsatz der Irreversibilität des Zuschlags nichts am Vorliegen eines Verstoßes gegen Gemeinschaftsrecht ändere.

[Art. 2 Abs. 6 RL 89/665/EWG] erlaubt den Mitgliedstaaten zwar, die Wirkungen der unter Verstoß gegen die Richtlinien über die Vergabe öffentlicher Aufträge geschlossenen Verträge aufrechtzuerhalten, und schützt somit das berechtigte Vertrauen der Vertragspartner; sie kann jedoch nicht, ohne die Tragweite der die Schaffung des Binnenmarktes betreffenden Bestimmungen des Vertrages zu beschränken, dazu führen, dass das Verhal-

---

betreffen. Dies trägt nämlich der in ihnen verarbeiteten multipolaren Konfliktsituation nicht Rechnung; dazu näher unten, 2. Teil, I.IV.2.a., sowie 3. Teil, B.V.2.b.bb.

[280] BGH, NZBau 2005, S. 590 (591); ferner NJW 1990, S. 567 (568); NJW 2005, S. 1490 (1491).

[281] Siehe etwa BGH, NJW 2001, S. 1492 (1495) – für den Fall einer Scheinausschreibung offenlassend; ferner die im Kontext der Behandlung von De-facto-Vergaben genannten Beispiele.

ten des Auftraggebers gegenüber Dritten nach Abschluss dieser Verträge als gemein-
schaftsrechtskonform anzusehen ist.[282]

Welche Konsequenzen aus diesem Urteil für die vergaberechtswidrig zustande
gekommenen Verträge zu ziehen sind, war im Anschluss an dessen Verkün-
dung umstritten. Die Bundesrepublik Deutschland hielt sich nicht für verpflichtet, auf deren Rückgängigmachung hinzuwirken. Denn eine gemeinschaftsrechtliche Aufhebungspflicht konterkariere die den Mitgliedstaaten eingeräumte Möglichkeit, die Verbindlichkeit auch vergaberechtswidrig zustande
gekommener Verträge vorzusehen (Art. 2 Abs. 6 RL 89/665/EWG).[283] Im daraufhin gemäß Art. 228 EG (= Art. 260 AEUV) fortgesetzten Vertragsverletzungsverfahren schloss sich der EuGH jedoch der gegenteiligen Auffassung der
Europäischen Kommission an: Die Fortgeltung der Verträge perpetuiere die
Verletzung von Gemeinschaftsrecht. Hieran ändere Art. 2 Abs. 6 der Rechtsmittelrichtlinie 89/665/EWG nichts, da diese Norm nicht das Verhältnis der
Mitgliedstaaten zu der Gemeinschaft betreffe.[284] Darüber hinaus

ist zu den Grundsätzen der Rechtssicherheit und des Vertrauensschutzes sowie dem
Grundsatz pacta sunt servanda und dem Grundrecht auf Eigentum zu bemerken, dass
sich ein Mitgliedstaat – wenn diese Grundsätze und dieses Grundrecht auch dem öffentlichen Auftraggeber gegenüber von dessen Vertragspartner bei einer Kündigung des Vertrags geltend gemacht werden können – keinesfalls auf diese Möglichkeit berufen kann,
um die Nichtdurchführung eines eine Vertragsverletzung nach Art. 226 EG [= Art. 258
AEUV] feststellenden Urteils zu rechtfertigen und sich dadurch seiner gemeinschaftsrechtlichen Verantwortung zu entziehen.[285]

Ein Jahr zuvor sprach bereits das LG München I dem öffentlichen Auftragge-
ber für den Fall der nachträglich festgestellten Europarechtswidrigkeit einer
Beschaffung ein außerordentliches Kündigungsrecht gemäß § 313 Abs. 3 S. 2
BGB zu, da ihm aufgrund des Verstoßes gegen Gemeinschaftsrecht ein Festhal-
ten am Vertrag unzumutbar sei.[286] In einer jüngeren Entscheidung hat der
EuGH dann nochmals betont, dass die Aufsichtsbefugnis der Europäischen
Kommission gemäß Art. 260, 262 AEUV unabhängig von der Nachprüfungs-

---

[282] EuGH, verb. Rs. C-20 und 28/01, Slg. 2003, I-3609, Rn. 39 – EK / Deutschland; ebenso
Rs. C-125/03, EuZW 2004, S. 636 (639), Rn. 15 – EK / Deutschland. Zustimmend *K. Bitterich*, EWS 2005, S. 162 (164).
[283] Ebenso *K. Heuvels*, NZBau 2005, S. 32 (33 f.); *H.-J. Prieß*, Handbuch Vergaberecht,
S. 301 ff.
[284] EuGH, Rs. C-503/04, Slg. 2007, I-6153, Rn. 33 ff. – EK / Deutschland. Undeutlicher
noch Rs. C-126/03, Slg. 2004, I-11197, Rn. 25 f. – EK / Deutschland.
[285] EuGH, Rs. C-503/04, Slg. 2007, I-6153, Rn. 36 – EK / Deutschland. Ebenso *K. Bitterich*, EWS 2005, S. 162 (165 f.); *ders.*, NJW 2006, S. 1845 (1846); *W. Frenz*, VergabeR 2007, S. 1
(15 f.).
[286] LG München I, NZBau 2006, S. 269. Zustimmend *H.-J. Prieß / M. Gabriel*, NZBau
2006, S. 219; ferner *A. Herrmann*, VergabeR 2009, S. 249 (256 f.). Kritisch zur Begründung,
nicht aber im Ergebnis *K. Bitterich*, NJW 2006, S. 1845 (1847 ff.).

möglichkeit der Bieter zu sehen sei und auch ein rechtskräftig abgeschlossenes Nachprüfungsverfahren die Einleitung einer Vertragsverletzungsverfahrens nicht ausschlösse.[287] Die Möglichkeit, den Grundsatz der Vertragsverbindlichkeit bei Vergabeverstößen durch Kündigung zu korrigieren, erwähnt auch die Begründung der Vergaberechtsreform 2009, ohne sich allerdings näher festzulegen: „Für den Fall, dass die europäische Rechtsentwicklung dazu veranlasst, in bestehende Vertragsverhältnisse einzugreifen, besteht in Deutschland die Möglichkeit, § 313 BGB auf den geschlossenen Vertrag anzuwenden."[288] Fraglich ist freilich, in welchen Fällen die Annahme einer derartigen Kündigungspflicht zum Tragen kommen kann. Nachdem nun die Konsequenzen von De-facto-Vergaben eine unionsrechtliche Regelung erfahren haben, kann es nur schwerlich gerechtfertigt werden, den in der Rechtsmittelrichtlinie gefundenen Kompromiss zwischen Rechtsschutz und Rechtssicherheit durch die Möglichkeit einer Rückgängigmachung des Vertrages zu überspielen. Dies gilt auch für sonstige Vergabeverstöße. Das Kündigungsrecht muss folglich auf Konstellationen beschränkt werden, in denen aufgrund eines schwerwiegenden Verstoßes das Festhalten an einem langjährigen Vertrag nicht hinnehmbar erscheint; entsprechend ist auch das Ermessen der Europäischen Kommission zu begrenzen, ein Vertragsverletzungsverfahren einzuleiten. Zu beachten ist schließlich, dass die Rechtsposition übergangener Bieter abschließend in der Rechtsmittelrichtlinie geregelt ist. Diese können das vergaberechtliche Rechtsschutzsystem mithin nicht durch die Berufung auf Kündigungsmöglichkeiten überspielen.[289]

VII. Rechtsschutzsystem

Im Zuge seiner Europäisierung hat sich das deutsche Vergaberecht von seinem haushaltsrechtlichen Herkommen emanzipiert und kennt seit der grundlegenden Reform des Jahres 1999 sowohl subjektive Rechte der beteiligten Unternehmen als auch gerichtlichen Rechtsschutz.[290] Effektivitätsanforderungen an diesen haben zu einer Aufgabe des Primats des Sekundär- zugunsten einer Aufwertung des Primärrechtsschutzes gezwungen (1.). Letzterer findet sich nicht in das allgemeine Rechtsschutzsystem integriert, sondern ist einem eigenen Rechtsweg zugewiesen (2.). Die Grundzüge der gerichtlichen Schlichtung des

---

[287] EuGH, Rs. C-275/08, n.n.v., Rn. 26 ff. – EK / Deutschland; ferner Rs. C-17/09, n.n.v., Rn. 19 ff. – EK / Deutschland.

[288] Begründung RegE Gesetz zur Modernisierung des Vergaberechts, BT-DrS 16/10117, S. 21.

[289] Siehe auch *J. Knöbl*, Rechtsschutz, S. 74 f.; *S. Storr*, SächsVBl. 2008, S. 60 (65).

[290] Ausführlich zur Europäisierung des deutschen Vergaberechts *F. Wollenschläger*, Europäisches Vergabeverwaltungsrecht, Rn. 79 ff.

multipolaren Verteilungskonflikts seien vorgestellt (3.); ein abschließender Blick gilt dem Sekundärrechtsschutz (4.).

1. Die Akzentverschiebung vom Sekundär- zum Primärrechtsschutz

Fundamental für das vergaberechtliche Rechtsschutzsystem ist die Differenzierung zwischen Primär- und Sekundärrechtsschutz: Während ersterer auf die Korrektur rechtswidriger Vergabeentscheidungen zielt, muss sich der in seinen Rechten verletzte Bieter bei letzterem mit Schadensersatz für die nicht rückgängig zu machende Vergabeentscheidung begnügen. Die Demarkationslinie zwischen beiden Formen des Rechtsschutzes zieht § 114 Abs. 2 S. 1 GWB, nach dem ein bereits erteilter Zuschlag nicht mehr aufgehoben werden kann. Angesichts des verfassungs- und unionsrechtlich verbürgten grundsätzlichen Vorrangs des Primärrechtsschutzes setzt diese Regelung freilich die oben aufgezeigten Vorabinformations- und Wartepflichten voraus, die Primärrechtsschutz erst ermöglichen. Solange die Mindestanforderungen an diesen gewahrt sind, ist eine Beschränkung auf Sekundärrechtsschutz nach Vertragsschluss europarechtlich nicht zu beanstanden (Art. 2 Abs. 7 UAbs. 2 RL 89/665/EG). Insgesamt kommt dem Sekundärrechtsschutz angesichts der im Zuge der Vergaberechtsreform erfolgten Aufwertung des Primärrechtsschutzes allerdings eine nur sekundäre Bedeutung zu.

Anders ist die Rechtslage aber nach wie vor im Bereich der nicht vom koordinierten EU-Vergaberecht erfassten Beschaffungsvorgänge, in dem das BVerfG Vorabinformationspflichten und damit Primärrechtsschutz nicht für geboten erachtete.[291] Als Kompensation mahnte es jedoch gleichzeitig eine Stärkung des Sekundärrechtsschutzes an:

Der allgemeine Justizgewährungsanspruch wirkt allerdings auf die Auslegung und Anwendung der privatrechtlichen und zivilprozessualen Normen ein, auf die sich ein erfolgloser Bieter stützen kann, um Rechtsschutz gegen eine rechtswidrige Übergehung bei der Auftragsvergabe zu erlangen. Die Tatbestandsvoraussetzungen und Rechtsfolgen der Normen, aus denen sich ein Schadensersatzanspruch des erfolglosen Bieters ergeben kann, müssen in einer Weise bestimmt werden, die seinem auf die Beachtung des Art. 3 Abs. 1 GG gerichteten Rechtsschutzinteresse hinreichend Rechnung trägt.[292]

Darüber hinaus verwies das BVerfG auf die Möglichkeit einer Feststellungsklage, die freilich ein Feststellungsinteresse voraussetzt.[293]

---

291 BVerfGE 116, 135 (156). Dazu bereits oben, 1. Teil, A.I.2.c.
292 BVerfGE 116, 135 (159); ferner E 116, 1 (22).
293 BVerfGE 116, 135 (159).

2. Das vergaberechtliche Rechtsschutzsystem

Der Vergaberechtsweg umfasst ein zweistufiges, dem Kartellrecht nachgebilde-
tes Nachprüfungsverfahren (§§ 102 ff. GWB). Eingangsinstanz (§ 104 Abs. 2
GWB) sind die bei der Verwaltung angesiedelten, gleichwohl mit sachlicher
und persönlicher Unabhängigkeit ausgestatteten (§ 105 Abs. 1 und 4 GWB)[294]
Vergabekammern von Bund und Ländern[295]. Diese entscheiden durch Verwaltungsakt (§ 114 Abs. 3 S. 1 GWB). Gegen die Entscheidung der Vergabekammern kann binnen einer Notfrist von zwei Wochen sofortige Beschwerde zum
Vergabesenat des für den Sitz der jeweiligen Vergabekammer zuständigen OLG
erhoben werden (§§ 116 ff. GWB). Eine weitere Beschwerde ist nicht vorgesehen; die Rechtseinheit sichert jedoch die Verpflichtung des OLG, die Sache dem
BGH vorzulegen, so es „von einer Entscheidung eines anderen Oberlandesge-
richts oder des Bundesgerichtshofs abweichen" möchte (§ 124 Abs. 2 GWB).

Im Interesse einer effizienten Beschaffung kennzeichnet der Beschleuni-
gungsgedanke das Nachprüfungsverfahren: So schränkt dieser den Amtsermittlungsgrundsatz ein (§ 110 Abs. 1 GWB) und verpflichtet die Vergabekammern, offensichtlich unzulässige oder unbegründete Anträge gar nicht erst zuzustellen (§ 110 Abs. 2 GWB) oder die begründete Entscheidung grundsätzlich
innerhalb von fünf Wochen nach Eingang des Nachprüfungsantrags zu treffen
(§ 113 Abs. 1 GWB).

3. Rechtsschutzverfahren

a) Angreifbare Entscheidungen

Gemäß Art. 1 Abs. 1 UAbs. 3 RL 89/665/EWG sind die Mitgliedstaaten verpflichtet, nach Maßgabe dieser Richtlinie effektive Rechtsschutzmöglichkeiten
gegen Entscheidungen der Vergabebehörden in den von den Vergaberichtlinien
erfassten Auftragsvergaben vorzusehen. Der Begriff der Entscheidung ist weit
zu verstehen, da die Norm keinerlei Beschränkungen hinsichtlich Art und Inhalt überprüfbarer Entscheidungen vorsieht und im Lichte des Ziels der Rechtsmittelrichtlinie, effektiven Rechtsschutz zu gewährleisten, auszulegen ist.[296] Er
umfasst demnach jede Maßnahme, die im Zusammenhang mit einer von den

---

[294] Gemäß § 105 Abs. 1 GWB „üben [die Vergabekammern] ihre Tätigkeit im Rahmen
der Gesetze unabhängig und in eigener Verantwortung aus." § 105 Abs. 4 GWB bestimmt:
„Die Mitglieder der Kammer werden für eine Amtszeit von fünf Jahren bestellt. Sie entscheiden unabhängig und sind nur dem Gesetz unterworfen."

[295] Siehe zur Zuständigkeitsabgrenzung der Vergabekammern von Bund und Ländern
§ 104 Abs. 1, § 106a GWB.

[296] Vgl. EuGH, Rs. C-81/98, Slg. 1999, I-7671, Rn. 35 – Alcatel Austria; Rs. C-92/00, Slg.
2002, I-5553, Rn. 49 – Hospital Ingenieure; Rs. C-26/03, Slg. 2005, I-1, Rn. 27 ff. – Stadt
Halle.

Vergaberichtlinien erfassten Auftragsvergabe getroffen wurde und die Rechtswirkungen entfalten kann. Ob die Maßnahme innerhalb oder außerhalb eines förmlichen Vergabeverfahrens getroffen wurde, ist irrelevant. Der Nachprüfung nicht zugänglich sind allerdings „Handlungen, die eine bloße Vorstudie des Marktes darstellen oder die rein vorbereitend sind und sich im Rahmen der internen Überlegungen des öffentlichen Auftraggebers im Hinblick auf die Vergabe eines öffentlichen Auftrags abspielen."[297] Als nachprüfbar qualifiziert hat der Gerichtshof demnach nicht lediglich die Zuschlagsentscheidung, sondern auch die Entscheidungen, schon gar kein förmliches Vergabeverfahren durchzuführen[298] oder dieses einzustellen[299].

Wesentlich unterscheidet sich das kartellvergaberechtliche Nachprüfungsverfahren vom Verwaltungsprozess dadurch, dass es anders als im Regelfall bei jenem (siehe § 44a VwGO)[300] auch die isolierte Angreifbarkeit von Verfahrenshandlungen vorsieht, ohne dass die Endentscheidung abgewartet werden müsste bzw. – angesichts der Rügeobliegenheit mit Präklusionsfolge (§ 107 Abs. 3 GWB) – sogar darf.

b) Antragsberechtigung

In Einklang mit Art. 1 Abs. 3 RL 89/665/EWG bestimmt § 107 Abs. 2 GWB drei Voraussetzungen für die Antragsberechtigung: Es sind nur solche Unternehmen antragsbefugt, die ein Interesse am Auftrag haben und eine Rechtsverletzung i.S.d. § 97 Abs. 7 GWB geltend machen;[301] durch diese muss dem Unternehmen ferner ein Schaden entstanden sein oder zu entstehen drohen.

Hat sich ein Unternehmen am Vergabeverfahren beteiligt, kann ein Interesse am Auftrag ohne Weiteres bejaht werden;[302] ein solches kann aber auch bestehen, wenn ein Vergabefehler das Unternehmen von der Angebotsabgabe in un-

---

[297] EuGH, Rs. C-26/03, Slg. 2005, I-1, Rn. 34 f. – Stadt Halle.

[298] EuGH, Rs. C-26/03, Slg. 2005, I-1, Rn. 33 – Stadt Halle.

[299] EuGH, Rs. C-92/00, Slg. 2002, I-5553, Rn. 48 ff. – Hospital Ingenieure; ferner BGH, NVwZ 2003, S. 1149 (1149 f.).

[300] Siehe aber zu dessen vom BVerwG abgelehnter Anwendung im telekommunikationsrechtlichen Vergabeverfahren unten, 2. Teil, G.VII.1.b., sowie allgemein unten, 3. Teil, B. VI.1.c.

[301] Eine formale Bieter- oder Bewerbereigenschaft darf demnach nicht gefordert werden: EuGH, Rs. C-26/03, Slg. 2005, I-1, Rn. 40 – Stadt Halle; *M. Bungenberg*, in: Loewenheim/Meesen/Riesenkampff, Kartellrecht, § 97, Rn. 78. Ebenfalls unzulässig ist eine Beschränkung auf willkürliche Verstöße: Rs. C-92/00, Slg. 2002, I-5553, Rn. 58 ff. – Hospital Ingenieure.

[302] Siehe nur BGH, NZBau 2006, S. 800 (801); *M. Dreher*, in: Immenga/Mestmäcker, GWB, § 107, Rn. 12; *C. Jennert*, in: Müller-Wrede, Kompendium Vergaberecht, Kap. 25, Rn. 17.

zumutbarer Weise abgehalten hat[303]. Eine Rechtsverletzung ist geltend gemacht, wenn diese möglich erscheint, mithin nicht offensichtlich ausscheidet.[304] Hierfür muss der Tatsachenvortrag des Antragstellers, seine Richtigkeit
unterstellt, geeignet sein, eine Verletzung von Vergabevorschriften darzutun.[305] Mit dem zusätzlichen Erfordernis eines jedenfalls drohenden Schadens
soll ausweislich der Gesetzesbegründung „verhindert werden, daß ein Bieter,
der auch bei ordnungsgemäß durchgeführtem Vergabeverfahren keinerlei
Aussicht auf Berücksichtigung seines Angebots und auf Erteilung des Zuschlags gehabt hätte, ein – investitionshemmendes – Nachprüfungsverfahren
einleiten kann".[306] Mit Blick auf die Garantie effektiven Rechtsschutzes ist
diese Voraussetzung freilich weit auszulegen[307] und bereits zu bejahen, wenn
aus dem Vergabeverstoß eine Verschlechterung der Aussichten auf den Zuschlag resultiert.[308] Dies ist für jede Rechtsverletzung gesondert zu prüfen.[309]
„Entscheidend für das Vorliegen einer Antragsbefugnis und damit für die Gewährung von Primärrechtsschutz ist mithin die Eignung der gerügten Vergaberechtsverstöße, eine solche Chancenbeeinträchtigung begründen zu können ...
Nicht erforderlich ist hingegen, dass der Antragsteller im Sinne einer darzule-
genden Kausalität nachweisen kann, dass er bei korrekter Anwendung der Vergabevorschriften den Auftrag erhalten hätte".[310] Damit kann vom Antragsteller
nicht verlangt werden, „im Einzelnen darzustellen ..., inwieweit [sein] ur-
sprüngliches Angebot auch bei einem fehlerfreien Verfahren im Vergleich zu
[konkurrierenden Angeboten] ausreichende Chancen auf den Zuschlag gehabt
hätte".[311] Rechtsschutzbeschränkende Funktion kommt dem Schadenserfor-
dernis etwa im Kontext von Dokumentationsmängeln zu.[312]
  Im Interesse einer effizienten Beschaffung setzt die Zulässigkeit des Nachprüfungsantrags des Weiteren voraus, dass das Unternehmen schon im Verga-

---

[303] Näher *M. Dreher*, in: Immenga/Mestmäcker, GWB, § 107, Rn. 13 f.; *C. Jennert*, in:
Müller-Wrede, Kompendium Vergaberecht, Kap. 25, Rn. 18.
[304] Siehe nur BGH, NZBau 2006, S. 800 (801).
[305] BGH, NZBau 2006, S. 800 (801).
[306] Begründung RegE VgRÄG, BT-Drs 13/9340, S. 40.
[307] BVerfG, NZBau 2004, S. 564 (565 f.).
[308] BVerfG, NZBau 2004, S. 564 (565); ferner BGH, WRP 2010, S. 114 (117) – nicht nur
im angegriffenen Verfahren, sondern auch bei Notwendigkeit einer Neuausschreibung im
daraufhin einzuleitenden Verfahren. Das Kausalitätserfordernis betonend OLG Celle, 13
Verg 3/10 – juris, Rn. 31.
[309] Siehe nur *C. Jennert*, in: Müller-Wrede, Kompendium Vergaberecht, Kap. 25, Rn. 15.
[310] BVerfG, NZBau 2004, S. 564 (566); *C. Jennert*, in: Müller-Wrede, Kompendium Vergaberecht, Kap. 25, Rn. 16, 24.
[311] BVerfG, NZBau 2004, S. 564 (566). Siehe auch BGH, NZBau 2004, S. 457 (458), nach
dem ein Schaden nicht mit dem Argument verneint werden kann, das „Angebot sei aus anderen als mit dem Nachprüfungsantrag zur Überprüfung gestellten Gründen auszuscheiden
gewesen, so dass [dem Antragsteller] wegen der von ihm behaupteten Rechtswidrigkeit kein
Schaden erwachsen sei oder drohe"; ähnlich NZBau 2006, S. 800 (803).
[312] Dazu bereits oben, VI.1.b.bb.

beverfahren erkannte bzw. erkennbare Vergabeverstöße unverzüglich[313] beim
Auftraggeber gerügt und im Falle einer verweigerten Abhilfe innerhalb von 15
Kalendertagen den Antrag auf Nachprüfung gestellt hat (§ 107 Abs. 3 GWB).[314]
Entbehrlich ist die Rüge nur im Falle einer De-facto-Vergabe.

c) Erfolgsvoraussetzungen

Der Nachprüfungsantrag hat gemäß § 114 Abs. 1 S. 1 GWB Erfolg, wenn „der
Antragsteller in seinen Rechten verletzt ist". Eine Auslegung dieser Vorschrift
im Lichte von § 97 Abs. 7 GWB, nach dem die „Unternehmen … Anspruch darauf [haben], dass der Auftraggeber die Bestimmungen über das Vergabeverfahren einhält", könnte nahelegen, dass der Nachprüfungsantrag bereits bei
jedwedem Verstoß gegen (bieterschützende) Vergabevorschriften begründet
ist. Dem ist aber nicht so. Vielmehr eröffnet auch das Vergaberecht – entsprechend der Auswirkungs-Doktrin[315] – keine vom materiellen Teilhabeanspruch
unabhängige Verfahrenskontrolle. Zum Ausdruck kommt dies, wenn der BGH
für die Begründetheit des Nachprüfungsantrags fordert, dass „festgestellt werden kann, dass der behauptete Verstoß gegen vergaberechtliche Vorschriften
tatsächlich vorliegt und den behaupteten Schaden [i.e. Verschlechterung der
Zulassungschance] ausgelöst hat oder auszulösen droht".[316] Von letzterem kann
dann keine Rede sein, wenn ein Ausschlussgrund oder – soweit das Gericht zu
einer diesbezüglichen Entscheidung mit Blick auf administrative Spielräume
befugt ist – bessere Angebote von Konkurrenten vorliegen und damit ein Zuschlag auf das Angebot nicht in Betracht kommt, vorausgesetzt freilich, dass
wenigstens ein weiteres zuschlagfähiges Angebot vorhanden ist.[317]

4. Sekundärrechtsschutz

Kommt eine Rückgängigmachung der Vergabeentscheidung aufgrund ihres
wirksamen Vollzugs nicht mehr in Betracht, verbleibt dem in seinen Rechten
verletzten Unternehmen nur der Rekurs auf Sekundärrechtsschutz in Form von
Schadensersatz. Für diesen Fall gewährleistet das Kartellvergaberecht in § 126
S. 1 GWB einen Schadensersatzanspruch, der eine Beweiserleichterung im Ver-

---

[313] Zur Problematik eines unbestimmten Kriteriums der Unverzüglichkeit EuGH, Rs.
C-406/08, n.n.v., Rn. 37 ff. – Uniplex.
[314] Unionsrechtlich ist diese Rügeobliegenheit nicht zu beanstanden, siehe EuGH, Rs.
C-470/99, Slg. 2002, I-11617, Rn. 71 ff. – Universale Bau u.a.
[315] Zu dieser ausführlich unten, 3. Teil, B.V.2.a.bb.(2).
[316] Siehe BGH, NZBau 2004, S. 457 (458); vgl. ferner NZBau 2003, S. 293 (296); OLG
Celle, 13 Verg 3/10 – juris, Rn. 39.
[317] BGH, NZBau 2003, S. 293 (296). Zum Sonderfall, dass ein Zuschlag auf kein Angebot
in Betracht kommt: BGH, NZBau 2006, S. 800.

gleich zum allgemeinen Schadensersatzrecht enthält[318]. Er zielt auf den Ersatz des negativen Vertrauensschadens:

Hat der Auftraggeber gegen eine den Schutz von Unternehmen bezweckende Vorschrift verstoßen und hätte das Unternehmen ohne diesen Verstoß bei der Wertung der Angebote eine echte Chance gehabt, den Zuschlag zu erhalten, die aber durch den Rechtsverstoß beeinträchtigt wurde, so kann das Unternehmen Schadensersatz für die Kosten der Vorbereitung des Angebots oder der Teilnahme an einem Vergabeverfahren verlangen.[319]

Dieser Anspruch greift verschuldensunabhängig;[320] von einer echten Chance des Angebots bei der Wertung i.S.d. § 126 S. 1 BGB kann dann die Rede sein, wenn „der Auftraggeber darauf im Rahmen des ihm zustehenden Wertungsspielraums den Zuschlag hätte erteilen dürfen."[321]

Unberührt hiervon bleiben anderweitig begründete Schadensersatzansprüche, wie etwa nach h.M. – freilich nur unter der oben[322] abgelehnten Prämisse eines zivilrechtlichen Auswahlverhältnisses – aus culpa in contrahendo (c.i.c.),[323] § 823 Abs. 2 BGB[324] oder §§ 33 Abs. 3 i.V.m. 20 GWB[325] (vgl. auch § 126 S. 2 GWB).[326] Gerade ersterer erweist sich als praktisch überaus bedeutsam, kommt doch mit Beteiligung an einer Ausschreibung zwischen dem Auftraggeber und (potentiellen) Bietern ein vorvertragliches Vertrauensverhältnis i.S.d. § 311 Abs. 2 BGB zustande[327] und dürfen am Auftrag interessierte Unterneh-

---

[318] Dazu C. Alexander, WRP 2009, S. 28 (29); K. Stockmann, in: Immenga/Mestmäcker, GWB, § 126, Rn. 1 f.

[319] Zu den Voraussetzungen im Einzelnen: BGH, WRP 2008, S. 370; C. Alexander, WRP 2009, S. 28 (30 ff.); S. Gronstedt, in: Byok/Jaeger, § 126 GWB, Rn. 1263 ff.; H.-J. Prieß, Handbuch Vergaberecht, S. 415 f.; K. Stockmann, in: Immenga/Mestmäcker, GWB, § 126, Rn. 1 ff.

[320] BGH, WRP 2008, S. 370 (372 f.). Differenzierend aber C. Alexander, WRP 2009, S. 28 (34 ff.).

[321] BGH, WRP 2008, S. 370 (373). Umfassend C. Alexander, WRP 2009, S. 28 (31 ff.), der eine „echte Chance" dann annimmt, wenn der Bieter im Vergabeverfahren weiter zu berücksichtigen gewesen wäre.

[322] Siehe III.2.e.bb.(2)(c). Andernfalls einschlägig wäre der Amtshaftungsanspruch bzw. ein Schadensersatzanspruch aufgrund der durch die Ausschreibung entstehenden öffentlichrechtlichen Sonderverbindung, der der c.i.c. vergleichbaren Grundsätzen folgt (zu einem solchen im Beamtenrecht unten, C.VII.2.a.; ferner unten, 3. Teil, B.VI.2.a.).

[323] S. Gronstedt, in: Byok/Jaeger, § 126 GWB, Rn. 1317 ff.; J. D. Harke, Vergabeverfahren, S. 139 (142 ff.); H.-J. Prieß, Handbuch Vergaberecht, S. 416 ff.; K. Stockmann, in: Immenga/Mestmäcker, GWB, § 126, Rn. 20 ff.

[324] H.-J. Prieß, Handbuch Vergaberecht, S. 420 f.; K. Stockmann, in: Immenga/Mestmäcker, GWB, § 126, Rn. 35 f. Ablehnend S. Gronstedt, in: Byok/Jaeger, § 126 GWB, Rn. 1324.

[325] S. Gronstedt, in: Byok/Jaeger, § 126 GWB, Rn. 1329 ff.; H.-J. Prieß, Handbuch Vergaberecht, S. 421; K. Stockmann, in: Immenga/Mestmäcker, GWB, § 126, Rn. 31 f.

[326] BGH, WRP 2008, S. 370 (374); S. Gronstedt, in: Byok/Jaeger, § 126 GWB, Rn. 1316; H.-J. Prieß, Handbuch Vergaberecht, S. 416; K. Stockmann, in: Immenga/Mestmäcker, GWB, § 126, Rn. 18.

[327] St. Rspr. BGHZ 120, 281 (283 f.); Z 139, 259 (260 f.); NJW 2000, S. 661 (662); NZBau 2004, S. 283 (283); NZBau 2007, S. 727 (729); BVerwGE 129, 9 (13 f.); S. Gronstedt, in:

men in dessen Rahmen darauf vertrauen, die Auftragsvergabe werde nach den Vorschriften des Vergaberechts durchgeführt[328]. Eine Grenze dieses Anspruchs liegt freilich schon darin, dass ein Vertrauenstatbestand nur im Falle einer Ausschreibung gesetzt wird, die De-facto-Vergabe mithin keine Schadenersatzpflichten auslöst;[329] darüber hinaus begründet die konkrete Ausschreibung das entstehende Vertrauen, womit die Wahl der falschen Vergabeart von vornherein nicht haftungsrelevant ist[330]. Begrenzt wird dieses Vertrauen ferner dadurch, dass gemäß § 17 VOB/A 2009 eine Aufhebung der Ausschreibung möglich ist und der Zuschlag nur auf das „annehmbarste Angebot" zu erfolgen hat[331].

Wird dieses Vertrauen enttäuscht, löst dies einen Schadensersatzanspruch des Bieters mit dem „annehmbarsten Angebot"[332] gemäß §§ 280 Abs. 1, 311 Abs. 2 BGB aus. Diese Beschränkung des Kreises der Anspruchsberechtigten folgt aus der „Natur der Sache" des Vergabeverfahrens:

> Das Ausschreibungsverfahren ist seinem Gegenstand nach ein Wettbewerbsverfahren, bei dem sich die unter Umständen beträchtlichen Aufwendungen der Bieter für die Erstellung der Angebotskosten nur beim Gewinner amortisieren, während sie bei den übrigen Teilnehmern regelmäßig kompensationslos verloren sind ... Ein Verstoß gegen bieterschützende Bestimmungen zum Nachteil eines nachrangigen Bewerbers wird deshalb regelmäßig nicht kausal für den bei ihm durch die Angebotsaufwendungen zu verzeichnenden Vermögensverlust sein.[333]

Dies gilt freilich dann nicht, wenn „die Angebotskosten bei hinweggedachtem Vertrauenstatbestand unabhängig vom Ausgang des Wettbewerbs nicht entstanden" wären, der Bieter sich etwa schon gar nicht an der Ausschreibung beteiligt hätte.[334]

Die Art des Schadensersatzanspruchs korrespondiert mit der Art der Pflichtverletzung.[335] Gerichtet ist dieser grundsätzlich auf den Ersatz des negativen Interesses, d.h. der durch die Teilnahme am Vergabeverfahren entstande-

---

Byok/Jaeger, § 126 GWB, Rn. 1317 f.; H.-J. Prieß, Handbuch Vergaberecht, S. 416 f.; K. Stockmann, in: Immenga/Mestmäcker, GWB, § 126, Rn. 21.

[328] BGHZ 139, 259 (261 f.); NJW 2000, S. 661 (663); H.-J. Prieß, Handbuch Vergaberecht, S. 417 f.; K. Stockmann, in: Immenga/Mestmäcker, GWB, § 126, Rn. 22.

[329] Siehe dazu S. Gesterkamp, in: Müller-Wrede, Kompendium Vergaberecht, Kap. 30, Rn. 19; J. D. Harke, Vergabeverfahren, S. 139 (142 f.), der selbst aber ein weiteres Konzept favorisiert (ibid., S. 152 f.).

[330] Dazu ebenfalls J. D. Harke, Vergabeverfahren, S. 139 (142 f. und 152 f.).

[331] BGHZ 139, 259 (261); S. Gronstedt, in: Byok/Jaeger, § 126 GWB, Rn. 1320; K. Stockmann, in: Immenga/Mestmäcker, GWB, § 126, Rn. 23 f.

[332] BGHZ 139, 259 (263 f.); ferner Z 120, 281 (290); S. Gronstedt, in: Byok/Jaeger, § 126 GWB, Rn. 1320; H.-J. Prieß, Handbuch Vergaberecht, S. 420; K. Stockmann, in: Immenga/Mestmäcker, GWB, § 126, Rn. 23.

[333] BGH, WRP 2008, S. 370 (374); ferner Z 139, 259 (263 ff.).

[334] BGH, WRP 2008, S. 370 (374); ferner NZBau 2007, S. 727 (730).

[335] BGHZ 139, 259 (261).

nen Aufwendungen.[336] Nur in Ausnahmefällen, nämlich dann, wenn der Auftrag tatsächlich vergeben wurde und der Anspruchsteller bei „ordnungsgemäßer Durchführung des Vergabeverfahrens den Zuschlag hätte erhalten müssen",[337] kommt ein Ersatz des positiven Interesses – das sich namentlich auf den entgangenen Gewinn erstreckt – in Betracht.[338] Bei Nichtvergabe genügt dafür nicht, dass kein Aufhebungsgrund i.S.d. § 17 VOB/A 2009 vorliegt, da der Auftraggeber schon haushaltsrechtlich auch jenseits dessen zur Aufhebung berechtigt ist; Aufhebungen ohne Aufhebungsgrund führen lediglich zum Ersatz des negativen Interesses.[339]

Stets zu berücksichtigen ist allerdings, dass der Auftraggeber einem Schadensersatzanspruch den anspruchsausschließenden Einwand des rechtmäßigen Alternativverhaltens entgegenhalten kann.[340] Beachtlich ist dieser aber nur, „wenn der Schädiger bei pflichtgemäßem Verhalten denselben Erfolg herbeigeführt hätte; daß er ihn lediglich hätte herbeiführen können, reicht regelmäßig nicht aus".[341] Bei Vorliegen eines Aufhebungsgrunds verlangt dies, dass die öffentliche Hand „die Ausschreibung hätte aufheben müssen oder … es … ihrer ständigen früheren Übung entsprochen habe, die Aufhebung vorzunehmen."[342] Dann entfällt die Ersatzpflicht unter der weiteren Voraussetzung, dass „nach der Aufhebung und erneuter Ausschreibung der Auftrag nicht [dem Anspruchsteller], sondern dem tatsächlich bedachten Wettbewerber oder einem anderen Unternehmen" zu erteilen wäre.[343]

---

[336] BGHZ 139, 259 (261, 268); ferner NJW 2000, S. 661 (663); *H.-J. Prieß*, Handbuch Vergaberecht, S. 418 ff.

[337] BGHZ 120, 281 (284 f.); ferner NJW 2000, S. 661 (663); NZBau 2004, S. 283 (283); NZBau 2006, S. 797 (798); NZBau 2008, S. 505 (505); *C. Alexander*, WRP 2009, S. 28 (29); *S. Gronstedt*, in: Byok/Jaeger, § 126 GWB, Rn. 1319; *H.-J. Prieß*, Handbuch Vergaberecht, S. 418 f.; *K. Stockmann*, in: Immenga/Mestmäcker, GWB, § 126, Rn. 20, 24.

[338] BGHZ 139, 259 (268 ff.); NJW 2000, S. 661 (663); *H.-J. Prieß*, Handbuch Vergaberecht, S. 418 ff.

[339] BGHZ 139, 259 (268 ff.).

[340] BGHZ 120, 281 (285 ff.); NJW 2000, S. 661 (663); *H.-J. Prieß*, Handbuch Vergaberecht, S. 418 ff. (auch zu dessen Einschränkung durch EuGH, Rs. C-315/01, Slg. 2003, I-6351, Rn. 51 ff. – GAT); *K. Stockmann*, in: Immenga/Mestmäcker, GWB, § 126, Rn. 27.

[341] BGHZ 120, 281 (287).

[342] BGHZ 120, 281 (288).

[343] BGH, NJW 2000, S. 661 (663); *H.-J. Prieß*, Handbuch Vergaberecht, S. 418.

C. Vergabe öffentlicher Ämter

Verteilungsfragen stellen sich auch bei der Besetzung von Stellen im öffentlichen Dienst und der Verleihung sonstiger öffentlicher Ämter, wie das des Notars oder des Insolvenzverwalters. Der oftmals bestehende Bewerberüberhang zieht nämlich die Notwendigkeit von Auswahlentscheidungen nach sich, die nicht nur die Personalverwaltung, sondern auch Rechtsprechung und Schrifttum schon seit langem beschäftigen. Im Interesse einer optimalen Stellenbesetzung und der Chancengleichheit erklärt Art. 33 Abs. 2 GG für den Zugang zu öffentlichen Ämtern die Eignung, Befähigung und fachliche Leistung der Bewerber für maßgeblich. Das sich insoweit abzeichnende Auswahlverfahren[1] sei im Folgenden in den Blick genommen.

I. Die Verteilungssituation

1. Verfassungsrechtliche Perspektive

a) Das Auswahlverfahren im Lichte der Freiheitsrechte (Art. 12 Abs. 1 GG)

Hinsichtlich der freiheitsrechtlichen Relevanz der Vergabe öffentlicher Ämter ist zwischen Tätigkeiten im öffentlichen Dienst einerseits und sog. staatlich gebundenen bzw. von einer staatlichen Mandatierung abhängigen Berufen andererseits zu unterscheiden.

Was erstere angeht, so erfasst die in Art. 12 Abs. 1 GG verankerte Berufsfreiheit zwar, wie das BVerfG bereits im Apotheken-Urteil betont hat, auch die Wahl einer Tätigkeit im öffentlichen Dienst.[2] Da deren Ausübung, anders als die von Gewerben oder freien Berufen, nicht aufgrund eigener Initiative, sondern nur durch staatliche Delegation und im Rahmen der vom Staat geschaffenen Ämterorganisation möglich ist, besteht hier allerdings kein „ursprünglicher Freiheitsraum"[3], in dem sich die Freiheit der Berufswahl voll entfalten könnte.

---

[1] Zurückhaltend hinsichtlich der Herausbildung eines spezifischen Verfahrenssystems allerdings *T. Hebeler*, Verwaltungspersonal, S. 154 ff.

[2] BVerfGE 7, 377 (397 f.); ferner E 11, 30 (39); E 17, 371 (377); E 39, 334 (369); E 73, 280 (292); *P. M. Huber*, Konkurrenzschutz, S. 452.

[3] BVerfGE 17, 371 (380); ebenso *J. Isensee*, Zugang, S. 337 (348); *M. Sachs*, Leistungsrechte, S. 687 (705).

Vielmehr wird im öffentlichen Dienst „die Zahl der Arbeitsplätze (und damit im Grenzfall unter Umständen die tatsächliche Unmöglichkeit der Wahl des Berufs für den Einzelnen) ... allein von der Organisationsgewalt (im weitesten Sinne) der jeweils zuständigen öffentlich-rechtlichen Körperschaft bestimmt"[4], „und zwar nach Gesichtspunkten des sachlichen Bedürfnisses, nicht nach dem Interesse des Einzelnen an der Ergreifung dieses Berufs"[5]. Bei gänzlich in die unmittelbare Staatsorganisation einbezogenen Berufen reduziert sich damit die Freiheit der Berufswahl auf den in Art. 33 Abs. 2 GG verankerten und dem Leistungsprinzip Ausdruck verleihenden[6] Teilhabeanspruch eines jeden auf gleichen Zugang zu jedem öffentlichen Amte nach seiner Eignung, Befähigung und fachlichen Leistung.[7] In der Berufsfreiheit radizierte Leistungsansprüche Einzelner auf Schaffung von Arbeitsplätzen im öffentlichen Dienst, an der sich die Knappheit des „Ämterangebots" messen lassen müsste, scheiden mithin aus.[8] Genauso wenig taugt die abwehrrechtliche Dimension der Berufsfreiheit zur Bewältigung von Zugangskonflikten in der hier vorliegenden Fallgruppe der staatlichen Leistungsbereitstellung.[9] Die insoweit allein in Frage stehende Teilhabe am Staatsdienst ist im Teilhaberecht des Art. 33 Abs. 2 GG abschließend normiert.[10]

Größere Bedeutung kommt der Berufsfreiheit im Kontext sog. staatlich gebundener Berufe zu, d.h. bei der beruflichen Wahrnehmung staatlicher Aufgaben außerhalb des öffentlichen Dienstes, wie dies beispielsweise beim Notarberuf der Fall ist. Entscheidend für die Schlagkraft des Freiheitsrechts ist hier, wie

---

[4] BVerfGE 7, 377 (398); ferner E 108, 282 (295); NVwZ 2007, S. 693 (694); 2 BvR 1972/07 – juris, Rn. 13; NVwZ 2008, S. 194 (195); NVwZ 2008, S. 69 (69 f.); BVerwGE 101, 112 (114); NVwZ-RR 2000, S. 172 (173).

[5] BVerfGE 17, 371 (377); ferner E 11, 30 (39); E 39, 334 (369); 2 BvR 1972/07 – juris, Rn. 13; NVwZ 2008, S. 194 (195); NVwZ 2008, S. 69 (69 f.). Siehe auch BVerwGE 101, 112 (114): „Die Schaffung und Besetzung von Planstellen des öffentlichen Dienstes dient grundsätzlich allein dem öffentlichen Interesse an einer bestmöglichen Erfüllung der öffentlichen Aufgaben. Sie erfolgt nicht in Wahrnehmung der Fürsorgepflicht des Dienstherrn gegenüber seinen Beamten"; NVwZ-RR 2000, S. 172 (173); E 115, 58 (59); *S. Zängl*, in: GKÖD, § 8 BBG, Rn. 22.

[6] Zum Leistungsprinzip und dessen Realisierung: *H.-W. Laubinger*, VerwArch 83 (1992), S. 246 (247 ff.).

[7] BVerfGE 7, 377 (398); E 17, 371 (377); E 39, 334 (369); E 108, 282 (295); NVwZ 2007, S. 693 (694); BVerwGE 106, 263 (268); BAG, NZA 2003, S. 324 (326); *R. Breuer*, HStR VI, § 147, Rn. 51; *W. Höfling*, in: BK, Art. 33 Abs. 1 bis 3, Rn. 383; *J. Isensee*, Zugang, S. 337 (348); *P. Kunig*, in: v. Münch/ders., GG, Art. 33, Rn. 14.

[8] Vgl. auch *W. Höfling*, in: BK, Art. 33 Abs. 1 bis 3, Rn. 129; *J. Isensee*, Zugang, S. 337 (348 f.); *A. von Mutius*, VerwArch 69 (1978), S. 103 (107); *H.-H. Trute*, in: AK-GG, Art. 33 Abs. 1–3, Rn. 36. Siehe zum Sonderproblem des knappen Stellenangebots beim Zugang zum Vorbereitungsdienst mit Blick auf das staatliche Ausbildungsmonopol: OVG Hamburg, DVBl. 1987, S. 316; VGH Mannheim, DÖV 1998, S. 209; *S. Zängl*, in: GKÖD, § 8 BBG, Rn. 95 f.

[9] Zum insoweit bestehenden strukturellen Defizit des Abwehrrechts ausführlich oben, 1. Teil, A.I.2.b.aa.

[10] Siehe auch BVerfG, NVwZ 2007, S. 693 (694).

nahe „ein Beruf durch öffentlich-rechtliche Bindungen und Auflagen an den
‚öffentlichen Dienst' herangeführt wird":[11] „Je näher er diesem steht, um so
eher können auch bei ihm Sonderregelungen eintreten, die das Grundrecht des
Art. 12 Abs. 1 GG zurückdrängen; je mehr die Eigenschaften des freien Berufs
hervortreten, um so stärker entfaltet das Grundrecht seine Wirksamkeit."[12]
Verknappt der Staat die Möglichkeit, sich beruflich zu betätigen, so muss
diese – an der abwehrrechtlichen Dimension der Berufsfreiheit abzuarbeitende
– objektive Berufswahlregelung grundsätzlich zur Abwehr nachweisbarer oder
höchstwahrscheinlicher schwerer Gefahren für ein überragend wichtiges Gemeinschaftsgut zwingend erforderlich sein;[13] bei staatlich gebundenen Berufen
steigt mit der Affinität zum öffentlichen Dienst jedoch auch der Gestaltungsspielraum des Gesetzgebers: So maß das BVerfG die „Verknappung" des Zugangs zum öffentlichen Amt des Notars zwar an der Berufsfreiheit, gestand
dem Staat jedoch aus Gründen der geordneten Rechtspflege ein weites Organisationsermessen zu;[14] in späteren Entscheidungen betonte das BVerfG weitergehend, dass der Pflicht des Staates zur ordnungsgemäßen Ausübung dieses
Organisationsermessens (grundsätzlich) keine subjektiven Rechte des Bewerbers aus Art. 12 Abs. 1 GG korrespondierten.[15] Als Fortwirkung der in der
Verknappung liegenden Beschränkung freiheitsrechtlich geschützter Verhaltensweisen ließen sich auch die aufgestellten materiellen und prozeduralen Modalitäten der Ämtervergabe mittels der abwehrrechtlichen Dimension der Berufsfreiheit bewältigen; entsprechend dem im ersten Teil entwickelten Modell

---

[11] BVerfGE 7, 377 (398); ferner E 17, 371 (377); E 73, 280 (292); NJW-RR 2003, S. 203
(203).

[12] BVerfGE 17, 371 (377); ferner E 7, 377 (398); E 73, 280 (292); E 80, 257 (265); NJW-RR
2003, S. 203 (203). Die Zurückdrängung der Berufsfreiheit wird in der Literatur (als zirkel-
schlüssig) kritisiert, dazu nur *R. Breuer*, HStR VI, § 147, Rn. 51; *W. Leisner*, AöR 93 (1968),
S. 161 (179 ff.).

[13] Siehe insoweit nur BVerfGE 7, 377 (405 ff.).

[14] BVerfGE 17, 371 (379 f.); ferner NJW 2008, S. 638 (640); BGH, NJW 1996, S. 123
(123 f.); NJW-RR 2003, S. 562 (562).

[15] BVerfGE 73, 280 (292 ff.); ferner NJW 2008, S. 638 (640). Eine subjektiv-rechtliche Dimension verneinen ebenfalls BGH, NJW 1996, S. 123 (123 f.); DNotZ 1997, S. 889 (890);
NJW 2003, S. 2458 (2459); NJW-RR 2008, S. 1291 (1291 f.); DNotZ 2008, S. 866 (866); KG,
Not 12/07 – juris, Rn. 20 ff. Siehe aber auch BVerfG, NJW 2002, S. 3090 (3091), wo unter Betonung des weiten Organisationsermessens die Frage nach seiner willkürlichen und damit
verfassungswidrigen Handhabung aufgeworfen wird (ähnlich BGH, NJW-RR 2004, S. 1572
[1572]; NJW 2007, S. 3723 [3726]; NJW 2008, S. 788 [789]: „Anderes könnte nur dann gelten,
wenn ... sich die Verwaltung vom öffentlichen Interesse durch eine nicht bedarfs-, sondern
bewerberbezogene Stellenermittlung mit sachwidriger Begünstigung oder Benachteiligung
einzelner Bewerber oder Bewerbergruppen gelöst hat"; vgl. auch *T. Starke*, DNotZ 2002,
S. 831 [834]; *H.-H. Trute*, in: AK-GG, Art. 33 Abs. 1–3, Rn. 36; kritisch: *U. Bracker*, in:
Schippel/ders., BNotO, §4, Rn. 6). Der BGH gesteht zudem Amtsinhabern ein Abwehrrecht zu, da „jedem Notar zur Erfüllung seiner öffentlichen Aufgabe als unabhängiger und
unparteiischer Berater ein Mindestmaß an wirtschaftlicher Unabhängigkeit zu gewährleisten ist" (NJW-RR 2006, S. 639 [640]; NJW 2007, S. 3723 [3726]; NJW 2008, S. 788 [789]).

seien jedoch Verknappung und Verteilung geschieden und letztere, mithin Vergabekriterien und -modalitäten, einem freiheitsrechtlich potenzierten Gleichheitsrecht zugeordnet[16].

Hängt schließlich die Möglichkeit einer beruflichen Betätigung von einer staatlichen Zuteilung ab, wie dies beim Insolvenzverwalter aufgrund der Notwendigkeit einer hoheitlichen Bestellung der Fall ist – genannt werden kann aber auch die Bestellung von Sachverständigen (siehe nur §§ 404 ff. ZPO), Dolmetschern (§ 185 Abs. 1 S. 1 GVG; BayDolmG), Pflichtverteidigern (§§ 140 ff. StPO), Betreuern (§§ 1896 ff. BGB), Verfahrenspflegern (§§ 276, 317, 419 FamFG) oder Nachlassverwaltern (§ 1981 BGB)[17] –, sei nach einer Kammerentscheidung des BVerfG die Berufsfreiheit „berührt" und gebiete jene eine angemessene Verfahrensgestaltung.[18] Die Verteilung selbst hat die Kammer in dieser Entscheidung, wie auch der Senat in einer Folgeentscheidung,[19] allerdings ausschließlich am allgemeinen Gleichheitssatz gemessen.[20] In diesem Graubereich bewegen sich auch Betätigungen im Rahmen einer öffentlichen Einrichtung, wie etwa die des Skontroführers im Wertpapierhandel an Börsen. Da bei wertender Betrachtung insoweit kein natürlicher Freiheitsraum besteht, sondern Partizipation im Rahmen eines staatlichen Angebots erstrebt wird, ist der Verteilungskonflikt gleichheits- bzw. teilhaberechtlich, nicht aber abwehrrechtlich abzuarbeiten.[21] Mit dieser Qualifikation geht kein Schutzverlust einher, bedenkt man, dass das besondere Angewiesensein auf die Zulassung mit erhöhten Anforderungen an die Gleichheitsprüfung einhergeht.

b) Das Auswahlverfahren im Lichte des Gleichheitssatzes

Mit Art. 33 Abs. 2 legt das Grundgesetz den Gesetzgeber auf die Verteilung von Stellen im öffentlichen Dienst nach den materiellen Kriterien der Eignung, Befähigung und fachlichen Leistung des Bewerbers fest. Diesem besonderen Gleichheitssatz wohnt auch eine prozedurale Dimension inne: Da „durch die Gestaltung des Auswahlverfahrens ... unmittelbar Einfluss auf den Bewerberkreis und damit auf das Ergebnis der Auswahlentscheidung genommen [wird]", betont das BVerfG zu Recht die „besondere Verfahrensabhängigkeit des Bewerbungsverfahrensanspruchs" und verlangt „eine angemessene Gestaltung

---

[16] Siehe dazu oben, 1. Teil, A.I.2.b.bb.(1).

[17] Siehe *M. Martini*, Der Markt als Instrument hoheitlicher Verteilungslenkung, S. 126 ff.

[18] BVerfG, NJW 2004, S. 2725 (2727). Zur Berufsfreiheit im Kontext der Insolvenzverwalterbestellung auch *S. Werres*, BayVBl. 2008, S. 134 (135 ff.).

[19] BVerfGE 116, 1 (12).

[20] BVerfG, NJW 2004, S. 2725 (2727).

[21] Ebenso *J. Pietzcker*, ZBB 2007, S. 295 (297 ff.); vgl. ferner VG Frankfurt, ZBB 2007, S. 291 (293 f.). Anders VGH Kassel, ZBB 2007, S. 288 (289 f.); Beschl. v. 21.3.2007, 6 TG 540/07, Umdruck S. 3 f.; 6 UE 1472/07 – juris, Rn. 34 ff.; VG Frankfurt, ZBB 2007, S. 285 (286 f.). Näher oben, 1. Teil, A.I.2.b.aa.(1).

des Auswahlverfahrens …, um eine Durchsetzung der in Art. 33 II GG gewährleisteten Rechte sicherstellen zu können".[22] Zudem kommt dem Auswahlverfahren eine kompensatorische Funktion zu: Angesichts des der Verwaltung
zugestandenen Beurteilungsspielraums hinsichtlich der Eignung, Befähigung
und fachlichen Leistung der Bewerber und des damit einhergehenden gerichtlichen Kontrollverlusts[23] sind den Zugangsanspruch sichernde verfahrensrechtliche Kautelen, etwa Ausschreibungspflichten, von besonderer Bedeutung.[24] Im
Detail sind die als Ausfluss des prozeduralen Grundrechtsschutzes verfassungsrechtlich zwingend gebotenen Anforderungen allerdings umstritten.[25]

Bei staatlich gebundenen Berufen modifiziert die in das Gleichheitsrecht
einstrahlende Berufsfreiheit das allgemeine gleichheitsrechtliche Gebot sachgerechter Verteilungskriterien: Auswahlkriterien, die subjektive Berufswahlregeln darstellen, müssen überragende, der Freiheit des Einzelnen vorgehende
Gemeinschaftsgüter schützen und dürfen „zu dem angestrebten Zweck der ordnungsmäßigen Erfüllung der Berufstätigkeit nicht außer Verhältnis stehen".[26]
Was die prozedurale Dimension des Zugangs zu staatlich gebundenen Berufen betrifft, so hat das BVerfG im Kontext des Zugangs zum Notarberuf herausgestrichen, dass eine grundrechtswahrende Verfahrensgestaltung sicherstellen müsse, dass „tatsächlich von *allen* potentiellen Bewerbern derjenige gefunden wird, der am ehesten den gesetzten Anforderungen entspricht."[27] Um einer
willkürlichen Bestimmung des Bewerberkreises entgegenzuwirken, müssen die
Stellen von Verfassungs wegen ausgeschrieben, feste Bewerbungsfristen vorgesehen und darf der Abbruch von Besetzungsverfahren nicht schrankenlos ermöglicht werden.[28] Den beiden zuerst genannten Vorgaben ist der Gesetzgeber

---

[22] BVerfG, NVwZ 2007, S. 693 (694); ferner NVwZ-RR 2009, S. 344 (345); BremStGH,
NVwZ-RR 1993, S. 417 (418); OVG Koblenz, 2 B 11557/02 – juris, Rn. 6; OVG Schleswig,
NVwZ-RR 1994, S. 350 (351); DVBl. 1998, S. 1093 (1093); *W. Höfling,* in: BK, Art. 33 Abs. 1
bis 3, Rn. 240 ff.; *ders.,* ZBR 1999, S. 73 (73 f.); *P. M. Huber,* JZ 1996, S. 149 (150); *J. Isensee,*
Zugang, S. 337 (351); *H.-W. Laubinger,* VerwArch 83 (1992), S. 246 (269 f.); *M. Wichmann / K.-
U. Langer,* Öffentliches Dienstrecht, S. 250; *M. Willke,* JZ 1980, S. 440 (441 f.). Zurückhal-
tend aber noch *H. Günther,* ZBR 1987, S. 321 (328 f.).

[23] Zum Beurteilungsspielraum ausführlich unten, III.1.d.

[24] Hierzu BVerfG, NJW 2002, S. 3090 (3091); OVG Bautzen, ZBR 2001, S. 368 (369);
ZBR 2001, S. 372; OVG Schleswig, DVBl. 1998, S. 1093 (1093); *W. Höfling,* in: BK, Art. 33
Abs. 1 bis 3, Rn. 240, 243, 356; *ders.,* ZBR 1999, S. 73 (73 f.); *P. M. Huber,* JZ 1996, S. 149 (151);
H. D. Jarass, in: *ders. / Pieroth,* Grundgesetz, Art. 33, Rn. 18; *W. Jung,* Zugang zum öffent-
lichen Dienst, S. 162 ff.; *J. Masing,* in: Dreier, GG, Art. 33, Rn. 51; *W.-R. Schenke,* Auswahl-
entscheidung, S. 221 (224); *H.-H. Trute,* in: AK-GG, Art. 33 Abs. 1–3, Rn. 67, 83.

[25] Siehe etwa zur Ausschreibungspflicht unten, III.1.b. Zu Zurückhaltung bei der Deduktion verfassungsrechtlich zwingend gebotener verfahrensrechtlicher Kautelen mahnend:
W. Höfling, in: BK, Art. 33 Abs. 1 bis 3, Rn. 244.

[26] BVerfGE 7, 377 (406 f.).

[27] BVerfGE 73, 280 (296); ferner NJW 2002, S. 3090 (3091); NJW-RR 2003, S. 203 (203);
NJW 2004, S. 2725 (2727); BGH, NJW 1994, S. 3353 (3355); NJW-RR 2006, S. 781 (782).

[28] BVerfGE 73, 280 (296 f.); NJW 2002, S. 3090 (3091); NJW-RR 2003, S. 203 (203); NJW-

zwischenzeitlich nachgekommen (vgl. §§ 6b, 7 Abs. 2 BNotO).[29] Zudem fordert das BVerfG transparente Auswahlverfahren, namentlich nachvollziehbar begründete Entscheidungen.[30] Schließlich unterstreicht auch die Insolvenzverwalter-Entscheidung des BVerfG, dass eine Bestenauslese die Ausschreibung der zu besetzenden Stelle verlange.[31]

2. Unionsrechtliche Perspektive

Die selbstständige oder unselbstständige Ausübung eines öffentlichen Amtes stellt eine wirtschaftliche Betätigung i.S.d. AEUV dar, so dass die Marktfreiheiten bei der Ämtervergabe grundsätzlich zu berücksichtigen sind. Allerdings klammert die Bereichsausnahme der Art. 45 Abs. 1 AEUV und Art. 51 AEUV (ggf. i.V.m. Art. 62 AEUV) Tätigkeiten, die mit der Ausübung hoheitlicher Befugnisse verbunden sind, aus dem Anwendungsbereich der Grundfreiheiten aus. Als „Ausnahme vom Grundprinzip der Freizügigkeit und der Nichtdiskriminierung" wird dieser Vorbehalt allerdings eng verstanden.[32] Außen vor bleiben nur diejenigen Ämter, die „eine unmittelbare oder mittelbare Teilnahme an der Ausübung hoheitlicher Befugnisse und an der Wahrnehmung solcher Aufgaben mit sich bringen, die auf die Wahrung der allgemeinen Belange des Staates oder anderer öffentlicher Körperschaften gerichtet sind und die deshalb ein Verhältnis besonderer Verbundenheit des jeweiligen Stelleninhabers zum Staat sowie die Gegenseitigkeit von Rechten und Pflichten voraussetzen, die dem Staatsangehörigkeitsband zugrunde liegen."[33]

Soweit die Bereichsausnahmen nicht greifen, muss das Verteilungsverfahren den im ersten Teil entwickelten materiellen und prozeduralen Vorgaben der Marktfreiheiten entsprechen:[34] Ämter dürfen mithin nicht nach Kriterien vergeben werden, die EU-Ausländer offen respektive versteckt diskriminieren oder die den Zugang zu einer Berufstätigkeit in einem anderen Mitgliedstaat unverhältnismäßig beschränken. Aus der sich in jüngeren Entscheidungen des EuGH abzeichnenden prozeduralen Dimension der Grundfreiheiten folgen

---

RR 2005, S. 998 (1001); BGH, DNotZ 1988, S. 134 (135); NJW 1995, S. 2359 (2360); NJW-RR 2006, S. 781 (781); *H. Grziwotz*, DVBl. 2008, S. 1159 (1160).

[29] Dazu noch unten, III.1.b. und c.

[30] BVerfG, NJW 2002, S. 3090 (3091); NJW-RR 2003, S. 203 (203); 1 BvR 2177/07 – juris, Rn. 34, 37; vgl. auch OVG Bremen, 2 B 286/06 – juris, Rn. 37; BGH, NJW-RR 2004, S. 1067 (1069).

[31] BVerfGE 116, 1 (16).

[32] Siehe nur EuGH, Rs. 66/85, Slg. 1986, 2121, Rn. 26 – Lawrie-Blum; Rs. 225/85, Slg. 1987, 2625, Rn. 7 – EK/Italien; Rs. C-405/01, Slg. 2003, I-10391, Rn. 41 – Colegio de Oficiales.

[33] EuGH, Rs. 66/85, Slg. 1986, 2121, Rn. 27 – Lawrie-Blum; ferner: Rs. 149/79, Slg. 1980, 3881, Rn. 10 – EK/Belgien I. Vgl. auch Rs. 149/79, Slg. 1982, 1845, Rn. 7 – EK/Belgien II; Rs. 307/84, Slg. 1986, 1725, Rn. 12 – EK/Frankreich; Rs. C-47/02, Slg. 2003, I-10477, Rn. 58 – Anker u.a. Näher *F. Wollenschläger*, Grundfreiheit ohne Markt, S. 62 f.

[34] Näher dazu oben, 1.Teil, B.I.2.a.cc.

schließlich Transparenz- und Gleichbehandlungspflichten, wie etwa die Gebote, Stellen grundsätzlich auszuschreiben oder die Chancengleichheit der Bewerber im Vergabeverfahren zu beachten.

Ein sekundärrechtliches Verteilungsregime hinsichtlich des Zugangs zu selbstständig ausgeübten öffentlichen Ämtern enthält schließlich die Dienstleistungsrichtlinie 2006/123/EG mit ihren Regelungen zu Knappheit, Genehmigungskriterien und -verfahren.[35] Insoweit zu berücksichtigen ist freilich die Ausnahme der Tätigkeit von staatlich bestellten Notaren und Gerichtsvollziehern (Art. 2 Abs. 2 lit. c) und solcher Berufe, die mit der Ausübung öffentlicher Gewalt i.S.d. Art. 51 AEUV verbunden sind (Art. 2 Abs. 2 lit. i).

II. Regelungsstrukturen der Ämtervergabe

Die Vergabe von Beamtenstellen ist in den Beamtengesetzen von Bund und Ländern, wenn auch nur rudimentär,[36] geregelt (siehe etwa §§ 7, 9 BeamtStG; §§ 7–9 BBG; Art. 12 BayBG). Diese wiederholen meist die materiellen Vergabekriterien des Art. 33 Abs. 2 GG und statuieren ein – allerdings in seiner Tragweite variierendes – Ausschreibungserfordernis (vgl. etwa das Regelerfordernis des § 8 Abs. 1 BBG gegenüber dem Ausnahmecharakter der Ausschreibung gemäß Art. 12 Abs. 1 BayBG).[37] Im Notarrecht findet sich die Ämterkonkurrenz in zwei Bereichen, nämlich beim Zugang zum Anwärterdienst (§ 7 BNotO) und bei der Besetzung von Notarstellen (§§ 6–6b BNotO). Normiert werden die materiellen Vergabekriterien der persönlichen und fachlichen Eignung (§§ 6, 6a bzw. § 7 Abs. 2 S. 1 BNotO) sowie Verfahrensfragen, nämlich das Ausschreibungserfordernis (§ 6b Abs. 1 bzw. § 7 Abs. 2 S. 2 1. HS BNotO) und Bewerbungsfristen (§ 6b Abs. 2 ff. BNotO, ggf. i.V.m. § 7 Abs. 2 S. 2 2. HS BNotO).

---

[35] Zu dieser ausführlich oben, 1. Teil, B.II.2.a.

[36] Legislatorischen Handlungsbedarf erkennen D. *Czybulka/H. Biermann*, JuS 1998, S. 601 (609).

[37] Siehe zu den näheren Modalitäten etwa die Richtlinien für das Auswahlverfahren für den gehobenen Dienst in der allgemeinen inneren Verwaltung des Bundes vom 12. März 1991, GMBl S. 412. Ausführlicher § 6 Abs. 4 Verwaltungsreform-Grundsätze-Gesetz (Berlin): „Die Auswahl bei Personalentscheidungen ist unter Zugrundelegung des beruflichen Werdegangs in geeigneten Auswahlverfahren (Auswahlinterviews, strukturierten Auswahlgesprächen oder gruppenbezogenen Auswahlverfahren) zu treffen und schlüssig und nachvollziehbar zu dokumentieren. Zu Auswahlverfahren für Führungsaufgaben im Sinne von § 5 Abs. 1 soll auch eine fachkundige Person hinzugezogen werden, die nicht in der auswählenden Dienststelle beschäftigt ist." Im Überblick zum Landesrecht S. *Zängl*, in: GKÖD, § 8 BBG, Rn. 141.

III. Das Auswahlverfahren

Angesichts der nur rudimentären gesetzlichen Regelung des Auswahlverfahrens kommt der Verwaltung ein gewisser Spielraum bei dessen Ausgestaltung zu (vgl. auch § 10 VwVfG). Ermessensbegrenzend wirken allerdings – neben einzelnen gesetzlichen Vorgaben – die Anforderungen, die aus der prozeduralen Dimension des jeweils einschlägigen grundrechtlichen respektive grundfreiheitlichen Zugangsanspruchs folgen.[38] Diese strukturieren gleichzeitig den Ablauf des Verfahrens. Zudem hat sich in der Verwaltungspraxis ein – in seiner verfassungsrechtlichen Absicherung im Detail freilich umstrittenes – Verfahrensmuster herausgebildet, das der folgenden Analyse zugrunde gelegt werden kann (1.). Schließlich finden auch bei der Vergabe öffentlicher Ämter anlassunabhängige Verfahren Anwendung (2.).

1. Der Ablauf des Auswahlverfahrens

Das – idealtypisch konstruierte – Auswahlverfahren für die Vergabe öffentlicher Ämter gliedert sich in eine Konzept- (a), Ausschreibungs- (b), Bewerbungs- (c) und Entscheidungsfindungsphase (d). Diese münden in die Vergabeentscheidung (e), so das Verfahren nicht zuvor abgebrochen wird (f).

a) Konzeptphase

Das Vergabeverfahren leitet eine – von der Auswahl zu scheidende[39] – Konzeptphase ein, in der der Dienstherr zunächst die vom Haushaltsgesetzgeber zur Verfügung gestellten und zu besetzenden Planstellen zuschneidet, d.h. den mit ihnen verbundenen Dienstposten näher ausgestaltet (aa). Des Weiteren müssen die Auswahlkriterien (bb) sowie Eckpunkte des Verfahrens, etwa die Vornahme einer Ausschreibung oder die Länge der Bewerbungsfrist, festgelegt werden. An das in der Konzeptphase festgelegte Anforderungsprofil bleibt der Dienstherr im Interesse eines transparenten, die Chancengleichheit der Bewerber wahrenden Verfahrens grundsätzlich gebunden (cc).

aa) Schaffung von öffentlichen Ämtern

Nicht nur die Entscheidungen, ob und in welcher Zahl Beamtenstellen geschaffen werden, sondern auch deren Zuschnitt fällt in das bedürfnisorientiert auszuübende Organisationsermessen des Staates: „Über die Einrichtung und nähere Ausgestaltung von Dienstposten entscheidet der Dienstherr nach organi-

---

[38] Zu diesen bereits oben, I.
[39] BGH, NJW 1996, S. 123 (123 f.).

satorischen Bedürfnissen und Möglichkeiten."[40] Für die Anzahl zu schaffender Notarstellen erklärt § 4 S. 1 BNotO die „Erfordernisse einer geordneten Rechtspflege" für maßgeblich.[41]

bb) Festlegung der Auswahlkriterien

Die für die Stellenbesetzung maßgeblichen Auswahlkriterien sind mit Art. 33 Abs. 2 GG bereits verfassungsrechtlich vorgezeichnet: Es hat eine Bestenauslese anhand der Eignung, Befähigung und fachlichen Leistung der Bewerber stattzufinden („Leistungsprinzip"). Zudem verbietet Art. 33 Abs. 3 GG, religiöses Bekenntnis und Weltanschauung als Differenzierungskriterium beim Zugang zu öffentlichen Ämtern heranzuziehen. Die Beamtengesetze von Bund und Ländern greifen diesen Kriterienkatalog auf (§ 9 BeamtStG; § 9 BBG; Art. 12 Abs. 2 BayBG) und normieren in Anlehnung an Art. 3 Abs. 3 GG weitere pönalisierte Differenzierungsmerkmale[42]. Inwieweit diese Vorgaben bei der Stellenbesetzung modifiziert und Sekundärzwecke verfolgt werden dürfen, namentlich die Förderung von Frauen und Schwerbehinderten, ist umstritten und kann im Rahmen der vorliegenden Untersuchung nicht weiter vertieft werden. Das BVerfG betont insoweit, dass „Belange, die nicht im Leistungsgrundsatz verankert sind, ... bei der Besetzung öffentlicher Ämter nur Berücksichtigung finden [können], wenn ihnen ebenfalls Verfassungsrang eingeräumt ist".[43] So lässt § 9 S. 2 BBG „Maßnahmen zur Durchsetzung der tatsächlichen Gleichstellung im Erwerbsleben, insbesondere Quotenregelungen mit Einzelfallprü-

---

[40] BVerwGE 115, 58 (59); ferner BVerfG, NVwZ 2007, S. 693 (694); NVwZ 2008, S. 194 (195); NVwZ 2008, S. 69 (69 f.); NVwZ-RR 2009, S. 344 (345); BVerwGE 101, 112 (114); NVwZ-RR 2000, S. 172 (173); VGH Kassel, 1 B 2196/09 – juris, Rn. 5; OVG Weimar, 2 EO 236/07 – juris, Rn. 72 f.; *T. Hebeler*, Verwaltungspersonal, S. 156; *J. Isensee*, Zugang, S. 337 (338 f.); *H. Schnellenbach*, Beamtenrecht, Rn. 12, 29; *M. Willke*, JZ 1980, S. 440 (441); *S. Zängl*, in: GKÖD, § 8 BBG, Rn. 22. Vgl. auch BAG, NZA 2007, S. 1450 (1454). Siehe zur Problematik bereits oben, I.1.a.

[41] § 4 S. 2 BNotO erklärt dabei „insbesondere das Bedürfnis nach einer angemessenen Versorgung der Rechtsuchenden mit notariellen Leistungen und die Wahrung einer geordneten Altersstruktur des Notarberufs" für maßgeblich. Dieses Ermessen besteht nach BGH, DNotZ 2008, S. 866 (866), DNotZ 2009, S. 309 (309 f.), und KG, Not 12/07 – juris, Rn. 20 ff., ausschließlich im öffentlichen Interesse. Umfassend zur Stellenschaffung *T. Egerland*, Notarbestellung, S. 56 ff.

[42] Gemäß § 9 BeamtStG hat die Einstellung „ohne Rücksicht auf Geschlecht, Abstammung, Rasse oder ethnische Herkunft, Behinderung, Religion oder Weltanschauung, politische Anschauungen, Herkunft, Beziehungen oder sexuelle Identität" zu erfolgen. Dazu *U. Battis*, BBG, § 9, Rn. 13 ff.

[43] BVerfG, 2 BvR 1972/07 – juris, Rn. 8; NVwZ 2008, S. 194 (194); NVwZ 2008, S. 69 (69). Siehe auch BVerwG, NVwZ 2009, S. 787 (788); *W. Höfling*, in: BK, Art. 33 Abs. 1 bis 3, Rn. 279 ff.; *H.-H. Trute*, in: AK-GG, Art. 33 Abs. 1–3, Rn. 89 ff.

fung, sowie zur Förderung schwerbehinderter Menschen" auf gesetzlicher Grundlage zu.[44]

Zur Konkretisierung der abstrakten Eignungskriterien kann die öffentliche Verwaltung in der Konzeptphase ein sog. Anforderungsprofil[45] aufstellen und damit den Entscheidungsvorgang abschichten: Die Trennung der Kriterienfestsetzung vom eigentlichen Auswahlprozess schafft eine rationale Entscheidungsgrundlage für die Ermittlung des am besten geeigneten Bewerbers und dient damit nicht nur einem transparenten und die Chancengleichheit der Bewerber wahrenden Besetzungsverfahren, sondern auch der im Interesse der Verwaltung liegenden Bestenauslese. Zutreffend qualifiziert der BayVGH folglich die Aufstellung eines Anforderungsprofils als „Grundlage für einen objektiven und transparenten Eignungswettbewerb".[46] Damit ist freilich noch nichts darüber gesagt, inwieweit ein derartiges Vorgehen auch rechtlich geboten ist.

Für das Bundesbeamtenrecht fordert § 6 Abs. 3 BGleiG, dass „Arbeitsplatzausschreibungen ... mit den Anforderungen der zu besetzenden Arbeitsplätze übereinstimmen und im Hinblick auf mögliche künftige Funktionen der Bewerberinnen und Bewerber auch das vorausgesetzte Anforderungs- und Qualifikationsprofil der Laufbahn oder der Funktionsbereiche enthalten" müssen.[47] Von seiner Zielsetzung her ist diese Norm des Gleichstellungsrechts freilich beschränkt, liegt ihr doch das Anliegen, Frauen beruflich zu fördern, zugrunde.[48] Immerhin verlangt die neue BLV 2009 in ihrem § 4 Abs. 1 S. 3, § 6 BGleiG bei der Ausschreibung zu berücksichtigen.[49]

Angesichts dieses Regelungsdefizits verwundert es nicht, dass die Aufstellung eines Anforderungsprofils in der Rechtsprechung mitunter für entbehrlich erachtet wird. Denn grundsätzlich könne – so das OVG Koblenz –

---

[44] Zur Problematik BVerwGE 122, 237 (239); BAG, NZA 2003, S. 1036 (1038 f.); *U. Battis*, BBG, § 9, Rn. 14 ff.; *T. Hebeler*, Verwaltungspersonal, S. 149 ff.; *W. Höfling*, in: BK, Art. 33 Abs. 1 bis 3, Rn. 313 ff.; *K. Köpp*, Öffentliches Dienstrecht, Rn. 69; *P. Kunig*, in: v. Münch / ders., GG, Art. 33, Rn. 34; *ders.*, Recht des öffentlichen Dienstes, Rn. 87; *Plog*, BBG, § 8, Rn. 19; *H. Schnellenbach*, Beamtenrecht, Rn. 58; *H.-H. Trute*, in: AK-GG, Art. 33 Abs. 1–3, Rn. 92 ff.; *M. Wichmann / K.-U. Langer*, Öffentliches Dienstrecht, S. 187 ff.; *S. Zängl*, in: GKÖD, § 8 BBG, Rn. 70 ff. Siehe zu einer vergleichbaren Problematik im Bereich des Notariats: BGH, DNotZ 2008, S. 874.

[45] Siehe etwa OVG Koblenz, 13 B 10166/94 – juris, Rn. 4; ferner NVwZ-RR 2003, S. 762 (763). Zur Bedeutung des Anforderungsprofils für die Personalauswahl *M. Geppert*, in: Joerger / ders., Verwaltungslehre, S. 194 ff.; *U. Müller*, VR 2009, S. 145 (145 f.).

[46] VGH München, 15 CE 08.1477 – juris, Rn. 11. Siehe auch OVG Weimar, 2 EO 236/07 – juris, Rn. 71.

[47] Dazu *S. Zängl*, in: GKÖD, § 8 BBG, Rn. 11 ff.

[48] Siehe dazu VGH Kassel, DÖV 2008, S. 339 (339 f.); ferner 1 B 2196/09 – juris, Rn. 7 ff.

[49] In der Vorgängernorm des § 4 Abs. 4 S. 2 BLV fand sich lediglich der vage Hinweis, dass die obersten Dienstbehörden die näheren Voraussetzungen für die Einstellung (vorab) regeln.

... ohne weiteres aufgrund früher festgestellter Fähigkeiten, Fertigkeiten, Kenntnisse und Motivation des jeweiligen Bewerbers auf dessen Eignung für den in Rede stehenden Dienstposten geschlossen werden. So läßt sich beispielsweise grundsätzlich aus dem Ergebnis der vorgeschriebenen Laufbahnprüfung auf die Eignung zur Einstellung in den öffentlichen Dienst sowie aus den auf einem niedriger bewerteten Dienstposten gezeigten Leistungen auf die Beförderungseignung schließen. Bei Beförderungsentscheidungen ist dabei im allgemeinen auf die letzte dienstliche Beurteilung als geeigneter Maßstab abzustellen, zumal dienstliche Beurteilungen vielfach auch einen Verwendungsvorschlag enthalten, der eine Aussage über die Qualifikation für das angestrebte Beförderungsamt enthält.[50]

In einer späteren Entscheidung verschärft das OVG Koblenz diese Auffassung dahin, dass verbindliche Anforderungsprofile – jedenfalls bei Beförderungsstellen – nicht nur regelmäßig entbehrlich, sondern die rechtfertigungsbedürftige Ausnahme seien. Andernfalls würden nämlich dienstliche Beurteilungen ihre Funktion als Grundlage für Personalmaßnahmen und damit ihre Bedeutung verlieren.[51] Die Aufstellung eines verbindlichen Anforderungsprofils sei mithin nur dann statthaft, wenn von einer „fehlende[n] Kongruenz von früher ermitteltem Befähigungsprofil einerseits und dem Anforderungsprofil des nunmehr zu besetzenden Dienstpostens andererseits" auszugehen ist.[52]

Diese Auffassung verkennt allerdings die eingangs herausgearbeitete, besondere Bedeutung eines vorab festgelegten Verteilungskonzepts für eine an der verfassungsrechtlich gebotenen Bestenauslese orientierte Auswahlentscheidung. Daher ist mit dem BAG – genauso wie im Übrigen mit weiteren Oberverwaltungsgerichten und einer starken Strömung in der Literatur – die Fixierung eines Anforderungsprofils als zwingend erforderliche verfahrensrechtliche Absicherung des Art. 33 Abs. 2 GG zu qualifizieren: „Eine leistungsbezogene Auswahl setzt verfahrensmäßig voraus, dass zuvor für die zu besetzende Stelle ein konkretes Anforderungsprofil festgelegt wird. Dieses allein ermöglicht eine sachgerechte Prognose, wer von den Bewerbern die zukünftigen Aufgaben am besten erfüllen wird."[53] „Nur so kann der Dienstherr die erforderliche Chan-

---

[50] OVG Koblenz, 13 B 10166/94 – juris, Rn. 5. Siehe auch OVG Koblenz, NVwZ-RR 2003, S. 762 (762 f.); VGH Kassel, NVwZ-RR 1999, S. 49 (50), und LS 1: „Die Aufstellung eines über die allgemeine haushalts- und besoldungsrechtliche Kennzeichnung des Dienstpostens hinausgehenden speziellen Anforderungsprofils ist Gegenstand des ausschließlich im öffentlichen Interesse zu handhabenden Organisationsermessens des Dienstherrn"; ferner 1 B 2196/09 – juris, Rn. 6 ff.

[51] OVG Koblenz, NVwZ-RR 2003, S. 762 (763). Siehe auch Urt. v. 19.11.2004, 10 A 11203/04, Umdruck S. 13 f.; 2 B 10825/07 und 2 E 10824/07 – juris, Rn. 24.

[52] OVG Koblenz, NVwZ-RR 2003, S. 762 (763).

[53] BAG, MDR 2003, S. 1056 (1057); ferner NZA 2005, S. 879 (880); NZA 2008, S. 1016 (1018); OVG Bautzen, ZBR 2001, S. 368 (369 f.); ZBR 2001, S. 372; 2 B 254/08 – juris, Rn. 7; VGH Kassel, DVBl. 1994, S. 593 (593); ZBR 2001, S. 413 (413); VGH München, DVBl. 2000, S. 1140 (1141); VG Meiningen, ThürVBl. 2009, S. 66 (67); *M. Jachmann*, in: v. Mangoldt/Klein/Starck, GG, Art. 33, Rn. 22; *J. Masing*, in: Dreier, GG, Art. 33, Rn. 51; *S. U. Pieper*, in: Schmidt-Bleibtreu/Hofmann/Hopfauf, GG, Art. 33, Rn. 45; *H.-H. Trute*, in:

cengleichheit für die Bewerber herstellen und gewährleisten. Nur so können willkürliche Entscheidungen vermieden werden und gleichzeitig wird die erforderliche Transparenz der jeweiligen Auswahlentscheidung sichergestellt."[54] Hieraus folgt zwanglos, dass das Anforderungsprofil inhaltlichen Mindestanforderungen genügen und adäquat dokumentiert sein muss.[55]

Entgegen der Auffassung des BAG genügt es allerdings nicht, wenn das Anforderungsprofil irgendwann vor der Auswahlentscheidung fixiert wurde;[56] vielmehr muss es zum Zeitpunkt der Stellenausschreibung vorliegen. Erforderlich ist es nämlich nicht nur als Grundlage für eine rationale und gerichtlich nachvollziehbare Auswahlentscheidung, sondern auch als Information über Zugangschancen für potentielle Bewerber. Zudem kann nur so der Gefahr nachträglicher Manipulationen entgegengewirkt werden.[57] Weniger streng erachtete allerdings auch das BVerfG eine später vorgenommene genaue Bestimmung von Auswahlkriterien und deren Gewichtung in einem notarrechtlichen Ausnahmefall für zulässig, in dem „einerseits die Zusammensetzung des Bewerberkreises noch nicht von vornherein eindeutig feststand, andererseits aber unterschiedliche Qualifikationsmuster zu erwarten waren". Denn „[i]n dieser besonderen Konstellation hätte ein bereits zum Zeitpunkt der Ausschreibung festgelegtes detailliertes Anforderungsprofil zu der Gefahr einer sachwidrigen Verengung des Bewerberfeldes führen können, weil möglicherweise Personen von einer Bewerbung Abstand genommen hätten, die dieses Eignungsprofil nicht erfüllten, trotzdem aber aufgrund bei ihnen vorliegender besonderer Qualifikationen für das Amt des Notars gut geeignet gewesen wären."[58] Aus den genannten Gründen muss dies allerdings auf Ausnahmefälle beschränkt bleiben; zudem ist das Anforderungsprofil so bestimmt wie möglich zu fassen und spätestens bis zur Auswahlentscheidung zu präzisieren[59].

AK-GG, Art. 33 Abs. 1–3, Rn. 69; *M. Wichmann / K.-U. Langer,* Öffentliches Dienstrecht, S. 207 f.; *M. Willke,* JZ 1980, S. 440 (442 m. Fn. 30); *S. Zängl,* in: GKÖD, § 8 BBG, Rn. 32; § 23 BBG, Rn. 39. Ebenso im Kontext der Bestellung zum Insolvenzverwalter: KG, NJ 2006, S. 224 (224); *C. Koenig,* Insolvenzverwalter, S. 449 (458 f., 462); *W.-R. Schenke,* Auswahlentscheidung, S. 221 (225); *S. Werres,* BayVBl. 2008, S. 134 (139); *J. Wieland,* ZIP 2005, S. 233 (237). Siehe zur Vorteilhaftigkeit eines Anforderungsprofils auch *H. Günther,* ZBR 1987, S. 321 (331 f.).

[54] OVG Weimar, 2 EO 236/07 – juris, Rn. 71.

[55] BAG, MDR 2003, S. 1056 (1057); ferner OVG Bautzen, ZBR 2001, S. 368 (370); ZBR 2001, S. 372; *J. Masing,* in: Dreier, GG, Art. 33, Rn. 51; *S. U. Pieper,* in: Schmidt-Bleibtreu / Hofmann / Hopfauf, GG, Art. 33, Rn. 45; *W.-R. Schenke,* Auswahlentscheidung, S. 221 (225); *M. Wichmann / K.-U. Langer,* Öffentliches Dienstrecht, S. 208.

[56] BAG, MDR 2003, S. 1056 (1057).

[57] Ebenso VGH Kassel, ZBR 2001, S. 413 (413); VGH München, DVBl. 2000, S. 1140 (1142); *M. Jachmann,* in: v. Mangoldt / Klein / Starck, GG, Art. 33, Rn. 22.

[58] BVerfG, 1 BvR 2177/07 – juris, Rn. 37.

[59] Vgl. auch BVerfG, 1 BvR 2177/07 – juris, Rn. 37 f.

Der verfassungsrechtliche Hintergrund des Anforderungsprofils, im Interesse des staatsorganisatorischen und individuell-rechtlichen Gebots der Bestenauslese eine rationale Entscheidungsgrundlage zu schaffen, erhellt zugleich die in der oberverwaltungsgerichtlichen Rechtsprechung herausgestrichene Entbehrlichkeit seiner gesonderten Fixierung in dem Fall, dass sich die Anforderungen, wie oftmals, „aus Rechtsnormen, Verwaltungsvorschriften und Stellenbeschreibungen [ergeben], so dass die Feststellung dieses dem Besetzungsverfahren zu Grunde liegenden Vergleichsmaßstabs ohne weiteres möglich ist".[60] Die Pflicht zur Erstellung eines spezifischen Anforderungsprofils besteht mithin nur dann, wenn sich ein solches nicht bereits aus der allgemeinen Laufbahnbeschreibung, dem Haushalts- oder dem Besoldungsrecht ergibt.[61] Dies macht ein Anforderungsprofil freilich nicht entbehrlich; vielmehr ist es schon vorhanden.

Ob das Anforderungsprofil über die Fixierung von Eignungskriterien hinaus durch Vorgaben für deren Bewertung, etwa mittels eines Punktesystems, weiter rationalisiert werden darf respektive muss, stellt ein – namentlich die Besetzung von Notarstellen – betreffendes weiteres Problem dar. Insoweit hält der BGH, wie auch das BVerfG, eine Auswahl der Bewerber anhand der in § 6 Abs. 3, § 6b Abs. 4 BNotO gesetzlich festgelegten Kriterien der „persönlichen und fachlichen Eignung unter Berücksichtigung der die juristische Ausbildung abschließenden Staatsprüfung und der bei der Vorbereitung auf den Notarberuf gezeigten Leistungen" für ausreichend und die Aufstellung eines Punktesystems für entbehrlich.[62] Zwar eröffne letzteres „ein Auswahlverfahren nach objektiven, nachvollziehbaren und transparenten Kriterien ..., das den Bewerbern das zu erfüllende Anforderungsprofil vermittelt, der Justizverwaltung eine erste einigermaßen verlässliche Sichtung des Bewerberfeldes erlaubt und eine Vergleichbarkeit der Leistungen und sonstigen Eignungsmerkmale gewährleistet".[63] Preis hierfür sei allerdings der Rekurs auf „ein gewisses, die individuellen Fähigkeiten etwas relativierendes Maß an Abstraktion, Generalisierung und Schematisierung".[64] Daher müsse bei einer – in das Ermessen der auswählenden Behörde gestellten – Auf-

---

[60] OVG Bautzen, ZBR 2001, S. 368 (370); ZBR 2001, S. 372. Ebenso VGH Kassel, DVBl. 1994, S. 593 (593); ZBR 2001, S. 413 (413); VGH München, DVBl. 2000, S. 1140 (1141); OVG Weimar, 2 EO 236/07 – juris, Rn. 71; VG Meiningen, ThürVBl. 2009, S. 66 (67); *H.-H. Trute*, in: AK-GG, Art. 33 Abs. 1–3, Rn. 69; *M. Wichmann / K.-U. Langer*, Öffentliches Dienstrecht, S. 208; *S. Zängl*, in: GKÖD, § 8 BBG, Rn. 32.

[61] *H.-H. Trute*, in: AK-GG, Art. 33 Abs. 1–3, Rn. 69; *M. Wichmann / K.-U. Langer*, Öffentliches Dienstrecht, S. 208; *S. Zängl*, in: GKÖD, § 8 BBG, Rn. 8. Vgl. auch VGH München, 3 CE 08.2852 – juris, Rn. 46.

[62] BGH, NJW-RR 2008, S. 788 (789 f.); ferner BVerfG, 1 BvR 2177/07 – juris, Rn. 40. Siehe aber auch BGH, NJW-RR 2004, S. 1067 (1069), zu einer Konzeptpflicht bei strukturellen Problemen.

[63] BGH, NJW-RR 2008, S. 788 (790); ferner BVerfG, 1 BvR 2177/07 – juris, Rn. 42.

[64] BGH, NJW-RR 2008, S. 788 (790); ferner BVerfG, 1 BvR 2177/07 – juris, Rn. 43.

stellung eines Punktesystems sichergestellt werden, um die verfassungsrechtlich geforderte umfassende individuelle Eignungsprognose zu gewährleisten, dass Besonderheiten bei der Qualifikation einzelner Bewerber Berücksichtigung finden, etwa durch Sonderpunkte.[65]

Was den Inhalt des Anforderungsprofils betrifft, so hat die Verwaltung in diesem die verfassungsrechtlich vorgezeichneten Vergabekriterien näher zu konkretisieren und in ihrer Bedeutung zu gewichten.[66] Neben zwingenden können auch wertungsabhängige Vorgaben aufgestellt werden, so keine Spielräume für willkürliche Entscheidungen geschaffen werden.[67] Bei der Aufstellung des Anforderungsprofils kommt der Behörde ein aus ihrer Organisationshoheit folgender Gestaltungsspielraum zu:[68] „Dem pflichtgemäßen Ermessen des Dienstherrn ist es … überlassen, welchen (sachlichen) Umständen er bei seiner Auswahlentscheidung das größere Gewicht beimißt und in welcher Weise er den Grundsatz des gleichen Zugangs zu jedem öffentlichen Amt nach Eignung, Befähigung und fachlicher Leistung verwirklicht, sofern nur das Prinzip selbst nicht in Frage gestellt ist"[69]. Mithin muss bei der Konkretisierung der Grundsatz der Bestenauslese berücksichtigt und dürfen keine sachwidrigen Erwägungen angestellt werden.[70] Insoweit ist die Aufstellung des Anforde-

---

[65] BGH, NJW-RR 2007, S. 63 (64 f.); NJW-RR 2008, S. 567 (569); NJW-RR 2008, S. 788 (790); DNotZ 2008, S. 868 (871); BVerfG, 1 BvR 2177/07 – juris, Rn. 43. Umfassend zum Punktesystem: *T. Egerland*, Notarbestellung, S. 266 ff.

[66] BVerwG, DVBl. 1982, S. 198 (198); OVG Bremen, 2 B 425/07 – juris, Rn. 10; OVG Münster, 1 B 1518/08 – juris, Rn. 12 ff.; OVG Weimar, 2 EO 236/07 – juris, Rn. 49, 73 ff.; BAG, MDR 2003, S. 1056 (1057); *K. Köpp*, Öffentliches Dienstrecht, Rn. 92; *S. Zängl*, in: GKÖD, § 8 BBG, Rn. 22; § 8 BBG 2009, Rn. 17.

[67] OVG Bremen, 2 B 479/08 – juris, Rn. 23.

[68] BVerfG, ZBR 2000, S. 377 (377); E 108, 282 (295); NVwZ-RR 2008, S. 433 (434); 2 BvR 1972/07 – juris, Rn. 13 f.; NVwZ 2008, S. 194 (195); NVwZ 2008, S. 69 (69 f.); BVerwG, DVBl. 1982, S. 198 (198); E 68, 109 (110); DVBl. 1994, S. 118 (119); NVwZ-RR 2000, S. 619 (620); E 115, 58 (59, 61); OVG Bremen, 2 B 425/07 – juris, Rn. 10; VGH Kassel, NVwZ-RR 1999, S. 49 (50); OVG Koblenz, 13 B 10166/94 – juris, Rn. 7 f.; 2 B 11557/02 – juris, Rn. 8; OVG Lüneburg, NVwZ-RR 1996, S. 677 (677); 5 ME 92/04 – juris, Rn. 20; VGH München, BayVBl. 2008, S. 211 (212); VG Potsdam, LKV 2004, S. 574 (575); DtZ 1997, S. 269 (271); *U. Battis*, BBG, § 9, Rn. 5, 28; *P. M. Huber*, JZ 1996, S. 149 (150 f.); *M. Jachmann*, in: v. Mangoldt / Klein / Starck, GG, Art. 33, Rn. 22; *K. Köpp*, Öffentliches Dienstrecht, Rn. 92; *P. Kunig*, Recht des öffentlichen Dienstes, Rn. 86; *J. Masing*, in: Dreier, GG, Art. 33, Rn. 49; *Plog*, BBG, § 8, Rn. 11b; § 23, Rn. 8; *H. Schnellenbach*, Beamtenrecht, Rn. 29; *H.-H. Trute*, in: AK-GG, Art. 33 Abs. 1–3, Rn. 69; *S. Zängl*, in: GKÖD, § 8 BBG, Rn. 22, 27 f., 32.

[69] BVerwGE 68, 109 (110); ferner BVerfG, 2 BvR 1972/07 – juris, Rn. 13 f.; OVG Bremen, 2 B 425/07 – juris, Rn. 10; VG Potsdam, LKV 2004, S. 574 (575); *M. Jachmann*, in: v. Mangoldt / Klein / Starck, GG, Art. 33, Rn. 22; *Plog*, BBG, § 23, Rn. 8; *H.-H. Trute*, in: AK-GG, Art. 33 Abs. 1–3, Rn. 69; *S. Zängl*, in: GKÖD, § 8 BBG, Rn. 22, 27 f., 32.

[70] BVerfG, 2 BvR 1972/07 – juris, Rn. 14; NVwZ 2008, S. 194 (195); NVwZ 2008, S. 69 (70); *J. Masing*, in: Dreier, GG, Art. 33, Rn. 45; *S. Zängl*, in: GKÖD, § 8 BBG, Rn. 8, 22.

rungsprofils auch einer gerichtlichen Kontrolle zugänglich.[71] Eine Rolle gespielt hat die Sachgerechtigkeit aufgestellter Eignungsvoraussetzungen etwa bei
der schon erwähnten Bewertung von Notarbewerbern nach einem Punktesystem, das eine umfassende individuelle Eignungsprognose gewährleisten müsse.[72] Fließen unstatthafte Erwägungen in das Anforderungsprofil ein, so begründet dies die Rechtswidrigkeit der Auswahlentscheidung, da sich ersteres in
dieser fortsetzt.[73]

cc) Verbindlichkeit des Anforderungsprofils

Die verfahrensmäßige Absicherung des Art. 33 Abs. 2 GG in Gestalt des Gebots, ein Anforderungsprofil aufzustellen, liefe weitgehend leer, könnte die
Verwaltung von diesem im Auswahlverfahren abweichen und die Auswahlentscheidung auf der Grundlage nachträglich abgeänderter Kriterien treffen. Mithin muss der Dienstherr das in der Konzeptphase entwickelte Anforderungsprofil dem weiteren Auswahlverfahren zugrunde legen. In diesem Sinne hält
das BVerwG in einer jüngeren Entscheidung fest:

> Durch die Bestimmung des Anforderungsprofils eines Dienstpostens legt der Dienstherr
> die Kriterien für die Auswahl der Bewerber fest. Zwar ist der Dienstherr nicht nur befugt,
> das Besetzungsverfahren abzubrechen ..., sondern auch berechtigt, den „Zuschnitt" eines
> Dienstpostens zu ändern und die Anforderungen, die an den Inhaber gestellt werden, zu
> modifizieren, solange eine normative Festlegung nicht besteht. Für das Auswahlverfah-
> ren bleibt die Dienstpostenbeschreibung aber verbindlich. Die Funktionsbeschreibung
> des Dienstpostens bestimmt objektiv die Kriterien, die der Inhaber erfüllen muss. An ih-
> nen werden die Eigenschaften und Fähigkeiten der Bewerber um den Dienstposten be-
> messen, um eine optimale Besetzung zu gewährleisten. Im Auswahlverfahren ist der
> Dienstherr an das von ihm entwickelte Anforderungsprofil gebunden, da er andernfalls in
> Widerspruch zu dem selbst gesteckten Ziel bestmöglicher Aufgabenwahrnehmung gerät.
> Ob der Dienstherr diese Auswahlkriterien beachtet hat, unterliegt in vollem Umfange ge-
> richtlicher Kontrolle.[74]

---

[71] Siehe VG Potsdam, DtZ 1997, S. 269 (271). Vgl. demgegenüber aber auch VGH München, DVBl. 2000, S. 1140 (1142).
[72] BGH, NJW-RR 2008, S. 788 (789 f.).
[73] BVerfG, 2 BvR 1972/07 – juris, Rn. 15; NVwZ 2008, S. 194 (195); NVwZ 2008, S. 69
(70); OVG Bautzen, 2 B 254/08 – juris, Rn. 14; OVG Weimar, 2 EO 236/07 – juris, Rn. 74;
S. Zängl, in: GKÖD, § 8 BBG, Rn. 8.
[74] BVerwGE 115, 58 (60 f.); ferner BVerwG, 2 B 6/05 – juris, Rn. 5 ff.; E 128, 329 (338);
Plog, BBG, § 23, Rn. 6, 8; *H. C. Röhl*, GVwR II, § 30, Rn. 13. Siehe aber auch BVerwG, 2 B
6/05 – juris, Rn. 11 (des Weiteren BVerfGK 6, 273 [276]), wonach „Art und Ausmaß der Bindungswirkung eines konkreten Anforderungsprofils von dem Inhalt abhängen, den ihm der
Dienstherr im Einzelfall gibt".

Nichts anderes vertreten die Verwaltungsgerichtsbarkeit und das Schrifttum;[75] auch das BVerfG verweist auf die Bedeutung der Ausschreibung als „verfahrensmäßig[e] Absicherung des Bewerbungsverfahrensanspruchs potenzieller Bewerber"[76] und erklärt in dieser erfolgte Festlegungen hinsichtlich des Bewerberkreises für verbindlich[77]. Zu unterscheiden ist freilich zwischen deskriptiven und konstitutiven Elementen des Anforderungsprofils; nur letzteren kommt Verbindlichkeit zu:

> Kriterien des Anforderungsprofils können unterschiedlicher Art sein. Sie können beschreibenden Charakter haben, die den möglichen Bewerber über den Dienstposten und die auf ihn zukommenden Aufgaben informieren. Hingegen zeichnet sich das konstitutive Anforderungsprofil dadurch aus, dass es Qualifikationsmerkmale benennt, die entweder zwingend vorliegen müssen und die von ihrer Art her allein anhand objektiv überprüfbarer Fakten bejahend oder verneinend festgestellt werden können. Nur diese Kriterien führen dazu, dass sie vor dem eigentlichen Leistungsvergleich zum Ausschluss von Bewerbern im weiteren Auswahlverfahren führen können.[78]

Dies darf freilich nicht dahin missverstanden werden, dass Vorgaben für die vergleichende Wertung nicht bindend wären; diese beschränken vielmehr den Wertungsspielraum.[79]

Um die Flexibilität im Ausschreibungsverfahren zu wahren, ist der Verwaltung eine begrenzte Änderungsbefugnis zuzugestehen, zumal auch ein Ab-

---

[75] OVG Bautzen, ZBR 2001, S. 368 (369 f.); ZBR 2001, S. 372 – beide mit Abweichungsbefugnis aus sachlichen Gründen; LKV 2009, S. 326 (327); 1 M 62/09 – juris, Rn. 9; OVG Berlin, 4 S 29.09 – juris, Rn. 3; OVG Bremen, 2 B 425/07 – juris, Rn. 11 f.; 2 B 479/08 – juris, Rn. 23; OVG Lüneburg, 5 ME 390/03 – juris, Rn. 24 f.; 5 ME 92/04 – juris, Rn. 19; OVG Magdeburg, 1 M 62/09 – juris, Rn. 9; VGH München, ZBR 1994, S. 350 (351); 3 CE 99.304 – juris, Rn. 36; DVBl. 2000, S. 1140 (1142); NJW 2003, S. 1682 (1684); BayVBl. 2008, S. 211 (212); OVG Münster, NVwZ-RR 2003, S. 52 (52); 1 B 40/02 – juris, Rn. 14; OVG Weimar, 2 EO 236/07 – juris, Rn. 77; *H. von Golitschek*, ThürVBl. 1996, S. 1 (3) – grundsätzlich; *H. Günther*, ZBR 1987, S. 321 (334) – unter Gestattung marginaler Abweichungen (siehe aber auch *ders.*, NVwZ 1986, S. 697 [708]); *W. Höfling*, in: BK, Art. 33 Abs. 1 bis 3, Rn. 253; *ders.*, ZBR 1999, S. 73 (75 f.); *M. Jachmann*, in: v. Mangoldt/Klein/Starck, GG, Art. 33, Rn. 22; *W. Jung*, Zugang zum öffentlichen Dienst, S. 164; *J. Masing*, in: Dreier, GG, Art. 33, Rn. 51; *S. U. Pieper*, in: Schmidt-Bleibtreu/Hofmann/Hopfauf, GG, Art. 33, Rn. 45; *Plog*, BBG, § 8, Rn. 3; § 23, Rn. 6, 6d; *W.-R. Schenke*, Auswahlentscheidung, S. 221 (225); *H.-H. Trute*, in: AK-GG, Art. 33 Abs. 1–3, Rn. 76; „Konsequenzgebot"; *M. Wichmann/K.-U. Langer*, Öffentliches Dienstrecht, S. 155 f., 207 f.; *M. Willke*, JZ 1980, S. 440 (441 f.); *S. Zängl*, in: GKÖD, § 8 BBG, Rn. 10a, 29; § 8 BBG 2009, Rn. 17. Vgl. auch VGH Mannheim, NVwZ-RR 2004, S. 750 (750); BGH, NJW-RR 2006, S. 781 (783); *V. Epping*, WissR 1995, S. 211 (221 ff.).

[76] BVerfG, NVwZ 2007, S. 693 (694).

[77] BVerfG, NVwZ 2007, S. 693 (694); NVwZ-RR 2008, S. 433 (433); OVG Bremen, 2 B 286/06 – juris, Rn. 28; OVG Lüneburg, NVwZ-RR 2007, S. 398 (398); *Plog*, BBG, § 23, Rn. 6, 6d, 8.

[78] OVG Weimar, 2 EO 236/07 – juris, Rn. 77. Siehe auch VGH München, 3 CE 08.53 – juris, Rn. 31 ff.; 3 CE 08.2852 – juris, Rn. 41 ff.; 3 CE 09.596 – juris, Rn. 19; OVG Münster, 1 B 910/08 – juris, Rn. 8 ff.; 1 B 1347/09 – juris, Rn. 11 ff.

[79] Siehe OVG Münster, 1 B 910/08 – juris, Rn. 16.

bruch des Stellenbesetzungsverfahrens mit anschließender Neuausschreibung unter bestimmten Voraussetzungen zulässig ist[80]. Zur Eindämmung der Missbrauchsgefahr ist allerdings zu verlangen, dass der Dienstherr auch zum Abbruch der Ausschreibung berechtigt wäre, d.h. namentlich die Änderung sachlich gerechtfertigt ist, im Interesse potentieller Bewerber kein wesentlich anderes Profil der Ausschreibung zugrunde gelegt wird[81] und die vorhandenen Bewerber eine Chance erhalten, auf die geänderten Kriterien zu reagieren.[82]

b) Ausschreibungsphase

Zu besetzende Stellen im öffentlichen Dienst auszuschreiben und damit einem weiten Kreis zur Kenntnis zu bringen, vermag nicht nur den in Art. 33 Abs. 2 GG verankerten Zugangsanspruch potentieller Bewerber prozedural abzusichern. Vielmehr dient die Schaffung einer breiten Bewerbergrundlage auch dem öffentlichen Interesse an einer bestmöglichen Stellenbesetzung.[83] Gleichwohl liegt dem einfachen Beamtenrecht kein generelles Ausschreibungserfordernis zugrunde. Für die Bundesebene findet sich seit der Dienstrechtsreform 2009 in § 8 Abs. 1 BBG nunmehr ein allgemeines Ausschreibungserfordernis normiert; allerdings sind lediglich Einstellungen öffentlich auszuschreiben (siehe auch § 6b Abs. 1 BNotO für die Ernennung zum Notarassessor) und Ausnahmen möglich[84]. Die Landesbeamtengesetze sind, auch mangels Vorgabe im BeamtStG, mitunter noch weniger streng gefasst: So fordert Art. 12 Abs. 1 BayBG eine Stellenausschreibung generell nur dann, wenn dies im besonderen dienstlichen Interesse liegt.

Nach der Rechtsprechung des BVerwG sind Ausnahmen von der Ausschreibungspflicht nicht zu beanstanden, da aus dem in Art. 33 Abs. 2 GG verankerten Gebot der Bestenauslese keine allgemeine Ausschreibungspflicht folge.[85] Vielmehr überlasse das Grundgesetz dem einfachen Gesetzgeber die Ausgestal-

---

[80] Zu deren Voraussetzungen näher unten, III.1.f.

[81] Siehe insoweit auch BVerfG, NVwZ 2007, S. 693 (694), wonach es „unzulässig [ist], die Auswahlkriterien nachträglich dergestalt zu ändern, dass sich der Bewerberkreis erweitern würde, ohne dass mögliche Interessenten hiervon Kenntnis erhielten."

[82] Strenger *M. Wichmann / K.-U. Langer*, Öffentliches Dienstrecht, S. 156.

[83] OVG Lüneburg, DVBl. 1993, S. 959 (959 f.); *U. Battis*, BBG, § 8, Rn. 2; *W. Höfling*, in: BK, Art. 33 Abs. 1 bis 3, Rn. 248; *ders.*, ZBR 1999, S. 73 (74); *S. Zängl*, in: GKÖD, § 8 BBG, Rn. 4; § 8 BBG 2009, Rn. 3, 8; vgl. auch BVerwGE 61, 325 (334). Umfassend zur Stellenausschreibung: *M. v. Hippel*, Gleicher Zugang; siehe auch *U. Müller*, VR 2009, S. 145 (146 f.); zu Ausschreibungspflichten im privaten Arbeitsverhältnis *M. Wollenschläger*, Arbeitsrecht, Rn. 823.

[84] Siehe insoweit § 4 Abs. 2 und 3 BLV; das Ausschreibungserfordernis entfällt etwa bei Leitungspositionen (§ 4 Abs. 2 Nr. 1 BLV).

[85] BVerwGE 49, 232 (236 ff.); E 56, 324 (327); vgl. auch E 61, 325 (334); *C. Tegethoff*, ZBR 2004, S. 341 (346); *S. Zängl*, in: GKÖD, § 8 BBG, Rn. 4; § 23 BBG, Rn. 23. Zurückhaltend auch *H. Günther*, ZBR 1987, S. 321 (328 f.).

tung des Ausleseverfahrens; die Ausschreibung sei hierbei nur ein Mittel unter vielen.[86] Allerdings fragt sich, ob diese Auffassung, d.h. die Verneinung einer verfassungsrechtlichen Pflicht zur Ausschreibung zu besetzender Beamtenstellen, mit Art. 33 Abs. 2 GG vereinbar ist.[87] Auch wenn einer verfassungsrechtlich fundierten absoluten Ausschreibungspflicht nicht das Wort geredet werden soll, so ist mit dem Bremischen Staatsgerichtshof, weiteren Obergerichten[88] und einer starken Literaturmeinung[89] angesichts der Verfahrensabhängigkeit des Zugangsanspruchs von einem grundsätzlichen Ausschreibungserfordernis auszugehen:

Da nur wenige der potentiell Interessierten und – im öffentlichen Interesse – zu Interessierenden aus eigener Kenntnis von dem jeweils freien öffentlichen Amt wissen, gehört zur Zugänglichkeit mehr, als nur auf Bewerber zu warten. Das Verfassungsgebot des Art. 128 BremVerf. muß in die Praxis umgesetzt werden. Das bedeutet konkret: Ein realisierbarer Zugang zu freien öffentlichen Ämtern setzt die Information über offene Ämter voraus. Diese Information muß so breit und effizient gestreut sein, daß für die in dem jeweils zu besetzenden öffentlichen Amt potentiell Interessierten und zu Interessierenden tatsächlich die Möglichkeit der Kenntniserlangung geschaffen wird. Hierfür ist die Ausschreibung das am besten geeignete Mittel. Art. 128 BremVerf. gebietet demgemäß grundsätzlich die Ausschreibung der öffentlichen Ämter. Pro-forma-Ausschreibungen oder unzugängliche Ausschreibungen erfüllen dieses Gebot nicht.[90]

---

[86] BVerwGE 49, 232 (236 ff.); E 56, 324 (327); *C. Tegethoff*, ZBR 2004, S. 341 (346); *S. Zängl*, in: GKÖD, § 8 BBG, Rn. 4. Zur personalvertretungsrechtlichen Ausschreibungspflicht BVerwGE 79, 101; NVwZ 1997, S. 286.

[87] Im Grundsatz bejahend: BremStGH, NVwZ-RR 1993, S. 417 (418 f.); *U. Battis*, in: Sachs, GG, Art. 33, Rn. 40; *M. v. Hippel*, Gleicher Zugang, S. 50 ff.; *W. Höfling*, in: BK, Art. 33 Abs. 1 bis 3, Rn. 245 ff.; *ders.*, ZBR 1999, S. 73 (74 f.); *P. M. Huber*, Konkurrenzschutz, S. 470 f.; *J. Isensee*, Zugang, S. 337 (351); *H. D. Jarass*, in: *ders. / Pieroth*, Grundgesetz, Art. 33, Rn. 18; *J. Th. Koll*, LKV 2001, S. 394 (395 f.); *P. Kunig*, in: v. Münch / ders., GG, Art. 33, Rn. 34; *K.-H. Ladeur*, Jura 1992, S. 77 (81 ff.); *H.-W. Laubinger*, VerwArch 83 (1992), S. 246 (268 ff.); *J. Masing*, in: Dreier, GG, Art. 33, Rn. 39, 51; *W.-R. Schenke*, Auswahlentscheidung, S. 221 (224); *H.-H. Trute*, in: AK-GG, Art. 33 Abs. 1–3, Rn. 70; vgl. auch BVerfG, NVwZ 2006, S. 1401 (1402); ferner *Plog*, BBG, § 8, Rn. 2, mit Ablehnung einer allgemeinen Ausschreibungspflicht unter gleichzeitigem Verweis auf das Gebot einer „breite[n] und effiziente[n] Information möglicher Bewerber". Offengelassen von OVG Schleswig, NVwZ-RR 1994, S. 350 (351). Ablehnend: *S. Zängl*, in: GKÖD, § 8 BBG, Rn. 4. Zurückhaltend auch *H. Günther*, ZBR 1987, S. 321 (328 f.).

[88] OVG Bautzen, ZBR 2001, S. 368 (369); ZBR 2001, S. 372.

[89] *U. Battis*, in: Sachs, GG, Art. 33, Rn. 40; *M. v. Hippel*, Gleicher Zugang, S. 50 ff.; *W. Höfling*, in: BK, Art. 33 Abs. 1 bis 3, Rn. 245 ff.; *ders.*, ZBR 1999, S. 73 (74 f.); *P. M. Huber*, Konkurrenzschutz, S. 470 f. (Regelanforderung); *J. Isensee*, Zugang, S. 337 (351); *H. D. Jarass*, in: *ders. / Pieroth*, Grundgesetz, Art. 33, Rn. 18; *J. Th. Koll*, LKV 2001, S. 394 (395 f.); *P. Kunig*, in: v. Münch / ders., GG, Art. 33, Rn. 34; *K.-H. Ladeur*, Jura 1992, S. 77 (81 ff.); *H.-W. Laubinger*, VerwArch 83 (1992), S. 246 (268 ff.); *J. Masing*, in: Dreier, GG, Art. 33, Rn. 39, 51; *W.-R. Schenke*, Auswahlentscheidung, S. 221 (224); *H.-H. Trute*, in: AK-GG, Art. 33 Abs. 1–3, Rn. 70; *A. Voßkuhle*, Strukturen und Bauformen, S. 277 (306); *M. Wichmann / K.-U. Langer*, Öffentliches Dienstrecht, S. 154 f.

[90] BremStGH, NVwZ-RR 1993, S. 417 (418).

Dies darf freilich nicht dahin missverstanden werden, dass es keine anzuerkennenden Gründe geben könne, von einer Ausschreibung im Einzelfall abzusehen:

> Die Beachtung des verfassungsrechtlich gebotenen Grundsatzes, öffentliche Ämter aus-
> zuschreiben, schließt eine Differenzierung nach den verschiedenen Ämtern nicht aus,
> wenn für eine solche Differenzierung sachgemäße Gründe vorliegen ... Für Eingangsäm-
> ter ist die Ausschreibungspflicht strikt zu beachten ... [Der Landesgesetzgeber] darf fer-
> ner den Besonderheiten bei der Besetzung von Laufbahnbeförderungsämtern Rechnung
> tragen. Sichergestellt sein muß aber in jedem Fall, daß die Ausschreibung die Regel ist,
> nicht die Ausnahme, daß nur aus sachgemäßen Gründen von dem Grundsatz ausnahms-
> weise abgewichen werden darf [und] daß bei Abweichen vom Grundsatz die Argumenta-
> tionslast bei der Behörde liegt ...[91]

Was die Modalitäten der Ausschreibung betrifft, so muss deren Aufwand in einem angemessenen Verhältnis zu den konkret betroffenen Zugangsinteressen
und dem öffentlichen Interesse an einer breitestmöglichen Bewerbergrundlage
stehen: Mithin hat die Ausschreibung in einem mit Blick auf seine Verbreitung
geeigneten Medium zu erfolgen[92] und die wesentlichen Anforderungen an den
Stelleninhaber sowie eine aussagekräftige Beschreibung der Tätigkeit zu beinhalten[93].

c) Bewerbungsphase

In der Ausschreibung ist eine angemessene Bewerbungsfrist festzulegen.[94]
Maßgeblich für deren Bemessung sind die Umstände des Einzelfalls, wobei das
Zugangsinteresse eines nicht informierten Bewerbers zugrunde zu legen ist.[95]
Innerhalb dieser in der Ausschreibung gesetzten Frist hat die Bewerbung zu er-
folgen.

---

[91] BremStGH, NVwZ-RR 1993, S. 417 (418 f.); OVG Bautzen, ZBR 2001, S. 368 (369);
ZBR 2001, S. 372. Zum (rechtspolitischen) Für und Wider der Ausschreibung bestimmter
Stellen: *H. Günther*, ZBR 1987, S. 321. Vgl. zum Ausnahmefall der Vertretungsprofessur
OVG Münster, NVwZ-RR 2007, S. 178 (179 f.).
[92] BremStGH, NVwZ-RR 1993, S. 417 (418 f.); OVG Bautzen, ZBR 2001, S. 368 (369);
ZBR 2001, S. 372; *U. Battis*, BBG, § 8, Rn. 6; *H. Günther*, ZBR 1987, S. 321 (333); *T. Hebeler*,
Verwaltungspersonal, S. 160; *P. Kunig*, in: v. Münch / ders., GG, Art. 33, Rn. 34; *K.-H. Ladeur*, Jura 1992, S. 77 (83 f.); *J. Masing*, in: Dreier, GG, Art. 33, Rn. 39; *S. Zängl*, in: GKÖD,
§ 8 BBG, Rn. 10; § 8 BBG 2009, Rn. 19.
[93] BremStGH, NVwZ-RR 1993, S. 417 (419); *U. Battis*, BBG, § 8, Rn. 6; *H. Günther*, ZBR
1987, S. 321 (331 f.); *M. Wichmann / K.-U. Langer*, Öffentliches Dienstrecht, S. 155; *S. Zängl*,
in: GKÖD, § 8 BBG, Rn. 7 f.
[94] *U. Battis*, BBG, § 8, Rn. 6; *H. Günther*, ZBR 1987, S. 321 (332); *S. Zängl*, in: GKÖD, § 8
BBG, Rn. 9; § 8 BBG 2009, Rn. 18.
[95] *H. Günther*, ZBR 1987, S. 321 (332 f.); *S. Zängl*, in: GKÖD, § 8 BBG, Rn. 9; § 8 BBG
2009, Rn. 18. Siehe auch § 3 Abs. 2 S. 1 BayLV, der eine Mindestfrist von zwei Wochen bestimmt.

Versteht man die Bewerbungsfrist mit der überwiegenden Auffassung im Beamtenrecht als Ordnungs-, nicht aber als Ausschlussfrist, so steht es im Ermessen der Verwaltung, wie mit verspätet eingegangenen Bewerbungen zu verfahren ist: Diese können ohne Sachprüfung abgelehnt oder trotz Fristversäumnis berücksichtigt werden.[96] Der öffentlichen Hand soll es sogar gestattet sein, nach Fristablauf neue Bewerber zu kontaktieren.[97] Als Mindestfrist muss die Bewerbungsfrist jedoch gewahrt werden.[98] Im Notarrecht gilt demgegenüber eine Ausschlussfrist (§ 6b Abs. 2, 3 BNotO), die wegen der sonst eröffneten chancengleichheitswidrigen Möglichkeit, den Bewerberkreis zu steuern, verfassungsrechtlich für geboten erachtet wird[99]. Angesichts des legitimen Interesses an einer optimalen Stellenbesetzung erscheint der zwingende Charakter der Ausschlussfrist jedoch fraglich.[100]

d) Entscheidungsfindungsphase

In der Entscheidungsfindungsphase hat die Verwaltung den am besten geeigneten Bewerber zu ermitteln. Verfassungs- und einfaches Beamtenrecht bestimmen, dass dies anhand der Kriterien der Eignung, Befähigung und fachlichen Leistung zu erfolgen hat. Dabei bezieht sich „die Befähigung auf allgemein der Tätigkeit zugute kommende Fähigkeiten wie Begabung, Allgemeinwissen, Lebenserfahrung und allgemeine Ausbildung. Fachliche Leistung bedeutet Fachwissen, Fachkönnen und Bewährung im Fach. Eignung im engeren Sinne erfasst insbesondere Persönlichkeit und charakterliche Eigenschaften, die für ein bestimmtes Amt von Bedeutung sind".[101]

Diese Merkmale stellen unbestimmte Rechtsbegriffe dar, denen ein prognostisches Moment innewohnt[102] und bei deren Ausfüllung der öffentlichen Hand ein nur beschränkt überprüfbarer Beurteilungsspielraum zugestanden

---

[96] OVG Koblenz, DÖV 1966, S. 105 (LS); OVG Münster, NVwZ-RR 2003, S. 52 (52); VG Wiesbaden, NVwZ-RR 2009, S. 734 (734); BAG, NZA 2005, S. 879 (881); *U. Battis,* BBG, § 8, Rn. 6; *H. Günther,* ZBR 1987, S. 321 (333 f.); *H. Schnellenbach,* Beamtenrecht, Rn. 78; *ders.,* ZBR 1997, S. 169 (171); *S. Zängl,* in: GKÖD, § 8 BBG, Rn. 9

[97] *H. Schnellenbach,* Beamtenrecht, Rn. 78; *ders.,* ZBR 1997, S. 169 (171).

[98] *H. Günther,* ZBR 1987, S. 321 (333).

[99] BVerfGE 73, 280 (296 f.); NJW 2002, S. 3090 (3091); NJW-RR 2003, S. 203 (203); NJW-RR 2005, S. 998 (1001); BGH, DNotZ 1988, S. 134 (135); NJW 1995, S. 2359 (2360).

[100] Siehe auch 3. Teil, B.I.3.

[101] Siehe nur BVerfGE 104, 304 (322); ferner *U. Battis,* in: Sachs, GG, Art. 33, Rn. 27 ff.; *T. Hebeler,* Verwaltungspersonal, S. 129 f.; *W. Höfling,* in: BK, Art. 33 Abs. 1 bis 3, Rn. 149 ff.; *J. Masing,* in: Dreier, GG, Art. 33, Rn. 45; *Plog,* BBG, § 8, Rn. 8 ff.; *S. Zängl,* in: GKÖD, § 8 BBG, Rn. 36 ff.

[102] BVerfG, 1 BvR 2177/07 – juris, Rn. 50; *U. Battis,* BBG, § 9, Rn. 5; *T. Hebeler,* Verwaltungspersonal, S. 130; *J. Isensee,* Zugang, S. 337 (346 f.); *K. Köpp,* Öffentliches Dienstrecht, Rn. 92; *P. Kunig,* Recht des öffentlichen Dienstes, Rn. 86.

wird[103]. So qualifiziert das BVerwG die Entscheidung über den Bestgeeigneten als „Akt wertender Erkenntnis, der vom Gericht nur beschränkt darauf zu überprüfen ist, ob die Verwaltung den anzuwendenden Begriff verkannt, der Beurteilung einen unrichtigen Tatbestand zugrunde gelegt, allgemeingültige Wertmaßstäbe nicht beachtet oder sachwidrige Erwägungen angestellt hat."[104]

Bei dem Auswahlvorgang selbst ist eine „Bewertung der durch Art. 33 Abs. 2 GG vorgegebenen persönlichen Merkmale [vorzunehmen], die in Bezug zu dem ‚Anforderungsprofil' des jeweiligen Dienstpostens gesetzt werden. Erst dieser Vergleich ermöglicht die Prognose, dass der in Betracht kommende Beamte den nach der Dienstpostenbeschreibung anfallenden Aufgaben besser als andere Interessenten gerecht werden ... wird."[105]

Die Weite des der Verwaltung insoweit zugestandenen Entscheidungsspielraums reduziert sich freilich in dem Maße, in dem die Verwaltung bereits in der Konzeptphase ein hinreichend aussagekräftiges Anforderungsprofil entwickelt hat. Auf der Basis eines Anforderungsprofils stellt sich in der Phase der Entscheidungsfindung nämlich lediglich die Frage, welcher Bewerber diesem am besten entspricht.[106] Dies illustriert, dass eine adäquate Verfahrensgestaltung administrative Entscheidungsfreiräume und den damit einhergehenden Kontrollverlust im Interesse des gleichen Zugangs der Bewerber und des effektiven Rechtsschutzes kompensieren kann.[107] Mithin zu Recht verweist das BVerfG

---

[103] BVerfG, 1 BvR 2177/07 – juris, Rn. 50; BVerwGE 128, 329 (332); *U. Battis,* BBG, § 9, Rn. 5, 28; *T. Hebeler,* Verwaltungspersonal, S. 130 f.; *P. M. Huber,* Konkurrenzschutz, S. 453 f.; *J. Isensee,* Zugang, S. 337 (346 f.); *K. Köpp,* Öffentliches Dienstrecht, Rn. 92; *P. Kunig,* Recht des öffentlichen Dienstes, Rn. 86; *J. Masing,* in: Dreier, GG, Art. 33, Rn. 49; *Plog,* BBG, § 8, Rn. 11b; *W.-R. Schenke,* Auswahlentscheidung, S. 221 (223); *ders.,* Konkurrentenklage im Beamtenrecht, S. 571 (577); *ders.,* in: BK, Art. 19 Abs. 4, Rn. 556; *J. Wieland,* Konkurrentenschutz bei Beamtenernennungen, S. 647 (653). Ablehnend *H. Lecheler,* in: Friauf / Höfling, GG, Art. 33, Rn. 20; zurückhaltend auch *W. Höfling,* in: BK, Art. 33 Abs. 1 bis 3, Rn. 350 ff.; *H.-H. Trute,* in: AK-GG, Art. 33 Abs. 1–3, Rn. 77 ff.; *E. Wagner,* ZBR 2007, S. 249 (254). Siehe zur Entwicklung: *W. Höfling,* in: BK, Art. 33 Abs. 1 bis 3, Rn. 344 ff.; *S. Zängl,* in: GKÖD, § 8 BBG, Rn. 24 f.

[104] BVerwGE 68, 109 (110); ferner E 61, 325 (330 f.); DVBl. 1982, S. 198 (198); NVwZ-RR 2000, S. 619 (620); E 115, 58 (60); E 128, 329 (332 f.); vgl. auch BVerfGE 39, 334 (353 f.); NVwZ-RR 2008, S. 433 (434); OVG Bautzen, ZBR 2001, S. 368 (369); ZBR 2001, S. 372; LKV 2009, S. 326 (327 f.); OVG Koblenz, NVwZ 2007, S. 109 (109); VGH München, NJW 2003, S. 1682 (1683); OVG Weimar, 2 EO 781/06 – juris, Rn. 32; BGH, NJW 1994, S. 3353 (3354); NJW 1995, S. 2344 (2345); BAG, NZA 2005, S. 879 (881); *T. Egerland,* Notarbestellung, S. 265; *P. M. Huber,* Konkurrenzschutz, S. 453 f.; *J. Isensee,* Zugang, S. 337 (346 f., 353 f.); *P. Kunig,* in: v. Münch / ders., GG, Art. 33, Rn. 28; *J. Masing,* in: Dreier, GG, Art. 33, Rn. 49; *Plog,* BBG, § 23, Rn. 8a; *S. Zängl,* in: GKÖD, § 8 BBG, Rn. 24 f. Kritisch *W. Höfling,* in: BK, Art. 33 Abs. 1 bis 3, Rn. 350 ff.; *H. Lecheler,* in: Friauf / Höfling, GG, Art. 33, Rn. 20.

[105] BVerwGE 115, 58 (60).

[106] Siehe auch *K. Köpp,* Öffentliches Dienstrecht, Rn. 92.

[107] Siehe zur kompensatorischen Funktion des Auswahlverfahrens im Beamtenrecht bereits oben, I.1.b.

darauf, dass „[v]or dem Hintergrund eines weiten Organisationsermessens ... eine transparente und an nachvollziehbaren rechtlichen Kriterien ausgerichtete Verfahrensweise unabdingbar" ist.[108]

Damit zeichnet sich ein zweistufiger Auswahlprozess ab:[109] Das Anforderungsprofil stellt zunächst Mindestanforderungen an die Bewerber auf. Ob diese erfüllt sind, ist gerichtlich vollumfänglich überprüfbar.[110] Auf einer zweiten Stufe haben dann bei den diesen Anforderungen entsprechenden Kandidaten „Abstufungen der Qualifikation Bedeutung", und hat der Dienstherr eine Wertungsentscheidung zu treffen: „Es bleibt [seiner] Entscheidung ... überlassen, welchen der zur Eignung, Befähigung und fachlichen Leistung zu rechnenden Umstände er das größere Gewicht beimisst".[111]

Es versteht sich von selbst, dass dem Leistungsvergleich ein einheitlicher Bewertungsmaßstab sowie -zeitpunkt zugrunde zu liegen hat[112] und die entwickelten Kriterien auf alle Bewerber Anwendung finden müssen[113]. Spielraumreduzierend und rationalitätsfördernd wirkt zudem der bei Beförderungsämtern grundsätzlich gebotene Rekurs auf dienstliche Beurteilungen:

Der Gefahr, bei einem leistungsgesteuerten Auswahlverfahren ein nicht hinreichend objektivierbares, unvollständiges oder gar unzutreffendes Leistungsbild der Bewerber zugrunde zu legen, unterliegt der Dienstherr nach ständiger verwaltungsgerichtlicher Rechtsprechung ... am wenigsten, wenn er seine Qualifikationsfeststellungen anhand des Informationspotentials von aktuellen und hinreichend vergleichbaren dienstlichen Beurteilungen trifft. Hierbei handelt es sich um urkundlich verkörperte Werturteile, die in einem formalisierten Verfahren zustande gekommen sind und die nicht zuletzt im Hinblick auf ihre eigene Rechtsbehelfsfähigkeit eine weithin verlässliche Grundlage für Auswahlverfahren abgeben.[114]

---

[108] BVerfG, NJW 2002, S. 3090 (3091). Siehe auch BVerwGE 128, 329 (340).

[109] Vgl. auch OVG Koblenz, NVwZ-RR 2003, S. 762 (763); OVG Lüneburg, 5 ME 92/04 – juris, Rn. 19; *S. Zängl,* in: GKÖD, § 8 BBG, Rn. 107.

[110] BVerwGE 115, 58 (61); E 128, 329 (338). Siehe auch OVG Bautzen, ZBR 2001, S. 368 (370); ZBR 2001, S. 372; OVG Lüneburg, 5 ME 390/03 – juris, Rn. 24 f.; 5 ME 92/04 – juris, Rn. 19; VGH München, NJW 2003, S. 1682 (1684); OVG Münster, NVwZ-RR 2003, S. 52 (52); 1 B 40/02 – juris, Rn. 14.

[111] BVerwGE 115, 58 (61); E 128, 329 (338 f.); ferner OVG Lüneburg, 5 ME 92/04 – juris, Rn. 19. Vgl. auch OVG Schleswig, NVwZ-RR 1997, S. 373 (374).

[112] BVerwG, DVBl. 1982, S. 198 (198); BAG, MDR 2003, S. 1056 (1057); BGH, NJW 1994, S. 3353 (3355 f.). Vgl. auch VGH Kassel, NVwZ-RR 2007, S. 42 (44); BGH, NJW-RR 2006, S. 781 (783).

[113] Vgl. VGH Kassel, NVwZ-RR 2007, S. 42 (44); *H.-H. Trute,* in: AK-GG, Art. 33 Abs. 1–3, Rn. 68.

[114] OVG Koblenz, 2 B 11557/02 – juris, Rn. 7. Vgl. auch BVerfG, NVwZ-RR 2008, S. 433 (434); BVerwGE 128, 329 (337); NVwZ-RR 2009, S. 604 (605); VGH Mannheim, NVwZ-RR 2008, S. 550 (551 f.); NVwZ-RR 2009, S. 216 (216 f.); *C. Eckstein,* ZBR 2009, S. 86 (87); *T. Hebeler,* Verwaltungspersonal, S. 162 ff.; *S. Zängl,* in: GKÖD, § 23 BBG, Rn. 43 f.

Bei im Wesentlichen gleicher Eignung kann schließlich auf Hilfskriterien rekurriert werden, wie etwa das Lebens- oder Dienstalter.[115]

Mitunter finden sich auch gestufte Auswahlprozesse, in deren Rahmen nicht
nach Aktenlage entschieden wird, sondern nach einer Vorauswahl von Kandidaten Bewerbungsgespräche oder Assessment-Center zum Einsatz kommen.[116]

e) Vergabeentscheidung

Am Ende der Entscheidungsfindungsphase steht der am besten geeignete Bewerber respektive eine Reihung der Kandidaten fest. Dieses Ergebnis muss nun
in eine der Handlungsformen des Verwaltungsverfahrensrechts gegossen werden.

Nach der orthodoxen, namentlich vom BVerwG vertretenen Lehre, die auf
der Vorstellung isoliert nebeneinander ablaufender Bewerbungsverfahren der
einzelnen Stelleninteressenten basiert,[117] und der ihr folgenden Verwaltungspraxis haben die Bewerber ihre Einstellung beantragt, die nun entweder durch
Ernennung (§ 6 BBG) mit anschließender Einweisung in die Planstelle (§ 49
Abs. 1 BHO) positiv oder durch Ablehnung der Ernennung negativ verbeschie-
den wird. Die Ernennung vollzieht sich in der Handlungsform des Verwaltungsakts;[118] Selbiges gilt nach allgemeiner Meinung auch für deren Ablehnung
als „actus contrarius"[119]. In dieser Konstruktion des Vergabevorgangs existiert
im Außenverhältnis weder eine einheitliche Auswahlentscheidung hinsichtlich
aller Bewerber noch eine von der Ernennung zu trennende positive Auswahlentscheidung hinsichtlich des erfolgreichen Bewerbers. Wird letzterer über
seine Ernennung vorab informiert, so stellt dies als bloße Information über den
beabsichtigten Erlass eines Verwaltungsakts mangels Regelungswirkung selbst

---

[115] BVerwGE 80, 123 (126); DVBl. 1994, S. 118 (119); E 118, 370 (377 f.); OVG Bautzen,
ZBR 2001, S. 368 (371); ZBR 2001, S. 372; VGH Kassel, NVwZ 1990, S. 284 (285); VGH
Mannheim, NJW 1996, S. 2525 (2526); VGH München, NVwZ-RR 2006, S. 344 (344);
BayVBl. 2008, S. 211 (212); BAG, NZA 2003, S. 1036 (1038); *U. Battis*, BBG, § 9, Rn. 6; § 23,
Rn. 26 ff.; *W. Höfling*, in: BK, Art. 33 Abs. 1 bis 3, Rn. 284 ff.; *M. Jachmann*, in: v. Man-
goldt / Klein / Starck, GG, Art. 33, Rn. 20; *K. Köpp*, Öffentliches Dienstrecht, Rn. 92; *W.-R.*
Schenke, Auswahlentscheidung, S. 221 (235 ff.); *H. Schnellenbach*, Beamtenrecht, Rn. 57, 59.
Zurückhaltend *T. Hebeler*, Verwaltungspersonal, S. 144 ff.

[116] Dazu *T. Hebeler*, Verwaltungspersonal, S. 162 ff.

[117] Dazu noch ausführlich unten, V.

[118] Siehe nur *P. Kunig*, Recht des öffentlichen Dienstes, Rn. 69.

[119] BVerwG, Urt. v. 7.12.1965, 2 C 226.62, Umdruck S. 8 f.; Beschl. v. 29.10.1986, 2 B
101.86, Umdruck S. 3; E 80, 127 (129); OVG Bautzen, NVwZ 2007, S. 847 (847); OVG Koblenz, NVwZ 2007, S. 109 (109); OVG Lüneburg, NVwZ-RR 1995, S. 276 (276) – zur Problematik der Einstellung nach erfolgter, aber noch nicht vollzogener Auswahlentscheidung; VG
Potsdam, LKV 2004, S. 574 (575); VG Sigmaringen, NVwZ-RR 2002, S. 280 (281); *T. Eger-*
land, Notarbestellung, S. 166 f.; *Plog*, BBG, § 23, Rn. 11a; *H. Schnellenbach*, Beamtenrecht,
Rn. 76; *S. Zängl*, in: GKÖD, § 8 BBG, Rn. 109.

keinen solchen dar.[120] Dieses Verfahrensmodell hat aus verfassungsrechtlichen Gründen eine gewisse Modifikation erfahren: Zwischen der Bekanntgabe der Ablehnung („Negativmitteilung") und der Ernennung des erfolgreichen Bewerbers muss nämlich ein angemessener Zeitraum – der keinesfalls nur zwei Tage betragen dürfe[121] und meist mit zwei Wochen respektive einem Monat ab Bekanntgabe beziffert wird[122] – liegen. Beides, d.h. Mitteilungs- und Wartepflicht, ist dem in Art. 19 Abs. 4 GG verankerten Gebot eines effektiven Rechtsschutzes geschuldet. Denn nach dem von der h.M. vertretenen Grundsatz der Ämterstabilität kann eine einmal erfolgte Ernennung nicht mehr rückgängig gemacht werden, womit der verfassungsrechtlich gebotene Primärrechtsschutz nur präventiv beschritten werden kann und entsprechend durch Vorabinformation ermöglicht werden muss.[123]

Als Verwaltungsakt unterliegt die Negativmitteilung dem Begründungserfordernis des § 39 VwVfG, eine auch als Ausfluss des prozeduralen Grundrechtsschutzes verfassungsrechtlich abgesicherte Anforderung[124].[125] § 39 Abs. 1 S. 2 und 3 VwVfG verlangen, „die wesentlichen tatsächlichen und rechtlichen Gründe mitzuteilen, die die Behörde zu ihrer Entscheidung bewogen haben. Die Begründung von Ermessensentscheidungen soll auch die Gesichtspunkte erkennen lassen, von denen die Behörde bei der Ausübung ihres Ermessens ausgegangen ist."[126] Dem erfolglosen Bewerber ist mithin der Name des zum Zuge gekommenen Konkurrenten mitzuteilen.[127] Des Weiteren ist die Auswahlent-

---

[120] OVG Koblenz, NVwZ 2007, S. 109 (109); *H.-U. Erichsen*, Jura 1994, S. 385 (387); *S. Zängl*, in: GKÖD, § 8 BBG, Rn. 108. Den VA-Charakter demgegenüber bejahend: *M. Rudek*, NJW 2003, S. 3531 (3532), mit Blick auf eine gleichzeitig ausgesprochene Anwartschaft auf die Ernennung.

[121] BVerfG, NVwZ 2007, S. 1178 (1179); 2 BvR 706/09 – juris, Rn. 4.

[122] Zwei Wochen: OVG Bautzen, ZBR 2001, S. 368 (372); ZBR 2001, S. 372; *H. von Golitschek*, ThürVBl. 1996, S. 1 (7); *H. Schnellenbach*, Beamtenrecht, Rn. 76; *ders.*, ZBR 1997, S. 169 (175); *ders.*, NVwZ 1990, S. 637 (638). Weiter, nämlich drei Wochen: OVG Schleswig, NVwZ-RR 1994, S. 350 (351); grundsätzlich ein Monat: *F. Kopp / W.-R. Schenke*, VwGO, § 42, Rn. 50; *J. Martens*, ZBR 1992, S. 129 (131 f.); *W.-R. Schenke*, Auswahlentscheidung, S. 221 (227); *ders.*, Konkurrentenklage, S. 655 (661 f.); *ders.*, in: BK, Art. 19 Abs. 4, Rn. 744; *M. Schmidt-Preuß*, Kollidierende Privatinteressen, S. 482; einzelfallabhängig: *B. Schöbener*, BayVBl. 2001, S. 321 (325); *C. Tegethoff*, ZBR 2004, S. 341 (347); *S. Zängl*, in: GKÖD, § 8 BBG, Rn. 110.

[123] Siehe dazu ausführlich unten, VI.2.

[124] BVerfG, NJW-RR 2003, S. 203 (203); OVG Bautzen, ZBR 2001, S. 368 (372 f.); ZBR 2001, S. 372; VGH Kassel, DVBl. 1994, S. 593 (593 f.); OVG Lüneburg, NVwZ-RR 2008, S. 552 (553); *T. Egerland*, Notarbestellung, S. 171; *W.-R. Schenke*, Auswahlentscheidung, S. 221 (228); *B. Schöbener*, BayVBl. 2001, S. 321 (326).

[125] Siehe nur OVG Lüneburg, NVwZ-RR 2008, S. 552 (553); BGH, NJW 1995, S. 2344 (2344); *W.-R. Schenke*, Auswahlentscheidung, S. 221 (228). Die Begründungspflicht demgegenüber offengelassen hat der VGH Kassel, NVwZ 1993, S. 282 (282).

[126] Siehe dazu auch *M. Scheffer*, NVwZ 2007, S. 779 (780).

[127] VG Frankfurt, NVwZ 1991, S. 1210 (1210 f.); VG Sigmaringen, NVwZ-RR 2002, S. 280 (282); *U. Battis*, BBG, § 9, Rn. 33; *W. Frenz*, Konkurrenzsituationen, S. 93 f.; *Plog*,

scheidung hinsichtlich Wertungen, Erwägungen und Hilfskriterien zu erläutern.[128] Der vom OVG Koblenz demgegenüber für ausreichend erachtete Verweis auf weitere Auskünfte sowie auf die Einsichtnahmemöglichkeit in den Besetzungsbericht[129] genügt dem nicht und ist zudem unpraktikabel, da dies zu einer Verzögerung der Stellenbesetzung führt, die aus Gründen des effektiven Rechtsschutzes keinesfalls vor Erteilung einer adäquaten Information erfolgen darf.[130]

Favorisiert man entgegen der überkommenen Lehre ein multipolares Auswahlverfahren, eröffnete dies die Möglichkeit, den Verteilungskonflikt mittels einer einheitlichen Auswahlentscheidung gegenüber allen Bewerbern zu schlichten.[131] So spricht das OVG Lüneburg von einem „mehrgesichtige[n]' Verwaltungsakt, der den ausgewählten Bewerber begünstigt, indem er ihm den Erfolg seiner Bewerbung zuspricht und für die übrigen die Ablehnung eines beantragten Verwaltungsakts … enthält.'[132] Auch für den BGH stellt sich die Auswahlentscheidung im Kontext der Notarbestellung als ein „durch Bekanntgabe an die Bewerber wirksam werdende[r] einheitliche[r], teils begünstigende[r], teils belastende[r] Verwaltungsakt" dar.[133] Mithin ist bereits in der Entscheidung

---

BBG, § 23, Rn. 11a; *B. Schöbener*, BayVBl. 2001, S. 321 (326); *M. Wichmann/K.-U. Langer*, Öffentliches Dienstrecht, S. 251. A.A. *M. Schmidt-Preuß*, Kollidierende Privatinteressen, S. 482; *H. Schnellenbach*, Beamtenrecht, Rn. 76; *ders.*, ZBR 1997, S. 169 (174); *ders.*, NVwZ 1990, S. 637 (638). Offengelassen von BGH, NJW 1995, S. 2344 (2344).

[128] OVG Bautzen, ZBR 2001, S. 368 (371 f.); ZBR 2001, S. 372; NVwZ 2007, S. 847 (847); VGH Kassel, DVBl. 1994, S. 593 (593); OVG Lüneburg, NVwZ-RR 2008, S. 552 (553); OVG Schleswig, NVwZ-RR 1994, S. 350 (351); NVwZ-RR 1996, S. 266 (267); VG Sigmaringen, NVwZ-RR 2002, S. 280 (282); *H. von Golitschek*, ThürVBl. 1996, S. 1 (7); *K. Köpp*, Öffentliches Dienstrecht, Rn. 94; *H.-W. Laubinger*, VerwArch 83 (1992), S. 246 (274); *W.-R. Schenke*, Auswahlentscheidung, S. 221 (228 f.); *B. Schöbener*, BayVBl. 2001, S. 321 (326); *H.-H. Trute*, in: AK-GG, Art. 33 Abs. 1–3, Rn. 73; *M. Wichmann/K.-U. Langer*, Öffentliches Dienstrecht, S. 251 f.; *S. Zängl*, in: GKÖD, § 8 BBG, Rn. 111. Vgl. auch BVerfG, NVwZ 2007, S. 1178 (1179); NVwZ-RR 2008, S. 433 (434 f.); BVerwG, NVwZ 2004, S. 1257 (1257): für Anfechtungsentscheidung wesentliche Umstände; ferner bereits BVerwG, DVBl. 1982, S. 198 (199). Ablehnend gegenüber weit reichenden Begründungspflichten mit Blick auf den Verwaltungsaufwand VG Frankfurt, NVwZ 1991, S. 1210 (1210); *W. Frenz*, Konkurrenzsituationen, S. 95.

[129] OVG Koblenz, NVwZ 2007, S. 109 (109). Siehe auch *J. Martens*, ZBR 1992, S. 129 (132); *W. R. Schenke*, in: BK, Art. 19 Abs. 4, Rn. 743: jedenfalls Mitteilungspflicht.

[130] OVG Lüneburg, NVwZ-RR 2008, S. 552 (553); OVG Schleswig, NVwZ-RR 1994, S. 350 (351); *H. von Golitschek*, ThürVBl. 1996, S. 1 (7); *W.-R. Schenke*, Konkurrentenklage, S. 655 (662).

[131] Skeptisch gegenüber deren Problemlösungskapazität *H.-W. Laubinger*, VerwArch 83 (1992), S. 246 (277). Ablehnend auch *M. Ronellenfitsch*, VerwArch 82 (1991), S. 121 (141).

[132] OVG Lüneburg, DVBl. 1985, S. 1245 (1245); ferner NVwZ-RR 1995, S. 276 (276); *P. M. Huber*, Konkurrenzschutz, S. 476 f. Dass es sich um eine einheitliche Regelung handelt, erhellt der Umstand, dass das OVG Lüneburg (DVBl. 1985, S. 1245 [1246]) eine – die Auswahlentscheidung insgesamt in Frage stellende – isolierte Verpflichtungsklage für ausreichend erachtet.

[133] BGH, NJW-RR 2001, S. 1564 (1565); ferner NJW 2005, S. 212 (212).

der Bewerberkonkurrenz, nicht zuletzt angesichts des Auswahlspielraums der Verwaltung, eine rechtsgestaltende und damit i.S.d. § 35 S. 1 VwVfG regelnde Wirkung zu sehen.[134] Dieser Regelungsgehalt verbietet, hinsichtlich des erfolgreichen Bewerbers von der bloßen Ankündigung der ins Auge gefassten Ernennung auszugehen und den Regelungscharakter ihm gegenüber damit zu verneinen. Fraglich ist allerdings, ob die positive Entscheidung über eine verbindliche Feststellung hinaus eine Rechtsposition hinsichtlich der Ernennung zugunsten des ausgewählten Stelleninteressenten begründet. Dies hängt von ihrem konkreten Regelungsgehalt ab und kann nicht pauschal beantwortet werden.[135] Für das Notarrecht nimmt der BGH eine in der Auswahlentscheidung ausgesprochene Zusicherung der Bestellung an, da es im Anschluss an die Auswahl „keiner weiteren materiellen Prüfung durch die Justizverwaltung mehr [bedarf], sondern in der Regel nur noch des formalen Akts der Aushändigung der Bestellungsurkunden an die ausgewählten Bewerber (§ 11 II AVNot)"; zudem sei es „gerade der Zweck des förmlich geregelten Auswahlverfahrens, eine verbindliche Entscheidung darüber herbeizuführen, welchen – geeigneten – Bewerbern die ausgeschriebenen Stellen übertragen ... werden sollen ... Wegen der Komplementärfunktion des Verfahrens für die Durchsetzung der materiellen Rechte steht es nicht im Belieben der Justizverwaltung, eine rechtmäßige Auswahlentscheidung etwa wegen eines Sinneswandels wieder aufzuheben."[136]

Erscheint die Konstruktion einer derartigen einheitlichen Gesamtentscheidung mit dem OVG Lüneburg prinzipiell möglich,[137] so kann diesem allerdings nicht darin gefolgt werden, eine solche auch dann anzunehmen, wenn den Bewerbern kein gleichlautender Bescheid in zeitlichem Zusammenhang bekanntgegeben wird, sondern separate Zu- respektive Absagen;[138] denn in diesem Fall erscheint die Annahme einer auch im Außenverhältnis einheitlich ergehenden Auswahlentscheidung fiktiv, da nicht dem tatsächlichen Geschehen entsprechend. Dieses legt dann vielmehr separate Regelungen im Sinne des herkömmlichen Modells nahe.

---

[134] So auch *H.-W. Laubinger*, VerwArch 83 (1992), S. 246 (277). Anders aber *M. Ronellenfitsch*, VerwArch 82 (1991), S. 121 (131).

[135] So zu Recht *T. Egerland*, Notarbestellung, S. 167. Siehe dazu auch OVG Lüneburg, NVwZ-RR 1995, S. 276 (276). Von einer Anwartschaft auf die Ernennung spricht *M. Rudek*, NJW 2003, S. 3531 (3532).

[136] BGH, NJW-RR 2001, S. 1564 (1565); ebenso NJW 2005, S. 212 (212); vgl. ferner NJW-RR 2004, S. 1065 (1066). Für den Regelfall ablehnend demgegenüber *T. Egerland*, Notarbestellung, S. 167.

[137] Zu den unterschiedlichen Umsetzungsmöglichkeiten der Auswahlentscheidung ausführlich unten, 3. Teil, B.I.5.a.

[138] OVG Lüneburg, DVBl. 1985, S. 1245 (1245).

f) Abschluss ohne Entscheidung: Abbruch der Stellenbesetzung

Die der öffentlichen Hand zukommende Organisationshoheit bei der Schaffung von Beamtenstellen[139] impliziert das Recht des Dienstherrn, ein einmal eingeleitetes Bewerbungsverfahren abzubrechen und auf eine Vergabe ganz zu verzichten respektive eine neue Ausschreibung einzuleiten.[140] Hiergegen können verfahrensbeteiligte Bewerber grundsätzlich nicht ihren verfassungsrechtlich fundierten Zugangsanspruch (Art. 33 Abs. 2 GG) in Stellung bringen, da „[d]as für den Abbruch des Auswahlverfahrens maßgebliche organisations- und verwaltungspolitische Ermessen ... ein anderes [ist] als das bei einer Stellenbesetzung zu beachtende Auswahlermessen."[141] Gleichwohl wirkt dieser als äußerste Grenze, jedenfalls wenn man mit der Rechtsprechung und Literatur einen sachlichen Grund für die Verfahrenseinstellung fordert[142] und Bewerbern Schutz vor ihrem willkürlichen Ausschluss bietet[143]. Seine Rechtfertigung

---

[139] Dazu bereits oben, III.1.a.aa.

[140] BVerfG, NJW-RR 2003, S. 203 (203 f.); NJW-RR 2005, S. 998 (1001); NVwZ-RR 2009, S. 344 (345); BVerwGE 101, 112 (115); NVwZ-RR 2000, S. 172 (173); OVG Bautzen, ZBR 2001, S. 368 (369); ZBR 2001, S. 372; OVG Bremen, 2 B 286/06 – juris, Rn. 33; VGH Kassel, ZBR 1993, S. 210 (210); NVwZ-RR 1999, S. 49 (50); OVG Koblenz, NVwZ-RR 2008, S. 196 (197); OVG Lüneburg, NVwZ-RR 1995, S. 276 (276 f.); NVwZ-RR 2007, S. 404 (404); VGH München, NVwZ-RR 2006, S. 344 (345); OVG Münster, NVwZ-RR 2004, S. 184 (185); OVG Saarlouis, NVwZ-RR 2003, S. 48 (48); BGH, DNotZ 1997, S. 889 (890); NJW-RR 2006, S. 641 (642); NJW-RR 2006, S. 781 (781); BAG, NZA 2009, S. 901 (903); *S. Görk*, in: Schippel/Bracker, BNotO, § 6b, Rn. 2; *K. Köpp*, Öffentliches Dienstrecht, Rn. 93; *J. Masing*, in: Dreier, GG, Art. 33, Rn. 39; *Plog*, BBG, § 23, Rn. 6e; *M. Schmidt-Preuß*, Kollidierende Privatinteressen, S. 398 f.; *H. Schmitz*, in: Stelkens/Bonk/Sachs, VwVfG, § 9, Rn. 200 Fn. 456; *B. Schöbener*, BayVBl. 2001, S. 321 (328); *H.-H. Trute*, in: AK-GG, Art. 33 Abs. 1–3, Rn. 75; *S. Zängl*, in: GKÖD, § 8 BBG, Rn. 10a, 22, 126.

[141] BVerwGE 101, 112 (115); NVwZ-RR 2000, S. 172 (173); OVG Lüneburg, NVwZ-RR 2007, S. 404 (404); OVG Saarlouis, NVwZ-RR 2003, S. 48 (48); vgl. auch BVerfG, NJW-RR 2003, S. 203 (203 f.); NVwZ-RR 2009, S. 344 (345).

[142] So BVerfG, NJW-RR 2003, S. 203 (204); NJW-RR 2005, S. 998 (1001); NVwZ 2007, S. 693 (694); NVwZ-RR 2009, S. 344 (345); BVerwGE 101, 112 (115); NVwZ-RR 2000, S. 172 (173); OVG Bautzen, ZBR 2001, S. 368 (369); ZBR 2001, S. 372; OVG Bremen, 2 B 286/06 – juris, Rn. 33 f.; VGH Kassel, ZBR 1993, S. 210 (210 f.); OVG Koblenz, NVwZ-RR 2008, S. 196 (197); OVG Lüneburg, NVwZ-RR 1995, S. 276 (276 f.); NVwZ-RR 2008, S. 552 (553); VGH München, NVwZ-RR 2006, S. 344 (345); BGH, DNotZ 1997, S. 889 (890); NJW-RR 2006, S. 641 (642); NJW-RR 2006, S. 781 (781); BAG, NZA 2009, S. 901 (903); *U. Battis*, BBG, § 8, Rn. 6; *T. Egerland*, Notarbestellung, S. 178 ff.; *S. Görk*, in: Schippel/Bracker, BNotO, § 6b, Rn. 2; *K. Köpp*, Öffentliches Dienstrecht, Rn. 93; *J. Masing*, in: Dreier, GG, Art. 33, Rn. 39; *Plog*, BBG, § 23, Rn. 6e; *B. Schöbener*, BayVBl. 2001, S. 321 (328); *H.-H. Trute*, in: AK-GG, Art. 33 Abs. 1–3, Rn. 75; *S. Zängl*, in: GKÖD, § 8 BBG, Rn. 10a, 22, 126. Offengelassen aber von OVG Münster, NVwZ-RR 2004, S. 184 (185). Zurückhaltend auch *K. Lerch*, in: *Arndt/ders./Sandkühler*, BNotO, § 6b, Rn. 5.

[143] BVerfG, NVwZ-RR 2009, S. 344 (345); BVerwGE 101, 112 (116); NVwZ-RR 2000, S. 172 (174); OVG Bremen, 2 B 286/06 – juris, Rn. 35; VGH Kassel, NVwZ-RR 1999, S. 49 (50); *W.-R. Schenke*, Auswahlentscheidung, S. 221 (225); *H.-H. Trute*, in: AK-GG, Art. 33 Abs. 1–3, Rn. 75.

findet dieser Vorbehalt darin, dass sich „auch [über] den Abbruch von laufenden Verfahren ... die Zusammensetzung des Bewerberkreises steuern" lässt
und insoweit Grundrechtsschutz durch Verfahren geboten ist.[144]
Ein sachlicher Grund für die Verfahrenseinstellung kann darin liegen, dass
sich keine hinreichend geeigneten Interessenten beworben haben[145] respektive
– nachdem die Bewerber, anders als im Vergaberecht (siehe insoweit § 10 Abs. 7
VOB/A 2009), nicht an ihr „Angebot" gebunden sind – nicht mehr zur Verfügung stehen. Gleichfalls kann die zwischenzeitlich, auch aufgrund einer gerichtlichen Beanstandung, gewonnene Überzeugung von der Rechtswidrigkeit des durchgeführten Verfahrens dessen Abbruch rechtfertigen,[146] nach
Auffassung des BayVGH allerdings nur dann, wenn der Verfahrensfehler eine
erneute Durchführung gebietet, was bei einer bloß fehlerhaften, wiederholbaren Auswahlentscheidung noch nicht der Fall sei[147]. Ein Aufhebungsgrund
besteht ferner bei entfallenem Bedarf,[148] im Bedürfnis, den Bewerberkreis angesichts des Verstreichens eines langen Zeitraums zu aktualisieren[149] oder im
Interesse der Frauenförderung zu erweitern[150], sowie in der Notwendigkeit,
das Anforderungsprofil aufgrund veränderter konzeptioneller Vorstellungen
zu optimieren[151].[152] Demgegenüber „fehlt es ... an sachlich nachvollziehbaren
Gründen, wenn die einmal vorgenommene Ausschreibung einer Stelle, auf die
Bewerbungen vorliegen, mit der Begründung abgebrochen wird, die Justizverwaltung halte das Notariat – bei zahlenmäßig unverändertem Bedarf –
nunmehr für entbehrlich oder jedenfalls die Besetzung für nicht mehr dringlich. Solche ‚Probe-Ausschreibungen' zur Sichtung von Bewerbern nehmen
den vom BVerfG als grundrechtsrelevant eingestuften Einfluss auf die Chancengleichheit der Bewerber, ohne von hinlänglichen Sachgründen getragen zu
sein."[153] Bricht die Verwaltung ein Auswahlverfahren wegen eines Rechtsverstoßes zulasten potentieller Bewerber ab, etwa im Fall abschreckender Verga-

---

[144] BVerfG, NJW-RR 2003, S. 203 (203); ferner NJW-RR 2005, S. 998 (1001); OVG Bremen, 2 B 286/06 – juris, Rn. 35; BGH, NJW-RR 2006, S. 781 (781); S. *Görk*, in: Schippel/Bra-
cker, BNotO, § 6b, Rn. 2; *H.-H. Trute*, in: AK-GG, Art. 33 Abs. 1–3, Rn. 75. Kritisch *T.
Linke*, DNotZ 2005, S. 411 (413 ff.).
[145] BVerwGE 101, 112 (115 f.); NVwZ-RR 2000, S. 172 (173 f.); *M. Schmidt-Preuß*, Kollidierende Privatinteressen, S. 399.
[146] VGH Kassel, ZBR 1993, S. 210 (210 f.); OVG Lüneburg, NVwZ-RR 2007, S. 404 (404);
OVG Weimar, 2 EO 236/07 – juris, Rn. 62; vgl. auch OVG Koblenz, NVwZ-RR 2008, S. 196
(197); BGH, NJW-RR 2006, S. 781 (781 f.).
[147] VGH München, NVwZ-RR 2006, S. 344 (345). A.A. *Plog*, BBG, § 23, Rn. 6e.
[148] BGH, DNotZ 1997, S. 889 (890 f.).
[149] OVG Lüneburg, NVwZ-RR 2007, S. 404 (404).
[150] OVG Saarlouis, NVwZ-RR 2003, S. 48 (49).
[151] VGH Kassel, NVwZ-RR 1999, S. 49 (50).
[152] Umfassend für die Bestellung zum Notar: *T. Egerland*, Notarbestellung, S. 180 ff.
[153] BVerfG, NJW-RR 2003, S. 203 (204); ferner NJW-RR 2005, S. 998 (1001). Kritisch *T.
Linke*, DNotZ 2005, S. 411 (421 f.).

bemodalitäten, so setzt die Anerkennung eines sachlichen Grundes die Neuausschreibung voraus.[154]

Die Einstellungsentscheidung ist im Interesse eines transparenten Verfahrens schriftlich und hinreichend aussagekräftig zu begründen.[155] Erweist sich
diese – als Verfahrenshandlung ohne Verwaltungsaktscharakter qualifizierte,[156]
was angesichts der Bescheidungsbedürftigkeit des Einstellungsantrags allerdings fraglich erscheint[157] – Entscheidung als rechtswidrig und damit auch
ohne Aufhebung unwirksam, so ist das ursprüngliche Verfahren fortzusetzen.[158]

2. Annex: Anlassunabhängiges Verfahren (Vorauswahlverfahren)

Auch bei der Vergabe öffentlicher Ämter haben sich von einer konkreten Stellenbesetzung losgelöste Vorauswahlverfahren etabliert, die auf eine Entlastung
des anlassbedingten Verteilungsverfahrens zielen. Die Abschichtung ermöglicht, den Auswahlprozess im Interesse eines effizienten Verwaltungshandelns
zu beschleunigen und gleichzeitig eine sachgerechte, die Interessen der Bewerber an einem chancengleichen Zugang wahrende Auswahlentscheidung abzusichern.

Ein aufgrund jüngerer verfassungsgerichtlicher Judikate hinlänglich be-
kanntes Beispiel stellt die Bestellung zum Insolvenzverwalter dar, in deren
Kontext sich ein Vorauswahlverfahren herausgebildet hat. In diesem – unabhängig von einem konkreten Insolvenzverfahren ablaufenden – Verfahren sollen für die Übernahme des Insolvenzverwalteramts geeignete, d.h. gemäß § 56
Abs. 1 S. 1 InsO „insbesondere geschäftskundige und von den Gläubigern und
dem Schuldner unabhängige natürliche", Personen ermittelt werden. Fragen der
Eignung können damit „losgelöst von dem Zeitdruck einer konkret anstehen-
den Insolvenz in Ruhe geprüft und entschieden werden".[159]

Anforderungen an dieses Vorauswahlverfahren hat das BVerfG der prozeduralen Dimension des allgemeinen Gleichheitssatzes entnommen, da die
Grundrechtsrelevanz der Bestellungsentscheidung auf die Vorauswahl aus-

---

[154] BVerfG, NJW-RR 2005, S. 998 (1001).

[155] BVerfG, NJW-RR 2003, S. 203 (203); OVG Bremen, 2 B 286/06 – juris, Rn. 37; VGH
Kassel, ZBR 1993, S. 210 (210).

[156] Vgl. auch BVerfG, NJW-RR 2005, S. 998 (1001); VGH München, NVwZ-RR 2006,
S. 344 (346).

[157] Dazu auch unten 3. Teil, B.I.6.

[158] OVG Bremen, 2 B 286/06 – juris, Rn. 47; VGH München, NVwZ-RR 2006, S. 344
(346); BGH, NJW-RR 2006, S. 641 (642).

[159] BVerfG, NJW 2004, S. 2725 (2728). Vgl. auch E 116, 1 (17); 1 BvR 369/08 – juris,
Rn. 10; BGH, NZI 2008, S. 161 (162); KG, NZI 2008, S. 187 (187); W. Höfling, JZ 2009, S. 339
(346 ff.).

strahlt.[160] Zweck des Vorauswahlverfahrens kann es nicht sein, lediglich eine Namensliste interessierter Kandidaten zu generieren. Vielmehr muss eine „Erhebung, Verifizierung und Strukturierung" der für die spätere Auswahlentscheidung maßgeblichen Daten sichergestellt sein.[161] Bei der Kriterienfestlegung und Gestaltung der Auswahlliste kommt dem Richter ein Gestaltungsspielraum zu; der Chancengleichheit der Bewerber muss allerdings Rechnung getragen werden.[162] So muss jeder Bewerber aufgenommen werden, „der die grundsätzlich zu stellenden Anforderungen an eine generelle, von der Typizität des einzelnen Insolvenzverfahrens gelöste Eignung für das Amt des Insolvenzverwalters erfüllt", ohne dass das Insolvenzgericht eine Höchstzahl von Listenplätzen festlegen und Neubewerber damit nur nach Maßgabe freier (bzw. frei gewordener) Plätze aufnehmen dürfte;[163] dem Gesetzgeber wäre freilich ein größerer Auswahlspielraum zuzubilligen[164]. Allerdings bleibt es dem Richter unbenommen, „unter dem Gesichtspunkt fehlender genereller Eignung auch solche Bewerber unberücksichtigt zu lassen, die nach Kriterien seiner ständigen Ermessenspraxis ... keinerlei Aussicht auf tatsächliche Berücksichtigung haben".[165]

Dem chancengleichen Wettbewerb widerspräche gleichfalls eine spätere Auswahl aus den gelisteten Kandidaten, die sich in einer formal-turnusmäßigen Abarbeitung der Liste nach dem Eingang der Anmeldung erschöpft. Denn „[e]ine solche Vorgehensweise kann nicht sicherstellen, dass eine mit Blick auf die Eigenheiten des konkreten Verfahrens und die spezielle Eignung der Bewerber sachgerechte und damit pflichtgemäße Ermessensausübung erfolgt".[166] Es verbietet sich ferner, nach dem Grundsatz „bekannt und bewährt" zu verfahren.[167] Die Vorauswahlentscheidung muss schließlich einer gerichtlichen Kontrolle zugänglich sein.[168]

---

[160] BVerfG, NJW 2004, S. 2725 (2727); 1 BvR 369/08 – juris, Rn. 10. Siehe auch C. Koenig, Insolvenzverwalter, S. 449 (451).

[161] BVerfGE 116, 1 (17); ferner 1 BvR 369/08 – juris, Rn. 12 f.

[162] BVerfGE 116, 1 (17); 1 BvR 369/08 – juris, Rn. 10, 15. Siehe ibid., Rn. 14 ff., zu den Kriterien der Ortsnähe und der Höchstpersönlichkeit der Aufgabenwahrnehmung.

[163] BVerfGE 116, 1 (17 f.); ferner NZI 2006, S. 636 (636); 1 BvR 369/08 – juris, Rn. 11; BGH, NZI 2008, S. 161 (162); KG, NZI 2008, S. 187 (187); W. Höfling, JZ 2009, S. 339 (346); S. Werres, BayVBl. 2008, S. 134 (139). Einen größeren Auswahlspielraum des Insolvenzrichters befürworten C. Koenig, Insolvenzverwalter, S. 449 (452 f., 464); ders. / K. Hentschel, ZIP 2005, S. 1937 (1938 f.).

[164] W. Höfling, JZ 2009, S. 339 (346 ff.).

[165] BVerfG, 1 BvR 369/08 – juris, Rn. 11.

[166] BVerfGE 116, 1 (18).

[167] BVerfG, NJW 2004, S. 2725 (2728). Ebenso C. Koenig, Insolvenzverwalter, S. 449 (457 f.); J. Wieland, ZIP 2005, S. 233 (236). Siehe aber für die Zulässigkeit einer Aufnahme in die Auswahlliste nach Maßgabe gesammelter Berufserfahrung BVerfG, NZI 2006, S. 636 (635).

[168] BVerfG, NJW 2004, S. 2725 (2728); E 116, 1 (18).

Auch das Notarrecht kennt ein Vorauswahlverfahren; die BNotO gestattet
die Führung einer Bewerberliste als Alternative zur Ausschreibung von Anwärterstellen (§ 7 Abs. 2 S. 3 und 4 BNotO): Die Bewerber „können auch dadurch ermittelt werden, daß ihnen die Landesjustizverwaltung die Eintragung
in eine ständig geführte Liste der Bewerber für eine bestimmte Dauer ermöglicht. Die Führung einer solchen Liste ist allgemein bekanntzugeben." Mit
Blick auf die Altersstruktur des Notariats und den gewünschten zeitlichen Zusammenhang zwischen juristischer Staatsprüfung und Aufnahme des Anwär-
terdienstes sei es nach dem BGH nicht zu beanstanden, Interessenten nach zwei
Jahren wieder aus der Liste zu streichen.[169] Damit vergleichbare „Wartelisten"
finden sich auch mitunter für Lehramtsbewerber.[170] Zu nennen ist schließlich
eine die Auswahl erleichternde, vom Präsidenten des jeweiligen Landgerichts
geführte Internet-Datenbank der öffentlich bestellten Dolmetscher und Über-
setzer (siehe Art. 7 BayDolmG).

IV. Verfahrensrechtliche Spezifika

Obgleich das beamtenrechtliche Auswahlverfahren keine spezialgesetzlich
normierten Dokumentationspflichten und Vorgaben zur Neutralitätssiche-
rung kennt, folgt ein entsprechender Mindeststandard aus der verfahrensrechtlichen Dimension des grundrechtlichen Zugangsanspruchs.

1. Dokumentationspflichten

Es versteht sich schon mit Blick auf § 39 VwVfG von selbst, dass die Auswahlentscheidung aussagekräftig zu begründen ist.[171] Diese Begründungspflicht erfährt angesichts der Verfahrensabhängigkeit des in Art. 33 Abs. 2 GG verankerten Teilhaberechts allerdings eine Erweiterung. Neu ist weniger, als Vorwirkung der Rechtsschutzgarantie für das Verwaltungsverfahren aus dieser die
Pflicht abzuleiten, letzteres – namentlich hinsichtlich Leistungsbewertungen
und wesentlicher Auswahlerwägungen – hinreichend zu dokumentieren.[172]
Verstanden wird das Dokumentationserfordernis vielmehr auch als Instrument

---

[169] BGH, MDR 1981, S. 401 (402).
[170] Näher dazu BVerwG, NVwZ-RR 1990, S. 619.
[171] Dazu bereits oben, III.1.e.
[172] BVerfG, NVwZ 2007, S. 1178 (1179); NVwZ-RR 2008, S. 433 (434); BVerwGE 128, 329
(335 f.); BAG, MDR 2003, S. 1056 (1057 f.); VGH Kassel, NVwZ 1990, S. 284 (285); NVwZ
1993, S. 282 (282); OVG Magdeburg, 2 B 414/09 – juris, Rn. 11 ff.; VGH München, NVwZ-
RR 2006, S. 346 (346 f.); vgl. ferner *M. Jachmann*, in: v. Mangoldt/Klein/Starck, GG,
Art. 33, Rn. 22; *J. Masing*, in: Dreier, GG, Art. 33, Rn. 51; *W.-R. Schenke*, Konkurrentenklage, S. 655 (665); *H.-H. Trute*, in: AK-GG, Art. 33 Abs. 1–3, Rn. 72; *M. Wichmann/K.-U.
Langer*, Öffentliches Dienstrecht, S. 215.

zur Sicherstellung einer Selbstkontrolle des Auswählenden und zur Erhöhung der Transparenz des Auswahlverfahrens.[173] Zutreffend hält das BVerfG insoweit fest, dass „nur die schriftliche Dokumentation der Auswahlerwägungen sicher[stellt], dass die Bewertungsgrundlagen der entscheidenden Stelle vollständig zur Kenntnis gelangt sind", womit sie sich „als verfahrensbegleitende Absicherung der Einhaltung der Maßstäbe des Art. 33 II GG" erweist.[174] Vor diesem Hintergrund erscheint es geboten, das Dokumentationserfordernis nicht nur als Anforderung an die Darstellung der Auswahlentscheidung im Sinne des überkommen Begründungserfordernisses des § 39 VwVfG zu verstehen, sondern bereits vor diesem Endpunkt des Entscheidungsprozesses eine verfahrensbegleitende Dokumentation – jedenfalls soweit dies für eine sachgerechte Herstellung der Auswahlentscheidung erforderlich erscheint – zu verlangen.[175] Zu Recht sieht etwa der VGH Kassel die Dokumentationspflicht als verletzt an, wenn ein Auswahlvermerk erst 4 ½ Monate nach dem Vorstellungsgespräch verfasst worden ist. Denn zu diesem Zeitpunkt ist der persönliche Eindruck, auf den es entscheidend ankommt, verblasst.[176]

Dokumentationspflichten schließen es aus, dass die öffentliche Hand die Begründung der Auswahlentscheidung im Verwaltungsprozess nachreicht.[177] Zu-

---

[173] BVerfG, NVwZ 2007, S. 1178 (1179); BVerwGE 128, 329 (335 f.); BAG, MDR 2003, S. 1056 (1058); *H.-H. Trute*, in: AK-GG, Art. 33 Abs. 1–3, Rn. 72. Vgl. auch VGH Kassel, DVBl. 1994, S. 593 (593); VGH München, NVwZ-RR 2006, S. 346 (346 f.); *W.-R. Schenke*, Auswahlentscheidung, S. 221 (228); *ders.*, Konkurrentenklage, S. 655 (665).

[174] BVerfG, NVwZ 2007, S. 1178 (1179); ferner BVerwG, 1 WB 39/07 – juris, Rn. 29; NVwZ-RR 2009, S. 604 (605); 1 WB 59/08 – juris, Rn. 35.

[175] VGH Kassel, DVBl. 1994, S. 593 (595); NVwZ-RR 2009, S. 527 (529) – für Auswahlgespräche; OVG Münster, 6 B 1232/09 – juris, Rn. 11 ff.; *C. Eckstein*, ZBR 2009, S. 86 (88); *H.-H. Trute*, in: AK-GG, Art. 33 Abs. 1–3, Rn. 72 („zeitnah"). Siehe auch § 6 Abs. 4 VGG (Berlin): „Die Auswahl … ist … schlüssig und nachvollziehbar zu dokumentieren." Anders aber VGH Mannheim, NJW 1996, S. 2525 (2527). Siehe insoweit auch BVerfG, NVwZ-RR 2008, S. 433 (434): „Soweit die Nichtvorlage eines internen Vermerks zur Vorlage an die Hausspitze angegriffen wird, stellt dieser Umstand keine Verkürzung effektiver Rechtsschutzmöglichkeiten für den Bf. dar. Maßgebend hierfür ist die – erteilte – Begründung für die Auswahlentscheidung. Die hierin mitgeteilten Erwägungen ermöglichen dem Bf. effektiven Rechtsschutz." Siehe demgegenüber aber auch BVerwG, 1 WB 39/07 – juris, Rn. 31; 1 WB 59/08 – juris, Rn. 37 ff.

[176] VGH Kassel, DVBl. 1994, S. 593 (595); vgl. ferner OVG Münster, 6 B 1232/09 – juris, Rn. 11 ff. Inkonsequent aber VGH Kassel, NVwZ 1997, S. 615 (615).

[177] BVerfG, NVwZ 2007, S. 1178 (1179); ferner VGH Kassel, DVBl. 1994, S. 593 (595); NVwZ-RR 2009, S. 527 (529); OVG Lüneburg, NVwZ-RR 2008, S. 552 (553 f.); OVG Magdeburg, 1 M 62/09 – juris, Rn. 15; VGH München, NVwZ-RR 2006, S. 346 (346 f.); OVG Münster, 1 B 910/08 – juris, Rn. 18; OVG Weimar, ThürVBl. 2008, S. 231 (232 f.); *T. v. Roetteken*, DRiZ 2008, S. 294 (297); *H.-H. Trute*, in: AK-GG, Art. 33 Abs. 1–3, Rn. 72. Anders VGH Kassel, NVwZ 1993, S. 282 (282); NVwZ 1997, S. 615 (615) – aufgegeben aber in NVwZ-RR 2009, S. 527 (529); vgl. auch VGH München, NVwZ-RR 1999, S. 119 (120); NJW 2003, S. 1682 (1684); VG Sigmaringen, NVwZ-RR 2002, S. 280 (282); *H. von Golitschek*, ThürVBl. 1996, S. 1 (4). *W.-R. Schenke*, Konkurrentenklage, S. 655 (663 ff.), schließt eine Heilungsmöglichkeit im einstweiligen Rechtsschutz aus.

dem steht schon § 114 S. 2 VwGO einer erstmaligen Begründung der Entscheidung im gerichtlichen Verfahren entgegen.[178] Unschädlich ist allein und ein Begründungsmangel damit unbeachtlich, wenn die Auswahlentscheidung hinreichend intern dokumentiert ist;[179] ein Dokumentationsmangel ist demnach niemals nachträglich behebbar,[180] allenfalls unbeachtlich[181].

2. Neutralitätssicherung

Von besonderer Bedeutung für das durch die Konkurrenz verschiedener Bewerber geprägte Auswahlverfahren ist dessen Ausrichtung am Grundsatz der Chancengleichheit. Gesichert wird dieser einmal mittels der verwaltungsverfahrensrechtlichen Regelungen über den Ausschluss beteiligter respektive befangener Personen (§§ 20 f. VwVfG).[182] Darüber hinaus ist dem Bewerbungsverfahrensanspruch aber allgemein das Gebot einer fairen und chancengleichen Behandlung der Bewerbungen zu entnehmen.[183] In diesem Sinne verweist das OVG Weimar auf den „im Auswahlverfahren im Interesse der Bestenauslese geltenden Grundsat[z] eines streng sachbezogenen und objektiv verlaufenden ergebnisoffenen Verwaltungsverfahrens".[184] Dieser verbietet zwar keine Aufforderung einzelner Personen, sich zu bewerben,[185] wohl aber eine Vorabfestlegung auf einen Kandidaten[186] sowie auf bestimmte Personen zugeschnittene Stellenausschreibungen[187] und gebietet gleiche Partizipationschancen, etwa im Kontext der Einladung zum Vorstellungsgespräch[188]. Entnommen wird ihm – über §§ 20 f. VwVfG hinaus – ferner das Erfordernis, Vorstellungsgespräche

---

[178] BVerfG, NVwZ 2007, S. 1178 (1179); BVerwG, NVwZ-RR 2009, S. 604 (606); OVG Lüneburg, NVwZ-RR 2008, S. 552 (553 f.); VGH München, NVwZ-RR 2006, S. 346 (346 f.); OVG Weimar, ThürVBl. 2008, S. 231 (232 f.); *T. v. Roetteken*, DRiZ 2008, S. 294 (297); *W.-R. Schenke*, Auswahlentscheidung, S. 221 (229).

[179] BVerwG, NVwZ-RR 2009, S. 604 (606); OVG Bautzen, NVwZ 2007, S. 847 (847 f.); OVG Magdeburg, 1 M 62/09 – juris, Rn. 15. Ablehnend *M. Scheffer*, NVwZ 2007, S. 779 (781).

[180] OVG Bautzen, NVwZ 2007, S. 847 (847 f.).

[181] Dazu unten, 3. Teil, B.V.4.b.

[182] Siehe etwa OVG Weimar, 2 EO 236/07 – juris, Rn. 65.

[183] VGH Kassel, NVwZ-RR 1989, S. 30 (30); NVwZ-RR 1992, S. 34 (35); OVG Schleswig, DVBl. 1998, S. 1093 (1093); OVG Weimar, 2 EO 236/07 – juris, Rn. 59; *W.-R. Schenke*, Auswahlentscheidung, S. 221 (230 f.).

[184] OVG Weimar, 2 EO 236/07 – juris, Rn. 54.

[185] VGH Kassel, 1 B 2642/08 – juris, Rn. 4.

[186] VGH Kassel, 1 B 2642/08 – juris, Rn. 4; OVG Weimar, 2 EO 236/07 – juris, Rn. 55 ff.

[187] VGH Kassel, 1 B 2642/08 – juris, Rn. 6; OVG Weimar, 2 EO 236/07 – juris, Rn. 80; *W.-R. Schenke*, Auswahlentscheidung, S. 221 (225).

[188] Vgl. *W.-R. Schenke*, Auswahlentscheidung, S. 221 (230); *H. Schnellenbach*, Beamtenrecht, Rn. 41, 78; *ders.*, ZBR 1997, S. 169 (172); *B. Schöbener*, BayVBl. 2001, S. 321 (327).

durch neutrale Personen durchführen zu lassen, d.h. nicht durch den Behördenleiter beim Vorhandensein von Hausbewerbungen.[189]

V. Verfahrenssubjekte (Beteiligte)

Wie bereits erwähnt, konzeptionalisiert die orthodoxe Lehre die beamtenrechtliche Stellenbesetzung nicht als ein einheitliches, multipolares Verteilungsverfahren, an dem alle Bewerber beteiligt sind, sondern als „Bündel rechtlich selbständiger Verfahren", in denen der Verwaltung jeweils ein Bewerber gegenübersteht.[190]

Angesichts des dem Auswahlverfahren zugrunde liegenden multipolaren Verteilungskonflikts wird dies verschiedentlich in Frage gestellt und eine multipolare Verfahrensstruktur für geboten erachtet.[191] Zweifelsohne ist eine derartige Deutung des Auswahlverfahrens nicht nur konstruktiv möglich, sie erscheint auch der zu bewältigenden Konkurrenzsituation gemäßer, erleichtert den Umgang mit Verfahrensfragen (einheitliche Akteneinsicht [§ 29 VwVfG] und Behandlung des Ausschlusses qua Beteiligung [§ 20 Abs. 1 VwVfG]) und führt zu einem Gleichlauf von materiell-rechtlichem Auswahlrechtsverhältnis, das sich aufgrund der Konkurrenznorm (Art. 33 Abs. 2 GG) als zwingend multipolares darstellt,[192] und dem durch die Beteiligtenstellung begründeten Verfahrensrechtsverhältnis. Rechtlich zwingend ist ein derartiger Gleichlauf, wie noch ausführlicher zu zeigen sein wird,[193] aber nicht; vielmehr bleibt es der Verwaltung unbenommen, die einzelnen Bewerbungen verfahrensrechtlich aufzuspalten. An der materiell-rechtlichen Verklammerung, und dies ist der entscheidende Punkt, ändert dies allerdings nichts.

---

[189] OVG Schleswig, DVBl. 1998, S. 1093 (1093).

[190] *S. Zängl*, in: GKÖD, § 8 BBG, Rn. 107; ferner Rn. 115; § 23, Rn. 65, 71. Ebenso *K. Finkelnburg*, DVBl. 1980, S. 809 (811), der allerdings gleichzeitig von einer finalen Verknüpfung spricht; ferner BVerwGE 80, 127 (130); DVBl. 1989, S. 1150 (1150); 2 B 64/93 – juris, Rn. 6; *J. Isensee*, Zugang, S. 337 (355); *Plog*, BBG, § 23, Rn. 14. Siehe auch VGH Mannheim, NVwZ 1983, S. 41 (41).

[191] *D. Czybulka / H. Biermann*, JuS 1998, S. 601 (603); *H. Günther*, ZBR 1987, S. 321 (325); *P. M. Huber*, Konkurrenzschutz, S. 470; *H.-W. Laubinger*, VerwArch 83 (1992), S. 246 (272).

[192] Siehe nur *P. M. Huber*, Konkurrenzschutz, S. 470; *M. Schmidt-Preuß*, Kollidierende Privatinteressen, S. 112 ff., 158 f., 397, 774; *H.-H. Trute*, in: AK-GG, Art. 33 Abs. 1–3, Rn. 87; *R. Wahl / P. Schütz*, in: Schoch / Schmidt-Aßmann / Pietzner, VwGO, § 42 Abs. 2, Rn. 325.

[193] Dazu unten, 3. Teil, B.IV.

VI. Fehlerfolgenregime

Als Grundnorm des beamtenrechtlichen Konkurrenzschutzes fungiert der sog. Bewerbungsverfahrensanspruch (1.). Seine Schranken findet dieser in der besonderen Stabilität, die das Beamtenrecht der vollzogenen Auswahlentscheidung beimisst (2.).

1. Beachtlichkeit von Fehlern: der Bewerbungsverfahrensanspruch

Auch im beamtenrechtlichen Konkurrenzschutz verstand sich die Anerkennung subjektiver Rechte nicht von selbst. *Georg Jellinek* etwa formulierte:

Ein rechtlicher Anspruch auf Beamtung ist im modernen Staat niemand[em] gegeben. Indem die Verfassungsgesetze die gleiche Ämterfähigkeit aller Staatsbürger anerkennen, setzen sie nur eine passive, keine aktive Qualifikation fest ... Dieses Prinzip ist, näher besehen, rein negativer Natur, indem es nichts anderes erklärt, als dass irgend welche anderen Qualifikationen als die gesetzlichen, von jedermann erwerblichen für die Beamtung nicht existieren.[194]

Auch das BVerwG hat Art. 33 Abs. 2 GG und seine einfachgesetzlichen Konkretisierungen in den Beamtengesetzen von Bund und Ländern zunächst als ausschließlich im öffentlichen Interesse an „einer den Belangen des öffentlichen Dienstes bestmöglich entsprechenden Besetzung offener Dienstposten" liegend und damit als nicht drittschützend qualifiziert.[195] Mittlerweile ist jedoch einhellig anerkannt, dass diese Normen auch dem Individualinteresse des Stellenbewerbers dienen[196]. Art. 33 Abs. 2 GG verleiht mithin jedem Bewerber ein subjektiv-öffentliches Recht auf eine verfahrensfehlerfreie und den Einstellungskriterien entsprechende Entscheidung über die Bewerbung; für diese Rechtsposition hat sich der Begriff des – der Verbindung von materiellem und prozeduralem Recht Ausdruck verleihenden[197] – „Bewerbungsverfahrensanspruchs" eingebürgert.[198]

---

[194] *G. Jellinek*, System, S. 177 m. Fn. 1.

[195] BVerwGE 15, 3 (5 f.) – zwar für Beförderungen, aber unter Bezugnahme auf die Einstellung. Ferner *G. Jellinek*, System, S. 177 f.; vgl. zum Hintergrund auch *H. Günther*, Schadensersatz, S. 141 (142 ff.); *W. Höfling*, in: BK, Art. 33 Abs. 1 bis 3, Rn. 63 f.

[196] BVerfG, NJW 1990, S. 501 (501); BVerwGE 19, 252 (254 f.); E 49, 232 (237); E 80, 123 (124); E 115, 58 (59); E 118, 370 (372); E 122, 237 (239); *U. Battis*, BBG, § 9, Rn. 28.

[197] *H.-H. Trute*, in: AK-GG, Art. 33 Abs. 1–3, Rn. 68.

[198] BVerfG, NVwZ 2003, S. 200 (200); NVwZ 2004, S. 95 (95); NVwZ 2006, S. 1401 (1402 f.); BVerwGE 118, 370 (372); NVwZ 2004, S. 1257 (1257); NVwZ 2007, S. 691 (692); VGH Kassel, NVwZ-RR 1989, S. 30 (30); NVwZ-RR 1992, S. 34 (35); OVG Weimar, 2 EO 781/06 – juris, Rn. 32; BAG, NZA 2005, S. 879 (880); *U. Battis*, BBG, § 9, Rn. 28; *P. Kunig*, Recht des öffentlichen Dienstes, Rn. 88; *H.-H. Trute*, in: AK-GG, Art. 33 Abs. 1–3, Rn. 68; *S. Zängl*, in: GKÖD, § 8 BBG, Rn. 19.

Unter Berufung auf diesen kann der Bewerber „sowohl geltend machen, selbst in rechtswidriger Weise benachteiligt worden zu sein ..., als auch eine auf sachfremden Erwägungen beruhende unzulässige Bevorzugung des ausgewählten Konkurrenten rügen ... Der Fehler kann daher sowohl in der Qualifikationsbeurteilung des Beamten als auch in derjenigen des erfolgreichen Bewerbers oder im Leistungsvergleich zwischen den Bewerbern liegen ... Ein derartiger Fehler liegt auch dann vor, wenn dem ausgewählten Mitbewerber bereits die Eignung für die zu besetzende Stelle fehlt. Denn die in der Auswahl liegende Feststellung, dass der Mitbewerber für die Wahrnehmung der Stelle geeignet ist – und zwar besser als der Konkurrent –, trifft dann nicht zu. In diesem Falle ist die Auswahlentscheidung nicht auf Grundlage der in Art. 33 II GG vorgegebenen Maßstäbe erfolgt und damit fehlerhaft."[199] Dies impliziert, „dass inzident auch die Einhaltung objektiver Rechtsnormen geprüft werden muss, soweit diese maßgebend für die Eignung des ausgewählten Konkurrenten sind".[200]

Ein Korrekturanspruch bei Verfahrensfehlern scheidet nach dem verfassungs- und verwaltungsverfahrensrechtlich (§ 46 VwVfG) vorgezeichneten Auswirkungs-Kriterium allerdings dann aus, wenn eine für den Bewerber günstige(re) Entscheidung auch bei ordnungsgemäßem Verfahren ausgeschlossen werden kann.[201] Dies ist bei unterlassener Ausschreibung etwa im Falle anderweitiger Kenntniserlangung zu bejahen.[202]

2. Die „Stabilität" der Vergabeentscheidung

Zentral für das Fehlerfolgenregime ist der von der herrschenden Meinung angenommene Grundsatz der Stabilität der Ernennung (a). Aus rechtsstaatlichen Gründen haltbar ist dieses Dogma freilich nur um den Preis einer die Erlangung von Rechtsschutz ermöglichenden Vorabinformation über die geplante Ernennung (b). Bei Rechtsschutzvereitelung ist zudem eine Durchbrechung des Stabilitätsgrundsatzes angezeigt (c).

a) Grundsatz der Stabilität der Ernennung

Nach herrschender Meinung beendet die endgültige Besetzung der Stelle durch Ernennung, Einweisung des erfolgreichen Bewerbers in die Planstelle und Zuweisung des Dienstpostens das Stellenbesetzungsverfahren.[203] Zeitgleich damit

---

[199] BVerfG, NVwZ 2008, S. 194 (194); NVwZ 2008, S. 69 (69); OVG Weimar, 2 EO 236/07 – juris, Rn. 52.
[200] BVerfG, NVwZ 2008, S. 194 (195); ferner VGH München, ZBR 1994, S. 350 (352). Siehe aber auch BVerwG, 2 A 3/96 – juris, Rn. 25 ff.
[201] BVerfGE 73, 280 (299). Näher noch unten, 3. Teil, B.V.2.a.bb.(2).
[202] *H. Schnellenbach*, Beamtenrecht, Rn. 78; *S. Zängl*, in: GKÖD, § 8 BBG, Rn. 125.
[203] BVerwG, Urt. v. 14.6.1966, 2 C 89.64, Umdruck S. 9; Urt. v. 16.10.1967, 6 C 11.66,

erledigt sich der dem unterlegenen Konkurrenten gegenüber ergangene ablehnende Bescheid (Negativmitteilung)[204] und ist dessen Bewerbung gegenstandslos geworden[205]. Diese Erledigung bedeutet in den Worten des BVerwG nicht,

daß kein den bei der Auswahlentscheidung abgelehnten Bewerber belastender Verwaltungsakt mehr vorliegt, sondern daß wegen der bereits vollzogenen Ernennung des anderen seiner Bewerbung nicht mehr entsprochen werden kann. Für eine seiner Bewerbung entsprechende Entscheidung ist mangels verfügbarer Stelle kein Raum mehr. Der Dienstherr darf auf Grund der Ausschreibung dieses statusrechtliche Amt mit der ihm zugeordneten Planstelle und dem Dienstposten nicht nochmals vergeben.[206]

Mithin ist die Planstelle haushaltsrechtlich verbraucht.[207] Auch eine Rückgängigmachung der Ernennung scheidet angesichts der abschließenden Normierung der Nichtigkeits- (§ 11 BeamtStG; § 13 BBG) und Rücknahmegründe (§ 12 BeamtStG; § 14 BBG), die den Fall der Verletzung des Bewerbungsverfahrensanspruchs eines Mitkonkurrenten nicht erfassen, aus; dieser Umstand konnte auch nicht als weiterer Aufhebungsgrund rechtsfortbildend anerkannt werden, da nach dem – allerdings zum 31.3.2009 aufgehobenen – § 59 BRRG die Stellung des Beamten betreffende Maßnahmen einer gesetzlichen Grundlage bedürfen.[208]

Umdruck S. 6 f.; 2 B 77/83 – juris, Rn. 3; Beschl. v. 29.10.1986, 2 B 101.86, Umdruck S. 3; E 80, 127 (129); DVBl. 1989, S. 1150 (1150); 2 B 64/93 – juris, Rn. 6; 2 A 3/96 – juris, Rn. 20; BGH, NJW-RR 2004, S. 1700 (1700); BAG, NZA 1998, S. 882 (884); NZA 1998, S. 884 (885 f.); NZA 2003, S. 324 (325 f.); *K. Finkelnburg*, DVBl. 1980, S. 809 (811); *P. Kunig*, Recht des öffentlichen Dienstes, Rn. 91. Anders OVG Lüneburg, DVBl. 1985, S. 1245 (1246 f.).

[204] BVerwG, Urt. v. 7.12.1965, 2 C 226.62, Umdruck S. 9; Urt. v. 16.10.1967, 6 C 11.66, Umdruck S. 7; 2 B 77/83 – juris, Rn. 3; Beschl. v. 29.10.1986, 2 B 101.86, Umdruck S. 3; E 80, 127 (129 f.); DVBl. 1989, S. 1150 (1150); 2 B 64/93 – juris, Rn. 6; 2 A 3/96 – juris, Rn. 20; E 118, 370 (372); NVwZ 2004, S. 1257 (1257); BGH, NJW 1995, S. 2344 (2344); BAG, NZA 1998, S. 882 (884); NZA 1998, S. 884 (885 f.); NZA 2003, S. 324 (325 f.); *K. Finkelnburg*, DVBl. 1980, S. 809 (811); *J. Isensee*, Zugang, S. 337 (354); *P. Kunig*, in: v. Münch / ders., GG, Art. 33, Rn. 34; *ders.*, Recht des öffentlichen Dienstes, Rn. 91; *Plog*, BBG, § 23, Rn. 13; *S. Zängl*, in: GKÖD, § 8 BBG, Rn. 109; § 23 BBG, Rn. 71. Das BVerwG hatte zwischenzeitlich verfassungsrechtlich genährte Zweifel an dieser Auffassung angemeldet (E 115, 89 [91 f.]), diese mit Blick auf deren bundesverfassungsgerichtliche Zerstreuung (NVwZ 2003, S. 200 [200 f.]; ebenso bereits NJW 1990, S. 501 [501 f.]) jedoch beiseite geschoben (E 118, 370 [372 f.]). Anders OVG Lüneburg, DVBl. 1985, S. 1245 (1246 f.).

[205] BVerwG, Urt. v. 7.12.1965, 2 C 226.62, Umdruck S. 9; Urt. v. 14.6.1966, 2 C 89.64, Umdruck S. 9; Urt. v. 16.10.1967, 6 C 11.66, Umdruck S. 7; *T. Maunz*, in: ders. / Dürig, GG, Art. 33, Rn. 17.

[206] BVerwGE 80, 127 (130); DVBl. 1989, S. 1150 (1150); 2 B 64/93 – juris, Rn. 6.

[207] *H. Günther*, ZBR 2007, S. 195 (196); *T. Maunz*, in: ders. / Dürig, GG, Art. 33, Rn. 17.

[208] BVerwGE 80, 127 (130); DVBl. 1989, S. 1150 (1150); 2 A 3/96 – juris, Rn. 20; E 118, 370 (372); OVG Koblenz, 10 A 10805/08 – juris, Rn. 55 ff.; BGH, NJW 1995, S. 2344 (2344); *W. Frenz*, Konkurrenzsituationen, S. 89; *H. Günther*, ZBR 1990, S. 284 (291); *ders.*, ZBR 2007, S. 195 (196); *J. Isensee*, Zugang, S. 337 (354); *Plog*, BBG, § 23, Rn. 14; *S. Zängl*, in: GKÖD, § 8 BBG, Rn. 116.

Eine derartige Begründung der Ämterstabilität verkennt freilich, dass der verwaltungsgerichtlich durchzusetzende, auf Art. 33 Abs. 2 GG gestützte Aufhebungsanspruch (§ 113 Abs. 1 S. 1 VwGO) unabhängig von im einfachen Recht vorgesehenen verwaltungsverfahrensrechtlichen Rücknahmemöglichkeiten besteht[209] und eine Aufhebung der Ernennung haushaltsrechtlich die Möglichkeit der Neubesetzung eröffnen würde. Entscheidende Bedeutung muss demnach vielmehr der Frage zukommen, ob eine Anfechtung der Ernennung[210] möglich ist.[211]

Diese scheidet entgegen dem BVerwG und einer Literaturmeinung nicht schon deshalb aus, weil es sich bei der Ernennung um einen eigenständigen, von der Negativentscheidung bezüglich der Bewerbung des unterlegenen Konkur-

---

[209] *K. Finkelnburg*, DVBl. 1980, S. 819 (820); *P. M. Huber*, Konkurrenzschutz, S. 457; *A. von Mutius*, VerwArch 69 (1978), S. 103 (110 f.); *W.-R. Schenke*, Konkurrentenklage im Beamtenrecht, S. 571 (580 ff.); *M. Schmidt-Preuß*, Kollidierende Privatinteressen, S. 475; *F. Schoch*, Vorläufiger Rechtsschutz, S. 688 f.; *E. L. Solte*, ZBR 1972, S. 109 (112 f.); *ders.*, NJW 1980, S. 1027 (1032); *C. Tegethoff*, ZBR 2004, S. 341 (343 f.); *H.-H. Trute*, in: AK-GG, Art. 33 Abs. 1–3, Rn. 87; *J. Wieland*, Konkurrentenschutz bei Beamtenernennungen, S. 647 (652). Siehe auch *J. Gundel*, DV 37 (2004), S. 401 (416); *W. Höfling*, in: BK, Art. 33 Abs. 1 bis 3, Rn. 369; *H.-W. Laubinger*, VerwArch 83 (1992), S. 246 (276). A.A. *J. Isensee*, Zugang, S. 337 (355).

[210] Die Ansicht, dass erst die Einweisung in die Planstelle, nicht aber bereits die Ernennung den Konkurrenten belaste (so etwa *H. Sodan*, in: *ders.* / Ziekow, VwGO, § 42, Rn. 174), übersieht, dass letztere den Schwerpunkt des Auswahlverfahrens bildet, vgl. *W.-R. Schenke*, Konkurrentenklage, S. 655 (674 Fn. 61); *M. Schmidt-Preuß*, Kollidierende Privatinteressen, S. 475; *F. Schoch*, Vorläufiger Rechtsschutz, S. 693; *E. L. Solte*, NJW 1980, S. 1027 (1030 f. Fn. 32); *J. Wieland*, Konkurrentenschutz bei Beamtenernennungen, S. 647 (655). Wenn *C. Peter*, JuS 1992, S. 1042 (1044), auf eine Belastung bereits durch die Auswahl, nicht erst durch die Ernennung verweist, so verkennt dies die von der h.M. zugrunde gelegte Verfahrensstruktur.

[211] Ablehnend BVerwGE 118, 370 (372); ThürVerfGH, NVwZ 2004, S. 608 (608); VG Sigmaringen, NVwZ-RR 2002, S. 280 (281); BGH, NJW-RR 2004, S. 1700 (1701); *C. Peter*, JuS 1992, S. 1042 (1043 f.); *R. Wernsmann*, DVBl. 2005, S. 276 (281 ff.). Siehe auch *J. Isensee*, Zugang, S. 337 (356), nach dem Art. 33 Abs. 2 GG keine „Konkurrenzinteressen im Verhältnis zum Mitbewerber" schütze, sondern lediglich „Interessen der Allgemeinheit und des Bewerbers in eigener Sache". Dies trägt jedoch dem Wesen der Konkurrenzsituation nicht hinreichend Rechnung (so auch *H. Günther*, ZBR 1990, S. 284 [286]; *W.-R. Schenke*, Konkurrentenklage im Beamtenrecht, S. 571 [578 f.]; *J. Wieland*, Konkurrentenschutz bei Beamtenernennungen, S. 647 [654 f.]). Offengelassen noch in BVerwGE 80, 127 (130); E 115, 89 (91 f.). Bejahend: *D. Czybulka / H. Biermann*, JuS 1998, S. 601 (605 f., 610); *K. Finkelnburg*, DVBl. 1980, S. 809 (809 ff.); *W. Höfling*, in: BK, Art. 33 Abs. 1 bis 3, Rn. 364, 376; *P. M. Huber*, Konkurrenzschutz, S. 456 ff., 477; *W. Jung*, Zugang zum öffentlichen Dienst, S. 172 ff.; *A. von Mutius*, VerwArch 69 (1978), S. 103 (104 ff.); *M. Ronellenfitsch*, VerwArch 82 (1991), S. 121 (143); *W.-R. Schenke*, Konkurrentenklage, S. 655 (672 ff.); *ders.*, Konkurrentenklage im Beamtenrecht, S. 571 (573 ff.); *F. Schoch*, Vorläufiger Rechtsschutz, S. 684 ff., 698 f.; *E. L. Solte*, NJW 1980, S. 1027 (1034 f.); *C. Tegethoff*, ZBR 2004, S. 341 (343 f.); *H.-H. Trute*, in: AK-GG, Art. 33 Abs. 1–3, Rn. 87; *M. Wichmann / K.-U. Langer*, Öffentliches Dienstrecht, S. 622 f.; *J. Wieland*, Konkurrentenschutz bei Beamtenernennungen, S. 647 (653 ff.); *M. Willke*, JZ 1980, S. 440 (442 f.).

renten rechtlich zu trennenden und diesen nicht betreffenden Verwaltungsakt handele.[212] Verhaftet bleibt dieser Zugriff nämlich in der verfehlten Vorstellung rechtlich unverbunden nebeneinander stehender Verwaltungsverfahren, die die aus der Konkurrenznorm zwingend folgende materiell-rechtliche Einheitlichkeit der Auswahlentscheidung und das insoweit zwischen allen Bewerbern bestehende multipolare Auswahlrechtsverhältnis verkennt.[213] Zudem erscheint es inkonsequent, trotz betonter Eigenständigkeit beider Entscheidungen gleichzeitig anzunehmen, dass die Ernennung des erfolgreichen Bewerbers zur Erledigung der negativen Auswahlentscheidungen hinsichtlich der übrigen Bewerber führt.[214] Die Rechtsbetroffenheit der unterlegenen Mitbewerber in Art. 33 Abs. 2 GG verlangt vielmehr, in der Ernennung einen drittbelastenden Verwaltungsakt zu sehen.[215] Ein solcher setzt keinen doppelten Gestaltungswillen der Behörde voraus; vielmehr genügt die nicht bestreitbare Drittbetroffenheit durch die Regelung.[216]

Damit bleibt nur, zur Begründung der Ämterstabilität auf einen übergeordneten, die Aufhebung der Ernennung ausschließenden materiell-rechtlichen Grundsatz zu rekurrieren.[217] Zu seiner Rechtfertigung kann nicht auf den Ver-

---

[212] BVerwGE 80, 127 (130); DVBl. 1989, S. 1150 (1150); 2 B 64/93 – juris, Rn. 6; *J. Isensee*, Zugang, S. 337 (355); *Plog*, BBG, § 23, Rn. 14. Siehe auch VGH Mannheim, NVwZ 1983, S. 41 (41).

[213] Dazu bereits oben, V.; ferner *P. Baumeister*, Beseitigungsanspruch, S. 241; *P. M. Huber*, Konkurrenzschutz, S. 470; *K. Rennert*, DVBl. 2009, S. 1333 (1338); *M. Schmidt-Preuß*, Kollidierende Privatinteressen, S. 112 ff., 158 f., 397, 774; *H.-H. Trute*, in: AK-GG, Art. 33 Abs. 1–3, Rn. 87; *R. Wahl / P. Schütz*, in: Schoch / Schmidt-Aßmann / Pietzner, VwGO, § 42 Abs. 2, Rn. 325.

[214] So auch *J. Gundel*, DV 37 (2004), S. 401 (415); ferner *W.-R. Schenke*, Konkurrentenklage, S. 655 (674 ff.).

[215] Terminologisch findet sich die Bezeichnung als Verwaltungsakt mit Doppel- bzw. Drittwirkung (die Unterschiedlichkeit betonend *M. Ronellenfitsch*, VerwArch 82 [1991], S. 121 [141]. Anders aber *P. M. Huber*, Konkurrenzschutz, S. 57 ff.). Von einer Doppelwirkung sprechen: *U. Battis*, BBG, § 9, Rn. 30; *C.-D. Bracher*, ZBR 1989, S. 139 (139); *H. Günther*, ZBR 1990, S. 284 (290); *W. Höfling*, in: BK, Art. 33 Abs. 1 bis 3, Rn. 364; *P. M. Huber*, Konkurrenzschutz, S. 477; *W. Jung*, Zugang zum öffentlichen Dienst, S. 200; *A. von Mutius*, VerwArch 69 (1978), S. 103 (105); *A. Schmitt-Kammler*, DÖV 1987, S. 285 (286); *G. Siegmund-Schulze*, VerwArch 73 (1982), S. 137 (144); *E. L. Solte*, ZBR 1972, S. 109 (112); *ders.*, NJW 1980, S. 1027 (1031). Von einer Drittwirkung sprechen: *W.-R. Schenke*, Konkurrentenklage im Beamtenrecht, S. 571 (580 f.); *C. Tegethoff*, ZBR 2004, S. 341 (343); *R. Wernsmann*, DVBl. 2005, S. 276 (281); *J. Wieland*, Konkurrentenschutz bei Beamtenernennungen, S. 647 (654 f.); *M. Willke*, JZ 1980, S. 440 (442).

[216] *H. Günther*, ZBR 1990, S. 284 (290); *P. M. Huber*, Konkurrenzschutz, S. 58 – gleichwohl kritisch hinsichtlich der Koppelung an eine Rechtsverletzung (64); *A. von Mutius*, VerwArch 69 (1978), S. 103 (105); *E. L. Solte*, NJW 1980, S. 1027 (1031); *C. Tegethoff*, ZBR 2004, S. 341 (343).

[217] Ebenso *J. Gundel*, DV 37 (2004), S. 401 (416); *W. Jung*, Zugang zum öffentlichen Dienst, S. 178; *H. Sodan*, in: ders. / Ziekow, VwGO, § 42, Rn. 170; *M. Schmidt-Preuß*, Kollidierende Privatinteressen, S. 475 ff., 786 ff. Einen solchen Grundsatz negieren *P. M. Huber*, Konkurrenzschutz, S. 456 ff.; *W. Jung*, Zugang zum öffentlichen Dienst, S. 178 ff.; *A.*

trauensschutz des Ernannten verwiesen werden, da dieser sich innerhalb der Anfechtungsfristen nicht durchzusetzen vermag.[218] Allerdings kann die im einfachen Recht angeordnete besondere Beständigkeit der Ernennung einen ersten Anhaltspunkt bieten (§§ 11 f. BeamtStG, §§ 13 f. BBG; § 59 BRRG a.F.). Vor allem aber rechtfertigt die Multipolarität des Verteilungskonflikts Einschränkungen des Rechtsschutzes der nicht zum Zuge gekommenen Bewerber: Mit deren Zugangsanspruch konkurriert nämlich das gleichfalls verfassungskräftig abgesicherte Interesse sowohl des erfolgreichen Bewerbers als auch der Verwaltung an einer zeitnahen Stellenbesetzung.[219] In diesem Sinne führt das BAG aus:

Art. 33 II GG dient ... nicht nur dem Interesse des einzelnen Bewerbers, sondern auch dem Interesse der öffentlichen Verwaltung an ihrer Leistungsfähigkeit ... Zudem ist praktische Konkordanz mit dem Demokratie- und Rechtsstaatsprinzip (Art. 20 I und III GG) herzustellen. Diese Prinzipien schützen die wirksame Erfüllung des Amtsauftrages. Die dafür erforderlichen personellen, organisatorischen und sonstigen innerdienstlichen Bedingungen müssen sach- und zeitgerecht geschaffen werden ... Die Erhaltung der Funktionsfähigkeit der Verwaltung setzt voraus, dass Ämter in absehbarer Zeit endgültig besetzt werden können. Alles andere würde zu einer Demotivation der von den Entscheidungen betroffenen Beschäftigten führen. Das wiederum würde die Aufgabenerfüllung der öffentlichen Verwaltung unzumutbar behindern. Dabei können sich die Auswirkungen nicht nur auf die konkrete Stelle und ihr Umfeld erstrecken, sondern auch noch weitere Stellen erfassen. Zu berücksichtigen ist auch das Kontinuitätsinteresse der öffentlichen Verwaltung. Nur durch eine kontinuierliche Aufgabenerfüllung können die Erfahrungen gewonnen werden, die für eine ordnungsgemäße Amtsführung erforderlich sind ... Schließlich ist noch zu berücksichtigen, dass sich hochqualifizierte Bewerber nicht auf die jahrelange Unsicherheit einlassen, die mit dem Abwarten eines über drei Instanzen laufenden Hauptsacheverfahrens verbunden wäre. Sie werden sich anderweitig beruflich orientieren. Im Ergebnis würde dann keine Auswahl zwischen den Leistungsstärksten, sondern zwischen den Prozessfreudigsten bestehen.[220]

Zu bedenken ist ferner, dass durch langjährige Anfechtungsstreitigkeiten die Personalplanung wegen der Interdependenz von Personalentscheidungen erheblich beeinträchtigt wäre.[221]

Schmitt-Kammler, DÖV 1987, S. 285 (288); *E. L. Solte*, ZBR 1972, S. 109 (113 ff.); *J. Wieland*, Konkurrentenschutz bei Beamtenernennungen, S. 647 (655 ff.).

[218] *P. Baumeister*, Beseitigungsanspruch, S. 241 f.; *W. Höfling*, in: BK, Art. 33 Abs. 1 bis 3, Rn. 370, 376; *P. M. Huber*, Konkurrenzschutz, S. 458; *W. Jung*, Zugang zum öffentlichen Dienst, S. 181 f.; *A. von Mutius*, VerwArch 69 (1978), S. 103 (111); *W.-R. Schenke*, Konkurrentenklage, S. 655 (684 ff.); *ders.*, Konkurrentenklage im Beamtenrecht, S. 571 (588 f.); *M. Schmidt-Preuß*, Kollidierende Privatinteressen, S. 475; *A. Schmitt-Kammler*, DÖV 1987, S. 285 (290); *H.-H. Trute*, in: AK-GG, Art. 33 Abs. 1–3, Rn. 88; *J. Wieland*, Konkurrentenschutz bei Beamtenernennungen, S. 647 (657).

[219] Siehe auch *J. Gundel*, DV 37 (2004), S. 401 (417 ff.); *H. Günther*, ZBR 1990, S. 284 (291).

[220] BAG, NZA 2003, S. 324 (325 f.). Siehe ferner *C. Peter*, JuS 1992, S. 1042 (1044), sowie aus verwaltungspraktischer Sicht *G. Siegmund-Schulze*, VerwArch 73 (1982), S. 137 (147 ff.).

[221] *H. Günther*, ZBR 2007, S. 195 (197); *M. Schmidt-Preuß*, Kollidierende Privatinteressen, S. 476.

Demnach erscheint es gerechtfertigt, von der Stabilität einer einmal erfolgten Ernennung auszugehen,[222] ein Dogma, das mitunter auch als hergebrachter Grundsatz des Berufsbeamtentums im Sinne des Art. 33 Abs. 5 GG qualifiziert wird[223]. Vergegenwärtigt man sich schließlich, dass mit dem Grundsatz der Ämterstabilität lediglich die repressive Anfechtbarkeit der Ernennung verloren geht, nicht aber präventiver (Primär-)Eilrechtsschutz gegen diese,[224] so erscheinen auch Zugangsanspruch und Rechtsschutzgarantie nicht in unzumutbarer Weise beschnitten.

b) Die Vorabinformations- und Wartepflicht als Korrelat der Entscheidungsstabilität

Die auf dem Dogma der Ämterstabilität beruhende Konstruktion der herrschenden Meinung darf den verfassungsrechtlich grundsätzlich gebotenen Primärrechtsschutz (Art. 19 Abs. 4 GG)[225] nicht gänzlich ausschließen. Hinnehmbar ist sie mithin nur, wenn und weil die unterlegenen Bewerber die Ernennung des ausgewählten Konkurrenten wenigstens im Wege des einstweiligen Rechtsschutzes vorläufig untersagen lassen und damit die Möglichkeit, eine Korrektur der Auswahlentscheidung zu erreichen, offenhalten können.[226] Der Zugang zum einstweiligen Rechtsschutz muss dem unterlegenen Bewerber freilich auch faktisch eröffnet sein: Deshalb gebieten die Art. 19 Abs. 4 i.V.m. 33 Abs. 2 GG, dass dieser „innerhalb einer für seine Rechtsschutzentscheidung ausreichenden Zeitspanne vor der Ernennung des Mitbewerbers durch eine Mitteilung seines Dienstherrn Kenntnis vom Ausgang des Auswahlverfahrens erlangt."[227] Bei

---

[222] Gleichwohl kritisch gegenüber der Sonderdogmatik: *U. Battis*, BBG, § 9, Rn. 30, 34; *H. D. Jarass*, in: *ders. / Pieroth*, Grundgesetz, Art. 33, Rn. 20; *W. Höfling*, in: BK, Art. 33 Abs. 1 bis 3, Rn. 364 ff.; *J. Masing*, in: Dreier, GG, Art. 33, Rn. 55: ungerechtfertigte Sonderdogmatik; *H.-H. Trute*, in: AK-GG, Art. 33 Abs. 1–3, Rn. 86 ff. Ablehnend *W.-R. Schenke*, Konkurrentenklage, S. 655 (681 ff.); ferner *ders.*, Neuere Rechtsprechung, S. 36 f.; *ders.*, in: BK, Art. 19 Abs. 4, Rn. 742.

[223] *H. Günther*, ZBR 1990, S. 284 (291); *ders.*, ZBR 2007, S. 195 (196); *M. Schmidt-Preuß*, Kollidierende Privatinteressen, S. 476, 786 ff.; *ders.*, NVwZ 2005, S. 489 (491); *H. Schnellenbach*, ZBR 2002, S. 180 (181); *H. Sodan*, in: *Ziekow*, VwGO, § 42, Rn. 170; *R. Wernsmann*, DVBl. 2005, S. 276 (282); *S. Zängl*, in: GKÖD, § 8 BBG, Rn. 116. A.A. *W.-R. Schenke*, Konkurrentenklage, S. 655 (691 f.); *H.-H. Trute*, in: AK-GG, Art. 33 Abs. 1–3, Rn. 88; *J. Wieland*, Konkurrentenschutz bei Beamtenernennungen, S. 647 (655 f.).

[224] Dazu sogleich unten, VI.2.b.

[225] Dazu BVerfG, NJW 1990, S. 501 (501).

[226] BVerfG, NJW 1990, S. 501 (501); ThürVerfGH, NVwZ 2004, S. 608 (608 f.); ferner BVerwGE 118, 370 (373 f.); *M. Schmidt-Preuß*, Kollidierende Privatinteressen, S. 477 f.

[227] BVerfG, NJW 1990, S. 501 (501); ferner NVwZ 2007, S. 1178 (1179); NVwZ 2008, S. 70 (70); 2 BvR 706/09 – juris, Rn. 3; BVerwGE 118, 370 (374); NVwZ 2004, S. 1257 (1257); OVG Bautzen, ZBR 2001, S. 368 (371); ZBR 2001, S. 372; OVG Schleswig, NVwZ-RR 1994, S. 350 (351); BGH, NJW 1995, S. 2344 (2344); BAG, NZA 2003, S. 324 (326); NZA 2009, S. 901 (904 f.); *W.-R. Schenke*, Auswahlentscheidung, S. 221 (227); *M. Schmidt-Preuß*, Kollidie-

Einlegung des Eilrechtsbehelfs besteht die Wartepflicht fort; zudem muss Gelegenheit bestehen, eine verfassungsgerichtliche einstweilige Anordnung zu erreichen, weshalb auch nach gescheitertem Eilrechtsschutz vor den Verwaltungsgerichten die Ernennung nicht unmittelbar nach der Entscheidung des OVG erfolgen darf.[228] Eine zweitägige Wartefrist genügt insoweit nicht.[229] In einer jüngeren Entscheidung hat das BVerfG allerdings – auf den Verfassungsrechtsbehelf bezogen – anerkannt, dass für den „Fall dringender dienstlicher Bedürfnisse … Ausnahmen von der grundsätzlich anzuerkennenden Wartefrist gegeben sein" können.[230] Angesichts der inmitten stehenden Rechtsschutzinteressen kann diese Ausnahmemöglichkeit indes nicht auf das verwaltungsgerichtliche Eilverfahren ausgedehnt werden; zudem empfiehlt sich aus Gründen der Rechtssicherheit, eine etwaige Vorabgestattung der Ernennung in der Entscheidung des OVG auszusprechen, wie dies auch im Kartellvergaberecht vorgesehen ist[231]. Dieser Hintergrund erhellt die Vorwirkungen der Rechtsschutzgarantie für das Verwaltungsverfahren, das „nicht so ausgestaltet sein [darf], daß es den gerichtlichen Rechtsschutz vereitelt oder unzumutbar erschwert".[232]

c) Durchbrechungen

Der Grundsatz der Ämterstabilität rechtfertigt sich ganz wesentlich durch die verfassungsrechtlich-kompensatorisch gebotene Ermöglichung präventiven Eilrechtsschutzes. Vereitelt die Verwaltung letzteren, stellt sich zwangsläufig die Frage, welche Konsequenzen dies für die damit korrelierende Rechtsbeständigkeit der Ernennung zeitigt. Im Beamten- (aa) und Notarrecht (bb) hat

---

rende Privatinteressen, S. 482; *H.-H. Trute*, in: AK-GG, Art. 33 Abs. 1–3, Rn. 73; *S. Zängl*, in: GKÖD, § 8 BBG, Rn. 109.

[228] BVerfG, NVwZ 2008, S. 70 (71); 2 BvR 706/09 – juris, Rn. 3. Siehe auch OVG Koblenz, 10 A 10805/08 – juris, Rn. 76 f.

[229] BVerfG, NVwZ 2007, S. 1178 (1179); 2 BvR 706/09 – juris, Rn. 4. Zur Fristdauer führt das BVerfG, 2 BvR 706/09 – juris, Rn. 4, weiter aus: „In der obergerichtlichen Rechtsprechung hat sich teilweise eine Wartefrist von zwei Wochen nach Zustellung der zweitinstanzlichen Eilentscheidung eingebürgert, zu deren Begründung auf eine Analogie zu § 147 Abs. 1 VwGO rekurriert wird … Zur Vermeidung von Missverständnissen ist allerdings darauf hinzuweisen, dass für die Einlegung der Verfassungsbeschwerde die Monatsfrist des § 93 Abs. 1 Satz 1 BVerfGG gilt, die der Beschwerdeführer zur Substantiierung seines Vortrags bzw. gegebenenfalls zur Nachreichung von Unterlagen ausschöpfen kann. Des Weiteren muss dem BVerfG ein hinreichender zeitlicher Spielraum für eine – zügige – Entscheidung über die Verfassungsbeschwerde bzw. über den Antrag auf Erlass einer einstweiligen Anordnung verbleiben."

[230] BVerfG, 2 BvR 706/09 – juris, Rn. 4.

[231] Dazu § 115 Abs. 2, § 121 GWB. Näher oben, 2. Teil, B.VI.2.b.

[232] BVerfG, NJW 1990, S. 501 (501); ferner NVwZ 2007, S. 1178 (1179); BVerwGE 118, 370 (374); OVG Schleswig, NVwZ-RR 1994, S. 350 (351); *H.-H. Trute*, in: AK-GG, Art. 33 Abs. 1–3, Rn. 73.

die Rechtsprechung divergierende Lösungen hierfür entwickelt, die allerdings einer kritischen Überprüfung bedürfen (cc).

aa) Beamtenrecht: Fortbestand des Ernennungsanspruchs

Mit der Garantie effektiven Rechtsschutzes, die in beamtenrechtlichen Konkurrenzstreitigkeiten die Möglichkeit, Primärrechtsschutz zu erlangen, umfasst, unvereinbar wäre es, wenn die Behörde diesen dadurch vereiteln könnte, dass sie die Stelle entgegen einer verwaltungsgerichtlichen einstweiligen Anordnung besetzt.[233] Diese verfassungsrechtliche Direktive ist bei der Anwendung und Auslegung des einfachen Rechts zu berücksichtigen:

Nach den in § 162 Abs. 2 BGB sowie in den §§ 135, 136 BGB zum Ausdruck kommenden, auch im öffentlichen Recht geltenden allgemeinen Rechtsgedanken ... kann der Dienstherr einem zu Unrecht übergangenen Bewerber nicht durchgreifend entgegenhalten, dessen Bewerbungsverfahrensanspruch könne er mangels Besetzbarkeit der unter Verstoß gegen eine einstweilige Anordnung vergebenen Planstelle nicht mehr erfüllen. Der Betroffene kann vielmehr verlangen, verfahrensrechtlich und materiellrechtlich so gestellt zu werden, als sei die einstweilige Anordnung beachtet worden.[234]

Nichts anderes gilt für den Fall, dass die Verwaltung die Erlangung einstweiligen Rechtsschutzes dadurch verhindert, dass sie gegen ihre Vorabinformations- und Wartepflicht verstößt[235] oder kollusiv mit dem ernannten Bewerber zusammenwirkt[236].

Gleichwohl hat das BVerwG den Grundsatz der Ämterstabilität nicht durchbrochen, indem es die Ernennung des Konkurrenten für anfechtbar erklärte.[237] Vielmehr sei der Bewerbungsverfahrensanspruch als Verpflichtungsbegehren in der Hauptsache weiter zu verfolgen und im Erfolgsfalle die öffentliche Hand zur Einstellung respektive Beförderung des zu Unrecht übergangenen Bewerbers zu verpflichten. So sei die

---

[233] BVerwGE 118, 370 (374 f.). Siehe auch *K. Füßer*, DÖV 1997, S. 816 (820 f.); *F. Lansnicker / T. Schwirtzek*, NJW 2003, S. 2481 (2485); *W.-R. Schenke*, Auswahlentscheidung, S. 221 (238 f.).

[234] BVerwGE 118, 370 (375) – insoweit kritisch: *H. Günther*, ZBR 2007, S. 195 (199 ff.); vgl. auch BVerfG, NJW 2005, S. 50 (50); NVwZ 2008, S. 70 (71); ThürVerfGH, NVwZ 2004, S. 608 (609); BAG, NZA 2003, S. 324 (327); 9 AZR 672/06 – juris, Rn. 30; NZA 2008, S. 1016 (1018); NZA 2009, S. 901 (904).

[235] BVerwGE 118, 370 (374 f.); OVG Münster, NVwZ-RR 2007, S. 701 (701); OVG Weimar, 2 EO 781/06 – juris, Rn. 34; vgl. auch BVerfG, NJW-RR 2005, S. 998 (999); NVwZ 2008, S. 70 (71); ThürVerfGH, NVwZ 2004, S. 608 (609); BAG, NZA 2003, S. 324 (327); *W.-R. Schenke*, Auswahlentscheidung, S. 221 (239); *ders.*, Konkurrentenklage, S. 655 (666 f.). Das BAG (NZA 2003, S. 324 [327]) spricht von einem ausnahmsweisen Anspruch auf „Wiederherstellung". Missverständlich BVerwG, 2 VR 1/09 – juris, Rn. 2.

[236] BAG, NZA 2003, S. 324 (327).

[237] Vgl. auch OVG Münster, 1 A 512/02 – juris, Rn. 34; OVG Weimar, 2 EO 781/06 – juris, Rn. 34; BGH, NJW-RR 2004, S. 1700 (1701). Weitergehend aber *H. D. Jarass*, in: *ders. / Pieroth*, Grundgesetz, Art. 33, Rn. 20.

Beförderung eines erweislich zu Unrecht nicht ausgewählten Bewerbers ... von Rechts wegen nicht ausgeschlossen, wenn der Dienstherr eine einstweilige Sicherungsanordnung missachtet hat. Das trifft auch für das Haushaltsrecht zu. Ebenso wenig wie der Dienstherr einem Schadensersatzanspruch wegen rechtswidrig und schuldhaft unterbliebener Beförderung einen Mangel an Haushaltsmitteln entgegenhalten kann, vermag er sich auf das Fehlen einer besetzbaren Planstelle zu berufen, wenn er diese unter Verstoß gegen eine einstweilige Anordnung mit einem Konkurrenten besetzt hat. So wie ggf. Schadensersatz aus Haushaltsmitteln geleistet werden muss, ist Besoldung zu zahlen und erforderlichenfalls eine benötigte weitere Planstelle zu schaffen ... Eine erneut zu treffende Auswahlentscheidung kann allerdings nur zu einer Ernennung mit Wirkung für die Zukunft führen. Für die Vergangenheit kommt ausschließlich Schadensersatz in Betracht.[238]

bb) Notarrecht: keine Aufgabe der Ämterstabilität

Anders liegen die Dinge bei Konkurrentenstreitigkeiten um den Zugang zum Notarberuf. Nach der Rechtsprechung des BGH kommt eine wie auch immer geartete Berücksichtigung des zu Unrecht übergangenen Bewerbers und damit Primärrechtsschutz nicht in Betracht:[239] Der Grundsatz der Ämterstabilität, der aus der abschließenden Regelung der Gründe für das Erlöschen des Amtes als Notar (vgl. § 47 BNotO) folgt, und das Allgemeininteresse an einer geordneten Rechtspflege verbieten eine Rückgängigmachung der Ernennung des zum Zuge gekommenen Bewerbers.[240] Auch die vom BVerwG für das Beamtenrecht entwickelte Lösung scheidet im Notarrecht angesichts angeblich bestehender Besonderheiten aus:[241] Zum einen kann die Schaffung einer neuen Notarstelle nicht mit der rechtswidrigen Übergehung eines Bewerbers gerechtfertigt werden, da dies keinen Bedarf i.S.d. § 4 BNotO begründet.[242] Zum anderen müssen neu geschaffene Notarstellen ausgeschrieben und bei deren Besetzung der verfassungsrechtlich verbürgte Zugangsanspruch weiterer Interessenten berücksichtigt werden.[243]

Das BVerfG widerspricht dem nicht. Sybillinisch-offen führte es in einer frühen Entscheidung zwar noch aus, dass dem Beschwerdeführer trotz der er-

---

[238] BVerwGE 118, 370 (375); ferner OVG Münster, 1 A 512/02 – juris, Rn. 31 ff. Für nicht durchgreifend hält die haushaltsrechtlichen Bedenken auch *W. Jung*, Zugang zum öffentlichen Dienst, S. 173.

[239] BGH, NJW-RR 2006, S. 639 (640); ebenso BVerfG, NJW 2006, S. 2395; *G. Sandkühler*, in: *Arndt / Lerch / ders.*, BNotO, § 111, Rn. 95. Offengelassen noch in BGH, NJW-RR 2004, S. 1700 (1701). Siehe auch *T. Egerland*, Notarbestellung, S. 329 ff.

[240] BVerfG, NJW 2006, S. 2395 (2396); BGH, NJW-RR 2004, S. 1700 (1701); NJW-RR 2006, S. 639 (640).

[241] BGH, NJW-RR 2006, S. 639 (641). Verfassungsrechtlich ist dies nicht zu beanstanden: BVerfG, NJW 2006, S. 2395 (2396).

[242] BVerfG, NJW 2006, S. 2395 (2396); BGH, NJW-RR 2004, S. 1700 (1700); NJW-RR 2006, S. 639 (640 f.).

[243] BVerfG, NJW 2006, S. 2395 (2396); BGH, NJW-RR 2004, S. 1700 (1700); NJW-RR 2006, S. 639 (640 f.); vgl. auch BGH, NotZ 124/07 – juris, Rn. 14.

folgten Stellenbesetzung „für sein Begehren, das auf Feststellung der Verfassungsverletzung und auf Neubescheidung seiner Bewerbung oder – im Falle
der Unmöglichkeit – auf Schadensersatz gerichtet ist, nicht das Rechtsschutzinteresse [fehlt]. Das Gebot effektiven Rechtsschutzes aus Art. 19 IV GG in Verbindung mit den zu wahrenden Grundrechten des Bf. aus Art. 12 I i.V. mit
Art. 33 II GG erlauben die Weiterverfolgung des Bewerbungsverfahrens im
Wege der Verfassungsbeschwerde, da das Justizministerium eine verfassungsgerichtliche einstweilige Anordnung nicht beachtet hat."[244] Mit Blick auf die
zwischenzeitlich erfolgte Positionierung des BGH „präzisierte" das BVerfG
später allerdings dann, was diese Möglichkeit der „Weiterverfolgung" bedeutet.
So habe es seinerzeit

lediglich ein Rechtsschutzinteresse des Bf. für die Weiterverfolgung des Bewerbungsverfahrens im Wege der Verfassungsbeschwerde bejaht. Die Nichtbeachtung der verfassungsgerichtlichen einstweiligen Anordnung soll dem Bf. nicht die Möglichkeit nehmen,
mit bindender Wirkung für die Gerichte eine Verfassungsverletzung feststellen zu lassen.
Hingegen fehlt es an einer Entscheidung darüber, wie nach Zurückverweisung der Sache
instanzgerichtlicher Rechtsschutz zu gewähren ist. Die Kammer hat insoweit sowohl eine
Neubescheidung des Bewerbungsverfahrensanspruchs als auch – bei Unmöglichkeit – ein
Schadensersatzverfahren in Betracht gezogen. Der Weg zu einem Amtshaftungsprozess
wird dem Bf. durch die angegriffenen Entscheidungen nicht verstellt; auf diese Möglichkeit und die denkbaren Verfahrenserleichterungen weist im Gegenteil der BGH in der angegriffenen Entscheidung hin.[245]

cc) Dennoch: Anfechtbarkeit

Beide Lösungen vermögen indes nicht zu überzeugen. Die Problematik der Auffassung des BVerwG klingt in den notarrechtlichen Entscheidungen schon an.
Sie ignoriert nämlich § 49 BHO und die entsprechenden landeshaushaltsrechtli-
chen Vorschriften, nach denen ein „Amt … nur zusammen mit der Einweisung
in eine besetzbare Planstelle verliehen werden" darf.[246] Die Entscheidung, Planstellen zu schaffen, ist aber der Legislative im Haushaltsgesetz vorbehalten (§ 17
Abs. 5 BHO; Art. 110 GG).[247] Rechtlich problematisch ist ferner die daraus resultierende Benachteiligung Dritter, die aus der unterlassenen, gleichwohl aber
verfassungsrechtlich regelmäßig zwingend gebotenen Ausschreibung neu ge-

---

[244] BVerfG, NJW 2005, S. 50 (50); ferner NJW-RR 2005, S. 998 (999).
[245] BVerfG, NJW 2006, S. 2395 (2396).
[246] *T. Egerland*, Notarbestellung, S. 165; *H. Günther*, ZBR 2007, S. 195 (196, 201 f.); *W.
Höfling*, in: BK, Art. 33 Abs. 1 bis 3, Rn. 375; *W.-R. Schenke*, Konkurrentenklage, S. 655
(668); *ders.*, Neuere Rechtsprechung, S. 37; *E. L. Solte*, ZBR 1972, S. 109 (111 f.); *R. Wernsmann*, DVBl. 2005, S. 276 (284). Siehe auch OVG Koblenz, 10 A 10805/08 – juris, Rn. 82 ff.
[247] *H. Günther*, ZBR 2007, S. 195 (196, 201 f.); *W.-R. Schenke*, Konkurrentenklage, S. 655
(668 f.); *E. L. Solte*, ZBR 1972, S. 109 (111); *R. Wernsmann*, DVBl. 2005, S. 276 (284). Vgl. auch
W. Jung, Zugang zum öffentlichen Dienst, S. 173 f.

schaffener Stellen folgt.[248] Zudem vermag die Fehlerfolge Stellenverdopplung, u.U. sogar -vervielfachung, auch aus rechtspolitischer Warte nicht zu überzeugen;[249] fraglich ist überdies, wie bei nur einmal besetzbaren Spitzenposten zu verfahren ist[250]. Schließlich vermag diese Lösung bei einem Anspruch lediglich auf Neubescheidung Rechtsschutzinteressen nicht Rechnung zu tragen.

Diese Probleme vermeidet in der Tat die konsequente Versagung des Primärrechtsschutzes, die in der Rechtsprechung von BVerfG und BGH zum Notarrecht zutage tritt. Indes ist auch sie (verfassungs-)rechtlichen Einwänden ausgesetzt. Vergegenwärtigt man sich nämlich, dass der sich als Ausdruck der Ämterstabilität darstellende Ausschluss von repressivem Hauptsache- nur um den Preis der Eröffnung von präventivem Eilrechtsschutz angesichts der Garantie effektiven Rechtsschutzes haltbar ist, so muss bei einer – oftmals dolosen – Vereitelung des letzteren auch das Stabilitätsdogma weichen.[251] Eine Anfechtung der Ernennung muss folglich möglich sein, was sich auch widerspruchsfrei in die herkömmliche verwaltungsrechtliche Dogmatik einordnen lässt.[252] Entbehrlich ist damit auch die Annahme einer Nichtigkeit der Ernennung gemäß § 44 VwVfG,[253] die sich in tatbestandlicher Hinsicht und angesichts der abschließenden und nicht einschlägigen spezialgesetzlichen Regelung der § 13 BBG, § 11 BeamtStG als problematisch erweist[254].[255]

---

[248] BVerwGE 106, 129 (133) – Ausnahme nur bei Einbeziehung der Stelle in zu vergebenden Pool vor Beendigung des Besetzungsverfahrens; BGH, NotZ 124/07 – juris, Rn. 14; *K. Hoof*, ZBR 2007, S. 156 (158); *W. Jung*, Zugang zum öffentlichen Dienst, S. 174; *Plog*, BBG, § 23, Rn. 13; *M. Schmidt-Preuß*, Kollidierende Privatinteressen, S. 483 f.; *E. L. Solte*, ZBR 1972, S. 109 (112); *ders.*, NJW 1980, S. 1027 (1030). Vgl. auch OVG Koblenz, 10 A 10805/08 – juris, Rn. 68; OVG Magdeburg, GewArch 1996, S. 110 (110), für einen Vergleich zulasten späterer Bewerber um Güterfernverkehrskonzessionen.

[249] *W. Höfling*, in: BK, Art. 33 Abs. 1 bis 3, Rn. 375; *R. Wernsmann*, DVBl. 2005, S. 276 (284).

[250] *J. Gundel*, DV 37 (2004), S. 401 (408 Fn. 48); *W.-R. Schenke*, Konkurrentenklage, S. 655 (669). Daher in diesem Fall Primärrechtsschutz ausschließend: OVG Koblenz, 10 A 10805/08 – juris, Rn. 79 ff.

[251] So auch *R. Wernsmann*, DVBl. 2005, S. 276 (283).

[252] *W. Höfling*, in: BK, Art. 33 Abs. 1 bis 3, Rn. 376; *R. Wernsmann*, DVBl. 2005, S. 276 (284).

[253] *K. Füßer*, DÖV 1997, S. 816 (821 f.).

[254] *H. Günther*, ZBR 2007, S. 195 (198); *F. Kopp / W.-R. Schenke*, VwGO, § 42, Rn. 49; *R. Wernsmann*, DVBl. 2005, S. 276 (279). Für nicht zwingend hält dies *K. Füßer*, DÖV 1997, S. 816 (821 f.).

[255] Ähnlich problematisch ist die Annahme der Nichtigkeit von Arbeitsverträgen im öffentlichen Dienst: Nach der Rechtsprechung des BAG ist ein rechtswidrig zustande gekommener Arbeitsvertrag nicht gemäß § 134 BGB i.V.m. Art. 33 Abs. 2 GG nichtig, da es sich hierbei nur um einen für eine Partei geltenden Verbotstatbestand handelt und in diesem Fall eine Unwirksamkeit des Vertrages regelmäßig ausscheidet (BAG, NZA 1998, S. 882 [884]; NZA 1998, S. 884 [886]). Dieser Auffassung wird zu Recht entgegengehalten, dass sie nicht hinreichend berücksichtige, dass es sich um ein drittbelastendes Rechtsgeschäft handelte (so *H.-H. Trute*, in: AK-GG, Art. 33 Abs. 1–3, Rn. 88; näher unten, 3. Teil, B.V.2.b.bb).

Aus Gründen der Rechtssicherheit ist allerdings der Vorbehalt anzubringen, dass nach Ablauf einer gewissen Zeit die Anfechtung auch bei Rechtsschutzvereitelung ausgeschlossen sein muss. Wie im Kontext des Vergaberechts (vgl. § 101b Abs. 1 Nr. 2, Abs. 2 GWB) erscheinen hier sechs Monate nach der Ernennung angemessen. Dies gilt auch für den bislang noch nicht erörterten Fehler einer Vereitelung des Zugangsrechts durch eine unterlassene Ausschreibung.[256]

VII. Rechtsschutzsystem

Der Grundsatz der Ämterstabilität hat der gerichtlichen Durchsetzung des beamtenrechtlichen Konkurrenzschutzes ein besonderes Gepräge verliehen. Primärrechtsschutz vollzieht sich nur vordergründig in den herkömmlichen Bahnen des Verwaltungsprozesses: Angesichts des drohenden Rechtsuntergangs hat sich vielmehr ein Zusammenspiel von präventivem Eil- und Hauptsacherechtsschutz ergeben. Hierbei ist eine Akzentverschiebung auf ersteren zu konstatieren,[257] die für das Eilverfahren allerdings nicht folgenlos geblieben ist (1.).[258] Darüber hinaus kommt in auf dem Stabilitätsdogma beruhenden Rechtsschutzsystemen dem Sekundärrechtsschutz eine besondere Bedeutung zu (2.).

1. Primärrechtsschutz

a) Das Zusammenspiel von Hauptsache- und Eilrechtsschutz

Der zu Unrecht übergangene Bewerber muss seinen Anspruch auf Einstellung, d.h. auf Ernennung, im Wege der Verpflichtungsklage nach Durchführung des gemäß § 68 Abs. 2 i.V.m. Abs. 1 VwGO, § 54 Abs. 2 BeamtStG bzw. § 126 Abs. 2 BBG grundsätzlich erforderlichen Vorverfahrens[259] durchsetzen. Allerdings entfällt als Konsequenz des Grundsatzes der Ämterstabilität und des damit einhergehenden Rechtsuntergangs die Zulässigkeit der Klage zu dem Zeitpunkt, zu dem der ausgewählte Konkurrent ernannt wurde; dann scheidet eine Rechtsverletzung offensichtlich aus.[260] Eine Ausnahme hiervon kommt nur in

---

[256] Dazu unten, 3. Teil, B.V.4.a.

[257] Diese konstatieren auch *J.-D. Busch*, DVBl. 1990, S. 107 (108); *J. Kühling*, NVwZ 2004, S. 656 (659).

[258] Die mitunter vorgenommene Differenzierung zwischen der Dienstpostenkonkurrenz und der Beförderungskonkurrenz als Statuskonkurrenz (dazu *C. Peter*, JuS 1992, S. 1042 [1046 ff.]; *H. Günther*, NVwZ 1986, S. 697 [698 f.]; *J. Kühling*, NVwZ 2004, S. 656 [659 ff.]; *W.-R. Schenke*, Auswahlentscheidung, S. 221 [237 f.]; *S. Zängl*, in: GKÖD, § 23 BBG, Rn. 62) sei hier ausgeblendet.

[259] Dazu *H. Schnellenbach*, Beamtenrecht, Rn. 35, 44.

[260] Vgl. – dies aber als Frage des Rechtsschutzbedürfnisses behandelnd – BVerfGE 110, 304 (319 f.); ThürVerfGH, NVwZ 2004, S. 608 (608); BGH, NJW-RR 2004, S. 1700 (1700);

den Fällen in Betracht, in denen die Behörde den präventiven Primärrechtsschutz vereitelt hat.[261] Um die zum Rechtsuntergang führende Ernennung des Konkurrenten zu verhindern, kann der unterlegene Bewerber vor den Verwaltungsgerichten und nach Rechtswegerschöpfung vor dem Landes- respektive BVerfG eine einstweilige (Sicherungs-)Anordnung erwirken, die der Behörde die Stellenbesetzung vorläufig verbietet. Im Interesse einer tatsächlich wirksamen gerichtlichen Kontrolle muss der unterlegene Bewerber hierfür nicht glaubhaft machen, dass er mit hinreichender Wahrscheinlichkeit auch ausgewählt respektive befördert worden wäre.[262] Erfolg hat dieses Vorgehen vielmehr bereits dann, wenn die Aussichten des Unterlegenen, „beim zweiten Mal ausgewählt zu werden, offen sind, d.h. wenn seine Auswahl möglich erscheint."[263] Nur so korrespondieren Hauptsache- und Eilrechtsschutz, da es bei ersterem regelmäßig nicht um die Verpflichtung zur Stellenbesetzung, sondern nur um eine erneute Verbescheidung geht.[264] Mithin scheidet der Anordnungsanspruch nur dann aus, wenn die Auswahl des Antragstellers von vornherein ausgeschlossen werden kann,[265] etwa aufgrund fehlender Eignung[266].

Anders als im Regelfall des einstweiligen Rechtsschutzes, in dem nur eine summarische Prüfung der Erfolgsaussichten in der Hauptsache stattfinden muss, hat im beamtenrechtlichen Konkurrentenstreit zudem eine „eingehende tatsächliche und rechtliche Prüfung des Anspruchs auf leistungsgerechte Einbeziehung in die Bewerberauswahl" zu erfolgen. Denn hier erschöpft sich der Primärrechtsschutz oftmals im Eilverfahren.[267]

Dieses Rechtsschutzsystem, d.h. die Gewährung präventiven Eilrechtsschutzes gegen die Ernennung bei gleichzeitiger Versagung der Anfechtbarkeit

---

NJW-RR 2006, S. 639 (640); *P. Kunig*, in: v. Münch/ders., GG, Art. 33, Rn. 34; *ders.*, Recht des öffentlichen Dienstes, Rn. 91; *S. Zängl*, in: GKÖD, § 8 BBG, Rn. 119.

[261] Zu den Durchbrechungen des Stabilitätsdogmas bereits oben, VI.2.c.

[262] BVerfG, NVwZ 2003, S. 200 (200 f.); NVwZ 2006, S. 1401 (1402 f.); OVG Weimar, 2 EO 236/07 – juris, Rn. 44; *H. Schnellenbach*, Beamtenrecht, Rn. 41.

[263] BVerfG, NVwZ 2003, S. 200 (201); ferner NVwZ 2006, S. 1401 (1403); NVwZ 2007, S. 1178 (1179); 2 BvR 1012/08 – juris, Rn. 8; OVG Berlin, 4 S 3.07 – juris, Rn. 3; OVG Bremen, 2 B 286/06 – juris, Rn. 49; VGH Mannheim, NVwZ-RR 2008, S. 550 (550 f.); OVG Weimar, 2 EO 236/07 – juris, Rn. 44; *S. U. Pieper*, in: Schmidt-Bleibtreu/Hofmann/Hopfauf, GG, Art. 33, Rn. 63; *Plog*, BBG, § 23, Rn. 15; *W.-R. Schenke*, Auswahlentscheidung, S. 221 (241); vgl. auch BVerfG, NVwZ 2002, S. 1367 (1367 f.). Strenger aber *M. Schmidt-Preuß*, Kollidierende Privatinteressen, S. 478 f. – siehe aber auch ibid., S. 788.

[264] BVerfG, NVwZ 2003, S. 200 (201).

[265] BVerfG, 2 BvR 1012/08 – juris, Rn. 9; OVG Münster, 1 B 910/08 – juris, Rn. 28 f.; 1 B 1518/08 – juris, Rn. 52 ff.; *C.-D. Bracher*, ZBR 1989, S. 139 (140); *J. Kühling*, NVwZ 2004, S. 656 (658 f.).

[266] BVerfG, 2 BvR 1012/08 – juris, Rn. 9.

[267] BVerwGE 124, 99 (106); OVG Weimar, 2 EO 236/07 – juris, Rn. 45. Ebenso *K. Füßer*, DÖV 1997, S. 816 (819); *M. Schmidt-Preuß*, Kollidierende Privatinteressen, S. 481 f.; *H. Schnellenbach*, ZBR 2002, S. 180 (181).

derselben, beruht schließlich nicht auf einem Systembruch.[268] Denn einer derartigen Ansicht ist entgegenzuhalten, dass die im Eilrechtsschutz angestrebte Untersagung der Ernennung nicht dessen Akzessorietät zur Hauptsache aufhebt, sondern vielmehr eine mögliche Sicherungsmaßnahme hinsichtlich des in der Hauptsache durchzusetzenden Zugangsanspruchs darstellt.[269]

b) Besonderheiten des Rechtsschutzverfahrens

Dem beamtenrechtlichen Konkurrentenstreit wohnt eine Fokussierung des Primärrechtsschutzes auf die Verwaltungsakte Ernennung respektive deren Ablehnung inne. Diese findet darin ihren Ausdruck, dass Rechtsschutz nur gegen die endgültige Entscheidung über die Stellenbesetzung für möglich erachtet wird.[270] Andere Entscheidungen, etwa die Ausschreibung oder deren Abbruch, werden als behördliche Verfahrenshandlungen für gemäß § 44a VwGO nicht isoliert anfechtbar erachtet.[271] Dies sperrt freilich eine zeitnahe Klärung von Streitigkeiten über Zwischenakte und kann die Wiederholung eines über lange Zeit durchgeführten Verfahrens erfordern. Die Klagebefugnis kann einem erfolglosen Bewerber nicht unter Verweis darauf abgesprochen werden, dass vorrangige Kandidaten vorhanden sind, so diese nicht gleichfalls Rechtsschutz beantragt haben. Denn der Leistungsgrundsatz gestattet, diesen Klagen nachrangig platzierter Bewerber – genauso wie beim Hochschulzugang – Erfolg zuzusprechen.[272]

2. Sekundärrechtsschutz

Die Strenge des Stabilitätsdogmas bestimmt die Bedeutung des Sekundärrechtsschutzes. Letztere nimmt in dem Maße ab, in dem zu Unrecht unterlegenen Bewerbern Primärrechtsschutz eröffnet wird. Denn dann scheitern Ersatzansprüche an dem Einwand der unterlassenen Einlegung von Rechtsbehelfen

---

[268] So aber *J. Gundel*, DV 37 (2004), S. 401 (416); *F. Schoch*, Vorläufiger Rechtsschutz, S. 696 f.

[269] So auch *H. Günther*, ZBR 1990, S. 284 (289); *M. Schmidt-Preuß*, Kollidierende Privatinteressen, S. 479 f., 820. Da die h.M. sehr wohl einen aus Art. 33 Abs. 2 GG folgenden Anspruch auf jedenfalls fehlerfreie Entscheidung über die Bewerbung anerkennt, bietet dies – entgegen *F. Schoch*, Vorläufiger Rechtsschutz, S. 687 f. – keinen Ansatzpunkt für die Infragestellung eines im vorläufigen Rechtsschutz durchzusetzenden Sicherungsanspruchs.

[270] VGH München, BayVBl. 2010, S. 115 (116); OVG Schleswig, NVwZ-RR 1994, S. 350 (351 f.).

[271] VGH München, BayVBl. 2010, S. 115 (116) – Rechtsschutz scheidet auch für Nichtbeteiligte aus, da derjenige, der von einer Bewerbung absieht, nicht gegenüber Verfahrensbeteiligten privilegiert werden soll, ibid., S. 117; OVG Saarlouis, NVwZ-RR 2003, S. 48 (49 f.); BGH, NJW-RR 2006, S. 641 (641 f.). Eine gerichtliche Überprüfung der Ausschreibung jedoch für möglich erachtend: *H. Günther*, ZBR 1987, S. 321 (335).

[272] *S. Seitz*, RdA 1996, S. 40 (41 f.).

(vgl. § 839 Abs. 3 BGB)[273].[274] Mit Blick gerade auf die neuere Rechtsprechung des BVerwG hat damit die Bedeutung des Sekundärrechtsschutzes abgenommen; für das Notarrecht gilt dies nicht in gleichem Maße.

a) Ersatzansprüche

Verletzt die öffentliche Hand den Bewerbungsverfahrensanspruch, handelt sie amtspflichtwidrig und kann dem in seinen Rechten verletzten Bewerber gemäß Art. 34 GG, § 839 BGB zum – im ordentlichen Rechtswege geltend zu machenden – Schadensersatz verpflichtet sein.[275] Daneben gestattet eine Verletzung des Bewerbungsverfahrensanspruchs die vor den Verwaltungsgerichten durchzusetzende Inanspruchnahme des Dienstherrn „wegen der schuldhaften Verletzung einer eigenen, in einem öffentlich-rechtlichen Dienstverhältnis wurzelnden (quasi-vertraglichen) Verbindlichkeit ..., sofern diese adäquat kausal zu einem Schaden des Beamten geführt hat."[276]

Während sich die Pflichtverletzung der Verwaltung und der Schaden des Bewerbers regelmäßig leicht feststellen lassen, bereitet die Feststellung der diese beiden Elemente verbindenden haftungsausfüllenden Kausalität Schwierigkeiten. Ein Ersatzanspruch kommt nämlich nur in Betracht, wenn der Bewerber „im Vergleich zu allen anderen Bewerbern ... für die Besetzung der ausgeschriebenen Stelle am besten geeignet gewesen [ist] und ... bei sachgerechtem Vorgehen des Bekl. die Auswahl auf ihn hätte fallen müssen."[277] Hierfür obliegt ihm die Darlegungs- und Beweislast.[278] Dieser Nachweis ist, nicht zuletzt angesichts des bestehenden Beurteilungsspielraums der Verwaltung, regelmäßig schwer zu führen.[279] Zugunsten des Anspruchstellers, dem regelmäßig ein Einblick in den – durch Beurteilungsspielräume geprägten – Entscheidungsfindungsprozess verwehrt ist, können allerdings Darlegungs- und Beweiserleichterungen greifen:

---

[273] Näher dazu *W. Roth*, ZBR 2001, S. 14 (16 ff.).

[274] *W. Erbguth*, VVDStRL 61 (2002), S. 221 (228).

[275] BGH, NJW 1995, S. 2344 (2344 f.); *Plog*, BBG, § 23, Rn. 19; *S. Zängl*, in: GKÖD, § 8 BBG, Rn. 135.

[276] BVerwGE 80, 123 (124 f.); ferner NVwZ 1999, S. 424 (424); NVwZ 2009, S. 787 (788); *Plog*, BBG, § 23, Rn. 17. Insoweit bedarf es nicht des Rekurses auf die Fürsorgepflicht: BVerwGE 80, 123 (124 f.); *Plog*, BBG, § 23, Rn. 17.

[277] BGH, NJW 1995, S. 2344 (2345); ferner BVerwG, NVwZ 2004, S. 1257 (1257); NVwZ 2009, S. 787 (789); *U. Battis*, BBG, § 9, Rn. 38; *Plog*, BBG, § 23, Rn. 17a; *S. Zängl*, in: GKÖD, § 8 BBG, Rn. 138. Das BVerfG (2 BvR 811/09 – juris, Rn. 7 ff.) hat diesen Haftungsmaßstab nicht beanstandet.

[278] BVerwGE 118, 370 (378 f.); E 124, 99 (108); BGH, NJW 1995, S. 2344 (2345); *Plog*, BBG, § 23, Rn. 17b; *S. Zängl*, in: GKÖD, § 8 BBG, Rn. 138.

[279] BGH, NJW 1995, S. 2344 (2345); *J. Gundel*, DV 37 (2004), S. 401 (413); *P. M. Huber*, JZ 1996, S. 149 (150 f.).

Stehen allerdings die Amtspflichtverletzung und eine zeitlich nachfolgende Schädigung fest, kann – sofern dafür nach der Lebenserfahrung eine tatsächliche Vermutung oder Wahrscheinlichkeit besteht – der öffentlichen Körperschaft der Nachweis überlassen werden, daß der Schaden nicht auf die Amtspflichtverletzung zurückzuführen ist. Dem Geschädigten kommen darüber hinaus die Beweiserleichterungen des § 287 ZPO zugute, die auch die Anforderungen an die Darlegung verringern.[280]

Mit Rücksicht auf den weiten Ermessens- und Beurteilungsspielraum des Dienstherrn wird es sich indessen ohne entsprechende Aufklärung regelmäßig der Kenntnis des erfolglosen Bewerbers entziehen, nach welchen Kriterien die konkrete Auswahlentscheidung getroffen wurde. Dies gilt im besonderen Maße für „außenstehende" Bewerber, denen die Interna betreffend das Bewerberfeld und die Verwaltungspraxis der Einstellungsbehörde nicht zugänglich geworden sein dürften. Dies muß im Amtshaftungsprozeß zu einer sachgerechten Modifizierung und Einschränkung der den unterlegenen Bewerber treffenden Darlegungs- und Beweislast führen.[281]

Nichts anderes gilt für den beamtenrechtlichen Ersatzanspruch:

Aus dem Gebot des effektiven Rechtsschutzes gemäß Art. 19 Abs. 4 Satz 1 i.V.m. Art. 33 Abs. 2 GG folgt aber, dass dem Beamten nicht die Beweislast für diejenigen zur Beurteilung des hypothetischen Kausalverlaufs erforderlichen Tatsachen auferlegt werden darf, deren Ermittlung ihm aus tatsächlichen Gründen unmöglich ist. Dies gilt jedenfalls für alle Vorgänge aus dem Verantwortungs- und Verfügungsbereich des Dienstherrn, die dem Einblick des Beamten entzogen sind. Insoweit trifft die Behörden eine Darlegungspflicht (§ 86 VwGO) und findet im Falle der Nichterweislichkeit dieser Tatsachen eine Umkehr der materiellen Beweislast zu Lasten des Dienstherrn statt.[282] Ist die Feststellung eines hypothetischen Kausalverlaufs nicht möglich, weil der Dienstherr seiner Mitwirkungspflicht bei der Aufklärung der internen Entscheidungsfindung nicht nachgekommen ist, so haftet er jedenfalls denjenigen Bewerbern auf Schadensersatz, deren Beförderung ohne den schuldhaften Verstoß gegen Art. 33 Abs. 2 GG nach Lage der Dinge ernsthaft möglich gewesen wäre.[283]

Fehlen jedoch bereits die Grundlagen für eine ordnungsgemäße Auswahlentscheidung, so trägt die Behörde die materielle Beweislast dafür, dass der unterlegene Bewerber auch bei fehlerfreier Auswahl nicht zum Zuge gekommen wäre … Denn die Beschaffung und die Erhaltung der für die Auswahlentscheidung erforderlichen Grundlagen liegt ausschließlich in dem Verantwortungs- und Verfügungsbereich der zuständigen Behörde … Dabei geht es nicht nur darum, mit welcher Eignung seinerzeit Bewerber für das Beförderungsamt zur Verfügung gestanden haben; vielmehr geht es auch um die Kriterien, nach denen die Beklagte die Auswahl getroffen hat. Grundsätzlich hat die Behörde die Folgen von Fehlern zu tragen, die ausschließlich ihrem Verantwortungsbereich zuzuordnen sind.[284]

---

[280] BGH, NJW 1995, S. 2344 (2345); *Plog*, BBG, § 23, Rn. 17a, b.
[281] BGH, NJW 1995, S. 2344 (2345).
[282] BVerwGE 124, 99 (108 f.); ferner 2 B 69/07 – juris, Rn. 19.
[283] BVerwGE 124, 99 (109); ferner 2 B 69/07 – juris, Rn. 19.
[284] BVerwGE 118, 370 (379).

Als nachteilig für den Anspruchsteller erweisen kann sich ferner die sogenannte „Kollegialgerichtsregel", nach der ein Verschulden der Behörde dann
ausscheidet, wenn ihr Verhalten in einem späteren Prozess von einem Kollegialgericht für rechtmäßig erklärt wurde.[285] Angesichts der im Eilverfahren mit
Blick auf die Stabilität der Ernennung gebotenen umfassenden tatsächlichen
und rechtlichen Prüfung gilt die Kollegialgerichtsregel ausnahmsweise auch
hinsichtlich beamtenrechtlicher Eilverfahren.[286]

Ein Anspruch des zu Ernennenden wegen Verzögerung seiner Ernennung
bei erfolglos gebliebenen Anordnungsanträgen gemäß §§ 123 Abs. 3 VwGO,
945 ZPO scheidet schließlich aus, da der Antragsgegner des Konkurrenten der
Staat, nicht aber der notwendig beizuladende zu Ernennende ist.[287]

b) Folgenbeseitigungsanspruch

Ein Folgenbeseitigungsanspruch mit dem Ziel eines Ausgleichs besoldungs-
und versorgungsrechtlicher Nachteile aufgrund der unterlassenen Einstellung
als Beamter wird allgemein verneint, da dieser „nur auf die Wiederherstellung
des ursprünglichen, durch hoheitlichen Eingriff veränderten Zustandes", nicht
aber auf Schadensausgleich gerichtet ist.[288]

---

[285] Siehe aus dem Beamtenrecht etwa BVerwG, NVwZ 2003, S. 1397 (1398); E 124, 99
(105 ff.); 2 B 69/07 – juris, Rn. 20. Dazu auch *J. Gundel*, DV 37 (2004), S. 401 (414 f.). Ausführlich zu dieser unten, 3. Teil, B.VI.2.b.bb.

[286] BVerwGE 124, 99 (106); 2 B 69/07 – juris, Rn. 20; OVG Koblenz, 10 A 10805/08 – juris, Rn. 100.

[287] BGH, DVBl. 1962, S. 217; NJW 1981, S. 349. Kritisch *M. Rudek*, NJW 2003, S. 3531
(3533 f.).

[288] BVerwG, II C 19.75 – juris, Rn. 24; ferner NVwZ 1999, S. 424 (424 f.); NVwZ-RR
2002, S. 620 (620 f.); *J. Martens*, ZBR 1992, S. 129 (133); *Plog*, BBG, § 8, Rn. 26c; § 23, Rn. 21;
W.-R. Schenke, Konkurrentenklage im Beamtenrecht, S. 571 (574 ff.); *M. Schmidt-Preuß*,
Kollidierende Privatinteressen, S. 483 f.

D. Zugang zu öffentlichen Einrichtungen

Die Kapazität öffentlicher Einrichtungen ist beschränkt. Daher wirft auch der Zugang zu diesen Verteilungsfragen auf, wie Rechtsprechung, Verwaltungspraxis und auch Schrifttum schon länger beschäftigende Streitigkeiten um die Nutzung kommunaler öffentlicher Einrichtungen, namentlich Stadthallen, oder um die Vergabe von Standplätzen auf Messen und Märkten illustrieren. Auch hier hat sich ein Auswahlverfahren herausgebildet, das im Folgenden anhand des zuletzt genannten Beispiels der Standplatzvergabe entfaltet sei.[1]

I. Die Verteilungssituation

1. Verfassungsrechtliche Perspektive

a) Das Vergabeverfahren im Lichte der Freiheitsrechte, Art. 12 Abs. 1 GG

Da weder ein (originärer) Leistungsanspruch auf die Schaffung der hier interessierenden öffentlichen Einrichtungen besteht[2] noch Verteilungskonflikte im Kontext der Bereitstellung eines staatlichen Leistungsangebots abwehrrechtlich verarbeitet werden können[3], erweist sich das Teilhaberecht als alleiniger Ausgangspunkt für deren freiheitsrechtliche Bewältigung. Die Aktivierung dieser Grundrechtsdimension setzt allerdings, wie im ersten Teil entwickelt, über die bloße Grundrechtsdienlichkeit der Nutzung voraus, dass ein qualifizierter Zusammenhang zwischen der Inanspruchnahme der Einrichtung und der Grundrechtsausübung vorliegt, wie dies etwa bei einer staatlichen Monopolstellung oder einem besonderen Angewiesensein auf die Leistung der Fall

---

[1] Verteilungsfragen im Zusammenhang mit Messen und Märkten können sich auch beim Vorliegen konkurrierender Festsetzungsanträge (§ 69 Abs. 1 GewO) stellen, vgl. dazu BVerwG, GewArch 2006, S. 164; VGH Kassel, NVwZ-RR 2003, S. 345; GewArch 2004, S. 482; OVG Lüneburg, NVwZ-RR 2008, S. 776; OVG Magdeburg, 1 L 40/04 – juris; VG Darmstadt, GewArch 2007, S. 384; VG Hannover, Beschl. v. 6.12.2006, 11 B 8056/06; VG Köln, NVwZ-RR 2009, S. 327; *F. Ley*, Märkte, Rn. 226 f.

[2] Siehe etwa VGH Mannheim, NVwZ 1999, S. 565 (566); *H.-A. Roth*, WiVerw 1985, S. 46 (51); *P. J. Tettinger*, in: *ders. / Wank*, GewO, § 70, Rn. 37; *B. Widera*, VR 1986, S. 17 (19); *K.-L. Wirth*, Marktverkehr, S. 192 f.

[3] Dazu ausführlich oben, 1. Teil, A.I.2.b.aa.

ist.[4] Gleichwohl thematisieren Rechtsprechung und Literatur regelmäßig nicht weiter, ob – über den stets einschlägigen allgemeinen Gleichheitssatz hinaus – ein Rekurs auf das freiheitsrechtlich radizierte Teilhaberecht gerechtfertigt ist,[5] und stellen meist auf ein undifferenziertes Nebeneinander von Art. 3 Abs. 1 GG und dem einschlägigen Freiheitsrecht ab[6] oder nennen gar nur ersteren[7] oder das Freiheitsrecht[8], ohne sich mit der in Betracht kommenden Grundrechtsdimension näher auseinanderzusetzen.

Unter Zugrundelegung der im ersten Teil entwickelten Maßstäbe muss nach der jeweiligen Einrichtung differenziert werden. Für Messen und Märkte lässt sich angesichts der Bedeutung ihrer Nutzung für die Berufsausübung und oftmals bestehender staatlicher Monopole die Anlegung der strengen Anforderungen des freiheitsrechtlichen Teilhaberechts rechtfertigen.[9] Da sich letzteres als potenziertes Gleichheitsrecht darstellt,[10] werden die verfassungsrechtlichen

---

[4] Siehe oben, 1. Teil, A.I.2.b.bb.(1)(c).

[5] Siehe aber auch VGH München, NVwZ 1982, S. 120 (122); *C. Koenig*, Insolvenzverwalter, S. 449 (453, 459); *C. L. Lässig*, NVwZ 1983, S. 18 (20); *N. Malaviya*, Verteilungsentscheidungen, S. 234 f.; *H.-A. Roth*, WiVerw 1985, S. 46 (49), sowie in Ansätzen BVerwG, GewArch 1965, S. 30 (31); VGH Mannheim, GewArch 1979, S. 335 (336).

[6] BVerwG, GewArch 1959, S. 30 (31); BayVerfGH, NVwZ 1984, S. 232 (233); OVG Lüneburg, NVwZ-RR 2006, S. 177 (178); 7 ME 116/09 – juris, Rn. 2; VGH Mannheim, NVwZ-RR 2001, S. 159 (160); VGH München, GewArch 1982, S. 236 (236); NVwZ-RR 2003, S. 771; VG Ansbach, GewArch 1984, S. 201 (202); VG Chemnitz, LKV 1996, S. 301 (302); *U. Hösch*, GewArch 1996, S. 402 (403); *F. Ley*, Märkte, Rn. 398 und 400.

[7] BVerwGE 39, 235 (238); GewArch 1976, S. 379 (380); NVwZ 1982, S. 194 (194 f.); VGH München, GewArch 1959/60, S. 135 (136); GewArch 1980, S. 299 (299); NVwZ-RR 1988, S. 71 (72).

[8] So etwa BVerfG, NJW 2002, S. 3691 (3692): „von Art. 12 I GG geschützte Recht des Bf. auf Ausübung seines Berufs als Marktbeschicker oder Teilnahme an einer korrekten Bewerberauswahl"; OVG Bremen, GewArch 1993, S. 480 (480); VGH Mannheim, 6 S 1508/04 – juris, Rn. 20; 6 S 99/09 – juris, Rn. 19; VGH München, NVwZ-RR 1991, S. 550 (550); OVG Saarbrücken, GewArch 1992, S. 236 (237); VG Hannover, GewArch 2008, S. 405 (405); *M. Schmidt-Preuß*, Kollidierende Privatinteressen, S. 408; *K.-L. Wirth*, Marktverkehr, S. 95 ff. (Berufsausübungsregelung) – siehe aber auch S. 173, 179 f., 195 f.

[9] Im Ergebnis ebenso: BVerfG, NJW 2002, S. 3691 (3692); *P. M. Huber*, Konkurrenzschutz, S. 433 f.; *F. Ley*, Märkte, Rn. 398; *R. Pitschas*, BayVBl. 1982, S. 641 (645 f.). Ebenfalls nach dem Grad der Abhängigkeit differenzierend: *W. Frotscher / U. Kramer*, Wirtschaftsverfassungs- und Wirtschaftsverwaltungsrecht, § 14, Rn. 351 m. Fn. 45; *C. L. Lässig*, NVwZ 1983, S. 18 (20); *H.-A. Roth*, WiVerw 1985, S. 46 (49); *K.-L. Wirth*, Marktverkehr, S. 95 ff. (allerdings zwischen Berufsausübungs- und -wahlregelung). Zurückhaltend: VGH München, NVwZ 1982, S. 120 (122) – abzustellen ist entgegen dieser Entscheidung freilich nicht auf das einzelne Volksfest, sondern auf die Betätigung als Schausteller insgesamt, da andernfalls die Berufsfreiheit ausgehöhlt werden könnte (ebenso *H.-A. Roth*, WiVerw 1985, S. 46 [58]). Anders, obgleich nicht widerspruchsfrei, da Art. 12 GG dennoch für einschlägig erachtend: VGH Mannheim, GewArch 1979, S. 335 (336); *C. Heitsch*, GewArch 2004, S. 225 (226 f.), der zudem trotz Verneinung eines Teilhaberechts höhere Rechtfertigungsstandards im Rahmen von Art. 3 Abs. 1 GG befürwortet.

[10] Siehe dazu oben, 1. Teil, A.I.2.b.bb.(1)(b).

Anforderungen an Vergabekriterien und -modalitäten sogleich im Kontext des Gleichheitssatzes abgehandelt.

b) Das Vergabeverfahren im Lichte des Gleichheitssatzes

Die Regelung des Zugangs zu öffentlichen Einrichtungen unterliegt jedenfalls den materiellen und prozeduralen Anforderungen des allgemeinen Gleichheitssatzes, die sich bei teilhaberechtlicher Relevanz hinsichtlich der erforderlichen gesetzgeberischen Programmierung und der Verteilungsstandards verdichten. Demnach müssen die Auswahlkriterien mit Blick auf die Eigenart der in Frage stehenden öffentlichen Einrichtung sachgerecht sein.[11] Verfassungsrechtlich radizierte Verfahrensanforderungen fristen im Kontext des Zugangs zu Messen und Märkten, anders als in anderen Verteilungsverfahren, ein Schattendasein und werden oftmals nicht (weiter) thematisiert. Eine Ausnahme stellt aber etwa eine Entscheidung des OVG Lüneburg aus dem Jahre 2005 dar, die betont, dass auch bei der Vergabe von Standplätzen eine „den Grundrechtsschutz sichernde Verfahrensgestaltung" geboten sei. Eine solche setze voraus, „dass das Auswahlverfahren und die Auswahlkriterien vorher bekannt gegeben werden und für alle Bewerber transparent, nachvollziehbar und damit auch im Hinblick auf die Gewährleistung effektiven Rechtsschutzes gerichtlich überprüfbar sind."[12] Bei der Konkretisierung dieser Rahmenvorgaben könne die Verwaltung allerdings neben dem Aspekt der gebotenen Grundrechtseffektuierung auch den damit einhergehenden Verwaltungsaufwand als gegenläufigen Belang berücksichtigen.[13] Die Verfahrensdimension des Zugangsanspruchs erkennt ferner der VGH Mannheim an und erwägt Konzeptpflichten angesichts der Grundrechtsrelevanz des Marktzugangs und der Kompensationsbedürftigkeit des der Verwaltung eingeräumten Entscheidungsspielraums.[14]

2. Unionsrechtliche Perspektive

Stellt sich die Bereitstellung einer öffentlichen Einrichtung als Dienstleistung gegenüber deren Nutzern i.S.v. Art. 57 AEUV dar, so muss sich die Zugangsregelung an den Vorgaben der (passiven) Dienstleistungsfreiheit messen las-

---

[11] Siehe etwa VGH Mannheim, NVwZ 1999, S. 565 (566).
[12] OVG Lüneburg, NVwZ-RR 2006, S. 177 (178; ferner 179). Siehe auch 7 ME 80/09 – juris, Rn. 3; VG Hannover, GewArch 2008, S. 303 (303 f.), sowie bereits zuvor VG Oldenburg, 12 B 1761/03 – juris, Rn. 16; ferner *W. Frotscher*, Gewerberecht, Rn. 183; *ders./U. Kramer*, Wirtschaftsverfassungs- und Wirtschaftsverwaltungsrecht, § 14, Rn. 351; *C. Heitsch*, GewArch 2004, S. 225 (227); *H. Hilderscheid*, Zulassung, S. 94 f.; *F. Ley*, Märkte, Rn. 416; *K.-L. Wirth*, Marktverkehr, S. 209 ff.
[13] OVG Lüneburg, NVwZ-RR 2006, S. 177 (178 f.).
[14] VGH Mannheim, NVwZ-RR 1992, S. 132 (134); NVwZ-RR 2001, S. 159 (160). Siehe auch VG Oldenburg, 12 B 1761/03 – juris, Rn. 16 f., 22.

sen; in der Dienstleistungsrichtlinie haben diese eine Konkretisierung erfahren (vgl. nur Art. 4 Nr. 3, Art. 19 RL 2006/123/EG).[15] Die Vergabekriterien dürfen mithin weder ausländische Interessenten offen oder versteckt diskriminieren noch die Inanspruchnahme der Leistung anderweitig beschränken; zudem greift ein prozeduraler Mindeststandard.[16] Bei einer marktbeherrschenden Stellung des sich durch das Leistungsangebot unternehmerisch betätigenden Staates gelten schließlich die Vorgaben des unionalen Wettbewerbs- und Kartellrechts (Art. 101 ff. AEUV), die einen diskriminierungsfreien Zugang verlangen.[17]

3. Einfach-rechtliche Verteilungsgrundsätze

Hinsichtlich einfach-rechtlicher Verteilungsgrundsätze ist auf das nationale Wettbewerbs- und Kartellrecht zu verweisen, das bei einer marktbeherrschenden Stellung der öffentlichen Hand greift und in dessen Rahmen sich die im ersten Teil näher entfalteten Grundsätze für eine wettbewerbliche Güterverteilung herausgebildet haben. Messen und Märkte stellen insoweit ein zentrales Referenzgebiet dar.[18]

II. Regelungsstrukturen

Der Zugang zu öffentlichen Einrichtungen ist für den kommunalen Bereich übergreifend (vgl. nur Art. 21 BayGO), im Übrigen nur punktuell spezialgesetzlich geregelt, wie etwa in § 70 GewO für festgesetzte Messen, Ausstellungen und Märkte i.S.d. §§ 64 ff. GewO. Daneben gilt: „Soweit kein unmittelbarer Anspruch auf Zulassung zur Benutzung der Anstalt besteht, wird die Möglichkeit ihrer Benutzung in der Regel als ‚Destination' gewährt, d.h. wer die Anstalt ihrem Anstaltszweck entsprechend benutzen will, hat einen Anspruch auf eine ermessensfehlerfreie Entscheidung der Anstaltsbehörde über seine Zulassung zur Benutzung ... Maßgebend für die Art der zulässigen Benutzung

---

[15] Siehe auch VG Köln, NVwZ-RR 2009, S. 327 (328); *C. Braun*, NVwZ 2009, S. 747 (747 f.) – Dienstleistungskonzession; *C. Heitsch*, GewArch 2004, S. 225 (227); *U. Hösch*, GewArch 1996, S. 402 (407); *W. Spannowsky*, GewArch 1995, S. 265 (266 f.). Siehe zur fraglichen Anwendbarkeit der Dienstleistungsrichtlinie bereits oben, 1. Teil, B.II.2.a.; ferner *D. Hissnauer*, Dienstleistungsrichtlinie, S. 280 f.

[16] Ausführlich dazu mit Blick auf die Konkretisierungen in der Dienstleistungsrichtlinie: *D. Hissnauer*, Dienstleistungsrichtlinie, S. 281 ff. Zur problematischen Regelung der Dienstleistungsrichtlinie hinsichtlich der (aktiven) Erbringung von Dienstleistungen oben, 1. Teil, B. II. 2. a.

[17] Dazu oben, 1. Teil, B.I.4.

[18] Näher oben, 1. Teil, C.II.

und in diesem Zusammenhang für den Kreis der ‚Destinatäre' ist also der Anstaltszweck."[19]

Die vorhandenen Regelungen fallen rudimentär aus (siehe nur § 70 GewO; Art. 21 BayGO) und beschränken sich meist auf die Normierung eines Teilhabeanspruchs im Rahmen der allgemeinen Nutzungsbedingungen (§ 70 Abs. 1 GewO; Art. 21 Abs. 1 BayGO). Eine mögliche Konkurrenzsituation beim Zugang adressiert allein § 70 GewO, der in seinem dritten Absatz den Ausschluss einzelner Aussteller, Anbieter oder Besucher bei Knappheit aus sachlich gerechtfertigten Gründen legitimiert. Verfahrensvorgaben finden sich nicht.

III. Das Auswahlverfahren

Angesichts der nur rudimentären gesetzlichen Regelung des Auswahlverfahrens kommt der Verwaltung ein gewisser Spielraum bei dessen Ausgestaltung zu (vgl. auch § 10 VwVfG). Ermessensbegrenzend wirken allerdings – neben einzelnen gesetzlichen Vorgaben – die Anforderungen, die aus der prozeduralen Dimension des jeweils einschlägigen grundrechtlichen respektive grundfreiheitlichen Zugangsanspruchs folgen.[20] Diese strukturieren gleichzeitig den Ablauf des Verfahrens. Zudem hat sich in der Verwaltungspraxis ein – in seiner verfassungsrechtlichen Absicherung im Detail freilich umstrittenes – Verfahrensmuster herausgebildet, das der folgenden Analyse zugrunde gelegt werden kann (1.). Auch beim Zugang zu öffentlichen Einrichtungen finden sich anlassunabhängige Verfahren (2.).

1. Der Ablauf des Auswahlverfahrens

Das – idealtypisch konstruierte – Auswahlverfahren hinsichtlich des Zugangs zu öffentlichen Einrichtungen gliedert sich in eine Konzept- (a), Ausschreibungs- (b), Bewerbungs- (c) und Entscheidungsfindungsphase (d). Diese münden in die Vergabeentscheidung (e), so das Verfahren nicht zuvor abgebrochen wird (f).

a) Konzeptphase

Das Auswahlverfahren leitet eine – von der Auswahl zu scheidende[21] – Konzeptphase ein, in der die Verwaltung die öffentliche Einrichtung näher definiert (aa). Des Weiteren müssen die Auswahlkriterien (bb) sowie Eckpunkte des Ver-

---

[19] BVerwGE 39, 235 (237). Vgl. auch E 91, 135 (139 f.).
[20] Zu diesen bereits oben, I.1. und 2.
[21] VGH Mannheim, 6 S 1508/04 – juris, Rn. 21 f.; VGH München, NVwZ-RR 1991, S. 550 (551); NVwZ-RR 2003, S. 771 (771) – dort ausführlich zu den verschiedenen Verfahrensphasen (Widmung, Konzept, Auswahlentscheidung); *D. Kupfer*, Verteilung, S. 227 f.

fahrens, etwa die Ausschreibung oder die Länge der Bewerbungsfrist, festgelegt werden. An das in der Konzeptphase festgelegte Auswahlkonzept bleibt die öffentliche Hand im Interesse eines rationalen, transparenten, die Chancengleichheit der Interessenten wahrenden Verfahrens gebunden (cc).

aa) Zuschnitt der öffentlichen Einrichtung

Wenn sich die Verwaltung dafür entschieden hat, eine bestimmte öffentliche Einrichtung zu schaffen, muss sie in einem ersten Schritt deren Zuschnitt, etwa Art und Umfang des Angebots oder Nutzerkreis, festlegen. Hierbei kommt der öffentlichen Hand ein aus ihrem Organisationsermessen folgender weiter Gestaltungsspielraum zu.[22] Für die hier näher betrachteten Messen und Märkte bedeutet dies, wie der BayVGH im Kontext des Oktoberfests betonte, dass es dem Veranstalter obliegt, „Inhalt und Umfang dieser Einrichtung zu bestimmen. Die Ausgestaltungsbefugnis ... umfaßt insbesondere die Festlegung des räumlichen Umfangs des Festes und des gewünschten Gesamtbildes. Das konkretisiert sich in der Befugnis, die Art der darzustellenden Attraktionen zu bestimmen [und] gleichartige Angebote zur Vermeidung eines einförmigen Erscheinungsbildes der Zahl nach zu begrenzen ...".[23] Ausdruck findet diese Gestaltungsbefugnis auch in Art. 70 Abs. 2 GewO, der den Veranstalter berechtigt, „wenn es für die Erreichung des Veranstaltungszwecks erforderlich ist, die Veranstaltung auf bestimmte Ausstellergruppen, Anbietergruppen und Besuchergruppen [zu] beschränken, soweit dadurch gleichartige Unternehmen nicht ohne sachlich gerechtfertigten Grund unmittelbar oder mittelbar unterschiedlich behandelt werden."[24] Hierdurch wird dem Veranstalter ermöglicht, seiner Veranstaltung

---

[22] BVerwGE 91, 135 (137 f.); BayVerfGH, NVwZ 1984, S. 232 (233 f.); OVG Hamburg, GewArch 1987, S. 303 (304); VGH Kassel, 8 TG 715/06 – juris, Rn. 40; OVG Lüneburg, 7 L 3790/91 – juris, Rn. 59 f.; VGH Mannheim, NVwZ 1999, S. 565 (565 f.); 6 S 1508/04 – juris, Rn. 21 f., 31; 6 S 99/09 – juris, Rn. 21; VGH München, NVwZ 1982, S. 120 (121); NVwZ-RR 1991, S. 550 (551); GewArch 1996, S. 477 (477); GewArch 1996, S. 477 (478); NVwZ-RR 2003, S. 771 (771 f.); OVG Saarbrücken, GewArch 1992, S. 236 (237); VG Gießen, GewArch 2004, S. 164 (165); 8 K 4528/08 – juris, Rn. 31; VG Oldenburg, 12 B 1761/03 – juris, Rn 23; *C. Braun*, NVwZ 2009, S. 747 (749 f.); *F. Ossenbühl*, DVBl. 1973, S. 289 (296); *H.-A. Roth*, WiVerw 1985, S. 46 (52); *R. Scholz*, Gemeindliche öffentliche Einrichtungen, S. 91 f.; *S. Storr*, in: Pielow, GewO, § 70, Rn. 22; *P. J. Tettinger*, in: ders. / Wank, GewO, § 70, Rn. 39; *S. Vollmer*, DVBl. 1989, S. 1087 (1090); *K.-L. Wirth*, Marktverkehr, S. 183 f., 186 ff.

[23] VGH München, NVwZ 1982, S. 120 (121).

[24] Allgemein zur Beschränkung des Teilnehmerkreises: *H. Hilderscheid*, Zulassung, S. 61 ff.; *W. Schmitz*, GewArch 1977, S. 76 (77 ff.); *K.-L. Wirth*, Marktverkehr, S. 186 ff. Siehe auch unter dem Blickwinkel „Ortsansässigkeit" bei einem Stadtfest: OVG Lüneburg, 7 L 3790/91 – juris, Rn. 59 f.; ferner VG Neustadt / Weinstraße, 4 L 511/09 – juris, Rn. 23; *S. Storr*, in: Pielow, GewO, § 70, Rn. 23; für die Unzulässigkeit dieses Kriteriums im Kontext gewerberechtlich festgesetzter Veranstaltungen *D. Kupfer*, Verteilung, S. 230; *F. Ley*, Märkte, Rn. 430; *U. Schönleiter*, in: Landmann / Rohmer, GewO, § 70, Rn. 14; *K.-L. Wirth*, Markt-

ein Profil zu verleihen und diese von anderen abzugrenzen. Diese Ausgestaltungsbefugnis schlägt sich auch in einer auf die Vertretbarkeit beschränkten gerichtlichen Kontrolle nieder;[25] letztere reicht weniger weit, als dies bei der Knappheitsentscheidung nach § 70 Abs. 3 GewO der Fall ist.[26]

Da das gleichheitsrechtliche Zugangsinteresse bei festgesetzten Messen und Märkten durch die Marktfreiheit flankiert wird, unterliegt der Veranstalter nach allgemeiner Meinung dem Gebot einer optimalen Ausnutzung der vorhandenen Kapazität:[27] Das potentielle Platzangebot ist voll zu nutzen, was etwa der Zurückbehaltung von Platzreserven entgegensteht.[28]

---

verkehr, S. 200 f.; anderes soll für sonstige als öffentliche Einrichtung betriebene Veranstaltungen gelten: *F. Ley*, Märkte, Rn. 439; *U. Schönleiter*, in: Landmann/Rohmer, GewO, § 70, Rn. 14; auch insoweit ablehnend: *U. Fastenrath*, NWVBl. 1992, S. 51 (54 ff.); *U. Hösch*, GewArch 1996, S. 402 (406 f.) – bei überörtlichem Bezug; *F. Ossenbühl*, DVBl. 1973, S. 289 (295 f.); *H.-A. Roth*, WiVerw 1985, S. 46 (50); *W. Spannowsky*, GewArch 1995, S. 265 (273) – ebenfalls bei überörtlichem Bezug; restriktiv auch *N. Malaviya*, Verteilungsentscheidungen, S. 165 f.: regionaler Bezug der Veranstaltung maßgeblich.

[25] Siehe nur VGH Mannheim, 6 S 1508/04 – juris, Rn. 32: „Gleichfalls die Platzkonzeption betrifft das Vorbringen der Klägerin, sie sei zu Unrecht der Betriebsart ‚Knusperhäuser‘ zugeordnet worden. Auch insoweit vermag der Senat – anders als das Verwaltungsgericht – keinen Ermessensfehlgebrauch zu erkennen. Die Bildung der Unterkategorien (Knusperhäuser, Mandelkutschen, Thema Orient, Thema Zirkus, Thema Barock, Zuckerstübchen, Sonstige) ist bei Zugrundelegung des der Beklagten zustehenden Gestaltungsspielraums für sich genommen nicht zu beanstanden; fraglich kann allenfalls der Begriff des ‚Knusperhauses‘ sein. Indessen ist bei dessen Bestimmung gleichfalls jener Gestaltungsspielraum zu berücksichtigen; so lange sie nicht willkürlich handelt, steht es mithin der Beklagten zu, ihre eigene Vorstellung vom ‚Knusperhaus‘ zu entwickeln. Dies bedeutet umgekehrt, dass es dem Gericht, das lediglich die rechtsstaatlichen Grenzen der Wahrung jenes Gestaltungsspielraums nachzuprüfen hat, nicht zusteht, einen eigenständigen Begriff vom ‚Knusperhaus‘ zu bilden. Auf dieser Grundlage ist es von Rechts wegen nicht zu beanstanden, wenn die Beklagte ‚Knusperhäuser‘ im wesentlichen dadurch gekennzeichnet sieht, dass die Verkaufsstände dem Betrachter nach dem äußeren Erscheinungsbild als ‚Haus‘ ins Auge springen und dass ‚Knusper‘-Süßigkeiten angeboten werden … Im Übrigen teilt der Senat die Auffassung der Beklagten, dass die Bezeichnung ‚Knusperhaus‘ – entgegen der Auffassung des Verwaltungsgerichts – nicht notwendig ‚Lebkuchenverzierungen und Märchenmotive‘ voraussetzt"; ferner *U. Schönleiter*, in: Landmann/Rohmer, GewO, § 70, Rn. 9; *K.-L. Wirth*, Marktverkehr, S. 189.

[26] *U. Schönleiter*, in: Landmann/Rohmer, GewO, § 70, Rn. 13.

[27] OVG Bautzen, NVwZ-RR 1999, S. 500 (500); OVG Hamburg, GewArch 1987, S. 303 (305); VGH Mannheim, NVwZ 1984, S. 254 (255); OVG Saarbrücken, GewArch 1992, S. 236 (237); VG Oldenburg, NVwZ-RR 2007, S. 127 (128); *F. Ley*, Märkte, Rn. 414; *H.-A. Roth*, WiVerw 1985, S. 46 (51); *U. Schönleiter*, in: Landmann/Rohmer, GewO, § 70, Rn. 16; *S. Storr*, in: Pielow, GewO, § 70, Rn. 23; *P. J. Tettinger*, in: ders./Wank, GewO, § 70, Rn. 36; *B. Widera*, VR 1986, S. 17 (19); *K.-L. Wirth*, Marktverkehr, S. 193 f. Differenziert: *N. Malaviya*, Verteilungsentscheidungen, S. 237.

[28] *H.-A. Roth*, WiVerw 1985, S. 46 (51); *U. Schönleiter*, in: Landmann/Rohmer, GewO, § 70, Rn. 16; *S. Storr*, in: Pielow, GewO, § 70, Rn. 23.1; *P. J. Tettinger*, in: ders./Wank, GewO, § 70, Rn. 36.

bb) Festlegung der Auswahlkriterien

Steht der Rahmen der öffentlichen Einrichtung fest, muss in einem zweiten Schritt bestimmt werden, nach welchen Kriterien sich die Auswahl der Bewerber bemisst. Aufbauend auf einer Darlegung des gesetzlichen Rahmens (1) seien im Folgenden mögliche Kriterien aufgezeigt (2) und die Frage erörtert, ob und inwieweit die öffentliche Hand ein Auswahlkonzept aufstellen muss (3).

(1) Der gesetzliche Rahmen für die Auswahlentscheidung

Die gesetzlichen Vorgaben für die Auswahlkriterien sind sehr allgemein gehalten: § 70 Abs. 1 GewO und die kommunalrechtlichen Vorschriften über die Zulassung zu öffentlichen Einrichtungen verweisen auf bestehende „allgemeine Nutzungsbedingungen"; auch die Konkurrenzregelung des § 70 Abs. 3 GewO verlangt lediglich sachlich, d.h. nach der Eigenart des Marktgeschehens,[29] gerechtfertigte Gründe für die Auswahl unter einer Überzahl von Bewerbern. Damit besteht für die verteilende Verwaltung nicht mehr als das ohnehin aus Art. 3 Abs. 1 GG folgende Sachlichkeitsgebot hinsichtlich der Auswahlkriterien,[30] wobei der Rechtfertigungsstandard in den vom freiheitsrechtlichen Teilhabeanspruch erfassten Fällen steigt[31]. Da die Auswahlkriterien jedoch das Veranstaltungskonzept weiter konkretisieren, müssen sie sich in dessen Rahmen bewegen. Nichtsdestoweniger gehen konzeptionelle Vorgaben und Auswahlkriterien oftmals fließend ineinander über.[32]

(2) Die Auswahlkriterien im Einzelnen

Hinsichtlich möglicher Auswahlkriterien lässt sich zwischen solchen formaler und solchen materiell-wertender Natur unterscheiden,[33] wobei oftmals eine Kombination beider anzutreffen ist[34].

---

[29] BVerwG, NVwZ 1984, S. 585 (586); OVG Bremen, GewArch 1993, S. 480 (480); VGH Mannheim, NVwZ-RR 1992, S. 132 (132 f.); NVwZ-RR 2001, S. 159 (160); OVG Münster, NVwZ-RR 1994, S. 157 (157); *K.-L. Wirth*, Marktverkehr, S. 196.

[30] Einen gegenüber dem allgemeinen Gleichheitssatz strengeren Rechtfertigungsmaßstab in § 70 Abs. 3 GewO scheint nahezulegen BVerwG, NVwZ 1984, S. 585 (585).

[31] Als – fragwürdiges (ebenso *G. Hitzler*, GewArch 1981, S. 360 [363]) – Beispiel anführen ließe sich die Auffassung, wonach die Verteilung allein nach dem Grundsatz „bekannt und bewährt" zwar im Kontext des allgemeinen Gleichheitssatzes, nicht aber bei gleichzeitigem Betroffensein des Marktzugangs akzeptabel sei, vgl. BVerwG, NVwZ 1984, S. 585 (585); VGH Mannheim, GewArch 1983, S. 159 (160); OVG Münster, NVwZ-RR 1991, S. 297 (297 f.).

[32] Siehe auch *U. Schönleiter*, in: Landmann / Rohmer, GewO, § 70, Rn. 12.

[33] Näher dazu 3. Teil, B.I.4.b.aa.

[34] Eine solche angesichts der Bedenklichkeit der einzelnen Kriterien für sich genommen befürwortend: *H.-A. Roth*, WiVerw 1985, S. 46 (56 f.); *U. Schönleiter*, in: Landmann / Rohmer, GewO, § 70, Rn. 24.

Eine an materiellen Kriterien orientierte Auswahl liegt in der Nichtberücksichtigung unzuverlässiger Bewerber (vgl. auch § 70a GewO),[35] im Rekurs auf
das bei Volksfesten allgemein anerkannte und praktizierte Kriterium der Attraktivität des jeweiligen Geschäfts[36] oder in einer bevorzugten Vergabe an etablierte
Beschicker. Ob letzteres zulässig ist, mithin inwieweit die öffentliche Hand unter Berufung auf den Grundsatz „bekannt und bewährt" Altnutzer privilegieren darf, stellt einen „Dauerbrenner" im Kontext der Vergabekriterien dar. Dabei bezieht sich die Bekanntheit auf den Grad der Etabliertheit des Geschäfts
und die Bewährung auf die in der Vergangenheit unter Beweis gestellte Zuverlässigkeit von dessen Inhaber.[37] Das BVerwG hat dies zunächst nicht beanstandet und in der Erprobtheit des Altbeschickers, gerade hinsichtlich Sicherheitser-
fordernissen und solchen der Ordnung, einen legitimen Differenzierungsgrund
gesehen.[38] Ein rollierendes System respektive eine Entscheidung durch Los seien
nicht geboten.[39] Nicht übersehen hatte das BVerwG freilich schon damals, dass
der mangelnde Bekanntheits- und Bewährungsgrad zurückzuweisender Neuunternehmen gerade aus deren Nichtzulassung resultiert.[40] In einer Entscheidung aus dem Jahr 1984 hat das BVerwG dann hiervon eine vorsichtige Abkehr
vollzogen: Zwar sei zweifelhaft, ob Neuunternehmen bei jeder einzelnen festgesetzten Veranstaltung eine Zulassungschance durch Öffnung einzelner Plätze
für diese einzuräumen sei; nicht hinzunehmen sei allerdings ein „Auswahlsystem, das Bewerbern, die dem Kreis der bekannten und bewährten Unternehmen
nicht angehören, auf unabsehbare Zeit die Teilnahme am [M]arkt verschließt.
Eine Auswahlentscheidung, der ein System zugrunde liegt, das Neubewerbern
oder Wiederholungsbewerbern …, die nicht kontinuierlich auf dem Markt vertreten waren, weder im Jahre der Antragstellung noch in einem erkennbaren
zeitlichen Turnus eine Zulassungschance einräumt, liegt in jedem Falle außerhalb der Ermessensgrenzen des § 70 III GewO."[41] Nichtsdestoweniger gab das
BVerwG seine bisherige Rechtsprechung nicht vollständig auf, sondern hat diese
lediglich auf nicht festgesetzte Veranstaltungen beschränkt. Denn Zugangskon-
flikte bei diesen unterlägen allein dem allgemeinen Gleichheitssatz, nicht aber

---

[35] Näher dazu *F. Ley*, Märkte, Rn. 419; *U. Schönleiter*, in: Landmann/Rohmer, GewO,
§ 70, Rn. 13; *P. J. Tettinger*, in: *ders./Wank*, GewO, § 70, Rn. 31; *K.-L. Wirth*, Marktverkehr,
S. 191 f.
[36] Siehe nur VGH Mannheim, 6 S 1508/04 – juris, Rn. 25; VGH München, NVwZ-RR
1992, S. 218 (219); VG Hannover, GewArch 2009, S. 82 (83); *F. Ley*, Märkte, Rn. 423 ff.; *H.-A.*
Roth, WiVerw 1985, S. 46 (52); *U. Schönleiter*, in: Landmann/Rohmer, GewO, § 70, Rn. 13,
19.
[37] *F. Ley*, Märkte, Rn. 426.
[38] BVerwG, GewArch 1965, S. 30 (31); GewArch 1976, S. 379 (381). Bekräftigt in
BVerwG, NVwZ 1982, S. 194 (194 f.). Ebenso VGH München, NVwZ 1982, S. 194 (194 f.).
[39] BVerwG, GewArch 1965, S. 30 (31); GewArch 1976, S. 379 (381).
[40] BVerwG, GewArch 1976, S. 379 (381).
[41] BVerwG, NVwZ 1984, S. 585 (585).

der Konkurrenzregelung der Gewerbeordnung, bei der die Marktfreiheit (§ 70 Abs. 1 GewO) entscheidend ins Gewicht falle.[42] Da allerdings auch insoweit freiheitsrechtlich aufgeladene Teilhabeansprüche inmitten stehen können, erscheint diese Differenzierung fragwürdig.[43] Der neuen Linie des BVerwG sind auch die Oberverwaltungsgerichtsbarkeit und die Literatur gefolgt, die unterschiedlich nuanciert verlangen, Neubewerbern Zulassungschancen einzuräumen.[44] Festgehalten sei schließlich, dass nunmehr auch die Dienstleistungsrichtlinie 2006/123/EG mit ihrem Verbot den Marktzugang unverhältnismäßig beschränkender Auswahlkriterien (Art. 10 Abs. 2 lit. b und c) das Kriterium „bekannt und bewährt" unter zusätzlichen Rechtfertigungsdruck setzt; zudem verbietet deren Art. 12 Abs. 2, dass die Genehmigung „dem Dienstleistungserbringer, dessen Genehmigung gerade abgelaufen ist, ... irgendeine andere Begünstigung gewähr[t]."[45]

Bei einer Auswahl nach formalen Gesichtspunkten finden sich das Losverfahren, der Prioritätsgrundsatz oder ein rollierendes System. Obgleich das Losverfahren formal gleiche Zulassungschancen gewährleistet und verwaltungstechnisch einfach zu realisieren ist, begegnet es angesichts der ihm innewohnenden Ausblendung materieller Wertungskriterien verfassungsrechtlichen Bedenken. Sehr schnell kann hier nämlich Ungleiches in verfassungswidriger Weise gleich behandelt werden, namentlich wenn das materielle Recht eine meritorische Auswahl nahelegt. Im Kontext der Vergabe von Standplätzen zu verweisen ist insoweit auf den im Kontext der Marktteilnahme bedeutsamen Wettbewerbsgedanken.[46] Eine Auslosung kommt mithin nur unter im Wesentlichen

---

[42] BVerwG, NVwZ 1984, S. 585 (585). Ebenfalls hierauf entscheidend abstellend: VGH Mannheim, GewArch 1983, S. 159 (160); OVG Münster, NVwZ-RR 1991, S. 297 (297 f.).

[43] Kritisch gegenüber dieser Differenzierung auch *G. Hitzler,* GewArch 1981, S. 360 (363).

[44] Siehe OVG Bremen, GewArch 1985, S. 386 (387); GewArch 1993, S. 480 (480): „keine unüberwindbaren Schranken"; VGH Kassel, 8 TG 715/06 – juris, Rn. 37: kein Ausschluss auf „unabsehbare Zeit"; OVG Koblenz, 6 B 11067/08 – juris, Rn. 3, 8; OVG Lüneburg, NVwZ 1983, S. 49 (50); NJW 2003, S. 531 (532); VGH Mannheim, GewArch 1979, S. 335 (336 f.); GewArch 1983, S. 159 (160); NVwZ-RR 1992, S. 132 (133); NVwZ-RR 2001, S. 159 (160 f.); 6 S 1508/04 – juris, Rn. 26; VGH München, GewArch 1980, S. 299 (299 f.); NVwZ 1982, S. 120 (121 f.); OVG Münster, NVwZ-RR 1991, S. 297 (297 f.); NVwZ-RR 1991, S. 551 (551); *D. Kupfer,* Verteilung, S. 229, 421 f.; *F. Ley,* Märkte, Rn. 426 ff. Für eine gänzliche Aufgabe plädieren *C. Heitsch,* GewArch 2004, S. 225 (228); *H.-A. Roth,* WiVerw 1985, S. 46 (54 ff.); *M. Schmidt-Preuß,* Kollidierende Privatinteressen, S. 408 f., 777 f.; siehe ferner *C. Braun,* NVwZ 2009, S. 747 (750 f.); *U. Schönleiter,* in: Landmann / Rohmer, GewO, § 70, Rn. 21 f. – nur Indiz für Attraktivität und Zuverlässigkeit.

[45] Mit Blick auf die europarechtlichen Vorgaben das Kriterium „bekannt und bewährt" gänzlich ablehnend: *D. Hissnauer,* Dienstleistungsrichtlinie, S. 286 f.

[46] *W. Frotscher / U. Kramer,* Wirtschaftsverfassungs- und Wirtschaftsverwaltungsrecht, § 14, Rn. 356; *H.-A. Roth,* WiVerw 1985, S. 46 (53); *M. Schmidt-Preuß,* Kollidierende Privatinteressen, S. 409; *U. Schönleiter,* in: Landmann / Rohmer, GewO, § 70, Rn. 23; *W. Spannowsky,* GewArch 1995, S. 265 (271); *J. Ruthig / S. Storr,* Öffentliches Wirtschaftsrecht, § 3,

gleich geeigneten Bewerbern in Betracht.[47] Ein rollierendes System stellt zwar
die Berechenbarkeit der Zulassungsaussichten sicher, begegnet aber ebenfalls
dem Einwand mangelnder Berücksichtigung von materiellen Aspekten;[48] zudem kann es nur bei einem über die Zeit einigermaßen homogenen Bewerberkreis angewendet werden[49]. Problematisch an der mit dem Prioritätsgrundsatz
einhergehenden Formalisierung ist demgegenüber die aus ihm resultierende
unbedingte Privilegierung des „schnellsten" Bewerbers. Ob diese als sachgerecht anzuerkennen ist, hängt zunächst einmal davon ab, ob der Zugang zur
konkreten öffentlichen Einrichtung typischerweise durch eine Konkurrenzsituation geprägt ist oder nicht.[50] So begegnet das „Windhundprinzip" bei der
punktuellen Nutzung öffentlicher Einrichtungen wie Stadthallen, bei denen
trotz niemals auszuschließender Terminkollisionen im Einzelfall keine noto-
rische Raumknappheit vorliegt, keinen durchgreifenden Bedenken.[51] Im Übrigen steht und fällt seine Rechtfertigung mit einer hinreichenden Transparenz
der Nutzungsmöglichkeit, dem anzuerkennenden Interesse der öffentlichen
Hand an einer angemessenen Auslastung der Einrichtung oder überschaubaren
Buchungszeiträumen.[52] Auch hinsichtlich der Statthaftigkeit formaler Auswahlkriterien ist schließlich auf die Dienstleistungsrichtlinie 2006/123/EG zu
verweisen, da deren 62. Erwägungsgrund den grundsätzlichen Vorrang qualitativer Auswahlkriterien postuliert: Ziel des Auswahlverfahrens muss nämlich

---

Rn. 353. Zweifelnd hinsichtlich der Eignung als Primärkriterium bei Volksfesten auch VGH
Mannheim, 6 S 1508/04 – juris, Rn. 27.

[47] BVerwG, NVwZ-RR 2006, S. 786 (786) – jedenfalls dann; VG Minden, GewArch
2008, S. 126 (126); *W. Frotscher / U. Kramer,* Wirtschaftsverfassungs- und Wirtschaftsverwaltungsrecht, § 14, Rn. 356; *C. Heitsch,* GewArch 2004, S. 225 (229); *C. Koenig,* Insolvenzverwalter, S. 449 (454); *H.-A. Roth,* WiVerw 1985, S. 46 (53 f.); *U. Schönleiter,* in: Landmann / Rohmer, GewO, § 70, Rn. 24. Weiter demgegenüber OVG Lüneburg, NVwZ 1983,
S. 49 (50); NVwZ-RR 2006, S. 177 (178 f.); *C. Braun,* NVwZ 2009, S. 747 (752): zulässig;
ebenso *S. Storr,* in: Pielow, GewO, § 70, Rn. 42.

[48] *U. Schönleiter,* in: Landmann / Rohmer, GewO, § 70, Rn. 23. Siehe demgegenüber aber
auch *B. Widera,* VR 1986, S. 17 (20).

[49] *C. Heitsch,* GewArch 2004, S. 225 (229); *J. Ruthig / S. Storr,* Öffentliches Wirtschaftsrecht, § 3, Rn. 353.

[50] Die prinzipielle Gleichwertigkeit des Prioritätskriteriums betonend: VGH München,
GewArch 1959/60, S. 135 (137); GewArch 1982, S. 236 (236); *W. Schmitz,* GewArch 1977, S. 76
(79); *B. Widera,* VR 1986, S. 17 (20). Für allein nicht sachgerecht erachtet es demgegenüber
VGH Mannheim, GewArch 1979, S. 335 (337). Ablehnend auch *H.-A. Roth,* WiVerw 1985,
S. 46 (53); *M. Schmidt-Preuß,* Kollidierende Privatinteressen, S. 409; *U. Schönleiter,* in: Land-
mann / Rohmer, GewO, § 70, Rn. 23; *W. Spannowsky,* GewArch 1995, S. 265 (271).

[51] Vgl. auch *W. Berg,* Der Staat 15 (1976), S. 1 (25); *F. Ley,* Märkte, Rn. 226; *S. Vollmer,*
DVBl. 1989, S. 1087 (1089 f.); siehe ferner VGH München, BayVBl. 1969, S. 249 (249); NVwZ-
RR 2007, S. 465 (466).

[52] Vgl. auch VG Hannover, Beschl. v. 6.12.2006, 11 B 8056/06, Umdruck S. 3; *C. Braun,*
NVwZ 2009, S. 747 (751); *W. Frotscher / U. Kramer,* Wirtschaftsverfassungs- und Wirtschafts-
verwaltungsrecht, § 14, Rn. 357; *J. Ruthig / S. Storr,* Öffentliches Wirtschaftsrecht, § 3, Rn. 353;
P. J. Tettinger, in: ders. / Wank, GewO, § 70, Rn. 50; *B. Widera,* VR 1986, S. 17 (20).

sein, „mit Hilfe des freien Wettbewerbs höchstmögliche Qualität und optimale Angebotsbedingungen im Interesse der Dienstleistungsempfänger zu erzielen."[53]

(3) Konzeptpflicht

Wie in anderen Auswahlverfahren auch umstritten ist, ob und inwieweit die Verwaltung die Verteilungskriterien vorab festlegen, mithin ein Vergabekonzept entwickeln muss.[54] Unter Verweis auf eine fehlende gesetzliche Grundlage wird dies mitunter abgelehnt.[55] So hält der VGH München die Fixierung eines Auswahlkonzepts zwar „gerade zur Erhöhung der Transparenz und damit auch der Akzeptanz von Vergabeentscheidungen für begrüßenswert", verneint jedoch ein entsprechendes rechtliches Gebot.[56] Ein solches fände sich weder im einfachen Recht noch zähle es zu „den allgemeinen für Ermessensentscheidungen geltenden Grundsätzen des Verwaltungsverfahrensrechts".[57] Für Volksfeste erschließe sich das Auswahlkonzept zudem aus dem „Widmungszweck in dessen traditioneller Prägung und heutiger Ausgestaltung".[58] Schließlich gebiete auch die Rechtsschutzgarantie kein gegenteiliges Ergebnis, da eine ge-

---

[53] Siehe dazu auch *D. Hissnauer*, Dienstleistungsrichtlinie, S. 288 f.

[54] Bejahend: OVG Lüneburg, NVwZ-RR 2006, S. 177 (178); VG Chemnitz, LKV 1996, S. 301 (302); VG Köln, NVwZ-RR 2009, S. 327 (328 f.); VG Oldenburg, 12 B 1761/03 – juris, Rn. 17; NVwZ-RR 2007, S. 127 (128); BezG Dresden, GewArch 1992, S. 143 (144); *C. Braun*, NVwZ 2009, S. 747 (748); *C. Heitsch*, GewArch 2004, S. 225 (228 f.); *C. Koenig*, Insolvenzverwalter, S. 449 (458 f.); *ders. / K. Hentschel*, ZIP 2005, S. 1937 (1940); *D. Kupfer*, Verteilung, S. 427 f.; *F. Ley*, Märkte, Rn. 416; *R. Pitschas*, JA 1982, S. 362 (363); *ders.*, BayVBl. 1982, S. 641 (646); *H. C. Röhl*, GVwR II, § 30, Rn. 15 – abhängig von der Interessentenzahl; *H.-A. Roth*, WiVerw 1985, S. 46 (58) – sogar in Gestalt eines Gesetzesvorbehalts; *M. Schmidt-Preuß*, Kollidierende Privatinteressen, S. 518; *S. Storr*, in: Pielow, GewO, § 70, Rn. 45; *K.-L. Wirth*, Marktverkehr, S. 209 ff.; vgl. auch VG Gelsenkirchen, 7 L 776/07 – juris, Rn. 15; VG Neustadt / Weinstraße, GewArch 2003, S. 339 (339); *D. Ehlers*, Gewerberecht, Rn. 85; *W. Frotscher / U. Kramer*, Wirtschaftsverfassungs- und Wirtschaftsverwaltungsrecht, § 14, Rn. 362; *U. Schönleiter*, in: Landmann / Rohmer, GewO, § 70, Rn. 10, 24: „sollte verlangt werden"; befürwortend, obgleich in casu offengelassen, auch: VGH Mannheim, NVwZ-RR 1992, S. 132 (134); NVwZ-RR 2001, S. 159 (160); *T. Schalt*, GewArch 1981, S. 150 (154). Offengelassen in OVG Lüneburg, NJW 2003, S. 531. Ablehnend: OVG Koblenz, 6 B 11067/08 – juris, Rn. 3.

[55] OVG Bremen, GewArch 1993, S. 480 (480). Siehe auch OVG Koblenz, 6 B 11067/08 – juris, Rn. 3; VGH München, NVwZ-RR 1991, S. 550 (550 f.); GewArch 1996, S. 477 (478); VG Ansbach, NVwZ-RR 1997, S. 98 (99); *H. Hilderscheid*, Zulassung, S. 94 f.; *J. Ruthig / S. Storr*, Öffentliches Wirtschaftsrecht, § 3, Rn. 355 (allerdings für empfehlenswert erachtet).

[56] VGH München, GewArch 1996, S. 477 (478); ferner VG Ansbach, NVwZ-RR 1997, S. 98 (99).

[57] VGH München, GewArch 1996, S. 477 (478); ferner VG Ansbach, NVwZ-RR 1997, S. 98 (99). Zurückhaltend auch VGH Mannheim, 6 S 99/09 – juris, Rn. 26.

[58] VGH München, GewArch 1996, S. 477 (477 f.) – ohne Hervorhebungen des Originals, unter Zitat von VGH München, NVwZ 1982, S. 120 (121); ferner VG Ansbach, NVwZ-RR 1997, S. 98 (99).

richtliche Überprüfung der Auswahlentscheidung auch ohne schriftlich fixierte Vergabekriterien möglich sei.[59]

Auch soweit die Rechtsprechung Konzeptpflichten für im Interesse eines transparenten Verfahrens und einer rationalen Entscheidungsfindung für sinnvoll erachtet, ist eine verblüffende Zurückhaltung hinsichtlich der Bejahung einer entsprechenden Rechtspflicht zu konstatieren. So merkte das OVG Lüneburg bereits 1981 an:

> Obwohl … in dem hier zu entscheidenden Einzelfall sachgerechte Kriterien einen Ausschluß der Kl. rechtfertigten, wäre bei öffentlichrechtlicher Ausgestaltung der Volksfeste dennoch anzustreben, Relationen zwischen den einzelnen Veranstaltergruppen (beispielsweise Fahr- und Belustigungsgeschäfte, Ausspielungen, Schießhallen, Imbißstände, Süßwarenstände) nach Geschäftszahlen oder Platzfläche und innerhalb der Gruppen die möglicherweise differenzierten Kriterien für die Auswahl der Bewerber bei einem Überangebot zunächst in Richtlinien festzulegen und bei Bewährung in die Marktsatzung zu übernehmen. Damit würde derartigen Streitigkeiten weitgehend der Boden entzogen, und der Verwaltung stünden bessere Grundlagen für ihre Entscheidung zur Verfügung.[60]

Auf einer ähnlichen Linie bewegt sich der VGH Mannheim, der in jüngeren Entscheidungen trotz der festgestellten erheblichen Grundrechtsrelevanz des Marktzugangs und der Kompensationsbedürftigkeit des der Verwaltung eingeräumten Gestaltungsspielraums nur dazu „neigt", die Erstellung eines Auswahlkonzepts jedenfalls bei „wirtschaftlich bedeutsamen und auf gewisse Dauer veranstalteten Märkten" für geboten zu erachten.[61] Vorsichtig tastet sich auch der VGH Kassel in einer Entscheidung aus dem Jahre 2006 heran, der hinreichend vorsehbare Auswahlkriterien als Voraussetzung einer ermessensgerechten Auswahlentscheidung fordert und fortfährt: „Gleichwohl ist dem Antragsteller immerhin zuzugestehen, dass die … Anforderungen des ‚Qualitätskonzepts' … vorab klarer gefasst und mitgeteilt werden *könnten*, um den Eindruck einer willkürlichen oder auf sachfremden Erwägungen beruhenden Auswahl *noch deutlicher* auszuschließen."[62]

Die Zurückhaltung der zitierten Oberverwaltungsgerichte ist aufzugeben. Denn die vorherige Aufstellung und Bekanntgabe der Auswahlkriterien stellt eine Grundanforderung des prozeduralen Grundrechts- und Grundfreiheitenschutzes und damit ein zwingend zu beachtendes rechtliches Gebot dar.[63] Es ist

---

[59] VGH München, GewArch 1996, S. 477 (479); VG Ansbach, NVwZ-RR 1997, S. 98 (99); ferner *H. Hilderscheid*, Zulassung, S. 94 f.

[60] OVG Lüneburg, NVwZ 1983, S. 49 (50 f.).

[61] VGH Mannheim, NVwZ-RR 1992, S. 132 (134); NVwZ-RR 2001, S. 159 (160); ferner VG Chemnitz, LKV 1996, S. 301 (302).

[62] VGH Kassel, 8 TG 715/06 – juris, Rn. 50 f. (Hervorhebung nicht im Original). Siehe ferner *U. Schönleiter*, in: Landmann / Rohmer, GewO, § 70, Rn. 10, 24: „sollte verlangt werden".

[63] OVG Lüneburg, NVwZ-RR 2006, S. 177 (178); VG Oldenburg, 12 B 1761/03 – juris,

nämlich zum einen gerade bei wettbewerblich orientierten Zulassungsverfahren Voraussetzung dafür, dass der Interessent ein adäquates Leistungsangebot erstellen und damit seine Zulassungschance wahren kann.[64] Zum anderen kann nur mittels Verteilungskonzept eine rationale, gerichtlich adäquat kontrollierbare und sachwidrige Einflüsse ausschließende Auswahlentscheidung gewährleistet werden. Gestützt wird diese Auffassung durch die Dienstleistungsrichtlinie 2006/123/EG, deren Art. 12 Abs. 1 ein „neutrales und transparentes Verfahren zur Auswahl der Bewerber" und die Bekanntmachung von dessen Ablauf fordert; zudem müssen die Vergabekriterien gemäß Art. 10 Abs. 2 lit. f „im Voraus bekannt gemacht werden."

Zutreffend hält das VG Oldenburg demnach fest: „Die Kriterien für die Auswahl und damit für die Zulassung zum Volksfest und ihr Verhältnis zueinander müssen jedenfalls vor der Entscheidung festgelegt sein, um eine einheitliche Anwendung gegenüber sämtlichen Bewerbern nachvollziehbar und damit auch im Hinblick auf die Gewährleistung effektiven Rechtsschutzes justiziabel zu machen".[65] Zudem müsse die Offenheit der Auswahlkriterien durch eine vorherige Fixierung kompensiert werden. Denn die Wertungskriterien hingen

… maßgeblich von den subjektiven Vorstellungen des Veranstalters ab, so dass ein kaum kontrollierbarer Beurteilungsspielraum bestünde und die Nachvollziehbarkeit und Justiziabilität nicht gewährleistet wäre[n] … Dem Veranstalter steht bei der notwendigen Wertungsentscheidung ein Beurteilungsspielraum zwar zu …, jedoch ist zu verlangen, dass er die für die Wertungsentscheidung maßgeblichen, für alle Bewerber geltenden Gesichtspunkte, die aus seiner Sicht die Attraktivität des Geschäftes und des Marktes – auch insoweit ist dem Veranstalter ein Beurteilungs- und Gestaltungsspielraum einzuräumen – bestimmen, offen zu legen hat, um eine einheitliche Anwendung des Verteilungsmaßstabes und deren Überprüfbarkeit zu gewährleisten.[66]

Mitunter fordert auch die Art der Auswahlkriterien ein Verteilungskonzept: So ist bei einem an der Privilegierung von Stammbeschickern in ihren rechtlich zulässigen Grenzen ausgerichteten Vergabesystem festzulegen, wie der An-

---

Rn. 17f.; BezG Dresden, GewArch 1992, S. 143 (144); *C. Heitsch*, GewArch 2004, S. 225 (228f.); *C. Koenig*, Insolvenzverwalter, S. 449 (458f.); *ders./K. Hentschel*, ZIP 2005, S. 1937 (1940); *D. Kupfer*, Verteilung, S. 427f.; *R. Pitschas*, JA 1982, S. 362 (363); *ders.*, BayVBl. 1982, S. 641 (646); *M. Schmidt-Preuß*, Kollidierende Privatinteressen, S. 518; *K.-L. Wirth*, Marktverkehr, S. 209ff.

[64] *M. Schmidt-Preuß*, Kollidierende Privatinteressen, S. 518; ferner *W. Frotscher/U. Kramer*, Wirtschaftsverfassungs- und Wirtschaftsverwaltungsrecht, § 14, Rn. 362.

[65] VG Oldenburg, 12 B 1761/03 – juris, Rn. 17. Bestätigt in NVwZ-RR 2007, S. 127 (128). Ebenso *C. Heitsch*, GewArch 2004, S. 225 (228f.); *C. Koenig*, Insolvenzverwalter, S. 449 (458f.); *ders./K. Hentschel*, ZIP 2005, S. 1937 (1940); *K.-L. Wirth*, Marktverkehr, S. 209ff.

[66] VG Oldenburg, 12 B 1761/03 – juris, Rn. 22. Bekräftigt in NVwZ-RR 2007, S. 127 (128); siehe ferner *C. Heitsch*, GewArch 2004, S. 225 (228f.); *C. Koenig*, Insolvenzverwalter, S. 449 (458f.); *ders./K. Hentschel*, ZIP 2005, S. 1937 (1940); vgl. auch *D. Ehlers*, Gewerberecht, Rn. 85.

spruch der Neubewerber auf Berücksichtigung bei der Auswahl zu realisieren ist, etwa durch Einführung eines Rotationssystems.[67]

In inhaltlicher Hinsicht muss das aufzustellende Verteilungskonzept transparent und nachvollziehbar[68] sowie hinreichend aussagekräftig sein[69]. In welcher Form der Veranstalter dieses niederlegt, ob als Rechtssatz oder in Verwaltungsvorschriften, ist demgegenüber irrelevant.[70]

Bei der Konkretisierung des Auswahlkonzepts, mithin bei der Festlegung der Auswahlkriterien und ihrer Gewichtung, kommt der Verwaltung aufgrund ihres Organisationsermessens ein Gestaltungsspielraum zu,[71] der gerichtlich nur beschränkt nachprüfbar ist[72].

cc) Verbindlichkeit des Auswahlkonzepts

Es versteht sich von selbst, dass die Verwaltung an ein einmal entwickeltes Auswahlsystem gebunden bleibt. Denn andernfalls würde die prozedurale Flankierung des Zugangsanspruchs konterkariert.[73] Umstritten ist, ob und inwieweit der Behörde eine Abweichungsbefugnis zukommt. Angesichts der in Frage stehenden Grundrechtspositionen wird dies mitunter auf „zwingende Gründe" beschränkt.[74] Weitergehend – und angesichts der gebotenen Flexibilität sowie der Möglichkeit einer Verfahrenseinstellung zu Recht[75] – hat der VGH München der Verwaltung allerdings zugestanden, die Auswahlkriterien nach Ende

---

[67] VG Braunschweig, NVwZ-RR 2008, S. 391 (393).

[68] OVG Lüneburg, NVwZ-RR 2006, S. 177 (178).

[69] Großzügig OVG Münster, 14 A 2040/06 – juris, Rn. 6: „Es liegt auf der Hand, dass Gesichtspunkte zur Bewertung der Attraktivität in den – generalisierenden – Richtlinien/Grundsätzen angesichts der Vielzahl der in Betracht kommenden Möglichkeit[en] allenfalls schlagwortartig benannt werden können."

[70] OVG Koblenz, 11 A 11462/99 – juris, Rn. 3; OVG Lüneburg, NVwZ-RR 2006, S. 177 (179); VG Stuttgart, GewArch 2002, S. 200 (200); C. Braun, NVwZ 2009, S. 747 (748). A.A. D. Kupfer, Verteilung, S. 427 f.: kommunaler Rechtssatzvorbehalt.

[71] OVG Lüneburg, NVwZ-RR 2006, S. 177 (177 f.); VGH Mannheim, NVwZ-RR 1992, S. 132 (133); 6 S 1508/04 – juris, Rn. 21 f.; VGH München, GewArch 1982, S. 236 (236); NVwZ-RR 2004, S. 599 (601); VG Braunschweig, NVwZ-RR 2008, S. 391 (392); VG Oldenburg, 12 B 1719/08 – juris, Rn. 8; F. Ley, Märkte, Rn. 423 f.

[72] OVG Lüneburg, NVwZ-RR 2006, S. 177 (177 f.); VGH Mannheim, NVwZ-RR 1992, S. 132 (133); 6 S 1508/04 – juris, Rn. 21 f.; VGH München, NVwZ-RR 2004, S. 599 (601); VG Braunschweig, NVwZ-RR 2008, S. 391 (392); VG Oldenburg, 12 B 1719/08 – juris, Rn. 8; F. Ley, Märkte, Rn. 423.

[73] So auch VGH München, Urt. v. 5.9.1996, 4 CE 96.2599, Umdruck S. 6; VG Köln, NVwZ-RR 2009, S. 327 (328); C. Heitsch, GewArch 2004, S. 225 (229); H. C. Röhl, GVwR II, § 30, Rn. 15; K.-L. Wirth, Marktverkehr, S. 210 f. Siehe auch BVerwGE 31, 368 (370): Keine nachträgliche Änderung der Zweckbestimmung einer Einrichtung; B. Widera, VR 1986, S. 17 (19) – für die Bewerbungsfrist.

[74] Für eine Abweichungsbefugnis (nur) aus zwingenden Gründen: VG Köln, NVwZ-RR 2009, S. 327 (329); U. Schönleiter, in: Landmann/Rohmer, GewO, § 70, Rn. 11.

[75] Ausführlich dazu unten, 3. Teil, B.I.1.c.

des Bewerbungsschlusses und vor Treffen der Auswahlentscheidung zu ändern, so dies nicht aus unsachlichen Gründen erfolgt, insbesondere nicht zur Benachteiligung einzelner Bewerber, und der Behörde die für die Entscheidung auch nach den neuen Kriterien relevanten Informationen vorliegen.[76] Damit verbundene Nachteile für den Bewerber, insbesondere die Möglichkeit, sich in seinem Verhalten auf die Kriterien einzustellen, seien hinzunehmen.[77] Letzterem kann freilich im Interesse gleicher Partizipationschancen nicht gefolgt werden: Vielmehr sind den Bewerbern entsprechende Reaktionsmöglichkeiten einzuräumen; bei den Interessentenkreis signifikant vergrößernden Änderungen ist darüber hinaus eine Nachausschreibung geboten.[78]

b) Ausschreibungsphase

Ob und wie Zugangsmöglichkeiten zu öffentlichen Einrichtungen bekannt zu machen sind, ist, genauso wie das Verfahren im Übrigen, gesetzlich nicht geregelt. Angesichts der Bedeutung einer Information über Teilhabechancen für deren Wahrnehmung ist allerdings eine Ausschreibung der Veranstaltung als Aspekt des prozeduralen Grundrechts- und Grundfreiheitsschutzes grundsätzlich geboten;[79] auch die Dienstleistungsrichtlinie 2006/123/EG statuiert in Art. 12 Abs. 1 die Pflicht zu einer angemessenen Bekanntmachung[80]. Sie hat branchen- bzw. ortsüblich unter Berücksichtigung des in Frage kommenden Teilnehmerkreises, etwa in Fach- oder Amtsblättern, zu erfolgen. Was in inhaltlicher Hinsicht als adäquate Information anzusehen ist, hängt vom Einzelfall ab.

c) Bewerbungsphase

In der Ausschreibung ist eine angemessene, nach den Umständen des Einzelfalles zu bestimmende Bewerbungsfrist festzulegen, innerhalb derer Interesse an einer Teilnahme zu bekunden ist.[81] Die Bewerbungsfrist kann sowohl als Ausschlussfrist[82] als auch als Ordnungsfrist im Interesse einer frühzeitigen Bewer-

---

[76] VGH München, NVwZ-RR 1999, S. 574 (575); ferner *H. C. Röhl*, GVwR II, § 30, Rn. 15.

[77] VGH München, NVwZ-RR 1999, S. 574 (575).

[78] Im Einzelnen unten, 3. Teil, B.I.1.c.

[79] OVG Lüneburg, NVwZ-RR 2006, S. 177 (178); VG Köln, NVwZ-RR 2009, S. 327 (328); *C. Heitsch*, GewArch 2004, S. 225 (229); *H. Hilderscheid*, Zulassung, S. 94; *M. Schmidt-Preuß*, Kollidierende Privatinteressen, S. 518; *S. Storr*, in: Pielow, GewO, § 70, Rn. 45. Vgl. auch *F. Ley*, Märkte, Rn. 412.

[80] Dazu oben, 1. Teil, B.II.2.a., sowie *D. Hissnauer*, Dienstleistungsrichtlinie, S. 28.

[81] *C. Heitsch*, GewArch 2004, S. 225 (229).

[82] VGH München, Urt. v. 5.9.1996, 4 CE 96.2599, Umdruck S. 7; NVwZ-RR 2000, S. 779 (779 f.); OVG Münster, 4 B 643/10 – juris, Rn. 17; *B. Widera*, VR 1986, S. 17 (19).

bersichtung[83] gestaltet werden. Entscheidet sich die Verwaltung für eine Ausschlussfrist, so dient dies nicht nur dem erwähnten öffentlichen Interesse, sondern zugleich der Chancengleichheit der Bewerber (Zufälligkeit der Verfahrensdauer).[84]

d) Entscheidungsfindungsphase

Bei einer Überzahl von Bewerbern muss die Verwaltung in der Entscheidungsfindungsphase bestimmen, welche Interessenten zum Zuge kommen. Für diesen Fall der Kapazitätserschöpfung kann der Veranstalter nach § 70 Abs. 3 GewO einzelne Bewerber aus sachlich gerechtfertigten Gründen von der Teilnahme ausschließen.[85]

Rekurriert die öffentliche Hand auf die verfassungsrechtlich nicht unproblematischen, gleichwohl griffigen formalen Kriterien, etwa den Prioritätsgrundsatz oder einen Losentscheid, so bereitet die Auswahl keine weiteren Schwierigkeiten. Anderes gilt jedoch, wenn eine Auswahl nach materiellen Gesichtspunkten erfolgen soll, namentlich nach der bei Volksfesten und Märkten regelmäßig für maßgeblich erklärten Attraktivität des Angebots.

Hierbei handelt es sich um einen unbestimmten Rechtsbegriff, der ein wertendes Moment umfasst. Im Hinblick darauf wird dem Veranstalter „ein gerichtlich nur beschränkt überprüfbarer Einschätzungs- und Entscheidungsspielraum" zugestanden.[86] Insoweit erforderlich und einer gerichtlichen Kontrolle zugänglich ist, „dass die für die Anwendung der Merkmale maßgeblichen tatsächlichen Umstände in dem gebotenen Umfang zutreffend erfasst, vollständig berücksichtigt und in vertretbarer, insbesondere willkürfreier Weise gewürdigt werden."[87] Ähnlich formuliert der Bayerische Verwaltungsgerichtshof:

---

[83] VG Ansbach, GewArch 1984, S. 201 (202). Siehe auch VGH Kassel, 8 TG 715/06 – juris, Rn. 32 ff.

[84] VGH München, NVwZ-RR 2000, S. 779 (779); a. A. VGH Kassel, 8 TG 715/06 – juris, Rn. 35.

[85] Siehe zum weithin vertretenen Ermessenscharakter der Auswahlentscheidung nur *U. Schönleiter*, in: Landmann/Rohmer, GewO, § 70, Rn. 10. Dass bei Bewerberüberhang Ermessen im technischen Sinne eingeräumt ist, erscheint allerdings fraglich. Denn in diesem Fall steht fest, dass einzelne Bewerber ausgeschlossen werden müssen. Zu verstehen ist § 70 Abs. 3 GewO vielmehr in dem Sinne, dass die Behörde bei Bewerberüberhang eine Auswahl nach sachlich gerechtfertigten Gründen zu treffen hat; damit liegt ein unbestimmter Rechtsbegriff vor und steht ein Beurteilungsspielraum in Frage.

[86] OVG Münster, 14 A 2040/06 – juris, Rn. 8; 4 B 1001/07 – juris, Rn. 3; 4 B 643/10 – juris, Rn. 5; VG Gießen, 8 G 245/06 – juris, Rn. 17; VG Mainz, 6 K 560/08 – juris, Rn. 12; VG Oldenburg, 12 B 1761/03 – juris, Rn. 22; NVwZ-RR 2007, S. 127 (131); 12 B 1719/08 – juris, Rn. 8; *S. Storr*, in: Pielow, GewO, § 70, Rn. 32.

[87] OVG Münster, 4 B 1001/07 – juris, Rn. 7; ferner 14 A 2040/06 – juris, Rn. 8; 4 B 643/10 – juris, Rn. 5; VG Gelsenkirchen, 7 L 776/07 – juris, Rn 13; auf die Grundsätze des Beurteilungsspielraums rekurrierend: VG Oldenburg, 12 B 1719/08 – juris, Rn. 8.

Welche Merkmale einzelnen Betrieben eine „besondere Anziehungskraft" verleihen …
oder sie „wesentlich attraktiver als gleichartige Betriebe" machen …, lässt sich allerdings
nicht nach allgemein gültigen Maßstäben bestimmen. Daher ist die Auswahl unter den
Bewerbern, die beim Volksfest … einen Biergarten betreiben wollten, im Gerichtsverfahren nicht in vollem Umfang überprüfbar … Dies bedeutet jedoch nicht, dass die Verwaltung hinsichtlich der Attraktivität der Betriebe eine beliebige Rangfolge aufstellen durfte.
Einen die Richtlinien ausfüllenden Konkretisierungs- und Beurteilungsspielraum besaß
sie nur bei der Festlegung des die Attraktivität bestimmenden Maßstabs und der heranzuziehenden Erkenntnisquellen. Ob die getroffene Auswahlentscheidung diesen selbst gestellten Anforderungen im Einzelfall gerecht wurde, unterliegt dagegen der gerichtlichen
Nachprüfung.[88]

Die Tragweite dieses dem Veranstalter zugestandenen Beurteilungsspielraums
reduziert sich wiederum in dem Maße, in dem in der Konzeptphase ein hinreichend aussagekräftiges Veranstaltungsprofil festgelegt wurde.[89] Dann geht
es in diesem Verfahrensabschnitt nämlich nicht mehr darum zu entscheiden, ob
Angebot „A" attraktiver als Angebot „B" erscheint. Vielmehr lässt sich zum einen anhand von spezifizierten Attraktivitätsvorgaben entscheiden, welche Angebote nicht in das Veranstaltungsprofil passen und damit nicht weiter berücksichtigt werden müssen. Zum anderen erfolgt der Vergleich nicht anhand des
vagen Begriffes der „Attraktivität", sondern anhand von diese definierenden
Unterkriterien.

Es versteht sich schließlich von selbst, dass die entwickelten Kriterien für
alle Interessenten maßgebend sein müssen.[90]

e) Vergabeentscheidung

Am Ende der Entscheidungsfindungsphase stehen sowohl die zum Zuge
kommenden als auch die erfolglosen Anbieter fest. Dieses Ergebnis muss nun
in den verwaltungsrechtlichen Handlungsformen im Außenverhältnis umgesetzt werden.

Anders als in anderen Verteilungsverfahren hat sich hier kein vorherrschendes Schema etabliert.[91] Gleichwohl dürfte eine zweistufige Konstruktion überwiegen, nach der zwischen der öffentlich-rechtlichen Auswahlentscheidung
und deren Umsetzung, meist in den Formen eines zivilrechtlichen Vertrages, zu
differenzieren ist.[92] Danach ist jedenfalls die Ablehnung der erfolglosen Bewerber vor dem Hintergrund der in ihr liegenden Verneinung des Zugangsan-

---

[88] VGH München, NVwZ-RR 2004, S. 599 (601).
[89] Vgl. VG Oldenburg, 12 B 1761/03 – juris, Rn. 22.
[90] VGH München, Urt. v. 5.9.1996, 4 CE 96.2599, Umdruck S. 6; NVwZ-RR 2004, S. 599
(602).
[91] Zu den einzelnen Gestaltungsmöglichkeiten ausführlich unten, 3. Teil, B.I.5.a.
[92] So auch *M. Schmidt-Preuß*, Kollidierende Privatinteressen, S. 492. Siehe etwa VGH
München, NVwZ-RR 2007, S. 465 (466).

spruchs als Verwaltungsakt zu qualifizieren; ob dies auch für die positive Auswahlentscheidung gilt, hängt, wie etwa auch im Beamtenrecht,[93] davon ab, ob
man in dieser eine eigenständige Regelung sieht, was angesichts der Schlichtung
des Verteilungskonflikts oder bei Erklärung einer Zusage möglich erscheint,
oder lediglich die Ankündigung des ins Auge gefassten Vertragsschlusses.[94]
Freilich steht und fällt die Qualifikation der positiven Auswahlentscheidung
als Verwaltungsakt damit, dass – über das Vertragsangebot hinaus – ein tatsächlicher Anknüpfungspunkt für eine dementsprechende Entscheidung besteht.[95] In Betracht kommt ferner eine einstufige Konzeptionalisierung des
Zulassungsvorgangs, auch in den Formen des Privatrechts, nämlich in Gestalt
einer verwaltungsintern bleibenden Auswahlentscheidung, die nur durch die
hoheitliche Zuteilung oder den Abschluss eines Zulassungsvertrags und deren
Ablehnung nach außen tritt.[96]

Ergeht die Auswahlentscheidung als Verwaltungsakt, bedarf sie einer Begründung gemäß § 39 VwVfG. Es sind „die wesentlichen tatsächlichen und
rechtlichen Gründe mitzuteilen, die die Behörde zu ihrer Entscheidung bewogen haben. Die Begründung von Ermessensentscheidungen soll auch die Gesichtspunkte erkennen lassen, von denen die Behörde bei der Ausübung ihres
Ermessens ausgegangen ist." Erforderlich – auch mit Blick auf die Kompensationsbedürftigkeit der der Verwaltung zustehenden Entscheidungsspielräume[97]
– ist damit eine Wiedergabe der Auswahlerwägungen.[98] Entsprechende Be-
gründungsanforderungen gelten als Konsequenz des prozeduralen Grundrechtsschutzes auch für die Ablehnung eines privat- oder öffentlich-rechtlichen
Vertragsangebots.[99]

---

[93] Dazu oben, 2. Teil, C.III.1.e.

[94] Näher unten, 3. Teil, B.I.5.a.bb.

[95] Siehe auch unten, 3. Teil, B.I.5.a.ee.(3). Insoweit kann erwogen werden, dem Vertragsangebot eine Doppelnatur als öffentlich-rechtliche Zulassungsentscheidung und zivilrechtliche Willenserklärung beizumessen.

[96] Siehe insoweit *H. Hilderscheid*, GewArch 2008, S. 54 (59), und noch näher unten,
3. Teil, B.I.5.a.aa.

[97] VGH Mannheim, 6 S 1508/04 – juris, Rn. 37.

[98] OVG Hamburg, GewArch 1983, S. 193 (193 f.); VGH Mannheim, 6 S 1508/04 – juris,
Rn. 37; 6 S 99/09 – juris, Rn. 23; *F. Ley*, Märkte, Rn. 446, 461; *W. Frotscher / U. Kramer*, Wirt-
schaftsverfassungs- und Wirtschaftsverwaltungsrecht, § 14, Rn. 346; *J. Ruthig / S. Storr*, Öf-
fentliches Wirtschaftsrecht, § 3, Rn. 351, 355; *T. Schalt*, GewArch 1981, S. 150 (150); *U.
Schönleiter*, in: Landmann / Rohmer, GewO, § 70, Rn. 10, 15; *P. J. Tettinger*, in: ders. / Wank,
GewO, § 70, Rn. 56; *B. Widera*, VR 1986, S. 17 (21); *K.-L. Wirth*, Marktverkehr, S. 207 f.

[99] Dazu unten, 3. Teil, B.I.5.b.

f) Abschluss ohne Entscheidung: Absage der Veranstaltung

Die Frage, ob und unter welchen Voraussetzungen die Verwaltung das Auswahlverfahren abbrechen darf, spielt in der verwaltungsgerichtlichen Praxis, soweit ersichtlich, keine bedeutende Rolle. Das dem Staat zukommende weite Organisationsermessen bei der Schaffung öffentlicher Einrichtungen streitet für eine entsprechende Befugnis, das Verfahren einzustellen; dies darf allerdings nicht zum Zwecke der Diskriminierung einzelner Nutzer erfolgen.[100] Immerhin verpflichtet im Interesse von Beschickern und Nutzern die „Festsetzung eines Wochenmarktes, eines Jahrmarktes oder eines Spezialmarktes ... den Veranstalter zur Durchführung der Veranstaltung" (§ 69 Abs. 2 GewO).[101] Um dieser Rechtsfolge zu entgehen, kann der Veranstalter die Aufhebung der Festsetzung gemäß § 69b Abs. 3 S. 2 GewO beantragen, worauf ein Rechtsanspruch besteht. Bei Wochenmärkten, Jahrmärkten und Volksfesten hat dieser jedoch zur Voraussetzung, dass „die Durchführung der Veranstaltung dem Veranstalter nicht zugemutet werden kann." Hierfür gilt ein strenger Maßstab, was allerdings die Geltendmachung wirtschaftlicher Gründe nicht ausschließt.[102]

2. Wartelisten im Rahmen rollierender Systeme als anlassunabhängige Verfahren

Anlassunabhängige Auswahlprozeduren kennt auch die Vergabe von Standplätzen auf Messen und Märkten. Möchte der Veranstalter nämlich ein veranstaltungsübergreifendes Auswahlsystem etablieren, etwa um Neubewerbern in absehbarer Zeit ihre rechtlich gebotene Zulassungschance einzuräumen, so bedarf es der Führung entsprechender Wartelisten.

IV. Verfahrensrechtliche Spezifika

Während über das Begründungserfordernis des § 39 VwVfG hinausgehende, spezifische Dokumentationspflichten hinsichtlich des Auswahlverfahrens und namentlich der Auswahlentscheidung im Kontext des Zugangs zu öffentlichen Einrichtungen bislang (noch) keine Beachtung erfahren haben,[103] ist die Bedeutung neutralitätssichernder Kautelen angesichts der zu bewältigenden Konkur-

---

100 Näher noch unten, 3. Teil, B.I.6.

101 Bei Messen, Ausstellungen und Großmärkten besteht nach § 69 Abs. 3 GewO lediglich eine Anzeigepflicht für den Fall der Nichtdurchführung.

102 Siehe nur *U. Schönleiter*, in: Landmann/Rohmer, GewO, § 69b, Rn. 18, unter Verweis auf die Gesetzesbegründung.

103 Die Substantiierung der Ermessenserwägungen für zulässig erachtet VGH Kassel, 8 TG 715/06 – juris, Rn. 39. Zurückhaltend hinsichtlich Dokumentationspflichten VGH Mannheim, 6 S 99/09 – juris, Rn. 33.

renzsituation weithin anerkannt. Diese stellen eine Ausprägung der verfahrensrechtlichen Dimension des grundrechtlichen Zugangsanspruchs dar. Dementsprechend muss die Auswahl in einem fairen, die Chancengleichheit der Bewerber wahrenden Verfahren erfolgen.[104] Grundlegend hierfür sind einmal die verwaltungsverfahrensrechtlichen Regelungen über den Ausschluss beteiligter respektive befangener Personen (§§ 20 f. VwVfG), die eine Mitwirkung von Konkurrenten an der Auswahlentscheidung untersagen.[105] Des Weiteren erscheint eine selektive Information einzelner Bewerber mit Blick auf die gebotene Neutralität problematisch: „Ein isolierter Hinweis an die Ast. als langjährige Festbeschickerin auf das bevorstehende Ende der Anmeldefrist war nicht geboten und wäre unter dem Gesichtspunkt der Chancengleichheit aller Bewerber eher rechtlich bedenklich gewesen".[106] Schließlich werden neutralitätssichernde Mechanismen bei der Durchführung eines Losverfahrens gefordert, namentlich eine hinreichende Aufsicht und der Ausschluss von Beeinflussungsmöglichkeiten.[107]

V. Verfahrenssubjekte (Beteiligte)

Eine multipolare Konzeptionalisierung des Auswahlverfahrens bei der Vergabe von Standplätzen auf Messen und Märkten kann nicht als allgemein anerkannt gelten. In einer Entscheidung aus dem Jahr 1983 qualifizierte der VGH Mannheim vielmehr die einzelnen Zulassungsbegehren unter Verweis auf Judikate zum Hochschulzugang als „rechtlich selbständig und voneinander unabhängig". Denn die Anträge zielten „nur auf die Teilnahme als solche, nicht aber auf einen bestimmten Platz".[108] Dieses in der Literatur auf Zustimmung gestoßene[109] Verständnis des Auswahlverfahrens mag zwar verfahrensrechtlich in Gestalt parallel ablaufender Verwaltungsverfahren mit jeweils nur einem Bewerber möglich sein; jedoch können hieraus keine materiell-rechtlichen Konsequenzen gezogen werden:[110] Angesichts der bestehenden Konkurrenzsituation um Standplätze auf *einer* Veranstaltung und des erforderlichen Vergleichs der einzelnen Beschicker als Grundlage der Auswahlentscheidung verbietet es sich nämlich, die einzelnen Bewerbungen isoliert zu

---

[104] *C. Braun*, NVwZ 2009, S. 747 (748); *C. Heitsch*, GewArch 2004, S. 225 (229).

[105] VG Stuttgart, NVwZ 2007, S. 614 (615); *C. Braun*, NVwZ 2009, S. 747 (748); *C. Heitsch*, GewArch 2004, S. 225 (229); *F. Ley*, Märkte, Rn. 402.

[106] VGH München, NVwZ-RR 2000, S. 779 (780).

[107] OVG Lüneburg, NVwZ-RR 2006, S. 177 (179). Ein Anspruch auf Anwesenheit bei der Auslosung bestehe aber nicht: VG Minden, GewArch 2008, S. 126 (126); *F. Ley*, Märkte, Rn. 421.

[108] VGH Mannheim, NVwZ 1984, S. 254 (255).

[109] *H. Hilderscheid*, Zulassung, S. 121 f.

[110] Näher unten, 3. Teil, B.IV.

betrachten.[111] Dementsprechend kann eine Konkurrenzsituation auch nicht nur ausnahmsweise dann anerkannt werden, wenn mehrere Konkurrenten um einen konkreten Platz streiten, etwa wenn der Veranstalter Untergruppen gebildet hat und innerhalb dieser Standplätze verteilt.[112] Stehen, wie meist, mehrere Plätze in den einzelnen Beschickerkategorien zur Verfügung, führt diese Ansicht nicht weiter. Vor allem aber bezieht sich die Konkurrenzsituation, auch wenn der Vergleich auf die Untergruppe beschränkt zu sein scheint, auf die gesamte Veranstaltung, muss der Veranstalter doch die Gesamtkapazität optimal nutzen und die Kategorien sachgerecht voneinander abgrenzen.

VI. Fehlerfolgenregime

Materiell fehlerhafte Auswahlentscheidungen respektive sich auf die Zulassungschance auswirkende (vgl. auch § 46 VwVfG) Verstöße gegen individualschützende Verfahrensvorschriften führen zur Rechtswidrigkeit der Vergabeentscheidung und verletzen den unterlegenen Interessenten in seinem Zugangsanspruch.[113] Ein über diesen selbstverständlichen Befund hinausgehendes und damit Aufmerksamkeit mit Blick auf das Anliegen der Untersuchung verdienendes Fehlerfolgenregime hat sich bei der Standplatzvergabe nicht ausdifferenziert. Ebenso wie in anderen Verteilungsverfahren wird allerdings auch hier die Frage, ob fehlerhafte Auswahlentscheidungen korrigierbar sind, kontrovers diskutiert. Diese kann nicht schon aus verfahrensrechtlichen Gründen verneint werden (1.); der Ausschluss der Anfechtungsmöglichkeit vermag aber auch im Übrigen nicht zu überzeugen (2.). Konsens kann allerdings insoweit konstatiert werden, als sich der Primärrechtsschutz jedenfalls mit Durchführung der Veranstaltung erledigt.[114]

1. Keine Stabilität qua verfahrensrechtlicher Unabhängigkeit

Eine mangels Anfechtungsmöglichkeit stabile Auswahlentscheidung geht keineswegs mit einer bipolaren Konzeptionalisierung des Vergabeverfahrens einher. So vertritt der VGH Mannheim, wie bereits erwähnt, in Anlehnung an Entscheidungen zum Hochschulzugang, dass die Zulassungsbegehren „als

---

[111] *U. Hösch*, GewArch 1996, S. 402 (404); *K. Rennert*, DVBl. 2009, S. 1333 (1338); *H.-A. Roth*, WiVerw 1985, S. 46 (59 f.). Siehe auch VG Stuttgart, GewArch 2008, S. 302 (302).

[112] So aber *P. J. Tettinger*, in: ders./*Wank*, GewO, § 70, Rn. 71.

[113] Ausführlich zum handlungsformspezifisch auszudifferenzierenden Fehlerfolgenregime unten, 3. Teil, B.V.

[114] Siehe nur VGH Mannheim, GewArch 1979, S. 335 (335 f.); 6 S 99/09 – juris, Rn. 17; *J. Ruthig/S. Storr*, Öffentliches Wirtschaftsrecht, § 3, Rn. 359; *S. Storr*, in: Pielow, GewO, § 70, Rn. 57; *P. J. Tettinger*, in: ders./*Wank*, GewO, § 70, Rn. 75.

rechtlich selbständig und voneinander unabhängig zu bewerten" seien. Denn
sie zielten „nur auf die Teilnahme als solche, nicht aber auf einen bestimmten
Platz".[115] Mangels rechtlich relevanter Konkurrenzsituation betreffe die Zulassung eines Mitbewerbers andere Bewerber daher nur tatsächlich, nicht aber
rechtlich, so dass der Zulassungsbescheid nicht als anfechtbarer Verwaltungsakt mit Doppelwirkung qualifiziert werden könne.[116] Darüber hinaus verwies
der VGH Mannheim auf die aus der Anfechtbarkeit resultierende „weitere
Schwierigkeit", in die mit den erfolgreichen Bewerbern abgeschlossenen Verträge eingreifen zu müssen.[117] Diesem Verständnis widerspricht jedoch bereits,
wie aufgezeigt, die der Auswahlentscheidung zugrunde liegende Konkurrenzsituation.[118] Zudem ist die daraus folgende Immunisierung der Verteilungsentscheidung mit Blick auf den Grundsatz des effektiven Rechtsschutzes abzulehnen.[119] Meinungen, die das gegenteilige Ergebnis dadurch abzumildern ver-
suchen, dass sie eine Konkurrenzsituation ausnahmsweise dann anerkennen,
wenn mehrere Konkurrenten um einen konkreten Platz streiten,[120] vermögen
aus den genannten Gründen ebenfalls nicht zu überzeugen.[121]

2. Keine Stabilität qua materiell-rechtlicher Unanfechtbarkeit

Auch wenn eine verfahrensrechtlich begründete Stabilität der Auswahlentscheidung nicht in Betracht kommt, stellt sich die Frage, ob die Anfechtbarkeit
der letzteren nicht aus materiell-rechtlichen Gründen auszuscheiden hat. Dies
ist umstritten.[122]
    Mitunter wird eine Korrekturmöglichkeit der Vergabeentscheidung ab dem
Zeitpunkt ihres Vollzugs durch den Abschluss des zivilrechtlichen Beschi-

---

[115] VGH Mannheim, NVwZ 1984, S. 254 (255); ferner *H. Hilderscheid*, Zulassung,
S. 121 f.
[116] VGH Mannheim, NVwZ 1984, S. 254 (255); ferner *H. Hilderscheid*, Zulassung,
S. 121 f.; *P. J. Tettinger*, in: *ders. / Wank*, GewO, § 70, Rn. 69 f.
[117] VGH Mannheim, NVwZ 1984, S. 254 (255).
[118] Dazu oben, V.
[119] *U. Hösch*, GewArch 1996, S. 402 (404); siehe auch *K.-L. Wirth*, Marktverkehr, S. 209.
[120] So aber *P. J. Tettinger*, in: *ders. / Wank*, GewO, § 70, Rn. 71.
[121] Dazu ebenfalls bereits oben, V.
[122] Von der Anfechtbarkeit gehen aus: OVG Bremen, GewArch 1985, S. 386 (387); VG
Gießen, 8 L 3803/08 – juris, Rn. 16; *C. Braun*, NVwZ 2009, S. 747 (752); *D. Ehlers*, Gewerberecht, Rn. 85; *U. Hösch*, GewArch 1996, S. 402 (404); *J. Ruthig / S. Storr*, Öffentliches Wirtschaftsrecht, § 3, Rn. 360. Vgl. auch VGH Kassel, NVwZ-RR 2003, S. 345 (345 f.). A.A. VGH
Mannheim, NVwZ 1984, S. 254 (255); *H. Hilderscheid*, Zulassung, S. 121 f.; *P. J. Tettinger*, in:
ders. / Wank, GewO, § 70, Rn. 69 f. Offengelassen von VGH München, NVwZ 1982, S. 120
(120). Differenzierend *U. Schönleiter*, in: Landmann / Rohmer, GewO, § 70, Rn. 28. Von einer Stabilität ausgehend, ohne jedoch die Frage der Anfechtbarkeit erteilter Zulassungen zu
thematisieren: VG Meiningen, ThürVBl. 2001, S. 114 (114 f.). Die Stabilität ablehnend, ohne
die Frage der Anfechtbarkeit zu erörtern: OVG Bautzen, 3 B 539/09 – juris, Rn. 4; VG Oldenburg, NVwZ-RR 2007, S. 127 (130).

ckungsvertrages abgelehnt.[123] Die dadurch entstehende eigentumsrechtliche Position sei nämlich nicht mehr entziehbar, eine Korrektur mithin rechtlich unmöglich;[124] zudem stritten angesichts des kurzen Zeitraums zwischen Standplatzvergabe und Veranstaltung die Aspekte der Rechtssicherheit und des Vertrauensschutzes für eine Beschränkung der Anfechtbarkeit.[125] Entwickelt wurde diese Auffassung für das vorherrschende zweistufige Vergabemodell; nichts anderes kann aber für eine einstufige Konstruktion gelten.

Schon angesichts verwaltungsverfahrensrechtlicher (Aufhebung) und vertragsrechtlicher (Nichtigkeit, Kündigung, ggf. Wegfall der Geschäftsgrundlage) Korrekturmöglichkeiten kann die Rückgängigmachung der vollzogenen Verteilungsentscheidung nicht als unmöglich und letztere damit als stabil angesehen werden.[126] Mit diesem Vorbehalt ist die eigentumsrechtliche Position vielmehr von vornherein belastet, so dass sich eine etwaige Korrektur nicht als Eigentumsverletzung darstellt. Zudem bestimmt sich die Möglichkeit einer gerichtlichen Anfechtung staatlicher Maßnahmen nicht nach bestehenden Befugnissen der Verwaltung, jene zu korrigieren; sie kann nur aus übergeordneten materiell-rechtlichen Gründen ausgeschlossen sein. Nicht zu überzeugen vermag allerdings, die Stabilität deshalb zu verneinen, weil der eine rechtswidrige Auswahlentscheidung vollziehende Beschickungsvertrag im zweistufigen Modell gemäß § 134 BGB i.V.m. § 70 GewO nichtig sei.[127] Denn der Verteilungsverwaltungsakt beansprucht – auch im Falle seiner Rechtswidrigkeit – Verbindlichkeit, die nicht über diesen Umweg in Frage gestellt werden kann. Dem geltend gemachten Rechtssicherheits- und Vertrauensschutzargument kommt schließlich ein nur geringes Gewicht zu, tritt die Stabilität der Auswahlentscheidung doch ohnehin mit deren Bestandskraft und damit einen Monat nach Bekanntgabe des Bescheids ein.

Auch das BVerfG lehnt die Stabilität einer Entscheidung über die Standplatzvergabe nach Erschöpfung der Platzkapazität aus Gründen des effektiven Rechtsschutzes ab:

Ergibt die Überprüfung der versagenden Vergabeentscheidung im einstweiligen Rechtsschutzverfahren, dass ein Standplatz zu Unrecht vorenthalten wurde, hat das Fachgericht eine entsprechende Verpflichtung des Marktanbieters auszusprechen. Es ist dann die im Einzelnen vom Gericht nicht zu regelnde Sache des Marktanbieters, diese Verpflichtung

---

[123] So etwa *H.-A. Roth*, WiVerw 1985, S. 46 (60); *M. Schmidt-Preuß*, Kollidierende Privatinteressen, S. 492 ff.

[124] *H.-A. Roth*, WiVerw 1985, S. 46 (60); *M. Schmidt-Preuß*, Kollidierende Privatinteressen, S. 492 f., 790 f.

[125] *M. Schmidt-Preuß*, Kollidierende Privatinteressen, S. 492 f., 790 f.

[126] *T. Herbst*, NJ 2003, S. 81 (82). Siehe auch *H. Hilderscheid*, GewArch 2007, S. 129 (130 ff.), der wegen der jederzeit möglichen Neu- respektive Doppelzuteilung die Unmöglichkeit verneint, gleichzeitig aber eine fragwürdige Lösung der Konkurrenzproblematik vorschlägt (132 ff.); ähnlich bereits *ders.*, Zulassung, S. 111 ff.

[127] So aber *D. Ehlers*, Gewerberecht, Rn. 85.

umzusetzen. Sowohl das öffentliche Recht wie das Privatrecht halten mit Widerruf und Rücknahme oder der Möglichkeit der (außerordentlichen) Kündigung, gegebenenfalls gegen Schadensersatz für den rechtswidrig bevorzugten Marktbeschicker, Vorkehrungen für den Fall bereit, dass die öffentliche Hand eine zunächst gewährte Rechtsposition entziehen muss. Die Bescheidung von (vorerst) erfolgreichen Mitbewerbern oder der Abschluss von Mietverträgen mit ihnen ist demnach weder ein rechtliches noch ein faktisches Hindernis, das die Gewährung einstweiligen Rechtsschutzes für einen zu Unrecht übergangenen Ast. unmöglich machte. Die Marktanbieter haben es in der Hand, durch die Regelung entsprechender Widerrufsvorbehalte oder die Vereinbarung entsprechender Kündigungsklauseln für diese Fälle vorzusorgen.[128]

In Blick hat diese Verfassungsgerichtsentscheidung mit ihrem Verweis auf Aufhebungs- und Kündigungsmöglichkeiten der Verwaltung freilich nur den Verpflichtungsantrag, dem die erfolgte Standplatzvergabe weder rechtlich noch faktisch entgegengesetzt werden könne. Ausgeblendet bleibt damit allerdings die der Kapazitätserschöpfung vorgelagerte Frage der gerichtlichen Anfechtbarkeit der Auswahlentscheidung hinsichtlich zum Zuge gekommener Konkurrenten, deren positive Beantwortung Kapazitätsprobleme relativiert. Insoweit kann aus dem Beschluss allerdings gefolgert werden, dass aus Gründen des effektiven Rechtsschutzes zum einen eine Anfechtung der Auswahlentscheidung möglich sein muss. Zum anderen darf der zwischenzeitliche Vollzug der Vergabeentscheidung durch den Abschluss des Beschickungsvertrages nicht zum Ausschluss der Anfechtungsmöglichkeit führen. Letzteres gilt freilich dann nicht mehr, wenn die Auswahlentscheidung – auch dem Rechtsschutz begehrenden Bewerber gegenüber – bestandskräftig geworden ist, da dann die Möglichkeit, effektiven Rechtsschutz zu erlangen, eingeräumt war.

Für die einstufige Konstruktion ist aus der Entscheidung des BVerfG zu folgern, dass auch insoweit Primärrechtsschutz zur Durchsetzung des Zugangsanspruchs eröffnet sein muss.[129] Dieser ist sowohl repressiv als auch, wie im Vergabe- und Beamtenrecht, präventiv, d.h. als Eilrechtsschutz gegen eine stabile Verteilungsentscheidung unter der Voraussetzung vorheriger Information,[130] denkbar. Anders als dort erscheint die Stabilität aber nicht aus Effizienzerwägungen geboten: Denn mit Ende der Messe erledigt sich die Hauptsache, so dass durch die (nachträgliche) Anfechtung der Auswahlentscheidung keine dauerhaft instabilen Verhältnisse zu besorgen sind; und ob diese bis dahin Be-

---

[128] BVerfG, NJW 2002, S. 3691 (3692). Ebenso OVG Bautzen, NVwZ-RR 1999, S. 500 (500); VGH Kassel, GewArch 1993, S. 248 (248); GewArch 1993, S. 248 (249); VG Hannover, GewArch 2008, S. 405 (405); VG Oldenburg, NVwZ-RR 2007, S. 127 (130); *F. Ley*, Märkte, Rn. 451 ff.; *P. J. Tettinger*, in: *ders. / Wank*, GewO, § 70, Rn. 73. Zurückhaltend VGH Mannheim, NVwZ 1984, S. 254 (255). Kritisch *M. Schmidt-Preuß*, Kollidierende Privatinteressen, S. 790 f.

[129] *M. Schmidt-Preuß*, Kollidierende Privatinteressen, S. 493 f., 518.

[130] Siehe insoweit *M. Schmidt-Preuß*, Kollidierende Privatinteressen, S. 493 f., 518.

stand hat, entscheidet sich ohnehin im auch nach Erlass der Auswahlentscheidung möglichen Eilrechtsschutz.[131]

VII. Rechtsschutzsystem

Obgleich der Vergabeentscheidung keine besondere Stabilität beizumessen ist, vollzieht sich der Primärrechtsschutz auch beim Zugang zu Messen und Märkten im Eilverfahren, was Konsequenz der meist kurz auf die Vergabeentscheidung folgenden Durchführung der Veranstaltung ist. Hinsichtlich des Primärrechtsschutzes ist zwischen einer zwei- (1.) und einstufigen (2.) Verfahrensgestaltung zu differenzieren. Im Folgenden ausgeblendet bleibt der Sekundärrechtsschutz bei rechtswidrigen Vergabeentscheidungen. Zwar wird diese Möglichkeit verschiedentlich angedeutet, aber nicht weiter entfaltet,[132] womit kein spezifischer Beitrag für die übergreifende Verteilungsproblematik erkennbar ist. Wie in anderen Bereichen auch erscheint für den Amtshaftungsanspruch[133] insoweit die Frage nach dem Nachweis eines Schadens aufgrund entgangener Chancen zentral.[134]

1. Primärrechtsschutz im Zwei-Stufen-Modell

In einem zweistufigen Verfahrensmodell erfolgt die Vergabe der Standplätze durch die Zulassung bejahende respektive ablehnende Verwaltungsakte und deren spätere Umsetzung durch den Abschluss von Beschickungsverträgen mit den erfolgreichen Bewerbern. Primärrechtsschutz ist damit auf der ersten Stufe zu suchen: Unterlegene Interessenten müssen die versagte Zulassung mittels eines Verpflichtungsantrags[135] angreifen. Da bei Kapazitätserschöpfung Partizipation an einem bereits verteilten Gut erstrebt wird, muss zudem die – behauptetermaßen – zu Unrecht erfolgte Zulassung des bzw. der Konkurrenten ange-

---

131 Näher unten, 3. Teil, B.V.3.b.bb.(1).

132 Siehe nur *U. Schönleiter*, in: Landmann / Rohmer, GewO, § 70, Rn. 33; *P. J. Tettinger*, in: *ders. / Wank*, GewO, § 70, Rn. 77.

133 Zu diesem OLG Hamm, NVwZ 1993, S. 506 (506 f.).

134 Darauf verweisend *U. Schönleiter*, in: Landmann / Rohmer, GewO, § 70, Rn. 33. Den Schutznormcharakter der Zugangsnorm des § 70 GewO verneinend: *U. Schönleiter*, in: Landmann / Rohmer, GewO, § 70, Rn. 33; *P. J. Tettinger*, in: *ders. / Wank*, GewO, § 70, Rn. 77; offengelassen demgegenüber von OLG München, GewArch 1980, S. 271 (271). Zur Verschuldensproblematik mit Blick auf die Kollegialgerichtsregel: OLG Hamm, NVwZ 1993, S. 506 (507). Ausführlich unten, 3. Teil, B.VI.2.

135 Mit Blick auf die weithin erfolgte Abschaffung des Widerspruchsverfahrens (siehe etwa Art. 15 BayAGVwGO) bleibt dieses im Folgenden außer Betracht.

fochten werden.[136] Auf letzteres kann, wie noch ausführlich darzulegen ist,[137] nicht verzichtet werden, auch wenn die alleinige Erhebung einer Verpflichtungsklage oftmals aufgrund berechtigter Rechtsschutzerwägungen – namentlich Unkenntnis des / der Begünstigten – für ausreichend erachtet wird.[138] Diesen ist allerdings dadurch hinreichend Rechnung getragen, dass eine entsprechende behördliche Bekanntgabepflicht besteht, deren Missachtung den Anlauf der Rechtsbehelfsfristen verhindert.

Angesichts des regelmäßig knappen Zeitraums zwischen Vergabeentscheidung und Veranstaltung kann Primärrechtsschutz regelmäßig nur im Wege des Eilrechtsschutzes realisiert werden. Im Verfahren über den Erlass einer einstweiligen Anordnung muss folglich geklärt werden, ob die Verwaltung zu einer erneuten Entscheidung über die Standplatzvergabe verpflichtet ist.[139] Diese ausnahmsweise Vorwegnahme der Hauptsache scheidet nur dann aus, „wenn offenkundig ist, dass die von der Behörde zu treffende Ermessensentscheidung rechtsfehlerfrei zu Ungunsten des Antragstellers ausgehen wird und damit die Gefahr, dass die Folgen einer rechtswidrigen hoheitlichen Maßnahme nicht rückgängig gemacht werden können, nicht zu befürchten ist oder ausnahmsweise überwiegende, besonders gewichtige Gründe dem entgegenstehen.“[140] Eine vorläufig-endgültige Zulassung im einstweiligen Rechtsschutz kommt angesichts der darin liegenden Vorwegnahme der Hauptsache demgegenüber nur dann in Betracht, wenn eine Auswahl des Bewerbers mit hoher Gewissheit zu erfolgen hat.[141] Angesichts bestehender Entscheidungsspielräume des Veranstalters scheidet dies aber regelmäßig aus.[142]

Die – parallel zum Verpflichtungsantrag notwendige – Erhebung der Anfechtungsklage entfaltet gemäß § 80 Abs. 1 VwGO aufschiebende Wirkung, so dass der Veranstalter ab Zustellung der Klage die Vergabeentscheidung nicht mehr vollziehen, d.h. keine Beschickungsverträge mehr abschließen darf. Diese Konsequenz erscheint misslich, ist vor Durchführung der Veranstaltung regelmäßig nicht mit einer Hauptsacheentscheidung zu rechnen und entfiele selbst bei rechtzeitiger Abweisung der Anfechtungsklage die aufschiebende Wirkung erst mit deren Unanfechtbarkeit, spätestens aber drei Monate nach Ablauf der Beru-

---

[136] Eine Kombination von Anfechtungs- und Verpflichtungsklage befürwortend: OVG Lüneburg, 7 ME 116/09 – juris, Rn. 3 f.; *U. Hösch*, GewArch 1996, S. 402 (404); *H.-A. Roth*, WiVerw 1985, S. 46 (59).

[137] Siehe unten, 3. Teil, B.VI.1.a.aa.(1)(a).

[138] So, es sei denn die Entscheidung wurde insgesamt mitgeteilt, *J. Ruthig / S. Storr*, Öffentliches Wirtschaftsrecht, § 3, Rn. 360.

[139] VG Oldenburg, 12 B 1761/03 – juris, Rn. 28; ferner NVwZ-RR 2007, S. 127 (130).

[140] VG Oldenburg, 12 B 1761/03 – juris, Rn. 28; ferner NVwZ-RR 2007, S. 127 (130).

[141] Siehe VGH Kassel, GewArch 2004, S. 345 (346).

[142] Für Gegenbeispiele aber: OVG Bautzen, 3 B 539/09 – juris, Rn. 3 ff.; VG Gießen, 8 L 3803/08 – juris, Rn. 20.

fungsbegründungsfrist (§ 80b Abs. 1 S. 1 VwGO). Um die Durchführung der Veranstaltung trotz Anfechtung der Auswahl zu sichern, bleibt dem Veranstalter damit nur, den Sofortvollzug der Auswahlentscheidung gemäß §§ 80a Abs. 1 Nr. 1, 80 Abs. 2 S. 1 Nr. 4 VwGO anzuordnen. Hierfür kann er sich auf das öffentliche Interesse an der – andernfalls in Frage gestellten – Durchführung der Veranstaltung sowie das entsprechende überwiegende Interesse des/der zum Zuge gekommenen Konkurrenten berufen.[143] Mit der Bejahung der Möglichkeit einer Sofortvollzugsanordnung wird in Verteilungsverfahren freilich der ausnahmsweise Entfall der aufschiebenden Wirkung entgegen § 80 Abs. 1 VwGO zur Regel; eine entsprechende gesetzgeberische Regelung und damit Legitimation wäre insoweit wünschenswert. Auch hinsichtlich des Anfechtungsantrags muss vor diesem Hintergrund folglich im Eilrechtsschutz (endgültig) entschieden werden, nämlich im Rahmen des erforderlichen Antrags auf Wiederherstellung der aufschiebenden Wirkung (§ 80a Abs. 1 Nr. 1, Abs. 3, § 80 Abs. 5 2. Alt. VwGO). Um einen Gleichlauf der Entscheidung über Verpflichtungs- und Anfechtungsantrag zu gewährleisten, schlägt das Eilverfahren hinsichtlich ersterem auf das hinsichtlich letzterem durch: Die Wiederherstellung der aufschiebenden Wirkung muss dann ausgesprochen werden, wenn die einstweilige Anordnung Erfolg hat. Ist die Vergabeentscheidung schon vollzogen, hat das Verwaltungsgericht bei einem erfolgreichen Antrag zudem die Aufhebung der Vollziehung anzuordnen (§ 80 Abs. 5 S. 3 VwGO).

Anders als im Beamtenrecht[144] wird bei Konkurrenzstreitigkeiten um den Zugang zu Messen und Märkten trotz der beiden Materien gemeinsamen Verlagerung des Primärrechtsschutzes in das Eilverfahren nicht erörtert, ob und inwieweit damit erhöhte Anforderungen an dieses hinsichtlich der tatsächlichen und rechtlichen Prüfung des Zulassungsbegehrens einhergehen. Dies ist angesichts der Endgültigkeit des vorläufigen Rechtsschutzes, wie im Beamtenrecht auch, zu bejahen.

2. Überlegungen zum Primärrechtsschutz im Einstufenmodell

Erfolgt die Auswahl auf der Grundlage eines einstufigen Verfahrensmodells, hängt der einzuschlagende Primärrechtsschutz von der Rechtsnatur der Vergabeentscheidung ab. Am einfachsten gelagert ist der Fall einer Vergabe durch Verwaltungsakt: Hier kann *mutatis mutandis* nach oben verwiesen werden, mithin ist ein kombinierter Anfechtungs- und Verpflichtungsantrag zu stellen, wobei sich der Primärrechtsschutz auch hier im Eilverfahren realisiert. Wird die Auswahlentscheidung durch die Annahme respektive Ablehnung des im

---

[143] Näher unten, 3. Teil, B.VI.1.b.aa.
[144] Dazu oben, 2. Teil, C.VII.1.a.

Zulassungsantrag zu sehenden Angebots des Bewerbers auf Abschluss eines öffentlich-rechtlichen bzw. zivilrechtlichen Vertrags umgesetzt (oder durch einen
späteren Vertragsschluss), so ist Primärrechtsschutz mittels einer Feststellungsklage auf Vertragsnichtigkeit wegen der Drittrechtsverletzung zu suchen, ggf.
flankiert durch einen Leistungsantrag.[145] Auch hier realisiert sich der Primärrechtsschutz angesichts der Zeitgebundenheit der zur Verfügung gestellten Kapazität regelmäßig im Eilverfahren.[146] Stünde diesem Vorgehen die Stabilität
des erfolgten Vertragsabschlusses mit dem zum Zuge gekommenen Bewerber
entgegen, so wären die unterlegenen Bewerber hierüber aus Gründen des effektiven Rechtsschutzes vorab zu informieren, so dass ihnen die Erlangung präventiven Primärrechtsschutzes ermöglicht wird.[147] Im Übrigen sind in Rechte
Dritter eingreifende öffentlich-rechtliche Verträge bis zur Zustimmung des
Drittbetroffenen gemäß § 58 Abs. 1 VwVfG schwebend unwirksam. Einen
solchen Rechtseingriff stellt die den Zulassungsanspruch des respektive der
Mitkonkurrenten beeinträchtigende, rechtswidrige Vergabeentscheidung dar.
Nachdem § 58 Abs. 1 VwVfG nach h.M. bereits die Verpflichtung zulasten des
Dritten – unabhängig von ihrer rechtsvernichtenden Verfügungswirkung –
untersagt,[148] ist der Vertrag, die Verletzung des Zulassungsanspruchs gemäß
§ 70 GewO vorausgesetzt,[149] als von vornherein schwebend unwirksam anzusehen; jedenfalls in der Geltendmachung des Konkurrenzanspruchs liegt die
endgültige Verweigerung der Zustimmung und erweist sich der Vertrag damit
als endgültig unwirksam. Eine Nichtigkeit gemäß § 59 Abs. 1 VwVfG i.V.m.
§ 134 BGB i.V.m. § 70 Abs. 1, 3 GewO kommt demgegenüber nicht in Betracht,
da § 58 Abs. 1 VwVfG mit der von ihm angeordneten Rechtsfolge der schwe-
benden Unwirksamkeit die spezielle Regelung darstellt.[150]

   Ähnliches gilt für eine privatrechtliche Abwicklung. Auch hier ist der den
verfassungs- und einfach-rechtlich fundierten Zugangsanspruch sichernde § 58
Abs. 1 VwVfG als Teil des Verwaltungsprivatrechts respektive als Ausfluss der
Grundrechtsbindung der Verwaltung auch bei Handeln in den Formen des Privatrechts seinem Rechtsgedanken nach heranzuziehen.[151] Angesichts seiner
speziellen Rechtsfolge genießt dieser Vorrang vor den – tatbestandlich unter ih-

---

[145] Ausführlich zum Primärrechtsschutz in diesem Fall unten, 3. Teil, B.VI.1.a.bb.
[146] Zu diesem unten, 3. Teil, B.VI.1.b.bb.
[147] Dazu bereits oben, VI.2. Zum dann notwendigen Vorgehen unten, 3. Teil, B.VI.1.a.cc.,
sowie 2. Teil, I.V.1.
[148] Siehe nur *H. J. Bonk*, in: Stelkens / *ders.* / Sachs, VwVfG, § 58, Rn. 10, 15 f.; *F. Kopp / U.
Ramsauer*, VwVfG, § 58, Rn. 5, 7.
[149] Zu den Voraussetzungen der Rechtsverletzung ausführlich unten, 3. Teil, B.V.2.b.aa.
[150] Vgl. OVG Münster, NVwZ 1984, S. 522 (524); *F. Kopp / U. Ramsauer*, VwVfG, § 58,
Rn. 2.
[151] Ausführlich unten, 3. Teil, B.V.2.b.bb.

ren jeweiligen Voraussetzungen ebenfalls einschlägigen[152] – Nichtigkeitsregeln der §§ 134, 138 BGB.[153]

Trotz der Unwirksamkeit des Vertrages bei einer Verletzung von Drittrechten empfiehlt es sich, Widerrufs- bzw. Rücknahmeklauseln aufzunehmen,[154] da bei einem Erfolg des nicht zum Zuge gekommenen Bewerbers im Eilrechtsschutz die Verteilung korrigiert werden muss, ohne dass die Nichtigkeit schon abschließend gerichtlich festgestellt worden wäre.

---

[152] *D. Ehlers*, Gewerberecht, Rn. 85. Näher unten, 2. Teil, I.IV.2.a. und b.; 3. Teil, B.V.2.b.bb.

[153] Vgl. OVG Münster, NVwZ 1984, S. 522 (524); *F. Kopp / U. Ramsauer*, VwVfG, § 58, Rn. 2.

[154] Zu diesen *F. Ley*, Märkte, Rn. 446.

E. Hochschulzulassung

Die Konkurrenz Hochschulzugangsberechtigter um Studienplätze stellt auch angesichts seiner gesamtgesellschaftlichen Dimension sicherlich einen der meist diskutierten Verteilungskonflikte dar, den diese Arbeit betrachtet. Der folgende Abschnitt weitet die meist um verfassungsrechtliche Vorgaben für Kapazitätsbestimmung und Vergabekriterien zentrierte Debatte auf das Vergabeverfahren in seiner Gesamtheit.

I. Die Verteilungssituation

1. Verfassungsrechtliche Perspektive

a) Die Hochschulzulassung im Lichte der Freiheitsrechte (Art. 12 Abs. 1 GG)

Dass Verteilungskonflikte bei der Bereitstellung eines staatlichen Leistungsangebots nicht an der abwehrrechtlichen Dimension der Freiheitsrechte abgearbeitet werden können, hat das BVerfG im Kontext der Hochschulzulassung besonders deutlich herausgestellt: So steht bei der von Art. 12 Abs. 1 GG garantierten freien Wahl der Ausbildungsstätte anders als bei der Berufswahlfreiheit nicht die „den Freiheitsrechten herkömmlich beigemessen[e] Schutzfunktion gegen Eingriffe der öffentlichen Gewalt"[1] im Vordergrund. Denn während letztere nur im Ausnahmefall, namentlich im Kontext des öffentlichen Dienstes, von der Bereitstellung staatlicher Entfaltungsmöglichkeiten abhängt, setzt erstere ein entsprechendes staatliches Ausbildungsangebot voraus. Im Ausbildungswesen tritt folglich „neben das ursprüngliche Postulat grundrechtlicher Freiheitssicherung vor dem Staat die komplementäre Forderung nach grundrechtlicher Verbürgung der Teilhabe an staatlichen Leistungen."[2] Dieses Teilhaberecht ist entsprechend den im ersten Teil angestellten grundrechtsdogmatischen Überlegungen[3] jedenfalls in Konkurrenzsituationen gleichheitsrechtlich zu konzeptionalisieren und in diesem Kontext sogleich abzuhandeln; hierbei kommt auch die freiheitsrechtliche Relevanz der Hochschulzulassung zum Tragen.

---

[1] BVerfGE 33, 303 (330).
[2] BVerfGE 33, 303 (330 f.).
[3] Siehe 1. Teil, A.I.2.b.bb.(1)(b).

b) Das Vergabeverfahren im Lichte des Gleichheitssatzes

Als grundrechtlicher Maßstab für die Bewältigung von Verteilungskonflikten bei der Hochschulzulassung fungiert das aus Art. 3 Abs. 1 i.V.m. Art. 12 GG und dem Sozialstaatsprinzip (Art. 20 Abs. 1 GG) abgeleitete Teilhaberecht an Studienplätzen. Dieses stellt strenge Verteilungsmaßstäbe auf. Denn angesichts eines weitgehend staatlich monopolisierten Hochschulwesens ist der Einzelne auf das staatliche Ausbildungsangebot in besonderem Maße angewiesen.[4] Zudem trifft ihn die Vergabeentscheidung intensiv, ist sie doch „notwendige Voraussetzung für die Verwirklichung von Grundrechten"[5] und betrifft sie die „Verteilung von Lebenschancen"[6]. Schließlich schlagen Zulassungsbeschränkungen im Ausbildungswesen auf die Wahrnehmung der Berufsfreiheit durch.[7] Aus diesen Gründen kommt auch dem Gesetzgeber eine besondere Verantwortung für die Verteilung zu: So man nicht den Gesetzesvorbehalt des Abwehrrechts unmittelbar übertragen möchte, folgt ein solcher jedenfalls aus der Grundrechtswesentlichkeit der Hochschulzulassung: Da „die Beteiligung an staatlichen Leistungen die notwendige Voraussetzung für die Verwirklichung von Grundrechten [ist,] ... muß der Gesetzgeber als derjenige, von dessen Entschließungen der Umfang des Leistungsangebots abhängt, selbst die Verantwortung dafür übernehmen, wenn als Folge unzureichender Kapazitäten der Kreis der Begünstigten unter Inkaufnahme schwerwiegender Ungleichbehandlungen einzuschränken ist."[8]

Diese für den absoluten Numerus clausus, d.h. für eine bundesweite Beschränkung der Hochschulzulassung, entwickelten Anforderungen reduzieren sich freilich für lediglich regional begrenzte Zulassungsbeschränkungen.[9] Zudem wird zu Recht hervorgehoben, dass angesichts des Wandels der Rahmenbedingungen an den Hochschulen die tatsächlichen und rechtlichen Grundlagen der NC-Rechtsprechung des BVerfG mit seiner Vorstellung prinzipiell gleich geeigneter, da hochschulreifer Bewerber und des Gebots bundeseinheitlicher Kapazitätsbestimmung in Frage gestellt werden.[10]

---

[4] BVerfGE 33, 303 (331 f.).

[5] BVerfGE 33, 303 (332); E 43, 291 (314 ff.).

[6] BVerfGE 33, 303 (338); ferner E 37, 104 (113 ff.); E 43, 291 (314 ff.); E 59, 1 (31).

[7] Vgl. BVerfGE 33, 303 (338; ferner 329 f.); ferner E 37, 104 (113 ff.); E 54, 173 (191).

[8] BVerfGE 33, 303 (337).

[9] Vgl. BVerfGE 33, 303 (328); E 37, 104 (113); von VGH Mannheim, 9 S 2515/90 – juris, Rn. 5, auch relativiert für einen binationalen Studiengang; *M. Deutsch*, Planung und Abwägung im Kapazitätsrecht, S. 813 (821); *K. Hailbronner*, WissR 1996, S. 1 (30). Siehe demgegenüber aber auch VerfGH Berlin, DVBl. 2008, S. 1377 (1377 f.), nach dem die Teilhabedimension genauso bei Einschränkungen der freien Ortswahl einschlägig sei; ferner VGH München, NVwZ-RR 2006, S. 695 (697 f.); *M. Fehling*, Hochschule, § 17, Rn. 55.

[10] Siehe nur, wenngleich sehr weitgehend, *R. Steinberg/H. Müller*, NVwZ 2006, S. 1113 (1115 ff.). Vgl. auch *M.-E. Geis*, WissR 2007, Beih. 18, S. 9 (21 ff.); *K. Hailbronner*, WissR 1996, S. 1 (37 f.); *ders.*, WissR 2002, S. 209 (215 ff., 229 ff.); *W. Kluth*, WissR 2007, Beih. 18,

Das Teilhaberecht stellt Anforderungen sowohl an das „Ob" der Knappheit (aa) als auch an deren Bewältigung (bb). Zudem vermittelt es einen Zugangsanspruch (cc).

aa) Die grundrechtlichen Direktiven für die Knappheit: die Kapazitätsbestimmung

Obgleich das BVerfG das Bestehen eines aus Art. 12 Abs. 1 GG abgeleiteten originären Leistungsanspruchs auf die Schaffung respektive Erweiterung staatlicher Ausbildungsangebote offen ließ,[11] maß es die staatliche Entscheidung, nur eine bestimmte Anzahl von Studienplätzen zur Verfügung zu stellen, am für die Hochschulzulassung anerkannten Teilhaberecht.[12] So unterliegt die Knappheit einem – auch prozedural abzusichernden – Optimierungsgebot in Gestalt der Pflicht zur Ausschöpfung vorhandener Kapazitäten.[13] Denn ein absoluter Numerus clausus stellt sich in Analogie zu den für das Abwehrrecht entwickelten Grundsätzen nicht nur als objektive Zulassungsschranke für die Ausbildungs-, sondern auch für die Berufsfreiheit (Art. 12 Abs. 1 GG) dar und kann daher „nur zur Abwehr nachweisbarer oder höchstwahrscheinlicher schwerer Gefahren für ein überragend wichtiges Gemeinschaftsgut und nur unter strikter Wahrung des Grundsatzes der Verhältnismäßigkeit zulässig [sein]."[14] Demzufolge ist er „nur verfassungsmäßig, wenn er … in den Grenzen des unbedingt Erforderlichen [Gewährleistung eines ordnungsgemäßen Studienbetriebs] unter erschöpfender Nutzung der vorhandenen, mit öffentlichen Mitteln geschaffenen Ausbildungskapazitäten angeordnet wird …".[15]

Hinsichtlich des Verhältnisses von verteilender Verwaltung und Gesetzgeber betont das BVerfG, dass die Art und Weise der Kapazitätsermittlung „zum Kern des Zulassungswesens" zähle und es primär in den Verantwortungsbereich des Gesetzgebers falle, objektivierte und nachvollziehbare Kriterien für die Kapazitätsermittlung festzulegen.[16] Allerdings ist es angesichts der Grenzen einer normativen Kapazitätsbestimmung nicht zu beanstanden, wenn der

---

S. 60 (71 ff.). Anders aber *P. Hauck-Scholz / B. Brauhardt*, WissR 2008, S. 307 (322 ff.). Restriktiv auch VGH München, 7 CE 09.2804 – juris, Rn. 19, hinsichtlich der Möglichkeit, im Rahmen des Zugangs zu einem Master-Studiengang ein „Wunschkandidatenprofil" festzulegen. Zum Wandel bei der Regulierung des Hochschulzugangs: *J. F. Lindner*, NVwZ extra 2010, Heft 6, S. 1 ff.

[11] BVerfGE 33, 303 (333); ebenfalls offengelassen in E 43, 291 (325 f.). Näher oben, 1. Teil, A.I.2.b.bb.(2).

[12] Dies steht in Einklang mit dem oben entwickelten weiten Teilhabeverständis, siehe 1. Teil, A.I.2.b.bb.(1)(a)(bb) und (b).

[13] Dazu BVerfGE 33, 303 (338 ff.); E 39, 258 (265); E 43, 291 (326); E 85, 36 (54).

[14] BVerfGE 33, 303 (338; ferner 329 f.); ferner E 37, 104 (113 ff.); E 54, 173 (191).

[15] BVerfGE 33, 303 (338); ferner E 39, 258 (265); E 43, 34 (45); E 43, 291 (326); E 54, 173 (191); E 85, 36 (54); NVwZ 2004, S. 1112 (1113); BayVerfGH, NVwZ 1998, S. 838 (839).

[16] BVerfGE 33, 303 (340); ferner E 39, 258 (265); E 54, 173 (192 ff.); E 85, 36 (54).

Gesetzgeber lediglich deren „materiellrechtlich[e] Voraussetzungen durch aus-
füllungsbedürftige Normbegriffe" umschreibt und im Übrigen auf ein „Zusammenwirken von Hochschulen und zuständigen staatlichen Stellen" setzt,
jedenfalls so „durch ein formalisiertes, gerichtlich kontrollierbares Verfahren
dafür vorgesorgt wird, daß die wesentlichen Entscheidungsfaktoren geprüft
und die mit der Norm angestrebten Ziele wirklich erreicht werden."[17] Diese gerichtliche Kontrolle darf nicht auf eine Willkürkontrolle beschränkt werden.[18]

Zum Inhalt des Gebots der erschöpfenden Kapazitätsauslastung hielt das
BVerfG fest:

Aus dem Gebot der erschöpfenden Kapazitätsauslastung lassen sich allerdings keine konkreten Berechnungsgrundsätze ableiten, die als allein zutreffend gelten könnten. Vielmehr geht es um die Abwägung widerstreitender Grundrechtspositionen. Das Zugangsrecht der Hochschulbewerber muß abgestimmt werden mit der grundrechtlich gewährleisteten Forschungs- und Lehrfreiheit der Hochschullehrer (Art. 5 Abs. 3 GG) und mit
den Ausbildungsbedürfnissen der bereits zugelassenen Studenten. Die dazu erforderliche
Konkretisierung ist zwar mit einem nicht unerheblichen Gestaltungsfreiraum des Ver-
ordnunggebers verbunden, sie muß aber den Bedingungen rationaler Abwägung genügen.
Der Normgeber muß von Annahmen ausgehen, die dem aktuellen Erkenntnis- und Er-
fahrungsstand entsprechen und eine etwaige Kapazitätsminderung auf das unbedingt erforderliche Maß beschränken. Insoweit ist eine verwaltungsgerichtliche Kontrolle unent-
behrlich.[19]

Dementsprechend verpflichtet § 29 Abs. 2 S. 2 HRG dazu, „im Rahmen der verfügbaren Mittel die Möglichkeiten zur Nutzung der vorhandenen Ausbildungskapazität" auszuschöpfen; bei Bewerberüberhang darf die „Zulassungszahl … nicht niedriger festgesetzt werden, als dies unter Berücksichtigung der
personellen, räumlichen, sächlichen und fachspezifischen Gegebenheiten zur
Aufrechterhaltung einer geordneten Wahrnehmung der Aufgaben der Hochschule in Forschung, Lehre und Studium sowie in der Krankenversorgung unbedingt erforderlich ist" (§ 29 Abs. 2 S. 1 HRG). Gemäß § 30 Abs. 1 S. 1 HRG
erfolgt die Festsetzung der Zulassungszahlen durch Landesrecht.

bb) Die grundrechtlichen Direktiven für Vergabekriterien und -verfahren

Auswahlkriterien und -verfahren müssen sich am in Art. 3 Abs. 1 i.V.m. Art. 12
Abs. 1 GG und dem Sozialstaatsprinzip verfassungsrechtlich radizierten Teilhabeanspruch messen lassen. Dieser stellt ein – über das Willkürverbot hinaus-

---

[17] BVerfGE 33, 303 (341); ferner E 39, 258 (265 ff.); E 54, 173 (194 f.).
[18] BVerfGE 85, 36 (59 f.).
[19] BVerfGE 85, 36 (56 f.); ferner E 54, 173 (192 f., 197 f.); BVerwGE 60, 25 (44; 49 f.). Ausführlich auch *R. Breuer*, HStR VI, § 147, Rn. 83 ff.; *W. Kluth*, WissR 2007, Beih. 18, S. 60
(64 ff.); *W. Zimmerling / R. Brehm*, Hochschulkapazitätsrecht. Siehe zur gerichtlichen Kontrolldichte im einstweiligen Rechtsschutz *F. Schoch*, Vorläufiger Rechtsschutz, S. 767 ff.

gehendes – Gebot der Sachgerechtigkeit auf.[20] Entscheidend geprägt wird dieses durch den Befund, dass eine Auswahl unter prinzipiell Gleichberechtigten, nämlich allesamt hochschulreifen Bewerbern stattfindet. Daher müssen „Auswahl und Verteilung nach sachgerechten Kriterien mit einer Chance für jeden an sich hochschulreifen Bewerber und unter möglichster Berücksichtigung der individuellen Wahl des Ausbildungsortes erfolgen ...".[21] Freilich lässt sich diese Zulassungschance, wie das BVerfG im zweiten Numerus-clausus-Urteil präzisiert hat, „nicht losgelöst von der jeweiligen Gesamtlage verwirklichen".[22] Vielmehr besteht lediglich die Verpflichtung,

das Zulassungsrecht aller Bewerber und deren prinzipielle Gleichberechtigung soweit wie jeweils möglich zu berücksichtigen. In harten Numerus-clausus-Fächern, in denen eine Überzahl an Bewerbern um verhältnismäßig wenig[e] Studienplätze konkurrieren, konnte er aber von Anfang an nicht so verstanden werden, als müsse eine Zulassung zum Studium garantiert werden. Schon begrifflich schließt die Einräumung von Chancen das Risiko des Fehlschlages ein. Bei der Vergabe verknappter unteilbarer Güter ... kann jedes Auswahlsystem nur einem Teil der Bewerber reale Aussichten eröffnen; wesentlich ist alsdann, daß der Realisierungsgrad der Chancen wenigstens durch objektiv sachgerechte und individuell zumutbare Kriterien bestimmt wird.[23]

Sachgerecht ist daher eine Studienplatzvergabe insbesondere nach einer Kombination von Leistungs-, Eignungs- und sozialen Kriterien;[24] auch ein Rekurs auf ein leistungsgesteuertes Losverfahren kommt in Betracht[25].[26] Das Vergabeverfahren muss die sachgerechte Verteilung der Studienplätze gewährleisten[27] und hat den Grundsatz der Chancengleichheit zu beachten, der einen gewissen verfahrensrechtlichen Mindeststandard impliziert.[28] In formeller Hinsicht schließlich ist „es wegen der einschneidenden Bedeutung der Auswahlregelung Sache des verantwortlichen (Parlaments-)Gesetzgebers, auch im Falle einer De-

---

[20] BVerfGE 33, 303 (338); E 37, 104 (113).

[21] BVerfGE 33, 303 (338); ferner E 39, 258 (265); E 43, 34 (45); E 43, 291 (326); E 54, 173 (191); E 85, 36 (54); NVwZ 2004, S. 1112 (1113); BayVerfGH, NVwZ 1998, S. 838 (839).

[22] BVerfGE 43, 291 (316).

[23] BVerfGE 43, 291 (316 f.); siehe auch E 59, 1 (25, 31).

[24] BVerfGE 33, 303 (348 ff.; Auswahl allein nach Abiturnote nicht sachgerecht, vgl. ibid., 350); E 37, 104 (116); E 43, 291 (317 ff.); ferner BVerwGE 42, 296 (302); VGH Kassel, NVwZ-RR 2006, S. 700 (700 f.); VGH München, NVwZ-RR 2006, S. 695 (698 f.). Zu den verfassungsrechtlichen Anforderung an den Hochschulzugang, d.h. die Qualifikationsanforderungen *J. F. Lindner*, NVwZ extra 2010, Heft 6, S. 6 ff.

[25] BVerfGE 43, 291 (314).

[26] Hinsichtlich subjektiver Zulassungskriterien ist nicht zu beanstanden, den Studienfachwechsel von einem wichtigen Grund abhängig zu machen (BayVerfGH, NVwZ 1998, S. 838 [839]); genauso wenig kann der grundsätzliche Ausschluss von mindestens 55-jährigen Studienplatzbewerbern vom ZVS-Vergabeverfahren als Verstoß gegen das Teilhaberecht qualifiziert werden (OVG Münster, NVwZ-RR 2001, S. 449 [449]).

[27] Siehe nur VGH München, NVwZ 1988, S. 952 (953); *P. M. Huber*, Konkurrenzschutz, S. 469.

[28] OVG Lüneburg, NVwZ-RR 2006, S. 256 (256 ff.).

legation seiner Regelungsbefugnis zumindest die Art der anzuwendenden Auswahlkriterien und deren Rangverhältnis untereinander selbst festzulegen."[29] Gestattet er den Hochschulen, Eignungsfeststellungsverfahren durchzuführen, so bedürfen „sowohl die verfahrensrechtlichen Vorgaben der Eignungsfeststellung als auch die inhaltlichen Kriterien, die für die Eignungsfeststellung maßgeblich sein sollen", einschließlich ihrer Gewichtung, einer normativen Festlegung durch die Hochschule; eine Fixierung in Verwaltungsvorschriften reiche nicht aus.[30]

cc) Der grundrechtliche Zugangsanspruch

Das aus Art. 3 Abs. 1 GG i.V.m. Art. 12 Abs. 1 GG und dem Sozialstaatsprinzip abgeleitete Teilhaberecht impliziert schließlich einen grundrechtlich unterfütterten Zugangsanspruch, mithin „ein Recht des die subjektiven Zulassungsvoraussetzungen erfüllenden Staatsbürgers auf Zulassung zum Hochschulstudium seiner Wahl."[31] Dieser Zulassungsanspruch besteht, was insbesondere für außerkapazitäre Rechtsschutzbegehren wichtig ist, in Ermangelung einer gesetzlichen Regelung solange, wie „der Bewerber n[o]ch ordnungsgemäß in den laufenden Studienbetrieb eingegliedert werden kann und seine erfolgreiche Teilnahme [an] den Lehrveranstaltungen des Bewerbungssemesters gewährleistet ist".[32] Bei Rechtsschutzbegehren ist auf den Zeitpunkt der Rechtshängigkeit des Zulassungsanspruchs abzustellen.[33]

---

[29] BVerfGE 33, 303 (345 f.). Siehe auch VGH München, NVwZ-RR 2006, S. 695 (699); *P. M. Huber*, Konkurrenzschutz, S. 504.

[30] VGH München, 7 CE 09.2804 – juris, Rn. 18. Vgl. ferner *J. F. Lindner*, NVwZ extra 2010, Heft 6, S. 10 f.; für die Bewertungsmaßstäbe etwaiger Auswahlgespräche VG Hannover, NVwZ-RR 1988, S. 27 (28); *F. Rottmann / S. Breinersdorfer*, NVwZ 1988, S. 879 (881).

[31] BVerfGE 33, 303 (332); ferner E 39, 258 (269 f.); E 39, 276 (293); E 43, 291 (313 f.); E 85, 36 (53 f.); BVerwGE 57, 148 (149); *P. M. Huber*, Konkurrenzschutz, S. 516 f.

[32] OVG Münster, NVwZ-RR 2008, S. 703 (703); ferner *M. Schmidt-Preuß*, Kollidierende Privatinteressen, S. 152 f. (beziffert aber nur auf zwei Wochen ab Vorlesungsbeginn); weiter (bis zum Semesterende, wenngleich nicht unter einem materiell-rechtlichen, den Zulassungsanspruch betreffenden Blickwinkel, sondern unter einem prozessualen, nämlich den Anordnungsgrund betreffend): VGH Mannheim, NVwZ-RR 2004, S. 37 (37); VGH München, 7 CE 05.10057 u.a. – juris, Rn. 13. Siehe auch BVerfG, 1 BvR 584/05 – juris, Rn. 19 ff. Näher dazu *R. Brehm / W. Zimmerling*, NVwZ 2008, S. 1303 (1305 f.). Zur Zulässigkeit einer (gesetzlichen) Ausschlussfrist mit Vorlesungsbeginn OVG Lüneburg, NVwZ-RR 2006, S. 330 (330 f.); ebenso *M. Schmidt-Preuß*, a.a.O., S. 152 f. m. Fn. 122; noch weiter OVG Bremen, 1 B 41/08 – juris, Rn. 3.

[33] OVG Münster, NVwZ-RR 2008, S. 703 (703).

2. Unionsrechtliche Perspektive

Trotz fehlender Binnenmarktrelevanz unterliegt auch der Hochschulzugang Verteilungsdirektiven des EU-Primärrechts.[34] Angesichts der fortschreitenden Einbeziehung nicht-ökonomischer Aspekte in das Integrationsprogramm der Gemeinschafts- bzw. Unionsverträge, namentlich eines Verständnisses des Art. 21 Abs. 1 AEUV als „Grundfreiheit ohne Markt",[35] gilt dies sogar in zunehmendem Maße. Bereits in den 1980er Jahren ordnete der Gerichtshof den Zugang zu Bildungseinrichtungen unbeschadet nur schwacher Anhaltspunkte im Primärrecht dem Anwendungsbereich des damaligen EWG-Vertrags zu und konnte so das allgemeine Diskriminierungsverbot (Art. 18 AEUV) auf diesen erstrecken. Damit war die Schlechterstellung von EU-Ausländern beim Hochschulzugang grundsätzlich[36] untersagt,[37] eine Vorgabe, die seit Einführung der Unionsbürgerschaft aus dem unionsbürgerlichen Diskriminierungsverbot (Art. 21 i.V.m. 18 AEUV) folgt[38]. In dem Maße, in dem man nunmehr Beschränkungen der Mobilität Studierender in den Gewährleistungsgehalt des allgemeinen Freizügigkeitsrechts (Art. 21 Abs. 1 AEUV) einbezieht,[39] müssen sich entsprechende Beschränkungen an diesem messen lassen. Dies kann die Basis für ein dem marktfreiheitlichen entsprechendes materielles und prozedurales Verteilungsregime bilden: Studienplätze dürfen mithin nicht nach Kriterien vergeben werden, die EU-Ausländer offen respektive versteckt diskriminieren oder die den Hochschulzugang sonst unverhältnismäßig beschränken; zudem ist ein prozeduraler Mindeststandard, namentlich hinsichtlich Transparenz- und Gleichbehandlungspflichten zu beachten. In Rechtsprechung und Literatur wird ein solches Vergaberegime im Kontext der Studienplatzvergabe allerdings noch nicht weiter entfaltet; die bereits erwähnte Entscheidung des

---

[34] Dazu bereits oben, 1. Teil, B.I.2.b.

[35] Siehe dazu *F. Wollenschläger*, Grundfreiheit ohne Markt, *ders.*, ZEuS 2009, S. 1, sowie bereits oben, 1. Teil, B.I.2.b.

[36] Ein Vorbehalt greift allerdings zugunsten des Allgemeininteresses am Fortbestand des nationalen Bildungssystems, womit Zugangsrestriktionen rechtfertigungsfähig sind, die bestandsgefährdenden strukturellen, finanziellen und personellen Problemen des nationalen Bildungssystems entgegenwirken, vgl. EuGH, Rs. C-147/03, Slg. 2005, I-5969, Rn. 50, 62 ff. – EK / Österreich.

[37] EuGH, Rs. 152/82, Slg. 1983, 2323, Rn. 13 ff. – Forcheri; Rs. 293/83, Slg. 1985, 593, Rn. 19 ff. – Gravier; Rs. 24/86, Slg. 1988, 379, Rn. 16 ff. – Blaizot. Aus jüngerer Zeit: Rs. C-65/03, Slg. 2004, I-6427 – EK / Belgien; Rs. C-147/03, Slg. 2005, I-5969 – EK / Österreich; Rs. C-73/08, n.n.v. – Bressol. Näher zur Entwicklung des Freizügigkeitsrechts Studierender *F. Wollenschläger*, Grundfreiheit ohne Markt, S. 80 ff.; ferner *P. M. Huber*, Konkurrenzschutz, S. 459 ff.

[38] Zu diesem *F. Wollenschläger*, Grundfreiheit ohne Markt, S. 197 ff.; zu dessen Verhältnis zur früheren Rechtsprechung des EuGH zum diskriminierungsfreien Hochschulzugang ibid., S. 210 f.

[39] Allgemein zur Reichweite des aus Art. 21 Abs. 1 AEUV folgenden Beschränkungsverbots *F. Wollenschläger*, Grundfreiheit ohne Markt, S. 281 ff.; *ders.*, ZEuS 2009, S. 1 (38 ff.).

BayVGH zur Festlegung der Bewerbungstermine mag allerdings in diese Richtung weisen[40].

II. Regelungsstrukturen

Angesichts der besonderen Grundrechtsrelevanz des Hochschulzugangs hat die Vergabe von Studienplätzen eine detaillierte gesetzliche Regelung erfahren. Diese erstreckt sich sowohl auf die Knappheit als solche, mithin die Festsetzung der Zulassungszahlen (§§ 29 f. HRG), als auch auf deren Bewältigung durch die Festlegung von Kriterien für die Vergabe durch die von den Ländern errichtete Zentralstelle (§ 27, § 31 Abs. 2 ff., §§ 32 ff. HRG). Zudem regelt das HRG, wann ein bundeseinheitliches Vergabeverfahren angezeigt ist (§ 31 Abs. 1 HRG). Nachdem die zentrale Vergabe von Studienplätzen bislang der Zentralstelle für die Vergabe von Studienplätzen (ZVS) oblag, haben sich die Länder im Jahr 2007 im Staatsvertrag über die Errichtung einer gemeinsamen Einrichtung für Hochschulzulassung auf die Errichtung einer Stiftung für Hochschulzulassung geeinigt (Art. 1 StV), die die ZVS ablöst (Art. 17 StV). Dieser Stiftung des öffentlichen Rechts obliegt die Unterstützung der Hochschulen bei der Durchführung der örtlichen Zulassungsverfahren („Serviceverfahren", Art. 2 Nr. 1, Art. 4 StV) sowie die bundesweit zentrale Studienplatzvergabe in Fächern mit Kapazitätsengpässen („Zentrales Vergabeverfahren", Art. 2 Nr. 2, Art. 5 ff. StV). Der Staatsvertrag ist zum 1.5.2010 in Kraft getreten und findet erstmals zum Wintersemester 2010/2011 Anwendung (Art. 18 Abs. 1 S. 2 StV). Details der Studienplatzvergabe finden sich in diesem und den auf seiner Grundlage durch die Länder[41] erlassenen Vergabe- (VergabeVO) und Kapazitätsverordnungen (KapVO).

Nachdem das Hochschulzulassungsrecht bis zur Föderalismusreform in die Rahmenkompetenz des Bundes für die allgemeinen Grundsätze des Hochschulwesens fiel (Art. 75 Abs. 1 S. 1 Nr. 1a GG a.F.), seitdem aber dem Bereich der konkurrierenden Gesetzgebungskompetenz mit Abweichungsbefugnis für die Länder zuzurechnen ist (Art. 74 Abs. 1 Nr. 33, 72 Abs. 3 S. 1 Nr. 6 GG), bestehen – freilich materiell weitgehend durch den bundesverfassungsrechtlichen Teilhabeanspruch determinierte – Regelungsbefugnisse für die Länder.[42] So hat

---

[40] BayVGH, 7 CE 07.2872 – juris; ferner OVG Münster, 13 B 1185/09 und 13 B 1186/09 – juris, Rn. 10 ff.; näher oben, 1. Teil, B.I.2.b.

[41] Die Delegation an den Landesverordnungsgeber in Art. 12 StV steht um der Einheitlichkeit willen unter dem Vorbehalt, dass die „Rechtsverordnungen der Länder ... übereinstimmen [müssen], soweit dies für eine zentrale Vergabe der Studienplätze notwendig ist" (Art. 12 Abs. 2 StV). Der folgenden Analyse sind die Musterverordnungen zugrunde gelegt.

[42] Zur Föderalismusreform und ihren Auswirkungen auf die Bereiche Bildung und Wissenschaft F. Wollenschläger, RdJB 2007, S. 8; spezifisch zum Hochschulzulassungsrecht P. Hauck-Scholz / B. Brauhardt, WissR 2008, S. 307.

etwa der Freistaat Bayern ein Gesetz über die Hochschulzulassung beschlossen, das bei Bewerberüberhang neben der zentralen Vergabe durch die Stiftung ein örtliches Auswahlverfahren vorsieht (Art. 1 Abs. 2, Art. 5 BayHZG).

Studienplätze werden entweder durch die Hochschulen selbst oder im Vergabeverfahren der Stiftung (zentrales Auswahl- oder Serviceverfahren) vergeben. Das Erfordernis einer Einbeziehung in das zentrale Vergabeverfahren bestimmt sich nach dem Ausmaß der Zulassungsbeschränkung in dem jeweiligen Studiengang (§ 31 Abs. 1 HRG): Je nach dem, ob Zulassungszahlen lediglich für mehrere staatliche Hochschulen im Bundesgebiet, deren Mehrzahl oder aber für die Gesamtzahl festgesetzt wurden, kann, soll respektive muss die Vergabe der Stiftung überantwortet werden. Die zwingende Vergabe durch die Stiftung setzt zudem voraus, dass „zu erwarten ist, daß die Zahl der Bewerber die Gesamtzahl der zur Verfügung stehenden Plätze übersteigt [und] nicht wegen der Art der Zugangsvoraussetzungen oder der Auswahlmaßstäbe den Hochschulen die Entscheidung vorbehalten wird." Derzeit einbezogen sind die Studiengänge Medizin, Pharmazie, Tier- und Zahnmedizin (siehe Anlage 1 VergabeVO). Auf Landesebene ordnet etwa das BayHZG für nicht in die zentrale Vergabe einbezogene Studiengänge ein örtliches Auswahlverfahren an, wenn bei einer Hochschule Bewerberüberhang besteht (Art. 1 Abs. 2, Art. 5 BayHZG).[43]

Von besonderer Bedeutung im Hochschulzulassungsrecht ist schließlich das oftmals gesetzlich nicht weiter geregelte (siehe aber § 24 VergabeVO ZVS-BW) Auswahlverfahren, das auf gerichtliche Anordnung bei Feststellung nicht genutzter Studienkapazitäten stattzufinden hat.[44]

III. Das Auswahlverfahren

Auch das zentrale Vergabeverfahren, das im Mitteilpunkt der folgenden Betrachtung der Vergabe von Studienplätzen stehen soll, weist die für Verteilungsverfahren charakteristische Gliederung in eine Konzept- (1.), Ausschreibungs- (2.), Bewerbungs- (3.) und Entscheidungsfindungsphase (4.) auf, an deren Ende die Vergabeentscheidung steht (5.). Eine Einstellung des Vergabeverfahrens und anlassunabhängige Verfahren spielen im Hochschulzulassungsrecht keine Rolle.

---

[43] Zum Nebeneinander der Vergabekriterien bei der Hochschulauswahl: VGH München, NVwZ-RR 2006, S. 695 (695 ff.).

[44] Dieses wird unten im Kontext des Rechtsschutzes abgehandelt, VII.2.

1. Konzeptphase

Bereits im soeben erörterten Gebot, bei Bewerberüberhang ein Auswahlverfahren durchzuführen (§ 31 Abs. 1 HRG; Art. 1 Abs. 2 BayHZG), kommt eine Konzeptpflicht zum Ausdruck. In der Konzeptphase muss die Hochschule – abgesehen von der Definition des Studienangebots[45] – unter Beachtung der oben aufgezeigten verfassungsrechtlichen Parameter, die Eingang in §§ 29 f. HRG, Art. 6 des Staatsvertrags und die KapVO sowie das Hochschulzulassungsrecht der Länder (etwa Art. 3 f. BayHZG) gefunden haben, Zulassungszahlen jedenfalls für die in das zentrale Vergabeverfahren einbezogenen Studiengänge festsetzen. Bei der Kapazitätsermittlung ist ein Gestaltungs- und Beurteilungsspielraum anzuerkennen.[46] Hinsichtlich der materiellen Vergabekriterien besteht angesichts der besonderen Grundrechtsrelevanz des Hochschulzugangs und der damit einhergehenden Verteilungsverantwortung des Gesetzgebers ein nur geringer Spielraum der verteilenden Verwaltung; dieser beschränkt sich im Wesentlichen darauf, für das im Rahmen des zentralen Auswahlverfahrens durchzuführende hochschulinterne Auswahlverfahren Kriterien aus einem gesetzlich vorgegebenen Katalog auszuwählen (§ 32 Abs. 3 Nr. 3 HRG, Art. 10 Abs. 1 Nr. 3 StV, Art. 5 Abs. 5 BayHZG).[47] In Bayern ist neben der Durchschnittsnote der Hochschulzugangsberechtigung mindestens eines der folgenden Kriterien festzulegen: die Einzelnoten der Hochschulzugangsberechtigung, die über die fachspezifische Eignung besonderen Aufschluss geben, das Ergebnis eines fachspezifischen Studierfähigkeitstests, die Art einer Berufsausbildung oder Berufstätigkeit, das Ergebnis eines Auswahlgesprächs, das Aufschluss über die Motivation der Bewerberin oder des Bewerbers und über die Identifikation mit dem gewählten Studium und dem angestrebten Beruf gibt[48] (Art. 5 Abs. 5 S. 3 i.V.m. S. 2 BayHZG).[49] Ebenfalls mit Blick auf die

---

[45] Bei der Profilbildung besteht aufgrund von Art. 5 Abs. 3 GG ein weiter Gestaltungsspielraum der Hochschule, der nur auf seine Willkürlichkeit hin überprüfbar ist, vgl. *R. Steinberg/H. Müller*, NVwZ 2006, S. 1113 (1119). Freilich sind dabei die Studienzugangsinteressen der Hochschulreifen zu berücksichtigen (*R. Steinberg/H. Müller*, NVwZ 2006, S. 1113 [1119]); eine Abweichung von der Nachfrage der Studienbewerber ist darüber hinaus mit Blick auf die damit einhergehende berufslenkende Wirkung rechtfertigungsbedürftig, vgl. *J. Schmitt*, NJW 1974, S. 773 (774).

[46] Zur Kapazitätsermittlung bereits oben, I.1.b.aa.

[47] Zu verfassungsrechtlichen Bedenken gegenüber der Auswahlbefugnis der Hochschulen *P. Hauck-Scholz/B. Brauhardt*, WissR 2008, S. 307 (331 ff.). Anders VG Gießen, Beschl. v. 24.1.2008, 3 MZ 3891/07.W7, Umdruck S. 8 ff.

[48] Im Gegensatz zu Fragen, die auf die Feststellung der Eignung des Bewerbers und Ernsthaftigkeit seines Studienwunsches zielen, werden Fragen nach den Motiven für den Grundrechtsgebrauch für problematisch erachtet, siehe *F. Rottmann/S. Breinersdorfer*, NVwZ 1988, S. 879 (881 ff.).

[49] Siehe zum – durch die Zulassungschancen im gesamten Bundesgebiet determinierten – Regelungsspielraum der Länder OVG Saarlouis, NVwZ-RR 2009, S. 418; *P. Hauck-Scholz/B. Brauhardt*, WissR 2008, S. 307 (313 ff., 331 ff.).

Grundrechtsrelevanz haben sowohl die Festsetzung der Zulassungszahl (§ 30 Abs. 1 S. 1, Art. 3 Abs. 2 BayHZG) als auch die Ausgestaltung des Hochschulauswahlverfahrens (Art. 5 Abs. 7 BayHZG) durch Satzung zu erfolgen.

2. Ausschreibungsphase

Da die Realisierung des verfassungs- und unionsrechtlich verbürgten Teilhabeanspruchs am Hochschulstudium von einer adäquaten Information über Studienmöglichkeiten abhängt, stellt eine entsprechende Publizität ein Gebot des prozeduralen Grundrechts- respektive Grundfreiheitenschutzes dar. Im Vergabeverfahren ist diese, obgleich das Hochschulzulassungsrecht keine spezifische Verpflichtung zur Ausschreibung kennt, gewahrt. Denn die in die zentrale Verteilung einbezogenen Studiengänge und die Modalitäten der Vergabe sind staatsvertraglich respektive in Rechtsverordnungen festgelegt und unterliegen damit der staatsorganisationsrechtlichen Veröffentlichungspflicht von Normen; transparenzerhöhend wirkt zudem die, allerdings nicht vorgeschriebene, Internetpublikation auf den Seiten der Stiftung.

Publizitätserfordernisse im Kontext der Hochschulzulassung im Übrigen haben jüngst den BayVerfGH beschäftigt, der feststellte: Hochschulsatzungen, die das Auswahlverfahren regeln, „betreffen … Studienplatzbewerber im gesamten Bundesgebiet und müssen deshalb in einer Weise förmlich zugänglich gemacht werden, die bundesweit eine verlässliche Unterrichtung über ihren Inhalt ermöglicht."[50] Für ausreichend erachtete der BayVerfGH eine „Bekanntgabe … durch Niederlegung in der Hochschule in Verbindung mit der … Veröffentlichung durch die Hochschule, insbesondere die hier vorgenommene Veröffentlichung im Rahmen eines Internetauftritts".[51]

3. Bewerbungsphase

Die Bewerbungsphase leitet der Zulassungsantrag des Studienplatzbewerbers ein, der innerhalb der Ausschlussfrist des § 3 Abs. 2 VergabeVO – grundsätzlich 15. Januar für das kommende Sommer- bzw. 15. Juli für das kommende Wintersemester – und entsprechend der inhaltlichen Anforderungen des § 3 Abs. 3, 4 und 6 VergabeVO eingehen muss.

---

[50] BayVerfGH, Vf. 9–VII-06 – juris, Rn. 57.
[51] BayVerfGH, Vf. 9–VII-06 – juris, Rn. 57. Siehe auch VGH München, 7 CE 09.10041 – juris, Rn. 12 ff.

4. Entscheidungsfindungsphase

Die Vergabe der Studienplätze unter den hochschulreifen[52] Bewerbern erfolgt im Auswahlverfahren in mehreren Schritten.[53] Maximal 20 % der Studienplätze sind als Vorabquote an besondere Bewerbergruppen, etwa Härtefälle oder nicht Deutschen gleichgestellte Ausländer, zu vergeben (§ 32 Abs. 2 HRG, Art. 9 StV, § 6 Abs. 1 und 2, § 15 VergabeVO). Die verbleibenden Studienplätze sind zu jeweils 20 % nach der Abiturbestenquote (§ 32 Abs. 3 S. 1 Nr. 1 HRG, Art. 10 Abs. 1 Nr. 1 StV, § 6 Abs. 3 VergabeVO) respektive der Wartezeit (§ 32 Abs. 3 S. 1 Nr. 2 HRG, Art. 10 Abs. 1 Nr. 2 StV, § 6 Abs. 5 VergabeVO)[54] und zu 60 % nach dem Ergebnis des bereits erörterten Auswahlverfahrens der jeweiligen Hochschule zu verteilen (§ 32 Abs. 3 S. 1 Nr. 3 HRG, Art. 10 Abs. 1 Nr. 3 StV, § 6 Abs. 4 VergabeVO). Für die Hochschulauswahl, insbesondere bei Durchführung eines Auswahlgesprächs, kann die Teilnehmerzahl nach den auch für die Hauptauswahl geltenden Kriterien begrenzt werden (§ 32 Abs. 3 S. 3 und 4, Art. 10 Abs. 1 S. 3 und 4 StV; ferner Art. 5 Abs. 6 S. 2 BayHZG).

Angesichts weitgehend schematischer Auswahlkriterien wie der Wartezeit oder Abiturnote kann im zentralen Vergabeverfahren von einem Auswahlspielraum der Verwaltung keine Rede sein. Anders ist dies nur, wenn sich die Hochschule im Rahmen des hochschulinternen Auswahlverfahrens für die Mitberücksichtigung eines fachspezifischen Studierfähigkeitstests oder eines Auswahlgesprächs entscheidet. Dann ist ihr nämlich wegen der damit einhergehenden fachlich-pädagogischen Wertungen ein Beurteilungsspielraum zuzuerkennen.[55] Kompensiert werden muss dieser freilich durch entsprechende Be-

---

[52] Das HRG normiert als allgemeine Voraussetzung für den Hochschulzugang grundsätzlich die Hochschulreife des Bewerbers (§ 27 Abs. 2 HRG); weitere Mindestzugangskriterien bedürfen daher einer besonderen Rechtfertigung. Kritisch hierzu *R. Steinberg / H. Müller*, NVwZ 2006, S. 1113 (1118), wegen der damit verbundenen Nachteile für die Entwicklung eines wettbewerblichen Hochschulsystems. Großzügiger auch *K. Hailbronner*, WissR 1996, S. 1 (26 f.). Diesen Auffassungen entgegentretend: *P. Hauck-Scholz / B. Brauhardt*, WissR 2008, S. 307 (322 ff.). Umfassend zum Hochschulzugang *J. F. Lindner*, NVwZ extra 2010, Heft 6, S. 1.

[53] Siehe zum Ablauf § 7 VergabeVO.

[54] Gemäß § 6 Abs. 5 VergabeVO werden auf die Wartezeitquote die „nach einem Dienst aufgrund früheren Zulassungsanspruchs Auszuwählenden, die nicht in der Abiturbestenquote oder im Auswahlverfahren der Hochschulen zugelassen worden waren," angerechnet.

[55] OVG Lüneburg, NVwZ 1989, S. 385 (385); VGH Mannheim, NVwZ 1987, S. 711 (712); VGH München, NVwZ 1988, S. 952 (955 f.); VG Hannover, NVwZ-RR 1988, S. 27 (29); VG Mainz, 7 L 115/05 – juris, Rn. 6; *M. Schmidt-Preuß*, Kollidierende Privatinteressen, S. 394 f.; *R. Steinberg / H. Müller*, NVwZ 2006, S. 1113 (1119). Insoweit ist die Rechtsprechung des BVerwG zu Prüfungsentscheidungen übertragbar: OVG Lüneburg, NVwZ 1989, S. 385 (385); VG Mainz, 7 L 115/05 – juris, Rn. 6; *P. Becker / R. Brehm*, NVwZ 1994, S. 750 (753 m. Fn. 36); *M. Schmidt-Preuß*, Kollidierende Privatinteressen, S. 394 f.

gründungserfordernisse;[56] ferner sind die Bewertungsmaßstäbe vorab festzulegen und bekanntzumachen[57].

5. Vergabeentscheidung

Die Zulassung respektive deren Ablehnung erfolgt durch Verwaltungsakt, den die Hochschule hinsichtlich des hochschulinternen Auswahlverfahrens (Art. 11 Abs. 1 StV; § 10 Abs. 1 VergabeVO) und im Übrigen die Stiftung (Art. 11 Abs. 2 StV; § 7 Abs. 4, § 8 VergabeVO) erlässt. Allerdings können die Hochschulen die Stiftung gemäß § 10 Abs. 1 S. 2 VergabeVO „damit beauftragen, Zulassungs- sowie Ablehnungsbescheide zu erstellen und im Namen und Auftrag der Hochschule zu versenden."[58] Die Bescheide unterliegen dem Begründungserfordernis des § 39 VwVfG.

IV. Verfahrensrechtliche Spezifika

Auch wenn außer Frage steht, dass im Vergabeverfahren der Grundsatz der Chancengleichheit zu beachten ist,[59] hat dessen weitere Entfaltung im Hochschulzulassungsrecht bislang keine praktische Rolle gespielt. Dies dürfte auf die weitgehend schematische und gesetzlich determinierte Auswahl zurückzuführen sein; ein Bedeutungszuwachs ist freilich mit einer zunehmenden Stärkung des Auswahlspielraums der Hochschulen zu erwarten.

V. Verfahrenssubjekte (Beteiligte)

Genauso wie in anderen Verteilungsverfahren hat sich auch im Hochschulzulassungsrecht eine multipolare Konzeptionalisierung des Vergabeverfahrens, an dem Verwaltung und konkurrierende Bewerber beteiligt sind, noch nicht durchgesetzt; vielmehr hält sich die Vorstellung isoliert nebeneinander stehender, bipolar strukturierter Verteilungsverfahren, an denen lediglich jeweils ein Bewerber und die Verwaltung beteiligt sind. Nach dem BVerwG sei der

maßgebliche Gesichtspunkt … hierfür, daß die Bewerber nur in tatsächlicher Hinsicht miteinander in Verbindung stehen; sie streiten um dieselben freien Studienplätze bei der Beklagten. Dagegen ist nicht etwa ein Bewerber an dem streitigen Rechtsverhältnis eines

---

[56] VG Hannover, NVwZ-RR 1988, S. 27 (29); VG Mainz, 7 L 115/05 – juris, Rn. 6 f.

[57] *F. Rottmann / S. Breinersdorfer*, NVwZ 1988, S. 879 (884). Siehe auch OVG Saarlouis, 3 W 19/05 – juris, Rn. 3.

[58] Kritisch wegen der damit einhergehenden Rechtsschutzerschwerung *P. Hauck-Scholz / B. Brauhardt*, WissR 2008, S. 307 (337 f.).

[59] Siehe OVG Lüneburg, NVwZ-RR 2006, S. 256 (256 ff.).

anderen beteiligt, das durch den geltend gemachten Zulassungsanspruch begründet wird. Die gleichartigen Ansprüche der Bewerber sind vielmehr selbständig und voneinander unabhängig. Die Zulassung eines Bewerbers schließt nicht rechtlich, sondern nur tatsächlich die Zulassung eines weiteren Bewerbers auf demselben Platz aus.[60]

Dies gilt nicht nur im Falle einer Verlosung der Plätze, sondern auch bei der Auswahl aufgrund einer Reihung der Bewerber: „Auch hier stehen die Zulassungsansprüche der Studienbewerber als solche rechtlich unverbunden nebeneinander; sie treten durch den Rang nicht in Verbindung, da die Rangziffer nicht konstitutiver Bestandteil des Zulassungsanspruchs ist … Die nach einer Rangfolge vorgenommene Verteilung führt auch hier bei einem am Verteilungsverfahren nicht beteiligten Bewerber mit günstigerem Rang nur zu einer tatsächlichen Beeinträchtigung, nicht dagegen dazu, daß durch die von dem Kläger begehrte Sachentscheidung Rechte des anderen unmittelbar – feststellend, verändernd oder aufhebend – gestaltet werden.“[61]

Das Verständnis isoliert nebeneinander verlaufender Verwaltungsverfahren ist zwar verfahrensrechtlich möglich, nicht jedoch in materiell-rechtlicher Hinsicht,[62] da ein durch die Zugangsnormen ausgestaltetes Konkurrenzverhältnis zwischen den Studienplatzbewerbern besteht und eine Zulassungsentscheidung nur im Vergleich mehrerer Bewerber möglich ist.[63] Ganz widerspruchsfrei hält das BVerwG seine Auffassung zudem nicht durch, wenn es im Kontext des Eilrechtsschutzes eine Verknüpfung über den Gleichbehandlungsanspruch herstellt. Dieser verlange, „im gerichtlichen Verfahren über die gleichartigen Zulassungsansprüche der Studienbewerber zeitlich so zu entscheiden, daß kein Studienbewerber ohne hinreichenden Grund vom Verteilungsverfahren ausgeschlossen bleibt.“[64]

---

[60] BVerwGE 60, 25 (30); VGH Mannheim, ESVGH 31, 146 (147).

[61] BVerwGE 60, 25 (30 f.). Prozessuale Konsequenz hiervon ist, dass das Erfordernis einer notwendigen Beiladung (§ 65 Abs. 2 VwGO) ausscheidet, BVerwGE 60, 25 (30); OVG Lüneburg, NJW 1978, S. 1279 (LS); VGH Mannheim, ESVGH 31, 146 (147). Nur im Ergebnis mit Blick auf die fehlende unmittelbare Betroffenheit zustimmend *P. M. Huber*, Konkurrenzschutz, S. 479 m. Fn. 225, mit Blick auf die nicht notwendig einheitliche Entscheidung im einstweiligen Rechtsschutz *M. Schmidt-Preuß*, Kollidierende Privatinteressen, S. 577.

[62] Ausführlich noch unten, 3. Teil, B.IV.

[63] *M. Schmidt-Preuß*, Kollidierende Privatinteressen, S. 109 ff., 395; ferner *P. M. Huber*, Konkurrenzschutz, S. 144 f., 440 f.; *K. Rennert*, DVBl. 2009, S. 1333 (1338); *J. Schmitt*, NJW 1974, S. 773 (777); *R. Wahl/P. Schütz*, in: Schoch/Schmidt-Aßmann/Pietzner, VwGO, § 42 Abs. 2, Rn. 329. Siehe auch BVerwGE 57, 148 (150), wo die (rechtliche) Konkurrenzsituation der Studienplatzbewerber herausgestrichen wird.

[64] BVerwGE 60, 25 (31).

VI. Fehlerfolgenregime

Leidet die Auswahlentscheidung an materiellen Fehlern oder ist sie unter Verstoß gegen individualschützende Verfahrensvorschriften, der sich auf die Zulassungschance auswirkt (§ 46 VwVfG),[65] ergangen, liegen von Studienplatzbewerbern rügefähige Mängel vor.[66] Über diese grundsätzliche Aussage hinaus hat sich im Hochschulzulassungsrecht das Fehlerfolgenregime nicht weiter ausdifferenziert, was an der praktischen Bedeutungslosigkeit von Anfechtungen der Zulassungsentscheidung vor allem aufgrund der dieser zugesprochenen Stabilität liegen mag – ein Spezifikum dieses und anderer Verteilungsverfahren. Das BVerwG ging in einer Entscheidung aus dem Jahr 1980 von der Stabilität der erfolgten Studienplatzvergabe aus, indem es eine (Verpflichtungs-)Klage mit dem Argument abwies, nach der (rechtswidrigen) Vergabe seien nun alle Plätze besetzt.[67] Dies entspricht auch der Rechtsprechung der Oberverwaltungsgerichte.[68]

Die Stabilität wird zum einen mit einem nur tatsächlichen, nicht aber rechtlichen Konkurrenzverhältnis begründet, nach dem die Zulassung von Mitbewerbern keine Rechte unterlegener Konkurrenten verletzen kann.[69] Dieses Verständnis ist aber, wie bereits ausgeführt, abzulehnen, verkennt es doch die verfahrensübergreifende Verklammerung der Zulassungsbegehren durch das durch die Auswahlnorm begründete materiell-rechtliche Rechtsverhältnis.[70] Zum anderen kommt ein entsprechender materiell-rechtlicher Grundsatz in Betracht. *Matthias Schmidt-Preuß* nimmt einen solchen unter Verweis auf die „Strukturbedingungen des Verteilungssystems" an, das die „Zeitabhängigkeit der verfügbaren Kapazität" und das „Gewicht der persönlichen Dispositionen", die aufgrund einer Zulassung getroffen werden, kennzeichneten.[71] Es sei dem

---

[65] Ausführlich zum verfassungsrechtlich vorgezeichneten Auswirkungs-Kriterium unten, 3. Teil, B.V.2.a.bb.(2).

[66] Siehe nur VGH München, NVwZ-RR 2006, S. 695; *P. M. Huber*, Konkurrenzschutz, S. 433, 435 f.; *M. Schmidt-Preuß*, Kollidierende Privatinteressen, S. 773, 783; *R. Wahl/P. Schütz*, in: Schoch/Schmidt-Aßmann/Pietzner, VwGO, § 42 Abs. 2, Rn. 329.

[67] BVerwGE 60, 25 (38 f.); siehe ferner NVwZ-RR 1989, S. 186 (186 f.); NVwZ-RR 1991, S. 362 (362).

[68] OVG Hamburg, NVwZ-RR 1992, S. 22 (23); VGH Kassel, NVwZ-RR 1988, S. 26 (27); OVG Lüneburg, NVwZ 1989, S. 385 (385): Erledigung mit bestandskräftiger Vergabe; VGH Mannheim, NVwZ 1987, S. 711 (711); VGH München, NVwZ-RR 2006, S. 695 (700); VGH München, 7 CE 05.10057 u.a. – juris, Rn. 14. Siehe demgegenüber aber auch VG München, M 3 E L 05.20578 – juris, Rn. 41, nach dem die Erledigung aus Gründen des effektiven Rechtsschutzes keinesfalls mit Erlass der Vergabeentscheidung eintreten dürfe; noch weiter VG Gießen, Beschl. v. 24.1.2008, 3 MZ 3891/07.W7, Umdruck S. 4.

[69] Siehe insoweit auch *M. Schmidt-Preuß*, Kollidierende Privatinteressen, S. 114 f.

[70] Dazu bereits oben, V.; ferner unten, 3. Teil, B.IV.

[71] *M. Schmidt-Preuß*, Kollidierende Privatinteressen, S. 487, mit der Ausnahme für doloses Verhalten des Zugelassenen (488 f.). Ebenso VGH Kassel, Beschl. v. 6.5.2008, 10 MZ

in einem Massenverfahren erfolgreichen Studienplatzbewerber nicht zuzumuten, dass sein Zulassungsanspruch bis zur rechtskräftigen Entscheidung über
eine Vielzahl von Klagen in der Schwebe bleibt, obgleich die rasche Studienaufnahme notwendig erscheint.[72] Es stelle zudem eine erhebliche Ressourcenverschwendung dar, einem Studenten nach einigen Semestern bei Unterliegen in
der Hauptsache seinen Studienplatz streitig zu machen.[73] Zudem gefährde die
Anfechtbarkeit der Zulassungsentscheidung das Vergabesystem insgesamt,
dessen Funktionieren bei zahlreichen Anfechtungen gerade angesichts seines
Massencharakters in Frage gestellt würde. Auch wäre für den klagenden Konkurrenten nicht viel gewonnen, hinge bei der allein rechtzeitig erreichbaren Zulassung im einstweiligen Rechtsschutz über dieser doch das Damoklesschwert
einer Korrektur in der Hauptsache. Schließlich findet sich ein normativer Anhaltspunkt für die Beständigkeit: § 7 Abs. 3 S. 4 Nr. 1 und § 19 Abs. 5 i.V.m.
Abs. 1–4 VergabeVO sehen die vorrangige Zulassung von Bewerbern vor, deren
Zulassungsanspruch „auf einer gegen die Zentralstelle gerichteten gerichtlichen
Entscheidung, die sich auf ein bereits abgeschlossenes Vergabeverfahren bezieht," beruht, und setzen damit die Rechtsbeständigkeit auch rechtswidriger
Zulassungsentscheidungen voraus. Diese sind nämlich durch Berücksichtigung
des rechtswidrigerweise nicht zum Zuge gekommenen Bewerbers in einem
Folgeverfahren zu korrigieren, nicht aber durch Infragestellen ihrer Beständigkeit.[74] Gegeben ist damit ein Folgenbeseitigungsanspruch auf nächstmögliche
Berücksichtigung.[75] Dass die vollständige Wiederherstellung des früheren Zu-
stands wegen Zeitablaufs nicht mehr möglich ist, steht einem Folgenbeseitigungsanspruch nicht entgegen, da dann ein dem früheren weitestgehend gleichkommender Zustand zu schaffen ist.[76] Auf die unterlassene Zulassung im Rah-

---

3891/07.W7, Umdruck S. 5 f.; *P. Hauck-Scholz / B. Brauhardt*, WissR 2008, S. 307 (339 f.); *K.
Rennert*, DVBl. 2009, S. 1333 (1336 f. m. Fn. 37): Zeitbedingtheit des Zulassungsanspruchs; *J.
Schmitt*, NJW 1974, S. 773 (776). Siehe auch *F. Rottmann / S. Breinersdorfer*, NVwZ 1988,
S. 879 (884); *E. Schmidt-Aßmann*, VVDStRL 34 (1976), S. 221 (262). A.A. *W. Frenz*, Konkurrenzsituationen, S. 79; *F. Selbmann / K. Kiebs*, DÖV 2006, S. 816 (819 f.): Anspruch auf Kapazitätserweiterung, sofern nicht „die Zulassung einer großen Anzahl von Studienbewerbern
die Funktionsfähigkeit des Lehrbetriebs gefährden würde".

[72] *M. Schmidt-Preuß*, Kollidierende Privatinteressen, S. 487.

[73] Siehe auch *F. Rottmann / S. Breinersdorfer*, NVwZ 1988, S. 879 (884).

[74] *P. Hauck-Scholz / B. Brauhardt*, WissR 2008, S. 307 (339 f.); *F. Rottmann / S. Breinersdorfer*, NVwZ 1988, S. 879 (884); *M. Schmidt-Preuß*, Kollidierende Privatinteressen, S. 488;
R. Wahl / P. Schütz, in: Schoch / Schmidt-Aßmann / Pietzner, VwGO, § 42 Abs. 2, Rn. 329,
die nur dieses Argument anerkennen.

[75] *F. Rottmann / S. Breinersdorfer*, NVwZ 1988, S. 879 (885); *E. Schmidt-Aßmann*,
VVDStRL 34 (1976), S. 221 (262); *M. Schmidt-Preuß*, Kollidierende Privatinteressen,
S. 489 f., 792; *J. Schmitt*, NJW 1974, S. 773 (776). Siehe ferner VGH Kassel, NVwZ-RR 1988,
S. 26 (27); VGH München, NVwZ 1988, S. 952 (952 f.); OVG Münster, DVBl. 1987, S. 1226
(1227 ff.); VG Mainz, 7 L 115/05 – juris, Rn. 3. Vgl. auch VGH Mannheim, NVwZ 1987, S. 711
(711 f.).

[76] VGH Mannheim, NVwZ 1987, S. 711 (711); OVG Münster, DVBl. 1987, S. 1226 (1228).

men der hochschulinternen Auswahl ist diese Vorschrift entsprechend anzuwenden.

Dem ist zu folgen, da der Studienplatz zu einem festen Zeitpunkt vergeben zu
sein hat, widrigenfalls knappe Kapazitäten ungenutzt blieben. Dies steht einem
langjährigen Offenhalten der Zulassung entgegen, an der auch die Anordnung
des Sofortvollzugs nichts ändert. Angesichts der für den Lebensweg des Einzelnen entscheidenden Bedeutung der Studienplatzvergabe verdient der zum Zuge
gekommene Studienplatzbewerber ein hohes Maß an Vertrauensschutz, das einer Belastung mit dem Fehlerrisiko entgegensteht; dem würde auch die für sofort vollziehbar erklärte Zulassung nicht abhelfen. Zudem handelt es sich bei der
Studienplatzvergabe um ein weitgehend schematisches Vergabeverfahren, das
per se weniger fehleranfällig ist. Zu berücksichtigen ist schließlich, dass Ablehnungsbescheide im Rahmen der Hochschulauswahl erst circa drei Wochen vor
Beginn der Vorlesungszeit ergehen (§ 10 Abs. 5 S. 2, 3 VergabeVO).

Problematisch ist freilich die Benachteiligung späterer Bewerber, für die nun
wegen der Vorabberücksichtigungspflicht weniger Studienplätze zur Verfügung stehen.[77] Dies ist angesichts der in relativ großer Zahl zur Verfügung stehenden Studienplätze, der nur so möglichen Korrektur und der Wertung des
§ 19 Abs. 5 VergabeVO hinzunehmen.[78] Problematisch ist überdies, dass der in
seinen Rechten verletzte Bewerber ein Semester verliert. Dies ist zum einen im
Wege eines Amtshaftungsanspruchs zu kompensieren; zum anderen muss eine
Zulassung wenigstens zum nächsten Semester – bzw. noch im laufenden Semester durch Berücksichtigung im Nachrückverfahren – durch die Einräumung entsprechenden Eilrechtsschutzes gewährleistet sein[79].

VII. Rechtsschutzsystem

Das Rechtsschutzsystem im Kontext der Studienplatzvergabe weist die Besonderheit auf, dass Konkurrentenstreitigkeiten im Rahmen des zentralen Vergabeverfahrens eine nur untergeordnete Rolle spielen (1.). Von erheblicher Bedeutung sind allerdings Rechtsschutzbegehren, die auf die Zuweisung von unge-
nutzten und daher nicht in das reguläre Vergabeverfahren einbezogenen
Kapazitäten zielen; hierfür hat sich ein gerichtlich im Wege des einstweiligen
Rechtsschutzes durchzusetzendes außerkapazitäres Zulassungsverfahren herausgebildet (2.).

---

[77] Siehe auch VGH München, NVwZ 1988, S. 952 (953); OVG Münster, DVBl. 1987,
S. 1226 (1227 f.) – gleichwohl für nicht durchgreifend erachtend; *F. Czermak*, NJW 1973,
S. 1783 (1784); *M. Schmidt-Preuß*, Kollidierende Privatinteressen, S. 489 m. Fn. 226.
[78] Vgl. auch OVG Münster, DVBl. 1987, S. 1226 (1228).
[79] So auch *H. Bahro/H. Berlin*, Hochschulzulassungsrecht, § 13 VergabeVO ZVS,
Rn. 16.

1. Primärrechtsschutz im regulären zentralen Vergabeverfahren

Der Konkurrentenstreit innerhalb der festgesetzten Kapazität hat weder in der Praxis noch in der Literatur besondere Aufmerksamkeit erfahren.[80] Dies dürfte vor allem daran liegen, dass das zentrale Vergabeverfahren angesichts seines Rekurses auf schematische und allseits anerkannte Auswahlkriterien wie Abiturnote und Wartezeit kaum Anlass für Vergabestreitigkeiten geben dürfte; mit zunehmender Vergabe aufgrund des Ergebnisses von Auswahlgesprächen im Rahmen der hochschulinternen Auswahl mag sich dies allerdings ändern.

Ungeachtet dessen scheidet ein „klassischer" Konkurrentenverdrängungsantrag angesichts der der Zulassungsentscheidung beigemessenen Stabilität aus, die eine Anfechtung der positiven – auch rechtswidrigen – Zulassungsentscheidung zugunsten von Mitbewerbern sperrt.[81] Mit diesem Stabilitätsdogma und insbesondere dem Gebot der Rechtssicherheit unvereinbar ist es, den Eintritt des Rechtsuntergangs auf den Zeitpunkt der Aufnahme des Studiums der Mitbewerber zu verschieben.[82] In diesem Sinne hielt der BayVGH die Verpflichtung der Hochschule (im Wege des einstweiligen Rechtsschutzes) zur Wiederholung des Auswahlverfahrens und ggf. zur Rücknahme der Zulassung von Konkurrenten zwar für möglich,[83] allerdings nur bis zur Studienaufnahme der zugelassenen Mitbewerber, da ab diesem Zeitpunkt deren Interessen an einer Teilnahme am Hochschulstudium überwögen: „Anderenfalls hätte im Ergebnis keiner der Bet. mehr die Chance, über das gesamte Semester hinweg zusammenhängend am Lehrbetrieb teilzunehmen."[84] Da für eine Wiederholung des Auswahlverfahrens einschließlich einer zweitinstanzlichen Entscheidung zu-

---

[80] Siehe nur *K. Rennert*, DVBl. 2009, S. 1333 (1337 Fn. 37); *R. Steinberg / H. Müller*, NVwZ 2006, S. 1113 (1114). Für praktisch wenig bedeutend erachtet diesen auch *K. Haas*, DVBl. 1974, S. 22 (23). *F. Rottmann / S. Breinersdorfer*, NVwZ 1988, S. 879 (884), sprechen von einer lediglich theoretischen Möglichkeit.

[81] Dazu bereits soeben, VI. Anders aber *W. Frenz*, Konkurrenzsituationen, S. 79, der eine Anfechtung für statthaft erachtet, und *F. Selbmann / K. Kiebs*, DÖV 2006, S. 816 (819 f.), die einen grundsätzlichen Anspruch auf Kapazitätserweiterung (im Rahmen der Funktionsfähigkeit des Lehrbetriebs) befürworten.

[82] VGH München, NVwZ-RR 2006, S. 695 (700). Nach VG München, M 3 E L 05.20578 – juris, Rn. 41, darf die Erledigung aus Gründen des effektiven Rechtsschutzes noch nicht – mit der Vergabe eintreten; ebenso VG Gießen, Beschl. v. 24.1.2008, 3 MZ 3891/07.W7, Umdruck S. 4.

[83] VGH München, NVwZ-RR 2006, S. 695 (700). Ebenso VG München, M 3 E L 05.20578 – juris, Rn. 41. Vage OVG Saarlouis, 3 W 19/05 – juris, Rn. 4: „Mit dem Begehren, innerhalb der Kapazität zugelassen zu werden, tritt die Antragstellerin demnach gewissermaßen in Konkurrenz zu den von der Antragsgegnerin beziehungsweise von der ZVS im Auftrag der Antragsgegnerin ausgewählten Bewerbern. Voraussetzung für den Erfolg ihres Begehrens dürfte mithin zumindest im Regelfall sein, dass es ihr gelingt, einen der ausgewählten Bewerber gleichsam ‚zu verdrängen'".

[84] VGH München, NVwZ-RR 2006, S. 695 (700). Zustimmend VGH Kassel, Beschl. v. 6.5.2008, 10 MZ 3891/07.W7, Umdruck S. 5 f. Weiter VG München, M 3 E L 05.20578 – juris, Rn. 41.

vor kaum Raum sein dürfte, tritt die Erledigung allerdings auch nach dieser Auffassung faktisch mit der Vergabeentscheidung ein.

Als Kompensation für die die Garantie effektiven Rechtsschutzes einschränkende Stabilität steht dem zu Unrecht nicht berücksichtigten Bewerber gemäß § 19 Abs. 5 VergabeVO ein Folgenbeseitigungsanspruch des Inhalts zu, zum nächstmöglichen Zeitpunkt zugelassen zu werden. Dieser ist im Wege der Verpflichtungsklage zu verfolgen. Da dieser Anspruch aus Gründen des effektiven Rechtsschutzes auch auf der Grundlage einer einstweiligen Anordnung auf Studienplatzzuteilung durchgesetzt werden kann,[85] empfiehlt es sich aus Zeitgründen, zusätzlich diesen Weg einzuschlagen. Dies eröffnet die Möglichkeit einer Berücksichtigung schon für das laufende Semester im Nachrückverfahren. Nach Auffassung des BayVGH kann ein unterlegener Studienplatzbewerber mit seinem Verpflichtungsbegehren im einstweiligen Rechtsschutz nur dann durchdringen, wenn erkennbar ist, dass „gerade er ohne den beanstandeten Rechtsfehler im Auswahlverfahren mit hinreichender Wahrscheinlichkeit zum Zuge gekommen wäre."[86] Vorsichtiger formuliert das OVG Saarlouis, nach dem von der Klägerin verlangt werden könne, „dass sie Umstände darlegt, die mit Gewicht dafür sprechen, dass sie ohne den von ihr beanstandeten Rechtsfehler des Auswahlverfahrens zum Zuge gekommen wäre, auch wenn – wie zuzugeben ist – die Anforderungen in diesem Punkt nicht überspannt werden dürfen, zumal ihr über die Verhältnisse der anderen Studienplatzbewerber naturgemäß nichts bekannt ist."[87]

Der Effektuierung dieses Zulassungsanspruchs entspricht es, wenn sich nach der Rechtsprechung des BVerwG eine „Verpflichtungsklage, mit der die Zulassung zum Studium aufgrund einer für ein Semester eingerichteten Bewerbung begehrt wird, ... nicht mit dem Ende dieses Semesters"[88] erledige und insoweit die Sach- und Rechtslage des Bewerbungssemesters maßgeblich sei.[89] Denn „das Recht hochschulreifer Bewerber auf Zulassung zum Studium [wird] durch die in jedem Semester verschiedenen rechtlichen und tatsächlichen Voraussetzungen des Anspruchs konkretisiert und damit auch verselbständigt."[90] „Zudem gebietet bei der Konkurrenzsituation, in der sich die Bewerber bei der Verteilung der in jedem Semester zur Verfügung stehenden Studienplätze befinden, der Grundsatz der Chancengleichheit, einheitlich auf die Verhältnisse

---

[85] So *H. Bahro / H. Berlin*, Hochschulzulassungsrecht, § 13 VergabeVO ZVS, Rn. 16.

[86] VGH München, NVwZ-RR 2006, S. 695 (700); ferner VGH Kassel, Beschl. v. 6.5.2008, 10 MZ 3891/07.W7, Umdruck S. 3.

[87] OVG Saarlouis, 3 W 19/05 – juris, Rn. 4.

[88] BVerwGE 42, 296 (299). Anders VGH Mannheim, Az. 9 S 2515/90 – juris, für deutschfranzösischen Studiengang mangels Anwendbarkeit des inländischen Kapazitätsermittlungsrechts.

[89] BVerwGE 42, 296 (299 f.); ferner NVwZ-RR 1989, S, 186 (188).

[90] BVerwGE 42, 296 (299); ferner NVwZ-RR 1989, S. 186 (188).

im Semester der Bewerbung und nicht bei den Bewerbern, die ihre Ablehnung im Rechtsweg angreifen, auf einen späteren Zeitpunkt abzustellen."[91] Ihre tragende Grundlage findet diese Auffassung im semesterübergreifend bestehenden Folgenbeseitigungsanspruch.

Dem stimmte das BVerfG unter Hinweis darauf zu, dass „die effektive Durchsetzung eines verfassungsmäßig gewährleisteten, in seiner Verwirklichung situationsabhängigen Rechts nicht darunter leiden darf, daß sich die Verhältnisse während der unvermeidlichen Dauer eines gerichtlichen Verfahrens zum Nachteil des Rechtsuchenden verschlechtern."[92] Andernfalls müssten insbesondere auf einen Verstoß gegen das Gebot der Kapazitätserschöpfung gestützte Klagen angesichts sich wandelnder Umstände an den Hochschulen regelmäßig scheitern.[93]

2. Rechtsschutz im Rahmen der außerkapazitären Vergabe

Anders als Zulassungsstreitigkeiten im Kontext der regulären zentralen Vergabe kommt sog. außerkapazitären Zulassungsbegehren eine außerordentliche praktische Bedeutung zu. Mit diesen machen Studienplatzinteressenten geltend, die Hochschule habe ihre Kapazitäten nicht ausgeschöpft, sei folglich aufgrund des Kapazitätserschöpfungsgebots zu einer Erweiterung des Kontingents verpflichtet und müsse weitere Bewerber zulassen.[94] Folgt das im Wege einer einstweiligen Anordnung angerufene Verwaltungsgericht dem,[95] stellt sich die Frage, wie die „entdeckten" Studienplätze zu verteilen sind.

---

[91] BVerwGE 42, 296 (300); ferner NVwZ-RR 1989, S. 186 (188).

[92] BVerfGE 39, 258 (275 f.).

[93] BVerfGE 39, 258 (276).

[94] Neben dieser außerkapazitären Vergabe durch die Verwaltungsgerichtsbarkeit stehen weitere Korrektursysteme wie die Nachmeldung, Überbuchung oder Auffüllung, vgl. VGH Mannheim, 9 S 1611/09 – juris, Rn. 63.

[95] Zulasten des außerkapazitären Klägers wirkt sich allerdings eine Überbuchung im Rahmen der regulären Vergabe aus, jedenfalls, wenn sie rechtmäßig ist, VGH Kassel, NVwZ-RR 2001, S. 448 (448), ibid. offengelassen der Fall der Rechtswidrigkeit; insoweit bei Willkür ablehnend R. Brehm / W. Zimmerling, NVwZ 2008, S. 1303 (1309). – Folgende prozessuale Besonderheit im Beschwerdeverfahren ist noch zu vermerken: Da das OVG gemäß § 146 Abs. 4 S. 4 VwGO im Beschwerdeverfahren nur die dargelegten Gründe prüft, kann sich bei Vergabestreitigkeiten unter Bewerberüberhang die Frage stellen, ob nur diejenigen Beschwerdeführer zu berücksichtigen sind, die den zur Neuverteilung führenden Beschwerdegrund geltend gemacht haben, oder alle Beschwerdeführer. Das OVG Hamburg hat letzteres bejaht (NVwZ-RR 2004, S. 34 [34]; ebenso A. Reich, HRG, § 30, Rn. 1), das OVG Lüneburg dies verneint (NVwZ-RR 2006, S. 256 [256]. Siehe auch VGH Kassel, 8 FM 5204/06.W[1] – juris, Rn. 3 ff.; VGH München, 7 CE 06.10016 u.a. – juris, Rn. 7).

a) Verteilung nur unter den Antragstellern im einstweiligen Rechtsschutz

Die Verteilung findet nur unter denjenigen Interessenten statt, die einen gerichtlichen Antrag auf Erlass einer einstweiligen Anordnung gestellt haben; insoweit besteht für Studienplatzinteressenten eine Mitwirkungsobliegenheit.[96] Wenn dem entgegengehalten wird, dass die Verwaltung unabhängig von einer gerichtlichen Anordnung aufgrund ihrer Gesetzesbindung (Art. 20 Abs. 3 GG) verpflichtet ist, als noch verfügbar erkannte Kapazitäten entsprechend den kapazitären Vergaberegeln zu verteilen,[97] so verkennt dieser Einwand, dass die fehlende Kapazitätserschöpfung rechtskräftig nur gegenüber den Antragstellern festgestellt ist; zudem könnte eine Kapazitätserweiterung nur im dafür vorgesehenen Verfahren, nicht aber durch die Hochschule anlässlich einer außerkapazitären Vergabe erfolgen. Eine reguläre Kapazitätsneubestimmung dürfte aber regelmäßig zeitgerecht nicht möglich sein; freilich kann die Hochschule nachträglich entdeckte Kapazitäten bei der Stiftung nachmelden, die dann im Nachrückverfahren berücksichtigt werden (§ 5 Abs. 3 KapVO; § 10 Abs. 6 VergabeVO).

Ein vorheriger Zulassungsantrag bei der Hochschule ist entbehrlich, da diese an die Zulassungszahlen gebunden ist und eine Änderung innerhalb eines zumutbaren Zeitraums nicht in Betracht kommt.[98] Darüber hinausgehend sehen die Verwaltungsgerichtshöfe Kassel und München das außerkapazitäre Zulassungsbegehren unabhängig von einer vorherigen Beteiligung am zentralen Vergabeverfahren; dem Studienplatzbewerber kann die unterlassene Bewerbung mithin nicht zu seinem Nachteil entgegengehalten werden.[99] Ihm darf allerdings zum Entscheidungszeitpunkt kein anderweitiger Studienplatz, auch nicht durch Eilentscheidung eines anderen Verwaltungsgerichts, zugewiesen worden sein.[100] Anderes gilt freilich, wenn das Landesrecht Gegenteiliges bestimmt: So setzt § 24 VergabeVO ZVS-BW Ausschlussfristen auch für die Bewerbung um „außerkapazitäre" Studienplätze und verlangt eine Teilnahme am regulären Verfahren.[101]

---

[96] H. Bahro / H. Berlin, Hochschulzulassungsrecht, V., Rn. 24; M. Schmidt-Preuß, Kollidierende Privatinteressen, S. 151 f., 577.

[97] W. Frenz, Konkurrenzsituationen, S. 76.

[98] M. Schmidt-Preuß, Kollidierende Privatinteressen, S. 152 m. Fn. 116, 519 f., 600 f. Siehe auch OVG Münster, NVwZ-RR 2008, S. 703 (703); 13 C 410/09 – juris, Rn. 3 ff.: Antrag muss allerdings zum Zeitpunkt der gerichtlichen Entscheidung bei der Hochschule vorliegen. Anders aber OVG Hamburg, NVwZ-RR 1992, S. 22 (23 f.); 3 Nc 6/02 – juris, Rn. 5; VGH Mannheim, NC 9 S 1329/09 – juris, Rn. 13; F. Schoch, Vorläufiger Rechtsschutz, S. 764.

[99] VGH Kassel, NVwZ-RR 2003, S. 756 (756); VGH München, NVwZ-RR 2007, S. 175 (175). Siehe demgegenüber aber auch OVG Hamburg, 3 Nc 216/07 – juris, Rn. 6 ff.

[100] VGH Mannheim, NVwZ-RR 2007, S. 177 (178). A.A. OVG Hamburg, NVwZ-RR 2004, S. 34 (35).

[101] Zur Wirksamkeit derartiger Ausschlussfristen nur VGH Mannheim, DVBl. 1988,

b) Rangunabhängigkeit der Antragsberechtigung

Eine Beschränkung des Kreises der Antragsberechtigten bestünde dann, wenn nur diejenigen Bewerber bei der Verteilung aus dem zu erweiternden Kontingent zu berücksichtigen wären, die im regulären Vergabeverfahren eine Rangstelle innehaben, die in das neue Kontingent fällt. Praktisch relevant ist dies, weil regelmäßig nicht alle erfolglosen Bewerber, die nach Kapazitätserweiterung zuzulassen wären, einen außerkapazitären Zulassungsanspruch geltend machen. Anders gewendet: Kann der Staat dem Zulassung aus einem zu erweiternden Kontingent begehrenden Kläger entgegenhalten, dass „ungenutzte Plätze an andere, rangbessere Bewerber *hätten* vergeben werden müssen"?[102] Das BVerfG hat dies verneint.[103] Denn allen hochschulreifen Bewerbern steht prinzipiell ein Zulassungsanspruch zu, der lediglich bei Bewerberkonkurrenz als „situationsbedingte Notmaßnahme zur ‚Verwaltung eines Mangels'" beschränkt werden darf.[104] Besteht eine solche aber nicht, machen mithin weniger Studienplatzinteressenten einen Zulassungsanspruch geltend als Plätze nach Kapazitätserweiterung vorhanden sind, verbietet es sich, Studienplätze ungenutzt zu lassen.[105] Dann liegt auch keine Benachteiligung nicht klagender, rangbesserer Bewerber vor, da diese ihren Ablehnungsbescheid haben bestandskräftig werden lassen[106] bzw. keine außerkapazitäre Zuteilung begehrten.

c) Zeitpunkt der Verteilung

Bei der außerkapazitären Vergabe werden die Studienplätze „auf den ersten Zugriff hin' vergeben, d.h. sie stehen für weitere Zulassungen nicht mehr zur Verfügung, sobald sie durch – realisierte – einstweilige Anordnungen des Gerichts anderen Bewerbern zugewiesen sind".[107] Für die Geltung des Prioritätsgrundsatzes steiten nach der Auffassung des BVerwG zwei Aspekte:

S. 406 (406 f.); a.A. OVG Saarlouis, 2 B 469/09.NC – juris, Rn. 13 ff. Zur Rechtmäßigkeit des Antragserfordernisses VGH Mannheim, 9 S 1611/09 – juris, Rn. 60 ff.

[102] BVerfGE 39, 258 (271).

[103] BVerfGE 39, 258 (270 ff.); ferner E 39, 276 (293 f.); E 43, 34 (44). Ebenso VerfGH Berlin, DVBl. 2008, S. 1377 (1378 f.); BVerwGE 60, 25 (32); *R. Breuer*, HStR VI, § 147, Rn. 82; *F. Czermak*, NJW 1973, S. 1783 (1784 f.); *C.-F. Menger*, VerwArch 67 (1976), S. 419 (420 f.); *A. Reich*, HRG, § 30, Rn. 1. Anders mit Blick auf die Begrenztheit eines gerichtlichen Zuteilungsverfahrens aber noch BVerwGE 42, 296 (303 ff.); dem zustimmend *P. M. Huber*, Konkurrenzschutz, S. 439. Enger auch *W. Frenz*, Konkurrenzsituationen, S. 73 ff., der eine Zulassung unabhängig von der Rangstelle nur bei der Gefahr, dass andernfalls Studienplätze ungenutzt blieben, für rechtmäßig hält. Zurückhaltend auch *E. Schmidt-Aßmann*, VVDStRL 34 (1976), S. 221 (262 f. Fn. 145).

[104] BVerfGE 39, 258 (271).

[105] BVerfGE 39, 258 (271 ff.).

[106] BVerfGE 39, 258 (271 f.).

[107] BVerwG, NVwZ-RR 1991, S. 362 (362); ferner E 57, 148 (149 f.); NVwZ-RR 1989, S. 136 (186 f.).

Zum einen wiegt das grundsätzlich geschützte (Art. 12 I GG) Interesse des bereits zugelassenen Bewerbers, seine Ausbildung nicht vorzeitig abbrechen zu müssen, schwerer als das Interesse des Bewerbers, der sein Studium noch nicht begonnen hat. Zum anderen käme es, wenn der zugelassene Bewerber seinen Studienplatz zugunsten des nicht zugelassenen Bewerbers räumen müßte, zu einer doppelten Inanspruchnahme derselben Ausbildungskapazität, was die Hochschule auch aus bundesrechtlicher Sicht (Art. 5 III GG) nicht hinzunehmen braucht.[108]

Angesichts der regelmäßig das erweiterte Angebot überschreitenden Zahl an Kapazitätsklägern kommt der Frage, zu welchem Zeitpunkt das Verwaltungsgericht über die konkurrierenden Zulassungsanträge entscheiden darf, eine besondere Bedeutung zu. Um die Gleichbehandlung der Antragsteller sicherzustellen, ist „im gerichtlichen Verfahren über die gleichartigen Zulassungsansprüche der Studienbewerber zeitlich so zu entscheiden, daß kein Studienbewerber ohne hinreichenden Grund vom Verteilungsverfahren ausgeschlossen bleibt."[109] Fraglich ist damit, bis wann entsprechende Anträge berücksichtigt werden müssen. Hier sind die konkurrierenden Zulassungsinteressen in Ausgleich zu bringen: Einerseits darf keinem Bewerber aufgrund eines zu frühen Entscheidungstermins die Antragstellung verunmöglicht werden; andererseits darf nicht so lange zugewartet werden, dass eine zeitnahe Zulassung mit den entsprechenden Nachteilen für das Studium der erfolgreichen Antragsteller ausscheidet.[110] Die absolute Obergrenze stellt die dem semesterbezogenen Zulassungsanspruch inhärente, materiell-rechtliche Beschränkung dar;[111] hiervon zu trennen ist das prozessuale Gleichbehandlungsgebot bei konkurrierenden außerkapazitären Zulassungsanträgen:[112] Insoweit erscheint eine Frist von zwei Wochen nach Vorlesungsbeginn angemessen.[113]

---

[108] BVerwG, NVwZ-RR 1991, S. 362 (362); ferner E 57, 148 (149 f.). Demnach kann etwa ein (späterer) Kläger im Hauptsacheverfahren keinen Vorrang vor einem im Wege der einstweiligen Anordnung vorläufig zugelassenen Studienplatzbewerber beanspruchen, siehe BVerwGE 57, 148 (150).

[109] BVerwGE 60, 25 (31). Siehe auch *M. Schmidt-Preuß*, Kollidierende Privatinteressen, S. 153 f. Für eine Vergabe nach dem Prioritätsprinzip: *W. Frenz*, Konkurrenzsituationen, S. 78 f.

[110] So auch *M. Schmidt-Preuß*, Kollidierende Privatinteressen, S. 152 f.

[111] Zu dieser oben, I.1.b.cc.

[112] Vgl. auch OVG Hamburg, 3 Nc 6/02 – juris, Rn. 11; VGH München, 7 CE 05.10057 u.a. – juris, Rn. 14.

[113] Siehe *M. Schmidt-Preuß*, Kollidierende Privatinteressen, S. 152 ff., 823 f. Siehe auch OVG Hamburg, NVwZ-RR 1992, S. 22 (23 f.); 3 Nc 6/02 – juris, Rn. 5, 10 ff.: Berücksichtigung nur bis zum ersten Vorlesungstag.

d) Vergabekriterien

Hinsichtlich der Vergabekriterien wies das BVerwG darauf hin, dass der Teilhabeanspruch lediglich verlangt, dass „die freien Studienplätze an – grundsätzlich gleichberechtigte – Bewerber vergeben werden und nicht ungenutzt bleiben."[114] Eine Orientierung an den kapazitären Vergaberegeln könne mithin nicht beanstandet werden;[115] auch komme das schematische Losverfahren in Betracht[116]. Ein entsprechendes Gestaltungsermessen befürworten auch einige Oberverwaltungsgerichte.[117] Demgegenüber wird aber auch das Losverfahren wegen der dadurch ermöglichten raschen Entscheidungsherstellung als allein angemessen bevorzugt;[118] nach einer anderen Auffassung müssten die Studienplätze denjenigen zufallen, die sie bei ordnungsgemäßer Kapazitätsermittlung erhalten hätten[119].

e) Verteilungskompetenz: Verwaltungsgericht oder Hochschule?

Die außerkapazitäre Verteilung im einstweiligen Rechtsschutz wirft auch eine Kompetenzfrage auf, nämlich die nach der Verteilungskompetenz zwischen Verwaltungsgerichtsbarkeit und Hochschulverwaltung. Das BVerwG hat eine Verteilung durch erstere nicht als zwingendes Gebot des Grundsatzes der Gewaltenteilung angesehen. Denn die in Ermangelung einer gesetzlichen Regelung erfolgte gerichtliche Bestimmung eines Vergabemodus „ist der Sache nach Rechtsanwendung und keine kompetenzüberschreitende Gestaltung von Verwaltungsverfahren."[120] Auch könne das Gericht die Verteilung selbst vornehmen:

---

[114] BVerwGE 60, 25 (32).

[115] BVerwGE 60, 25 (32). Siehe auch § 24 S. 3 VergabeVO ZVS-BW: „Sind Zulassungen außerhalb der festgesetzten Kapazität auszusprechen, hat sich die Vergabe an den Vergabekriterien im zentralen Vergabeverfahren zu orientieren, wenn die Hochschule für die Bewerber um diese Zulassungen entsprechende Ranglisten erstellt."

[116] BVerwGE 60, 25 (35).

[117] OVG Lüneburg, NVwZ-RR 2006, S. 256 (256) – enger noch DVBl. 1977, S. 997 (998 f.): nur durch Los; VGH Mannheim, NC 9 S 1329/09 – juris, Rn. 4; ferner A. Reich, HRG, § 30, Rn. 1. Für das Prioritätsprinzip demgegenüber F. Schoch, Vorläufiger Rechtsschutz, S. 803 f.

[118] OVG Lüneburg, DVBl. 1977, S. 997 (998 f.); R. Breuer, HStR VI, § 147, Rn. 82; M. Schmidt-Preuß, Kollidierende Privatinteressen, S. 118 f., 782.

[119] Siehe obiter VGH Mannheim, Beschl. v. 13.6.2008, NC 9 S 261/08, Umdruck S. 25; NC 9 S 1329/09 – juris, Rn. 12 (siehe aber auch Rn. 4); eine entsprechende Neuregelung wurde in 9 S 1611/09 – juris, Rn. 66 ff., nicht beanstandet; ferner W. Frenz, Konkurrenzsituationen, S. 78 f. In diese Richtung auch R. Steinberg / H. Müller, NVwZ 2006, S. 1113 (1118).

[120] BVerwGE 60, 25 (34).

Der Verwaltungsgerichtshof überläßt sodann die Aufstellung der Rangliste und die Auswahl der Studienbewerber nach Maßgabe ihrer Rangfolge nicht der Beklagten, sondern macht dies selbst. Hierfür beruft er sich auf seine Befugnis, die Sache spruchreif zu machen, d.h. alle für die Entscheidung maßgeblichen tatsächlichen und rechtlichen Voraussetzungen des geltend gemachten Anspruchs in eigener Verantwortung festzustellen. Auch das gehört zur Rechtsanwendung und stellt deswegen keinen Übergriff in Verwaltungskompetenzen zur Verfahrensgestaltung dar.[121]

f) Die besondere Bedeutung des Eilrechtsschutzes

Kapazitätsstreitigkeiten werden regelmäßig im Eilrechtsschutz ausgefochten:[122] „Effektiver Rechtsschutz in Hochschulzulassungsverfahren gebietet, dass dem Studienbewerber eine reelle Chance auf eine möglichst zeitnahe Zuteilung eines Studienplatzes eröffnet wird, soweit vorhandene Kapazitäten noch ungenutzt geblieben sind. Da eine Entscheidung in der Hauptsache für den Studienbewerber auf Grund der Dauer eines Verfahrens über drei Instanzen im Regelfall schwere Nachteile mit sich bringt, bedeutet dies, dass dem Bewerber diese Chance schon im Eilverfahren eröffnet sein muss."[123] In der Praxis kommt es meist nicht mehr zu Hauptsacheverfahren, insbesondere scheinen die Gerichte nicht von der in § 123 Abs. 3 VwGO i.V.m. § 926 ZPO vorgesehenen Möglichkeit Gebrauch zu machen, den Antragstellern die Durchführung des Hauptsacheverfahrens binnen einer zu bestimmenden Frist aufzugeben, widrigenfalls die einstweilige Anordnung aufgehoben wird. Wie in anderen Verteilungsverfahren auch bedingt die Endgültigkeit des vorläufigen Rechtsschutzes, bereits in diesem eine eingehende Prüfung der Sach- und Rechtslage vorzunehmen.[124]

---

[121] BVerwGE 60, 25 (34). Siehe ferner *K. Haas*, DVBl. 1974, S. 22 (24). *W. Frenz*, Konkurrenzsituationen, S. 78 f., akzeptiert dies allerdings nur dann, wenn andernfalls die Studienplätze ungenutzt blieben. Ablehnend auch *R. Breuer*, HStR VI, § 147, Rn. 82; *M. Schmidt-Preuß*, Kollidierende Privatinteressen, S. 117 f. Fn. 174.

[122] *H. Bahro / H. Berlin*, Hochschulzulassungsrecht, V., Rn. 1, 16 f.; *R. Brehm / W. Zimmerling*, NVwZ 2008, S. 1303 (1305); *W. Frenz*, Konkurrenzsituationen, S. 73, 77; *M. Schmidt-Preuß*, Kollidierende Privatinteressen, S. 600, 791 f.; *F. Schoch*, Vorläufiger Rechtsschutz, S. 756, 760 ff.

[123] BVerfG, NVwZ 2004, S. 1112 (1113); siehe auch *M. Schmidt-Preuß*, Kollidierende Privatinteressen, S. 791 f.

[124] BVerfG, NVwZ 2004, S. 1112 (1113); ferner *M. Schmidt-Preuß*, Kollidierende Privatinteressen, S. 791 f.

F. Die Konzessionsvergabe
im Personenbeförderungsrecht

Um sein Regulierungsziel, eine den öffentlichen Verkehrsinteressen entsprechende, qualitativ und quantitativ adäquate Verkehrsbedienung zu erreichen,[1]
überlässt das Personenbeförderungsrecht das Leistungsangebot nicht dem freien
Spiel der Marktkräfte, sondern sieht – neben anderen Regulierungsinstrumen-
ten – eine Kontingentierung des Marktzugangs vor. Damit muss die Verwaltung
auch in diesem Bereich Verteilungskonflikte bewältigen. Dies gilt für die Vergabe von Taxenkonzessionen genauso wie für die Auswahl zwischen konkurrierenden Linienverkehrsleistungsangeboten.[2] Bei letzterer sind jedenfalls nach
dem überkommenen Modell des PBefG[3], je nach Initiator der Verkehrsleistung,
zwei Konkurrenzsituationen zu unterscheiden:[4] Wettbewerb kann zum einen
im Bereich des sog. kommerziellen, d.h. privatinitiativ angebotenen und kosten-
deckend[5] arbeitenden Verkehrs entstehen, wenn mehrere Anbieter die Konzession für dieselbe (und nur einmal zu bedienende) Linie beantragen, zum anderen
dort, wo die öffentliche Hand mangels ausreichender Bedienung von Strecken
(subventionierte) Beförderungsleistungen ausschreibt. Im Taxenverkehr spielt
ferner die verfassungsrechtlich nicht unproblematische Sekundärverteilung,
d.h. der Handel mit Konzessionen, eine bedeutende Rolle.[6] Der Gesetzgeber
lässt diesen nur zu, wenn gleichzeitig mit dem Genehmigungsübergang „das
ganze Unternehmen oder wesentliche selbständige und abgrenzbare Teile des

---

[1] Allgemein zum Regulierungsanliegen des Personenbeförderungsrechts: *M. Fehling*,
Öffentlicher Verkehr, § 10, Rn. 5 ff.; *C. Heinze*, Personenbeförderungsrecht, Einleitung
S. 14 ff., 48 ff.

[2] Da keinen zusätzlichen Erkenntnisgewinn versprechend, unterbleibt in diesem Abschnitt eine Auseinandersetzung mit der Konzessionsvergabe im Bereich des Eisenbahnverkehrs, die dem AEG unterliegt.

[3] Zu diesem und seiner Infragestellung durch das mit der am 3.12.2009 in Kraft getretenen VO (EG) Nr. 1370/2007 reformierte EU-Regime unten, II.

[4] Im Folgenden ausgeklammert bleiben Streitigkeiten um die Erteilung einstweiliger Erlaubnisse (§ 20 PBefG), dazu *C. Heinze*, Personenbeförderungsrecht, Einleitung S. 71 f.

[5] Eine eigenwirtschaftliche Bedienung liegt auch bei Bezuschussung durch die öffentliche Hand vor, da auch Subventionen Unternehmenserträge i.S.d. Handelsrechts darstellen:
BVerwGE 127, 42 (45 ff.); VGH Mannheim, NVwZ-RR 2009, S. 720 (721).

[6] Zurückhaltend: BVerwGE 64, 238 (245); E 79, 208 (216). Von der Verfassungswidrigkeit
des Konzessionshandels ausgehend *W. Frotscher / E. Becht*, NVwZ 1986, S. 81; siehe für den
Güterfernverkehr auch BVerfGE 40, 196 (232); BVerwG, NVwZ 1984, S. 507 (508).

Unternehmens übertragen werden" (§ 2 Abs. 3 PBefG). Da diese Verteilung auf dem Markt stattfindet, nicht aber in den Händen der Verwaltung abläuft, bleibt sie angesichts des Gegenstands der vorliegenden Untersuchung im Folgenden ausgeklammert.[7] Infolge der Liberalisierung des Güterkraftverkehrs auf europäischer Ebene und der GüKG-Novelle auf nationaler Ebene als Referenzgebiet zwischenzeitlich ausgefallen ist das Güterbeförderungsrecht, da die in diesem Sektor bestehende Kontingentierung zum 1.7.1998 entfallen ist.[8]

I. Die Verteilungssituation

1. Verfassungsrechtliche Perspektive

a) Das Vergabeverfahren im Lichte der Berufsfreiheit (Art. 12 Abs. 1 GG)

aa) Die freiheitsrechtliche Relevanz der Knappheitssituation

Die Knappheitssituation im Personenbeförderungsrecht resultiert daraus, dass der Staat die unternehmerische Betätigung mit Rücksicht auf öffentliche Verkehrsinteressen kontingentiert. Für den Taxenverkehr dürfen nur so viele Genehmigungen erteilt werden, dass das örtliche Taxengewerbe nicht in seiner Funktionsfähigkeit bedroht wird (§ 13 Abs. 4 PBefG), und für den Linienverkehr statuiert § 13 Abs. 2 Nr. 2 PBefG ein Verbot der Doppelbedienung von Strecken. Die Genehmigung eines Straßenbahn-, Obus- oder Linienverkehrs mit Kraftfahrzeugen ist nämlich zu versagen, wenn der beantragte Verkehr „mit den vorhandenen Verkehrsmitteln befriedigend bedient werden kann" (lit. a), „ohne eine wesentliche Verbesserung der Verkehrsbedienung Verkehrsaufgaben übernehmen soll, die vorhandene Unternehmer oder Eisenbahnen bereits wahrnehmen" (lit. b), oder von den vorhandenen Unternehmern übernommen wird (Ausgestaltungsrecht; lit. c).[9] Dieses Verbot der Doppelbedienung verhindert – jedenfalls im Regelfall[10] – eine Zulassung konkurrierender Angebote neben dem Genehmigungsinhaber und begründet damit eine (befristete) Monopolstellung. Vor diesem Hintergrund stellt bereits die Knappheit als solche einen Eingriff in die Berufsfreiheit, nämlich eine objektive Berufswahlregelung, dar und muss den entsprechenden Rechtfertigungsanforderungen genügen, mithin der „Abwehr nachweisbarer oder höchstwahrscheinlicher schwerer Gefahren für ein

---

[7] Siehe schon oben, Einleitung, I.

[8] Im Überblick zur Entwicklung W. Frotscher / U. Kramer, Wirtschaftsverfassungs- und Wirtschaftsverwaltungsrecht, § 18, Rn. 455 ff.

[9] Zu diesen Voraussetzungen im Einzelnen C. Heinze, Personenbeförderungsrecht, § 13, Anm. 11 f.

[10] Vgl. BVerwG, DVBl. 1957, S. 496 (497); VGH Kassel, 2 UE 922/07 – juris, Rn. 45; VGH Mannheim, 3 S 812/99 – juris, Rn. 30; M. Fehling / K. M. Niehnus, DÖV 2008, S. 662 (667 m. Fn. 62); M. Ronellenfitsch, VerwArch 92 (2001), S. 131 (140).

überragend wichtiges Gemeinschaftsgut" dienen[11]. Der Schutz vor Konkurrenz, auch soweit er sich als vermeidbare Nebenwirkung der Zulassungsregelung darstellt, vermag insoweit nicht zu tragen.[12]

Im Gelegenheitsverkehr mit Kraftdroschken können angesichts seiner Bedeutung für das öffentliche Verkehrswesen dessen Existenz und Funktionieren als ein i.S.d. Art. 12 GG schutzwürdiges Gemeinschaftsgut qualifiziert werden. Denn die

Kraftdroschken sind in den größeren Städten, wo sie praktisch allein eingesetzt werden, die wichtigsten Träger individueller Verkehrsbedienung. Im modernen Großstadtverkehr kann auf ihre Dienste nicht mehr verzichtet werden; sie stellen die notwendige, von keinem andern Verkehrsträger übernehmbare Ergänzung des öffentlichen Linien- und des Straßenbahnverkehrs dar. Sie sind deshalb selbst öffentliche Verkehrsmittel ... und unterliegen der Beförderungspflicht ...; die Beförderungsentgelte werden behördlich festgesetzt.[13]

Eine schwere Gefahr für dieses Schutzgut resultiert daraus, dass das Taxengewerbe „bei unkontrolliertem Eindringen neuer Unternehmen durch Übersetzung und ruinösen Wettbewerb in seiner Existenz bedroht würde."[14] Ihr kann durch Kontingentierungen entgegengewirkt werden. Dies setzt freilich zum einen voraus, dass die „Gefahr – konkret beweisbar – eingetreten oder nach dem sorgfältig begründeten Urteil der Verwaltungsbehörde in drohende Nähe gerückt" ist;[15] zum anderen muss sich die Zulassungsregelung als verhältnismäßige Maßnahme zur Gefahrenabwehr darstellen. Vor diesem Hintergrund ist § 13 Abs. 4 S. 1 PBefG, nach dem vor Genehmigungserteilung zu prüfen ist, ob durch die Ausübung des beantragten Verkehrs das örtliche Taxengewerbe in seiner Funktionsfähigkeit bedroht wird, verfassungsrechtlich nicht zu beanstanden.[16]

---

[11] BVerfGE 7, 377 (LS 6); E 11, 168 (183); E 40, 196 (218) – für den Güterfernverkehr.

[12] BVerfGE 11, 168 (188 f.); ferner E 40, 196 (219) – für den Güterfernverkehr; BVerwGE 79, 208 (211 f.); OVG Münster, GewArch 1980, S. 263 (263 f.).

[13] BVerfGE 11, 168 (186 f.); ferner E 65, 237 (246); E 81, 70 (86); E 85, 238 (246 f.); NJW 2000, S. 1326 (1326); BVerwG, NJW 1961, S. 2274 (2274); E 16, 190 (190); E 23, 314 (317); E 79, 208 (210 ff.); E 82, 295 (297); NJW 2005, S. 3510 (3510 f.); 3 B 77/07 – juris, Rn. 7; OVG Münster, GewArch 1980, S. 141 (142). Ebenso D. *Kupfer*, Verteilung, S. 331 ff.

[14] BVerfGE 11, 168 (191). Bekräftigt in E 81, 70 (87 f.); ferner BVerwG, NJW 1961, S. 2274 (2274); E 16, 190 (190); E 23, 314 (317); E 79, 208 (210 ff.); 3 B 77/07 – juris, Rn. 7; C. *Heinze*, Personenbeförderungsrecht, § 13, Anm. 17.

[15] BVerfGE 11, 168 (191). Bekräftigt in E 81, 70 (87 f.); ferner BVerwG, NJW 1961, S. 2274 (2274); E 16, 190 (190); E 23, 314 (317); E 79, 208 (210 ff.); 3 B 77/07 – juris, Rn. 7; C. *Heinze*, Personenbeförderungsrecht, § 13, Anm. 17.

[16] BVerwG, NJW 1961, S. 2274 (2274); E 23, 314 (317); E 79, 208 (210 ff.); 3 B 77/07 – juris, Rn. 7; VGH Kassel, VRS 64, S. 394; OVG Münster, GewArch 1980, S. 141 (142); vgl. auch BVerfGE 11, 168 (190); E 81, 70 (87 f.). A.A. A. *Bardarsky*, Marktzugangsbeschränkungen, S. 118 ff.; D. *Kupfer*, Verteilung, S. 334 ff., der mit Blick auf die selbstregulierende Kraft des Marktes lediglich Höchstpreise sowie die Betriebs- und Beförderungspflicht für vor der Berufsfreiheit rechtfertigbar erachtet; R. *Maaß*, Wettbewerb, S. 246 ff., 263. Siehe auch G. *Fromm*, NVwZ 1984, S. 348 (350 f.).

Die im früheren § 9 Abs. 2 PBG enthaltene Bedürfnisprüfung hat das BVerfG demgegenüber nicht als für den Erhalt des Gelegenheitsverkehrs zwingend erforderlich erachtet. Denn die Zulassung einzelner Neuunternehmer führt trotz befriedigender Verkehrsbedienung durch vorhandene Unternehmen noch nicht zu einer allein rechtfertigungstauglichen Existenzgefährdung des Kraftdroschkengewerbes; vielmehr besteht ein hinzunehmender Grenzbereich.[17] Der freiheitsrechtlich fundierte Marktzuganganspruch muss schließlich auch prozedural abgesichert werden: Die Verwaltungsbehörde hat nämlich in regelmäßigen Abständen zu überprüfen, ob eine Erteilung weiterer Konzessionen aufgrund der Zurückgabe von Konzessionen oder veränderter Umstände, die die Rechtfertigung der Kontingentierung betreffen, in Betracht kommt.[18]

Mutatis mutandis gilt das zum Taxenverkehr Gesagte auch für die zahlenmäßig beschränkte Zulassung von Linienverkehrsleistungen, wobei angesichts dessen im Vergleich zum Gelegenheitsverkehr höherer Bedeutung für das Verkehrswesen Einschränkungen unter erleichterten Voraussetzungen zulässig sind.[19] Soweit sich die im Verbot der Doppelbedienung liegende objektive Berufswahlregelung als zur Gewährleistung der skizzierten Regulierungsziele des Personenverkehrs notwendig darstellt, ist sie verfassungsrechtlich zulässig.[20] Da eine sichere, den Straßenraum nicht überlastende und wirtschaftliche Erbringung von Linienverkehrsleistungen eine „Bündelung des Angebots auf ein bestimmtes Liniennetz und bei einem Unternehmer je Linie" voraussetzt, ist dies der Fall.[21] Keine Unterscheidung in der freiheitsrechtlichen Bewertung angezeigt ist zwischen den beiden Auswahlsituationen privatinitiativer Angebote einerseits, staatlich initiierter andererseits, da in beiden Fällen staatlicherseits eine Monopolstellung begründet wird.

Schließlich darf der Marktzugang von Konkurrenzunternehmen weder im Gelegenheits- noch im Linienverkehr auf unabsehbare Zeit gesperrt werden: Dies gewährleistet die in § 16 PBefG vorgesehene Befristung der Genehmigung, die, anders als dies mitunter anklingt, nicht nur einen kontinuierlichen Abgleich des Angebots mit dem dem Wandel unterworfenen öffentlichen Verkehrsinteresse bezweckt,[22] sondern auch einen schonenden Ausgleich zwischen

---

[17] BVerfGE 11, 168 (188 f.); ferner BVerwGE 79, 208 (210); VG Koblenz, GewArch 2009, S. 162 (163).

[18] BVerwGE 16, 190 (193).

[19] BVerfGE 11, 168 (186); ferner VGH Mannheim, 3 S 709/03 – juris, Rn. 25.

[20] Vgl. BVerfGE 11, 168 (186); BVerwG, GewArch 1964, S. 179 (180 f.); E 30, 251 (255); E 30, 352 (353 f.); NVwZ 2001, S. 322 (322 f.); E 118, 270 (272 f.); OVG Koblenz, 7 A 11343/99 – juris, Rn. 39; VGH Mannheim, 3 S 709/03 – juris, Rn. 25; *C. Heinze*, DVBl. 2005, S. 946 (946); *R. Maaß*, Wettbewerb, S. 232 ff.; *J. Werner*, GewArch 2004, S. 89 (97).

[21] *C. Heinze*, DVBl. 2005, S. 946 (946). Qualifizierend aber *J. Werner*, GewArch 2004, S. 89 (97). Restriktiv hinsichtlich des Vorrangs der Eisenbahn gegenüber Fernbuslinien jüngst BVerwG, Urt. v. 24.6.2010, 3 C 14.09.

[22] So aber BVerwGE 30, 251 (254); ferner VG Freiburg, 1 K 2400/99 – juris, Rn. 32.

den Marktzugangsinteressen von Neuunternehmern und dem Amortisationsinteresse des Altunternehmers ermöglicht.

bb) Die freiheitsrechtliche Relevanz der Vergabekriterien

Dass die Knappheit sowohl im Linien- als auch im Gelegenheitsverkehr mit Taxen auf einer staatlichen Entscheidung beruht, strahlt auf die verfassungsrechtliche Bewertung der Verteilungskriterien aus, die sich als objektive respektive
subjektive Berufswahlregelungen an Art. 12 Abs. 1 GG messen lassen müssen.
Wie im Grundlagenteil bereits ausgeführt, reduziert eine verfassungsmäßige
Kontingentierung die Freiheitssphäre des Einzelnen auf einen Teilhabeanspruch
am vorhandenen Kontingent. Somit sind die Fragen des „Ob" der Knappheit
und des „Wie" des Umgangs mit ihr zu trennen und letzterer dem – freiheitsrechtlich aufgeladenen und im Folgenden erörterten – Teilhaberecht zuzuordnen.[23]

b) Das Vergabeverfahren im Lichte des Gleichheitssatzes

Auswahlkriterien und Auswahlverfahren müssen sich am in Art. 3 Abs. 1 i.V.m.
Art. 12 Abs. 1 GG verfassungsrechtlich radizierten Teilhabeanspruch messen
lassen. Vor dem Hintergrund einer durch hoheitlichen Eingriff geschaffenen
Knappheitssituation und der damit einhergehenden freiheitsrechtlichen Aufla-
dung des allgemeinen Gleichheitssatzes gelten insoweit strenge Anforderungen
an Vergabeverfahren und -kriterien sowie deren gesetzgeberische Determinierung.

In materieller Hinsicht ist zwischen an Eigenschaften der Bewerber anknüpfenden Genehmigungsvoraussetzungen und von der Person des Bewerbers unabhängigen Auswahlkriterien zu unterscheiden: Erstere dürfen als subjektive
Berufswahlregeln „zu dem angestrebten Zweck der ordnungsmäßigen Erfüllung der Berufstätigkeit nicht außer Verhältnis stehen", letztere müssen als objektive Berufswahlregeln zur „Abwehr nachweisbarer oder höchstwahrscheinlicher schwerer Gefahren für ein überragend wichtiges Gemeinschaftsgut" erforderlich sein. Die in den § 13 Abs. 1 und Abs. 2 Nr. 1 PBefG enthaltenen
Anforderungen der Eignung, Zuverlässigkeit und Leistungsfähigkeit des Unternehmers genügen dem selbstredend.[24] Genauso wenig zu beanstanden ist die
Vergabe von Taxenkonzessionen nach dem Prioritätsgrundsatz.[25] Die Schwierigkeit, allgemeingültige materielle Kriterien für die Auswahl zu bestimmen,

---

[23] Dazu oben, Teil 1, A.I.2.b.aa.(3). Siehe auch *H. Baumeister*, LKV 1999, S. 12 (13). Die
Verteilung dem allgemeinen Gleichheitssatz zuordnend: BVerwGE 23, 314 (319).

[24] Siehe nur Bidinger, PBefG, § 13, Rn. 4, 17.

[25] BVerwGE 16, 190 (191); ferner E 64, 238 (245 f.); E 82, 295 (298); VGH Kassel, ESVGH
13, 198 (200 f.); VGH München, NJW 1962, S. 2219 (2220 f.); OVG Münster, GewArch 1980,

und der – einen Losentscheid o. ä. erforderlich machende – zu erwartende große
Kreis gut geeigneter Bewerber rechtfertigen den Rekurs auf das schematische
Verteilungskriterium der Priorität, zumal für dieses ferner der geringe Verwaltungsaufwand und die rechtssichere Handhabbarkeit streitet.[26] Das Vergabesystem darf allerdings nicht in einer Weise ausgestaltet sein, dass einzelne Bewerber durch die Beantragung einer Vielzahl von Konzessionen den Marktzugang anderer Bewerber sperren können.[27] Somit darf bei Bewerberüberhang
jedem Unternehmer grundsätzlich nur eine Genehmigung erteilt werden,[28] wie
dies § 13 Abs. 5 S. 4 PBefG mittlerweile bestimmt. Dass sich die Auswahl von
Linienverkehrsleistungen demgegenüber nach einem qualitativen Kriterium,
nämlich dem des besten Angebots, bestimmt, widerspricht dem eben Ausgeführten nicht. Denn dies trägt der Angebotsspanne im Linienverkehr Rechnung, die einen Rekurs auf schematische Kriterien verbietet. Soweit die Auswahlkriterien schließlich eine Privilegierung von Altunternehmen vorsehen
(vgl. § 13 Abs. 3 PBefG), ist dies nur unter Berücksichtigung des damit kolli-
dierenden Zulassungsanspruchs von Neubewerbern möglich.[29]

Auch im Bereich der Personenbeförderung muss der verfassungsrechtlich
verbürgte Teilhabeanspruch durch eine entsprechende Ausgestaltung des Vergabeverfahrens prozedural abgesichert werden.[30] Als Aspekt dieser Verfahrensdimension des Grundrechtsschutzes anerkannt hat die Rechtsprechung
Transparenz- und Ausschreibungspflichten.[31] Ferner verwies der VGH München darauf, dass „– [u]nabhängig von der Verpflichtung zur Durchführung eines förmlichen Vergabeverfahrens … – nach Art. 3 und 12 GG der Grundsatz
[gilt], dass den Mitbewerbern um eine Linienverkehrsgenehmigung in den
Schranken des Personenbeförderungsrechts faire Wettbewerbsbedingungen
einzuräumen sind."[32]

S. 141 (142 f.); NVwZ-RR 1991, S. 147 (147); *W. Frenz*, Konkurrenzsituationen, S. 52; *C. Heinze*, Personenbeförderungsrecht, § 13, Anm. 21.

[26] BVerwGE 16, 190 (191); ferner VGH Kassel, ESVGH 13, 198 (200 f.). Vgl. auch OVG Hamburg, DVBl. 1963, S. 153; VG Frankfurt, DVBl. 1963, S. 155 (156).

[27] BVerwGE 16, 190 (192 f.); E 23, 314 (318 f.); OVG Münster, GewArch 1980, S. 141 (143).

[28] BVerwGE 23, 314 (318 f.). Für ermessensfehlerfrei erachtet es das BVerwG (a.a.O.) allerdings, „wenn die Verwaltung …, insbesondere um die Rentabilität eines Droschkenbetriebs
gewährleisten zu können, der von älteren oder kranken Unternehmern geführt wird, an einen
einzigen Unternehmer zwei oder sogar möglicherweise drei Genehmigungen ausgibt."

[29] Zur Ausbuchstabierung im Detail unten, III.1.a.aa.(2) und e.aa. Die verfassungsrechtliche Zulässigkeit der Privilegierung von Altunternehmern im Taxenverkehr offengelassen
hat BVerwGE 16, 190 (193).

[30] Siehe nur BVerwGE 118, 270 (271 f.); VGH Mannheim, NVwZ-RR 2009, S. 720 (725);
VGH München, BayVBl. 2008, S. 436 (438); ferner OVG Koblenz, LKV 2006, S. 276 (276 f.);
VG Koblenz, 6 K 835/05 – juris, Rn. 24; *M. Nettesheim*, NVwZ 2009, S. 1449 (1453); *R. Pit-
schas*, GewArch 1981, S. 216 (218 f.); *J. Werner*, GewArch 2004, S. 89 (89, 91, 93).

[31] BVerwGE 118, 270 (271 ff.); OVG Koblenz, LKV 2006, S. 276 (277).

[32] VGH München, BayVBl. 2008, S. 436 (438); ferner OVG Koblenz, LKV 2006, S. 276
(276); vgl. auch VG Koblenz, 6 K 835/05 – juris, Rn. 24; *J. Werner*, GewArch 2004, S. 89 (91).

Was schließlich den Gestaltungsspielraum der verteilenden Verwaltung im Verhältnis zum Gesetzgeber betrifft, so muss letzterer angesichts der Grundrechtsrelevanz des Genehmigungsverfahrens „Art und Anwendungsweise der Auswahlkriterien selbst wenigstens in den Grundzügen" bestimmen.[33]

2. Unionsrechtliche Perspektive

Die Ausübung einer unternehmerischen Betätigung im Personenverkehr stellt sich, je nach Art der Niederlassung im Zielstaat, zwar als grundsätzlich von der Niederlassungs- oder Dienstleistungsfreiheit erfasste Marktteilnahme dar; jedoch schließen für Beförderungen im Eisenbahn-, Straßen- und Binnenschiffsverkehr die Spezialregelungen des Verkehrstitels (Art. 90 ff. AEUV) den unmittelbaren Rückgriff auf die Dienstleistungs- (Art. 58 Abs. 1 AEUV), nicht aber auf die Niederlassungsfreiheit aus.[34] Noch darüber hinausgehend klammert allerdings die Dienstleistungsrichtlinie 2006/123/EG Verkehrsdienstleistungen einschließlich des Personennah- und Taxenverkehrs (Art. 2 Abs. 2 lit. d; Erwägungsgrund 21) aus ihrem Anwendungsbereich generell, d.h. sowohl für eine vorübergehende als auch für eine dauerhafte Marktteilnahme, aus. Unionsrechtlich allgemein vorgegeben ist mithin lediglich das aus der Niederlassungsfreiheit folgende Verbot ausländische Anbieter offen oder versteckt diskriminierender oder die Erbringung der Leistung anderweitig beschränkender Vergabekriterien; zudem greift der beschriebene prozedurale Mindeststandard. Die Kontingentierungen im Personenverkehr als solche sind mit Blick auf die ihnen zugrunde liegende Zielsetzung gerechtfertigt;[35] insoweit kann auf die Argumentation zur Berufsfreiheit verwiesen werden[36]. Schließlich existiert für die Erbringung von Dienstleistungen im Bereich des öffentlichen Personenverkehrs auf Schiene und Straße mit der bereits in ihren Grundzügen skizzierten[37] Verordnung (EG) Nr. 1370/2007 eine sekundärrechtliche Spezialregelung.

---

[33] BVerwGE 64, 238 (245); ferner VGH Kassel, VRS 64, S. 394; VGH München, BayVBl. 1982, S. 367 (368); OVG Münster, GewArch 1980, S. 141 (142); *C. Heinze,* Personenbeförderungsrecht, § 13, Anm. 10 (8.a); *P. M. Huber,* Konkurrenzschutz, S. 504. Großzügiger BVerfGE 40, 196 (232), im Bereich des Güterfernverkehrs: „Das Güterkraftverkehrsgesetz regelt das Verfahren der Verteilung der Genehmigungen nicht. Es werden Richtlinien angewendet, die aber nicht einheitlich in allen Ländern gelten und zum Teil wohl auch nicht veröffentlicht sind … Der Gesetzgeber wird zu prüfen haben, ob die Maßstäbe und Kriterien, die bei der Vergabe der Genehmigungen zugrunde zu legen sind, nicht im Gesetz selbst deutlichen Ausdruck finden sollten." Strenger insoweit jedoch zu Recht BVerwGE 51, 235 (238 ff.); ferner E 80, 270 (274 f.).

[34] Dazu bereits oben, 1. Teil, B.I.2.a.aa., Fn. 69.

[35] A.A. *A. Bardarsky,* Marktzugangsbeschränkungen, S. 246 f., 284 f.; *D. Kupfer,* Verteilung, S. 514.

[36] Dazu oben, I.1.a.aa.

[37] Dazu bereits oben, 1. Teil, B.II.2.d.

II. Regelungsstrukturen

Angesichts der Grundrechtsrelevanz der Konzessionsverteilung im Bereich der Personenbeförderung haben sowohl die Möglichkeit der Kontingentierung als auch Vergabekriterien und -verfahren eine zunehmend detailliertere gesetzliche Regelung im PBefG erfahren. In zahlreichen Einzelaspekten geht diese auf zuvor in der Rechtsprechung entwickelte – respektive eher angemahnte – verfassungsrechtliche Anforderungen an Verteilungskriterien und -verfahren einschließlich deren gesetzlicher Fixierung zurück; in jüngerer Zeit brachte zudem die Europäisierung des öffentlichen Personennahverkehrs ein neues Vergaberegime für Linienverkehrsleistungen mit sich.

Das überkommene, gewerberechtlich inspirierte „Grundmodell" des PBefG statuiert in § 2 Abs. 1 eine Genehmigungspflicht für die Personenbeförderung mit Straßenbahnen, Obussen sowie Kraftfahrzeugen und normiert Mindestvoraussetzungen an Betrieb und Unternehmer (§ 13 Abs. 1 PBefG), den Versagungsgrund des entgegenstehenden öffentlichen Verkehrsinteresses (§ 13 Abs. 2 Nr. 2 bzw. Abs. 4 PBefG), der Grundlage für die bereits erörterten Kapazitätsbeschränkungen im Linien- und Taxenverkehr ist, sowie die Kriterien für die Auswahl unter konkurrierenden Bewerbern (§ 13 Abs. 2 Nr. 2, Abs. 2a und Abs. 5 PBefG). Ferner finden sich Regelungen zum Genehmigungsverfahren, etwa zur Antragstellung (§ 12 PBefG), Anhörung (§ 14 PBefG) oder zur Genehmigungserteilung (§§ 15 f. PBefG).

Uneingeschränkt Anwendung findet dieses Modell noch im Taxenverkehr. Demgegenüber zog die auch vor dem Personenbeförderungsrecht nicht halt machende Europäisierung eine partielle Ausgliederung der Vergabe von Linienverkehrsleistungen aus dem Genehmigungsverfahren des PBefG und ihre Unterstellung unter das Regime der am 3.12.2009 in Kraft getretenen VO (EG) Nr. 1370/2007 nach sich.[38] Dieses greift gemäß deren Art. 3 Abs. 1 bei Vergaben, in deren Rahmen die „zuständige Behörde dem ausgewählten Betreiber ausschließliche Rechte und/oder Ausgleichsleistungen gleich welcher Art für die Erfüllung gemeinwirtschaftlicher Verpflichtungen" gewährt.[39] Hierunter fällt,

---

[38] Für die Vorgängerverordnung (EWG) Nr. 1191/91 wurde aufgrund des in § 8 Abs. 4 PBefG statuierten Vorrangs eigenwirtschaftlicher vor gemeinwirtschaftlichen Verkehren eine Teilbereichsausnahme eigenwirtschaftlicher Verkehrsleistungen im öffentlichen Personennahverkehr angenommen, siehe nur EuGH, Rs. C-280/00, Slg. 2003, I-7747, Rn. 43 ff. – Altmark Trans; BVerwGE 127, 42 (47 ff.); VGH Kassel, DVBl. 2009, S. 196 (197); VGH Mannheim, NVwZ-RR 2009, S. 720 (722 f.).

[39] Art. 2 lit. e definiert eine „gemeinwirtschaftliche Verpflichtung" als „eine von der zuständigen Behörde festgelegte oder bestimmte Anforderung im Hinblick auf die Sicherstellung von im allgemeinen Interesse liegenden öffentlichen Personenverkehrsdiensten, die der Betreiber unter Berücksichtigung seines eigenen wirtschaftlichen Interesses nicht oder nicht im gleichen Umfang oder nicht zu den gleichen Bedingungen ohne Gegenleistung übernommen hätte". Ein „ausschließliches Recht" ist ein solches, „das einen Betreiber eines öffent-

abgesehen vom unstreitig erfassten Betrieb in diesem Sinne subventionierter Linien, nach einer in der Literatur vertretenen Auffassung jedwede Linienverkehrsgenehmigung, da mit einer solchen angesichts des Verbots der Doppelbedienung stets Ausschließlichkeitsrechte einhergingen.[40] Auf der Basis dieser Auffassung ist für ein autonomes nationales Genehmigungsverfahren kein Raum mehr; die Vergabe müsste sich dann nach den Vorgaben der EU-Verordnung richten. Fraglich ist allerdings, ob bei kommerziellen, d.h. privatinitiativ angebotenen Linien davon die Rede sein kann, dass Ausschließlichkeitsrechte im Gegenzug für die Übernahme gemeinwirtschaftlicher Verpflichtungen behördlicherseits gewährt werden.[41] Verneint man dies mit dem deutschen Reformgesetzgeber, dessen Bemühungen (auch) aufgrund massiver Kritik allerdings nicht über einen bislang nicht weiter verfolgten Referentenentwurf (im Folgenden: PBefG-E) vom 27.8.2008 hinausgingen,[42] so ist zwischen kommerziellen Verkehrsleistungen und den in den Anwendungsbereich der EU-Verordnung fallenden gemeinwirtschaftlich geprägten zu differenzieren und eine Genehmigung ersterer nach wie vor ausschließlich dem PBefG zu unterstellen.[43] Als Schaltnorm zwischen den beiden Regimen fungiert § 8 Abs. 4 S. 2 PBefG-E, der, wie die derzeit geltende Regelung des § 8 Abs. 4 PBefG,[44] einen Vorrang des kommerziellen Verkehrs statuiert: Denn eine Vergabe nach der VO (EG) 1370/2007 ist nach diesem nur dann zulässig, wenn nicht „eine ausreichende Verkehrsbedienung durch kommerzielle Verkehre vorhanden und auch künftig gewährleistet ist.‟

---

lichen Dienstes berechtigt, bestimmte öffentliche Personenverkehrsdienste auf einer bestimmten Strecke oder in einem bestimmten Streckennetz oder Gebiet unter Ausschluss aller anderen solchen Betreiber zu erbringen“ (Art. 2 lit. f).

[40] *J. Deuster*, IR 2009, S. 202 (203 f.); *M. Fehling / K. M. Niehnus*, DÖV 2008, S. 662 (667 f.); *F. Kiepe / O. Mietzsch*, IR 2008, S. 56 (57 f.); *M. Nettesheim*, NVwZ 2009, S. 1449 (1450); *A. Saxinger*, DVBl. 2008, S. 688 (689 ff.); *ders.*, GewArch 2009, S. 350 (354); *M. Winnes / A. Schwarz / O. Mietzsch*, EuR 2009, S. 290 (297 ff.); *O. Wittig / P. Schimanek*, NZBau 2008, S. 222 (224); vgl. auch *M. Knauff*, DVBl. 2006, S. 339 (347 f.).

[41] Freilich stellt die Differenzierung zwischen dem kommerziellen und dem gemeinwirtschaftlichen Linienverkehr der Umstand in Frage, dass nach der bisherigen Auslegung des PBefG eine eigenwirtschaftliche Bedienung auch bei Bezuschussung durch die öffentliche Hand vorlag, da auch Subventionen Unternehmensträge i.S.d. Handelsrechts darstellen: BVerwGE 127, 42 (45 ff.); 3 C 1/09 – juris, Rn. 25; VGH Mannheim, NVwZ-RR 2009, S. 720 (721).

[42] Siehe nur *A. Saxinger*, GewArch 2009, S. 350 (351). Positiver *J. Ziekow*, NVwZ 2009, S. 865. Mangels Alternative seien (auch) die Regelungen des Referentenentwurfs diesem Kapitel zugrunde gelegt. Nach dem Koalitionsvertrag des Jahres 2009 wollen die Koalitionspartner eine Novelle des PBefG, insbesondere seine Anpassung an den EU-Rechtsrahmen, in Angriff nehmen.

[43] Vgl. auch *J. Ziekow*, NVwZ 2009, S. 865 (867).

[44] BVerwGE 127, 42 (45, 48); VGH Kassel, DVBl. 2009, S. 196 (197 ff.); VGH Mannheim, NVwZ-RR 2009, S. 720 (721 f.); *A. Saxinger*, GewArch 2009, S. 350 (351).

Für den Genehmigungswettbewerb im Bereich des kommerziellen Verkehrs, der nach dem BVerwG ein „Ausschreibungsverfahren im weiteren Sinne" darstellt,[45] hat die Rechtsprechung in Ermangelung gesetzlicher Vorgaben insbesondere Publizitätspflichten und Auswahlkriterien entwickelt.[46] Mit dem PBefG-E sollen diese nunmehr normiert werden; er enthält, über das beschriebene Grundmodell hinaus, nun erstmals eine Regelung für die Auswahl unter konkurrierenden Angeboten (§ 13 Abs. 2a PBefG-E), Publizitätspflichten (§ 18 PBefG-E) sowie feste Bewerbungsfristen (§ 12 Abs. 5 PBefG-E).

Hinsichtlich des anzuwendenden Vergabeverfahrens bei der EU-Verordnung unterliegenden Verkehrsleistungen ist zunächst wie folgt zu differenzieren: Stellt der Auftrag einen Dienstleistungsauftrag i.S.d. EU-Vergaberichtlinien – unter Ausklammerung der Dienstleistungskonzessionen[47] – dar, so findet das allgemeine EU-Vergaberecht Anwendung (Art. 5 Abs. 1);[48] andernfalls greift das Vergaberegime der VO (EG) 1370/2007, das unterhalb bestimmter Schwellenwerte (Art. 5 Abs. 4),[49] als Notmaßnahme (Art. 5 Abs. 5) und im Eisenbahnverkehr (Art. 5 Abs. 6) eine – allerdings nicht näher geregelte – Direktvergabe gestattet und die Verwaltung im Übrigen zur Durchführung eines „wettbewerblichen Vergabeverfahrens" gemäß Art. 5 Abs. 3 verpflichtet. Dieses „muss allen Betreibern offen stehen, fair sein und den Grundsätzen der Transparenz und Nichtdiskriminierung genügen." Verhandlungen schließt dies allerdings nicht aus. Abgesehen von Veröffentlichungspflichten enthält die VO (EG) 1370/2007 keine weiteren Verfahrensregeln, was einen Rekurs auf ergänzende Regelungen des nationalen Rechts verlangt und gleichzeitig, wie andere Rahmenregelungen der Verordnung auch, den Verordnungscharakter des Rechtsakts in Frage stellt. So verweist § 8 Abs. 5 S. 1 PBefG-E auf im Verordnungswege zu erlassende Verfahrensbestimmungen und erklärt in seinem zweiten Satz die in § 97 Abs. 2–5 GWB normierten allgemeinen Bestimmungen über das Vergabeverfahren (Gleichbehandlung; Berücksichtigung der Interessen mittelständischer Unternehmer; Auftragsvergabe an fachkundige, leistungsfähige, gesetzestreue und zuverlässige Unternehmen mit der Möglichkeit, Sekundärzwecke zu verfolgen; Zuschlag auf das wirtschaftlichste Angebot) für anwendbar. Zudem fordert Art. 5 Abs. 6

---

[45] BVerwGE 118, 270 (276).

[46] Siehe für die Publizitätspflicht unten III.1.b., für die Auswahlkriterien unten III.1.e.

[47] Zur Abgrenzung von Dienstleistungsaufträgen und -konzessionen *M. Fehling / K. M. Niehnus*, DÖV 2008, S. 662 (663 f.).

[48] Siehe zu dem dann anzuwendenden Verfahren die Ausführungen im Abschnitt „Vergabeverfahren" (oben, 2. Teil, B.).

[49] Die Schwellen liegen bei einem Jahresdurchschnittswert des Dienstleistungsauftrags von 1 Mio. € bzw. einer jährlichen öffentlichen Personenverkehrsleistung von 300.000 km. Bei einer Direktvergabe an KMU, die nicht mehr als 23 Fahrzeuge betreiben, können diese Werte verdoppelt werden.

einen adäquaten Rechtsschutz,[50] den der PBefG-E durch einen Verweis auf das kartellvergaberechtliche Rechtsschutzsystem realisiert (§ 8 Abs. 5 S. 3, Abs. 6 PBefG-E)[51]. Schließlich sieht Art. 8 eine Übergangsfrist für die vollständige Anwendung der VO (EG) 1370/2007 bis zum 3.12.2019 vor.[52]

III. Das Auswahlverfahren

Das Konzessionierungsverfahren des PBefG war und scheint bei unbefangener Lektüre auch immer noch in weiten Teilen dem Standardverfahren des VwVfG verpflichtet: Es stellt(e) sich als ein durch den Genehmigungsantrag eingeleitetes Verfahren dar, in dem über diesen anhand der gesetzlich vorgezeichneten subjektiven und objektiven Genehmigungsvoraussetzungen entschieden wird (vgl. §§ 2 Abs. 1, 13 PBefG). Dass in dieser bipolaren Verfahrensstruktur Konkurrenzkonflikte um knappe Genehmigungen nicht adäquat verarbeitet werden können, liegt auf der Hand. Vor diesem Hintergrund wandelte sich das Genehmigungsverfahren, meist durch vom Gesetzgeber aufgegriffene Entwicklungen in Verwaltungspraxis und Rechtsprechung, in ein Verteilungsverfahren. Als Beispiel sei nur auf die Verankerung von Auswahlmaßstäben zwischen konkurrierenden Genehmigungsanträgen im PBefG verwiesen (§ 13 Abs. 2a S. 2 PBefG-E; § 13 Abs. 5 S. 2 und 3 PBefG). So lässt sich das Konzessionierungsverfahren nunmehr als komplexes Auswahlverfahren lesen, das sich in eine Konzept- (1.a), Ausschreibungs- (1.b), Bewerbungs- (1.c), Anhörungs- (1.d) und Entscheidungsfindungsphase (1.e) gliedert. Diese münden in die Vergabeentscheidung (1.f), sofern das Verfahren nicht zuvor eingestellt wird (1.g). Des Weiteren finden auch im Personenbeförderungsrecht anlassunabhängige Verfahren Anwendung (2.).

1. Der Ablauf des Auswahlverfahrens

a) Konzeptphase

Trotz scheinbar überkommener Verfahrensstruktur kommt auch das Konzessionierungsverfahren nach dem PBefG angesichts der zu bewältigenden Konkurrenzsituation nicht ohne Konzeptphase aus.[53] Im Taxenverkehr steht in dieser aufgrund der schematischen Auswahl nach dem Prioritätsgrundsatz (§ 13

---

[50] Im Einzelnen zu den Anforderungen an den Rechtsschutz A. *Heiß*, VerwArch 100 (2009), S. 113 (140 ff.).

[51] Der 21. Erwägungsgrund der VO (EG) 1370/2007 verweist explizit auf das vergaberechtliche Rechtsschutzsystem, so dass dieser Verweis nahelag.

[52] Zur Übergangsregelung A. *Heiß*, VerwArch 100 (2009), S. 113 (139 f.); M. *Nettesheim*, NVwZ 2009, S. 1449 (1454 f.).

[53] Vgl. auch D. *Kupfer*, Verteilung, S. 172.

Abs. 5 S. 2 und 3 PBefG)[54] das Kapazitätsmanagement im Vordergrund, mithin
die Festlegung der Zahl der verfügbaren Genehmigungen (aa.1) und deren Aufteilung innerhalb der Bewerbergruppen Alt- und Neuunternehmer (aa.2). Im
Linienverkehr bedarf es demgegenüber der Entwicklung eines materiellen Auswahlkonzepts (bb).

aa) Taxenverkehr

(1) Bestimmung der Kapazitätsgrenze

Die Erteilung von Konzessionen für den Taxenverkehr ist im Interesse der
Funktionsfähigkeit des örtlichen Taxengewerbes zahlenmäßig kontingentiert.
In der Konzeptphase obliegt es der Verwaltung nun, diese Kapazitätsgrenze zu
bestimmen. Anders als § 13 Abs. 4 PBefG dies nahelegen könnte, geschieht dies
nicht im Kontext der Entscheidung über einzelne Zulassungsanträge, sondern
abstrahiert von diesen im Wege eines Konzepts.

Auch insoweit illustrieren die Regelungen des PBefG zur Konzessionserteilung im Taxenverkehr die Unzulänglichkeiten des bipolar strukturierten Standardverfahrens des VwVfG für die Bewältigung von Konkurrenzkonflikten.
Ganz im Sinne des herkömmlichen Verfahrensmodells legen die Genehmi-
gungsregeln des PBefG nahe, dass im Zulassungsverfahren über den Genehmigungsantrag des Konzessionsbewerbers zu entscheiden ist; diesem ist insbesondere dann nicht zu entsprechen, wenn der gesetzliche Versagungsgrund entgegenstehender öffentlicher Verkehrsinteressen vorliegt, mithin die Zulassung
weiterer Bewerber eine Bedrohung der Funktionsfähigkeit des örtlichen Taxengewerbes nach sich zieht (§ 13 Abs. 4 PBefG). Auf diese Weise kann die
Konkurrenzsituation freilich nicht verarbeitet werden; vielmehr bedarf es einer
der Vergabeentscheidung vorgeschalteten Konzeptphase, in der das zu verteilende Kontingent angesichts der schwierigen Grenzziehung bestimmt wird. In
diesem Sinne hielt es das BVerwG in einer Entscheidung aus dem Jahr 1966 für
erforderlich, der Erteilung von Konzessionen einen Beobachtungszeitraum vo-
rangehen zu lassen, in dem die „Auswirkungen [der] zuletzt erteilten Genehmigungen auf die Wirtschaftslage des örtlichen Droschkenverkehrs ... und
[die] wirtschaftlichen Folgen bei weiteren Zulassungen" zu überprüfen sind.
Denn es kommt

auf eine einheitliche Betrachtung der wirtschaftlichen Verhältnisse im örtlichen Drosch-
kenverkehr [an]. Der Notwendigkeit, eine solche umfassende Überprüfung durchzuführen, können sich die Behörden und die Gerichte nicht dadurch entziehen, daß sie lediglich
die Wirkung überprüfen, die sich für das örtliche Droschkengewerbe ergeben würde,

---

[54] Möchte die Behörde von der „Soll-"Vergabe nach dem Prioritätsprinzip abweichen,
bedarf es hierfür einer besonderen Rechtfertigung: OVG Münster, NVwZ-RR 1991, S. 147
(147).

wenn lediglich der Antrag jedes einzelnen Bewerbers auf Erteilung einer einzigen Genehmigung Erfolg haben würde. Solange noch weitere Bewerbungen vorliegen, wird eine derartige isolierte Betrachtung der Wirkungen, die der Erteilung einer einzigen Genehmigung zukommen, der Sachlage nicht gerecht. Es kommt auf die Existenz- und Funktionsfähigkeit des gesamten örtlichen Droschkengewerbes an. Diese Frage kann nur entschieden werden, wenn einheitlich geprüft wird, ob und bejahendenfalls wie viele Genehmigungen noch erteilt werden können.[55]

Der Gesetzgeber hat hierauf zwischenzeitlich reagiert und mit der Taxinovelle des Jahres 1983[56] § 13 Abs. 4 PBefG um eine entsprechende Beobachtungspflicht ergänzt (Sätze 3 und 4): „Zur Feststellung der Auswirkungen früher erteilter Genehmigungen auf die öffentlichen Verkehrsinteressen soll die Genehmigungsbehörde vor der Entscheidung über neue Anträge einen Beobachtungszeitraum einschalten. Der Beobachtungszeitraum soll höchstens ein Jahr seit der letzten Erteilung einer Genehmigung betragen." Damit ist die Behörde, freilich nur wenn ein Kapazitätsengpass zu befürchten ist,[57] zu einer Sammlung der Genehmigungsanträge und einer blockweisen Verbescheidung nach turnusmäßiger Kapazitätsbestimmung berechtigt.[58] In materieller Hinsicht bestimmt sich die Kapazitätsfestlegung danach, ob „durch die Zulassung eines oder mehrerer Bewerber die Erwerbsbasis für das gesamte örtliche Gewerbe so geschmälert würde, daß ernsthafte wirtschaftliche Schwierigkeiten für alle Unternehmer unmittelbar bevorstehen";[59] wirtschaftliche Schwierigkeiten für einzelne Unternehmer reichen hierfür nicht aus.[60] Diese Schwelle ist allerdings auch nicht erst beim drohenden Zusammenbruch des örtlichen Taxengewerbes überschritten;[61] vielmehr genügt

eine von der Behörde konkret zu belegende Gefahr, daß die Erteilung weiterer Genehmigungen zu schwerwiegenden Mängeln in der Verkehrsbedienung durch Taxen führen kann, etwa derart, daß die Existenzfähigkeit von Betrieben allgemein nur unter übermäßiger, die Verkehrssicherheit gefährdender Einsatzzeit der Fahrer oder nur unter Ein-

---

[55] BVerwGE 23, 314 (315); ferner E 64, 238 (240 f.); E 79, 208 (214 f.); E 82, 295 (296 ff.); VGH Kassel, ESVGH 13, 198 (199); OVG Münster, GewArch 1980, S. 141 (143); *C. Heinze*, Personenbeförderungsrecht, § 13, Anm. 17; *D. Kupfer*, Verteilung, S. 172. Anders aber VGH München, VRS 73, S. 477; GewArch 1987, S. 227 (228); BayVBl. 1987, S. 594 (594).

[56] Zu dieser *K. Haselau*, GewArch 1983, S. 113.

[57] BVerwGE 64, 238 (241 f.), unter Anerkennung eines Beurteilungsspielraums für diese Frage; einen solchen ebenfalls anerkennend OVG Berlin, GewArch 2000, S. 338 (339); OVG Münster, GewArch 1980, S. 141 (143).

[58] Siehe BVerwGE 64, 238 (241); OVG Münster, GewArch 1980, S. 141 (143); Bidinger, PBefG, § 13, Rn. 90 e). Zurückhaltend *G. Fromm*, NVwZ 1984, S. 348 (351).

[59] BVerwG, NJW 1961, S. 2274 (2274); E 23, 314 (317); VG Koblenz, GewArch 2009, S. 162 (164).

[60] BVerwG, NJW 1961, S. 2274 (2274); E 23, 314 (317); E 79, 208 (210 ff.); E 82, 295 (302).

[61] BVerwGE 82, 295 (302); VG Koblenz, GewArch 2009, S. 162 (164).

satz unterbezahlter Gelegenheitsfahrer mit ähnlichen Gefahren für die Verkehrssicherheit oder die ansonsten zuverlässige Verkehrsbedienung gesichert werden kann.[62]

Im Einzelnen zu beurteilen ist dies für den Bezirk der Genehmigungsbehörde und insbesondere anhand von Nachfrage und Angebot (Taxendichte), der „Entwicklung der Ertrags- und Kostenlage unter Einbeziehung der Einsatzzeit" sowie der „Anzahl und Ursachen der Geschäftsaufgaben" (§ 13 Abs. 4 S. 2 PBefG).[63] Das BVerwG gesteht der Behörde insoweit einen Beurteilungsspielraum zu.[64] Denn es „handelt sich ... um eine prognostische Entscheidung wertenden Charakters mit verkehrs- und wirtschaftspolitischem Einschlag, die vor allem zur Aufgabe der Verwaltung gehört".[65] Die gerichtliche Prüfung ist damit darauf beschränkt, „ob die Behörde den maßgebenden Sachverhalt zutreffend und vollständig ermittelt sowie die entscheidungserheblichen Gesichtspunkte erkannt hat und ob die Prognose der Behörde über den möglichen Verlauf der wirtschaftlichen Entwicklung erkennbar fehlerhaft ist."[66]

Als Abfederung der in der Kontingentierung liegenden staatlichen Freiheitsbeschränkung wirkt in die Kapazitätsbestimmung zudem die Verpflichtung ein, die Freiheitsausübung in größtmöglichem Umfang zuzulassen, mithin ein Gebot der optimalen Nutzung vorhandener Kapazitäten.[67]

(2) Aufteilung der Genehmigungen innerhalb der Bewerbergruppen der Alt- und Neuunternehmer

Indem § 13 Abs. 5 S. 1 PBefG die Genehmigungsbehörde verpflichtet, sowohl Neubewerber als auch vorhandene Unternehmer angemessen zu berücksichtigen, gibt er die Bildung von zwei Bewerbergruppen, nämlich Alt- und Neuunternehmer,[68] sowie den Maßstab der Angemessenheit für die Aufteilung der Genehmigungen auf diese beiden Gruppen vor. Dies ist von der Verwaltung in

---

[62] BVerwGE 82, 295 (302); ferner 3 B 77/07 – juris, Rn. 7; OVG Berlin, GewArch 2000, S. 338 (339).

[63] Zu weiteren Kriterien BVerwGE 64, 238 (247).

[64] BVerwGE 64, 238 (242); E 79, 208 (213); ferner OVG Berlin, GewArch 2000, S. 338 (339); VGH Kassel, 2 UE 922/07 – juris, Rn. 47; OVG Münster, GewArch 1980, S. 141 (143); VG Koblenz, GewArch 2009, S. 162 (164); *G. Fromm / M. Fey / K.-A. Sellmann / H. Zuck*, Personenbeförderungsrecht, § 13 PBefG, Rn. 19; *C. Heinze*, Personenbeförderungsrecht, § 13, Anm. 20. Von einer vollumfänglichen Überprüfbarkeit geht dagegen aus: VGH München, NJW 1962, S. 2219 (2220); BayVBl. 1982, S. 367 (368). Zurückhaltend angesichts der Konsequenzen für den Berufszugang auch *H. Schulze-Fielitz*, JZ 1993, S. 772 (776).

[65] BVerwGE 64, 238 (242); E 79, 208 (213); ferner VGH Kassel, 2 UE 922/07 – juris, Rn. 47; VG Koblenz, GewArch 2009, S. 162 (164); *D. Kupfer*, Verteilung, S. 170 f.

[66] BVerwGE 64, 238 (242); E 79, 208 (213); VG Koblenz, GewArch 2009, S. 162 (164).

[67] *W. Frenz*, Konkurrenzsituationen, S. 52; *M. Kloepfer / S. Reinert*, Zuteilungsgerechtigkeit, S. 47 (50 f.).

[68] Zu der hier nicht weiter interessierenden Abgrenzung von Alt- und Neubewerbern *D. Kupfer*, Verteilung, S. 172 f.

der Konzeptphase umzusetzen. Eine angemessene Aufteilung verlangt, das verfassungs- und unionsrechtlich vorgezeichnete Gebot, neuen Marktteilnehmern Zulassungschancen zu gewähren, mit dem genauso fundierten Bestands- und Erweiterungsinteresse der Altunternehmer in Einklang zu bringen. Hierfür ferner von Bedeutung ist die Zahl der Antragsteller in der jeweiligen Gruppe;[69] im Sinne des § 13 Abs. 5 S. 3 und 4 PBefG nachrangige Bewerbungen bleiben dabei unberücksichtigt[70]. Das BVerwG hat einen Verteilungsmaßstab von 2:1 zugunsten der Neubewerber nicht für unangemessen erachtet;[71] jedenfalls müssen beide Gruppen aber zu gleichen Teilen berücksichtigt werden[72].

§ 13 Abs. 3 PBefG, der sich nicht nur auf den Linien-, sondern auch auf den Gelegenheitsverkehr bezieht,[73] ordnet zudem an, bei der Genehmigung den Umstand angemessen zu berücksichtigen, dass ein Verkehr von einem Unternehmer jahrelang in einer dem öffentlichen Verkehrsinteresse entsprechenden Weise betrieben worden ist. Die überwiegende Meinung in Schrifttum und Rechtsprechung leitet hieraus einen Besitzstandschutz für Altunternehmer ab, deren Genehmigungen unabhängig von den Voraussetzungen des § 13 Abs. 4 und 5 PBefG stets erneuert werden müssten.[74] Altunternehmer i.S.v. § 13 Abs. 5 PBefG sind damit nur solche, die ihren Konzessionsbestand erweitern möchten. In der Literatur wird diese Privilegierung unter Verweis auf die vorgesehene Befristung von Genehmigungen (§ 16 Abs. 3 PBefG), die gerade dem verfassungs- und unionsrechtlich fundierten Zulassungsanspruch von Neubewerbern dient, in Frage gestellt.[75] Sie findet ihre Rechtfertigung allerdings darin, dass andernfalls Altunternehmer zur Geschäftsaufgabe gezwungen würden. Freilich darf durch diese Auslegung – auch bei Kapazitätserschöpfung – der Marktzugang von Neuunternehmern nicht auf unabsehbare Zeit gesperrt werden; zudem muss sie mit einer Verschiebung des Verteilungsschlüssels zwischen an Betriebserweiterungen interessierten Altunternehmern und Neubewerbern zugunsten der letzteren einhergehen, um deren Marktzugangsanspruch hinreichend abzusichern.

---

[69] *D. Kupfer*, Verteilung, S. 175; vgl. ferner VG Koblenz, GewArch 2009, S. 162 (166).

[70] *D. Kupfer*, Verteilung, S. 173, 176.

[71] BVerwG, 7 CB 32/89 – juris, Rn. 7. Ebenso *G. Fromm / M. Fey / K.-A. Sellmann / H. Zuck*, Personenbeförderungsrecht, § 13 PBefG, Rn. 20.

[72] Bidinger, PBefG, § 13, Rn. 91 c); ferner Nr. 5.3 der Allgemeinen Grundsätze zur Durchführung und Neuregelung des Taxi- und Mietwagenverkehrs (abgedruckt bei Bidinger, PBefG, K 320).

[73] BVerwGE 31, 184 (186).

[74] Siehe nur VGH Mannheim, 3 S 1443/93 – juris, Rn. 22; Bidinger, PBefG, § 13, Rn. 91 a); ferner Nr. 3, 5.1 der Allgemeinen Grundsätze zur Durchführung und Neuregelung des Taxi- und Mietwagenverkehrs (abgedruckt bei Bidinger, PBefG, K 320).

[75] So *D. Kupfer*, Verteilung, S. 173 ff. m. Fn. 27. Siehe auch *C. Starck*, VerwArch 71 (1980), S. 1 (18 f.): im „Taxigewerbe [sind] keine längere Ausbildung und keine spezielle Investition" erforderlich, womit „eine lebenslange Ausübungsgarantie für den einmal Zugelassenen nicht erforderlich erscheint."

bb) Linienverkehr

Im Linienverkehr ist hinsichtlich der Ausgestaltung der Konzeptphase zwischen der Genehmigung eines auf privater Initiative beruhenden kommerziellen Verkehrs (1) und der Vergabe von mit gemeinwirtschaftlichen Verpflichtungen einhergehenden Dienstleistungsaufträgen (2) zu differenzieren.

(1) Der Nahverkehrsplan als Vergabekonzept im Bereich des kommerziellen Verkehrs

Obgleich die öffentliche Hand im Bereich des kommerziellen Verkehrs angesichts des Vorhandenseins von Angeboten Privater keinen Bedarf anlässlich eines konkreten Genehmigungsverfahrens definieren muss, existiert auch hier ein Auswahlkonzept: Unter konkurrierenden Genehmigungsanträgen ist nämlich seit der Novelle des PBefG insbesondere nach den im Nahverkehrsplan enthaltenen Vorgaben und Zielen (§ 13 Abs. 2a S. 2 PBefG-E) auszuwählen. Dieses vom Aufgabenträger aufzustellende, Ziele und Konzeption des allgemeinen öffentlichen Personennahverkehrs enthaltende Planungsinstrument (vgl. etwa § 8 Abs. 3 S. 5 PBefG; Art. 13 Abs. 2 S. 1 BayÖPNVG) fungiert damit als der Auswahlentscheidung vorgelagertes Verteilungskonzept.[76] Vor diesem Hintergrund muss der Nahverkehrsplan hinreichend bestimmt sein.[77]

Jedenfalls vordergründig wenig sensibel für die Notwendigkeit einer Konzeptpflicht erwies sich der VGH Mannheim, nach dem sich eine solche als für eine grundrechtssichernde Verfahrensgestaltung nicht notwendig darstelle:

Vor der Entscheidung über die Genehmigungsanträge war die Genehmigungsbehörde auch nicht gehalten, den Wettbewerbern um die Linienverkehrsgenehmigung die Gesichtspunkte und Kriterien, an denen sie ihre Entscheidung ausrichten würde, im Einzelnen aufzuzeigen, insbesondere die intern erstellte Bewertungsmatrix vorab zu übersenden. Eine solche Verfahrensweise sehen weder die Bestimmungen des Personenbeförderungsgesetzes vor, noch ist sie unter anderen rechtlichen Gesichtspunkten geboten. Die rechtlichen Anforderungen, nach denen die Entscheidung über einen Antrag auf Erteilung einer Linienverkehrsgenehmigung zu treffen ist, ergeben sich aus dem Personenbeförderungsgesetz und den auf dieser Grundlage ergangenen Rechtsverordnungen.[78]

---

[76] VGH Mannheim, NVwZ-RR 2009, S. 720 (725 ff.). Zur mit der PBefG-Novelle gestiegenen Bedeutung des Nahverkehrsplanes als konzeptionelle Grundlage für Auswahlentscheidungen auch *M. Fehling*, Öffentlicher Verkehr, § 10, Rn. 5 ff.; *ders. / K. M. Niehnus*, DÖV 2008, S. 662 (668). Allgemein zum Nahverkehrsplan *M. Fehling*, DV 34 (2001), S. 25 (48 ff.); *M. Knauff*, Gewährleistungsstaat, S. 407 ff.

[77] *M. Fehling*, Öffentlicher Verkehr, § 10, Rn. 63; *ders. / K. M. Niehnus*, DÖV 2008, S. 662 (668).

[78] VGH Mannheim, NVwZ-RR 2009, S. 720 (725). Ebenso VG Braunschweig, Beschl. v. 8.7.2005, 6 B 370/50, unter II.

Diese Auffassung vernachlässigt freilich die Notwendigkeit von adäquatem Konzept und Information für ein rationales, transparentes und am Grundsatz der Chancengleichheit ausgerichtetes Vergabeverfahren.[79] Von besonderer Bedeutung ist dies gerade bei der Schlichtung von Konkurrenzsituationen, in denen der Verwaltung ein gewisser Entscheidungsspielraum zukommt. Es ist allerdings festzuhalten, dass der VGH Mannheim ergänzend darauf hinwies, dass den Beteiligten die Verteilungskriterien aufgrund des in Bezug genommenen Nahverkehrsplans bekannt waren.[80] Dies unterstreicht nicht nur dessen Bedeutung als Verteilungskonzept; vielmehr verdichtet sich vor diesem Hintergrund auch das Ermessen des Aufgabenträgers hinsichtlich der Aufstellung des Nahverkehrsplans (vgl. etwa Art. 13 Abs. 2 S. 1 BayÖPNVG), jedenfalls so nicht im Einzelfall anderweitig Publizität hergestellt wird. Auch sind die Konzeptvorgaben grundsätzlich der Vergabeentscheidung zugrunde zu legen.[81]

(2) Die Entwicklung eines Vergabekonzepts bei öffentlichen Dienstleistungsaufträgen

Angesichts des Vorrangs kommerzieller Verkehre (§ 8 Abs. 4 PBefG; § 8 Abs. 4 S. 2 PBefG-E)[82] setzt die Vergabe eines öffentlichen Dienstleistungsauftrags zunächst einen von der öffentlichen Hand zu ermittelnden Bedarf an kommerziell nicht adäquat erbrachten Linienverkehrsleistungen voraus; nur bei einer entsprechenden Prognose darf die Behörde ausschreiben.[83] Dem Initiativrecht des Verkehrsunternehmers ist mithin dadurch Rechnung zu tragen, dass

> der Aufgabenträger vor der Einleitung des Ausschreibungswettbewerbs auf das Auslaufen einer bestehenden Linienverkehrsgenehmigung oder eine beabsichtigte Neueinrichtung einer Linie hinweist und dazu auffordert, innerhalb einer von ihm in Abstimmung mit der Genehmigungsbehörde festzulegenden Frist einen Antrag auf eigenwirtschaftliche Genehmigung zu stellen. Dies muss, um sowohl für die in Betracht kommenden Verkehrsunternehmen als auch für den Aufgabenträger und die Genehmigungsbehörde die erforderliche Rechtssicherheit herzustellen, mit dem klaren Hinweis verbunden sein, dass nach einem fruchtlosen Ablauf der Frist das Bestellverfahren … eingeleitet wird und dass erst später gestellte eigenwirtschaftliche Anträge die Initiative des Aufgabenträgers nicht mehr zu hindern vermögen. Die rechtliche Grundlage für eine solche Verfahrensgestaltung liegt in § 8 Abs. 4 Satz 3 PBefG. Wenn dort … die Einrichtung eines gemeinwirtschaftlichen Verkehrs an die Voraussetzung geknüpft wird, dass eine ausreichende Ver-

---

[79] So auch J. Werner, GewArch 2004, S. 89 (93, 97).

[80] VGH Mannheim, NVwZ-RR 2009, S. 720 (725).

[81] Zur Konzeptpflicht und ihren Grenzen unten, 3. Teil, B.I.1.

[82] BVerwG, 3 C 1/09 – juris, Rn. 15; VGH Kassel, DVBl. 2009, S. 196 (197 ff.); VGH Mannheim, NVwZ-RR 2009, S. 720 (721 f.); ferner BVerwG, NVwZ 2001, S. 320 (321); E 127, 42 (45, 48).

[83] Zu dieser gestuften Entscheidung BVerwGE 127, 42 (48 f.); 3 C 1/09 – juris, Rn. 20 ff.; VGH Kassel, DVBl. 2009, S. 196 (201); VGH Mannheim, NVwZ-RR 2009, S. 720 (721 f.); VG Gießen, 6 E 44/07 – juris, Rn. 33.

kehrsbedienung durch eigenwirtschaftliche Verkehrsleistungen nicht möglich ist, setzt dies notwendigerweise eine dem materiellen Recht folgende Verfahrensstufung und damit auch die Berechtigung voraus, Ausschlussfristen für das Angebot solcher vorrangiger Verkehrsleistungen zu setzen. Damit wird der Sache nach dem Ausschreibungswettbewerb eine Art von Genehmigungswettbewerb vorgeschaltet ...[84]

Im Übrigen gilt auch für das Ausschreibungsverfahren, dass dieses auf einem hinreichend bestimmten und grundsätzlich verbindlichen Auswahlkonzept zu beruhen hat.[85]

b) Ausschreibungsphase

Angesichts der Verschiedenheit der einzelnen Verkehre ergibt sich im Bereich der Personenbeförderung ein differenziertes Bild der Publizitätspflichten.

Dass vom Staat nachgefragte gemeinwirtschaftliche Verkehrsleistungen grundsätzlich ausgeschrieben werden müssen, versteht sich von selbst. Denn die Realisierung des verfassungs- und unionsrechtlich verbürgten Marktzugangsanspruchs der Verkehrsunternehmer hängt von einer adäquaten Information über Betätigungschancen ab; zudem dient die mit einer Ausschreibung einhergehende Herstellung von Wettbewerb auf breitestmöglicher Grundlage dem öffentlichen Interesse an der Ermittlung des besten Verkehrsangebots.[86] So verpflichtet Art. 7 Abs. 2 VO (EG) 1370/2007 die öffentliche Hand, spätestens ein Jahr vor Einleitung eines wettbewerblichen Vergabeverfahrens Name und Anschrift der zuständigen Behörde, die Art des geplanten Vergabeverfahrens und die von der Vergabe möglicherweise betroffenen Dienste und Gebiete im Amtsblatt der Europäischen Union zu veröffentlichen. Hierbei handelt es sich jedoch nur um eine Vorveröffentlichung, auf die eine von der EU-Verordnung nicht geregelte Vergabebekanntmachung folgen muss.[87] Entbehrlich ist die Ausschreibung nur in den von der EU-Verordnung zugelassenen Fällen der Direktvergabe, mithin bei geringwertigen Aufträgen,[88] als Notmaßnahme und im Bereich des Eisenbahnverkehrs (Art. 5 Abs. 3–6). Um die Transparenz allerdings auch insoweit zu erhöhen, sieht Art. 7 Abs. 2 VO (EG) 1370/2007 vor, beabsichtigte Direktvergaben mindestens ein Jahr im Voraus im Amtsblatt der EU bekanntzumachen.

---

[84] BVerwG, 3 C 1/09 – juris, Rn. 21 f. So bereits zuvor VGH Kassel, DVBl. 2009, S. 196 (201 f.), und die hessische Vergabepraxis gemäß dem Erlass des dortigen Ministeriums für Wirtschaft, Verkehr und Landesentwicklung vom 27.7.2007 (Güttler-III-Erlass) für die Erteilung von Linienverkehrsgenehmigungen.

[85] *H. Schröder*, NVwZ 2008, S. 1288 (1294). Zur Konzeptpflicht ausführlich unten, 3. Teil, B.I.1.

[86] Die Effizienz von Ausschreibungen im Vergleich zur Direktvergabe bezweifelt demgegenüber *H. Resch*, IR 2008, S. 271. Siehe aber auch *M. Fehling*, DV 34 (2001), S. 25 (51 ff.).

[87] *H. Schröder*, NVwZ 2008, S. 1288 (1292 f.).

[88] Zu den Schwellenwerten oben Fn. 49.

Anders stellt sich die Ausgangslange demgegenüber im Bereich des kommerziellen Verkehrs dar: Hier fragt die öffentliche Hand nämlich keine Leistungen nach, sondern bieten Private ebensolche aus eigener Initiative an. Dies lässt eine Ausschreibung prima facie als systemfremd erscheinen.[89] Mit Blick auf das Verbot der Doppelbedienung von Linien, das konkurrierende Angebote während der regelmäßig achtjährigen Geltungsdauer bestehender Genehmigungen ausschließt, setzt der Marktzugang von Neubewerbern allerdings auch hier eine hinreichende Publizität der Betätigungsmöglichkeiten voraus. Zutreffend verwies das BVerwG darauf, dass angesichts dessen

ein neuer Bewerber ... keine reelle Chance hat, sich sofort und unmittelbar auf einem bereits im Wesentlichen aufgeteilten Markt des Linienverkehrs betätigen zu können. Um zu vermeiden, dass ein Bewerber wegen bestehender und noch längere Zeit gültiger Genehmigungen von vornherein zurückgewiesen wird, ist es deshalb für ihn unerlässlich, sich auf diejenigen Linien zu konzentrieren, die in einer überschaubaren Zukunft ablaufen werden; mit anderen Worten darf er nicht gezwungen sein, sich gewissermaßen blind auf sämtliche überhaupt denkbaren Linien zu bewerben, weil ... ein ernsthafter und ernst zu nehmender Antrag umfangreiche, unter Umständen erhebliche Kosten verursachende Vorüberlegungen in finanzieller, sächlicher und personeller Hinsicht (bezogen vor allem auf die zu erwartende Rentabilität) voraussetzt.[90]

Vor diesem Hintergrund hat das BVerwG aus dem in Art. 12 Abs. 1 GG wurzelnden Zulassungsanspruch in seiner verfahrensrechtlichen Dimension einen Informationsanspruch hinsichtlich auslaufender Konzessionen abgeleitet. Denn andernfalls wäre eine Bewerbung faktisch unmöglich. Die Auskunft darf allerdings nicht so weit gehen, dass dem Interessenten ein ungerechtfertigter Wettbewerbsvorteil gegenüber dem Altkonzessionär durch die Preisgabe von dessen Strategien und Geschäftsgeheimnissen verschafft würde, und muss sich daher auf Streckenführung und zeitlichen Ablauf der Genehmigung beschränken.[91] Dies greift die PBefG-Novelle auf und statuiert nunmehr in § 18 PBefG-E eine entsprechende Informationspflicht der Genehmigungsbehörde: Diese

hat ein Verzeichnis aller bestehenden Genehmigungen für den Straßenbahn-, Obusverkehr oder einen Linienverkehr mit Kraftfahrzeugen mindestens am Ende jeden Kalenderjahres im Amtsblatt der Europäischen Union bekannt zu machen. Die Bekanntmachung muss Angaben zum Streckenverlauf und zur Gültigkeitsdauer enthalten. Hierzu genügt ein Hinweis auf die im Internet von der Genehmigungsbehörde bereitgehaltenen Informationen. Es ist darauf hinzuweisen, dass Anträge auf Wiedererteilung der Genehmigung in den Fristen des § 12 Abs. 5 gestellt werden können ...

---

[89] Vgl. auch *R. Maaß*, Wettbewerb, S. 201 f.
[90] BVerwGE 118, 270 (273); ferner VGH Mannheim, NVwZ-RR 2009, S. 720 (725 f.). Kritisch zu Antragsverfahren, die den multipolaren Verteilungskonflikt ausblenden, auch *W. Hoffmann-Riem*, Flexibilität, S. 9 (32).
[91] BVerwGE 118, 270 (273 ff.); ferner *C. Heinze*, Personenbeförderungsrecht, § 14, Anm. 2 f.; *J. Werner*, GewArch 2004, S. 89 (93, 97).

Im Taxenverkehr schließlich kann auf eine Ausschreibung gänzlich verzichtet werden. Denn angesichts der orts- und branchenüblichen Bekanntheit von Kontingentierung, Bewerbungs- und Vergabemodus besteht die notwendige Publizität ohnehin.

c) Bewerbungsphase

Die Bewerbungsphase leitet im Taxen- und kommerziellen Linienverkehr der Genehmigungsantrag des Beförderungsunternehmers ein, der Informationen über den geplanten Dienst sowie Nachweise zur Zuverlässigkeit enthalten muss (§ 12 PBefG). Während dieser im Taxenverkehr jederzeit gestellt werden kann, sieht § 12 Abs. 5 PBefG-E für kommerzielle Verkehre nunmehr[92] aus Gründen der Chancengleichheit im Wettbewerb feste Antragsfristen vor: Der Antrag darf – vorbehaltlich einer anderweitigen behördlichen Regelung, die bekanntzumachen ist – frühestens 15 und muss spätestens neun Monate vor Beginn des beantragten Gültigkeitszeitraums gestellt werden; nicht fristgerecht eingegangene Anträge sind abzulehnen, es sei denn, neben einem verspäteten Antrag ist während des Antragszeitraums kein genehmigungsfähiger Antrag gestellt worden. Bei der Vergabe gemeinwirtschaftlicher Verkehrsleistungen richten sich die Modalitäten der Bewerbung nach der auf der Basis des PBefG-E zu erlassenden Verordnung.

d) Anhörungsverfahren

Der behördlichen Entscheidung über den Genehmigungsantrag muss zur Wahrung der Interessen betroffener Kreise ein – für die Verteilungsproblematik hier nicht weiter interessierendes – Anhörungsverfahren gemäß § 14 PBefG vorausgehen, so die Behörde nicht aufgrund eigener Kenntnis der Sachlage die Genehmigung ohnehin verweigern möchte (§ 14 Abs. 3 PBefG)[93].[94] Jedenfalls zu hören sind Träger öffentlicher Belange sowie die Industrie- und Handelskam-

---

[92] Bislang wurden Bewerbungen um eigenwirtschaftlich betriebene Linien, nachdem es für die Rechtmäßigkeit der Auswahlentscheidung auf die Sach- und Rechtslage zum Zeitpunkt der letzten Verwaltungsentscheidung ankomme, bis dahin für möglich erachtet (siehe nur VGH Mannheim, 3 S 709/03 – juris, Rn. 33) und mangels Rechtsgrundlage sogar das behördliche Setzen einer Ausschlussfrist für unzulässig gehalten (VG Koblenz, 6 K 835/05 – juris, Rn. 24). Diese Auffassungen tragen freilich der Bedeutung fester Bewerbungsfristen für eine chancengleiche Verfahrensgestaltung nicht hinreichend Rechnung (so auch *J. Werner*, GewArch 2004, S. 89 [91]; ferner OVG Lüneburg, GewArch 2010, S. 82 [82 f.], das zwar eine Nachbesserung der Anträge für möglich erachtet, gleichwohl die Setzung eines Stichtags für die Entscheidung verlangt).
[93] Für weitere Ausnahmen siehe § 14 Abs. 3 PBefG.
[94] Zum drittschützenden Charakter des Anhörungsverfahrens OVG Berlin-Brandenburg, 1 B 1.08 – juris, Rn. 28.

mern, Fachgewerkschaften und -verbände, in Verfahren über die Erteilung von Genehmigungen im Straßenbahn-, Obus- und Linienverkehr mit Kraftfahrzeugen zusätzlich die auf dem räumlichen Markt konkurrierenden Unternehmen (§ 14 Abs. 1 und 2 PBefG). Aus Gründen der Verfahrensbeschleunigung müssen lediglich innerhalb von zwei Wochen nach der entsprechenden Aufforderung eingehende Stellungnahmen berücksichtigt werden (§ 14 Abs. 4 S. 2 PBefG).

e) Entscheidungsfindungsphase

Während die Auswahlentscheidungen im Taxen- und kommerziellen Linienverkehr nach wie vor anhand der Genehmigungsregelungen des PBefG erfolgen (aa), führte die Unterstellung der Vergabe von gemeinwirtschaftlichen Verkehrsleistungen unter das Regime der EU-Verordnung 1370/2007 zu einer Ausgliederung des Auswahlverfahrens aus dem personenbeförderungsrechtlichen Genehmigungsverfahren (bb).

aa) Taxen- und kommerzieller Linienverkehr

Bei der Entscheidung über die Genehmigungsanträge, die grundsätzlich binnen drei Monaten ab Antragstellung respektive ab Ende eines etwaigen Beobachtungszeitraums oder im kommerziellen Linienverkehr ab Ende der Antragsfrist zu erfolgen hat (§ 15 Abs. 1 S. 2 ff. PBefG),[95] müssen zwei im Gesetz nicht deutlich zutage tretende Stufen unterschieden werden: Zunächst ist zu prüfen, ob den einzelnen Anträgen als solchen, d.h. unabhängig von Konkurrenzfragen, subjektive oder objektive Versagungsgründe entgegenstehen. Liegen danach mehrere genehmigungsfähige Anträge vor, ist eine Auswahlentscheidung zwischen diesen zu treffen.

Hinsichtlich der Genehmigungsvoraussetzungen differenziert das Personenbeförderungsrecht zwischen allgemeinen Anforderungen an Betrieb und Unternehmer (§ 13 Abs. 1 PBefG)[96] sowie dem nur im Linienverkehr relevanten Versagungsgrund des öffentlichen Verkehrsinteresses (§ 13 Abs. 2 Nr. 2 und Abs. 2a S. 1 PBefG). So darf die Genehmigung zum einen gemäß § 13 Abs. 1 PBefG nur erteilt werden, wenn „(1.) die Sicherheit und die Leistungsfähigkeit des Betriebs gewährleistet sind, (2.) keine Tatsachen vorliegen, die die Unzuverlässigkeit des Antragstellers als Unternehmer oder der für die Führung der Geschäfte bestellten Personen dartun, (3.) der Antragsteller als Unternehmer oder

---

[95] Diese Frist ist um maximal drei Monat verlängerbar; die nicht rechtzeitige Versagung zieht zudem eine Genehmigungsfiktion nach sich – dazu *C. Heinze*, Personenbeförderungsrecht, § 15 Anm. 3 ff.
[96] Diese Vorgaben konkretisiert die Berufszugangsverordnung für den Straßenpersonenverkehr (PBZugV). Näher *C. Heinze*, Personenbeförderungsrecht, § 13, Anm. 2 ff.

die für die Führung der Geschäfte bestellte Person fachlich geeignet ist und (4.) der Antragsteller und die von ihm mit der Durchführung von Verkehrsleistungen beauftragten Unternehmer ihren Betriebssitz oder ihre Niederlassung im Sinne des Handelsrechts im Inland haben."[97] Darüber hinaus darf der Straßenbahn-, Obus- und Linienverkehr mit Kraftfahrzeugen nur auf Straßen durchgeführt werden, die sich aus Gründen der Verkehrssicherheit oder wegen ihres Bauzustandes hierfür eignen (§ 13 Abs. 2 Nr. 1 PBefG). Zum anderen dürfen einer Genehmigung im Linienverkehr keine öffentlichen Verkehrsinteressen entgegenstehen (§ 13 Abs. 2 Nr. 2 PBefG), namentlich kann diese versagt werden, so der beantragte Verkehr mit dem vom Aufgabenträger aufgestellten Nahverkehrsplan nicht in Einklang steht (§ 13 Abs. 2a S. 1 PBefG-E). Für den Taxenverkehr wurde das öffentliche Verkehrsinteresse demgegenüber mit der für die Kontingentierung relevanten Verträglichkeitsklausel abschließend konkretisiert (vgl. § 13 Abs. 4 PBefG).

Für die Auswahl unter mehreren diesen Anforderungen genügenden Genehmigungsanträgen ist zwischen dem Taxen- und dem Linienverkehr zu unterscheiden.

Im zuerst genannten Bereich werden gemäß dem von der h.M. vertretenen Altunternehmerprivileg[98] zunächst Unternehmer berücksichtigt, die die Wiedererteilung einer auslaufenden Genehmigung beantragt haben. Das danach verbleibende Kontingent wird nach dem Prioritätsgrundsatz verteilt, und zwar jeweils innerhalb der in der Konzeptphase gebildeten Gruppen der Neu- und der Altunternehmer, die eine Betriebserweiterung anstreben (§ 13 Abs. 5 S. 1 und 2 PBefG). Dabei nachrangig zu behandeln sind Unternehmer, die nur nebenerwerblich tätig[99] oder ihrer Betriebspflicht nicht ordnungsgemäß nachgekommen sind. Bei einer Überzahl von Bewerbern darf jedem Antragsteller zudem gemäß § 13 Abs. 5 S. 4 PBefG nur eine Genehmigung erteilt werden.

Im Bereich des kommerziellen Linienverkehrs erfolgt die Vergabeentscheidung anders als im Taxenverkehr nicht schematisch nach dem Zeitpunkt des Antragseingangs, sondern nach einem qualitativen Kriterium. Bislang enthält das PBefG zwar für die Auswahl zwischen konkurrierenden Anbietern von Linienverkehrsleistungen keine ausdrückliche Regelung. Aus dem Versagungsgrund der öffentlichen Verkehrsinteressen (§ 13 Abs. 2 Nr. 2 PBefG) leitete man jedoch ab, dass dasjenige Angebot auszuwählen ist, das den öffentlichen Ver-

---

[97] Gemäß § 13 Abs. 1 S. 2 PBefG wird die „fachliche Eignung nach Satz 1 Nr. 3 … durch eine angemessene Tätigkeit in einem Unternehmen des Straßenpersonenverkehrs oder durch Ablegung einer Prüfung nachgewiesen."

[98] Zu diesen oben, III.1.a.aa.(2).

[99] Gemäß § 13 Abs. 5 S. 3 Nr. 1 und 2 PBefG sind dies Antragsteller, die „das Taxengewerbe nicht als Hauptbeschäftigung zu betreiben beabsichtig[en]" oder die ihr „Unternehmen nicht als Hauptbeschäftigung betreiben ha[ben] oder innerhalb der letzten acht Jahre ganz oder teilweise veräußert oder verpachtet ha[ben]".

kehrsinteressen am besten entspricht (§ 13 Abs. 2 Nr. 2 PBefG).[100] Unter diesen unbestimmten Rechtsbegriff fällt in erster Linie die bessere Verkehrsbedienung,[101] daneben Aspekte wie die günstigsten Kosten[102]. Auf das schematische Auswahlkriterium der Priorität kann[103] darüber hinaus bei gleichwertigen Angeboten zurückgegriffen werden, da dann demjenigen, der den Bedarf zuerst erkannt hat, der Vorrang gebühre.[104] In Aufgriff dieser Rechtsprechung bestimmt § 13 Abs. 2a S. 2 PBefG-E nunmehr: „Werden mehrere Anträge gestellt, die sich ganz oder zum Teil auf die gleiche oder im Wesentlichen gleiche Verkehrsleistung beziehen, sind für die Auswahl des Unternehmers insbesondere die im Nahverkehrsplan enthaltenen Vorgaben und Ziele heranzuziehen." Es ist mithin zu ermitteln, welches Angebot dem am besten entspricht.

Bei der Auswahlentscheidung ist schließlich gemäß § 13 Abs. 3 PBefG der Umstand, dass ein Unternehmer jahrelang die Linie in einer dem öffentlichen Verkehrsinteresse entsprechenden Weise bedient hat, unter den Voraussetzungen des § 8 Abs. 3 PBefG angemessen zu berücksichtigen. Diese Regelung schützt freilich nicht Marktposition und Erwerbsinteresse des Altunternehmers, sondern dessen Vertrauen auf die Fortsetzung des Verkehrs trotz abge-

---

[100] BVerwG, Urt. v. 25.10.1968, VII C 134.66, Umdruck S. 8; Beschl. v. 12.3.1969, 7 B 33.67, Umdruck S. 5; Beschl. v. 14.3.1969, 7 B 34.67, Umdruck S. 14; Beschl. v. 6.10.1970, 7 B 69.70, Umdruck S. 3 f.; GewArch 1981, S. 175 (175); 3 B 223/97 – juris, Rn. 7; NVwZ 2001, S. 320 (321); VGH Mannheim, 3 S 812/99 – juris, Rn. 30; 3 S 709/03 – juris, Rn. 26; DÖV 2006, S. 484 (484); VGH München, 11 ZB 01.1524 – juris, Rn. 6; 11 B 04.2449 – juris, Rn. 54 (insoweit in BayVBl. 2008, S. 436, nicht abgedruckt); OVG Münster, DVBl. 2008, S. 1454 (1455); VG Freiburg, 1 K 2400/99 – juris, Rn. 34; VG Minden, 7 L 226/07 – juris, Rn. 39; vgl. auch OVG Lüneburg, NVwZ-RR 2005, S. 105 (110); Bidinger, PBefG, § 13, Rn. 30; *G. Fromm*, WiVerw 1989, S. 26 (27); *C. Heinze*, DVBl. 2005, S. 946 (947); *ders.*, Personenbeförderungsrecht, § 13, Anm. 10 (8.a.aa); *J. Werner*, GewArch 2004, S. 89 (95), der auf § 8 Abs. 3 S. 1 PBefG verweist.

[101] BVerwG, Urt. v. 25.10.1968, VII C 134.66, Umdruck S. 8; Beschl. v. 12.3.1969, 7 B 33.67, Umdruck S. 5; Beschl. v. 14.3.1969, 7 B 34.67, Umdruck S. 14; Beschl. v. 6.10.1970, 7 B 69.70, Umdruck S. 3 f.; GewArch 1981, S. 175 (175); 3 B 223/97 – juris, Rn. 7; VGH Mannheim, 3 S 812/99 – juris, Rn. 30; 3 S 709/03 – juris, Rn. 26, 34; DÖV 2006, S. 484 (484); NVwZ-RR 2009, S. 720 (726 f.); VGH München, 11 ZB 01.1524 – juris, Rn. 6; OVG Münster, DVBl. 2008, S. 1454 (1455); VG Freiburg, 1 K 2400/99 – juris, Rn. 35; VG Minden, 7 L 226/07 – juris, Rn. 39; Bidinger, PBefG, § 13, Rn. 30; *G. Fromm*, WiVerw 1989, S. 26 (27); *C. Heinze*, Personenbeförderungsrecht, § 13, Anm. 10 (8.a.aa).

[102] BVerwG, NVwZ 2001, S. 320 (321); OVG Berlin-Brandenburg, 1 B 1.08 – juris, Rn. 30; VGH Kassel, 2 UE 922/07 – juris, Rn. 61 ff. Offengelassen von VGH München, 11 ZB 01.1524 – juris, Rn. 9.

[103] Die Frage, ob eine entsprechende Verpflichtung zum Rekurs auf dieses Kriterium besteht, hat das BVerwG offengelassen, vgl. 3 B 223/97 – juris, Rn. 7.

[104] BVerwG, Beschl. v. 12.3.1969, 7 B 33.67, Umdruck S. 5; Beschl. v. 14.3.1969, 7 B 34.67, Umdruck S. 14; Beschl. v. 6.10.1970, 7 B 69.70, Umdruck S. 4; GewArch 1981, S. 175 (175); 3 B 223/97 – juris, Rn. 7; VGH Mannheim, 3 S 812/99 – juris, Rn. 30; VGH München, 11 ZB 01.1524 – juris, Rn. 4, 11; Bidinger, PBefG, § 13, Rn. 30; *G. Fromm*, WiVerw 1989, S. 26 (27); *C. Heinze*, Personenbeförderungsrecht, § 13, Anm. 10 (8.a.cc); *J. Werner*, GewArch 2004, S. 89 (95), mit der Ausnahme von Bestandslinien.

laufener Genehmigung.[105] Die Literatur erkennt einen derartigen überwir-
kenden Besitzstandschutz angesichts des verfassungs- und unionsrechtlich
fundierten Zugangsanspruchs von Neuunternehmen und der generellen Befristung von Linienverkehrsgenehmigungen (§ 16 Abs. 1 und 2 PBefG) nur in
dem Ausnahmefall an, dass die Interessen der Neu- hinter die des Altunternehmers zurücktreten müssen.[106] Die Verwaltungsgerichtsbarkeit einschließlich des BVerwG neigt demgegenüber einer großzügigeren Position zu und
verweist auf die § 13 Abs. 3 PBefG zugrunde liegenden legitimen Gedanken
des Besitzstandschutzes einerseits und des öffentlichen Verkehrsinteresses
andererseits, dem die Bevorzugung desjenigen, „der in Jahren bewiesen hat,
dass er den fraglichen Verkehr ordnungsgemäß betreibt", entspricht.[107] Konkret abgeleitet hat es daraus die Folgerung, dass bei vergleichbaren Angeboten
dem Altunternehmer der Vorrang gebühre.[108] Im Rahmen der Inter-
essensabwägung abzustellen ist namentlich auf fortwirkende Investitionen
(wie Betriebshof, Kraftfahrzeuge, Personaleinstellungen): Zugunsten des Altunternehmers spricht ein existentielles Angewiesensein auf die Linie, zu seinen Lasten die Verwertbarkeit von Gütern bzw. die Möglichkeit, eingegangene Verpflichtungen zu kündigen.[109]

---

[105] C. Heinze, Personenbeförderungsrecht, § 13, Anm. 15.

[106] F. Berschin / M. Fehling, EuZW 2007, S. 263 (267); M. Fehling, Öffentlicher Verkehr,
§ 10, Rn. 59; C. Heinze, Personenbeförderungsrecht, § 13, Anm. 10 (8.a.aa) und Anm. 15:
„Härteschutz"; J. Werner, GewArch 2004, S. 89 (95 f.). Siehe auch VG Stade, NVwZ-RR
2005, S. 140 (142); J. Kühling, Sektorspezifische Regulierung, S. 177. Die Unionsrechtskonformität bezweifelnd und jedenfalls für mit der VO (EG) Nr. 1370/2007 unvereinbar erachtend: A. Heiß, VerwArch 100 (2009), S. 113 (138 f.); für letzteres ebenfalls A. Saxinger, Gew-
Arch 2009, S. 350 (354 f.).

[107] BVerwGE 127, 42 (54). Siehe ferner E 30, 242 (249); OVG Lüneburg, NVwZ-RR 2005,
S. 105 (110); VGH Mannheim, ESVGH 22, 74 (77 f.); VGH München, BayVBl. 2008, S. 436
(438 f.; Rn. 54 – nur in juris wiedergegeben); VG Freiburg, 1 K 2400/99 – juris, Rn. 35; VG
Koblenz, 6 K 835/05 – juris, Rn. 26. Siehe auch G. Fromm / M. Fey / K.-A. Sellmann / H.
Zuck, Personenbeförderungsrecht, § 13 PBefG, Rn. 16; M. Knauff, Gewährleistungsstaat,
S. 432 f. Zu den Voraussetzungen allgemein BVerwGE 30, 242 (247 ff.); E 31, 184 (188 ff.). OVG
Berlin-Brandenburg, 1 B 1.08 – juris, Rn. 18, betont, dass durch § 13 Abs. 3 PBefG die Posi-
tion des Altunternehmers „zwar hervorgehoben wird, … ihm aber keine Position vermittelt
[wird], die den Anspruch etwaiger Konkurrenten von vornherein ausschließt."

[108] BVerwGE 118, 270 (273); ferner VG Augsburg, Au 3 K 07.1357, Au 3 K 07.1358 – juris,
Rn. 47 (gewichtige Gründe; überzeugend besseres Angebot); VG Braunschweig, Beschl. v.
8.7.2005, 6 B 370/50, unter II.; VG Minden, 7 L 226/07 – juris, Rn. 41; F. Berschin / M. Fehling, EuZW 2007, S. 263 (267); U. Tödtmann / M. Schauer, NVwZ 2008, S. 1 (7). Strenger
noch OVG Lüneburg, NVwZ-RR 2005, S. 105 (110), das ein „überzeugend besseres Angebot" des Neuunternehmers fordert; ebenso VGH Mannheim, ESVGH 22, 74 (77 f.); VG Freiburg, 1 K 2400/99 – juris, Rn. 35; VG Koblenz, 6 K 835/05 – juris, Rn. 26 (insoweit zu Recht
ablehnend: VG Minden, 7 L 226/07 – juris, Rn. 45; J. Werner, GewArch 2004, S. 89 [95 f.]).
Siehe auch VGH München, BayVBl. 2008, S. 436 (439): „Bietet ein Neubewerber eine attrak-
tivere … Verkehrsbedienung, kann [!] ihm trotz des Bestandsschutzes des Altunternehmers
der Vorzug zu geben sein".

[109] BVerwGE 31, 184 (189); VGH Mannheim, ESVGH 22, 74 (78); G. Fromm / M. Fey /

Bei dem Vergleich der Angebote wird der Genehmigungsbehörde ein Beurteilungsspielraum zugesprochen, da es sich um eine prognostische Entscheidung mit verkehrs- und raumpolitischen Wertungen handelt.[110] Es liegt allerdings keine Ermessensentscheidung im engeren Sinne vor, da die Besteigung eine Tatbestandsfrage ist.[111] Die Teilfrage der angemessenen Berücksichtigung des Altunternehmers gemäß § 13 Abs. 3 PBefG stellt demgegenüber eine voll überprüfbare Entscheidung dar.[112] Die Tragweite dieses Beurteilungsspielraums reduziert sich, wie in anderen Verteilungsverfahren auch, wiederum in dem Maße, in dem in der Konzeptphase ein hinreichend aussagekräftiges Vergabekonzept, hier insbesondere: der Nahverkehrsplan, entwickelt wurde. Dann liegen nämlich Einzelkriterien vor, anhand derer der Auswahlmaßstab „bessere Verkehrsbedienung" konkretisiert wurde.

Es versteht sich schließlich von selbst, dass die Behörde die tatsächliche Erfüllung der Vergabekriterien durch die Bewerber zu überprüfen hat.[113]

bb) Vergabe gemeinwirtschaftlicher Verkehrsleistungen

Aufgrund des Verweises in § 8 Abs. 5 S. 2 PBefG-E auf die allgemeinen Grundsätze des Kartellvergaberechts (§ 97 Abs. 2–5 GWB) erfolgt die Auswahl des erfolgreichen Angebots wie im allgemeinen Vergaberecht auch: Aufträge dürfen nur an geeignete, d.h. fachkundige, leistungsfähige, gesetzestreue und zuverlässige Unternehmen vergeben werden (§ 97 Abs. 4 S. 1 GWB); unter konkurrierenden Angeboten geeigneter Unternehmer hat der Zuschlag auf das wirtschaftlich günstigste zu erfolgen (§ 97 Abs. 5 GWB). Der Wirtschaftlichkeitsbegriff ist,

---

K.-A. Sellmann / H. Zuck, Personenbeförderungsrecht, § 13 PBefG, Rn. 16; *C. Heinze*, Personenbeförderungsrecht, § 13, Anm. 15.

[110] BVerwG, 3 C 1/09 – juris, Rn. 35; OVG Lüneburg, NVwZ-RR 2005, S. 105 (110); VGH Mannheim, 3 S 709/03 – juris, Rn. 26; NVwZ-RR 2009, S. 720 (724, 727); OVG Münster, DVBl. 2008, S. 1454 (1456); VG Braunschweig, Beschl. v. 8.7.2005, 6 B 370/50, unter II.; VG Freiburg, 1 K 2400/99 – juris, Rn. 34; VG Minden, 7 L 226/07 – juris, Rn. 39. Vgl. auch (im Kontext des § 13 Abs. 2 Nr. 2 PBefG) BVerwGE 82, 260 (265); NVwZ-RR 1992, S. 297 (297 f.); *M. Knauff*, Gewährleistungsstaat, S. 432. Kritisch *G. Fromm / M. Fey / K.-A. Sellmann / H. Zuck*, Personenbeförderungsrecht, § 13 PBefG, Rn. 5. Restriktiv auch *M. Fehling*, Öffentlicher Verkehr, § 10, Rn. 106.

[111] Anders aber OVG Berlin-Brandenburg, 1 B 1.08 – juris, Rn. 17 f.; VGH Mannheim, 3 S 812/99 – juris, Rn. 30; ferner 3 S 709/03 – juris, Rn. 26, 32 f., 35; DÖV 2006, S. 484 (484); NVwZ-RR 2009, S. 720 (724 f.); VGH München, BayVBl. 2008, S. 436 (437, 439); VG Minden, 7 L 226/07 – juris, Rn. 39.

[112] BVerwGE 31, 184 (188). Kritisch *G. Fromm / M. Fey / K.-A. Sellmann / H. Zuck*, Personenbeförderungsrecht, § 13 PBefG, Rn. 16. Raum für ein darüber hinausgehendes Auswahlermessen besteht nicht: *C. Heinze*, Personenbeförderungsrecht, § 13, Anm. 10 (8.b.bb).

[113] OVG Berlin-Brandenburg, 1 B 1.08 – juris, Rn. 30 f. Weiter VGH Mannheim, NVwZ-RR 2009, S. 720 (722; ferner 726): Eigenwirtschaftlichkeit anzunehmen, „es sei denn, es lägen greifbare Anhaltspunkte dafür vor, dass die Erklärungen der Unternehmer zur Eigenwirtschaftlichkeit unrichtig sind oder diese den Begriff der Eigenwirtschaftlichkeit erkennbar falsch verstehen."

obgleich die EU-Verordnung insoweit keine ausdrücklichen Vorgaben macht,
mit Blick auf deren Regulierungsziel auszulegen, ein hinsichtlich Quantität,
Qualität, Sicherheit und Preisgestaltung angemessenes Dienstleistungsangebot
zu gewährleisten (vgl. Art. 1 Abs. 1 VO [EG] 1370/2007).[114] Darüber hinaus
lässt die Verordnung die Verfolgung von Sekundärzwecken zu, nämlich die Einhaltung bestimmter Sozial- und Qualitätsstandards (Art. 4 Abs. 5 S. 2 bzw.
Abs. 6 VO [EG] 1370/2007). Durch den Verweis auch auf § 97 Abs. 4 S. 2 und 3
GWB greift die PBefG-Novelle dies auf.[115]

Bei der Vergabe gemeinwirtschaftlicher Verkehrsdienstleistungen kann die
Phase der Entscheidungsfindung zudem weiter gestuft werden. Art. 5 Abs. 3
S. 3 VO (EG) 1370/2007 lässt nämlich Verhandlungen nach Abgabe der Angebote und einer eventuellen Vorauswahl unter Berücksichtigung der Grundsätze der Offenheit, Fairness, Transparenz und der Nichtdiskriminierung zu,
„um festzulegen, wie der Besonderheit oder Komplexität der Anforderungen
am besten Rechnung zu tragen ist." Dass Verhandlungen allerdings nicht der
Regelfall sein dürfen, verdeutlicht der 22. Erwägungsgrund der EU-Verordnung, der die Notwendigkeit von Verhandlungen nur für einige wettbewerbliche Vergabeverfahren, in denen die Behörden komplexe Systeme festlegen und
erläutern müssen, betont.[116] Es versteht sich von selbst, dass eine Vorauswahl
unter den eingegangenen Angeboten an die Maßstäbe für die endgültige Vergabeentscheidung gebunden ist.[117]

f) Vergabeentscheidung

Die im Zuge der Europäisierung des öffentlichen Personenverkehrs erfolgte
Ausgliederung des Auswahlverfahrens aus dem Genehmigungsverfahren bei
der Vergabe gemeinwirtschaftlicher Verkehrsleistungsaufträge erfordert auch
hinsichtlich der Vergabeentscheidung eine Differenzierung zwischen diesem
Bereich und dem im personenbeförderungsrechtlichen Genehmigungsverfahren verbliebenen Taxen- und Linienverkehr. Eine nähere Darstellung des
ersteren scheitert derzeit allerdings daran, dass die Detailregelungen in einer
auf der Grundlage des PBefG-E noch zu erlassenden Verordnung geregelt
werden sollen.

Im Taxen- und kommerziellen Linienverkehr setzt die Genehmigung des
Verkehrs des zum Zuge gekommenen Bewerbers und die Ablehnung des Genehmigungsantrags der erfolglosen Interessenten die in der Entscheidungsfindungsphase getroffene Auswahl um. Beides, d.h. die Genehmigung und deren

---

[114] Vgl. *M. Fehling / K. M. Niehnus*, DÖV 2008, S. 662 (664); *H. Pünder*, EuR 2007, S. 564
(573); *H. Schröder*, NVwZ 2008, S. 1288 (1294).
[115] Dazu *M. Fehling / K. M. Niehnus*, DÖV 2008, S. 662 (666 f.).
[116] So auch *H. Schröder*, NVwZ 2008, S. 1288 (1291).
[117] Siehe auch *H. Schröder*, NVwZ 2008, S. 1288 (1293 f.).

Versagung, erfolgt in der Handlungsform des Verwaltungsakts. Dieser ist schriftlich zu erteilen und Antragsteller sowie Personen, die im Anhörungsverfahren Einwendungen erhoben haben, zuzustellen (§ 15 Abs. 1 S. 1 PBefG). Sobald die positive Genehmigungsentscheidung unanfechtbar geworden ist, erhält der erfolgreiche Antragsteller gemäß § 15 Abs. 2 S. 1 PBefG eine Genehmigungsurkunde.

Obgleich diese Genehmigungsregelungen noch dem bipolaren Standardverfahren des VwVfG verpflichtet bleiben, mithin der Vorstellung isoliert nebeneinander stehender und zu verbescheidender Anträge, ist in Rechtsprechung und Literatur teils Sensibilität für den multipolaren Charakter der Genehmigungsentscheidung zu verzeichnen: So wird vor dem Hintergrund der die einzelnen Genehmigungs- bzw. Ablehnungsakte materiell-rechtlich verklammernden Auswahlnorm zu Recht betont, dass über konkurrierende Anträge in der Sache einheitlich entschieden werden müsse,[118] und für Linienverkehrskonzessionen mitunter gar ein einheitlich-multipolares Vergabeverfahren für grundsätzlich erforderlich gehalten[119]. Zweckmäßigerweise habe die materiell-rechtlich einheitliche Entscheidung auch verfahrensrechtlich einheitlich, mithin in einem Bescheid zu erfolgen;[120] unterbleibt die Zusammenfassung, was den Regelfall in der Verwaltungspraxis darstellt, ändert dies freilich nichts an dem inneren Zusammenhang der Entscheidungen[121]. Dann stellt die (positive) Auswahlentscheidung einen Verwaltungsakt mit Doppelwirkung dar.[122] Dessen fehlende Bekanntgabe an den Drittbetroffenen, die gesetzlich trotz Einbeziehung der Konkurrenzproblematik im kommerziellen Verkehr nach wie vor nicht vorgeschrieben ist (vgl. § 15 Abs. 1 PBefG), führt dazu, dass dieser die Genehmigung unabhängig von der gegenüber ihrem Inhaber eingetretenen formellen Bestandskraft anfechten kann;[123] aus diesem Grund empfiehlt sich zur raschen Herstellung von Rechtssicherheit eine solche Bekanntgabe.

Um die Zulassungschancen von Neubewerbern zu gewährleisten, muss die Genehmigung befristet erteilt werden.[124] Je nach Verkehrsart legt § 16 PBefG-E

---

[118] VGH Mannheim, ESVGH 22, 74 (75); *C. Heinze*, Personenbeförderungsrecht, § 13, Anm. 10 (8.b.cc); *J. Werner*, GewArch 2004, S. 89 (91); vgl. auch BVerwGE 4, 89 (94); Urt. v. 25.10.1968, VII C 134.66, Umdruck S. 7. Missachtet die Verwaltung das Gebot einer einheitlichen Sachentscheidung, sei der Bescheid nach *C. Heinze*, Personenbeförderungsrecht, § 13, Anm. 10 (8.b.cc), bereits deshalb – mithin unabhängig von der Richtigkeit der zu treffenden Sachentscheidung – aufzuheben.

[119] *J. Werner*, GewArch 2004, S. 89 (91).

[120] VGH Mannheim, ESVGH 22, 74 (75). Für nicht erforderlich erachtet dies *J. Werner*, GewArch 2004, S. 89 (91).

[121] VGH Mannheim, ESVGH 22, 74 (75).

[122] VGH Mannheim, ESVGH 22, 74 (75); ferner VG Braunschweig, Beschl. v. 8.7.2005, 6 B 370/50, unter II. – für die einstweilige Erlaubnis.

[123] Siehe auch OVG Koblenz, 7 A 11343/99 – juris, Rn. 29. Näher unten, 3. Teil, B.I.5.d. und B.VI.1.a.aa.(2).

[124] Siehe im Einzelnen *C. Heinze*, Personenbeförderungsrecht, § 16, Anm. 2 f.

(siehe für die derzeit noch geltende Regelung § 16 PBefG) eine bestimmte Geltungsdauer fest: Im Straßenbahn- und Obusverkehr darf diese höchstens 15, im Linienverkehr mit Kraftfahrzeugen höchstens zehn und im Taxenverkehr höchstens fünf Jahre betragen. Für den kommerziellen Verkehr gibt § 16 Abs. 2 S. 4 PBefG-E vor, dass dieser Rahmen unter Berücksichtigung der öffentlichen Verkehrsinteressen auszufüllen ist. Neubewerbern im Taxenverkehr ist die Genehmigung allerdings lediglich für die Dauer von zwei Jahren zu erteilen, wobei während dieses Zeitraumes eine Übertragung der mit der Genehmigung verbundenen Rechte und Pflichten ausgeschlossen ist (§ 13 Abs. 5 S. 5 PBefG)[125]. Nicht übersehen werden darf freilich, dass die Pflicht zur Neuerteilung einer abgelaufenen Taxenkonzession und im Übrigen die bestehenden Altunternehmerprivilegien (vgl. § 13 Abs. 3 PBefG) die Bedeutung des Befristungserfordernisses bedeutend relativieren.[126]

In der Genehmigung müssen die Auswahlgründe verbindlich festgelegt werden; von diesen darf mit Blick auf die Rechtsposition der unterlegenen Konkurrenten, die diesen Verkehr dulden müssen, während der Genehmigungsdauer nicht abgewichen werden.[127] So bestimmt § 21 Abs. 1 S. 2 PBefG-E nunmehr, dass Gegenstand der Betriebspflicht alle Bestandteile des Genehmigungsantrags sind.

Als Verwaltungsakt bedarf jedenfalls die negative Auswahlentscheidung einer Begründung gemäß § 39 VwVfG. Diese hat „die wesentlichen tatsächlichen und rechtlichen Gründe mitzuteilen, die die Behörde zu ihrer Entscheidung bewogen haben. Die Begründung von Ermessensentscheidungen soll auch die Gesichtspunkte erkennen lassen, von denen die Behörde bei der Ausübung ihres Ermessens ausgegangen ist." Gerade um den mit der Anerkennung eines Beurteilungsspielraums einhergehenden Gestaltungsfreiraum der Verwaltung zu kompensieren und Rechtsschutz zu ermöglichen, bedarf es einer Nennung der maßgeblichen Auswahlerwägungen.

g) Abschluss ohne Entscheidung

Angesichts des verfassungsrechtlich verbürgten Zulassungsanspruchs kommt ein Abbruch des Vergabeverfahrens im Bereich des Taxen- und kommerziellen Linienverkehrs nicht in Betracht. Anderes gilt im Bereich ausgeschriebener gemeinwirtschaftlicher Verkehrsleistungen, da hier die öffentliche Hand den Bedarf definiert und ihr folglich auch eine Dispositionsbefugnis zukommt. Insoweit gelten die allgemeinen Grundsätze.[128]

---

[125] Die Verfassungskonformität dieser Sonderregelung bezweifelt C. Heinze, Personenbeförderungsrecht, § 13, Anm. 23.
[126] Siehe dazu oben, III.1.a.aa.(2) und e.aa.
[127] C. Heinze, Personenbeförderungsrecht, § 13, Anm. 10 (8.c); § 15, Anm. 1.
[128] Zu diesen unten, 3. Teil, B.I.6.

2. Die Vormerkliste als anlassunabhängiges Verfahren

Wie in anderen Bereichen auch gebietet der Auswahlmodus im Taxenverkehr den Rekurs auf ein anlassunabhängiges Verfahren: Die Verteilung von Taxenkonzessionen nach dem Prioritätsgrundsatz (§ 13 Abs. 5 S. 2 PBefG) zieht nämlich zwangsläufig die Notwendigkeit nach sich, eine Vormerkliste zu führen, in die sich Interessenten eintragen lassen müssen. Diese „Vormerkliste hat auch nicht nur verfahrensrechtliche Bedeutung etwa im Sinne eines verwaltungstechnischen Hilfsmittels; sie hat vielmehr Bedeutung für die materielle Rechtsstellung der Bewerber, da sie bei einem Bewerberüberhang im Regelfall die Gleichbehandlung der verschiedenen Bewerber gewährleistet."[129]

Das fortbestehende Zulassungsinteresse ist bei den Eingetragenen in regelmäßigen Abständen zu überprüfen.[130] Da die subjektiven Zulassungsvoraussetzungen bei Betriebsaufnahme zumeist gegeben seien, könne auf deren Überprüfung zum Zeitpunkt der Eintragung in die Vormerkliste verzichtet werden.[131] Es dürfen allerdings die in § 12 PBefG vorgesehenen Antragsunterlagen, namentlich die Zuverlässigkeitsnachweise, gefordert werden; dies folgt aus dem inneren Zusammenhang von einer Genehmigung nach dem Prioritätsgrundsatz und der Vormerkliste.[132] Die Befugnis der Verwaltung, weitere Nachweise bei Antragstellung zu fordern (§ 12 Abs. 3 PBefG), deckt auch das Anfordern eines Nachweises der fachlichen Eignung i.S.d. § 13 Abs. 1 Nr. 3 PBefG als Voraussetzung für die Aufnahme in die Liste. Denn damit können im Interesse des Zulassungsanspruchs konkurrierender Bewerber nicht ernsthafte Bewerbungen verhindert werden.[133] Entgegengehalten wird dem allerdings, dass es namentlich bei langjährigen Wartezeiten ungerechtfertigt sei, derartige Nachweise schon bei Eintragung zu verlangen. Dies gebiete der den subjektiven Zulassungsvoraussetzungen zugrunde liegende Gedanke der Gefahrenabwehr und -vorsorge nicht.[134]

IV. Verfahrensrechtliche Spezifika

Dass chancengleichheits- und neutralitätssichernden Kautelen in Verteilungsverfahren eine besondere Bedeutung zukommt, spiegelt sich auch im Personenbeförderungsrecht wider. Diese werden als Gebot einer grundrechts-

---

129 OVG Münster, NVwZ-RR 1991, S. 147 (147); ferner VG Augsburg, GewArch 1998, S. 474 (475). Anders noch VGH München, VRS 73, S. 477; GewArch 1987, S. 227 (228).
130 BVerwGE 16, 190 (191).
131 BVerwGE 16, 190 (192); vgl. auch OVG Münster, 13 B 29/03 – juris, Rn. 6.
132 VG Augsburg, GewArch 1998, S. 474 (475).
133 VG Augsburg, GewArch 1998, S. 474 (475 f.).
134 OVG Münster, 13 B 29/03 – juris, Rn. 6. Vgl. auch BVerwGE 16, 190 (192).

sichernden Verfahrensgestaltung verstanden.[135] Insoweit Anerkennung erfahren haben behördliche Neutralitätspflichten bei der Informationserteilung
(1.) und ein partielles Nachverhandlungsverbot (2.). Die für manch anderes
Auswahlverfahren charakteristischen Dokumentationspflichten finden sich
demgegenüber nicht.[136]

1. Neutralität bei der Informationserteilung

Das BVerwG verweist auf die „Grundregel jedes Ausschreibungsverfahrens im
weiteren Sinne – und ein Wettbewerbsverfahren um eine behördliche Konzession kann zwanglos als Ausschreibungsverfahren im weiteren Sinne begriffen
werden – …, dass jeder Anbieter sein Angebot eigenständig und ohne Kenntnis
des Angebots der übrigen Bewerber abzugeben hat."[137] Dies verbietet der Behörde die Weitergabe von Informationen über einzelne Angebote an Mitbewerber.[138] Genauso wenig ist es der Behörde gestattet, einzelnen Bewerbern durch
eine selektive Informationserteilung im Vorfeld Wettbewerbsvorteile zu verschaffen.[139]

2. Bindung an abgegebene Anträge

Aus dem Umstand, dass für die Entscheidung über konkurrierende Genehmigungsanträge die Sach- und Rechtslage zum Zeitpunkt der letzten Verwaltungsentscheidung maßgeblich sei, wird mitunter geschlossen, dass es den Antragstellern bis dahin möglich sein müsse, ihren Antrag nachzubessern.[140] Das
im Recht der öffentlichen Aufträge geltende Nachverhandlungsverbot (§ 15

---

[135] *J. Werner*, GewArch 2004, S. 89 (91).

[136] Siehe aber OVG Berlin-Brandenburg, 1 B 1.08 – juris, Rn. 18, hinsichtlich des Nachweises, dass eine Auswahlentscheidung erfolgt ist. In LS 1 – der insoweit nicht weiter aufgegriffen wird – heißt es: „Die Kriterien für die Auswahl, ihre Gewichtung und der Vergleich
der Anträge sind in einem Auswahlvermerk zu dokumentieren."

[137] BVerwGE 118, 270 (276); ferner VGH Mannheim, NVwZ-RR 2009, S. 720 (725); *J.
Werner*, GewArch 2004, S. 89 (91).

[138] BVerwGE 118, 270 (276); ferner VGH Mannheim, NVwZ-RR 2009, S. 720 (725); *A.
Saxinger*, GewArch 2009, S. 350 (355). Sehr weitgehend erscheint es allerdings, mit dem VG
Koblenz, 6 K 835/05 – juris, Rn. 25) hiervon eine Ausnahme in dem Sinne zu machen, dass
die Behörde den Antrag des Neuunternehmers an den Genehmigungsinhaber übersenden
müsse, da ersterer sonst einen Wettbewerbsvorteil dadurch habe, dass er sich Informationen
über das aktuelle Leistungsangebot aus öffentlich zugänglichen Quellen verschaffen kann,
dem Genehmigungsinhaber aber die vergleichbaren Daten seines Konkurrenten unbekannt
seien (ebenso VG Augsburg, Au 3 K 07.1357, Au 3 K 07.1358 – juris, Rn. 53). Demgegenüber
zurückhaltend auch VG Stade, NVwZ-RR 2005, S. 140 (142).

[139] *J. Werner*, GewArch 2004, S. 89 (91); ferner *H. Schröder*, NVwZ 2008, S. 1288 (1293).

[140] VG Koblenz, 6 K 835/05 – juris, Rn. 25; *C. Heinze*, Personenbeförderungsrecht, § 13,
Anm. 10 (8.a.ee). Siehe auch VGH München, BayVBl. 2008, S. 436 (439); VG Augsburg, Au 3
K 07.1357, Au 3 K 07.1358 – juris, Rn. 53.

VOB/A 2009)[141] sei nicht übertragbar, da im Personenbeförderungsrecht der Auftragnehmer, nicht aber der Auftraggeber die Leistung bestimme.[142] Zudem trage dies einer mit Blick auf die öffentlichen Verkehrsinteressen bestmöglichen Lösung Rechnung; auch der Grundsatz der Chancengleichheit stünde dem nicht entgegen, da alle Mitbewerber ihr Angebot nachbessern könnten.[143] Dem wird unter Verweis auf die Chancengleichheit der Bewerber mitunter entgegengetreten.[144] So sieht auch § 12 Abs. 5 S. 6 PBefG-E im Bereich des kommerziellen Verkehrs vor, dass nach Antragsschluss Ergänzungen und Änderungen von Anträgen unzulässig sind. Großzügiger ist demgegenüber die EU-Verordnung, die, wie bereits ausgeführt, Verhandlungen unter bestimmten Voraussetzungen zulässt.

V. Verfahrenssubjekte (Beteiligte)

Aus der materiell-rechtlich zwingend einheitlich zu ergehenden Entscheidung und dem dieser aufgrund der Auswahlnorm zugrunde liegenden multipolaren Auswahlrechtsverhältnis wird mitunter gefolgert, dass auch ein einheitliches, ggf. durch Verfahrensverbindung herzustellendes Verteilungsverfahren mit allen Bewerbern als Beteiligten erforderlich sei.[145] Eine derartige Korrelation von materiell-rechtlichem Auswahlrechtsverhältnis und Verfahrensverhältnis ist jedoch, wie noch ausführlicher zu zeigen sein wird,[146] rechtlich nicht zwingend geboten, mag sie auch der Bewältigung eines multipolaren Verteilungskonflikts gemäßer erscheinen. Es bleibt der Verwaltung vielmehr unbenommen, bipolare Verwaltungsverfahren parallel nebeneinander durchzuführen.

VI. Fehlerfolgenregime

Leidet die Auswahlentscheidung an materiellen Fehlern oder ist sie unter Verstoß gegen individualschützende[147] Verfahrensvorschriften,[148] der nach dem verfassungs- und verwaltungsverfahrensrechtlich (§ 46 VwVfG) vorgezeichne-

---

[141] Zu diesem 2. Teil, B.IV.2.c.

[142] *C. Heinze*, Personenbeförderungsrecht, § 13, Anm. 10 (8.a.ee).

[143] OVG Lüneburg, GewArch 2010, S. 82 (82 f.) – allerdings Vorgabe eines Stichtags für letztes Angebot erforderlich; VGH München, BayVBl. 2008, S. 436 (439); VG Augsburg, Au 3 K 07.1357, Au 3 K 07.1358 – juris, Rn 53.

[144] *J. Werner*, GewArch 2004, S. 89 (91). Vgl. auch VGH Mannheim, NVwZ-RR 2009, S. 720 (725).

[145] *G. Fromm*, WiVerw 1989, S. 26 (29); *J. Werner*, GewArch 2004, S. 89 (91).

[146] Siehe unten, 3. Teil, B.VI.

[147] Für das Güterfernverkehrsrecht ausdrücklich BVerwG, NVwZ 1984, S. 507 (508).

[148] Dass sich der Anspruch auch auf Einhaltung des Vergabeverfahrens bezieht, betont

ten Auswirkungs-Kriterium allerdings die Zulassungschance beeinträchtigen muss, um beachtlich zu sein,[149] ergangen, liegen von Mitbewerbern rügefähige Mängel vor (1.).[150] Der Vergabeentscheidung kann keine den Primärrechtsschutz ausschließende Stabilität beigemessen werden (2.).

1. Der Anspruch auf eine fehlerfreie Vergabeentscheidung

Für den Bereich der Vergabe von gemeinwirtschaftlichen Verkehrsdienstleistungen proklamiert § 8 Abs. 5 S. 3 PBefG-E ausdrücklich und in Anlehnung an das Kartellvergaberecht (vgl. § 97 Abs. 7 GWB), dass die Unternehmer einen Anspruch auf Einhaltung der Bestimmungen über das Vergabeverfahren haben. Und auch im Übrigen ist ein solcher anerkannt.

Im Taxenverkehr besteht nach allgemeiner Meinung ein subjektiv-öffentliches Recht auf rangentsprechende Zulassung.[151] Dieses ist auch bei Zulassung eines i.S.d. § 13 Abs. 1 PBefG ungeeigneten Mitbewerbers verletzt, da sämtliche materielle Vergabekriterien Sachgründe für die Ungleichbehandlung zwischen den Konkurrenten darstellen und damit deren Teilhabeanspruch konkretisieren[152].[153] Diese Rechtsposition impliziert einen Vornahme- und Aufhebungsanspruch der erfolgreichen Listenplatzinhaber bei Zulassung eines rangniedrigeren Konkurrenten[154] sowie einen Abwehranspruch rangniedriger Bewerber gegenüber rangschädlichen Maßnahmen wie der Streichung von der Liste bzw. der Privilegierung anderer Mitbewerber[155]. Ein (isoliert) durchzusetzender Zulassungsanspruch besteht bei Innehaben eines aussichtsreichen Listenplatzes.[156]

---

ausdrücklich das OVG Koblenz, LKV 2006, S. 276 (277), das sogar von einem „Bewerbungsverfahrensanspruch" spricht.

[149] OVG Berlin-Brandenburg, 1 B 1.08 – juris, Rn. 25 ff.; VGH Kassel, 2 UE 922/07 – juris, Rn. 53. Näher zum Auswirkungs-Kriterium noch unten, 3. Teil, B.V.2.a.bb.(2).

[150] Ausführlich zum handlungsformspezifisch auszudifferenzierenden Fehlerfolgenregime unten, 3. Teil, B.V.

[151] BVerwGE 16, 190 (193); OVG Münster, NVwZ-RR 1991, S. 147 (147); vgl. auch BVerwGE 16, 187 (189). In der Literatur: Bidinger, PBefG, § 13, Rn. 91 i); D. Frers, Klagebefugnis des Dritten, S. 201 f.; ders., DÖV 1988, S. 670 (673); G. Fromm / M. Fey / K.-A. Sellmann / H. Zuck, Personenbeförderungsrecht, § 13 PBefG, Rn. 19; C. Heinze, Personenbeförderungsrecht, § 13, Anm. 21; P. M. Huber, Konkurrenzschutz, S. 433 ff.; C.-F. Menger, VerwArch 55 (1964), S. 175 (184 f.); M. Schmidt-Preuß, Kollidierende Privatinteressen, S. 418. A.A. G. Fromm, WiVerw 1989, S. 26 (31 f.).

[152] Dazu oben, 1. Teil, A.I.2.a.cc.

[153] So auch OVG Magdeburg, LKV 1999, S. 31 (32); C. Heinze, Personenbeförderungsrecht, § 13, Anm. 1. Offengelassen – im Kontext der Linienverkehrs – von OVG Münster, DVBl. 2008, S. 1454 (1456).

[154] OVG Münster, NVwZ-RR 1991, S. 147 (147); Bidinger, PBefG, § 13, Rn. 91 i); M. Schmidt-Preuß, Kollidierende Privatinteressen, S. 461 f.

[155] OVG Münster, NVwZ-RR 1991, S. 147 (147); Bidinger, PBefG, § 13, Rn. 91 i); M. Schmidt-Preuß, Kollidierende Privatinteressen, S. 462.

[156] M. Schmidt-Preuß, Kollidierende Privatinteressen, S. 462 ff.

Nichts anderes gilt hinsichtlich der Auswahlentscheidung im kommerziellen Linienverkehr: Aufgrund des Verbots der Doppelbedienung von Linien führt die Zulassung eines Konkurrenten dazu, dass den Genehmigungsanträgen der übrigen Bewerber für denselben Verkehr nicht entsprochen werden und damit deren verfassungs- (Art. 12 Abs. 1 GG) und einfachgesetzlich (§§ 2 Abs. 1, 13 Abs. 1 und 2 PBefG) fundiertem Genehmigungsanspruch entgegengehalten werden kann. Dies ist nur bei einer rechtmäßigen Auswahlentscheidung hinzunehmen; der diese determinierenden Norm des § 13 Abs. 2 Nr. 2 PBefG ist daher Drittschutz beizumessen.[157]

Von der eben erörterten Frage nach betroffenen Rechtspositionen im Kontext der fehlerhaften Auswahl unter konkurrierenden Bewerbern um Verkehrsleistungen zu unterscheiden ist das Anfechtungsrecht von Genehmigungsinhabern gegen die rechtswidrige Zulassung Dritter. Angesichts des wirtschaftsverfassungsrechtlichen Leitbilds des Wettbewerbs wird ein Konkurrenzschutz zugunsten von Altunternehmern im Taxenverkehr abgelehnt,[158] da die Zulassungsbeschränkungen dort allein dem öffentlichen Interesse an einem funktionierenden Taxenverkehr dienen und für den Altunternehmer damit lediglich ein keine Klagebefugnis begründender Rechtsreflex entstehe.[159] Im Linienverkehr erkennt das BVerwG eine derartige Klagebefugnis des Altunternehmers aber an, da dieser vor einer Genehmigungserteilung an Konkurrenten anzuhören sei und § 13 Abs. 2 Nr. 2 PBefG neben dem öffentlichen Verkehrsinteresse auch das Interesse vorhandener Unternehmer „an der Erhaltung der Leistungsfähigkeit ihrer Unternehmen" schütze.[160]

---

[157] Ausdrücklich: BVerwG, NVwZ 2001, S. 322 (322 f.); ferner E 10, 310 (312, 314); Urt. v. 25.10.1968, VII C 134.66, Umdruck S. 7 f.; NVwZ 2001, S. 320 (320); OVG Lüneburg, NVwZ-RR 2005, S. 105 (107); VGH Mannheim, 3 S 709/03 – juris, Rn. 19; DÖV 2006, S. 484 (484); VGH München, BayVBl. 2008, S. 436 (436); VG Braunschweig, Beschl. v. 8.7.2005, 6 B 370/50, unter II.; VG Freiburg, 1 K 2400/99 – juris, Rn. 25; VG Koblenz, 6 K 835/05 – juris, Rn. 21; VG Stade, NVwZ-RR 2005, S. 140 (140); vgl. auch VG Gießen, 6 E 1240/07 – juris, Rn. 34. In der Literatur: *H. Baumeister*, LKV 1999, S. 12 (13); *C. Heinze*, Personenbeförderungsrecht, Einleitung S. 69; *M. Ronellenfitsch*, VerwArch 92 (2001), S. 131 (145).

[158] BVerwGE 16, 187 (187 ff.); OVG Münster, GewArch 1980, S. 263 (263 f.); *G. Fromm*, WiVerw 1989, S. 26 (29 ff.); *C.-F. Menger*, VerwArch 55 (1964), S. 175 (184); *M. Schmidt-Preuß*, Kollidierende Privatinteressen, S. 78, 419, 777; *U. Steiner*, Recht der Verkehrswirtschaft, Rn. 30. A.A. *D. Frers*, DÖV 1988, S. 670 (672 f.); *R. Pitschas*, GewArch 1981, S. 216 (218 f.). Anders für den Fall eines – im Taxenverkehr allerdings nicht bestehenden – Anhörungsrechts: BVerwGE 16, 187 (187).

[159] BVerwGE 16, 187 (187 ff.); OVG Münster, GewArch 1980, S. 263 (263 f.); *G. Fromm*, WiVerw 1989, S. 26 (29 ff.); *C.-F. Menger*, VerwArch 55 (1964), S. 175 (184); *U. Steiner*, Recht der Verkehrswirtschaft, Rn. 30. Eine Ausnahme für den Fall der Existenzbedrohung anerkennend *M. Schmidt-Preuß*, Kollidierende Privatinteressen, S. 777.

[160] BVerwGE 2, 141 (141 f.); E 9, 340 (341 f.); E 30, 347 (348 f.); 7 C 25/78 – juris, Rn. 8 (Schutz aber „nur innerhalb der Belange der öffentlichen Verkehrsinteressen" – kein „allgemeiner Konkurrenzschutz", ibid., Rn. 14); *D. Frers*, Klagebefugnis des Dritten, S. 185 ff.;

2. Keine besondere Stabilität der Vergabeentscheidung

In einer frühen Entscheidung aus dem Jahr 1963 ging das BVerwG von der Stabilität der Vergabeentscheidung aus und verwies den zurückgesetzten Bewerber auf Sekundärrechtsschutz: „Sollte die Behörde … einen Bewerber zu Unrecht bevorzugen, so würde der benachteiligte Bewerber allerdings nur einen
Anspruch darauf haben, bei der Zuteilung der nächsten freiwerdenden Konzession berücksichtigt zu werden. Im Übrigen stünde es ihm aber offen, für den in
der Zwischenzeit entstandenen Schaden einen Schadensersatzanspruch geltend
zu machen."[161]
    Eine Rechtfertigung für diese Immunisierung des Konzessionsverwaltungs-
akts ist nicht ersichtlich.[162] Versteht man die Auswahlentscheidung als gegenüber allen Bewerbern einheitlichen Verwaltungsakt oder jedenfalls – bei separaten Genehmigungsentscheidungen – die positive Auswahlentscheidung als
einen Verwaltungsakt mit Drittwirkung, kann eine Anfechtung auch nicht aus
verfahrensrechtlichen Gründen, d.h. wegen fehlender Drittbetroffenheit, abgelehnt werden. Zu Recht nimmt die herrschende Meinung daher die Anfechtbarkeit unter Beeinträchtigung von Rechten von Drittbewerbern erteilter Konzessionen an, insbesondere bei rangwidriger Vergabe.[163] Damit scheidet auch die
Notwendigkeit aus, die drohende Konzessionsvergabe im Wege des einstweiligen Rechtsschutzes zu verhindern.[164]

VII. Rechtsschutzsystem

Da sich der Rechtsschutz im Kontext der Vergabe gemeinwirtschaftlicher Verkehrsdienstleistungen in entsprechender Anwendung des kartellvergaberechtlichen Rechtsschutzsystems realisiert (vgl. auch § 8 Abs. 5 S. 3, Abs. 6 PBefG-E),
das bereits erörtert wurde,[165] kann sich die folgende Analyse auf den Taxen- und
kommerziellen Linienverkehr beschränken. Primärrechtsschutz ist mittels eines kombinierten Anfechtungs- und Verpflichtungsantrags zu suchen (1.), dessen Prüfprogramm zu erörtern ist (2.). Abschließend ist auf den auch im Personenbeförderungsrecht bedeutsamen Eilrechtsschutz einzugehen (3.). Dem
Sekundärrechtsschutz bei rechtswidrigen Vergabeentscheidungen kommt ange-

ders., DÖV 1988, S. 670 (672); *U. Steiner*, Recht der Verkehrswirtschaft, Rn. 30. Ablehnend
M. Schmidt-Preuß, Kollidierende Privatinteressen, S. 405 ff., 775 f.
    [161] BVerwGE 16, 190 (193 f.).
    [162] Ebenso *G. Fromm*, WiVerw 1989, S. 26 (28); *ders. / M. Fey / K.-A. Sellmann / H. Zuck*,
Personenbeförderungsrecht, § 15 PBefG, Rn. 3.
    [163] OVG Münster, NVwZ-RR 1991, S. 147 (147). Für Güterfernverkehrskonzessionen:
M. Quaas, DÖV 1982, S. 434 (439).
    [164] OVG Münster, NVwZ-RR 1991, S. 147 (147).
    [165] Dazu oben, 2. Teil, B.VII.

sichts des ohne Weiteres offen stehenden Primärrechtsschutzes keine prominente Bedeutung zu, weshalb dieser ausgeklammert bleibt.[166]

1. Primärrechtsschutz im Wege eines kombinierten Anfechtungs- und Verpflichtungsantrags

Die verwaltungsintern getroffene Auswahlentscheidung ergeht im Außenverhältnis regelmäßig[167] als Serie mehrerer rechtsgewährender respektive -versagender Einzelverwaltungsakte, nämlich in Gestalt der Konzessionserteilung an den erfolgreichen Bewerber und der Ablehnung der Genehmigungsanträge der nicht zum Zuge gekommenen Interessenten. Erstrebt ein unterlegener Bewerber nunmehr seine Zulassung anstelle der des ausgewählten Konkurrenten, muss er dieses Rechtsschutzziel mittels einer Kombination von Anfechtungs- und Verpflichtungsklage verfolgen.[168] Denn Raum für eine eigene Zulassung besteht nur dann, wenn zuvor die des Konkurrenten rückgängig gemacht wurde.[169]

Soweit eine Verpflichtungsklage für ausreichend gehalten und im Übrigen auf die Rücknahmemöglichkeit der Genehmigungsbehörde verwiesen wird,[170] vermag dies, wie später noch ausführlich dargelegt wird,[171] nicht zu überzeugen. Denn dieses Vorgehen ist insbesondere angesichts des Rücknahmeermessens von minderer Effektivität.[172] Auch vermag der für eine isolierte Verpflichtungsklage angeführte (Billigkeits-)Gesichtspunkt des effektiven Rechtsschutzes nicht zu überzeugen, da der anzugreifende Rechtsakt entweder dem unterlegenen Konkurrenten ohnehin mitgeteilt wurde oder er einen entsprechenden Mitteilungsanspruch gegenüber der Behörde geltend machen kann.

---

[166] Näher zu diesem unten, 3. Teil, B.VI.2.

[167] Zur Konzeptionalisierung als einheitlicher Verteilungsverwaltungsakt oben, III.1.f., zum dann einzuschlagenden Rechtsschutz unten, 3. Teil, B.VI.1.a.aa.(1)(b).

[168] BVerwG, NVwZ 2001, S. 322 (322 ff.); vgl. auch OVG Koblenz, LKV 2006, S. 276 (276); OVG Lüneburg, NVwZ-RR 2005, S. 105 (107); OVG Magdeburg, LKV 1999, S. 31 (32); VG Freiburg, 1 K 2400/99 – juris, Rn. 25, bei Nichtbekanntgabe der Genehmigung an Konkurrenten allerdings Verpflichtungsklage ausreichend; VG Koblenz, 6 K 835/05 – juris, Rn. 21; *M. Fehling*, Öffentlicher Verkehr, § 10, Rn. 105; *C. Heinze*, Personenbeförderungsrecht, Einleitung S. 69 f.; *C.-F. Menger*, VerwArch 55 (1964), S. 175 (185 m. Fn. 43): Keine Verurteilung zu einer rechtswidrigen Leistung möglich; *M. Ronellenfitsch*, VerwArch 92 (2001), S. 131 (145 f.). Siehe für das Güterfernverkehrsrecht auch OVG Magdeburg, NVwZ 1996, S. 815 (815 f.).

[169] *M. Fehling*, Öffentlicher Verkehr, § 10, Rn. 105. Keine selbstständige prozessrechtliche Bedeutung misst dem Anfechtungsantrag im Konkurrentenstreit bei *C. Heinze*, Personenbeförderungsrecht, Einleitung S. 63.

[170] VGH Mannheim, ESVGH 22, 74 (75 f.); *W. Frenz*, Konkurrenzsituationen, S. 65 ff.

[171] Siehe unten, 3. Teil, B.VI.1.a.aa.(1)(a).

[172] Keinen Raum für solche erachtet trotz des bestehenden Rücknahmeermessens *W. Frenz*, Konkurrenzsituationen, S. 66 Fn. 71.

Zuvor beginnen auch keine Anfechtungsfristen zu laufen.[173] Schließlich stellt
die Erhebung einer Anfechtungsklage bereits eine Zulässigkeitsvoraussetzung
für die Verpflichtungsklage dar, da ein Genehmigungsanspruch bei bereits vergebener Konzession und damit die Klagebefugnis offensichtlich ausscheiden.[174]
Maßgeblicher Zeitpunkt für das Vorliegen der Sachurteilsvoraussetzungen ist
die letzte mündliche Verhandlung.[175]

2. Prüfprogramm des kombinierten Anfechtungs- und Verpflichtungsantrags

Für die Klagebefugnis allein entscheidend ist, wie sonst auch, die Möglichkeit
einer Rechtsverletzung, die nur dann zu verneinen ist, wenn Rechte des Klägers
unter Zugrundelegung seines Vorbringens offensichtlich und eindeutig nach
keiner Betrachtungsweise verletzt sein können.[176] Die Klagebefugnis ist mithin
zu bejahen, wenn die (positive) Auswahlentscheidung zugunsten des Konkurrenten möglicherweise rechtswidrig ist und ein eigener Zulassungsanspruch,
wenigstens aber ein Anspruch auf fehlerfreie Neubescheidung, nicht ausgeschlossen erscheint.[177] Dass die eigene Zulassung hinreichend wahrscheinlich
ist, kann darüber hinaus nicht gefordert werden.[178] Da die für die Klagebefugnis entscheidende *eigene* Rechtsverletzung nur unter diesen beiden Voraussetzungen in Betracht kommt, ist die Möglichkeit eines Anspruchs auf Genehmigungserteilung eine Frage der Klagebefugnis und nicht erst des Rechtsschutz-

---

[173] Siehe auch OVG Magdeburg, NVwZ 1996, S. 815 (816), für die Güterfernverkehrsgenehmigung.

[174] *M. Ronellenfitsch*, VerwArch 92 (2001), S. 131 (145 f.). A.A. *W.-R. Schenke*, NVwZ
1993, S. 718 (721).

[175] *F. Kopp / W.-R. Schenke*, VwGO, Vorb § 40, Rn. 11; siehe auch BVerwG, NVwZ 1993,
S. 889 (889). A.A., da Rücknahme- bzw. Widerruf der Genehmigung möglich, *W. Frenz*,
Konkurrenzsituationen, S. 65 ff.; *C. Heinze*, Personenbeförderungsrecht, Einleitung S. 70.
Diese Auffassung verkennt freilich die Notwendigkeit einer gleichzeitigen Erhebung von
Anfechtungs- und Verpflichtungsklage.

[176] BVerwG, NVwZ 2001, S. 322 (323); ferner OVG Lüneburg, NVwZ-RR 2005, S. 105
(107); VGH Mannheim, 3 S 709/03 – juris, Rn. 18; VG Stade, NVwZ-RR 2005, S. 140 (140).

[177] Siehe auch BVerwG, NVwZ 2001, S. 322 (323); für das Güterbeförderungsrecht ferner
NVwZ 1984, S. 507 (508): „Allerdings wird im allgemeinen nur derjenige, dessen Antrag aufgrund der anderweitigen Vergabe der Genehmigung (zu Unrecht) nicht berücksichtigt worden ist, in seinen Rechten verletzt sein und demzufolge die Erteilung der Genehmigung an
sich verlangen können." Weiter heißt es allerdings: „Schließlich wird zu erwägen sein, ob der
Kl. durch die angefochtenen Genehmigungen … in seinen Rechten nur unter der Voraussetzung verletzt sein kann, daß er bei Vermeidung des gerügten Fehlers eine begründete Aussicht auf Erhalt zumindest einer dieser Genehmigungen gehabt, d.h. nach den damals gehandhabten Vergaberichtlinien des Bekl. zum Kreis der chancenreichsten Bewerber gehört
hätte, auf die sich das Auswahlermessen des Bekl. konzentriert haben würde."

[178] BVerwG, NVwZ 2001, S. 322 (323); ferner OVG Lüneburg, NVwZ-RR 2005, S. 105
(107). Anders aber OVG Magdeburg, A 4 S 191/97 – juris, Rn. 39; *M. Schmidt-Preuß*, Kollidierende Privatinteressen, S. 465 ff., 786. Ausführlich unten, 3. Teil, B.V.2.a.bb.(2).

bedürfnisses.[179] Die erwähnten Voraussetzungen gelten mutatis mutandis auch für den Verpflichtungsantrag; die Klagebefugnis setzt mithin voraus, dass ein Anspruch auf Genehmigung respektive auf fehlerfreie Neubescheidung als in diesem Sinne möglich erscheint.[180]

Im Rahmen der Begründetheit der Anfechtungsklage zu prüfen ist, ob die Konzessionserteilung an den erfolgreichen Bewerber rechtmäßig war und diese den Kläger in eigenen Rechten verletzt. Letzteres ist nur dann der Fall, wenn diesem über die Rechtswidrigkeit der Auswahl des Konkurrenten hinaus entweder ein Anspruch auf Zulassung anstelle des Mitbewerbers zusteht oder, insoweit administrative Entscheidungsspielräume bestehen, er einen Anspruch auf spielraumkonforme Neuentscheidung hat[181]. Damit wird das Ergebnis der Verpflichtungsklage vorweggenommen, die dann begründet ist, wenn eine dieser beiden Alternativen zu bejahen ist.

Bei der Beurteilung der Erfolgsaussichten des Zulassungsanspruchs stellt sich zudem die – im Taxengewerbe virulent gewordene – Frage, auf welche Gruppe der Antragsteller für die Vergleichsbetrachtung abzustellen ist, d.h. auf alle ursprünglichen Bewerber oder, wie im Hochschulrecht,[182] nur auf diejenigen, die einen Rechtsschutzantrag gestellt haben. Eine Einengung auf die Gruppe der Kläger kommt hier jedoch nicht in Betracht, vielmehr bleibt die Rangstelle für die Zuteilung entscheidend: Anders als bei der Hochschulzulassung besteht im Taxengewerbe nämlich nicht die Gefahr, dass nicht genutzte Kapazitäten kurzfristig verfallen; vielmehr bleibt eine Zuteilung an rangbessere Bewerber, deren Interessen berücksichtigt werden müssen, möglich.[183] Das Gericht kann dem Kläger eine Konzession nach der Rechtsprechung des BVerwG allerdings dann zusprechen, wenn er bei zu erweiternder Kapazität eine nicht aussichtslose Rangstelle innehat.[184] Demgegenüber kann die Behörde allerdings „substantiiert Umstände darleg[en], die es in hohem Maße zweifelhaft erscheinen lassen, daß der Kläger bei Beachtung der Vormerkliste zum Zuge kommen könnte."[185]

---

[179] So aber VG Freiburg, 1 K 2400/99 – juris, Rn. 25.

[180] BVerwG, NVwZ 2001, S. 322 (324); VG Freiburg, 1 K 2400/99 – juris, Rn. 25.

[181] Wann dies der Fall ist, bedarf noch der näheren Erörterung: dazu ausführlich unten, 3. Teil, B.V.2.a.bb.(2) und B.VI.1.a.aa.(2).

[182] Dazu oben Hochschulzulassung, VII.2.a.

[183] BVerwGE 79, 208 (217); E 82, 295 (299); *W. Frenz*, Konkurrenzsituationen, S. 57 f. A.A. VGH Kassel, VRS 64, S. 394; VGH München, VRS 73, S. 477; GewArch 1987, S. 227 (228).

[184] BVerwGE 79, 208 (218); E 82, 295 (299 f.); 3 B 77/07 – juris, Rn. 10; vgl. auch OVG Münster, 13 B 29/03 – juris, Rn. 5; VG Koblenz, GewArch 2009, S. 162 (166 f.). Strenger *W. Frenz*, Konkurrenzsituationen, S. 58 ff.

[185] BVerwGE 82, 295 (300); 3 B 77/07 – juris, Rn. 10; ferner VG Koblenz, GewArch 2009, S. 162 (166).

Eine Entscheidung über die Genehmigung kann schließlich solange nicht erfolgen, wie über rechtzeitig gestellte, konkurrierende Anträge noch nicht entschieden ist.[186] Insoweit ist nur eine einheitliche Entscheidung möglich.[187] Hieraus resultiert auch ein Beiladungserfordernis.[188]

Maßgeblich für den Anfechtungsantrag ist die Sach- und Rechtslage zum Zeitpunkt der letzten Behördenentscheidung, sofern das materielle Recht nichts anderes vorgibt.[189] Letzteres ist nicht der Fall.[190] Einmal handelt es sich bei der Genehmigung nicht um einen „Dauerverwaltungsakt, bei dessen Beurteilung Änderungen der Sach- und Rechtslage während des Verwaltungsprozesses zu berücksichtigen sind", sondern „um einen rechtsgestaltenden Verwaltungsakt, der mit seinem Ergehen die ihm entsprechende Rechtslage herstellt". Dies bestätigt § 25 PBefG, nach dem die Genehmigung bei Wegfall ihrer Voraussetzungen zu widerrufen und damit nicht per se rechtswidrig ist (§ 25 PBefG).[191] Auch die besondere Funktion der Anfechtungsklage in Konkurrenzstreitigkeiten, den Weg für den Verpflichtungsantrag zu öffnen, führt zu keiner Verschiebung des für die Beurteilung maßgeblichen Zeitpunkts. Zwar ist dieser bei der Verpflichtungsklage grundsätzlich der Tag der letzten mündlichen Verhandlung des Tatsachengerichts; einer Angleichung hieran stehen jedoch die unterschiedlichen Streitgegenstände von Anfechtungs- und Verpflichtungsklage entgegen.[192] Zudem würde diese Auffassung berechtigte Interessen des Genehmigungsinhabers an Rechts- und Investitionssicherheit vernachlässigen und den falschen Anreiz setzen, zunächst aussichtslose Konkurrentenklagen zu erheben.[193]

Für die Verpflichtungsklage wird die Sach- und Rechtslage zum Zeitpunkt der letzten mündlichen Verhandlung des Tatsachengerichts für maßgeblich erachtet.[194] Fraglich ist indes, ob angesichts des vergleichenden Wesens der Konkurrenzentscheidung nicht, wie bei der Anfechtungsklage auch, hinsichtlich vergleichender Merkmale auf den Zeitpunkt der letzten Behördenentscheidung abzustellen ist.[195]

---

[186] C. Heinze, Personenbeförderungsrecht, Einleitung S. 70.

[187] Ibid.

[188] Ibid.

[189] BVerwG, NVwZ 2001, S. 322 (323).

[190] BVerwG, NVwZ 2001, S. 322 (323); ebenso bereits E 82, 260 (261 ff.); ferner NVwZ 2001, S. 320 (321); 3 C 1/09 – juris, Rn. 16; OVG Lüneburg, NVwZ-RR 2005, S. 105 (107); VGH Mannheim, 3 S 812/99 – juris, Rn. 24; 3 S 709/03 – juris, Rn. 20; VGH München, BayVBl. 2008, S. 436 (437); VG Freiburg, 1 K 2400/99 – juris, Rn. 27; VG Stade, NVwZ-RR 2005, S. 140 (140, 142); M. Ronellenfitsch, VerwArch 92 (2001), S. 131 (145 f.).

[191] BVerwG, NVwZ 2001, S. 322 (323).

[192] BVerwG, NVwZ 2001, S. 322 (323); ferner M. Ronellenfitsch, VerwArch 92 (2001), S. 131 (146).

[193] BVerwG, NVwZ 2001, S. 322 (323).

[194] BVerwGE 82, 260 (261 ff.); OVG Magdeburg, LKV 1999, S. 31 (33).

[195] So auch VGH Mannheim, ESVGH 22, 74 (76); ferner – im Beamtenrecht – BVerwG, 1 WB 39/07 – juris, Rn. 38; K. Rennert, DVBl. 2009, S. 1333 (1336).

3. Einstweiliger Rechtsschutz

Stellt der unterlegene Mitbewerber einen Konkurrentenschutzantrag, so suspendiert die darin enthaltene Anfechtungsklage den Vollzug der positiven Auswahlentscheidung (§ 80 Abs. 1 VwGO) und damit die baldige Verkehrsbedienung. Vor diesem Hintergrund kann die Verwaltung die sofortige Vollziehung der Genehmigung gemäß § 80a Abs. 1 Nr. 1, § 80 Abs. 2 S. 1 Nr. 4 VwGO anordnen. Insoweit gilt das zur Parallelproblematik bei der Vergabe von Standplätzen auf Messen und Märkten Gesagte.[196] Im Personenbeförderungsrecht besteht zudem die verfahrensrechtliche Möglichkeit, eine einstweilige Erlaubnis zu erteilen (§ 20 PBefG).

Angesichts der langen Verfahrensdauer kommt einstweiligen Zulassungsanordnungen (§ 123 VwGO) eine besondere Bedeutung zu.[197] Insoweit ist eine hohe Wahrscheinlichkeit für das klägerische Obsiegen zu fordern, da die Entscheidung im einstweiligen Rechtsschutz einer Vorwegnahme der Hauptsache gleichkommt.[198]

---

[196] Dazu oben, 2. Teil, D.VII.1.

[197] *W. Frenz*, Konkurrenzsituationen, S. 68; *C. Heinze*, DVBl. 2005, S. 946 (952).

[198] *W. Frenz*, Konkurrenzsituationen, S. 69. Zurückhaltend hinsichtlich der Zulässigkeit eines derartigen Vorgehens wegen der damit verbundenen Gefahr der Vorwegnahme der Hauptsache auch Bidinger, PBefG, § 13, Rn. 96a. Näher noch unten, 3. Teil, B.VI.1.b.aa.

G. Frequenzvergabe im Telekommunikationsrecht

Das Angewiesensein der Anbieter von Telekommunikationsdienstleistungen auf die knappe Ressource Übertragungsfrequenz wirft die Verteilungsfrage auch im Telekommunikationssektor auf. Zur Sicherstellung einer effizienten, störungsfreien und den weiteren Regulierungszielen des Telekommunikationsrechts (§ 2 Abs. 2 TKG)[1] entsprechenden Nutzung von Frequenzen etabliert das TKG eine Frequenzordnung (§§ 52 ff. TKG).[2] Diese umfasst das mehrstufige Verfahren der Frequenzvergabe – Aufstellung von Frequenzbereichszuweisungs- und Frequenznutzungsplan sowie Zuteilung der Frequenzen – und die Überwachung der Frequenznutzungen (§ 52 Abs. 1 TKG). Bei Frequenzknappheit findet in ihrem Rahmen und in Abweichung vom Grundsatz der Allgemeinzuteilung von Frequenzen (§ 55 Abs. 2 S. 1 TKG) auf Anordnung der Bundesnetzagentur ein Verteilungsverfahren statt (§ 55 Abs. 9, § 61 TKG), das in diesem Abschnitt näher analysiert wird.[3] Seine prominentesten Anwendungsfälle stellen die Versteigerung der UMTS-Lizenzen im Jahr 2000, die dem Bund Erlöse von mehr als 50 Mrd. Euro einbrachte, und die 2010 ebenfalls im Aukti-

---

[1] § 2 Abs. 2 TKG nennt als Regulierungsziele „1. die Wahrung der Nutzer-, insbesondere der Verbraucherinteressen auf dem Gebiet der Telekommunikation und die Wahrung des Fernmeldegeheimnisses, 2. die Sicherstellung eines chancengleichen Wettbewerbs und die Förderung nachhaltig wettbewerbsorientierter Märkte der Telekommunikation im Bereich der Telekommunikationsdienste und -netze sowie der zugehörigen Einrichtungen und Dienste, auch in der Fläche, 3. effiziente Infrastrukturinvestitionen zu fördern und Innovationen zu unterstützen, 4. die Entwicklung des Binnenmarktes der Europäischen Union zu fördern, 5. die Sicherstellung einer flächendeckenden Grundversorgung mit Telekommunikationsdiensten (Universaldienstleistungen) zu erschwinglichen Preisen, 6. die Förderung von Telekommunikationsdiensten bei öffentlichen Einrichtungen, 7. die Sicherstellung einer effizienten und störungsfreien Nutzung von Frequenzen, auch unter Berücksichtigung der Belange des Rundfunks, 8. eine effiziente Nutzung von Nummerierungsressourcen zu gewährleisten, 9. die Wahrung der Interessen der öffentlichen Sicherheit." Umfassend zur Regulierungsstruktur im Telekommunikationsrecht *J. Kühling*, Sektorspezifische Regulierung, S. 67 ff.

[2] Siehe zum technischen Hintergrund der Frequenzverwaltung *S. H. Korehnke/D. Tewes*, in: BeckTKG-Kommentar, Vor § 52, Rn. 2 ff., und zu dem des Mobilfunks *S. Felder*, Frequenzallokation, S. 19 ff.

[3] Das TKG kennt darüber hinaus ein Vergabeverfahren für „vorhandene deutsche Planeinträge und sonstige ungenutzte Orbit- und Frequenznutzungsrechte bei der Internationalen Fernmeldeunion", das gemäß „von der Bundesnetzagentur festzulegenden Bedingungen durchgeführt" wird und hier nicht weiter vertieft werden kann (§ 56 Abs. 2 TKG).

onswege erfolgte Verteilung u.a. der digitalen Dividende, mithin der infolge der Digitalisierung des Rundfunks für diesen nicht mehr benötigten und damit für die Telekommunikationsnutzung frei werdenden Frequenzen, dar.

Schließlich kennt auch das Telekommunikationsrecht den Handel als Form der Sekundärverteilung, den die Bundesnetzagentur bei Interesse und unter Festlegung namentlich die Regulierungsziele sichernder Rahmenbedingungen zulassen kann (§ 62 TKG). Diese auf dem Markt, nicht aber in einem Verwaltungsverfahren stattfindende Verteilung bleibt angesichts des Gegenstands der vorliegenden Untersuchung im Folgenden außer Betracht.[4]

I. Die Verteilungssituation

1. Der verfassungsrechtliche Rahmen

Nach der im verfassungsrechtlichen Teil der Untersuchung entfalteten grundrechtsdogmatischen und -theoretischen Kategorisierung der Verteilungssituationen stellt sich die mit der staatlichen Frequenzordnung einhergehende Beschränkung der Frequenznutzung im Rahmen einer unternehmerischen Tätigkeit als die Berufsfreiheit (Art. 12 Abs. 1 GG)[5] in ihrer abwehrrechtlichen Dimension betreffender Eingriff dar. Denn die Frequenznutzung ist bei wertender Betrachtung nicht als Teilhabe an einem staatlichen Leistungsangebot zu qualifizieren, sondern als der natürlichen Freiheitssphäre des Einzelnen zuzurechnende Übermittlung von Funksignalen auf bestimmten Frequenzen zu erwerbswirtschaftlichen Zwecken.[6] Mit Blick auf die eingangs erwähnten Regulierungsziele des TKG, namentlich eine effiziente und störungsfreie Frequenznutzung sicherzustellen (vgl. § 2 Abs. 2 TKG), ist die mit der Etablierung eines staatlichen Verteilungsregimes einhergehende Verknappung verfassungsrechtlich gerechtfertigt.[7] Allerdings unterliegt die Frequenzverwaltung als Konse-

---

[4] Siehe schon oben, Einleitung, I. Ausführlich zur Problematik des Frequenzhandels etwa *S. Bumke*, Frequenzvergabe, S. 382 ff.; *M. Geppert*, in: BeckTKG-Kommentar, § 62.

[5] Eine private Frequenznutzung unterfiele jedenfalls der allgemeinen Handlungsfreiheit (Art. 2 Abs. 1 GG), eine Frequenznutzung zum Rundfunk der Rundfunkfreiheit (Art. 5 Abs. 1 S. 2 GG).

[6] Siehe ausführlich oben, 1. Teil, A.I.2.b.aa.(3). Ebenso *F. Becker*, DV 35 (2002), S. 1 (6); *R. Breuer*, Versteigerungsverfahren, S. 25 (39 f.); *S. Bumke*, Frequenzvergabe, S. 249 ff.; *C. Degenhart*, Versteigerung, S. 259 (278 ff.); *ders.*, K&R 2001, S. 32 (35 f.); *G. Göddel*, in: BeckTKG-Kommentar, § 55, Rn. 10; *R. Hahn / A. M. Hartl*, in: Scheurle / Mayen, TKG, § 55, Rn. 5 f.; *C. Koenig*, UMTS-Lizenzen, S. 318 (330 f.); *D. Kupfer*, Verteilung, S. 304 ff.; *K. Ritgen*, AöR 127 (2002), S. 351 (386 f.); *M. Ruffert*, AöR 124 (1999), S. 237 (260 ff.); *C. Schulz*, Lizenzvergabe, S. 28 ff. A.A. *S. Kösling*, Lizenzierung, S. 96 ff., 312 ff.

[7] Ebenso *R. Breuer*, Versteigerungsverfahren, S. 25 (41); *S. Bumke*, Frequenzvergabe, S. 265 f.; *B. Grzeszick*, ZUM 1997, S. 911 (915); *K. Ritgen*, AöR 127 (2002), S. 351 (375 f.); *P. Selmer*, NVwZ 2003, S. 1304 (1310); siehe ferner *D. Kupfer*, Verteilung, S. 320, der angesichts

quenz des Anspruchs auf größtmöglichen Freiheitsschutz der Pflicht zu einer
erschöpfenden Ausnutzung der Kapazitäten.[8] Um den Marktzutritt zulasten
von „Newcomern" nicht auf unabsehbare Zeit zu versperren, bedarf es ferner einer nur befristeten Frequenzzuteilung; der Nutzungszeitraum bemisst sich dabei nach der Angemessenheit für den jeweiligen Dienst (§ 55 Abs. 8 TKG).[9]

Von dieser Frage des „Ob" der Knappheit zu scheiden, und zwar auch in
grundrechtsdogmatischer Hinsicht, ist das Problem des „Wie" des Umgangs mit
ihr: Letzteres ist, wie gleichfalls im verfassungsrechtlichen Teil aufgezeigt, nicht
als Perpetuierung des Eingriffs abwehrrechtlich zu deuten und lösen, sondern
gleichheitsrechtlich.[10] Demnach müssen sich Verteilungskriterien und -verfah-
ren am allgemeinen Gleichheitssatz messen lassen; dabei gilt angesichts der Bedeutung der Frequenzzuteilung für die unternehmerische Betätigung als Mobilfunkanbieter und den der Knappheit vorausgelagerten staatlichen Eingriff ein
strenger Maßstab[11] sowohl hinsichtlich der materiellen (a) und prozeduralen (b)
Standards als auch des Grades der gesetzgeberischen Determinierung (c).

a) Die verfassungsrechtlichen Anforderungen an die Vergabekriterien

Das in jedweder Verteilungssituation greifende gleichheitsrechtliche Gebot
sachgerechter Vergabekriterien[12] bedarf der bereichsspezifischen Konkretisierung. Direktiven erfährt diese allen voran aus den verfassungsrechtlichen Wei-
chenstellungen für den jeweiligen Sektor. Im Bereich der Telekommunikation
zu nennen ist zum einen der Wettbewerbsgedanke, der nicht nur aus der unternehmerischen Freiheit der Telekommunikationsdienstleister (Art. 12 Abs. 1
GG) folgt, sondern auch aus der Entscheidung des Grundgesetzes für die privat-
wirtschaftliche Erbringung von Telekommunikationsdienstleistungen (Art. 87f
Abs. 2 S. 1 GG). Verfassungsrechtliche Direktionskraft entfaltet zum anderen
die in Art. 87f Abs. 1 GG verankerte Gewährleistungsverantwortung des Staates, flächendeckend angemessene und ausreichende Telekommunikationsdienst-

---

der natürlichen, der Rechtsordnung vorgelagerten Ursache der Knappheit eine Reduzierung
der Rechtfertigungslast annimmt. Noch weitergehender *A. Kleinschmidt*, Versteigerung,
S. 128 f., der die Beschränkungsentscheidung angesichts der ihr zugrunde liegenden natürlichen Knappheit nicht für rechtfertigungsbedürftig erachtet.
    [8] *S. Bumke*, Frequenzvergabe, S. 277 f.; *M. Geppert*, in: BeckTKG-Kommentar, § 61,
Rn. 3; *A. Kleinschmidt*, Versteigerung, S. 142; *C. Koenig*, K&R 2001, S. 41 (43 f.); *ders./A. Neumann*, ZRP 2001, S. 252 (256); *K. Kruhl*, Versteigerung, S. 153; *S. Storr*, K&R 2002, S. 67 (69).
    [9] Näher *R. Hahn/A. M. Hartl*, in: Scheurle/Mayen, TKG, § 55, Rn. 49 f.
    [10] Dazu wiederum oben, 1. Teil, A.I.2.b.aa.(3). Für eine teilhaberechtliche Lösung auch
L. Gramlich, CR 2000, S. 101 (102); *S. H. Korehnke*, in: BeckTKG-Kommentar, § 53, Rn. 3;
K. Kruhl, Versteigerung, S. 153, 164 ff. Im Ergebnis ebenso unter starker Akzentuierung des
abwehrrechtlichen Hintergrunds *S. Bumke*, Frequenzvergabe, S. 268 ff.
    [11] Ebenso *C. Degenhart*, K&R 2001, S. 32 (36); *M. Geppert*, in: BeckTKG-Kommentar,
§ 61, Rn. 1; *J. A. Kämmerer*, NVwZ 2002, S. 161 (165).
    [12] *S. Bumke*, Frequenzvergabe, S. 277 f.

leistungen sicherzustellen. Dieser Rahmen hat Eingang in die Regulierungsziele des TKG (§ 2 Nr. 2) gefunden, die sich wiederum in den Detailregeln zum Verteilungsverfahren niederschlagen.

Vor diesem Hintergrund ist es verfassungsrechtlich nicht zu beanstanden, wenn das telekommunikationsrechtliche Vergabeverfahren unter Berücksichtigung der Regulierungsziele darauf abzielt zu ermitteln, welche Anbieter „am besten geeignet sind, die zu vergebenden Frequenzen effizient zu nutzen" (§ 61 Abs. 4 S. 1 TKG).[13] Hierzu hält die Frequenzordnung zwei Verfahrensarten bereit: das Auswahl- und das Versteigerungsverfahren.

Im Auswahlverfahren erfolgt die Beurteilung der Besteignung nach Maßgabe materieller Wertungskriterien, die sich auf die „Fachkunde und Leistungsfähigkeit der Bewerber, die Eignung von vorzulegenden Planungen für die Erbringung des ausgeschriebenen Telekommunikationsdienstes und die Förderung eines nachhaltig wettbewerbsorientierten Marktes" sowie auf den räumlichen Versorgungsgrad beziehen (vgl. § 61 Abs. 6 S. 1 und 2 TKG). Dass auf diese Weise eine den verfassungsrechtlichen Vorgaben entsprechende Zuteilung erreicht werden kann, steht außer Frage. Ebenso ist es in diesem Rahmen statthaft, bei einem Patt einen Losentscheid als Hilfskriterium durchzuführen (§ 61 Abs. 6 S. 5 TKG).[14]

Während im telekommunikationsrechtlichen Auswahlverfahren die Besteignung nach Maßgabe materieller Unterkriterien ermittelt wird, beruht das Versteigerungsverfahren auf der Annahme, dass die effizienteste Frequenznutzung von demjenigen zu erwarten ist, der bereit ist, hierfür den höchsten Preis zu entrichten. Ob auf dieser Basis eine verfassungskonforme Vergabeentscheidung erzielt werden kann, wird kontrovers beurteilt.[15] Insoweit zu trennen ist die grundrechtliche Frage des richtigen Verteilungskriteriums von der finanzverfassungsrechtlichen Zulässigkeit von Versteigerungen mit Blick auf die dadurch ermöglichte Einnahmenerzielung des Staates.

Bei der Vergabe knapper Frequenzen konfligieren, wie aufgezeigt, berufsfreiheitlich fundierte Zugangsinteressen, so dass eine Verteilung nach dem ökono-

---

[13] *P. Badura*, Verteilungsordnung und Zuteilungsverfahren, S. 529 (540).

[14] *J. Ruthig*, in: Arndt/Fetzer/Scherer, TKG, § 61, Rn. 18.

[15] Bejahend (teils zum TKG 1998, aber mit im Wesentlichen auf das TKG 2004 übertragbarer Argumentation): *P. Badura*, Verteilungsordnung und Zuteilungsverfahren, S. 529 (540); *P. Hess*, Versteigerungsverfahren, S. 108 ff.; *J.A. Kämmerer*, NVwZ 2002, S. 161 (162 ff.); *A. Kleinschmidt*, Versteigerung, S. 142 ff.; *K. Kruhl*, Versteigerung, S. 193 ff.; *K. Ritgen*, AöR 127 (2002), S. 351 (363 ff.); *M. Ruffert*, AöR 124 (1999), S. 237 (262 ff.); *P. Selmer*, NVwZ 2003, S. 1304 (1310 f.); *B. Varadinek*, CR 2001, S. 17 (24); *A. Voßkuhle*, Strukturen und Bauformen, S. 277 (305); *W. Wegmann*, Regulierte Marktöffnung, S. 103 f.; *ders.*, K&R 2003, S. 448 (450). Differenziert: *M. Martini*, Der Markt als Instrument hoheitlicher Verteilungslenkung, S. 654 ff. Verneinend: *F. Becker*, DV 35 (2002), S. 1 (7 ff.); *R. Breuer*, Versteigerungsverfahren, S. 25 (35 ff.); *B. Grzeszick*, DVBl. 1997, S. 878 (883 f.); *J. Kersten*, VVDStRL 69 (2009), S. 288 (310 ff. Fn. 87, 89); *H.-J. Piepenbrock/U. Müller*, UMTS-Versteigerungsverfahren, S. 8 (34 ff.).

mischen Kriterium der effizientesten Ressourcennutzung statthaft erscheint.[16]
Zu deren Ermittlung kann ein Versteigerungsverfahren durchgeführt werden, da diese von demjenigen Interessenten zu erwarten ist, der den höchsten
Preis hierfür zu entrichten bereit ist.[17] Die Gesetzesbegründung hält insoweit
fest: „Das erfolgreiche Gebot belegt typischerweise die Bereitschaft und die Fähigkeit, die zuzuteilende Frequenz im marktwirtschaftlichen Wettbewerb der
Dienstleistungsangebote möglichst optimal einzusetzen und sich um eine wirtschaftliche und sparsame Verwendung der Frequenz zu bemühen. Gleichzeitig dient das frequenzökonomische Auswahlkriterium dem regulierungspoliti-
schen Ziel, den Wettbewerb zu fördern. Um dieses Ziel nachhaltig zu gewährleisten, sind besondere Versteigerungsbedingungen vorgesehen."[18] Diese Einschätzung des Gesetzgebers ist, auch unter Berücksichtigung des ihm zustehenden
Prognosespielraums, nicht zu beanstanden.[19] Ihr kann auch nicht die in Art. 87f
Abs. 1 GG normierte Gewährleistungsverantwortung des Staates entgegengehalten werden, der mit dem Zuschlag an den Meistbietenden nicht entsprochen
werde[20].[21] Denn auch im Versteigerungsverfahren greifen materielle Mindestanforderungen an die Bieter, entspricht die Wettbewerbsorientierung dem Art. 87f
Abs. 2 S. 1 GG zu entnehmenden Gebot einer wettbewerblichen Erbringung der
Telekommunikationsdienstleistungen[22] und hält das TKG im Übrigen namentlich mit seinen Regelungen zum Universaldienst ein Regulierungsinstrument
zur Umsetzung der Gewährleistungsverantwortung des Staates bereit[23]. Zudem
scheidet das Versteigerungsverfahren als Vergabemodus aus, wenn dieses für die

---

[16] *P. Badura*, Verteilungsordnung und Zuteilungsverfahren, S. 529 (540); *S. Bumke*, Frequenzvergabe, S. 283 f.; *K. Kruhl*, Versteigerung, S. 196 ff.; *D. Kupfer*, Verteilung, S. 356 ff.;
S. Storr, K&R 2002, S. 67 (69 f.).

[17] Siehe *S. Bumke*, Frequenzvergabe, S. 283 f.; *M. Faber*, GewArch 2002, S. 264 (268 f.); *L.
Gramlich*, CR 2000, S. 101 (103); *D. Kupfer*, Verteilung, S. 358 ff., mit einer Differenzierung
nach verschiedenen Versteigerungstypen unter dem Blickwinkel der Pareto-Effizienz; *K.
Ritgen*, AöR 127 (2002), S. 351 (379 ff.); *E.-O. Ruhle / M. Geppert*, MMR 1998, S. 175 (176);
S. Storr, K&R 2002, S. 67 (70 f.). Zweifelnd: *F. Becker*, DV 35 (2002), S. 1 (8 f.). Ablehnend an-
gesichts der Besonderheiten des Telekommunikationssektors: *R. Breuer*, Versteigerungsver-
fahren, S. 25 (36 ff.); ferner *B. Grzeszick*, ZUM 1997, S. 911 (919 f.); *H.-J. Piepenbrock / U.
Müller*, UMTS-Versteigerungsverfahren, S. 8 (49).

[18] BT-DrS 15/2316, S. 80.

[19] *S. Bumke*, Frequenzvergabe, S. 295 ff.; *K. Ritgen*, AöR 127 (2002), S. 351 (379 ff.); *M.
Ruffert*, AöR 124 (1999), S. 237 (262 ff.); *J. Ruthig*, in: Arndt / Fetzer / Scherer, TKG, § 61,
Rn. 6; *P. Selmer*, NVwZ 2003, S. 1304 (1310 f.). Vgl. aus ökonomischer Perspektive auch *A.
Keuter / L. Nett / U. Stumpf*, Versteigerung, S. 39 ff.

[20] So aber *B. Grzeszick*, DVBl. 1997, S. 878 (883 f.); *H.-J. Piepenbrock / U. Müller*, UMTS-
Versteigerungsverfahren, S. 8 (72 f.).

[21] Zurückhaltend hinsichtlich der Bedeutung des Art. 87f GG – allgemein zu dieser *J.
Kühling*, Sektorspezifische Regulierung, S. 563 ff. – für die Verteilungskriterien *K. Ritgen*,
AöR 127 (2002), S. 351 (377 ff.).

[22] *S. Bumke*, Frequenzvergabe, S. 285 ff.; *K. Kruhl*, Versteigerung, S. 197.

[23] *J. A. Kämmerer*, NVwZ 2002, S. 161 (164 f.); *C. Koenig*, K&R 2001, S. 41 (52). Umfassend ferner *S. Bumke*, Frequenzvergabe, S. 289 ff.

Realisierung der Regulierungsziele, zu denen die Sicherstellung „einer flächendeckenden Grundversorgung mit Telekommunikationsdiensten (Universaldienstleistungen) zu erschwinglichen Preisen" (§ 2 Abs. 2 Nr. 5 TKG) und „eines chancengleichen Wettbewerbs" (§ 2 Abs. 2 Nr. 2 TKG) rechnen, ungeeignet erscheint.[24] Schließlich sind jedenfalls langfristig keine negativen Auswirkungen auf die Interessen der Nutzer (Kostenbelastung aufgrund überhöhter Versteigerungspreise) zu erwarten, da sich der Marktzutrittspreis in beschränkten Märkten in erster Linie auf den Unternehmensgewinn auswirkt.[25]

Dass Versteigerungen die Gefahr wettbewerbswidriger Verhaltensweisen einzelner Bieter innewohnt, etwa die Errichtung von Marktzutrittsbarrieren durch überhöhte Gebote oder kollusives Handeln,[26] schließt ihre verfassungsrechtliche Zulässigkeit nicht aus, wenn und weil der Auktionsrahmen wettbewerbssichernd gestaltet ist. Dies kann und muss durch die Festlegung objektiver, nachvollziehbarer und diskriminierungsfreier sowie die Belange kleiner und mittlerer Unternehmen berücksichtigender Versteigerungsbedingungen gemäß § 61 Abs. 5 S. 1 2. HS TKG gewährleistet werden.[27] So stehen nicht nur die klassische Englische Auktion, sondern auch Interaktionen zwischen den Bietern verhindernde einstufige und simultane Auktionsformen zur Verfügung.[28] Zudem ermöglicht § 61 Abs. 3 TKG den Ausschluss wettbewerbsgefährdender Bieter, § 61 Abs. 5 S. 2 TKG die Festlegung eines Mindestpreises und § 63 Abs. 1 TKG, um ein Horten von Frequenzen zum Ausschluss von Mitbewerbern zu verhindern, den Widerruf der Zuteilung nicht genutzter Frequenzen. Nicht zu verkennen ist schließlich, dass die Versteigerung, insbesondere im Vergleich zu qualitativen Auswahlverfahren, besondere Gewähr für ein diskriminierungsfreies, objektives, transparentes und unkompliziert durchzuführendes Verfahren bietet.[29]

---

[24] Siehe auch *J. A. Kämmerer*, NVwZ 2002, S. 161 (164 f.).

[25] So *S. Bumke*, Frequenzvergabe, S. 293 f.; *K. Kruhl*, Versteigerung, S. 214; *D. Kupfer*, Verteilung, S. 367 ff.; *J. Ruthig*, in: Arndt/Fetzer/Scherer, TKG, § 61, Rn. 5. Im Ergebnis ebenso *J. A. Kämmerer*, NVwZ 2002, S. 161 (165); *M. Martini*, Der Markt als Instrument hoheitlicher Verteilungslenkung, S. 351 f., 657 f. A.A. *R. Breuer*, Versteigerungsverfahren, S. 25 (35 f.); *B. Grzeszick*, DVBl. 1997, S. 878 (884); *J. Kersten*, VVDStRL 69 (2009), S. 288 (310 f. Fn. 87); *C. Koenig*, K&R 2001, S. 41 (50 f.); *H.-J. Piepenbrock/U. Müller*, UMTS-Versteigerungsverfahren, S. 8 (73). Wegen der Prognoseunsicherheit gleichfalls ablehnend *C. Degenhart*, K&R 2001, S. 32 (39).

[26] Siehe im Einzelnen *M. Martini*, Der Markt als Instrument hoheitlicher Verteilungslenkung, S. 355 ff.

[27] Siehe auch *M. Martini*, Der Markt als Instrument hoheitlicher Verteilungslenkung, S. 363 ff. Aus ökonomischer Perspektive: *S. Felder*, Frequenzallokation, S. 291 ff.

[28] Siehe zu den einzelnen Auktionsdesigns *S. Felder*, Frequenzallokation, S. 185 ff.; *A. Keuter/L. Nett/U. Stumpf*, Versteigerung, S. 43 ff.; *M. Martini*, Der Markt als Instrument hoheitlicher Verteilungslenkung, S. 305 ff.

[29] *A. Keuter/L. Nett/U. Stumpf*, Versteigerung, S. 39; *D. Kupfer*, Verteilung, S. 365; *M. Martini*, Der Markt als Instrument hoheitlicher Verteilungslenkung, S. 414; *J. Ruthig*, in: Arndt/Fetzer/Scherer, TKG, § 61, Rn. 5.

Auch ist die Versteigerung dem Erwerber zumutbar. Wertunsicherheiten hinsichtlich des versteigerten Gutes[30] schränken den Marktzutritt dann nicht unverhältnismäßig ein, wenn die Einschätzung, dass die Versteigerung zur Realisierung einer effizienten Güterverteilung geeignet ist, eine vertretbare Prognose darstellt;[31] zudem ist zu berücksichtigen, dass auch staatliche Auswahlentscheidungen mit Informationsdefiziten behaftet sind[32]. Der Gefahr überhöhter Preise lässt sich durch ein entsprechendes Auktionsdesign begegnen.[33] Auch stellt sich eine Versteigerung nicht als Verkauf dem Einzelnen qua seiner natürlichen Freiheit zugeordneter Güter dar, da die Gegenleistungspflicht lediglich als Nebenfolge des Hauptzwecks, eine effiziente Allokation zu gewährleisten, zu qualifizieren ist.[34] Schließlich dürfen frühere oder weitere Lizenzen auf demselben Markt nicht durch einen anderen Verteilungsmechanismus vergeben worden sein (§ 61 Abs. 2 TKG) bzw. werden.[35]

Die Erörterung der finanzverfassungsrechtlichen Zulässigkeit der Erzielung von Versteigerungserlösen[36] hat ihren Ausgangspunkt bei der Begrenzungs- und Schutzfunktion der bundesstaatlichen Finanzverfassung (Art. 104a ff. GG) zu nehmen. Diese beschränkt die Erhebung von Abgaben auf der Basis von Sachkompetenzen des Gesetzgebers – hier: Art. 73 Abs. 1 Nr. 7 GG –, ohne sie allerdings prinzipiell auszuschließen.[37] Drei Anforderungen hat das BVerfG insoweit herausgearbeitet und betont, dass deren Vorliegen, nicht aber die begriffliche Einordnung der Abgabe maßgeblich seien[38].[39]

---

[30] Zu diesen *M. Martini*, Der Markt als Instrument hoheitlicher Verteilungslenkung, S. 379 ff.

[31] *M. Martini*, Der Markt als Instrument hoheitlicher Verteilungslenkung, S. 392 ff.

[32] *M. Martini*, Der Markt als Instrument hoheitlicher Verteilungslenkung, S. 394.

[33] Näher *D. Kupfer*, Verteilung, S. 362 ff.; *J. Ruthig*, in: Arndt/Fetzer/Scherer, TKG, § 61, Rn. 5. Zurückhaltend *M. Martini*, Der Markt als Instrument hoheitlicher Verteilungslenkung, S. 572 f.

[34] *D. Kupfer*, Verteilung, S. 365 f. Siehe ferner *S. Bumke*, Frequenzvergabe, S. 300. Zurückhaltend *M. Martini*, Der Markt als Instrument hoheitlicher Verteilungslenkung, S. 424 f. (ferner S. 522 f.), der eine preisgeleitete Zuteilung nur bei einer besseren Allokationseignung als in anderen Verfahren für erforderlich hält.

[35] *D. Kupfer*, Verteilung, S. 367.

[36] Umfassend: *H.-W. Arndt*, K&R 2001, S. 23 (25 ff.); *F. Becker*, DV 35 (2002), S. 1 (10 ff.); *R. Breuer*, Versteigerungsverfahren, S. 25 (42 ff.); *C. Degenhart*, Versteigerung, S. 259 (307 ff.).

[37] BVerfGE 93, 319 (342 ff.).

[38] BVerfGE 93, 319 (345). Das BVerfG hat die Einordnung des Versteigerungserlöses in einer späteren Entscheidung dahin stehen lassen (E 105, 185 [193]). Umfassend: *M. Martini*, Der Markt als Instrument hoheitlicher Verteilungslenkung, S. 451 ff. „Verleihungsgebühr": *J. A. Kämmerer*, NVwZ 2002, S. 161 (162 f.); *A. Kleinschmidt*, Versteigerung, S. 63 ff.; grundsätzlich auch *M. Martini*, a.a.O., S. 493 ff. Für eine „Verteilungsabgabe" als neuer Typus: *D. Kupfer*, Verteilung, S. 375; ähnlich *H.-W. Arndt*, K&R 2001, S. 23 (25): Abgabe sui generis; *S. Bumke*, Frequenzvergabe, S. 329 ff.: „Ressourcennutzungsentgelt"; ähnlich *K. Kruhl*, Versteigerung, S. 235 ff. Den Abgabencharakter mangels gesetzlicher Fixierung eines Abgaben-

Erstens bedürfen nicht-steuerliche Abgaben einer – über den Zweck der Einnahmenerzielung hinausgehenden – besonderen Rechtfertigung und müssen sich ihrer Art nach von Steuern unterscheiden. Andernfalls würde nämlich die Finanzverfassung ausgehebelt.[40] Zweitens bedarf es einer besonderen Rechtfertigung für die Heranziehung gerade des Abgabenschuldners, da dieser bereits als Steuerzahler zur Finanzierung des Gemeinwesens beiträgt.[41] Drittens darf, was bei haushaltsmäßig erfassten Erlösen allerdings nicht zu besorgen ist, das Budgetrecht des Parlaments nicht durch eine den Verfassungsgrundsatz der Vollständigkeit des Haushaltsplans berührende Einnahmen- und Ausgabenwirtschaft konterkariert werden.[42]

Diese Voraussetzungen können bei der Erzielung von Versteigerungserlösen gewahrt werden, da sich diese Einnahmen angesichts ihres Gegenleistungscharakters von Steuern unterscheiden[43] und die besondere Rechtfertigung für die Abschöpfung des Sondervorteils aus ihrer Aussagekraft für eine effiziente Verteilung folgt[44]. Es verbietet sich, obgleich die Frequenznutzung als Inanspruchnahme natürlicher Freiheit qualifiziert wurde, die Abgabenbelastung als Preis für die Ausübung individueller Freiheit und damit mangels staatlicher Gegenleistung als ungerechtfertigt anzusehen.[45] Denn aufgrund der Nutzungsbefugnis unter Ausschluss Dritter erlangt der erfolgreiche Bewerber zum einen einen Sondervorteil. In diesem Sinne hat das BVerfG in seiner Wasserpfennig-Entscheidung ausdrücklich anerkannt, dass, wenn Einzelnen der Zugriff auf knappe, prinzipiell der allgemeinen Nutzung unterliegende Ressourcen eröffnet wird, diese „einen Sondervorteil gegenüber all denen, die dieses Gut nicht oder nicht in gleichem Umfang nutzen", erhalten und es „sachlich gerechtfertigt [ist], die-

---

tatbestands demgegenüber verneinend *P. Selmer*, NVwZ 2003, S. 1304 (1308); insoweit a.A. *S. Bumke*, Frequenzvergabe, S. 309 ff.; *M. Martini*, a.a.O., S. 464 ff.

[39] Siehe auch *H.-W. Arndt*, K&R 2001, S. 23 (25 ff.); *S. Bumke*, Frequenzvergabe, S. 316 f.; *D. Kupfer*, Verteilung, S. 373 f.

[40] BVerfGE 93, 319 (342 f.).

[41] BVerfGE 93, 319 (343).

[42] BVerfGE 93, 319 (343).

[43] *H.-W. Arndt*, K&R 2001, S. 23 (25); *S. Bumke*, Frequenzvergabe, S. 317 ff.; *D. Kupfer*, Verteilung, S. 374; *K. Ritgen*, AöR 127 (2002), S. 351 (366 ff.); *P. Selmer*, NVwZ 2003, S. 1304 (1306). A.A. mit Blick auf ihre Höhe *H.-J. Piepenbrock / U. Müller*, UMTS-Versteigerungsverfahren, S. 8 (40 f.).

[44] Ebenso *S. Bumke*, Frequenzvergabe, S. 321 ff.; *M. Faber*, GewArch 2002, S. 264 (267); *L. Gramlich*, CR 2000, S. 101 (103); *S. Korioth*, GVwR III, § 44, Rn. 51; *D. Kupfer*, Verteilung, S. 374 f.; *M. Martini*, Der Markt als Instrument hoheitlicher Verteilungslenkung, S. 520 ff.; *K. Ritgen*, AöR 127 (2002), S. 351 (372). A.A. *H.-W. Arndt*, K&R 2001, S. 23 (27 f.), unter Verweis auf die unzulässige vorgezogene Abschöpfung der Leistungsfähigkeit, eine Beeinträchtigung der Lastengleichheit und eine Aushebung der Finanzverfassung (ebenso *ders.*, Versteigerung, S. 207 [225 ff.]); *F. Becker*, DV 35 (2002), S. 1 (17 ff.); *R. Breuer*, Versteigerungsverfahren, S. 25 (44 ff.); *C. Degenhart*, Versteigerung, S. 259 (307 ff.); *ders.*, K&R 2001, S. 32 (37 ff.).

[45] So aber *H.-J. Piepenbrock / U. Müller*, UMTS-Versteigerungsverfahren, S. 8 (43 f.).

sen Vorteil ganz oder teilweise abzuschöpfen."[46] Mithin erhalte die Abgabe ihre
„sachliche Legitimation aus ihrem Charakter als Vorteilsabschöpfungsabgab[e]
im Rahmen einer öffentlich-rechtlichen Nutzungsregelung"[47].[48] Die – jeder Verteilung in Konkurrenzsituationen immanente – Bevorzugung gegenüber Dritten allein vermag die Belegung mit einer Abgabenpflicht allerdings dann noch
nicht zu rechtfertigen, wenn, wie im Fall der Frequenznutzung, ein grundrechtlicher Teilhabeanspruch besteht. Zum anderen ist daher zu fordern, dass auch
vor diesem eine Vergabe nach Effizienzgesichtspunkten durch Versteigerung
standhält. Dies ist, wie oben gezeigt, der Fall, da der teilhaberechtliche Nut-
zungsanspruch die Entrichtung des höchsten Gebotes zur Voraussetzung hat;
die Auskunft über eine effiziente Frequenznutzung gebende Zahlungsbereitschaft stellt nämlich ein legitimes Differenzierungskriterium dar.[49]

Es ist auch nicht zu befürchten, dass der Versteigerungserlös den Wert der
öffentlichen Leistung für den Einzelnen übersteigt (Äquivalenzprinzip), eine
weitere vom BVerfG im Interesse einer Abgrenzbarkeit von zur Einnahmenerzielung erhobenen Steuern gegenüber gegenleistungsbezogenen Gebühren angesprochene Grenze.[50] Der Wert für den Einzelnen kommt nämlich gerade in
der Zahlungsbereitschaft des Bieters zum Ausdruck.[51] Dass diese durch ver-
steigerungsimmanente Dynamiken beeinflusst oder aufgrund von Wertunsicherheiten irrtumsbehaftet sein kann (winner's curse),[52] vermag die finanz-

---

[46] BVerfGE 93, 319 (LS 2).

[47] BVerfGE 93, 319 (345).

[48] *S. Bumke*, Frequenzvergabe, S. 325 ff.; *J. A. Kämmerer*, NVwZ 2002, S. 161 (163 f.); *A.
Kleinschmidt*, Versteigerung, S. 96 ff.; *K. Ritgen*, AöR 127 (2002), S. 351 (388 ff.); vgl. auch *U.
Hufeld*, JZ 2002, S. 871 (875 ff.); *S. Storr*, K&R 2002, S. 67 (71). Differenziert *M. Martini*, Der
Markt als Instrument hoheitlicher Verteilungslenkung, S. 510 ff., der zutreffend darauf hin-
weist, dass die Ressourcennutzung durch den erfolgreichen Bieter seinem grundrechtlich
fundierten Teilhaberecht entspricht, sein Rechtskreis mithin – anders als im Wasserpfennig-
Fall – nicht durch die Gestattung einer an sich verbotenen Tätigkeit erweitert wird. A.A. mit
Blick auf den fehlenden Verbrauch der Ressource „Frequenz" *H.-J. Piepenbrock / U. Müller*,
UMTS-Versteigerungsverfahren, S. 8 (37, 44), die indes das Zeitmoment nicht hinreichend
berücksichtigen.

[49] Ebenso und ausführlich *M. Martini*, Der Markt als Instrument hoheitlicher Verteilungslenkung, S. 512 ff.

[50] BVerfGE 93, 319 (347).

[51] *S. Bumke*, Frequenzvergabe, S. 335 ff.; *J. A. Kämmerer*, NVwZ 2002, S. 161 (164); *S. Korioth*, GVwR III, § 44, Rn. 51; *K. Kruhl*, Versteigerung, S. 244 ff.; *K. Ritgen*, AöR 127 (2002),
S. 351 (369 ff., 393 ff.). Anders *H.-W. Arndt*, K&R 2001, S. 23 (29 ff.); ausführlich *ders.*, Versteigerung, S. 207 (230 ff.); *H.-J. Piepenbrock / U. Müller*, UMTS-Versteigerungsverfahren,
S. 8 (89 ff.). Für einen objektivierten finanzverfassungsrechtlichen Wertbegriff und damit
eine Korrektur der Ex-ante-Perspektive durch eine Ex-post-Betrachtung, die auf den durch
den Ersteigerer realisierten Nutzen abstellt, mit der Konsequenz einer Rückerstattungs-
pflicht bei mit einem unverhältnismäßigen Freiheitseingriff einhergehenden Auseinander-
fallen: *M. Martini*, Der Markt als Instrument hoheitlicher Verteilungslenkung, S. 532 ff. (zu
letzterer im Detail S. 620 ff.).

[52] Dazu *M. Martini*, Der Markt als Instrument hoheitlicher Verteilungslenkung, S. 51 f.

verfassungsrechtliche Zulässigkeit der Versteigerung nicht generell infrage zu stellen, da grundsätzlich auf die Marktmechanismen vertraut werden kann,[53] zumal deren Funktionieren, wie bereits gezeigt, über eine adäquate Information[54] und ein entsprechendes Auktionsdesign[55] sicherzustellen ist.[56]

b) Die verfassungsrechtlichen Anforderungen an das Vergabeverfahren

In prozeduraler Hinsicht verlangt der verfassungsrechtliche Teilhabeanspruch eine die Chancengleichheit der Bewerber wahrende Verfahrensgestaltung, die den Grundsätzen der Objektivität, Transparenz, Diskriminierungsfreiheit und Angemessenheit genügt.[57] § 55 Abs. 1 S. 3 TKG greift dies auf, wenn er eine diskriminierungsfreie Frequenzvergabe „auf der Grundlage nachvollziehbarer und objektiver Verfahren" fordert. Den verfassungsrechtlich vorgezeichneten verfahrensrechtlichen Kautelen kommt angesichts der Entscheidungsspielräume der Regulierungsbehörde zugleich eine kompensatorische Funktion zu.[58]

c) Der Gesetzesvorbehalt in der Frequenzordnung

Angesichts der Grundrechtsrelevanz des telekommunikationsrechtlichen Vergabeverfahrens gelten strenge Anforderungen an den Grad seiner gesetzgeberischen Determinierung: Sowohl die Vergabekriterien als auch die Verfahrensregeln müssen jedenfalls in ihren Grundzügen gesetzlich vorgezeichnet sein.[59] Vor diesem Hintergrund stößt die nur rudimentäre Normierung des Auktionsdesigns auf Bedenken.[60] Insoweit ist allerdings zu berücksichtigen, dass in § 61 Abs. 5 TKG parlamentsgesetzgeberische Rahmenvorgaben für das Versteigerungsverfahren gemacht wurden und eine darüber hinausgehende generell-ab-

---

[53] In diesem Sinne *K. Kruhl*, Versteigerung, S. 198.

[54] Zurückhaltend *M. Martini*, Der Markt als Instrument hoheitlicher Verteilungslenkung, S. 564 ff.

[55] Detailliert *M. Martini*, Der Markt als Instrument hoheitlicher Verteilungslenkung, S. 566 ff.

[56] *K. Kruhl*, Versteigerung, S. 201 ff., 244 ff.; *K. Ritgen*, AöR 127 (2002), S. 351 (370 f.). Differenziert *M. Martini*, Der Markt als Instrument hoheitlicher Verteilungslenkung, S. 351 f.

[57] VG Köln, MMR 2003, S. 61 (62); *P. Badura*, Verteilungsordnung und Zuteilungsverfahren, S. 529 (540); *S. Bumke*, Frequenzvergabe, S. 277; *G. Göddel*, in: BeckTKG-Kommentar, § 55, Rn. 10; *R. Hahn / A. M. Hartl*, in: Scheurle / Mayen, TKG, § 55, Rn. 7; *P. Hess*, Versteigerungsverfahren, S. 132 ff.; *D. Kupfer*, Verteilung, S. 355.

[58] *M. Geppert*, in: BeckTKG-Kommentar, § 61, Rn. 16.

[59] Siehe auch *M. Martini*, Der Markt als Instrument hoheitlicher Verteilungslenkung, S. 88.

[60] *M. Geppert*, in: BeckTKG-Kommentar, § 61, Rn. 40; *W. Hoffmann-Riem*, Verwaltungsverfahren, S. 9 (62); *M. Martini*, Der Markt als Instrument hoheitlicher Verteilungslenkung, S. 446 f., 662 f.; ferner *C. Schulz*, Lizenzvergabe, S. 104 ff. Offengelassen von VG Köln, 21 K 3675/05 – juris, Rn. 188.

strakte Festlegung des Versteigerungsdesigns der Verwaltung die notwendige Flexibilität nähme, das im Einzelfall passende Arrangement zu bestimmen, etwa mit Blick auf die konkrete Wettbewerbssituation oder konkret betroffene Regulierungsziele.[61] Nicht zu überzeugen vermag auch der weitere Einwand, dass der Abgabenrahmen gesetzlich hätte festgelegt werden müssen;[62] die insoweit fehlende Bestimmtheit ist nämlich einer Versteigerung immanent[63].

2. Der unionsrechtliche Rahmen

Eine auf die Zuteilung von Funkfrequenzen angewiesene wirtschaftliche Betätigung im EU-Ausland, etwa als Mobilfunkanbieter, schützen – je nach Dauer und Kontinuität der Marktteilnahme – die Niederlassungs- (Art. 49 AEUV) bzw. Dienstleistungsfreiheit (Art. 56 f. AEUV).[64] Damit muss die Frequenzzuteilung den im ersten Teil entfalteten materiellen und prozeduralen Anforderungen der Grundfreiheiten an ein Verteilungsregime genügen.[65] Diese Vorgaben hat der ebenfalls bereits skizzierte gemeinsame Rechtsrahmen für elektronische Kommunikationsdienste und -netze sekundärrechtlich ausbuchstabiert: Jener umfasst Regelungen sowohl zum „Ob" der Knappheit als auch zum „Wie" des Umgangs mit ihr und genießt als sekundärrechtliche Konkretisierung Anwendungsvorrang[66].[67] Unionsrechtliche Bedenken am oben skizzierten Verteilungsrahmen bestehen nicht; in der Sache entspricht seine Bewertung den im Rahmen der verfassungsrechtlichen Erörterung angestellten Erwägungen.[68]

3. Der einfach-rechtliche Rahmen

Auch das einfache Recht enthält übergreifende Vorgaben, die die Verwaltung bei der Ausfüllung gesetzlich gelassener Spielräume binden. Diese finden sich im TKG: Abgesehen von der Vorgabe allgemeiner Regulierungsziele (§ 2 Abs. 2 TKG) hat die Frequenzzuteilung gemäß § 55 Abs. 1 S. 3 TKG „diskriminierungsfrei auf der Grundlage nachvollziehbarer und objektiver Verfahren" zu

---

[61] S. Bumke, Frequenzvergabe, S. 124 f., 302 ff.; L. Gramlich, CR 2000, S. 101 (102 f.); A. Kleinschmidt, Versteigerung, S. 171 ff.; K. Kruhl, Versteigerung, S. 253; D. Kupfer, Verteilung, S. 402; J. Ruthig, in: Arndt/Fetzer/Scherer, TKG, § 61, Rn. 6 f.

[62] F. Becker, DV 35 (2002), S. 1 (19 ff.).

[63] So auch S. Bumke, Frequenzvergabe, S. 343 f.; K. Kruhl, Versteigerung, S. 253 ff.; M. Martini, Der Markt als Instrument hoheitlicher Verteilungslenkung, S. 439 ff.

[64] Vgl. R. Breuer, Versteigerungsverfahren, S. 25 (39); S. Bumke, Frequenzvergabe, S. 359 ff., 371 f.; C. Koenig, K&R 2001, S. 41 (44); D. Kupfer, Verteilung, S. 470.

[65] Zu diesen oben, 1. Teil, B.I.2.

[66] EuGH, Rs. C-380/05, Slg. 2008, I-349, Rn. 80 – Centro Europa 7; S. Bumke, Frequenzvergabe, S. 359.

[67] Näher oben, 1. Teil, B.II.2.b.

[68] Vgl. auch S. Bumke, Frequenzvergabe, S. 370 f., 373 ff.; K. Kruhl, Versteigerung, S. 269; M. Martini, Der Markt als Instrument hoheitlicher Verteilungslenkung, S. 649 ff.

erfolgen. § 61 Abs. 4 S. 1 TKG normiert darüber hinaus das Effizienzprinzip als Richtschnur für die Auswahlentscheidung: Diese hat zugunsten des- oder derjenigen unter den Antragstellern zu erfolgen, die „am besten geeignet sind, die zu vergebenden Frequenzen effizient zu nutzen." Aufgrund der aus seinem Anliegen, eine den Regulierungszielen des Telekommunikationsrechts entsprechende Frequenznutzung sicherzustellen, folgenden hoheitlichen Natur des telekommunikationsrechtlichen Verteilungsverfahrens, die überdies in § 2 Abs. 1 TKG ausdrücklich normiert ist,[69] findet das Wettbewerbs- und Kartellrecht keine Anwendung[70]; auch die Integration einer sich Marktmechanismen zu Nutze machenden Versteigerung in das Verwaltungsverfahren vermag nichts am insgesamt hoheitlichen Gepräge des Verteilungsvorgangs zu ändern.[71]

II. Regelungsstrukturen

Die Vergabe von Frequenzen erfolgt in einem mehrstufigen Verfahren: Abgesehen von der hier ausgeklammerten internationalen Frequenzplanung[72] gehen dem eigentlichen Vergabeverfahren zwei Planungsstufen voraus, nämlich die Aufstellung des Frequenzbereichszuweisungs- (§ 53 TKG) und des Frequenznutzungsplans (§ 54 TKG). Die Frequenzvergabe selbst hat angesichts ihrer Grundrechtsrelevanz sowohl in materieller als auch in prozeduraler Hinsicht eine detaillierte gesetzliche Regelung im TKG erfahren (§§ 55, 61 TKG).

III. Das Vergabeverfahren

Auch das Verfahren der Frequenzvergabe weist die für Verteilungsverfahren charakteristische Gliederung in eine Konzept- (1.), Ausschreibungs- (2.), Bewerbungs- (3.) und Entscheidungsfindungsphase (4.) auf, an deren Ende die Vergabeentscheidung steht (5.). Eine Einstellung des Vergabeverfahrens und

---

[69] Zum hoheitlichen Charakter der Frequenzplanung auch *S. Bumke*, Frequenzvergabe, S. 52 ff.; *K. Kruhl*, Versteigerung, S. 155 f.

[70] Zur Ausnahme hoheitlicher Tätigkeiten aus dem Anwendungsbereich des Wettbewerbs- und Kartellrechts oben, 1. Teil, B.I.4.a. und C.II.1.

[71] Vgl. auch *C. Degenhart*, Versteigerung, S. 259 (271). A.A. *H. Altmeppen / H.-J. Bunte*, Kartellrechtliche Probleme, S. 443 (457 ff.); *H.-J. Piepenbrock / U. Müller*, UMTS-Versteigerungsverfahren, S. 8 (84 f.).

[72] Zu dieser *S. Bumke*, Frequenzvergabe, S. 54 ff.; *R. Hahn / A. M. Hartl*, in: Scheurle / Mayen, TKG, Vor § 52, Rn. 5 ff.; *B. Holznagel*, Frequenzplanung, S. 767 (772 ff.); *S. H. Korehnke / D. Tewes*, in: BeckTKG-Kommentar, Vor § 52, Rn. 65 ff.; *D. Kupfer*, Verteilung, S. 138 Fn. 40; *K.-U. Marwinski*, in: Arndt / Fetzer / Scherer, TKG, Vorbemerkung §§ 52 ff., Rn. 1 ff.

anlassunabhängige Verfahren spielen im Telekommunikationsrecht keine praktische Rolle.

1. Konzeptphase

Die Regulierungsbehörde entwickelt das Verteilungskonzept in einem mehrstufigen, auf immer weitere Konkretisierung hin angelegten Verfahren. Der Rahmen für die einzelnen Frequenznutzungen wird im Frequenzbereichszuweisungs- (a) und dem aus diesem entwickelten Frequenznutzungsplan (b) festgelegt. An diese beiden Stufen mit planerischem Charakter schließt sich die eigentliche Frequenzzuteilung an. Zunächst ist zu ermitteln, ob überhaupt Frequenzknappheit vorliegt und die Vergabe damit in einem Verteilungsverfahren zu erfolgen hat (c). Ist dies der Fall, müssen die Modalitäten der Frequenzvergabe bestimmt werden (d). Das in der Konzeptphase aufgestellte Vergabekonzept ist für das weitere Verfahren verbindlich.[73]

a) Aufstellung des Frequenzbereichszuweisungsplans

Die Zuweisung der Frequenzbereiche für die Bundesrepublik Deutschland erfolgt in einem durch die Bundesregierung als Rechtsverordnung erlassenen Frequenzbereichszuweisungsplan.[74] Dieser weist gemäß § 53 Abs. 2 TKG den Funkdiensten (etwa dem Amateur- oder Mobilfunkdienst) und anderen Anwendungen elektromagnetischer Wellen (namentlich ISM-Anwendungen) die Frequenzbereiche zu und enthält, soweit dies eine störungsfreie und effiziente Frequenznutzung erfordert, auch Bestimmungen über Frequenznutzungen und darauf bezogene nähere Festlegungen (etwa Übertragungsverfahren). Bei seinem Erlass kommt dem Verordnungsgeber ein in Einklang mit den Regulierungszielen des TKG wahrzunehmender (vgl. § 52 Abs. 1 TKG) Gestaltungsspielraum zu, der aus dem planerischen Charakter der Frequenzordnung folgt;[75] prozedural kompensiert wird dieser durch das Gebot, die von den Zuweisungen betroffenen Kreise einzubeziehen (§ 53 Abs. 1 S. 3 TKG).

b) Aufstellung des Frequenznutzungsplans

Auf der Grundlage des Frequenzbereichszuweisungsplans und unter Berücksichtigung der in § 2 Abs. 2 TKG vorgegebenen Regulierungsziele, der europäischen Harmonisierung, der technischen Entwicklung und der Verträglichkeit

---

[73] S. Kösling, Lizenzierung, S. 186.
[74] Siehe die Frequenzbereichszuweisungsplanverordnung vom 28. September 2004 (BGBl. I, S. 2499), geändert durch die Verordnung vom 14. Juli 2009 (BGBl. I, S. 1809).
[75] VG Köln, MMR 2003, S. 61 (63 f.); S. Bumke, Frequenzvergabe, S. 99; S. H. Korehnke, in: BeckTKG-Kommentar, § 53, Rn. 15 ff.

von Frequenznutzungen in den Übertragungsmedien erarbeitet die Bundesnetzagentur unter Beteiligung der Öffentlichkeit einen Frequenznutzungsplan.[76]
Dieser „enthält die weitere Aufteilung der Frequenzbereiche auf die Frequenznutzungen sowie Festlegungen für diese Frequenznutzungen" (§ 54 Abs. 2 S. 1
TKG), d.h. Bestimmungen zu Unterklassen von Diensten, Funktechnologien
und -systemen, wie etwa die Art des Mobilfunksystems[77]. Das Verfahren seiner
Aufstellung ist in der Frequenznutzungsplanaufstellungsverordnung der Bundesregierung geregelt (§ 54 Abs. 3 S. 2 TKG),[78] seine Rechtsnatur selbst – mangels
Bestimmung – aber umstritten. Angesichts der erst durch die der Planung nachgelagerte Frequenzzuteilung erfolgenden außenwirksamen Individualisierung
des Nutzerkreises durch Allgemein- (Allgemeinverfügung) bzw. Einzelzuteilung (VA) wird dem Frequenznutzungsplan überwiegend nur verwaltungsin-
terne Wirkung zugesprochen und dieser damit als Verwaltungsvorschrift qualifiziert.[79] Mitunter wird er allerdings auch als aus dem Kreis der Verwaltungsvorschriften herausgehobene Rechtsform sui generis verstanden, deren Besonderheit
in der unmittelbaren Bindungswirkung im Außenverhältnis liege (vgl. § 55 Abs. 1
S. 3, § 58 Abs. 1 S. 1 TKG, § 2 Abs. 3 f. FreqNPAV);[80] die subjektiv-öffentliche
Rechte vermittelnde Pflicht zur Planbefolgung stelle sich als Gebot eines diskriminierungsfreien Vergabeverfahrens i.S.d. § 55 Abs. 1 S. 3 TKG dar[81].

Auch bei der Aufstellung des Frequenznutzungsplans kommt der Regulierungsbehörde ein weites planerisches Ermessen zu;[82] demgemäß unterliegt
dieser

nur einer eingeschränkten gerichtlichen Überprüfung. Diese beschränkt sich darauf, ob
der Plan ordnungsgemäß zustande gekommen ist und ob das Planungsermessen fehlerfrei
ausgeübt wurde. Dabei hat das Gericht zu prüfen, ob die Beklagte überhaupt eine Abwägung der nach dem Zweck der Ermächtigung zu berücksichtigenden öffentlichen und privaten Belange vorgenommen hat, sich bei der vorzunehmenden Abwägung an den dafür

---

[76] Der Frequenznutzungsplan (Stand: April 2008) ist veröffentlicht unter: http://www.
bundesnetzagentur.de/media/archive/13358.pdf (24.3.2010).

[77] S. H. *Korehnke,* in: BeckTKG-Kommentar, § 53, Rn. 13.

[78] Verordnung über das Verfahren zur Aufstellung des Frequenznutzungsplanes (Fre-
quenznutzungsplanaufstellungsverordnung – FreqNPAV) vom 26. April 2001 (BGBl. I,
S. 827), zuletzt geändert durch Artikel 464 der Verordnung vom 31. Oktober 2006 (BGBl. I,
S. 2407).

[79] OVG Münster, 13 A 161/08 – juris, Rn. 75; VG Köln, 11 K 3270/06 – juris, Rn. 64; S. H.
Korehnke, in: BeckTKG-Kommentar, § 52, Rn. 4; § 53, Rn. 2 f.; J. *Kühling / A. Elbracht,* Telekommunikationsrecht, Rn. 331; K.-U. *Marwinski,* in: Arndt / Fetzer / Scherer, TKG, § 54,
Rn. 2; F. *Schuster / U. Müller,* MMR 2000, S. 26 (27). Für eine Qualifikation als verfahrensge-
staltende (dingliche) Allgemeinverfügung demgegenüber K.-H. *Ladeur,* CR 2002, S. 181
(188 f.). Offengelassen von S. *Bumke,* Frequenzvergabe, S. 99.

[80] R. *Hahn / A. M. Hartl,* in: Scheurle / Mayen, TKG, § 54, Rn. 11 ff.

[81] R. *Hahn / A. M. Hartl,* in: Scheurle / Mayen, TKG, § 54, Rn. 14 f.

[82] OVG Münster, 13 A 161/08 – juris, Rn. 85 ff.; VG Köln, 11 K 3270/06 – juris, Rn. 78;
S. *Bumke,* Frequenzvergabe, S. 99.

maßgeblichen rechtlichen Rahmen gehalten hat, alle planungserheblichen Gesichtspunkte und Interessen sowie alle betroffenen Belange erkannt und bei der Entscheidung gewürdigt hat und unter Beachtung des Grundsatzes der Verhältnismäßigkeit in vertretbarer Weise gegeneinander abgewogen hat.[83]

Kompensiert wird der exekutive Gestaltungsspielraum wiederum durch prozedurale Sicherungen, namentlich die Gebote der Öffentlichkeitsbeteiligung (§ 54 Abs. 3 S. 1 TKG) und der Anhörung des Beirats der Bundesnetzagentur (§ 120 Nr. 6 TKG).[84]

c) Ermittlung der Knappheit: Entscheidung für die Durchführung eines Verteilungsverfahrens

Die Frequenzvergabe in einem Verteilungsverfahren kann angesichts der damit einhergehenden Nutzungsbeschränkungen nur bei Frequenzknappheit gerechtfertigt werden. Ob letztere besteht, muss daher in der Konzeptphase ermittelt werden. Entsprechend den europarechtlichen Rahmenvorgaben (vgl. Art. 5 Abs. 1 Rahmen-RL)[85] stellt § 55 Abs. 2 f. TKG den Grundsatz der Einräumung von Nutzungsrechten im Wege der Allgemeingenehmigung auf. Eine Einzelzuteilung von Frequenzen kommt mithin nur im Ausnahmefall in Betracht, nämlich „insbesondere, wenn eine Gefahr von funktechnischen Störungen nicht anders ausgeschlossen werden kann oder wenn dies zur Sicherstellung einer effizienten Frequenznutzung notwendig ist" (§ 55 Abs. 3 TKG).[86]

Die Einzelzuteilung kann einmal auf Antrag von Interessenten hin nach dem Prioritätsgrundsatz gemäß den Vorgaben des § 55 Abs. 4, 5 und 10 TKG[87] oder im Wege eines Verteilungsverfahrens gemäß § 61 TKG erfolgen. Die Durchführung des letzteren kann die Bundesnetzagentur bei Frequenzknappheit und nach Anhörung der betroffenen Kreise anordnen; diese im Wege des Beschlusskammerverfahrens (Präsidentenkammer) zu treffende Entscheidung (§ 132 Abs. 1, 3 TKG) ist zu veröffentlichen (§ 55 Abs. 9 TKG). Frequenzknappheit liegt vor, wenn entweder für Frequenzzuteilungen nicht in ausreichendem Umfang verfügbare Frequenzen vorhanden sind[88] oder für bestimmte Frequenzen

---

[83] VG Köln, 11 K 3270/06 – juris, Rn. 82; ferner OVG Münster, 13 A 161/08 – juris, Rn. 85 ff.

[84] Siehe auch S. Bumke, Frequenzvergabe, S. 99.

[85] Siehe dazu oben, 1. Teil, B.II.2.b.

[86] Die Allgemeinzuteilungsfähigkeit von Frequenzen hat die Bundesnetzagentur in ihrer Mitteilung 344/06 (Leitlinien zum Erlass von Allgemeinzuteilungen) näher konkretisiert, http://www.bundesnetzagentur.de/enid/912b6bf26a9c0209064c8fbcd2b380ff,0/Allgemeinzuteilungen/Leitlinien_zum_Erlass_von_Allgemeinzuteilungen_aa.html (24.3.2010). Siehe in diesem Zusammenhang auch G. Göddel, in: BeckTKG-Kommentar, § 55, Rn. 8.

[87] Siehe dazu G. Göddel, in: BeckTKG-Kommentar, § 55, Rn. 9.

[88] Zum Problem der vorwirkenden Frequenzknappheit R. Hahn/A. M. Hartl, in: Scheurle/Mayen, TKG, § 55, Rn. 69; D. Kupfer, Verteilung, S. 143.

konkurrierende Anträge gestellt wurden. Während die zweite Alternative eine Tatsachenfrage ist, handelt es sich bei der ersten um eine Prognoseentscheidung, bei der der Bundesnetzagentur ein Entscheidungsspielraum zukommt[89]. Aus der Überantwortung telekommunikationsrechtlicher Entscheidungen an die Präsidialkammer der Bundesnetzagentur lässt sich demgegenüber kein Beurteilungsspielraum qua Gremienentscheidung herleiten. Denn diese Entscheidungsstruktur resultiert in erster Linie aus der Grundrechtsrelevanz der zu treffenden Maßnahmen, nicht aber zielt sie auf die Überantwortung von Entscheidungsbefugnissen an ein pluralistisch zusammengesetztes oder mit besonderer Fachkunde und daher mit Letztentscheidungsbefugnis ausgestattetes Gremium.[90]

Angesichts des nur im Verteilungsverfahren adäquat zu bewältigenden Konkurrenzkonflikts, dem der unions- und verfassungsrechtlich fundierte Anspruch der Interessenten auf chancengleiche Zuteilung der Frequenzen zugrunde liegt, ist das Entschließungsermessen der Regulierungsbehörde bei Frequenzknappheit dahingehend reduziert, dass ein Verteilungsverfahren durchzuführen ist.[91] Oftmals steht die Frequenzknappheit allerdings nicht von vornherein fest. Daher hat sich in der Praxis ein der Entscheidung über die Durchführung des Verteilungsverfahrens vorgelagertes Verfahren der Frequenzbedarfsabfrage mit anschließender Aufforderung zur Antragstellung innerhalb einer bestimmten Frist etabliert; bei nun auftretender Antragskonkurrenz steht die Knappheit i.S.d. § 55 Abs. 9 TKG fest und kann in das Verteilungsverfahren gemäß § 61 TKG übergeleitet werden.[92] Dieses Vorgehen entspricht dem Gebot eines transparenten und die Chancengleichheit potentieller Interessenten wahrenden Verfahrens (vgl. auch Art. 7 Abs. 1 Genehmigungs-RL).[93]

In verwaltungsverfahrensrechtlicher Hinsicht schließlich ist umstritten, ob die Entscheidung über die Durchführung eines Verteilungsverfahrens als Verwaltungsakt zu qualifizieren ist, präziser: als adressatenbezogene[94] Allgemein-

---

[89] OVG Münster, DVBl. 2009, S. 51 (54); *B. Grzeszick*, ZUM 1997, S. 911 (915 f.); *S. Bumke*, Frequenzvergabe, S. 116; *S. Kösling*, Lizenzierung, S. 287 ff. Restriktiv *R. Heine/A. Neun*, MMR 2001, S. 352 (358 f.). Ablehnend *C. Schulz*, Lizenzvergabe, S. 59 ff.

[90] *K. F. Gärditz*, NVwZ 2009, S. 1005 (1007); *R. Heine/A. Neun*, MMR 2001, S. 352 (358); *S. Kösling*, Lizenzierung, S. 285 ff.; *C. Schulz*, Lizenzvergabe, S. 87 ff.

[91] *S. Bumke*, Frequenzvergabe, S. 118; *M. Geppert*, in: BeckTKG-Kommentar, § 61, Rn. 6; *G. Göddel*, in: BeckTKG-Kommentar, § 55, Rn. 10; *S. Kösling*, Lizenzierung, S. 164 ff.; *S. Storr*, K&R 2002, S. 67 (73); *B. Varadinek*, CR 2001, S. 17 (18 f.). Vgl. auch OVG Münster, DVBl. 2009, S. 51 (54); *B. Grzeszick*, ZUM 1997, S. 911 (916 f.) – tendenziell weiter.

[92] Näher *S. Bumke*, Frequenzvergabe, S. 117 m. Fn. 77; *G. Göddel*, in: BeckTKG-Kommentar, § 55, Rn. 11; *F. Schuster/U. Müller*, MMR 2000, S. 26 (28). Siehe auch *S. Kösling*, Lizenzierung, S. 134 ff.

[93] *G. Göddel*, in: BeckTKG-Kommentar, § 55, Rn. 11. Vgl. auch *R. Hahn/A. M. Hartl*, in: Scheurle/Mayen, TKG, § 55, Rn. 68; *K.-U. Marwinski*, in: Arndt/Fetzer/Scherer, TKG, § 55, Rn. 44.

[94] Wegen des Bezugs zur Frequenznutzung kommt auch eine Einordnung als dinglicher VA i.S.d. § 35 S. 2 2. Alt. VwVfG bzw. als Benutzungsregelung i.S.d. 3. Alt. in Betracht

verfügung, d.h. als „ein Verwaltungsakt, der sich an einen nach allgemeinen Merkmalen bestimmten oder bestimmbaren Personenkreis richtet" (§ 35 S. 2 1. Alt. VwVfG).[95] § 132 Abs. 1 S. 2 TKG, nach dem die Präsidentenkammer im Fall des § 55 Abs. 9 TKG durch Verwaltungsakt entscheidet, und die entsprechende Praxis der Regulierungsbehörde[96] scheinen dies zu bestätigen.[97] Dem wird aber entgegengehalten, dass der pauschal gefasste und eine Vielzahl von Konstellationen erfassende § 132 Abs. 1 S. 2 TKG keine Aussage zur Rechtsnatur von Anordnungen in jedem Einzelfall treffe und auch nicht treffen könne; vielmehr sei gesondert zu prüfen, ob neben der verfahrensbeendenden Sachentscheidung auch verfahrensleitenden Anordnungen Verwaltungsaktsqualität i.S.d. § 35 VwVfG zukomme.[98] Dies sei zu verneinen, da die Entscheidung gemäß § 55 Abs. 9 TKG als bloß unselbstständige Verfahrenshandlung nicht auf eine unmittelbare Rechtswirkung nach außen ziele.[99] Dies unterstreiche auch die Konzeption des § 61 TKG, der in seiner Überschrift von einem, mithin einheitlichen „Verteilungsverfahren" spricht.[100] Angesichts der im Außenverhältnis eintretenden Rechtswirkungen, nämlich die gegenüber den Interessenten wirkende Bestimmung eines Vergabemodus, der die Möglichkeit einer Frequenzzuteilung determiniert, erscheint die auf eine mangelnde Rechtswirkung nach außen gestützte Verneinung des VA-Charakters jedoch fragwürdig.[101] Zudem kann gegen eine Subsumtion unter § 35 VwVfG im Einzelfall der eindeutige Wortlaut des § 132 Abs. 1 S. 2 i.V.m. S. 1 TKG eingewandt werden, der der Entscheidung jedenfalls den Charakter eines Form-Verwaltungsakts verleiht.[102]

(a.A. *D. Ehlers*, K&R 2001, S. 1 [2 f.]; *ders.*, Bestandskraft, S. 114 [121 f.]; *M. Sachs*, K&R 2001, S. 13 [14 f.]; *ders.*, Bestandskraft, S. 152 [167 ff.]; siehe zur entsprechenden Diskussion hinsichtlich der Frequenzzuteilung durch Allgemeinzuteilung: *R. Hahn/A. M. Hartl*, in: Scheurle/Mayen, TKG, § 55, Rn. 12).

[95] Bejahend: OVG Münster, DVBl. 2009, S. 51 (53 f.); *G. Göddel*, in: BeckTKG-Kommentar, § 55, Rn. 11; *R. Hahn/A. M. Hartl*, in: Scheurle/Mayen, TKG, § 55, Rn. 67; § 61, Rn. 6; *R. Müller-Terpitz*, K&R 2002, S. 75 (76 f.); siehe auch BVerwG, NVwZ 2009, S. 1558 (1559, 1560 f.): jedenfalls Form-Verwaltungsakt. Verneinend: *M. Geppert*, in: BeckTKG-Kommentar, § 61, Rn. 19 f.; *J. Ruthig*, in: Arndt/Fetzer/Scherer, TKG, § 61, Rn. 19. Offengelassen von *T. Attendorn*, in: BeckTKG-Kommentar, § 132, Rn. 31; *D. Ehlers*, K&R 2001, S. 1 (3).

[96] Vgl. die Nachweise bei *M. Geppert*, in: BeckTKG-Kommentar, § 61, Rn. 19; *G. Göddel*, in: BeckTKG-Kommentar, § 55, Rn. 11 Fn. 52.

[97] OVG Münster, DVBl. 2009, S. 51 (53 f.); *G. Göddel*, in: BeckTKG-Kommentar, § 55, Rn. 11; *S. Kösling*, Lizenzierung, S. 158 ff.; *A. Ohlenburg*, in: Manssen, Telekommunikationsrecht, § 132 TKG, Rn. 19; *R. Müller-Terpitz*, K&R 2002, S. 75 (76 f.).

[98] *T. Attendorn*, in: BeckTKG-Kommentar, § 132, Rn. 31; *M. Geppert*, in: BeckTKG-Kommentar, § 61, Rn. 18; *M. Sachs*, K&R 2001, S. 13 (18); *C. Schulz*, Lizenzvergabe, S. 90.

[99] *M. Geppert*, in: BeckTKG-Kommentar, § 61, Rn. 19; *P. Hess*, Versteigerungsverfahren, S. 76 f.; *J. Ruthig*, in: Arndt/Fetzer/Scherer, TKG, § 61, Rn. 19.

[100] *M. Geppert*, in: BeckTKG-Kommentar, § 61, Rn. 20.

[101] Siehe insoweit BVerwG, NVwZ 2009, S. 1558 (1560); *S. Kösling*, Lizenzierung, S. 161 f.; *M. Sachs*, K&R 2001, S. 13 (17 f.); *C. Schulz*, Lizenzvergabe, S. 91.

[102] BVerwG, NVwZ 2009, S. 1558 (1559, 1560 f.); *G. Göddel*, in: BeckTKG-Kommentar, § 55, Rn. 11; *R. Müller-Terpitz*, K&R 2002, S. 75 (76 ff.).

Von Bedeutung ist die Qualifikation auf den ersten Blick für die Bindungswirkung der Verfahrensanordnungen, die bei Annahme des VA-Charakters
nur im Rahmen der verwaltungsverfahrensrechtlichen Korrekturmöglichkeiten (§§ 48 f. VwVfG) entfiele; als Verwaltungsvorschriften unterlägen die Verfahrensvorgaben demgegenüber einer grundsätzlichen Abweichungsmöglichkeit bei Vorliegen eines sachlichen Grundes – in Verteilungsverfahren erfährt
diese, wie noch zu zeigen sein wird,[103] allerdings eine Beschränkung, so dass im
Ergebnis eine Annäherung der beiden Handlungsformen vorliegt. Sie unterscheiden sich indes darin, dass ein Konzept-Verwaltungsakt der (raschen) Bestandskraft fähig ist, so man mit dem BVerwG die Anwendbarkeit des § 44a S. 1
VwGO verneint, und daher eine stabile Grundlage für das Verteilungsverfahren zu schaffen vermag.[104]

d) Festlegung der Modalitäten der Frequenzvergabe

Nach der Entscheidung für die Durchführung eines Verteilungsverfahrens ist
in einem zweiten Schritt, wiederum nach Anhörung der betroffenen Kreise, die
Verfahrensart festzulegen, wobei mit Blick auf den telekommunikationsrechtlichen Numerus clausus der Verfahrensarten[105] entweder das Versteigerungs-
oder das Ausschreibungsverfahren („Beauty-Contest") durchgeführt werden
kann (§ 61 Abs. 1 S. 1 TKG). Insoweit normiert das TKG in § 61 Abs. 2 allerdings eine Verfahrenshierarchie, nach der das Versteigerungsverfahren den Re-
gel- und das Ausschreibungsverfahren den Ausnahmefall darstellt. Letzteres
kommt nur dann in Betracht, wenn ein Versteigerungsverfahren die telekommunikationsrechtlichen Regulierungsziele nicht sicherzustellen vermag; dies
„kann insbesondere der Fall sein, wenn auf dem sachlich und räumlich relevanten Markt, für den die Funkfrequenzen unter Beachtung des Frequenznutzungsplanes verwendet werden dürfen, bereits Frequenzen ohne vorherige
Durchführung eines Versteigerungsverfahrens zugeteilt wurden, oder ein Antragsteller für die zuzuteilenden Frequenzen eine gesetzlich begründete Präfe-
renz geltend machen kann."[106] Ausgeschlossen ist das Versteigerungsverfahren
ferner für Rundfunkfrequenzen (§ 61 Abs. 2 S. 3 TKG).[107]
    Neben der Verfahrensart muss die Bundesnetzagentur die Vergabebedin-
gungen festlegen, die gemäß § 61 Abs. 4 S. 1 TKG die Ermittlung des- oder der-

---

[103] Näher unten, 3. Teil, B.III.1.c.

[104] BVerwG, NVwZ 2009, S. 1558 (1560 f.). Dazu ausführlich unten, VI.

[105] *M. Geppert*, in: BeckTKG-Kommentar, § 61, Rn. 50; *J. Ruthig*, in: Arndt/Fetzer/
Scherer, TKG, § 61, Rn. 9.

[106] Näher hierzu *M. Geppert*, in: BeckTKG-Kommentar, § 61, Rn. 10 ff.

[107] Dazu *M. Geppert*, in: BeckTKG-Kommentar, § 61, Rn. 58 f. Eine Frequenzversteigerung in diesem Bereich auch de lege ferenda ablehnend: *M. Martini*, Der Markt als Instrument hoheitlicher Verteilungslenkung, S. 663 ff.

jenigen Antragsteller sicherstellen sollen, die „am besten geeignet sind, die zu vergebenden Frequenzen effizient zu nutzen." Im Einzelnen sind dies „die von einem Antragsteller zu erfüllenden fachlichen und sachlichen Mindestvoraussetzungen für die Zulassung zum Vergabeverfahren", die Marktabgrenzung, die erforderliche Grundausstattung an Frequenzen und die Frequenznutzungsbestimmungen (§ 61 Abs. 4 S. 2 Nr. 1–4 TKG). Bei den fachlichen und sachlichen Mindestvoraussetzungen handelt es sich um die subjektiven Zulassungsvoraussetzungen der Fachkunde, Leistungsfähigkeit und Zuverlässigkeit (vgl. § 55 Abs. 4 S. 2 TKG[108]).[109]

Ebenfalls festzulegen sind verfahrenstypspezifische Vorgaben. Für das Versteigerungsverfahren begnügt sich das TKG mit der Bestimmung, dass die Einzelregeln „objektiv, nachvollziehbar und diskriminierungsfrei sein und die Belange kleiner und mittlerer Unternehmen berücksichtigen" müssen (§ 61 Abs. 5 S. 1 TKG); zudem ist gemäß § 61 Abs. 5 S. 2 TKG die Festsetzung eines Mindestgebots möglich. Die Festlegung eines adäquaten Auktionsdesigns ist angesichts der aufgezeigten verfassungsrechtlichen Kautelen, an die die Zulässigkeit des Versteigerungsverfahrens geknüpft ist, von besonderer Bedeutung.

Bei Durchführung eines Ausschreibungsverfahrens müssen demgegenüber zum einen materielle Kriterien zur Bewertung der Eignung der Bewerber festgelegt werden; in Betracht zu ziehen „sind die Fachkunde und Leistungsfähigkeit der Bewerber, die Eignung von vorzulegenden Planungen für die Erbringung des ausgeschriebenen Telekommunikationsdienstes und die Förderung eines nachhaltig wettbewerbsorientierten Marktes" (§ 61 Abs. 6 S. 1 und 2 TKG).[110] Aus Gründen der Chancengleichheit müssen die festgelegten Kriterien nachprüfbar sein.[111] Zum anderen sind gemäß § 61 Abs. 6 S. 4 TKG die näheren Modalitäten des Verfahrens zu bestimmen, die den Geboten der Objektivität, der Nachvollziehbarkeit und Diskriminierungsfreiheit genügen müssen.

In verfahrensrechtlicher Hinsicht ist auch bei den in dieser Verfahrensstufe im Wege des Beschlusskammerverfahrens (Präsidentenkammer) zu treffenden Entscheidungen (§ 132 Abs. 1, 3 TKG) umstritten, ob sie als Verwaltungsakte ergehen. Insoweit kann auf die im vorangegangenen Abschnitt geführte Diskussion verwiesen werden.[112] Mitunter wird der Regulierungsbehörde schließ-

---

[108] Anders als das TKG 1998 (§ 8 Abs. 3) für die Lizenzerteilung verzichtet das TKG auf eine nähere Definition der Zulassungsvoraussetzungen und verweist in § 55 Abs. 4 S. 2 auf für eine effiziente und störungsfreie Frequenznutzung notwendige Vorgaben und weitere Bedingungen nach Anhang B der Genehmigungs-RL.

[109] R. Hahn / A. M. Hartl, in: Scheurle / Mayen, TKG, § 61, Rn. 15.

[110] Näher – wiewohl zum TKG 1998 – F. Schuster / U. Müller, MMR 2000, S. 26 (30 ff.).

[111] Vgl. auch F. Schuster / U. Müller, MMR 2000, S. 26 (32).

[112] Bejahend: S. Kösling, Lizenzierung, S. 179 ff.; A. Ohlenburg, in: Manssen, Telekommunikationsrecht, § 132 TKG, Rn. 19; C. Schulz, Lizenzvergabe, S. 106 ff.; siehe auch BVerwG, NVwZ 2009, S. 1558 (1559, 1560 f.): jedenfalls Form-Verwaltungsakt. Verneinend:

lich ein gerichtlich nur beschränkt überprüfbarer Gestaltungsspielraum bei der Festlegung der Versteigerungsbedingungen zugesprochen.[113]

2. Ausschreibungsphase

Da die verfassungs- und unionsrechtlich verbürgte Teilhabe an Frequenzen von einer adäquaten Information über Nutzungsmöglichkeiten abhängt, stellt eine entsprechende Publizität ein Gebot des prozeduralen Grundrechts- respektive Grundfreiheitenschutzes dar. Dementsprechend hat die Bundesnetzagentur, wie in § 61 Abs. 1 S. 2 TKG festgelegt, die Verfahrensart und die Modalitäten des durchzuführenden Vergabeverfahrens zu veröffentlichen.

3. Bewerbungsphase

Die Bewerbungsphase leitet der schriftliche Zuteilungsantrag des Interessenten ein (§ 55 Abs. 3 S. 1 TKG), der die inhaltlichen Anforderungen des § 55 Abs. 4 TKG und der Ausschreibung erfüllen muss. Führt die Regulierungsbehörde vorab eine Frequenzbedarfsabfrage zur Ermittlung einer etwaigen Knappheitssituation durch, besteht zudem eine der eigentlichen Ausschreibung vorgelagerte, praeter legem entwickelte Möglichkeit der Interessenbekundung.

4. Entscheidungsfindungsphase

Die Bundesnetzagentur hat grundsätzlich innerhalb von sechs Wochen über die Frequenzzuteilung zu entscheiden (§ 55 Abs. 4 S. 3 TKG);[114] bei Durchführung eines Verteilungsverfahrens kann diese Höchstfrist gemäß § 61 Abs. 8 S. 1 TKG „so lange wie nötig, längstens jedoch um acht Monate verlängert werden, um für alle Beteiligten ein chancengleiches, angemessenes, offenes und transparentes Verfahren sicherzustellen." In dieser Verfahrensphase ist zwischen dem Versteigerungs- (a) und dem Auswahlverfahren (b) zu differenzieren. Gemeinsam ist beiden jedoch die in § 61 Abs. 3 TKG eröffnete Möglichkeit, wettbewerbsgefährdende Bewerber von der Teilnahme am weiteren Verfahren auszuschließen. Dies bezieht sich auf solche Antragsteller, bei denen zu erwarten ist, dass durch ihren Erfolg im Vergabeverfahren „ein chancengleicher Wettbewerb auf dem sachlich und räumlich relevanten Markt, für den die zu vergebenden Frequen-

---

M. *Geppert*, in: BeckTKG-Kommentar, § 61, Rn. 18 f.; *H.-J. Piepenbrock/U. Müller*, UMTS-Versteigerungsverfahren, S. 8 (17 f.).

[113] *J. Ruthig*, in: Arndt/Fetzer/Scherer, TKG, § 61, Rn. 22.

[114] Als maßgeblicher Zeitpunkt für den Fristbeginn wird wegen Manipulationsgefahr nicht auf den Zeitpunkt der Anordnung gemäß § 55 Abs. 9 TKG, sondern auf den Erhalt des vollständigen Zuteilungsantrags abgestellt, vgl. *M. Geppert*, in: BeckTKG-Kommentar, § 61, Rn. 61.

zen unter Beachtung des Frequenznutzungsplanes verwendet werden dürfen, gefährdet wird."[115]

a) Versteigerungsverfahren

Im Versteigerungsverfahren prüft die Bundesnetzagentur zunächst das Erfüllen der in der Konzeptphase gemäß § 61 Abs. 4 S. 2 Nr. 1 TKG festgelegten fachlichen und sachlichen Mindestvoraussetzungen für die Zulassung zum Vergabeverfahren, um den an der Versteigerung teilnahmeberechtigten Kreis zu bestimmen. Hieran schließt sich die Versteigerung entsprechend dem gleichfalls in der Konzeptphase erarbeiteten Auktionsdesign an, an deren Ende der erfolgreiche Bewerber feststeht.

b) Auswahlverfahren

Anders als im Versteigerungsverfahren muss die Regulierungsbehörde im Auswahlverfahren eine materielle Vergabeentscheidung treffen. Deren Herstellung erfolgt in zwei Stufen: einer Vorabprüfung der Angebote und der eigentlichen vergleichenden Auswahlentscheidung.

Im Auswahlverfahren findet, anders als dies der Wortlaut des § 61 Abs. 4 S. 2 Nr. 1 TKG nahelegen könnte (die „von einem Antragsteller zu erfüllenden fachlichen und sachlichen Mindestvoraussetzungen für die Zulassung zum Vergabeverfahren"), zwar keine gesonderte Vorabprüfung der fachlichen Mindestvoraussetzungen statt, da die Eignung der Bewerber umfassend im Rahmen der Auswahlentscheidung ermittelt wird.[116] Vorab ohne Sachprüfung vom weiteren Verfahren ausgeschlossen werden können allerdings diejenigen Bewerber, die die sachlichen Mindestanforderungen, namentlich Anforderungen an das Angebot und die einzureichenden Nachweise, nicht erfüllen.[117]

Die für die eigentliche Auswahlentscheidung maßgeblichen Kriterien sind gemäß § 61 Abs. 6 S. 2 TKG „die Fachkunde und Leistungsfähigkeit der Bewerber, die Eignung von vorzulegenden Planungen für die Erbringung des ausgeschriebenen Telekommunikationsdienstes und die Förderung eines nachhaltig wettbewerbsorientierten Marktes." Bei der Auswahlentscheidung „sind diejenigen Bewerber bevorzugt zu berücksichtigen, die einen höheren räumlichen Versorgungsgrad mit den entsprechenden Telekommunikationsdiensten gewährleisten" (§ 61 Abs. 6 S. 3 TKG). Diese Bevorzugung verlangt eine beson-

---

[115] Näher dazu *M. Geppert*, in: BeckTKG-Kommentar, § 61, Rn. 25 ff.; *R. Hahn/A. M. Hartl*, in: Scheurle/Mayen, TKG, § 61, Rn. 26 ff.

[116] *S. Bumke*, Frequenzvergabe, S. 122 f.; *M. Geppert*, in: BeckTKG-Kommentar, § 61, Rn. 51.

[117] *S. Bumke*, Frequenzvergabe, S. 122 f.; *M. Geppert*, in: BeckTKG-Kommentar, § 61, Rn. 51.

dere Gewichtung dieses Aspekts im Rahmen der Eignungsprüfung.[118] Unter gleich geeigneten Bietern entscheidet gemäß § 61 Abs. 6 S. 5 TKG das Los. Der Regulierungsbehörde wird eine Einschätzungsprärogative insoweit zugesprochen, wie sie wertend-prognostische Entscheidungen zu treffen hat.[119] Prozedural kompensiert wird diese auch im telekommunikationsrechtlichen Verteilungsverfahren dadurch, dass in der Konzeptphase ein Verteilungsprogramm entwickelt werden muss, das in der Phase der Entscheidungsfindung nunmehr abzuarbeiten ist.

5. Vergabeentscheidung

Am Ende des Vergabeverfahrens steht fest, welcher Interessent die Frequenz am effizientesten zu nutzen vermag. Dieser erhält die ausgeschriebene Frequenz durch Verwaltungsakt[120] gemäß § 55 TKG zugeteilt (§ 61 Abs. 1 S. 3 TKG). Der Frequenzzuteilung vorgeschaltet sein kann eine im Gesetz nicht ausdrücklich angesprochene und auch nicht zwingend erforderliche, das Vergabeverfahren abschließende Zuschlags- bzw. Auswahlentscheidung.[121] Diese ergeht ebenfalls in der Form des Verwaltungsakts,[122] stellt den erfolgreichen Bieter fest[123] und enthält eine Zusicherung hinsichtlich der späteren Frequenzzuteilung (§ 38 VwVfG)[124]. Angesichts der negativen Auswirkungen auf die Zulassung der Mitbewerber handelt es sich um einen Verwaltungsakt mit Drittwirkung.[125] Die negative Auswahlentscheidung gegenüber den Mitbewerbern ist gleichfalls als Verwaltungsakt zu qualifizieren.

Die Zuteilung ist gemäß § 55 Abs. 8 S. 1 TKG grundsätzlich zu befristen, wobei eine Verlängerung in Betracht kommt. Als Maßstab für die Dauer der

---

[118] *M. Geppert*, in: BeckTKG-Kommentar, § 61, Rn. 54. Anders *R. Hahn / A. M. Hartl*, in: Scheurle / Mayen, TKG, § 61, Rn. 37: Zusatzkriterium bei ansonsten gleicher Eignung. Siehe auch *S. Bumke*, Frequenzvergabe, S. 130 Fn. 140.

[119] *S. Bumke*, Frequenzvergabe, S. 130 Fn. 138; *M. Geppert*, in: BeckTKG-Kommentar, § 61, Rn. 57; ferner *R. Hahn / A. M. Hartl*, in: Scheurle / Mayen, TKG, § 61, Rn. 39. Restriktiv *S. Kösling*, Lizenzierung, S. 293 ff., 368 ff.

[120] *S. Bumke*, Frequenzvergabe, S. 131; *R. Heine / A. Neun*, MMR 2001, S. 352 (355); *J. Kühling / A. Elbracht*, Telekommunikationsrecht, Rn. 333.

[121] OVG Münster, 13 A 2069/07 – juris, Rn. 115, 155; *S. Kösling*, Lizenzierung, S. 189, 194 – im Widerspruch hierzu steht allerdings die spätere Annahme, Konkurrentenschutz sei gegenüber der (früheren) Lizenzierung zu begehren (268 ff.). *R. Heine / A. Neun*, MMR 2001, S. 352 (355), erwähnen nur die Zuschlagsentscheidung im Versteigerungsverfahren. Anders wohl *S. Bumke*, Frequenzvergabe, S. 130 f.

[122] OVG Münster, 13 A 2069/07 – juris, Rn. 115; *S. Kösling*, Lizenzierung, S. 189, 194.

[123] OVG Münster, 13 A 2069/07 – juris, Rn. 115; *S. Kösling*, Lizenzierung, S. 189, 194.

[124] *S. Kösling*, Lizenzierung, S. 189.

[125] *R. Heine / A. Neun*, MMR 2001, S. 352 (356). Einen Verwaltungsakt mit Doppelwirkung nimmt an: *S. Kösling*, Lizenzierung, S. 273.

Befristung verweist § 55 Abs. 8 S. 2 TKG auf das Erfordernis der Angemessenheit mit Blick auf die jeweilige Nutzung.[126]

Alle in der Form des Verwaltungsakts ergehenden Zuteilungsentscheidungen unterliegen schließlich dem Begründungserfordernis des § 39 VwVfG.

IV. Verfahrensrechtliche Spezifika

Die Bedeutung der Chancengleichheit in Verteilungsverfahren spiegelt sich in den Regelungen der telekommunikationsrechtlichen Frequenzvergabe wider. Zwar ist dieser Grundsatz nicht in Detailregelungen konkretisiert; § 55 Abs. 1 S. 3 TKG verlangt jedoch eine diskriminierungsfreie Zuteilung „auf der Grundlage nachvollziehbarer und objektiver Verfahren". Es obliegt der verteilenden Verwaltung, diese Vorgabe bei der Konkretisierung der Vergabemodalitäten auszubuchstabieren.

V. Verfahrenssubjekte (Beteiligte)

Die Frequenzvergabe erweist sich insofern als modernes Verteilungsverfahren, als der Verteilungskonflikt in einem einheitlichen Vergabeverfahren (§ 55 Abs. 9, § 61 TKG) bewältigt wird. Es laufen mithin nicht voneinander unabhängige Verfahren zwischen der öffentlichen Hand und einzelnen Interessenten nebeneinander ab; vielmehr handelt es sich um ein multipolar strukturiertes Verwaltungsverfahren, an dem die öffentliche Hand und alle Bewerber beteiligt sind.

VI. Fehlerfolgenregime

Bei der Frequenzverteilung besteht ein Anspruch auf eine den materiellen Vergabekriterien und den – individualschützenden – Verfahrensvorschriften entsprechende Entscheidung,[127] wobei eine Korrektur von Verfahrensverstößen entsprechend dem verfassungs- und verwaltungsverfahrensrechtlich (§ 46 VwVfG) vorgezeichneten Auswirkungs-Kriterium nur dann in Betracht kommt, wenn

---

[126] Dazu bereits oben, I.1.

[127] BVerwG, NVwZ 2009, S. 1558 (1559 f.); OVG Münster, 13 A 424/08 – juris, Rn. 53 ff.; 13 A 161/08 – juris, Rn. 53 ff.; VG Köln, 11 L 1280/04 – juris, Rn. 12; 11 K 3270/06 – juris, Rn. 52; *B. Grzeszick*, ZUM 1997, S. 911 (924); *P. Hess*, Versteigerungsverfahren, S. 78; *S. Kösling*, Lizenzierung, S. 275 ff.; *M. Schmidt-Preuß*, Kollidierende Privatinteressen, S. 780, 783 f.; *C. Schulz*, Lizenzvergabe, S. 157 ff.; *W. Wegmann*, Regulierte Marktöffnung, S. 349 ff.; *ders.*, DVBl. 2002, S. 1446 (1453). Restriktiver *G. Manssen*, ArchPT 1998, S. 236 (240).

sich diese auf das Verfahrensergebnis auswirken[128]. Der Drittschutz erstreckt sich auf Unternehmer, die am Vergabeverfahren teilnehmen respektive dies anstreben.[129] Über diese allgemeine Aussage hinaus hat sich im Kontext der Frequenzvergabe das Fehlerfolgenregime noch nicht weiter ausdifferenziert, abgesehen von der sogleich im Kontext des Rechtsschutzes zu erörternden Frage, welche Konsequenzen die Stufung des Vergabeverfahrens für den Zeitpunkt der Rügefähigkeit von Verfahrensfehlern zeitigt.

VII. Rechtsschutzsystem

Primärrechtsschutz übergangener Bewerber im Kontext der Frequenzvergabe realisiert sich sowohl im Hauptsacheverfahren (1.) als auch im angesichts des Ausschlusses der aufschiebenden Wirkung von Rechtsbehelfen bedeutsamen Eilverfahren (2.). Der Sekundärrechtsschutz spielt angesichts des eröffneten Primärrechtsschutzes demgegenüber keine bedeutsame Rolle.

1. Primärrechtsschutz im Hauptsacheverfahren

a) Grundsätzliches

Angesichts des Rechtsschutzziels des erfolglosen Bewerbers, die Frequenz selbst anstelle des erfolgreichen Konkurrenten zu erhalten, muss ersterer einen kombinierten Anfechtungs- und Verpflichtungsantrag stellen.[130] Diese Auffassung führt, da jeweils auch nur ein erfolgreicher respektive nur wenige erfolgreiche Bewerber vorhanden sind, nicht zu Unsicherheiten hinsichtlich des anzufechtenden Verteilungsakts, so dass sich die Frage nach etwaigen Korrekturen aus Gründen des effektiven Rechtsschutzes hier nicht stellt.[131] Angesichts bestehender Gestaltungsspielräume kann hinsichtlich des Verpflichtungsantrags oftmals nur mit einem Bescheidungsantrag Erfolg erreicht werden.[132] Die

---

[128] Zum Auswirkungs-Kriterium ausführlich unten, 3. Teil, B.V.2.a.bb.(2).

[129] BVerwG, NVwZ 2009, S. 1558 (1560); OVG Münster, 13 A 424/08 – juris, Rn. 61 ff.; 13 A 161/08 – juris, Rn. 113; VG Köln, 11 L 1280/04 – juris, Rn. 12; 11 K 3270/06 – juris, Rn. 124 ff.

[130] OVG Münster, 13 A 424/08 – juris, Rn. 48 ff.; 13 A 161/08 – juris, Rn. 55 ff.; VG Köln, 11 K 3270/06 – juris, Rn. 50; *M. Geppert*, in: BeckTKG-Kommentar, § 61, Rn. 63; *B. Grzeszick*, ZUM 1997, S. 911 (924); *R. Hahn/A. M. Hartl*, in: Scheurle/Mayen, TKG, § 61, Rn. 39; *R. Heine/A. Neun*, MMR 2001, S. 352 (355 f.); *P. Hess*, Versteigerungsverfahren, S. 78; *S. Kösling*, Lizenzierung, S. 270 ff., 361; *C. Schulz*, Lizenzvergabe, S. 153 ff.; *W. Wegmann*, Regulierte Marktöffnung, S. 347 ff.; *ders.*, DVBl. 2002, S. 1446 (1452). Vgl. auch *J. Ruthig*, in: Arndt/Fetzer/Scherer, TKG, § 61, Rn. 21. Ausführlich dazu noch unten, 3. Teil, B.VIII.1.a.aa.(1)(a).

[131] *R. Heine/A. Neun*, MMR 2001, S. 352 (356); *S. Kösling*, Lizenzierung, S. 271 f.

[132] *M. Geppert*, in: BeckTKG-Kommentar, § 61, Rn. 64.

materielle Verflechtung von Anfechtungs- und Verpflichtungsbegehren bedingt, dass die Klagebefugnis für beide Anträge aus dem möglicherweise verletzten Teilhaberecht folgt;[133] ist dieses tatsächlich beeinträchtigt, sind die Rechtsbehelfe begründet[134]. Maßgeblicher Entscheidungszeitpunkt für die Anfechtungsklage ist die Sach- und Rechtslage zum Zeitpunkt der Behördenentscheidung.[135]

b) Zeitpunkt des Rechtsschutzes im gestuften Auswahlverfahren (§ 44a VwGO)

Im Verlauf des Vergabeverfahrens sind eine Vielzahl verfahrensleitender Anordnungen zu treffen, etwa die Entscheidung für die Durchführung des Verteilungsverfahrens (§ 55 Abs. 9 TKG) oder verschiedene Festlegungen hinsichtlich der Vergabebedingungen (§ 61 TKG). Insoweit stellt sich die Frage, ob diese Akte isoliert anfechtbar sind und damit schon verfahrensbegleitend – nicht aber erst nachträglich – Rechtsschutz zu suchen ist. Deren Beantwortung hängt von der Anwendbarkeit des § 44a S. 1 VwGO ab, nach dem „Rechtsbehelfe gegen behördliche Verfahrenshandlungen … nur gleichzeitig mit den gegen die Sachentscheidung zulässigen Rechtsbehelfen geltend gemacht werden" können, mithin davon, ob Verfahrenshandlungen i.S.d. § 44a S. 1 VwGO vorliegen.[136] Hierunter versteht man „behördliche Handlungen, die im Zusammenhang mit einem schon begonnenen und noch nicht abgeschlossenen Verwaltungsverfahren stehen und der Vorbereitung einer regelnden Sachentscheidung dienen".[137] Nachdem sich die erwähnten Maßnahmen, wie die Festlegung der Vergabemodalitäten, als Zwischenschritte auf dem Weg zur endgültigen Sachentscheidung, dem Auswahl- respektive Frequenzzuteilungsakt, darstellen, hat die ganz überwiegende Auffassung diese bislang als Verfahrenshandlungen i.S.d. § 44a S. 1

---

[133]   R. Heine/A. Neun, MMR 2001, S. 352 (357); S. Kösling, Lizenzierung, S. 278.

[134]   Ausführlich unten, 3. Teil, B.VIII.1.a.aa.(2).

[135]   OVG Münster, 13 A 424/08 – juris, Rn. 51; 13 A 161/08 – juris, Rn. 58.

[136]   Da die Verfahrenshandlungen weder vollstreckt werden können noch gegenüber Nichtbeteiligten ergehen, spielt die Ausnahme vom Grundsatz der Nichtanfechtbarkeit gemäß § 44a S. 2 VwGO hier keine Rolle, vgl. D. Ehlers, K&R 2001, S. 1 (11); M. Geppert, in: BeckTKG-Kommentar, § 61, Rn. 20 f.; S. Kösling, Lizenzierung, S. 258 ff., 356 ff.; M. Sachs, K&R 2001, S. 13 (20 f.); ders., Bestandskraft, S. 152 (192 ff.). Mit Blick auf die § 44a S. 1 und 2 VwGO zugrunde liegende Ausbalancierung von Verfahrensbeschleunigung und Rechtsschutzeffektivität kann nämlich als nichtbeteiligt nur derjenige angesehen werden, der keine Möglichkeit hat, die Sachentscheidung anzufechten (S. Kösling, Lizenzierung, S. 259; M. Sachs, K&R 2001, S. 13 [21]; ders., Bestandskraft, S. 152 [194]; C. Schulz, Lizenzvergabe, S. 146 f.); dies scheidet bei nach Festlegung der Vergabemodalitäten hinzugetretenen Beteiligten aus (S. Kösling, Lizenzierung, S. 259; M. Sachs, K&R 2001, S. 13 [21]; ders., Bestandskraft, S. 152 [194]; C. Schulz, Lizenzvergabe, S. 146 f.).

[137]   BVerwG, NVwZ 2009, S. 1558 (1560); ferner OVG Bautzen, NVwZ-RR 1999, S. 209 (209); M. Sachs, K&R 2001, S. 13 (19 f.); J. Ziekow, NVwZ 2005, S. 263 (264).

VwGO qualifiziert und lediglich nachträglichen Rechtsschutz gewährt.[138] Untermauert wird diese Ansicht mit dem Hinweis darauf, dass oftmals erst am Ende des Verfahrens beurteilt werden könne, ob einzelne Elemente aufgrund ihrer Einbettung in den Gesamtzusammenhang insgesamt den prozeduralen Mindeststandards entsprochen haben.[139] Zudem bedeute eine andere Auffassung eine Rechtlosstellung erstmals zu einem späteren Zeitpunkt im Verfahren gegründeter Rechtsträger.[140] Das BVerwG ist dieser Auslegung jedoch in einem Urteil vom 1.9.2009 entgegengetreten. Sie widerspreche nämlich Normzweck und Systematik der §§ 132 ff. TKG, die „zwingend" die Bestandskraft der fraglichen Entscheidungen und deren sofortige, isolierte Anfechtbarkeit nahelegten. Denn der „Gesetzgeber hat … nicht nur die Rechtsform des Verwaltungsakts ausdrücklich angeordnet [§ 132 Abs. 1 S. 2 TKG], sondern auch die Modalitäten ihres Zustandekommens [Beschlusskammerentscheidung nach mündlicher Verhandlung, § 135 Abs. 3 S. 1 TKG] und ihrer rechtlichen Überprüfung besonders geregelt." Letztere „unterliegt gemäß § 137 TKG prozessualen Besonderheiten. Beschlusskammerentscheidungen sind nicht nur, wie andere Entscheidungen der Bundesnetzagentur, kraft Gesetzes sofort vollziehbar (§ 137 Abs. 1 TKG); für sie gilt darüber hinaus der Ausschluss des Vorverfahrens (§ 137 Abs. 2 TKG) und der Wegfall der zweiten Tatsacheninstanz im gerichtlichen Verfahren (§ 137 Abs. 3 TKG)." Zugleich hat der Gesetzgeber „diese (Zwischen-)Entscheidungen der Bundesnetzagentur … qualitativ höherwertig ausgestaltet als die abschließende Sachentscheidung, die Frequenzzuteilung, die außerhalb des Beschlusskammerverfahrens nach § 55 TKG erfolgt (§ 61 Abs. 1 Satz 3 TKG)."[141] Darüber hinaus erschöpften sich die fraglichen Akte „sämtlich nicht in einer reinen Förderung des Vergabeverfahrens", sondern entfalteten angesichts ihrer Funktion,

---

[138] VG Köln, CR 2009, S. 513 (514 f.); *S. Bumke*, Frequenzvergabe, S. 244; *D. Ehlers*, K&R 2001, S. 1 (8 ff.); *M. Geppert*, in: BeckTKG-Kommentar, § 61, Rn. 20 f.; *B. Grzeszick*, ZUM 1997, S. 911 (920 Fn. 79); *P. Hess*, Versteigerungsverfahren, S. 77; *H.-J. Piepenbrock / U. Müller*, UMTS-Versteigerungsverfahren, S. 8 (30 ff.); *J. Ruthig*, in: Arndt / Fetzer / Scherer, TKG, § 61, Rn. 19; *M. Sachs*, K&R 2001, S. 13 (20); *ders.*, Bestandskraft, S. 152 (191 f.); *J.-P. Schneider*, Telekommunikation, § 8, Rn. 133; *C. Schulz*, Lizenzvergabe, S. 143. A.A. *V. Jenny*, CR 2009, S. 502 (504 ff.); *R. Müller-Terpitz*, K&R 2002, S. 75 (79).

[139] VG Köln, CR 2009, S. 513 (516); *M. Geppert*, in: BeckTKG-Kommentar, § 61, Rn. 21.

[140] *M. Geppert*, in: BeckTKG-Kommentar, § 61, Rn. 21.

[141] BVerwG, NVwZ 2009, S. 1558 (1560 f.). So bereits zuvor *R. Müller-Terpitz*, K&R 2002, S. 75 (79), der aus einer Zusammenschau der Anordnung des VA-Charakters der fraglichen Entscheidungen (§ 132 Abs. 1 S. 2 TKG) und dem Ausschluss des Widerspruchsverfahrens (§ 137 Abs. 2 TKG) die – gegenüber § 44a VwGO vorrangige – gesetzgeberische Regelungsintention ableitet, dass die verfahrensleitenden Verfügungen einer sofortigen verwaltungsgerichtlichen Kontrolle zugeführt werden sollen. Diese Abweichung von allgemeinen verfahrensrechtlichen Grundsätzen hätte jedoch, so ließe sich dem entgegenhalten, deutlicher zum Ausdruck kommen müssen (ebenfalls ablehnend *S. Kösling*, Lizenzierung, S. 257 f.; *C. Schulz*, Lizenzvergabe, S. 148). Siehe ferner *H. A. Wolff*, Dienende Funktion, S. 977 (983 f.), der Verwaltungsakte mit Blick auf deren Bestandskraft aus § 44a VwGO ausklammern möchte.

die Vergabemodalitäten zu konkretisieren, gerade auch mit Blick auf den Teilhabeanspruch der Bewerber „materiell-rechtliche Wirkungen".[142] Damit

folgt das Gesetz insofern nicht dem Modell der Rechtsschutzkonzentration, wie es dem
§ 44a Satz 1 VwGO zugrunde liegt, sondern dem Modell des gestuften Verfahrens, in
welchem das zu bewältigende Gesamtproblem phasenweise abgearbeitet und konkretisiert wird, wobei die jeweils vorangegangenen Stufen das sachliche Fundament für die
nachfolgenden Verfahrensschritte bilden. Im Wesen eines derart gestuften Verfahrens
liegt es, dass die einzelnen Entscheidungen der selbstständigen Bestandskraft fähig sind
und daher für sich genommen der Anfechtung unterliegen.[143]

Schließlich sprächen auch Erwägungen der Verfahrens- und Rechtsschutzeffi-
zienz, denen § 44a S. 1 VwGO Rechnung trägt, nicht für dessen Anwendbarkeit. Zwar kann die Inanspruchnahme sofortigen Rechtsschutzes die Durchführung des Verfahrens erheblich verzögern, was, insbesondere bei sich mit
Zeitablauf u.U. erübrigenden Einwänden, misslich erscheint;[144] allerdings erlaubt die unmittelbare Anfechtbarkeit, strittige Rechtsfragen zeitnah zu klären,
und die durch sie ermöglichte Bestandskraft schafft eine sichere Grundlage für
das weitere Vergabeverfahren[145]. Insoweit zu berücksichtigen ist auch, dass
§ 137 Abs. 1 TKG den Sofortvollzug der fraglichen Maßnahmen vorsieht, so
dass das Vergabeverfahren auch im Falle ihrer Anfechtung – vorbehaltlich einer
anderslautenden Entscheidung im einstweiligen Rechtsschutz – fortgesetzt
werden kann; das Risiko einer späteren Korrektur in der Hauptsache besteht
dabei auch bei Anwendung des § 44a S. 1 VwGO.[146]

Einwände gegen die Entscheidung des BVerwG formulieren lassen sich allerdings aus der Perspektive des effektiven Rechtsschutzes: Die aufgrund der Un-
anwendbarkeit des § 44a S. 1 VwGO ermöglichte Bestandskraft der Zwischenentscheidungen schon vor der Endentscheidung führt nämlich im Zusammenspiel mit der öffentlichen Bekanntmachung dazu, dass Zwischenentscheidungen
– unabhängig von der Kenntnis einzelner Verfahrensbeteiligter – rasch (vgl.
§ 41 Abs. 4 VwVfG) in Bestandskraft erwachsen. Dies schließt u.U. Rechtsschutzmöglichkeiten für nach Eintritt der Bestandskraft hinzutretende Interessenten aus.[147] Bei der Frequenzvergabe fällt dies allerdings wegen der Publizität des Vergabevorgangs in den interessierten Kreisen, insbesondere angesichts
der Veröffentlichung im Amtsblatt der Bundesnetzagentur, nicht ins Gewicht.

---

[142] BVerwG, NVwZ 2009, S. 1558 (1561); siehe ferner 6 B 5/09 – juris, Rn. 10.
[143] BVerwG, NVwZ 2009, S. 1558 (1561).
[144] In diesem Sinne H.-J. Piepenbrock / U. Müller, UMTS-Versteigerungsverfahren, S. 8
(31 f.).
[145] BVerwG, NVwZ 2009, S. 1558 (1561): „Abschichtungseffekt"; ferner V. Jenny, CR
2009, S. 502 (504 ff.).
[146] BVerwG, NVwZ 2009, S. 1558 (1561).
[147] Näher dazu unten, 3. Teil, B.VI.1.c.

2. Primärrechtsschutz im Eilverfahren

Da gemäß § 137 Abs. 1 TKG Widerspruch und Klage gegen Entscheidungen der Bundesnetzagentur keine aufschiebende Wirkung zeitigen, kommt auch im telekommunikationsrechtlichen Konkurrentenstreit dem Eilrechtsschutz eine besondere Bedeutung zu.[148] Um den Sofortvollzug der positiven Auswahlentscheidung zu verhindern, muss der unterlegene Bewerber einen Antrag auf Anordnung der aufschiebenden Wirkung gemäß § 80a Abs. 3, Abs. 1 Nr. 1 i.V.m. § 80 Abs. 5 1. Alt. VwGO stellen; ist darüber hinaus die Frequenzzuteilung dringlich, kann der nicht zum Zuge gekommene Bewerber den Zuteilungsanspruch im Wege einer einstweiligen Anordnung gemäß § 123 VwGO verfolgen.[149]

Aus Gründen des effektiven Rechtsschutzes kann die Möglichkeit einer einstweiligen Anordnung nicht nur bei Schrumpfung des administrativen Entscheidungsspielraums auf eine Alternative angenommen werden.[150] Vielmehr muss es dem Gericht möglich sein, die Behörde zu einer – vorläufigen – Neubescheidung zu verpflichten; dies stellt die gegenüber einer vorläufigen Zuteilung[151] mildere Alternative dar[152].

---

[148] *C. Schulz*, Lizenzvergabe, S. 155; *W. Wegmann*, DVBl. 2002, S. 1446 (1453 f.).

[149] *R. Heine/A. Neun*, MMR 2001, S. 352 (356 f.); *S. Kösling*, Lizenzierung, S. 273 f.; *C. Schulz*, Lizenzvergabe, S. 155 ff.; *W. Wegmann*, Regulierte Marktöffnung, S. 352 f.; *ders.*, DVBl. 2002, S. 1446 (1454).

[150] Siehe *F. Kopp/W.-R. Schenke*, VwGO, § 123, Rn. 12; *F. Schoch*, in: *ders./Schmidt-Aßmann/Pietzner*, VwGO, § 123, Rn. 158 ff. Anders aber VGH München, NVwZ-RR 2002, S. 839 (841).

[151] Für eine solche aber *W. Wegmann*, Regulierte Marktöffnung, S. 352 f.; *ders.*, DVBl. 2002, S. 1446 (1454).

[152] So auch *R. Heine/A. Neun*, MMR 2001, S. 352 (357); *S. Kösling*, Lizenzierung, S. 274; *C. Schulz*, Lizenzvergabe, S. 156 f.

H. Frequenzvergabe im Rundfunkrecht

Genauso wie die im vorangegangenen Abschnitt betrachteten Telekommunikationsunternehmen sind auch die Anbieter von Rundfunkprogrammen zur Ausübung ihrer Tätigkeit auf die Ressource Frequenz angewiesen. An deren Knappheit hat sich trotz zunehmender Digitalisierung des Rundfunks, die im Vergleich zur analogen Ausstrahlung größere Übertragungskapazitäten gestattet, nichts geändert,[1] so dass die Möglichkeit, Rundfunkprogramme anzubieten, beschränkt ist und sich damit auch im Rundfunkwesen die Verteilungsfrage stellt. Hierin liegt die „Sondersituation" des Rundfunks gegenüber der gleichfalls der öffentlichen Meinungsbildung dienenden Presse begründet.[2] Vor diesem Hintergrund kommt der öffentlichen Hand im Rundfunkrecht die Aufgabe zu, das aus der Frequenzknappheit resultierende Verteilungsproblem im Interesse einer Sicherung der Meinungsvielfalt zu bewältigen.

I. Die Verteilungssituation

1. Der verfassungsrechtliche Rahmen

Den verfassungsrechtlichen Rahmen der Frequenzvergabe steckt in erster Linie[3] die auf eine freie individuelle und öffentliche Meinungsbildung zielende Rundfunkfreiheit (Art. 5 Abs. 1 S. 2 GG)[4] ab. „Der Rundfunk ist ‚Medium' und ‚Faktor' dieses verfassungsrechtlich geschützten Prozesses ... Demgemäß ist Rundfunkfreiheit primär eine der Freiheit der Meinungsbildung in ihren subjektiv- und objektivrechtlichen Elementen *dienende* Freiheit: Sie bildet unter den Bedingungen der modernen Massenkommunikation eine notwendige Ergänzung und Verstärkung dieser Freiheit; sie dient der Aufgabe, freie und um-

---

[1] Zum technischen Hintergrund im Überblick *V. Nowosadtko*, Frequenzplanungsrecht, S. 23 ff.

[2] Die Sondersituation des Rundfunkwesens betonend BVerfGE 12, 205 (261).

[3] Daneben kommt eine Berufung auf die Berufsfreiheit in Betracht, für die im Ergebnis nichts anderes gilt, siehe nur OVG Bautzen, ZUM-RD 1997, S. 87 (96); 3 BS 195/06 – juris, Rn. 19; VGH München, ZUM 1997, S. 852 (855 f.); *D. Kupfer*, Verteilung, S. 307 f.

[4] Siehe nur BVerfGE 57, 295 (319); E 73, 118 (152); E 74, 297 (323); E 83, 238 (295); BayVerfGHE 53, 196 (208).

fassende Meinungsbildung durch den Rundfunk zu gewährleisten".[5] Vor diesem Hintergrund muss der Rundfunk nicht nur frei von staatlicher Beherrschung und Einflussnahme sein; vielmehr ist eine „positive Ordnung" zu gewährleisten, „welche sicherstellt, daß die Vielfalt der bestehenden Meinungen im Rundfunk in möglichster Breite und Vollständigkeit Ausdruck findet und daß auf diese Weise umfassende Information geboten wird."[6] Dies verlangt „materielle, organisatorische und Verfahrensregelungen ..., die an der Aufgabe der Rundfunkfreiheit orientiert und deshalb geeignet sind zu bewirken, was Art. 5 Abs. 1 GG gewährleisten soll."[7] Regeln zur Verteilung der Übertragungskapazitäten stellen einen Teil dieser angesichts ihrer Wesentlichkeit vom Gesetzgeber zu schaffenden „positiven Ordnung" dar.[8]

Vor dem Hintergrund dieser verfassungsrechtlich gebotenen Vielfaltsicherung einerseits und der durch die Knappheit an Übertragungsressourcen geprägten Sondersituation des Rundfunks andererseits ist es nicht zu beanstanden, die mit der Grundversorgung der gesamten Bevölkerung beauftragten und binnenpluralistisch strukturierten öffentlich-rechtlichen Rundfunkanstalten bei der Frequenzvergabe – bis hin zur Einräumung einer Monopolstellung – zu privilegieren.[9] Die damit einher- und über die natürliche Frequenzknappheit hinausgehende Beschränkung der Betätigungsmöglichkeiten privater Rundfunkveranstalter ist mithin verfassungsrechtlich gerechtfertigt.

Wenn Angebotsvielfalt, wie dies aufgrund der Aufgabe des Monopols der öffentlich-rechtlichen Anstalten heute der Fall ist, auch durch die Öffnung des Rundfunks für private Veranstalter sichergestellt werden soll, müssen die für diese verbleibenden Frequenzen regelmäßig unter einer Überzahl von Interessenten verteilt werden. Für die notwendige Auswahl stellt das aus Art. 3 Abs. 1 i.V.m. Art. 5 Abs. 1 S. 2 GG folgende Teilhaberecht sowohl materielle als auch prozedurale Anforderungen auf. Angesichts des Angewiesenseins des Rundfunkveranstalters auf die Frequenzzuteilung und der besonderen Bedeutung der Rundfunkfreiheit in der Gesellschaftsordnung geht dieser Teilhabeanspruch über ein bloßes Willkürverbot hinaus; es gelten vielmehr strenge Anforderungen sowohl für den Grad der gesetzgeberischen Determinierung als auch für die Festlegung von Auswahlkriterien und -verfahren.[10]

---

[5] BVerfGE 74, 297 (323 f.); ferner E 57, 295 (320); E 73, 118 (152); E 83, 238 (295 f.).

[6] BVerfGE 74, 297 (324); ferner E 57, 295 (320); E 73, 118 (152 f.); E 83, 238 (296); BayVerfGHE 53, 196 (208); E 56, 1 (5 f.).

[7] BVerfGE 74, 297 (324); ferner E 57, 295 (320); E 73, 118 (153); E 83, 238 (296).

[8] BVerfGE 83, 238 (319; ferner 324); ferner E 57, 295 (320 ff., 327 ff.); E 73, 118 (154, 182); E 97, 298 (313); VGH Mannheim, ESVGH 42, 185 (187); VG Hannover, ZUM-RD 2007, S. 225 (227 f.); *R. Binder*, in: Hahn/Vesting, Rundfunkrecht, RStV § 50, Rn. 19, 34; *C.-E. Eberle*, Rundfunkübertragung, S. 86 ff.; *J. Scherer*, Frequenzverwaltung, S. 51 f.

[9] BVerfGE 12, 205 (261 f.); E 73, 118 (155 ff.); E 74, 297 (324 f.).

[10] BVerfGE 97, 298 (314 f.); vgl. auch VGH Mannheim, NVwZ-RR 2003, S. 653 (654); VGH München, 7 B 06.2960 – juris, Rn. 29.

Hinsichtlich des Frequenzzuschnitts entspricht dem Gleichheitssatz sowohl „ein System …, das eine Verteilung der Sendezeiten, notfalls eine anteilige Kürzung, ermöglicht", als auch „ein System …, in dem nur Lizenzen für Vollprogramme an jeweils einen Veranstalter vergeben werden".[11] Die festzulegenden Auswahlgrundsätze müssen „eine gleiche Chance der Bewerber gewährleisten. Der Realisierungsgrad der Chance muß durch objektiv sachgerechte und individuell zumutbare Kriterien bestimmt werden".[12] Die Vergabe darf „weder dem Zufall oder dem freien Spiel der Kräfte anheimgegeben noch dem ungebundenen Ermessen der Exekutive überlassen werden."[13] Die Sachgerechtigkeit der Kriterien determiniert die auf eine freie und umfassende Meinungsbildung zielende Rundfunkfreiheit, so dass sich der Grad der Meinungsvielfalt eines Programmangebots als verfassungskonformes Auswahlkriterium darstellt.[14] Ferner dürfen die Vergabekriterien dem Staat weder unmittelbar noch mittelbar einen „Einfluß auf Auswahl, Inhalt und Gestaltung der Programme einräumen".[15] Dies ist bei zu großen Auswahlspielräumen der öffentlichen Hand zu befürchten.[16]

In prozeduraler Hinsicht fordert das Teilhaberecht eine Verfahrensgestaltung, die die Erreichung der materiellen Vorgaben der Rundfunkfreiheit sichert und die Chancengleichheit wahrt.[17] Dies fordert eine Ausschreibung verfügbarer Frequenzen.[18] Zudem wird die kompensatorische Funktion des Verwaltungsverfahrens angesichts bestehender Beurteilungsspielräume der Landesmedienanstalten betont, die strenge Dokumentations- und Begründungspflichten verlangt.[19]

Diese Vorgaben stellen nicht nur objektivrechtliche Verpflichtungen des Rundfunkgesetzgebers dar; vielmehr korrespondiert mit ihnen eine subjektiv-

---

[11] BVerfGE 83, 238 (319); ferner E 57, 295 (327); E 73, 118 (154).

[12] BVerfGE 83, 238 (319); ferner E 57, 295 (327); E 73, 118 (154).

[13] BVerfGE 83, 238 (319; ferner 324); ferner E 57, 295 (320 ff., 327 ff.); E 73, 118 (154, 182); E 97, 298 (313); VGH Mannheim, ESVGH 42, 185 (187); *R. Binder*, in: Hahn / Vesting, Rundfunkrecht, RStV § 50, Rn. 19, 34; *C.-E. Eberle*, Rundfunkübertragung, S. 86 ff.; *J. Scherer*, Frequenzverwaltung, S. 51 f.

[14] BVerfGE 83, 238 (320); ferner E 73, 118 (187). Siehe auch die Akzentuierung bei *D. Kupfer*, Verteilung, S. 377 ff.

[15] BVerfGE 83, 238 (322 ff.); ferner E 73, 118 (186 ff.); DVBl. 1991, S. 309 (309 f.); BayVerfGHE 56, 1 (7); *R. Binder*, in: Hahn / Vesting, Rundfunkrecht, RStV § 50, Rn. 49; Bornemann / Lörz, BayMG, Art. 32, Rn. 14.

[16] BVerfGE 83, 238 (323 f.); ferner E 73, 118 (186 ff.).

[17] VGH München, NVwZ-RR 1993, S. 552 (556); *A. Störr*, ThürVBl. 2003, S. 224 (229).

[18] VGH München, NVwZ-RR 1993, S. 552 (556): Landesmedienanstalt „kann Medienvielfalt nur dann gewährleisten, wenn sie sich umfassend informiert und orientiert"; ebenso ZUM 1996, S. 326 (334); *A. Störr*, ThürVBl. 2003, S. 224 (229). Zurückhaltend demgegenüber Bornemann / Lörz, BayMG, Art. 25, Rn. 3. Zur Zulässigkeit eines ausnahmsweisen Absehens von der Ausschreibung bei übergangsweiser Frequenzzuweisung aufgrund von Dringlichkeit und Beteiligung der der Landesmedienanstalt bekannten Interessenten: VGH Mannheim, 1 S 1997/08 – juris, Rn. 23 ff.

[19] *M. Fehling*, Konkurrentenklage, S. 242 ff.

rechtliche Position der Rundfunkbewerber, die eine verfassungskonforme Zulassung und Auswahl verlangen können.[20] Gleichwohl stellt nicht jeder Verstoß gegen die Zulassungsregeln zugleich einen Verstoß gegen Art. 5 Abs. 1 S. 2 GG dar:

Auch wenn eine gesetzliche Zugangsregelung, die die Rundfunkfreiheit gegen Programmeinflüsse seitens des Staates wirksam sichert, von Art. 5 Abs. 1 Satz 2 GG geboten ist, legt das Grundrecht doch nicht im einzelnen fest, welchen Weg der Gesetzgeber zur Erreichung dieses Ziels einzuschlagen hat. Da es sowohl objektivrechtlich als auch subjektivrechtlich im Dienst der Grundrechtssicherung steht, gibt es dem Bewerber aber jedenfalls einen Anspruch darauf, daß bei der Auslegung und Anwendung seine Position als Träger des Grundrechts der Rundfunkfreiheit hinreichend beachtet wird.[21]

2. Der unionsrechtliche Rahmen

Das Anbieten von Rundfunk fällt – je nach Art der Betätigung auf dem ausländischen Markt – unter die Dienstleistungs- (Art. 56 f. AEUV) bzw. Niederlassungsfreiheit (Art. 49 AEUV),[22] so dass die im ersten Abschnitt skizzierten materiellen und prozeduralen Vorgaben für die Vergabe knapper Frequenzen grundsätzlich greifen[23]. Bei deren Konkretisierung zu berücksichtigen ist, dass das Anliegen, ein pluralistisches Rundfunkwesen zu sichern, verhältnismäßige Beschränkungen der Marktfreiheiten zu rechtfertigen vermag.[24] Zwischenzeitlich hält das Unionsrecht einen in mehreren Richtlinien ausdifferenzierten und bereits skizzierten gemeinsamen Rechtsrahmen für elektronische Kommunikationsdienste und -netze bereit, der sowohl die mitgliedstaatliche Befugnis, Nutzungsrechte an Funkfrequenzen zu verknappen, als auch die nachgelagerte Frage der Verteilung regelt.[25] Dieser ist als sekundärrechtliche Konkretisierung vorrangig heranzuziehen.[26]

---

[20] BVerfGE 97, 298 (313); BayVerfGHE 56, 1 (5); E 58, 137 (144 f.); OVG Bautzen, 3 BS 195/06 – juris, Rn. 5; OVG Berlin, DVBl. 1991, S. 1265 (1266); ZUM-RD 1997, S. 31 (38); VGH München, 7 B 06.2960 – juris, Rn. 29; *H. Bethge*, NVwZ 1997, S. 1 (4 f.); *C.-E. Eberle*, Rundfunkübertragung, S. 31 ff., 74 ff. Vgl. auch *A. Störr*, ThürVBl. 2003, S. 224 (228 f.).

[21] BVerfGE 97, 298 (313 f.); VGH München, 7 B 06.2960 – juris, Rn. 29. Vgl. auch Bornemann/Lörz, BayMG, Art. 26, Rn. 87.

[22] Siehe nur EuGH, Rs. C-260/89, Slg. 1991, I-2925, Rn. 12, 19 ff. – ERT; Rs. C-288/89, Slg. 1991, I-4007, Rn. 17 – Antenne Gouda; Rs. C-380/05, Slg. 2008, I-349, Rn. 79 – Centro Europa 7; *R. Hartstein/W.-D. Ring/J. Kreile/D. Dörr/R. Stettner*, RStV, B4, Rn. 18 f.

[23] Siehe oben, 1. Teil, B.I.2.

[24] EuGH, Rs. C-288/89, Slg. 1991, I-4007, Rn. 23 – Antenne Gouda.

[25] Ausführlich zu diesem oben, 1. Teil, B.II.2.b.

[26] EuGH, Rs. C-380/05, Slg. 2008, I-349, Rn. 80 – Centro Europa 7.

II. Regelungsstrukturen der Frequenzvergabe

Den Rechtsrahmen für die „Zuordnung, Zuweisung und Nutzung der Übertragungskapazitäten, die zur Verbreitung von Rundfunk und vergleichbaren Telemedien (Telemedien, die an die Allgemeinheit gerichtet sind) dienen," stecken §§ 50 ff. des Rundfunkstaatsvertrags (RStV) und die Mediengesetze der einzelnen Länder ab. Der RStV enthält seit der zehnten Novelle[27] Regelungen zur Vergabe drahtloser Übertragungskapazitäten für bundesweite Versorgungsbedarfe (§§ 51, 51a ff. RStV) sowie zur Auswahl von Rundfunk- und Telemedienangeboten durch Anbieter einer Plattform (§§ 52, 52a ff. RStV), d.h. durch eine Person, die „auf digitalen Übertragungskapazitäten oder digitalen Datenströmen Rundfunk und vergleichbare Telemedien (Telemedien, die an die Allgemeinheit gerichtet sind) auch von Dritten mit dem Ziel zusammenfasst, diese Angebote als Gesamtangebot zugänglich zu machen oder [die] über die Auswahl für die Zusammenfassung entscheidet" (§ 2 Abs. 2 Nr. 11 RStV). Da der jeweilige (private) Anbieter einer Plattform, nicht aber die Rundfunkverwaltung über den Zugang zur Plattform entscheidet (§ 52b Abs. 4 S. 1 RStV), kann diese Verteilungsproblematik mit Blick auf das Anliegen dieser Untersuchung ausgeklammert bleiben; der zuständigen Landesmedienanstalt kommt lediglich eine Reserveverteilungsbefugnis für den Fall der (wiederholt) nicht ordnungsgemäßen Erstvergabe durch den Anbieter zu (§ 52b Abs. 4 S. 4 f. RStV).[28] In den Landesmediengesetzen und auf deren Grundlage erlassenen untergesetzlichen Normen geregelt ist die Vergabe von Frequenzen für lokale und regionale Rundfunkprogramme.

III. Das Auswahlverfahren

Vor dem Hintergrund der in erster Linie den Rundfunkgesetzgeber treffenden Pflicht, eine materielle, organisatorische und Verfahrensregelungen umfassende positive Ordnung der Frequenzvergabe zu schaffen,[29] findet sich ein detailliert normiertes Verteilungsverfahren in dem soeben skizzierten Rechtsrahmen. In diesem spiegeln sich die auch in anderen Bereichen herausgearbeiteten Grundstrukturen des Verfahrensmodells wider: eine Konzept-, Ausschreibungs-, Bewerbungs- und Entscheidungsfindungsphase, die in die Vergabeentscheidung münden, so das Verfahren nicht zuvor abgebrochen wird. An den Beispielen der Vergabe von Übertragungskapazitäten für bundesweite Versor-

---

[27] Zum Hintergrund der Reform *R. Hartstein / W.-D. Ring / J. Kreile / D. Dörr / R. Stettner*, RStV, § 51a, Rn. 1 ff.

[28] Siehe dazu oben, Einleitung, I.; zu Plattformen etwa *J. Kühling*, Sektorspezifische Regulierung, S. 123 f.; *D. Kupfer*, Verteilung, S. 249 ff.

[29] Zu dieser oben, I.1.

gungsbedarfe nach dem RStV (1.) und der Frequenzvergabe für lokale und regionale Rundfunkprogramme nach dem BayMG (2.) sei dies illustriert.

1. Die Vergabe von Übertragungskapazitäten für bundesweite Versorgungsbedarfe nach dem RStV

Die Vergabe drahtloser Übertragungskapazitäten erfolgt, je nachdem, ob es sich um einen öffentlich-rechtlichen oder privaten Rundfunkanbieter handelt, in einem ein- bzw. zweistufigen Verfahren.

Zunächst ordnen die Ministerpräsidenten der Länder die verfügbaren Übertragungskapazitäten[30] für bundesweite Versorgungsbedarfe den in der ARD zusammengeschlossenen Landesrundfunkanstalten, dem ZDF, dem Deutschlandradio oder den Landesmedienanstalten zur Weiterreichung an private Anbieter zu (Zuordnung; § 51 RStV). Mit den in § 51 Abs. 3 RStV vorgesehenen Verfahrensabschnitten der Bekanntmachung freier Übertragungskapazitäten, der Bedarfsanmeldung, der Entscheidungsfindung und -umsetzung ist ein rudimentäres Verteilungsverfahren staatsvertraglich vorgesehen, das durch Verfahrensregeln der Ministerpräsidenten näher auszugestalten ist (§ 51 Abs. 6 RStV). Allein die materiellen Determinanten für die Vergabeentscheidung im Konkurrenzfall haben eine nähere Regelung erfahren: Ist eine Verständigung zwischen den Beteiligten nicht zu erreichen,

entscheiden die Ministerpräsidenten,[31] welche Zuordnung unter Berücksichtigung der Besonderheiten der Übertragungskapazität sowie unter Berücksichtigung des Gesamtangebots die größtmögliche Vielfalt des Angebotes sichert; dabei sind insbesondere folgende Kriterien zu berücksichtigen: a) Sicherung der Grundversorgung mit Rundfunk und Teilhabe des öffentlich-rechtlichen Rundfunks an neuen Techniken und Programmformen, b) Belange des privaten Rundfunks und der Anbieter von Telemedien (§ 51 Abs. 3 Nr. 4 RStV).

Die Zuordnung ist auf maximal 20 Jahre zu befristen (§ 51 Abs. 3 Nr. 4 S. 2 RStV); sie erfolgt durch den Vorsitzenden der Ministerpräsidentenkonferenz in Umsetzung der dem Einstimmigkeitserfordernis unterworfenen Entscheidung der Ministerpräsidenten (§ 51 Abs. 4 RStV).

---

[30] Siehe zu der der Zuordnung vorgelagerten telekommunikationsrechtlichen Frequenzzuteilung § 57 Abs. 1 TKG; näher dazu *R. Hartstein / W.-D. Ring / J. Kreile / D. Dörr / R. Stettner*, RStV, § 50, Rn. 4 ff.

[31] Die Entscheidungszuständigkeit ist gemäß § 36 RStV teilweise delegiert an die Kommission für Zulassung und Aufsicht (ZAK) bzw. die Gremienvorsitzendenkonferenz (GVK), die als Organe für die jeweils zuständige Landesmedienanstalt handeln (§ 35 Abs. 2 RStV). Die ZAK setzt sich aus je einem nach Landesrecht bestimmten Vertreter der Landesmedienanstalt zusammen (§ 35 Abs. 3 RStV), die GVK aus dem „jeweiligen Vorsitzenden des plural besetzten Beschlussgremiums der Landesmedienanstalten" (§ 35 Abs. 4 RStV). Während es für die Auswahlentscheidung bei der Zuständigkeit der Ministerpräsidenten verbleibt, obliegt der ZAK Bekanntmachung und Verständigung (§ 36 Abs. 2 Nr. 2 RStV).

In einem zweiten Schritt weisen die Landesmedienanstalten privaten Anbietern, d.h. Rundfunkveranstaltern, Anbietern von vergleichbaren Telemedien oder Plattformanbietern, Übertragungskapazitäten für drahtlose bundesweite Versorgungsbedarfe zu (Zuweisung; §§ 51a ff. RStV).[32] Eine Berücksichtigung setzt die vorherige Zulassung zur Veranstaltung von Rundfunk gemäß §§ 20 ff. RStV voraus.[33]

Das Zuweisungsverfahren hat im Staatsvertrag eine im Vergleich zum Zuordnungsverfahren detailliertere Ausgestaltung erfahren: In einer Konzeptphase sind „Beginn und Ende der Antragsfrist, das Verfahren und die wesentlichen Anforderungen an die Antragstellung, insbesondere wie den Anforderungen dieses Staatsvertrages zur Sicherung der Meinungsvielfalt genügt werden kann, … von den Landesmedienanstalten zu bestimmen" (§ 51a Abs. 2 S. 1 und 2 RStV); darüber hinaus sind die zuständige Landesmedienanstalt (§ 10 S. 4, § 12 Abs. 2 S. 3 Satzung über die Zugangsfreiheit zu digitalen Diensten und zur Plattformregulierung gemäß § 53 Rundfunkstaatsvertrag [Zugangs-Satzung]) und die mindestens einmonatige Dauer der Ausschreibungsfrist (§ 12 Abs. 2 S. 5 Zugangs-Satzung) festzulegen. Diese Eckdaten sind „in geeigneter Weise zu veröffentlichen (Ausschreibung)" (§ 51a Abs. 2 S. 2 RStV). § 12 Abs. 2 S. 2 Zugangs-Satzung sieht eine Ausschreibung in den jeweiligen Verkündungsblättern der Landesmedienanstalten und auf der Internetseite der Arbeitsgemeinschaft der Landesmedienanstalten (ALM) vor. Innerhalb der als Ausschlussfrist zu gestaltenden Bewerbungsfrist müssen die Interessenten schriftlich die Zuweisung von Übertragungskapazitäten beantragen (§ 51a Abs. 2 S. 1 RStV).

Die Entscheidungsfindungsphase gliedert sich in eine Vorprüfphase hinsichtlich Vollständigkeit des Antrags und Vorliegen der formellen und materiellen Zuweisungsvoraussetzungen (§ 12 Abs. 3 Zugangs-Satzung) und eine Auswahlphase bei Bewerberüberhang. In letzterer hat die Landesmedienanstalt zunächst auf eine Verständigung hinsichtlich einer dem Gebot der Meinungsvielfalt entsprechenden Aufteilung zwischen den Antragstellern hinzu-

---

[32] Diese Entscheidungszuständigkeit ist mit Ausnahme der Auswahlentscheidung, die der GVK obliegt, der ZAK übertragen (§ 36 Abs. 2 Nr. 3, Abs. 3 RStV; siehe bereits Fn. 31).

[33] Gemäß § 20a Abs. 1 RStV darf eine Zulassung „nur an eine natürliche oder juristische Person erteilt werden, die 1. unbeschränkt geschäftsfähig ist, 2. die Fähigkeit, öffentliche Ämter zu bekleiden, nicht durch Richterspruch verloren hat, 3. das Grundrecht der freien Meinungsäußerung nicht nach Artikel 18 des Grundgesetzes verwirkt hat, 4. als Vereinigung nicht verboten ist, 5. ihren Wohnsitz oder Sitz in der Bundesrepublik Deutschland, einem sonstigen Mitgliedstaat der Europäischen Union oder einem anderen Vertragsstaat des Abkommens über den Europäischen Wirtschaftsraum hat und gerichtlich verfolgt werden kann, 6. die Gewähr dafür bietet, dass sie unter Beachtung der gesetzlichen Vorschriften und der auf dieser Grundlage erlassenen Verwaltungsakte Rundfunk veranstaltet." Ausgeschlossen sind ferner „juristische Personen des öffentlichen Rechts mit Ausnahme von Kirchen und Hochschulen, … deren gesetzliche Vertreter und leitende Bedienstete sowie … politische Parteien und Wählervereinigungen" (§ 20a Abs. 3 RStV). Eine ausführliche Analyse des Zulassungsverfahrens unternimmt *M. Fehling*, Konkurrentenklage, S. 39 ff.

wirken (§ 51a Abs. 3 RStV; § 13 Abs. 1 und 2 Zugangs-Satzung). Gelingt dies nicht, hat eine Vergabeentscheidung zugunsten desjenigen Antragstellers zu erfolgen, „der am ehesten erwarten lässt, dass sein Angebot 1. die Meinungsvielfalt fördert, 2. auch das öffentliche Geschehen, die politischen Ereignisse sowie das kulturelle Leben darstellt und 3. bedeutsame politische, weltanschauliche und gesellschaftliche Gruppen zu Wort kommen lässt." Für darüber hinaus maßgeblich erklären § 51a Abs. 4 RStV und § 13 Abs. 3 Zugangs-Satzung die wirtschaftliche Tragfähigkeit des Angebots sowie die hinreichende Berücksichtigung von Nutzerinteressen und -akzeptanz.[34]

Mithin stellt sich die Auswahlentscheidung als Ergebnis eines komplexen, auf einer Bewertung der Angebote unter programmlichen Gesichtspunkten beruhenden Prozesses dar, der zudem pluralistisch zusammengesetzten Gremien überantwortet ist. Damit kommt der Zulassungsbehörde eine nur beschränkt gerichtlich überprüfbare Beurteilungsprärogative zu.[35] Die Gerichte müssen ihre Prüfung mithin darauf beschränken, „ob die Landesanstalt von einem zutreffenden und vollständigen Sachverhalt ausgegangen ist, ob die gesetzlichen Vorgaben bezüglich der Grundsätze für die Veranstaltung von privatem Rundfunk, der Programme im privaten Rundfunk sowie der Auswahlgrundsätze beachtet sind und ob die Entscheidung ohne sachfremde Erwägungen getroffen worden ist."[36]

Die Vergabeentscheidung selbst ergeht durch Verwaltungsakt.[37] Sie hat für zehn Jahre zu erfolgen, wobei eine einmalige Verlängerung um weitere zehn

---

[34] Bei der Vergabe an einen Anbieter einer Plattform ist gemäß § 51a Abs. 4 S. 3 RStV „des Weiteren zu berücksichtigen, ob das betreffende Angebot den Zugang von Fernseh- und Hörfunkveranstaltern sowie Anbietern von vergleichbaren Telemedien einschließlich elektronischer Programmführer zu angemessenen Bedingungen ermöglicht und den Zugang chancengleich und diskriminierungsfrei gewährt."

[35] Vgl. (zumeist für das Landesmedienrecht) OVG Bautzen, LKV 1993, S. 388 (389); ZUM-RD 1997, S. 87 (90, 95); OVG Berlin, DVBl. 1991, S. 1265 (1268); ZUM-RD 1997, S. 31 (40) – für die Kabelbelegung; ZUM 1996, S. 991 (992); OVG Lüneburg, DVBl. 1986, S. 1112 (1114); VGH Mannheim, NJW 1990, S. 340 (341); ESVGH 42, 185 (192 f.); NVwZ-RR 2003, S. 653 (654); *C. Bamberger*, ZUM 2000, S. 284 (287 ff.); *R. Binder*, in: Hahn/Vesting, Rundfunkrecht, RStV § 50, Rn. 70; *R. Bornemann*, BayVBl. 1997, S. 148 (149); Bornemann/Lörz, BayMG, Art. 26, Rn. 33, 110; *G. Breunig*, VBlBW 1993, S. 45 (47); *C.-E. Eberle*, Rundfunkübertragung, S. 77; *M. Schmidt-Preuß*, Kollidierende Privatinteressen, S. 403, 470; *J. Wieland*, DV 32 (1999), S. 217 (224 f.); differenzierend *U. Bumke*, Landesmedienanstalten, S. 267 ff.; *T. Motz*, Rechtsschutz, S. 136 ff. Zurückhaltend *M. Fehling*, Konkurrentenklage, S. 140 ff. (nur bei Abwägung zwischen gesetzlich nicht gewichteten Auswahlkriterien).

[36] Vgl. OVG Bautzen, LKV 1993, S. 388 (389); ferner ZUM-RD 1997, S. 87 (90, 95); OVG Berlin, DVBl. 1991, S. 1265 (1268); ZUM-RD 1997, S. 31 (40) – für die Kabelbelegung; ZUM 1996, S. 991 (992); OVG Lüneburg, DVBl. 1986, S. 1112 (1114); VGH Mannheim, NJW 1990, S. 340 (341); ESVGH 42, 185 (192 f.); NVwZ-RR 2003, S. 653 (654); *C. Bamberger*, ZUM 2000, S. 284 (287 ff.); *R. Binder*, in: Hahn/Vesting, Rundfunkrecht, RStV § 50, Rn. 70; Bornemann/Lörz, BayMG, Art. 26, Rn. 33, 110; *G. Breunig*, VBlBW 1993, S. 45 (47); *C.-E. Eberle*, Rundfunkübertragung, S. 77.

[37] Vgl. nur *M. Fehling*, Konkurrentenklage, S. 275; *T. Motz*, Rechtsschutz, S. 23.

Jahre zulässig ist (§ 51a Abs. 5 S. 1 und 2 RStV). Sie ist entsprechend § 39 VwVfG zu begründen. Dies setzt eine Wiedergabe der maßgeblichen Auswahlgesichtspunkte voraus.[38] § 51a Abs. 5 S. 3 RStV ordnet die sofortige Vollziehbarkeit der Zuweisung an; ein Vorverfahren findet nicht statt (§ 37 Abs. 5 RStV).

Von für das Verteilungsverfahren übergreifendem Interesse sind die allgemeinen, sich mithin nicht auf das Zuweisungsverfahren beschränkenden, aber gleichwohl hier erörterten, rundfunkrechtlichen Bemühungen, die Rechtsnatur der Auswahlentscheidung über die Tatsache ihres VA-Charakters hinaus zu bestimmen, findet sich hier doch mitunter die Annahme eines einheitlichen Verteilungsverwaltungsakts. So konzeptionalisieren einige Oberverwaltungsgerichte die Zulassungsentscheidung als einheitliche Gesamtentscheidung: „Die Zulassung und die Ablehnung bei der Aufteilung beschränkter Übertragungskapazitäten sind ihrem Wesen nach lediglich zwei verschiedene Ausprägungen einer rechtlich als Einheit zu bewertenden Aufteilungsentscheidung; Ablehnung und Zulassung sind durch die aufzuteilende beschränkte Übertragungskapazität in ihrem Bestand miteinander rechtlich verknüpft, so daß sie auch bei der Aufhebung ein rechtlich gemeinsames Schicksal teilen. Dies ergibt sich aus der Struktur der Aufteilungsentscheidung, wie sie durch das Landesmediengesetz geregelt ist."[39]

Angesichts der vergleichenden Auswahlentscheidung ist dem hinsichtlich einer materiell notwendig einheitlichen Entscheidung ohne Weiteres zuzustimmen.[40] Verfahrensrechtlich ist die Einheitlichkeit freilich keineswegs zwingend, kann die Entscheidung doch auch auf mehrere Verwaltungsakte in Gestalt der Zulassung respektive Ablehnung aufgeteilt werden.[41] In diesem Fall stellt die Auswahlentscheidung lediglich eine die Entscheidungsform nicht de-

---

[38] Vgl. auch OVG Berlin, ZUM 1996, S. 991 (992); VGH München, BayVBl. 1990, S. 179 (181).

[39] VGH Mannheim, NJW 1990, S. 340 (341); ebenso OVG Bautzen, Urt. v. 24.9.1996, 3 S 228/94, Umdruck S. 12 f.; VGH München, BayVBl. 1990, S. 179 (180); ZUM 1992, S. 629 (629 f.); BayVBl. 1997, S. 146 (147). Ablehnend Bornemann / Lörz, BayMG, Art. 26, Rn. 83 ff.; A.-S. Hahn, ZUM 1998, S. 682 (682 f.); T. Motz, Rechtsschutz, S. 29.

[40] OVG Schleswig, NVwZ-RR 1997, S. 626 (627); Bornemann / Lörz, BayMG, Art. 26, Rn. 84; M. Schmidt-Preuß, Kollidierende Privatinteressen, S. 159; M. Wilhelmi, ZUM 1992, S. 229 (230). Angesichts der gemischt bipolar und multipolaren Struktur der Zulassungsvoraussetzungen von einer nur materiellen Teilidentität ausgehend: T. Motz, Rechtsschutz, S. 29.

[41] OVG Berlin, DVBl. 1991, S. 1265 (1267); OVG Koblenz, NVwZ 1990, S. 1087 (1087); Bornemann / Lörz, BayMG, Art. 26, Rn. 84; R. Heine / A. Neun, MMR 2001, S. 352 (356); S. Kösling, Lizenzierung, S. 272 f.; T. Motz, Rechtsschutz, S. 29; M. Schmidt-Preuß, Kollidierende Privatinteressen, S. 159; M. Wilhelmi, ZUM 1992, S. 229 (231). Davon geht auch der VGH München, BayVBl. 1997, S. 146 (147), aus, wenn er den Erlass sowohl eines einheitlichen Bescheids als auch getrennter Bescheide für möglich erachtet; ebenso ZUM 1992, S. 629 (629). Siehe auch OVG Berlin, ZUM-RD 1997, S. 31 (38), das in der positiven Zulassungsentscheidung einen Verwaltungsakt mit Doppelwirkung zulasten der erfolglosen Mitbewerber sieht.

terminierende Vorfrage dar.[42] Mithin ist die Frage einer einheitlichen Gesamtentscheidung eine Frage der Ausgestaltung des Verwaltungsverfahrens.[43]

Die Annahme einer Gesamtentscheidung hat in erster Linie Konsequenzen für den Rechtsschutz: Sie ermöglicht nämlich eine einheitliche Anfechtung der Auswahlentscheidung;[44] konsequenterweise müsste auch eine – angesichts des auf Zuteilung gerichteten Rechtsschutzbegehrens sogar vorrangige – isolierte Verpflichtungsklage statthaft sein, die die ablehnende Komponente des Verwaltungsakts mitkassiert.[45] Wird die Auswahlentscheidung zudem als unteilbar verstanden,[46] scheidet eine Teilanfechtung respektive ein Teilwiderruf aus.[47]

Nicht übersehen werden darf indes der fragwürdige Hintergrund der Annahme einer Gesamtentscheidung in der Rechtsprechung. Bei näherer Betrachtung erweist sich diese nämlich, wie sogleich zu zeigen sein wird, als aus einer bestimmten Rechtsschutzperspektive motiviertes Konstrukt mit dem abzulehnenden Ziel, eine Anfechtungsmöglichkeit unabhängig von einem eigenen Zulassungsanspruch zu gewähren.[48]

2. Frequenzvergabe für lokale und regionale Rundfunkprogramme

Die Vergabe von Übertragungskapazitäten für lokale und regionale Rundfunkprogramme richtet sich nach dem jeweiligen Landesmedienrecht; für Bayern etwa finden sich Regelungen in den Art. 24 ff. BayMG sowie den auf der Grundlage des Art. 25 Abs. 13 BayMG erlassenen Satzungen über die Nutzung von Fernsehkanälen in Bayern nach dem Bayerischen Mediengesetz (Fernsehsatzung; FSS) bzw. über die Nutzung von Hörfunkfrequenzen nach dem Bayerischen Mediengesetz (Hörfunksatzung; HFS).

Als Richtschnur für die Organisation lokaler und regionaler Rundfunkprogramme gibt Art. 25 Abs. 3 S. 1 BayMG der Landeszentrale vor, „darauf zu achten, dass in sich geschlossene Gesamtprogramme entstehen, die Programmvielfalt zu sichern und auf tragfähige wirtschaftliche Rahmenbedingungen, vor al-

---

[42] Bornemann / Lörz, BayMG, Art. 26, Rn. 84.

[43] A.A. *M. Schmidt-Preuß*, Kollidierende Privatinteressen, S. 159, der von einer materiell-rechtlichen, nicht aber verfahrensrechtlichen Einheit ausgeht.

[44] OVG Bautzen, Urt. v. 24.9.1996, 3 S 228/94, Umdruck S. 12 f.; *G. Breunig*, VBlBW 1993, S. 45 (48); *M. Wilhelmi*, ZUM 1992, S. 229 (231 f.).

[45] Vgl. *M. Fehling*, Konkurrentenklage, S. 279.

[46] OVG Bautzen, Urt. v. 24.9.1996, 3 S 228/94, Umdruck S. 12 f.; *G. Breunig*, VBlBW 1993, S. 45 (48); *M. Wilhelmi*, ZUM 1992, S. 229 (231 f.).

[47] Im Rahmen einer Gesamtentscheidung wird allerdings auch eine Teilanfechtung hinsichtlich einzelner Konkurrenzverhältnisse für möglich erachtet, da die Entscheidung in diesem Sinne teilbar sei; etwaige Folgen für die Gesamtentscheidung muss die Behörde korrigieren, vgl. VGH Mannheim, NVwZ-RR 1998, S. 651 (651).

[48] Vgl. Bornemann / Lörz, BayMG, Art. 26, Rn. 83: „[H]inter dem Argumentationstopos verbirgt sich letztlich nichts anderes als die undifferenzierte Annahme der Klagebefugnis im Rahmen mehrpoliger Verwaltungsrechtsverhältnisse"; *R. Stettner*, ZUM 1992, S. 456 (472).

lem auf eine wirtschaftliche Zusammenarbeit der Anbieter hinzuwirken." Können auf einer Frequenz nicht alle Anbieter für das Gesamtprogramm unter wirtschaftlich tragfähigen Rahmenbedingungen berücksichtigt werden, so muss gemäß Art. 25 Abs. 4 S. 1 BayMG eine Auswahl nach den in S. 2 ff. genannten Gesichtspunkten durchgeführt werden.[49] In den erwähnten Satzungen ist diese in prozeduraler und materieller Hinsicht näher konkretisiert, was am Beispiel des in der HFS normierten, als „Programmorganisationsverfahren" bezeichneten Verteilungsverfahrens illustriert sei.[50]

Nach der Bestimmung des Vergabekonzepts (§ 7 Abs. 1 S. 3, S. 4 HFS)[51] sind verfügbare UKW-Hörfunkfrequenzen im Staatsanzeiger unter Angabe von Übertragungsweg, voraussichtlichem Versorgungsgebiet „der jeweiligen drahtlosen Hörfunkfrequenzen mit den zugeordneten Füllsenderfrequenzen einschließlich der festgelegten Bedingungen und Vorgaben" bekanntzumachen; auf die Ausschreibung ist „in den im jeweiligen Versorgungsgebiet erscheinenden wesentlichen Tageszeitungen und im Internetangebot der Landeszentrale" hinzuweisen (§ 7 Abs. 1 S. 1–3 HFS). Angesichts des dynamischen Moments der Programmorganisation zwischen der BLM und den Anbietern dürfen die Anforderungen an die Detailliertheit der Ausschreibung und die damit einhergehende Vorabbindung nicht überspannt werden;[52] allerdings ist als Ausfluss des Gebots einer fairen Verfahrensgestaltung zu fordern, dass den Bewerbern im Laufe des Organisationsverfahrens eintretende Änderungen mitgeteilt werden, so dass diese sich darauf einstellen und ihr Angebot anpassen können[53]. Eine Entscheidung auf der Grundlage nicht kommunizierter Vorgaben ist rechtswidrig.[54]

Eine Bewerbung interessierter Rundfunkanbieter ist innerhalb einer Ausschlussfrist[55] von vier Wochen möglich, wobei das Angebot den Mindestanfor-

---

[49] Zu den verschiedenen Aufteilungsmöglichkeiten (Vergabe an einen Anbieter; Frequenzsplitting; Vergabe an Anbietergemeinschaften; Einbau von Fensterprogrammen): *U. Bumke*, Landesmedienanstalten, S. 456 ff.; *C.-E. Eberle*, Rundfunkübertragung, S. 72 f. Zu den Vergabekriterien im Einzelnen Bornemann/Lörz, BayMG, Art. 25, Rn. 42 ff.; *M. Fehling*, Konkurrentenklage, S. 118 ff.

[50] Vergleichbare Regelungen finden sich in §§ 10 ff. FSS.

[51] Zur Notwendigkeit einer vorherigen Definition der Programmabsichten VGH München, BayVBl. 1990, S. 179 (181 f.).

[52] Bornemann/Lörz, BayMG, Art. 25, Rn. 4. Freilich gebietet die Pflicht der Landesmedienanstalten, Vielfalt sicherzustellen, ein Mindestmaß an programmatischen Vorgaben: VGH München, BayVBl. 1990, S. 179 (181); ZUM 1992, S. 629 (630 ff.). Vgl. auch OVG Bautzen, ZUM-RD 1997, S. 87 (93).

[53] Vgl. auch VGH München, BayVBl. 1990, S. 179 (181); Bornemann/Lörz, BayMG, Art. 25, Rn. 4.

[54] Vgl. auch OVG Bautzen, Urt. v. 24.9.1996, 3 S 228/94, Umdruck S. 24; VGH München, BayVBl. 1990, S. 179 (181); Bornemann/Lörz, BayMG, Art. 25, Rn. 4.

[55] Zur Möglichkeit einer Nachausschreibung als Alternative zum zulässigen Verfahrensabbruch bei inadäquatem Programmangebot: Bornemann/Lörz, BayMG, Art. 25, Rn. 22.

derungen des § 7 Abs. 1 S. 4 HFS entsprechen muss und ein Kostenvorschuss zu entrichten ist (§ 7 Abs. 2 HFS). In der Entscheidungsfindungsphase obliegt der Landesmedienanstalt die Organisation des Gesamtprogramms (§ 8 Abs. 1 S. 1, § 12 HFS):[56] Dabei sollen „[i]n der Regel ... bis zu drei geeignete Anbieter berücksichtigt werden, soweit nicht als Anbieter eine Gesellschaft oder Gemeinschaft der ausgewählten Bewerber genehmigt wird" (§ 8 Abs. 1 S. 2 HFS). Bevorzugt zu berücksichtigen sind Bewerber mit örtlichem Bezug und solche, „deren Angebote einen Beitrag zur Meinungsvielfalt und Ausgewogenheit des Gesamtprogramms erwarten lassen" (§ 8 Abs. 1 S. 3–5 HFS).[57] Die Auswahl näher konkretisiert § 8 Abs. 2 HFS (vgl. auch Art. 25 Abs. 4 S. 2 ff. BayMG), nach dem diejenigen Bewerber Vorrang genießen, welche die bessere Gewähr für die Erfüllung der nachfolgenden Anforderungen bieten:

1. Erfüllung der Voraussetzungen des Art. 26 Abs. 1 Satz 1 Nrn. 1 bis 6 BayMG [allgemeine Eignungsanforderungen],
2. Beitrag zur Meinungsvielfalt und zur Ausgewogenheit der Gesamtheit der Programme im Sinn des Art. 4 BayMG und Beachtung der gebotenen journalistischen Sorgfaltspflichten,
3. angemessener Anteil an Beiträgen mit kulturellen, kirchlichen, sozialen und wirtschaftlichen Inhalten,
4. wesentlicher Anteil eigengestalteter Sendungen und angemessene Berücksichtigung inländischer Produktionen,
5. hinreichende Einpassungsfähigkeit des Angebots in das Gesamtprogramm nach § 12,
6. personelle, organisatorische, technische und finanzielle Ausstattung zur Sicherstellung der Durchführung des beabsichtigten Angebots,
7. Bereitschaft zur programmlichen, technischen, organisatorischen und finanziellen Zusammenarbeit.

Integriert in diese Auswahl ist die Prüfung der allgemeinen Eignungsanforderungen des Art. 26 Abs. 1 Satz 1 Nrn. 1–6 BayMG, wobei Bewerber, die diese nicht erfüllen, auszuscheiden sind;[58] eine separate Zulassungsentscheidung findet, anders als im Kontext des RStV, jedoch nicht statt. Bei der Auswahlent-

---

[56] Hinsichtlich dessen Zuschnitts bestimmt § 12 Abs. 1–3 HFS: „(1) Für die Nutzung lokaler Hörfunkfrequenzen wird ein Gesamtprogramm nach einem für das Versorgungsgebiet ausgerichteten Programmkonzept aus allen zur Berücksichtigung vorgesehenen aufeinander abzustimmenden Angeboten genehmigt. (2) ¹Das Gesamtprogramm einschließlich der integrierten Spartenangebote und Zulieferungen soll einen angemessenen Anteil an Beiträgen mit kulturellen, kirchlichen, sozialen und wirtschaftlichen Inhalten enthalten. ²Die Information muss in angemessener Weise auf das von der Landeszentrale festgesetzte Versorgungsgebiet bezogen sein. ³Das Gesamtprogramm soll auch kulturelle und unterhaltende Elemente mit lokalem Charakter enthalten. (3) ¹Sind für ein Versorgungsgebiet mehrere lokale Hörfunkfrequenzen zur Nutzung vorgesehen, sind unterschiedliche programminhaltliche Schwerpunkte anzustreben ...".
[57] Zur Sicherung der Angebotsvielfalt sollen zudem Spartenanbieter angemessen berücksichtigt werden (§ 9 Abs. 1 HFS).
[58] VGH München, 7 B 06.2960 – juris, Rn. 24.

scheidung kommt der Landesmedienanstalt ein Beurteilungsspielraum zu, da die ihr „übertragene Aufgabe der Programmorganisation und -gestaltung ... von wertenden und prognostischen Elementen geprägt [ist]. Die Organisation eines Gesamtprogramms mit mehreren Anbietern ist ein komplexer Vorgang. Die Zuweisung von Sendezeiten hängt in hohem Maße von fachlichen Einschätzungen und Prognosen ab".[59]

Die Vergabeentscheidung wird durch eine Genehmigung gemäß § 4 HFS umgesetzt. Sie kann nach der Rechtsprechung grundsätzlich nicht für sofort vollziehbar erklärt werden, da hieran angesichts der bestehenden Grundversorgung durch den öffentlich-rechtlichen Rundfunk kein Interesse bestehe.[60]

Nur vereinzelt wird die Frage eines Abbruchs des Programmorganisationsverfahrens thematisiert: Zulässig ist dies bei Vorliegen eines sachlichen Grundes, insbesondere eines nicht adäquaten Programmangebots.[61]

IV. Verfahrensrechtliche Spezifika

Über die im RStV, den Landesmediengesetzen und ihren Ausführungsbestimmungen normierten Einzelregelungen des Verteilungsverfahrens hinaus werden im rundfunkrechtlichen Vergabeverfahren, genauso wie in anderen untersuchten Bereichen auch, die übergreifenden Verfahrensgrundsätze eines fairen Verwaltungsverfahrens[62] und der Chancengleichheit der Bewerber bei der Verteilung[63] anerkannt und aus diesen bestimmte Anforderungen abgeleitet.

So ist eine Bevorzugung respektive Benachteiligung einzelner Anbieter im Vergabeverfahren unstatthaft, etwa hinsichtlich Beteiligungschancen (Erläuterung von Angeboten, Teilnahme an Erörterungsterminen, Information der Bewerber über Entscheidungskriterien).[64] Ein faires Verfahren verbietet namentlich die Mitwirkung i.S.d. §§ 20 f. VwVfG befangener Amtsträger.[65] Von besonderer Bedeutung ist der Neutralitätsgrundsatz bei den im RStV und im Landesmedienrecht vor der Auswahlentscheidung vorgesehenen Einigungs-

---

[59] VGH München, 7 B 06.2960 – juris, Rn. 29.

[60] VGH München, DVBl. 1988, S. 590 (591); BayVBl. 1990, S. 179 (180 f.); ferner OVG Lüneburg, DVBl. 1986, S. 1112 (1115 f.).

[61] Vgl. Bornemann/Lörz, BayMG, Art. 25, Rn. 22; ferner Rn. 25 f. Bei rechtswidrigem Abbruch kann die Fortführung gerichtlich durchgesetzt werden: dies., ibid., Rn. 25. Vgl. auch OLG Nürnberg, Urt. v. 15.4.1991, 5 U 3630/90, Umdruck S. 5.

[62] VGH Mannheim, ESVGH 42, 185 (191 ff.).

[63] OVG Bautzen, LKV 1993, S. 388 (389); Bornemann/Lörz, BayMG, Art. 25, Rn. 3; Art. 26, Rn. 21 ff.; M. Fehling, Konkurrentenklage, S. 248.

[64] OVG Bautzen, LKV 1993, S. 388 (389); M. Fehling, Konkurrentenklage, S. 248.

[65] VGH Mannheim, ESVGH 42, 185 (191 ff.).

bemühungen.[66] Hier kann angesichts deren Zielsetzung, eine den gesetzlichen Vorgaben entsprechende Programmorganisation zu erreichen, freilich keine „innere Distanz und Neutralität" gefordert werden; vielmehr müssen die für die Auswahlentscheidung gemäß dem Medienrecht maßgeblichen Wertungen und Präferenzen bereits in die Vermittlungsphase einfließen.[67] Untersagt ist lediglich ein mit Blick auf das gesetzliche Entscheidungsprogramm sachwidriges und willkürliches Verhalten.[68] Darüber hinaus betont das VG Hannover zu Recht, dass dem Charakter eines Ausschreibungsverfahrens Nachverhandlungen mit einzelnen Bewerbern widersprechen.[69]

Als Korrelat zu dem den Landesmedienanstalten zugestandenen Beurteilungsspielraum bei der Auswahlentscheidung müssen schließlich diesen abfedernde verfahrensrechtliche Kautelen greifen, namentlich besondere Dokumentations-[70] und Begründungspflichten[71]. Eine unzureichende Dokumentation kann im Rahmen des Beweisrechts berücksichtigt werden, bis hin zur Beweislastumkehr zulasten der Landesmedienanstalt.[72]

V. Verfahrenssubjekte (Beteiligte)

Aus der Konkurrenz um Frequenzen folgt eine multipolare Verfahrensstruktur, die anders als in anderen Verteilungsverfahren auch allgemein anerkannt ist. Besonders augenfällig ist dies angesichts der von Teilen der Rechtsprechung angenommenen einheitlichen Auswahlentscheidung, die die Multipolarität bei der Entscheidungsformung umsetzt. Auch die im Rundfunkrecht vorgesehenen Einigungsbemühungen verweisen auf die Beteiligung der Bewerber an einem einheitlich zu verstehenden Verwaltungsverfahren.

VI. Fehlerfolgenregime

Im Rundfunkzulassungsrecht hat sich kein spezifisches Fehlerfolgenregime herausgebildet. Den materiellen und prozeduralen Zugangsnormen wird allgemein drittschützender Charakter zugesprochen[73] und insoweit nicht zwischen

---

[66] VGH Mannheim, ESVGH 42, 185 (191 ff.); *M. Fehling*, Konkurrentenklage, S. 244 f., 248.
[67] VGH Mannheim, ESVGH 42, 185 (194).
[68] VGH Mannheim, ESVGH 42, 185 (194 f.).
[69] VG Hannover, ZUM-RD 2008, S. 633 (639); ZUM-RD 2009, S. 229 (237).
[70] Siehe *M. Fehling*, Konkurrentenklage, S. 245 ff., der gleichzeitig auf die Grenzen von Dokumentationspflichten verweist.
[71] *M. Fehling*, Konkurrentenklage, S. 249 ff.
[72] *M. Fehling*, Konkurrentenklage, S. 246 ff.
[73] OVG Berlin, DVBl. 1991, S. 1265 (1266); 8 S 139.93 – juris, Rn. 6; ZUM-RD 1997, S. 31

einzelnen Elementen der Zulassungsentscheidung, etwa zwischen den allgemeinen Zulassungs- und den Auswahlregeln, differenziert, da es sich um ein einheitliches Entscheidungsprogramm handele[74]. Lediglich bei nicht drittschützenden Verfahrensvorschriften scheidet eine Rechtsbetroffenheit aus.[75] Eine Korrektur der Auswahlentscheidung aufgrund eines nicht ordnungsgemäßen Verfahrens kommt schließlich auch dann nicht in Betracht, wenn sich der Verfahrensfehler entsprechend dem verfassungs- und verwaltungsverfahrensrechtlich (§ 46 VwVfG) vorgezeichneten Auswirkungs-Kriterium nicht auf das Verfahrensergebnis ausgewirkt hat.[76]

VII. Rechtsschutzsystem

Den Schwerpunkt des Rechtsschutzsystems im Rundfunkrecht bildet der Primärrechtsschutz (1.), angesichts dessen Effektivität dem Sekundärrechtsschutz eine nur untergeordnete Rolle zukommt (2.). Auch im Rundfunkzulassungsrecht ist eine Gewichtsverlagerung hin zum einstweiligen Rechtsschutz zu konstatieren.[77] Mit der Endgültigkeit des vorläufigen Rechtsschutzes einhergehen muss freilich eine Steigerung der Anforderungen an diesen.[78]

1. Primärrechtsschutz

Tritt die Auswahlentscheidung in separaten Zulassungs- respektive Ablehnungsregelungen zutage, mithin nicht in Gestalt einer einheitlichen Gesamtregelung,[79] muss mittels eines kombinierten Verpflichtungs- und Anfechtungsantrags sowohl der eigene Zulassungsanspruch durchgesetzt als auch der durch die Zulassung des erfolgreichen Mitbewerbers blockierte Platz freigeräumt wer-

---

(38); VGH München, ZUM 1992, S. 629 (630); BayVBl. 1997, S. 146 (147); *M. Fehling*, Konkurrentenklage, S. 291 ff.; *T. Motz*, Rechtsschutz, S. 55 ff.; *M. Schmidt-Preuß*, Kollidierende Privatinteressen, S. 402 ff., 775; *J. Wieland*, DV 32 (1999), S. 217 (227 f.). Für die Ausschreibungspflicht OVG Bautzen, 3 BS 195/06 – juris, Rn. 5. Zurückhaltend mit Blick auf das Auswahlverfahren als „Bestandteil der objektiv-rechtlichen Ausgestaltung der Rundfunkfreiheit" Bornemann/Lörz, BayMG, Art. 25, Rn. 36; von einer subjektiven Rechtstellung hinsichtlich der Zulassung allerdings ausgehend dies., ibid., Art. 26, Rn. 30 ff.

[74] *M. Fehling*, Konkurrentenklage, S. 292 ff.

[75] *M. Fehling*, Konkurrentenklage, S. 295. Vgl. auch VG Hannover, ZUM-RD 2009, S. 229 (236 f.).

[76] Vgl. OVG Bautzen, Urt. v. 24.9.1996, 3 S 228/94, Umdruck S. 22 ff. (§ 46 VwVfG); VG Hannover, ZUM-RD 2009, S. 229 (236). Zum Auswirkungs-Kriterium ausführlich unten, 3. Teil, B.V.2.a.bb.(2).

[77] Bornemann/Lörz, BayMG, Art. 26, Rn. 79; *M. Fehling*, Konkurrentenklage, S. 304.

[78] Siehe Bornemann/Lörz, BayMG, Art. 26, Rn. 109; *M. Fehling*, Konkurrentenklage, S. 304 ff.

[79] Dazu oben, III.1.

den.[80] Anderes gilt, so man die Frequenzvergabe als Zulassung und Ablehnung umfassende Gesamtentscheidung im Sinne einer einheitlichen Regelung konzipiert.[81] Dann soll die Erhebung einer Anfechtungsklage ausreichen.[82] Das für einen derartigen isolierten Anfechtungsantrag mit Blick auf das weitergehende Rechtsschutzziel „Zulassung" gesondert festzustellende Rechtsschutzbedürfnis kann mit dem Argument, dass angesichts des bestehenden Beurteilungsspielraums der Medienanstalt in der Hauptsache ohnehin nicht mehr als ein Bescheidungsurteil erreicht werden kann,[83] bejaht werden.[84] Keinesfalls darf die Anfechtungsklage aber in Konkurrenzsituationen zu einem Instrument der objektiven Rechtskontrolle umgestaltet werden. Dies wäre dann zu befürchten, wenn man die Rechtswidrigkeit der Vergabeentscheidung und eine Rechtsverletzung bei den nicht zum Zuge gekommenen Bewerbern gleichsetzen würde.[85] Eine Rechtsverletzung hinsichtlich des aus dem Teilhaberecht folgenden Zulassungsanspruchs kommt bei jenen demgegenüber aber nur in Betracht, wenn dessen Verletzung möglich erscheint, mithin entweder feststeht, dass der Kläger zuzulassen ist, oder – der angesichts des bestehenden Beurteilungsspielraums der Verwaltung häufigere Fall – ein Anspruch auf spielraumkonforme Neuentschei-

---

[80] OVG Koblenz, NVwZ 1990, S. 1087 (1087); Bornemann/Lörz, BayMG, Art. 26, Rn. 94; *M. Fehling*, Konkurrentenklage, S. 279 ff.; *T. Motz*, Rechtsschutz, S. 29 f.; *M. Schmidt-Preuß*, Kollidierende Privatinteressen, S. 580 ff. Nur die Verpflichtungsklage angesichts der Konsequenzen einer Anfechtung für den Genehmigungsinhaber für statthaft erachtend *A.-S. Hahn*, ZUM 1998, S. 682 (683).

[81] So VGH Mannheim, NJW 1990, S. 340 (341 f.); VGH München, BayVBl. 1990, S. 179 (180); BayVBl. 1997, S. 146 (147).

[82] VGH Mannheim, NVwZ-RR 1998, S. 651 (651) – siehe aber auch 10 S 278/91 – juris, Rn. 55; 10 S 437/92 – juris, Rn. 22. Von einem Wahlrecht ausgehend: OVG Berlin, 8 S 139.93 – juris, Rn. 5; ZUM-RD 1997, S. 31 (38 f.); ZUM 1996, S. 991 (991); *G. Breunig*, VBlBW 1993, S. 45 (48); *J. Wieland*, DV 32 (1999), S. 217 (227); *M. Wilhelmi*, ZUM 1992, S. 229 (231 f.). Die Notwendigkeit der Erhebung einer Verpflichtungsklage offenlassend OVG Berlin, DVBl. 1991, S. 1265 (1266); VGH Mannheim, NJW 1990, S. 340 (341).

[83] VGH Mannheim, NJW 1990, S. 340 (341); VGH München, BayVBl. 1990, S. 179 (180); BayVBl. 1997, S. 146 (147). Anders für den vorläufigen Rechtsschutz OVG Koblenz, NVwZ 1990, S. 1087 (1088).

[84] So, da sich auch über den Anfechtungsantrag eine Neubescheidung erreichen lasse, OVG Berlin, 8 S 139.93 – juris, Rn. 5; ZUM-RD 1997, S. 31 (38 f.); *G. Breunig*, VBlBW 1993, S. 45 (48); *J. Wieland*, DV 32 (1999), S. 217 (227); *M. Wilhelmi*, ZUM 1992, S. 229 (233). Das Rechtsschutzbedürfnis demgegenüber verneinend: Bornemann/Lörz, BayMG, Art. 26, Rn. 94; *M. Fehling*, Konkurrentenklage, S. 297; *M. Schmidt-Preuß*, Kollidierende Privatinteressen, S. 581 f.; siehe auch *H. Jäde*, BayVBl. 1990, S. 183 (184).

[85] Vgl. OVG Bautzen, LKV 1993, S. 388 (388 f.); OVG Berlin, DVBl. 1991, S. 1265 (1266 f.); VGH München, BayVBl. 1990, S. 179 (180): Der Mitbewerber wird „durch eine rechtswidrige Ablehnung seines Antrags und/oder eine rechtswidrige Zulassung anderer Bewerber in seiner Konkurrenzstellung beeinträchtigt, weil ihm im Vergleich zu diesen wirtschaftliche und andere Nachteile erwachsen" (Hervorhebung nicht im Original); ZUM 1992, S. 629 (629 f.); *M. Wilhelmi*, ZUM 1992, S. 229 (235 f.). Vgl. auch OVG Berlin, 8 S 139.93 – juris, Rn. 6, 9; ZUM-RD 1997, S. 31 (39); ZUM 1996, S. 991 (992). Offengelassen von VGH München, BayVBl. 1997, S. 146 (147).

dung besteht. Reduzierte man hier die Schwelle, bestünde darüber hinaus die Gefahr, dass auch aussichtslose Bewerber bei jedwedem Auswahlfehler die Frequenzvergabe jedenfalls bis zur auf die Hauptsacheentscheidung folgenden erneuten Vergabeentscheidung verhindern könnten. Zutreffend hebt der Bayerische Verfassungsgerichtshof daher mit Blick auf die Rundfunkfreiheit hervor, dass

nicht nur zur prüfen [ist], ob die Genehmigung rechtsfehlerhaft ist, sondern auch, ob gerade der abgelehnte Anbieter dadurch in seinen subjektiven Rechten verletzt sein kann. Durch Wiederherstellung der aufschiebenden Wirkung darf die Vollziehung des Genehmigungsbescheids nicht aus Gründen verhindert werden, die den Individualrechtsschutz des abgelehnten Anbieters nicht betreffen können. Ein abgelehnter Anbieter kann bei verfassungsgemäßer Auslegung des [Mediengesetzes] nicht das Recht haben, ganz allgemein die Rechtmäßigkeit der anderen Anbietern erteilten Genehmigung überprüfen zu lassen. Unter dem Gesichtspunkt des Individualrechtsschutzes kommt es vielmehr darauf an, ob erhebliche Zweifel gerade an der Nichtzulassung des betreffenden Anbieters bestehen.[86]

Auch im Rundfunkzulassungsrecht besteht ein Aufhebungsanspruch zulasten des erfolgreichen Konkurrenten mithin nur, wenn der Kläger selbst zum Zuge gekommen wäre oder wenigstens einen Anspruch auf Neubescheidung hat.[87]

Diese Problematik schlägt sich auch im Eilrechtsschutz nieder, der bei sofort vollziehbarer Zulassungsentscheidung (siehe § 51a Abs. 5 S. 3 RStV) zu verfolgen ist. Nach einer vielfach in der Oberverwaltungsgerichtsbarkeit vertretenen Auffassung genüge im einstweiligen Rechtsschutz die Erhebung eines Antrags nach §§ 80a Abs. 3, 80 Abs. 5 VwGO. Denn bereits mit diesem könne verhindert werden, dass der zum Zuge gekommene Bewerber von der Zuteilung Gebrauch macht und den unterlegenen Bewerbern dadurch rechtliche Nachteile entstehen:[88]

Zwar entspricht dies nicht ihrem eigentlichen Ziel als unterlegener Bewerberin, das darauf gerichtet ist, selbst zu den ausgeschriebenen technischen Übertragungskapazitäten zur Veranstaltung von Hörfunkprogrammen zugelassen zu werden und von einer solchen

---

[86] BayVerfGHE 43, 170 (181 f.). Ebenso *R. Binder*, in: Hahn / Vesting, Rundfunkrecht, RStV § 50, Rn. 70; Bornemann / Lörz, BayMG, Art. 26, Rn. 83. Siehe auch VGH Kassel, NJW 1997, S. 1179 (1179 f.) – hinsichtlich der Auswahl vorgelagerten Zulassung. Vgl. ferner *M. Fehling*, Konkurrentenklage, S. 294 f.

[87] Vgl. auch OVG Bremen, DVBl. 1991, S. 1270 (1271); *K. Eiden / R. Bornemann*, ZUM 1995, S. 475 (479); *H. Jäde*, BayVBl. 1990, S. 183 (184). Wenn *M. Schmidt-Preuß*, Kollidierende Privatinteressen, S. 470 f., 581, fordert, dass der Kläger „mit hoher Wahrscheinlichkeit selbst zum Zuge" kommt, so kann dem nicht gefolgt werden, siehe unten, 3. Teil, B.V.2.a.bb. (2) und B.VI.1.a.aa.(2).

[88] OVG Bautzen, LKV 1993, S. 388 (388); OVG Berlin, 8 S 139.93 – juris, Rn. 5; ZUM-RD 1997, S. 31 (38 f.); ZUM 1996, S. 991 (992); VGH Mannheim, NJW 1990, S. 340 (341 f.); NVwZ-RR 1998, S. 651 (651); VGH München, DVBl. 1988, S. 590 (593); BayVBl. 1990, S. 179 (180); ZUM 1992, S. 629 (629); *G. Breunig*, VBlBW 1993, S. 45 (48); *M. Fehling*, Konkurrentenklage, S. 297. Offengelassen von OVG Berlin, DVBl. 1991, S. 1265 (1266). A.A. OVG Koblenz, NVwZ 1990, S. 1087 (1087).

Zulassung Gebrauch machen zu können. Einem solchen Rechtsschutzbegehren, das im Hauptsacheverfahren im Wege einer Verpflichtungsklage verfolgt werden müßte, könnte jedoch im Wege einer einstweiligen Anordnung nach § 123 I VwGO allenfalls dann entsprochen werden, wenn nur ihre Zulassung als einzig rechtmäßige Entscheidung in Betracht käme und den Grundsätzen effektiven Rechtsschutzes entspräche. Einen so weitgehenden Anspruch hat die Ast. jedoch nicht einmal geltend gemacht. Es geht ihr allein darum, zu verhindern, daß die Zulassung der Beigel. nicht vollzogen werden kann, solange im Hauptsacheverfahren noch über ihren Zulassung[s]anspruch gestritten wird. Gem. § 123 V i.V. mit § 80a III 1 und § 80a I Nr. 2 VwGO wird diesem Begehren, vorausgesetzt es erwiese sich als begründet, jedoch dadurch ausreichend Rechnung getragen, daß die aufschiebende Wirkung der nunmehr gegen die Zulassung der Beigel. erhobenen Klage wiederhergestellt wird.[89]

Auch insoweit stellt sich freilich wieder die Frage nach dem Rechtsschutzbedürfnis für ein isoliertes Anfechtungsbegehren.[90] Unabhängig davon darf wiederum keinesfalls die bloße Rechtswidrigkeit der Auswahlentscheidung als hinreichende Bedingung für eine Rechtsverletzung beim Antragsteller erachtet werden. Auf dieser Linie liegen Entscheidungen, die bei der im einstweiligen Rechtsschutz anzustellenden Abwägung entscheidend auf die Rechtmäßigkeit der Zulassung abstellen, ohne die Frage einer Rechtsverletzung gerade beim Antragsteller zu thematisieren.[91] Dies ist aus denselben Gründen wie bei der Anfechtungsklage abzulehnen.[92] Die Interessen des zum Zuge gekommenen Konkurrenten werden nicht adäquat gewahrt, wenn die mit einer positiven Eilentscheidung einhergehende Gefahr der Nichtnutzung der Frequenz lediglich im Rahmen der Interessenabwägung berücksichtigt wird.[93] Bei dieser Interessenabwägung ist in multipolaren Konstellationen im Übrigen zu berücksichtigen, dass hier dem Suspensivinteresse als solchem kein höheres Gewicht beigemessen werden kann.[94]

Als Entscheidungsausspruch bei Geltendmachung des Zulassungsanspruchs im einstweiligen Rechtsschutz ist sowohl eine Verpflichtung der Behörde zur Neubescheidung als auch eine vorläufige Zulassung denkbar. Trotz bestehender Beurteilungsspielräume wird ersteres mit Blick auf die Garantie effektiven Rechtsschutzes (Art. 19 Abs. 4 GG) teils für möglich erachtet, „wenn eine Verdichtung des Ermessens oder des Beurteilungsspielraums zu nur einer ermes-

---

[89] OVG Bautzen, LKV 1993, S. 388 (388).

[90] Bejahend – da im Eilrechtsschutz, anders als in der Hauptsache, Wahlrecht, ob neben Offenhalten zusätzlich auch vorläufige Zulassung erstrebt – *M. Fehling*, Konkurrentenklage, S. 297.

[91] OVG Bautzen, LKV 1993, S. 388 (388 f.); VGH München, BayVBl. 1990, S. 179 (180); ZUM 1992, S. 629 (629 f.). Vgl. auch OVG Berlin, 8 S 139.93 – juris, Rn. 6, 9; ZUM-RD 1997, S. 31 (39).

[92] Vgl. auch OVG Bremen, DVBl. 1991, S. 1270 (1271); *H. Jäde*, BayVBl. 1990, S. 183 (183); ferner *M. Schmidt-Preuß*, Kollidierende Privatinteressen, S. 599.

[93] VGH Mannheim, NJW 1990, S. 340 (342).

[94] *M. Fehling*, Konkurrentenklage, S. 302 f. Siehe ferner unten, 3. Teil, B.VI.1.b.aa.

sens- bzw. beurteilungsfehlerfreien Entscheidung nicht feststellbar ist, sie jedoch auch nicht ausgeschlossen erscheint".[95] Angesichts der damit verbundenen
Vorwegnahme der Hauptsache wird eine derartige Tenorierung allerdings mitunter für unzulässig erachtet;[96] der interimistischen Befriedungs- und der Si-
cherungsfunktion des einstweiligen Rechtsschutzes entspreche vielmehr lediglich eine vorläufige Zulassung[97]. An letzterer problematisch wiederum ist freilich die damit einhergehende Beschneidung des Beurteilungsspielraums der
Landesmedienanstalt.[98] Aus Gründen des effektiven Rechtsschutzes sei dies allerdings hinzunehmen;[99] erforderlich hierfür sind allerdings hohe Erfolgsaussichten in der Hauptsache[100]. Als Kompromiss möglich erscheint freilich auch
eine Verpflichtung zur vorläufigen Neubescheidung. Der wegen des Zusammenhangs der beiden Verfahren gebotene identische Entscheidungsmaßstab bei
§§ 80a, 80 Abs. 5 und § 123 VwGO[101] folgt daraus, dass für beide das Bestehen
des Teilhabeanspruchs maßgeblich ist.

In prozessualer Hinsicht ist ferner anzumerken, dass als maßgeblichen Entscheidungszeitpunkt aus Gründen der Chancengleichheit auf die Sach- und
Rechtslage bei der letzten Behördenentscheidung abzustellen ist.[102] Schließlich
sind angesichts der Regelung in § 44a VwGO während des Auswahlverfahrens
eingetretene Vergabefehler, etwa eine fehlerhafte Ausschreibung, erst mit einem Angriff auf die Auswahlentscheidung rügefähig.[103]

2. Sekundärrechtsschutz

Die Bedeutung des Sekundärrechtsschutzes in einem Verteilungsregime nimmt
in dem Maße ab, in dem die Möglichkeit besteht, Primärrechtsschutz zu erlangen. Denn dann schneidet die Obliegenheit, diesen in Anspruch zu nehmen,
Ersatzansprüche ab (vgl. § 839 Abs. 3 BGB). Die Verfügbarkeit effektiven Primärrechtsschutzes bei der rundfunkrechtlichen Frequenzvergabe erklärt mithin, warum der Sekundärrechtsschutz hier praktisch keine Rolle spielt. In den
dennoch vereinzelt vorhandenen Entscheidungen fanden Ersatzansprüche nur

---

[95] OVG Koblenz, NVwZ 1990, S. 1087 (1088); ferner VG Hannover, ZUM-RD 2008,
S. 633 (643).
[96] *M. Fehling*, Konkurrentenklage, S. 287 ff.
[97] *M. Fehling*, Konkurrentenklage, S. 289.
[98] Darauf verweist auch *M. Fehling*, Konkurrentenklage, S. 288 f.
[99] *M. Fehling*, Konkurrentenklage, S. 289.
[100] VGH München, 7 CE 08.1449 – juris, Rn. 17.
[101] *M. Fehling*, Konkurrentenklage, S. 307 f.
[102] OVG Bautzen, ZUM-RD 1997, S. 87 (90); OVG Bremen, DVBl. 1991, S. 1270 (1271),
zudem eine Vorverlagerung auf das Ende der Ausschlussfrist offenlassend; Bornemann/
Lörz, BayMG, Art. 25, Rn. 53; *G. Breunig*, VBlBW 1993, S. 45 (48 f.); *M. Fehling*, Konkurrentenklage, S. 298 ff.
[103] OVG Koblenz, 2 A 11843/96 – juris, Rn. 34. Vgl. auch *M. Fehling*, Konkurrentenklage, S. 297.

eingeschränkt Anerkennung:[104] Denn ein Amtshaftungsanspruch bei rechtswidriger Frequenzvorenthaltung[105] dürfte regelmäßig nicht in Betracht kommen, jedenfalls wenn man mit dem LG Berlin eine Kausalität zwischen der fehlerhaften oder unterbliebenen Vergabeentscheidung und dem Schaden angesichts des bestehenden Beurteilungsspielraums nur dann annimmt, wenn nur
eine rechtmäßige Entscheidung, und zwar zugunsten des Anspruchstellers, in
Betracht kommt.[106] Dies scheidet aber regelmäßig aus. Als weitere Fallgruppe
eines Haftungsanspruchs Anerkennung fanden Schadensersatzpflichten wegen
nutzloser Aufwendungen bei rechtswidrigem Abbruch des Auswahlverfahrens.[107]

---

[104] Umfassend zum Sekundärrechtsschutz unten, 3. Teil, B.VI.2.

[105] Zur Amtshaftung im Kontext der Festlegung von Verbreitungsgebieten: LG Düsseldorf, ZUM 1997, S. 398.

[106] LG Berlin, NVwZ-RR 1997, S. 35 (36). Zur Problematik dieser Auffassung ausführlich unten, 3. Teil, B.VI.2.b.cc.

[107] Bornemann/Lörz, BayMG, Art. 25, Rn. 25 f. Siehe auch OLG Nürnberg, Urt. v.
15.4.1991, 5 U 3630/90, das eine Pflichtverletzung im Rahmen eines vorvertraglichen Vertrauensverhältnisses als Grundlage des Ersatzanspruchs (c.i.c.) annimmt.

I. Veräußerungsverfahren

Fiskalische Zwänge, aber auch der politisch gewollte Rückzug des Staates aus seiner Erfüllungsverantwortung ziehen in zunehmendem Maße die Veräußerung von Vermögensgegenständen der öffentlichen Hand nach sich. Betroffen sind insbesondere der staatliche Immobilienbestand[1] und im (Mit-)Eigentum des Staates stehende Unternehmen. Diese Privatisierungsvorgänge stellen angesichts der oftmals anzutreffenden Mehrzahl von Interessenten (auch) ein Verteilungsproblem dar, für dessen Bewältigung sich in der Verwaltungspraxis entsprechende Verfahrensstrukturen verfestigen[2]. Diese und deren Rahmen seien im Folgenden in den Blick genommen.

I. Die Verteilungssituation

1. Verfassungsrechtliche Perspektive

Veräußert die öffentliche Hand Vermögensgegenstände, können die Freiheitsrechte mangels eines originären Leistungsanspruchs auf Verschaffung der fraglichen Güter und angesichts der abwehrrechtlichen Irrelevanz des staatlichen Leistungsangebots[3] allenfalls in ihrer teilhaberechtlichen Dimension zum Tragen kommen. Dies setzt freilich voraus, dass das begehrte Gut nicht nur der Freiheitsausübung dienlich, sondern letztere in besonderem Maße hierauf angewiesen ist.[4] Bei den hier untersuchten Immobilien- und Unternehmenstransaktionen scheidet ein derartig qualifizierter Zusammenhang aber regelmäßig aus. Damit verbleibt eine Berufung auf den allgemeinen Gleichheitssatz (Art. 3 Abs. 1 GG), der angesichts seiner Fiskalgeltung[5] unabhängig von der Zuordnung des Veräußerungsvorgangs zum Zivil- oder Öffentlichen Recht greift. Er umfasst sowohl materielle als auch prozedurale Vorgaben.

---

[1] Siehe etwa zum öffentlichen Wohnungswesen und seiner Privatisierung: *U. Schacht*, ZögU 2008, S. 21.

[2] *U. Stelkens*, ZEuS 2004, S. 129 (159).

[3] Dazu oben, 1. Teil, A.I.2.b.aa.

[4] Siehe bereits oben, 1. Teil, A.I.2.b.bb.(1)(c).

[5] Zu dieser oben, 1. Teil, A.I.1.

In materieller Hinsicht müssen die Veräußerungsbedingungen dem Gebot der Sachgerechtigkeit entsprechen.[6] Insoweit unbedenklich ist die in der Haushaltsordnung des Bundes vorgesehene Veräußerung zum vollen Wert (§ 63 Abs. 3 S. 1, Abs. 4 BHO). Dass zu dessen Ermittlung die oftmals Anwendung findenden Ausschreibungsverfahren geeignet sind, insbesondere, wenn der Marktpreis nicht von vornherein zu bestimmen ist, steht außer Frage; sachgerecht ist jedoch auch jedes andere für eine haushaltskonforme Wertermittlung Gewähr bietende Verfahren. Probleme bereiten kann die Beurteilung von besonderen Veräußerungsbedingungen, die über die Erlöserzielung hinausgehende Sekundärzwecke verfolgen,[7] etwa von Baupflichten im Zusammenhang mit Grundstücksverkäufen. Sie müssen sich als sachgerecht mit Blick auf Gegenstand und Kontext des Veräußerungsvorgangs erweisen.[8]

In prozeduraler Hinsicht folgen aus dem allgemeinen Gleichheitssatz Mindestanforderungen für ein die Chancengleichheit der Interessenten sicherstellendes Vergabeverfahren.[9] Hierzu rechnen allen voran die Entwicklung eines verbindlichen Verteilungskonzepts,[10] eine hinreichende Publizität des Veräuße-

---

[6] Siehe etwa BGH, NJW 1959, S. 431 (432) – Grundstücksverkauf; *H. Berger*, ZfBR 2002, S. 134 (138); *J. Dietlein*, NZBau 2004, S. 472 (474 f.); *C. R. Eggers / B. Malmendier*, NJW 2003, S. 780 (782, 784); *S. Klein*, VergabeR 2005, S. 22 (24); *W. Krebs*, ZIP 1990, S. 1513 (1522); *R. Weimar*, ZIP 1993, S. 1 (12); *ders., Treuhandgesetz*, § 1, Rn. 52.

[7] Gemäß Nr. 1 VV-BHO zu § 63 BHO kann „[d]ie Veräußerung von Vermögensgegenständen und die Überlassung der Nutzung von Vermögensgegenständen … mit Bedingungen oder Auflagen verbunden werden; gegebenenfalls sind entsprechend den VV zu § 44 die zweckentsprechende Verwendung, der Verwendungsnachweis und die Prüfungsrechte der Verwaltung und des Bundesrechnungshofs zu regeln." Siehe zum Entscheidungsprogramm der Treuhand *W. Spoerr, Treuhandanstalt*, S. 162 ff.

[8] Zur ausnahmsweise abwehrrechtlichen Relevanz derartiger Vergabebedingungen angesichts ihres lenkenden Charakters oben, 1. Teil, A.I.2.b.aa.(4).

[9] Zutreffend OLG München, 7 U 2759/06 – juris, Rn. 42, 46. Im Grundsatz erkennt dies auch der BGH (NZBau 2008, S. 407 [408]) an, wenn er die Verwaltung im Rahmen des von ihm als vorvertragliches Vertrauensverhältnis qualifizierten Bietverfahrens „zu[r] Gleichbehandlung der Teilnehmer, Transparenz und Rücksichtnahme" für verpflichtet erachtet. Vgl. auch OVG Greifswald, 3 O 58/07 – juris, Rn. 15; *H. Berger*, ZfBR 2002, S. 134 (138); *J. Dietlein*, NZBau 2004, S. 472 (473); *C. R. Eggers / B. Malmendier*, NJW 2003, S. 780 (782); *R.-F. Fahrenbach*, DtZ 1990, S. 268 (269); *H. Grziwotz*, NotBZ 2008, S. 85 (87); *S. Klein*, VergabeR 2005, S. 22 (24); *W. Krebs*, ZIP 1990, S. 1513 (1522); *W. Krohn*, in: Müller-Wrede, Kompendium Vergaberecht, Kap. 24, Rn. 26 f.; *W. Spoerr, Treuhandanstalt*, S. 158. Zurückhaltend, da ein irgendwie geartetes Bietverfahren nicht für erforderlich erachtend: *R. Regler*, MittBayNot 2008, S. 477 (478) – in gewissem Widerspruch hierzu steht freilich die gleichzeitige Annahme von Verfahrenspflichten.

[10] *C. R. Eggers / B. Malmendier*, NJW 2003, S. 780 (784). Eine Abweichungsmöglichkeit unter dem Gesichtspunkt der Chancengleichheit vertritt: *R.-F. Fahrenbach*, DtZ 1990, S. 268 (269 f.).

rungsvorgangs,[11] einheitliche Bedingungen,[12] verbindliche Fristen[13] sowie eine den Nachvollzug der Vergabeentscheidung gestattende Begründung[14]. Mit der Anerkennung einer prozeduralen Dimension des allgemeinen Gleichheitssatzes geht freilich keine Hypertrophie des Verfahrens einher. Vielmehr müssen Art und Ausmaß der grundrechtssichernden Verfahrenskautelen in einem angemessenen Verhältnis zum jeweiligen Veräußerungsobjekt stehen:[15] So ist etwa die Reichweite des Bekanntmachungserfordernisses mit Blick auf den potentiellen Interessentenkreis zu bestimmen.

Schließlich kommt die grundrechtliche Garantie effektiven Rechtsschutzes zum Tragen.[16] Diese fordert zum einen eine die Erlangung von Rechtsschutz ermöglichende Verfahrensgestaltung und deckt sich insoweit mit den prozeduralen Anforderungen des allgemeinen Gleichheitssatzes.[17] Zum anderen entscheidet sie über Art und Maß des zu eröffnenden Rechtsschutzes, namentlich ob Primärrechtsschutz ausgeschlossen respektive beschränkt werden kann; insoweit sind verschiedene, im Kontext des Fehlerfolgenregimes näher erörterte Modelle denkbar[18]. In der multipolaren Konfliktsituation der öffentlichen Auftragsvergabe unterhalb der Schwellenwerte hielt das BVerfG Rechtsschutzbeschränkungen für möglich: Denn es „liegt im Hinblick auf Vergabeentscheidungen im gesetzgeberischen Gestaltungsspielraum, das Interesse des Auftraggebers an einer zügigen Ausführung der Maßnahmen und das des erfolgreichen Bewerbers an alsbaldiger Rechtssicherheit dem Interesse des erfolglosen Bieters an Primärrechtsschutz vorzuziehen und Letzteren regelmäßig auf Sekundärrechtsschutz zu beschränken."[19] Diese Argumentation ist, so man sie für vor der Rechtsschutzgarantie rechtfertigbar erachtet,[20] auf Veräußerungsvorgänge – trotz ihres im Vergleich zu unterschwelligen Auftragsvergaben oftmals höheren Volumens – übertragbar, da auch hier seitens des unterlegenen Bewerbers

---

[11] *J. Dietlein*, NZBau 2004, S. 472 (474); *C. R. Eggers / B. Malmendier*, NJW 2003, S. 780 (784); *S. Klein*, VergabeR 2005, S. 22 (24); *W. Spoerr*, Treuhandanstalt, S. 158.

[12] *J. Dietlein*, NZBau 2004, S. 472 (475); *W. Krebs*, ZIP 1990, S. 1513 (1522).

[13] *C. R. Eggers / B. Malmendier*, NJW 2003, S. 780 (785).

[14] *J. Dietlein*, NZBau 2004, S. 472 (475); *C. R. Eggers / B. Malmendier*, NJW 2003, S. 780 (784 f.).

[15] Vgl. auch *C. R. Eggers / B. Malmendier*, NJW 2003, S. 780 (783); *W. Spoerr*, Treuhandanstalt, S. 158.

[16] Entsprechend der Rechtsprechung des BVerfG zu Auftragsvergaben im Unterschwellenbereich (zu dieser und ihrer Kritik bereits oben, 1. Teil, A.I.2.c.) könnte auch in Veräußerungsvorgängen keine Ausübung öffentlicher Gewalt i.S.d. Art. 19 Abs. 4 GG gesehen werden. Danach wäre nicht dieser, sondern die im Rechtsstaatsprinzip wurzelnde und über Art. 2 Abs. 1 GG subjektivierte allgemeine Rechtsschutzgarantie einschlägig (anders etwa *J. Becker*, Verwaltungsprivatrecht, S. 155; *C. Braun*, VergabeR 2006, S. 657 [666]).

[17] Siehe bereits ausführlich oben, 1. Teil, A.I.2.c.

[18] Näher unten, IV.2.d.; ferner 3. Teil, B.V.3.

[19] BVerfGE 116, 135 (156). Näher dazu oben, 1. Teil, A.I.2.c.

[20] Ausführlich zur Beschränkbarkeit der Rechtsschutzgarantie oben, 1. Teil, A.I.2.c.

lediglich monetär kompensationsfähige wirtschaftliche Interessen inmitten stehen und andererseits ein Interesse an einer raschen und bestandskräftigen Abwicklung der Transaktion anzuerkennen ist.[21] Nicht übersehen werden darf allerdings das vom BVerfG herausgearbeitete, mit dem Ausschluss von Primärrechtsschutz korrelierende Gebot einer Optimierung des Sekundärrechtsschutzes.[22]

2. Unionsrechtliche Perspektive

Vermögensprivatisierungen der öffentlichen Hand unterliegen vielfältigen unionsrechtlichen Bindungen. Grenzüberschreitende Investitionsvorgänge, wie der Erwerb von Immobilien und Unternehmen(santeilen), unterfallen zunächst dem Schutz der Kapitalverkehrsfreiheit (Art. 63 ff. AEUV) und, so sie im Zusammenhang mit einer unternehmerischen Tätigkeit stehen, auch dem der Niederlassungsfreiheit (Art. 49 ff. AEUV).[23] Damit greift das grundfreiheitliche Verteilungsregime, das in materieller Hinsicht ausländische Interessenten offen oder versteckt diskriminierende oder den Erwerbsvorgang anderweitig beschränkende Kriterien untersagt; zudem gilt der oben entwickelte prozedurale Mindeststandard.[24] Eine besondere Bedeutung bei der Herausbildung eines Veräußerungsverfahrens kam dem europäischen Beihilfenrecht (Art. 107 ff. AEUV) zu: Die Europäische Kommission unterzog nämlich zahlreiche Privatisierungsvorgänge einer Kontrolle auf ihre Konformität mit dem Beihilfenverbot hin, so dass sich in der Kommissionspraxis die bereits detailliert beschriebene Anforderung eines bedingungsfreien, transparenten und objektiven Vergabeverfahrens entwickeln konnte.[25] Dieses ist sowohl in prozeduraler Hinsicht als auch für die Vergabekriterien von Bedeutung. Das wettbewerbsrechtliche Missbrauchsverbot des Art. 102 AEUV schließlich hält zu einer diskriminierungsfreien Güterverteilung an; seine Anwendbarkeit steht und

---

[21] *J. Dietlein*, NZBau 2004, S. 472 (475). Anders *J. Becker*, Verwaltungsprivatrecht, S. 155 f., und *C. R. Eggers / B. Malmendier*, NJW 2003, S. 780 (782 f., 785), die eine primärrechtsschutzermöglichende Verfahrensgestaltung, namentlich eine Vorabinformationspflicht, fordern. Offengelassen von OVG Greifswald, 3 O 58/07 – juris, Rn. 15. Siehe noch näher unten, IV.2.d.

[22] BVerfGE 116, 1 (22); E 116, 135 (159).

[23] Siehe nur *U. Jasper / J. Seidel*, NZBau 2008, S. 427 (428); *S. Klein*, VergabeR 2005, S. 22 (23); *H. Kristoferitsch*, EuZW 2006, S. 428 (431 f.); *J. Kühling*, ZfBR 2006, S. 661 (663); *H.-J. Prieß / M. Gabriel*, NZBau 2007, S. 617 (618 f.). A.A. *R. Regler*, MittBayNot 2008, S. 477 (477), der das primärrechtliche Vergaberegime fälschlicherweise, da entgegen seinem umfassenden Anspruch, auf die öffentliche Auftragsvergabe beschränkt. Siehe zur – angesichts des weitgehenden Gewährleistungsgleichlaufs praktisch nicht weiter relevanten – Abgrenzung zwischen diesen beiden Verbürgungen nur *J. Bröhmer*, in: Calliess / Ruffert, EUV / EGV, Art. 56 EGV, Rn. 23 ff.; *W. Frenz*, Europäische Grundfreiheiten, Rn. 2760 ff., 2770, 2774 ff.

[24] Zum grundfreiheitlichen Verteilungsregime oben, 1. Teil, B.I.2.

[25] Ausführlich dazu oben, 1. Teil, B.I.3.

fällt freilich mit der bei Veräußerungsvorgängen regelmäßig ausscheidenden beherrschenden Stellung der öffentlichen Hand auf dem Binnenmarkt oder auf einem wesentlichen Teil desselben.[26]

3. Einfach-rechtliche Verteilungsgrundsätze

Ist der öffentlichen Hand ausnahmsweise eine marktbeherrschende Stellung zu attestieren, greift das nationale Wettbewerbs- und Kartellrecht und mit diesem das im ersten Teil näher entfaltete Gebot einer wettbewerblichen Güterverteilung.[27] Den prozeduralen Anforderungen des allgemeinen Gleichheitssatzes entsprechende Vorgaben folgen – bei zivilrechtlicher Konzeptionalisierung des Veräußerungsverfahrens – ferner aus der in § 241 Abs. 2 BGB statuierten, im Rahmen vorvertraglicher Vertrauensverhältnisse greifenden (§ 311 Abs. 2 Nr. 1 und 3 BGB) Pflicht zur „Rücksicht auf die Rechte, Rechtsgüter und Interessen des anderen Teils". So erachtet der BGH die öffentliche Hand auch „außerhalb des Anwendungsbereichs der allgemeinen Vergabevorschriften und Verdingungsordnungen ... zu[r] Gleichbehandlung der Teilnehmer, Transparenz und Rücksichtnahme" verpflichtet.[28]

II. Regelungsstrukturen

Die Überlassung von öffentlichem Eigentum an Dritte im Wege der Veräußerung oder der Einräumung eines Nutzungsrechts, seien es bewegliche Sachen, Grundstücke oder Unternehmensanteile, findet sich in der deutschen Rechtsordnung (fast) ausschließlich im Haushaltsrecht (siehe für die Bundesebene §§ 63 f. BHO sowie die sie konkretisierenden VV-BHO) und damit unter dem Aspekt einer sparsamen und wirtschaftlichen Verwendung öffentlicher Mittel (vgl. § 6 Abs. 1 HGrG, § 7 Abs. 1 S. 1 BHO) geregelt.[29] Insoweit stellt die Haushaltsordnung die Vorgabe auf, dass eine Veräußerung zum vollen Wert zu erfolgen hat (§ 63 Abs. 3 S. 1, Abs. 4 BHO), wobei sich dieser gemäß Nr. 2 S. 1 VV zu § 63 BHO nach dem Verkehrswert bestimmt[30]. Zu dessen Ermittlung ist bei Grundstücken generell (§ 64 Abs. 3 BHO) und im Übrigen dann, wenn kein Marktpreis feststellbar ist (Nr. 2 S. 2 VV zu § 63 BHO), eine besondere Wertermittlung durchzuführen. Für Immobilien enthält Nr. 7 VV-BHO zu § 64 BHO insoweit einen dynamischen Verweis auf die Wertermittlungsrichtlinien, im

---

[26] Dazu im Detail oben, 1. Teil, B.I.4.
[27] Näher oben, 1. Teil, C.II.
[28] BGH, NZBau 2008, S. 407 (408).
[29] Siehe für den kommunalen Bereich: *R. Weiß*, Veräußerung.
[30] Siehe insoweit auch OVG Münster, NJW 1983, S. 2517 (2518).

Übrigen schweigen die BHO und die zu ihrer Durchführung ergangenen Verwaltungsvorschriften[31].

In Ausnahmefällen finden sich spezialgesetzliche Grundlagen für Veräußerungsvorgänge: Prominentestes Beispiel hierfür dürfte die Verwertung des ehedem volkseigenen Vermögens durch die Treuhandanstalt auf der Grundlage des TreuHG sein. Auch dessen primärer Fokus bestand freilich nicht darin, ein (detailliertes) Verwertungsverfahren zu normieren; vielmehr gaben diese Transaktionen Anlass zu zahlreichen Kontroversen hinsichtlich der Verfahrensgestaltung.[32]

Ein ausdifferenzierter Rahmen für Veräußerungsvorgänge besteht schließlich dann, wenn diese dem Vergaberecht unterfallen. Dessen Anwendbarkeit hängt von dem Vorliegen eines Beschaffungsbezugs ab, der, wie im ersten Teil aufgezeigt,[33] bei schlichten Erwerbsvorgängen ausscheidet, bei mit der Veräußerung verbundenen Leistungspflichten aber durchaus zu bejahen sein kann. Der Streit um die Einbeziehung städtebaulicher Vereinbarungen mit Investoren oder von Unternehmenstransaktionen in das Kartellvergaberecht zeugt hiervon.

III. Das Auswahlverfahren

Angesichts der nur minimalen gesetzlichen Regelung des Veräußerungsvorgangs in den Haushaltsordnungen obliegt es der Verwaltung, das Auswahlverfahren näher auszugestalten (vgl. auch § 10 VwVfG). In der Praxis lässt sich ein verstärkter Rekurs auf strukturierte Bietverfahren beobachten,[34] die in der haushaltsrechtlichen Literatur als „neue Verfahren der Preisfindung" bezeich-

---

[31] Siehe aber Art. 64 Abs. 3 S. 1 BayLHO, der ein grundsätzliches Ausschreibungserfordernis vorsieht.

[32] Siehe nur *W. Spoerr*, Treuhandanstalt, S. 139 ff.

[33] Siehe oben, 1. Teil, C. I.

[34] Siehe nur die Ausschreibungen in der FAZ v. 8.4.2007, S. 24 (Verpachtung Gastronomie im Wissenschafts- und Kongresszentrum Darmstadt); FAZ v. 10.11.2007, S. 20 (Investorenauswahl für Bauprojekt Eichstätt); FAZ v. 20.11.2007, S. 12 (Verkauf Landesentwicklungsgesellschaft NRW mbH); FAZ v. 3.1.2008, S. 20 (Beteiligungsveräußerung an der BIH Berliner Immobilien Holding GmbH durch das Land Berlin); FAZ v. 2.2.2008, S. 23 (Trinkkuranlage Bad Nauheim); FAZ v. 3.3.2008, S. 18 (Wochenmarkt vor dem Roten Rathaus); FAZ v. 14.3.2008, S. 30 (Verkauf Palazzo Labia Venedig); FAZ v. 7.6.2008, S. 25 (Bauinvestoren für „Eifel Build to Lease Projekt"); FAZ v. 6.9.2008, S. 22 (International Wind Power GmbH); FAZ v. 12.9.2008, S. 49, und v. 7.11.2008, S. 45 (Historische Markthallen Berlin); FAZ v. 19.9.2008, S. 45 (Schinkelsche Bauakademie Berlin); FAZ v. 7.11.2008, S. 45 (Holzhackschnitzel-Heizkraftwerk und Biogasanlage Fürstenwalde); FAZ ohne Quelle (Beteiligung eines strategischen Partners an der Messe Dresden GmbH); FAZ v. 21.11.2008, S. 47 (Landesentwicklungsgesellschaft Thüringen mbH, Liegenschaftsfonds Berlin u. a.); FAZ v. 28.11.2008, S. 37 f. (Stadt Münster; LEG Thüringen mbH); FAZ v. 12.12.2008, S. 45 (Amerika Haus Berlin; Baugrundstück Stadt Freiburg); FAZ v. 19.12.2008, S. 47 (Hannenhof Krefeld); FAZ v. 26.3.2010, S. 42 (diverse Objekte der Bundesanstalt für Immobilienaufgaben);

net werden[35]; die Rede ist ferner von einem „M&A-Verfahrensrecht"[36]. In der Praxis zu konstatieren ist freilich oftmals auch eine mangelhafte Durchführung derartiger Verfahren.[37]

In dem – in seiner verfassungs- und europarechtlichen Absicherung im Detail gleichwohl umstrittenen – Verfahrensmuster, das sich in der Verwaltungspraxis herausgebildet hat, spiegeln sich die auch in anderen Bereichen herausgearbeiteten Grundstrukturen des Verteilungsverfahrens wider: eine Konzept-, Ausschreibungs-, Bewerbungs- und Entscheidungsfindungsphase, die in die Vergabeentscheidung münden. Am Beispiel des Insertionsverfahrens der Bundesanstalt für Immobilienaufgaben (1.), des Grundstücksveräußerungsverfahrens der Landeshauptstadt München (2.) und von strukturierten Beteiligungsveräußerungsverfahren (3.) sei dies einleitend illustriert. Hieran schließt sich eine Erörterung von Detailfragen des Veräußerungsverfahrens an (4.), ohne dass eine – wie in den anderen Kapiteln – umfängliche Abhandlung angestrebt (und angesichts der rudimentären Normierung auch möglich) wäre.

1. Insertionsverfahren der Bundesanstalt für Immobilienaufgaben

Der zum 1. Januar 2005 gegründeten Bundesanstalt für Immobilienaufgaben[38] obliegt im hier interessierenden Zusammenhang die „Verwertung von Grundstücken, die nicht für Verwaltungszwecke des Bundes oder im Rahmen des Gemeingebrauchs im Aufgabenbereich des Bundes benötigt werden" (§ 2 Abs. 1 S. 2 BImAG). Die Veräußerung erfolgt auf der Grundlage des BImAG, der bereits erwähnten haushaltsrechtlichen Vorschriften für die Verwertung von Bundesvermögen (§§ 63 f. BHO mit VV-BHO; siehe § 10 Abs. 1 BImAG) und gemäß dem Wirtschaftlichkeitsprinzip (§ 1 Abs. 1 S. 5 BImAG). Diese Grundsätze finden sich in verschiedenen Verfahrensanweisungen konkretisiert, die aus Gründen der Chancengleichheit der Bewerber allerdings nicht öffentlich zugänglich sind. Immerhin finden sich Eckpunkte des Veräußerungsverfahrens in einem „Merkblatt zum Verfahren zur Verwertung bundeseigener Liegenschaften"[39] festgehalten.

FAZ v. 27.3.2010, S. 20 (ARATORA Wohnungsbaugesellschaft Artern mbH). Siehe ferner den Beitrag in der FAZ v. 30.5.2008, S. 47.

[35] *M. Mähring*, in: Engels/Eibelshäuser, Haushaltsrecht, § 64, Rn. 5.

[36] So der Titel des Beitrags von *H.-J. Prieß/M. Gabriel*, NZBau 2007, S. 617.

[37] *C. Rabenschlag*, in: Engels/Eibelshäuser, Haushaltsrecht, § 63, Rn. 16. Als Beispiel aus der Praxis: BRH, Bemerkungen 2001, Nr. 25 (S. 123 ff.).

[38] Siehe Gesetz über die Bundesanstalt für Immobilienaufgaben vom 9. Dezember 2004 (BImAG; BGBl. I, S. 3235), geändert durch Artikel 15 Abs. 83 des Gesetzes vom 5. Februar 2009 (BGBl. I, S. 160).

[39] Siehe das Merkblatt der BImAG zum Verfahren zur Verwertung bundeseigener Liegenschaften (Stand: 1.4.2008).

Nach diesem[40] und ergänzenden Informationen der Bundesanstalt müssen zu veräußernde Objekte in der regionalen bzw. überregionalen Tagespresse und auf der Homepage der Bundesanstalt ausgeschrieben werden. Hierbei handelt es sich nach dem Willen der Bundesanstalt um eine unverbindliche Aufforderung zur Abgabe von Kaufangeboten, mithin eine „invitatio ad offerendum". Der Zuschlag erfolgt auf das beste Angebot, wobei zwei Qualifikationen anzubringen sind: Die Bundesanstalt behält sich nämlich zum einen vor, den Zuschlag nicht zu erteilen, so ihre Kaufpreisvorstellungen nicht erreicht wurden, und zum anderen, mit den Meistbietenden hinsichtlich der Höhe des Angebots zu verhandeln. Letztere erhalten damit die Möglichkeit, ihr Angebot zu verbessern. Die Veräußerung des Grundstücks erfolgt an den (in dieser Schlussphase) Meistbietenden.

2. Grundstücksveräußerungsverfahren der Landeshauptstadt München

Ein strukturiertes und äußerst ausdifferenziertes Veräußerungsverfahren für Immobilien findet sich in den vom Stadtrat der Landeshauptstadt München aufgestellten „Leitlinien über Grundsätze und Verfahren beim Verkauf von Grundstücken unterhalb des Schwellenwerts". Hierbei handelt es sich um Verwaltungsvorschriften, von denen sich der Stadtrat eine Abweichung in begründeten Einzelfällen vorbehält (Nr. 1). Die Leitlinien bekräftigen und explizieren einleitend die Vergabegrundsätze der Diskriminierungsfreiheit und der Transparenz (Nr. 2) und sehen ein mehrphasiges Verteilungsverfahren vor (Nr. 3). In der einleitenden Konzeptphase ist der Vertragsgegenstand diskriminierungsfrei zu bezeichnen (Nr. 2.1) und sind die Vergabekriterien festzulegen. Dabei stellt der Verkauf zum Höchstgebot die Regel dar, es können aber auch ökologische, soziale, planerische oder wirtschaftliche Belange berücksichtigt werden; in diesem Fall ist eine Bewertungsmatrix nach Punkten aufzustellen (vgl. Nr. 3.2, 3.7). Das Vergabekonzept entfaltet grundsätzlich Bindungswirkung für das weitere Verfahren; eine Änderung wesentlicher Kriterien zieht aber „möglicherweise" eine Pflicht zur Neuausschreibung nach sich, stets sind die Verfahrensbeteiligten von Änderungen zu unterrichten, um Reaktionsmöglichkeiten zu eröffnen (Nr. 2.2, 3.10). In der folgenden Ausschreibungs- und Bewerbungsphase ist das Veräußerungsobjekt in Zeitung sowie Internet aussagekräftig auszuschreiben (Nr. 2.2, 3.1), und den Interessenten, die sich innerhalb der dem Angemessenheitsgebot unterliegenden (Nr. 2.1) Bewerbungsfrist bewerben können, sind aussagekräftige Bewerbungsunterlagen zur Verfügung zu stellen (Nr. 3.2). Die gestufte Entscheidungsfindungsphase kennzeichnen Verhand-

---

[40] Siehe Merkblatt (Fn. 39), S. 5.

lungselemente: In einer ersten Sichtung der innerhalb der Bewerbungsfrist eingegangenen Bewerbungen erfolgt zunächst ein Ausschluss der die Mindestanforderungen nicht erfüllenden Bewerber vom weiteren Verfahren (Nr. 3.3, 3.5)
und dann eine Auswahl der (regelmäßig[41]) drei besten Angebote für Bewerber-
gespräche (Nr. 3.4). Letztere zielen auf die Erarbeitung eines für das weitere
Verfahren verbindlichen Entwurfs eines Kaufvertrags, wobei beim Preiswett-
bewerb die Höhe des Kaufpreises offen bleibt, im Übrigen die Bewertung der
Sekundäraspekte (Nr. 3.4, 3.7); den Gesprächen kommt allerdings kein Exklu-
sivitätscharakter zu, da allen, d.h. auch den nicht an diesen beteiligten Bewerbern, so sie nicht ausgeschlossen wurden, im Folgenden die Gelegenheit zur
Abgabe eines Angebots auf der Basis des Entwurfs innerhalb einer bestimmten
Frist zu geben ist (Nr. 3.4, 3.7). Die Angebote sind zunächst zu sammeln, dann
von zwei Sachbearbeitern zu öffnen und innerhalb der Wertungsfrist auszu-
werten (Nr. 3.8). Maßgeblich ist das Höchst- bzw. Bestgebot. Es ist eine Be-
schlussvorlage zu erstellen (Nr. 3.9); die Endentscheidung trifft der Kommu-
nalausschuss bzw. die Vollversammlung des Stadtrats (Nr. 3.10).

Nr. 3.3 und 3.6 sehen eine Einstellungsmöglichkeit bei Nichterfüllen der
Mindestanforderungen oder ausbleibenden Bewerbungen vor; im zuerst genannten Fall besteht die Möglichkeit einer Verhandlungslösung mit einzelnen
Bewerbern. Darüber hinaus kann der Stadtrat gemäß Nr. 3.10 das Bieterverfahren aufheben.

In den Leitlinien finden sich schließlich die Vergabegrundsätze der Diskriminierungsfreiheit und der Transparenz verankert und in Gleichbehandlungs-
und Dokumentationspflichten ausbuchstabiert (Nr. 2). Zur Sicherung der
Chancengleichheit der Bewerber sieht Nr. 3.4, ähnlich wie § 12 Abs. 7 VOB/A
2009, vor, im Rahmen einzelner Bietergespräche erteilte angebotsrelevante Informationen allen Bewerbern mitzuteilen. Die Dokumentation „muss so gestaltet sein, dass sich der Entscheidungsfindungsprozess der Vergabe plausibel
nachvollziehen lässt. Im sog. ‚Vergabevermerk' schließlich hat die vergebende
Stelle den Ablauf des Verfahrens – mit Begründung von Zwischenentscheidungen und Entscheidungen – zu dokumentieren. Der Vergabevermerk soll zeitnah
gefertigt werden" (Nr. 2.2; ferner Nr. 3.8).

3. Strukturierte Bietverfahren bei Beteiligungsveräußerungen

Vergleichbare Grundstrukturen liegen auch – bei all ihrer Vielgestaltigkeit im
Detail – Beteiligungsveräußerungen durch die öffentliche Hand zugrunde. Insoweit verweist die haushaltsrechtliche Literatur auf die Herausbildung eines

---

[41] Nr. 3.4 Abs. 2 gestattet eine Erhöhung der Zahl der Teilnehmer an den Bewerbungsge-
sprächen, „wenn ein größerer Kreis der Bewerber sehr nahe mit ihren Angeboten beisam-
men liegen, oder auch, wenn in den eingegangenen ersten Angeboten viele verschiedene, aber
jedes für sich genommene Angebot interessante Ansätze hat."

oftmals zur Anwendung kommenden mehrstufigen Privatisierungsverfahrens: Nach der Ermittlung des Unternehmenswertes durch einen unabhängigen Gutachter werde ein Verkaufsberater mit der Durchführung des Vergabeverfahrens betraut, der das Verkaufsmemorandum erstellt und das Verfahren eröffnet. Nach Gelegenheit zu einer Due-diligence-Prüfung geben die Bieter ihre Gebote ab, wobei – gegebenenfalls nach Verhandlungen – der Zuschlag auf das für die öffentliche Hand vorteilhafteste Gebot erfolgt.[42]

4. Verfahrensrechtliche Herausforderungen des Veräußerungsverfahrens

Die gesetzliche Unterdeterminierung der Veräußerungsverfahren stellt eine besondere Herausforderung für deren Konzeptionalisierung dar. Zunächst stellt sich die Frage, inwieweit die öffentliche Hand bei Veräußerungsvorgängen bestimmten Verfahrenspflichten unterliegt, die ihr Verfahrensermessen einschränken (a). Das Spannungsfeld zwischen privatrechtlicher Handlungsform und öffentlich-rechtlichen Bindungen, in dem die Vergabeentscheidung herzustellen ist, verlangt ferner nach einer Qualifikation des Geschehens (b).

a) Verfahrenspflichten

Trotz der nur rudimentären Regelung der Veräußerungsvorgänge begrenzen übergreifende Vorgaben das Verfahrensermessen der Verwaltung. Solche finden sich zum einen im Haushaltsrecht selbst (aa). Zum anderen folgen sie aus den einleitend herausgearbeiteten verfassungs-, unions- und einfach-rechtlichen Anforderungen an die staatliche Veräußerungstätigkeit (bb).

aa) Die Perspektive des Haushaltsrechts

Obgleich die nur rudimentären haushaltsrechtlichen Regelungen keinerlei prozedurale Vorgaben umfassen, bietet das Gebot einer Veräußerung zum Marktwert einen Ansatzpunkt für die Entwicklung ebensolcher. Denn die Durchführung eines transparenten und die Chancengleichheit der Interessenten wahrenden Veräußerungsverfahrens vermag Gewähr für die haushaltsrechtlich geforderte Erzielung des Marktpreises zu bieten, genauso wie dies auch im

---

[42] *C. Rabenschlag*, in: Engels/Eibelshäuser, Haushaltsrecht, § 63, Rn. 16. Siehe auch den Verfahrens-Codex bei *C. R. Eggers/B. Malmendier*, NJW 2003, S. 780 (785), und bei *H.-J. Prieß/M. Gabriel*, NZBau 2007, S. 617 (619): „(1) Veröffentlichung einer Bekanntmachung mit Aufforderung zur Einreichung von Interessenbekundungen; (2) Prüfung der Interessenbekundungen; (3) diskriminierungsfreie Auswahl der Verhandlungspartner; (4) Aufnahme von Verhandlungen mit den ausgewählten Bewerbern und (5) Beendigung der Verhandlungen und Vertragsabschluss".

Kontext des unionsrechtlichen Beihilfenregimes der Fall ist[43]. Daher sollte eine Vergabe im Wettbewerb jedenfalls bei Gütern, deren Marktpreis nicht von vornherein feststeht, der Regelfall sein.[44] Dementsprechend hat die Veräußerung staatseigener Grundstücke nach den entsprechenden internen Regelungen der Bundesanstalt für Immobilienaufgaben grundsätzlich im Wege einer „offene[n] Anbietung auf dem Immobilienmarkt (Insertion)" zu erfolgen;[45] auch Art. 64 Abs. 3 S. 1 BayLHO und die Richtlinien für den Verkehr mit staatseigenen Grundstücken des Bayerischen Staatsministeriums der Finanzen etwa sehen den Grundsatz der öffentlichen Ausschreibung vor[46]. Freilich stellt ein Ausschreibungsverfahren nicht den einzigen Weg zu einer haushaltsrechtskonformen Wertermittlung dar und kann daher auch nicht als zwingendes haushaltsrechtliches Gebot aufgefasst werden.[47] Dies bestätigt im Übrigen auch ein Blick in die Verwaltungsvorschriften zu § 63 BHO, die kein derartiges Bietverfahren verlangen.[48]

bb) Verfassungs-, unions- und einfach-rechtlich vorgegebene Verfahrenspflichten

Aus dem stets einschlägigen allgemeinen Gleichheitssatz, den bei Binnenmarktrelevanz des Veräußerungsvorgangs greifenden Grundfreiheiten, den im Rahmen vorvertraglicher Vertrauensverhältnisse bestehenden Rücksichtnahmepflichten sowie dem bei einer marktbeherrschenden Stellung der öffentlichen Hand Anwendung findenden Wettbewerbs- und Kartellrecht lassen sich Rahmenvorgaben für die Verfahrensgestaltung destillieren.[49] Deren

---

[43] Dazu oben, 1. Teil, B.I.3.

[44] *H. Berger*, ZfBR 2002, S. 134 (137); *J. Dietlein*, NZBau 2004, S. 472 (473 f.); *C. R. Eggers/B. Malmendier*, NJW 2003, S. 780 (783); *W. Gatzer*, in: Piduch, Bundeshaushaltsrecht, § 63 BHO, Rn. 7; *C. Rabenschlag*, in: Engels/Eibelshäuser, Haushaltsrecht, § 63, Rn. 17; *L. Horn*, VergabeR 2008, S. 158 (160); *U. Jasper/J. Seidel*, NZBau 2008, S. 427 (429); *W. Spoerr*, Treuhandanstalt, S. 156 f. Zurückhaltend für Grundstücksveräußerungen: *S. Klein*, VergabeR 2005, S. 22 (24), anders aber für die Veräußerung von Gesellschaftsanteilen (31). Zurückhaltend auch *N. Dittrich*, BHO, § 63, Rn. 4.2.

[45] Siehe Merkblatt (Fn. 39), S. 3.

[46] Nr. I.1.2 der Richtlinien für den Verkehr mit staatseigenen Grundstücken (Bekanntmachung des Bayerischen Staatsministeriums der Finanzen vom 21. April 2004 – Az.: 43 – VV 2400 – 5 – 14 160/04 –, FMBl Nr. 4 vom 30. April 2004, S. 91).

[47] Vgl. auch *S. Klein*, VergabeR 2005, S. 22 (24); *W. Spoerr*, Treuhandanstalt, S. 156.

[48] Siehe auch das Rundschreiben des BMF betr. Ersatzbeschaffung, Aussonderung und Verwertung von Dienstkraftfahrzeugen und Verwendung der Erlöse vom 26. Februar 2009 – II A 2 – H 1261/07/0001 – 2009/0057009 –, GMBl. 2009, S. 347, in dem alternativ die öffentliche Ausschreibung oder eine Beauftragung der VEBEG-Verwertungsgesellschaft als haushaltsrechtskonforme Alternative zur Veräußerung genannt werden (Nr. 2.1).

[49] Siehe auch *H.-J. Prieß/M. Gabriel*, NZBau 2007, S. 617 (620 f.); *C. Rabenschlag*, in: Engels/Eibelshäuser, Haushaltsrecht, § 63, Rn. 17; *U. Stelkens*, in: Stelkens/Bonk/Sachs, VwVfG, § 35, Rn. 127.

Beachtung legt zudem ein im Sinne des EU-Beihilfenrechts bedingungsfreies, transparentes und objektives sowie ein haushaltsrechtskonformes Vergabeverfahren nahe.

Die Veräußerung öffentlicher Güter hat – jenseits einer Bagatellschwelle – in einem strukturierten Bietverfahren zu erfolgen (Verfahrenspflicht). Dessen Durchführung ist mit hinreichenden Angaben zum Veräußerungsobjekt,[50] zu den Vergabekriterien und zu den Verfahrensmodalitäten unter Setzung einer angemessenen Bewerbungsfrist adäquat bekanntzumachen.[51] Die herangezogenen Auswahlkriterien müssen dem Gebot der Sachgerechtigkeit entsprechen, das festgelegte Vergabeverfahren den Grundsätzen der Chancengleichheit, der Nichtdiskriminierung und der Transparenz. Zu Recht erachtet der BGH mithin die öffentliche Hand auch „außerhalb des Anwendungsbereichs der allgemeinen Vergabevorschriften und Verdingungsordnungen ... zu[r] Gleichbehandlung der Teilnehmer, Transparenz und Rücksichtnahme" verpflichtet.[52]

Die Entscheidung hat auf der Grundlage des bekanntgegebenen Verteilungskonzepts zu erfolgen, das bei entsprechender Kommunikation und sachlicher Rechtfertigung nachträglichen Änderungen zugänglich ist[53].[54] Im Interesse einer Reduzierung von Komplexität kann der Auswahlprozess zudem durch eine Vorauswahl abgeschichtet werden; auch kann die Ausschreibungs- und Bewerbungsphase durch ein vorgeschaltetes Interessenbekundungsverfahren zweistufig ausgestaltet werden. Bei komplexen oder auf Flexibilität angewiesenen Veräußerungsvorgängen, etwa bei Unternehmenstransaktionen, bei denen die öffentliche Hand Sekundärziele verfolgt (Erhalt von Arbeitsplätzen, Standortgarantien etc.), kann ein legitimes Interesse an Verhandlungen mit vorausgewählten Bewerbern anzuerkennen sein.[55] Dabei muss freilich das Gleichbehandlungsgebot beachtet werden.[56] Dieses verbietet ferner, einzelnen Bietern einen Informationsvorsprung zu verschaffen.[57] Auch muss die Neutralität der

---

[50] BGH, NZBau 2008, S. 407 (408). Ebenso, aber strenger die insoweit aufgehobene Vorinstanz OLG München, 7 U 2759/06 – juris, Rn. 44 ff.; ferner *C. R. Eggers / B. Malmendier*, NJW 2003, S. 780 (784); *W. Krebs*, ZIP 1990, S. 1513 (1522).

[51] *C. Rabenschlag*, in: Engels / Eibelshäuser, Haushaltsrecht, § 63, Rn. 17.

[52] BGH, NZBau 2008, S. 407 (408). Ebenso die Vorinstanz OLG München, 7 U 2759/06 – juris, Rn. 40. Siehe ferner BGH, NJW 1959, S. 431 (432).

[53] Siehe auch *C. R. Eggers / B. Malmendier*, NJW 2003, S. 780 (786), sowie näher unten, 3. Teil, B.I.1.c.

[54] *C. Rabenschlag*, in: Engels / Eibelshäuser, Haushaltsrecht, § 63, Rn. 17.

[55] *H. Berger*, ZfBR 2002, S. 134 (138); *J. Dietlein*, NZBau 2004, S. 472 (475); *H.-J. Prieß / M. Gabriel*, NZBau 2007, S. 617 (621). Vgl. ferner *W. Spoerr*, Treuhandanstalt, S. 159 f.

[56] StadtbezirksG Berlin-Mitte, DtZ 1990, S. 288 (288); *H. Berger*, ZfBR 2002, S. 134 (138).

[57] BGH, NZBau 2008, S. 407 (408); *C. R. Eggers / B. Malmendier*, NJW 2003, S. 780 (784); *W. Krebs*, ZIP 1990, S. 1513 (1522).

zur Entscheidung berufenen Amtswalter gewährleistet sein, indem den verwaltungsverfahrensrechtlichen entsprechende Neutralitätsregeln Anwendung finden.[58] Ein neutrales Verfahren impliziert darüber hinaus, die Angebote geheim abzugeben.[59] Das Verfahren ist ferner entsprechend zu dokumentieren und die Auswahlentscheidung zu begründen.[60]

Ein Abbruch des Veräußerungsverfahrens schließlich kommt bei sachlichem Grund jederzeit in Betracht.[61] Da ein Kontrahierungszwang der öffentlichen Hand regelmäßig ausscheidet, kann vom Fehlen eines sachlichen Grundes allerdings nur dann die Rede sein, wenn das Veräußerungsverfahren aus unsachlichen Erwägungen, etwa zur Diskriminierung eines Bewerbers, abgebrochen wird.[62] Keinesfalls zu beanstanden ist die Verfahrenseinstellung beispielsweise dann, wenn sich das Grundstück aufgrund einer Altlastenkontamination als nicht mehr zu den ursprünglichen Bedingungen verkäuflich erweist.[63]

Davon, dass es der öffentlichen Hand freigestellt sei, wie sie ihr Eigentum veräußert, kann angesichts dieser verfassungs- und unionsrechtlichen Direktiven keine Rede sein. Dies vernachlässigt der BGH, wenn er das Ziel des Bietverfahrens in erster Linie in der „Feststellung der Ernsthaftigkeit eines bekundeten Erwerbsinteresses und d[er] Begrenzung der Zahl der Verhandlungspartner des Verkäufers" sieht.[64]

Diese Bindungen erhellen schließlich, dass es dem Staat bei der Erfüllung von öffentlichen Aufgaben mit Mitteln des Privatrechts „nicht ohne weiteres gestattet ist, [seine] Interessen im Wirtschaftsleben mit denselben Mitteln und Praktiken zu verfolgen, die bei einer Privatperson noch hingenommen werden können".[65] Diese – unter dem Stichwort „Verwaltungsprivatrecht" – verhandelten Bindungen[66] werden mitunter auf die Erledigung öffentlicher Aufgaben beschränkt, nicht aber auf rein fiskalische Tätigkeiten wie die Bedarfsdeckung

---

[58] OLG Brandenburg, NVwZ 1999, S. 1142 (1146); *C.R. Eggers / B. Malmendier*, NJW 2003, S. 780 (783 f.). Für eine analoge Anwendung des VwVfG: *J. Becker*, Verwaltungsprivatrecht, S. 73 ff., 151 f.; ablehnend: *F. Ebbing*, Verkaufspraxis der Treuhandanstalt, S. 336 f.

[59] *C.R. Eggers / B. Malmendier*, NJW 2003, S. 780 (785).

[60] Näher 3. Teil, B.I.5.b. und III.1.

[61] So ausdrücklich – die in der Revisionsinstanz aufgehobene – Entscheidung des OLG München, 7 U 2759/06 – juris, Rn. 36; ferner *W. Spoerr*, Treuhandanstalt, S. 210; *R. Weimar*, Treuhandgesetz, § 1, Rn. 51.

[62] Vgl. auch *R. Weimar*, ZIP 1993, S. 1 (12); ferner OLG Brandenburg, 13 W 79/09 – juris, Rn. 8.

[63] BGH, NZBau 2008, S. 407 (408).

[64] BGH, NZBau 2008, S. 407 (408). Kritisch *U. Jasper / J. Seidel*, NZBau 2008, S. 427 (428). Weitergehend auch die – allerdings aufgehobene – Vorinstanz OLG München, 7 U 2759/06 – juris.

[65] BGH, NJW-RR 1989, S. 1120 (1121).

[66] *K. Kiethe*, BB 1994, S. 7 (9) – insbesondere Geltung des Art. 3 Abs. 1 GG; *P. Preu*, DStR 1994, S. 1265 (1267).

oder Veräußerungsvorgänge erstreckt.[67] Vor dem Hintergrund einer zwischen-zeitlich allgemein anerkannten Fiskalgeltung der Grundrechte[68] vermag eine derartige Abschichtung jedoch nicht zu überzeugen, stellen sich zahlreiche ver-waltungsprivatrechtliche Vorgaben doch als Ausfluss grundrechtlicher Stan-dards dar. Zudem lassen sich auch hier die für eine Fiskalgeltung der Grund-rechte angeführten Argumente ins Feld führen, namentlich dass der Staat auch im fiskalischen Bereich nicht als Privatautonomie genießendes Subjekt, sondern als Sachwalter der Allgemeinheit auftritt, und dass eine überzeugende Ab-schichtung zwischen rein fiskalischen und der unmittelbaren Erfüllung öffent-licher Aufgaben dienenden Handlungen praktisch unmöglich erscheint.[69] Mit Recht hebt der BGH daher hervor:

> Ein Unterschied zwischen Beschaffungsgeschäften der öffentlichen Hand einerseits und solchen eines Privatmanns andererseits mag freilich darin bestehen, daß dem Pri-vatmann bei der Wahl seiner Geschäftspartner (von den Schranken des Kartellgesetzes abgesehen) im Zweifel nicht verboten ist, auch willkürlich zu verfahren und an sich sachfremde Tendenzen zu verfolgen. Demgegenüber sind für die öffentliche Hand auch im fiskalischen Bereich gewisse Bindungen und Schranken zu beachten, die für Privat-personen nicht in entsprechender Weise gelten … Können sich demnach für die öffent-liche Hand auch insoweit Anforderungen ergeben, die über diejenigen des Kartellrechts hinausgehen, dann können doch jedenfalls nur willkürliche, d.h. mit dem Zweck der Be-schaffung nicht zusammenhängende Beweggründe für die Ausschließung eines Bewer-bers unstatthaft sein und daher einen rechtswidrigen Eingriff in dessen Gewerbebetrieb darstellen.[70]

---

[67] Offengelassen von BGH, NJW 1962, S. 196 (197 f.). Jedenfalls bei der Erfüllung öffent-licher Aufgaben angenommen: BGH, NJW 1961, S. 308 (309); NJW 1981, S. 569 (569); NJW 1985, S. 197 (200). Weiter, da auch auf die Auftragsvergabe beziehend: BVerwGE 129, 9 (15 f., 19). Siehe aber auch *T. Siegel*, DVBl. 2007, S. 942 (945 f.), der das Vergabeverfahren als dritte Kategorie des „privatrechtlich verfassten Verwaltungsverfahrens" einordnet, auf das das VwVfG weder direkt noch analog Anwendung findet; jedoch bleibt die öffentliche Hand an fundamentale rechtsstaatliche Grundsätze gebunden, etwa das Neutralitätsgebot.

[68] Ausführlich dazu oben, 1. Teil, A.I.1.

[69] So auch *M. Burgi*, GVwR I, § 18, Rn. 66; *D. Ehlers*, Verwaltung in Privatrechtsform, S. 214 ff., 246; *S. Gers-Grapperhaus*, Auswahlrechtsverhältnis, S. 164 ff.; *P. M. Huber*, Unter-nehmerische Betätigung, S. 897 (899); *F. Hufen*, Fehler, Rn. 429; *H. C. Röhl*, VerwArch 86 (1995), S. 531 (575 ff.); *E. Schmidt-Aßmann*, Ordnungsidee, S. 291; *U. Stelkens*, in: Stel-kens/Bonk/Sachs, VwVfG, § 35, Rn. 127.

[70] BGH, NJW 1977, S. 628 (630); ebenso bereits NJW 1967, S. 1911 (1911 f.).

b) Zivil- oder öffentlich-rechtliche Deutung des Veräußerungsverfahrens

Der BGH ordnet die Veräußerungsverfahren, auch wenn sie als strukturierte Bietverfahren ablaufen, dem Zivilrecht zu.[71] Dies korreliert mit den Vorstellungen der Verwaltungspraxis.[72] Zu qualifizieren wäre ein derartiges „Verwaltungsverfahren" demnach als den späteren Vertragsschluss vorbereitendes vorvertragliches Vertrauensverhältnis (§ 311 Abs. 2 Nr. 1 und 3 BGB). Dieses wird mit der Ausschreibung als „invitatio ad offerendum" bzw. – bei Formbedürftigkeit des Angebots (siehe etwa § 311b Abs. 1 S. 1 BGB; § 15 Abs. 3 GmbHG) – als Aufforderung zur Interessenbekundung eingeleitet, setzt sich in der Ermittlung des besten Angebots durch die Verwaltung fort und endet mit dessen Annahme bzw. der Aufnahme von Vertragsverhandlungen. Negativmitteilungen an die unterlegenen Bieter stellen dementsprechend die Ablehnung der erfolglosen Anträge dar (für förmliche Angebote: § 146 1. Alt. BGB). Fraglich ist nun, ob eine derartige durchgängig zivilrechtliche Qualifikation angesichts des Geschehens zu überzeugen vermag (aa). Hiervon ist die Frage nach deren rechtlicher Zulässigkeit zu trennen (bb).

aa) Qualifikationsfrage

Die Zuordnung des Veräußerungsvorgangs zum Öffentlichen Recht oder Privatrecht kann nicht abstrakt erfolgen, sondern muss die konkrete Ausgestaltung des Verfahrens im Einzelfall in den Blick nehmen.[73] Hierbei steht dem Staat grundsätzlich ein Wahlrecht zwischen diesen beiden Alternativen zu.[74]

Dass die einzelnen Verfahrensschritte den späteren, unstreitig dem Zivilrecht zuzuordnenden Vertragsschluss vorbereiten und, wie gezeigt, auch im Übrigen

---

[71] BGH, NZBau 2008, S. 407 (407 f.), in Einklang mit der Vorinstanz, OLG München, 7 U 2759/06 – juris, Rn. 40; ferner OVG Greifswald, 3 O 58/07 – juris, Rn. 14. Ebenso für Privatisierungsvorgänge durch die Treuhand: BVerwGE 100, 318 (321); OVG Berlin, NJW 1991, S. 715 (715 f.); VG Berlin, NJW 1991, S. 1969 (1970); BGH, LKV 2004, S. 382 (383); KG, VIZ 1991, S. 37 (37 f.); *J. Becker*, Verwaltungsprivatrecht, S. 143 ff.; *F. Ebbing*, Verkaufspraxis der Treuhandanstalt, S. 318 ff.; *P. Preu*, DStR 1994, S. 1265 (1267); *G. F. Schuppert*, ZGR 1992, S. 454 (463); *P. Weides*, JuS 1991, S. 818 (820); *R. Weimar*, ZIP 1993, S. 1 (6 f.); *ders.*, DÖV 1991, S. 813 (816 ff.); *ders.*, Treuhandgesetz, § 1, Rn. 74; insoweit a. A. wegen der besonderen Zielsetzung: VG Berlin, NJW 1991, S. 376 (377 f.); KG Berlin, NJW 1991, S. 360 (360); *R.-F. Fahrenbach*, DtZ 1990, S. 268 (269); *R. Schmidt*, Treuhandanstalt, S. 17 (22); *W. Spoerr*, Treuhandanstalt, S. 190 ff. Eine zivilrechtliche Qualifikation von Veräußerungsvorgängen vertreten in der Literatur: *C. R. Eggers / B. Malmendier*, NJW 2003, S. 780 (786); *H.-J. Prieß / M. Gabriel*, NZBau 2007, S. 617 (622); *W. Spoerr*, Treuhandanstalt, S. 201 ff. – sofern keine öffentlich-rechtliche Überlagerung; *R. Weimar*, ZIP 1993, S. 1 (6 f.). Offengelassen für die VW-Privatisierung: BVerfGE 12, 354 (361).

[72] Siehe für die Bundesanstalt für Immobilienaufgaben deren Merkblatt (Fn. 39), S. 5.

[73] OVG Berlin, NJW 1991, S. 715 (716).

[74] BVerwGE 129, 9 (14 f.); E 92, 56 (64 f.); OVG Berlin, NJW 1991, S. 715 (716); OVG Greifswald, 3 O 58/07 – juris, Rn. 14.

zivilrechtlichen Instituten zugeordnet werden können (Annahme, Angebot, invitatio ad offerendum), spricht zunächst einmal für eine privatrechtliche Qualifikation des Bietverfahrens.[75] In grundsätzlicher Hinsicht können dem weder die besonderen Bindungen, denen die öffentliche Hand anders als Private auch im fiskalischen Bereich (Fiskalgeltung der Grundrechte, Rechtsstaatsprinzip, Grundfreiheiten) unterliegt,[76] noch die Gemeinwohlorientierung jedweden Staatshandelns entgegengehalten werden. Denn dann schiede ein Handeln des Staates in den Formen des Privatrechts generell aus.[77] Eine öffentlich-rechtliche Qualifikation des dem Vertragsschluss vorgelagerten Bietverfahrens kommt allerdings dann in Betracht, wenn dieses ein spezifisch öffentlich-rechtliches Gepräge aufweist.[78] Auch verliert das Argument der Prägung des Verfahrens durch den zivilrechtlichen Vertragsschluss in dem Maße an Gewicht, wie eine Zäsur, namentlich in Gestalt einer vom Vertragsschluss zu trennenden Vergabeentscheidung, zutage tritt.

Zweifelsohne kann der Staat das Veräußerungsverfahren (partiell) öffentlich-rechtlich konzeptionalisieren, indem er dem zivilrechtlichen Vertragsschluss eine öffentlich-rechtliche Vergabeentscheidung im Sinne der Zwei-Stufen-Theorie vorschaltet. Die damit klar zutage tretende Zäsur zwischen der Auswahl- und der Abwicklungsphase ermöglicht eine Abschichtung dieser beiden Vorgänge. Um ein zweistufiges Verfahren annehmen zu können, muss freilich erstens eine vom Vertragsschluss trennbare Vergabeentscheidung überhaupt zutage treten, nicht aber kann eine solche einfach unter Verweis auf die Zwei-Stufen-Theorie unterstellt werden.[79] Ein Beispiel für eine entsprechende gesetzliche Regelung wäre etwa § 19 Abs. 1 des Gesetzes über den Vorrang für Investitionen bei Rückübertragungsansprüchen nach dem Vermögensgesetz:

Ist ein Antrag nach § 21 nicht gestellt, so können öffentlich-rechtliche Gebietskörperschaften und die Treuhandanstalt Vorhabenträger öffentlich zur Unterbreitung von Investitionsangeboten auffordern (öffentliches Bieterverfahren). Die Entscheidung über den Zuschlag hat gegenüber dem Anmelder die Wirkungen eines Investitionsvorrangbescheids.

---

[75] Vgl. auch *C. R. Eggers / B. Malmendier*, NJW 2003, S. 780 (786).

[76] Deshalb aber den Verwaltungsrechtsweg für eröffnet erachtend: *W. Krebs*, ZIP 1990, S. 1513 (1523); vgl. auch *K. Rennert*, DVBl. 2009, S. 1333 (1336 Fn. 47 – siehe aber auch 1339 Fn. 63).

[77] Siehe auch BVerwGE 129, 9 (16); OVG Berlin, NJW 1991, S. 715 (716); VGH Mannheim, 8 S 2554/92 – juris, Rn. 8; *J. Becker*, Verwaltungsprivatrecht, S. 148; *C. R. Eggers / B. Malmendier*, NJW 2003, S. 780 (786).

[78] Siehe auch *C. R. Eggers / B. Malmendier*, NJW 2003, S. 780 (786). Vgl. ferner *C. Weißenberger*, GewArch 2009, S. 417 (422 f.).

[79] OVG Berlin, NJW 1991, S. 715 (716); OVG Münster, 8 E 419/10 – juris, Rn. 11 ff.; *R. Weimar*, ZIP 1993, S. 1 (7). Vgl. auch *N. Horn*, Zivil- und Wirtschaftsrecht im neuen Bundesgebiet, S. 891, 907. Dazu auch noch unten, 3. Teil, B.I.5.a.ee.(3).

Zweitens müsste die etwaige Kommunikation des Verfahrensergebnisses auch als Vergabeentscheidung und nicht bloß als Ankündigung des künftigen Vertragsschlusses gedeutet werden können.[80] Für eine derartige Entscheidung wäre auch eine gesetzliche Grundlage erforderlich (VA-Befugnis);[81] an diese dürfen freilich im hiesigen Kontext nicht-eingreifender Maßnahmen keine allzu hohen Anforderungen gestellt werden. Die Ermächtigung zur Veräußerung in der Haushaltsordnung reicht aus.

Drittens folgt aus der Existenz einer Vergabeentscheidung noch nicht zwingend, dass auch der Auswahlvorgang dem Öffentlichen Recht zuzuordnen ist; vielmehr muss begründet werden, dass das den zivilrechtlichen Vertragsschluss vorbereitende Verfahren öffentlich-rechtlicher Natur ist.[82] Ohne Weiteres anzunehmen ist dies bei einem Tätigwerden in einer dem Öffentlichen Recht zuzuordnenden Materie, etwa im Falle der Subventionierung.[83] Schwierigkeiten bereitet demgegenüber die Qualifikation fiskalischer Vorgänge, wie der Bedarfsdeckung dienende Erwerbsvorgänge oder der schlichte Verkauf staatlichen Eigentums. Hier ist eine die Teilnahme der öffentlichen Hand am allgemeinen Privatrechtsverkehr widerlegende öffentlich-rechtliche Prägung zu fordern. Für Beschaffungsvorgänge kann dies angesichts des detailliert normierten Vergabeverfahrens, das als Haushaltsrecht dem Öffentlichen Recht zuzuordnen ist, bejaht werden.[84] Bei schlichten Veräußerungsvorgängen ist dies zu verneinen, da hier mit §§ 63 f. BHO nur ganz rudimentäre Regelungen bestehen. Diese stellen sich als Bindungen der öffentlichen Hand bei Veräußerungsvorgängen dar, vermögen letzteren aber kein insgesamt öffentlich-rechtliches Gepräge zu verleihen. Das Geschehen kennzeichnet vielmehr die marktmäßige Verwertung von Grundstücken.[85]

---

[80] *R. Weimar*, ZIP 1993, S. 1 (7). Näher unten, 3. Teil, B.I.5.a.bb. und cc.

[81] *R. Weimar*, ZIP 1993, S. 1 (7). Allgemein zum Erfordernis einer spezifischen Ermächtigung zum Handeln durch Verwaltungsakt unten, 3. Teil, B.I.1.b.aa.

[82] Dazu wiederum unten, 3. Teil, B.I.5.a.ff.

[83] Siehe nur für dem Städtebaurecht zuzuordnende Einheimischenmodelle: OVG Koblenz, NVwZ 1993, S. 381 (382); OVG Münster, NJW 2001, S. 698 (699 f.). Für im Zusammenhang mit hoheitlichen Tätigkeiten stehende Mietverträge: VGH Kassel, NVwZ 2003, S. 238 (238). Für die Entscheidung über einen Grundstücksverkauf im Rahmen einer städtebaulichen Entwicklungsmaßnahme gemäß §§ 165 ff. BauGB: VGH Kassel, 3 TG 3035/05 – juris, Rn. 6; VGH Mannheim, 8 S 2554/92 – juris, Rn. 9 ff.; NVwZ-RR 1995, S. 558 (558). Für die Nutzung öffentlicher Einrichtungen: VGH München, NVwZ-RR 2007, S. 465 (466). Für Vermögensprivatisierungen durch die Treuhand mit Blick auf die besondere Zwecksetzung: VG Berlin, NJW 1991, S. 376 (377 f.); KG Berlin, NJW 1991, S. 360 (360); BGH, LKV 2004, S. 382 (383); anders aber: OVG Berlin, NJW 1991, S. 715 (715 f.).

[84] Eingehend oben, 2. Teil, B.III.2.e.bb.(2)(c).

[85] OVG Greifswald, 3 O 58/07 – juris, Rn. 14; VGH Kassel, 3 TG 3035/05 – juris, Rn. 6; OVG Münster, 8 E 419/10 – juris, Rn. 8 ff.

bb) *Rechtliche Zulässigkeit der zivilrechtlichen Konstruktion*

Nachdem die Erörterung der Qualifikationsfrage zu dem Ergebnis geführt hat, dass Veräußerungsvorgänge regelmäßig in einem einstufig zivilrechtlichen Verfahren ablaufen, sich die Vergabeentscheidung mithin erst und nur im zivilrechtlichen Vertragsschluss manifestiert, ist nunmehr zu untersuchen, ob diese Formenwahl der Verwaltung aus rechtlichen Gründen ausscheiden muss.[86] Mangels ausdrücklicher gesetzlicher Beschränkung der Formwahlfreiheit[87] und angesichts der prinzipiellen Eignung zivilrechtlicher Handlungsformen für die Güterveräußerung können dem nur unions- und verfassungsrechtliche Gründe entgegengehalten werden, namentlich die Rechtsposition der nicht zum Zuge gekommenen Bewerber.

Indes hat die öffentliche Hand den grundrechtlich und grundfreiheitlich fundierten Teilhabeanspruch der Bewerber unabhängig von der Handlungsform zu beachten, so dass insoweit keine Defizite zu besorgen sind.[88] Dieser Bindung kann insbesondere nicht entgegengehalten werden, dass die von den Bietern abgegebenen Angebote – wie auch die Ausschreibung der öffentlichen Hand – aufgrund des Formerfordernisses des § 311b Abs. 1 S. 1 BGB (respektive, für GmbH-Anteile, § 15 Abs. 3 GmbHG) nicht verbindlich sind.[89] Denn das Erfordernis einer notariellen Beurkundung vermag das ranghöhere, unions- und verfassungsrechtlich fundierte Gleichheitsgebot nicht zu relativieren.[90]

Der Teilhabeanspruch muss freilich auch effektiv durchsetzbar sein, und zwar – so man Primärrechtsschutz als nicht für verfassungs- bzw. unionsrechtlich geboten erachtet[91] – jedenfalls im Wege des Sekundärrechtsschutzes. Mitunter wird diese Möglichkeit bezweifelt: So bestünde kein adäquates Schutzinstrumentarium für Drittinteressen, Verfahrens- und Ermessensbindungen, da regelmäßig sowohl die Nichtigkeit des Vertrages gemäß §§ 134, 138 BGB als auch aufgrund von Beweisschwierigkeiten Schadensersatzansprüche ausschieden.[92] Und in der Tat liegt im adäquaten Rechtsschutz eines der Hauptprobleme der zivilrechtlichen Konzeption. Dass dieses jedoch in Einklang mit den verfassungs- und unionsrechtlichen Vorgaben zu bewältigen ist, zeigen die folgenden Ausführungen zum Fehlerfolgenregime und zum

---

[86] Dazu auch unten, 3. Teil, B.I.5.a.ee.(1). Dort – sub (2) – auch zu verwaltungspraktischen Gesichtspunkten.

[87] Siehe zu dieser nur BVerwGE 129, 9 (14 f.): „Die öffentliche Verwaltung kann die ihr anvertrauten öffentlichen Aufgaben, wenn und soweit keine öffentlich-rechtlichen Normen oder Rechtsgrundsätze entgegenstehen, auch in der Form und mit den Mitteln des Privatrechts erfüllen …". Ferner: E 92, 56 (64 f.).

[88] So auch *U. Stelkens,* in: Stelkens/Bonk/Sachs, VwVfG, § 35, Rn. 109.

[89] BGH, NZBau 2008, S. 407 (408). Siehe auch *R. Regler,* MittBayNot 2008, S. 477 (478).

[90] In diesem Sinne schon BGH, NJW 1959, S. 431 (432); ferner oben, III.4.a.bb.

[91] Dazu oben, I.1.

[92] *W. Spoerr,* Treuhandanstalt, S. 188 f.

Rechtsschutz.[93] Angesichts der Gleichwertigkeit von Zivil- und Verwaltungsrechtsweg, die schon aus der subsidiären Zuständigkeit der ordentlichen Gerichte gemäß Art. 19 Abs. 4 S. 2 GG folgt,[94] stellt schließlich die Eröffnung des
Zivilrechtswegs zur Durchsetzung öffentlich-rechtlicher Bindungen kein
Rechtsschutzdefizit dar.[95]

IV. Fehlerfolgenregime

Verstöße gegen individualschützende Verfahrensanforderungen respektive materiell fehlerhafte Auswahlentscheidungen begründen deren Rechtswidrigkeit
und verletzen den unterlegenen Interessenten in seinem Zugangsanspruch;[96]
bei einem nicht ordnungsgemäßen Verfahren setzt die Rechtsverletzung aufgrund des verfassungsrechtlich vorgezeichneten Auswirkungs-Kriteriums allerdings eine Auswirkung des Verfahrensfehlers auf den Zulassungsanspruch
voraus[97]. Hat die öffentliche Hand verfahrensstrukturierende Verwaltungsvorschriften erlassen, so erlangen diese über den in Art. 3 Abs.1 GG zu verorten-
den Grundsatz der Selbstbindung der Verwaltung mittelbare Außenwirkung;
damit kann auch deren Nichtbeachtung zu einer Rechtsverletzung führen.[98]
Dies gilt allerdings nicht für das gesamte Vergabeprogramm, sondern nur für
individualschützende, da den Gleichheitssatz konkretisierende Vorgaben.[99]

  Anders als mitunter vertreten, begründen allerdings nicht lediglich offensichtliche und schwerwiegende Verstöße eine Verletzung des Teilhabeanspruchs
(1.). Im Übrigen bedarf das Fehlerfolgenregime einer handlungsformspezifischen Ausdifferenzierung: Ergeht die Vergabeentscheidung in einer zweistufigen Verfahrenskonstruktion als Verwaltungsakt, so greift die überkommene

---

[93] Optimistisch: *W. Krohn*, NZBau 2007, S. 493 (496); *ders.*, in: Müller-Wrede, Kompendium Vergaberecht, Kap. 24, Rn. 57.
[94] BVerwG, NVwZ 1991, S. 59 (59); E 129, 9 (19 f.); ferner *P. M. Huber*, in: v. Mangoldt/
Klein/Starck, GG, Art. 19, Rn. 451.
[95] Vgl. auch BVerwGE 129, 9 (19 f.).
[96] Für das Treuhand-Privatisierungsverfahren: *R.-F. Fahrenbach*, DtZ 1990, S. 268 (270).
[97] Zum verfassungsrechtlich vorgezeichneten (vgl. auch § 46 VwVfG) Auswirkungs-Kriterium ausführlich unten, 3. Teil, B.V.2.a.bb.(2).
[98] Dazu ausführlich oben, 1. Teil, A.I.2.a.cc. Siehe auch OLG Düsseldorf, 27 U 1/09 – juris, Rn. 53; OLG Schleswig, 1 U 27/10 – juris, Rn. 50; LG Cottbus, 5 O 99/07 – juris,
Rn. 50 ff.; *C. Braun*, NZBau 2008, S. 160 (161 f.); *H. A. Grams*, VergabeR 2008, S. 474 (475).
A.A. *S. Gers-Grapperhaus*, Auswahlrechtsverhältnis, S. 192. Eine Abweichungsbefugnis anerkennend: LG Augsburg, Urt. v. 5.6.2008, 6 O 1562/08, Umdruck S. 8 f. Für eine strikte
Bindung: *W. Krohn*, in: Müller-Wrede, Kompendium Vergaberecht, Kap. 24, Rn. 23 f.
[99] Auch dazu bereits oben, 1. Teil, B.I.2.a.cc. Siehe auch OVG Münster, NZBau 2006,
S. 531 (531); OLG Brandenburg, 12 U 91/08 – juris, Rn. 8; *C. Braun*, NZBau 2008, S. 160
(162); *S. Gers-Grapperhaus*, Auswahlrechtsverhältnis, S. 192; *W. Krohn*, NZBau 2007, S. 493
(496); *ders.*, in: Müller-Wrede, Kompendium Vergaberecht, Kap. 24, Rn. 23; weiter noch
OLG Brandenburg, 13 W 79/09 – juris, Rn. 7; NZBau 2008, S. 735 (736).

und erst im dritten Teil zusammenfassend entfaltete Fehlerfolgenlehre bei Verwaltungsakten.[100] Strittig respektive weitgehend unbeleuchtet blieben demgegenüber die Konsequenzen von Fehlern in einem einstufig-zivilrechtlichen Verfahrensmodell (2.). Ein abschließender Blick gilt der Frage, inwieweit Verstößen gegen das Haushaltsrecht Relevanz zukommt (3.).

1. Keine Beschränkung auf offensichtliche und schwerwiegende Verstöße

Es geht nicht an, die einmal aus dem allgemeinen Gleichheitssatz unmittelbar oder qua Selbstbindung abgeleiteten Verpflichtungen weiter zu relativieren, indem eine Rechtsverletzung nur unter engen Voraussetzungen angenommen wird. Teils wird vertreten, nur evidente Gleichheits- und Wettbewerbsverstöße begründeten die Rechtswidrigkeit der Vergabeentscheidung.[101] Und nach dem OLG Brandenburg – in Anknüpfung an das OLG Stuttgart[102] und das LG Bad Kreuznach[103] sowie ihm folgend das OLG Hamm[104] und das LG Düsseldorf[105] – kommt ein Unterlassungsanspruch nur dann

in Betracht, wenn der Auftraggeber vorsätzlich rechtswidrig, sonst in unredlicher Absicht oder jedenfalls in Bezug auf das Verfahren oder die Kriterien der Vergabe willkürlich gehandelt hat ... Art. 3 Abs. 1 GG ist bei der Vergabe öffentlicher Aufträge erst dann verletzt, wenn die Rechtsanwendung oder das Verfahren unter keinem denkbaren Aspekt mehr rechtlich vertretbar sind und sich daher der Schluss aufdrängt, dass sie auf sachfremden und damit willkürlichen Erwägungen beruhen, es muss mithin eine „krasse Fehlentscheidung" vorliegen ...[106]

---

[100] Zu dieser unten, 3. Teil, B.V.2.a.

[101] *T. Heilshorn / D. Mock*, VBlBW 2008, S. 328 (336). Allgemein (und kritisch) zur Evidenz als Fehlerfolgenvoraussetzung: *M. Morlok*, Folgen von Verfahrensfehlern, S. 170 ff.

[102] OLG Stuttgart, NZBau 2002, S. 395 (396).

[103] LG Bad Kreuznach, NZBau 2007, S. 471 (472).

[104] OLG Hamm, 4 U 190/07 – juris, Rn. 24. Auch die Entscheidung des OLG Jena (VergabeR 2009, S. 524) könnte zunächst in diese Richtung zu deuten sein, wenn dort ähnlich strenge Anforderungen mit Blick auf Art. 3 GG aufgestellt werden und ein offensichtlicher Verstoß gegen das Transparenzgebot oder den Grundsatz der Chancengleichheit gefordert wird (526); im Folgenden bejaht das OLG Jena allerdings eine Pflichtverletzung im Rahmen des vorvertraglichen Vertrauensverhältnisses bei Nichtbeachtung der qua Selbstbindung im Außenverhältnis relevanten Verdingungsordnungen (527).

[105] LG Düsseldorf, NZBau 2009, S. 142 (144). Jedenfalls bei Willkür: LG Konstanz, 4 O 266/03 – juris, Rn. 21.

[106] OLG Brandenburg, 12 U 91/08 – juris, Rn. 9. Wenn das OLG Brandenburg zur Untermauerung seiner Auffassung auf die Kammerentscheidung des BVerfG zum Rechtsschutz unterhalb der Schwellenwerte (ZfBR 2008, S. 816) verweist, so verkennt dies, dass sich die Aussage des BVerfG, der allgemeine Gleichheitssatz sei „erst dann verletzt, wenn ,die Rechtsanwendung oder das Verfahren unter keinem denkbaren Aspekt mehr rechtlich vertretbar sind und sich daher der Schluss aufdrängt, dass sie auf sachfremden und damit willkürlichen Erwägungen beruhen'", nicht auf das Vergabeverfahren bezieht, sondern auf die –

Richtig ist zwar, dass aus dem allgemeinen Gleichheitssatz ein nur rudimentäres Vergaberegime folgt. Jeder Verstoß gegen die hieraus abgeleiteten Pflichten
führt aber unabhängig von seiner Offenkundigkeit oder vom zusätzlichen Vorliegen von Willkür zu einem grundsätzlich beachtlichen Rechtsfehler; nichts
anderes gilt für qua Selbstbindung verbindliche Vorgaben in Verwaltungsvorschriften.[107]

2. Fehlerfolgen im einstufig-zivilrechtlichen Modell

Im einstufig-zivilrechtlichen Modell tritt die Vergabeentscheidung rechtsförmig nur in Gestalt des zwischen öffentlicher Hand und erfolgreichem Bewerber geschlossenen Vertrages zutage. An diesem muss mithin die Frage nach
Fehlerfolgen ansetzen. Mit einer möglichen Nichtigkeit gemäß § 134 BGB (a)
respektive § 138 BGB (b) öffnet sich das Zivilrecht für die bestehenden öffentlich-rechtlichen Bindungen. Über diese beiden Nichtigkeitsgründe hinaus ist
zu untersuchen, ob und inwieweit § 58 VwVfG, der die Konsequenzen einer
Verletzung von Drittrechten im Kontext öffentlich-rechtlicher Verträge regelt,
als die Verwaltung auch beim Abschluss privatrechtlicher Verträge bindender,
mithin als „verwaltungsprivatrechtlicher" Grundsatz die (schwebende) Unwirksamkeit des Vertrages anzuordnen vermag und damit jedenfalls § 134 BGB
vorginge (c). Schließlich stellt sich die Frage, ob und unter welchen Voraussetzungen aus Gründen der Rechtssicherheit auch fehlerhaft zustande gekommenen Verträgen Stabilität zugesprochen werden kann (d).

a) Verfahrensvorschriften als Verbotsgesetze im Sinne des § 134 BGB

Gemäß § 134 BGB ist ein „Rechtsgeschäft, das gegen ein gesetzliches Verbot
verstößt, … nichtig, wenn sich nicht aus dem Gesetz ein anderes ergibt." Der
Vorbehalt des zweiten Halbsatzes verweist auf die Maßgeblichkeit des verletzten Verbots für die Bestimmung der Rechtsfolge eines Verstoßes. Fehlt
eine ausdrückliche Regelung, muss auf den Sinn und Zweck der Verbotsnorm
abgestellt werden:[108] „Dies erfordert eine normbezogene Abwägung, ob es
mit dem Sinn und Zweck des Verbots vereinbar oder unvereinbar wäre, die
durch das Rechtsgeschäft getroffene Regelung hinzunehmen bzw. bestehen

---

nur im Ausnahmefall in Betracht kommende – Kontrolle der richterlichen Rechtsanwendung durch das BVerfG.
[107] So auch OLG Düsseldorf, NJW-Spezial 2009, S. 142; *C. Braun*, NZBau 2008, S. 160
(161); *ders.*, VergabeR 2008, S. 924 (925); *H. A. Grams*, VergabeR 2008, S. 474 (475); *W. Krohn*,
NZBau 2007, S. 493 (496); *ders.*, in: Müller-Wrede, Kompendium Vergaberecht, Kap. 24,
Rn. 25. Vgl. ferner OLG Düsseldorf, 27 U 1/09 – juris, Rn. 29 ff., 53 ff.; OLG Schleswig, 1 U
27/10 – juris, Rn. 50; *T. Hänsel / C. Flache*, NJW-Spezial 2010, S. 172 (172 f.).
[108] BGH, NJW 2000, S. 1186 (1187); OLG München, EuZW 2008, S. 773 (773).

zu lassen".[109] Für diese Abwägung wesentlich ist, ob sich das fragliche Verbot gegen alle am Rechtsgeschäft beteiligten Personen oder nur gegen eine der Parteien richtet. Im zuerst genannten Fall ist regelmäßig von der Nichtigkeit auszugehen, im zweiten dagegen nicht.[110] Allerdings kann auch der Zweck eines einseitigen Verbots die Gesamtnichtigkeit erfordern.[111]

Es greift zu kurz, den Verbotscharakter des verfassungs- und unionsrechtlichen Teilhabeanspruchs mit dem Argument zurückzuweisen, dass seine Verletzung nicht den Inhalt des Rechtsgeschäfts beträfe.[112] Diese Auffassung verkennt nämlich, dass der mit dem Veräußerungsgeschäft bezweckte Erfolg Rechte Dritter verletzt. Für die unionsrechtlichen Diskriminierungsverbote hat das OLG München darüber hinaus die Nichtigkeitsfolge unter Berufung auf die Einseitigkeit des lediglich an den diskriminierenden Staat gerichteten Verbots verneint[113] – genauso argumentiert im Übrigen das BAG für Rechte von Mitbewerbern verletzende Arbeitsverträge im öffentlichen Dienst[114]. Die Frage, ob andere Gründe für die Nichtigkeit streiten, haben beide Gerichte allerdings erst gar nicht gestellt. Das Binnenmarktziel der Union stellt insoweit ein schlagkräftiges Argument dar. Vor allem aber kann die Einseitigkeit des Verbots in Fällen wie dem vorliegenden, in denen die Verbotsnorm zugleich im Interesse des (übergangenen) Vertragspartners besteht, bei der Abwägung nicht entscheidend ins Gewicht fallen.[115] Die gegenteilige, bipolare Betrachtung verkennt nämlich den der Vergabesituation zugrunde liegenden multipolaren Verteilungskonflikt: In den Blick zu nehmen sind nicht nur die Vertragsparteien, eine Perspektive, die bei einem lediglich einseitigen Verstoß im Interesse der anderen Partei ein Aufrechterhalten des Vertrags rechtfertigt, sondern auch die übergangenen und nicht am Vertrag beteiligten Bieter, deren Interessen auf diese Weise unberücksichtigt blieben. Verstöße gegen das grundfreiheitliche Vergaberegime können mithin zur Nichtigkeit des Vertrags gemäß § 134 BGB führen.[116] Dies gilt genauso für den aus Art. 3 Abs. 1

---

[109] BGH, NJW 2000, S. 1186 (1187). Siehe auch *C. Armbrüster*, in: MüKo, § 134 BGB, Rn. 103.

[110] BGH, NJW 2000, S. 1186 (1187); OLG München, EuZW 2008, S. 773 (773).

[111] BGH, NJW 2000, S. 1186 (1187).

[112] *J. Becker*, Verwaltungsprivatrecht, S. 153. Ebenso für das Vergaberecht: *C. Antweiler*, DB 2001, S. 1975 (1976); *S. Gers-Grapperhaus*, Auswahlrechtsverhältnis, S. 99.

[113] OLG München, EuZW 2008, S. 773 (773 f.).

[114] Siehe nur BAG, NZA 1998, S. 882 (884); NZA 1998, S. 884 (886).

[115] Vgl. auch *J. Gundel*, DV 37 (2004), S. 401 (419 Fn. 103); *H. G. Fischer*, EuZW 2009, S. 208 (210). Kritisch zu dieser nach den Verbotsadressaten differenzierenden Betrachtung *C. Armbrüster*, in: MüKo, § 134 BGB, Rn. 48.

[116] *M. Dreher*, NZBau 2002, S. 419 (423); *J. Knöbl*, Rechtsschutz, S. 67 ff. – i.E. mit Blick auf die inmitten stehenden Drittinteressen aber ablehnend. Siehe allgemein zum Charakter der Grundfreiheiten als Verbotsgesetze: *R. Sack*, in: Staudinger, § 134 BGB, Rn. 43 f.; ferner: *C. Armbrüster*, in: MüKo, § 134 BGB, Rn. 38. Nach der Rechtsprechung des BGH greift

GG abgeleiteten grundrechtlichen Teilhabeanspruch.[117] Um dem Gebot einer
ausgewogenen Fehlerkorrektur zu entsprechen, ist freilich im Einzelfall zu
prüfen, ob der Zweck der verletzten Norm angesichts der Multipolarität der
Verteilungssituation auch eine Nichtigkeit des Veräußerungsgeschäfts verlangt; namentlich das Rechtsschutzinteresse überwiegende Bestandsinteressen können eine Korrektur der Vergabeentscheidung und damit die Nichtigkeit des Vertrages ausschließen.[118] Von vornherein zu immunisieren vermag
dies freilich lediglich Verstöße gegen Ordnungsvorschriften, nicht aber solche
gegen die grundlegenden Anforderungen des grundrechtlichen bzw. grundfreiheitlichen Teilhabeanspruchs. Unabhängig davon stellt sich die sogleich zu
erörternde[119] Stabilitätsfrage.[120]

Schließlich ist hinsichtlich der Anwendbarkeit des § 134 BGB zu berücksichtigen, dass, so man mit der hier vertretenen Auffassung § 58 VwVfG (analog)
hinsichtlich der Berücksichtigung von Drittinteressen beim Abschluss von
Verträgen durch die öffentliche Hand für einschlägig erachtet, jener als Spezialregelung § 134 BGB verdrängt.[121]

b) § 138 BGB

Ebenfalls der Nichtigkeit anheim fallen gemäß § 138 Abs. 1 BGB Verträge, die
gegen die guten Sitten verstoßen. Dies trifft im hier interessierenden Zusammenhang auf Rechtsgeschäfte zu, die Rechte Dritter beeinträchtigen.[122] Freilich
reicht ein beliebiger Vergabeverstoß hierfür nicht aus. Vielmehr müssten die

---

§ 134 BGB zudem bei einem Verstoß gegen das Beihilfenverbot: BGH, EuZW 2003, S. 444
(445); EuZW 2004, S. 252 (253).

[117] *J. Knöbl*, Rechtsschutz, S. 59 ff.; *W. Krebs*, ZIP 1990, S. 1513 (1522), unter Verweis auf
den Rechtsgedanken des § 58 VwVfG. In diese Richtung auch BGHZ 65, 284 (287); ferner
V ZR 63/09 – juris, Rn. 15, wonach der – (auch) in den Grundrechten wurzelnde – Verhältnismäßigkeitsgrundsatz ein Verbotsgesetz i.S.d. § 134 BGB darstellt; *E. Schmidt-Aßmann / W.
Krebs*, Rechtsfragen, S. 154 f., 226. Allgemein zu den Grundrechten als Verbotsgesetze i.S.d.
§ 134 BGB: *C. Armbrüster*, in: MüKo, § 134 BGB, Rn. 33; *R. Sack*, in: Staudinger, § 134 BGB,
Rn. 37. Für zu unbestimmt erachtet diese: OVG Münster, NVwZ 1984, S. 522 (524).

[118] Siehe nur *J. Knöbl*, Rechtsschutz, S. 61 ff. Zur Parallelproblematik bei der Anwendung
von § 59 Abs. 1 VwVfG i.V.m. § 134 BGB im Kontext öffentlich-rechtlicher Verträge *W.
Krebs*, VVDStRL 52 (1993), S. 248 (267 ff., 279); *V. Schlette*, Verwaltung als Vertragspartner,
S. 549 ff.; *E. Schmidt-Aßmann / W. Krebs*, Rechtsfragen, S. 221 ff.

[119] Näher unten, IV.2.d.

[120] Generell ablehnend zu einer Heranziehung der §§ 134, 138 BGB zur Bewältigung von
Konkurrenzsituationen *H. C. Röhl*, VerwArch 86 (1995), S. 531 (558), da „nur der Vergabeentscheidung, nicht aber dem Vertrag als Sonderbindung die belastende Wirkung gegenüber
dem Konkurrenten inne[wohnt]." Im einstufigen Modell stellt der Vertrag freilich die einzige Handlung im Außenverhältnis dar.

[121] Vgl. OVG Münster, NVwZ 1984, S. 522 (524); *F. Kopp / U. Ramsauer*, VwVfG, § 58,
Rn. 2.

[122] Siehe nur *C. Armbrüster*, in: MüKo, § 138 BGB, Rn. 96.

Parteien bewusst und gewollt dahingehend zusammenwirken, schuldrechtliche Rechte Dritter zu beschneiden.[123] Ein derart bewusstes Missachten von Vergabevorschriften, das zu einer Sittenwidrigkeit i.S.d. § 138 BGB führt, verlangt neben „Kenntnis von den Tatsachen auch …, dass die Vergabestelle sich der Vergabepflichtigkeit bewusst ist bzw. sich einer entsprechenden Kenntnis verschließt; nachvollziehbare Rechtsirrtümer sind unschädlich".[124] Darüber hinaus ist ein kollusives Zusammenwirken mit dem zum Zuge gekommenen Bewerber erforderlich.[125]

Trotz der Spezialität des § 134 BGB (und auch des § 58 VwVfG) i.V.m. einem Verbotsgesetz gegenüber § 138 BGB[126] findet letzterer bei kollusivem Zusammenwirkung der Vertragspartner zulasten von Dritten parallel Anwendung, da erstere diesen Aspekt nicht berücksichtigen.

c) Unwirksamkeit des Vertrags gemäß § 58 VwVfG analog

Verträge, die in Rechte Dritter eingreifen, sind gemäß § 58 VwVfG bis zur Zustimmung des Dritten schwebend unwirksam. Diese auf öffentlich-rechtliche Verträge Anwendung findende Norm ist, jedenfalls ihrem Rechtsgedanken nach, auch für den Abschluss privatrechtlicher Verträge durch die Verwaltung heranzuziehen. Denn sie dient der Absicherung des unions- und verfassungsrechtlichen Teilhabeanspruchs, der auch in diesem Fall greift.[127] Rechtspositionen

---

[123] Siehe nur *R. Sack*, in: Staudinger, § 138 BGB, Rn. 356.

[124] OLG Düsseldorf, NZBau 2008, S. 461 (465).

[125] *P. Brock*, ZfIR 2008, S. 445 (448); *K. Greb / M. Rolshoven*, NZBau 2008, S. 163 (165).

[126] Vgl. dazu *C. Armbrüster*, in: MüKo, § 138 BGB, Rn. 4.

[127] Vgl. auch *W. Krebs*, ZIP 1990, S. 1513 (1522), der § 58 VwVfG mit einer Vertragsnichtigkeit gemäß § 134 BGB i.V.m. Art. 3 Abs. 1 GG parallelisiert. Siehe ferner *ders.*, VVDStRL 52 (1993), S. 248 (269); *H. J. Bonk*, in: Stelkens / *ders.* / Sachs, VwVfG, § 58, Rn. 8 f., und *F. Kopp / U. Ramsauer*, VwVfG, § 58, Rn. 3c, die diese Norm als Ausdruck eines allgemeinen Rechtsgrundsatzes begreifen und ihren Geltungsanspruch über den unmittelbar geregelten Fall hinaus betonen. Vgl. auch BVerwG, NJW 1988, S. 662 (663); *E. Gurlit*, Verwaltungsvertrag, S. 445 f.; *V. Schlette*, Verwaltung als Vertragspartner, S. 436, 558 f. Ablehnend demgegenüber *E. Schmidt-Aßmann / W. Krebs*, Rechtsfragen, S. 154 f. – Lösung über § 134 BGB i.V.m. Grundrechten Dritter; *U. Stelkens*, Verwaltungsprivatrecht, S. 708 ff., 949 ff. (insb. 962 f.) – siehe zu dessen Alternativlösung zum Schutz der Drittrechte ibid., 1156 ff.; vgl. ferner *H. C. Röhl*, VerwArch 86 (1995), S. 531 (558). Allgemein zur Anwendbarkeit des VwVfG im Verwaltungsprivatrecht BGH, V ZR 63/09 – juris, Rn. 36: „Auszugehen ist davon, dass der Gesetzgeber den sachlichen Geltungsbereich des Verwaltungsverfahrensrechts in Kenntnis der sich aus dem Verwaltungsprivatrecht ergebenden Probleme auf die öffentlich-rechtliche Verwaltungstätigkeit von Behörden beschränkt hat und vor diesem Hintergrund bei der Heranziehung verfahrensrechtlicher Bestimmungen des öffentlichen Rechts Zurückhaltung geboten ist. Sie kommt zwar in Betracht, wenn eine Regelung Ausfluss eines allgemeinen Rechtsgedankens ist …, und auch dann, wenn für ihre Heranziehung ein besonderes Bedürfnis besteht … Sie scheidet jedoch aus, wenn das Privatrecht … gleichwertige Regelungen bereitstellt …, und es deshalb ausgeschlossen ist, dass sich ein Verwaltungsträger durch Flucht in die Rechtsformen des Privatrechts dem Grundsatz der Gesetzmäßigkeit der Verwaltung … entzieht."

Dritter, die die Anfechtung einer Vergabeentscheidung durch Verwaltungsakt ermöglichen, dürfen auch im Kontext einer vertraglichen Güterverteilung nicht unberücksichtigt bleiben; insoweit erscheint eine Privilegierung der Handlungsform Verwaltungsvertrag nicht gerechtfertigt.[128] Wie bei § 134 BGB auch, kann angesichts der Multipolarität des Verteilungskonflikts das Interesse am Bestand einmal getroffener Verteilungsentscheidungen dasjenige an Rechtsschutz überwiegen und damit die Unwirksamkeitsfolge ausschließen.[129] Diese Feststellung leitet zu dem der Stabilitätsfrage gewidmeten nächsten Abschnitt über.

d) Die Stabilität der Veräußerung

Die aus § 134 BGB bzw. aus dem verwaltungsprivatrechtlich seinem Rechtsgedanken nach heranzuziehenden § 58 VwVfG folgende grundsätzliche Unwirksamkeit des Veräußerungsgeschäftes als Reaktion auf eine Verletzung des Teilhabeanspruchs stellt ein scharfes Schwert dar, lässt sie doch komplexe Transaktionen auf lange Zeit – in den Grenzen des Verjährungsrechts, d.h. regelmäßig für drei bis zehn Jahre ab Leistungsaustausch (§ 199 Abs. 1, 3 Nr. 1 und Abs. 4 BGB), bei Nichtigkeit auch des Verfügungsgeschäfts sogar bis zu 30 Jahre (§ 197 Abs. 1 Nr. 1 BGB) – in der Schwebe. Dies wirft die Frage auf, ob mit Blick auf Effizienzinteressen der Verwaltung, auf Belange der Rechtssicherheit und auf die Rechtsposition des zum Zuge gekommen Bewerbers dem Vertragsschluss Stabilität beizumessen ist, die die Nichtigkeitsfolge generell ausschließt.[130]

Die Beantwortung dieser Frage hängt vom Ausmaß des durch die Rechtsschutzgarantie gebotenen Primärrechtsschutzes ab. Hält man diesen für gänzlich auszuschließen, muss der Veräußerungsvertrag konsequenterweise für immun erachtet werden; der Teilhabeanspruch verlangt in diesem Fall keine entsprechende Sanktion seiner Verletzung auf der Ebene des Primärrechtsschutzes und schließt damit die Umwirksamkeitsfolge aus. Erachtet man zumindest die Möglichkeit einer Überprüfung im Eilrechtsschutz für erforderlich, kommt eine Stabilität nur bei Vorabinformation über das geplante Veräußerungsgeschäft und einer angemessenen Wartefrist in Betracht.[131] Im Übrigen greift die Unwirksamkeitsfolge, die (nachträglichen) Primärrechtsschutz ermöglicht.

---

[128] Siehe auch *V. Schlette*, Verwaltung als Vertragspartner, S. 436; *E. Schmidt-Aßmann / W. Krebs*, Rechtsfragen, S. 228 f.

[129] Dazu *J. Knöbl*, Rechtsschutz, S. 61 ff., sowie sogleich unten, IV.2.d.

[130] *J. Knöbl*, Rechtsschutz, S. 61 ff., unter Ablehnung des Verbotsgesetzcharakters des Teilhabeanspruchs mit Blick auf die gegenläufigen Stabilitätsinteressen, jedoch ohne die Wertung des § 58 VwVfG thematisierend; *H. C. Röhl*, VerwArch 86 (1995), S. 531 (558, 561 f.) unter Verweis auf die Vertragssicherheit; ferner, allerdings ohne nähere Begründung von einer Stabilität ausgehend: *C. R. Eggers / B. Malmendier*, NJW 2003, S. 780 (782); *R.-F. Fahrenbach*, DtZ 1990, S. 268 (270). Siehe grundsätzlich auch *U. Stelkens*, Verwaltungsprivatrecht, S. 930 f., 1156 ff.; ferner *W. Krebs*, VVDStRL 52 (1993), S. 248 (279).

[131] Für diese Lösung: *C. R. Eggers / B. Malmendier*, NJW 2003, S. 780 (782 f.); *H. C. Röhl*,

Im zuletzt genannten Fall bleibt zu erwägen, ob Belangen der Rechtssicherheit und dem Interesse der Vertragsparteien am Bestand des Rechtsgeschäftes wenigstens durch eine zeitliche Beschränkung der Nichtigkeitsfolge Rechnung zu tragen ist. Eine Anleihe böte sich beim reformierten Kartellvergaberecht an, in dessen Rahmen die Unwirksamkeit des Beschaffungsvertrages ab sechs Monaten nach Vertragsschluss nicht mehr geltend gemacht werden kann; bei Veröffentlichung der Auftragsvergabe im Amtsblatt der EU verkürzt sich diese Frist sogar auf 30 Kalendertage. Demnach erlischt der – nicht geltend gemachte – Teilhabeanspruch mit Ablauf von sechs Monaten nach Vertragsschluss; dann ist der Vertrag endgültig wirksam. Ist Publizität hergestellt, etwa durch adäquate Veröffentlichung des Vertragsschlusses oder gar Information der unterlegenen Bieter, verkürzt sich diese Frist auf einen Monat.[132] Alternativ zur materiell-rechtlichen Begrenzung des Teilhabeanspruchs kommt der Rekurs auf eine Verwirkung des Anspruchs in Betracht. So kann das Recht zur Geltendmachung von Vergabeverstößen verwirkt sein, und zwar auch dann, wenn sich die später auf den Vergabeverstoß berufende Person keine Kenntnis von der Rechtsverletzung hat[133]. Dies ist dann der Fall, wenn das Nachprüfungsverfahren erst zu einem Zeitpunkt eingeleitet wird, zu dem die öffentliche Hand und der zum Zuge gekommene Interessent nicht mehr mit der Geltendmachung von etwaigen Verstößen gerechnet haben respektive rechnen müssen.[134] Freilich ist stets eine irgendwie geartete Kenntnis vom Vorgang erforderlich.[135]

Fraglich ist ferner die Verortung der Beschränkung des Primärrechtsschutzes: Im Kartellvergaberecht kommt sie in § 114 Abs. 2 GWB zum Ausdruck, nach dem ein wirksam erteilter Zuschlag nicht aufgehoben werden kann; für Auftragsvergaben unterhalb der Schwellenwerte mag man Selbiges unter Berufung auf einen entsprechenden hergebrachten Grundsatz des Vergaberechts – mithin Gewohnheitsrecht – vertreten.[136] Bei den hier untersuchten Veräußerungsverfahren existiert kein vergleichbarer Anknüpfungspunkt. Immerhin erscheint ein Rekurs auf die immanente Beschränkung der Rechtsschutzdimension des Zugangsanspruchs möglich.

Die geschilderte Schwierigkeit, im Rahmen des einstufigen Modells Rechtssicherheit und Rechtsschutz in Einklang zu bringen, illustriert schließlich, was am Rande vermerkt sei, den mit dem Zwei-Stufen-Modell verbundenen Vorteil

---

VerwArch 86 (1995), S. 531 (561); *U. Stelkens*, Verwaltungsprivatrecht, S. 1169 f.; vgl. auch *C. Rabenschlag*, in: Engels / Eibelshäuser, Haushaltsrecht, § 63, Rn. 17.

[132] Siehe zur Verwirkung des Anfechtungsrechts OLG Düsseldorf, NZBau 2008, S. 461 (464); OLG Karlsruhe, NZBau 2008, S. 537 (540).

[133] OLG Karlsruhe, NZBau 2008, S. 537 (540).

[134] Ibid.

[135] OLG Düsseldorf, NZBau 2008, S. 461 (464).

[136] Siehe insoweit OLG Schleswig, NZBau 2000, S. 100 (101). Ebenso aufgrund einer Abwägung der gegenläufigen Interessen *J. Knöbl*, Rechtsschutz, S. 61 ff.

einer Abschichtung von (potentiell bestandskräftiger) Auswahlentscheidung und deren zivilrechtlichem Vollzug.[137]

3. Relevanz von Verstößen gegen das Haushaltsrecht

Der Aktivierung des Haushaltsrechts für die Bewältigung der Verteilungsproblematik steht sein regelmäßig verneinter drittschützender Charakter entgegen, der aus dem Zweck des Haushaltsrechts, die sparsame Verwendung öffentlicher Mittel im Allgemeininteresse sicherzustellen, gefolgert wird[138]. Es ist allerdings fraglich, ob damit grundrechtlichen Vorgaben adäquat Rechnung getragen ist. Als sog. norminterne Direktiven sind die Grundrechte nämlich für die Bestimmung des Drittschutzes einer Norm entscheidend,[139] wohingegen der historischen Auslegungsmethode im Rahmen der Schutznormtheorie eine nur nachrangige Rolle zukommt[140]. Auf wettbewerbsöffnende Vorschriften der Haushaltsordnung können sich demnach auch am zu verteilenden Gut Interessierte berufen.[141] So wird das Verbot der Unterwertveräußerung nicht nur als Ausdruck des haushaltsrechtlichen Grundsatzes der sparsamen und wirtschaftlichen Haushaltsführung verstanden, sondern auch als aus dem Rechtsstaatsprinzip und dem Willkürverbot folgendes Gebot, Einzelne nicht zu begünstigen.[142]

Ob dies bei Verstößen die Nichtigkeit des haushaltswidrig abgeschlossenen Veräußerungsgeschäftes gebietet, das Verbot der Unterwertveräußerung mithin ein Verbotsgesetz i.S.d. § 134 BGB darstellt, hat der BGH bislang nicht ausdrücklich bejaht, sondern offengelassen; gleichwohl lassen seine Entscheidungen eine entsprechende positive Tendenz erkennen.[143] In diesem Sinne haben auch das BayObLG und das OLG Jena mit Blick auf den Schutzzweck der entsprechenden kommunalhaushaltsrechtlichen Bestimmung entschieden: Denn nur die Annahme der Nichtigkeit könne die im Interesse der Bürger angeordnete Erhaltung des staatlichen Vermögens gewährleisten und die Begünstigung

---

[137] Dazu noch unten, 3. Teil, B.I.5.a.ee.(2).

[138] Siehe insoweit nur BVerwGE 129, 9 (17 f.); VGH Mannheim, NVwZ-RR 1999, S. 264 (265); *W. Gatzer*, in: Piduch, Bundeshaushaltsrecht, § 63 BHO, Rn. 10; *S. Gers-Grapperhaus*, Auswahlrechtsverhältnis, S. 90 f.; *C. Rabenschlag*, in: Engels / Eibelshäuser, Haushaltsrecht, § 63, Rn. 5; *T. Heilshorn / D. Mock*, VBlBW 2008, S. 328 (334); *N. Dittrich*, BHO, § 63, Rn. 7; vgl. ferner *F. Wollenschläger*, DVBl. 2007, S. 589 (595).

[139] *P. M. Huber*, in: v. Mangoldt / Klein / Starck, GG, Art. 19, Rn. 390 ff.; *H. Maurer*, Allgemeines Verwaltungsrecht, § 8, Rn. 10 ff.; *E. Schmidt-Aßmann*, in: Maunz / Dürig, GG, Art. 19 IV, Rn. 128; *F. Wollenschläger*, DVBl. 2007, S. 589 (595).

[140] *P. M. Huber*, in: v. Mangoldt / Klein / Starck, GG, Art. 19, Rn. 390; *J. Ruthig*, NZBau 2005, S. 497 (502); *E. Schmidt-Aßmann*, in: Maunz / Dürig, GG, Art. 19 IV, Rn. 128, 138.

[141] Allgemein *E. Schmidt-Aßmann*, Ordnungsidee, S. 373; *ders.*, in: Maunz / Dürig, GG, Art. 19 IV, Rn. 154.

[142] BGHZ 47, 30 (39 f.); OVG Münster, NJW 1983, S. 2517 (2518).

[143] BGHZ 47, 30 (40); V ZR 127/02 – juris, Rn. 33; LKV 2005, S. 84 (86).

Einzelner zulasten der Gemeinschaft verhindern.[144] Nach der obiter geäußerten Auffassung des BGH ist in die Beurteilung der Grad des Verstoßes einzubeziehen:

Bleibt der Kaufpreis nur geringfügig hinter dem Verkehrswert zurück, wird auch unter Berücksichtigung öffentlicher Interessen die Rechtsfolge einer Nichtigkeit schwerlich zu rechtfertigen sein ... Auf der anderen Seite kann jedenfalls eine Veräußerung unterhalb des „vollen Wertes" ... nicht voraussetzen, daß ein besonders grobes Mißverhältnis – mithin ein Verkehrswert, der knapp doppelt so hoch ist wie der Kaufpreis – vorliegt. Diesen Maßstab zieht die Rechtsprechung heran, um bei Prüfung eines wucherähnlichen, nach § 138 Abs. 1 BGB nichtigen Rechtsgeschäfts auf das subjektive Merkmal einer verwerflichen Gesinnung zu schließen ... Er taugt nicht, wenn es gilt, das Verschleudern von Vermögen der öffentlichen Hand zu verhindern, weil hier ein persönlich vorwerfbares Verhalten des Begünstigten keine Bedeutung erlangt.[145]

Das BVerwG hat den Charakter des § 63 BHO als Verbotsgesetz demgegenüber aufgrund der Ausnahmemöglichkeit in § 61 Abs. 3 S. 3 BHO verneint.[146] Abgesehen davon, dass diese wegen ihres Bezugs auf Veräußerungsvorgänge innerhalb der Bundesverwaltung für die vorliegende Problematik nicht weiterführt, vermag der Ansatz des BVerwG jedoch nicht zu überzeugen. Denn Ausnahmemöglichkeiten stellen nicht den Charakter eines Gesetzes als Verbotsgesetz in Frage; vielmehr betreffen sie die tatbestandliche Ebene des Verbotsgesetzes und schließen bei ihrer Einschlägigkeit das Vorliegen eines Verstoßes aus.

In Extremfällen kann das haushaltsrechtswidrige Austauschgeschäft darüber hinaus

... als sittenwidrig und damit rechtsunwirksam (§ 138 Abs. 1 BGB) anzusehen sein, wenn die Vertragsteile wissen und billigen, daß die Vertragsleistung der Gemeinde nur unter gröblicher Verletzung der im Interesse der Allgemeinheit gegebenen Haushaltsvorschriften erbracht werden kann ... Es muß sich freilich um mehr als eine nur tadelnswerte, unangebrachte und zu Kritik herausfordernde Ausgabenbewilligung handeln. Die Anwendung des § 138 Abs. 1 BGB kommt aber jedenfalls dann in Betracht, wenn die Handhabung der Haushaltsvorschriften in einem so hohen Maße fehlsam ist, daß von einer sparsamen Ausgabe der öffentlichen Mittel und einer gewissenhaften treuhänderischen Verwaltung des Gemeindevermögens schlechthin nicht mehr gesprochen werden kann.[147]

In einer späteren Entscheidung verlangte der BGH ein den „Grundsatz der Sparsamkeit und Wirtschaftlichkeit der Haushaltsführung in besonders grobem Maße" verletzendes Verhalten.[148]

---

[144] BayObLG, NJOZ 2001, S. 1144 (1146 f.); NVwZ-RR 1996, S. 342 (342 f.); OLG Jena, LKV 2006, S. 94 (94 f.). Vgl. auch BayVerfGH, BayVBl. 2008, S. 237 (237).

[145] BGH, V ZR 127/02 – juris, Rn. 35.

[146] BVerwGE 118, 361 (369). Ebenfalls ablehnend C. *Rabenschlag*, in: Engels / Eibelshäuser, Haushaltsrecht, § 63, Rn. 5 – siehe aber auch Rn. 17.

[147] BGHZ 36, 395 (398). Vgl. ferner Z 47, 30 (40); Z 160, 240 (245 ff.); NZBau 2005, S. 590 (591).

[148] BGH, NZBau 2005, S. 590 (592).

Freilich darf die Diskussion um die Konsequenzen von Verstößen gegen die haushaltsrechtlichen Verfahrenspflichten nicht übersehen lassen, dass unabhängig von diesen der unions- und verfassungsrechtlich fundierte Teilhabeanspruch greift. Jedenfalls in dessen Rahmen besteht Drittschutz.[149]

V. Rechtsschutzsystem

Ob und inwieweit nicht zum Zuge gekommen Bewerber Rechtsschutz im Kontext von Veräußerungsvorgängen erlangen können, hat – von punktuellen Äußerungen und Entscheidungen abgesehen – noch keine vertiefte Betrachtung erfahren. Zu differenzieren ist zunächst zwischen einer ein- und zweistufigen Verfahrensgestaltung. Während sich Rechtsschutz bei letzterer durch das Vorhandensein einer öffentlich-rechtlichen Auswahlentscheidung (Vergabeverwaltungsakt) in den herkömmlichen Bahnen des verwaltungsgerichtlichen Konkurrenzschutzes bewegt und daher an dieser Stelle[150] nicht weiter vertieft werden soll, verdient das einstufige Modell eine nähere Erörterung. Insoweit ist weiter zwischen Primär- (1.) und Sekundärrechtsschutz (2.) zu unterscheiden. Hält man ersteren nämlich für verfassungsrechtlich entbehrlich, verlagert sich die Problematik hin zum Schadensersatz; umgekehrt scheidet eine Entschädigung wegen des Einwands des Mitverschuldens dann aus, wenn Primärrechtsschutz eröffnet war, aber nicht genutzt wurde (vgl. § 839 Abs. 3 BGB). Die folgende Erörterung bezieht jüngere Entscheidungen zum Vergaberechtsschutz unterhalb der Schwellenwerte mit ein, da mit dessen obergerichtlicher Zuordnung zum ordentlichen Rechtsweg nunmehr identische Probleme zu lösen sind.

1. Primärrechtsschutz

Da die Vergabeentscheidung im einstufigen Verfahrensmodell lediglich im zivilrechtlichen Vertragsschluss rechtsförmig zutage tritt, muss dieser Ansatzpunkt für den Primärrechtsschutz sein. Dabei schlägt die zivilrechtliche Qualifikation des Veräußerungsverfahrens auch auf den Rechtsweg durch.[151] Maßgeblich für diesen ist nämlich der Charakter des Rechtsverhältnisses, aus dem der Klageanspruch hergeleitet wird.[152] Damit eröffnen die öffentlich-rechtlichen Bindungen

---

[149] In diesem Sinne auch *C. Rabenschlag*, in: Engels / Eibelshäuser, Haushaltsrecht, § 63, Rn. 17.

[150] Ausführlich aber unten, 3. Teil, B.VI.1.a.aa.(1)(a).

[151] A.A. *N. Horn*, Zivil- und Wirtschaftsrecht im neuen Bundesgebiet, S. 906 ff.; *W. Krebs*, ZIP 1990, S. 1513 (1523); *R. Weimar*, ZIP 1993, S. 1 (14); *ders.*, DÖV 1991, S. 813 (822); *ders.*, Treuhandgesetz, § 1, Rn. 71 f., nach denen die besonderen Bindungen der öffentlichen Hand (Fiskalgeltung des Art. 3 Abs. 1 GG) für den Verwaltungsrechtsweg stritten. Dies zu Recht ablehnend *J. Becker*, Verwaltungsprivatrecht, S. 152 f.

[152] BVerwGE 129, 9 (10 f.); VG Berlin, NJW 1991, S. 1969 (1970); KG, VIZ 1991, S. 37 (37).

der Verwaltung und die daraus resultierenden Ansprüche, namentlich der auf Art. 3 Abs. 1 GG gestützte Anspruch auf Gleichbehandlung, nicht den Verwaltungsrechtsweg.[153] Gegeben ist vielmehr wegen des den zivilrechtlichen Vertragsschluss betreffenden Streitgegenstands der ordentliche Rechtsweg.

Hinsichtlich des prozessualen Vorgehens bestehen zwei Alternativen, die sich gegenseitig ausschließen. Die Entscheidung zwischen beiden hängt davon ab, ob dem Veräußerungsvertrag Stabilität zukommt. Ist dies nicht der Fall, kann die (etwaige) Unwirksamkeit des Vertrages ohne Weiteres nachträglich im Wege der negativen (Dritt-)Feststellungsklage (§ 256 Abs. 1 ZPO) geltend gemacht werden. Als Gegenstand einer solchen kommt auch die Unwirksamkeit eines zwischen der beklagten öffentlichen Hand und einem Dritten, hier: dem zum Zuge gekommenen Bewerber, geschlossenen Vertrages in Betracht.[154] Dies setzt freilich ein besonderes rechtliches Feststellungsinteresse gegenüber dem Beklagten voraus.[155] Ein solches folgt aus der in der anderweitigen Vergabe liegenden möglichen Rechtsverletzung des Klägers in seinem Teilhabeanspruch durch den beklagten Staat;[156] auf deren Feststellung ist der Rechtsbehelf beschränkt[157]. Aus der Korrelation von Feststellungsinteresse und Teilhabeanspruch folgt zugleich, dass die Klage unzulässig ist, sobald letzterer durch Zeitablauf erlischt[158]. Der grundsätzlich vorrangige Weg der Leistungsklage[159] muss bei Feststellungsklagen gegen die öffentliche Hand nicht beschritten werden, da von dieser bei Feststellung der Nichtigkeit des Vertrags ein entsprechendes Verhalten zu erwarten ist;[160] es ist freilich möglich, den Teilhabeanspruch auch als Leistungsbegehren durchzusetzen, das mit Blick auf Entscheidungsspielräume der Verwaltung freilich meist auf nicht mehr als eine erneute Entscheidung gerichtet sein wird.

Ist der einmal erfolgte Vertragsschluss dagegen irreversibel, gebietet die Garantie effektiven Rechtsschutzes aber gleichwohl eine Vorabinformation zur

---

[153] Die Bindungen nicht für rechtswegbestimmend erachtend: BVerwG, NVwZ 1990, S. 754 (754); NVwZ 1991, S. 59 (59). Anders *J. Knöbl*, Rechtsschutz, S. 101 ff., angesichts der grundrechtlichen Ansprüche.

[154] BGH, NJW 1977, S. 1637 (1637); NJW 1984, S. 2950 (2950); NJW 1990, S. 2627 (2628); NJW-RR 2004, S. 595 (596); *E. Becker-Eberhard*, in: MüKo-ZPO, § 256 ZPO, Rn. 33 f.; *U. Foerste*, in: Musielak, ZPO, § 256 ZPO, Rn. 5; *J. Knöbl*, Rechtsschutz, S. 115.

[155] BGH, NJW 1984, S. 2950 (2950); NJW-RR 2004, S. 595 (596).

[156] Vgl. auch BGH, NJW 1984, S. 2950 (2950); NJW-RR 2004, S. 595 (596). In der Konstruktion – nicht aber im Ergebnis – anders *E. Becker-Eberhard*, in: MüKo-ZPO, § 256 ZPO, Rn. 34, der die Frage der Rechtsbetroffenheit der Prozessführungsbefugnis zuordnet.

[157] *H.-J. Friehe*, DÖV 1980, S. 673 (677); *A. Knuth*, JuS 1986, S. 523 (527 f.); *J. Pietzcker*, in: Schoch/Schmidt-Aßmann/Pietzner, VwGO, § 43, Rn. 31. Anders OVG Münster, NVwZ 1984, S. 522 (524).

[158] Dazu oben, IV.2.d.

[159] BGH, NJW 2001, S. 445 (447); *E. Becker-Eberhard*, in: MüKo-ZPO, § 256, Rn. 49 (fehlendes Feststellungsinteresse).

[160] BGH, NJW 2001, S. 445 (447 f.); *E. Becker-Eberhard*, in: MüKo-ZPO, § 256, Rn. 50.

Ermöglichung von (präventivem) Primärrechtsschutz,[161] kann dieser im Wege einer vorbeugenden Unterlassungsklage erreicht werden: Mit dieser kann dem Staat der Vertragsschluss mit dem Dritten aufgrund der darin liegenden Verletzung des Teilhabeanspruchs untersagt werden.[162] Ihre materiell-rechtliche Grundlage findet diese Klage nach überwiegender Auffassung in einem Unterlassungsanspruch,[163] namentlich § 1004 BGB, der auf Beeinträchtigungen des grund- und unionsrechtlich fundierten Teilhabeanspruchs als Schutzgesetz i.S.d. § 823 Abs. 2 BGB analog anzuwenden ist.[164] Ferner begründet die Verletzungshandlung im Rahmen des vorvertraglichen Vertrauensverhältnisses einen Unterlassensanspruch;[165] ein derartiger Anspruch besteht auch bei Verstößen gegen das Wettbewerbsrecht (§ 8 UWG; § 33 Abs. 1 und 2 GWB)[166]. Eine Rechtsbeeinträchtigung liegt freilich nur dann vor, und dies verdeutlicht nochmals die Exklusivität der beiden Alternativen, wenn der Teilhabeanspruch mit Vertragsschluss erlischt, der Vergabeentscheidung mithin insoweit Stabilität beizumessen ist. Ein derartiger Unterlassungsanspruch besteht entgegen dem Wortlaut des § 1004 Abs. 1 S. 2 BGB aus Gründen des effektiven Rechtsschutzes bereits dann, wenn eine Erstbegehung droht; die Besorgnis einer bevorste-

---

[161] In Betracht kommt dieser Weg auch, wenn man Primärrechtsschutz zwar nicht für verfassungsrechtlich geboten erachtet, das einfache Recht aber so auslegt, dass dieser auch nicht (bis zum Zeitpunkt des Vertragsschlusses) ausgeschlossen ist (siehe für den Vergaberechtsschutz unterhalb der Schwellenwerte nur LG Cottbus, 5 O 99/07 – juris, Rn. 42; LG Frankfurt/Oder, 13 O 360/07 – juris, Rn. 60 f.; *C. Braun*, NZBau 2008, S. 160 [162]; a.A. *M. Gehrlein*, NZBau 2001, S. 483 [483 f.]). Bewerber können dann bei zuvor festgestellten Vergabeverstößen einen Rechtsschutzantrag stellen.

[162] *C. R. Eggers/B. Malmendier*, NJW 2003, S. 780 (785); *J. Becker*, Verwaltungsprivatrecht, S. 154 ff.; *J. Knöbl*, Rechtsschutz, S. 80 ff. Zum Rechtsschutzziel Untersagung der Fortführung des Verfahrens: OLG Brandenburg, NZBau 2008, S. 735 (736).

[163] Anders aber die Konstruktion im Beamtenrecht nach *M. Schmidt-Preuß*, Kollidierende Privatinteressen, S. 479 f., nach der die Unterlassung nicht den Inhalt, sondern das Mittel des Sicherungsanspruchs darstellt; letzterer folgt vielmehr aus dem Teilhabeanspruch.

[164] OLG Hamm, 4 U 190/07 – juris, Rn. 31; OLG Jena, VergabeR 2009, S. 524 (526); LG Augsburg, Urt. v. 5.6.2008, 6 O 1562/08, Umdruck S. 8; LG Bad Kreuznach, NZBau 2007, S. 471 (472); LG Frankfurt/Oder, 13 O 360/07 – juris, Rn. 60, 63; *M. Dreher*, NZBau 2002, S. 419 (423, 426 f.); *J. Knöbl*, Rechtsschutz, S. 82 ff.; *W. Krohn*, in: Müller-Wrede, Kompendium Vergaberecht, Kap. 24, Rn. 28, 31. Zur analogen Anwendung des § 1004 BGB auf durch Schutzgesetze i.S.d. § 823 Abs. 2 BGB geschützte Rechtsgüter: *J. Fritzsche*, in: Bamberger/Roth, § 1004 BGB, Rn. 4; *C. Baldus*, in: MüKo, § 1004 BGB, Rn. 9.

[165] OLG Brandenburg, NZBau 2008, S. 735 (736); OLG Düsseldorf, 27 U 1/09 – juris, Rn. 32 ff.; OLG Jena, VergabeR 2009, S. 524 (527); OLG Schleswig, 1 U 27/10 – juris, Rn. 47; LG Frankfurt/Oder, 13 O 360/07 – juris, Rn. 60; *M. Burgi*, NVwZ 2007, S. 737 (741); *M. Gehrlein/H. Sutschet*, in: Bamberger/Roth, § 311 BGB, Rn. 113; *T. Hänsel/C. Flache*, NJW-Spezial 2010, S. 172 (172); *H. Unberath*, in: Bamberger/Roth, § 280 BGB, Rn. 63. A.A., da relative Ansprüche aus (vor)vertraglichen Beziehungen ausklammernd *S. Gers-Grapperhaus*, Auswahlrechtsverhältnis, S. 97.

[166] *C. R. Eggers/B. Malmendier*, NJW 2003, S. 780 (786).

henden Rechtsverletzung genügt hierfür.[167] Prozessual ist der vorbeugende Unterlassungsanspruch als Leistungsklage durchzusetzen; anders als im Öffentlichen Recht[168] bestehen keine besonderen Zulässigkeitsvoraussetzungen für diesen „vorbeugenden" Rechtsschutz.

Angesichts der Eilbedürftigkeit der Untersagung ist der Unterlassungsanspruch regelmäßig im Wege der einstweiligen Verfügung (§§ 935 ff. ZPO) zu verfolgen: Aufgrund der Stabilität des erfolgten Vertragsschlusses ist nämlich i.s.d. § 935 ZPO (Sicherungsanordnung) zu besorgen, „dass durch eine Veränderung des bestehenden Zustandes die Verwirklichung des Rechts einer Partei vereitelt oder wesentlich erschwert werden könnte", respektive müssen wesentliche Nachteile i.s.d. § 940 ZPO (Regelungsanordnung)[169] abgewehrt werden.[170] Mit Blick auf die Interessen sowohl der öffentlichen Hand als auch des erfolgreichen Bieters am Bestand der Vergabeentscheidung kommt ein Verfügungsgrund darüber hinaus nur dann in Betracht, wenn der Kläger wenigstens eine Chance auf Zuschlagerteilung geltend machen kann.[171] Die Verlagerung des Rechtsschutzes vom Hauptsache- in das Eilverfahren zieht, wie im Beamtenrecht auch, höhere Anforderungen an die tatsächliche und rechtliche Prüfung des Streitgegenstands nach sich.

Fraglich ist, ob der Rechtsschutz suchende Bewerber Vergabeverstöße zunächst – wie im Kartellvergaberecht (§ 107 Abs. 3 GWB) – bei der Behörde gerügt haben muss, widrigenfalls ihm das Rechtsschutzbedürfnis zu versagen ist.[172] Hiergegen spricht allerdings, dass eine derartige Erschwerung, gerichtlichen Rechtsschutz zu erlangen, einer gesetzlichen Grundlage bedarf.

---

[167] *J. Fritzsche*, in: Bamberger/Roth, § 1004 BGB, Rn. 88; *C. Baldus*, in: MüKo, § 1004 BGB, Rn. 134.

[168] Siehe dazu nur BVerwG, NVwZ 2009, S. 525 (528): „Verwaltungsrechtsschutz ist … grundsätzlich nachgängiger Rechtsschutz. Das folgt aus dem Grundsatz der Gewaltenteilung, der der Gerichtsbarkeit nur die Kontrolle der Verwaltungstätigkeit aufträgt, ihr aber grundsätzlich nicht gestattet, bereits im Vorhinein gebietend oder verbietend in den Bereich der Verwaltung einzugreifen. Die Verwaltungsgerichtsordnung stellt darum ein System nachgängigen – gegebenenfalls einstweiligen – Rechtsschutzes bereit und geht davon aus, dass dieses zur Gewährung effektiven Rechtsschutzes (Art. 19 IV GG) grundsätzlich ausreicht. Vorbeugende Klagen sind daher nur zulässig, wenn ein besonderes schützenswertes Interesse gerade an der Inanspruchnahme vorbeugenden Rechtsschutzes besteht, wenn mit anderen Worten der Verweis auf den nachgängigen Rechtsschutz – einschließlich des einstweiligen Rechtsschutzes – mit für den Kl. unzumutbaren Nachteilen verbunden wäre".

[169] Für eine solche OLG Brandenburg, NZBau 2008, S. 735 (736).

[170] OLG Düsseldorf, 27 U 1/09 – juris, Rn. 27 ff.; OLG Hamm, 4 U 190/07 – juris, Rn. 18; OLG Jena, VergabeR 2009, S. 524 (528); LG Augsburg, Urt. v. 5.6.2008, 6 O 1562/08, Umdruck S. 11 f.; LG Cottbus, 5 O 99/07 – juris, Rn. 68 ff.

[171] OLG Brandenburg, NZBau 2008, S. 735 (736); vgl. auch OLG Jena, VergabeR 2009, S. 524 (527 f.); *C. Braun*, VergabeR 2009, S. 528 (529 f.), unter Verweis auf die nach § 107 Abs. 2 S. 2 GWB geltenden Grundsätze.

[172] Für eine Rügeobliegenheit: *H. A. Grams*, VergabeR 2008, S. 474 (475 f.).

Es fragt sich schließlich, ob sich der im Eilverfahren erfolgreiche Verfügungskläger gemäß § 945 ZPO (verschuldensunabhängig) schadensersatzpflichtig macht, wenn sich später die Rechtmäßigkeit der Vergabe herausstellt. Problematisch hieran ist, dass der Eilrechtsschutz regelmäßig die einzige Möglichkeit darstellt, effektiven Primärrechtsschutz zu erlangen. Insoweit ist zunächst zu berücksichtigen, dass anspruchsberechtigt niemals der zunächst erfolgreiche Bewerber, sondern nur die Verfügungsbeklagte, mithin die öffentliche Hand, ist.[173] Da ein Schadensersatzanspruch zudem die Vollziehung der Verfügung, mithin deren Vollstreckung, voraussetzt und demzufolge bei freiwilliger Befolgung ausscheidet,[174] und da der Staat darüber hinaus aufgrund seiner Bindung an Recht und Gesetz entsprechende Verfügungen befolgen muss, scheidet ein entsprechender Schadensersatzanspruch aus.[175]

2. Sekundärrechtsschutz

Bleibt dem unterlegenen Bieter der Primärrechtsschutz verschlossen, fordert die Garantie effektiven Rechtsschutzes wenigstens die Möglichkeit, die Rechtsverletzung im Wege des Sekundärrechtsschutzes zu kompensieren. Hierfür stehen verschiedene Anspruchsgrundlagen bereit (a). Ob tatsächlich Schadensersatz zu erlangen ist, hängt von den Anforderungen an den Schadensnachweis, der Achillesverse des Sekundärrechtsschutzes, ab (b).

a) Anspruchsgrundlagen

aa) Culpa in contrahendo

Bei zivilrechtlicher Konzeptionalisierung des Veräußerungsverfahrens kann das Schadensersatzbegehren zunächst auf einen Anspruch aus culpa in contrahendo (c.i.c.) gestützt werden: „Wird von einem Träger der öffentlichen Verwaltung oder einem von diesem mit der Suche nach einem Käufer beauftragten Unternehmen hierzu … ein ‚Bieterverfahren‘ veranstaltet, entsteht zwischen dem Träger der öffentlichen Verwaltung und den Teilnehmern dieses Verfahrens … ein vorvertragliches Vertrauensverhältnis."[176] Dieses verpflichtet die Beteiligten „nach seinem Inhalt … zur Rücksicht auf die Rechte, Rechtsgüter und In-

---

[173] Siehe auch *M. Krist/A. Kerkmann*, VergabeR 2008, S. 297 (298).

[174] Ibid.

[175] Ibid.

[176] BGH, NZBau 2008, S. 407 (407 f.); ferner BVerwGE 129, 9 (13 f.); OLG Brandenburg, 13 W 79/09 – juris, Rn. 7; NZBau 2008, S. 735 (736); OLG Jena, VergabeR 2009, S. 524 (527); OLG Zweibrücken, ZfBR 2009, S. 202 (203); LG Cottbus, 5 O 99/07 – juris, Rn. 46; LG Frankfurt/Oder, 13 O 360/07 – juris, Rn. 79; LG München I, Urt. v. 2.9.2009, 15 O 24779/07, Umdruck S. 13 f. Siehe auch *C. R. Eggers/B. Malmendier*, NJW 2003, S. 780 (785 f.); *R. Weimar*, ZIP 1993, S. 1 (13).

teressen des anderen Teils" (§ 241 Abs. 2 BGB). Dementsprechend hat der BGH die öffentliche Hand auch „außerhalb des Anwendungsbereichs der allgemeinen Vergabevorschriften und Verdingungsordnungen ... zu[r] Gleichbehandlung der Teilnehmer, Transparenz und Rücksichtnahme" für verpflichtet erachtet.[177] Die Rücksichtnahmepflicht wesentlich konkretisiert der oben entwickelte, unions- und verfassungsrechtlich fundierte Teilhabeanspruch, der im Rahmen des vorvertraglichen Vertrauensverhältnisses zu beachten ist.[178] Verstöße gegen diesen stellen eine schadensersatzbegründende Pflichtverletzung dar. Selbiges gilt für etwaige Verfahrensverwaltungsvorschriften, denen über den Grundsatz der Selbstbindung der Verwaltung mittelbar Außenwirkung zukommt, freilich nur insoweit, wie diesen individualschützender Charakter beizumessen ist.[179]

Die Formbedürftigkeit von Grundstücks- (§ 311b Abs. 1 S. 1 BGB) und gesellschaftsrechtlichen (§ 15 Abs. 3 GmbHG) Transaktionen vermag Schadensersatzpflichten bei Verletzung des Teilhabeanspruchs, anders als dies beim BGH anklingt,[180] nicht zu relativieren. Zu Recht wird zwar darauf hingewiesen, dass die Formbedürftigkeit eines Rechtsgeschäfts durch die Einräumung eines Erfüllungsdruck auslösenden c.i.c.-Anspruchs nicht überspielt werden darf und letzterer deshalb grundsätzlich strengen Anforderungen unterliegen muss. Dementsprechend hält der BGH einen Ersatzanspruch nur dann für möglich, wenn auch eine Berufung auf die Formnichtigkeit des Vertrages ausscheiden müsste. Dies ist dann der Fall, wenn die Nichtigkeitsfolge „nach den gesamten Umständen mit Treu und Glauben schlechthin nicht zu vereinbaren ist". Für den c.i.c.-Anspruch bedeutet dies, dass ein „besonders schwerwiegender Treuverstoß", namentlich „eine vorsätzliche Treupflichtverletzung" vorliegen muss.[181] Auf die vorliegende Konstellation lässt sich dies jedoch nicht übertragen. Vielmehr ist hier zu berücksichtigen, dass die unions- und verfassungsrechtlichen Anforderungen des Teilhabeanspruchs dem Formerfordernis vorgehen und eine entsprechende Sanktion rechtfertigen. Mithin ist keine besondere Schutzwürdigkeit der öffentlichen Hand anzuerkennen.

Das vorvertragliche Vertrauensverhältnis entsteht mit Verfahrenseröffnung;[182] hierfür ist auf den Zeitpunkt der Ausschreibung und die Teilnahme

---

[177] BGH, NZBau 2008, S. 407 (408). Siehe auch OLG Zweibrücken, ZfBR 2009, S. 202 (203 f.); LG München I, Urt. v. 2.9.2009, 15 O 24779/07, Umdruck S. 13 f.

[178] Vgl. auch *U. Jasper / J. Seidel*, NZBau 2008, S. 427 (428 f.).

[179] Dazu bereits oben, IV. Siehe auch *C. Braun*, VergabeR 2009, S. 528 (529); *M. Dreher*, NZBau 2002, S. 419 (426 f.).

[180] BGH, NZBau 2008, S. 407 (408). Zustimmend *U. C. Völlink / M. Winterer*, VergabeR 2008, S. 651 (652 f.). Kritisch *U. Jasper / J. Seidel*, NZBau 2008, S. 427 (428). Weitergehend auch die – allerdings aufgehobene – Vorinstanz OLG München, 7 U 2759/06 – juris.

[181] BGH, NJW 1996, S. 1884 (1885); ferner NJW 2001, S. 2713 (2714); *R. Regler*, MittBayNot 2008, S. 477 (478).

[182] *C. R. Eggers / B. Malmendier*, NJW 2003, S. 780 (786).

hieran[183] abzustellen. Dies zeitigt freilich die missliche Konsequenz, dass dann, wenn die öffentliche Hand einen der gravierendsten Vergabeverstöße begeht, nämlich überhaupt kein Verfahren durchführt, auch der c.i.c.-Anspruch ausscheidet.[184] Pflichtverletzungen der für den Staat handelnden Amtswalter sind diesem ohne Weiteres gemäß § 278 BGB zuzurechnen.

bb) Deliktische Ansprüche, insbesondere § 823 Abs. 2 BGB

Mangels Verletzung absoluter Rechte i.S.d. § 823 Abs. 1 BGB durch Vergabeverstöße steht im Zentrum der deliktischen Haftung § 823 Abs. 2 BGB, der eine Schadensersatzpflicht bei Verletzung von Schutzgesetzen vorsieht. In dem seltenen Ausnahmefall eines kollusiven Zusammenwirkens zwischen öffentlicher Hand und erfolgreichem Bewerber zur Schädigung Dritter kommt schließlich ein Anspruch wegen sittenwidriger vorsätzlicher Schädigung gemäß § 826 BGB in Betracht.[185]

Schutzgesetze i.S.d. § 823 Abs. 2 BGB sind Normen, die den Schutz Einzelner bezwecken.[186] Dies ist für den grund- und unionsrechtlichen Teilhabeanspruch ohne Weiteres zu bejahen.[187] Übergeordnete Gesichtspunkte, die gegen eine Schadensersatzpflicht sprächen,[188] sind nicht ersichtlich, zumal diese ja gerade den fehlenden Primärrechtsschutz kompensieren soll.

Die Erlangung von Schadensersatz vom Staat auf deliktischer Grundlage kann aus Gründen der fehlenden Zurechenbarkeit des Verstoßes an den Staat scheitern. Haftungssubjekt gemäß § 823 BGB ist nämlich zunächst einmal der Amtswalter, dem der Vergabeverstoß anzulasten ist.[189] Bei leitenden Beamten respektive Angestellten mit Organstellung ist das Fehlverhalten allerdings dem Staat gemäß §§ 31, 89 BGB unmittelbar zuzurechnen; im Übrigen greift lediglich die Haftung für Verrichtungsgehilfen gemäß § 831 BGB, die allerdings die

---

[183] Dazu OLG Brandenburg, NZBau 2008, S. 735 (736); LG Cottbus, 5 O 99/07 – juris, Rn. 47; *S. Gesterkamp*, in: Müller-Wrede, Kompendium Vergaberecht, Kap. 30, Rn. 19. Restriktiv *H. A. Grams*, VergabeR 2008, S. 130 (131).

[184] Siehe nur *S. Gesterkamp*, in: Müller-Wrede, Kompendium Vergaberecht, Kap. 30, Rn. 20.

[185] Dazu *S. Gesterkamp*, in: Müller-Wrede, Kompendium Vergaberecht, Kap. 30, Rn. 28.

[186] Siehe nur BGH, NJW 1984, S. 1226 (1230); NJW 1994, S. 1801 (1803); *G. Spindler*, in: Bamberger / Roth, § 823 BGB, Rn. 155.

[187] OLG Hamm, 4 U 190/07 – juris, Rn. 31; OLG Jena, VergabeR 2009, S. 524 (526); OLG Stuttgart, NZBau 2002, S. 395 (397); LG Augsburg, Urt. v. 5.6.2008, 6 O 1562/08, Umdruck S. 8; LG Bad Kreuznach, NZBau 2007, S. 471 (472); *M. Dreher*, NZBau 2002, S. 419 (423, 427). Für den Schutzgesetzcharakter der unionsrechtlichen Diskriminierungsverbote etwa *H. G. Fischer*, EuZW 2009, S. 208 (211). Offengelassen OLG Oldenburg, 8 W 117/08 – juris, Rn. 17 f.

[188] Siehe insoweit BGH, NJW 1994, S. 1801 (1803); *G. Spindler*, in: Bamberger / Roth, § 823 BGB, Rn. 155 f.

[189] Zudem haftet der verbeamtete Amtswalter im nicht-hoheitlichen Bereich gemäß § 839 BGB selbst.

Möglichkeit einer Exkulpation bei sorgfältiger Auswahl und Überwachung vorsieht.[190] Abgefedert wird die u.U. ausscheidende Zurechenbarkeit durch im Innenverhältnis zwischen Staat und Amtswalter bestehende Freistellungsansprüche im Falle geringen Verschuldens, die an den Geschädigten abgetreten werden können, der damit einen solventen Schuldner erhält.[191]

Dehnt man ferner die Amtshaftung entgegen der herrschenden Lehre, gleichwohl aber mit einer beachtlichen Auffassung in der Literatur über den hoheitlichen Bereich hinaus jedenfalls auch auf verwaltungsprivatrechtliches Handeln aus,[192] so kommen auch auf Art. 34 GG i.V.m. § 839 BGB gestützte Ersatzansprüche unmittelbar gegen den Staat in Betracht.

Bei Verstößen gegen den unionsrechtlichen Teilhabeanspruch ist schließlich zu berücksichtigen, dass diese den unionsrechtlichen Staatshaftungsanspruch aktivieren.[193] Dieser differenziert im Interesse einer praktischen Wirksamkeit des Unionsrechts nicht zwischen fiskalischem, verwaltungsprivatrechtlichem und hoheitlichem Handeln des Staates.

cc) Wettbewerbsrecht

Ein Schadensersatzanspruch kann schließlich auf Verstöße gegen das Wettbewerbsrecht gestützt werden (§ 33 Abs. 3–5 GWB; § 9 UWG).[194] Solche stehen aber nur, wie bereits gezeigt, ausnahmsweise im Raum.[195]

b) Der Schadensnachweis als Achillesverse des Sekundärrechtsschutzes

Achillesverse des Sekundärrechtsschutzes ist der Nachweis des durch die Pflichtverletzung hervorgerufenen Schadens.[196] Vergabeverstöße frustrieren nämlich lediglich Chancen, deren Realisierung angesichts ihrer Abhängigkeit vom weiteren Verfahrensverlauf und der Auswahlspielräume der Verwaltung ungewiss ist. Der in seinen Rechten verletzte Bieter muss mithin nachweisen, dass der Vergabeverstoß kausal für seine Nichtberücksichtigung war, er also das „annehmbarste Angebot"[197] abgegeben hat. Dann kommt ein Anspruch auf Ersatz des negativen Interesses in Betracht, d.h. der durch seine Beteiligung

---

[190] *H. Maurer*, Allgemeines Verwaltungsrecht, § 26, Rn. 58.

[191] Dazu *H. Maurer*, Allgemeines Verwaltungsrecht, § 26, Rn. 63.

[192] Befürwortend *F. Ossenbühl*, Staatshaftungsrecht, S. 27 f. Ablehnend BGH, NJW 2000, S. 2810 (2810 f.); OLG Zweibrücken, ZfBR 2009, S. 202 (203); *H. Maurer*, Allgemeines Verwaltungsrecht, § 26, Rn. 56; *P. Reinert*, in: Bamberger/Roth, § 839 BGB, Rn. 2, 15.

[193] Zu diesem nur EuGH, verb. Rs. C-6 und C-9/90, Slg. 1991, I-5357, Rn. 31 ff. – Francovich; verb. Rs. C-46 und 48/93, Slg. 1996, I-1029, Rn. 51 – Brasserie du Pêcheur/Factortame.

[194] *J. Byok/R. Dissmann/S. Müller-Kabisch*, WuW 2009, S. 269 (279).

[195] Dazu oben, 1. Teil, C.II.

[196] Siehe nur *W. Spoerr*, Treuhandanstalt, S. 187, 189.

[197] So BGHZ 139, 259 (263 f.), für das Vergaberecht.

frustrierten Aufwendungen – etwa für die Angebotserstellung. Das positive Interesse, d.h. insbesondere den entgangenen Gewinn, kann er demgegenüber nur dann ersetzt verlangen, wenn die Transaktion tatsächlich zu Ende geführt worden ist und der übergangene Bieter auszuwählen gewesen wäre.[198] Ein derartiger Nachweis wird dem Bieter indes nur in den seltensten Fällen gelingen;[199] insoweit leidet die Effektivität des Sekundärrechtsschutzes. Um dem abzuhelfen und insbesondere dem aufgrund des Ausschlusses von Primärrechtsschutz an den Sekundärrechtsschutz herangetragenen verfassungsrechtlichen Optimierungsgebot zu entsprechen,[200] ist zum einen eine Beweislastumkehr zu fordern, wenn ein Auswahlfehler feststeht.[201] Zum anderen kann erwogen werden, entsprechend der Regelung des § 126 S. 1 GWB jedenfalls einen Anspruch auf Ersatz der Aufwendungen für die Beteiligung am Verfahren einzuräumen, wenn das Angebot nicht von vornherein chancenlos war, oder die entgangene Chance selbst als Schadensposten zu betrachten[202]. Bei einer De-facto-Vergabe hilft freilich auch dies nicht weiter, da weder Aufwendungen für die Verfahrensbeteiligung entstanden sind noch ein Angebot nicht beteiligter Bieter, dessen Chancen beurteilt werden könnten, vorliegt.[203]

3. Sonderprobleme

a) De-facto-Veräußerung

Einer gesonderten Betrachtung bedarf die Frage, wie mit der gravierenden Frustration des Teilhabeanspruchs durch eine De-facto-Veräußerung umzugehen ist. Mangels Verfahrenseröffnung und damit Vorhandenseins einer bestimmten Anzahl von Verfahrensbeteiligten kann hier nämlich ein unüberschaubarer Personenkreis zur Anfechtung des Veräußerungsvorgangs respektive zu Schadensersatz berechtigt sein. Wenig hilfreich erscheint, eine Rechtsverletzung nur bei denjenigen Bietern anzunehmen, die sich um eine Einbeziehung in den Bewer-

---

[198] Siehe auch OLG Zweibrücken, ZfBR 2009, S. 202 (203); *R. Regler*, MittBayNot 2008, S. 477 (478).

[199] Ein Gegenbeispiel stellt freilich OLG Zweibrücken, ZfBR 2009, S. 202 (204), dar.

[200] Zu diesem BVerfGE 116, 135 (159): „Der allgemeine Justizgewährungsanspruch wirkt allerdings auf die Auslegung und Anwendung der privatrechtlichen und zivilprozessualen Normen ein, auf die sich ein erfolgloser Bieter stützen kann, um Rechtsschutz gegen eine rechtswidrige Übergehung bei der Auftragsvergabe zu erlangen. Die Tatbestandsvoraussetzungen und Rechtsfolgen der Normen, aus denen sich ein Schadensersatzanspruch des erfolglosen Bieters ergeben kann, müssen in einer Weise bestimmt werden, die seinem auf die Beachtung des Art. 3 Abs. 1 GG gerichteten Rechtsschutzinteresse hinreichend Rechnung trägt"; ferner E 116, 1 (22). Dazu bereits oben, 1. Teil, A.I.2.c.

[201] *W. Spoerr*, Treuhandanstalt, S. 187.

[202] Ausführlich dazu unten, 3. Teil, B.VI.2.b.cc.

[203] *C.R. Eggers / B. Malmendier*, NJW 2003, S. 780 (785).

berkreis bemüht haben.[204] Denn damit bleibt eine De-facto-Veräußerung bei Direktvergabe an einen Interessenten, ohne irgendwelche Publizität herzustellen, sanktionslos. Vielmehr muss ein plausibel vorgetragenes Interesse an der Veräußerung ausreichen. Der in der Anfechtungsmöglichkeit liegenden Rechtsunsicherheit kann durch eine zeitliche Beschränkung des Teilhabeanspruchs und damit der Anfechtbarkeit[205] Rechnung getragen werden.

b) Beweisfragen und Akteneinsicht

Anders als im verwaltungsgerichtlichen und im kartellvergaberechtlichen Nachprüfungsverfahren obliegt dem Kläger vor den ordentlichen Gerichten die Darlegungs- und Beweislast für das Vorliegen eines Vergabeverstoßes.[206] Das daraus resultierende Beweisproblem wird verschärft, wenn man ein Recht auf Akteneinsicht im zivilgerichtlichen Verfahren ablehnt.[207] Dies verkennt jedoch eine entsprechende, aus der Rechtsschutzgarantie folgende Bindung nach den Grundsätzen des Verwaltungsprivatrechts. Denn ohne Einsicht in die Vergabeakten, auf die in einem dem VwVfG unterfallenden Verwaltungsverfahren (siehe § 29 VwVfG) respektive vor dem Verwaltungsgericht (§§ 99 Abs. 1, 100 VwGO) ohne Weiteres Anspruch bestünde, ist dem Rechtsschutzsuchenden eine adäquate Beweisführung regelmäßig unmöglich.[208]

---

[204] *W. Spoerr*, Treuhandanstalt, S. 212 f.

[205] Dazu oben, IV.2.d.

[206] Siehe OLG Brandenburg, 13 W 79/09 – juris, Rn. 13.

[207] So etwa *H.-J. Prieß / M. Gabriel*, NZBau 2007, S. 617 (622).

[208] Im Ergebnis ebenso *H.-J. Prieß*, WiVerw 2007, S. 221 (223 ff.), der den Anspruch allerdings aus § 810 BGB ableitet. Dieser bestimmt: „Wer ein rechtliches Interesse daran hat, eine in fremdem Besitz befindliche Urkunde einzusehen, kann von dem Besitzer die Gestattung der Einsicht verlangen, wenn die Urkunde in seinem Interesse errichtet oder in der Urkunde ein zwischen ihm und einem anderen bestehendes Rechtsverhältnis beurkundet ist oder wenn die Urkunde Verhandlungen über ein Rechtsgeschäft enthält, die zwischen ihm und einem anderen oder zwischen einem von beiden und einem gemeinschaftlichen Vermittler gepflogen worden sind." Für eine Pflicht der Zivilgerichte, gemäß § 142 Abs. 1 ZPO über eine Vorlage der Vergabeakten zu entscheiden, mit der weiteren Konsequenz eines Einsichtsrechts des Bieters gemäß § 299 ZPO: *H. A. Grams*, VergabeR 2008, S. 474 (477).

J. Vergabeverfahren im Sozial-, Medizin- und Gesundheitsrecht

Mit Ausnahme insbesondere der Geldleistungen und weiter Teile der Arbeitsförderung erbringen die sozialrechtlichen Leistungsträger die ihnen obliegenden Sozialleistungen (§§ 12, 18 ff. SGB I) nicht selbst, sondern bedienen sich Dritter.[1] Ein anschauliches und allseits präsentes Beispiel stellt die gesetzliche Krankenversicherung dar, deren Leistungsspektrum – wie die ärztliche und zahnärztliche Behandlung, die Versorgung mit Arznei, Verband-, Heil- und Hilfsmitteln oder die Krankenhausbehandlung (§ 21 SGB I; §§ 11 ff. SGB V) – weitgehend in ihrem Auftrag tätige Leistungserbringer, etwa niedergelassene Ärzte, Krankenhäuser, Apotheken oder Heil- und Hilfsmittellieferanten, abdecken. Dies zieht die Notwendigkeit einer Auswahl der einzuschaltenden Dritten nach sich,[2] bei der oftmals Konkurrenzsituationen auftreten. Maßgeblich sind nämlich nicht nur medizinisch-fachliche Qualitätsanforderungen an den Leistungserbringer (siehe nur §§ 95 Abs. 2, 95a SGB V); vielmehr bedingen die Gebote der Versorgungssicherheit (vgl. etwa § 1 Abs. 1 KHG) und der wirtschaftlichen Erbringung des Leistungsangebots (§§ 2 Abs. 1 S. 1, 12 und 70 Abs. 1 S. 2 SGB V) Marktzugangsbeschränkungen: So können im Bereich der vertragsärztlichen Versorgung bei einer Überversorgung räumliche Zulassungsbeschränkungen angeordnet werden, was die Pflicht zur Durchführung eines Auswahlverfahrens nach sich zieht (§§ 103 f. SGB V).[3] Ebenso hängt die

---

[1] Zur Einbindung Dritter in die sozialrechtliche Leistungsgewährung nur: *T. Kingreen*, DV 42 (2009), S. 339 (348 ff.); *M. Schuler-Harms*, VSSR 2005, S. 135.

[2] Siehe zu den einzelnen Formen der Statusbegründung im Sozialrecht (Konzession, Zertifizierung, Vertrag) nur *M. Schuler-Harms*, VSSR 2005, S. 135 (144 ff.); ferner *T. Kingreen*, DV 42 (2009), S. 339 (351 ff.).

[3] Umfassend: *R. Hess*, in: Kasseler Kommentar, § 103 SGB V, Rn. 3 ff.; *T. Kingreen*, DV 36 (2003), S. 33; ferner *M. Schuler-Harms*, Soziale Infrastruktur – der ambulante Sektor, § 15, Rn. 53 ff. Zur Verfassungskonformität: BVerfG, DVBl. 2002, S. 400 (401 f.); ferner NJW 2001, S. 1779 (1779 ff.); NJW 2005, S. 273 (273); kritisch: *R. Hess*, in: Kasseler Kommentar, § 101 SGB V, Rn. 27. Darüber hinaus steht die Ermächtigung von Krankenhausärzten zur vertragsärztlichen Versorgung unter dem Vorbehalt eines entsprechenden Bedarfs (§ 116 SGB V) – dazu BVerfG, NJW 2005, S. 273 (273 ff.), das die Möglichkeit einer negativen Konkurrentenklage niedergelassener Ärzte bejaht; ferner BSG, NZS 2008, S. 105; *P. Baumeister/A. Budroweit*, WiVerw 2006, S. 1 (16 ff., 27 ff.); *R. Düring*, Konkurrentenrechtsschutz, S. 390 (390 ff.). Schließlich berechtigt § 116b Abs. 2 S. 1 SGB V zugelassene Krankenhäuser zur ambulanten Behandlung bestimmter hochspezialisierter Leistungen, seltener Erkran-

Aufnahme eines Krankenhauses in den Krankenhausplan, die nicht nur unmittelbar dazu berechtigt, Leistungen im Rahmen der gesetzlichen Krankenversicherung zu erbringen (§ 108 Nr. 2 SGB V),[4] sondern auch Teilhabe an der staatlichen Krankenhausförderung gemäß dem KHG verheißt, von einem entsprechenden Versorgungsbedarf ab. Darüber hinaus werfen neuere Tendenzen im Recht der gesetzlichen Krankenversicherung, den Wettbewerb bei der Leistungserbringung zu stärken und dadurch Kosten zu senken, die Verteilungsfrage auf: Wenn medizinische Dienstleister und Lieferanten nicht mehr kollektiv über Verträge zwischen deren Verbänden und denen der Krankenkassen, wie etwa nach wie vor im Bereich der vertragsärztlichen Versorgung (§ 72 Abs. 2 SGB V), sondern nur noch selektiv aufgrund von Einzelvereinbarungen mit den Krankenkassen zur Leistungserbringung berechtigt sind, etwa im Kontext von Rabattverträgen mit pharmazeutischen Unternehmern gemäß

---

kungen und Erkrankungen mit besonderen Krankheitsverläufen, „wenn und soweit es im Rahmen der Krankenhausplanung des Landes auf Antrag des Krankenhausträgers unter Berücksichtigung der vertragsärztlichen Versorgungssituation dazu bestimmt worden ist." Zur Konkurrenzproblematik in diesem Kontext *R. Düring*, Konkurrentenrechtsschutz, S. 390 (395 ff.); *F. Stollmann*, NZS 2009, S. 248.

[4] Einem nicht in den Plan aufgenommenen Krankenhaus ist es zwar nicht generell versagt, Leistungen im Rahmen der gesetzlichen Krankenversicherung zu erbringen; der Krankenhausträger muss hierfür aber einen Versorgungsvertrag mit den Landesverbänden der Krankenkassen und den Verbänden der Ersatzkassen abschließen (§ 108 Nr. 3 SGB V). Gemäß § 109 Abs. 3 S. 1 Nr. 2 SGB V besteht diese Möglichkeit aber nur dann, wenn das Krankenhaus für eine bedarfsgerechte Krankenhausbehandlung der Versicherten erforderlich ist. Damit ist ein Vorrang der qua Planaufnahme ohne Weiteres leistungsberechtigten (§ 108 Nr. 2 SGB V) Plankrankenhäuser statuiert (siehe auch BSG, 3 RK 23/95 – juris, Rn. 26, 32 ff.; NZS 1998, S. 429 [432]; *R. Hess*, in: Kasseler Kommentar, § 109 SGB V, Rn. 4; *T. Kingreen*, in: BeckOK-SGB, § 109 SGB V, Rn. 9). Für den Fall, dass mehrere Krankenhäuser um den Abschluss – einer nur beschränkten Anzahl – von Versorgungsverträgen konkurrieren, hält § 109 Abs. 2 S. 2 SGB V eine Auswahlregelung bereit: „Bei notwendiger Auswahl zwischen mehreren geeigneten Krankenhäusern, die sich um den Abschluß eines Versorgungsvertrags bewerben, entscheiden die Landesverbände der Krankenkassen und die Ersatzkassen gemeinsam unter Berücksichtigung der öffentlichen Interessen und der Vielfalt der Krankenhausträger nach pflichtgemäßem Ermessen, welches Krankenhaus den Erfordernissen einer bedarfsgerechten, leistungsfähigen und wirtschaftlichen Krankenhausbehandlung am besten gerecht wird." Siehe hierzu BSG, 3 RK 23/95 – juris, Rn. 27; NZS 2001, S. 361; *R. Hess*, in: Kasseler Kommentar, § 109 SGB V, Rn. 4; *T. Kingreen*, in: BeckOK-SGB, § 109 SGB V, Rn. 8 ff.; *C. Seiler / T. Vollmöller*, DVBl. 2003, S. 235 (240 ff.); *F. Stollmann*, Krankenhausplanung, § 4, Rn. 89 ff. – Auswahlfragen stellen sich auch beim Abschluss von Versorgungsverträgen mit Vorsorge- oder Rehabilitationseinrichtungen: Gemäß § 111 Abs. 2 S. 1 Nr. 2 SGB V hat er mit denjenigen Einrichtungen zu erfolgen, die „für eine bedarfsgerechte, leistungsfähige und wirtschaftliche Versorgung der Versicherten ihrer Mitgliedskassen mit stationären medizinischen Leistungen zur Vorsorge oder Leistungen zur medizinischen Rehabilitation einschließlich der Anschlußheilbehandlung notwendig sind." Restriktiv zur Bedarfsprüfung in diesem Kontext BSG, NZS 1998, S. 429 (432 ff.); ferner *R. Hess*, in: Kasseler Kommentar, § 111 SGB V, Rn. 3a. Zum Sonderfall der – bedarfsunabhängig zuzulassenden – ambulanten und teilstationären Reha-Einrichtungen (§ 40 Abs. 1 SGB V): BSG, NZS 2001, S. 357.

§ 130a Abs. 8 SGB V,[5] dann setzt die damit einhergehende Beschränkung des Kreises der Leistungserbringer eine Auswahl der Vertragspartner voraus.

Freilich stellen sich Verteilungsfragen nicht nur bei der Leistungserbringung im Rahmen der gesetzlichen Krankenversicherung. So hat bereits die Krankenhausfinanzierung über diesen hinausgewiesen, und wären im Gesundheitsbereich des Weiteren zu nennen die Vergabe von Rettungsdienstleistungen nach den Rettungsdienstgesetzen der Länder,[6] die auf bedarfsgerechte Einrichtungen beschränkte Förderung von Pflegeeinrichtungen nach den entsprechenden landesrechtlichen Vorschriften (etwa Art. 68 ff. BayAGSG, §§ 68 ff. BayAVSG)[7]

---

[5] Zu deren Exklusivitätswirkung gemäß § 129 Abs. 1 S. 3 SGB V näher unten, II.1.

[6] Siehe zu Verteilungsproblemen im Rettungsdienst allgemein *D. Kupfer*, Verteilung, S. 178 ff., 323 ff., 390 ff., 400 f., 404 f., 514 ff.; zur Anwendbarkeit des Vergaberechts im Besonderen: EuGH, Rs. C-160/08, n.n.v. – EK/Deutschland; BGH, NVwZ 2009, S. 605; ferner *O. Dörr*, RdJB 2002, S. 349 (365); *J. Ruthig*, DVBl. 2010, S. 12. Zur Verfassungsmäßigkeit der Tätigkeitsbeschränkungen Privater im Rettungsdienst: BVerwGE 97, 79 (83 ff.); NVwZ-RR 2000, S. 213 (213 ff.). Das bayerische Rettungsdienstrecht sieht einen Vorrang gemeinnütziger Hilfsorganisationen bei der Durchführung von Notfallrettung, arztbegleitetem Patiententransport und Krankentransport vor: Dritte können mit der bodengebundenen Durchführung rettungsdienstlicher Leistungen nur betraut werden, soweit die Hilfsorganisationen zur Übernahme des Auftrags nicht bereit oder in der Lage sind (Art. 13 Abs. 2 BayRDG), und eine Genehmigung für den Krankentransport ist ihnen „zu versagen, wenn zu erwarten ist, dass durch ihren Gebrauch das öffentliche Interesse an einem funktionsfähigen Rettungsdienst im Sinn dieses Gesetzes beeinträchtigt wird" (Art. 24 Abs. 4 S. 1 BayRDG). Für die Auswahl innerhalb des öffentlichen Rettungsdiensts bestimmt Art. 13 Abs. 3 S. 1–4 BayRDG: „Der Zweckverband für Rettungsdienst und Feuerwehralarmierung entscheidet über die Auswahl des Durchführenden oder über den Umfang der Beauftragung nach pflichtgemäßem Ermessen. Die Auswahlentscheidung ist transparent und nach objektiven Kriterien vorzunehmen. Der Zweckverband ... hat die anstehende Auswahlentscheidung in geeigneter Weise bekannt zu machen, damit sich interessierte Leistungserbringer bewerben können. Für die Entscheidung sind insbesondere eine effektive Leistungserbringung sowie wirtschaftliches und sparsames Verhalten maßgeblich." Hinsichtlich der Auswahl unter außerhalb des öffentlichen Rettungsdienstes tätigen Krankentransport-Unternehmern sieht Art. 24 Abs. 5 BayRDG – in unverkennbarer Anlehnung an die Regelung des § 13 Abs. 5 PBefG zur Vergabe von Taxenkonzessionen – vor: „Bei der Erteilung von Genehmigungen nach Abs. 4 sind sich neu bewerbende und vorhandene Unternehmer angemessen zu berücksichtigen. Innerhalb der Gruppen sollen die Antragsteller nach der zeitlichen Reihenfolge des Eingangs der Anträge berücksichtigt werden. Ein Antragsteller wird unabhängig vom Zeitpunkt der Antragstellung nachrangig behandelt, wenn er (1.) nicht beabsichtigt, das Unternehmen als Hauptbeschäftigung zu betreiben, (2.) sein Unternehmen nicht als Hauptbeschäftigung betrieben hat oder innerhalb der letzten acht Jahre ganz oder teilweise veräußert oder verpachtet hat oder (3.) seiner Betriebspflicht nicht ordnungsgemäß nachgekommen ist. Einem Antragsteller darf jeweils nur eine Genehmigung erteilt werden, sofern nicht mehr Genehmigungen erteilt werden können als Bewerber vorhanden sind." – Die Brücke zum Recht der gesetzlichen Krankenversicherung schlägt § 133 SGB V.

[7] BVerwGE 121, 23 (27 ff.) – siehe auch BSG, B 3 P 9/00 R – juris –, betont die Rechtfertigungsbedürftigkeit einer landesrechtlichen Bedarfsplanung – der damit einhergehende Eingriff in die Berufsfreiheit müsse „zur Gewährleistung der Versorgung der Bevölkerung mit leistungsfähigen, bedarfsgerechten und wirtschaftlichen Pflegediensten notwendig" sein – und sieht in einer Beschränkung der Förderung auf einen Anbieter pro Betreuungsbereich

oder notwendige Auswahlentscheidungen bei der Zulassung zur Pflege im Rahmen der gesetzlichen Pflegeversicherung durch Versorgungsvertrag (§ 72 Abs. 3 S. 2 SGB XI)[8]. Da das SGB XII für die Erfüllung von Aufgaben der Sozialhilfe die Subsidiarität eines Tätigwerdens des Leistungsträgers zugunsten namentlich von Einrichtungen der freien Wohlfahrtspflege anordnet (§ 75 Abs. 2 S. 1 SGB XII), müssen geeignete Leistungserbringer ausgewählt werden (§ 75 Abs. 2 S. 2 und 3 SGB XII).[9] Im Bereich der Arbeitsförderung sind auf-

---

einen Verstoß gegen Art. 12 Abs. 1 GG. Angesichts der ausschließlichen Landeskompetenz im Pflegebereich könne eine derartige Regelung allerdings kein bundesgesetzgeberisches Regelungskonzept (hier: § 72 Abs. 3 SGB XI, dazu sogleich Fn. 8) konterkarieren und damit auch nicht deshalb der Verfassungswidrigkeit anheim fallen (E 121, 23 [30 ff.]; anders BSG, B 3 P 9/00 R – juris, Rn. 40). Siehe zur Förderung im Pflegesektor im Überblick *A. Hense*, Soziale Infrastruktur – der stationäre Sektor, § 16, Rn. 115 ff.

[8] § 72 Abs. 3 S. 1 SGB XI macht die Auswahl u.a. von der „Gewähr für eine leistungsfähige und wirtschaftliche pflegerische Versorgung" (Nr. 2) abhängig; § 72 Abs. 3 S. 2 SGB XI bestimmt: „Bei notwendiger Auswahl zwischen mehreren geeigneten Pflegeeinrichtungen sollen die Versorgungsverträge vorrangig mit freigemeinnützigen und privaten Trägern abgeschlossen werden." Kritisch zur Regelungsarmut dieser Vorschrift *M. Schuler-Harms*, VSSR 2005, S. 135 (154), die § 72 Abs. 3 S. 2 SGB XI daher nicht als Auswahlvorschrift, sondern als Pflicht zur Förderung der genannten Träger versteht. Die Legitimation zu einer Bedarfsprüfung widerlegt gleichfalls die Entstehungsgeschichte (siehe BT-DrS 12/5262, S. 136) und wird verneint von BVerwGE 121, 23 (30); BSG, NZS 1998, S. 429 (432 f.); B 3 P 9/00 R – juris, Rn. 33; *A. Hense*, Soziale Infrastruktur – der stationäre Sektor, § 16, Rn. 82; *S. Leitherer*, in: Kasseler Kommentar, § 72 SGB XI, Rn. 21 (siehe aber auch Rn. 22 f.); *V. Neumann*, SGb 2007, S. 521 (523, 527).

[9] § 75 Abs. 2 und 3 SGB XII bestimmt insoweit: „Vereinbarungen … sind nur mit Trägern von Einrichtungen abzuschließen, die insbesondere unter Berücksichtigung ihrer Leistungsfähigkeit und der Sicherstellung der Grundsätze des § 9 Abs. 1 zur Erbringung der Leistungen geeignet sind. Sind Einrichtungen vorhanden, die in gleichem Maße geeignet sind, hat der Träger der Sozialhilfe Vereinbarungen vorrangig mit Trägern abzuschließen, deren Vergütung bei vergleichbarem Inhalt, Umfang und Qualität der Leistung nicht höher ist als die anderer Träger." Gemäß § 77 Abs. 1 1. HS SGB XII sind diese „Vereinbarungen … vor Beginn der jeweiligen Wirtschaftsperiode für einen zukünftigen Zeitraum (Vereinbarungszeitraum) abzuschließen". Zur Vorgängervorschrift des § 93 Abs. 2 BSHG hat das BVerwG entschieden, dass diese keine Anstellung von Bedarfserwägungen beim Vertragsschluss decke, vielmehr allein die Leistungsfähigkeit der Einrichtung maßgeblich sei (E 94, 202 [205 ff.]; siehe ferner OVG Münster, NVwZ 2005, S. 832 [833]; NVwZ 2005, S. 834 [834 f.]); ebenso für § 75 Abs. 2 S. 3 SGB XII *H. Siebel-Huffmann*, in: BeckOK-SGB, § 75 SGB XII, Rn. 7, nach dem die Berufsfreiheit verbiete, diese Norm im Sinne eines Bedarfsvorbehalts zu verstehen, womit eine Konkurrenzproblematik ausschiede; ferner *D. Nielandt*, RsDE 57 (2005), S. 44 (49); vgl. auch *S. Rixen*, VSSR 2005, S. 225 (237). Ebenso *T. Kingreen*, VergabeR 2007, S. 355 (362), der allerdings aufgrund des angeordneten externen Kostenvergleichs ein diskriminierungsfreies und transparentes Auswahlverfahren für geboten (362 f.) und alle Angebote in einem Preiskorridor für annahmefähig (366) erachtet; zur Notwendigkeit eines externen Vergleichs zur Ermittlung einer den Grundsätzen der Wirtschaftlichkeit, Sparsamkeit und Leistungsgerechtigkeit i.S.d. § 75 Abs. 3 S. 2 SGB XII entsprechenden Vergütung, die Teil der Vereinbarung ist: BVerwGE 108, 47 (55 f.) – preisgünstigster Anbieter oder marktgerechter Preis innerhalb der üblichen Bandbreite der Entgelte. Darüber hinaus hielt das BVerwG (E 94, 202 [207]) fest: „Bei der Ermittlung eines kostendeckenden Pflege-

grund der Neuregelung des SGB III durch das am 1.1.2009 in Kraft getretene
Gesetz zur Neuausrichtung der arbeitsmarktpolitischen Instrumente zwei
zwar hinsichtlich der Verteilungsproblematik vielfach diskutierte, aber für unwirksam befundene Instrumente entfallen, nämlich die Beauftragung Privater
mit der Einrichtung und dem Betrieb von Personal-Service-Agenturen (§ 37c
SGB III a.F.) und mit Eingliederungsmaßnahmen (§ 421i SGB III a.F.).[10] Nach
wie vor auszuwählen sind aber Einrichtungen, die berufsvorbereitende Bil-
dungs- (§ 61 SGB III[11]) und Berufsausbildungsmaßnahmen (§ 241 SGB III)
durchführen.[12]

Im Bereich der Leistungen zur Teilhabe zugunsten von Behinderten sieht
§ 21 SGB IX, der im Übrigen bei Leistungen zur medizinischen Rehabilitation
in der Rentenversicherung entsprechende Anwendung findet (§ 15 Abs. 2 S. 1
SGB VI),[13] den Abschluss von Verträgen über die Ausführung von Leistungen
durch Rehabilitationsdienste und -einrichtungen vor, ohne aber Bedarfsgren-
zen und damit die Knappheitsproblematik anzusprechen.[14] Derselbe Befund[15]

---

satzes ist auch auf den Bedarf an zusätzlichen Heimplätzen abzustellen. Denn der voraus-
sichtliche Kapazitätsausnutzungsgrad einer Einrichtung ist ein Berechnungsfaktor, der neben anderen die Gesamtkosten der Leistungserbringung beeinflußt. Einrichtungen, deren
Kapazitätsausnutzungsquote wegen fehlenden Bedarfs gering ist, laufen Gefahr, Verluste zu
erwirtschaften, und sind auf Dauer nicht existenzfähig. Je geringer die zu erwartende Bele-
gungsquote (auf Dauer) sein wird, um so geringer wird auch die Leistungsfähigkeit der Einrichtung sein."

[10] Siehe dazu nur *D. Nielandt*, RsDE 57 (2005), S. 44 (49 f.); *S. Rixen*, NZS 2003, S. 401;
ders., VSSR 2005, S. 225 (237 ff.).

[11] § 61 Abs. 4 SGB III schreibt ausdrücklich vor, dass das Vergaberecht Anwendung findet.

[12] Zu diesen *S. Rixen*, VSSR 2005, S. 225 (240 f.).

[13] Dazu *V. Neumann*, VSSR 2005, S. 212 (212 ff.).

[14] Zu erfolgen hat die Auswahl gemäß § 19 Abs. 4 S. 1 SGB IX „danach, welcher Dienst
oder welche Einrichtung die Leistung in der am besten geeigneten Form ausführt; dabei
werden Dienste und Einrichtungen freier oder gemeinnütziger Träger entsprechend ihrer
Bedeutung für die Rehabilitation und Teilhabe behinderter Menschen berücksichtigt und
die Vielfalt der Träger von Rehabilitationsdiensten oder -einrichtungen gewahrt sowie deren
Selbständigkeit, Selbstverständnis und Unabhängigkeit beachtet." Demnach haben die Leistungserbringer einen Anspruch auf fehlerfreie Auswahlentscheidung (*V. Neumann*, VSSR
2005, S. 212 [215]). Eine Bedarfssteuerung muss aus verfassungsrechtlichen Gründen ausscheiden, da ein derartiger Eingriff in die Berufsfreiheit einer – hier aber nicht vorhandenen
– gesetzlichen Grundlage bedarf (zum Eingriffscharakter von Bedürfnisklauseln: BVerfGE
11, 30 [42 ff.]; E 82, 209 [223 ff.]; NVwZ 2004, S. 718 [719]; BSG, NZS 1998, S. 429 [432]), siehe
V. Neumann, VSSR 2005, S. 212 (215 f.).

[15] Eine Beschränkung des Kreises der Leistungserbringer durch selektive Beauftragung
angesichts der gebotenen Pluralität für unzulässig erachten: *S. J. Iwers*, LKV 2008, S. 1 (4); *D.
Nielandt*, RsDE 57 (2005), S. 44 (49). Dem tritt *S. Rixen*, VSSR 2005, S. 225 (248 ff.), entgegen, der insbesondere auf das gegenüber den §§ 75 ff. SGB XII offenere System verweist
(248 f.) und die Annahme, das Vergaberecht stelle eine verfassungsrechtlich unzulässige, ver-
kappte Bedarfsprüfung dar, als Scheinargument entlarvt (251 ff.). Denn mit der Ausschreibung definiere der Leistungsträger einen Bedarf, ohne den potentiellen Leistungserbringern,

trifft auf die institutionelle Förderung von Trägern der freien Wohlfahrtspflege in ihrer Tätigkeit auf dem Gebiet der Grundsicherung für Arbeitsuchende gemäß § 17 Abs. 1 S. 2 SGB II sowie auf den Abschluss von Vereinbarungen mit Dritten über entsprechende Leistungen zur Eingliederung gemäß § 17 Abs. 2 SGB II zu.[16] Im Bereich der Kinder- und Jugendhilfe schließlich zu nennen ist die Förderung der freien Jugendhilfe gemäß § 74 SGB VIII.[17] Da auch hier eine Subsidiarität eines Tätigwerdens des Leistungsträgers zugunsten von anerkannten Trägern der freien Jugendhilfe angeordnet ist (§ 4 Abs. 2 SGB VIII), müssen letztere über den Abschluss von Vereinbarungen ausgewählt werden (§§ 78a ff. SGB VIII).[18]

Aus dieser Vielzahl von Verteilungskonflikten im Sozialrecht seien im Folgenden zwei Teilgebiete näher in den Blick genommen: zum einen die Krankenhausplanung, in deren Rahmen die Verteilungsfrage eine prominente Rolle einnimmt (1.), zum anderen der Abschluss von Selektivverträgen im Bereich der gesetzlichen Krankenversicherung, da hier die Problematik der nur rudimentären sozialvergaberechtlichen Regelungen, auch für die einleitend erwähnten Bereiche, exemplifiziert werden kann (2.).

---

wie bei einer Bedarfsprüfung, den Marktzugang zu versperren. Zudem verlagere sich lediglich die Konkurrenzsituation nach vorne, von der Konkurrenz um Leistungsberechtigte in das Auswahlverfahren.

[16] Zu diesen *S. J. Iwers*, LKV 2008, S. 1 (1 f.).

[17] § 74 Abs. 3 S. 1 und 2 SGB VIII bestimmt: „Über die Art und Höhe der Förderung entscheidet der Träger der öffentlichen Jugendhilfe im Rahmen der verfügbaren Haushaltsmittel nach pflichtgemäßem Ermessen. Entsprechendes gilt, wenn mehrere Antragsteller die Förderungsvoraussetzungen erfüllen und die ihnen vorgesehenen Maßnahmen gleich geeignet sind, zur Befriedigung des Bedarfs jedoch nur eine Maßnahme notwendig ist." § 74 Abs. 4 SGB VIII präzisiert, dass „[b]ei sonst gleich geeigneten Maßnahmen ... solchen der Vorzug gegeben werden [soll], die stärker an den Interessen der Betroffenen orientiert sind und ihre Einflussnahme auf die Ausgestaltung der Maßnahme gewährleisten." Näher BVerwG, NVwZ-RR 2010, S. 19: Bei der erforderlichen Auswahlentscheidung steht dem Träger der Jugendhilfe eine Einschätzungsprärogative zu (22); er muss allerdings ein hinreichend aussagekräftiges Verteilungskonzept („jugendhilferechtliches Maßnahmekonzept einschließlich ... Prioritätensetzung") entwickeln, was nach dem BVerwG auch in sachlichem und zeitlichem Zusammenhang mit der Förderentscheidung erfolgen könne (22).

[18] Für die Auswahlentscheidung bestimmt § 78b Abs. 2 S. 1 SGB VIII, dass die Vereinbarungen – für einen bestimmten Zeitraum (§ 78d Abs. 1 S. 1 SGB VIII) – „mit den Trägern abzuschließen [sind], die unter Berücksichtigung der Grundsätze der Leistungsfähigkeit, Wirtschaftlichkeit und Sparsamkeit zur Erbringung der Leistung geeignet sind." Mangels Legitimation zu einer Bedarfsprüfung eine Kontingentierung daher für unzulässig erachtend: *D. Nielandt*, RsDE 57 (2005), S. 44 (49); vgl. ferner OVG Hamburg, 4 Bs 388/04 – juris, Rn. 17; OVG Münster, 12 B 1931/04 – juris, Rn. 2 ff. Das OVG Hamburg, 4 Bs 388/04 – juris, Rn. 20, verweist darüber hinaus auf die Grundsätze der Trägervielfalt (§ 3 SGB VIII) und das Wahlrecht des Leistungsberechtigten (§ 5 SGB VIII); siehe auch OVG Münster, 12 B 1931/04 – juris, Rn. 13 ff. (Die Vorverlagerung des Wettbewerbs ist ein Verstoß gegen das Wahlrecht, dessen Ausgestaltung nahelegt, dass die Frage der Wirtschaftlichkeit des Angebots erst bei Ausübung des Wahlrechts eine Rolle spielt).

I. Krankenhausplanung

Jüngere Entscheidungen namentlich des Bundesverfassungs- und -verwaltungsgerichts haben den Blick auf die Verteilungsproblematik im Bereich der Krankenhausplanung nach dem Gesetz zur wirtschaftlichen Sicherung der Krankenhäuser und zur Regelung der Krankenhauspflegesätze (KHG) gelenkt. Dieses bezweckt, Krankenhäuser wirtschaftlich abzusichern, „um eine bedarfsgerechte Versorgung der Bevölkerung mit leistungsfähigen, eigenverantwortlich wirtschaftenden Krankenhäusern zu gewährleisten und zu sozial tragbaren Pflegesätzen beizutragen" (§ 1 Abs. 1 KHG),[19] und setzt dazu insbesondere[20] auf eine öffentliche Förderung der Investitionskosten (§ 4 Nr. 1 KHG).[21] Zentrale Förderungsvoraussetzung ist die Aufnahme eines Krankenhauses in den – von den Ländern aufzustellenden (§ 6 Abs. 1 KHG) – Krankenhausplan und ggf. das Investitionsprogramm des Landes (§ 8 Abs. 1 S. 1 KHG). Insoweit kann es zu Konkurrenzsituationen kommen, nämlich wenn eine Auswahl zwischen Neubewerbern oder auch zwischen Neubewerbern und Plankrankenhäusern angesichts des nur begrenzten Bedarfs notwendig erscheint.

Nach einer Entfaltung des unions-, verfassungs- und einfach-rechtlichen Rahmens der Krankenhausplanung (1.) seien im Folgenden das Auswahlverfahren (2.) und der Rechtsschutz (3.) näher in den Blick genommen.

1. Der unions-, verfassungs- und einfach-rechtliche Rahmen

Abgesehen von der aus Art. 2 Abs. 2 S. 2 GG i.V.m. dem Sozialstaatsprinzip (Art. 20 Abs. 1 GG) folgenden staatlichen (Schutz-)Pflicht, eine ausreichende Kranken(haus)versorgung sicherzustellen,[22] determiniert in erster Linie die unternehmerische Freiheit der Krankenhausträger den Konkurrenzkonflikt im Krankenhaussektor. Das BVerfG sieht in der Nichtaufnahme in den Krankenhausplan einen Eingriff in Art. 12 Abs. 1 GG. Zwar lasse sich aus diesem regelmäßig kein Anspruch auf Subventionierung ableiten, so dass die Berufs-

---

[19] Zu den Regulierungszielen im Krankenhaussektor allgemein A. *Hense*, Soziale Infrastruktur – der stationäre Sektor, § 16, Rn. 29 ff.

[20] Ein weiteres Instrument des KHG zur Gewährleistung der Versorgungssicherheit stellt die Sicherstellung „leistungsgerechte[r] Erlöse aus den Pflegesätzen, die nach Maßgabe dieses Gesetzes auch Investitionskosten enthalten können, sowie Vergütungen für vor- und nachstationäre Behandlung und für ambulantes Operieren" dar (§ 4 Nr. 2 KHG).

[21] Siehe hierzu A. *Hense*, Soziale Infrastruktur – der stationäre Sektor, § 16, Rn. 111 ff. Zudem berechtigt die Planaufnahme unmittelbar dazu, Leistungen im Rahmen der gesetzlichen Krankenversicherung zu erbringen (§ 108 Nr. 2 SGB V); der zusätzliche Abschluss eines Versorgungsvertrags gemäß § 108 Nr. 3 SGB V ist nicht erforderlich. Dazu bereits ausführlich oben, Fn. 4.

[22] Zu dieser nur F. *Stollmann*, Krankenhausplanung, § 4, Rn. 5.

freiheit nicht in ihrer leistungsrechtlichen Dimension betroffen ist.[23] Jedoch sei der von Art. 12 Abs. 1 GG geschützte Freiheitsraum aufgrund der durch das KHG bewirkten „staatliche[n] Planung und Subventionierung mit berufsregelnder Tendenz" betroffen.[24] Dies folge aus dem erheblichen, einer Berufswahlregel gleichkommenden Konkurrenznachteil, dem nicht geförderte Krankenhäuser ausgesetzt sind, und der daraus folgenden Beeinträchtigung der freien Berufsausübung.[25] Bereits die verfassungsrechtlichen Überlegungen des ersten Teils zeigten jedoch, dass der Zugangskonflikt entgegen dem BVerfG nicht abwehrrechtlich verarbeitet werden kann;[26] gleichwohl streitet die von Karlsruhe zu Recht herausgestrichene intensive Betroffenheit des Krankenhausbetreibers durch die Aufnahmeentscheidung für die Anerkennung eines freiheitsrechtlich fundierten Teilhabeanspruchs[27]. Die Nichtaufnahme kann mithin nur durch „Gemeinwohlbelange von hoher Bedeutung", die „gegenüber dem schutzwürdigen Interesse des Aufnahme begehrenden Krankenhausträgers an ungehinderter Betätigung den Vorrang verdienen", gerechtfertigt werden.[28]

Hinsichtlich des Verhältnisses von Plankrankenhäusern zu Neubewerbern hat das BVerwG deren prinzipielle Gleichrangigkeit bei Auswahlnotwendigkeit herausgestellt: Eine Vorzugstellung der ersteren ist „mit dem Krankenhausplanungsrecht unvereinbar, würde sie doch die hergebrachte Krankenhauslandschaft zementieren und Neubewerbern jede Aussicht auf Marktzugang nehmen".[29] Erstmalig Aufnahme in den Plan begehrenden Krankenhäusern müssen folglich angemessene Zulassungschancen verbleiben, die freilich mit legitimen Bestandsinteressen der Plankrankenhäuser, wie noch aufzuzeigen sein wird,[30] auszubalancieren sind.

Den Rahmen für die Krankenhausplanung stecken auch Vorgaben des Unionsrechts ab, namentlich die Niederlassungsfreiheit (Art. 49 ff. AEUV), deren Anwendbarkeit auf den Betrieb eines Krankenhauses im EU-Ausland die

---

[23] BVerfGE 82, 209 (223).

[24] BVerfGE 82, 209 (223 f.); ferner NVwZ 2004, S. 718 (719); NVwZ 2009, S. 977 (977 f.); *M. Burgi / M. U. Brohm*, MedR 2005, S. 74 (75 f.); *H. Thomae*, Krankenhausplanungsrecht, S. 130.

[25] BVerfGE 82, 209 (224, 228 ff.).

[26] Siehe oben, 1. Teil, A.I.2.b.aa.(2).

[27] Zu diesem oben, 1. Teil, A.I.2.b.bb.(1). Siehe in diesem Sinne auch BVerwG, NVwZ 2009, S. 525 (529); ferner die Nennung von Art. 12 Abs. 1 i.V.m. Art. 3 Abs. 1 GG als Maßstab für die Auswahl in Konkurrenzsituationen in BVerfG, NJW 2004, S. 1648 (1648 f.). Für einen Leistungsanspruch *O. Depenheuer*, Krankenhauswesen, S. 232 ff.

[28] BVerfG, NJW 2004, S. 1648 (1648); ähnlich bereits 1 BvR 1190/93 – juris, Rn. 4. Zur Rechtfertigung: *O. Depenheuer*, Krankenhauswesen, S. 22 ff.; *T. Szabados*, Krankenhäuser als Leistungserbringer, S. 151 f.; *H. Thomae*, Krankenhausplanungsrecht, S. 130 ff.

[29] BVerwG, NVwZ 2009, S. 525 (530); ferner BVerfG, NJW 2004, S. 1648 (1649 f.); NVwZ 2009, S. 977 (977 f.).

[30] Dazu unten, 1.b.bb.

des grundfreiheitlichen Verteilungsregimes nach sich zieht.[31] Insoweit gelten dessen bereits entfaltete prozedurale und materielle Vorgaben.

Mangels unternehmerischer Tätigkeit des Staates bei der Krankenhausplanung ist demgegenüber das unionale und nationale Wettbewerbsrecht nicht einschlägig.[32] Genauso wenig einschlägig ist das Kartellvergaberecht, allerdings nicht schon deshalb, weil die Verteilungsentscheidung, wie mitunter argumentiert wird, einseitig durch Verwaltungsakt – nicht aber durch entgeltlichen Vertrag – erfolge,[33] sondern weil lediglich eine Dienstleistungskonzession vorliegt[34].

2. Das Auswahlverfahren

Die Aufnahme eines Krankenhauses in den Krankenhausplan erfolgt in einem zweistufigen Verfahren: Zu unterscheiden sind die Aufstellung des Krankenhausplanes (a) und seine Umsetzung im Außenverhältnis durch entsprechende Feststellungsbescheide (b).[35]

a) Aufstellung des Krankenhausplans

Mit dem Krankenhausplan entwickelt die Planungsbehörde nicht nur das Verteilungskonzept, indem sie die abstrakten Planungsvorgaben des KHG und der Krankenhausgesetze der Länder (siehe etwa Art. 3 f. BayKrG) konkretisiert. Vielmehr wird bereits auf dieser Stufe über die Aufnahme einzelner Krankenhäuser in den Krankenhausplan entschieden, was bei Bewerberüberhang eine Auswahlentscheidung zwischen den um Planaufnahme konkurrierenden Krankenhäusern impliziert. In diesem Verfahrensschritt legt die Planungsbehörde mithin „die Ziele der Krankenhausplanung fest (Krankenhauszielplanung), beschreibt räumlich, fachlich und nach Versorgungsstufen gegliedert den bestehenden und den erwartbaren Bedarf an Krankenhausversorgung (Bedarfsanalyse), stellt dem eine Aufstellung der zur Bedarfsdeckung geeigneten Krankenhäuser gegenüber (Krankenhausanalyse) und legt fest, mit welchen dieser Krankenhäuser der Bedarf gedeckt werden soll (Versorgungsentscheidung ...)".[36]

---

[31] Siehe auch *M. Burgi*, NZS 2005, S. 169 (172); *ders. / M. U. Brohm*, MedR 2005, S. 74 (76); *T. Szabados*, Krankenhäuser als Leistungserbringer, S. 165; *H. Thomae*, Krankenhausplanungsrecht, S. 137 f.

[32] *M. Burgi*, NZS 2005, S. 169 (172).

[33] So aber *M. Burgi*, NZS 2005, S. 169 (174); *ders. / M. U. Brohm*, MedR 2005, S. 74 (77 ff.), m.w.N., auch zur Gegenauffassung. Ausführlich zum Merkmal der Einseitigkeit oben, 1. Teil, C.I.

[34] *T. Kingreen*, in: BeckOK-SGB, § 109 SGB V, Rn. 19.

[35] Zur Regionalisierung der Planung in einigen Krankenhausgesetzen der Länder *A. Hense*, Soziale Infrastruktur – der stationäre Sektor, § 16, Rn. 73, 183 ff.

[36] BVerwG, NVwZ 2009, S. 525 (526). Siehe auch *A. Hense*, Soziale Infrastruktur – der

Die für die Versorgungsentscheidung maßgeblichen Gesichtspunkte hat das BVerfG dem eingangs erwähnten Zweck des KHG entnommen, „eine bedarfsgerechte Versorgung der Bevölkerung mit leistungsfähigen Krankenhäusern zu gewährleisten und zu sozial tragbaren Pflegesätzen beizutragen". Entscheidend sind demnach die Kriterien der Bedarfsgerechtigkeit, Leistungsfähigkeit und Kostengünstigkeit.[37] Die Bedarfsgerechtigkeit folgt aus der Zielplanung des Landesgesetzgebers[38] und ist zu bejahen, wenn das Krankenhaus „nach seinen objektiven Gegebenheiten in der Lage ist, einem vorhandenen Bedarf gerecht zu werden".[39] Um Zugangschancen von Neubewerbern nicht von vornherein zu frustrieren, darf Beurteilungsmaßstab nicht ein derzeit ungedeckter Bettenbedarf sein; vielmehr reicht eine „objektive Eignung zur Bedarfsdeckung" in dem Sinne aus, dass das Krankenhaus neben oder an Stelle eines anderen Krankenhauses geeignet wäre, den fiktiv vorhandenen Bedarf zu decken".[40] Leistungsfähig ist ein Krankenhaus dann, „wenn sein Angebot die Anforderungen erfüllt, die nach dem Stand der Erkenntnisse der medizinischen Wissenschaft an ein Krankenhaus der betreffenden Art zu stellen sind."[41] Das Kriterium der Kostengünstigkeit schließlich bezieht sich auf die Wirtschaftlichkeit des Krankenhausbetriebs.[42]

Bei der Krankenhauszielplanung, dem ersten Schritt bei der Aufstellung des Planes, kommt der öffentlichen Hand ein planerischer Gestaltungsfreiraum zu.[43] Im Übrigen aber handelt es sich bei den für die Planaufnahme maßgeblichen Kriterien der Bedarfsgerechtigkeit, Leistungsfähigkeit und Kostengünstigkeit um unbestimmte Rechtsbegriffe, die einer vollumfänglichen gerichtlichen Kontrolle unterliegen.[44]

---

stationäre Sektor, § 16; *T. Szabados*, Krankenhäuser als Leistungserbringer, S. 91 ff.; *H. Thomae*, Krankenhausplanungsrecht, S. 60 ff. Anders (Auswahlentscheidung erst auf zweiter Stufe): OVG Münster, 13 A 2603/08 – juris, Rn. 7 ff.

[37] BVerfGE 82, 209 (225); BVerwG, 3 B 77/06 – juris, Rn. 5.

[38] BVerfGE 82, 209 (225 f.); BVerwGE 72, 38 (47); NJW 1987, S. 2318 (2320).

[39] BVerfG, NJW 2004, S. 1648 (1649); ferner BVerwG, NJW 1987, S. 2318 (2320). Näher *F. Stollmann*, Krankenhausplanung, § 4, Rn. 44 ff.; *T. Szabados*, Krankenhäuser als Leistungserbringer, S. 95 ff.; *H. Thomae*, Krankenhausplanungsrecht, S. 64 ff.

[40] BVerfG, NJW 2004, S. 1648 (1649); ferner BVerwG, NJW 1987, S. 2318 (2320); VGH Mannheim, NVwZ-RR 2002, S. 507 (508); *F. Stollmann*, Krankenhausplanung, § 4, Rn. 43; *T. Szabados*, Krankenhäuser als Leistungserbringer, S. 95 f.

[41] BVerfGE 82, 209 (226); BVerwG, NJW 1987, S. 2318 (2321); NJW 1993, S. 3008 (3008). Siehe auch *F. Stollmann*, Krankenhausplanung, § 4, Rn. 47 ff.; *ders. / C. D. Hermanns*, DVBl. 2007, S. 475 (478 f.).

[42] Siehe etwa *F. Stollmann*, Krankenhausplanung, § 4, Rn. 52 ff.; *ders. / C. D. Hermanns*, DVBl. 2007, S. 475 (479). Nach BVerfGE 82, 209 (227), soll das Kriterium allerdings ein reines Vergleichsmerkmal darstellen, das bei einem Überangebot durch bedarfsgerechte und leistungsfähige Krankenhäuser heranzuziehen ist.

[43] BVerfGE 82, 209 (225 f.); BVerwGE 72, 38 (47); *K. Rennert*, GesR 2008, S. 344 (347); *F. Stollmann*, Krankenhausplanung, § 4, Rn. 11; *T. Szabados*, Krankenhäuser als Leistungserbringer, S. 92.

[44] BVerwGE 72, 38 (50 f.); NJW 1987, S. 2318 (2319 f.); *M. Burgi*, NZS 2005, S. 169 (171,

Erfüllt ein Krankenhaus die zuletzt genannten Kriterien, kann es grundsätzlich die Aufnahme in den Krankenhausplan beanspruchen.[45] Etwas anderes gilt nur dann, wenn das Versorgungsangebot vorhandener und eine Planaufnahme anstrebender Krankenhäuser den Versorgungsbedarf übersteigt. In
diesem Fall wird eine Auswahl notwendig, d.h. „die zuständige Landesbehörde
[hat] unter Berücksichtigung der öffentlichen Interessen und der Vielfalt der
Krankenhausträger nach pflichtgemäßem Ermessen [zu entscheiden], welches
Krankenhaus den Zielen der Krankenhausplanung des Landes am besten gerecht wird" (§ 8 Abs. 2 S. 2 KHG).[46] Verfassungsrechtlich geboten ist zudem die
in § 8 Abs. 2 S. 2 KHG vorgesehene Sicherstellung der Trägervielfalt.[47] Nicht
statthaft ist demgegenüber die Bevorzugung großer Krankenhäuser mit einem
umfassenden Leistungsangebot, da dies die Zulassungschancen von kleineren,
spezialisierten Krankenhäusern in privater Trägerschaft schmälert.[48]

Bei der Auswahlentscheidung kommt der öffentlichen Hand ein Beurteilungsspielraum – freilich nur insoweit prognostisch-wertende Elemente inmitten stehen[49] – zu:

Die gerichtliche Kontrolle muß sich auf die Nachprüfung beschränken, ob die zuständige
Landesbehörde bei ihrer Entscheidung darüber, welches Krankenhaus den Zielen der
Krankenhausbedarfsplanung des Landes am besten gerecht wird, von einem zutreffenden
und vollständig ermittelten Sachverhalt ausgegangen ist, ob sie einen sich sowohl im Rahmen des Gesetzes wie auch im Rahmen der Beurteilungsermächtigung haltenden Beurteilungsmaßstab zutreffend angewandt hat und ob für ihre Entscheidung keine sachfremden
Erwägungen bestimmend gewesen sind ...[50]

---

175); ders., NVwZ 2010, S. 601 (605); W. Kuhla, NZS 2007, S. 567 (568 f.); K. Rennert, GesR
2008, S. 344 (347); F. Stollmann, Krankenhausplanung, § 4, Rn. 40; ders./ C. D. Hermanns,
DVBl. 2007, S. 475 (476); T. Szabados, Krankenhäuser als Leistungserbringer, S. 94. Kritisch
H. Thomae, Krankenhausplanungsrecht, S. 106 ff.

[45] F. Stollmann, Krankenhausplanung, § 4, Rn. 41; ders., NVwZ 2006, S. 425 (425);
ders./ C. D. Hermanns, DVBl. 2007, S. 475 (476, 478).

[46] Umfassend zu den bei dieser „Bestenauswahl unter grundsätzlich Qualifizierten"
(OVG Münster, 13 A 2932/07 – juris, Rn. 22) maßgeblichen Kriterien M. Burgi, NVwZ 2010,
S. 601 (606 ff.).

[47] BVerfG, NJW 2004, S. 1648 (1649). Näher F. Stollmann, Krankenhausplanung, § 4,
Rn. 58; T. Szabados, Krankenhäuser als Leistungserbringer, S. 100 f.; H. Thomae, Krankenhausplanungsrecht, S. 92 ff.

[48] BVerfG, NJW 2004, S. 1648 (1649); F. Stollmann, Krankenhausplanung, § 4, Rn. 58.

[49] C.-D. Bracher, DVBl. 2009, S. 49 (51). Siehe auch S. Rixen, Sozialrecht als öffentliches
Wirtschaftsrecht, S. 536.

[50] BVerwGE 72, 38 (54 f.); 3 B 77/06 – juris, Rn. 5; NVwZ 2009, S. 525 (527); OVG Münster, 13 A 2002/07 – juris, Rn. 71; M. Burgi, NZS 2005, S. 169 (171 f., 175); ders., NVwZ 2010,
S. 601 (606); A. Hense, Soziale Infrastruktur – der stationäre Sektor, § 16, Rn. 72; W. Kuhla,
NZS 2007, S. 567 (568 f.); K. Rennert, GesR 2008, S. 344 (347); C. Seiler/ T. Vollmöller, DVBl.
2003, S. 235 (236); F. Stollmann, Krankenhausplanung, § 4, Rn. 42, 56; ders./ C. D. Hermanns, DVBl. 2007, S. 475 (476, 478 f.); T. Szabados, Krankenhäuser als Leistungserbringer,
S. 94.

Der Krankenhausplan wird für einen bestimmten Zeitraum aufgestellt oder regelmäßig fortgeschrieben (in Bayern: jährlich, vgl. Art. 3 Abs. 1, Art. 4 Abs. 3 BayKrG).[51] Dabei steht auch die bereits erfolgte Aufnahme bestehender Plankrankenhäuser zur Disposition, da nur so „neue Krankenhäuser eine Chance auf Aufnahme in den Krankenhausplan erhalten und damit einer Versteinerung der Krankenhauslandschaft vorgebeugt wird".[52] Es ist mithin zwischen der Konkurrenz von Neubewerbern und von diesen mit Plankrankenhäusern zu unterscheiden.

Kritisch anzumerken ist allerdings, dass diese ständige Aktualisierungsbedürftigkeit der Auswahlentscheidung keine gesetzgeberische Regelung erfahren hat, obgleich die verfassungs- und unionsrechtlich fundierten Interessen sowohl von Neubewerbern am Zugang als auch von Plankrankenhäusern am Verbleib im Plan eine solche verlangen. Problematisch an der gesetzlichen Regelung ist nämlich, dass sie den Konkurrenzfall als solchen nicht determiniert, sondern sich auf Vorgaben für die Auswahl, so eine solche notwendig erscheint, beschränkt.[53] Das BVerwG hat das Fehlen einer allgemeinen Regel nicht beanstandet, obgleich es nicht ausschloss, dass das Unterlassen einer Auswahlentscheidung sich „in besonderen Lagen einmal als fehlerhaft" darstellt.[54] Der Fortbestand oder Eintritt einer Überversorgung genügt hierfür jedenfalls nicht:

Richtig ist zwar, dass die Vermeidung oder der Abbau einer Überversorgung einem Gebot fiskalischer Klugheit entspricht. Es dient mittelbar auch dazu, die Zwecke des Krankenhausfinanzierungsgesetzes zu erreichen, die bei einer gleichen Förderung auch nicht bedarfsgerechter oder nicht leistungsfähiger Krankenhäuser gefährdet würden … Wie dem aber Rechnung zu tragen ist, überlässt das Gesetz der Handhabung durch die zuständige Behörde. Das ist auch aus Sachgründen geboten. So lässt sich schon gar nicht allgemein angeben, wann von einer Überversorgung auszugehen ist; viele Behörden nehmen eine Vollversorgung bei einer Bettenauslastung zu 85 % an, doch bezeichnet dieser Wert nur eine allgemeine Richtgröße, die je nach Fachgebiet, Versorgungsgebiet und Versorgungsstufe variieren kann. Hinzu kommt, dass die Krankenhausplanung ein in der Zeit dynamisches Steuerungsinstrument darstellt; deshalb muss der Behörde eine Beobachtungs- und Überlegungszeit eingeräumt werden, ehe sie auf entstehende Überversorgungen reagiert. Schließlich ergeben sich Sachzwänge auch aus der zweistufigen Struktur der Krankenhausplanung selbst; so kann das Landesrecht den Abbau von Überversorgungen, die nicht lokal bedingt sind, sondern eine grundsätzliche Reaktion erfordern, dem Plangeber selbst vorbehalten.[55]

---

[51] Siehe *P. Baumeister / A. Budroweit*, WiVerw 2006, S. 1 (9 f.).

[52] VGH Mannheim, 9 S 2182/06 – juris, Rn. 6; ferner NVwZ-RR 2002, S. 507 (508); BVerfG, NVwZ 2009, S. 977 (977 f.); OVG Münster, 13 A 3109/08 – juris, Rn. 21 ff.; *W. Kuhla*, NZS 2007, S. 567 (568); *K. Rennert*, GesR 2008, S. 344 (346); *T. Szabados*, KHR 2009, S. 37 (42).

[53] Siehe auch BVerwG, NVwZ 2009, S. 525 (529); *M. Burgi*, NZS 2005, S. 169 (174).

[54] BVerwG, NVwZ 2009, S. 525 (529). Siehe auch BVerfG, NVwZ 2009, S. 977 (978).

[55] BVerwG, NVwZ 2009, S. 525 (529). Zu Recht kritisch *K. Schillhorn*, MedR 2009, S. 639 (641 f.).

Zu Recht erachten jedoch BVerfG und OVG Münster eine Auswahlentscheidung jedenfalls bei gleichzeitigem Vorliegen konkurrierender Anträge für geboten.[56] Eine derartige – bescheidungsbedürftige – Verteilungssituation besteht
auch bei einer Konkurrenz von Neubewerbern mit Plankrankenhäusern.[57] Zudem werfen Änderungen im Bedarf die Verteilungsfrage auf.

Was schließlich die Rechtsnatur des Krankenhausplanes betrifft, so kann
dieser mangels unmittelbarer Rechtswirkung im Außenverhältnis weder als
Rechtsnorm noch als Verwaltungsakt gedeutet werden.[58]

b) Feststellung der Aufnahme

Auf der Grundlage des Planes wird in einem zweiten Schritt gemäß § 8 KHG
durch Verwaltungsakt (§ 8 Abs. 2 S. 3 KHG) „dem einzelnen Krankenhaus gegenüber festgestellt, ob es in den Krankenhausplan aufgenommen wird oder
nicht".[59] Dieser Bescheid setzt mithin die auf der Planungsebene getroffene Versorgungsentscheidung im Außenverhältnis um. Aufgrund des fehlenden Normcharakters des Planes ist dieser Feststellungsbescheid freilich „nicht schon dann
rechtmäßig, wenn er die Versorgungsentscheidung des Plans zutreffend wiedergibt … Vielmehr trifft die Behörde ihre Entscheidung nach außen eigenverantwortlich; der Plan bindet sie im Sinne einer innerdienstlichen Weisung".[60] Verfehlt wäre es allerdings, mit dem BVerwG hieraus zu schließen, dass der nachgeordneten Behörde ein materieller Entscheidungsspielraum zukommt:

> Über die Aufnahme eines Krankenhauses in den Krankenhausplan entscheidet die nach
> geordnete Behörde anhand einer Gegenüberstellung des Versorgungsangebots des Kran
> kenhauses mit dem diesbezüglichen konkreten Versorgungsbedarf. Ob ihr bei dieser Ent
> scheidung ein Spielraum zusteht, hängt von dem Ergebnis dieser Gegenüberstellung ab.
> Betrifft das Versorgungsangebot einen Bedarf, der von anderen Krankenhäusern nicht
> befriedigt wird, so ist das Krankenhaus in aller Regel bedarfsgerecht und muss, wenn es
> auch im Übrigen geeignet ist, in den Plan aufgenommen werden. Ist das Angebot jedoch
> größer als der Bedarf, ist das Krankenhaus also nur neben anderen geeignet, den Bedarf

---

[56] BVerfG, NVwZ 2004, S. 718 (719); OVG Münster, 13 A 2002/07 – juris, Rn. 75.

[57] K. Schillhorn, MedR 2009, S. 639 (641). Siehe aber auch BVerfG, NVwZ 2009, S. 977
(978), das in dieser Situation kein „subjektives Recht auf eine zeitnahe Auswahlentscheidung" anerkennt.

[58] BVerwGE 72, 38 (45); NJW 1987, S. 2318 (2319); NVwZ 2009, S. 525 (526 f.); VGH
Mannheim, NVwZ-RR 2002, S. 507 (508); OVG Münster, 13 A 2002/07 – juris, Rn. 59; T.
Szabados, Krankenhäuser als Leistungserbringer, S. 90 f.; H. Thomae, Krankenhausplanungsrecht, S. 102 f. Kritisch O. Depenheuer, Krankenhauswesen, S. 50 f.

[59] BVerwG, NVwZ 2009, S. 525 (526). Zum Verhältnis der beiden Stufen K. Rennert,
DVBl. 2010, S. 936.

[60] BVerwG, NVwZ 2009, S. 525 (527); OVG Münster, 13 A 2221/08 – juris, Rn. 6; 13 A
2002/07 – juris, Rn. 61; A. Hense, Soziale Infrastruktur – der stationäre Sektor, § 16, Rn. 66;
K. Rennert, DVBl. 2009, S. 1333 (1336 Fn. 27); F. Stollmann, Krankenhausplanung, § 4,
Rn. 20.

zu befriedigen, so hat die Behörde auszuwählen, welches Krankenhaus den Zielen der Krankenhausplanung am besten gerecht wird ...[61]

Denn die eigentliche Versorgungsentscheidung wurde bereits im Kontext der Planaufstellung, mithin auf erster Stufe, getroffen.[62] Raum für eine eigenständige Entscheidung besteht allenfalls bei nicht abschließenden Darstellungen im Krankenhausplan[63] bzw. bei veränderten tatsächlichen Verhältnissen zwischen Planung und Feststellungsbescheid[64].[65] Aus der nur innerdienstlichen Verbindlichkeit des Krankenhausplanes folgt freilich, dass eine – entgegen den Vorgaben des Krankenhausplanes getroffene – Entscheidung bei Wahrung der Vorgaben des Krankenhausplanungsrechts (im Außenverhältnis) rechtmäßig sein kann.[66] Scheitern wird dies aber regelmäßig daran, dass damit auch Beteiligungsrechte von bei der Planung nach Landesrecht heranzuziehenden Interessenträgern verletzt werden; zudem wird der Plangedanke und die ihm zugrunde liegende Konzeptpflicht[67] konterkariert. Wegen der Weisungswidrigkeit bleibt die Auswahlentscheidung im Übrigen stets objektiv rechtswidrig. Auch erscheint es eingedenk der Trennung von Planung und deren Vollzug vorzugswürdig, bei Aktualisierungsbedarf eine Änderung auf Planebene vorzunehmen und dies nicht der Vollzugsstufe zu überantworten.

Bei einer Auswahlentscheidung zulasten von Plankrankenhäusern sind diese aus dem Krankenhausplan herauszunehmen, wozu bereits die Befugnis zu Auswahlentscheidungen gemäß § 8 Abs. 2 S. 2 KHG legitimiert.[68] Mitunter

---

[61] BVerwG, NVwZ 2009, S. 525 (527). Siehe auch *K. Rennert*, GesR 2008, S. 344 (346 f.); *ders.*, DVBl. 2009, S. 1333 (1336 Fn. 27); *T. Szabados*, KHR 2009, S. 37 (40).

[62] *P. Baumeister / A. Budroweit*, WiVerw 2006, S. 1 (10); *O. Depenheuer*, Krankenhauswesen, S. 51 f.; *A. Hense*, Soziale Infrastruktur – der stationäre Sektor, § 16, Rn. 66; *T. Szabados*, Krankenhäuser als Leistungserbringer, S. 105.

[63] Ebenso *C.-D. Bracher*, DVBl. 2009, S. 49 (49 f.).

[64] *H. Thomae*, Krankenhausplanungsrecht, S. 113 f.

[65] *K. Rennert*, DVBl. 2009, S. 1333 (1336 Fn. 27), verweist ferner auf den Fall der Rechtswidrigkeit des Krankenhausplans.

[66] *K. Rennert*, DVBl. 2009, S. 1333 (1336 Fn. 27); *F. Stollmann*, Krankenhausplanung, § 4, Rn. 20; *T. Szabados*, Krankenhäuser als Leistungserbringer, S. 105; *H. Thomae*, Krankenhausplanungsrecht, S. 102 f.

[67] Zu dieser unten, 3. Teil, B.I.1.

[68] Vgl. OVG Münster, 13 A 1570/07 – juris, Rn. 41 f. Mitunter – siehe etwa *K. Rennert*, GesR 2008, S. 344 (346); *T. Szabados*, Krankenhäuser als Leistungserbringer, S. 104; *H. Thomae*, Krankenhausplanungsrecht, S. 141 – wird auch ein Widerruf der Aufnahme gemäß § 49 Abs. 2 Nr. 3 VwVfG vorgeschlagen (ablehnend, da neben den krankenhausrechtlichen Spezialregelungen unnötig: OVG Münster, 13 A 1570/07 – juris, Rn. 42). Ein solcher setzt tatbestandlich voraus, dass „die Behörde auf Grund nachträglich eingetretener Tatsachen berechtigt wäre, den Verwaltungsakt nicht zu erlassen, und [dass] ohne den Widerruf das öffentliche Interesse gefährdet würde". (Auch) Diesen Weg mangels Gefährdung des öffentlichen Interesses ablehnend: *U. Steiner*, NVwZ 2009, S. 486 (490 f.). *T. Szabados*, Krankenhäuser als Leistungserbringer, S. 104, verweist zudem auf landesgesetzliche Spezialregelungen des Widerrufs wie Art. 5 Abs. 2 S. 2 BayKrG (i.V.m. Art. 49 Abs. 2 Nr. 1 1. Alt. VwVfG), der bestimmt: „Die Feststellung ... kann ganz oder teilweise widerrufen werden, wenn und soweit

wird dessen Einschlägigkeit auf Vollzugsebene zwar mit dem Argument abgelehnt, dass diese Norm zu unbestimmt sei, um eine derartig gravierende Entscheidung zu decken.[69] Jedoch verkennt diese Auffassung zum einen, dass dem krankenhausplanungsrechtlichen Auswahlsystem die periodische Aktualisierung einmal getroffener Vergabeentscheidungen im Interesse des Marktzugangs von Neubewerbern immanent ist und die Auswahlbefugnis damit auch zu entsprechenden Korrekturen erfolgter Aufnahmeentscheidungen ermächtigt.[70] Zum anderen ist zu berücksichtigen, dass vor diesem Hintergrund nicht nur der Vertrauensschutz der Plankrankenhäuser auf den Bestand ihrer Aufnahme vorbelastet ist; vielmehr kann (und muss) legitimen Interessen am Verbleib im Plan im Rahmen der Auswahlentscheidung Rechnung getragen werden. Hierfür streitet gleichfalls das bei der Auswahl zu berücksichtigende öffentliche Interesse an einer effizienten Mittelverwendung, dem durch Verbleib eines bereits geförderten Krankenhauses im Plan besser gedient ist als durch dessen Herausnahme und damit Existenzgefährdung.[71]

3. Rechtsschutz

Gemäß § 8 Abs. 2 S. 4 KHG kann die Aufnahmeentscheidung im Verwaltungsrechtsweg angefochten werden. Fraglich ist, wie im Kontext der durch die jeweilige (positive oder negative) Aufnahmeentscheidung umgesetzten Auswahlentscheidung Rechtsschutz zu suchen ist. Auch hier ist eine Verlagerung in den Eilrechtsschutz zu konstatieren.[72]

Hinsichtlich des Rechtsschutzes erachtet das BVerfG eine isolierte Verpflichtungsklage mit dem Ziel der eigenen Zulassung angesichts des aus Art. 19 Abs. 4 GG folgenden Gebots, irreparable Rechtsverletzungen so weit wie möglich auszuschließen, für nicht ausreichend; vielmehr müsse dem unterlegenen

---

die Voraussetzungen für die Aufnahme in den Krankenhausplan nicht nur vorübergehend nicht mehr vorliegen.“ Dies sei der Fall, wenn die Versorgungsentscheidung zugunsten des Krankenhauses nunmehr anders ausfallen müsste. Siehe zum Streit *F. Stollmann*, Krankenhausplanung, § 4, Rn. 59.

[69] *U. Steiner*, NVwZ 2009, S. 486 (490); *T. Szabados*, Krankenhäuser als Leistungserbringer, S. 103 f.; *H. Thomae*, Krankenhausplanungsrecht, S. 140 f.

[70] Siehe auch OVG Münster, 13 A 1570/07 – juris, Rn. 42: „Aus dem Inbegriff von Planung und Aktualisierung der zur Abdeckung des Bedarfs notwendigen Krankenhäuser, Disziplinen und Betten folgt, dass der Feststellung des Ergebnisses der Planung stets nur so lange Wirksamkeit zukommen kann bis sie – mit welchem Ergebnis auch immer – aktualisiert wird, dass also die Krankenhausplanung ihrer Natur nach gleichsam bis zum Aktualisierungszeitpunkt befristet ist und dem Krankenhaus keinen dauerhaften Bestand des Status eines Plankrankenhauses vermittelt. So gesehen bedarf es eines förmlichen Widerrufs der früheren Planaufnahme eines Krankenhauses nicht.“

[71] Siehe *T. Szabados*, Krankenhäuser als Leistungserbringer, S. 101.

[72] *W. Kuhla*, NZS 2007, S. 567 (573). Zu diesem *F. Stollmann*, Krankenhausplanung, § 4, Rn. 66, 71 f., 79 ff.

Konkurrenten zusätzlich die Möglichkeit einer Drittanfechtung der Aufnahme des erfolgreichen Bewerbers eröffnet werden.[73] Grund hierfür ist die durch die Zulassung des Konkurrenten zulasten des erfolglosen Bewerbers veränderte Abwägungssituation: „Die Darstellung der Gründe für eine eigene Aufnahme in den Krankenhausplan kommt in aller Regel zu spät, wenn die Argumente nicht im Zusammenhang mit der Aufnahmeentscheidung zugunsten des Konkurrenten vorgebracht werden können. Das aufgenommene Krankenhaus wird dann bereits vollendete Tatsachen geschaffen haben, die eine Rückgängigmachung der Entscheidung praktisch unmöglich machen."[74] Zudem führt die bei erfolgreicher isolierter Verpflichtungsklage notwendige Rücknahme der Aufnahme des Konkurrenten in den Krankenhausplan zu Regressforderungen und bewirkt damit eine Fehlallokation der öffentlichen Fördermittel für das Krankenhauswesen. Eine solche widerspricht aber nicht nur haushaltsrechtlichen Grundsätzen, sondern auch dem KHG und ist daher zu vermeiden.[75] Das BVerfG streicht zudem die Interdependenz der einzelnen Zulassungsentscheidungen heraus. Für die Zulassung einer Drittanfechtung streitet nämlich auch,

dass die Entscheidung über die Aufnahme eines Krankenhauses in den Krankenhausplan in aller Regel nicht isoliert, sondern immer auch unter Berücksichtigung gleichzeitig vorliegender anderer Bewerbungen zu erfolgen hat, schon um festzustellen, welches der beteiligten Krankenhäuser nach den maßgeblichen Kriterien am besten geeignet ist ... Entscheidet die Behörde über den Antrag des einen Krankenhauses, so darf sie dies nicht ohne den Vergleich mit gleichzeitig vorliegenden Anträgen anderer Krankenhäuser tun. Die Aufnahme eines von zwei konkurrierenden Krankenhäusern in den Krankenhausplan stellt implizit immer auch eine Entscheidung gegen das andere Krankenhaus dar.[76]

Diese Grundsätze hat das BVerwG in seinem Grundsatzurteil zum Konkurrentenschutz im Krankenhausplanungsrecht vom 25.9.2008 dann aber in Frage gestellt. Es differenzierte zunächst zwischen dem verwaltungsintern bleibenden Auswahlakt sowie der auf seiner Grundlage im Außenverhältnis ergehenden Aufnahmeentscheidung und beschränkte die Regelungswirkung der letzteren auf die Aufnahme respektive deren Ablehnung; die Auswahlentscheidung selbst liege diesen im jeweiligen Feststellungsbescheid enthaltenen Regelungen lediglich als „Begründungselement" zugrunde.[77] Auf der Basis dieser zutreffenden Konzeptionalisierung klingt in der Entscheidung des BVerwG, ohne dass insoweit allerdings eine eindeutige Festlegung erfolgte, eine – die materiell-rechtliche

---

[73] BVerfG, NVwZ 2004, S. 718 (718 f.); ferner NVwZ 2009, S. 977 (978).

[74] BVerfG, NVwZ 2004, S. 718 (719). Zustimmend *A. Hense*, Soziale Infrastruktur – der stationäre Sektor, § 16, Rn. 199; *U. Steiner*, NVwZ 2009, S. 486 (488). Vgl. auch BVerfG, NVwZ 2009, S. 977 (978 f.).

[75] BVerfG, NVwZ 2004, S. 718 (719); ferner *P. Baumeister/A. Budroweit*, WiVerw 2006, S. 1 (25).

[76] BVerfG, NVwZ 2004, S. 718 (719).

[77] BVerwG, NVwZ 2009, S. 525 (527). Ebenso bereits *K. Rennert*, GesR 2008, S. 344 (346 m. Fn. 17).

Interdependenz verkennende – rechtliche Unabhängigkeit der Aufnahmebescheide voneinander an;[78] insbesondere vermöge die Bestandskraft des den erfolgreichen Bewerber begünstigenden Drittbescheids nicht die (spätere) Auswahl des zunächst unterlegenen Bewerbers zu sperren[79]. Im Übrigen verweist
das BVerwG darauf, dass eine rechtswidrige Drittbegünstigung ohne Weiteres
zurückgenommen werden könne. Denn das „Vertrauen des Plankrankenhauses
in die Konkurrenzlosigkeit seiner Rechtsstellung" sei in dem Moment zerstört,
in dem „die erlangte Planposition des Dritten zugleich von einem Konkurrenten
beansprucht wird".[80] Für die Hinanstellung des Vertrauensschutzes streite ferner der bereichsspezifische Gesichtspunkt, dass „die Planposition eines Krankenhauses ohnehin kein unentziehbarer Besitzstand [ist], sondern … unter dem
Vorbehalt fortlaufender Überprüfung" stehe.[81]

Hinsichtlich des einzulegenden Rechtsbehelfs folge hieraus, dass die Verpflichtungsklage in eigener Sache umfassenden Rechtsschutz ermögliche und
damit das Rechtsschutzbedürfnis für eine zusätzliche Anfechtungsklage der besonderen Begründung bedürfe.[82] Zu bejahen sei es, wenn „die Erfolgsaussichten
der Klage gegen den ‚eigenen' Feststellungsbescheid durch einen zwischenzeitlichen Vollzug des den Dritten begünstigenden Bescheides faktisch geschmälert
werden können."[83] Dies sei insbesondere dann der Fall, wenn aufgrund von Entscheidungsspielräumen der Verwaltung in der Hauptsache regelmäßig nur ein
Bescheidungsurteil zu erstreiten ist. Denn bei der erneuten Auswahlentscheidung, für die die Sach- und Rechtslage zum Entscheidungszeitpunkt maßgeblich sei, müsse die Behörde dann „die tatsächlichen Veränderungen einbeziehen,
die sich durch den Vollzug der Planaufnahme des Dritten zwischenzeitlich ergeben haben."[84] Demnach sei zwischen der Konkurrenz eines Neubewerbers mit
einem Plankrankenhaus und mit einem anderen Neubewerber zu differenzieren. Denn die Maßgeblichkeit der neuen Sach- und Rechtslage

wird die Erfolgsaussichten in eigener Sache nur dann nicht erheblich schmälern, wenn der
Dritte bereits zuvor in den Plan aufgenommen war und diese Planposition lediglich fortgesetzt wurde. Wenn der Dritte jedoch ebenfalls Neubewerber war und statt des Kl. erstmals in den Plan aufgenommen wurde, so führt ein Vollzug der Planaufnahme zu erheb-

---

[78] BVerwG, NVwZ 2009, S. 525 (527). Deutlich in diese Richtung K. Rennert, GesR
2008, S. 344 (346 Fn. 17); ders., DVBl. 2009, S. 1333 (1338 f.). Siehe auch OVG Münster,
NVwZ 2003, S. 630 (631 f.), das die rechtliche Unabhängigkeit und damit die fehlende Drittwirkung mit der fehlenden Knappheit begründet. Denn der Aufnahmeanspruch bestehe unabhängig von der Zulassung des Konkurrenten. In diese Richtung tendierend auch noch
VGH Mannheim, NVwZ-RR 2002, S. 504 (505).
[79] BVerwG, NVwZ 2009, S. 525 (527).
[80] Ibid.
[81] Ibid.
[82] Ibid.
[83] Ibid.
[84] BVerwG, NVwZ 2009, S. 525 (528).

lichen Veränderungen, und der zusätzlichen Anfechtungsklage wird das Rechtsschutzbedürfnis nicht abzusprechen sein ...[85]

Hiervon unterscheidet das BVerwG die Situation eines Plankrankenhauses, das sich gegen sein Ausscheiden aus dem Plan zugunsten eines Neubewerbers wehrt:

Hier besteht der Rechtsschutz „in eigener Sache" nicht in einer Verpflichtungsklage auf Planaufnahme, sondern in einer Anfechtungsklage gegen die Planherausnahme. Diese Anfechtungsklage bietet vollständigen Rechtsschutz; die Gefahr, dass ihre Erfolgsaussichten durch einen zwischenzeitlichen Vollzug des den Dritten begünstigenden Bescheides faktisch geschmälert werden könnten, besteht nicht. Das liegt schon daran, dass für den Erfolg der Anfechtungsklage hinreicht, dass die von der Behörde getroffene Auswahlentscheidung rechtswidrig war; auf eine weitere künftige Auswahlentscheidung und damit auf eine künftige, möglicherweise veränderte Sachlage kommt es nicht an.[86]

Obgleich die Entscheidung des BVerwG damit bei Zugangskonkurrenz von Neubewerbern im Ergebnis der in dieser Untersuchung vorgeschlagenen prozessualen Behandlung von Konkurrenzstreitigkeiten entspricht, vermag die von ihm angedeutete Unabhängigkeit der Entscheidungen allerdings nicht zu überzeugen. Denn auch wenn die Planaufnahme des erfolgreichen Konkurrenten keine Regelungswirkung gegenüber dem nicht zum Zuge gekommenen Bewerber entfaltet, ist letzterer von dieser Regelung drittbetroffen: Er muss die Planaufnahme, ihre Wirksamkeit durch Bekanntgabe ihm gegenüber unterstellt, nämlich gegen sich gelten lassen.[87] Bei einer rechtlichen Unabhängigkeit der einzelnen Aufnahmebescheide voneinander käme auch keine Rechtsverletzung des Konkurrenten in Betracht, auf die sich dann eine – auch vom BVerwG bejahte – Klagebefugnis stützen lässt.[88] Zudem widerspricht die prinzipielle Versagung des Vertrauensschutzes bei Streit um die Rechtmäßigkeit des Auswahlakts § 50 VwVfG, der genau diese Konstellation erfasst. Nach diesem entfällt der besondere Vertrauensschutz des § 48 VwVfG nämlich nur dann, wenn der unterlegene Bewerber die Begünstigung des Konkurrenten angefochten hat. Die vom BVerwG vertretene Beschneidung des Vertrauensschutzes ist auch dem (zu-

---

[85] BVerwG, NVwZ 2009, S. 525 (528).
[86] BVerwG, NVwZ 2009, S. 525 (528). Ibid., S. 528 f., zum vorbeugenden Rechtsschutz in diesem Kontext. Auch insoweit kritisch *C.-D. Bracher*, DVBl. 2009, S. 49 (50 f.); ferner *M. Burgi*, NZS 2005, S. 169 (174); *C. Seiler / T. Vollmöller*, DVBl. 2003, S. 235 (239 f.).
[87] Ausführlich dazu unten, 3. Teil, B.II.5.a.dd. Vgl. auch *P. Baumeister / A. Budroweit*, WiVerw 2006, S. 1 (24); *C.-D. Bracher*, DVBl. 2009, S. 49 (50); *M. Burgi*, NZS 2005, S. 169 (173 f.); *T. Szabados*, Krankenhäuser als Leistungserbringer, S. 169. Für einen Verwaltungsakt mit Drittwirkung ferner *T. Szabados*, KHR 2009, S. 37 (40); *ders.*, Krankenhäuser als Leistungserbringer, S. 104, 165 f.
[88] So auch *C.-D. Bracher*, DVBl. 2009, S. 49 (50). Nach *K. Rennert*, GesR 2008, S. 344 (347), der eine Regelungswirkung hinsichtlich der Konkurrenten ablehnt, lasse sich die Klagebefugnis demgegenüber nicht bestreiten; siehe auch *ders.*, DVBl. 2009, S. 1333 (1338 f.).

nächst) erfolgreichen Bewerber nicht zumutbar, bleibt seine Rechtsposition doch über das Ende des Erstprozesses, an dem er im Übrigen nicht beteiligt ist, hinaus in der Schwebe. Dies kann zudem notwendige Investitionen im Krankenhausbereich hemmen und damit die vom KHG bezweckte Versorgungssicherheit gefährden. Zu Recht erachten daher Oberverwaltungsgerichte und die Literatur, wie auch das BVerfG, eine Drittanfechtung bei sonst drohender Kapazitätserschöpfung für notwendig.[89] Hierfür streitet nicht zuletzt die bereits erwähnte Fehlallokation von Ressourcen.[90] Zu berücksichtigen ist schließlich, dass eine positive Entscheidung bezüglich der abgelehnten Bewerber mit der Zulassung der erfolgreichen Bewerber aus Rechtsgründen (Überversorgung) ausscheiden muss.[91]

Im gegenteiligen Fall, der Herausnahme aus dem Krankenhausplan, kann nichts anderes gelten. Zwar vermag hier eine (erfolgreiche) Anfechtungsklage den Verbleib im Plan zu sichern; hinsichtlich der rechtlichen Konstruktion hängen jedoch auch hier Auswahl- und Aufnahmeentscheidung voneinander in dem beschriebenen Sinne ab.

Blieb schließlich der Aufnahmeantrag eines Neubewerbers zugunsten eines Plankrankenhauses erfolglos, so realisiert sich der Konkurrentenschutz durch eine doppelte Verpflichtungsklage, gerichtet zum einen auf die eigene Aufnahme und zum anderen auf die Herausnahme des Plankrankenhauses aus dem Krankenhausplan. Hinsichtlich letzterer ist die Anfechtungsklage nicht vorrangig, da der Kläger nicht die ursprüngliche Aufnahme des Plankrankenhauses in Frage stellt, sondern die spätere Auswahlentscheidung, die sich in der Nichtherausnahme manifestiert.

Dass nach § 8 Abs. 2 S. 1 KHG kein „Anspruch auf Feststellung der Aufnahme in den Krankenhausplan und in das Investitionsprogramm" besteht, vermag die Klagebefugnis nicht auszuschließen. Mit Blick auf die Garantie effektiven Rechtsschutzes kann dies die Auswahlentscheidung nicht vor einer Prüfung jedenfalls am allgemeinen Gleichheitssatz (Art. 3 Abs. 1 GG) immunisieren;[92] § 8 Abs. 2 S. 2 KHG ist darüber hinaus Drittschutz beizumessen[93]. Eine Klagebefugnis des Plankrankenhauses gegen die Aufnahme von

---

[89] OVG Münster, 13 A 2002/07 – juris, Rn. 43 ff.; 13 A 3109/08 – juris, Rn. 8 ff.; *P. Baumeister/A. Budroweit*, WiVerw 2006, S. 1 (23 ff.); *C.-D. Bracher*, DVBl. 2009, S. 49 (50 f.); *M. Burgi*, NZS 2005, S. 169 (173 ff.); *W. Kuhla*, NZS 2007, S. 567 (569, 573); *C. Seiler/T. Vollmöller*, DVBl. 2003, S. 235 (238 f.); *T. Szabados*, Krankenhäuser als Leistungserbringer, S. 165 ff.; *H. Thomae*, Krankenhausplanungsrecht, S. 153 ff.; *T. Vollmöller*, DVBl. 2004, S. 433 (433).

[90] Siehe auch *P. Baumeister/A. Budroweit*, WiVerw 2006, S. 1 (24 f.); *H. Thomae*, Krankenhausplanungsrecht, S. 154 f.

[91] *C.-D. Bracher*, DVBl. 2009, S. 49 (50); ferner *C. Seiler/T. Vollmöller*, DVBl. 2003, S. 235 (238).

[92] Vgl. BVerfGE 82, 209 (228).

[93] BVerwG, NVwZ 2009, S. 525 (526 f.); OVG Münster, 13 A 2221/08 – juris, Rn. 6; 13 A 2002/07 – juris, Rn. 52; *M. Burgi*, NZS 2005, S. 169 (173); *W. Kuhla*, NZS 2007, S. 567 (570 ff.);

Neubewerbern hat das BVerwG allerdings abgelehnt, und zwar auch dann, wenn ruinöser Wettbewerb droht.[94]

II. Selektivverträge im Bereich der gesetzlichen Krankenversicherung

Um den Wettbewerb bei der Erbringung von Leistungen für gesetzlich Krankenversicherte zu stärken und den Kostenanstieg im Gesundheitswesen zu dämpfen, vollzieht das SGB V in zunehmendem Maße eine Abkehr von Kollektivverträgen, wie sie etwa für die vertragsärztliche Versorgung vorgesehen sind (§ 72 Abs. 2 SGB V), und setzt auf Einzelverträge zwischen Krankenkassen und Leistungserbringern. Danach erfolgt die Leistungserbringung nicht mehr durch sämtliche zugelassene medizinische Dienstleister nach kollektiv, d.h. zwischen den Verbänden der Leisterungserbringer und der Krankenkassen ausgehandelten Modalitäten, sondern aufgrund von Einzelvereinbarungen.[95] Im Folgenden seien die wichtigsten Anwendungsfälle einschließlich ihres rechtlichen Rahmens kurz skizziert (1.). Nachdem letztere eine nur rudimentäre, mitunter auch gänzlich fehlende Regelung des Verteilungsverfahrens kennzeichnet, stellt sich die Frage nach übergeordneten Vergabegrundsätzen. Ein Ausgangstor öffnet das Kartellvergaberecht, so die jeweilige Leistungserbringung in dessen Anwendungsbereich fällt (2.). Im Übrigen verbleibt es bei den allgemeinen, unions-, verfassungs- und einfach-rechtlichen Rahmenvorgaben für die staatliche Verteilungstätigkeit (3.).

1. Anwendungsfälle und ihre rechtliche Ausgestaltung

Gemäß § 73c SGB V können gesetzliche Krankenversicherungen mit ihren Versicherten vereinbaren, dass letztere die ambulante ärztliche Versorgung nur bei bestimmten medizinischen Dienstleistern in Anspruch nehmen, mit denen die Krankenkasse wiederum Versorgungsverträge abgeschlossen hat. Für die insoweit notwendige Auswahl der Leistungserbringer hält § 73c Abs. 3 S. 3 SGB V eine rudimentäre Vergaberegelung vor: „Die Aufforderung zur Abgabe eines Angebots ist unter Bekanntgabe objektiver Auswahlkriterien öffentlich auszu-

---

K. Rennert, GesR 2008, S. 344 (346); *S. Rixen,* Sozialrecht als öffentliches Wirtschaftsrecht, S. 535; *C. Seiler / T. Vollmöller,* DVBl. 2003, S. 235 (237); *F. Stollmann / C. D. Hermanns,* DVBl. 2007, S. 475 (476).

[94] BVerwG, NVwZ 2009, S. 525 (529 f.). A.A. *F. Schoch,* GVwR III, § 50, Rn. 141.

[95] Zum Hintergrund: *M. Kaltenborn,* VSSR 2006, S. 357 (357 ff., 366 ff.); *T. Kingreen,* DV 42 (2009), S. 339 (358 f.); *M. Schuler-Harms,* Soziale Infrastruktur – der ambulante Sektor, § 15, Rn. 70 ff.

schreiben."[96] Auch wenn § 73c Abs. 3 S. 2 SGB V einen Anspruch auf Vertragsschluss verneint, ist freilich der aus Art. 12 Abs. 1 i.V.m. Art. 3 Abs. 1 GG folgende Teilhabeanspruch der medizinischen Dienstleister zu beachten.[97] Eine vergleichbare Regelung gilt im Rahmen der hausarztzentrierten Versorgung nach § 73b SGB V (siehe § 73b Abs. 4 S. 5 SGB V), in deren Rahmen sich gesetzlich Versicherte gegenüber ihrer Krankenkasse verpflichten können, Hausärzte grundsätzlich vorrangig in Anspruch zu nehmen (§ 73b Abs. 3 SGB V), sowie bei der u.U. notwendigen Auswahl von Ärzten für besondere Arzneimitteltherapie (§ 73d SGB V).

Ein praktisch überaus bedeutender Bereich stellt zudem die Versorgung der Versicherten mit Heil- und Hilfsmitteln gemäß §§ 124 ff. SGB V dar. Insoweit sieht etwa § 127 Abs. 1 SGB V eine Ausschreibung von Verträgen über die Lieferung von Hilfsmitteln vor, so eine solche zweckmäßig erscheint. Zu nennen ist des Weiteren die integrierte Versorgung von gesetzlich Versicherten gemäß §§ 140a ff. SGB V, in deren Rahmen die Krankenkassen „Verträge über eine verschiedene Leistungssektoren übergreifende Versorgung der Versicherten oder eine interdisziplinär-fachübergreifende Versorgung mit den in § 140b Abs. 1 genannten Vertragspartnern abschließen".[98] § 129b Abs. 5b SGB sieht ferner die Beteiligung von Apotheken an speziellen vertraglich vereinbarten Versorgungsformen vor und verlangt insoweit, die Angebote öffentlich auszuschreiben.

Hinlängliche Bekanntheit erlangt haben schließlich die auf der Grundlage des § 130a Abs. 8 SGB V abgeschlossenen Rabattverträge zwischen gesetzlichen Krankenkassen respektive ihren Verbänden und pharmazeutischen Unternehmern. Diese verschaffen letzteren als Gegenleistung für die Rabatteinräumung einen Wettbewerbsvorteil dadurch, dass bei der vom Apotheker vorzunehmenden Ersetzung eines verordneten durch ein wirkstoffgleiches Arzneimittel (§ 129 Abs. 1 S. 1 Nr. 1 lit. b, S. 2 SGB V) grundsätzlich[99] gemäß § 129 Abs. 1 S. 3 SGB V dasjenige auszuwählen ist, für das eine entsprechende Rabattvereinbarung besteht. Nun sieht das Sozialrecht zwar keine Beschränkung der Zahl der möglichen Vertragspartner vor; eine solche ergibt sich jedoch aus der Natur der Sache, da die Attraktivität des Abschlusses eines Rabattvertrags für das pharmazeutische Unternehmen und damit dessen Konzessionsbereitschaft mit der

---

[96] Siehe auch *R. Hess*, in: Kasseler Kommentar, § 73b SGB V, Rn. 23 ff.; § 73c SGB V, Rn. 13.

[97] *R. Hess*, in: Kasseler Kommentar, § 73b SGB V, Rn. 27; *T. Kingreen*, SGb 2008, S. 437 (440, 442 f.).

[98] Siehe *T. Kingreen*, DV 42 (2009), S. 339 (356 f.).

[99] Zwar kann der Arzt die Ersetzung gemäß § 129 Abs. 1 Nr. 1 lit. b SGB V ausschließen, § 84 Abs. 4a und 7a SGB V setzt im Rahmen der Bonus-Malus-Regelung jedoch einen Anreiz, dies nicht zu tun. Zudem können die Krankenkassen die Zuzahlung gemäß § 31 Abs. 3 S. 5 SGB V reduzieren.

Zahl der vergebenen Verträge korreliert.[100] Spezifische Vergabevorschriften finden sich hier aber keine.

2. Ausweg Vergaberecht?

Eine Alternative zu den nur punktuellen sozialrechtlichen Spezialvorschriften böte die Zuordnung der sozialrechtlichen Leistungserbringung zum Kartellvergaberecht. Nachdem nun auch der EuGH klargestellt hat, dass die gesetzlichen Krankenkassen im Allgemeininteresse liegende Aufgaben nichtgewerblicher Art erfüllen und insbesondere aufgrund der öffentlich-rechtlich geregelten Beitragserhebung bzw. -pflicht als überwiegend vom Staat finanziert anzusehen sind, steht deren Eigenschaft als öffentliche Auftraggeber fest.[101] Für Gebietskörperschaften als Leistungsträger im Sozialrecht im Übrigen gilt dies ohnehin (§ 98 Nr. 1 GWB). Damit findet das detailliert normierte kartellvergaberechtliche Verteilungsverfahren auf die Vergabe von Liefer- und Dienstleistungsaufträgen[102] durch diese Anwendung; streitig kann dann nur noch sein, ob der jeweilige Beschaffungsvorgang als Liefer- respektive Dienstleistungsauftrag vom sachlichen Anwendungsbereich des Kartellvergaberechts erfasst ist[103]. Nun-

---

[100] Siehe dazu auch BKartA, VK 2 – 30/09 – juris, Rn. 81 f.; *M. Dreher/J. Hoffmann*, NZBau 2009, S. 273 (275).

[101] EuGH, Rs. C-300/07, n.n.v., Rn. 40 ff. – Oymanns. Ablehnend demgegenüber BayObLG, NZBau 2004, S. 623. Ausführlich zur Problematik (und befürwortend): *F. Wollenschläger*, NZBau 2004, S. 655; ferner *E. Bloch/K. Pruns*, SGb 2007, S. 645 (645 ff.); *M. Kaltenborn*, VSSR 2006, S. 357 (362 ff.).

[102] Bei Dienstleistungsaufträgen ist freilich zu berücksichtigen, dass Dienstleistungen im Bereich des Gesundheits-, Veterinär- und Sozialwesens sog. „nicht-prioritäre" Dienstleistungen darstellen, auf die das Kartellvergaberecht nur eingeschränkt Anwendung findet (siehe Art. 21 VRL; über die europarechtlichen Vorgaben hinausgehend aber § 4 Abs. 4 VgV, § 1 EG Abs. 3 VOL/A 2009).

[103] Für die integrierte Versorgung gemäß §§ 140a ff. SGB V hat der EuGH dies (Rahmenvereinbarung i.S.d. Art. 1 Abs. 5 der Richtlinie 2004/18/EG) bejaht (Rs. C-300/07, n.n.v., Rn. 67 ff. – Oymanns); ferner *M. Dreher/J. Hoffmann*, NZBau 2009, S. 273 (280 f.); *R. Goodarzi/K. Schmid*, NZS 2008, S. 518 (522 f.). Siehe für Rabattverträge: BKartA, VK 2 – 30/09 – juris, Rn. 80 ff.; LSG Baden-Württemberg, L 11 KR 4810/08 ER – juris, Rn. 39 ff.; L 11 WB 5971/08 – juris, Rn. 149; L 11 WB 381/09 – juris, Rn. 105 – jeweils bei Exklusivität; LSG Nordrhein-Westfalen, L 21 KR 35/09 SFB – juris, Rn. 70; L 21 KR 36/09 – juris, Rn. 24; L 21 KR 53/09 SFB – juris, Rn. 48 ff. Die Anwendbarkeit des Vergaberechts bejahend: *M. Burgi*, NZBau 2008, S. 480 (484 ff.); *J. Byok/A. Csaki*, NZS 2008, S. 402 (403 f.); *M. Dreher/J. Hoffmann*, NZBau 2009, S. 273 (274 ff.); a.A. *E. Bloch/K. Pruns*, SGb 2007, S. 645 (652); *K. Engelmann*, SGb 2008, S. 133 (146 f.). Lieferverträge gemäß § 127 SGB V dem Vergaberecht zuordnend: *M. Burgi*, NZBau 2008, S. 480 (484 ff.); *M. Dreher/J. Hoffmann*, NZBau 2009, S. 273 (277 ff.) – unter Ausklammerung des zulassungsähnlichen Vorgehens nach § 127 Abs. 2, 2a SGB V; offengelassen BSG, B 3 KR 2/09 D – juris, Rn. 20. Für die hausarztzentrierte und besondere ambulante Versorgung: LSG Berlin-Brandenburg, L 9 KR 72/09 ER – juris, Rn. 16; *B. Stolz/P. Kraus*, MedR 2010, S. 86 (87 ff.); *M. Dreher/J. Hoffmann*, NZBau 2009, S. 273 (281 f.); *R. Goodarzi/K. Schmid*, NZS 2008, S. 518 (523).

mehr hält auch § 69 Abs. 2 S. 1 2. HS SGB V die Anwendbarkeit des Kartellvergaberechts – bei Vorliegen seiner Voraussetzungen – ausdrücklich fest; dabei ist allerdings „der Versorgungsauftrag der gesetzlichen Krankenkassen besonders zu berücksichtigen" (§ 69 Abs. 2 S. 2 SGB V).[104]

A limine aus dem Kartellvergaberecht auszuscheiden ist die schlichte, bedarfsunabhängige Zulassung von Leistungserbringern, aus deren Angebot der Leistungsberechtigte dann frei auswählen kann. Hier fehlt es nämlich an der für die Auftragsvergabe typischen Auswahlsituation unter der Bedingung der Knappheit.[105] Im Wortlaut der Auftragsdefinition festmachen lässt sich dies am Erfordernis eines „zwischen einem oder mehreren Wirtschaftsteilnehmern und einem oder mehreren öffentlichen Auftraggebern" zu schließenden Vertrags (Art. 1 Abs. 2 lit. a VRL), das eine Selektivität impliziert. Dass der Sozialleistungsträger den Leistungserbringer als Gegenleistung für die ihm gegenüber übernommene Verpflichtung, die Leistung zu erbringen, institutionell fördert und/oder die Leistung im Einzelfall vergütet, vermag hieran nichts zu ändern. Dies verleiht dem Vorgang nämlich lediglich Subventionscharakter. Demgegenüber kann das für die sozialrechtliche Leistungserbringung charakteristische Dreiecksverhältnis zwischen Leistungsträger, -erbringer und -berechtigtem die Annahme eines entgeltlichen Vertrages zwischen den beiden zuerst Genannten nicht erschüttern, reicht doch deren Vereinbarung einer vergüteten Leistung, zu wessen Gunsten auch immer sie zu erbringen ist, für die Bejahung eines öffentlichen Auftrags aus.[106]

Da die Beauftragung des Leistungserbringers regelmäßig nicht für den jeweiligen Einzelfall erfolgt, sondern aufgrund von Rahmenverträgen – etwa hinsichtlich der Abgabe verordneter Arzneimittel durch Apotheken an Versicherte (§ 129 Abs. 5 SGB V), ggf. ergänzt durch Verträge mit pharmazeutischen Unternehmen über die Rabattgewährung für die zulasten der Versicherung abgegebenen Arzneimittel (§ 130a Abs. 8 S. 1 SGB V), oder hinsichtlich der Zulassung eines Krankenhauses zur Behandlung der Versicherten für die Laufzeit des Vertrages (§ 109 Abs. 4 S. 1 SGB V) –, erlangt das vergaberechtliche Institut der Rahmenvereinbarung eine besondere Bedeutung. § 4 EG Abs. 1 S. 1 VOL/A 2009 definiert diese in Einklang mit Art. 1 Abs. 5 VRL als „Aufträge, die ein oder mehrere Auftraggeber an ein oder mehrere Unternehmen vergeben können, um die Bedingungen für Einzelaufträge, die während eines bestimm-

---

[104] Siehe nur C. Wendtland, in: BeckOK-SGB, § 69 SGB V, Rn. 22 ff. A.A. K. Engelmann, SGb 2008, S. 133 (141 ff.).

[105] Siehe auch M. Dreher/J. Hoffmann, NZBau 2009, S. 273 (274); S. Rixen, VSSR 2005, S. 225 (234 f.). In diesen Fällen liegt zudem allenfalls eine Konzession, aber kein Auftrag vor.

[106] Siehe auch BKartA, VK 2 – 30/09 – juris, Rn. 80; OLG Düsseldorf, NZBau 2005, S. 652 (653); M. Dreher/J. Hoffmann, NZBau 2009, S. 273 (274 ff.); T. Kingreen, VergabeR 2007, S. 355 (357 f.). Anders aber K.-J. Bieback, NZS 2007, S. 505 (510 f.); V. Neumann, VSSR 2005, S. 212 (221 ff.); D. Nielandt, RsDE 57 (2005), S. 44 (46 f.).

ten Zeitraumes vergeben werden sollen, festzulegen, insbesondere über den in Aussicht genommenen Preis."[107] Abzugrenzen ist die Rahmenvereinbarung von der Dienstleistungskonzession, mithin von „Verträge[n], die von öffentlichen Dienstleistungsaufträgen nur insoweit abweichen, als die Gegenleistung für die Erbringung der Dienstleistungen ausschließlich in dem Recht zur Nutzung der Dienstleistung oder in diesem Recht zuzüglich der Zahlung eines Preises besteht" (Art. 1 Abs. 4 VRL). Trotz der der Ungewissheit hinsichtlich des späteren Vertragsschlusses geschuldeten Ähnlichkeit beider Institute[108] ist eine Abschichtung unerlässlich, findet das EU-Vergabe(sekundär)recht auf Dienstleistungskonzessionen keine Anwendung (Art. 17 VRL).

Charakteristisch für letztere ist, dass der Konzessionär „im Rahmen des geschlossenen Vertrags über eine bestimmte wirtschaftliche Freiheit verfügt, um die Bedingungen zur Nutzung dieses Rechts zu bestimmen, und somit parallel dazu weitgehend den mit dieser Nutzung verbundenen Risiken ausgesetzt ist."[109] Demgegenüber sind bei einer Rahmenvereinbarung „der Tätigkeit des Wirtschaftsteilnehmers, der Vertragspartner der Vereinbarung ist, insoweit Grenzen gesetzt ..., als sämtliche im Laufe eines bestimmten Zeitraums an ihn zu vergebenden Aufträge die in dieser Vereinbarung vorgesehenen Bedingungen einhalten müssen."[110] Abzustellen ist mithin zum einen auf den Gestaltungsspielraum des Leistungserbringers hinsichtlich des Leistungsverhältnisses. Letzteres ist indes regelmäßig durch die Versorgungsvereinbarung und die sozialgesetzlichen Vorgaben in einem Maße determiniert, dass hieran die Annahme einer Rahmenvereinbarung nicht scheitert. Zum anderen ist das beim Leistungserbringer verbleibende wirtschaftliche Risiko der Inanspruchnahme seiner Leistung zu untersuchen.

Ob der Leistungserbringer das wirtschaftliche Risiko trägt und damit (allenfalls) eine Dienstleistungskonzession anzunehmen ist, stellt eine Wertungsfrage dar, die mit Blick auf die konkrete Sozialleistung unter Berücksichtigung aller Umstände zu beantworten ist. Unter Verweis auf die bedarfsunabhängige Zulassung und das Wahlrecht des Leistungsberechtigten wird dies oftmals bejaht und die Anwendbarkeit des Kartellvergaberechts damit gleichzeitig verneint.[111]

---

[107] Für der sozialrechtlichen Leistungserbringung adäquat erachtet dieses Instrument: *T. Kingreen*, VergabeR 2007, S. 355 (359 f.). Auch bei dem aufgrund einer Rahmenvereinbarung geschlossenen Folgevertrag muss es sich um einen öffentlichen Auftrag handeln, vgl. nur *K.-J. Bieback*, NZS 2007, S. 505 (510).

[108] Diese konstatiert auch EuGH, Rs. C-300/07, n.n.v., Rn. 70 – Oymanns.

[109] EuGH, Rs. C-300/07, n.n.v., Rn. 71 – Oymanns.

[110] Ibid.

[111] Allgemein: *K.-J. Bieback*, NZS 2007, S. 505 (511); *O. Dörr*, RdJB 2002, S. 349 (364 f.); *D. Nielandt*, RsDE 57 (2005), S. 44 (47). Für Vereinbarungen nach § 17 Abs. 2 SGB II: *S. J. Iwers*, LKV 2008, S. 1 (6). Für Rehabilitationsleistungen im Rahmen der Rentenversicherung: *V. Neumann*, VSSR 2005, S. 212 (223).

Von entscheidender Bedeutung bei der Gesamtbetrachtung ist, in welchem Ausmaß der regelmäßig zur kostenverursachenden Vorhaltung einer Einrichtung verpflichtete Leistungserbringer das Risiko einer mangelnden Inanspruchnahme seines Leistungsangebots und damit von Verlusten trägt.[112] Dieses steigt vor dem Hintergrund des Wahlrechts der Leistungsberechtigten (siehe allgemein § 33 SGB I; für Spezialregelungen: § 5 SGB VIII; § 9 Abs. 1 SGB IX; § 9 Abs. 2 SGB XII) mit einem zunehmenden Angebot[113] und nimmt bei einer streng auf den Bedarf beschränkten Zulassungsregelung oder der Einräumung von Exklusivitätsrechten ab[114]. In Betracht zu ziehen sind ferner die Vorhaltekosten,[115] die mit zunehmender staatlicher Subventionierung abnehmen, und die risikominimierende Absehbarkeit der Inanspruchnahme des Leistungserbringers[116]. Gemindert ist das wirtschaftliche Risiko auch bei einer Pflicht des Leistungsträgers zur Neuverhandlung der Vergütung, die § 77 Abs. 3 SGB XII für den Fall „unvorhersehbare[r] wesentliche[r] Veränderungen der Annahmen, die der Vereinbarung oder Entscheidung über die Vergütung zu Grunde lagen", vorsieht (vgl. auch § 78d Abs. 3 SGB VIII für den Bereich der Kinder- und Jugendhilfe).[117] Im Sozialleistungsbereich erheblich reduziert wird das wirtschaftliche Risiko für den Leistungserbringer schließlich dadurch, dass er aufgrund des gegenüber dem staatlichen Leistungsträger bestehenden Vergütungsanspruchs kein Insolvenzrisiko trägt.[118]

3. Unions-, verfassungs- und einfach-rechtliche Rahmenvorgaben

Unbeschadet der Anwendbarkeit des Kartellvergaberechts beansprucht der eingangs entwickelte verfassungs- und unionsrechtliche Rahmen der staatlichen Vergabetätigkeit Geltung. Plastisch hält das LSG Baden-Württemberg hinsichtlich eines sozialrechtlichen Vergaberegimes fest:

Bei Verfahren zum Abschluss von Rabattverträgen gem § 130a Abs. 8 SGB 5 muss zwar kein förmliches Vergabeverfahren stattfinden, es ist jedoch in allen Fällen ein transparentes, diskriminierungsfreies, verhältnismäßiges und nachprüfbares Auswahlverfahren

---

[112] EuGH, Rs. C-300/07, n.n.v., Rn. 74 – Oymanns; OLG Düsseldorf, NZBau 2005, S. 650 (651 f.); *T. Kingreen*, VergabeR 2007, S. 355 (358 f.).

[113] OLG Düsseldorf, NZBau 2005, S. 650 (651 f.).

[114] In diesem Sinne BKartA, VK 2 – 30/09 – juris, Rn. 81 ff.; OLG Düsseldorf, NZBau 2005, S. 650 (651); *M. Dreher / J. Hoffmann*, NZBau 2009, S. 273 (276).

[115] EuGH, Rs. C-300/07, n.n.v., Rn. 74 – Oymanns; OLG Düsseldorf, NZBau 2005, S. 652 (654).

[116] EuGH, Rs. C-300/07, n.n.v., Rn. 74 – Oymanns.

[117] So auch OLG Düsseldorf, NZBau 2005, S. 650 (651); *T. Kingreen*, VergabeR 2007, S. 355 (359).

[118] EuGH, Rs. C-300/07, n.n.v., Rn. 74 – Oymanns; ferner OLG Düsseldorf, NZBau 2005, S. 650 (651); *T. Kingreen*, VergabeR 2007, S. 355 (358).

durchzuführen. Hierbei kann nicht außer Acht gelassen werden, dass das Vergaberecht in langer Rechtsentwicklung schon herausgearbeitet hat, was im Zusammenhang mit einer Ausschreibung und der anschließenden Vergabe als fair und transparent anzusehen ist. Es spricht also nichts dagegen, zumindest die Grundsätze des materiellen Vergaberechts der §§ 97 bis 101 GWB entsprechend heranzuziehen, also auch auf die zum Teil im Vergaberecht nach dem GWB iVm der VOL/A zum Ausdruck kommenden Regelungen für ein „faires Ausschreibungsverfahren" zurückzugreifen.[119]

Und *Thorsten Kingreen* betont zu Recht: „Das Vergaberecht ist konkretisiertes deutsches und europäisches Verfassungsrecht, das Verfahrens- und Verteilungsgerechtigkeit unabhängig davon fordert, ob der Anwendungsbereich des Vergaberechts eröffnet ist."[120] Insoweit sich die – in der Rechtsform als grundrechtsgebundene Körperschaften des Öffentlichen Recht organisierten – Krankenkassen medizinischer Dienstleister und Anbieter von Heil- und Hilfsmitteln bedienen, muss deren Auswahl den Anforderungen des aus Art. 3 Abs. 1 GG (ggf. i.V.m. Art. 12 Abs. 1 GG) folgenden Teilhabeanspruchs genügen.[121] Dieser verlangt sowohl eine sachgerechte, namentlich an den materiellen Kriterien der adäquaten und wirtschaftlichen Versorgung der Versicherten orientierte Auswahlentscheidung als auch eine diese sicherstellende Verfahrensgestaltung.[122] Nichts anderes gilt mit Blick auf das aus der Warenverkehrs- (Art. 34 ff. AEUV), Dienstleistungs- (Art. 56 ff. AEUV) und Niederlassungsfreiheit (Art. 49 ff. AEUV) abgeleitete primärrechtliche Verteilungsregime;[123] dessen Beachtung immunisiert die Beauftragung zudem vom Vorwurf der unionsrechtswidrigen Beihilfengewährung (Art. 107 ff. AEUV)[124]. Begründen lässt sich die Pflicht zur Durchführung eines transparenten und chancengleichen Auswahlverfahrens auch sozialrechtsimmanent, nämlich insoweit man ein solches dem Gebot einer wirtschaftlichen Leistungserbringung entnimmt (siehe allgemein § 2 Abs. 1 S. 1, § 12 und § 70 Abs. 1 S. 2 SGB V; ferner § 75 Abs. 2 S. 3 SGB XII).[125] Zudem erklärt § 69 Abs. 2 SGB V das (nationale) Wettbewerbsrecht und damit auch die aus diesem folgenden Vorgaben für eine diskriminierungsfreie Güterverteilung[126] für entsprechend anwend-

---

[119] LSG Baden-Württemberg, MedR 2008, S. 309 (LS 2; ferner 318 ff.). Siehe zu den Grundstrukturen eines Sozialvergaberechts auch BSG, NZS 1998, S. 429 (433); *E. Bloch/K. Pruns*, SGb 2007, S. 645 (650 f.); *T. Kingreen*, SGb 2008, S. 437 (442 ff.).

[120] *T. Kingreen*, VergabeR 2007, S. 355 (356).

[121] Siehe auch EuGH, Rs. C-300/07, n.n.v., Rn. 74 – Oymanns; *T. Kingreen*, SGb 2008, S. 437 (440).

[122] Siehe zu den verfassungsrechtlichen Rahmenvorgaben ausführlich oben, 1. Teil, A.I.2.a. und b. Spezifisch für das „Sozialvergaberecht": *T. Kingreen*, SGb 2008, S. 437 (440).

[123] Zu diesem näher oben, 1. Teil, B.I.2. Siehe auch *T. Kingreen*, SGb 2008, S. 437 (440 f.).

[124] Siehe zum beihilfenrechtlichen Gebot eines bedingungsfreien, transparenten und objektiven Vergabeverfahrens oben, 1. Teil, B.I.3.; ferner – im hiesigen Kontext – *T. Kingreen*, VergabeR 2007, S. 355 (364 f.).

[125] *T. Kingreen*, SGb 2008, S. 437 (440); *ders.*, VergabeR 2007, S. 355 (362 f.).

[126] Zu dieser oben, 1. Teil, C.II.

bar, freilich wiederum nur unter besonderer Berücksichtigung des Versorgungsauftrags der gesetzlichen Krankenkassen. Anderes gilt allerdings für das europäische Wettbewerbsrecht, nachdem der EuGH die Unternehmens-Eigenschaft gesetzlicher Krankenkassen und damit dessen Anwendbarkeit verneint hat.[127] Die Bedeutung sowohl des nationalen als auch des europäischen Wettbewerbs- und Kartellrechts reduziert sich freilich in Bereichen, in denen der Leistungsträger – abgesehen von einer Eignungsprüfung – nicht auswählend tätig wird, mithin bei bedarfsunabhängiger Zulassung und bestehendem Wahlrecht des Leistungsberechtigten.[128]

---

[127] EuGH, verb. Rs. C-264/01, C-306/01, C-354/01 und C-355/01, Slg. 2004, I-2493, Rn. 47 ff. – AOK Bundesverband u.a.

[128] Die Anwendbarkeit in diesem Fall gänzlich verneinend V. *Neumann*, VSSR 2005, S. 212 (219), ohne die Rechtfertigungsbedürftigkeit der Eignungskriterien zu problematisieren.

Das Verteilungsverfahren als Verfahrenstyp

Aufbauend auf dem im ersten Teil aufgezeigten verfassungs-, unions- und einfachgesetzlichen Rahmen der staatlichen Verteilungstätigkeit einerseits sowie auf den im zweiten Teil herausgearbeiteten Grundstrukturen ausgewählter Verteilungsverfahren andererseits kann nun der Typ „Verteilungsverfahren" entfaltet werden. Methodisch fußt die Typenbildung auf einer Verallgemeinerung der in den einzelnen Materien des Besonderen Verwaltungsrechts identifizierten Verfahrenselemente, deren fachrechtsübergreifendem Vergleich und deren Abgleich mit den erwähnten Rahmenvorgaben sowie mit den Instituten des Allgemeinen Verwaltungsrechts. Ihr Ziel besteht darin, die idealtypische Struktur des Verteilungsverfahrens und deren Varianten zu identifizieren.[1] Dies gestattet gleichzeitig, Konkretionen im Fachrecht aus einer allgemeinen Perspektive zu bewerten und Optionen für die Verfahrensgestaltung aufzuzeigen. Im Folgenden sei dies – ausgehend von einer Vergewisserung der strukturprägenden Rahmenvorgaben namentlich des Verfassungs- und Unionsrechts (A.) – unternommen (B.). Auf dieser Basis kann der Typ „Verteilungsverfahren" abschließend als bereichsspezifische Fortentwicklung des Standardverfahrens reflektiert werden (C.).

---

[1] *H. C. Röhl*, GVwR II, § 30, Rn. 6, interessiert sich dagegen nicht für das „Verfahren in seiner Gesamtheit", sondern lediglich für den einzelnen komplexen Arrangements gemeinsame Verfahrenselemente. Siehe für eine Modellbildung in der Literatur nur *E. Schmidt-Aßmann*, GVwR II, § 27, Rn. 78 (ferner *ders.*, Ordnungsidee, S. 368): Nach ihm lassen sich „[g]emeinsame Strukturelemente, mit denen das Verfahrensrecht auf die besonderen Anforderungen an Rationalität und Sachgerechtigkeit der Verteilung antwortet", identifizieren. Hierzu zählten „die Information potenziell interessierter Bieter am Beginn und die Unterrichtung der Beteiligten über die beabsichtigte Verteilungsentscheidung vor dem Ende des Verfahrens, ferner die Vorhaltung eines transparenten Auswahlkonzepts, das eine abschichtende Bewertung der Verteilungskriterien ermöglicht, sowie Regeln zur Sicherung der behördlichen Neutralität." Für Rahmenmodelle ferner *J. Dietlein*, NZBau 2004, S. 472 (474 f.); *T. Kingreen*, VergabeR 2007, S. 355 (365 f.).

A. Strukturprägende Rahmenvorgaben

Hinsichtlich der Ausgestaltung des Verwaltungsverfahrens besteht nicht nur ein gesetzgeberischer Spielraum; vielmehr kommt auch der Behörde – vorbehaltlich spezialgesetzlicher Regelungen – ein Verfahrensermessen zu:[1] Gemäß § 10 VwVfG ist das Verwaltungsverfahren „an bestimmte Formen nicht gebunden, soweit keine besonderen Rechtsvorschriften für die Form des Verfahrens bestehen. Es ist einfach, zweckmäßig und zügig durchzuführen." Begrenzt wird dieses Gestaltungsermessen durch den im ersten Teil aufgezeigten, hier als einen Baustein der verwaltungsrechtlichen Systembildung nur kurz in Erinnerung zu rufenden und im Kontext der einzelnen Verfahrenselemente dann nochmals ausführlicher aufzugreifenden verfassungs-, unions- und einfachgesetzlichen Rahmen der staatlichen Verteilungstätigkeit.[2]

In seinem Mittelpunkt stehen die materiellen und prozeduralen Anforderungen des grundrechtlichen Gleichbehandlungsanspruchs. Diese gelten für jedwedes Staatshandeln, und zwar angesichts der Fiskalgeltung der Grundrechte auch für privatrechtsförmig verfasste Verfahren[3]. Eine besondere Potenzierung erfahren diese im allgemeinen Gleichheitssatz radizierten Vorgaben in dem Fall, dass sich die Zuteilung als für die Ausübung von Freiheitsrechten besonders bedeutsam erweist: Das (auch) freiheitsrechtlich relevante Zugangsinteresse erhöht dann nämlich die Rechtfertigungslast für Differenzierungen bei der Zuteilung einschließlich ihrer verfahrensmäßigen Umsetzung und den erforderlichen Grad gesetzgeberischer Determinierung.[4] Insoweit kann von einer Wechselwirkung zwischen der Ausgestaltung des Verteilungsverfahrens und der Verteilungssituation gesprochen werden.[5]

In der Sache folgt aus dem Gleichheitssatz zum einen das bereichsspezifisch zu konkretisierende materielle Gebot dem Verteilungsobjekt angemessener Vergabekriterien. Zum anderen muss das Verfahren an der Umsetzung des An-

---

[1] *E. Schmidt-Aßmann*, GVwR II, § 27, Rn. 104; *J.-P. Schneider*, GVwR II, § 28, Rn. 24 ff.

[2] Zum Rahmencharakter dieser Vorgaben: GA *Stix-Hackl*, in: EuGH, Rs. C-231/03, Slg. 2005, I-7287, Rn. 69 ff. – Coname; *M. Burgi*, NZBau 2005, S. 610 (612); *A. Egger*, Europäisches Vergaberecht, Rn. 147, 149; *W. Frenz*, VergabeR 2007, S. 1 (4).

[3] Siehe nur *E. Schmidt-Aßmann*, Ordnungsidee, S. 291 ff. Näher oben, 1. Teil, A.I.1.; ferner oben, 2. Teil, I.III.3.a.bb. Die unionsrechtlichen Bindungen hängen ohnehin nicht von der Handlungsform des Staates ab.

[4] Im Einzelnen oben, 1. Teil, A.I.2.b.bb.(1).

[5] *M. Kloepfer/S. Reinert*, Zuteilungsgerechtigkeit, S. 47 (47 f.).

spruchs auf gleichheitskonforme Zuteilung ausgerichtet sein, freilich in seiner multipolaren Verflechtung mit den jeweils konkurrierenden Zugangsansprüchen anderer Bewerber und Effizienzinteressen der Verwaltung. Prozedural geboten erscheinen grundsätzlich die Entwicklung eines hinreichend aussagekräftigen Verteilungskonzepts, die adäquate Bekanntmachung des Verteilungsvorgangs sowie im Übrigen eine Neutralität und Chancengleichheit der Bewerber wahrende Verfahrensgestaltung. Die Vergabeentscheidung ist ferner zu begründen und einer effektiven gerichtlichen Überprüfung zugänglich zu machen. Schließlich gebietet der Teilhabeanspruch eine optimale Ressourcennutzung.

Dem grundrechtlichen Teilhabeanspruch vergleichbare Anforderungen folgen auch – allerdings nur in ihrem im Vergleich zu diesem jeweils beschränkten Anwendungsbereich – aus dem für Verteilungsvorgänge mit Binnenmarktrelevanz (und darüber hinaus) Geltung beanspruchenden grundfreiheitlichen Verteilungsregime einschließlich seiner sekundärrechtlichen Konkretisierungen, etwa in der Dienstleistungsrichtlinie 2006/123/EG,[6] aus dem die unternehmerische Tätigkeit des Staates im Falle seiner marktbeherrschenden Stellung bindenden wettbewerbs- und kartellrechtlichen Gebot einer diskriminierungsfreien Güterverteilung (Art. 101 ff. AEUV; §§ 19 ff. GWB; UWG) oder aus vorvertraglichen Pflichten gemäß § 311 Abs. 2 Nr. 1 und 2 BGB, die die privatrechtsförmige Verwaltung adressieren. Die Wahrung dieser Vorgaben stellt im Kontext der Verwertung öffentlichen Eigentums zugleich sicher, dass diese in Einklang mit dem Beihilfenrecht (qua bedingungsfreiem, transparentem und objektivem Vergabeverfahren) und dem Wirtschaftlichkeitsgebot des Haushaltsrechts (§§ 63 f. BHO) erfolgt. Angesichts dessen ist eine Konvergenz der Rahmenvorgaben trotz ihres Ursprungs in verschiedenen Rechtsordnungen und Rechtsgebieten nicht von der Hand zu weisen.[7]

---

[6] Siehe zusammenfassend auch das Grünbuch der EK zu öffentlich-privaten Partnerschaften und den Gemeinschaftlichen Rechtsvorschriften für öffentliche Aufträge und Konzessionen (KOM [2004] 327 endg., S. 12, Rn. 30). In diesem bringt die Kommission das marktfreiheitliche Verteilungsregime wie folgt auf den Punkt: „Festlegung der Regeln für die Auswahl des privaten Partners; angemessene Bekanntmachung der Absicht der Konzessionserteilung und der Regeln für die Auswahl, damit die Unparteilichkeit während des gesamten Verfahrens kontrolliert werden kann; Aufruf der Wirtschaftsteilnehmer, die gegebenenfalls daran interessiert und / oder dazu in der Lage sind, die in Rede stehenden Aufgaben auszuführen, zur Teilnahme am Wettbewerb; Wahrung des Grundsatzes der Gleichbehandlung aller Teilnehmer während des gesamten Verfahrens; Vergabe auf der Grundlage objektiver Kriterien, die niemanden benachteiligen."

[7] Siehe für den verfassungs- und unions(primär)rechtlichen Rahmen: M. Burgi, NZBau 2005, S. 610 (613): „Interessanterweise sind EU-Primärrecht und Grundgesetz dem Charakter und ihrem Inhalt nach weitgehend identisch"; ebenso W. Frenz, VergabeR 2007, S. 1 (6 ff.). Zur Konvergenz vergaberechtlicher und beihilfenrechtlicher Vorgaben: K. Bauer, EuZW 2001, S. 748 (751); M. Dreher, ZWeR 2005, S. 121; C. Koenig / R. Pfromm, NZBau 2004, S. 375 (378); C. Koenig / J. Wetzel, EWS 2006, S. 145 (146); von beihilfenrechtlichem und grundfreiheitlichem Vergaberegime: Entscheidung der EK vom 2.10.2002 in Sachen London Underground PPP, N 264/2002, Rn. 78; von Beihilfenrecht und den EU-Ver-

Vor diesem Hintergrund kann keine Rede davon sein, dass die Durchführung eines den eben geschilderten Anforderungen genügenden Verteilungsverfahrens allein dem Allgemeininteresse an einem rationalen Verwaltungsverfahren dient.[8]

---

gaberichtlinien: Entscheidung der EK vom 2.10.2002 in Sachen London Underground PPP, N 264/2002, Rn. 86 ff.; von primär- und sekundärrechtlichem Vergaberegime: *M. Krajewski*, NVwZ 2009, S. 929 (932); allgemein auch *J. Kühling*, Sektorspezifische Regulierung, S. 174.

[8] So aber das BVerwG für die Durchführung des Planfeststellungsverfahrens, vgl. E 44, 235 (239 f.); E 62, 243 (246 f.). Kritisch *H. Hill*, Fehlerhafte Verfahren, S. 304 ff.; *R. Wahl*, NVwZ 1990, S. 426 (431 f.).

B. Das Verteilungsverfahren

Wenn im Folgenden nun die Struktur des Verteilungsverfahrens entfaltet wird, so kann sich die Darstellung an den bereits der Analyse der Referenzgebiete zugrunde liegenden Strukturmerkmalen orientieren: Es geht um Verfahrensphasen (I.), anlassunabhängige Verfahren (II.), verfahrensrechtliche Spezifika (III.), Verfahrenssubjekte (IV.), Fehlerfolgen (V.) und Rechtsschutz (VI.).

I. Verfahrensphasen

Das Verteilungsverfahren untergliedert sich in eine Konzept- (1.), Ausschreibungs- (2.), Bewerbungs- (3.) und Entscheidungsfindungsphase (4.), an deren Ende die Vergabeentscheidung steht (5.), so das Verfahren nicht zuvor eingestellt wird (6.).

1. Konzeptphase

Ein über das Standardverfahren des VwVfG hinausweisendes Spezifikum des Verteilungsverfahrens stellt gleich sein erster Abschnitt dar, nämlich die Konzeptphase. In ihr definiert die Verwaltung das Verteilungsobjekt näher und legt die Vergabekriterien sowie die Modalitäten des Vergabeverfahrens fest, freilich nur soweit dies noch nicht gesetzlich determiniert ist. Was vom Gesetzgeber insoweit gefordert ist, bestimmt die Reichweite des Gesetzesvorbehalts in der konkreten Verteilungssituation.[1] Angesichts der Unmöglichkeit respektive Unpraktikabilität einer gesetzlichen Feinsteuerung zahlreicher Verteilungsvorgänge traten in den untersuchten Verteilungsverfahren weit reichende administrative Spielräume zutage.

So versperren nicht nur die Organisationshoheit der Verwaltung, sondern auch die Vielzahl der Beschaffungsvorgänge sowie die Vielgestaltigkeit und Unvorhersehbarkeit des Bedarfs eine gesetzliche Bestimmung der von der öffentlichen Hand zu beschaffenden Güter; aus denselben Gründen muss sich das Kartellvergaberecht auf die konkretisierungsbedürftigen Vorgaben beschrän-

---

[1] Zum Spielraum der verteilenden Verwaltung aus Sicht des Gesetzesvorbehalts, oben, 1. Teil, A.I.5.

ken, nur geeignete, d.h. zuverlässige, fachkundige, leistungsfähige sowie gesetzestreue Bieter zu berücksichtigen (§ 97 Abs. 4 S. 1 GWB) und den Zuschlag auf das wirtschaftlichste Angebot zu erteilen (§ 97 Abs. 5 GWB). Spiegelbildlich hierzu verhalten sich Veräußerungs- und sonstige Verwertungsvorgänge. Nichts anderes gilt aber auch für die Vergabe öffentlicher Ämter, von Konzessionen für den Linienverkehr oder von Standplätzen auf Messen und Märkten: Hier obliegt der Verwaltung der Zuschnitt des Dienstpostens, die Definition des Bedarfs an ÖPNV-Leistungen oder die Ausgestaltung der öffentlichen Einrichtung, und finden sich lediglich offene, auf weitere Konkretisierung hin angelegte Vergabekriterien in den Fachgesetzen (Leistungsprinzip: Art. 33 Abs. 2 GG und § 9 BeamtStG; öffentliche Verkehrsinteressen i.S.d. § 13 Abs. 2 PBefG; veranstaltungszweckbezogene bzw. sachliche Gründe i.S.d. § 70 Abs. 2 und 3 GewO).

Die Fixierung eines Verteilungskonzepts – statt einer Entscheidung auf der Basis der zitierten unbestimmten Rechtsbegriffe – erhöht nun im Interesse von Verwaltung und Verfahrensbeteiligten Rationalität[2] und Transparenz des Auswahlvorgangs.[3] Den potentiellen Interessenten verschafft dies Klarheit hinsichtlich ihrer Chancen und der Verwaltung eine adäquate Entscheidungsgrundlage. Zudem reduziert sich die aus vagen respektive nicht vorhandenen Vorgaben resultierende Gefahr willkürlicher, durch sachwidrige Einflüsse geprägter Entscheidungen. Aus der Rechtsschutzperspektive schließlich vermag die Existenz eines Verteilungskonzepts, Entscheidungsspielräume der Verwaltung prozedural zu kompensieren[4], indem sie eine hinreichend konkrete Grundlage für die spätere gerichtliche Kontrolle schafft.[5] Administrative Verteilungskonzepte dienen damit der verwaltungsautonomen Konkretisierung (parlaments-)gesetzgeberisch belassener Auswahlspielräume.[6] Konzepte können sowohl für ein einzelnes Verteilungsverfahren ent-

---

[2] Zur Rationalisierungsfunktion: BVerwG, NVwZ-RR 2010, S. 19 (22); *A. Müller*, Konzeptbezogenes Verwaltungshandeln, S. 195 f.; *H. C. Röhl*, GVwR II, § 30, Rn. 18; *E. Schmidt-Aßmann*, Ordnungsidee, S. 334; *Bu. Wollenschläger*, Wissensgenerierung, S. 197 f., 210 f.; siehe auch *H. Hill*, GVwR II, § 34, Rn. 49 ff.; *R. Schröder*, Verwaltungsrechtsdogmatik, S. 278 ff.; BVerfGE 121, 317 (356 ff.), zu gesetzlichen Konzepten als Grundlage folgerichtigen staatlichen Handelns.

[3] Auch der BayVGH (NVwZ 1999, S. 1131 [1132]) verweist – im Kontext der Vergabe von Bodenabfertigungsdiensten auf Flughäfen der Gemeinschaft – auf die Bedeutung vorab festgelegter und einzuhaltender Kriterien für die „Verläßlichkeit des Vergabeverfahrens".

[4] Zur Kompensationsfunktion: *C. Fuchs*, Verteilungsverwaltung, S. 205 (217, 223 f.); *H. C. Röhl*, GVwR II, § 30, Rn. 18; *Bu. Wollenschläger*, Wissensgenerierung, S. 197 f., 208 ff.; ferner *H. Schulze-Fielitz*, JZ 1993, S. 772 (776 f.). Vgl. auch BVerwG, NVwZ-RR 2010, S. 19 (22).

[5] *A. Müller*, Konzeptbezogenes Verwaltungshandeln, S. 195 f., 257 ff.; *H. C. Röhl*, GVwR II, § 30, Rn. 18; *Bu. Wollenschläger*, Wissensgenerierung, S. 207 f. Zurückhaltend VGH München, GewArch 1996, S. 477 (479).

[6] Siehe etwa *M. Eifert*, VVDStRL 67 (2008), S. 286 (317 ff.); *D. H. Scheuing*, VVDStRL 40 (1982), S. 153 (157): „Selbstbindung als Programmierungsmodus".

wickelt werden, wenn etwa bei der öffentlichen Auftragsvergabe das Beschaffungsobjekt festgelegt wird, als auch für mehrere Verteilungsvorgänge, wie dies beim Erlass von Marktsatzungen oder der Aufstellung des Nahverkehrsplans der Fall ist; auch eine Kombination ist möglich, wenn etwa (zusätzlich) die Mittelstandsförderung betreffende Vergaberichtlinien erlassen werden, die für eine Vielzahl von Beschaffungsvorgängen Geltung beanspruchen.[7] Freilich handelt es sich nur im zuerst genannten Fall um eine verfahrensimmanente Entwicklung von Verteilungskonzepten; diese stellen sich dann als Instrument der Verfahrens- und Entscheidungsstufung dar,[8] und zwar nicht im Sinne einer (partiell) abschließenden inhaltlichen Entscheidungsstufung, wie durch Teilgenehmigungen oder Vorbescheide,[9] sondern als einzelfallbezogene Konkretisierung von Verteilungsobjekt, -kriterien und -verfahren. Die verfahrensübergreifende behördliche Entwicklung abstrakt-genereller Vorgaben im Wege der administrativen Rechtsetzung weist dagegen über das einzelne Verteilungsverfahren hinaus und steht in der Nähe anlassunabhängiger Verfahren[10].[11] Mit Plänen teilen Konzepte schließlich die Eigenschaft, eine Zwischenebene zwischen der konkreten Einzelfallentscheidung und dem abstrakten Gesetzesprogramm einzuziehen[12].[13]

a) Konzeptpflicht

Angesichts der eingangs aufgezeigten Bedeutung eines Verteilungskonzepts für eine rationale, transparente und die Chancengleichheit der Bewerber wahrende Vergabe folgt aus dem grundrechtlichen Teilhabeanspruch eine Konzeptpflicht.[14] Diese trifft Gesetzgeber und Verwaltung,[15] wobei die Reichweite des Gesetzesvorbehalts den Spielraum der letzteren determiniert. In besonders grundrechtssensiblen Bereichen, wie etwa beim Hochschulzugang (vgl. §§ 27 ff.

---

[7] Siehe für eine Differenzierung zwischen abstrakt-genereller und einzelfallbezogener Konzeptentwicklung auch *J.-P. Schneider*, GVwR II, § 28, Rn. 106; für einen engeren, auf die Generierung abstrakt-genereller Vorgaben für eine Vielzahl von Verfahren gerichteten Konzeptbegriff *Bu. Wollenschläger*, Wissensgenerierung, S. 199.

[8] *J.-P. Schneider*, GVwR II, § 28, Rn. 106. Siehe auch *D. H. Scheuing*, VVDStRL 40 (1982), S. 153 (173).

[9] Dazu *J.-P. Schneider*, GVwR II, § 28, Rn. 102.

[10] Zu diesen unten, II.

[11] Siehe auch *J.-P. Schneider*, GVwR II, § 28, Rn. 106.

[12] Zu diesem Charakteristikum von Plänen nur *E. Schmidt-Aßmann*, Reform, S. 11 (59).

[13] Sie für eine Parallelisierung BVerwG, NVwZ-RR 2010, S. 19 (22).

[14] Siehe auch *H. C. Röhl*, GVwR II, § 30, Rn. 15, 18; *D. H. Scheuing*, VVDStRL 40 (1982), S. 153 (157, 159); *E. Schmidt-Aßmann*, Ordnungsidee, S. 334 f., 347; ferner BVerwG, NVwZ-RR 2010, S. 19 (22) – Ableitung allerdings aus mit Entscheidungsbefugnis korrespondierender Entscheidungsverantwortung und Genügenlassen einer Konzepterstellung zeitgleich mit Vergabeentscheidung; *M. Schmidt-Preuß*, Kollidierende Privatinteressen, S. 238 f.; *Bu. Wollenschläger*, Wissensgenerierung, S. 211 f.

[15] Zur Verteilung *Bu. Wollenschläger*, Wissensgenerierung, S. 215 f.

HRG),[16] kann auch ein weitgehend parlamentsgesetzlich determiniertes Verteilungskonzept notwendig erscheinen. Als allgemeine Anforderung an das Verteilungsverfahren Anerkennung gefunden hat die Konzeptpflicht zudem in der Dienstleistungsrichtlinie (Art. 10 Abs. 2 lit. f, Art. 12 Abs. 1 RL 2006/123/ EG) sowie als Ausfluss des wettbewerbsrechtlichen Gebots einer diskriminierungsfreien Güterverteilung[17].

Die Konzeptpflicht impliziert zunächst einmal, das Verteilungsproblem überhaupt als solches zu erkennen und einer Lösung zuzuführen.[18] Dem widerspricht etwa die unbesehene Vergabe von Subventionen nach dem Zeitpunkt des Antragseingangs, ohne zu reflektieren, ob nicht die periodische Sammlung von Anträgen die bessere Alternative wäre.[19] Anlassübergreifende Rationalität sichert auch § 55 Abs. 2 BHO, wenn er fordert, bei der Auftragsvergabe „nach einheitlichen Richtlinien zu verfahren."[20] Die Konzeptpflicht verlangt ferner, Verteilungsobjekt, -kriterien und -verfahren hinreichend bestimmt und erschöpfend festzulegen. Dieses Bestimmtheitsgebot hat eine Doppelfunktion: Zum einen schafft es Klarheit für potentielle Interessenten;[21] zum anderen reduziert es die aus vagen gesetzlichen Vorgaben folgende Gefahr willkürlicher Entscheidungen[22]. Beides wiederum dient auch dem öffentlichen Interesse an einer optimalen Allokation.[23] Freilich dürfen die Bestimmtheitsanforderungen mit Blick auf das legitime Interesse der Verwaltung, über hinreichend Auswahlspielraum zu verfügen, um der potentiellen Vielgestaltigkeit der Bewerbungen gerecht werden zu können, nicht überspannt werden.

Ausdrücklich anerkannt sind derartige Konzeptpflichten etwa im Vergaberecht, das den Auftraggeber zu einer erschöpfenden und eindeutigen Beschreibung des Leistungsgegenstands, zur Festlegung der Eignungsnachweise sowie hinreichend bestimmter Zuschlagskriterien einschließlich ihrer Gewichtung und zur Auswahl einer der vorgegebenen Verfahrensarten verpflichtet; mit dem wettbewerblichen Dialog kennt das Vergaberecht zudem ein spezifisches Verfahren zur Konkretisierung des Auftragsgegenstands bei komplexen Vorhaben.[24] Für die Frequenzvergabe sieht das TKG ein gestuftes Verfahren der Kon-

---

[16] Näher oben, 2. Teil, E.I.1.a.bb., III.1.

[17] Dazu 1. Teil, C.II.3.

[18] Zur auch über den Einzelfall hinausgehenden Rationalisierungsfunktion der Konzeptpflicht *H. C. Röhl*, GVwR II, § 30, Rn. 18; ferner *A. Voßkuhle*, DV 32 (1999), S. 21 (38 f.).

[19] Siehe insoweit auch *M. Burgi*, NZS 2005, S. 169 (174 f.); *ders. / M. U. Brohm*, MedR 2005, S. 74 (80 f.).

[20] Dazu *F. Wollenschläger*, DVBl. 2007, S. 589 (596).

[21] Siehe insoweit nur EuGH, Rs. C-19/00, Slg. 2001, I-7725, Rn. 42 – SIAC Construction; *T. Pollmann*, Gleichbehandlungsgrundsatz, S. 69.

[22] Dazu EuGH, Rs. 31/87, Slg. 1988, 4635, Rn. 26 f. – Beentjes; Rs. C-331/04, Slg. 2005, I-10109, Rn. 21 f. – ATI EAC u.a.; VGH München, NVwZ 1999, S. 1131 (1133); *T. Pollmann*, Gleichbehandlungsgrundsatz, S. 69.

[23] *T. Pollmann*, Gleichbehandlungsgrundsatz, S. 69 f.

[24] Näher oben, 2. Teil, B.III.2.a.

zeptentwicklung vor mit den Schritten Aufstellung von Frequenzbereichszu-
weisungs- (§ 53 TKG) und Frequenznutzungsplan (§ 54 TKG), Entscheidung
für die Durchführung eines Verteilungsverfahrens bei Frequenzknappheit
(§ 55 Abs. 9, § 61 TKG) unter ggf. vorausgehender Frequenzbedarfsabfrage und
schließlich Festlegung der Modalitäten der Frequenzvergabe (§ 61 Abs. 1, 4–6
TKG). Ferner erfolgt auch die Vergabe von Rundfunkfrequenzen auf der Basis
eines aussagekräftigen Konzepts (§ 51a Abs. 2 S. 1 und 2 RStV; § 10 S. 4, § 12
Abs. 2 S. 3 und 5 Zugangs-Satzung; § 7 Abs. 1 S. 3, S. 4 HFS) und lassen sich die
ersten drei Stufen der Krankenhausplanung, nämlich Krankenhauszielplanung, Bedarfs- und Krankenhausanalyse,[25] als Prozess der Konzeptentwicklung deuten. Bei der Vergabe von Taxenkonzessionen finden Konzepte in der
auf einen Beobachtungszeitraum bezogenen Notwendigkeit Ausdruck, Kapazitätsgrenzen festzulegen (§ 13 Abs. 4 S. 3 und 4 PBefG), sowie in der Vorab-
Aufteilung etwaiger Kontingente auf Alt- und Neubewerber (§ 13 Abs. 5 S. 1
PBefG). Darüber hinaus sieht das Personenbeförderungsrecht die Aufstellung
eines Nahverkehrsplans als Grundlage für Vergabeentscheidungen im Bereich
des Linienverkehrs vor. Fehlt ein solcher, was mangels Aufstellungspflicht (vgl.
etwa § 8 Abs. 3 S. 5 PBefG; Art. 13 Abs. 2 S. 1 BayÖPNVG) zulässig sein kann,
ist das Konzept im Einzelfall zu fixieren. Auch für die Vergabe von öffentlichen
Ämtern setzt sich zunehmend die Einsicht in das verfassungsrechtliche Gebotensein eines hinreichend aussagekräftigen Anforderungsprofils durch (vgl.
nunmehr auch § 4 Abs. 1 S. 3 BLV [2009] i.V.m. § 6 Abs. 3 BGleiG); gleichzeitig
illustrieren die Vorbehalte gegenüber Punktesystemen die Problematik von
Vergabekriterien, die Entscheidungsspielräume zu stark vorab beschneiden.[26]
Ähnliches gilt für Veräußerungsvorgänge und die Standplatzvergabe auf Messen und Märkten, wo die Sinnhaftigkeit eines Konzepts meist erkannt, aber
hieraus nicht immer die rechtlich gebotene Konsequenz einer Konzeptpflicht
gezogen wird;[27] und in einer jüngeren Entscheidung zur Förderung von Trägern der freien Jugendhilfe gemäß § 74 Abs. 3 SGB VIII hat das BVerwG auf die
Pflicht zur Erstellung eines hinreichend aussagekräftigen „jugendhilferecht-
liche[n] Maßnahmekonzept[s] einschließlich … Prioritätensetzung" verwiesen,
so eine Auswahlentscheidung wegen Mittelknappheit notwendig ist[28].

---

[25] Dazu oben, 2. Teil, J.I.2.a.
[26] Näher oben, 2. Teil, C.III.1.a.bb.
[27] Näher oben, 2. Teil, D.III.1.a.bb.(3).
[28] BVerwG, NVwZ-RR 2010, S. 19 (22). Allerdings hat das BVerwG die Erstellung des
Konzepts zeitgleich mit der Vergabeentscheidung für zulässig erachtet.

b) Rechtsnatur des Konzepts

Schon die Tatsache, dass die Konzeptpflicht Gesetzgeber und Verwaltung trifft,[29] erhellt, dass „Konzepte" sich nicht in einer bestimmten Handlungsform manifestieren – ein Befund, der auch bei einer auf administrative Konzepte beschränkten Betrachtung Gültigkeit behält.[30] Zum Einsatz kommen kann und kommt vielmehr das ganze Arsenal der der Verwaltung zur Verfügung stehenden Handlungsformen, namentlich normative Akte wie Rechtsverordnungen und Satzungen, aber auch Verwaltungsvorschriften und Verwaltungsakte.

Mitunter hat der Gesetzgeber die Rechtsnatur vorgegeben: Jedenfalls nach dem Wortlaut des § 132 Abs. 1 S. 2 TKG erfolgen sowohl die Entscheidung für die Durchführung eines Verteilungsverfahrens bei Frequenzknappheit als auch die Festlegung von dessen Modalitäten durch Verwaltungsakt.[31] Der Frequenzzuweisungsplan ergeht gemäß § 53 Abs. 1 S. 1 TKG als Rechtsverordnung, wohingegen die Rechtsnatur des Frequenznutzungsplans nicht bestimmt ist[32]. Letzteres trifft auch auf den im Linienverkehr aufzustellenden Nahverkehrsplan[33] sowie den Krankenhausplan[34] zu. Die Zulassungszahlen für Studiengänge (Art. 3 Abs. 1 und 2 BayHZG) und die Ausgestaltung des Hochschulauswahlverfahrens (Art. 5 Abs. 7 BayHZG) schließlich sind durch Satzung festzulegen.

Jenseits einer gesetzgeberischen Determination finden sich bei der Standplatzvergabe auf Messen und Märkten Marktsatzungen neben als Verwaltungsvorschriften zu qualifizierenden Vergaberichtlinien. Soweit, wie bei der Vergabe von öffentlichen Ämtern, von Taxenkonzessionen oder Rundfunkfrequenzen, Konzepte intern ohne nähere Spezifizierung fixiert werden, liegen Verwaltungsvorschriften vor, da innerbehördlich verbindliche Handlungsanweisungen vorgegeben werden.[35] In das System der Verwaltungsvorschriften einzuordnen wären diese als sog. gesetzesvertretende Verwaltungsvorschriften, da sie auf die Konkretisierung – oftmals fehlender respektive nur äußerst rudimentärer – gesetzlicher Vorgaben angelegt sind.[36] Zwar könnte man auch

---

[29] Auch für die mit der Konzepterstellung verwandte Planung hat das BVerfG festgehalten, dass diese „weder eindeutig der Legislative noch eindeutig der Exekutive zugeordnet" ist (E 95, 1 [LS 1]).

[30] Gleichfalls die Vielgestaltigkeit betonend *E. Schmidt-Aßmann*, Ordnungsidee, S. 334 f. Anders (Verwaltungsvorschrift): *M. Eifert*, VVDStRL 67 (2008), S. 286 (319); den Rechtsformcharakter bestreitend und als Plan „sui generis" qualifizierend: *A. Müller*, Konzeptbezogenes Verwaltungshandeln, S. 255 f.

[31] Zu dem sich daran entzündenden Streit oben, 2. Teil, G.III.1.c. und d.

[32] Dazu oben, 2. Teil, G.III.1.b.

[33] Näher *C. D. Hermanns / D. Hönig*, LKV 2002, S. 206 (208).

[34] Zu diesem 2. Teil, J.I.2.a.

[35] *M. Eifert*, VVDStRL 67 (2008), S. 286 (319). Kritisch zur Qualifikation als Verwaltungsvorschrift *Bu. Wollenschläger*, Wissensgenerierung, S. 199, da Verwaltungsvorschriften Ausdruck hierarchischer Steuerung, nicht aber autonomer Selbstprogrammierung seien.

[36] Siehe für eine Systematisierung der Verwaltungsvorschriften nur *H. Hill*, GVwR II,

eine Handlungsform sui generis erwägen. Dies erscheint aus zwei Gründen jedoch nicht überzeugend: Nicht nur existieren Konzepte, die eindeutig als Verordnung, Satzung, Verwaltungsakt oder Verwaltungsvorschrift erlassen werden, so dass keine einheitliche Sui-generis-Konzeption möglich ist; vielmehr lässt sich der besonderen Bindungskraft von konzeptgestaltenden Verwaltungsvorschriften auch, wie sogleich zu zeigen sein wird, durch entsprechende Stufungen bei der Verbindlichkeit von Verwaltungsvorschriften Rechnung tragen. Eine Ausnahme von der Qualifikation als Verwaltungsvorschrift kommt auch dann nicht in Betracht, wenn, wie im Fall einer zivilrechtlichen Deutung der öffentlichen Auftragsvergabe oder von Immobilien- und Unternehmenstransaktionen, auf der Grundlage eines einzelfallbezogenen Konzepts zur Abgabe eines privatrechtlichen Angebots oder zur Bekundung von Interesse hieran aufgerufen wird: Dann ist zwar die Ausschreibung als invitatio ad offerendum zu deuten; an der Konzeptfestlegung durch Verwaltungsvorschrift ändert dies allerdings nichts.

Jenseits gesetzgeberischer Vorgaben stellt sich die Frage, welcher Handlungsformen sich die Verwaltung zur Konzeptgestaltung bedienen kann. Dies ist – abgesehen von der Reichweite des Gesetzesvorbehalts – zum einen eine Frage der Handlungsbefugnis (aa), zum anderen eine der handlungsformspezifischen Voraussetzungen (bb).

aa) Handlungsbefugnis zur Konzeptgestaltung

Mangels originärer Gesetzgebungsbefugnis der Verwaltung setzt die normative Konzeptgestaltung eine entsprechende Ermächtigung voraus, mithin zum Verordnungserlass qua Delegation (Art. 80 Abs. 1 GG) oder zum Erlass von Satzungen qua Verleihung von Satzungsautonomie. Ein Beispiel für erstere ist die Verordnungsermächtigung zur Aufstellung des Frequenzzuweisungsplans im Kontext der Frequenzvergabe (§ 53 Abs. 1 S. 1 TKG) und für letztere die in Art. 24 Abs. 1 Nr. 1 BayGO enthaltene Regelungsbefugnis hinsichtlich der Benutzung gemeindlicher öffentlicher Einrichtungen, die etwa Marktsatzungen deckt, oder die im Hochschulrecht verliehene Satzungsautonomie (siehe etwa Art. 13 BayHSchG).

---

§ 34, Rn. 40 ff.; *H. Maurer*, Allgemeines Verwaltungsrecht, § 24, Rn. 8 ff.; *M. Ruffert*, GVwR I, § 17, Rn. 72 ff. (ibid., § 24, Rn. 11, bzw. § 34, Rn. 43, zu gesetzesvertretenden Verwaltungsvorschriften). Noch weiter differenzieren *F. Ossenbühl*, HStR III, § 65, Rn. 24 ff., und *T. Sauerland*, Verwaltungsvorschrift, S. 67 f., die – abhängig von der Detailliertheit der gesetzlichen Normierung – zwischen gesetzesvertretenden (gesetzesfreie Verwaltung) und -ergänzenden (bei rudimentärer gesetzlicher Regelung) Verwaltungsvorschriften unterscheiden, eine freilich nur graduelle, nicht aber qualitative und zudem Abgrenzungsschwierigkeiten aufwerfende Differenzierung. Zum gesetzessubstituierenden Charakter von Subventionsrichtlinien BVerwGE 58, 45 (51), und der Verdingungsordnungen *F. Wollenschläger*, DVBl. 2007, S. 589 (597).

Verwaltungsakte darf die Exekutive nach vielfach vertretener Auffassung nicht bereits dann erlassen, wenn ihr überhaupt eine Handlungsbefugnis verliehen wurde, sondern nur dann, wenn die öffentliche Hand gerade zum Einsatz dieser Rechtsform ermächtigt wurde.[37] Denn angesichts der Verwaltungsakten auch bei Rechtswidrigkeit zukommenden Stabilisierungs- und Titelfunktion liege schon in der Wahl dieser Handlungsform eine eigenständige, über den Inhalt des Verwaltungsakts hinausgehende Belastung des Adressaten.[38] Anerkannt ist allerdings, dass die VA-Befugnis auch einer Ermächtigungsnorm im Wege der Auslegung entnommen werden kann.[39] Dieser Weg lässt sich bei Konzept-Verwaltungsakten beschreiten, so man die Handlungsbefugnis überhaupt für erforderlich hält: Denn der Ermächtigung zur Sachentscheidung durch Verwaltungsakt immanent ist die Befugnis zu deren Vorkonkretisierung in materieller und prozeduraler Hinsicht als Teil des Entscheidungsprozesses. Diese Auslegung erscheint auch deshalb gerechtfertigt, weil weder eine Vollstreckung von Konzept-Verwaltungsakten droht noch regelmäßig[40] eine besondere Anfechtungslast besteht, da § 44a S. 1 VwGO den Anfechtungszeitpunkt auf den der Sachentscheidung verschiebt.[41]

Zum Erlass von Verwaltungsvorschriften bedarf es demgegenüber keiner spezifischen Ermächtigung; diese ist – in den Worten des BVerwG – vielmehr „der Exekutivgewalt inhärent, soweit ihre Organisations- und Geschäftsleitungsgewalt jeweils reicht"[42]. Unproblematisch gedeckt hiervon sind (verteilungs)verfahrensbezogene Konkretisierungen abstrakter gesetzgeberischer Vorgaben.[43]

---

[37] Siehe nur *F. Kopp / U. Ramsauer*, VwVfG, § 35, Rn. 23; *M. Sachs*, in: Stelkens / Bonk / ders., VwVfG, § 44, Rn. 55 ff. Anders *H. Maurer*, Allgemeines Verwaltungsrecht, § 10, Rn. 5. Offengelassen von BVerwGE 97, 117 (119).

[38] *M. Sachs*, in: Stelkens / Bonk / ders., VwVfG, § 44, Rn. 56.

[39] BVerwGE 72, 265 (268); E 97, 117 (119 f.); *F. Kopp / U. Ramsauer*, VwVfG, § 35, Rn. 23; *M. Sachs*, in: Stelkens / Bonk / ders., VwVfG, § 44, Rn. 60.

[40] Anderes gilt freilich nach der Rechtsprechung des BVerwG im telekommunikationsrechtlichen Vergabeverfahren (siehe oben, 2. Teil, G.VII.1.b., sowie allgemein unten, 3. Teil, B.VI.1.c.). Für dieses ist allerdings die Handlungsform Konzept-Verwaltungsakt gesetzlich vorgegeben (§ 132 Abs. 1 S. 2 TKG); gleichwohl drohen aufgrund der bei öffentlicher Bekanntgabe nach einem Monat – unabhängig von der Kenntnis der Bewerber – eintretenden Bestandskraft Rechtsschutzdefizite; dazu sogleich Fn. 52.

[41] Siehe auch *U. Stelkens*, in: Stelkens / Bonk / Sachs, VwVfG, § 35, Rn. 154.

[42] BVerwGE 67, 222 (229); NVwZ-RR 1990, S. 619 (620); *H. Hill*, GVwR II, § 34, Rn. 39; *H. Maurer*, Allgemeines Verwaltungsrecht, § 24, Rn. 33; *M. Ruffert*, GVwR I, § 17, Rn. 78.

[43] Siehe für die Einführung eines gestuften Auswahlverfahrens (Warteliste): BVerwG, NVwZ-RR 1990, S. 619 (620).

bb) Wahl der Handlungsform

(1) Konzeptgestaltung durch Verwaltungsakt

Bei verfahrensleitenden Anordnungen wirft die Verwaltungsaktsqualität der Maßnahme zwei Probleme auf, nämlich das des Einzelfallbezugs und das des Regelungscharakters.

Der Einzelfallbezug einer Maßnahme, der den Verwaltungsakt von Rechtsnormen abgrenzt, ist nicht nur bei konkret-individuellen Regelungen zu bejahen, d.h. bei solchen, die sich auf bestimmte Personen und Sachverhalte beziehen, sondern angesichts der Einbeziehung von Allgemeinverfügungen in den Verwaltungsaktsbegriff auch bei einem Akt, „der sich an einen nach allgemeinen Merkmalen bestimmten oder bestimmbaren Personenkreis richtet" (§ 35 S. 2 1. Alt. VwVfG). Wann hiervon die Rede sein kann, ist umstritten. Verlangt man im Interesse einer klaren Abgrenzung von Normen und Einzelakten, dass der Adressatenkreis bei Erlass der Maßnahme jedenfalls objektiv bestimmbar sein muss,[44] fällt die an alle potentiell Interessierten gerichtete Festlegung der Vergabekriterien, mithin die Konzeptgestaltung, aufgrund des zum Erlasszeitpunkt nicht objektiv bestimmbaren Adressatenkreises aus dem Verwaltungsaktsbegriff heraus.[45] Überwiegend wird demgegenüber allerdings eine Bestimmbarkeit zum Zeitpunkt des Eintritts des geregelten Ereignisses für ausreichend erachtet.[46] Bedenken begegnet diese die Grenzen zwischen Norm und Einzelfallregelung verwischende Auffassung nicht nur im Hinblick auf den Grundsatz der Gewaltenteilung, gerade angesichts der nur beschränkten Rechtsetzungsbefugnis der Exekutive (Art. 80 Abs. 1 GG); auch die Stabilisierungs- und Titelfunktion, die Verwaltungsakten auch bei Rechtswidrigkeit zukommt, mahnt zur Zurückhaltung bei einer Ausdehnung des Verwaltungsaktsbegriffs.[47] Um einen gegenüber Normen konturenscharfen Verwaltungsaktsbegriff zu erhalten, muss dessen Einzelfallbezug bei einer Generalisierung der Regelung daher durch strenge Anforderungen an die Konkretheit des Sachverhalts sichergestellt werden.[48] Entscheidend ist mithin der Bezug auf ein bestimmtes Ereignis, mag auch der von der Regelung erfasste Personenkreis bei Erlass noch nicht abschließend feststehen.[49] Diese Anforderung erfüllt die auf

---

[44] Siehe nur K. Obermayer, NJW 1980, S. 2386 (2389).
[45] So auch M. Sachs, K&R 2001, S. 13 (15).
[46] BVerwGE 12, 87 (90); H. Maurer, Allgemeines Verwaltungsrecht, § 9, Rn. 17 f.
[47] M. Sachs, K&R 2001, S. 13 (15); ders., Bestandskraft, S. 152 (172 f.).
[48] BVerwGE 12, 87 (89 f.); F. Kopp / U. Ramsauer, VwVfG, § 35, Rn. 161; H. Maurer, Allgemeines Verwaltungsrecht, § 9, Rn. 17 f., 30; M. Sachs, K&R 2001, S. 13 (15 f.); ferner ders., Bestandskraft, S. 152 (174).
[49] BVerwGE 12, 87 (90); C. Bumke, GVwR II, § 35, Rn. 33; F. Kopp / U. Ramsauer, VwVfG, § 35, Rn. 161; H. Maurer, Allgemeines Verwaltungsrecht, § 9, Rn. 17 f., 30; S. Kösling, Lizenzierung, S. 146 f., 162 f.; M. Sachs, K&R 2001, S. 13 (16).

eine konkrete Verteilung bezogene Konzeptgestaltung.[50] Anderes gilt freilich bei Festlegungen hinsichtlich einer unbestimmten Vielzahl von Vergabevorgängen.[51] Verteilungsfragen beim Zugang zu öffentlichen Einrichtungen können zudem durch Allgemeinverfügung in Gestalt einer Benutzungsregelung i.S.d. § 35 S. 2 3. Alt. VwVfG geregelt werden.[52]

Der Regelungscharakter der Maßnahme ist in der für das weitere Verfahren verbindlichen Konkretisierung der Vergabebedingungen zu sehen, die bestimmen, unter welchen Voraussetzungen materieller und prozeduraler Art Interessenten das begehrte Gut erhalten können.[53] Da das aufgestellte Vergabekonzept der späteren Entscheidung als verbindlich zugrundezulegen ist, erschöpft sich die Konzeptgestaltung nicht in der unselbstständigen Entscheidungsvorbereitung, sondern entfaltet eine eigenständige Regelungswirkung.[54] Aufgrund ihrer Außenrichtung, die das Publikationserfordernis unterstreicht, können die Maßnahmen auch nicht als bloß verwaltungsintern qualifiziert werden; vielmehr kommt ihnen auch Außenwirkung zu.[55]

Abschließend ist darauf hinzuweisen, dass eine Konzeptgestaltung durch Verwaltungsakt nur dann eine Stabilisierungswirkung für das Verwaltungsverfahren zeitigt, wenn dieser gegenüber allen Beteiligten in Bestandskraft er-

---

[50] So auch *S. Kösling*, Lizenzierung, S. 162 ff., 181 f.; *M. Sachs*, K&R 2001, S. 13 (16); *U. Stelkens*, in: Stelkens / Bonk / Sachs, VwVfG, § 35, Rn. 288.

[51] Ebenso *S. Kösling*, Lizenzierung, S. 163, 182; *M. Sachs*, K&R 2001, S. 13 (16); *C. Schulz*, Lizenzvergabe, S. 92 f.; *U. Stelkens*, in: Stelkens / Bonk / Sachs, VwVfG, § 35, Rn. 288.

[52] *H. Maurer*, Allgemeines Verwaltungsrecht, § 9, Rn. 32. Zurückhaltend *F. Kopp / U. Ramsauer*, VwVfG, § 35, Rn. 176; *U. Stelkens*, in: Stelkens / Bonk / Sachs, VwVfG, § 35, Rn. 338 ff. Die reservierte Auffassung hat freilich Rechtsschutzerwägungen für sich, wird die Zugangsregelung bei öffentlicher Bekanntgabe – jedenfalls nach einer Auffassung in Rechtsprechung und Schrifttum – doch nach einem Monat bestandskräftig, und zwar für alle zukünftigen Verteilungsvorgänge, so dass eine spätere Infragestellung der dort festgelegten Vergabemodalitäten ausscheidet, vgl. dazu BVerfG, NJW 2009, S. 3642 m.w.N.; kritisch *W. R. Schenke*, in: BK, Art. 19 Abs. 4, Rn. 714. Das BVerfG hat den Streit (noch) nicht in der Sache entschieden, sondern lediglich darauf hingewiesen, dass Art. 19 Abs. 4 GG insoweit „keinen jeweils optimalen, aber immer einen hinreichend effektiven Rechtsschutz garantiert" (3644); großzügig BVerwGE 102, 316 (318 f.); VGH Mannheim, JZ 2009, S. 738. Für eine Lösung über das Institut des Wiederaufgreifens *U. Stelkens*, NJW 2010, S. 1184 (1185 f.).

[53] BVerwG, NVwZ 2009, S. 1558 (1560); *U. Stelkens*, in: Stelkens / Bonk / Sachs, VwVfG, § 35, Rn. 288 („Verfahrensvorbescheid"). Vgl. auch *M. Sachs*, K&R 2001, S. 13 (17 f.). Für Fristfestsetzungen: *F. Kopp / U. Ramsauer*, VwVfG, § 35, Rn. 111; ablehnend: VGH München, BayVBl. 1984, S. 629 (629).

[54] Zur Differenzierung zwischen selbstständigen und unselbstständigen Verfahrensakten *F. Kopp / U. Ramsauer*, VwVfG, § 35, Rn. 26 f., 109 ff. Die in BVerwGE 111, 246 (251), zur Abgrenzung von selbstständigen und unselbstständigen Verfahrenshandlungen und damit zur Bestimmung des Regelungscharakters einer Maßnahme für erheblich erklärte zwangsweise Durchsetzbarkeit passt nicht auf die hier inmitten stehende Zuteilungs-Konstellation.

[55] *M. Sachs*, Bestandskraft, S. 152 (181 ff.); *U. Stelkens*, in: Stelkens / Bonk / Sachs, VwVfG, § 35, Rn. 288.

wachsen ist. Dies erleichtert zwar § 41 Abs. 3 S. 1 VwVfG, der eine öffentliche Bekanntgabe von Allgemeinverfügungen auch dann zulässt, wenn eine Bekanntgabe an die Beteiligten untunlich ist; für den Konzept-Verwaltungsakt kann dies angenommen werden, da zum Zeitpunkt seines Erlasses die späteren Verfahrensbeteiligten noch nicht feststehen[56]. Allerdings ist zu berücksichtigen, dass § 44a VwGO einen Aufschub der Anfechtungslast auf den Zeitpunkt der Sachentscheidung bewirkt, so er – wie im Regelfall – anwendbar ist.[57] Damit bleibt allein die durch den Erlass des Verwaltungsakts erzeugte Bindungswirkung,[58] die, wie sogleich zu zeigen sein wird,[59] ähnlich allerdings auch durch Erlass von Konzept-Verwaltungsvorschriften erzeugt werden könnte. Bei öffentlicher Bekanntgabe der Konzept-Allgemeinverfügung entfällt schließlich die verwaltungsverfahrensrechtlich grundsätzlich gebotene Begründung (§ 39 Abs. 2 Nr. 5 VwVfG).

(2) Normative Handlungsformen und Verwaltungsvorschriften

Soweit nach dem eben Gesagten keine Einzelfall-, sondern eine abstrakt-generelle Regelung vorliegt, namentlich bei der Aufstellung von Vorgaben für eine Mehrzahl von Verteilungsvorgängen, können Konzepte rechtsförmig nur durch Rechtsverordnung oder Satzung fixiert werden. Daneben stehen Verwaltungsvorschriften, die jedenfalls abstrakt-generelle Regelungen beinhalten können, sowie Verwaltungsvorschriften vergleichbare einzelfallbezogene Festlegungen.[60]

---

[56] Siehe auch *F. Kopp / U. Ramsauer*, VwVfG, § 41, Rn. 6; *U. Stelkens*, in: Stelkens / Bonk / Sachs, VwVfG, § 41, Rn. 152 ff.

[57] Dazu näher unten, VI.1.c. Vgl. auch *U. Stelkens*, in: Stelkens / Bonk / Sachs, VwVfG, § 35, Rn. 154.

[58] Siehe auch *U. Stelkens*, in: Stelkens / Bonk / Sachs, VwVfG, § 35, Rn. 154.

[59] Dazu sogleich unten, I.1.c.

[60] Nach allgemeinem Verständnis (siehe nur § 69 Abs. 1 GGO BReg; *H. Maurer*, Allgemeines Verwaltungsrecht, § 24, Rn. 1; *T. Sauerland*, Verwaltungsvorschrift, S. 38 f., 41 f.) handelt es sich bei Verwaltungsvorschriften um abstrakt-generelle Regelungen, womit auf einen einzelnen Verteilungsvorgang bezogene Vorgaben – jedenfalls wenn man der im Text vertretenen Abgrenzung folgt – nicht als Verwaltungsvorschriften gedeutet werden könnten, sondern sich als Einzelweisung darstellten (generell für einen auf abstrakt-generelle Vorgaben bezogenen Konzeptbegriff *Bu. Wollenschläger*, Wissensgenerierung, S. 199). Indes erscheint die Handlungsform Verwaltungsvorschrift auch für die Entwicklung einzelfallbezogener Konzepte offen und damit eine Einordnung als jedenfalls verwaltungsvorschriftenähnlich gerechtfertigt, da auch in diesem Fall konkretisierungsbedürftige gesetzliche Vorgaben für den Verwaltungsvollzug konkretisiert werden (müssen), um namentlich Gleichbehandlung zu gewährleisten. Zudem stellen sich identische Sachprobleme, insbesondere hinsichtlich der Bindungswirkung, so dass mit einer Sui-generis-Konstruktion nichts gewonnen ist. Im Übrigen finden Verwaltungsvorschriften – auch nach *H. Maurer*, a.a.O., § 24, Rn. 1, 33 – ihre Grundlage auch in der Befugnis, Einzelweisungen zu erteilen. Vgl. auch *M. Eifert*, VVDStRL 67 (2008), S. 286 (319), der eine Qualifikation von Konzepten als Verwaltungsvorschrift befürwortet.

c) Verbindlichkeit des Konzepts

Die Pflicht zur Konzeptentwicklung liefe weitgehend leer, bestünde nicht auch eine (Selbst-)Bindung der Verwaltung an das einmal aufgestellte Verteilungskonzept.[61] Im Grundsatz versteht sich dies von selbst; allerdings verlangt die Vielgestaltigkeit, in der sich Konzepte manifestieren, eine nach Handlungsformen differenzierte Betrachtung der Bindungswirkung.

Soweit das Verteilungskonzept parlamentsgesetzlich vorgezeichnet ist, folgt seine Verbindlichkeit ohne Weiteres aus der Gesetzesbindung der Verwaltung (Art. 20 Abs. 3 GG), ohne dass verwaltungsautonome Korrekturmöglichkeiten bestünden. Anders ist letzteres im Fall der Konzeptgestaltung in Rechtsverordnungen oder Satzungen, die zwar auch an der Gesetzesbindung teilhat, aber unter Einhaltung des jeweiligen Rechtsetzungsverfahrens durch die Verwaltung auch im Laufe des Verteilungsverfahrens geändert werden kann. Selbiges gilt für Konzept-Verwaltungsakte, deren Regelungen aufgrund ihrer Tatbestandswirkung die das Verteilungsverfahren durchführende Behörde binden[62]; freilich finden die verwaltungsverfahrensrechtlichen Korrekturmöglichkeiten, namentlich Rücknahme und Widerruf, Anwendung. Für in Verwaltungsvorschriften niedergelegte Konzepte schließlich gilt nach orthodoxer Lehre, dass der Exekutive keine originäre Rechtsetzungs- bzw. -konkretisierungskompetenz zukommt[63] und Verwaltungsvorschriften – ungeachtet ihrer gesetzessubstituierenden Funktion – daher keine über den Binnenbereich der Verwaltung hinausgehenden Rechtswirkungen zu entfalten vermögen[64]. Mittelbar Außenwirkung erlangen können sie aber über den Grundsatz der Selbstbindung der Verwaltung: Durch ihre ständige Anwendung begründet die Verwaltung nämlich eine gleichförmige Verwaltungspraxis[65], der sie aufgrund des allgemeinen Gleichheitssatzes (Art. 3 Abs. 1 GG) in gleich gelagerten Fällen – so kein sachlicher Grund eine Abweichung gestattet – folgen muss;[66] bei nicht auf die Zu-

[61] BVerwGE 35, 159 (163); *H. Hill*, Fehlerhafte Verfahren, S. 290; *T. Pollmann*, Gleichbehandlungsgrundsatz, S. 64 ff.; *Bu. Wollenschläger*, Wissensgenerierung, S. 197 ff. Vage *C. Fuchs*, Verteilungsverwaltung, S. 205 (217 f., 224).

[62] Siehe insoweit nur *F. Kopp/U. Ramsauer*, VwVfG, § 43, Rn. 18; *D. H. Scheuing*, VVDStRL 40 (1982), S. 153 (156).

[63] Anders aber *W. Krebs*, VerwArch 70 (1979), S. 259 (263 ff.); *F. Ossenbühl*, HStR III, § 65, Rn. 12 f., 30 ff.; *D. H. Scheuing*, VVDStRL 40 (1982), S. 153 (158 ff.). Dazu auch (kritisch) *J. Saurer*, VerwArch 97 (2006), S. 249 (254 ff., 263 ff.).

[64] Siehe nur *J. Saurer*, VerwArch 97 (2006), S. 249 (262 ff.); *F. Wollenschläger*, DVBl. 2007, S. 589 (597); für Subventionsrichtlinien etwa BVerwGE 58, 45 (49 f.); E 104, 220 (222).

[65] Maßgeblich bleibt immer diese, nicht aber der Inhalt der Verwaltungsvorschrift; allerdings können Verwaltungsvorschriften als „antizipierte Verwaltungspraxis" gedeutet werden, vgl. *F. Ossenbühl*, HStR III, § 65, Rn. 49; *F. Wollenschläger*, DVBl. 2007, S. 589 (597). Eine Festlegung auf die Verwaltungsvorschriften im Sinne einer antizipierten Praxis bejaht etwa *A. Faber*, DÖV 1995, S. 403 (408).

[66] Siehe insoweit BVerwGE 104, 220 (223); ferner VII B 8.76 – juris, Rn. 4; *H. Maurer*, Allgemeines Verwaltungsrecht, § 24, Rn. 21 ff., auch zu konkurrierenden Erklärungsansät-

kunft bezogenen Änderungen, sondern solchen im Rahmen eines begonnenen Verteilungsverfahrens kann ein sachlicher Grund, wie das BVerwG schon im Jahre 1970 herausgestrichen hat, aber nur im Ausnahmefall anerkannt werden[67]. Als Zwischenfazit bleibt mithin festzuhalten, dass den Verteilungskonzepten unabhängig von ihrer Rechtsform Bindungswirkung zukommt, die Verwaltung von ihnen unter den geschilderten Voraussetzungen im Verteilungsverfahren jedoch – mit Ausnahme parlamentsgesetzlicher Vorgaben – grundsätzlich abweichen kann.

Diese Abweichungsbefugnis sichert die in Auswahlprozessen gebotene Flexibilität und hilft, den ineffizienten Umweg über einen Abbruch des Verfahrens mit anschließender Neueinleitung zu geänderten Bedingungen beschreiten zu müssen. Allerdings verbietet es sich, angesichts der aufgezeigten Bedeutung der Konzeptpflicht für ein transparentes, rationales und die Chancengleichheit der Bewerber wahrendes Verfahren, ein unbeschränktes Abweichungsrecht anzuerkennen. Ein angemessener Interessenausgleich versperrt daher sachlich nicht gerechtfertigte Änderungen, insbesondere solche, die auf eine Verschlechterung der Zulassungschancen einzelner Bieter zielen.[68] Zudem müssen die Bewerber von Änderungen des Verteilungskonzepts in Kenntnis gesetzt, und es muss ihnen Gelegenheit zur Nachbesserung ihres Antrags innerhalb einer angemessenen Frist gegeben werden. Um schließlich im Interesse potentieller Bewerber eine Umgehung des Ausschreibungserfordernisses zu verhindern, bleiben Änderungen, die eine Erweiterung des Bewerberkreises erwarten lassen, entweder untersagt oder ziehen das Erfordernis einer Nachausschreibung nach sich.[69] Diese im Rahmen der Unionsgrundrechte als allgemeine Vorgaben anerkannten[70] Grundsätze bestimmen ebenfalls, inwieweit Gesetzgeber respektive Verwaltung in Rechtsnormen bzw. Verwaltungsakt (Widerrufsvorbehalt) die Möglichkeit zu abweichenden Regelungen durch die Verwaltung im laufenden Verteilungsverfahren vorsehen können; dem widersprechende Änderungsvor-

---

zen (Vertrauensschutz, unmittelbare Außenwirkung); *F. Wollenschläger*, DVBl. 2007, S. 589 (597). Kritisch zu dieser Konstruktion *A. Rogmann*, Die Bindungswirkung von Verwaltungsvorschriften, S. 37 ff.

[67] Siehe BVerwGE 35, 159 (163): „[E]s handelt sich nicht um eine zeitlich unbeschränkt wirksame Verwaltungsverordnung, die eine Behörde mit Wirkung für die Zukunft auf Grund neuer Überlegungen jederzeit abändern kann ... Die Neuregelung erfolgte vielmehr hinsichtlich desselben einmaligen Tatbestands, der auch der ursprünglichen Ausschreibung zugrunde lag. Eine Änderung durfte daher nur dann erfolgen, wenn den Vertrauensschutz der Begünstigten überwiegende öffentliche Interessen das erfordern".

[68] Siehe auch OVG Lüneburg, NJW 1992, S. 1979 (1981); *H. C. Röhl*, GVwR II, § 30, Rn. 15. Strenger *T. Pollmann*, Gleichbehandlungsgrundsatz, S. 67; *D. H. Scheuing*, VVDStRL 40 (1982), S. 153 (160).

[69] Ebenso BVerfG, NVwZ 2007, S. 693 (694), nach dem es „unzulässig [ist], die Auswahlkriterien nachträglich dergestalt zu ändern, dass sich der Bewerberkreis erweitern würde, ohne dass mögliche Interessenten hiervon Kenntnis erhielten."

[70] Dazu oben, 1. Teil, B.I.1.b.

behalte sind rechtswidrig. Unbenommen bleibt es freilich, eine strengere Bindung vorzugeben.

Verankert ist eine Pflicht zur Konzeptbefolgung etwa im Vergaberecht, das Abweichungen sogar für unzulässig erklärt.[71] Im Kontext der Frequenzvergabe folgt sie aus der gesetzlich jeweils vorgegebenen Rechtsnatur der einzelnen Konzeptakte. Unter Bejahung unterschiedlich weit reichender Änderungsbefugnisse Anerkennung gefunden hat sie auch bei der Vergabe öffentlicher Ämter, wobei hier zwischen konstitutiven und damit verbindlichen sowie sonstigen Vorgaben des Anforderungsprofils differenziert wird, für die Zuteilung von Standplätzen auf Messen und Märkten sowie von Hörfunkfrequenzen[72] und im Kontext von Veräußerungsverfahren. Bei der Vergabe von Linienverkehrskonzessionen ist lediglich eine maßgebliche Berücksichtigung des Verteilungskonzepts „Nahverkehrsplan" geboten (§ 13 Abs. 2a S. 2 PBefG-E); vor dem skizzierten verfassungsrechtlichen Hintergrund von Konzeptpflichten sind Abweichungen allerdings nur in den aufgezeigten Grenzen möglich.

Die Verbindlichkeit des Vergabekonzepts impliziert schließlich, dass die öffentliche Hand die Erfüllung von dessen Vorgaben, etwa der Vergabekriterien, nachprüfen muss.[73]

d) Annex: Verbindlichkeit und Kontrolle der Konzept-Verwaltungsvorschrift

Die aufgezeigten Grenzen der Änderungsbefugnis und die damit einhergehende bereichsspezifische Verstärkung der Bindungswirkung von Verwaltungsvorschriften spiegelt die Notwendigkeit wider, das Problem ihrer Verbindlichkeit differenziert zu betrachten und entsprechende Stufungen zu entwickeln,[74] wie dies etwa auch für normkonkretisierende Verwaltungsvorschriften Anerkennung gefunden hat[75]. Die Bindungswirkung zeigt auch Auswirkungen für die

---

[71] Siehe oben, 2. Teil, B.III.2.a.dd.

[72] Dazu oben, 2. Teil, H.III.2.

[73] Für das Kartellvergaberecht: EuGH, Rs. C-448/01, Slg. 2003, I-14527, Rn. 49 ff. – Wienstrom; für das Personenbeförderungsrecht: OVG Berlin-Brandenburg, 1 B 1.08 – juris, Rn. 30 f.

[74] Angedeutet bei E. Schmidt-Aßmann, Reform, S. 11 (43); ferner ders., Ordnungsidee, S. 328 ff.; D. H. Scheuing, VVDStRL 40 (1982), S. 153 (181); VGH Mannheim, 6 S 99/09 – juris, Rn. 20 (Rede von der Rechtmäßigkeit der ermessenslenkenden Vergaberichtlinien); OVG Lüneburg, 7 ME 116/09 – juris, Rn. 7. Die von J.-P. Schneider, GVwR II, § 28, Rn. 108, aufgrund der mangelnden Bindungswirkung von Verwaltungsvorschriften geäußerte Zurückhaltung hinsichtlich der Bedeutung von in diesen enthaltener Verfahrensvorgaben kann für Verteilungsverfahren folglich nicht geteilt werden.

[75] Dazu BVerwGE 72, 300 (320); E 107, 338 (340 f.): „Grundsätzlich sind Verwaltungsvorschriften Gegenstand und nicht Maßstab gerichtlicher Kontrolle. Die Gerichte sind bei ihrer Kontrolltätigkeit gegenüber der Verwaltung an Verwaltungsvorschriften grundsätzlich nicht gebunden. Sie dürfen ihren Entscheidungen vielmehr nur materielles Recht, zu

gerichtliche Kontrolle: Um die Konzeptpflicht nicht zu konterkarieren, hat diese nicht (nur) das (unbestimmte) Gesetzesprogramm, sondern dessen Konkretisierung im Verteilungskonzept zugrunde zu legen. Damit ergibt sich, wie für die übrigen Handlungsformen selbstverständlich, eine gestufte Kontrolle: Zum einen ist die Konzept-Verwaltungsvorschrift auf ihre Vereinbarkeit mit den gesetzlichen Vorgaben hin zu kontrollieren, zum anderen die Verteilungsentscheidung mit Blick auf die Konzept-Verwaltungsvorschrift.[76]

2. Ausschreibungsphase

Nicht nur das öffentliche Interesse an einer optimalen Güterallokation verlangt nach einer breiten Bewerbergrundlage und damit hinreichender Publizität des Verteilungsvorgangs; vielmehr erscheint letztere auch zur Sicherstellung individueller Partizipationschancen geboten.[77] Daher folgt aus dem Teilhabeanspruch in seiner verfahrensrechtlichen Dimension grundsätzlich eine Bekanntgabepflicht. Hinsichtlich deren Art und Umfang gilt, dass das Publikationsmedium dem Interessentenkreis zu entsprechen hat und die Informationen zu Verteilungsobjekt, -kriterien sowie -verfahren hinreichend aussagekräftig sein müssen. Auch eine gestufte Bekanntgabe, in deren Rahmen Detailinformationen nur auf Anfrage übermittelt werden, ist zulässig. Das Publizitätsgebot steht freilich unter einem Effizienzvorbehalt mit Blick auf Aufwand und Dauer, der ein Absehen von einer öffentlichen Bekanntmachung generell oder aber aufgrund besonderer Umstände des Einzelfalls rechtfertigen kann. Ein Beispiel für ersteres stellt die fehlende Ausschreibungspflicht von Taxenkonzessionen dar, die ihre Rechtfertigung darin findet, dass die Vergabe nach dem Prioritätsgrundsatz erfolgt und dies allgemein bekannt ist.[78] Es reicht ferner aus, wenn,

---

dem Verwaltungsvorschriften nicht gehören, zugrunde legen ... Im Umwelt- und Technikrecht bestehen aber Ausnahmen von diesen Grundsätzen. Einigen Verwaltungsvorschriften kommt hier eine normkonkretisierende Wirkung zu mit der Folge, daß sie unter bestimmten Voraussetzungen auch für Gerichte verbindlich und dann wie Normen auszulegen sind. Eine derartige Normkonkretisierung wird in ständiger Rechtsprechung insbesondere bejaht für die nach § 48 BImSchG von der Bundesregierung nach Anhörung der beteiligten Kreise (§ 51 BImSchG) mit Zustimmung des Bundesrats erlassenen Verwaltungsvorschriften der TA-Luft und der TA-Lärm ... sowie für bestimmte atomrechtliche Verwaltungsvorschriften ... Diese Verwaltungsvorschriften dienen nämlich der Ausfüllung eines der Verwaltung eingeräumten Beurteilungsspielraums. Mit ihnen wird die Ausübung dieses Beurteilungsraums von der Einzelentscheidung im jeweiligen Verwaltungsakt in eine abstrakt generalisierende Regelung vorverlagert, um so die Einheitlichkeit des Verwaltungshandelns sicherzustellen". Siehe darüber hinaus zur jüngeren Figur der anspruchskonkretisierenden und daher außenwirksamen Verwaltungsvorschrift BVerwGE 94, 335; E 122, 264.
[76] Vgl. auch VGH Mannheim, 6 S 99/09 – juris, Rn. 20; OVG Lüneburg, 7 ME 116/09 – juris, Rn. 7; *A. Müller*, Konzeptbezogenes Verwaltungshandeln, S. 269 ff.
[77] Dazu auch *H. C. Röhl*, GVwR II, § 30, Rn. 19; *M. Schmidt-Preuß*, Kollidierende Privatinteressen, S. 515 ff.; *ders.*, NVwZ 2005, S. 489 (490 f.).
[78] *R. Weimar*, Treuhandgesetz, § 1, Rn. 48.

wie im Kontext des Hochschulzugangs, „Ob", „Wann" sowie „Wo" der Vergabe allgemein bekannt, deren Modalitäten rechtssatzförmig festgehalten und damit veröffentlichungspflichtig sind, insbesondere wenn zusätzliche Transparenz über das Internet hergestellt wird.[79] Auch vermögen die besondere Dringlichkeit der Verteilung oder ein beschränkter Interessentenkreis die Publizitätsanforderungen im Einzelfall abzusenken.

Im Besonderen Verwaltungsrecht finden sich die verschiedensten Ausgestaltungen des Bekanntgabeerfordernisses. Die ausdifferenzierteste Regelung hält das Vergaberecht bereit, das sowohl das „Ob" als auch das „Wie" der Bekanntmachung im Detail normiert, mithin auch, unter welchen Voraussetzungen von der grundsätzlich gebotenen Bekanntgabe – sei es in Form der öffentlichen Ausschreibung, Aufforderung zur Abgabe von Teilnahmeanträgen oder Vergabebekanntmachung – abgesehen und ein Verhandlungsverfahren ohne öffentliche Vergabebekanntmachung durchgeführt werden kann (§ 3a Abs. 6 VOB / A 2009), und wie auszuschreiben ist[80]. Meist finden sich jedoch allgemeine Ausschreibungserfordernisse, die mehr (siehe § 61 Abs. 1 S. 2 TKG; § 51a Abs. 2 S. 2 RStV; § 7 Abs. 1 S. 1–3 HFS; Art. 7 Abs. 2 VO [EG] 1370/2007; § 18 PBefG-E) oder weniger (vgl. etwa § 4 BLV 2009, § 6b Abs. 1 BNotO; § 127 Abs. 1 SGB V) präzise gefasst sind. So das Gesetz schweigt, wie etwa im Kontext der Standplatzvergabe auf Messen und Märkten oder von Veräußerungsverfahren, greift jedenfalls der grundrechtliche Teilhabeanspruch in seiner normexternen Wirkdimension. Vor dem Hintergrund des Teilhabeanspruchs problematisch erscheint schließlich, ein generelles Absehen von der Bekanntgabe zuzulassen, wie dies etwa aus Art. 12 Abs. 1 BayBG oder der obergerichtlichen Auslegung des Art. 33 Abs. 2 GG folgt[81].

3. Bewerbungsphase

Der Kreis der Verfahrensbeteiligten konkretisiert sich in der Bewerbungsphase, in der die Stellung des Teilnahmeantrags erfolgt. Hierfür ist eine angemessene Frist vorzusehen. Diese kann, wie etwa im Vergabe- (§ 16 Abs. 1 Nr. 1 lit. a VOB / A 2009), Notar- (§ 6b Abs. 1 und 2 BNotO), Hochschulzulassungs- (§ 3 Abs. 2 VergabeVO), Rundfunk- (§ 51a Abs. 2 S. 1 RStV) oder Personenbeförderungsrecht (§ 12 Abs. 5 PBefG-E), als Ausschlussfrist vorgegeben sein. Zwingend erforderlich ist dies aber nicht: Denn im Interesse einer bestmöglichen Güterallokation bleibt es dem Gestalter des Verteilungsverfahrens überlassen, inwieweit er dieses formalisieren und verspätete Anträge

---

[79] Näher oben, 2. Teil, E.III.2.
[80] Ausführlich dazu oben, 2. Teil, B.III.2.b.
[81] Näher dazu oben, 2. Teil, C.III.1.b.

zulassen möchte,[82] wie etwa im Beamtenrecht gängige Praxis[83]. Umgekehrt spricht aber nichts gegen die Setzung einer Ausschlussfrist, auch durch die Verwaltung, da dies das Verfahren vereinfacht (frühzeitige Bewerbersichtung) und die Chancengleichheit (Zufälligkeit der Verfahrensdauer; Ausschluss von Manipulationen) optimiert.[84]

4. Entscheidungsfindungsphase

In der Entscheidungsfindungsphase arbeitet die Verwaltung das – in der Konzeptphase regelmäßig weiter konkretisierte – gesetzliche Entscheidungsprogramm ab.[85] In dessen Zentrum stehen die materiellen Vorgaben für die Auswahlentscheidung; es finden sich aber auch prozedurale Anforderungen wie Entscheidungsfristen[86] oder die in anderem Zusammenhang abzuhandelnden Neutralitäts- und Dokumentationspflichten[87].

Der Auswahlprozess selbst kann einstufig ablaufen, aber auch, wie etwa im Kartellvergaberecht, in mehreren Abschnitten.[88] Im zuletzt genannten Fall werden die eingegangenen Angebote zunächst (isoliert) auf die Einhaltung von Mindestanforderungen hin geprüft – wie form- und fristgerechte Einreichung oder Eignung des Bieters – und wird unter den verbleibenden Angeboten dann eine vergleichende Auswahlentscheidung getroffen. Ähnliches gilt im telekommunikations-[89] und rundfunkrechtlichen[90] Auswahlverfahren, bei Zulassung nur gewisse Mindestanforderungen erfüllender Bieter zur telekommunikationsrechtlichen Frequenzversteigerung (§ 61 Abs. 3 und 4 S. 2 Nr. 1 TKG), bei der der Auswahlentscheidung im Personenbeförderungsrecht vorgelagerten Prüfung von Versagungsgründen (§ 13 Abs. 1 PBefG) oder bei Disqualifikation unzuverlässiger Messe- und Marktteilnehmer (§ 70a Abs. 1 GewO). Treffend

---

[82] A.A. die Rechtsprechung zur Besetzung von Notarstellen; siehe nur BVerfGE 73, 280 (296 f.), ferner *T. Pollmann*, Gleichbehandlungsgrundsatz, S. 133, unter Verweis auf den Wettbewerbsgedanken einer Ausschreibung, sowie oben, 2. Teil, C.III.1.c.

[83] Siehe nur oben, 2. Teil, C.III.1.c.

[84] So auch OVG Lüneburg, 2 NB 312/09 – juris, Rn. 3; VGH München, NVwZ-RR 2000, S. 779 (779 f.); *J. Werner*, GewArch 2004, S. 89 (91). A.A. VG Koblenz, 6 K 835/05 – juris, Rn. 24. – VGH Kassel, 8 TG 715/06 – juris, Rn. 35, verneint allerdings den subjektiven Schutzcharakter von Ausschlussfristen.

[85] Siehe auch *E. Schmidt-Aßmann*, GVwR II, § 27, Rn. 97.

[86] Siehe für die öffentliche Auftragsvergabe: § 10 Abs. 6 VOB/A 2009; für die Konzessionsvergabe im Personenverkehr: § 15 Abs. 1 S. 2 ff. PBefG; für die telekommunikationsrechtliche Frequenzvergabe: § 55 Abs. 4 S. 3, § 61 Abs. 8 S. 1 TKG.

[87] Zu diesen unten, B.III.

[88] Demgegenüber (zu) kategorisch die Zweistufigkeit des Entscheidungsprozesses betonend: *N. Malaviya*, Verteilungsentscheidungen, S. 252.

[89] Im Einzelnen oben, 2. Teil, G.III.4.b.

[90] Siehe § 12 Abs. 3 Zugangs-Satzung und oben, 2. Teil, H.III.1.

spricht der BayVGH insoweit von einer absoluten und einer relativen Seite der Vergabeentscheidung.[91] Stufungen bei der Entscheidungsfindung ergeben sich auch in Verteilungsverfahren, die, wie im Rundfunkrecht (§ 51a Abs. 3 RStV; § 13 Abs. 1 und 2 Zugangs-Satzung), zunächst eine Verständigung über die Aufteilung unter den Bewerbern zu erzielen suchen oder den Bewerberkreis vor der endgültigen Auswahlentscheidung schrittweise reduzieren, wie etwa im nicht offenen Vergabeverfahren[92]. Letzteres erfolgt mitunter, so im Fall des Verhandlungsverfahrens mit vorausgehender öffentlicher Vergabebekanntmachung,[93] zur Bestimmung eines Teilnehmerkreises für Verhandlungen[94].

Nach einer kurzen Vergewisserung der verfassungs- und unionsrechtlichen Rahmenvorgaben für das Entscheidungsprogramm (a) sollen nun im Folgenden die in den einzelnen Verteilungsverfahren zu findenden Vergabekriterien herausgearbeitet, systematisiert und bewertet (b) sowie Entscheidungs- und Beurteilungsspielräumen der Verwaltung nachgegangen (c) werden.

a) Verfassungs- und unionsrechtliche Rahmenvorgaben für das Entscheidungsprogramm

Der grundrechtliche Teilhabeanspruch stellt die bereichsspezifisch zu konkretisierende Vorgabe auf, mit Blick auf das Verteilungsobjekt sachgerechte Vergabekriterien festzulegen. Dies schließt bei entsprechender verfassungsrechtlicher Legitimation und unter Wahrung der Anforderungen des durch die Lenkung ausgelösten Gesetzesvorbehalts die Verfolgung von Sekundärzwecken nicht prinzipiell aus (vgl. etwa § 97 Abs. 4 S. 2 und 3 GWB; § 9 S. 2 BBG). Zudem müssen die Vergabekriterien im Interesse eines transparenten und die Chancengleichheit der Bewerber wahrenden Verfahrens hinreichend bestimmt gefasst sein[95] und ihre Erfüllung überprüft werden[96].

---

[91] VGH München, NVwZ 1999, S. 1131 (1132) – im Kontext der Vergabe von Bodenabfertigungsdiensten auf Flughäfen der Gemeinschaft. Siehe auch *N. Malaviya*, Verteilungsentscheidungen, S. 252; *K. Rennert*, DVBl. 2009, S. 1333 (1334).
[92] Dazu oben, 2. Teil, B.III.3.a.
[93] Zu diesem oben, 2. Teil, B.III.3.b.
[94] Zu deren Zulässigkeit unten, B.III.2.
[95] Dazu bereits oben, B.I.1.a.
[96] EuGH, Rs. C-448/01, Slg. 2003, I-14527, Rn. 49 ff. – Wienstrom; OVG Berlin-Brandenburg, 1 B 1.08 – juris, Rn. 30 f.

b) Die Kriterien im Einzelnen

aa) Kategorisierung

Die Verteilungskriterien lassen sich in solche materieller und solche formaler Art unterteilen, wobei die Abgrenzung aus zwei Perspektiven erfolgen kann und in der Literatur auch erfolgt[97]: Einerseits lässt sich aus Sicht der Verwaltung fragen, ob die Anwendung des Vergabekriteriums eine wertende Entscheidung verlangt oder aber sich schematisch vollzieht.[98] Andererseits kann das Vergabekriterium als solches in den Mittelpunkt gerückt und danach differenziert werden, ob dieses eine Bewertung des Bewerbers, insbesondere nach persönlichen Eigenschaften, impliziert oder von dessen Person abstrahiert.[99] Obgleich die größere Trennschärfe der ersten Variante für eine Kategorisierung nach dieser spricht, sei im Folgenden dennoch der zweiten Variante gefolgt. Denn die für eine – hier angestrebte – Beurteilung maßgebliche Scheidelinie verläuft zwischen inhaltlich-wertenden und formalen Kriterien im zuletzt genannten Sinne. Damit ist freilich nicht gesagt, dass in diesem Sinne „formalen" Kriterien kein wertendes Moment innewohnen könnte: Vielmehr impliziert die Heranziehung formaler Kriterien eine wertende Entscheidung über deren Statthaftigkeit, und können auch bei formalen Kriterien wie der Priorität oder der Anciennität Momente des Verdienstes mitschwingen, etwa das frühzeitige Erkennen wirtschaftlicher Ausnutzungsmöglichkeiten der knappen Ressource oder die Notwendigkeit, langes Warten bzw. langjährige Leistung zu honorieren.[100] Umgekehrt weisen manch' wertende Kriterien, etwa Altsassenprivilegien, einen auch formalen Charakter auf.

Die überwiegende Zahl der untersuchten Verfahren bedient sich materiellwertender Kriterien: Eignung und wirtschaftlichstes Angebot bei der öffentlichen Auftragsvergabe, die am Leistungsprinzip orientierte Vergabe öffentlicher Ämter und Studienplätze, die Attraktivität des Betriebs bei der Zuteilung

---

[97] In diesem Sinne differenziert *N. Malaviya*, Verteilungsentscheidungen, S. 135 f., zwischen objektiven und subjektiven Verfahren einerseits sowie formellen und materiellen Kriterien andererseits. Kritisch zu dieser Differenzierung, da sie selbst wertungsbehaftet sei, und daher nach der Gegenleistungsabhängigkeit differenzierend: *K. Kruhl*, Versteigerung, S. 76 f.

[98] Ähnlich *M. Schmidt-Preuß*, Kollidierende Privatinteressen, S. 35, 392 ff., der qualitative Leistungskriterien und schematische Rangkriterien unterscheidet. Hier nicht gefolgt werden kann allerdings der Zuordnung der Auswahl nach Abiturnote im Hochschulzulassungsrecht zu ersteren, da der Leistungswettbewerb vor dem Zulassungsverfahren seinen Abschluss fand.

[99] In diesem Sinne *W. Berg*, Der Staat 15 (1976), S. 1 (17, 22 ff.); *S. Bumke*, Frequenzvergabe, S. 215; *M. Kloepfer / S. Reinert*, Zuteilungsgerechtigkeit, S. 47 (66); *D. Kupfer*, Verteilung, S. 417; *M. Martini*, Der Markt als Instrument hoheitlicher Verteilungslenkung, S. 95, 112 ff.

[100] Siehe auch *W. Berg*, Der Staat 15 (1976), S. 1 (17); *S. Bumke*, Frequenzvergabe, S. 215 m. Fn. 448; *M. Kloepfer / S. Reinert*, Zuteilungsgerechtigkeit, S. 47 (66).

von Standplätzen auf Messen und Märkten, die den öffentlichen Verkehrsinteressen am besten entsprechende Bedienung eines Linienverkehrs, die in den beiden zuletzt genannten Bereichen – und auch anderswo – zu findenden Altunternehmerprivilegien, die größte Programmvielfalt als Maßstab für die Zuteilung von Übertragungskapazitäten im Rundfunk, das Höchstgebot bei der Versteigerung von Frequenzen oder der Verwertung öffentlichen Eigentums, die effizienteste Frequenznutzung im telekommunikationsrechtlichen Auswahlverfahren oder die an den Kriterien der Bedarfsgerechtigkeit, Leistungsfähigkeit und Kostengünstigkeit orientierte Aufnahme eines Krankenhauses in den Krankenhausplan.

Eine formale Auswahl erfolgt demgegenüber bei Maßgeblichkeit des Prioritätsprinzips – so bei der Vergabe von Taxenkonzessionen und mitunter von Standplätzen auf Messen und Märkten –, oder der Anciennität, wie bei der Vergabe von öffentlichen Ämtern und Studienplätzen (Wartezeit) mitunter praktiziert, und schließlich bei einer Zuteilung pro Kopf oder pro rata, aufgrund Losentscheids oder Rotation.

Oftmals finden sich Mischformen, etwa wenn im telekommunikationsrechtlichen Auswahlverfahren bei gleicher Eignung das Los entscheidet. Materielle Kriterien werden kombiniert, wenn wie bei der öffentlichen Auftragsvergabe für den Fall der Gleichwertigkeit mehrerer Angebote der Zuschlag auf das mit dem niedrigsten Preis zu erfolgen hat[101] oder bei der Vergabe von Funkfrequenzen im Versteigerungsverfahren zusätzlich materielle Mindestanforderungen an die potentiellen Bieter gestellt werden.

bb) Materiell-wertende Kriterien

Ein Gut demjenigen zuzuteilen, der dieses aufgrund eines wertenden Vergleichs mit anderen anhand sachgerechter Kriterien verdient, erscheint kaum zu beanstanden.[102] Regelmäßig gibt schon das verfassungs- und unionsrechtliche Gebot der sachgerechten Verteilung ein derartiges Vorgehen vor, so dass von einem grundsätzlichen Vorrang materieller Auswahlkriterien gesprochen werden kann:[103] So legt etwa die Verteilung von Marktzugangschancen eine Berücksichtigung des Wettbewerbsgedankens nahe.[104] In diesem und anderen wettbewerb-

---

[101] BGH, NZBau 2002, S. 107 (107 f.).

[102] Dazu allgemein oben, 1. Teil, A.I.2.a.bb.(1), sowie im Einzelnen die jeweiligen Abschnitte I. der im zweiten Teil analysierten Referenzgebiete B–J.

[103] *S. Bumke,* Frequenzvergabe, S. 224 ff.; *M. Kloepfer / S. Reinert,* Zuteilungsgerechtigkeit, S. 47 (70); *D. Kupfer,* Verteilung, S. 355 ff.

[104] Siehe *D. Kupfer,* Verteilung, S. 416 f., 423; ferner den 62. Erwägungsgrund der Dienstleistungsrichtlinie 2006/123/EG, der einen grundsätzlichen Vorrang qualitativer Auswahlkriterien vorgibt, indem er das Auswahlverfahren auf das Ziel verpflichtet, „mit Hilfe des freien Wettbewerbs höchstmögliche Qualität und optimale Angebotsbedingungen im Interesse der Dienstleistungsempfänger zu erzielen."

lichen Kontexten finden sich meist Leistungskriterien, in sozialstaatlichen dagegen solche der Bedürftigkeit.[105]

Soweit die Verwaltung keine schematisch anzuwendenden Kriterien heranzieht, müssen freilich die aus der notwendigen Vag- und Offenheit materieller Wertungskriterien resultierenden Nachteile in Rechnung gestellt werden: Sie bedingen Informationsdefizite beim Interessenten, öffnen ein Einfallstor für sachwidrige Einflüsse, gehen mit einem im Vergleich zu schematischen Kriterien größeren Verwaltungsaufwand einher, reduzieren gerichtliche Kontrollmöglichkeiten und schaffen auch für die Verwaltung Unsicherheiten.[106] Freilich darf genauso wenig übersehen werden, dass diese Probleme wertender Kriterien durch die obligatorische Entwicklung eines hinreichend aussagekräftigen Verteilungskonzepts abgefedert werden.[107]

Besondere Probleme werfen Altsassenprivilegien (1) und die insbesondere bei der Vergabe von Funkfrequenzen Anwendung findende Versteigerung (2) auf, die im Folgenden kurz gesondert betrachtet seien.

(1) Altsassenprivilegien

Vielfach privilegieren Vergabekriterien Altsassen, etwa wenn die Standplatzvergabe auf Messen und Märkten nach dem Kriterium „bekannt und bewährt" erfolgt, sich die Zuteilung von Marktkontingenten im Referenzverfahren nach der Vorjahresmenge bestimmt,[108] Plankrankenhäusern hinsichtlich ihres Verbleibs im Krankenhausplan ein gewisser Bestandsschutz zugesprochen oder bei der (Neu-)Vergabe von Konzessionen für die Personenbeförderung und von Slots deren (Alt-)Inhaber bevorzugt wird.

Derartige Regelungen vermögen einerseits legitimen, namentlich auf eigene Leistungen gegründeten Bestandsinteressen der Altsassen und auch dem Interesse der Verwaltung (sowie u.U. Dritter, etwa von Jahrmarktbesuchern) an der Fortsetzung einer Kooperation mit etablierten und zuverlässigen Partnern Rechnung zu tragen. Andererseits, und hieraus resultiert ihre Fragwürdigkeit, zementieren sie den Status quo, wirken innovationshemmend und beschneiden Zulassungschancen für – nach qualitativen Gesichtspunkten sogar u.U. „bessere" – Neubewerber. Ihre Zulässigkeit hängt daher von einer Abwägung dieser widerstreitenden Belange in der jeweiligen Verteilungssituation ab.[109] Ein dau-

---

[105] Zu einer derartigen Gegenüberstellung auch *A. Voßkuhle*, DV 32 (1999), S. 21 (37).

[106] Siehe ausführlich *M. Martini*, Der Markt als Instrument hoheitlicher Verteilungslenkung, S. 118 ff.; ferner *S. Bumke*, Frequenzvergabe, S. 205, 227; *D. Kupfer*, Verteilung, S. 420; *N. Malaviya*, Verteilungsentscheidungen, S. 137 f.

[107] Dazu bereits oben, B.I.1.

[108] Dazu *M. Martini*, Der Markt als Instrument hoheitlicher Verteilungslenkung, S. 130 ff.; *H. Rummer*, NJW 1988, S. 225 (231 f.).

[109] Siehe im Einzelnen oben, 1. Teil, A.I.4.b., und unten, 2. Teil, D.III.1.a.bb.(2), F. III.1.a.aa.(2) und III.1.e.aa.

erhafter Ausschluss von Neubewerbern scheidet vor dem Hintergrund des ver-
fassungs-, unions- und wettbewerbsrechtlichen Zulassungsanspruchs regelmäßig aus.[110] Mechanismen des schonenden Ausgleichs jenseits von „Alles oder
Nichts"-Lösungen stellen eine angemessene, Amortisationsinteressen bereits
berücksichtigende Befristung der Erstzuteilung dar, die Bevorzugung des
Altsassen nur bei gleicher Qualifikation oder die Bildung separater Kontingente für Alt- und Neubewerber (wie für Taxenkonzessionen in § 13 Abs. 5 S. 1
PBefG gesetzlich vorgesehen und bei der Standplatzvergabe nunmehr praktiziert). Vor diesem Hintergrund erscheint etwa der Anspruch des Inhabers einer
Taxenkonzession auf deren Erneuerung bei Ablauf insofern unproblematisch,
als hierdurch die Fortsetzung einer einmal begonnenen Berufstätigkeit ermöglicht und damit ein zwangsweiser Berufswechsel verhindert wird.[111] Als unstatthaft ist demgegenüber eine Vergabe von Standplätzen auf Messen und
Märkten ausschließlich nach dem Grundsatz „bekannt und bewährt" anzusehen.[112]

(2) Versteigerung

Im Versteigungsverfahren kommt derjenige zum Zuge, der die größte Zahlungsbereitschaft für ein bestimmtes Gut zeigt. Vermag diese, wie für die Vergabe von
Telekommunikationsfrequenzen (nur) unter der Voraussetzung eines adäquaten
Auktionsdesigns grundsätzlich bejaht,[113] Auskunft über die mit Blick auf das
Verteilungsobjekt beste Ressourcenallokation zu geben, spricht nichts gegen
den Rekurs auf diesen Modus der Güterverteilung, zumal auch keine durchgreifenden finanzverfassungsrechtlichen Bedenken bestehen[114]. Damit ist freilich
gleichzeitig gesagt, dass Versteigerungen in allen Sachbereichen ausscheiden
müssen, in denen die wirtschaftliche Effizienz der Nutzung gemessen an der
Zahlungsbereitschaft als Verteilungskriterium nicht sachgerecht erscheint.[115]

---

[110] Siehe auch *M. Kloepfer / S. Reinert*, Zuteilungsgerechtigkeit, S. 47 (71); *M. Martini*,
Der Markt als Instrument hoheitlicher Verteilungslenkung, S. 123 f. („Grandfathering"),
124 f. („bekannt und bewährt").

[111] Siehe auch *A. Voßkuhle*, DV 32 (1999), S. 21 (40); anders aber *C. Starck*, VerwArch 71
(1980), S. 1 (18 f.). Im Einzelnen oben, 2. Teil, F.III.1.a.aa.(2).

[112] Näher oben, 2. Teil, D.III.1.a.bb.(2).

[113] Siehe oben, 2. Teil, G.I.1.a. Zur Zulässigkeit der „umweltökonomisch optimiert[en]"
Versteigerung von Emissionszertifikaten nach § 21 ZuG 2012 und der EHHV 2012: *J. Kers-
ten*, VVDStRL 69 (2009), S. 288 (312 ff.); ferner *B. W. Wegener*, ZUR 2009, S. 283 (286 f.).
A.A. *M. Burgi / P. Selmer*, Zuteilung, S. 43 ff.; *M. Rebentisch*, NVwZ 2006, S. 747 (752 f.). Zur
elektronischen Auktion im Rahmen der öffentlichen Auftragsvergabe (§ 101 Abs. 6 S. 1
GWB) bereits oben, 2. Teil, B.III.1., sowie *J. Kersten*, VVDStRL 69 (2009), S. 288 (314 ff.); *H.
Schröder*, NZBau 2010, S. 411.

[114] Eingehend oben, 2. Teil, G.I.1.a.

[115] *W. Berg*, Der Staat 15 (1976), S. 1 (27 f.); *S. Bumke*, Frequenzvergabe, S. 229; *K. Kruhl*,
Versteigerung, S. 311; *N. Malaviya*, Verteilungsentscheidungen, S. 171 ff.; *M. Martini*, Der
Markt als Instrument hoheitlicher Verteilungslenkung, S. 346 ff., 396 ff., 640 f.

Auf der Hand liegt dies etwa bei der Vergabe von Studienplätzen[116] oder öffentlichen Ämtern[117]. Anders sind Veräußerungsvorgänge, etwa von im Eigentum der öffentlichen Hand stehenden Grundstücken und Unternehmen, zu beurteilen, jedenfalls wenn primär fiskalische Interessen inmitten stehen und die Versteigerung der Ermittlung des Marktpreises dient.[118] Ähnlich ist die Vergabe sonstiger berufsbezogener Güter zu beurteilen.[119] Dient die Kontingentierung, wie im Taxengewerbe, der Verhinderung eines ruinösen Wettbewerbs und damit einer Korrektur des freien Spiels der Marktkräfte, so ist es allerdings nach *Martini* widersprüchlich, den Wettbewerb durch eine Versteigerung des Marktzutrittrechts zu verschärfen, obgleich diese einer effizienten Allokation dient.[120] Mutatis mutandis gelte dies auch in Bereichen, in denen der Staat zur Verhinderung sozialschädlichen Verhaltens Betätigungsmöglichkeiten kontingentiert; eine Vergabe nach dem Maßstab der effizientesten Nutzung setze nämlich einen Anreiz für den Ersteigerer, das an und für sich unerwünschte Verhalten über die Maße zu befördern.[121]

cc) Formale Kriterien

Formale Kriterien bieten den Vorteil einer einfachen und transparenten Handhabung, was sowohl dem Interesse der Verwaltung an einem einfachen und zügigen Verfahren als auch dem der Bewerber an einer berechen- und kontrollierbaren Auswahlentscheidung frei von sachwidrigen Einflüssen dient.[122] Ihre Formalität begründet aber zugleich den Haupteinwand gegen sie: Ihnen wohnt nämlich die Gefahr inne, materielle Unterschiede einzuebnen und damit Ungleiches in gleichheitswidriger Weise gleich zu behandeln.[123] Dies droht insbesondere dann, wenn das Verteilungsobjekt eine Vergabe allein oder vorrangig

---

[116] *K. Kruhl*, Versteigerung, S. 312 m. Fn. 15; *N. Malaviya*, Verteilungsentscheidungen, S. 175; *M. Martini*, Der Markt als Instrument hoheitlicher Verteilungslenkung, S. 713.

[117] *M. Martini*, Der Markt als Instrument hoheitlicher Verteilungslenkung, S. 714 Fn. 1645.

[118] *K. Kruhl*, Versteigerung, S. 311.

[119] *K. Kruhl*, Versteigerung, S. 311; *D. Kupfer*, Verteilung, S. 417 ff.

[120] *M. Martini*, Der Markt als Instrument hoheitlicher Verteilungslenkung, S. 677 ff. Im Ergebnis ebenso, allerdings aufgrund des Verfassungswidrigkeitsverdikts über Verleihungsgebühren: *K. Kruhl*, Versteigerung, S. 311 f.

[121] *M. Martini*, Der Markt als Instrument hoheitlicher Verteilungslenkung, S. 700 ff.

[122] So auch *S. Bumke*, Frequenzvergabe, S. 219; *M. Kloepfer / S. Reinert*, Zuteilungsgerechtigkeit, S. 47 (69); *N. Malaviya*, Verteilungsentscheidungen, S. 137; *M. Martini*, Der Markt als Instrument hoheitlicher Verteilungslenkung, S. 95, 100, 107, 111; *A. Voßkuhle*, DV 32 (1999), S. 21 (35); ferner BVerwGE 16, 190 (191).

[123] Siehe *W. Berg*, Der Staat 15 (1976), S. 1 (22 ff.); *M. Kloepfer / S. Reinert*, Zuteilungsgerechtigkeit, S. 47 (67 ff.); *D. Kunz*, Konzessionen, S. 205 f.; *M. Martini*, Der Markt als Instrument hoheitlicher Verteilungslenkung, S. 95 ff., 107 f., 111 f.; *M. Schmidt-Preuß*, Kollidierende Privatinteressen, S. 420; *H. Zuck*, Verteilungsentscheidungen, S. 202.

nach Leistungs- oder Bedürftigkeitskriterien als sachgerecht erscheinen lässt.[124] Als insoweit maßgeblich stellt sich nicht nur der grundrechtliche Teilhabeanspruch des Einzelnen dar; vielmehr kann, wenn die Nutzung des Guts auch Auswirkungen auf die Allgemeinheit bzw. Dritte zeitigt, ferner das öffentliche Interesse eine Bestenauslese, jedenfalls aber die Heranziehung materieller Mindestkriterien gebieten, etwa um die Berücksichtigung ungeeigneter, namentlich unzuverlässiger Bewerber zu verhindern.[125] Ebenso werfen formale Kriterien, die niedrige Zulassungsschwellen setzen, im Einzelfall das Problem der sachgerechten Verwendung auf: So sinkt der Nutzungsanreiz und besteht die Gefahr des Erwerbs ausschließlich zum Zwecke der Weiterveräußerung mit (ungerechtfertigtem) Gewinn („windfall profits");[126] darüber hinaus senken sie langfristig Leistungs- und Investitionsbereitschaft[127].

Vor diesem Hintergrund kommen formale Kriterien in erster Linie als Hilfserwägung bei im Wesentlichen gleich geeigneten Bewerbern in Betracht;[128] als Hauptkriterium aber nur dann, wenn eine materiell vergleichende Auswahlentscheidung unmöglich (fehlende rationale Kriterien),[129] unstatthaft (Wertungsverbot qua Neutralitätsgebot, z.B. bei der Stadthallennutzung durch Parteien oder wechselseitig unvereinbaren Demonstrationen),[130] mit unverhältnismäßigem Aufwand verbunden (etwa große Bewerberzahl, aufwändige Ermittlung, Zeitnot)[131] oder ausnahmsweise entbehrlich (hinreichend große Zulassungschance; kurze Zuteilungsperiode; Ausweichmöglichkeiten) erscheint.[132]

Während die eben aufgezeigten Gesichtspunkte die Heranziehung von formalen Vergabekriterien allgemein determinieren, seien im Folgenden noch zu-

---

[124] Dazu bereits oben im Kontext der materiellen Kriterien, B.I.4.b.bb.

[125] Siehe auch *W. Berg*, Der Staat 15 (1976), S. 1 (18 f.); *S. Bumke*, Frequenzvergabe, S. 222; *M. Kloepfer / S. Reinert*, Zuteilungsgerechtigkeit, S. 47 (67 f., 70 ff.).

[126] *S. Bumke*, Frequenzvergabe, S. 219 f.; *M. Martini*, Der Markt als Instrument hoheitlicher Verteilungslenkung, S. 98 f., 107 f.

[127] *M. Martini*, Der Markt als Instrument hoheitlicher Verteilungslenkung, S. 99.

[128] VGH München, NJW 1984, S. 680 (682); ferner BVerwGE 45, 331 (340); NVwZ-RR 2006, S. 786 (786) – jedenfalls dann; *S. Bumke*, Frequenzvergabe, S. 225 f.; *O. Depenheuer*, JZ 1993, S. 171 (179); *M. Kloepfer / S. Reinert*, Zuteilungsgerechtigkeit, S. 47 (68); *K. Kruhl*, Versteigerung, S. 167, 181; *D. Kupfer*, Verteilung, S. 423; *N. Malaviya*, Verteilungsentscheidungen, S. 137; *M. Martini*, Der Markt als Instrument hoheitlicher Verteilungslenkung, S. 108 f.; *A. Voßkuhle*, DV 32 (1999), S. 21 (37 f.). Weiter hinsichtlich der Zulässigkeit formaler Kriterien demgegenüber OVG Lüneburg, NVwZ 1983, S. 49 (50); NVwZ-RR 2006, S. 177 (178 f.).

[129] *S. Bumke*, Frequenzvergabe, S. 225; *M. Kloepfer / S. Reinert*, Zuteilungsgerechtigkeit, S. 47 (68); *K. Kruhl*, Versteigerung, S. 167, 181; *M. Martini*, Der Markt als Instrument hoheitlicher Verteilungslenkung, S. 109.

[130] *K. Kruhl*, Versteigerung, S. 167, 181; *M. Martini*, Der Markt als Instrument hoheitlicher Verteilungslenkung, S. 109 f.; *M. Schmidt-Preuß*, Kollidierende Privatinteressen, S. 422.

[131] *M. Martini*, Der Markt als Instrument hoheitlicher Verteilungslenkung, S. 110; *M. Schmidt-Preuß*, Kollidierende Privatinteressen, S. 409, 420 f. Sehr streng *A. Voßkuhle*, DV 32 (1999), S. 21 (38).

[132] Vgl. auch *N. Malaviya*, Verteilungsentscheidungen, S. 137, 146 f.

sätzlich zu berücksichtigende Spezifika einzelner formaler Vergabemodi aufgezeigt, und zwar für den Prioritätsgrundsatz (1), das Anciennitätsprinzip (2), die formale Quotenbildung (3), den Losentscheid (4) und das Rotationsprinzip (5).

(1) Prioritätsgrundsatz

Bei einer Verteilung nach dem Prioritätsgrundsatz kommt derjenige Bewerber zum Zuge, der das Gut zuerst begehrt hat („Windhund-Prinzip"). Seine Anwendung entspricht nicht nur einer langen Rechtstradition, von der die römisch-rechtliche Regel „prior tempore, potior iure"[133] und seine Erwähnung im Sachsen- und Schwabenspiegel („Wer zuerst zur Mühle kommt, der soll auch zuerst mahlen")[134] zeugen, sondern auch alltäglicher Erfahrung, namentlich beim Gütererwerb. In zahlreichen Verteilungsverfahren findet sich die Priorität als maßgebliches Kriterium normiert, so bei der Vergabe von Taxenkonzessionen (§ 13 Abs. 5 S. 2 PBefG) oder der Genehmigung von Seeanlagen (§ 5 Abs. 1 S. 4 SeeanlV); und jenseits gesetzlicher Vorgaben[135] wird die Verwaltung zur Antragsbehandlung nach dem Prioritätsgrundsatz für ohne Weiteres berechtigt,[136] mitunter sogar verpflichtet[137] erachtet. Angesichts der oben aufgezeigten Grenzen formaler Verteilungskriterien kann letzterem indes nicht unbesehen gefolgt werden;[138] vielmehr erscheint der Rekurs auf das Prioritätskriterium rechtfertigungsbedürftig.

Insoweit gilt neben dem eingangs Ausgeführten, dass einmal eine Privilegierung des schnellsten Bewerbers aus Gründen der Verwaltungseffizienz dann

---

[133] Vgl. *M. Martini*, Der Markt als Instrument hoheitlicher Verteilungslenkung, S. 101.

[134] Siehe *M. Martini*, Der Markt als Instrument hoheitlicher Verteilungslenkung, S. 101; *A. Voßkuhle*, DV 32 (1999), S. 21 (21); *A. Wacke*, JA 1981, S. 94 (94).

[135] Hat der Gesetzgeber ein (abschließendes) Entscheidungsprogramm vorgegeben, muss die Verwaltung dem auf Zuteilungsantrag nachkommen, unabhängig davon, ob das Problem der Verteilung in der Zeit gesetzlich gesehen bzw. – etwa durch die Anordnung, Anträge zu sammeln oder Genehmigungen zu befristen – gelöst wurde. Damit ist es der Verwaltung verwehrt, entscheidungsreife Genehmigungsanträge mit Blick auf später u.U. zu erwartende weitere Anträge zurückzustellen oder eine Ausschreibung bzw. Befristung anzuordnen. Insoweit kann von einer generellen Geltung des Prioritätsgrundsatzes bei der Antragsbehandlung gesprochen werden (dazu auch *M. Martini*, Der Markt als Instrument hoheitlicher Verteilungslenkung, S. 105 f. m. Fn. 383). Im Einzelfall muss freilich sorgfältig geprüft werden, ob die Verwaltung – auch aufgrund verfassungs- bzw. unionsrechtlicher Vorgaben und namentlich einer entsprechenden Konformauslegung – vom Prioritätsgrundsatz aufgrund einer Offenheit des Gesetzesprogramms abweichen darf. Ohne Weiteres angenommen werden kann dies bei tatsächlicher Antragskonkurrenz (so auch *M. Martini*, a.a.O.; vgl. auch *F. Kopp/U. Ramsauer*, VwVfG, § 22, Rn. 39; *H. Schmitz*, in: Stelkens/Bonk/Sachs, VwVfG, § 22, Rn. 60).

[136] Siehe insoweit BVerwGE 16, 190 (191 f.); VGH München, NJW 1962, S. 2219 (2220 f.).

[137] *M. Rolshoven*, NVwZ 2006, S. 516 (521 f.); *J.-P. Schneider*, GVwR II, § 28, Rn. 29: Grundregel für das Vorgehen bei Antragskonkurrenz.

[138] Ebenso *F. Kopp/U. Ramsauer*, VwVfG, § 22, Rn. 39; *N. Malaviya*, Verteilungsentscheidungen, S. 149 ff.; *O. Reidt*, DVBl. 2009, S. 274 (279 f.); *H. Schmitz*, in: Stelkens/Bonk/Sachs, VwVfG, § 22, Rn. 60. Zurückhaltend auch *H. Scholler*, Gleichheitssatz, S. 76 ff.

unbedenklich sein kann, wenn Konkurrenzkonflikte die Zuteilungssituation vielleicht im Einzelfall, aber nicht typischerweise prägen: Als Musterbeispiel hierfür genannt sei die Nutzung öffentlicher Einrichtungen, bei denen regelmäßig keine Kapazitätsengpässe auftreten.[139] Ebenso kann ein Interesse der Verwaltung an einer raschen Zuteilung, etwa das Ziel einer guten Auslastung öffentlicher Einrichtungen, anzuerkennen sein. Die problematische Formalität des Prioritätskriteriums besteht auch dann nicht, wenn die frühzeitige Antragstellung Ausdruck eigener Leistung ist, etwa wenn der Bewerber als Erster die Ausnutzungsmöglichkeiten knapper Ressourcen erkannt hat und daher z.B. als Erster die Genehmigung für einen Linienverkehrsdienst[140] oder eine Genehmigung (Erlaubnis bzw. Bewilligung), bergfreie Bodenschätze aufzusuchen bzw. zu gewinnen (§ 6 ff. BBergG),[141] beantragt.[142] Zudem mildern angemessene Zuteilungszeiträume die Schärfe des Prioritätskriteriums, die umgekehrt bei einer Ausschlusswirkung für lange Zeit sehr wohl in Rechnung zu stellen ist.[143] Zu berücksichtigen ist schließlich die durch eine Vergabe nach Priorität heraufbeschworene Gefahr der Bevorratung ohne zweckentsprechende Verwendung.[144]

Soll das Prioritätsprinzip verfahrensübergreifend angewendet werden, wie etwa bei der Vergabe von Taxenkonzessionen, bedarf es der Führung einer Warteliste.[145] Aus Gründen der Einzelfallgerechtigkeit kann es insoweit geboten sein, den sich grundsätzlich nach dem Antragszeitpunkt bestimmenden Rang zu verschieben.[146]

---

[139] Siehe auch *W. Berg*, Der Staat 15 (1976), S. 1 (25). Näher oben, 2. Teil, D.III.1.a.bb.(2).

[140] Zur Statthaftigkeit des Prioritätskriteriums in diesem Zusammenhang oben, 2. Teil, F.III.1.e.aa.

[141] Zur Maßgeblichkeit des Prioritätsprinzips insoweit: Begründung zum Regierungsentwurf des BBergG, BT-DrS 8/1315, S. 89. Die qualitative Auswahlregelung des § 14 Abs. 2 S. 1 BBergG gilt demgegenüber nur für den Fall, dass konkurrierende Anträge vorliegen. Nach ihr genießt unter mehreren genehmigungsfähigen Anträgen derjenige den Vorrang, „in dem das Arbeitsprogramm zusammen mit der Voraussetzung, die nach § 11 Nr. 7 für Erlaubnis oder Bewilligung glaubhaft zu machen ist [Leistungsfähigkeit], den Anforderungen einer sinnvollen und planmäßigen Aufsuchung oder Gewinnung am besten Rechnung trägt; dabei sind die sonstigen bergbaulichen Tätigkeiten des Antragstellers zu berücksichtigen." Besitzt bei einer Mehrzahl von Bewilligungsanträgen einer der Antragsteller bereits eine Erlaubnis, geht dieser allerdings gemäß § 14 Abs. 1 BBergG vor.

[142] Siehe auch *W. Berg*, Der Staat 15 (1976), S. 1 (24 f.); *J. Wolswinkel*, REALaw 2 (2009), S. 61 (93 Fn. 148).

[143] *M. Martini*, Der Markt als Instrument hoheitlicher Verteilungslenkung, S. 107; *A. Voßkuhle*, DV 32 (1999), S. 21 (39).

[144] *M. Martini*, Der Markt als Instrument hoheitlicher Verteilungslenkung, S. 109 f.

[145] Dazu näher unten, B.IV.

[146] So auch *H. Zuck*, Verteilungsentscheidungen, S. 187. Ein ausgefeiltes Regelungssystem hielt die zum 28.11.2008 aufgrund einer Neuregelung des Zugangs zum Schornsteinfegerhandwerk außer Kraft getretene Verordnung über das Schornsteinfegerwesen bereit; zu dieser ibid., S. 184 ff., und unten, Fn. 315.

(2) Anciennitätsprinzip

Das Anciennitätsprinzip erklärt die Zeitdauer des Innehabens einer Position als maßgebliches Verteilungskriterium und stellt sich damit als Fortsetzung des Prioritätsprinzips dar. Anwendungsbeispiele sind die Vergabe von Notarstellen nach Dienstzeit oder deren Heranziehung als Hilfskriterium bei beamtenrechtlichen Auswahlentscheidungen, aber auch die Berücksichtigung der Wartezeit bei der Zuteilung von Studienplätzen. Als rein formales Kriterium ist es mit den aufgezeigten Vor- und Nachteilen derartiger Kriterien verbunden; freilich kann ihm auch materielle Aussagekraft für eine besondere Leistungsfähigkeit respektive Bedürftigkeit zukommen, etwa als Ausdruck einer besonderen Berufserfahrung oder eines dringenden Angewiesenseins auf die Leistung, wie beim Hochschulzugang vor dem Hintergrund des verfassungsrechtlichen Gebots, in absehbarer Zeit eine Studienmöglichkeit zu eröffnen. In diesem Rahmen erscheint eine (Mit-)Berücksichtigung der Anciennität denkbar.[147] Zusätzlichen Rechtfertigungsdruck erzeugt allerdings das Verbot der Altersdiskriminierung,[148] das insbesondere eine schematische Anwendung des Anciennitätsprinzips in Frage stellt.[149]

(3) Formale Quotenbildung: pro Kopf oder pro rata

Über das eingangs zu formalen Kriterien Gesagte hinaus liegt der unbestreitbare Vorteil sowohl einer Pro-Kopf-Verteilung, mithin einer Quotelung der Verteilungsmasse nach Zahl der Bewerber („Gießkannenprinzip"), als auch einer Verteilung pro rata, d.h. nach der jeweils beantragten Menge gequotelt, in der gleichmäßigen Berücksichtigung aller Bewerber: Niemand geht leer aus.[150] Diese Vergabemodi müssen allerdings ausscheiden, wenn das Gut nicht teilbar ist bzw. eine Teilung (ökonomisch) nicht sinnvoll erscheint.[151] Bei der Pro-

---

[147] Siehe auch *M. Martini*, Der Markt als Instrument hoheitlicher Verteilungslenkung, S. 116 f. Weiter *W. Berg*, Der Staat 15 (1976), S. 1 (25 f.). Zurückhaltend *A. Voßkuhle*, DV 32 (1999), S. 21 (28, 37 f.).

[148] Zu diesem als Unionsgrundrecht Art. 21 Abs. 1 GRC; EuGH, Rs. C-144/04, Slg. 2005, I-9981 – Mangold; Rs. C-411/05, Slg. 2007, I-8531 – Palacios de la Villa; Rs. C-427/06, Slg. 2008, I-7245 – Bartsch; ferner die Richtlinie 2000/78/EG des Rates vom 27. November 2000 zur Festlegung eines allgemeinen Rahmens für die Verwirklichung der Gleichbehandlung in Beschäftigung und Beruf, ABl. L 303 v. 2.12.2000, S. 16, sowie das AGG.

[149] Siehe auch *P. M. Huber / F. Wollenschläger*, Einheimischenmodelle, Rn. 75; *M. Martini*, Der Markt als Instrument hoheitlicher Verteilungslenkung, S. 114 f.

[150] Vgl. auch *W. Berg*, Der Staat 15 (1976), S. 1 (23 f.); *N. Malaviya*, Verteilungsentscheidungen, S. 176 f.; *M. Martini*, Der Markt als Instrument hoheitlicher Verteilungslenkung, S. 100 f.

[151] Siehe *W. Berg*, Der Staat 15 (1976), S. 1 (23); *S. Bumke*, Frequenzvergabe, S. 218; *M. Kloepfer / S. Reinert*, Zuteilungsgerechtigkeit, S. 47 (68); *K. Kruhl*, Versteigerung, S. 75; *N. Malaviya*, Verteilungsentscheidungen, S. 176; *M. Martini*, Der Markt als Instrument hoheitlicher Verteilungslenkung, S. 95, 101.

rata-Verteilung besteht zudem die Gefahr überhöhter Anträge zwecks Quoten-maximierung.[152]

(4) Losentscheid

Bei der identische Zulassungschancen einräumenden Losvergabe kommt der Verzicht auf eine materiell-inhaltliche Steuerung der Verteilung am augenfälligs-ten zum Ausdruck. Sie deshalb als „Bankerotterklärung des Rechts" (*Dürig*) zu bezeichnen,[153] vernachlässigt allerdings, dass sich ein derartiges Vorgehen – in Einklang mit den eingangs aufgezeigten Grundsätzen für eine ausnahmsweise Heranziehung formaler Vergabekriterien – als ultima ratio notwendig erweisen kann. Mit *Otto Depenheuer* ist daher festzuhalten, dass die „Zufallsentschei-dung … zwar keine inhaltliche Richtigkeitsgewähr, nicht materielle Vernunft-gründe für sich [hat]; Legitimität erwächst dem Losentscheid indes aus der prak-tischen Notwendigkeit, im Streitfall den Rechtsfrieden zu wahren bzw. wieder-herzustellen – darin liegt die Vernünftigkeit des ‚Zufalls als Rechtsprinzip'".[154] So entscheidet denn auch zu Recht bei der telekommunikationsrechtlichen Fre-quenzvergabe im Auswahlverfahren bei gleicher Eignung das Los (§ 61 Abs. 6 S. 5 TKG) und sieht § 18 Abs. 2 S. 2 VergabeVO einen Losentscheid als subsidiäres Kriterium bei Ranggleichheit der Studienplatzbewerber vor.

(5) Rotation

Ähnlich wie Quotelungen der Verteilungsmasse vermögen Rotationssysteme die Berücksichtigung aller Interessenten sicherzustellen.[155] Zudem verhindern sie eine sich verfestigende (Markt-)Macht einzelner Bewerber, was für ihre Zu-lässigkeit streiten kann.[156] Ihre besondere Problematik liegt allerdings darin, dass sie mit ihrer notwendigen Anlage auf einen längeren Zeitraum hin wenig flexibel erscheinen, insbesondere Änderungen an Verteilungsobjekt und -krite-rien sowie die Zuteilung an Newcomer sperren.[157]

---

[152] *N. Malaviya*, Verteilungsentscheidungen, S. 176; *M. Martini*, Der Markt als Instru-ment hoheitlicher Verteilungslenkung, S. 101.

[153] So *G. Dürig*, in: Maunz/ders., GG, Art. 3 I, Rn. 231.

[154] *O. Depenheuer*, JZ 1993, S. 171 (177). Positiv auch *H. Scholler*, Gleichheitssatz, S. 80 (demokratische Egalität); *C. Starck*, VerwArch 71 (1980), S. 1 (25).

[155] *N. Malaviya*, Verteilungsentscheidungen, S. 178; *M. Martini*, Der Markt als Instru-ment hoheitlicher Verteilungslenkung, S. 132.

[156] *M. Martini*, Der Markt als Instrument hoheitlicher Verteilungslenkung, S. 132 f.

[157] *M. Schmidt-Preuß*, Kollidierende Privatinteressen, S. 409.

c) Entscheidungsspielräume der Verwaltung

Die Entscheidungsprogramme zahlreicher Verteilungsverfahren kennzeichnen, wie bereits in der Konzeptphase herausgearbeitet, ausfüllungs- und konkretisierungsbedürftige gesetzliche Vorgaben: So ist für die öffentliche Auftragsvergabe bestimmt, nur geeignete, mithin zuverlässige, fachkundige, leistungsfähige sowie gesetzestreue Bieter zu berücksichtigen (§ 97 Abs. 4 S. 1 GWB) und den Zuschlag auf das wirtschaftlichste Angebot zu erteilen (§ 97 Abs. 5 GWB). Nach dem die Vergabe öffentlicher Ämter determinierenden Leistungsprinzip sind „Ernennungen ... nach Eignung, Befähigung und fachlicher Leistung ... vorzunehmen" (§ 9 BeamtStG). Ein Bewerber um eine Linienverkehrsgenehmigung kommt zum Zuge, wenn sein Angebot den öffentlichen Verkehrsinteressen am besten entspricht (§ 13 Abs. 2 Nr. 2 PBefG). Schließlich gilt für die Vergabe von Standplätzen auf Messen und Märkten bei Bewerberüberhang, dass der „Veranstalter ... aus sachlich gerechtfertigten Gründen ... einzelne Aussteller, Anbieter oder Besucher von der Teilnahme ausschließen" „kann" (§ 70 Abs. 3 GewO). Vor diesem Hintergrund stellt sich die Frage nach dem Entscheidungsspielraum der Verwaltung, der ihr bei der Ausfüllung dieser gesetzlichen Rahmenvorgaben zukommt.

aa) Die Frage nach administrativen Beurteilungsspielräumen als Sitz des Problems

Um begrifflich-dogmatische Klarheit zu schaffen, sei zunächst festgehalten, dass diese offenen Programmnormen durchgehend mit unbestimmten Rechtsbegriffen operieren, aber kein Ermessen im technischen Sinne einräumen. Diese beiden überkommenen[158] Kategorien – Beurteilungsspielraum auf der Tatbestandsseite einerseits und andererseits Ermessenseinräumung auf der Rechtsfolgenseite – unterscheiden Teile der Rechtsprechung und des Schrifttums oftmals nicht mit hinreichender Deutlichkeit.[159] Da etwa im Vergaberecht ungeeignete Bieter nicht berücksichtigt werden dürfen und der Zuschlag auf das wirtschaftlichste Angebot zu erfolgen hat, es mithin an einem Spielraum auf Rechtsfolgenseite fehlt, scheidet eine Ermessensausübung im verwaltungsrechtlichen Sinne aus.[160] Mithin zielt die Frage nach Entscheidungsspielräumen der Verwaltung in Verteilungsverfahren – in den Kategorien des Allgemeinen

---

[158] Siehe für ein einheitliches Verständnis des Verwaltungsermessens aber *E. Schmidt-Aßmann*, Ordnungsidee, S. 205 ff. Ablehnend *H. Maurer*, Allgemeines Verwaltungsrecht, § 7, Rn. 55 ff. Zur Tragfähigkeit der Differenzierung auch *W. Hoffmann-Riem*, GVwR I, § 10, Rn. 93.

[159] Siehe nur oben, 2. Teil, B.III.2.d.dd., und D.III.1.a.bb.; ferner *H. Kaelble*, ZfBR 2003, S. 657 (661 Fn. 42); *M. Sachs*, in: Stelkens/Bonk/ders., VwVfG, § 40, Rn. 188.

[160] Ebenso *M. Goede*, VergabeR 2002, S. 347 (349).

Verwaltungsrechts formuliert – auf das Bestehen von Beurteilungsspielräumen bei der Ausfüllung dieser unbestimmten Rechtsbegriffe durch die Verwaltung.

bb) Allgemeine Voraussetzungen für die Anerkennung von Beurteilungsspielräumen

Die Anerkennung von Beurteilungsspielräumen, und dies ist ihre Problematik, geht mit einer eingeschränkten gerichtlichen Kontrolldichte einher: Überprüfbar ist nur, ob die Verwaltung „bei der Entscheidung den anzuwendenden Begriff oder den gesetzlichen Rahmen des Beurteilungsspielraums verkannt hat, ob [sie] von einem unrichtigen Sachverhalt ausgegangen ist, allgemein gültige Wertmaßstäbe nicht beachtet, sachfremde Erwägungen angestellt oder gegen Verfahrensvorschriften verstoßen hat".[161] Damit reduziert sich die gerichtliche Kontrolle inhaltlich auf eine Rahmenkontrolle und beschränkt sich im Übrigen auf den Nachvollzug der Entscheidungsfindung.

Vor dem Hintergrund der grundgesetzlichen Rechtsschutzgarantie, die prinzipiell eine in tatsächlicher und rechtlicher Hinsicht umfassende Überprüfung von Verwaltungsentscheidungen fordert, stellt sich die Anerkennung von Beurteilungsspielräumen damit als rechtfertigungsbedürftige, wenngleich mögliche Ausnahme dar.[162] Auf der Basis der heute[163] herrschenden normativen Ermächtigungslehre setzt dies eine entsprechende Ermächtigung der Verwaltung zur letztverbindlichen Entscheidung voraus.[164] In aller Regel ist eine solche durch Auslegung der Programmnorm zu ermitteln.[165] Es versteht sich von selbst, dass die – jedenfalls im Wege der Auslegung gewonnene – Ermächtigung zur behörd-

---

[161] Siehe nur (im Kontext der Vergabe öffentlicher Ämter) BVerwGE 128, 329 (332 f.); ferner BVerfG, 1 BvR 3151/07 – juris, Rn. 59; *F. Kopp/U. Ramsauer*, VwVfG, § 40, Rn. 86 ff.; *E. Schmidt-Aßmann*, in: Maunz/Dürig, GG, Art. 19 IV, Rn. 192.

[162] Siehe nur BVerfGE 84, 34 (49 f.); E 88, 40 (56); E 103, 142 (156 f.); *P. M. Huber*, in: v. Mangoldt/Klein/Starck, GG, Art. 19, Rn. 510; *M. Sachs*, in: Stelkens/Bonk/ders., VwVfG, § 40, Rn. 165 ff.; *E. Schmidt-Aßmann*, in: Maunz/Dürig, GG, Art. 19 IV, Rn. 183, 191; *ders.*, Ordnungsidee, S. 216 f.; *Bu. Wollenschläger*, Wissensgenerierung, S. 203 ff.

[163] Zur Entwicklung der – auf Bachof zurückgehenden – Lehre vom Beurteilungsspielraum nur *H. Maurer*, Allgemeines Verwaltungsrecht, § 7, Rn. 31 f.

[164] Siehe nur BVerfG, 1 BvR 3151/07 – juris, Rn. 53 f.; BVerwGE 94, 307 (309 f.); *P. M. Huber*, in: v. Mangoldt/Klein/Starck, GG, Art. 19, Rn. 514; *F. Kopp/U. Ramsauer*, VwVfG, § 40, Rn. 14, 72 f.; *H. Maurer*, Allgemeines Verwaltungsrecht, § 7, Rn. 33; *M. Sachs*, in: Stelkens/Bonk/ders., VwVfG, § 40, Rn. 162; *E. Schmidt-Aßmann*, in: Maunz/Dürig, GG, Art. 19 IV, Rn. 185, 191; *ders.*, Ordnungsidee, S. 217 ff.; *Bu. Wollenschläger*, Wissensgenerierung, S. 203 ff. Kritisch zur Aussagearmut dieser Lehre *F. Ossenbühl*, Kontrolldichte, S. 55 (63 f.).

[165] BVerfG, 1 BvR 3151/07 – juris, Rn. 54; *W. Hoffmann-Riem*, GVwR I, § 10, Rn. 94; *F. Kopp/U. Ramsauer*, VwVfG, § 40, Rn. 72; *H. Maurer*, Allgemeines Verwaltungsrecht, § 7, Rn. 34; *M. Sachs*, in: Stelkens/Bonk/ders., VwVfG, § 40, Rn. 162; *E. Schmidt-Aßmann*, Ordnungsidee, S. 217 ff. Demgegenüber eine ausdrückliche Ermächtigung verlangend *H. Schulze-Fielitz*, JZ 1993, S. 772 (778).

lichen Letztentscheidung ihrerseits mit Art. 19 Abs. 4 GG in Einklang stehen muss.[166]

Wann beides der Fall ist, mithin ein Beurteilungsspielraum in verfassungskonformer Weise eingeräumt wurde, lässt sich abstrakt nur schwer bestimmen, und auch die in der Rechtsprechung zu findenden Aussagen erweisen sich nicht immer als widerspruchsfrei[167]. Negativ wird vielfach betont, dass *allein* die Komplexität der Materie,[168] das Erfordernis einer besonderen Fachkompetenz der Verwaltung,[169] die begrenzte Steuerungskraft der gesetzlichen Vorgaben für die zu treffende Verwaltungsentscheidung,[170] die Notwendigkeit einer wertenden Erkenntnis[171] oder aber prognostische Momente bei der Entscheidungsfindung[172] die Annahme eines Beurteilungsspielraums nicht rechtfertigten. Anzuerkennen sein kann ein solcher aber, positiv gewendet, bei einer hohen Komplexität oder besonderen Dynamik des fraglichen Sachbereichs, insbesondere wenn diese gesetzliche Steuerungsverluste bedingen,[173] oder bei einem nur schwer möglichen gerichtlichen Nachvollzug der Verwaltungsentscheidung, der die Rechtsprechung an ihre Funktionsgrenzen stoßen lässt[174]. Stets in Rechnung zu stellen sind die inmitten stehenden (Grund-)Rechtspositionen.[175]

---

[166] BVerfGE 88, 40 (56); E 103, 142 (156 f.); *F. Kopp / U. Ramsauer*, VwVfG, § 40, Rn. 14; *H. Maurer*, Allgemeines Verwaltungsrecht, § 7, Rn. 34; *Bu. Wollenschläger*, Wissensgenerierung, S. 203 ff.

[167] Zur Uneinheitlichkeit der Rechtsprechung auch *H. Schulze-Fielitz*, JZ 1993, S. 772 (773).

[168] BVerfGE 88, 40 (58 f.); BVerwGE 94, 307 (311).

[169] BVerfGE 88, 40 (58); BVerwGE 94, 307 (311); *M. Sachs*, in: Stelkens / Bonk / ders., VwVfG, § 40, Rn. 208.

[170] BVerfGE 84, 34 (51).

[171] BVerwGE 94, 307 (311); ferner *M. Sachs*, in: Stelkens / Bonk / ders., VwVfG, § 40, Rn. 196.

[172] BVerfGE 88, 40 (60); ferner E 103, 142 (157); *M. Sachs*, in: Stelkens / Bonk / ders., VwVfG, § 40, Rn. 195, 198; *E. Schmidt-Aßmann*, in: Maunz / Dürig, GG, Art. 19 IV, Rn. 197 f. Allerdings sei nach BVerfGE 88, 40 (60), in diesem Fall die „gerichtliche Überprüfung solcher (von fachlichen Wertungen schwer trennbaren) Einschätzungen … ihrem Wesen nach auf die Frage beschränkt, ob der Sachverhalt zutreffend ermittelt und der Prognose eine geeignete Methode zugrunde gelegt worden ist." Weiter (im Sinne einer gerichtlich anzustellenden [Zweit-]Prognose) aber *E. Schmidt-Aßmann*, in: Maunz / Dürig, GG, Art. 19 IV, Rn. 200.

[173] BVerfGE 84, 34 (50); 1 BvR 3151/07 – juris, Rn. 54.

[174] BVerfGE 84, 34 (50); 1 BvR 3151/07 – juris, Rn. 54; BVerwGE 94, 307 (314 f.); *P. M. Huber*, in: v. Mangoldt / Klein / Starck, GG, Art. 19, Rn. 512; *H. Maurer*, Allgemeines Verwaltungsrecht, § 7, Rn. 34; *H. Schulze-Fielitz*, JZ 1993, S. 772 (778 f.).

[175] BVerfG, 1 BvR 3151/07 – juris, Rn. 55; *H. Maurer*, Allgemeines Verwaltungsrecht, § 7, Rn. 34; *H. Schulze-Fielitz*, JZ 1993, S. 772 (776). Zurückhaltend *E. Schmidt-Aßmann*, in: Maunz / Dürig, GG, Art. 19 IV, Rn. 180a.

cc) Beurteilungsspielräume im Kontext von Auswahlentscheidungen

Für die Beantwortung der Frage nach Beurteilungsspielräumen im Kontext von Auswahlentscheidungen weiterführend erscheint eine Betrachtung und Fortentwicklung etablierter Fallgruppen der vergeichenden Bewertung mehrerer Kandidaten, und zwar in Prüfungssituationen und beim Zugang zu öffentlichen Ämtern.

Bekanntermaßen hat das BVerfG im Prüfungsrecht einen Beurteilungsspielraum (nur) hinsichtlich prüfungsspezifischer Wertungen anerkannt, da es die Maßgeblichkeit der in der Prüfungspraxis durch den Prüfer gewonnenen Einschätzungen und Erfahrungen für die Bewertung mit sich bringt, dass „Prüfungsnoten nicht isoliert gesehen werden dürfen, sondern in einem Bezugssystem zu finden sind, das durch die persönlichen Erfahrungen und Vorstellungen der Prüfer beeinflußt wird." Gerichtlich ist dieses Bewertungssystem, da auf komplexen Erwägungen beruhend und nicht regelhaft erfassbar, nicht reproduzierbar und die Prüfungssituation zudem unwiederholbar, so dass die Rechtsprechung hier an funktionelle Grenzen stößt, will sie nicht die Bewertung des Prüfers durch ihre eigene ersetzen. Auch widerspricht es dem das Prüfungsrecht prägenden Grundsatz der Chancengleichheit, einzelnen Bewerbern isoliert vom Leistungsvergleich in der konkreten Prüfungssituation eine hiervon unabhängige zweite Chance einzuräumen.[176] Unmittelbar einschlägig ist diese Fallgruppe für prüfungsähnliche Elemente in Auswahlverfahren, namentlich für Auswahlgespräche, die im Kontext des Hochschulzugangs oder bei der Personalauswahl zum Einsatz kommen.[177]

Anerkennung gefunden haben Beurteilungsspielräume ferner hinsichtlich des für die Vergabe öffentlicher Ämter anzustellenden Leistungsvergleichs.[178] Denn dieser impliziere, so das BVerwG, einen „Akt wertender Erkenntnis".[179] Nimmt man freilich den stets betonten Grundsatz ernst, dass die Wertungsabhängigkeit einer Entscheidung allein keine Letztentscheidungsbefugnis der Verwaltung zu rechtfertigen vermag,[180] bedarf es weiterer Überlegungen. Solche finden sich einmal in einem jüngeren Beschluss des BVerfG zur Notarbestellung, in dem es zur Stützung eines Beurteilungsspielraums zum einen darauf verwies, dass das gesetzlich vorgezeichnete Entscheidungsprogramm „wegen seines hohen Abstraktionsgehalts nur eine begrenzte Steuerungskraft auf[weist]." Hierin muss freilich, da jedem unbestimmten Rechtsbegriff eine schwache Steuerungsleistung zu attestieren ist und dies noch keinen Kontroll-

---

[176] BVerfGE 84, 34 (51 f.); E 88, 40 (57 f.); ferner *E. Schmidt-Aßmann*, in: Maunz / Dürig, GG, Art. 19 IV, Rn. 193.

[177] Siehe oben, 2. Teil, E.III.4.

[178] Siehe die Nachweise oben, 2. Teil, C.III.1.d.

[179] Statt vieler BVerwGE 68, 109 (110).

[180] BVerwGE 94, 307 (311); ferner *M. Sachs*, in: Stelkens / Bonk / ders., VwVfG, § 40, Rn. 196.

verzicht rechtfertigt[181], ein Verzicht auf umfassende gesetzliche Determinierung und die Einräumung eines kraft eigener verfassungsrechtlicher Legitimation der Verwaltung auszufüllenden Handlungsspielraums zum Ausdruck kommen.[182] Zum anderen enthalte die Eignungsprüfung ein „deutliches prognostisches Element", da zu beurteilen ist, ob der Bewerber den gestellten Anforderungen gerecht werden wird.[183] Darüber hinaus stößt die gerichtliche Kontrolle, ähnlich wie im Kontext von Prüfungsentscheidungen, bei nicht wiederholbaren[184] oder auf persönlichen Eindrücken und Erfahrungen beruhenden Leistungsbewertungen an ihre funktionalen Grenzen.[185] Schließlich vermag ein sektorspezifisch bestehendes Organisationsermessen der Verwaltung deren Letztentscheidungsbefugnis zu tragen: Besteht ein solches, wie bei der Aufstellung des Anforderungsprofils für die Besetzung einer Stelle im öffentlichen Dienst – aber auch bei der Ausgestaltung einer öffentlichen Einrichtung oder der Definition des Beschaffungsbedarfs –, kommt der Verwaltung nämlich eine gestalterisch auszufüllende Konkretisierungsbefugnis zu.[186] „Sind", so das BVerwG, „mehrere rechtmäßige Entscheidungen denkbar, so verlangt Art. 19 Abs. 4 GG nicht, daß die Auswahl unter ihnen letztverbindlich vom Gericht getroffen wird."[187]

Über diesen Kontext vergleichender Auswahlentscheidungen hinaus kann für einen Beurteilungsspielraum auch streiten, dass „ein pluralistisch und staatsfern besetztes Kollegialorgan" handelt.[188] (Auch) Hiermit lassen sich Be-

---

[181] Siehe auch *K. F. Gärditz*, NVwZ 2009, S. 1005 (1008 f.), der zu Recht darauf hinweist, dass eine schwache gesetzliche Programmierung auch eine besonders starke gerichtliche Kontrolle fordern kann.

[182] Siehe insoweit – im Kontext der von einem besonderen pädagogischen Interesse abhängigen Zulassung privater Volksschulen (Art. 7 Abs. 5 GG) – BVerfGE 88, 40 (61), wonach ein Beurteilungsspielraum anzuerkennen sei, wenn die Entscheidung „Elemente wertender Erkenntnis ein[schließt], deren Ergebnisse nicht vollständig auf eine Anwendung der einschlägigen Verfassungsnorm zurückzuführen sind. Diese Entscheidung verlangt eine Gewichtung unterschiedlicher Belange, für die Art. 7 Abs. 5 GG keine vollständige rechtliche Bindung vorgibt. Den dadurch begründeten Handlungsspielraum muß die Verwaltung kraft ihrer eigenen verfassungsrechtlichen Legitimation ausfüllen. Sie unterliegt insoweit der parlamentarischen, nicht aber einer gerichtlichen Kontrolle."

[183] BVerfG, 1 BvR 2177/07 – juris, Rn. 50. Vgl. auch E 108, 282 (296 f.); BVerwGE 62, 330 (338 ff.); *E. Schmidt-Aßmann*, in: Maunz / Dürig, GG, Art. 19 IV, Rn. 199.

[184] Siehe insoweit auch BVerwGE 94, 307 (314 f.).

[185] Vgl. auch BVerfGE 108, 282 (296 f.); *E. Schmidt-Aßmann*, in: Maunz / Dürig, GG, Art. 19 IV, Rn. 194.

[186] *W. R. Schenke*, in: BK, Art. 19 Abs. 4, Rn. 556; *E. Schmidt-Aßmann*, in: Maunz / Dürig, GG, Art. 19 IV, Rn. 194. Zu aus dem Organisationsermessen in den einzelnen Bereichen folgenden Gestaltungsbefugnissen oben, 2. Teil, B.III.2.a.; C.III.1.a.bb.; D.III.1.a.aa. und cc.; E.I.1.a.bb.(1) und III.1.

[187] BVerwGE 62, 330 (341).

[188] BVerwGE 91, 211 (216 f.); E 94, 307 (311); ferner *M. Sachs*, in: Stelkens / Bonk / ders., VwVfG, § 40, Rn. 204 ff. Restriktiv *H. Maurer*, Allgemeines Verwaltungsrecht, § 7, Rn. 45; *E.*

urteilungsspielräume bei der Zuteilung von Rundfunkfrequenzen begründen, da die gebotene Programmvielfalt eine Bewertung der Angebote unter programmlichen Gesichtspunkten fordert, die zudem pluralistisch zusammengesetzten Gremien überantwortet ist.[189] Eine administrative Einschätzungsprärogative kommt des Weiteren hinsichtlich der Konkretisierung unbestimmter Rechtsbegriffe mit planerisch-politischem Gehalt in Betracht, wenn der Verwaltung, wie oftmals bei komplexen Abwägungsentscheidungen, ein entsprechender Gestaltungsauftrag zugewiesen wurde.[190] Dies gilt namentlich bei Konkurrenzkonflikten im Personenverkehr: So ist die Beurteilung des „öffentlichen Verkehrsinteresses" bei der Konzessionsvergabe im Linienverkehr von verkehrs- und raumpolitischen Wertungen abhängig[191] und handelt es sich bei der Kapazitätsbeschränkungen für den Taxenverkehr rechtfertigenden Annahme einer Funktionsgefährdung des Droschkengewerbes „um eine prognostische Entscheidung wertenden Charakters mit verkehrs- und wirtschaftspolitischem Einschlag, die vor allem zur Aufgabe der Verwaltung gehört"[192]. Ferner zu nennen sind die Gestaltungsbefugnisse im Kontext der regulierungsrechtlichen Frequenzvergabe[193] sowie die durch planerische Momente gekennzeichnete erste Stufe der Krankenhausplanung, die Krankenhauszielplanung[194].

Anhand einer Gesamtschau dieser Momente lässt sich nun ermitteln, ob ein Beurteilungsspielraum anzuerkennen ist oder nicht; zu geschehen hat dies allerdings stets mit Blick auf ein konkretes Kriterium, da im Rahmen eines Auswahlverfahrens durchaus voll überprüfbare unbestimmte Rechtsbegriffe neben solchen, hinsichtlich derer ein Beurteilungsspielraum eingeräumt ist, stehen können[195]. Nicht vernachlässigt werden darf zudem das Gewicht der auf dem Spiel stehenden Grundrechtspositionen, was das BVerfG beispielsweise für den Hochschulzugang herausgearbeitet hat[196].

Schmidt-Aßmann, in: Maunz / Dürig, GG, Art. 19 IV, Rn. 196; *H. Schulze-Fielitz*, JZ 1993, S. 772 (778).

[189] Näher oben, 2. Teil, H.III.1.

[190] *E. Schmidt-Aßmann*, in: Maunz / Dürig, GG, Art. 19 IV, Rn. 197, 197a.

[191] Siehe etwa OVG Lüneburg, NVwZ-RR 2005, S. 105 (110); VGH Mannheim, 3 S 709/03 – juris, Rn. 26; OVG Münster, DVBl. 2008, S. 1454 (1456).

[192] BVerwGE 64, 238 (242); E 79, 208 (213). Restriktiv *H. Schulze-Fielitz*, JZ 1993, S. 772 (776).

[193] Siehe oben, 2. Teil, G.III.1. und 4.b.

[194] Dazu oben, 2. Teil, J.I.2.a.

[195] Ein Beispiel ist die Krankenhausplanung, in deren Rahmen die unbestimmten Rechtsbegriffe der Bedarfsgerechtigkeit, Leistungsfähigkeit und Kostengünstigkeit eines Krankenhauses einer vollumfänglichen gerichtlichen Kontrolle unterliegen, wohingegen hinsichtlich der vergleichenden Auswahlentscheidung ein Beurteilungsspielraum anerkannt ist. Näher oben, 2. Teil, J.I.2.a.

[196] Siehe BVerfGE 85, 36 (56 ff.), sowie näher oben, 2. Teil, E.I.1.a.bb.(1).

dd) Die beschränkte Tragweite behördlicher Entscheidungsspielräume vor dem Hintergrund der Konzeptpflicht

Die Tragweite behördlicher Entscheidungsspielräume in Verteilungsverfahren lässt sich schließlich ohne eine Berücksichtigung der von der Verwaltung zu entwickelnden Vergabekonzepte[197] nicht treffend erfassen. Denn zum einen beschränkt die Konzeptentwicklung, wie im Übrigen auch Begründungs- und Dokumentationspflichten,[198] Entscheidungsspielräume der Verwaltung, indem sie das (unbestimmte) gesetzliche Verteilungsprogramm für dessen Anwendung konkretisiert und so eine rationale und transparente Entscheidungsgrundlage schafft.[199] Zum anderen stuft die Konzeptentwicklung das Verwaltungsverfahren und damit auch die gerichtliche Kontrolle.[200] Zu differenzieren ist nämlich zwischen der Konzeptphase und der der Entscheidungsfindung: Während die Verwaltung in ersterer die Modalitäten der Vergabe in Ausfüllung des vom Gesetzgeber vorgezeichneten Rahmens bestimmt, steht in letzterer die Beurteilung der eingegangenen Bewerbung auf der Grundlage der in der Konzeptphase festgelegten und gewichteten Kriterien inmitten. Auf beiden Ebenen können nun Beurteilungsermächtigungen zum Tragen kommen; insoweit die Verwaltung den ihr zukommenden Gestaltungsspielraum allerdings bereits auf der Konzeptstufe erschöpft hat, etwa durch Festlegung auf den niedrigsten Preis, die beste Examensnote oder ein Punktesystem, stellt sich die eigentliche Auswahlentscheidung dann nur noch als schlichte Konzeptanwendung dar und ist folglich gerichtlich voll überprüfbar.[201]

5. Entscheidungsformung

Mit Abschluss der Entscheidungsfindungsphase steht fest, welche Bewerbung(en) erfolgreich war(en). Dieses Ergebnis ist nun in Gestalt einer Vergabeentscheidung im Außenverhältnis darzustellen. Erfolgen kann dies in einem ein- oder zweistufigen Prozess und in unterschiedlichen Handlungsformen (a). Die Formung der Entscheidung betrifft ferner die Frage nach Begründungs-

---

[197] Dazu ausführlich oben, B.I.1.

[198] Zu diesen unten, B.I.5.b, bzw. III.1.

[199] Dazu bereits oben, B.I.1.; ferner unten, 2. Teil, B.III.2.d.bb.; C.III.1.d.; D.III.1.d.; F.III.1.e.aa. Siehe auch *H. Schulze-Fielitz*, JZ 1993, S. 772 (776 f.).

[200] Siehe dazu auch *E. Schmidt-Aßmann*, in: Maunz/Dürig, GG, Art. 19 IV, Rn. 202, der die Thematik unter dem Stichwort „Rezeptionsbegriffe" unter Bezugnahme auf die Faktorenlehre (dazu nur *H. Kellner*, NJW 1966, S. 857 [863]) verhandelt.

[201] Siehe auch *E. Schmidt-Aßmann*, in: Maunz/Dürig, GG, Art. 19 IV, Rn. 202; ferner VGH München, NVwZ-RR 2004, S. 599 (601): „Einen die Richtlinien ausfüllenden Konkretisierungs- und Beurteilungsspielraum besaß [die Gemeinde] nur bei der Festlegung des die Attraktivität bestimmenden Maßstabs und der heranzuziehenden Erkenntnisquellen. Ob die getroffene Auswahlentscheidung diesen selbst gestellten Anforderungen im Einzelfall gerecht wurde, unterliegt dagegen der gerichtlichen Nachprüfung."

(b) und Befristungserfordernissen (c) sowie nach Art und Weise der Bekanntgabe (d).

a) Die Struktur des Darstellungsprozesses und die Handlungsformen der verteilenden Verwaltung

Die in der Entscheidungsfindungsphase hergestellte Auswahlentscheidung fungiert bis zu ihrer Darstellung im Außenverhältnis als bloßes Verwaltungsinternum und muss umgesetzt werden. Dies kann in einem ein- oder zweistufigen
Prozess erfolgen, je nach dem, ob sich neben dem Akt der Zuteilung des Gutes
auch die Auswahlentscheidung als solche im Außenverhältnis manifestiert.

Die Güterzuteilung erfordert jedenfalls einen positiven Zuteilungsakt, nämlich die jeweils durch Verwaltungsakt erfolgende Ernennung des Beamten, Zulassung des Studierenden, Vergabe der Konzession im Taxen- und Linienverkehr, Zuteilung der Frequenz im Telekommunikations- und Rundfunkrecht
oder Aufnahme in den Krankenhausplan. Auch die Standplatzvergabe auf Messen und Märkten kann mittels eines Verwaltungsakts realisiert werden, ebenfalls praktiziert wird aber der Abschluss eines öffentlich- oder privatrechtlichen Vertrags. Eine vertragliche Zuteilung findet sich auch in Vergabe-, Ver-
äußerungs- und den hier betrachteten sozialrechtlichen Verteilungsverfahren,
und zwar in Gestalt eines zivilrechtlichen Beschaffungs- bzw. Kaufvertrags in
den beiden zuerst genannten Fällen und eines öffentlich-rechtlichen Versorgungsvertrags im Sozialrecht. Als actus contrarius hierzu erfolgt die negative
Vergabeentscheidung:[202] Der Antrag nicht zum Zuge gekommener Bewerber
auf Zuteilung durch Verwaltungsakt ist stets durch Verwaltungsakt abzulehnen; in Vertragsverfahren kann der Vertragsschluss schlicht durch eine entsprechende privat- oder öffentlich-rechtliche Willenserklärung abgelehnt werden.

Hierin, d.h. in diesem positiven bzw. negativen Zuteilungsakt, erschöpft sich
der Darstellungsprozess oftmals (aa), er kann aber auch, wie bereits angedeutet,
zweistufig erfolgen (bb). Zwischen diesen beiden Modellen stehen einstufige
Verteilungsverfahren mit Mitteilungspflichten (cc). Übergreifend stellt sich die
Frage nach der materiell- und verfahrensrechtlichen Einheit der Verteilungsentscheidung (dd) sowie nach rechtlichen, verwaltungspraktischen und tatsächlichen Determinanten für die Stufung des Darstellungsprozesses (ee).
Schließlich sei der mit der Handlungsform der Entscheidung zusammenhängenden Rechtsnatur des Auswahlprozesses nachgegangen (ff).

---

[202] Anders K. Finkelnburg, DVBl. 1980, S. 809 (811), der von einer Erledigung der übrigen Verfahren aufgrund des Zuteilungsakts ausgeht, was eine Einstellung ohne Sachentscheidung erlaube. Dies trägt der Korrekturmöglichkeit freilich keine Rechnung.

aa) Einstufiger Darstellungsprozess

Im einstufigen Darstellungsprozess teilt die Verwaltung das begehrte Gut dem erfolgreichen Bewerber zu und lehnt die Anträge der nicht zum Zuge gekommenen Bewerber ab, ohne aber die eigentliche Auswahlentscheidung im Außenverhältnis sichtbar zu machen. Konstruktiv ist dies ohne Weiteres möglich: So erschöpft sich im Falle einer einstufigen Vergabeentscheidung durch Verwaltungsakt dessen Regelung, d.h. sein verfügender Teil, in der Zuteilung bzw. deren Ablehnung; die eigentliche Auswahlentscheidung stellt sich für diese dann als Vorfrage dar und ist damit als Regelungsvoraussetzung Teil der Begründung.[203] Dies hat das BVerwG im Kontext der Aufnahme in den Krankenhausplan jüngst deutlich herausgearbeitet.[204] Nichts anderes gilt im Kontext vertraglichen Handelns, wenn die Auswahlentscheidung weder Vertragsinhalt wird noch als Erklärungsinhalt der Ablehnung aufscheint, der sich vielmehr auf diese („Nein") beschränkt. Dieser einstufige Darstellungsprozess stellt den Regelfall dar und findet sich bei der Vergabe von Studienplätzen, Konzessionen für den Personenverkehr, Standplätzen auf Messen und Märkten sowie Frequenzen, bei der Krankenhausplanung und in sonstigen sozialrechtlichen Vergabeverfahren sowie bei Veräußerungsvorgängen.

bb) Zweistufiger Darstellungsprozess

Möglich ist freilich auch, die im multipolaren Konkurrenzverhältnis ergehende Auswahlentscheidung von der lediglich das bipolare Verhältnis zwischen Verwaltung und erfolgreichem Bewerber betreffenden Zuteilungsentscheidung abzuschichten und den Darstellungsprozess damit zweistufig zu gestalten. Dieses Vorgehen bewegt sich in den Bahnen der überkommenen Zwei-Stufen-Theorie.[205] Rechtstechnisch kommen hierfür verschiedene Konstruktionen in Betracht, wobei zwischen Zuteilung und Ablehnung zu differenzieren ist.

Hinsichtlich des zum Zuge gekommenen Bewerbers muss dem eigentlichen Zuteilungsakt eine das Auswahlergebnis explizierende Entscheidung vorgeschaltet werden. Im engeren Sinn kann hiervon freilich nur die Rede sein, wenn dieses selbst in den verfügenden Teil des Auswahlverwaltungsakts Eingang findet: In diesem Fall liegt regelmäßig ein feststellender Verwaltungsakt[206] des Inhalts vor, dass Bewerber X das beste Angebot abgegeben hat bzw. die Auswahl

---

[203] Siehe nur *K. Rennert*, DVBl. 2009, S. 1333 (1335 f.); *U. Stelkens*, in: Stelkens/Bonk/Sachs, VwVfG, § 35, Rn. 143 f. So ist nach BVerwGE 106, 187 (189), bei der Vergabe universitärer Ämter die „Auswahlentscheidung ein notwendiger, rechtlich unselbständiger (Zwischen-)Schritt in dem Stellenbesetzungsverfahren".

[204] BVerwG, NVwZ 2009, S. 525 (527); ebenso bereits *K. Rennert*, GesR 2008, S. 344 (346 m. Fn. 17).

[205] Zu ihrer Genese oben, 2. Teil, B.III.2.e.bb.(2)(c); *U. Stelkens*, Verwaltungsprivatrecht, S. 967 ff.

[206] Die Zulässigkeit eines feststellenden Verwaltungsakts ist allgemein anerkannt, siehe

auf diesen fiel. Möglich ist aber auch, im Auswahlverwaltungsakt einen Anspruch auf Zuteilung zu begründen, ohne diese aber schon selbst vorzunehmen – andernfalls läge ja bereits die Sachentscheidung selbst und damit kein zweistufiger Zuteilungsprozess vor [207].[208] Dann handelte es sich bei späterer Zuteilung durch Verwaltungsakt um eine Zusicherung i.S.d. § 38 VwVfG, im Übrigen um eine Zusage, eine sonstige Handlung vorzunehmen,[209] ggf. auch um eine Festofferte bzw. einen Vorvertrag. Freilich fungiert die Auswahlentscheidung in diesen Fällen, wie bei der einstufigen Vergabe, lediglich als Regelungsvoraussetzung, nicht aber als Bestandteil der Regelung. Die Annahme der zweiten Alternative setzt zudem voraus, dass ein entsprechender Regelungswille der Behörde für ein derartiges (anwartschafts-)rechtsbegründendes Vorgehen vorliegt: Für das Rufangebot im universitären Bereich etwa wird dies abgelehnt und eine unverbindliche Absichtserklärung, nämlich eine Mitteilung über den derzeitigen Verfahrensstand, angenommen.[210] Im Notarrecht sieht der BGH dagegen in der Auswahlentscheidung die gleichzeitige Zusicherung der Bestellung;[211] Selbiges wird auch für den Fall einer (fakultativen) zweistufigen Vergabe von Telekommunikationsfrequenzen angenommen[212].

Ein zweistufiges Vorgehen hinsichtlich der negativen Auswahlentscheidung erscheint demgegenüber nicht zwingend erforderlich. Es ist zwar auch insoweit möglich, das Auswahlergebnis in einem ersten Schritt festzustellen und damit als Regelungsbestandteil zu gestalten.[213] Ausreichend ist aber, die begehrte Zuteilung in der dem positiven Zuteilungsakt entsprechenden Handlungsform abzulehnen.

---

nur BVerwGE 58, 37 (39); E 72, 265 (267); NVwZ 2004, S. 233 (233 f.); *H. Maurer*, Allgemeines Verwaltungsrecht, § 9, Rn. 46.

[207] Siehe zur Abgrenzung nur *U. Stelkens*, in: Stelkens/Bonk/Sachs, VwVfG, § 38, Rn. 17 ff.

[208] Siehe nur *U. Stelkens*, in: Stelkens/Bonk/Sachs, VwVfG, § 35, Rn. 110.

[209] Zur Zusagefähigkeit jedweder behördlichen Maßnahme *U. Stelkens*, in: Stelkens/Bonk/Sachs, VwVfG, § 38, Rn. 7 ff.

[210] Siehe nur BVerwGE 106, 187 (189 f.).

[211] BGH, NJW-RR 2001, S. 1564 (1565); ebenso NJW 2005, S. 212 (212); vgl. ferner NJW-RR 2004, S. 1065 (1066). Für den Regelfall ablehnend: *T. Egerland*, Notarbestellung, S. 167. Näher oben, 2. Teil, C.III.1.e.

[212] So *S. Kösling*, Lizenzierung, S. 189. Näher oben, 2. Teil, G.III.5.

[213] So konstruiert etwa das BSG den Abschluss eines öffentlich-rechtlichen Versorgungsvertrags für die Krankenhausbehandlung gesetzlich Versicherter (§ 108 Nr. 3 SGB V) – jedenfalls bei Ablehnung – zweistufig, da es die ablehnende Entscheidung als Verwaltungsakt qualifiziert; erhoben werden müsste mithin eine Anfechtungs- und Leistungsklage, siehe BSG, 3 RK 23/95 – juris, Rn. 14 ff.; ferner NZS 1998, S. 429 (430); NZS 2001, S. 357 (358). Vorzugswürdig erscheint aber eine Ablehnung durch öffentlich-rechtliche Willenserklärung (vgl. auch *U. Stelkens*, in: Stelkens/Bonk/Sachs, VwVfG, § 35, Rn. 137; *ders.*, Verwaltungsprivatrecht, S. 980) und damit die Annahme einer Leistungsklage (siehe nunmehr aber auch LSG Baden-Württemberg, L 11 KR 2751/07 – juris, Rn. 33).

Gesetzlich explizit vorgezeichnet ist eine zweistufige Auswahlentscheidung in keinem der analysierten Verteilungsverfahren; neben den eben erwähnten Beispielen praktiziert wird sie beim Zugang zu öffentlichen Einrichtungen, namentlich der Standplatzvergabe auf Messen und Märkten. Ein prominentes Beispiel stellt ferner die Subventionsvergabe dar.[214]

cc) Einstufiger Darstellungsprozess mit Mitteilungspflicht

Zwischen den eben skizzierten Modellen steht die um eine Vorabmitteilung des beabsichtigten Zuteilungsakts ergänzte einstufige Vergabe, aufgrund derer negativer und positiver Zuteilungsakt zeitlich getrennt werden. So verpflichtet § 101a Abs. 1 S. 1 GWB den öffentlichen Auftraggeber, die nicht zum Zuge kommenden Bewerber „über den Namen des Unternehmens, dessen Angebot angenommen werden soll, über die Gründe der vorgesehenen Nichtberücksichtigung ihres Angebots und über den frühesten Zeitpunkt des Vertragsschlusses unverzüglich in Textform zu informieren." Letzterer muss gemäß § 101a Abs. 1 S. 3 und 4 GWB zudem mindestens 15 Kalendertage nach Absendung der Information liegen.[215] Vergleichbare Informations- und Wartepflichten gelten im Kontext der Vergabe öffentlicher Ämter.[216] Den Hintergrund dieser Verfahrensgestaltung stellt die dem Zuteilungsakt namentlich aus Effizienzerwägungen heraus beigemessene Stabilität dar, die dessen (nachträgliche) Anfechtung sperrt; hält man dies – wie in den genannten Fällen, keineswegs aber für alle Verteilungsverfahren[217] anerkannt – nur dann für mit der Garantie effektiven Rechtsschutzes vereinbar, wenn wenigstens die Möglichkeit präventiven (Primär-)Rechtsschutzes besteht, muss dieser auch verfahrensrechtlich ermöglicht werden: Dies setzt regelmäßig sowohl eine Information über den Zuteilungsakt als auch die Einhaltung einer angemessenen Wartefrist zwischen dieser Information und dessen Wirksamwerden voraus.[218]

Die Rechtsnatur der Informationserteilung hängt von ihrem Regelungsgehalt ab. Aus der Perspektive der Rechtsschutzgarantie vollkommen ausreichend erscheint eine schlichte Mitteilung ohne überschießenden Gehalt, mithin eine Information über den Verfahrensstand ohne weiteren Regelungscharakter in Gestalt einer verbindlichen Feststellung des Auswahlergebnisses oder Begründung einer Rechtsposition für den erfolgreichen Bewerber. Dies entspricht auch dem herkömmlichen Verständnis der Mitteilung in den erwähnten Verfah-

---

[214] Siehe dazu nur *U. Stelkens*, in: Stelkens/Bonk/Sachs, VwVfG, § 35, Rn. 112 ff.

[215] Näher oben, 2. Teil, B.III.2.e.aa. und bb.

[216] Im Einzelnen oben, 2. Teil, C.III.1.e.

[217] Erinnert sei nur an den vom BVerfG akzeptierten Ausschluss des Primärrechtsschutzes bei unterschwelligen Vergaben (E 116, 135 [156]). Dazu allgemein oben, 1. Teil, A.I.2.c., sowie unten, B.VI.1.

[218] Siehe dazu oben, 2. Teil, B.III.2.e.bb und VI.2.b., sowie C.III.1.e.

ren.[219] Freilich ist es nicht ausgeschlossen, einem derartigen Akt Regelungswirkung beizumessen, wie dies das BVerwG aus Stabilitätsgründen, nämlich um die Richtigkeit der Handwerksrolle zu gewährleisten, für die Mitteilung der beabsichtigten Löschung aus dieser (§ 13 Abs. 3 HandwO) annimmt.[220] Nur liegt dann kein einstufiger Prozess mit Vorab-Mitteilung mehr vor, sondern ein zweistufiges Verteilungsverfahren.

dd) Die materiell- und verfahrensrechtliche Einheit der Verteilungsentscheidung

Vom Sonderfall eines gestuften Entscheidungsprozesses abgesehen, in dessen Rahmen einzelne Bewerber, wie bei der vergaberechtlichen Eignungsprüfung, bei Nichterfüllen von Mindestanforderungen vor der eigentlichen Auswahlentscheidung disqualifiziert werden können, beruht die vergleichende Auswahlentscheidung für alle Bewerber auf einer *materiell-rechtlich* einheitlichen, da auf der Anwendung einer Auswahlnorm fußenden Bewertung[221]. Von dieser materiell-rechtlichen Einheit scharf zu trennen ist die Frage nach einer (auch) verfahrensrechtlichen Einheit der Auswahlentscheidung, mithin nach der Umsetzung des Entscheidungsergebnisses in einem Verwaltungsakt oder gar in einer hinsichtlich aller Bewerber einheitlichen Regelung.

Zunächst gilt es festzuhalten, dass es der Verwaltung unbenommen bleibt, das Entscheidungsergebnis trotz der materiell-rechtlichen Einheit mittels separater positiver bzw. negativer Verwaltungsakte, mithin separater Zu- bzw. Absagen, umzusetzen: Eine auch *verfahrensrechtlich* einheitliche Verteilungsentscheidung für alle Bewerber erscheint nicht geboten.[222] Dies entspricht auch

---

[219] Dazu oben, 2. Teil, B.III.2.e.cc, sowie C.III.1.e. Ferner: *S. Detterbeck*, Rechtswegprobleme, S. 399 (409); *J. Englisch*, VerwArch 98 (2007), S. 410 (441 f.); *H.-W. Laubinger*, VerwArch 83 (1992), S. 246 (277); *H. C. Röhl*, VerwArch 86 (1995), S. 531 (561); *M. Schmidt-Preuß*, Kollidierende Privatinteressen, S. 397; *U. Stelkens*, in: Stelkens/Bonk/Sachs, VwVfG, § 35, Rn. 111, 125 f., 161, 163.

[220] BVerwG, NVwZ 1983, S. 673 (673); NVwZ 1991, S. 1189 (1189 f.); *H. Maurer*, Allgemeines Verwaltungsrecht, § 9, Rn. 8; *M. Ruffert*, Verwaltungsakt, § 20, Rn. 26, der jedoch diese aus Rechtsschutzgründen, pragmatische Argumentation für „kaum verallgemeinerungsfähig" hält; a.A. *H. J. Wolff/O. Bachof/R. Stober/W. Kluth*, Verwaltungsrecht, Bd. 1, § 45, Rn. 48.

[221] Siehe auch VGH Mannheim, ESVGH 22, 74 (75); *T. J. Horn*, GewArch 1985, S. 73 (81); *K. Rennert*, DVBl. 2009, S. 1333 (1334 f.); *M. Schmidt-Preuß*, Kollidierende Privatinteressen, S. 112 ff., 158 f., 397, 774; *H.-H. Trute*, in: AK-GG, Art. 33 Abs. 1–3, Rn. 87; *R. Wahl/P. Schütz*, in: Schoch/Schmidt-Aßmann/Pietzner, VwGO, § 42 Abs. 2, Rn. 325. In den Worten des BVerwG (NVwZ 2009, S. 525 [528]) besteht das „Wesen einer Auswahlentscheidung … darin, dass der eine begünstigt und der andere im Gegenzuge zurückgesetzt wird."

[222] So auch *M. Schmidt-Preuß*, Kollidierende Privatinteressen, S. 159; *C. Schulz*, Lizenzvergabe, S. 155: Aus § 44 VwGO folgt, dass ein einheitlicher Lebenssachverhalt nicht zwingend eine einheitliche Entscheidung bedingt, sondern dieser vielmehr in Einzelentscheidungen parzelliert sein kann. Vgl. auch VGH München, NJW 1984, S. 680 (681).

der gängigen Praxis in einstufigen Verteilungsverfahren, so etwa im Beamten-, Hochschul-, Personenbeförderungs- oder Telekommunikationsrecht. Adressat der im Zuteilungs- bzw. Ablehnungsakt enthaltenen Regelung und damit materieller Adressat dieser Verwaltungsakte ist derjenige, für den die jeweilige Entscheidung, mithin die Zu- bzw. Absage, i.S.d. § 41 Abs. 1 S. 1 1. Alt. VwVfG bestimmt ist: Dies ist (ausschließlich) der Begünstige beim positiven Verwaltungsakt und der nicht zum Zuge gekommene Bewerber hinsichtlich des ablehnenden Bescheids.[223]

Die materiell-rechtliche Abhängigkeit tritt bei dieser Konstruktion allerdings insofern zutage, als sich die positive Zuteilungsentscheidung auf die Rechtsstellung der nicht zum Zuge gekommenen Bewerber rechtlich auswirkt und diese als (Dritt-)Betroffene zu Inhaltsadressaten des Zuteilungsverwaltungsakts (vgl. § 41 Abs. 1 S. 1 2. Alt. VwVfG) macht[224]. Denn die Zuteilung des Guts an den erfolgreichen Bewerber blockiert dessen anderweitige Vergabe, und zwar bei Bekanntgabe an den drittbetroffenen Unterlegenen mit dieser und im Übrigen jedenfalls mit Unanfechtbarkeit des Zuteilungsverwaltungsakts qua Verwirkung des Widerspruchs- bzw. Klagerechts[225].[226] Bestandskraft tritt nämlich nicht nur gegenüber dem begünstigten Regelungsadressaten ein, sondern auch gegenüber den von der Regelung Drittbetroffenen.[227] Hierzu rechnen die unterlegenen Bewerber, da sie mit dem Begünstigten im Rahmen eines materiell-rechtlich einheitlichen Verwaltungsrechtsverhältnisses um dasselbe Gut konkurrieren. Dieser Befund kann nicht unter Verweis auf die Rücknahmemöglichkeit bzw. eine mitunter angenommene Rücknahmepflicht bestritten werden. Denn zum einen ändert dies nichts an der (relativen) Wirksamkeit des Zuteilungsverwaltungsakts; zum anderen können einer Rücknahme Vertrauensschutzgesichtspunkte

---

[223] Insoweit zutreffend BVerwG, NVwZ 2009, S. 525 (527); *K. Rennert*, DVBl. 2009, S. 1333 (1338 f.). Siehe zum Begriff des Regelungs- bzw. materiellen Adressaten eines Verwaltungsakts nur *U. Stelkens*, in: Stelkens/Bonk/Sachs, VwVfG, § 37, Rn. 10, § 41, Rn. 29; ferner *M. Sachs*, in: Stelkens/Bonk/ders., VwVfG, § 50, Rn. 56.

[224] Zum Begriff des Inhaltsadressaten eines Verwaltungsakts, der sich auf den Regelungsadressaten und Drittbetroffene erstreckt, *U. Stelkens*, in: Stelkens/Bonk/Sachs, VwVfG, § 37, Rn. 10, § 41, Rn. 29.

[225] Vgl. *F. Kopp/U. Ramsauer*, VwVfG, § 43, Rn. 11; *U. Stelkens*, in: Stelkens/Bonk/Sachs, VwVfG, § 41, Rn. 229. Von einer Unwirksamkeit des nicht allen Betroffenen bekanntgegebenen Verwaltungsakts mit Doppelwirkung ausgehend: *H.-W. Laubinger*, Verwaltungsakt mit Doppelwirkung, S. 98 ff.

[226] Deshalb ist auch eine Klagemöglichkeit vor Wirksamkeit des Verwaltungsakts gegenüber dem Drittbetroffenen anerkannt, vgl. BVerwGE 44, 294; VGH Mannheim, DVBl. 1962, S. 552 (553); *F. Kopp/U. Ramsauer*, VwVfG, § 41, Rn. 27, 33; *U. Stelkens*, in: Stelkens/Bonk/Sachs, VwVfG, § 41, Rn. 229. Kritisch *M. Schmidt-Preuß*, Kollidierende Privatinteressen, S. 500; ferner *H.-W. Laubinger*, Verwaltungsakt mit Doppelwirkung, S. 101: Klagerecht nur zur Beseitigung des Rechtsscheins.

[227] Siehe nur BVerwG, NVwZ 2009, S. 525 (527); *M. Sachs*, in: Stelkens/Bonk/ders., VwVfG, § 43, Rn. 179.

entgegenstehen.[228] Auch eine bipolare Verfahrensstruktur vermag, wie noch zu zeigen wird,[229] hieran nichts zu ändern. Bei der positiven Zuteilungsentscheidung handelt es sich mithin um einen Verwaltungsakt mit Drittwirkung, d.h. einen Verwaltungsakt, der eine Person begünstigt und Dritte belastet[230].[231]

Vor dem Hintergrund des in Verteilungsverfahren zu bewältigenden multipolaren Konkurrenzkonflikts stellt sich freilich die Frage, ob diese einer bipolaren Verfahrenskonzeptionalisierung verhaftete Entscheidungsstruktur – separate Zu- und Absagen – dem Verteilungsverfahren gemäß ist oder nicht vielmehr ein einheitlicher Verteilungsverwaltungsakt ergehen muss.[232] Verschiedentlich wird dies vorgeschlagen: So ist von einer „einheitlichen Gesamtentscheidung",[233]

---

[228] Dazu noch ausführlich unten, B.VI.

[229] Siehe unten, B.IV.

[230] *F. Kopp/U. Ramsauer*, VwVfG, §50, Rn.13; *M. Sachs*, in: Stelkens/Bonk/ders., VwVfG, §50, Rn.10f. Mitunter findet sich auch die Bezeichnung „Verwaltungsakt mit Doppelwirkung" (zur Terminologie *H. Hill*, Fehlerhafte Verfahren, S.262f.; *H.-W. Laubinger*, Verwaltungsakt mit Doppelwirkung, S.3ff.; *N. Malaviya*, Verteilungsentscheidungen, S.256f. m. Fn.32; *M. Sachs*, in: Stelkens/Bonk/ders., VwVfG, §50, Rn.8ff.; *M. Schmidt-Preuß*, Kollidierende Privatinteressen, S.11ff.), die allerdings einen verschiedene Arten der Mehrfachwirkung umfassenden Oberbegriff darstellt.

[231] Siehe nur VGH Mannheim, ESVGH 22, 74 (75) – „Doppelwirkung"; *M. Sachs*, in: Stelkens/Bonk/ders., VwVfG, §50, Rn.36ff.; *M. Schmidt-Preuß*, Kollidierende Privatinteressen, S.13f. – siehe aber auch ibid., S.476 Fn.165, wo die Drittwirkung mit dem Argument verneint wird, dass keine Mitentscheidung über die Rechtsposition des Konkurrenten erfolge, sondern die Nichtverfügbarkeit der Stelle Konsequenz des Stabilitätsgrundsatzes sei. Unklar BVerwG, NVwZ 2009, S.525 (527). Anders insbesondere *K. Rennert*, GesR 2008, S.344 (346 Fn.17), da keine Regelung der Rechtsstellung des Dritten erfolge; dies ist zwar hinsichtlich des Regelungstatbestands des Verwaltungsakts (schlichte Zuteilung) zutreffend, ändert aber nichts am Betroffensein der Mitbewerber aufgrund der Platzvergabe und der der Entscheidung zugrunde liegenden einheitlichen Konkurrenznorm – diese Aspekte (Regelungsadressat und Betroffener) sind, wie soeben ausgeführt, zu trennen; differenzierter, aber aus dem genannten Grund ebenfalls nicht überzeugend dann *ders.*, DVBl. 2009, S.1333 (1338f.): So kann die behauptete prozessuale Entkoppelung von Auswahlentscheidung und diese umsetzende Zuteilungsentscheidung nicht geteilt werden, da eine solche mangels Auskehr der ersteren in das Außenverhältnis nicht erfolgt, die Auswahlentscheidung vielmehr als Regelungsvoraussetzung der letzteren zugrunde liegt. Wenig überzeugend erscheint auch der Verweis darauf, dass, anders als bei einer Baugenehmigung, keine unmittelbare Regelung der Rechtsstellung des anderen Bewerber erfolge; denn das „baurechtliche Nachbarschaftsverhältnis ist sachgegeben und besteht dauerhaft … [, d]as Konkurrenzverhältnis ist demgegenüber situativ und einmalig." Auch dies ändert nämlich nichts an der über die Konkurrenznorm vermittelten Rechtsbetroffenheit. Der darüber hinausgehende Verweis auf das (unpraktikable) Bekanntgabeerfordernis bei Drittbetroffenheit und auf Rechtsschutzkomplikationen bei einer Vielzahl von Bewerbern ist zudem lediglich Konsequenz der, aber keine Begründung für die fehlende(n) Drittbetroffenheit. Im Übrigen bejaht *Rennert*, a.a.O., S.1339, dann auch die Klagebefugnis des Dritten.

[232] Siehe auch *M. Schmidt-Preuß*, Kollidierende Privatinteressen, S.13f., 155ff. Zu eng, da diese Möglichkeit nicht berücksichtigend: *K. Rennert*, DVBl. 2009, S.1333 (1335).

[233] Siehe oben, 2. Teil, H.III.1. Ähnlich der BGH mitunter im Notarrecht, vgl. NJW-RR 2001, S.1564 (1565); NJW 2005, S.212 (212), sowie VGH Mannheim, ESVGH 22, 74 (75), für die Linienverkehrskonzession.

der Auswahlentscheidung als „mehrgesichtige[m]' Verwaltungsakt",[234] einem
„streitschlichtenden Verwaltungsakt"[235], einem „einheitlich[en] Verteilungsverwaltungsakt als verfahrensrechtliche[m] Schlüsselbegriff"[236] oder einer „netzar-
tigen Allgemeinverfügung"[237] die Rede. Der Regelungsgehalt eines derartigen
Akts bedarf aber einer genaueren Reflexion, die nicht immer stattfindet,[238] genauso wie im Übrigen seine Vereinbarkeit mit dem rechtlich vorgezeichneten
und tatsächlich ablaufenden Verwaltungsverfahren.

Von einem einheitlichen Verteilungsverwaltungsakt kann nicht bereits dann
die Rede sein, wenn die Verwaltung die verschiedenen, auf unterschiedliche
Adressaten bezogenen Regelungen in einem Dokument zusammenfasst; vielmehr muss eine einheitliche Sachregelung vorliegen. Letzteres trifft nicht auf
die von *Matthias Schmidt-Preuß* entwickelte Figur des „streitschlichtenden
Verwaltungsakts" zu, der ausspricht, „welche Konfliktlösung für die am multipolaren Verwaltungsrechtsverhältnis beteiligten Träger kollidierender Privatinteressen in casu rechtens ist."[239] Denn er ergeht in den hier interessierenden
Konkurrenzsituationen als den Adressaten begünstigender Verwaltungsakt
mit belastender Drittwirkung, und zwar in Gestalt der Zuteilung des begehrten
Guts an den erfolgreichen Bewerber.[240] Demgegenüber kommt einem ggf. gegenüber dem nicht zum Zuge gekommenen Bewerber erlassenen Ablehnungsbescheid keine konstitutive Wirkung zu; dieser sperrt lediglich die weitere
Rechtsverfolgung.[241]

Anerkennung gefunden hat eine in dem genannten Sinne einheitliche Auswahlentscheidung allerdings in der oberverwaltungsgerichtlichen Rechtsprechung zur Vergabe von Rundfunkfrequenzen. So heißt es beim VGH Mannheim:
„Die Zulassung und die Ablehnung bei der Aufteilung beschränkter Übertragungskapazitäten sind ihrem Wesen nach lediglich zwei verschiedene Ausprägungen einer rechtlich als Einheit zu bewertenden Aufteilungsentscheidung;
Ablehnung und Zulassung sind durch die aufzuteilende beschränkte Übertragungskapazität in ihrem Bestand miteinander rechtlich verknüpft, so daß sie
auch bei der Aufhebung ein rechtlich gemeinsames Schicksal teilen. Dies ergibt

---

[234] OVG Lüneburg, DVBl. 1985, S. 1245 (1245).
[235] *M. Schmidt-Preuß*, Kollidierende Privatinteressen, S. 13, 155 ff.
[236] *M. Pöcker*, DÖV 2003, S. 193 (195 ff.); ferner *ders.*, NVwZ 2003, S. 688 (689).
[237] *U. Stelkens*, Verwaltungsprivatrecht, S. 979 f.; *ders.*, in: Stelkens / Bonk / Sachs,
VwVfG, § 35, Rn. 162, ferner 270.
[238] Vage *M. Pöcker*, DÖV 2003, S. 193 (197): Abschluss durch einen „einheitlich über die
gesamte Verteilungssituation befindenden Verteilungsverwaltungsakt", aber (ibid., S. 198)
keine einheitliche Gesamtregelung. Ähnlich *ders.*, NVwZ 2003, S. 688 (689); siehe ferner
VGH Mannheim, ESVGH 22, 74 (75), sowie den „streitentscheidenden Verwaltungsakt" bei
G. Fromm, WiVerw 1989, S. 26 (28).
[239] *M. Schmidt-Preuß*, Kollidierende Privatinteressen, S. 157.
[240] *M. Schmidt-Preuß*, Kollidierende Privatinteressen, S. 158.
[241] *M. Schmidt-Preuß*, Kollidierende Privatinteressen, S. 158 f., 502 f.

sich aus der Struktur der Aufteilungsentscheidung, wie sie durch das Landesmediengesetz geregelt ist.«[242] Gleichsinnig versteht der BGH die Auswahlentscheidung im Kontext der Bestellung zum Notar als „einen durch Bekanntgabe an die Bewerber wirksam werdenden einheitlichen, teils begünstigenden, teils belastenden Verwaltungsakt".[243] Auf derselben Linie liegt schließlich das Verständnis des OVG Lüneburg von der Auswahlentscheidung als „‚mehrgesichtige[m]' Verwaltungsakt, der den ausgewählten Bewerber begünstigt, indem er ihm den Erfolg seiner Bewerbung zuspricht und für die übrigen die Ablehnung eines beantragten Verwaltungsakts ... enthält."[244]

Im Schrifttum konzeptionalisiert *Ulrich Stelkens* die Verteilungsentscheidung in Anlehnung an die erwähnte Rechtsprechung des BGH zum Notarzulassungsrecht als „einheitliche[n] VA gegenüber allen Bewerbern mit unterschiedlichen, wechselseitig bezogenen Teil-Regelungen (und damit als [netzartige] AllgV i.S. des § 35 S. 2 Alt. 1 ...)"[245] – gleich dem Handzeichen eines Verkehrspolizisten an der Kreuzung, das einigen Verkehrsteilnehmern „Halt!" gebietet und anderen freie Fahrt gewährt[246]. „Diese einheitliche Regelung beinhaltet zum einen die (vom erfolgreichen Bewerber ggf. durchsetzbare) Zusage ..., dass der ausgewählte Bewerber die Begünstigung erhält, und zum anderen die Feststellung, dass alle anderen Bewerber die Begünstigung deshalb nicht erhalten."[247] Übertragbar ist dieses auf das zweistufige Verfahren bezogene Modell ohne Weiteres auf die einstufige Vergabe, ersetzt man die Zusage durch die Zuteilung selbst; im zweistufigen Verfahren greift sie sowohl für feststellende als auch weitere Rechtsfolgen bewirkende Regelungen.

Eine derartige Konzeptionalisierung der Auswahlentscheidung als einheitliche, alle Bewerber betreffende Regelung erscheint möglich, kehrt sie doch die materiell-rechtliche Einheit der Entscheidung nach außen. Sie zeitigt Konsequenzen nicht nur für das Verwaltungsverfahren, das als einheitliches, mithin unter Beteiligung aller Bewerber, durchzuführen ist,[248] sondern auch für den

---

[242] VGH Mannheim, NJW 1990, S. 340 (341). Siehe die weiteren Nachweise oben, 2. Teil, H.III.1.

[243] BGH, NJW-RR 2001, S. 1564 (1565); ferner NJW 2005, S. 212 (212).

[244] OVG Lüneburg, DVBl. 1985, S. 1245 (1245); ferner NVwZ-RR 1995, S. 276 (276).

[245] *U. Stelkens*, in: Stelkens/Bonk/Sachs, VwVfG, § 35, Rn. 162; ferner *ders.*, Verwaltungsprivatrecht, S. 979 f. Allgemein liegt nach *U. Stelkens*, ibid., Rn. 270, eine netzartige Allgemeinverfügung vor, wenn die Behörde „gegenüber verschiedenen Personen verschiedene, jedoch unteilbar aufeinander abgestimmte Rechte und Pflichten zu begründen" sucht.

[246] Dazu *U. Stelkens*, in: Stelkens/Bonk/Sachs, VwVfG, § 35, Rn. 270.

[247] *U. Stelkens*, in: Stelkens/Bonk/Sachs, VwVfG, § 35, Rn. 162.

[248] *M. Pöcker*, DÖV 2003, S. 193 (197 f.); *ders.*, NVwZ 2003, S. 688 (689); *U. Stelkens*, in: Stelkens/Bonk/Sachs, VwVfG, § 35, Rn. 162. Siehe zum österreichischen Rechtsinstitut der Verwaltungsverfahrensgemeinschaft *C. Fuchs*, Strukturen und Merkmale, S. 106 ff., und zu ihrem Niederschlag im österreichischen TKG ibid., S. 114 ff.

Rechtsschutz, der, wie noch im Einzelnen zu zeigen ist,[249] ebenfalls einheitlich erfolgt.

Allerdings verbietet es sich, für wie überzeugend auch immer man die Konstruktion eines einheitlichen Verteilungsverwaltungsakts erachtet, diese generell dem Verteilungsverfahren zugrunde zu legen.[250] In Betracht kommt dies nur, wenn sich hierfür Anhaltspunkte in der Ausgestaltung des jeweiligen Verfahrens – namentlich im regelnden Teil der Verteilungsentscheidung, der alle Bewerber adressieren muss – finden.[251] Dies scheidet von vornherein aus, wenn die Behörde keine äußerlich einheitliche Vergabeentscheidung trifft, sondern separat zuteilt bzw. ablehnt; Gleiches gilt insoweit, wie im Laufe eines gestuften Auswahlverfahrens einzelne Bewerber vorab ausgeschieden werden[252]. Nicht gefolgt werden kann daher dem OVG Lüneburg, wenn es eine auch im Außenverhältnis einheitliche Auswahlentscheidung unabhängig davon annehmen möchte, ob den Bewerbern ein gleichlautender Bescheid in zeitlichem Zusammenhang oder aber separate Zu- respektive Absagen bekanntgeben werden[253]. Blickt man in die Verfahrenspraxis, so findet sich – mit Ausnahme des vielfach in diese Richtung interpretierten Rundfunkrechts und der erwähnten punktuellen Ansätze bei der Vergabe öffentlicher Ämter – auch kein Verteilungsverfahren, das einen einheitlichen Verteilungsverwaltungsakt kennt.[254] Ein solcher ist, wie bereits erwähnt und wie im Kontext der Verfahrenssubjekte noch zu zeigen sein wird, auch nicht zur Wahrung von Rechten der Beteiligten geboten.

ee) Rechtliche und verwaltungspraktische Determinanten
für eine Stufung des Darstellungsprozesses

Die Auswahlentscheidung kann, wie aufgezeigt, in einem ein- oder zweistufigen Prozess umgesetzt werden. Aus verfahrensgestaltender bzw. -bewertender Perspektive wirft dies die Frage nach rechtlichen und verwaltungspraktischen Vorgaben für eine etwaige Stufung auf. Eine solche ist entgegen der überkommenen Zwei-Stufen-Theorie nicht aus Rechtsgründen geboten (1); allerdings können verwaltungspraktische Gründe für sie streiten (2). Von diesen beiden am Reißbrett beantwortbaren Fragen zu unterscheiden ist die nach der Stufung eines konkreten Verteilungsverfahrens (3).

---

[249] Siehe unten, VI.1.a.aa.(1)(b).
[250] So aber *Eyermann/Fröhler*, VwGO, § 42, Rn. 136; *F. Hufen*, JuS 2009, S. 1140 (1141).
[251] Siehe auch *U. Stelkens*, in: Stelkens/Bonk/Sachs, VwVfG, § 35, Rn. 163. Zu weitgehend demgegenüber *M. Pöcker*, DÖV 2003, S. 193 (195 f.).
[252] Siehe auch *U. Stelkens*, in: Stelkens/Bonk/Sachs, VwVfG, § 35, Rn. 163.
[253] So aber OVG Lüneburg, DVBl. 1985, S. 1245 (1245).
[254] Zu weitgehend aber *N. Malaviya*, Verteilungsentscheidungen, S. 253, nach der sich die „Theorie eines Einheitsverwaltungsaktes" nicht durchsetzen konnte.

(1) Rechtliche Aspekte

Anliegen der überkommenen Zwei-Stufen-Theorie war es, den formellen (Kontrollmöglichkeit) und materiellen (Bindungslosigkeit) Rechtsschutzdefiziten bei privatrechtsförmigem Verwaltungshandeln dadurch entgegenzuwirken, dass die öffentliche Hand für verpflichtet erachtet wurde, dem privatrechtlichen Leistungsverhältnis einen im Verwaltungsrechtsweg auf seinen Einklang mit den allgemeinen verwaltungsrechtlichen Standards hin überprüfbaren öffentlich-rechtlichen Entscheidungs(verwaltungs)akt vorzuschalten.[255] Demnach stritten Rechtsgründe für eine zweistufige Konstruktion derjenigen Verteilungsverfahren, die, wie die öffentliche Auftragsvergabe oder die Verwertung öffentlichen Vermögens, in einen zivilrechtlichen Vertragsschluss mündeten. Bereits die Analyse des Veräußerungsverfahrens ergab jedoch, dass die diesem Aspekt der Zwei-Stufen-Theorie zugrunde liegenden Annahmen heute nicht mehr zu überzeugen vermögen und damit einer einstufigen Konstruktion auch bei privatrechtsförmigem Handeln der Verwaltung keine durchgreifenden rechtlichen Bedenken entgegenstehen: Regelmäßig besteht nämlich eine Formwahlfreiheit der Verwaltung[256] und greifen die für Verteilungsverfahren relevanten öffentlich-rechtlichen Bindungen zum Schutz der Bewerber, auf deren Absicherung die Zwei-Stufen-Theorie ursprünglich zielte, unabhängig vom Rechtsregime.[257] Schließlich mindert auch ein Verweis auf den – dem Verwaltunsgrechtsweg gemäß Art. 19 Abs. 4 S. 2 GG ebenbürtigen – Zivilrechtsweg nicht deren effektive Durchsetzbarkeit.[258] Damit besteht aus rechtlicher Perspektive Wahlfreiheit.[259]

(2) Verwaltungspraktische Aspekte

Trotz der de jure bestehenden Wahlmöglichkeit zwischen ein- und zweistufiger Gestaltung des Darstellungsprozesses können freilich verwaltungspraktische Gründe für die Wahl einer der beiden Alternativen streiten. Mag auch die Aufspaltung des Verteilungsvorgangs prima facie unnötig kompliziert erscheinen, so darf nicht übersehen werden, dass die Abschichtung des multipolaren Konkurrenzverhältnisses zwischen der öffentlichen Hand und den einzelnen Bewerbern gegenüber dem bipolaren Zuteilungsverhältnis zwischen Verwaltung

---

[255] Siehe nur *U. Stelkens*, Verwaltungsprivatrecht, S. 968 ff.; *ders.*, in: Stelkens / Bonk / Sachs, VwVfG, § 35, Rn. 109.

[256] Siehe nur BVerwGE 92, 56 (64 f.); E 129, 9 (14 f.); *E. Schmidt-Aßmann*, Ordnungsidee, S. 289 f.

[257] Siehe nur *F. Ossenbühl*, DVBl. 1973, S. 289 (292); *U. Stelkens*, Verwaltungsprivatrecht, S. 970 f.; *ders.*, in: Stelkens / Bonk / Sachs, VwVfG, § 35, Rn. 109, sowie ausführlich oben, 2. Teil, I.III.3.a.bb. und b.bb.

[258] Siehe BVerwGE 129, 9 (19 f.); *S. Detterbeck*, Rechtswegprobleme, S. 399 (415); *H. Hilderscheid*, GewArch 2008, S. 54 (61); auch dazu bereits oben, 2. Teil, I.III.3.b.bb.

[259] Siehe auch BVerwGE 129, 9 (19 f.); *H. Hilderscheid*, GewArch 2008, S. 54 (59); *U. Stelkens*, in: Stelkens / Bonk / Sachs, VwVfG, § 35, Rn. 109.

und erfolgreichem Bewerber letzteres zu entlasten vermag, indem die Frage der richtigen Verteilung aus diesem ausgeklammert wird. Dies trägt nicht nur unterschiedlichen Handlungsrationalitäten auf beiden Stufen Rechnung.[260] Von besonderer Bedeutung ist die Stufung vielmehr für eine Verteilung durch zivil- oder öffentlich-rechtlichen Vertrag, denen, anders als Verteilungsverwaltungsakten, grundsätzlich keine Stabilität zukommt. Anders gewendet: Der entscheidende Vorteil eines zweistufigen Vorgehens liegt in der einem Auswahlverwaltungsakt zukommenden Stabilisierungsfunktion, die den späteren Zuteilungsakt gegenüber auf Fehler des Auswahlverfahrens gestützten Angriffen immunisiert. Ihm können angesichts der Tatbestandswirkung des Auswahlverwaltungsakts[261] – vom Ausnahmefall der Nichtigkeit abgesehen – nämlich keine das Verteilungsverfahren betreffende Einwände mehr entgegengehalten werden.[262] Damit ist zugleich gesagt, dass angesichts der Stabilisierungsfunktion des Verwaltungsakts ein zweistufiges Vorgehen bei Zuteilung durch Verwaltungsakt nicht geboten erscheint, vielmehr sogar unnötig kompliziert wirkt, da hier dem Zuteilungsakt selbst Stabilität zukommt.[263] Anderes gilt nur, möchte man das Wirksamwerden eines später u.U. aufzuhebenden Zuteilungsakts generell verhindern.[264]

(3) Stufung im Einzelfall

Unbeschadet der eben erörterten und abstrakt beantwortbaren rechtlichen oder verwaltungspraktischen Vorzugswürdigkeit einer ein- respektive zweistufigen Gestaltung stellt sich die Frage der Deutung eines konkreten Verteilungsverfahrens. Insoweit darf der Wunsch allerdings nicht Vater des Gedankens sein; maßgeblich ist vielmehr das rechtlich vorgezeichnete bzw. in der Praxis zu beobachtende Vorgehen der Verwaltung. Obgleich es wie die Artikulation einer Binsenweisheit erscheint festzuhalten, dass ein gestuftes Verfahren nur dann angenommen werden kann, wenn sich im Verwaltungsverfahren tatsächlich Stufungen manifestieren, insbesondere eine separate Auswahlentschei-

---

[260] Dazu E. Schmidt-Aßmann, Ordnungsidee, S. 290.

[261] Auch Zusage und Zusicherung stellen nach vorzugswürdiger Auffassung Verwaltungsakte dar, vgl. U. Stelkens, in: Stelkens/Bonk/Sachs, VwVfG, § 38, Rn. 29 ff.; zur Anfechtungslast des Dritten ibid., Rn. 119.

[262] Befürwortend daher auch M. Burgi, GVwR I, § 18, Rn. 71; E. Schmidt-Aßmann, Ordnungsidee, S. 290 f., 347 f.; W. Spoerr, Treuhandanstalt, S. 183 f., 207 f.; C. Weißenberger, GewArch 2009, S. 465 (467 f., 470).

[263] Generell kritisch wegen der mit einer Stufung einhergehenden Verkomplizierung des Verteilungsvorgangs: S. Detterbeck, Rechtswegprobleme, S. 399 (403); H. Hilderscheid, GewArch 2008, S. 54 (61).

[264] So das BVerwG in anderem Zusammenhang für die Löschung aus der Handwerksrolle mit Blick auf deren Verlässlichkeit, vgl. NVwZ 1983, S. 673 (673); NVwZ 1991, S. 1189 (1189 f.).

dung im Außenverhältnis zutage tritt,[265] wird dieser Aspekt oftmals vernachlässigt und ein zweistufiges Verfahren fingiert. Tatsächlich aber stellt ein solches, wie die analysierten Beispiele reflektieren, den Ausnahmefall dar.

ff) Rechtsnatur des Auswahlprozesses

Bei privatrechtsförmig ausgestaltetem Zuteilungsakt stellt sich schließlich die – insbesondere für die Rechtswegbestimmung relevante – Frage, wie das Auswahlverfahren von seiner Rechtsnatur her zu qualifizieren ist. Zwei Verwaltungsrechtsverhältnisse können insoweit unterschieden werden: das zwischen Verwaltung und erfolgreichem Bewerber bestehende bipolare Leistungsverhältnis einerseits und andererseits das die öffentliche Hand und die einzelnen Bewerber verbindende multipolare Auswahlverhältnis. Während ersteres mit Blick auf den Vertragsgegenstand unstreitig zivilrechtlicher Natur ist – und eine öffentlich-rechtliche Qualifikation mit Blick auf den multipolaren Verteilungskonflikt insoweit auch keinen Gewinn brächte –, bedarf die Qualifikation des letzteren weiterer Überlegungen. Deuten ließe es sich zum einen als Vorbereitung des späteren Vertragsschlusses, die dessen privatrechtliche Rechtsnatur teilen muss. Zum anderen kommt aber auch eine Einordnung als öffentlich-rechtliches Auswahlverhältnis in Betracht. Für letzteres können freilich nicht die im Allgemeininteresse liegende Zwecksetzung des Verwaltungshandelns oder die für dieses geltenden allgemeinen öffentlich-rechtlichen Bindungen, namentlich aus den Grundrechten oder dem Rechtsstaatsprinzip, ins Felde geführt werden. Denn diese kennzeichnen jedwedes Tätigwerden der öffentlichen Hand, so dass ihre Qualifikationserheblichkeit die – nicht bestrittene – Möglichkeit privatrechtsförmigen Handelns der Verwaltung sperrte.[266] Greifen lediglich diese allgemeinen Rahmenvorgaben, so wird das Zivilrecht, wie es das BVerwG unter Bezugnahme auf *Pietzcker* treffend formuliert, „als ‚Basisrecht‘ von den einschlägigen öffentlich-rechtlichen Bindungen überlagert", ohne dass sich aber die zivilrechtliche Rechtsnatur des Handlungskomplexes änderte.[267] Für eine öffentlich-rechtliche Qualifikation zu fordern ist demgegenüber, dass das Auswahlverfahren über den eben aufgezeigten allgemeinen Rahmen hinaus

---

[265] Deutlich BVerwGE 129, 9 (19): „Die Zwei-Stufen-Theorie ist nur dann zur rechtlichen Bewertung eines Vorgangs angemessen, wenn dieser durch eine Mehrphasigkeit der Aufgabenwahrnehmung gekennzeichnet ist …", insbesondere „Anknüpfungspunkte für eine ‚erste Stufe‘" vorhanden sind; ebenso OVG Münster, NVwZ 1984, S. 522 (522); 8 E 419/10 – juris, Rn. 11 ff.; *S. Detterbeck*, Rechtswegprobleme, S. 399 (403 ff.); *U. Stelkens*, Verwaltungsprivatrecht, S. 972 f., 1005 ff.; *C. Weißenberger*, GewArch 2009, S. 465 (471).
[266] Siehe auch BVerwGE 129, 9 (15 ff.); *S. Detterbeck*, Rechtswegprobleme, S. 399 (400).
[267] BVerwGE 129, 9 (15); OVG Münster, 8 E 419/10 – juris, Rn. 8 ff.; ferner *S. Detterbeck*, Rechtswegprobleme, S. 399 (411 ff.). Zu weit daher *K. Rennert*, DVBl. 2009, S. 1333 (1337 Fn. 47 – siehe aber auch 1339 Fn. 63); *C. Weißenberger*, GewArch 2009, S. 465 (471 f.).

einen spezifisch öffentlich-rechtlichen Charakter aufweist.[268] Dies kann nur mit Blick auf die Ausgestaltung des Verteilungsverfahrens im Einzelfall beantwortet werden. Finden sich über die erwähnten allgemeinen öffentlich-rechtlichen Bindungen jedweden Staatshandelns qua Grundrechten oder Rechtsstaatsprinzip hinausgehende, dem Öffentlichen Recht zuzuordnende Vorgaben für Auswahlverfahren und -entscheidung normiert, wie dies etwa bei der öffentlichen Auftragsvergabe,[269] im Regelfall aber nicht bei Veräußerungsgeschäften der öffentlichen Hand[270] der Fall ist, so ist ein öffentlich-rechtliches Auswahlverhältnis anzunehmen.[271] Demgegenüber streitet für ein Durchschlagen der privatrechtlichen Qualifikation des Leistungsverhältnisses auch auf die des Auswahlverfahrens, dass keine Zäsur zwischen beiden, etwa in Gestalt einer Verteilungsentscheidung, vorliegt.[272]

b) Begründung

Die Begründung der Auswahlentscheidung erläutert deren Inhalt sowie die für sie maßgeblichen Gründe und vermag so nicht nur deren Akzeptanz beim Betroffenen sowie ihre Legitimation zu befördern, sondern gleichzeitig eine Grundlage für deren Kontrolle – auch mit Blick auf etwaige Rechtsbehelfe – zu schaffen. Indem das Begründungserfordernis die Verwaltung zudem zu einer reflektierten und damit rationalen Entscheidungsfindung anhält sowie eine Selbstkontrolle verlangt, dient es zugleich der Herstellung einer den materiell-rechtlichen Vorgaben entsprechenden, (sach-)gerechten Auswahlentscheidung. Angesichts dieser Funktionen trägt das Begründungserfordernis auch zu einer prozeduralen Kompensation von Ermessens- und Beurteilungsspielräumen der Verwaltung bei.[273]

Vor diesem Hintergrund stellt sich die Begründungspflicht nicht nur als Gebot eines rechtsstaatlichen, den Grundsätzen guter Verwaltung entsprechenden Verfahrens dar; sie folgt auch aus sowohl der prozeduralen Dimension des verfassungs-, unions- und auch einfach-rechtlich im Wettbewerbsrecht verbürgten

---

[268] Siehe auch OVG Münster, 8 E 419/10 – juris, Rn. 18; *S. Detterbeck*, Rechtswegprobleme, S. 399 (410 ff.); *C. Weißenberger*, GewArch 2009, S. 417 (422 f.).

[269] Siehe dazu oben, 2. Teil, B.III.2.e.bb.

[270] Näher oben, 2. Teil, I.III.3.b.aa.

[271] Siehe zur Möglichkeit der Begründung privatrechtlicher Rechtsverhältnisse durch Verwaltungsakt nur BVerwGE 120, 263 (267 ff.).

[272] Siehe insoweit auch BVerwGE 129, 9 (13 f.).

[273] Siehe zu den Funktionen der Begründung nur *U. Kischel*, Begründung, S. 39 ff.; *F. Hufen*, Fehler, Rn. 294 ff.; *F. Kopp/U. Ramsauer*, VwVfG, § 39, Rn. 4; *M. Morlok*, Folgen von Verfahrensfehlern, S. 134 f.; *J.-P. Schneider*, GVwR II, § 28, Rn. 117; *U. Stelkens*, in: Stelkens/Bonk/Sachs, VwVfG, § 39, Rn. 1.

Teilhabeanspruchs[274] als auch der Garantie effektiven Rechtsschutzes[275].[276] Einfach-rechtlich verankert ist sie, so die Auswahlentscheidung durch schriftlichen Verwaltungsakt ergeht, in § 39 Abs. 1 VwVfG: Nach diesem ist die Behörde verpflichtet, „die wesentlichen tatsächlichen und rechtlichen Gründe mitzuteilen, die [sie] zu ihrer Entscheidung bewogen haben." Hat die Verwaltung Ermessenserwägungen angestellt, soll die Begründung auch diese wiedergeben. Demgegenüber findet sich für die vertraglich handelnde Verwaltung – mit Ausnahme der kartellvergaberechtlichen Informationspflicht des § 101a Abs. 1 S. 1 GWB – kein Begründungserfordernis explizit normiert, angesichts des entwickelten verfassungsrechtlichen Begründungsgebots ist aber entweder dieses oder § 39 VwVfG analog heranzuziehen.[277]

Die im Einzelfall geforderte Begründungsintensität ist mit Blick auf die geschilderten Zwecke des Begründungserfordernisses zu bestimmen.[278] Erforderlich sind jedenfalls eine Nennung des zum Zuge gekommenen Bewerbers und eine Erläuterung der maßgeblichen Auswahlerwägungen, so dass insbesondere ein Nachvollzug der Entscheidung und die Einlegung von Rechtsbehelfen möglich sind. Es darf bei der Zuteilung mehrerer Güter etwa nicht offen bleiben, welche Genehmigungen erfolgreich angegriffen werden können, da sonst ein unzumutbares Kostenrisiko geschaffen würde.[279] Diese Anforderungen gelten auch bei der separaten Zuteilung von Gütern bzw. deren Ablehnung, was eine Stütze auch in der materiell-rechtlichen Verklammerung der einzelnen Verteilungsentscheidungen über die Auswahlnorm und das daraus resultierende verfahrensübergreifende Verwaltungsrechtsverhältnis findet.[280] Zu berücksichtigen ist schließlich, dass eine adäquate Begründung auch den späteren Rechtsschutz, da den gerichtlichen Ermittlungsaufwand mindernd, beschleunigt und so zu einer auch im Interesse der Verwaltung liegenden raschen und effizienten Verteilung beiträgt.[281]

---

[274] Siehe dazu bereits oben, 1. Teil, A.I.2.a.bb.(2), B.I.1.b., c. und 2.a.cc.(4)(a) sowie C.II.3.

[275] Dazu ebenfalls oben, 1. Teil, A.I.2.c.

[276] Umfassend *U. Kischel*, Begründung, S. 63 ff.

[277] Für die zweite Alternative *F. Kopp / U. Ramsauer*, VwVfG, § 39, Rn. 12; *U. Stelkens*, in: Stelkens / Bonk / Sachs, VwVfG, § 39, Rn. 18 f. Siehe auch *F. Hufen*, Fehler, Rn. 442; *W. R. Schenke*, in: BK, Art. 19 Abs. 4, Rn. 733 f. Allgemein zur Anwendbarkeit des VwVfG im Verwaltungsprivatrecht BGH, V ZR 63/09 – juris, Rn. 36.

[278] *J.-P. Schneider*, GVwR II, § 28, Rn. 117. Umfassend zum „Wie" der Begründung *U. Kischel*, Begründung, S. 335 ff.

[279] Im Ergebnis ebenso *M. Pöcker*, DÖV 2003, S. 193 (197).

[280] Der Hilfskonstruktion eines einheitlichen Verteilungsverfahrens bedarf es daher nicht, anders aber *M. Pöcker*, DÖV 2003, S. 193 (197).

[281] Siehe auch *M. Pöcker*, DÖV 2003, S. 193 (198 f.).

c) Befristung

Das Problem der gerechten Verteilung in der Zeit[282] lässt sich verwaltungsverfahrensrechtlich mit dem Institut der Befristung lösen. Sie gestattet, einen angemessenen Ausgleich zwischen insbesondere dem Bestandsinteresse des zum Zuge gekommenen Bewerbers und dem Zugangsinteresse von Newcomern entsprechend den verfassungs-,[283] unions-[284] und kartellrechtlichen[285] Vorgaben herzustellen und ist in manchen Verteilungsverfahren ausdrücklich vorgesehen, so bei der Konzessionsvergabe im Personenbeförderungsrecht (§ 16 PBefG), der Vergabe von Telekommunikationsfrequenzen (§ 55 Abs. 8 TKG) oder der von Rundfunkfrequenzen (§ 51a Abs. 5 S. 1 und 2 RStV). Freilich ist die Bedeutung des Befristungserfordernisses relativiert, sind für Konzessionen, wie im Bereich der Personenbeförderung, Erneuerungspflichten (Taxenverkehr) und Altunternehmerprivilegien (vgl. § 13 Abs. 3 PBefG) normiert.[286]

d) Bekanntgabe der Entscheidung

Gemäß § 41 Abs. 1 S. 1 VwVfG ist der Verwaltungsakt „demjenigen Beteiligten bekannt zu geben, für den er bestimmt ist oder der von ihm betroffen wird." In multipolaren Verteilungsverfahren stellt sich die Anwendung dieser Vorschrift als nicht weiter problematisch dar, da alle Bewerber Beteiligte des Auswahlverfahrens i.S.d. § 13 Abs. 1 Nr. 1 bzw. 2 VwVfG sind. Damit ist dieser auch allen Bewerbern bekanntzugeben: bei einer auch multipolaren Entscheidungsformung (einheitlicher Verteilungsverwaltungsakt) gemäß § 41 Abs. 1 S. 1 1. Alt. VwVfG und bei einer bipolaren Entscheidungsformung (separate Zu- bzw. Absagen) gemäß derselben Vorschrift hinsichtlich der Zu- bzw. Absage; darüber hinaus ist in diesem Fall die Zusage gemäß § 41 Abs. 1 S. 1 2. Alt. VwVfG auch an die Unterlegenen als beteiligte Drittbetroffene bekanntzugeben.

Schwieriger stellt sich die Rechtslage demgegenüber in bipolar strukturierten Verfahrensmodellen dar, in denen mehrere Verwaltungsverfahren, an denen jeweils nur ein einzelner Bewerber beteiligt ist, isoliert nebeneinander ablaufen.[287] Mangels Beteiligtenstellung in den jeweils anderen Verfahren scheidet in

---

[282] Zu dieser BGH, NJW 2003, S. 2684: Beschränkungen der Vertragsdauer aus Gründen des Wettbewerbs; ferner *J.-P. Schneider*, GVwR II, § 28, Rn. 157; *A. Voßkuhle*, DV 32 (1999), S. 21 (40).

[283] Zu diesen oben, 1. Teil, A.I.4.a.

[284] Für das Primärrecht EuGH, Rs. C-323/03, Slg. 2006, I-2161, Rn. 47 f. – EK / Spanien, und ausführlich oben, 1. Teil, B.I.2.a.cc.(3). Im Sekundärrecht (zu diesem oben, 1. Teil, B.II.): Art. 12 Abs. 2 DLR; Art. 5 Abs. 2 UAbs. 2 S. 3 Genehmigungs-RL 2002/20/EG; Art. 11 Abs. 1 lit. d RL 96/67/EG; Art. 4 Abs. 3 und 4 VO (EG) Nr. 1370/2007; siehe auch Art. 12 Port-Package.

[285] Siehe 1. Teil, C.II.3.

[286] Siehe dazu oben, 2. Teil, F.III.1.a.aa.(2), e.aa. und f.aa.

[287] Zu den unterschiedlichen Verfahrensstrukturen unten, B.IV.

diesem Fall eine Pflicht zur Bekanntgabe der positiven Auswahlentscheidung an die unterlegenen Bewerber jedenfalls dem Wortlaut des § 41 Abs. 1 S. 1 VwVfG nach aus; und auch materielle Rechtseinbußen scheinen nicht zu drohen, da die Bekanntgabe Voraussetzung für die Wirksamkeit dem Drittbetroffenen gegenüber (§ 43 Abs. 1 S. 1 VwVfG) und damit für den Anlauf von Rechtsbehelfsfristen (§§ 70 Abs. 1 S. 1, 74 Abs. 1 VwGO) ist. Doch auch wenn man keine Rechtspflicht zur Durchführung eines multipolaren Verteilungsverfahrens bzw. jedenfalls zur Hinzuziehung der Konkurrenten untereinander gemäß § 13 Abs. 2 VwVfG anerkennt,[288] kann es hierbei nicht verbleiben. Vielmehr gebietet bereits die potentielle Rechtsbetroffenheit eine Bekanntgabe, zumal eine Verwirkung des Klagerechts infolge der Kenntnis der Drittbegünstigung durch Begründung der Ablehnung[289] droht.[290] Hierfür streitet auch die verfahrensübergreifende Verklammerung der einzelnen Verfahren aufgrund des durch die materiellrechtliche Auswahlnorm begründeten Konkurrenzrechtsverhältnisses. Eine Bekanntgabepflicht erscheint ferner aus der Perspektive des erfolgreichen Bewerbers geboten, da sich die Verwaltung ansonsten eine erleichterte Korrekturmöglichkeit der Zuteilung angesichts der nicht eintretenden Wirksamkeit gegenüber den Drittbetroffenen (§ 50 VwVfG) offen halten könnte.[291] Um rasch Rechtssicherheit durch das Ingangsetzen von Anfechtungsfristen herzustellen, erscheint mithin eine förmliche Bekanntgabe an alle Bewerber geboten.[292]

Jenseits einer Verteilung durch Verwaltungsakt schließlich fordert eine dem Rechtsstaatsgebot und dem grund- und unionsrechtlichen Teilhabeanspruch entsprechende Verfahrensgestaltung, das Auswahlergebnis – auch den unterlegenen Bewerbern – kundzutun.[293]

6. Abschluss ohne Entscheidung – die Einstellung des Vergabeverfahrens

Gerade in Verteilungssituationen besteht oftmals ein Interesse der Verwaltung daran, ein einmal eingeleitetes Verfahren ohne Sachentscheidung zu beenden, etwa wenn ihr ursprünglicher Bedarf entfallen ist oder sich kein geeigneter Kandidat beworben hat. Dies wirft die Frage auf, ob und bejahendenfalls unter welchen Voraussetzungen eine Einstellung des Verteilungsverfahrens möglich ist. Für das Standardverfahren findet sich im VwVfG keine Antwort hierauf;

---

[288] Siehe ebenfalls unten, B.IV.

[289] Dazu soeben, B.I.5.b.

[290] Siehe auch *T. J. Horn*, GewArch 1985, S. 73 (81); *F. Kopp / U. Ramsauer*, VwVfG, § 41, Rn. 27; *H.-W. Laubinger*, Verwaltungsakt mit Doppelwirkung, S. 101; *U. Stelkens*, in: Stelkens / Bonk / Sachs, VwVfG, § 41, Rn. 34; *F. Stollmann*, Krankenhausplanung, § 4, Rn. 27.

[291] So zu Recht auch *U. Stelkens*, in: Stelkens / Bonk / Sachs, VwVfG, § 41, Rn. 35.

[292] Siehe auch *M. Schmidt-Preuß*, Kollidierende Privatinteressen, S. 533; *F. Stollmann*, Krankenhausplanung, § 4, Rn. 27. A.A. *W.-R. Schenke*, NVwZ 1993, S. 718 (724).

[293] Vgl. auch *U. Stelkens*, in: Stelkens / Bonk / Sachs, VwVfG, § 41, Rn. 2, 10, aber auch 12.

allein im förmlichen und im Planfeststellungsverfahren ist eine Pflicht zur Benachrichtigung der Beteiligten normiert, wenn das Verwaltungsverfahren einen anderen Abschluss als durch Entscheidung findet (§ 69 Abs. 3, ggf. i.V.m.
§ 74 Abs. 1 S. 2 VwVfG). Auch Verteilungsverfahren kennen – trotz der aus der
Judikatur ablesbaren Praxisrelevanz der Thematik – meist keine spezifischen
Regelungen. Anderes gilt partiell für das Kartellvergaberecht, das in § 17 Abs. 2
VOB/A 2009 insoweit eine Mitteilungs- und Begründungspflicht vorsieht; und
die Aufhebung der Festsetzung eines Wochenmarktes, Jahrmarktes oder
Volksfestes hängt gemäß § 69b Abs. 3 S. 2 GewO davon ab, ob deren Durchführung für den Veranstalter unzumutbar ist.

Die Grundvoraussetzung für eine Einstellung des Verteilungsverfahrens
stellt eine – nach dem jeweiligen Fachrecht zu beurteilende[294] – Dispositionsbefugnis der Verwaltung hinsichtlich der Durchführung des Verfahrens dar. Im
Falle einer gesetzlichen Leistungsverpflichtung scheidet eine solche aus; dies
trifft auf diejenigen Verteilungsverfahren zu, die, wie im Taxen- und kommerziellen Linienverkehr oder bei der Frequenzvergabe, eine staatlicherseits gewillkürte Verknappung verarbeiten und in denen damit ein freiheitsrechtlicher
Zuteilungsanspruch wenigstens einzelner Bewerber inmitten steht. Bei Offizialverfahren wird der Abbruch demgegenüber für ohne Weiteres zulässig erachtet[295]. Letzteres gilt auch für Vergabe- und Veräußerungsverfahren, da aus
vertrags- und haushaltsrechtlichen Gründen kein Kontrahierungszwang der
Verwaltung besteht,[296] ferner – mit Blick auf das Organisationsermessen der
Verwaltung – für die Besetzung von Beamtenstellen[297] und die Schaffung öffentlicher Einrichtungen[298].[299]

Als materielle Grenze der Einstellungsbefugnis kann mit Blick auf das verfassungs- und unionsrechtliche Gebot eines chancengleichen Vergabeverfahrens als konsentiert gelten, dass die Einstellung nicht zum Zwecke der Diskriminierung einzelner Bewerber erfolgen darf, d.h. insbesondere nicht, um einen
an und für sich erfolgreichen Bewerber durch Aufhebung und Neuausschreibung zu übergehen.[300] Denn auch durch „den Abbruch von laufenden Verfahren lässt sich die Zusammensetzung des Bewerberkreises steuern".[301] Darüber

---

[294] F. Kopp/U. Ramsauer, VwVfG, § 9, Rn. 34; H. Schmitz, in: Stelkens/Bonk/Sachs,
VwVfG, § 9, Rn. 200.

[295] Vgl. H. Pünder, Verwaltungsverfahren, § 13, Rn. 46.

[296] Siehe BGH, NJW 1998, S. 3636 (3639); NVwZ 2003, S. 1149 (1150); ferner oben, 2. Teil,
B.III.2.f.; I.III.3.a.bb.

[297] Siehe nur 2. Teil, C.III.1.f.; D.III.1.f.

[298] Näher 2. Teil, D.III.1.f.

[299] Vgl. im Kontext der Subventionsgewährung ferner BVerwGE 126, 33 (51 ff.).

[300] Siehe für das Kartellvergaberecht nur BGH, NVwZ 2003, S. 1149 (1151), und oben,
2. Teil, B.III.2.f.; ferner 2. Teil, I.III.3.a.bb.

[301] Siehe nur BVerfG, NJW-RR 2003, S. 203 (203).

hinaus findet sich mitunter das Erfordernis eines sachlichen Grundes für die Einstellung aufgestellt;[302] ist letztere aber grundsätzlich zulässig, folgt aus dieser Kautele angesichts der dann bestehenden Dispositionsbefugnis der Verwaltung über das „Ob" des Verfahrens allerdings nicht mehr als eine Plausibilitätskontrolle[303].

In formeller Hinsicht wird oftmals ein förmlicher Beendigungsakt nicht für notwendig, vielmehr eine formlose Mitteilung für ausreichend erachtet.[304] Dies kann freilich dann nicht gelten, wenn, wie regelmäßig in Verteilungsverfahren, ein Antrag auf Zuteilung vorliegt; dieser ist zu bescheiden.[305] Die Einstellungsentscheidung teilt die Rechtsnatur der positiven Zuteilungsentscheidung;[306] entsprechend ist Rechtsschutz zu suchen. Erfolgt die Verfahrensbeendigung durch Verwaltungsakt, ergibt sich ein Bekanntgabe- und Begründungserfordernis ohne Weiteres aus § 41 bzw. § 39 VwVfG; im Übrigen folgen diese wenigstens aus der Rechtsschutzgarantie[307].

Ein rechtswidrig eingestelltes Verfahren ist fortzusetzen. Darüber hinaus kann die Einstellung des Verfahrens einen Schadensersatzanspruch zugunsten des aussichtsreichsten Bewerbers auslösen, wenn das Fachrecht, wie für das Vergabeverfahren, zwischen einer Einstellungsmöglichkeit mit und ohne Schadensersatzpflicht differenziert. Für das Kartellvergaberecht markiert § 17 VOB/A 2009 insoweit die Schwelle.[308]

---

[302] Siehe insoweit oben, 2. Teil, C.III.1.f.; H.III.2.; I.III.3.a.bb.

[303] Siehe für eine Aktivierung dieser Grenzen die Beispiele im 2. Teil, C.III.1.f.

[304] VGH München, NVwZ 1988, S. 1615 (1615); NVwZ 1990, S. 775 (776); ferner *H. Schmitz*, in: Stelkens/Bonk/Sachs, VwVfG, § 9, Rn. 199.

[305] Vgl. auch *H. Schmitz*, in: Stelkens/Bonk/Sachs, VwVfG, § 9, Rn. 200. Differenziert werden kann freilich nicht zwischen Offizial- und Antragsverfahren (siehe insoweit aber *F. Kopp/U. Ramsauer*, VwVfG, § 9, Rn. 34 ff.), da zahlreiche Vergabeverfahren zwar von Amts wegen eingeleitet werden, aber einen Teilnahmeantrag des Bewerbers voraussetzen. Das Vorliegen des Antrags ist entscheidend.

[306] Vgl. auch *F. Kopp/U. Ramsauer*, VwVfG, § 9, Rn. 36, die von einer konkludenten Ablehnung ausgehen; OVG Münster, 13 A 3778/93 – juris, Rn. 8, das den VA-Charakter einer Einstellung trotz Sachentscheidung durch Verwaltungsakt verneinte (siehe auch *F. Kopp/U. Ramsauer*, VwVfG, § 9, Rn. 35), steht dem nicht entgegen, da diese Entscheidung ein Offizialverfahren betraf. Anders aber BVerfG, NJW-RR 2005, S. 998 (1001); VGH München, NVwZ-RR 2006, S. 344 (346), für das Beamtenrecht (Verfahrenshandlung ohne Verwaltungsaktscharakter).

[307] Vgl. auch oben, B.I.5.b. und d. *H. Pünder*, Verwaltungsverfahren, § 13, Rn. 46, erachtet die Benachrichtigung als „nobile officium" der Verwaltung.

[308] Näher dazu oben, 2. Teil, B.III.2.f.

II. Anlassunabhängige Verfahren

Die neuere Verwaltungsrechtsentwicklung kennzeichnet eine zunehmende Zahl anlassunabhängiger Verfahren, die im entscheidungszentrierten Standardmodell des VwVfG außen vor bleiben.[309] Paradigmatisch hierfür stehen verselbstständigte, d.h. von einer konkreten Entscheidung losgelöste Informations- und Kommunikationsbeziehungen. Diese können, wie im Fall der Informationsfreiheitsgesetze von Bund und Ländern, im Verhältnis von Verwaltung und Bürgern bestehen, aber auch intra- oder interadministrativ, wovon nicht nur die Amtshilfe (§§ 4 ff. VwVfG), sondern auch der für den Europäischen Verwaltungsverbund charakteristische Informationsaustausch zeugt.[310]

Auch den Typ „Verteilungsverfahren" kennzeichnen derartige anlassunabhängige, gegenüber der Auswahlentscheidung verselbstständigte Verfahren der Informationsgewinnung: So findet sich im Vergaberecht ein Präqualifizierungsverfahren, in dem die Eignung potentieller Bieter geprüft und letztere im Erfolgsfall in das Präqualifikationsverzeichnis aufgenommen werden; den Eintrag in dieses kann der Auftraggeber dann in späteren Vergabeverfahren gemäß § 6 Abs. 3 Nr. 2 VOB/A 2009 als Eignungsnachweis verlangen.[311] Ein Vorauswahlverfahren hat sich auch im Kontext der Bestellung zum Insolvenzverwalter etabliert, in dessen Rahmen generell zur Ausübung dieses Amtes geeignete Bewerber ermittelt und in eine mit Blick auf spätere Insolvenzfälle geführte Auswahlliste aufgenommen werden.[312] Darüber hinaus sieht die BNotO die Führung einer Bewerberliste als Alternative zur Ausschreibung von Anwärterstellen vor (§ 7 Abs. 2 S. 3 und 4 BNotO).[313] Werden Güter in einem einzelfallübergreifenden Auswahlsystem verteilt, wie etwa bei der Vergabe von Taxenkonzessionen sowie einst von Kehrbezirken für Schornsteinfeger nach dem Prioritätsgrundsatz oder von Standplätzen auf Messen und Märkten in einem rollierenden System, bedarf es der Führung einer vom einzelnen Verteilungsverfahren unabhängigen Vormerk- respektive Warteliste.[314] Ein an Differenziertheit unerreichtes System hat insoweit die Verordnung über das Schornsteinfegerwesen geschaffen, die allerdings im Zuge der novellierten Regulierung des Zugangs zum Schornsteinfegerhandwerk durch das SchfHwG zum 28.11.2008 außer Kraft getreten ist.[315]

---

[309] Dazu *E. Schmidt-Aßmann*, GVwR II, § 27, Rn. 51 ff.; *ders.*, Verwaltungsverfahren, S. 429 (433 ff.); *J.-P. Schneider*, GVwR II, § 28, Rn. 21.

[310] Siehe insoweit *E. Schmidt-Aßmann*, GVwR II, § 27, Rn. 51 f.

[311] Näher dazu oben, 2. Teil, B.III.4.

[312] Im Einzelnen oben, 2. Teil, C.III.2.

[313] Zu dieser oben, 2. Teil, C.III.2.

[314] Siehe oben, 2. Teil, F.III.2., und D.III.2., sowie *H. Zuck*, Verteilungsentscheidungen, S. 184 ff.

[315] Siehe zu dieser *C. Starck*, VerwArch 71 (1980), S. 1 (20); *H. Zuck*, Verteilungsentscheidungen, S. 184 ff. In der SchfV fanden sich Regelungen zu Eintragung und Streichung in die

Die Vorauswahlmechanismen dienen der Entlastung des späteren Vergabeverfahrens und steigern damit dessen Effizienz bzw. ermöglichen – bei Zeitdruck oder im Falle der Vormerklisten – mitunter sogar erst eine sachgerechte Vergabeentscheidung. Auch vermögen sie den Bewerbungsaufwand bei einer Vielzahl von Ausschreibungen zu verringern, ein gerade für kleinere und mittelständische Unternehmen wesentlicher Vorteil der Präqualifikationsmöglichkeit gegenüber einem in jedem Einzelfall erforderlichen Eignungsnachweis[316]. Angesichts der vorbereitenden Funktion des Vorauswahlverfahrens für die spätere Vergabeentscheidung kann ein gewisser Zusammenhang zwischen diesen beiden freilich nicht geleugnet werden.

Die Einführung von Vorauswahlmechanismen liegt im Verfahrensermessen der Verwaltung, der es grundsätzlich unbenommen ist, den Entscheidungsprozess zu stufen;[317] gleichwohl haben sie teilweise eine gesetzliche Verankerung erfahren (§ 97 Abs. 4a GWB; § 7 Abs. 2 S. 3 und 4 BNotO). Da die Vorauswahl die spätere Vergabeentscheidung partiell antizipiert, beanspruchen die materiellen und prozeduralen Vorgaben für das spätere Auswahlverfahren auch Geltung für den vorweggenommenen Teil.[318] So müssen die Auswahlkriterien beider Verfahren miteinander korrespondieren, und sind die Gebote der Chancengleichheit, Neutralität, Transparenz und Nichtdiskriminierung auch im Vorauswahlverfahren zu beachten. Auch darf die Vorauswahl zum Zeitpunkt der späteren Vergabeentscheidung im Interesse einer Gleichbehandlung der Bewerber nicht obsolet sein, was etwa durch eine Befristung des Status oder dessen kontinuierliche Aktualisierung und Überprüfung sichergestellt werden kann.[319] Umgekehrt darf eine einmalige Nichtaufnahme die Eintragung nicht dauerhaft sperren, wenn für die spätere Entscheidung wandelbare Umstände maßgeblich sind (etwa die persönliche oder fachliche Eignung).[320] Ist (auch) der Eintragungszeitraum für die spätere Vergabeentscheidung maßgeblich, stellt sich die Frage, ob zum Eintragungszeitpunkt bereits das Vorliegen aller Zuteilungsvoraussetzungen verlangt

---

Bewerberliste, dem Erfordernis einer jährlichen Erneuerung der Bewerbung, zur Wiedereintragung, zum bezirksübergreifenden Listenausgleich und zur Rangbestimmung, die aus Gründen der Einzelfallgerechtigkeit vom Antragszeitpunkt abweichen konnte.

[316] Siehe nur Beschlussempfehlung und Bericht des Ausschusses für Wirtschaft und Technologie zum Entwurf eines Gesetzes zur Modernisierung des Vergaberechts u.a., BT-DrS 16/11428, S. 34.

[317] Ebenso BVerwG, NVwZ-RR 1990, S. 619 (620); keinerlei Bedenken hinsichtlich eines Vorauswahlmechanismen entgegenstehenden Gesetzesvorbehalts formulierte auch das BVerfG in seiner Insolvenzverwalter-Entscheidung (E 116, 1 [17 ff.]), ohne die Problematik freilich explizit anzusprechen.

[318] Siehe insoweit etwa die Vorgaben für das vergaberechtliche Präqualifikationsverfahren oben, 2. Teil, B.III.4., und für die Vorauswahl als Insolvenzverwalter oben, 2. Teil, C.III.2.

[319] Siehe auch BVerwGE 16, 190 (191): Regelmäßiges Abfragen des Interesses geboten; BGH, MDR 1981, S. 401 (402).

[320] BVerwG, NVwZ-RR 1990, S. 619 (620).

werden kann; an dieser scheiden sich die Geister. Ihre Beantwortung hängt, wie für die Vergabe von Taxenkonzessionen näher ausgeführt,[321] davon ab, ob man eine Erfüllung der Zulassungsvoraussetzungen zum Zulassungszeitpunkt – gerade mit Blick auf den Teilhabeanspruch konkurrierender Bewerber – für ausreichend erachtet.[322] Ablehnende Entscheidungen schließlich sind zu begründen und einer gerichtlichen Überprüfung zugänglich zu machen[323].

Hinsichtlich der Verbindlichkeit der Vorauswahl unterscheiden sich die einzelnen Modelle: Teils kann eine Zuteilung unabhängig von einer Eintragung erreicht werden, wie bei der vergaberechtlichen Präqualifikation, teils, wie bei der Warteliste für Notaranwärter, ist dies nicht möglich.

III. Verfahrensrechtliche Spezifika des Verteilungsverfahrens

Den auch verfassungs- und unionsrechtlich fundierten Geboten eines transparenten und am Grundsatz der Chancengleichheit orientierten Verfahrens kommt in Verteilungssituationen eine besondere Bedeutung zu. Dies erhellt, warum zwei aus diesen Prinzipien abgeleitete und weiter kleingearbeitete Vorgaben in zahlreichen zu Verteilungsverfahren ergehenden Judikaten thematisiert werden und oftmals auch einen spezifischen verfahrensrechtlichen Niederschlag im Fachrecht gefunden haben, nämlich Dokumentations- (1.) und Neutralitätspflichten (2.). Diesen kommt eine desto größere Bedeutung zu, je weitgehender der administrative Entscheidungsspielraum ist, weshalb sie etwa im schematischen Hochschulrecht bislang keine besondere Rolle gespielt haben; auch dort Einzug haltende Auswahlverfahren mögen dies ändern.[324]

1. Dokumentationspflichten

Um eine transparente, kontrollierbare, von sachwidrigen Einflüssen freie und rationale Verteilung zu gewährleisten, greifen in Vergabeverfahren Dokumentationspflichten. Diese unterscheiden sich vom ähnlichen Zwecken dienenden Begründungserfordernis insofern, als sie sich zum einen nicht nur auf das Verfahrensprodukt – die Verteilungsentscheidung –, sondern auf das Verfahren selbst mit seinen einzelnen Stufen beziehen, und zum anderen nicht ex post greifen, sondern eine verfahrensbegleitende Perspektive erfordern. Mithin setzt die Begründung am Endpunkt des Verfahrens, der Darstellung der Entscheidung, an, wohingegen die Dokumentation deren Herstellungsprozess begleitet.

---

[321] Siehe oben, 2. Teil, F.III.2.
[322] In diese Richtung BVerwGE 16, 190 (192).
[323] Siehe BVerwG, NVwZ-RR 1990, S. 619 (619).
[324] Siehe oben, 2. Teil, E.IV.

So obliegt es im Kartellvergaberecht gemäß § 20a Abs. 1 S. 1 VOB / A 2009 dem öffentlichen Auftraggeber, den Beschaffungsvorgang verfahrensbegleitend und „zeitnah so zu dokumentieren, dass die einzelnen Stufen des Verfahrens, die einzelnen Maßnahmen, die maßgebenden Feststellungen sowie die Begründung der einzelnen Entscheidungen in Textform festgehalten werden."[325] Trotz fehlender Normierung setzt sich auch bei der Besetzung von Beamtenstellen zunehmend die Einsicht durch, dass „die schriftliche Dokumentation der Auswahlerwägungen ... [eine] verfahrensbegleitende Absicherung der Einhaltung der Maßstäbe des Art. 33 II GG" ermöglicht[326] und die Dokumentation daher – jedenfalls insoweit dies für die Herstellung einer sachgerechten Auswahlentscheidung geboten erscheint – verfahrensbegleitend und nicht, wie die Begründung, erst retrospektiv zum Zeitpunkt der Darstellung der Entscheidung zu erstellen ist[327]. Entsprechende Forderungen werden zudem im Kontext der Vergabe von Rundfunkfrequenzen[328] und der Verlosung von Plätzen an weiterführenden Schulen[329] artikuliert.

Dokumentationspflichten kennt freilich auch das Standardverfahren: So wird trotz dessen Nichtförmlichkeit und ungeachtet einer fehlenden ausdrücklichen Regelung im VwVfG das Gebot der Aktenmäßigkeit des Verwaltungsverfahrens, d.h. die Pflicht zu einer ordnungsgemäßen, insbesondere vollständigen, kontinuierlichen[330] und der Wahrheit entsprechenden Aktenführung, einmal dem Recht auf Akteneinsicht (§ 29 VwVfG) als dessen notwendige Voraussetzung entnommen;[331] nichts anderes gilt mit Blick auf die Informationsfreiheitsrechte. Angesichts der Bedeutung einer ordnungsgemäßen Aktenführung für ein objektives, die Gesetzmäßigkeit der Verwaltung gewährleistendes Verwaltungsverfahren betonen BVerfG und die Verwaltungsgerichtsbarkeit darüber hinaus aber zu Recht auch diesen rechtsstaatlichen Begründungszusammenhang.[332]

---

[325] Näher oben, 2. Teil, B.IV.1.

[326] BVerfG, NVwZ 2007, S. 1178 (1179).

[327] In diesem Sinne VGH Kassel, DVBl. 1994, S. 593 (595); OVG Münster, 6 B 1232/09 – juris, Rn. 11 ff.; *H.-H. Trute*, in: AK-GG, Art. 33 Abs. 1–3, Rn. 72 („zeitnah"). Näher, auch zur Gegenauffassung, oben, 2. Teil, C.IV.1.

[328] Siehe *M. Fehling*, Konkurrentenklage, S. 245 ff., sowie oben, 2. Teil, H.IV.

[329] OVG Bremen, 1 B 391/08 – juris, Rn. 26; ablehnend OVG Münster, 19 A 3316/08 – juris, Rn. 22 f.

[330] Zurückhaltend insoweit *J.-P. Schneider*, GVwR II, § 28, Rn. 52.

[331] OVG Greifswald, NVwZ 2002, S. 104 (107); VGH Mannheim, NVwZ-RR 1996, S. 27 (28); VG Lüneburg, NVwZ 1997, S. 205 (206); *M. Fehling*, Konkurrentenklage, S. 246; *F. Hufen*, Fehler, Rn. 241 ff.; *F. Kopp / U. Ramsauer*, VwVfG, § 29, Rn. 1a, b; *J.-P. Schneider*, GVwR II, § 28, Rn. 52.

[332] BVerfG, NJW 1983, S. 2135 (2135), das einen Zusammenhang zum „verfassungsrechtlich geschützten Anspruch [des Einzelnen] auf angemessene Behandlung seiner Angelegenheit" und zum rechtsstaatlichen Objektivitätsgebot herstellt; ähnlich BVerwG, NVwZ 1988, S. 621 (622), das die „Dokumentationsfunktion" im Dienst der „Sicherung gesetzmäßigen

Vor diesem Hintergrund können Dokumentationspflichten gewiss nicht als Alleinstellungsmerkmal des Verteilungsverfahrens verstanden werden. Hier erlangen sie aber eine besondere Bedeutung, da eine adäquate Dokumentation den Anspruch auf eine chancengleiche Zuteilung verfahrensrechtlich abzusichern hilft, gerade bei Auswahlspielräumen der Verwaltung, die Dokumentationspflichten prozedural zu kompensieren vermögen. Dies erklärt nicht nur, warum letztere ein konstantes Thema der Rechtsprechung zu Verteilungsverfahren darstellen und mitunter auch eine spezialgesetzliche Normierung erfahren haben; vielmehr rechtfertigt es auch, eine verfahrensbegleitende Dokumentation der wesentlichen Eckpunkte des Verfahrens als Anforderung des unions- und verfassungsrechtlich verbürgten Teilhabeanspruchs, jedenfalls soweit dies für dessen Realisierung notwendig ist, zu begreifen.

2. Neutralitätssicherung

Angesichts der Bedeutung des Gebots der Chancengleichheit für eine gerechte Verteilung einerseits und der gerade in Verteilungsverfahren nicht von der Hand zu weisenden Gefahr sachwidriger Einflüsse andererseits muss die (auch) verfahrensrechtliche Sicherung der Neutralität ein besonderes Anliegen dieses Verfahrenstyps sein.[333] Diesen Befund spiegeln nicht nur in den einzelnen Verteilungsverfahren zu findende Detailregelungen wider; vielmehr sind diese Anforderungen auch durch die verfahrensrechtliche Dimension des Teilhabeanspruchs und als allgemein-rechtsstaatliche Vorgabe verfassungs- sowie unionsrechtlich[334] vorgezeichnet und werden bei lückenhafter oder fehlender Normierung aus diesen hergeleitet: Zahlreiche, verfahrensübergreifend konvergierende und im Folgenden darzustellende Ableitungen zeugen hiervon.[335] Für die Vergabe von Telekommunikationsfrequenzen hält § 55 Abs. 1 S. 3 TKG zudem allgemein fest, dass diese „diskriminierungsfrei auf der Grundlage nachvollziehbarer und objektiver Verfahren" zu erfolgen habe.

Verwaltungshandelns" sieht, und zwar nicht nur durch die Ermöglichung repressiver Kontrolle, sondern auch präventiv „insofern …, als sie die Motivation zu allseits rechtmäßigem Verwaltungshandeln stärkt und rechtswidriges Verwaltungshandeln erschwert"; ähnlich auch OVG Greifswald, NVwZ 2002, S. 104 (106 f.); VG Lüneburg, NVwZ 1997, S. 205 (206); *H. J. Bonk / D. Kallerhoff*, in: Stelkens / Bonk / Sachs, VwVfG, § 29, Rn. 30 ff.; *M. Fehling*, Konkurrentenklage, S. 246; *E. Schmidt-Aßmann*, in: Maunz / Dürig, GG, Art. 19 IV, Rn. 255. Siehe im Übrigen *W. R. Schenke*, in: BK, Art. 19 Abs. 4, Rn. 707, der Dokumentationspflichten jedenfalls bei schwerwiegenden Grundrechtseingriffen anerkennt.

[333] *H. C. Röhl*, GVwR II, § 30, Rn. 21; *A. Voßkuhle*, Strukturen und Bauformen, S. 277 (307). Zurückhaltend aber *T. Pollmann*, Gleichbehandlungsgrundsatz, S. 133 ff.

[334] Siehe auch Art. 41 Abs. 1 GRC, der u.a. eine unparteiische und gerechte Behandlung der Angelegenheiten Einzelner durch die Verwaltung gewährleistet.

[335] Siehe nur oben, 2. Teil, C.IV.2., D.IV., F.IV., H.IV., I.III.3.a.bb.

In Anknüpfung an *Michael Fehlings* Entfaltung verschiedener Wirkrichtungen der Unparteilichkeitssicherung ist zwischen der personell-individuellen Neutralität des Amtswalters, der organisatorisch-institutionellen Unparteilichkeit der Verwaltung und der unparteilichen Verfahrensgestaltung durch die Verwaltung zu unterscheiden.[336] Das Gebot der personell-individuellen Neutralität verlangt den Ausschluss befangener Amtswalter.[337] Im Anwendungsbereich des VwVfG sichern dies dessen §§ 20 f., im Übrigen – gerade auch im Bereich des privatrechtsförmigen Verwaltungshandelns – mitunter Spezialregelungen wie § 16 VgV,[338] jedenfalls aber die analoge Heranziehung der Befangenheitsregelungen des VwVfG als Ausdruck eines allgemein-rechtsstaatlichen Verfahrensgrundsatzes[339].

Das Verbot organisatorisch-institutioneller Parteilichkeit der Verwaltung steht administrativen Doppelrollen entgegen.[340] Solche drohen bei einer Identität von Verteilendem und Bewerber, etwa wenn sich vom Auftraggeber beherrschte öffentliche Unternehmen um einen Auftrag bemühen.[341] Insoweit zu nennen ist die – aufgrund ihrer Widerlegungsmöglichkeit allerdings nicht unproblematische und im Übrigen auch die individuelle Ebene betreffende – Befangenheit von für den Auftraggeber tätigen Beschäftigten und Organmitgliedern eines sich um einen öffentlichen Auftrag bemühenden öffentlichen Unternehmens (§ 16 Abs. 1 Nr. 3 lit. a und b VgV; allgemein § 20 Abs. 1 S. 1 Nr. 5 VwVfG).[342] Im Bereich des ÖPNV sieht Art. 5 Abs. 2 lit. c VO (EG) Nr. 1370/2007 lediglich eine zweijährige Sperre interner Bewerber vor, allerdings nur, so diese zuvor direkt mit der Erbringung von Beförderungsdienstleistungen beauftragt waren. Problematisch erscheint schließlich die Durchführung von Bewerbungsverfahren durch Behördenangehörige, wenn externe und Hausbewerber vorhanden sind.[343]

---

[336] *M. Fehling*, Unparteilichkeit, S. 195 ff., der ferner auf die Dimension einer unparteilichen Verwaltungsentscheidung im Sinne einer ergebnisbezogenen Unparteilichkeit verweist, diese aber für das deutsche Verwaltungsrecht ablehnt (338 ff.). *Fehlings* Differenzierung greifen auf: *E. Schmidt-Aßmann*, Ordnungsidee, S. 370; *J.-P. Schneider*, GVwR II, § 28, Rn. 32 ff.

[337] Umfassend *M. Fehling*, Unparteilichkeit, S. 198 ff.

[338] Dazu 2. Teil, B.IV.2.e.

[339] Siehe BayObLG, NZBau 2000, S. 259 (260 f.); OLG Brandenburg, NZBau 2000, S. 39 (42 f.); *H. J. Bonk / H. Schmitz*, in: Stelkens / Bonk / Sachs, VwVfG, § 20, Rn. 19; *F. Kopp / U. Ramsauer*, VwVfG, § 20, Rn. 7a; enger OLG Stuttgart, NZBau 2000, S. 301 (304 f.). Allgemein zur Anwendbarkeit des VwVfG im Verwaltungsprivatrecht BGH, V ZR 63/09 – juris, Rn. 36.

[340] Im Einzelnen dazu: *M. Fehling*, Unparteilichkeit, S. 241 ff.; *E. Schmidt-Aßmann*, Ordnungsidee, S. 370; *J.-P. Schneider*, GVwR II, § 28, Rn. 33, 35.

[341] Siehe *M. Fehling*, Unparteilichkeit, S. 256 f.; *ders. / K. M. Niehnus*, DÖV 2008, S. 662 (670).

[342] Näher dazu 2. Teil, B.IV.2.e.

[343] Siehe OVG Schleswig, DVBl. 1998, S. 1093 (1093).

Die verfahrensbezogene Neutralität[344] findet ihren Ausdruck zum einen in den bereits erwähnten Instrumenten, die den Raum für willkürliche Entscheidungen zu reduzieren suchen. Hierzu rechnet etwa die Pflicht zur Entwicklung eines grundsätzlich verbindlichen Verteilungskonzepts oder das Verbot von Willkürentscheidungen ermöglichenden Vergabekriterien. Unstatthaft sind ferner auf bestimmte Personen zugeschnittene Ausschreibungen sowie Vorabfestlegungen auf bestimmte Kandidaten.[345] Zum anderen zu nennen ist die sogleich ausführlich zu erörternde Einschränkung der Kommunikationsmöglichkeiten zwischen Beteiligten und Verwaltung (§§ 24 f., 29 VwVfG), die einen unlauteren Wissensvorsprung einzelner Beteiligter zu verhindern suchen.[346]

Mit diesem Aspekt des Neutralitätsgebots unvereinbar ist einmal die selektive Informationserteilung.[347] Dies kann die Beteiligung am Verfahren überhaupt betreffen, etwa bei einer gezielten Aufforderung geeigneter Kandidaten, sich zu bewerben, oder bei Nebenausschreibungen. Grundsätzlich rechtfertigen lässt sich ein derartiges Vorgehen mit dem legitimen Interesse der Verwaltung an einem den Vergabezielen entsprechenden Bewerberfeld;[348] unbedenklich, da nicht selektiv erscheint es allerdings nur dann, wenn im Übrigen eine ordnungsgemäße Bekanntmachung erfolgt ist und die selektive Ansprache ihrem Adressaten einen weder zeitlich noch inhaltlich relevanten Informationsvorsprung verschafft. In diesem Sinne gestattet etwa § 12a Abs. 2 Nr. 5 VOB/A 2009 bei der öffentlichen Auftragsvergabe zwar eine inländische Bekanntmachung zusätzlich zur zwingend vorgeschriebenen europaweiten Ausschreibung im EU-Amtsblatt; erstere darf allerdings „nur die dem Amt für amtliche Veröffentlichungen der Europäischen Gemeinschaften übermittelten Angaben enthalten und … nicht vor Absendung an dieses Amt veröffentlicht werden." Eine selektive Informationserteilung droht auch bei Kontakten zwischen Bewerbern und öffentlicher Hand nach Verfahrenseinleitung. Auch wenn Rückfragen nicht für schlechthin unzulässig erachtet werden können, vielmehr oftmals einer sachgerechten Verfahrensdurchführung dienlich erscheinen, sind Neutralität und Chancengleichheit zu wahren, beispielsweise durch Weitergabe der nachgefragten Information, so von Relevanz, an alle Bewerber (siehe insoweit § 12 Abs. 7 VOB/A 2009). Des Weiteren schälte das BVerwG die „Grundregel jedes Ausschreibungsverfahrens im weiteren Sinne … [heraus], dass jeder Anbieter sein Angebot eigenständig und ohne Kenntnis des Angebots der übrigen

---

[344] Ausführlich zu dieser *M. Fehling*, Unparteilichkeit, S. 288 ff.

[345] Dazu im Kontext des Beamtenrechts VGH Kassel, 1 B 2642/08 – juris, Rn. 4, 6; OVG Weimar, 2 EO 236/07 – juris, Rn. 55 ff., 80.

[346] *H. C. Röhl*, GVwR II, § 30, Rn. 22.

[347] Siehe nur 2. Teil, D.IV., F.IV.1., H.IV., I.III.3.a.bb.; ferner für das bergrechtliche Auswahlverfahren: VG Gera, ZfB 137 (1996), S. 309 (314 f.); *H. A. Wolff*, UPR 2005, S. 409 (413).

[348] Die gezielte Ansprache für zulässig erachtend: VGH Kassel, 1 B 2642/08 – juris, Rn. 4.

Bewerber abzugeben hat."[349] Dies steht einer Weitergabe von Informationen über einzelne Angebote an Mitbewerber durch die Behörde entgegen.[350]

Mit Blick auf die Chancengleichheit der Bewerber stellt sich ferner die Frage, inwieweit diese zur Nachbesserung ihrer Angebote nach Abschluss der Bewerbungsfrist befugt sind. Angesichts des legitimen Interesses der Verwaltung an einer optimalen Güterallokation verbietet es sich, diese Möglichkeit generell zu versagen; vielmehr bleibt es dem Gestalter des Verfahrens überlassen, inwieweit er dieses aus Gründen der Effizienz und Chancengleichheit formalisieren möchte. So kennt etwa das streng formalisierte Kartellvergaberecht ein striktes Verbot von Nachverhandlungen (§ 15 VOB/A 2009), wohingegen seine Geltung bei der Vergabe von Linienverkehrskonzessionen umstritten ist[351]. Sind Nachverhandlungen dagegen zugelassen, müssen bei diesen freilich Neutralität und Chancengleichheit gewahrt werden, insbesondere dadurch, dass eine Nachbesserung allen Bewerbern offensteht und keine Wettbewerbsvorteile durch Informationen über konkurrierende Angebote verschafft werden. Dies verlangt, einen Stichtag für Nachbesserungsmöglichkeiten zu setzen.[352] Bei Ausschreibungsverfahren darf zudem nicht übersehen werden, dass deren Charakter durch zu weit reichende Nachbesserungsmöglichkeiten in Frage gestellt wird.[353]

Mutatis mutandis gelten diese Grundsätze im Übrigen auch für die Integration von Verhandlungen in das Verteilungsverfahren:[354] Für sie kann, insbesondere bei komplexen oder auf Flexibilität angewiesenen Transaktionen, ein legitimes Interesse der Verwaltung streiten; oftmals ist ein solches auch Voraussetzung[355]. Beispiele sind Verhandlungsverfahren und wettbewerblicher Dialog im Vergaberecht,[356] die vorrangig gebotene Verständigung hinsichtlich der Aufteilung von Rundfunkfrequenzen (§ 51a Abs. 3 RStV),[357] die bei der Vergabe von ÖPNV-Konzessionen möglichen Verhandlungen (Art. 5 Abs. 3 S. 3 VO [EG] 1370/2007)[358] oder Verhandlungselemente in strukturierten Veräußerungsverfahren[359]. Auch Verhandlungen müssen den Geboten der Neutralität und Chancengleichheit entsprechen.

---

[349] BVerwGE 118, 270 (276).

[350] BVerwGE 118, 270 (276).

[351] Siehe oben, 2. Teil, F.IV.2.

[352] Siehe OVG Lüneburg, GewArch 2010, S. 82 (82 f.).

[353] So auch *T. Pollmann*, Gleichbehandlungsgrundsatz, S. 130. Restriktiv VG Hannover, ZUM-RD 2008, S. 633 (639); ZUM-RD 2009, S. 229 (237).

[354] Siehe zum Sonderfall des im Rundfunkrecht vorgeschriebenen Einigungsversuchs oben, 2. Teil, H.IV.

[355] So für die Wahl des wettbewerblichen Dialogs oder des Verhandlungsverfahrens im Vergaberecht (siehe oben, 2. Teil, B.III.2.a.cc.) oder für die Integration von Verhandlungen in das Konzessionsvergabeverfahren im Linienverkehr (dazu oben, 2. Teil, F.III.1.e.bb.).

[356] Dazu oben, 2. Teil, B.III.3.b. und c.; IV.2.c.

[357] Näher oben, 2. Teil, H.III.1.

[358] Siehe oben, 2. Teil, F.III.1.e.bb.

[359] Siehe oben, 2. Teil, I.III.3.a.bb.

Schließlich finden sich weitere, im Einzelnen freilich nicht verfassungs- bzw. unionsrechtlich abgesicherte Schutzmechanismen, wie etwa das Gebot, Bewerbungen verschlossen einzureichen und diese bis zum Bewerbungsschluss verschlossen zu halten (§ 21 Abs. 1 Nr. 2 S. 1 ff. VOB/A 2009),[360] das Gebot zweifelsfreier Änderungen in den Antragsunterlagen (§ 21 Abs. 1 Nr. 5 VOB/A 2009) oder das Vier-Augen-Prinzip bei der Entscheidungsfindung (Nr. 6 PQ-Leitlinie).

Ob eine Verfahrensgestaltung demnach summa summarum als hinreichend unparteiisch bezeichnet werden kann, lässt sich nicht abstrakt beantworten, sondern ist eine Frage des „aufgabenspezifisch hinreichenden Unparteilichkeitsniveaus".[361]

IV. Verfahrenssubjekte (Beteiligte)

Eng mit der bereits erörterten Frage nach einer verfahrensrechtlich einheitlichen oder separaten Verteilungsentscheidung[362] verknüpft ist die Frage nach der mit Blick auf die Verfahrenssubjekte als bi- oder multipolar zu qualifizierenden Verfahrensstruktur. Bewältigt werden kann und wird der Verteilungskonflikt auf zweierlei Weise, zum einen in einem multipolaren Verwaltungsverfahren, an dem alle Bewerber beteiligt sind, zum anderen in parallel nebeneinander ablaufenden bipolaren Verwaltungsverfahren, in denen jeweils ein Bewerber der öffentlichen Hand gegenübersteht.[363] Blickt man in die Verfahrenspraxis, so finden sich multipolare Strukturen bei der öffentlichen Auftragsvergabe sowie der Zuteilung von Telekommunikations- und Rundfunkfrequenzen, bipolare dagegen bei der Besetzung von Beamtenstellen, dem Hochschulzugang, der Vergabe von Verkehrkonzessionen und Standplätzen oder der Krankenhausplanung.

Zweifelsohne erscheint die erste Alternative dem Verteilungsverfahren angesichts des ihm zugrunde liegenden multipolaren Verteilungskonflikts gemäßer:[364] Sie fängt nicht nur das tatsächliche Geschehen, nämlich den anzustellenden Vergleich der einzelnen Bewerber, treffender ein;[365] vielmehr bildet sie das aufgrund

---

[360] Für das Veräußerungsverfahren ferner *C. R. Eggers / B. Malmendier*, NJW 2003, S. 780 (785).

[361] *J.-P. Schneider*, GVwR II, § 28, Rn. 35. Ausführlich dazu *M. Fehling*, Unparteilichkeit, S. 443 ff.

[362] Dazu oben, B.I.5.a.dd.

[363] *H. C. Röhl*, GVwR II, § 30, Rn. 10, 22, hält den Beteiligtenbegriff des § 13 VwVfG für in Verteilungsverfahren generell unpassend, da der Adressat der Maßnahme bei Verfahrenseinleitung unbekannt sei; indes erscheint dies weniger ein Defizit des Beteiligtenbegriffs als Konsequenz der Ausblendung von Vorphasen aus dem VwVfG.

[364] Befürwortend auch *D. Czybulka / H. Biermann*, JuS 1998, S. 601 (603); *N. Malaviya*, Verteilungsentscheidungen, S. 255 f.; *M. Pöcker*, DÖV 2003, S. 193 (199).

[365] So *M. Pöcker*, DÖV 2003, S. 193 (199).

der Auswahlnorm zwischen den einzelnen Bewerbern bestehende materiell-rechtliche Auswahlrechtsverhältnis auch im durch Verfahrensbeteiligung begründeten Verfahrensrechtsverhältnis ab. Damit steht den einzelnen Bewerbern auch schon qua Verfahrensbeteiligung ein auf den gesamten Verteilungsvorgang bezogenes Anhörungs- (§ 28 VwVfG) und Akteneinsichtsrecht (§ 29 VwVfG) zu; auch greift die beteiligtenbezogene Ausschlussvorschrift des § 20 Abs. 1 VwVfG ohne Weiteres.

Nichtsdestoweniger stellt die Durchführung eines multipolaren Verteilungsverfahrens kein rechtlich zwingendes Gebot dar[366] – einmal abgesehen von dem Fall, dass die Behörde eine einheitliche Sachentscheidung anstrebt, die ein einheitliches Verwaltungsverfahren voraussetzt, an dem alle Adressaten beteiligt sind. Denn bereits das aufgrund der Auswahlnorm bestehende materiell-rechtliche, multipolare Auswahlverhältnis vermag die Rechtsposition aller Bewerber hinreichend zu schützen.[367] Hinsichtlich des Rechtsschutzes bedingt es, dass die unterlegenen Bewerber durch die positive Vergabeentscheidung in ihren Rechten betroffen und damit klagebefugt sind. In verfahrensrechtlicher Hinsicht verlangen die materiell-rechtliche Verklammerung der einzelnen Verteilungsentscheidungen und das daraus resultierende verfahrensübergreifende Rechtsverhältnis, Verfahrensrechte weiter zu fassen, insbesondere den nicht verfahrensbeteiligten Konkurrenten ein Akteneinsichtsrecht (§ 29 VwVfG) zuzubilligen, soweit ein solches angesichts der aus Gründen der Chancengleichheit gebotenen Formalisierung des Verteilungsverfahrens nicht ausscheidet.[368] Das mit der Beteiligtenstellung im Verwaltungsverfahren verbundene Anhörungsrecht (§ 28 VwVfG) ist demgegenüber zu vernachlässigen, da es im Rahmen der Leistungsverwaltung für weitgehend unanwendbar erachtet wird,[369] zumeist ausreichend Gelegenheit zur Stellungnahme aufgrund des Antrags bestand, der erwähnte Formalisierungsaspekt eine Anhörung oftmals ausschließt bzw. der Teilhabeanspruch unter bestimmten Voraussetzungen ohnehin ein Recht auf Nachbesserung vermittelt.[370][371] Die drohende Aushebelung des beteiligtenbezogen formulierten § 20 Abs. 1 VwVfG schließlich kann durch eine entsprechende Handhabung des § 21 VwVfG kompensiert werden, da aufgrund des Interessenkonflikts Misstrauen gegen eine unparteiische Amtsausübung

---

[366] Anders aber *P. M. Huber*, Konkurrenzschutz, S. 470; *J. Werner*, GewArch 2004, S. 89 (91).

[367] Siehe auch *K. Finkelnburg*, DVBl. 1980, S. 809 (811 f.), der von einer finalen Verknüpfung spricht.

[368] Der Fiktion eines einheitlichen Verteilungsverfahrens bedarf es daher nicht, anders aber *M. Pöcker*, DÖV 2003, S. 193 (197).

[369] Siehe nur BVerwGE 66, 184 (186). A.A., m.w.N. zum Streitstand *F. Kopp / U. Ramsauer*, VwVfG, § 28, Rn. 26 f.

[370] Dazu oben, B.III.2.

[371] Anders aber *H.-W. Laubinger*, VerwArch 83 (1992), S. 246 (272 f.).

besteht; zudem schließt § 20 Abs. 1 VwVfG jedenfalls eine Mitwirkung an der vergleichenden Auswahlentscheidung aus.

Es fragt sich allerdings, ob in einer bipolaren Verfahrensstruktur eine wechselseitige Hinzuziehung der übrigen Bewerber aufgrund der rechtsgestaltenden Auswirkung der positiven Verteilungsentscheidung für die unterlegenen Konkurrenten gemäß § 13 Abs. 2 S. 1 VwVfG geboten ist.[372] Eine solche scheidet aber aus. Da die Konkurrenten parallel ein zielgleiches Verwaltungsverfahren führen und auf diese Weise ihre Interessen ohne Weiteres artikulieren können, ist § 13 Abs. 2 S. 1 VwVfG teleologisch zu reduzieren. Diese Auffassung stützt auch der in Verteilungsverfahren leer laufende § 13 Abs. 2 S. 1 2. HS VwVfG: Eine Benachrichtigung der Konkurrenten ergibt angesichts deren Bewerbung um dasselbe Gut keinen Sinn. Im Übrigen verkomplizierte die gegenseitige Hinzuziehung der Konkurrenten in allen Einzelverfahren die Verfahrensführung[373] und widerspräche auch dem rechtlich für nicht geboten erachteten multipolaren Verteilungsverfahren. Schließlich hängt, wie soeben gezeigt, adäquater (Verfahrens-)Rechtsschutz angesichts des verfahrensübergreifenden Rechtsverhältnisses nicht von der Beteiligtenstellung ab. Scheidet eine wechselseitige Hinzuziehung auch aus, so bleibt es der Verwaltung freilich unbenommen, die einzelnen Verfahren miteinander zu einem dann multipolaren Verfahren zu verbinden.[374]

Demnach kann die Behörde ein multipolares Verfahren durchführen, muss diese Verfahrensgestaltung aber nicht wählen. Die Unterschiede dieser beiden Alternativen liegen angesichts der geschilderten Konsequenzen der stets bestehenden materiell-rechtlichen Verklammerung allerdings nur im Konstruktiven. Schließlich gilt wie bei der Qualifikation der Verteilungsentscheidung auch, dass sich die Verfahrensstruktur nach der für den Einzelfall gesetzlich vorgezeichneten und in der Verwaltungspraxis zum Ausdruck kommenden Handhabung bestimmt, nicht aber unbesehen hiervon eine – abstrakt – für vorzugswürdig erachtete Alternative für maßgeblich erklärt werden kann.

V. Fehlerfolgenregime

Hat die Verwaltung materielle Vorgaben für die Auswahlentscheidung missachtet oder sind ihr im Entscheidungsprozess Verfahrens- respektive Formfehler unterlaufen, stellt sich die Frage nach den Konsequenzen dieses fehlerhaf-

---

[372] So *F. Kopp / U. Ramsauer*, VwVfG, § 13, Rn. 44. Anders aber *M. Schmidt-Preuß*, Kollidierende Privatinteressen, S. 513 f., der ein Beiladungserfordernis bei Rechtsbeständigkeit der Zuteilung verneint.

[373] Siehe auch *M. Pöcker*, DÖV 2003, S. 193 (197).

[374] Zur Verfahrensverbindung *F. Kopp / U. Ramsauer*, VwVfG, § 9, Rn. 46 ff.; *H. Schmitz*, in: Stelkens / Bonk / Sachs, VwVfG, § 9, Rn. 201.

ten[375] Verwaltungshandelns.[376] Diese beantwortet das für das jeweilige Verteilungsverfahren geltende Fehlerfolgenregime.[377] In dessen Mittelpunkt stehen angesichts des entscheidungsaktzentrierten Rechtsschutzsystems (siehe nur § 44a VwGO) die Folgen derartiger Rechtsverstöße für die Auswahlentscheidung.[378] Aufbauend auf dem einleitend zu entwickelnden Gebot einer ausgewogenen Fehlerfolgenlehre (1.) ist handlungsformspezifisch zu fragen, welche Konsequenzen Fehler für den Bestand des Auswahlakts zeitigen (2.) und inwieweit auch demnach grundsätzlich aufzuhebenden bzw. unwirksamen Entscheidungen Stabilität zukommt (3.). Abschließend sei die Behandlung für Verteilungsverfahren typischer und besonders problematischer Fehler erörtert (4.).

1. Das Gebot einer ausgewogenen Fehlerfolgenlehre

a) Grundsatz

Sowohl aus dem Rechtsstaatsprinzip als auch aus dem in Verteilungsverfahren inmitten stehenden grundrechtlichen Teilhabeanspruch folgt, dass in Widerspruch zu den materiellen und prozeduralen Vorgaben zustande gekommene Verteilungsentscheidungen grundsätzlich einer Fehlerkorrektur zugänglich sein müssen. Aufgrund der im Rechtsstaatsprinzip wurzelnden Gesetzesbindung der Verwaltung (Art. 20 Abs. 3 GG) stellen sich derartige Verstöße zugleich als Verletzung dieses Verfassungsgrundsatzes dar, was, soll er nicht praktisch leerlaufen, eine Fehlerkorrektur fordert. Nichts anderes gilt hinsichtlich des grundrechtlich und -freiheitlich fundierten Teilhaberechts, das einen Anspruch auf eine fehlerfreie Verteilungsentscheidung vermittelt.[379] Im Grund-

---

375 Nach *M. Sachs*, GVwR II, § 31, Rn. 4 ff., 41 ff., hat die Verwaltung in diesem Fall fehlerhaft und zugleich rechtswidrig gehandelt; hiervon zu unterscheiden ist die Frage nach der Rechtswidrigkeit der im Außenverhältnis ergehenden Verteilungsakte.

376 Ähnlich weit definiert *M. Sachs*, GVwR II, § 31, Rn. 20, den Begriff des Verfahrensfehlers, nämlich als „jedes gegen Rechtsvorschriften verstoßende behördliche Verhalten in Verwaltungsverfahren". Enger *H. Hill*, Fehlerhafte Verfahren, S. 318 f., der Verfahrens-, Form- und materielle Fehler unterscheidet.

377 Zum Gebotensein eines normativen Fehlerfolgenregimes in grundrechtsrelevanten Bereichen VGH Mannheim, 9 S 1611/09 – juris, Rn. 29.

378 Ausgeblendet bleiben im Folgenden vom Bestand des Entscheidungsakts unabhängige Fehlerfolgen wie aufsichtliche, strafrechtliche und disziplinarische Maßnahmen – dazu *F. Hufen*, Fehler, Rn. 525 f.; *M. Sachs*, GVwR II, § 31, Rn. 28 ff.; *E. Schmidt-Aßmann*, GVwR II, § 27, Rn. 106; *ders.*, Ordnungsidee, S. 229 ff. Zur Kompensation siehe unten im Rahmen des Sekundärrechtsschutzes, VI. 2.

379 Siehe nur *P. Baumeister*, Beseitigungsanspruch, S. 11 ff. (Gesetzmäßigkeitsprinzip, aus dem allerdings nur objektiv-rechtliche Pflicht folge), S. 21 ff. (Grundrechte); *F. Hufen*, Fehler, Rn. 515 f., 588; *M. Morlok*, Folgen von Verfahrensfehlern, S. 58 ff.; *M. Sachs*, GVwR II, § 31, Rn. 24, 83 f.; *C. Staudenmayer*, Verwaltungsvertrag, S. 98 ff. Vgl. auch BVerfGE 116, 24 (49 f.). Nach *C. Bumke*, Relative Rechtswidrigkeit, S. 202, verlange der Normativitätsanspruch des Rechts nicht zwingend die Sanktionierung von Fehlern, wohl aber dessen „Ord-

satz gilt dies für Verstöße gegen materielles Recht genauso wie für solche gegen Verfahrens- und Formvorschriften.[380]

Mit dem grundsätzlichen Korrekturanspruch konkurriert freilich das Interesse am Bestand einmal getroffener Verwaltungsentscheidungen, das sich am ebenfalls rechtsstaatlichen Gebot der Rechtssicherheit festmachen lässt. Verstärkt wird dieses durch Effizienzinteressen, in multipolaren Rechtsverhältnissen wie den hier untersuchten Konkurrenzsituationen zudem durch das Vertrauen des zum Zuge gekommenen Bewerbers auf den Bestand der ihm zugeteilten Rechtsposition[381]. Dieser Hintergrund erhellt, warum kein absoluter Anspruch auf Fehlerkorrektur in Betracht kommt, die Fehlerfolgen vielmehr anhand der Funktion der einzelnen Vorschrift im jeweiligen Verteilungsverfahren und unter Berücksichtigung der mit dem grundrechtlich-rechtsstaatlichen Gebot einer weitest möglichen Fehlerkorrektur konkurrierenden Belange, namentlich Rechtssicherheit, Drittinteressen und Verwaltungseffizienz, zu bestimmen sind.[382] Zu Recht betont das BVerwG daher, dass die Gesetzesbindung der Verwaltung „von Verfassungs wegen nicht mit einer bestimmten Rechtsfolge (Sanktion) ausgestattet" ist.[383] *Hermann Hill* hat Parameter für eine differenzierte Fehlerfolgensystematik herausgearbeitet und nennt Handlungstyp, Entscheidungsgegenstand, Regelungsgehalt der Entscheidung, Entscheidungsebene, Struktur der beteiligten Interessen, Entscheidungs- und Verfahrensart, Art und Bedeutung der Verfahrensvorschrift sowie des Fehlers im Verfahren, Art und Ausmaß der grundrechtlichen Verfahrensrelevanz und Vorhandensein alternativer Rechtsschutz- und Kontrollmöglichkeiten.[384]

---

nungsfunktion …, Verhaltensanforderungen zu schaffen und diese kontrafaktisch zu stabilisieren"; ebenso *H. Hill*, Fehlerhafte Verfahren, S. 308, 335. Anders aber *P. Baumeister*, Beseitigungsanspruch, S. 11 ff.; *M. Morlok*, Folgen von Verfahrensfehlern, S. 58 ff.

[380] *C. Bumke*, Relative Rechtswidrigkeit, S. 208 f., 233 (unter Ausklammerung von Ordnungs- bzw. unwesentlichen Verfahrensvorschriften); *H. Hill*, Fehlerhafte Verfahren, S. 96 (grundsätzlich), 102 f., 395 f., 398, 427 ff.; *F. Hufen*, Fehler, Rn. 499 ff., 556; *M. Morlok*, Folgen von Verfahrensfehlern, S. 62; *E. Schmidt-Aßmann*, in: Schoch / ders. / Pietzner, VwGO, Einl., Rn. 212.

[381] Vgl. auch *C. Ladenburger*, Verfahrensfehlerfolgen, S. 278.

[382] *E. Schmidt-Aßmann*, GVwR II, § 27, Rn. 107 ff.; *ders.*, in: Maunz / Dürig, GG, Art. 19 IV, Rn. 155, 240. Siehe auch *C. Bumke*, Relative Rechtswidrigkeit, S. 202 ff., 212; *H. Hill*, Fehlerhafte Verfahren, S. 244 f., 332 ff.; *C. Ladenburger*, Verfahrensfehlerfolgen, S. 239 f.; *M. Morlok*, Folgen von Verfahrensfehlern, S. 71 ff.; *M. Sachs*, GVwR II, § 31, Rn. 25 f., 83 f.; *M. Schmidt-Preuß*, Kollidierende Privatinteressen, S. 520, 805 ; *ders.*, NVwZ 2005, S. 489 (491 f.).

[383] BVerwGE 55, 337 (341). Zu Zurückhaltung mahnend *F. Hufen*, Fehler, Rn. 584 ff.

[384] *H. Hill*, Fehlerhafte Verfahren, S. 339 ff.; ferner *M. Morlok*, Folgen von Verfahrensfehlern, S. 102 ff.; *E. Schmidt-Aßmann*, GVwR II, § 27, Rn. 109; *ders.*, in: Schoch / ders. / Pietzner, VwGO, Einl., Rn. 212; *M. Sachs*, GVwR II, § 31, Rn. 83 f., 86.

b) Differenzierung zwischen Verstößen gegen das materielle und prozedurale Entscheidungsprogramm

Einen Ausfluss des Gebots eines ausgewogenen Fehlerfolgenregimes stellt die Differenzierung zwischen Verstößen gegen das materielle Entscheidungsprogramm und Verfahrens- bzw. Formfehlern dar.[385] Während bei einer Missachtung der Verteilungskriterien die Entscheidung inhaltlich unrichtig ist, da die falsche Person das zu verteilende Gut erhalten hat, und dies ohne Weiteres eine Korrektur rechtfertigt,[386] betreffen Verfahrens- und Formfehler zunächst einmal nur den Weg der Entscheidungsfindung bzw. die Darstellung des gefundenen Ergebnisses. Daher ist ihre Beachtlichkeit gesondert begründungsbedürftig. Für diese kann zum einen die Bedeutung der prozeduralen Anforderung für das Verfahrensergebnis streiten, zum anderen ein etwaiger Eigenwert der Verfahrensvorschrift. Andernfalls drohte nämlich die Gefahr, Verfahrensfehler entgegen dem Gebot eines ausgewogenen Ausgleichs von Bestands- und Korrekturinteresse zu verabsolutieren;[387] diese Differenzierung dagegen trägt sowohl dem Anliegen des Verteilungsverfahrens als auch dessen grundrechtlichem Hintergrund Rechnung. Mithin dürfen Verfahrensbestimmungen weder unter Verweis auf die „dienende Funktion" des Verwaltungsverfahrens heruntergespielt noch unter pauschaler Geltendmachung ihrer Grundrechtsrelevanz überbewertet werden.[388]

Verteilungsverfahren zielen in erster Linie auf die Herstellung einer sachgerechten, mithin den bereichsspezifischen Vergabekriterien entsprechenden Güterzuteilung. Ein Verfahrensergebnis, das diesen widerspricht, hat dieses Verfahrensziel verfehlt. Für Verfahrens- und Formfehler lässt sich nicht in gleicher Weise argumentieren, da sich diese nicht zwangsläufig im Verfahrensergebnis inhaltlich niederschlagen und damit nicht per se für die Realisierung dieses Verfahrensziels beachtlich sind. Dies ist vielmehr nur dann anzunehmen, wenn sich der Fehler auf das Verfahrensergebnis ausgewirkt hat. In der Tat widerspräche es der dienenden Aufgabe des Verfahrensrechts, seiner Rolle als „Verwirklichungsmodus des Verwaltungsrechts",[389] wäre jeder Verfahrens- und Formfehler ohne Weiteres beachtlich. Dies führte zu einer Behinderung der im

---

[385] Siehe zur – im Einzelfall oftmals schwierigen – Abgrenzung von materiellen und prozeduralen Entscheidungsvorgaben *H. Hill*, Fehlerhafte Verfahren, S. 220 ff., 318 ff.; *M. Sachs*, GVwR II, § 31, Rn. 9 ff.

[386] Siehe auch *P. Baumeister*, Beseitigungsanspruch, S. 134; *M. Sachs*, GVwR II, § 31, Rn. 53; *H. A. Wolff*, Dienende Funktion, S. 977 (979 ff.).

[387] BVerfG, NVwZ-RR 2000, S. 487 (488); *E. Schmidt-Aßmann*, in: Maunz / Dürig, GG, Art. 19 IV, Rn. 157 f.; *ders.*, in: Schoch / *ders.* / Pietzner, VwGO, Einl., Rn. 211; *M. Schmidt-Preuß*, Kollidierende Privatinteressen, S. 524 f., 806 f.; *ders.*, Das Allgemeine des Verwaltungsrechts, S. 777 (786).

[388] *F. Hufen*, Fehler, Rn. 32; *E. Schmidt-Aßmann*, GVwR II, § 27, Rn. 106 ff.

[389] *R. Wahl*, VVDStRL 41 (1983), S. 151 (153 ff.).

Verfahren zu realisierenden Rechtsverwirklichung.[390] Hierin ist freilich keine
Abwertung des Verwaltungsverfahrens zu sehen, vielmehr erfährt es sogar eine
Aufwertung, indem, umgekehrt, seine Bedeutung für eine materiell richtige
Entscheidung anerkannt und Verstöße für dementsprechend ahndungsbedürf-
tig erachtet werden.[391] Die Betonung des instrumentellen Charakters des Verwaltungsverfahrens für die Herstellung einer richtigen Sachentscheidung darf
freilich nicht den Blick für weitere Verfahrensfunktionen verstellen, namentlich Rechtsschutz zu gewährleisten, Steuerungs- und Kontrolldefizite zu kompensieren, Partizipation am Entscheidungsprozess zu ermöglichen und damit
Akzeptanz und Legitimation der Verwaltungsentscheidung zu erhöhen. Diese
Anliegen können bestimmten Verfahrens- und Formvorschriften einen absoluten Geltungsanspruch verleihen, mithin für die Beachtlichkeit von Verstößen
unabhängig von ihren Auswirkungen auf das Verfahrensergebnis streiten.[392]
Hierfür bedarf es freilich, da jedes Verwaltungsverfahren auch diese Zwecke
(mit-)verfolgt, besonderer Anhaltspunkte; die Annahme einer Verfahrensvorschrift mit Selbststand ist mithin die rechtfertigungsbedürftige Ausnahme. Für
eine Beachtlichkeit des Verfahrensfehlers kann auch sprechen, dass die verletzte
Norm Entscheidungsspielräume prozedural kompensieren soll.[393]

Einen ähnlichen Befund fördert die Vergewisserung des grundrechtlichen
Rahmens zutage: So hielt das BVerfG in einem – ein atomrechtliches Genehmigungsverfahren betreffenden – Nichtannahmebeschluss vom 22.3.2000 fest,
dass aus der Grundrechtsrelevanz einer Verfahrensvorschrift und dadurch eröffneten Klagemöglichkeiten „nicht im Umkehrschluss [folgt], dass ein Verstoß
gegen drittschützendes Verfahrensrecht bereits hinreichende Bedingung für
den materiellen Aufhebungsanspruch wäre. Art. 2 II 1 GG verlangt nicht, dass
die Verletzung – auch grundrechtsrelevanter – Verfahrensvorschriften über die
Öffentlichkeitsbeteiligung nach der Atomrechtlichen Verfahrensverordnung
stets als absoluter Verfahrensfehler ohne Rücksicht auf seine Erheblichkeit für
die Sachentscheidung zur Aufhebung der erteilten Genehmigung führt."[394]
Und bereits zuvor betonte das BVerfG im Kontext seiner Leitentscheidung vom

---

[390] *M. Morlok*, Folgen von Verfahrensfehlern, S. 20 f., 90 ff.; *M. Schmidt-Preuß*, Das Allgemeine des Verwaltungsrechts, S. 777 (786); *H. A. Wolff*, Dienende Funktion, S. 977 (979 ff.).
Zu Recht betont *F. Schoch*, GVwR III, § 50, Rn. 298, dass es entscheidend auf eine „Austarie-
rung von materieller Ergebnisorientiertheit einerseits und Verfahrensrichtigkeit andererseits" ankommt.

[391] Siehe auch *M. Morlok*, Folgen von Verfahrensfehlern, S. 92.

[392] BVerwGE 105, 348 (354). Weit *W. Erbguth*, VVDStRL 61 (2002), S. 221 (250 ff.); ferner
W. Höfling, VVDStRL 61 (2002), S. 260 (294), nach dem „[e]ine verstärkte Verfahrenskontrolle … zwingendes Korrelat der Proceduralisierung" ist.

[393] Vgl. auch *M. Morlok*, Folgen von Verfahrensfehlern, S. 65; *M. Sachs*, GVwR II, § 31,
Rn. 53.

[394] BVerfG, NVwZ-RR 2000, S. 487 (488); ferner BVerwGE 75, 285 (291); NVwZ-RR
1994, 14 (14 f.); E 98, 339 (361); *P. Baumeister*, Beseitigungsanspruch, S. 68 ff., 116 ff.; *C. Ladenburger*, Verfahrensfehlerfolgen, S. 239 f.; *M. Sachs*, GVwR II, § 31, Rn. 119.

18.6.1986 hinsichtlich der Auswahl von Notarbewerbern: „Kann von vornherein ausgeschlossen werden, daß bei fehlerfreier Verfahrensgestaltung eine für
den Beschwerdeführer günstigere Entscheidung getroffen worden wäre oder
hätte getroffen werden müssen, kommt auch eine Grundrechtsverletzung durch
Verfahrensfehler nicht in Betracht."[395] Auf die Bedeutung eines ausgewogenen
Fehlerfolgenregimes gerade in multipolaren Konfliktsituationen weist auch
Schmidt-Aßmann hin: Für diese gilt, dass „eine gesetzgeberische Lösung, die
von einer radikalen Infizierung der Sachentscheidung durch einen Verfahrensverstoß ausginge, nur schwerlich vor dem Übermaßverbot zu rechtfertigen
wäre, weil sie gegenläufige, grundrechtlich nicht minder abgestützte Interessen
an der Aufrechterhaltung der Sachentscheidung nicht hinreichend berücksich-
tigte."[396] Diese Auffassung steht nicht im Widerspruch zur verfahrensrechtlichen Dimension der Grundrechte, und zwar auch dann nicht, wenn im Einzelfall eine bestimmte Verfahrensregelung, die missachtet wurde, grundrechtlich
geboten erscheint.[397] Denn die Gestaltung des Verwaltungsverfahrens ist – anders als die materielle Rechtsposition – nicht vom grundrechtlichen Schutzgut
erfasst, sondern steht in dessen Dienst: Genauso wenig wie aufgrund der Einhaltung grundrechtsrelevanter Verfahrensvorschriften eine Verletzung des materiellen Schutzguts und damit eine Grundrechtsverletzung auszuschließen ist, genauso wenig lässt sich umgekehrt von einer Missachtung grundrechtsrelevanten
Verfahrensrechts auf eine materielle Grundrechtsverletzung schließen.[398]
Für die grundsätzliche Beachtlichkeit eines Verfahrensfehlers zu fordern ist
demnach, dass sich dieser auf die materiell-rechtliche Position des negativ Betroffenen, mithin seinen Anspruch auf gleichheitskonforme Berücksichtigung
bei der Zuteilung, ausgewirkt hat.[399] Die abstrakte Möglichkeit einer Beeinflus-

---

[395] BVerfGE 73, 280 (299).

[396] *E. Schmidt-Aßmann*, in: Maunz/Dürig, GG, Art. 19 IV, Rn. 158; ferner *M. Schmidt-Preuß*, Kollidierende Privatinteressen, S. 807 f.

[397] So aber *F. Hufen*, NJW 1982, S. 2160 (2164).

[398] Siehe nur *R. Alexy*, Theorie der Grundrechte, S. 444 ff., der vom „Primat des materialen Aspekts" (446) spricht; *P. Baumeister*, Beseitigungsanspruch, S. 72 ff.

[399] BVerfGE 73, 280 (299); E 84, 34 (56); NVwZ-RR 2000, S. 487 (488); BVerwGE 19, 216
(221); E 69, 256 (269); E 75, 214 (228); E 75, 285 (291); E 78, 280 (284 f.); E 91, 262 (270);
NVwZ-RR 1994, 14 (14 f.); E 98, 339 (361); E 105, 328 (332 f.); E 120, 193 (199 f.); OVG Münster, NVwZ 2000, S. 336 (337); *P. Baumeister*, Beseitigungsanspruch, S. 325 ff.; *H. Hill*, Fehlerhafte Verfahren, S. 401; *M. Morlok*, Folgen von Verfahrensfehlern, S. 186 ff.: Kausalität als
„Fehlerfolgenvoraussetzung par excellence" – allerdings beschränkt auf instrumentelle Verfahrensnormen, nicht für verfassungsrechtlich geboten erachtet und von einer Entscheidung
des Gesetzgebers abhängig gemacht (dies ablehnend *P. Baumeister*, Beseitigungsanspruch,
S. 326 f.); *M. Sachs*, GVwR II, § 31, Rn. 53, 66 ff.; *ders.*, in: Stelkens/Bonk/ders., VwVfG,
§ 45, Rn. 123; *M. Schmidt-Preuß*, Kollidierende Privatinteressen, S. 525, 806 f.; *ders.*, Das
Allgemeine des Verwaltungsrechts, S. 777 (786); *ders.*, NVwZ 2005, S. 489 (491 f.). Vgl. auch
BVerfG, NVwZ 1988, S. 1017 (1017); *J. Pietzcker*, VVDStRL 41 (1983), S. 193 (222); *H. A.
Wolff*, Dienende Funktion, S. 977 (979 ff.). Anders, da in jedem Fall eine Rechtsverletzung
annehmend (unbeschadet einer Möglichkeit, den Aufhebungsanspruch zu beschränken): *F.*

sung der Sachentscheidung genügt hierfür nicht;[400] genauso wenig entspräche es aber einem angemessenen Interessenausgleich, den Nachweis einer Fehlerkausalität zu fordern[401]. Notwendig, aber auch hinreichend erscheint daher zu verlangen, dass bei ordnungsgemäßem Verfahren eine für den in seinen Verfahrensrechten verletzten Bewerber günstigere Sachentscheidung mit einer gewissen Wahrscheinlichkeit zu erwarten gewesen wäre.[402] Steht umgekehrt fest, dass die Auswahlentscheidung mit identischem Inhalt erneut ergehen müsste, streitet die inhaltliche Alternativlosigkeit für eine Unbeachtlichkeit des Fehlers, da das gegenteilige Ergebnis unverhältnismäßig mit Blick auf Verfahrensaufwand und Drittinteressen wäre.[403] Vor diesem Hintergrund kommt absoluten Verfahrensrechten, die eine Aufhebung der Sachentscheidung unabhängig von den im Einzelfall festzustellenden Auswirkungen des Verfahrensfehlers verlangen, Ausnahmecharakter zu.[404] Für derartige Rechtspositionen können besondere Legitimations-, Akzeptanz- und Partizipationsanliegen streiten (siehe etwa § 4 Umwelt-Rechtsbehelfsgesetz);[405] in den untersuchten Verteilungsverfahren greifen solche aber nicht.

Diese Bewertung gilt schließlich auch für Verstöße gegen unionsrechtlich radizierte Verfahrensanforderungen. Es trifft zwar zu, dass dem Verwaltungsverfahren im Unionsrecht ein höherer Eigenwert als im deutschen Recht zukommt und sich dieser namentlich in einer mitunter schärferen Sanktionierung von Verfahrensverstößen niederschlägt.[406] Hiervon zeugt etwa die grundsätzliche Beachtlichkeit von Begründungsmängeln.[407] Gleichwohl muss auch das

---

Hufen, Fehler, Rn. 569 ff. Zur Kritik am Auswirkungs-Kriterium *C. Ladenburger*, Verfahrensfehlerfolgen, S. 270 ff., mit einem differenzierenden Lösungsvorschlag ibid., S. 273 ff. Nach *W. R. Schenke*, in: BK, Art. 19 Abs. 4, Rn. 752, ist eine Überprüfung des Verfahrensfehlers trotz seiner fehlenden Auswirkung auf die Verteilungsentscheidung analog § 113 Abs. 1 S. 4 VwGO zu ermöglichen.

[400] *M. Schmidt-Preuß*, Kollidierende Privatinteressen, S. 525.

[401] *M. Schmidt-Preuß*, Kollidierende Privatinteressen, S. 526.

[402] *M. Schmidt-Preuß*, Kollidierende Privatinteressen, S. 526, 806 f.; *ders.*, NVwZ 2005, S. 489 (491 f.). *M. Sachs*, in: Stelkens / Bonk / ders., VwVfG, § 45, Rn. 124, lässt die Möglichkeit einer Auswirkung genügen, d.h. es darf nicht auszuschließen sein, „dass die Stelle, die die Entscheidung getroffen hat, ohne den Verfahrensverstoß rechtmäßigerweise zu einem anderen Ergebnis gelangt wäre"; vgl. auch *ders.*, GVwR II, § 31, Rn. 54; *P. Baumeister*, Beseitigungsanspruch, S. 327; *M. Morlok*, Folgen von Verfahrensfehlern, S. 190 f.

[403] BVerwGE 105, 328 (332 f.); *M. Sachs*, GVwR II, § 31, Rn. 55.

[404] *E. Schmidt-Aßmann*, in: Maunz / Dürig, GG, Art. 19 IV, Rn. 157; *M. Schmidt-Preuß*, Kollidierende Privatinteressen, S. 807 f.

[405] Siehe auch *C. Ladenburger*, Verfahrensfehlerfolgen, S. 284 ff.; *M. Sachs*, GVwR II, § 31, Rn. 56.

[406] Statt vieler *W. Kahl*, VerwArch 95 (2004), S. 1 (8 ff.); *F. Schoch*, GVwR III, § 50, Rn. 307; *R. Wahl*, DVBl. 2003, S. 1285 (1290). Differenziert *E. Bülow*, Verfahrensfehler, S. 394 ff.; *C. Quabeck*, Dienende Funktion, S. 131 ff.

[407] Siehe aus dem EG-Eigenverwaltungsrecht nur EuGH, Rs. 195/80, Slg. 1981, 2861, Rn. 22 – Michel / EP (keine Heilung einer unterbliebenen Begründung); Rs. C-353/01, Slg. 2004, I-1073, Rn. 29 ff. – Mattila / Rat und EK (keine Unbeachtlichkeit einer unterbliebenen

unionale Verwaltungsrecht einen Ausgleich zwischen Entscheidungsstabilität und Korrekturinteressen suchen.[408] Dem dient der Grundsatz, dass die Aufhebung einer *gebundenen* Entscheidung aufgrund von wesentlichen Formmängeln dann ausscheidet, wenn die Entscheidung im Ergebnis rechtlich alternativlos ist, mithin trotz des Fehlers keine andere Entscheidung in der Sache hätte ergehen können: So habe „ein Kläger dann kein berechtigtes Interesse an der Aufhebung einer Entscheidung wegen Formmangels …, wenn die Verwaltung keinen Ermessensspielraum besitzt und handeln muss, wie sie es getan hat. In einem solchen Fall könnte nämlich die Aufhebung der angefochtenen Entscheidung nur zum Erlass einer neuen Entscheidung führen, die inhaltlich mit der aufgehobenen Entscheidung identisch ist."[409] Ebenfalls ausgeschlossen ist die Anfechtung von Entscheidungen, die an nicht ergebnisrelevanten Verfahrensfehlern leiden.[410] Hinsichtlich der Ergebnisrelevanz dürfe nicht der „Nachweis verlangt werden …, dass die angefochtene Entscheidung" bei Wahrung der Verfahrensanforderung „inhaltlich anders ausgefallen wäre, sondern lediglich, dass dies nicht völlig ausgeschlossen ist".[411] Während sich diese allgemeinen Grundsätze auf gebundene Entscheidungen beschränken,[412] ist der Gerichtshof in multipolaren Konkurrensituationen noch einen Schritt weiter gegangen. In diesen kommt nämlich, wie soeben ausgeführt, der Entscheidungsstabilität eine besondere Bedeutung zu, da hier das allgemeine Interesse am Bestand von

---

Begründung mangels Ergebnisrelevanz). Diese scharfe Sanktion greift grundsätzlich auch bei inhaltlich unzureichenden Begründungen (siehe etwa verb. Rs. 100/87, 146/87 und 153/87, Slg. 1989, 447, Rn. 17 – Basch u.a./EK), wobei hier ausnahmsweise eine Heilung durch Präzisierung im gerichtlichen Verfahren in Betracht kommt (Rs. 111/83, Slg. 1984, 2323, Rn. 22 – Picciolo/EP; verb. Rs. 64/86, 71–73/86, 78/86, Slg. 1988, 1399, Rn. 52 f. – Sergio u.a./EK). Ausführlich zu beiden Fallgruppen *E. Bülow*, Verfahrensfehler, S. 254 ff. bzw. 286 ff.; siehe ferner *W. Kahl*, VerwArch 95 (2004), S. 1 (20 ff.); *C. Quabeck*, Dienende Funktion, S. 138 ff.; *F. Schoch*, GVwR III, § 50, Rn. 307, 310.

[408] Siehe auch *M. Kment*, EuR 2006, S. 201 (202 ff.); *C. Quabeck*, Dienende Funktion, S. 131 ff.; *F. Schoch*, GVwR III, § 50, Rn. 307; *R. Wahl*, DVBl. 2003, S. 1285 (1292).

[409] Siehe nur EuGH, Rs. 117/81, Slg. 1983, 2191, Rn. 7 – Geist/EK; EuG, Rs. T-237/00, Slg. 2002, II-163, Rn. 40, 76 – Reynolds/EP; Rs. T-95/06, Slg. 2008, II-31, Rn. 126 f. – Federación de Cooperativas Agrarias de la Comunidad Valenciana. Näher *E. Bülow*, Verfahrensfehler, S. 304 ff., mit zahlreichen weiteren Nachweisen aus der Rechtsprechung des Gerichtshofs; *C. Quabeck*, Dienende Funktion, S. 140 f.

[410] Siehe nur EuGH, Rs. 30/78, Slg. 1980, 2229, Rn. 26 – Distillers Company/EK; Rs. C-194/99, Slg. 2003, I-10821, Rn. 31 – Thyssen Stahl/EK; Rs. C-141/08, n.n.v., Rn. 81 – Foshan Shunde Yongjian/Rat. Auch dazu ausführlich sowie nach rechtlicher und tatsächlicher Alternativlosigkeit differenzierend *E. Bülow*, Verfahrensfehler, S. 320 ff., m.w.N.; ferner *T. von Danwitz*, Europäisches Verwaltungsrecht, S. 392 m. Fn. 496; den Ausnahmecharakter betonend *C. Quabeck*, Dienende Funktion, S. 134 f.

[411] EuGH, Rs. C-141/08, n.n.v., Rn. 94 – Foshan Shunde Yongjian/Rat; Rs. C-194/99, Slg. 2003, I-10821, Rn. 31 – Thyssen Stahl/EK. Differenziert *E. Bülow*, Verfahrensfehler, S. 327 ff.

[412] Siehe nur EuG, Rs. T-237/00, Slg. 2002, II-163, Rn. 76 ff. – Reynolds/EP; *E. Bülow*, Verfahrensfehler, S. 321 f., 335 f. A.A. *W. Kahl*, VerwArch 95 (2004), S. 1 (23).

Verwaltungsentscheidungen eine Verstärkung aufgrund der zusätzlich inmitten stehenden Rechtsposition des zum Zuge gekommenen Bewerbers erfährt. So kennt in diesen Konstellationen auch das Unionsrecht einen erhöhten Bestandsschutz, wie die in der Rechtsprechung des Gerichtshofs anerkannte Unbeachtlichkeit von nicht ergebniskausalen Begründungsmängeln in Stellenbesetzungsverfahren zeigt:

Nach dem Grundsatz der Verhältnismäßigkeit sind jedoch die Interessen des Klägers, der von einer rechtswidrigen Handlung betroffen ist, und die Interessen Dritter miteinander in Einklang zu bringen, so daß nicht nur die Notwendigkeit, die Rechte des Klägers wiederherzustellen, sondern auch das berechtigte Vertrauen Dritter zu berücksichtigen ist. Nach Auffassung des Gerichts würde eine wegen fehlender Begründung erfolgende Aufhebung der Entscheidung, die Bewerbung des Klägers bei der Besetzung der fraglichen Planstelle im Wege der Beförderung nicht zu berücksichtigen, und die sich daraus notwendig ergebende Aufhebung der Entscheidungen, kein internes Auswahlverfahren durchzuführen und ein externes Auswahlverfahren einzuleiten, eine überzogene Sanktion für den begangenen Rechtsverstoß darstellen, da hierdurch die Rechte Dritter unangemessen beeinträchtigt werden könnten.[413]

Damit trägt das hier für Verfahrensfehler grundsätzlich herangezogene Auswirkungs-Kriterium, auch unter Berücksichtigung der mitgliedstaatlichen Verfahrensautonomie, dem Gebot einer effektiven Durchsetzung des Unionsrechts hinreichend Rechnung.[414]

---

[413] EuG, verb. Rs. T-18/92 und T-68/92, Slg. ÖD 1994, I-A-47 (52) = II, 171, Rn. 105 f. – Coussios. Bestätigt von EuGH, Rs. C-199/94, Slg. 1995, I-1439: „Die auf der fehlenden Begründung der Entscheidung, die Bewerbung eines Beamten um eine für frei erklärte Planstelle nicht zu berücksichtigen, beruhende Rechtswidrigkeit muß angesichts der Notwendigkeit, die Interessen Dritter zu berücksichtigen, nicht zur Ungültigkeit des gesamten Verfahrens, an dessen Ende die Stelle besetzt wurde, führen, und die Gewährung von Schadensersatz kann eine gerechte Wiedergutmachung des dem Rechtsmittelführer durch den Amtsfehler des Organs zugefügten immateriellen Schadens darstellen, so daß das Rechtsmittel gegen ein Urteil des Gerichts, in dem diese Art der Entschädigung für die Rechtswidrigkeit gewählt wurde, zurückzuweisen ist" (LS). Siehe ferner EuG, Rs. T-586/93, Slg. 1995, II-665, Rn. 104 ff. – Kotzonis: Begründungsmangel zwar nicht heilbar (Rn. 105), aber mit Blick auf Drittinteressen Entschädigungspflicht hinreichende Rechtsfolge (Rn. 107 ff.); Rs. T-386/94, Slg. ÖD 1996, I-A-393 (400) = II, 1161, Rn. 60 – Allo/EK; Rs. T-562/93, Slg. ÖD 1995, II-737, Rn. 81 – Obst/EK; Rs. T-159/96, Slg. ÖD 1998, I-A-193 (200) = II-592, Rn. 119 ff. – Wenk/EK; E. Bülow, Verfahrensfehler, S. 278 ff.; C. Quabeck, Dienende Funktion, S. 138 ff., der in der Schadensersatzpflicht allerdings eine Aufwertung des Verfahrensgedankens sieht.

[414] Strenger – freilich nicht auf multipolare Konstellationen bezogen – F. Schoch, GVwR III, § 50, Rn. 312 f. Vgl. auch T. von Danwitz, Europäisches Verwaltungsrecht, S. 541 ff.

2. *Handlungsformspezifische Ausdifferenzierung der Fehlerfolgen*

Angesichts der handlungsformzentrierten Ausdifferenzierung des verwaltungsrechtlichen Fehlerfolgenregimes ist der Frage nach den Konsequenzen von Verstößen gegen das materielle und prozedurale Verteilungsprogramm für den Bestand der Auswahlentscheidung handlungsformspezfisch nachzugehen, mithin für Verwaltungsakte (a) und -verträge (b) getrennt.

a) *Verwaltungsakte*

Verwaltungsakte, die an materiellen oder beachtlichen Verfahrens- bzw. Formfehlern leiden, sind mit Rücksicht auf Bestandsinteressen nur im Ausnahmefall der Nichtigkeit per se unwirksam. Diese setzt gemäß § 44 VwVfG einen – regelmäßig ausscheidenden – besonders schwerwiegenden und offensichtlichen Rechtsverstoß voraus. Im Übrigen besteht lediglich ein Anspruch auf Aufhebung rechtswidriger (aa) und Einzelne in ihren Rechten verletzender (bb) Verwaltungsakte, der bei i.S.d. § 46 VwVfG nicht kausalen Verfahrens- und Formfehlern allerdings ausscheidet (cc). Des Weiteren kommt eine Heilung von Fehlern in Betracht (dd).

aa) *Das Erfordernis der Rechtswidrigkeit des Verwaltungsakts*

In Einklang mit den skizzierten Rahmenvorgaben besteht Konsens, dass ein in Widerspruch zum materiellen Entscheidungsprogramm stehender Verwaltungsakt inhaltlich unrichtig und damit (materiell) rechtswidrig ist.[415] Ebenfalls Konsens besteht dahin, dass ein verfahrens- oder formfehlerhaft ergangener Verwaltungsakt nicht zwingend aufzuheben ist, vielmehr gesondert zu prüfen ist, ob derartige Fehler das Endprodukt des Verwaltungsverfahrens, den Entscheidungsakt, infizieren. Umstritten ist allerdings, ob letzteres eine Frage der Rechtswidrigkeit des Verwaltungsakts ist.[416] Dies wird mitunter bejaht: Denn Verstöße gegen Verhaltensnormen für den Erlass des Rechtsakts zögen nicht zwingend auch die Rechtswidrigkeit der Sachentscheidung nach sich, hierfür bedürfe es vielmehr einer spezifischen, auch ungeschriebenen negativen Rechtsanerkennungsnorm, die die Wesentlichkeit des Verstoßes für das Entscheidungsergebnis

---

[415] Siehe auch *P. Baumeister*, Beseitigungsanspruch, S. 134; *M. Sachs*, GVwR II, § 31, Rn. 53.

[416] *F. Weyreuther*, DVBl. 1972, S. 93 (94 f.), differenziert nicht nach Rechtswidrigkeit/Rechtmäßigkeit, sondern stellt auf die objektive Aufhebungswürdigkeit ab; dem ist allerdings entgegenzuhalten, dass das geltende Recht auf diese Differenzierung abhebt, vgl. *H. Hill*, Fehlerhafte Verfahren, S. 425; ferner *P. Baumeister*, Beseitigungsanspruch, S. 131 f. Keine Rolle für die (objektive) Rechtswidrigkeit des Verwaltungsakts spielt demgegenüber der individualschützende Charakter einer Verfahrensvorschrift, vgl. *M. Sachs*, GVwR II, § 31, Rn. 69.

und damit dessen Rechtswidrigkeit begründet.[417] Das Verwaltungsverfahrensgesetz widerlegt allerdings ein derartig beschränktes Rechtswidrigkeitsverständnis, wenn es in § 46 bei Verfahrens- und Formfehlern den Ausschluss des Anspruchs auf Aufhebung rechtswidriger Verwaltungsakte vorsieht und in § 59 Abs. 2 Nr. 2 und 3 betont, dass (auch) i.S.d. § 46 unbeachtliche Verfahrens- und Formfehler die Rechtswidrigkeit des Verwaltungsakts begründen.[418] Mit der herrschenden Auffassung im Schrifttum ist damit davon auszugehen, dass Verfahrens- oder Formfehler die (formelle) Rechtswidrigkeit des Verwaltungsaktes nach sich ziehen.[419] Gemeinhin nicht mit der Rechtswidrigkeitsfolge belegt werden allerdings Verstöße gegen Ordnungsvorschriften, mithin Normen, die weder für den „grundsätzlichen Verfahrensablauf (Weichenstellung)" noch für die Entscheidung" relevant sind, und deren Missachtung damit „objektiv geringfügig" ist,[420] sowie gegen Verfahrensvorschriften, die wie § 42 VwVfG oder § 58 Abs. 2 VwGO eine anderweitige Rechtsfolge vorsehen.

bb) Das Erfordernis der Rechtsverletzung

Der Aufhebungsanspruch setzt des Weiteren eine Rechtsverletzung voraus, die nur bei einer Missachtung individualschützender Vergabevorschriften in Betracht kommt (1). In Verteilungsverfahren stellt sich darüber hinaus die Frage, wann von einer Verletzung des Teilhabeanspruchs die Rede sein kann (2).

(1) Verstoß gegen individualschützende Vergabevorschriften

Eine Rechtsverletzung kommt nur bei Verstößen gegen individualschützende Normen in Betracht, nicht aber bei einer Missachtung lediglich im Allgemeininteresse aufgestellter Anforderungen.[421] Dies gilt auch in Verteilungsverfahren, die mit der Statuierung eines „Bewerbungsverfahrensanspruchs"[422] oder

---

[417] *M. Sachs*, GVwR II, § 31, Rn. 46 ff., 64 f.; ferner *ders.*, in: Stelkens / Bonk / ders., VwVfG, § 45, Rn. 117 f.; *C. Ladenburger*, Verfahrensfehlerfolgen, S. 244 f.

[418] Anders verstehen diese Normen aber *C. Ladenburger*, Verfahrensfehlerfolgen, S. 244 f.; *M. Sachs*, GVwR II, § 31, Rn. 64, 118.

[419] *P. Baumeister*, Beseitigungsanspruch, S. 133 ff.; *C. Bumke*, Relative Rechtswidrigkeit, S. 208 f., 233 (mit Ausnahme der Ordnungs- bzw. unwesentlichen Verfahrensvorschriften); *H. Hill*, Fehlerhafte Verfahren, S. 96 (grundsätzlich), 102 f., 395 f. (Ausklammerung von Ordnungsvorschriften und Sonderregelungen wie §§ 42 VwVfG, 58 Abs. 2 VwGO), 398, 427 ff.; *F. Hufen*, Fehler, Rn. 499 ff., 556; *F. Kopp / U. Ramsauer*, VwVfG, § 46, Rn. 1, 14 ff.; *M. Morlok*, GVwR III, § 52, Rn. 24, 26.

[420] *H. Hill*, Fehlerhafte Verfahren, S. 427 f., unter ausdrücklicher Ausgrenzung von nicht für die Entscheidung kausalen Verstößen; *E. Schmidt-Aßmann*, in: Maunz / Dürig, GG, Art. 19 IV, Rn. 154.

[421] Siehe nur BVerwG, NVwZ 1984, S. 507 (508); *M. Schmidt-Preuß*, Kollidierende Privatinteressen, S. 523 f., 806. *M. Sachs*, in: Stelkens / Bonk / ders., VwVfG, § 45, Rn. 125, unterscheidet dies deutlich von der Frage der Rechtswidrigkeit des Verwaltungsakts.

[422] Siehe oben, 2. Teil, C.VI.1.

eines Anspruchs auf Einhaltung der „Bestimmungen über das Vergabeverfahren" (§ 97 Abs. 7 GWB)[423] Gegenteiliges zu suggerieren scheinen.

Individualschützenden Charakter weist eine Bestimmung dann auf, wenn sie auch den Schutz eines abgrenzbaren Kreises Einzelner bezweckt.[424] Maßgebliche Bedeutung kommt insoweit der norminternen Wirkung des grundrechtlichen – und auch grundfreiheitlichen – Teilhabeanspruchs zu: Dient die Vorschrift dessen Realisierung, ist ihr individualschützender Charakter zu bejahen.[425] Ohne Weiteres trifft dies auf die materiellen Vergabekriterien zu, da diese in ihrer Gesamtheit, auch soweit die Einhaltung einzelne Bewerber betreffender Eignungsvoraussetzungen inmitten steht,[426] determinieren, was als gleichheitskonforme Verteilung anzusehen ist. Für Verfahrensvorschriften ist der Schutznormcharakter im Einzelfall vor dem Hintergrund der im ersten Teil entfalteten prozeduralen Dimension des Teilhabeanspruchs zu ermitteln.

Indes sah und sieht sich die Anerkennung subjektiv-öffentlicher Rechte auf eine sachgerechte Güterverteilung verschiedenen Anfechtungen ausgesetzt. Hiervon zeugt der trotz eindeutiger gemeinschaftsrechtlicher Vorgaben langwierige Abschied von einem rein innenrechtlich verstandenen Vergaberecht,[427] die lange Zeit vorherrschende Verneinung subjektiver Rechte im Beamtenrecht[428] genauso wie weitere Judikate und Literaturmeinungen.[429] Noch 1989 formulierte *Fromm* (aus der Rechtsschutzperspektive): „In der Tat sind Zulassungssysteme, in deren Rahmen eine Vielzahl von Bewerbern ‚auf der Matte steht', für deren Auswahl zahlreiche Gesichtspunkte eine Rolle spielen, nicht geeignet, Rechtsansprüche zu begründen, die derart ‚verfestigt' sind, daß sie für eine Klagebefugnis hinreichen."[430] Dies könne man zwar ändern; das Negativbeispiel der Vergaberichtlinien verweise jedoch auf den damit einhergehenden bürokratischen Aufwand.[431] Angesichts des für jedwede Güterverteilung maßgeblichen grundrechtlichen Teilhabeanspruchs, den entsprechende Ansprüche aus den Grundfreiheiten und dem Kartell- und Wettbewerbsrecht partiell flankieren, kann dem nicht gefolgt werden: So sich eine subjektiv öffentlich-rechtliche Position nicht schon im einfachen Recht ausdrücklich nor-

---

[423] Siehe oben, 2. Teil, B.VI.1.a.

[424] Siehe nur *F. Kopp / W.-R. Schenke*, VwGO, § 42, Rn. 117 ff.; *M. Schmidt-Preuß*, Kollidierende Privatinteressen, S. 86 ff.

[425] Ebenso *M. Schmidt-Preuß*, Kollidierende Privatinteressen, S. 524, 806.

[426] Siehe BVerfG, NVwZ 2008, S. 194 (195); OVG Magdeburg, LKV 1999, S. 31 (32); *M. Fehling*, Konkurrentenklage, S. 292 ff.; *R. Wahl / P. Schütz*, in: Schoch / Schmidt-Aßmann / Pietzner, VwGO, § 42 Abs. 2, Rn. 307.

[427] Dazu bereits oben, 2. Teil, B.VI.1.a., sowie *F. Wollenschläger*, Europäisches Vergabeverwaltungsrecht, Rn. 80 ff.

[428] Siehe oben, 2. Teil, C.VI.1.

[429] Siehe auch *Eyermann / Fröhler*, VwGO, § 42, Rn. 136: willkürliche Bevorzugung erforderlich.

[430] *G. Fromm*, WiVerw 1989, S. 26 (38).

[431] Ibid.

miert findet, wie etwa in § 97 Abs. 7 GWB, können einfach-rechtliche Verteilungsregeln wenigstens aufgrund der norminternen Wirkung dieses Teilhabeanspruchs subjektiviert werden. Wo auch dies nicht der Fall ist, kommt die
normexterne Dimension des letzteren zum Tragen.[432]

(2) Die Verletzung des Teilhabeanspruchs

Aus dem materiellen Aspekt des Teilhaberechts folgt ein Anspruch auf Zulassung entsprechend den materiellen Verteilungskriterien. Dieses ist mithin verletzt, wenn ein Bewerber die Vergabekriterien (am besten) erfüllt, aber nicht zum
Zuge gekommen ist. Als Reaktion hierauf fordert der Teilhabeanspruch die Aufhebung der anderslautenden Auswahlentscheidung zugunsten des rechtswidrig
begünstigten Konkurrenten und eine dem Verteilungsprogramm entsprechende
(Neu-)Entscheidung zugunsten des bestgeeigneten Bewerbers. Ohne Weiteres
gilt dies allerdings nur bei gebundenen Entscheidungen, bei solchen mit administrativen Ermessens- oder Beurteilungsspielräumen dagegen allein dann, wenn
nur eine Entscheidung – und zwar zugunsten des übergangenen Bewerbers –
rechtmäßigerweise in Betracht kommt.[433] Im Übrigen lässt sich lediglich festhalten, dass dem Teilhabeanspruch auf ermessens- bzw. beurteilungsspielraumkon-
forme Auswahlentscheidung nicht entsprochen wurde. Herkömmlicherweise resultiert hieraus ein Reaktionsanspruch auf Neuentscheidung unter Aufhebung
der fehlerhaften Auswahlentscheidung.

Mitunter wird dieser allerdings qualifiziert: So postuliert *Matthias Schmidt-
Preuß* bei Verteilungsverfahren, in denen qualitative Auswahlkriterien Anwendung finden, einen „Grundsatz primärer Vornahme und akzessorischer Aufhebung". Nach diesem verlange das Gebot einer ausgewogenen Fehlerkorrektur,
dass ein Aufhebungsanspruch auch bei objektiv-rechtswidriger Auswahlentscheidung nur dann angenommen werden könne, wenn eine hohe Wahrscheinlichkeit dafür streite, dass der nicht zum Zuge gekommene Bewerber bei materiell und prozedural ordnungsgemäßer Auswahl erfolgreich gewesen wäre;
dass der Kläger zu den chancenreichsten Bewerbern zähle, erfülle diese Anforderung nicht. Andernfalls sei die Aufhebung dem erfolgreichen Bewerber nicht
zuzumuten. Gerechtfertigt sei diese Beschränkung der Rechtsmacht aufgrund
der „mangelnden Eindeutigkeit der normativen Ordnung der Konkurrenzbe-
ziehungen";[434] auch sei in wechselbezüglichen Konflikten der Aufhebungsanspruch lediglich „Hilfsmittel zur Aktualisierung des Vornahmebegehrens"[435].

---

[432] Siehe auch *K. Rennert*, GesR 2008, S. 344 (346); *ders.*, DVBl. 2009, S. 1333 (1337 f.);
ferner – im Kontext der Vergabe von Güterfernverkehrsgenehmigungen – *M. Quaas*, DÖV
1982, S. 434 (439).

[433] *M. Schmidt-Preuß*, Kollidierende Privatinteressen, S. 459 ff., 466 (strikter Zugangs-
vornahmeanspruch in Verbindung mit kategorischem Aufhebungsanspruch).

[434] *M. Schmidt-Preuß*, Kollidierende Privatinteressen, S. 465 ff., 786.

[435] *M. Schmidt-Preuß*, Kollidierende Privatinteressen, S. 467; ferner 785 f., 815. Ebenso *R.*

Auch im kompensatorischen, präventiven Eilrechtsschutz gilt, dass eine „nicht bloß geringe" Erfolgswahrscheinlichkeit als Voraussetzung des materiell-rechtlichen Korrekturanspruchs erforderlich ist.[436]

Dem folgen weite Teile der Rechtsprechung: So erachtete der VGH Kassel im Kontext der Zuteilung von Aktienskontren, allerdings ohne nähere Begründung, unter Verweis auf eine Entscheidung des BVerwG zum Personenbeförderungsrecht[437] eine Rechtsverletzung durch den Auswahlverwaltungsakt zugunsten des Konkurrenten nur dann für möglich, wenn der Kläger „bei Vermeidung des gerügten Fehlers eine begründete Aussicht auf Erhalt zumindest einer dieser Genehmigungen gehabt habe, d.h. nach den damals gehandhabten Vergaberichtlinien des Beklagten zum Kreis der chancenreichsten Bewerber gehört hätte, auf die sich das Aus[wahl]ermessen des Beklagten konzentriert haben würde."[438] In der in Bezug genommenen Entscheidung hängte das BVerwG die Latte allerdings etwas tiefer, indem es für die Klagebefugnis eine Möglichkeit der Zulassung genügen ließ und die Forderung des OVG Magdeburg, „ein eigener Genehmigungsanspruch [müsse] hinreichend wahrscheinlich" sein,[439] zurückwies.[440] Nicht beanstandet hat das BVerwG allerdings die Korrelation von Rechtsverletzung durch den Auswahlverwaltungsakt und eigenem Genehmigungsanspruch. Dies begründete das OVG Magdeburg damit, dass der „Aufhebungsanspruch ... lediglich eine Hilfsfunktion zur Durchsetzung des mit dem Verpflichtungsantrag primär verfolgten Anspruchs auf Erteilung der Genehmigungen an die eigene Person [hat]. Der Aufhebungsanspruch kommt nur in Betracht, wenn ein eigener Genehmigungsanspruch hinreichend wahrscheinlich [nach BVerwG: möglich] ist; denn allein dann ist die Anfechtungsklage zur Verwirklichung des subjektiven Rechts auf Zulassung zum Linienverkehr notwendig."[441] Auch nach dem BVerwG ist im Rahmen der Begründetheit der Anfechtungsklage zu prüfen, „ob die Behörde durch einen Genehmigungsanspruch der Kl. gehindert war, der Beigel. die streitigen Genehmigungen zu erteilen."[442]

Wahl / P. Schütz, in: Schoch / Schmidt-Aßmann / Pietzner, VwGO, § 42 Abs. 2, Rn. 303, 307 (Schutzzweckzusammenhang); ferner – das Problem allerdings beim Rechtsschutzbedürfnis verortend – *K. Rennert,* GesR 2008, S. 344 (347).

[436] *M. Schmidt-Preuß,* Kollidierende Privatinteressen, S. 478 f., 786; ferner *K. Rennert,* GesR 2008, S. 344 (348) – hinsichtlich des Rechtsschutzbedürfnisses.

[437] BVerwG, NVwZ 2001, S. 322.

[438] Für die Klagebefugnis: VGH Kassel, 6 TG 540/07, Umdruck S. 4 f. Bei möglicherweise rechtswidrigen Verteilungskriterien ist die Klagebefugnis wegen möglicher Berücksichtigung zu bejahen, ibid., S. 5.

[439] OVG Magdeburg, A 4 S 191/97 – juris, Rn. 39. Ebenso OVG Münster, 13 A 161/08 – juris, Rn. 67, für die Vergabe von Telekommunikationsfrequenzen.

[440] BVerwG, NVwZ 2001, S. 322 (323). Ebenso *K. Rennert,* GesR 2008, S. 344 (347).

[441] OVG Magdeburg, A 4 S 191/97 – juris, Rn. 39.

[442] BVerwG, NVwZ 2001, S. 322 (323). Siehe ferner NVwZ 1984, S. 507 (508): „Schließlich wird zu erwägen sein, ob die Kl. durch die angefochtenen Genehmigungen, wenn sie

Diese Auffassungen tragen in ihrer Pauschalität allerdings den bestehenden administrativen Beurteilungs- und Ermessensspielräumen nicht hinreichend Rechnung und verkennen, dass bei deren Vorliegen der mit der Verpflichtungsklage verfolgte „Vornahmeanspruch" regelmäßig nicht auf Zuteilung, sondern auf spielraumkonforme (Neu-)Verbescheidung gerichtet ist. Eine Rechtsverletzung durch die Auswahlentscheidung und damit ein Anspruch auf deren Aufhebung bestehen mithin bereits dann, wenn diese unter Verletzung der Grenzen administrativer Entscheidungsspielräume ergangen ist. In diesem Fall haben auch Anfechtungs- und Verpflichtungsklage (auf Neubescheidung) Erfolg. Angesichts behördlicher Gestaltungsspielräume verbietet es sich nun, diese dadurch zu beschneiden, dass mit den skizzierten Auffassungen nach den Erfolgsaussichten des Vornahmeanspruchs gefragt wird und diese gerichtlich prognostiziert werden.[443] Statthaft ist eine solche Prognose vielmehr nur dann, wenn die Einschätzung der Chancenlosigkeit auf Vorfestlegungen im Rahmen von Beurteilungsermächtigungen – namentlich dem entwickelten Vergabekonzept – bzw. auf der Unvertretbarkeit einer Berücksichtigung des Bewerbers beruht; in diesen Fällen kann aber keine Rede mehr von Entscheidungsspielräumen der Verwaltung sein, da die Nichtberücksichtigung dann rechtlich zwingend vorgezeichnet ist.

cc) Der Ausschluss des Aufhebungsanspruchs gemäß § 46 VwVfG

§ 46 VwVfG schließt den Aufhebungsanspruch bei nicht für das Verfahrensergebnis kausalen Verfahrens- und Formfehlern aus[444] und setzt damit das eingangs skizzierte Postulat einer ausgewogenen Bestimmung der Folgen derartiger Rechtsverstöße um[445]. Verfahrens- und Formfehler rechtfertigen nach jener

---

willkürlich vergeben sein sollten, in seinen Rechten nur unter der Voraussetzung verletzt sein kann, daß er bei Vermeidung des gerügten Fehlers eine begründete Aussicht auf Erhalt zumindest einer dieser Genehmigungen gehabt, d.h. nach den damals gehandhabten Vergaberichtlinien des Bekl. zum Kreis der chancenreichsten Bewerber gehört hätte, auf die sich das Auswahlermessen des Bekl. konzentriert haben würde."

[443] Siehe auch BVerfG, NVwZ 2003, S. 200 (201); OVG Berlin, 4 S 29.09 – juris, Rn. 6; OVG Magdeburg, 1 M 62/09 – juris, Rn. 12; OVG Münster, 1 B 910/08 – juris, Rn. 29.

[444] *P. Baumeister*, Beseitigungsanspruch, S. 243; *H. Hill*, Fehlerhafte Verfahren, S. 103 f., 408; *F. Hufen*, Fehler, Rn. 630; *F. Kopp / U. Ramsauer*, VwVfG, § 46, Rn. 1; *C. Ladenburger*, Verfahrensfehlerfolgen, S. 245; *M. Sachs*, GVwR II, § 31, Rn. 118, 120. Siehe für eine Parallelisierung aber BVerwGE 69, 256 (269): „Nach allgemeinen Grundsätzen des Verwaltungsrechts, die auch in Art. 46 BayVwVfG einen Niederschlag gefunden haben, führt ein Verstoß gegen Art. 20 Abs. 1 Satz 1 Nr. 5 BayVwVfG nur dann nicht zur Aufhebung des Verwaltungsaktes, wenn sich der Mangel auf die Entscheidung in der Sache nicht ausgewirkt hat"; ferner E 75, 214 (228). Anders *C. Bumke*, Relative Rechtswidrigkeit, S. 209 ff., nach dem § 46 VwVfG nicht den Aufhebungsanspruch, sondern die diesem vorgelagerte Frage der subjektiven Rechtsposition des Bürgers gegenüber der Verwaltung betrifft.

[445] *P. Baumeister*, Beseitigungsanspruch, S. 254 ff.; ibid., S. 244 ff., auch zu weiteren Begründungsansätzen.

Bestimmung dann keine Aufhebung des Verwaltungsakts, wenn „offensichtlich ist, dass die Verletzung die Entscheidung in der Sache nicht beeinflusst hat." Nach der Rechtsprechung des BVerwG fehlt es an einem derartigen Beruhen, wenn „keine andere Entscheidung in der Sache hätte getroffen werden können. Der insoweit erforderliche Kausalzusammenhang setzt die konkrete Möglichkeit voraus, dass die angegriffene behördliche Entscheidung ohne den Verfahrensfehler anders, d.h. für die Betroffenen günstiger, ausgefallen wäre".[446] Demgegenüber genügt die „bloß abstrakte Möglichkeit, dass die Entscheidung ... zugunsten [des nachteilig Betroffenen] hätte beeinflusst werden können", nicht.[447] Die Beurteilung erfordert eine Gesamtschau der Umstände des Einzelfalls.[448] Bei rechtlicher Alternativlosigkeit der Entscheidung, die angesichts bestehender Auswahlspielräume nur ausnahmsweise angenommen werden kann, ist der Fehler stets unbeachtlich.[449] Vergegenwärtigt man sich, dass das Auswirkungs-Kriterium verfassungsrechtlich vorgezeichnet ist, so schwinden die gegenüber § 46 VwVfG vorgebrachten verfassungsrechtlichen (wie auch unionsrechtlichen[450]) Bedenken;[451] allein entscheidend ist vielmehr dessen Handhabung im Einzelfall[452].

---

[446] BVerwG, MMR 2009, S. 460 (463); ferner NVwZ-RR 1997, S. 751 (752). Auf die mögliche Kausalität abstellend *F. Kopp / U. Ramsauer*, VwVfG, § 46, Rn. 26 f., womit Unbeachtlichkeit nur dann anzunehmen ist, wenn der Fehler „unter keinem denkbaren Gesichtspunkt Einfluss" auf die Entscheidung haben konnte. Restriktiv *M. Sachs*, in: Stelkens / Bonk / ders., VwVfG, § 46, Rn. 73 ff. Nach einfachen und komplexen Entscheidungen differenzierend *C. Ladenburger*, Verfahrensfehlerfolgen, S. 273 ff. – insoweit kritisch, da dies nur ein Gesichtspunkt sei, *P. Baumeister*, Beseitigungsanspruch, S. 297. Wegen der Beschneidung des verfassungsrechtlich verbürgten Aufhebungsanspruchs nur die rechtliche Alternativlosigkeit der Entscheidung anerkennend *F. Hufen*, Fehler, Rn. 626, 628 f.

[447] BVerwG, MMR 2009, S. 460 (463 f.). Siehe auch *P. Baumeister*, Beseitigungsanspruch, S. 291 ff. (Notwendigkeit einer Einzelfallprüfung), 295 f. (hypothetische Möglichkeit nicht ausreichend).

[448] Siehe *P. Baumeister*, Beseitigungsanspruch, S. 296: Verlauf und Komplexität des Verfahrens, Sachentscheidung und ihre rechtlichen Grundlagen, Verfahrensfehler, Rechtsbindung der Behörde.

[449] *F. Kopp / U. Ramsauer*, VwVfG, § 46, Rn. 25a; *C. Ladenburger*, Verfahrensfehlerfolgen, S. 259 ff.

[450] Näher *P. Baumeister*, Beseitigungsanspruch, S. 275 ff.; siehe auch *F. Schoch*, GVwR III, § 50, Rn. 312 f.

[451] *P. Baumeister*, Beseitigungsanspruch, S. 257 ff.; *F. Kopp / U. Ramsauer*, VwVfG, § 46, Rn. 5 (verfassungskonforme Auslegung für erforderlich erachtend); *J. Pietzcker*, VVDStRL 41 (1983), S. 193 (224 f.); *E. Schmidt-Aßmann*, in: Maunz / Dürig, GG, Art. 19 IV, Rn. 158; *F. Schoch*, GVwR III, § 50, Rn. 301 ff.; ferner *C. Bumke*, Relative Rechtswidrigkeit, S. 212.

[452] So auch *F. Schoch*, GVwR III, § 50, Rn. 303; *H. A. Wolff*, Dienende Funktion, S. 977 (982).

dd) Heilung, § 45 VwVfG

Bestandsinteressen trägt schließlich auch die Möglichkeit der Heilung bestimmter Verfahrens- und Formfehler Rechnung. Gemäß § 45 VwVfG sind die enumerativ[453] in dessen erstem Absatz aufgezählten Verfahrens- und Formfehler einer Heilung durch Nachholung des fehlerhaften respektive unterlassenen Akts zugänglich. Diese kann „bis zum Abschluss der letzten Tatsacheninstanz eines verwaltungsgerichtlichen Verfahrens" erfolgen (§ 45 Abs. 2 VwVfG). In Verteilungsverfahren von besonderem Interesse ist die in § 45 Abs. 1 Nr. 2 VwVfG vorgesehene Möglichkeit, eine gemäß § 39 VwVfG erforderliche Begründung nachträglich zu geben. Angesichts der prozessualen Reaktionsmöglichkeiten (vgl. etwa § 45 Abs. 3 VwVfG) unproblematisch ist dies insoweit, wie die Funktion des Begründungserfordernisses, adäquaten Rechtsschutz zu ermöglichen, inmitten steht. Vergegenwärtigt man sich jedoch die darüber hinausgehende Bedeutung der Begründung für den Prozess der Entscheidungsherstellung, nämlich zum Zeitpunkt des Absetzens der Entscheidung eine Selbstkontrolle der Verwaltung im Interesse einer rationalen Entscheidungsfindung zu gewährleisten, erscheint die Heilungsmöglichkeit in einem anderen Licht: Kann auch dieser mit der Begründung verfolgte Zweck nachträglich erreicht und die Fehlerkorrektur durch Nachholung damit gerechtfertigt werden? Aus verfassungsrechtlicher Warte – wie im Übrigen auch aus unionsrechtlicher[454] – ist dies jedoch nicht zu beanstanden,[455] ist es doch nicht ausgeschlossen, dass die Verwaltung ihre Entscheidung auch bei Nachholung der Begründung überdenkt; die dem entgegenstehende mögliche Voreingenommenheit der Behörde, an der einmal getroffenen Entscheidung festzuhalten, ist zwar nicht von der Hand zu weisen;[456] nur besteht diese Gefahr bei Aufhebung der Entscheidung und Neudurchführung des Verfahrens in ähnlicher Weise[457]. Zudem erscheint der Zwang, das gesamte Verfahren wiederholen zu müssen, bei im Ergebnis

---

[453] Zur Heilungsmöglichkeit nicht in § 45 VwVfG aufgezählter Fehler: *P. Baumeister*, Beseitigungsanspruch, S. 372 ff.; *M. Sachs*, in: Stelkens / Bonk / ders., VwVfG, § 45, Rn. 115 ff.

[454] Dazu bereits oben, V.1.b. Siehe auch *P. Baumeister*, Beseitigungsanspruch, S. 358 ff.; *E. Bülow*, Verfahrensfehler, S. 254 ff.; ferner *F. Schoch*, GVwR III, § 50, Rn. 307, 310. A.A. *W. Kahl*, VerwArch 95 (2004), S. 1 (20 ff.).

[455] Ebenso *P. Baumeister*, Beseitigungsanspruch, S. 350 ff.; *F. Kopp / U. Ramsauer*, VwVfG, § 45, Rn. 4; *J. Pietzcker*, VVDStRL 41 (1983), S. 193 (223); *W. R. Schenke*, in: BK, Art. 19 Abs. 4, Rn. 755 f.; *E. Schmidt-Aßmann*, in: Maunz / Dürig, GG, Art. 19 IV, Rn. 155; *F. Schoch*, GVwR III, § 50, Rn. 300. Differenzierend *F. Hufen*, Fehler, Rn. 598 ff., der eine „reale Heilbarkeit des Fehlers" verlangt, die nur gegeben ist, wenn der in seinen Verfahrensrechten Verletzte so gestellt werden kann, wie er ohne den Verfahrensfehler stünde; die nur die Erklärung gegenüber dem Bürger betreffenden Begründungsmängel erachtet er aber für heilbar (Rn. 601).

[456] Deutlich *F. Hufen*, Fehler, Rn. 598.

[457] *P. Baumeister*, Beseitigungsanspruch, S. 353; *J. Pietzcker*, VVDStRL 41 (1983), S. 193 (223).

haltbarer Entscheidung angesichts der Bestandsinteressen unökonomisch.[458] Schließlich ist zu berücksichtigen, dass sich die Heilungsmöglichkeit nur auf den formellen Mangel einer gegenüber dem Bürger fälschlicherweise unterbliebenen bzw. nicht i.S.d. § 39 Abs. 1 VwVfG ordnungsgemäßen Begründung, mithin den Kommunikationsprozess, bezieht. Nicht heilbar ist demgegenüber der darüber hinausgehende materiell-rechtliche Fehler, dass die Behörde schon gar keine bzw. nur unzureichende Erwägungen hinsichtlich Ermessens- und Beurteilungsspielräumen angestellt hat;[459] insoweit kommt lediglich ein materiell- und prozessrechtlich (§ 114 S. 2 VwGO) nur in engen Grenzen zulässiges Nachschieben von Gründen in Betracht, das insbesondere keine erstmalige Ermessensbetätigung gestattet[460].[461]

b) Vertragliches Verwaltungshandeln

Anders als bei Verwaltungsakten findet sich im Bereich des vertraglichen Verwaltungshandelns keine Differenzierung zwischen nur rechtswidrigen und damit wirksamen und auch nichtigen und damit unwirksamen Rechtsakten. Hier sind Fehler vielmehr entweder folgenlos oder ziehen die Unwirksamkeit des Vertrages nach sich – eine einschneidende und daher im Interesse einer ausgewogenen Fehlerkorrektur mit Bedacht anzunehmende Rechtsfolge. Im Folgenden seien nun die Auswirkungen fehlerhaften Verwaltungshandelns im Kontext von Verwaltungsverträgen näher erörtert, und zwar für öffentlich-rechtliche (aa) und privatrechtliche (bb) Verträge getrennt. Angesichts der in Verteilungsverfahren zu bewältigenden Konkurrenzsituation steht die Beeinträchtigung der Rechte von Mitbewerbern im Vordergrund.

---

[458] *J. Pietzcker*, VVDStRL 41 (1983), S. 193 (223); *W. R. Schenke*, in: BK, Art. 19 Abs. 4, Rn. 755 f.; *F. Schoch*, GVwR III, § 50, Rn. 300.

[459] Siehe etwa BVerwG, NVwZ-RR 2009, S. 604 (606): „Etwas Anderes ergibt sich auch nicht aus der … Vorschrift des § 45 II i.V. mit § 45 I Nr. 2 VwVfG, wonach eine erforderliche Begründung nachträglich gegeben und bis zum Abschluss der letzten Tatsacheninstanz eines verwaltungsgerichtlichen Verfahrens nachgeholt werden kann. Diese Vorschrift bedeutet im vorliegenden Zusammenhang, dass dokumentierte materielle Auswahlerwägungen, die für eine Entscheidung maßgebend waren und sich lediglich in der (etwa einem Mitbewerber gegenüber erfolgten) Begründung der Entscheidung nicht oder nicht ausreichend wiedergegeben fanden, nachträglich bekannt gegeben werden können; sie ermöglicht jedoch nicht, die materiellen Auswahlerwägungen selbst nachzuholen oder eine fehlende Dokumentation der Auswahlerwägungen ‚nachzuschieben‘". Dazu auch oben, 2. Teil, C.IV.1., und unten, 4.b.

[460] Näher dazu *M. Sachs*, in: Stelkens/Bonk/ders., VwVfG, § 45, Rn. 51 ff.

[461] Materiell-rechtlich weniger problematisch ist demgegenüber, die Begründung einer gebundenen Entscheidung zu korrigieren, da nach h.M. kein Anspruch auf eine inhaltlich richtige Begründung besteht, es vielmehr ausreicht, dass der Verwaltungsakt – unabhängig von der gegebenen Begründung – mit dem materiellen Recht in Einklang steht. Näher *M. Sachs*, in: Stelkens/Bonk/ders., VwVfG, § 45, Rn. 46 ff.; *U. Stelkens*, in: Stelkens/Bonk/Sachs, VwVfG, § 39, Rn. 30.

aa) Drittschutz beim öffentlich-rechtlichen Vertrag gemäß § 58 Abs. 1 VwVfG

Im Zentrum des verwaltungsvertraglichen Fehlerfolgenregimes bei Beeinträchtigungen der Rechte von Konkurrenten steht § 58 Abs. 1 VwVfG. Dieser ordnet an, dass in Rechte Dritter eingreifende öffentlich-rechtliche Verträge erst mit Zustimmung des Drittbetroffenen wirksam werden. Aufgrund seiner besonderen Rechtsfolge (schwebende Unwirksamkeit) geht er der allgemeinen Fehlerfolgenregelung des § 59 Abs. 1 VwVfG – i.V.m. § 134 BGB und einer drittschützenden Norm – vor;[462] allein bei kollusivem Zusammenwirken von öffentlicher Hand und erfolgreichem Bewerber greift die Nichtigkeitsfolge des § 59 Abs. 1 VwVfG i.V.m. § 138 Abs. 1 BGB, da § 58 Abs. 1 VwVfG diesen Aspekt nicht berücksichtigt[463].

Der tatbestandlich von § 58 Abs. 1 VwVfG vorausgesetzte Rechtseingriff ist in einer Verletzung des Teilhabeanspruchs zu sehen, die aus einem Verstoß gegen die Vergabekriterien oder gegen individualschützende Verfahrensvorschriften folgt.[464] Im zuletzt genannten Fall ist im Interesse einer ausgewogenen, legitimen Bestandsinteressen Rechnung tragenden Fehlerkorrektur allerdings zusätzlich zu fordern, dass sich der Verfahrens- bzw. Formverstoß im bereits erörterten Sinne auf das Verfahrensergebnis ausgewirkt hat.[465] Diese Einschränkung stützt auch die Wertung des § 59 Abs. 2 Nr. 2 und 3 VwVfG,

---

[462] Siehe nur OVG Münster, NVwZ 1984, S. 522 (524); *F. Kopp / U. Ramsauer*, VwVfG, § 58, Rn. 2; *C. Staudenmayer*, Verwaltungsvertrag, S. 144 ff.

[463] Vgl. oben, 2. Teil, I.IV.2.b.

[464] Siehe VG Freiburg, 4 K 1763/06 – juris, Rn. 91; *D. Ehlers*, GewArch 1999, S. 305 (318); *H.-J. Friehe*, DÖV 1980, S. 673 (675); *A. Knuth*, JuS 1986, S. 523 (523). Unzutreffend daher BSG, NZS 2001, S. 361 (363), wenn es mit Blick auf die sozialrechtliche Parallelvorschrift des § 57 Abs. 1 SGB X ausführt: „Ein Vertrag greift in Rechte eines Dritten nur dann ein, wenn er zu einer materiellen Rechtsbeeinträchtigung führen würde. Dies wäre etwa der Fall, wenn der Dritte durch den Vertrag zu etwas verpflichtet wird oder sich die Vertragspartner zu einem Verhalten verpflichten, durch das subjektive öffentliche Rechte des Dritten berührt werden … Eine bloß faktische Benachteiligung durch Vereitelung künftiger Erwerbschancen reicht nicht aus. Das von der Kl. verfolgte Recht auf fehlerfreie Auswahlentscheidung ist kein solches subjektives Recht, weil es sich nur um Verfahrensrecht handelt, dessen vermeintliche Verletzung zu keiner materiellen Rechtsbeeinträchtigung geführt hat. Andernfalls wäre jede Auswahlentscheidung, wie sie etwa auch im Beamtenrecht oder bei der Vergabe öffentlicher Aufträge üblich ist, von der Zustimmung der nicht zum Zuge kommenden Bewerber abhängig; eine Folge, die offensichtlich nicht zutreffend sein kann." Diese Auffassung verkennt nämlich nicht nur die Bedeutung der Verfahrensvorschriften, sondern auch, dass eine Zustimmung nur bei rechtswidriger Auswahlentscheidung notwendig ist, da nur dann eine Rechtsbeeinträchtigung in Betracht kommt. Diesem Einwand begegnet auch die von *U. Stelkens*, Verwaltungsprivatrecht, S. 709, mit Blick auf das Zustimmungserfordernis konstatierte mangelnde Eignung des § 58 Abs. 1 VwVfG zur Bewältigung der Konkurrenzproblematik.

[465] Vgl. auch *M. Sachs*, GVwR II, § 31, Rn. 44; Drittpositionen allerdings nicht einbeziehend in Rn. 74.

nach dem bei entsprechenden Verwaltungsakten gemäß § 46 VwVfG unbeacht-liche Verfahrens- und Formfehler nicht zur Nichtigkeit eines Verwaltungsver-trags führen. Rechte Dritter, die eine Klagebefugnis für die Anfechtung einer Vergabeentscheidung durch Verwaltungsakt begründen, bleiben mithin auch bei einer Güterverteilung durch Verwaltungsvertrag gewahrt.[466]

In Erinnerung gerufen sei, dass der Teilhabeanspruch nur dann verletzt sein kann, wenn entweder ein Anspruch auf Zuteilung des begehrten Guts be-steht oder jedenfalls ein Anspruch auf spielraumkonforme Neuentscheidung hierüber.[467] Schließlich ist mit Blick auf das Gebot einer ausgewogenen Feh-lerkorrektur zu prüfen, ob der Vergabeverstoß die Nichtigkeit des Rechtsge-schäfts rechtfertigt; hierbei ist gegenläufigen Interessen der Verwaltung und des zum Zuge gekommenen Bieters Rechnung zu tragen.[468]

Nachdem § 58 Abs. 1 VwVfG nach h.M. bereits einer Verpflichtung zulasten des Dritten – unabhängig von ihrer rechtsvernichtenden Verfügungswirkung – entgegensteht,[469] ist der Vertrag, eine Verletzung des Teilhabeanspruchs einmal unterstellt, von vornherein schwebend unwirksam; beruft sich ein nicht zum Zuge gekommener Konkurrent auf die Rechtsverletzung, stellt dies die endgül-tige Verweigerung der Zustimmung dar, womit der Vertrag endgültig unwirk-sam wird.

Eine Rechtsverletzung durch den Vertrag scheidet allerdings dann von vorn-herein aus, wenn ein (wirksamer) Auswahlverwaltungsakt die dem Vertrags-schluss zugrunde liegende Auswahlentscheidung deckt. Hierin liegt, wie be-reits aufgezeigt,[470] der Vorteil eines zweistufigen Darstellungsprozesses.

bb) Drittschutz beim Abschluss zivilrechtlicher Verträge

Für den Konkurrentenschutz bei einer Zuteilung durch zivilrechtlichen Ver-trag bieten sich zwei Ansatzpunkte: zum einen dessen Bewältigung über die allgemeine zivilrechtliche Fehlerfolgenregelung der §§ 134, 138 BGB, zum an-deren die analoge Heranziehung des eben erörterten § 58 Abs. 1 VwVfG als von der Verwaltung auch im Privatrechtsverkehr zu beachtende Vorgabe.

---

[466] Siehe auch *V. Schlette*, Verwaltung als Vertragspartner, S. 436; *E. Schmidt-Aß-mann/W. Krebs*, Rechtsfragen, S. 228 f.

[467] Ausführlich oben, B.V.2.a.bb.(2).

[468] Siehe nur *J. Knöbl*, Rechtsschutz, S. 61 ff. Dazu bereits oben, 2. Teil, I.IV.2.a., c. und d., und unten, V.3.

[469] Siehe nur *H. J. Bonk*, in: Stelkens/*ders.*/Sachs, VwVfG, § 58, Rn. 10, 15 f.; *F. Kopp/U. Ramsauer*, VwVfG, § 58, Rn. 5, 7; *A. Knuth*, JuS 1986, S. 523 (524); *V. Schlette*, Verwaltung als Vertragspartner, S. 432; *E. Schmidt-Aßmann/W. Krebs*, Rechtsfragen, S. 227. Ablehnend *M. Hellriegel*, DVBl. 2007, S. 1211 (1212 ff.). Differenzierend *H. Maurer*, Allgemeines Verwal-tungsrecht, § 14, Rn. 30.

[470] Siehe oben, I.5.a.ee.(2).

Bereits bei der Erörterung des Veräußerungsverfahrens ausführlich dargelegt wurde, dass § 134 BGB, nach dem ein „Rechtsgeschäft, das gegen ein gesetzliches Verbot verstößt, … nichtig [ist], wenn sich nicht aus dem Gesetz ein anderes ergibt", eine tragfähige Grundlage für die Einbeziehung der aufgrund des Teilhabeanspruchs bestehenden öffentlich-rechtlichen Bindungen in das zivilrechtliche Fehlerregime darstellt.[471] Dem Charakter des Teilhabeanspruchs als Verbotsgesetz i.S.d. § 134 BGB kann nämlich weder entgegengehalten werden, dass dieser lediglich das Zustandekommen des Rechtsgeschäfts betreffe, noch, dass er sich lediglich einseitig an die Verwaltung richte. Denn diese, einer bipolaren Vertragsstruktur verpflichtete Betrachtungsweise verkennt den multipolaren Charakter des Verteilungsvorgangs und übersieht, dass mit dem Erfolg des Rechtsgeschäfts – bei Missachtung der materiellen und individualschützenden prozeduralen Vorgaben des Teilhabeanspruchs, wobei bei letzteren auch hier eine Auswirkung auf das Entscheidungsergebnis zu fordern ist – eine Verletzung von Rechten Dritter einhergeht. Damit erfordert der Zweck des im Teilhabeanspruch liegenden Verbots einer ihm widersprechenden Güterverteilung, eine Rechtsverletzung bei Dritten zu verhindern, und gebietet damit grundsätzlich die Nichtigkeit des Vertrags. Etwas anderes gilt angesichts des Gebots einer ausgewogenen Fehlerkorrektur nur dann, wenn der Vergabeverstoß aus Stabilitätsgründen keine Nichtigkeit des Rechtsgeschäfts rechtfertigt; dies bestimmt sich nach den gegenläufigen Interessen von Verwaltung und zum Zuge gekommenem Bieter.[472]

Stellt sich der Vergabeverstoß zudem als bewusste Missachtung des Verteilungsregimes dar und wirken öffentliche Hand und erfolgreicher Bewerber kollusiv zusammen, so führt der darin liegende Verstoß gegen die guten Sitten auch zu einer Nichtigkeit des Vertrags gemäß § 138 Abs. 1 BGB.[473]

Gegenüber der Nichtigkeit des Vertrags gemäß § 134 BGB i.V.m. dem verfassungsrechtlichen Teilhabeanspruch bzw. ihn konkretisierenden Normen des einfachen Rechts aufgrund seiner spezifischen Rechtsfolge vorrangig[474] ist allerdings die soeben im Kontext öffentlich-rechtlicher Verwaltungsverträge entfaltete und für diese geltende Regelung des § 58 Abs. 1 VwVfG. Sie regelt den verfassungsrechtlich gebotenen Drittschutz bei vertraglichem Verwaltungshandeln und kann daher über ihren unmittelbaren Anwendungsbereich hinaus auch für privatrechtliche Verträge herangezogen werden.[475]

---

[471] Ausführlich hierzu oben, 2. Teil, I.IV.2.a.

[472] Siehe nur *J. Knöbl*, Rechtsschutz, S. 61 ff. Dazu bereits oben, 2. Teil, I.IV.2.a., c. und d., und unten, V.3.

[473] Näher oben, 2. Teil, I.IV.2.b.

[474] Vgl. OVG Münster, NVwZ 1984, S. 522 (524); *F. Kopp / U. Ramsauer*, VwVfG, § 58, Rn. 2.

[475] Siehe dazu die Nachweise – auch zur Gegenauffassung – oben, 2. Teil, I., Fn. 127.

3. Entscheidungsstabilität

Auch einem nach dem bislang Gesagten aufzuhebenden Verteilungsverwaltungsakt oder einer unwirksamen Güterverteilung durch Verwaltungsvertrag kann aufgrund des Gebots eines ausgewogenen Fehlerfolgenregimes Stabilität beizumessen sein, die einer Aufhebung respektive der Unwirksamkeit entgegensteht. Diese kann einmal aus dem allgemeinen verwaltungsverfahrensrechtlichen Institut der (formellen) Bestandskraft folgen (a), aber auch aus dem in manchen Verteilungsverfahren geltenden Stabilitätsgrundsatz, der den Verteilungsakt umfassend immunisiert (b). Punktuell, da an einzelnen Fehlern ansetzend, wirken dagegen Rügeobliegenheiten und Präklusionsvorschriften (c). Schließlich fragt sich, ob unter bestimmten Voraussetzungen eine Durchbrechung der nach diesen Regelungen bestehenden Bestandskraft in Betracht kommt (d).

a) Die formelle Bestandskraft von Verteilungsakten

Der unterlegene Bewerber kann seinen Anspruch auf Aufhebung eines rechtswidrigen und ihn in seinen Rechten verletzenden Verteilungsverwaltungsakts sowie auf Neuverteilung entsprechend den Vorgaben des Teilhabeanspruchs (vgl. § 113 Abs. 1 S. 1, Abs. 5 VwGO) nur innerhalb bestimmter zeitlicher Grenzen, nämlich der Rechtsbehelfsfrist von regelmäßig einem Monat ab Bekanntgabe (Widerspruchsfrist des § 70 VwGO bzw. Klagefrist des § 74 VwGO) geltend machen. Zutreffend verweist das BVerfG auf das für eine derartige Regelung streitende Bestandsinteresse, das bei zumutbarer Auferlegung der Anfechtungslast Rechtsschutzinteressen überwiegt[476]:

[Die Rechtssicherheit] gebietet es …, daß überall dort, wo Akte mit dem Anspruch rechtlicher Verbindlichkeit gesetzt werden, den Betroffenen möglichst schnell Gewißheit über das für sie Verbindliche zuteil werde. Dies gilt zumal im Verwaltungsrecht. Es ist weithin von der Möglichkeit hoheitlich-verbindlicher Rechtsgestaltung und -feststellung gekennzeichnet. Gerade in einem Staat, der so weitgehend rechtlicher Kontrolle unterstellt ist, ist es unabdingbar, daß die Bestandskraft seiner Verwaltungsakte binnen angemessener Fristen eintritt, soll er nicht handlungsunfähig werden und damit der Freiheit aller Abbruch getan werden. Gibt die Rechtsordnung der Verwaltungsbehörde die Möglichkeit, durch Hoheitsakt für ihren Bereich das im Einzelfall rechtlich Verbindliche festzustellen, zu begründen oder zu verändern, so besteht auch ein verfassungsrechtliches Interesse daran, seine Bestandskraft herbeizuführen.[477]

---

[476] *P. Baumeister*, Beseitigungsanspruch, S. 223 ff.; *E. Schmidt-Aßmann*, in: Schoch/*ders.*/Pietzner, VwGO, Einl., Rn. 209.

[477] BVerfGE 60, 253 (270); ferner E 63, 343 (376 f.); BVerwGE 67, 206 (209 f.); E 121, 226 (230); *E. Schmidt-Aßmann*, in: Schoch/*ders.*/Pietzner, VwGO, Einl., Rn. 209; *ders.*, in: Maunz/Dürig, GG, Art. 19 IV, Rn. 27, 237.

Dieselben Erwägungen streiten auch für die Stabilität einstufig durch Verwaltungsverträge umgesetzter Verteilungsentscheidungen. Indes fehlt es hier an entsprechenden Bestandsschutzregelungen, so dass es zunächst einmal bei der durch eine Verletzung von Rechten Dritter ausgelösten Unwirksamkeitsfolge (§ 58 Abs. 1 VwVfG) bleibt. Angesichts legitimer Bestandsinteressen von Verwaltung und erfolgreichem Bewerber vermag eine derartige Schwarz-Weiß-Lösung freilich nicht zu befriedigen; vielmehr ist nach dem Postulat eines ausgewogenen Fehlerfolgenregimes entsprechenden Lösungen zu suchen.[478] Im Zuge der Reformdiskussion der Jahrtausendwende über die Regelungen des VwVfG zum öffentlich-rechtlichen Vertrag etablierte sich daher der Vorschlag, einen Einwendungsausschluss bei Nichtwiderspruch des – über den Vertragsschluss informierten – Drittbetroffenen innerhalb von einem Monat vorzusehen.[479] Solange eine solche Lösung aber keinen Eingang in das Verwaltungsverfahrensrecht gefunden hat, kann sie nur über eine entsprechende Beschränkung der Nichtigkeitsfolge bei Verstößen gegen den Teilhabeanspruch realisiert werden, für die die skizzierten, ihr gegenläufigen Bestandsinteressen streiten.[480]

b) Der Stabilitätsgrundsatz

Einige Verteilungsverfahren messen dem Zuteilungsakt eine über die herkömmliche formelle Bestandskraft hinausgehende, besondere Stabilität bei, die dessen nachträgliche Aufhebung sperrt: Allgemein anerkannt, wenn auch nicht unbestritten, ist dies für im Kontext der öffentlichen Auftragsvergabe abgeschlossene Beschaffungsverträge,[481] für vergebene Studienplätze sowie für die Ernennung im Beamtenrecht („Ämterstabilität")[482]. Stabilitätsannahmen finden sich vereinzelt aber auch darüber hinaus, etwa für Versorgungsverträge zwischen gesetzlichen Krankenkassen und Krankenhäusern (§ 108 Nr. 3, § 109 SGB V),[483] für Grundstückskaufverträge, die „wohl" nicht angegriffen werden können sollen[484] bzw. mit deren Vollzug sich die Auswahlentscheidung erle-

---

[478] *R. Rittwage*, NZBau 2007, S. 484 (490 f.); *E. Schmidt-Aßmann*, Reform, S. 11 (59); *ders.*, Ordnungsidee, S. 347 f.; *J. Ziekow*, Kooperationsverhältnisse, S. 143 ff. Kritisch zu einer „Alles-oder-nichts-Lösung" auch *C. Franzius*, Gewährleistung, S. 528 f.

[479] *J. Ziekow*, Kooperationsverhältnisse, S. 146 ff.; ähnlich Empfehlung des Beirats Verwaltungsverfahrensrecht beim Bundesministerium des Innern, NVwZ 2002, S. 834 (835); *E. Schmidt-Aßmann*, Ordnungsidee, S. 347 f.; *C. Staudenmayer*, Verwaltungsvertrag, S. 171 f.; *U. Stelkens*, Verwaltungsprivatrecht, S. 1169 f. Zurückhaltend *V. Schlette*, Verwaltung als Vertragspartner, S. 435 f.

[480] Vgl. auch *J. Knöbl*, Rechtsschutz, S. 61 ff., sowie oben, 2. Teil, I.IV.2.a., b. und d. Siehe ferner das Lösungsmodell von *U. Stelkens*, Verwaltungsprivatrecht, S. 1156 ff.

[481] Siehe oben, 2. Teil, B.VI.2.a.

[482] Siehe oben, 2. Teil, C.VI.2.a.

[483] BSG, NZS 2001, S. 361 (363 f.).

[484] *C. R. Eggers / B. Malmendier*, NJW 2003, S. 780 (782); ferner *R.-F. Fahrenbach*, DtZ 1990, S. 268 (270).

dige[485], oder für die Vergabe von Standplätzen auf Messen und Märkten[486] und von Konzessionen im Personenverkehr[487]. Mitunter ist sogar die Rede von der Stabilität der Vergabeentscheidung als „Kerngrundsatz aller Verteilungsverfahren".[488] Angesichts des mit dem Stabilitätsdogma einhergehenden Ausschlusses von nachträglichem Primärrechtsschutz ist dieses freilich als Beschränkung der Rechtsschutzgarantie vor ebendieser rechtfertigungsbedürftig. Im Folgenden sei dies – nach einem Blick auf mögliche Begründungsansätze (aa) – erörtert (bb).

aa) Die Begründung des Stabilitätsdogmas

Die Stabilität der Verteilungsentscheidung ist kein Naturgesetz. Vielmehr stellt sie eine rechtfertigungsbedürftige Ausnahme vom Anspruch auf Korrektur in eigene Rechte eingreifender Verwaltungsentscheidungen dar, der, wie gezeigt, handlungsformunabhängig greift. Eine – insbesondere bei Verwaltungsverträgen („pacta sunt servanda"),[489] aber auch im Beamtenrecht[490] angenommene – generelle Unmöglichkeit der Fehlerkorrektur vermag daher nicht zu überzeugen.[491]

Auch erledigen sich Auswahlentscheidungen nicht mit ihrem Vollzug. Dies nimmt etwa die verwaltungsgerichtliche Rechtsprechung im Kontext von Einheimischenmodellen an, bei denen eine Erledigung des Auswahlverwaltungsakts im Zeitpunkt des zivilrechtlichen Vollzugs des Grundstücksgeschäfts eintreten soll. Denn letzterer könne „mit öffentlich-rechtlichen Mitteln nicht mehr rückgängig gemacht werden".[492] Indes erledigt sich ein Verwaltungsakt nur dann, wenn die mit ihm einhergehende rechtliche oder sachliche Beschwer nachträglich entfallen ist.[493] Hiervon kann aber bei Vollzug des Auswahlverwaltungsakts keine Rede sein, da letzterer das Auswahlergebnis verbindlich festhält und damit gegenüber dem Vertragsschluss die Einwendung eines feh-

---

[485] Siehe – im Kontext von Einheimischenmodellen – nur VG München, BayVBl. 1997, 533 (534); M 1 E 03.5151 – juris, Rn. 20; ferner *H. Grziwotz*, KommJur 2007, S. 450 (451). Siehe zur Problematik auch *P. M. Huber / F. Wollenschläger*, Einheimischenmodelle, Rn. 14.

[486] VGH Mannheim, NVwZ 1984, S. 254 (255). Näher oben, 2. Teil, D.VI.1.

[487] So eine allerdings vereinzelt gebliebene Entscheidung des BVerwG aus dem Jahr 1963 (E 16, 190 [193 f.]).

[488] Vgl. *U. Stelkens*, NZBau 2003, S. 654 (655 f.), der diesen aber in Frage stellt; ferner *S. Gers-Grapperhaus*, Auswahlrechtsverhältnis, S. 149.

[489] Siehe nur *C. R. Eggers / B. Malmendier*, NJW 2003, S. 780 (782).

[490] Siehe nur BVerwGE 80, 127 (130), und näher oben, 2. Teil, C.VI.2.a.

[491] Siehe auch *W. R. Schenke*, in: BK, Art. 19 Abs. 4, Rn. 745.

[492] Siehe die Nachweise in Fn. 485.

[493] Vgl. *F. Kopp / W.-R. Schenke*, VwGO, § 113, Rn. 102, die selbst aber einem anderen Erledigungs-Begriff folgen (Sinnlosigkeit der Aufhebung).

lerhaften Vergabeverfahrens abschneidet. Insoweit bleibt der Auswahlakt von Bedeutung und erledigt sich nicht.[494]

Als nicht tragfähig erweist sich ferner ein verwaltungsverfahrensrechtlicher Begründungsansatz, nach dem die Nichtangreifbarkeit der positiven Vergabeentscheidung Konsequenz einer bipolaren Verfahrensstruktur sei: Diese bedinge die rechtliche Unabhängigkeit der in den einzelnen, parallel nebeneinander ablaufenden Verteilungsverfahren ergehenden positiven bzw. negativen Vergabeverwaltungsakte. Diese Auffassung verkennt nämlich das verfahrensübergreifend bestehende, durch die Auswahlnorm begründete materiell-rechtliche und damit multipolare Rechtsverhältnis, das die einzelnen Verteilungsentscheidungen auch rechtlich verknüpft und damit eine Anfechtungsmöglichkeit eröffnet.[495]

Ebenso wenig kann aus beschränkten verwaltungsverfahrensrechtlichen Nichtigkeitsgründen bzw. Rücknahmemöglichkeiten, wie im Fall der Vergabe öffentlicher Ämter (siehe §§ 11 f. BeamtStG; §§ 13 f. BBG), auf eine beschränkte gerichtliche Anfechtbarkeit geschlossen werden. Denn der verwaltungsgerichtlich durchzusetzende, auf eine Verletzung der Auswahlnorm gestützte Aufhebungsanspruch besteht unabhängig von im einfachen Recht vorgesehenen verwaltungsverfahrensrechtlichen Rücknahmemöglichkeiten.[496]

Es bleibt mithin nur, den Stabilitätsgrundsatz als Beschränkung des grundrechtlichen Anspruchs auf Aufhebung von Verwaltungshandlungen, die Rechte verletzen, d.h. der Rechtsschutzdimension, zu qualifizieren. Dafür bestehen zwei unterschiedliche, im Ergebnis aber identische dogmatische Ansatzpunkte: Zum einen kann am betroffenen Grundrecht, in dem der Aufhebungsanspruch wurzelt, durch eine Einschränkung des letzteren selbst angesetzt werden;[497] zum anderen kommt eine Beschränkung der Garantie effektiven Rechtsschutzes dergestalt in Betracht, dass kein Primärrechtsschutz für die Durchsetzung des Aufhebungsanspruchs offen steht[498]. Im Vergaberecht kann von einer mittlerweile gewohnheitsrechtlichen Geltung des Stabilitätsgrundsatzes ausgegangen werden;[499] Gleiches gilt für das Beamtenrecht,[500] wo er mitunter den hergebrachten Grundsätzen des Berufsbeamtentums (Art. 33 Abs. 5 GG) zugerech-

---

[494] Siehe auch *M. Sachs*, in: Stelkens / Bonk / ders., VwVfG, § 43, Rn. 215.

[495] Siehe auch *P. Baumeister*, Beseitigungsanspruch, S. 241; *K. Rennert*, DVBl. 2009, S. 1333 (1338); *M. Schmidt-Preuß*, Kollidierende Privatinteressen, S. 109 ff. Näher oben, IV.

[496] Dazu bereits oben, 2. Teil, C.VI.2.a.

[497] In diesem Sinne *P. Baumeister*, Beseitigungsanspruch, S. 241 f.; *W. R. Schenke*, in: BK, Art. 19 Abs. 4, Rn. 222.

[498] Dies befürwortend: *P. M. Huber*, in: v. Mangoldt / Klein / Starck, GG, Art. 19, Rn. 364; vgl. auch BVerfGE 116, 1 (18 ff.); E 116, 135 (154 ff.).

[499] Vgl. auch die Begründung RegE VgRÄG, BT-DrS 13/9340, S. 19 (zu § 124 GWB a.F.): „Prinzip des deutschen Vergaberechts".

[500] Siehe im Einzelnen oben, 2. Teil, C.VI.2.a.; überzeugend begründet etwa in BAG, NZA 2003, S. 324 (325 f.).

net wird. Eine ausdrückliche gesetzliche Grundlage ist nicht erforderlich;[501] sie besteht lediglich im Kartellvergabe- und Hochschulrecht.

bb) Die Rechtfertigung der Entscheidungsstabilität

Die verfassungs- und unionsrechtliche Rechtsschutzgarantie fordert eine wirksame gerichtliche Kontrolle und ist grundsätzlich auf Primärrechtsschutz gerichtet, so dass das Stabilitätsdogma einer Rechtfertigung bedarf. Es findet sie in einem für den jeweiligen Einzelfall anzuerkennenden besonderen Interesse am Bestand des Zuteilungsakts, das in dem Maße bejaht werden kann, in dem das (Primär-)Rechtsschutzinteresse unterlegener Konkurrenten hinter das Interesse der Verwaltung und des (zunächst) erfolgreichen Bewerbers an einer (rasch) bestandskräftigen Verteilung zurücktreten muss. Vor dem Hintergrund der im ersten Teil aufgezeigten allgemeinen Vorgaben[502] seien im Folgenden die in den einzelnen Verteilungsverfahren zu findenden Modelle, die nicht zwingend mit einem gänzlichen Ausschluss des Primärrechtsschutzes einhergehen, untersucht: Entscheidungsstabilität bei präventivem (Primär-)Rechtsschutz (1), bei Folgenbeseitigung in späteren Verteilungsverfahren (2) und bei Beschränkung auf Sekundärrechtsschutz (3).[503]

(1) Entscheidungsstabilität bei präventivem (Primär-)Rechtsschutz

Das Modell des Beamten- und Kartellvergaberechts, das auch bei der Vergabe von Versorgungsverträgen zwischen gesetzlichen Krankenkassen und Krankenhäusern (§ 108 Nr. 3, § 109 SGB V) Anwendung findet,[504] ersetzt den repressiven Primärrechtsschutz durch einen präventiven (Eil-)Rechtsschutz: Auch wenn der Zuteilungsakt, mithin die Ernennung respektive der Zuschlag, nachträglich nicht aufgehoben werden kann, so ist die Verwaltung doch aus Gründen des effektiven Rechtsschutzes verpflichtet, die nicht zum Zuge kommenden Bewerber über die beabsichtigte Zuteilung rechtzeitig vorab zu informieren (Informations- und Wartepflicht), so dass diese (Eil-)Rechtsschutz mit dem Ziel beantragen können, der öffentlichen Hand die Ernennung bzw. den Zuschlag zu untersagen. Mithin ist der Ausschluss des nachträglichen Rechtsschutzes kompensationsbedürftig.[505] Am Ende des (Eil-)Verfahrens steht dann fest, ob die Verwaltung den irreversiblen Zuteilungsakt vornehmen darf oder nicht. Der Effizienzgewinn dieses Modells liegt mithin darin, den Verteilungs-

---

[501] Anders *J. Gundel*, DV 37 (2004), S. 401 (427 ff.).

[502] Näher oben, 1. Teil, A.I.2.c. und B.I.2.a.cc.(5).

[503] *M. Schmidt-Preuß*, Kollidierende Privatinteressen, S. 473 ff., spricht insoweit treffend von einer „multipolar-surrogative[n] Fehlerkorrektur" und unterscheidet multipolar-surrogativen Eilrechtsschutz und surrogativen Drittschutz durch Folgenbeseitigung.

[504] BSG, NZS 2001, S. 361 (363 f.).

[505] Dazu oben, 2. Teil, C.VI.2. und B.VI.2.

konflikt (präventiv) in einem – auf zwei Instanzen beschränkten – (Eil-)Verfahren statt (repressiv) in der Hauptsache zu klären. Der entscheidende Vorteil dieser Akzentverschiebung liegt, um es am Beispiel der Vergabe öffentlicher Ämter zu erläutern, nicht in der raschen Besetzungsmöglichkeit, die auch bei der Eröffnung nachträglichen Rechtsschutzes durch die Anordnung des Sofortvollzugs erreicht werden könnte; entscheidend ist vielmehr die auch bei diesem Vorgehen nicht gewährleistete Gewissheit über die Dauerhaftigkeit der Besetzung, da über dieser – auch bei im vorläufigen Rechtsschutz bestätigtem Sofortvollzug – das Damoklesschwert der Aufhebung in der Hauptsache hinge. Entscheidend für die Rechtfertigung dieses Modells ist mithin das Interesse an der raschen Herstellung dauerhaft stabiler Verhältnisse.[506] Dieser Hintergrund erhellt auch, warum bei auf einen einmaligen Zeitpunkt bezogenen Verteilungsentscheidungen, wie etwa der Vergabe von Standplätzen auf Messen und Märkten, der Ausschluss der Anfechtungsmöglichkeit entbehrlich erscheint: Denn hier erledigt sich die Hauptsache mit dem Ende des Ereignisses – im Beispiel: dem Ablauf der Messe –,[507] so dass durch die Anfechtung des Zuteilungsakts keine dauerhaft instabilen Verhältnisse zu besorgen sind; und eine vorläufige Klärung der Vollziehbarkeit der Auswahlentscheidung ist auch nach deren Erlass im Eilrechtsschutz möglich. Schließlich kann in diesem Modell einer besonderen Eilbedürftigkeit dadurch Rechnung getragen werden, dass – im Kartellvergaberecht – die Rechtsschutzinstanz den Zuschlag vorab gestattet (§ 115 Abs. 2, § 121 GWB); Ähnliches deutet sich im Beamtenrecht an, wenn das BVerfG bei dringendem dienstlichem Bedürfnis eine Ausnahme von der Wartepflicht – allerdings nur bezüglich des verfassungsgerichtlichen Rechtsschutzes – anerkennt,[508] und auch im Kontext zivilvertraglicher Verteilungsvorgänge, wenn das OLG Düsseldorf im unterschwelligen Vergabeeilrechtsschutz die Kriterien der § 115 Abs. 2, § 118 Abs. 2 und § 121 GWB bei der Abwägung, ob eine einstweilige Verfügung zu erlassen ist, heranzieht[509]. Preis dieses Modells ist freilich, dass vor Vollzug – bei Inanspruchnahme des präventiven Rechtsschutzes – zwei fach- und u.U. auch noch eine verfassungsgerichtliche Eilentscheidung abzuwarten sind, was eine verzögerte Umsetzung der Vergabeentscheidung nach sich zieht,[510] zumal im vorläufigen Rechtsschutz wegen

---

[506] Siehe auch BSG, NZS 2001, S. 361 (363): „Die zugelassenen Bewerber müssen sich im Hinblick auf die von ihnen zu erbringenden Investitionen auf die Wirksamkeit der abgeschlossenen Versorgungsverträge verlassen können"; ferner *B. Lemhöfer*, ZBR 2003, S. 14 (15); *U. Stelkens*, Verwaltungsprivatrecht, S. 979. Kritisch zu diesem Sonderweg *F. Schoch*, Vorläufiger Rechtsschutz, S. 689 ff.

[507] Siehe nur VGH Mannheim, GewArch 1979, S. 335 (335 f.); *J. Ruthig/S. Storr*, Öffentliches Wirtschaftsrecht, § 3, Rn. 359.

[508] BVerfG, 2 BvR 706/09 – juris, Rn. 4. Näher oben, 2. Teil, C.VI.2.b.

[509] OLG Düsseldorf, 27 U 1/09 – juris, Rn. 43; ferner Rn. 39.

[510] *W.-R. Schenke*, Konkurrentenklage, S. 655 (670); vgl. ferner *N. Malaviya*, Verteilungsentscheidungen, S. 259 f.

seiner potentiellen Endgültigkeit eine über das herkömmlicherweise Gebotene hinausgehende intensive Prüfung stattzufinden hat[511]. Die aus denselben Gründen angezeigte Reduzierung der Anforderungen an das Obsiegen – eine einstweilige Anordnung hat zu ergehen, wenn die Erfolgsaussichten offen sind[512] – kann darüber hinaus den Vollzug bis zum Ende des Hauptsacheverfahrens hinauszögern.[513] Im herkömmlichen Modell könnten diese Konsequenzen durch Anordnung des Sofortvollzugs vermieden werden;[514] dies freilich wiederum nur um den Preis der Möglichkeit einer späteren Korrektur.[515]

Da Primärrechtsschutz eingeräumt ist, wenn auch nur präventiv, stellt sich lediglich die Frage nach seiner hinreichenden Effektivität.[516] Insoweit ist zum einen zu berücksichtigen, dass auch dem unterlegenen Bewerber an einer raschen Klärung gelegen sein dürfte; zum anderen ist eine in tatsächlicher und rechtlicher Hinsicht adäquate Gerichtskontrolle gewährleistet.[517] Im Vergaberecht bestehen hieran – trotz einer Effizienzerwägungen geschuldeten Modifikation des Untersuchungsgrundsatzes (§ 110 GWB) – keine Zweifel; solche könnten allerdings im Beamtenrecht Platz greifen, da dort der präventive Rechtsschutz nicht in einem spezifisch normierten Verfahren, sondern als – richterrechtlich entwickelter – Eilrechtsschutz zu suchen ist. Doch auch hier zerstreut das Bedenken einer nur summarischen Überprüfung des Sachverhalts das aus Gründen effektiven Rechtsschutzes angesichts der Endgültigkeit des Eilrechtsschutzes anerkannte Gebot einer erhöhten tatsächlichen und rechtlichen Prüfungsdichte[518]. Dennoch verbleibende Kontrolldefizite sind aus den geschilderten Effizienzerwägungen und angesichts des multipolaren Konflikts hinzunehmen, zumal auch dann noch Sekundärrechtsschutz möglich bleibt. Auf der verwaltungsprozessualen Verlustliste hinzuzufügen ist schließlich, dass, da im einstweiligen Rechtsschutz keine weitere Beschwerde stattfindet (vgl. § 152 Abs. 1 VwGO), dem Rechtsschutzsuchenden nicht nur eine Instanz verloren geht, sondern auch das regelmäßig in der Hauptsache nicht mehr angerufene BVerwG

---

[511] *W.-R. Schenke*, Konkurrentenklage, S. 655 (670).

[512] Dazu unten, VI.1.a.cc.

[513] *W.-R. Schenke*, Konkurrentenklage, S. 655 (670 f., 689 f.).

[514] Darauf verweist *W.-R. Schenke*, Konkurrentenklage, S. 655 (689), der die repressive Anfechtungslösung für vorzugswürdig erachtet.

[515] Siehe auch *B. Lemhöfer*, ZBR 2003, S. 14 (15).

[516] Siehe auch *J. Gundel*, DV 37 (2004), S. 401 (426), der die Abweichung von nachträglichem Rechtsschutz für rechtfertigungsbedürftig erachtet, da Art. 19 Abs. 4 GG auch die Wertung zu entnehmen sei, dass mit diesem einhergehende Verzögerungen hinzunehmen seien.

[517] Vgl. *B. Lemhöfer*, ZBR 2003, S. 14 (15); *Plog*, BBG, § 23, Rn. 14a; *M. Schmidt-Preuß*, Kollidierende Privatinteressen, S. 477 f.

[518] BVerwGE 124, 99 (106). Dennoch kritisch *J. Gundel*, DV 37 (2004), S. 401 (411); ferner *J. Wieland*, Konkurrentenschutz bei Beamtenernennungen, S. 647 (658 f.). Näher oben, 2. Teil, C.VII.1.a.

nicht mehr rechtseinheitswahrend tätig werden kann.[519] Diese Lücke füllt allerdings die Verfassungsbeschwerde, die entgegen ihrem außerordentlichen Charakter oftmals als dritte Instanz fungiert.[520] Im Vergaberechtsschutz besteht demgegenüber für das OLG eine Vorlagepflicht zum BGH bei Divergenz zur Rechtsprechung anderer Oberlandesgerichte oder des BGH (§ 124 Abs. 3 GWB).

(2) Entscheidungsstabilität bei Folgenbeseitigung in späteren Verteilungsverfahren

Beim Hochschulzugang verwirklicht – angeklungen ist Derartiges aber bereits in einer vereinzelt gebliebenen und abzulehnenden Entscheidung des BVerwG zur Konzessionsvergabe im Personenverkehr aus dem Jahr 1963[521] – findet sich ein weiteres Modell, nämlich die Ersetzung des nachträglichen (Primär-) Rechtsschutzes durch die Einräumung eines auf Zulassung zum nächstmöglichen Zeitpunkt gerichteten Folgenbeseitigungsanspruchs. Getragen und damit verfassungs- und unionsrechtlich gerechtfertigt wird dieses Modell in erster Linie[522] durch die Erwägungen, dass für den erfolgreichen Bewerber die spätere – aufgrund eines nicht in seinen Verantwortungsbereich fallenden Fehlers erfolgende – Infragestellung der Zulassung unzumutbar ist und diese im Übrigen eine Ressourcenverschwendung darstellt. Auch erscheint angesichts der Zeitabhängigkeit des Studienplatzangebots eine rechtzeitige Korrektur, die von Dauer ist, nicht möglich: Selbst wenn der unterlegene Konkurrent im Eilrechtsschutz eine vorläufige Zulassung erreichte, hinge über dieser doch das Damoklesschwert ihrer Korrektur in der Hauptsache. Zu berücksichtigen ist ferner die Komplexität des Massenvergabeverfahrens, dessen Funktionieren bei zahlreichen Anfechtungen in Frage gestellt würde, zudem die aus den schematischen Vergabekriterien resultierende geringe Fehleranfälligkeit. Ein derartiges Modell setzt freilich voraus, dass, wie bei der Studienplatzvergabe, kontinuierlich homogene Güter verteilt werden. Sein Nachteil liegt zum einen im eintretenden Zeitverlust für den zu Unrecht übergangenen Bewerber; zum anderen reduziert sich, was bei großem Angebot freilich weniger ins Gewicht fällt, die Verteilungsmasse in späteren Verfahren. Damit trifft das Fehlerrisiko den Nachkommenden. Hierfür bedarf es einer besonderen Rechtfertigung, die aus den geschilderten Gründen im Hochschulrecht gegeben ist, darüber hinaus aber nicht ohne Weiteres angenommen werden kann.[523]

---

[519] *J. Gundel*, DV 37 (2004), S. 401 (411 f.); ferner *B. Lemhöfer*, ZBR 2003, S. 14 (15), und *H. Schnellenbach*, ZBR 1997, S. 169 (179), die zudem auf die in § 127 Nr. 2 BRRG verankerte einheitsstiftende Rolle des BVerwG verweisen.

[520] *J. Gundel*, DV 37 (2004), S. 401 (411 f.).

[521] BVerwGE 16, 190 (193 f.). Näher oben, 2. Teil, F.VI.2.

[522] Ausführlich oben, 2. Teil, E.VI.

[523] Siehe auch *M. Schmidt-Preuß*, Kollidierende Privatinteressen, S. 469 f., 483 f., 489 ff., 494.

(3) Entscheidungsstabilität bei Beschränkung auf Sekundärrechtsschutz

Trotz grundsätzlichem Vorrang des Primärrechtsschutzes ist die verfassungs- und unionsrechtliche Rechtsschutzgarantie auch für eine (faktische) Beschränkung auf Sekundärrechtsschutz offen, so überwiegende Bestandsinteressen und, unter Umständen, zusätzlich ein gering anzusetzendes Interesse an Primärrechtsschutz, etwa bei bloßem Schadensersatzinteresse, hierfür streiten.[524] Dann kann der Primärrechtsschutz gänzlich ausgeschlossen werden oder die öffentliche Hand wenigstens nicht für verpflichtet erachtet werden, diesen durch eine entsprechende Verfahrensgestaltung, namentlich eine Vorabinformation, zu ermöglichen. Ein derartiges Modell hat das BVerfG für den Rechtsschutz im Kontext der nicht vom Kartellvergaberecht erfassten Auftragsvergaben unterhalb der Schwellenwerte nicht beanstandet.[525]

c) Rügeobliegenheiten und Präklusionsvorschriften

Eine Fehlerkorrektur bereits im Verfahren und damit eine effizientere Güterverteilung ermöglicht die Statuierung einer Rügeobliegenheit hinsichtlich erkannter respektive erkennbarer Vergabeverstöße. Deren Missachtung kann, um den Bestand der Verteilungsentscheidung aus Gründen der Effizienz und Rechtssicherheit zu stärken, mit einer Präklusion nicht gerügter Fehler in einem späteren Rechtsbehelfsverfahren verknüpft werden.

In Verteilungsverfahren sieht Derartiges allerdings nur das Kartellvergaberecht vor, dessen § 107 Abs. 3 GWB bestimmt, dass Nachprüfungsanträge unzulässig sind, wenn der Antragsteller den Vergabeverstoß gegenüber dem Auftraggeber nicht rechtzeitig gerügt und bei Nichtabhilfe nicht innerhalb von 15 Kalendertagen einen Nachprüfungsantrag gestellt hat. Darüber hinaus erscheint es – unbeschadet der rechtspolitischen Erwünschtheit – mangels gesetzlicher Grundlage allerdings problematisch, Rechtsschutzmöglichkeiten durch eine Rügeobliegenheit einzuschränken, zumal § 44a S. 1 VwGO Gegenteiliges nahe legt, wenn „Rechtsbehelfe gegen behördliche Verfahrenshandlungen … nur gleichzeitig mit den gegen die Sachentscheidung zulässigen Rechtsbehelfen geltend gemacht werden" können und §§ 70, 74 VwGO insoweit eine Monatsfrist einräumen.[526] Gleichwohl hat im Prüfungsrecht eine Rügeobliegenheit hinsichtlich Verfahrensmängel aus Gründen der Chancengleichheit auch ohne normative Grundlage Anerkennung gefunden, da sich der Kandidat zum einen keine zusätzliche Chance durch die Möglichkeit der Geltendmachung des Mangels je nach Verfahrensausgang verschaffen können soll und „[z]um anderen … der Prüfungsbehörde eine eigene zeitnahe Überprüfung mit dem Ziel

---

[524] Siehe oben, 1. Teil, A.I.2.c. und B.I.2.a.cc.(5).
[525] BVerfGE 116, 135 (156). Dazu bereits oben, 1. Teil, A.I.2.c.
[526] Siehe auch *C. Birnbaum*, NVwZ 2006, S. 286 (288 f.).

einer schnellstmöglichen Aufklärung und ggf. noch rechtzeitigen Behebung oder zumindest Kompensation eines festgestellten Mangels ermöglicht werden" soll.[527] Dies ließe sich auf Verteilungsverfahren grundsätzlich übertragen.

d) Durchbrechung der Bestandskraft: nachträgliche Aufhebungs- und Kündigungspflichten

Bei der Zuteilung von Gütern für einen langen Zeitraum kann sich die Frage nach Korrekturmöglichkeiten auch nach eingetretener Bestandskraft stellen. Stützen ließen sich diese bei Verwaltungsakten auf § 48 VwVfG,[528] der die Rücknahme auch bestandskräftiger rechtswidriger Verwaltungsakte deckt, und im Kontext des vertraglichen Handelns auf §§ 60, 62 S. 2 VwVfG, §§ 313 f. BGB, die Kündigungsmöglichkeiten bei Wegfall der Geschäftsgrundlage bzw. Vorliegen eines wichtigen Grundes vorsehen. Angesichts der damit einhergehenden Aushebelung des Rechtsschutzsystems und Infragestellung der Bestandskraft muss dies die Ausnahme bleiben. So ist hinsichtlich eines auf § 48 Abs. 1 VwVfG gestützten Anspruchs auf Aufhebung bestandskräftiger, belastender Verwaltungsakte anerkannt, dass diese nur dann in Betracht kommt, wenn die Aufrechterhaltung der Entscheidung schlechthin unerträglich ist;[529] umso mehr gilt dies in multipolaren Konstellationen, in denen die Rechtsposition des erfolgreichen Bewerbers der Bestandskraft zusätzliches Gewicht verleiht. Diese Grundsätze beanspruchen auch für die Frage nach einer Kündigungspflicht von Verträgen Geltung.[530]

4. Die Behandlung einzelner Verfahrensverstöße

a) Unterlassene Durchführung eines Verteilungsverfahrens

Zweifelsohne stellen die rechtswidrige Nichtdurchführung eines Verteilungsverfahrens und, damit einhergehend, die direkte Zuteilung des Guts an eine Person einen der gravierendsten Verstöße bei der Verteilung von Gütern dar, frustriert dies doch Teilhabechancen von vornherein. Seine Bewältigung stellt das Fehlerfolgenregime jedoch vor besondere Herausforderungen. So einleuch-

---

[527] BVerwG, NVwZ 2000, S. 921 (921); ferner E 85, 323 (330 ff.); E 96, 126 (129 ff.). Umfassend dazu C. *Birnbaum*, NVwZ 2006, S. 286 (287 ff.).

[528] Der Sonderfall des Wiederaufgreifens des Verfahrens gemäß § 51 VwVfG bleibt ausgeklammert.

[529] Siehe nur BVerwGE 121, 226 (230 f.); dieser Bestandsschutz von (einmal anfechtbaren) Verwaltungsentscheidungen steht auch mit dem unionsrechtlichen Effektivitätsgebot in Einklang: EuGH, verb. Rs. C-392/04 und C-422/04, Slg. 2006, I-8559, Rn. 58 ff. – i-21 Germany und Arcor.

[530] Vgl. auch J. *Knöbl*, Rechtsschutz, S. 74 f., M. *Sachs*, GVwR II, § 31, Rn. 98, und im Kontext des Vergaberechts oben, 2. Teil, B.VI.2.c.cc.

tend einerseits die Sanktionierungsbedürftigkeit des Fehlers angesichts seines Gewichts und der ansonsten der Verwaltung eröffneten Möglichkeit zur Rechtsbeschneidung durch schlichte Nichtdurchführung eines Verfahrens erscheint, so dürfen andererseits die aus der Bejahung der Rechtswidrigkeit des Zuteilungsakts resultierenden Probleme nicht übersehen werden. Es stellt sich nämlich zum einen die Frage, wer zur Geltendmachung eines derartigen Verstoßes berechtigt sein soll: jeder potentiell Interessierte? Zum anderen droht die Gefahr, dass der Bestand der Zuteilung auf Dauer in der Schwebe bleibt, ist doch ein rechtswidriger Vertrag nichtig und kann ein Verteilungsverwaltungsakt mangels Bekanntgabe gegenüber den potentiellen Interessenten nicht in Bestandskraft erwachsen.

Um dies zu vermeiden, könnte der Aspekt der Rechtssicherheit stark gewichtet und die unterlassene Durchführung eines Verteilungsverfahrens generell für unbeachtlich erklärt werden. Die Durchsetzung subjektiver Rechte[531] und der Gesetzesbindung der Verwaltung fällt dann freilich unter den Tisch. Abmildern lässt sich diese Konsequenz zum einen durch eine behutsame Ausdehnung des Kreises der Rügeberechtigten auf Personen, deren Interesse an der Zuteilung die Verwaltung kannte. In diese Richtung weist die vorsichtige Extension der Nichtigkeitsfolge des früheren § 13 VgV auf Personen, die zwar nicht als Bieter verfahrensbeteiligt waren, aber immerhin doch Interesse am Auftrag äußerten (etwa durch Angebotseinholung, Interessenbekundung oder Beteiligung an einem aufgehobenen Vergabeverfahren).[532] Zum anderen ist eine bewusste Missachtung der Verfahrenspflicht in kollusivem Zusammenwirken mit dem Empfänger, wie ebenfalls im Vergaberecht anerkannt,[533] mit der allgemeinen Nichtigkeitsfolge (§ 44 Abs. 1 VwVfG; § 138 BGB) zu belegen. Bei beiden Strategien handelt es sich freilich um eine punktuelle Lösung besonders offensichtlicher Fälle, die das Problem der unterlassenen Durchführung eines Verteilungsverfahrens insgesamt nicht befriedigend zu lösen vermögen.

Gelungen ist letzteres aber im Zuge der Vergaberechtsreform 2009, die einen angemessenen Ausgleich von Bestands- und Korrekturinteressen realisiert und Verallgemeinerungsfähigkeit beanspruchen kann: Nach § 101b Abs. 1 Nr. 2

---

[531] Die Relevanz des Teilhabeanspruchs bei einer direkten Vergabe hängt freilich von dem für dessen Einschlägigkeit geforderten Konkretisierungsgrad der Rechtsbeziehung zwischen Einzelnem und öffentlicher Hand ab. Stellt man hohe Anforderungen, so scheidet eine Berufungsmöglichkeit auf den Teilhabeanspruch bei Direktvergaben mangels hinreichend konkreter Rechtsbeziehungen zu Dritten aus (so *W. Spoerr*, Treuhandanstalt, S. 212 f.; *M. Wallerath*, Bedarfsdeckung, S. 326; a.A. *T. Pollmann*, Gleichbehandlungsgrundsatz, S. 54). Mangels abgrenzbaren Adressatenkreises könnte der Pflicht zur Durchführung eines Verfahrens dann kein Drittschutz zugesprochen werden. Siehe dazu bereits oben, 1. Teil, A.I.2.a.aa.

[532] Siehe nur BGH, NZBau 2005, S. 290 (294), und näher oben, 2. Teil, B.VI.2.c.aa.(2)(a). Ebenso mit Blick auf den Teilhabeanspruch *W. Spoerr*, Treuhandanstalt, S. 212 f.

[533] Siehe oben, 2. Teil, B.VI.2.c.aa.(2)(a) und bb.(2).

GWB sind Direktvergaben zwar grundsätzlich nichtig, allerdings muss diese Rechtsfolge in einem „innerhalb von 30 Kalendertagen ab Kenntnis des Verstoßes, jedoch nicht später als sechs Monate nach Vertragsschluss" einzuleitenden Nachprüfungsverfahren festgestellt werden (§ 101b Abs. 2 S. 1 GWB). Andernfalls ist der Vertrag als wirksam zu behandeln. Ist besonders schnell Rechtssicherheit herzustellen, kann der Auftraggeber zudem gemäß § 101b Abs. 2 S. 2 GWB durch Bekanntgabe der Auftragsvergabe im Amtsblatt der Europäischen Union die Sechsmonatsfrist auf 30 Kalendertage nach Veröffentlichung der Bekanntmachung verkürzen.

b) Dokumentationsmängel

Die Bedeutung der Dokumentationspflicht für die Herstellung einer sachgerechten Auswahlentscheidung mahnt zu Zurückhaltung gegenüber der Heilbar- bzw. Unbeachtlichkeit von Dokumentationsmängeln: Weder kann nämlich die Dokumentation, ohne ihres wesentlichen Sinns beraubt zu werden, nachgeholt werden, noch ist generell davon auszugehen, dass bei Beachtung der Dokumentationspflicht kein anderes Ergebnis erzielt worden wäre. Die negative Auswirkung auf den Betroffenen ist vielmehr im Einzelfall zu prüfen und namentlich dann anzunehmen, wenn sie eine Überprüfung von Entscheidungen zu dessen Lasten verunmöglicht.[534] Auszuschließen ist sie aber dann, wenn auch unter Zugrundelegung einer bestmöglichen Erfüllung des fehlerhaft dokumentierten Kriteriums ein Zuschlag nicht in Betracht käme.[535] Eine unzureichende Dokumentation hat ferner beweisrechtliche Konsequenzen, bis hin zu einer Beweislastumkehr zulasten der Behörde.[536]

c) Frustration des Rechtsschutzes durch fehlende Bekanntgabe und Stabilität

In Verteilungsverfahren, in denen angesichts der verfassungs- und unionsrechtlichen Garantie effektiven Rechtsschutzes eine Stabilität des Zuteilungsakts nur um den Preis der Einräumung präventiven Primärrechtsschutzes in Be-

---

[534] Siehe OLG Celle, 13 Verg 3/10 – juris, Rn. 39; OLG Düsseldorf, NZBau 2004, S. 461 (462); *C. Jennert*, in: Müller-Wrede, Kompendium Vergaberecht, Kap. 25, Rn. 28, sowie oben, 2. Teil, B.VI.1.b.bb.

[535] BayObLG, NZBau 2002, S. 348 (351). Siehe auch BayObLG, Verg 6/01 – juris, LS 6, wonach „der Dokumentationsmangel sich gerade auf die Rechtsstellung des Bieters mit Rücksicht auf seine im übrigen erhobenen Rügen im Vergabeverfahren auswirk[en]" muss, um eine Rechtsverletzung zu begründen; ferner OLG Celle, 13 Verg 3/10 – juris, Rn. 39.

[536] OVG Greifswald, NVwZ 2002, S. 104 (106 f.); OVG Münster, 19 A 3316/08 – juris, Rn. 22; *M. Fehling*, Konkurrentenklage, S. 246 ff. Vgl. auch *M. Morlok*, Folgen von Verfahrensfehlern, S. 192.

tracht kommt, fragt sich, ob das Stabilitätsdogma auch dann noch gelten kann, wenn die Verwaltung diesen vereitelt. Dies betrifft Verstöße gegen die Warte- und Informationspflicht sowie die Missachtung von die Zuteilung untersagenden gerichtlichen einstweiligen Anordnungen. Nahe liegt es anzunehmen, dass bei Verunmöglichung des präventiven Rechtsschutzes wegen dessen kompensatorischen Charakters auch die Stabilität ausscheiden muss. Dem folgt jedoch lediglich das Kartellvergaberecht (§ 101b Abs. 1 Nr. 1 GWB), das allerdings gleichzeitig einen angemessenen Ausgleich mit Bestandsinteressen sucht, indem diese Rechtsverletzungen nur innerhalb eines Zeitraums von maximal sechs Monaten beanstandet werden können (§ 101b Abs. 2 GWB). Demgegenüber durchbricht das BVerwG bei der Besetzung von Beamtenstellen nicht die Ämterstabilität, sondern hält die öffentliche Hand für zur Einstellung respektive Beförderung des zu Unrecht übergangenen Bewerbers – neben der erfolgten rechtswidrigen Stellenbesetzung – verpflichtet.[537] Als noch stabiler erweist sich die Besetzung einer Notarstelle: Hier verweist der BGH,[538] zwischenzeitlich vom BVerfG sanktioniert,[539] den übergangenen Bewerber auf Sekundärrechtsschutz.

Es liegt auf der Hand und wurde bereits im Einzelnen ausgeführt[540], dass weder die Lösung im Beamten- noch die im Notarrecht zu überzeugen vermögen: Eine Verdopplung, mitunter gar Vervielfachung des Verteilungsobjekts, wie im Beamtenrecht, widerspricht nicht nur Willen und Bedürfnissen der Verwaltung; sie kann auch in tatsächlicher (Besetzung von Spitzenpositionen) und rechtlicher Hinsicht (Umgehung der Haushaltsprärogative des Parlaments und der Ausschreibungspflicht bei der Neuvergabe von Stellen) an Grenzen stoßen. Deswegen den Primärrechtsschutz – wie bei der Bestellung von Notaren – auszuschließen, schießt aber über das Ziel hinaus, da die Informations- und Wartepflicht ja gerade den Preis der Stabilität darstellt. Diese ist mithin zu durchbrechen, wobei, wie das Beispiel des Kartellvergaberechts zeigt, legitimen Bestandsinteressen sehr wohl Rechnung getragen werden kann.

VI. Rechtsschutz

Ist die Vergabeentscheidung fehlerhaft zustande gekommen und gebietet das verfahrensspezifische Fehlerfolgenregime eine Korrektur der Verteilung, stellt sich schließlich die Frage, wie dieser Anspruch auf Primärrechtsschutz gerichtlich durchzusetzen ist (1.). Scheidet ein solcher aus, verbleibt immerhin

---

[537] BVerwGE 118, 370 (375). Im Einzelnen oben, 2. Teil, C.VI.2.c.aa.
[538] BGH, NJW-RR 2006, S. 639 (640); offengelassen noch in NJW-RR 2004, S. 1700 (1701). Näher oben, 2. Teil, C.VI.2.c.bb.
[539] BVerfG, NJW 2006, S. 2395. Zumindest offen noch NJW 2005, S. 50 (50).
[540] Siehe oben, 2. Teil, C.VI.2.c.cc.

noch eine Kompensation erlittener Rechtsverletzungen im Wege des Sekundärrechtsschutzes (2.). Letzterer ist allerdings in doppelter Hinsicht subsidiär:
Zum einen folgt, wie bereits aufgezeigt, aus der verfassungs- und unionsrechtlichen Garantie effektiven Rechtsschutzes ein grundsätzlicher Vorrang
des Primärrechtsschutzes;[541] zum anderen schließt dessen unterlassene, aber
zumutbare Inanspruchnahme auch den Sekundärrechtsschutz aus. In § 839
Abs. 3 BGB, der einen Amtshaftungsanspruch versagt, wenn es der Verletzte
schuldhaft „unterlassen hat, den Schaden durch Gebrauch eines Rechtsmittels
abzuwenden", kommt dieser Rechtsgedanke zum Ausdruck.[542]

1. Primärrechtsschutz

Mit Ausnahme des kartellvergaberechtlichen Nachprüfungsverfahrens existieren keine spezifischen Rechtsschutzverfahren für die Überprüfung und Korrektur behauptetermaßen fehlerhafter Vergabeentscheidungen; Rechtsschutz
ist vielmehr innerhalb des allgemeinen Systems der VwGO und ZPO zu suchen
(a). Dieser realisiert sich angesichts der Eilbedürftigkeit der Kontrolle oftmals
im Eilverfahren (b) und grundsätzlich als der Vergabeentscheidung nachgela-
gerter Rechtsschutz (c).

a) Rechtsschutzmodelle in Verteilungsverfahren

Ist Rechtsschutz im allgemeinen System zu suchen, bestimmen die im Einzelfall
festzustellende Rechtsnatur des Auswahlakts und des zu ihm führenden Verfahrens die Rechtsschutzform. Die bereits herausgearbeitete Ausdifferenziert-
heit der Entscheidungsformen[543] zieht ein ausdifferenziertes Rechtsschutzsystem nach sich.[544] Im Folgenden in Blick genommen seien zunächst die Grund-
modelle bei Zuteilung durch Verwaltungsakt einerseits (aa) und durch Vertrag
andererseits (bb). Modifiziert Anwendung finden diese allerdings dann, wenn
eine besondere Stabilität des Verteilungsakts nachträglichen Rechtsschutz ausschließt und als Kompensation hierfür entweder, wie bei der Vergabe von Stellen
im öffentlichen Dienst, präventiver Rechtsschutz zu suchen ist (cc) oder, wie

---

[541] Näher oben, 1. Teil, A.I.2.c. und B.I.2.a.cc.(5).

[542] Siehe auch *W. Erbguth*, VVDStRL 61 (2002), S. 221 (229). Problematisch ist freilich,
dass der BGH auch bestandskräftige Verwaltungsakte im Rahmen von Amtshaftungspro-
zessen auf ihre Rechtswidrigkeit hin überprüft (BGH, NJW 1991, S. 1168 [1169 f.]; kritisch
E. Schmidt-Aßmann, in: Schoch / *ders.* / Pietzner, VwGO, Einl., Rn. 232), wobei der Vorrang
des Primärrechtsschutzes immerhin über § 839 Abs. 3 BGB gesichert wird.

[543] Siehe oben, I.5.a.

[544] Das Fehlen einer „Verteilungsklage" und die Notwendigkeit des Rekurses auf „um-
ständlich[e] prozessual[e] Konstrukte" bemängelt *T. Kingreen*, DV 36 (2003), S. 33 (61). Siehe
auch *M. Schmidt-Preuß*, Kollidierende Privatinteressen, S. 582, 586.

beim Hochschulzugang,[545] ein Folgenbeseitigungsanspruch auf nächstmögliche Zuteilung greift (dd). Im Kartellvergaberecht schließlich findet sich ein spezifisch auf Auswahlsituationen zugeschnittenes Rechtsschutzverfahren (ee).

aa) Die klassische Konkurrentenverdrängungsklage im Kontext von Zuteilungsentscheidungen durch Verwaltungsakt

Rechtsschutz bei Zuteilung durch Verwaltungsakt und Bewerberüberhang ist in der Form der sogenannten „Konkurrentenverdrängungsklage"[546] – mitunter auch bezeichnet als „ausschließende"[547] oder „positive"[548] Konkurrentenklage bzw. als „Mitbewerberklage"[549] – zu suchen.[550] Hierbei handelt es sich freilich um keine spezifische Klageart, vielmehr ist diese anhand des Rechtsschutzbegehrens zu bestimmen (1). Im Anschluss daran seien wesentliche Erfolgs- und Rechtsschutzvoraussetzungen in den Blick genommen (2).

(1) Rechtsschutzform: zur statthaften Klageart

(a) Bipolare Entscheidungsstruktur

Setzt die Behörde die Auswahlentscheidung in einer bipolaren Entscheidungsstruktur um, mithin durch separate Zuteilungs- respektive Ablehnungsakte, muss der unterlegene Bewerber die von ihm erstrebte Zulassung anstelle des ausgewählten Konkurrenten mittels einer Kombination von Anfechtungs- und Verpflichtungsklage verfolgen. Die mit Bekanntgabe wirksame Zuteilung an den erfolgreichen Mitbewerber hat das Kontingent nämlich erschöpft, so dass Raum für eine eigene Zulassung nur dann besteht, wenn zuvor die des Konkurrenten rückgängig gemacht wurde.[551]

---

[545] Im Folgenden ausgeklammert bleibt die gerichtliche Vergabe außerkapazitärer Studienplätze. Zu dieser ausführlich oben, 2. Teil, E.VII.2.

[546] *P. M. Huber*, Konkurrenzschutz, S. 94 ff., 472 ff.; *J. Scherer*, Jura 1985, S. 11 (16).

[547] *W. Brohm*, Konkurrentenklage, S. 235 (237); *H.-U. Erichsen*, Jura 1994, S. 385 (385).

[548] *T. Kingreen*, DV 36 (2003), S. 33 (43).

[549] *W.-R. Schenke*, Neuere Rechtsprechung, S. 31.

[550] Zu den verschiedenen Klagebegehren im Rahmen von Konkurrenzsituationen nur *P. M. Huber*, Konkurrenzschutz, S. 79 ff.

[551] Allgemein *W. Brohm*, Konkurrentenklage, S. 235 (253); *D. Ehlers*, Verpflichtungsklage, § 23, Rn. 23; *H.-U. Erichsen*, Jura 1994, S. 385 (387 f.); *M. Fehling*, Konkurrentenklage, S. 279 ff. (mit Ausnahme bei unzumutbarer Bestimmung des Anfechtungsgegenstands, 286); *M. Ronellenfitsch*, VerwArch 82 (1991), S. 121 (129 f.); *J. Scherer*, Jura 1985, S. 11 (16 f.); *M. Schmidt-Preuß*, Kollidierende Privatinteressen, S. 580 ff. Für die Vergabe von Standplätzen auf Messen und Märkten: OVG Lüneburg, 7 ME 116/09 – juris, Rn. 3 f. Für die Zuteilung von Skontren im Börsenrecht: VGH Kassel, 6 TG 540/07, Umdruck S. 4. Für die Güterfernverkehrsgenehmigung: OVG Magdeburg, NVwZ 1996, S. 815 (815); *T.J. Horn*, GewArch 1985, S. 73 (81); *M. Quaas*, DÖV 1982, S. 434 (438). Für die Parteienfinanzierung: OVG Münster, NVwZ 1990, S. 336 (336). Für Rezeptsammelstellen für Apotheken: VGH München, NJW 1984, S. 680 (681). Für die bergrechtliche Vorrangregelung (§ 14 BBergG): VG

Das BVerwG hält einen kombinierten Verpflichtungs- und Anfechtungsantrag demgegenüber zwar für einen gangbaren Weg,[552] nicht aber für den einzig möglichen: In einer Entscheidung zum Güterfernverkehrsrecht aus dem Jahre 1988 erachtete es nämlich jedenfalls eine isolierte Klage auf Neubescheidung für zulässig:[553] „Denn es ist möglich, daß die Behörde für den Fall, daß das Gericht [die rechtswidrige Auswahl] bestätigt, ihre Verteilungsentscheidung von sich aus korrigiert, unrechtmäßig bevorzugten Mitbewerbern die erteilte Genehmigung durch Rücknahme entzieht und damit dem Kläger eine Genehmigung erteilen kann, oder daß die Behörde gar das Verteilungsverfahren gänzlich wiederholt."[554] Hinter der Entbindung des übergangenen Bewerbers von der Erhebung der Anfechtungsklage stehen Rechtsschutzerwägungen. Es wäre nämlich

– zumal wenn, wie hier, Hunderte von Konzessionen vergeben worden sind – eine Überforderung erfolgloser Bewerber um eine Konzession und eine unzumutbare Erschwerung des Rechtswegs, würde man ihre Verpflichtungsklage auf erneute Bescheidung nur zulassen, wenn sie zugleich eine Konkurrentenklage erheben; sie können es der nach pflichtgemäßem Ermessen zu treffenden Entscheidung der Behörde überlassen, ob und ggf. welchen Mitbewerbern die rechtswidrig erteilte Genehmigung zurückzunehmen ist.[555]

Mithin könne sich der unterlegene Mitbewerber zu einer Vielzahl von Anfechtungsklagen genötigt sehen; zudem bestehe oftmals ein Informationsdefizit hinsichtlich der Personen der Bewerber und der Gründe für deren Berücksich-

---

Leipzig, 5 K 763/93 – juris, Rn. 27. Für die Frequenzvergabe im Telekommunikationsrecht: VG Köln, 11 K 3270/06 – juris, Rn. 50; *M. Geppert*, in: BeckTKG-Kommentar, § 61, Rn. 63; *W. Wegmann*, Regulierte Marktöffnung, S. 347 ff.; *ders.*, DVBl. 2002, S. 1446 (1452). Offen, da nur die Verbindung für möglich erachtend, BVerwG, NVwZ 1995, S. 478 (478), für Spielbankkonzessionen. Zum verfahrensrechtlichen Hintergrund bereits oben, I.5.a.dd.

[552] BVerwG, NVwZ 1984, S. 507 (507 f.); E 80, 270 (273); E 111, 175 (177, 181); qualifizierend nunmehr, da ein besonderes Rechtsschutzbedürfnis für einen Anfechtungs- neben einem Verpflichtungsantrag voraussetzend: NVwZ 2009, S. 525 (527 f.) – dazu sogleich.

[553] BVerwGE 80, 270 (271 ff.). Hinsichtlich einer Vornahmeklage formuliert es sybillinisch (ibid., 272): Die „Auffassung des Beklagten, die Klage sei wegen Erschöpfung des … verfügbaren Kontingents nicht zulässig, weil die Klägerin nicht zugleich eine einem Mitbewerber erteilte Genehmigung angefochten habe (Konkurrentenklage) und weil deshalb ein Anspruch der Klägerin wegen Erschöpfung des Kontingents auf jeden Fall scheitern müsse, … mag für eine Verpflichtungsklage auf Erteilung einer Genehmigung aus einem unstreitig erschöpften Kontingent zutreffen." In diese Richtung auch *M. Fehling*, Konkurrentenklage, S. 286, für den Ausnahmefall der unzumutbaren Bestimmung des Anfechtungsgegenstands; *F. Hufen*, Verwaltungsprozessrecht, § 15, Rn. 7 (Anfechtung „überflüssige[r] Formalismus"); *H. Jäde*, BayVBl. 1990, S. 183 (183 f.); *W.-R. Schenke*, Neuere Rechtsprechung, S. 31: auch für Vornahmeklage. Siehe ferner den Ansatz bei *K. Rennert*, DVBl. 2009, S. 1333 (1339 f.).

[554] BVerwGE 80, 270 (272 f.). Ebenso (Selbstbescheidung des Klägers): *J. Wieland*, DV 32 (1999), S. 217 (220). Ablehnend, allerdings nur, weil keine Rücknahmemöglichkeit im Personenbeförderungsrecht bestünde: OVG Lüneburg, NJW 1992, S. 1979 (1980); OVG Magdeburg, NVwZ 1996, S. 815 (815); *W. Kalz*, DVBl. 1989, S. 561 (561).

[555] BVerwGE 80, 270 (273).

tigung.[556] Dem ist jedoch die bereits erörterte Mitteilungs- und Begründungspflicht der Behörde entgegenzuhalten,[557] deren Missachtung bei unterlassener
Bekanntgabe keine Klagefristen in Gang setzt[558] und bei defizitärer Begründung angesichts der Möglichkeit einer einseitigen Erledigterklärung keine prozessualen Nachteile nach sich zieht.[559] Vor diesem Hintergrund ist es dem Kläger zumutbar zu ermitteln, wie er im Bewerberfeld positioniert ist und welche
Vergabeentscheidung er demzufolge anzufechten hat.[560] In den zahlreichen
Fällen, in denen nur eine oder wenige Vergünstigung(en) zu vergeben ist bzw.
sind, stellt sich das Problem einer Überforderung des Rechtsschutzsuchenden
ohnehin nicht.

Einen neuen Akzent setzte das BVerwG in einem jüngeren Urteil zur Krankenhausplanung vom 25.9.2008. Nach dieser Entscheidung ist der kombinierte
Anfechtungs- und Verpflichtungsantrag nicht gleichberechtigte Alternative neben dem isolierten Verpflichtungsbegehren, sondern rechtfertigungsbedürftige
Ausnahme: Da die „[Verpflichtungs-]Klage ‚in eigener Sache'" zur Erreichung
des Rechtsschutzziels genüge, setze die zusätzliche Anfechtung der Drittbegünstigung, mithin die „doppelte Inanspruchnahme gerichtlichen Rechtsschutzes", ein gesondert festzustellendes Rechtsschutzbedürfnis voraus. Ein solches
bestehe, wenn „die Erfolgsaussichten der Klage gegen [die eigene Ablehnung]
durch einen zwischenzeitlichen Vollzug des den Dritten begünstigenden Bescheides faktisch geschmälert werden können." Dies sei insbesondere dann der
Fall, wenn aufgrund bestehender Entscheidungsspielräume der Verwaltung lediglich ein Bescheidungsurteil in Betracht kommt, damit eine neue Auswahlentscheidung durch die Verwaltung erforderlich ist und bei dieser dann auf die
zum Entscheidungszeitpunkt gegebene (neue) Sach- und Rechtslage abzustellen
ist, die sich durch die Begünstigung des zunächst zum Zuge gekommenen Bewerbers zum Nachteil des Verpflichtungsklägers verändern kann.[561] Indes bestehen gewichtige Einwände gegen diese Lösung. Keinesfalls begründet wer-

---

[556] *W.-R. Schenke*, NVwZ 1993, S. 718 (720 f.); *ders.*, DVBl. 1996, S. 388 (388), dort freilich unter Anerkennung der Ausnahme einer dem unterlegenen Mitbewerber bekanntgegebenen Auswahlentscheidung, die die Notwendigkeit einer Anfechtung nach sich ziehe; *ders.*,
Neuere Rechtsprechung, S. 31.

[557] Siehe oben, I.5.b. und d.

[558] Unterblieb die Bekanntgabe der Zuteilung an den unterlegenen Bewerber, droht man-
gels (relativer) Unwirksamkeit diesem gegenüber zwar zunächst keine Erschöpfung; eine
Anfechtungsklage ist gleichwohl möglich (dazu oben, I.5.d.) und auch ratsam, da mit Zeitab-
lauf eine Verwirkung des Klagerechts eintreten kann. Näher zur Verwirkung *U. Stelkens*, in:
Stelkens/Bonk/Sachs, VwVfG, § 41, Rn. 230; ablehnend OVG Magdeburg, NVwZ 1996,
S. 815 (816). Dazu sogleich, VI.1.a.aa.(2).

[559] Geringere Substantiierungsanforderungen schlägt *M. Schmidt-Preuß*, Kollidierende
Privatinteressen, S. 472 f., 563 f., vor (Namensnennung entbehrlich).

[560] Anders aber *W.-R. Schenke*, NVwZ 1993, S. 718 (721).

[561] BVerwG, NVwZ 2009, S. 525 (527 f.). Siehe bereits zuvor *K. Rennert*, GesR 2008,
S. 344.

den kann sie damit, wie im verfahrensrechtlichen Abschnitt bereits ausführlich dargelegt,[562] dass die Begünstigung des Dritten keine Regelungswirkung gegenüber dem unterlegenen Konkurrenten entfalte.[563] Dies ist zwar für sich betrachtet zutreffend, verkennt jedoch, dass der nicht zum Zuge gekommene Bewerber die anderweitige Vergabe, ihre Wirksamkeit durch Bekanntgabe ihm gegenüber unterstellt, als Drittbetroffener auch gegen sich gelten lassen muss. Soweit das BVerwG auf die Möglichkeit verweist, die Drittbegünstigung im Falle ihrer Rechtswidrigkeit zurückzunehmen, darf, wie sogleich noch entfaltet wird, die mindere Rechtsschutzeffektivität dieser Lösung (u.U. entgegenstehender Vertrauensschutz des Dritten)[564] genauso wie ihre mangelnde Verfahrenseffizienz (Umsetzungserfordernis durch einen anfechtbaren Rücknahmebescheid) nicht übersehen werden.[565] Dies gilt nicht nur mit Blick auf die eben referierte Entscheidung, sondern ganz generell, wenn man mit dem BVerwG eine isolierte Verpflichtungslösung für möglich erachtet[566].

So muss die Behörde im Falle einer erfolgreichen Bescheidungsklage lediglich eine in ihrem Ermessen stehende Entscheidung über die Rücknahme treffen, wohlgemerkt nicht aber den Verwaltungsakt zwingend zurücknehmen.[567] Der Verweis auf die Erschöpfung des Kontingents stellt nach dem BVerwG insoweit allerdings keine zulässige Ermessenserwägung dar.[568] Keinesfalls kann der Vertrauensschutz aber pauschal verneint werden, was in der erwähnten Entscheidung des BVerwG anklingt: „Sobald die erlangte Planposition des Dritten zugleich von einem Konkurrenten beansprucht wird, ist das Vertrauen des Plankrankenhauses in die Konkurrenzlosigkeit seiner Rechtsstellung zerstört."[569] Dies stünde nämlich in Widerspruch zu § 50 VwVfG, der die Drittanfechtung für eine Reduzierung des Vertrauensschutzes gerade voraussetzt.

---

[562] Siehe oben, I.5.a.dd.

[563] Die Entscheidung des BVerwG, NVwZ 2009, S. 525 (527), ist insoweit unklar. Deutlich in diese Richtung jedoch *K. Rennert*, GesR 2008, S. 344 (346 Fn. 17); *ders.*, DVBl. 2009, S. 1333 (1338 f.).

[564] Den Vertrauensschutz – jedenfalls im Bereich der Krankenhausplanung – ausschließend: BVerwG, NVwZ 2009, S. 525 (527), was als allgemeine Regel freilich mit § 50 VwVfG konfligiert, der die Drittanfechtung voraussetzt.

[565] So auch OVG Berlin, DVBl. 1991, S. 1265 (1266); OVG Lüneburg, 7 ME 116/09 – juris, Rn. 3 f.; *M. Fehling*, Konkurrentenklage, S. 284 f.; *N. Malaviya*, Verteilungsentscheidungen, S. 263; *R. Wernsmann*, DV 36 (2003), S. 67 (74 f.). Siehe ferner *M. Schmidt-Preuß*, Kollidierende Privatinteressen, S. 472 f., 586, nach dem nicht ersichtlich sei, warum der „Umweg" über die Verwaltung vorzugswürdig sein sollte.

[566] So etwa auch *T. Kingreen*, DV 36 (2003), S. 33 (61); *K. Rennert*, DVBl. 2009, S. 1333 (1339 f.); *R. Wernsmann*, DV 36 (2003), S. 67 (74 f.).

[567] BVerwGE 80, 270 (273); OVG Lüneburg, 7 ME 116/09 – juris, Rn. 4; *R. Wernsmann*, DV 36 (2003), S. 67 (74 f.). Ablehnend hinsichtlich der Ermessenseinräumung *W. Frenz*, Konkurrenzsituationen, S. 66 Fn. 71; *W.-R. Schenke*, NVwZ 1993, S. 718 (725).

[568] BVerwGE 80, 270 (273).

[569] BVerwG, NVwZ 2009, S. 525 (527).

Noch weiter als das BVerwG geht *Wolf-Rüdiger Schenke*. Nach ihm genügt ein isolierter Verpflichtungsantrag schon deshalb, weil die Behörde aufgrund eines im Erfolgsfalle durchgreifenden öffentlich-rechtlichen (Vollzugs-)Folgenbeseitigungsanspruchs zur Rückgängigmachung der rechtswidrig erteilten Genehmigung verpflichtet ist.[570] § 113 Abs. 1 S. 1 VwGO regele dessen prozessuale Durchsetzung im Wege der Anfechtungsklage.[571] Diesem Anspruch könne nicht entgegengehalten werden, dass dadurch Widerspruchs- und Klagefristen konterkariert würden, da der Folgenbeseitigungsanspruch nur bis zum Eintritt der Bestandskraft einen Aufhebungsanspruch vermittle; danach steht die Rücknahme im Ermessen der Behörde.[572] Genauso wenig bestünde ein Widerspruch zu § 48 Abs. 1 S. 1 VwVfG, der die Rücknahme eines rechtswidrigen Verwaltungsaktes auch vor Eintritt seiner Bestandskraft in das Ermessen der Behörde stellt und durch eine parallel dazu bestehende strikte Pflicht zur Folgenbeseitigung obsolet würde. Denn angesichts der Anfechtungsmöglichkeit des Drittbelasteten sei das Vertrauen des Begünstigten auf den Fortbestand des Verwaltungsakts bis zum Eintritt der Bestandskraft nicht schutzwürdig und damit „ein Anspruch des Betroffenen auf Aufhebung des ihn in seinen Rechten verletzenden Verwaltungsakts gegeben und das ‚kann‘ i.S. des § 48 I 1 VwVfG insoweit verfassungskonform nur als eine Ermächtigungsnorm zu deuten".[573] Den Aufhebungsanspruch sieht *Schenke* im Verfassungsrecht und damit jenseits einfach-gesetzlicher Rücknahmebefugnisse der Verwaltung verankert, da dieser auch dann greife, wenn im einfachen Recht nur beschränkte behördliche Korrekturmöglichkeiten vorgesehen sind; haltbar seien diese nur bei entsprechender verfassungsrechtlicher Legitimation, mithin bei ihrem verfassungsrechtlich zu begründenden Vorrang vor dem ebenfalls in der Verfassung radizierten Folgenbeseitigungsanspruch.[574]

Der Haupteinwand gegen die Argumentation *Schenkes* besteht darin, dass zwischen den Rücknahmebefugnissen der Verwaltung und dem gerichtlich durchzusetzenden Aufhebungsanspruch zu differenzieren ist. Der von *Schenke* betonte Gleichlauf erscheint demgegenüber nicht zwingend:

Soll ... die Anfechtungsklage des Übergangenen begründet sein, so ist dies nur unter der Voraussetzung denkbar, daß er einen materiellrechtlichen Anspruch auf Aufhebung der dem Konkurrenten erteilten Genehmigung besitzt. Allein dies entspricht dem Charakter der Anfechtungsklage als einer prozessualen Gestaltungsklage, mittels derer in vereinfach-

---

[570] *W.-R. Schenke*, NVwZ 1993, S. 718 (721 f.); *ders.*, DVBl. 1996, S. 388 (388). Ausführlich *ders.*, Rücknahme, S. 723 (725 ff.).

[571] *W.-R. Schenke*, NVwZ 1993, S. 718 (722). Siehe auch *T. J. Horn*, DÖV 1990, S. 864 (866 f.).

[572] *W.-R. Schenke*, NVwZ 1993, S. 718 (722).

[573] *W.-R. Schenke*, NVwZ 1993, S. 718 (723); ferner *ders.*, Rücknahme, S. 723 (736 ff.). Anders aber *R. Wernsmann*, DV 36 (2003), S. 67 (74 f.), nach dem mangels Anfechtung nicht einmal § 50 VwVfG zugunsten des Verpflichtungsklägers greife.

[574] *W.-R. Schenke*, NVwZ 1993, S. 718 (725 f.).

ter Weise materiellrechtliche Beseitigungsansprüche gegenüber der Verwaltung durchgesetzt werden. Das Gericht kann demgemäß schon aus diesem Grund keine weiterreichende Befugnis zur Aufhebung eines Verwaltungsakts besitzen als die Verwaltung ... Bejahte man diese dennoch, so würde der funktionale Charakter der Verwaltungsgerichtsbarkeit verkannt. Zudem führte dann das Gericht mittels der Aufhebung von Verwaltungsakten eine Rechtslage herbei, welche mit dem Prinzip der Gesetzmäßigkeit der Verwaltung (Art. 20 III GG) nicht mehr im Einklang stünde.[575]

Denn hierbei handelt es sich um voneinander unabhängige Regelungskomplexe. Der gerichtlich durchzusetzende Aufhebungsanspruch greift unabhängig von Rücknahme- und Widerrufsbefugnissen der Verwaltung[576] und bemisst sich nach dem, was zur Beseitigung der Rechtsverletzung durch einen rechtswidrigen Verwaltungsakt notwendig ist.[577] Dies erhellt auch die Gestaltungswirkung einer erfolgreichen Anfechtungsklage, die zu einer Aufhebung des angefochtenen Verwaltungsakts unabhängig von einer behördlichen Rücknahme führt. Andererseits sind die behördlichen Aufhebungsbefugnisse in den §§ 48 ff. VwVfG und Spezialgesetzen als abschließende Regelung zu verstehen. Diese darf nicht durch die Annahme einer parallel dazu bestehenden Folgenbeseitigungsbefugnis konterkariert werden. In mehrpoligen Konstellationen besonders prekär wäre hieran, dass eine Korrekturpflicht und -befugnis der Behörde statuiert würde, obgleich das Verwaltungsverfahrensrecht (§§ 48, 50 VwVfG) die Aufhebung in das Ermessen der Verwaltung stellt und zugleich eine Berücksichtigung des Vertrauens des zum Zuge gekommenen Bewerbers anordnet bzw. nur im Fall der Drittanfechtung den besonderen Vertrauensschutz gemäß § 50 VwVfG ausschließt. Problematisch an der Auffassung *Schenkes* ist mithin, dass es für die Rückgängigmachung der Drittbegünstigung aufgrund des Gesetzesvorbehalts einer Ermächtigungsgrundlage bedarf, die der im Verhältnis zwischen Staat und unterlegenem Konkurrenten u.U. bestehende Folgenbeseitigungsanspruch nicht zu liefern vermag.[578]

Der Weg einer isolierten Verpflichtungsklage ist zudem weiteren (praktischen) Einwänden ausgesetzt: Bei allseits bekanntgegebener Vergabeentschei-

---

[575] *W.-R. Schenke*, NVwZ 1993, S. 718 (726).

[576] Wie hier OVG Magdeburg, NVwZ 1996, S. 815 (815); *M. Quaas*, DÖV 1982, S. 434 (439).

[577] Siehe auch BVerwGE 115, 89 (91 f.): „Zwar mag der Dienstherr gehindert sein, eine von dem unterlegenen Mitbewerber angefochtene Ernennung zurückzunehmen, wenn die beamtenrechtlichen Voraussetzungen dafür nicht gegeben sind (vgl. § 9 BRRG, § 12 BBG). Das schließt aber ihre Anfechtung durch den unterlegenen Mitbewerber ebenso wenig aus wie ihre gerichtliche Überprüfung." Ferner OVG Magdeburg, NVwZ 1996, S. 815 (815); *M. Fehling*, Konkurrentenklage, S. 281 f. Fn. 52; *J. Scherer*, Jura 1985, S. 11 (17); *J. Wieland*, DV 32 (1999), S. 217 (220).

[578] Ebenso OVG Magdeburg, NVwZ 1996, S. 815 (815); *D. Ehlers*, Verpflichtungsklage, § 23, Rn. 23, 25; *W. Wegmann*, Regulierte Marktöffnung, S. 348 f.; *ders.*, DVBl. 2002, S. 1446 (1452); *R. Wernsmann*, DV 36 (2003), S. 67 (74 f. m. Fn. 43); *J. Wieland*, DV 32 (1999), S. 217 (220).

dung erwächst die Begünstigung des erfolgreichen Bewerbers in Bestandskraft, und erweist sich der Weg einer isolierten Verpflichtungsklage mangels – auch nach Auffassung *Schenkes* – strikten Rücknahmeanspruchs und des zu berücksichtigenden Vertrauensschutzes dann nicht mehr als genauso effektiv wie die Anfechtung. Aufgrund dieser mit der Bekanntgabe einhergehenden Anfechtungslast muss *Schenke* daher auch eine teleologische Reduktion des Bekanntgabeerfordernisses des § 41 Abs. 1 S. 1 VwVfG vorschlagen[579] – eine Abweichung vom Regelmodell des Verwaltungsakts, für die lediglich die Rettung der isolierten Verpflichtungslösung spricht und die auch nicht praktikabel ist, da dem erfolglosen Konkurrenten oftmals die positive Vergabeentscheidung mitgeteilt werden muss, um seine damit unmittelbar zusammenhängende Zurücksetzung zu begründen.

Inadäquat zur Bewältigung der Konkurrenzproblematik erscheint zudem Folgendes: Die Entscheidung darüber, ob dem Kläger die Begünstigung zusteht, kann wegen der nur einheitlich möglichen Auswahlentscheidung nicht ohne Ansehung der positiven Vergabeentscheidung erfolgen, die mithin auch Thema der isolierten Verpflichtungsklage, nicht aber Verfahrensgegenstand ist. Damit werden dem ursprünglich zum Zuge gekommenen Mitbewerber auch Verteidigungsmöglichkeiten genommen, bedenkt man insbesondere die (faktische) Bindungswirkung einer positiven Entscheidung über die Verpflichtungsklage für die Rücknahmeentscheidung; zudem müsste diese erst umgesetzt werden und könnte jener letztere anfechten, so dass es zu einer der Verfahrens- und Prozessökonomie widersprechenden Verfahrensverdopplung käme[580]. Vermeiden ließen sich beide misslichen Konsequenzen freilich durch eine (einfache) Beiladung des erfolgreichen Mitbewerbers gemäß § 65 Abs. 1 VwGO, für die aus Gründen des effektiven Rechtsschutzes viel spricht und die eine Rechtskrafterstreckung bewirkt (§ 121 Nr. 1 VwGO);[581] damit sind die geltend gemachten praktischen Vorteile der isolierten Verpflichtungslösung indes weitgehend hinfällig.

Was ferner die als Vorteil der isolierten Verpflichtungslösung gepriesene Konsequenz betrifft, eine Suspendierung der Genehmigung zu vermeiden (§ 80 Abs. 1 VwGO),[582] so ist zum einen die Möglichkeit der Anordnung des Sofortvollzugs zu berücksichtigen. Zum anderen besteht nicht stets ein Interesse an der (vorläufigen) Wirksamkeit möglicherweise rechtswidriger Auswahlentscheidungen.

Mitunter wird schließlich vertreten, eine zusätzliche Anfechtung der zugunsten des Mitbewerbers getroffenen positiven Verteilungsentscheidung sei schon deshalb entbehrlich, weil diese bereits vom Anfechtungsteil des Ver-

---

579 *W.-R. Schenke*, NVwZ 1993, S. 718 (724).
580 Dies zu Recht betonend: OVG Lüneburg, 7 ME 116/09 – juris, Rn. 4.
581 Dies erwägend auch *W.-R. Schenke*, NVwZ 1993, S. 718 (723). Zurückhaltend OVG Lüneburg, 7 ME 116/09 – juris, Rn. 4.
582 *W.-R. Schenke*, NVwZ 1993, S. 718 (721, 724).

pflichtungsantrags umfasst sei.[583] Diese Auffassung verkennt jedoch, dass sich die in jeder Verpflichtungsklage enthaltene Anfechtungsklage auf die Ablehnung der selbst angestrebten Vergünstigung bezieht, nicht aber auf darüber hinaus Dritten gewährte Vergünstigungen. Mögen beide Aspekte auch in einem inneren Zusammenhang stehen, so handelt es sich dennoch um rechtlich selbstständige und isoliert angreifbare Regelungen:[584] „Die ihnen zugrunde liegende Auswahlentscheidung betrifft nur eine Vorfrage, die zwar in beide Verwaltungsakte Eingang gefunden, diese aber nicht zu einem einheitlichen, untrennbaren Verwaltungsakt verschmolzen hat. Dies zeigt sich deutlich z.B. dann, wenn sich der übergangene Mitbewerber mit der Ablehnung seines Antrages abfindet, aber ... auch die Begünstigung seiner Konkurrenten zu Fall bringen will. In diesem Fall kann und muß er sich auf die Anfechtung der dem Konkurrenten erteilten Erlaubnis beschränken; die ihm gegenüber ergangene Ablehnung dagegen wird unanfechtbar."[585]

Ein Anwendungsbereich für die isolierte Verpflichtungsklage verbleibt lediglich dann, wenn der Rechtsschutzsuchende Fehler der Kontingentierung geltend macht, etwa eine fehlerhafte Kapazitätsbestimmung.[586]

(b) Multipolare Entscheidungsstruktur

Anders liegen die Dinge bei einer multipolaren Entscheidungsformung, mithin im Falle eines Verteilungsverwaltungsakts mit gegenüber allen Bewerbern einheitlicher Auswahlregelung. Als Konsequenz der Einheitlichkeit wird dieser auch als für nur insgesamt angreif- und aufhebbar erachtet, womit Rechtsschutz durch eine isolierte Anfechtungs- bzw. eine Verpflichtungsklage, die auch den Bescheid kassiert,[587] erreicht werden kann, die die gesamte Verteilungsentscheidung in Frage stellt.[588] Zu überzeugen vermag dies allerdings nur bei der Verteilung eines einzelnen Guts. Sind demgegenüber mehrere Objekte

---

[583] So *Eyermann/Fröhler*, VwGO, § 42, Rn. 136 (in der aktuellen 11. Auflage nicht mehr erwähnt).

[584] Ebenso OVG Magdeburg, NVwZ 1996, S. 815 (816); VGH München, NJW 1984, S. 680 (681); *T.J. Horn*, GewArch 1985, S. 73 (80); *M. Ronellenfitsch*, VerwArch 82 (1991), S. 121 (130); *M. Schmidt-Preuß*, Kollidierende Privatinteressen, S. 581.

[585] VGH München, NJW 1984, S. 680 (681).

[586] Vgl. insoweit *W.-R. Schenke*, NVwZ 1993, S. 718 (721).

[587] Entgegen *M. Pöcker*, NVwZ 2003, S. 688 (689), ist in diesem Fall eine zusätzliche Anfechtung entbehrlich.

[588] OVG Lüneburg, DVBl. 1985, S. 1245 (1246); *F. Hufen*, JuS 2009, S. 1140 (1141); *U. Stelkens*, in: Stelkens/Bonk/Sachs, VwVfG, § 35, Rn. 162. Siehe für den Antrag auf gerichtliche Entscheidung im Notarrecht (§ 111 BNotO) auch BGH, NJW-RR 2001, S. 1564 (1565): „Dieser Antrag umfasst neben der Verpflichtung, [den Antragsteller] zum Notar zu bestellen oder neu zu bescheiden, zugleich die Anfechtung der zu Gunsten ausgewählter Bewerber getroffenen Entscheidung". Diese Konsequenz nicht ziehend VGH Mannheim, ESVGH 22, 74 (75 f.), der zwar eine Verpflichtungsklage für ausreichend erachtet, gleichzeitig aber auf die Notwendigkeit einer Rücknahme durch die Behörde verweist, zu der diese verpflichtet sei.

zu verteilen, kommt auch eine Teilkorrektur des Verteilungsverwaltungsakts in Betracht, nämlich wenn nur die Rechtswidrigkeit einer einzelnen Zuteilung geltend gemacht wird.[589]

(2) Erfolgsvoraussetzungen und prozessuale Besonderheiten

Der kombinierte Anfechtungs- und Verpflichtungsantrag kann im Wege der Stufenklage geltend gemacht werden: § 113 Abs. 4 VwGO erklärt, wenn neben der Aufhebung eines Verwaltungsakts eine Leistung verlangt werden kann, im gleichen Verfahren auch die Verurteilung zu einer Leistung für zulässig.[590] Dies ermöglicht eine Entscheidung über die Verpflichtungsklage bereits vor Eintritt der Rechtskraft der Anfechtungsklage.[591] Für zwingend erforderlich erachtet wird dieses Vorgehen auch dann, wenn der Anfechtungsklage aufschiebende Wirkung zukommt (§ 80 Abs. 1 VwGO), und damit der mit dieser einhergehenden Hemmung der Wirksamkeit[592] insoweit keine Bedeutung beigemessen.[593]

Der Anfechtungsantrag hat Erfolg, soweit die Auswahlentscheidung rechtswidrig und der Kläger dadurch in seinen Rechten verletzt ist (§ 113 Abs. 1 S. 1 VwGO); letzteres wiederum setzt voraus, dass der Rechtsfehler entweder den Anspruch auf Zuteilung des begehrten Guts oder – insoweit administrative Entscheidungsspielräume bestehen – auf spielraumkonforme Entscheidung hierüber beeinträchtigt hat, und damit, dass ein solcher besteht. Insoweit eine Missachtung von (individualschützenden) Verfahrensregelungen inmitten steht, müssen diese den Zuteilungs- bzw. spielraumkonformen Auswahlanspruch negativ betroffen haben[594]. Dies alles bestimmt sich nach den skizzierten Vorgaben des Fehlerfolgenregimes.[595] Somit nimmt die Begründetheitsprüfung der Anfechtungsklage diejenige der Verpflichtungsklage vorweg (vgl. § 113 Abs. 5 VwGO).

Zugleich ist damit festgelegt, wann die Klagebefugnis zu bejahen ist: Hinsichtlich des Anfechtungsantrags gilt in Einklang mit der herrschenden Möglichkeitstheorie[596], dass es aufgrund des klägerischen Vortrags möglich erscheinen muss, dass die Auswahlentscheidung das Teilhaberecht des Bewerbers ver-

---

[589] Siehe *M. Pöcker*, DÖV 2003, S. 193 (198); *ders.*, NVwZ 2003, S. 688 (689).

[590] VG Freiburg, 1 K 2400/99 – juris, Rn. 25.

[591] *T.J. Horn*, GewArch 1985, S. 73 (80); *C. Seiler/T. Vollmöller*, DVBl. 2003, S. 235 (236). Jedenfalls damit ist dem Einwand *W.-R. Schenkes*, DVBl. 1996, S. 388 (388), dass vor Entscheidung über den Verpflichtungsantrag zunächst der Anfechtungsantrag rechtskräftig geworden sein müsse, der Boden entzogen (so auch *F. Kopp/W.-R. Schenke*, VwGO, § 113, Rn. 173).

[592] *F. Kopp/W.-R. Schenke*, VwGO, § 80, Rn. 22 m.w.N. auch zu Gegenauffassungen.

[593] *F. Kopp/W.-R. Schenke*, VwGO, § 113, Rn. 172; ferner § 80, Rn. 31.

[594] Vgl. insoweit nur BVerwGE 75, 285 (291).

[595] Siehe oben, B.V.2.a.

[596] Zu dieser nur *F. Kopp/W.-R. Schenke*, VwGO, § 42, Rn. 65 ff.

letzt hat.[597] Dem widerspräche es, für die Klagebefugnis eine hinreichende Wahrscheinlichkeit des Zulassungsanspruchs zu verlangen;[598] dies ist, wie ausführlich aufgezeigt, auch nicht zum Schutz des erfolgreichen Bewerbers geboten[599]. Genauso wenig kann aus den dargelegten Gründen ein derartiges Korrektiv mit Teilen der Literatur auf der Ebene des Rechtsschutzbedürfnisses eingeführt werden, wonach der Anfechtungsantrag zum Schutz des zum Zuge gekommenen Bewerbers vor einer unberechtigten Verdrängung aus seiner Position voraussetze, dass der Zulassungsanspruch mit hinreichender Wahrscheinlichkeit bestehe, mithin die Zuteilung an den Kläger statt an den zum Zuge gekommenen Bewerber „ernsthaft in Betracht kommt".[600] Hinsichtlich des Verpflichtungsantrags muss entweder ein Anspruch auf Zuteilung des Guts oder, bei administrativen Spielräumen, ein solcher auf spielraumkonforme Neuentscheidung bestehen.

Wurde der positive (unter Umständen auch der negative) Zuteilungsakt einem Bewerber nicht bekanntgegeben, so kommt eine Verwirkung des Klagerechts – entsprechend der vom BVerwG für baurechtliche Nachbarstreitigkeiten entwickelten, aber verallgemeinerungsfähigen[601] Grundsätze[602] – in Betracht. Dies setzt

einen längeren Zeitraum voraus, während dessen die Möglichkeit der Klageerhebung bestand. Diese Möglichkeit muss dem Berechtigten bewusst gewesen sein. Der positiven Kenntnis steht es regelmäßig gleich, wenn der Berechtigte von der ihn belastenden Maßnahme zuverlässige Kenntnis hätte haben müssen, weil sich ihm – zum einen – deren Vorliegen hätte aufdrängen müssen und es ihm – zum anderen – möglich und auch zumutbar war, sich über die getroffene Maßnahme letzte Gewissheit zu verschaffen. Die Klageerhebung muss gerade deshalb gegen Treu und Glauben verstoßen, weil der Berechtigte trotz vorhandener Kenntnis oder ihm zuzurechnende[r] Möglichkeit der Kenntnis erst zu einem derart späten Zeitpunkt [Klage] erhebt, zu dem die nunmehr bekl. Behörde nicht mehr mit einer Klageerhebung rechnen musste. Die betroffene Behörde rechnet dann nicht mehr mit einer Klageerhebung gegen die von ihr getroffene[n] Maßnahmen, wenn ein Berechtigter unter Verhältnissen ihr gegenüber untätig bleibt, unter denen jedermann vernünftigerweise etwas zur Wahrung des Rechts unternommen hätte ... Durch das Unterlassen wird eine tatsächliche Lage geschaffen, auf die sich die Behörde einstellen darf. Endlich muss sich die bekl. Behörde auch tatsächlich in einer Weise auf das Verhalten des

---

[597] Diese Frage in das Rechtsschutzbedürfnis verlagernd: *F. Hufen*, Verwaltungsprozessrecht, § 15, Rn. 25; § 23, Rn. 13 f.; *K. Rennert*, DVBl. 2009, S. 1333 (1339); ferner *ders.*, GesR 2008, S. 344 (347).

[598] BVerwG, NVwZ 2001, S. 322 (323). Anders aber OVG Magdeburg, A 4 S 191/97 – juris, Rn. 39.

[599] Siehe oben, B.V.2.a.bb.(2) und 3.

[600] *K. Rennert*, GesR 2008, S. 344 (347). Diese Grundsätze gelten auch im Eilrechtsschutz, siehe *K. Rennert*, GesR 2008, S. 344 (348).

[601] Siehe BVerwG, NVwZ 2001, S. 206 (206); NVwZ 2005, S. 1334 (1334); *U. Stelkens*, in: Stelkens/Bonk/Sachs, VwVfG, § 41, Rn. 230. Ablehnend OVG Magdeburg, NVwZ 1996, S. 815 (816).

[602] Erstmals BVerwGE 44, 294 (298 ff.).

Berechtigten eingerichtet haben, dass für sie eine begründete Klage mit nicht mehr zumutbaren Nachteilen verbunden wäre ...[603]

Bei Nichtbekanntgabe des positiven Zuteilungsakts an den erfolglosen Bewerber kann eine Verwirkung nach diesen Grundsätzen ein Jahr nach Bekanntgabe der Ablehnung ihm gegenüber angenommen werden.[604]

Für den Anfechtungsprozess gilt ferner, dass der bzw. die Begünstigten der angefochtenen Zuteilung notwendig beizuladen sind (§ 65 Abs. 2 VwGO).[605]

Was schließlich eine mögliche Erledigung betrifft, so sei nochmals betont, dass diese angesichts bestehender Korrekturmöglichkeiten keinesfalls allein aufgrund der Vergabe an den erfolgreichen Bewerber angenommen werden kann.[606] Allerdings erledigt sich bei zeitgebundenen Verteilungsvorgängen das Korrekturbegehren mit Ablauf des Zuteilungszeitraums, bei der Vergabe von Standplätzen auf Messen und Märkten etwa mit deren Ende.[607]

bb) Einstufige Verteilung durch Vertrag

(1) Rechtsweg

Die Rechtsnatur einer Streitigkeit und damit auch der einzuschlagende Rechtsweg bestimmen sich „nach der Natur des Rechtsverhältnisses, aus dem der geltend gemachte Anspruch hergeleitet wird".[608] Während sich eine Zuteilung durch öffentlich-rechtlichen Vertrag ausschließlich nach öffentlich-rechtlichen Normen bestimmt und damit der Verwaltungsrechtsweg ohne Weiteres eröffnet ist, bedarf die Rechtswegfrage bei Verteilungsvorgängen auf privatvertraglicher Grundlage der näheren Erörterung, konkurriert hier doch zivilrechtliche Handlungsform mit öffentlich-rechtlichen Bindungen. Wie aufgezeigt, verbietet es sich jedoch, letztere zu verabsolutieren und den Verwaltungsrechtsweg schon mit dem Argument zu bejahen, dass die Verteilungsentscheidung unter Bindung an insbesondere den allgemeinen Gleichheitssatz erfolgt. Denn öffentlich-rechtliche Bindungen kennzeichnen jedwedes Staatshandeln, so dass diese nicht als entscheidendes Abgrenzungskriterium fungieren können. Vielmehr ist das Rechtsverhältnis umfassend in Blick zu nehmen und dieses dann dem Öffentlichen Recht zuzuordnen, wenn sich spezifische, über die allgemeinen öffentlich-rechtlichen Bindungen (wie Grundrechte und Rechtsstaatsprin-

---

[603] BVerwG, NVwZ 2001, S. 206 (206); VG Karlsruhe, 5 K 424/07 – juris, Rn. 22 ff.

[604] Vgl. auch *F. Stollmann*, Krankenhausplanung, § 4, Rn. 27.

[605] Siehe *M. Schmidt-Preuß*, Kollidierende Privatinteressen, S. 574 f.; für das Güterbeförderungsrecht BVerwG, NVwZ 1984, S. 507 (507 f.).

[606] Siehe oben, V.3.b.aa.; ferner *M. Quaas*, DÖV 1982, S. 434 (439).

[607] Siehe nur VGH Mannheim, GewArch 1979, S. 335 (335 f.); *P. J. Tettinger*, in: *ders./ Wank*, GewO, § 70, Rn. 75.

[608] Siehe nur BVerwGE 129, 9 (10 f.). Umfassend zu den Abgrenzungsmöglichkeiten: *W. Spoerr*, Treuhandanstalt, S. 190 ff.

zip) hinausgehende öffentlich-rechtliche Vorgaben für Auswahlverfahren und -entscheidung normiert finden.[609]

(2) Rechtsschutzform

Steht nach Maßgabe des jeweiligen Fehlerfolgenregimes fest, dass ein Verwaltungsvertrag das Teilhaberecht eines nicht zum Zuge gekommenen Bewerbers verletzt, ist dieser unwirksam.[610] Damit bedarf es keiner Aufhebung des Zuteilungsakts, sondern lediglich einer Feststellung seiner Unwirksamkeit. Statthafter Rechtsbehelf ist demnach die (Dritt-)Feststellungsklage auf Vertragsnichtigkeit, und zwar je nach Rechtsweg die der VwGO (§ 43 VwGO), ZPO (§ 256 ZPO) bzw. des SGG (§ 55 Abs. 1 Nr. 1 SGG).[611] Die Feststellungsklage muss unbeschadet ihrer grundsätzlichen Subsidiarität (vgl. § 43 Abs. 2 VwGO)[612] nicht hinter der Leistungsklage zurücktreten, da – im Rahmen der VwGO – keine Umgehung der Sonderregelungen für Anfechtungs- bzw. Verpflichtungsklage mangels deren Statthaftigkeit droht[613] und von der öffentlichen Hand im Übrigen erwartet werden kann, dass sie die aus dem Feststellungsurteil folgenden Konsequenzen zieht[614]. Es bleibt dem Rechtsschutzsuchenden freilich unbenommen, eine Leistungsklage auf Vertragsschluss – präziser: auf Abgabe einer entsprechenden Willenserklärung – zu erheben, mit der angesichts bestehender Entscheidungsspielräume freilich meist nicht mehr als eine spielraumkonforme Neuentscheidung erreicht werden kann.

Da sich das Feststellungsbegehren auf die Nichtigkeit eines zwischen Dritten bestehenden Vertrages bezieht, ist ein besonderes Feststellungsinteresse erforderlich; ein solches folgt aber zwanglos aus der im Vertragsschluss möglicherweise liegenden Verletzung des Teilhabeanspruchs.[615] Daraus folgt auch die mitunter für erforderlich gehaltene Klagebefugnis.

---

[609] BVerwGE 129, 9 (15 ff.); OVG Münster, NVwZ 1984, S. 522 (522 f.); 8 E 419/10 – juris, Rn. 18. Näher oben, B.I.5.a.ff.; ferner oben, 2. Teil, B.III.2.e.bb., sowie I.III.3.b.aa. und V.1.

[610] Dazu ausführlich oben, V.2.b.

[611] Siehe oben, 2. Teil, I.V.1.; ferner OVG Münster, NVwZ 1984, S. 522 (523); *M. Fehling*, Öffentlicher Verkehr, § 10, Rn. 108; *H.-J. Friehe*, DÖV 1980, S. 673 (675); *F. Kopp / U. Ramsauer*, VwVfG, § 58, Rn. 21. Angedeutet auch bei *K. Rennert*, DVBl. 2009, S. 1333 (1337).

[612] Für den Zivilprozess: BGH, NJW 2001, S. 445 (447); *E. Becker-Eberhard*, in: MüKo-ZPO, § 256, Rn. 49 (fehlendes Feststellungsinteresse).

[613] Siehe nur BVerwGE 51, 69 (75); E 77, 207 (211). Ablehnend *F. Kopp / W.-R. Schenke*, VwGO, § 43, Rn. 28.

[614] Für das Zivilprozessrecht nur: BGH, NJW 2001, S. 445 (447 f.); *E. Becker-Eberhard*, in: MüKo-ZPO, § 256, Rn. 50; für das sozialgerichtliche Verfahren: BSG, 3 RK 37/84 – juris, Rn. 7.

[615] BGH, NJW 1984, S. 2950 (2950); NJW-RR 2004, S. 595 (596); *F. Kopp / W.-R. Schenke*, VwGO, § 43, Rn. 16. Vgl. auch *J. Pietzcker*, in: Schoch / Schmidt-Aßmann / Pietzner, VwGO, § 43, Rn. 23.

Erfolg hat das Feststellungsbegehren nicht bereits dann, wenn der Vertrag aus einem beliebigen Grund nichtig ist; vielmehr muss eine zur Unwirksamkeit des Vertrages führende Verletzung von Rechten des klagenden Mitbewerbers vorliegen.[616] Dieses Erfordernis folgt aus dem notwendigen Bezug des Drittrechtsverhältnisses zur Rechtssphäre des Feststellungsklägers.[617] Das Vorliegen einer Rechtsverletzung wiederum bestimmt sich nach dem jeweiligen Fehlerfolgenregime.[618]

cc) Kompensatorischer präventiver Eilrechtsschutz

Eine erhebliche richterrechtliche Modifikation hat das eben skizzierte, der VwGO zugrunde liegende Modell des repressiven Primärrechtsschutzes in Verteilungsverfahren erfahren, die aufgrund überwiegender Bestandsinteressen zwar einerseits eine nachträgliche Korrektur der Vergabeentscheidung ausschließen, dies aber andererseits mit Blick auf die Garantie effektiven Rechtsschutzes durch die Eröffnung präventiven (Eil-)Rechtsschutzes kompensieren müssen. Prominentestes Beispiel ist die Besetzung von Stellen im Beamtenrecht. In diesem ist die drohende Ernennung des Mitbewerbers und der damit einhergehende Ausschluss des Primärrechtsschutzes durch eine einstweilige Anordnung gemäß § 123 VwGO zu verhindern. Erfolg hat diese nicht erst dann, wenn es dem unterlegenen Bewerber gelang, glaubhaft zu machen, dass er mit hinreichender Wahrscheinlichkeit auch ausgewählt respektive befördert worden wäre;[619] dass die Aussichten des Unterlegenen, „beim zweiten Mal ausgewählt zu werden, offen sind, d.h. ... seine Auswahl möglich erscheint", genügt[620]. Umgekehrt gewendet bedeutet dies, dass der Anordnungsanspruch dann nicht glaubhaft gemacht wurde, wenn die Auswahl des Antragstellers von vornherein ausgeschlossen werden kann.[621]

Auch wenn mit dem Eilantrag eine Unterlassung begehrt wird, so darf nicht übersehen werden, dass diesem kein Unterlassungsanspruch zugrunde liegt, vielmehr der eigene Zulassungsanspruch durch das Mittel der Verpflichtung der Behörde, die Ernennung zu unterlassen, abgesichert wird.[622]

---

[616] *H.-J. Friehe*, DÖV 1980, S. 673 (677); *A. Knuth*, JuS 1986, S. 523 (527 f.); *J. Pietzcker*, in: Schoch / Schmidt-Aßmann / Pietzner, VwGO, § 43, Rn. 31. Anders OVG Münster, NVwZ 1984, S. 522 (524).

[617] Siehe auch *J. Pietzcker*, in: Schoch / Schmidt-Aßmann / Pietzner, VwGO, § 43, Rn. 31.

[618] Ausführlich oben, V.2.b. und 3.

[619] BVerfG, NVwZ 2003, S. 200 (200 f.); NVwZ 2006, S. 1401 (1402 f.); *H. Schnellenbach*, Beamtenrecht, Rn. 41. Anders aber *M. Schmidt-Preuß*, Kollidierende Privatinteressen, S. 478 f., 604 f. – siehe aber auch ibid., S. 788.

[620] BVerfG, NVwZ 2003, S. 200 (201); ferner NVwZ 2006, S. 1401 (1403); NVwZ 2007, S. 1178 (1179); 2 BvR 1012/08 – juris, Rn. 8. Näher oben, 2. Teil, C.VII.1.a.

[621] BVerfG, 2 BvR 1012/08 – juris, Rn. 9; *C.-D. Bracher*, ZBR 1989, S. 139 (140); *J. Kühling*, NVwZ 2004, S. 656 (658 f.).

[622] *M. Schmidt-Preuß*, Kollidierende Privatinteressen, S. 479 f., 601 f. Anders *F. Schoch*,

Neben dem Antrag auf einstweilige Anordnung muss – bei ablehnender Auswahlentscheidung in der Rechtsform des Verwaltungsakts – eine Verpflichtungsklage auf (spielraumkonforme Neubescheidung des Anspruchs auf) Ernennung erhoben werden. Zwar ist die Einlegung des Hauptsacherechtsbehelfs, wie aus § 123 Abs. 1 S. 1 VwGO und § 123 Abs. 3 VwGO i.V.m. § 926 ZPO folgt, keine Zulässigkeitsvoraussetzung des Eilantrags;[623] allerdings ist dieser mit Blick auf seine Offenhaltungsfunktion hinsichtlich der Hauptsache bei bestandskräftiger Versagung des begehrten Guts unzulässig[624] bzw. verliert in diesem Fall eine ergangene einstweilige Anordnung ihre Gültigkeit[625]. Im Übrigen, mithin bei anders als durch Verwaltungsakt verfassten Ablehnungsentscheidungen, sieht § 123 Abs. 3 VwGO i.V.m. § 926 ZPO die Möglichkeit vor, dem Antragsteller die Durchführung des Hauptsacheverfahrens binnen einer zu bestimmenden Frist aufzugeben, widrigenfalls die einstweilige Anordnung aufgehoben wird; beim Gebrauchmachen von dieser Möglichkeit ist jedoch zu berücksichtigen, dass die Behörde nach einer Untersagungsanordnung ohnehin eine neue Auswahlentscheidung treffen wird, um den Ausgang der Hauptsache in bis zu drei Instanzen nicht abwarten zu müssen.

Hat der unterlegene Mitbewerber eine Verpflichtungsklage erhoben, unterlag er aber im Eilrechtsschutz, so erledigt sich die Hauptsache mit Zuteilung an den erfolgreichen Konkurrenten (z.B. Ernennung); mit Blick auf dann mögliche Schadensersatzansprüche kommt eine Weiterverfolgung des ursprünglichen Klagebegehrens als Feststellungsantrag (Fortsetzungsfeststellungsklage) in Betracht. Umgekehrt verliert eine erfolgreiche Eilentscheidung bei rechtskräftiger Abweisung der Hauptsache ihre Wirksamkeit.[626]

Mutatis mutandis gelten die aufgezeigten Grundsätze auch bei Unterlassungsklagen im ordentlichen Rechtsweg zur Verhinderung eines irreversiblen Vertragsschlusses.[627]

dd) Nachträglicher prospektiver Rechtsschutz

Wenn, wie etwa bei der Vergabe von Studienplätzen, eine Korrektur der einmal erfolgten Verteilung ausscheidet, diese Beschneidung des Primärrechtsschutzes allerdings aus Gründen des effektiven Rechtsschutzes durch einen Folgenbesei-

---

Vorläufiger Rechtsschutz, S. 696 f. Auch den zivilprozessual durchzusetzenden Unterlassensbegehren hinsichtlich eines stabilen Vertragsschlusses liegt ein materiell-rechtlicher Unterlassungsanspruch zugrunde (siehe oben, 2. Teil, I.V.1.).

[623] Siehe nur *F. Kopp/W.-R. Schenke*, VwGO, § 123, Rn. 18; *A. Puttler*, in: Sodan/Ziekow, VwGO, § 123, Rn. 67.

[624] VGH Kassel, NVwZ-RR 1991, S. 199 (199); *F. Kopp/W.-R. Schenke*, VwGO, § 123, Rn. 18; *A. Puttler*, in: Sodan/Ziekow, VwGO, § 123, Rn. 67.

[625] *F. Kopp/W.-R. Schenke*, VwGO, § 123, Rn. 34; *A. Puttler*, in: Sodan/Ziekow, VwGO, § 123, Rn. 131.

[626] BVerwGE 94, 352 (356); *A. Puttler*, in: Sodan/Ziekow, VwGO, § 123, Rn. 131.

[627] Siehe ausführlich oben, 2. Teil, I.V.1.

tigungsanspruch auf nächstmögliche Berücksichtigung zu kompensieren ist, dann muss der nicht zum Zuge gekommene Bewerber diesen Anspruch auf Zulassung im Wege der Verpflichtungsklage durchsetzen. Angesichts des regelmäßig bis zum Erstreiten einer rechtskräftigen Entscheidung verstreichenden Zeitraumes muss es dem Bewerber zudem möglich sein, seinen Zulassungsanspruch im Wege einer einstweiligen Anordnung gemäß § 123 VwGO durchzusetzen.[628]

ee) Das kartellvergaberechtliche Nachprüfungsverfahren

Ein spezifisch auf Verteilungssituationen zugeschnittenes Rechtsschutzverfahren findet sich allein im Kartellvergaberecht. Mit seiner präventiven Kontrolle des geplanten und Bestandsschutz genießenden Vertragsschlusses, die eine obligatorische Vorabinformation der nicht zum Zuge kommenden Bieter ermöglicht, ähnelt das vergaberechtliche Nachprüfungsverfahren dem eben vorgestellten Modell des kompensatorischen präventiven Eilrechtsschutzes, das namentlich im Beamtenrecht zur Anwendung kommt. In Unterschied zu diesem kann allerdings nicht nur das Endprodukt des Verfahrens, die Auswahlentscheidung, angegriffen werden, sondern jede in dessen Verlauf ergriffene Maßnahme.[629] Angesichts der – mit der Unzulässigkeitsfolge sanktionierten – Obliegenheit, erkannte bzw. erkennbare Vergabeverstöße rechtzeitig zu rügen und bei Nichtabhilfe innerhalb von 15 Kalendertagen einen Nachprüfungsantrag zu stellen (§ 107 Abs. 3 GWB),[630] ist die Inanspruchnahme zeitnahen Rechtsschutzes bereits vor der endgültigen Auswahlentscheidung sogar erforderlich.

Die für die Zulässigkeit erforderliche Antragsbefugnis ist gemäß § 107 Abs. 2 GWB unter drei Voraussetzungen zu bejahen, nämlich wenn der Antragsteller Interesse am Auftrag hat, eine Verletzung in bieterschützenden Vorschriften möglich erscheint und ihm durch diese ein Schaden entstanden ist oder zu entstehen droht. Dies setzt voraus, dass der Rechtsverstoß die Aussichten auf den Zuschlag verschlechterte.[631] Ferner muss der Antragsteller der bereits erwähnten Rügeobliegenheit gemäß § 107 Abs. 3 GWB nachgekommen sein.

Der Nachprüfungsantrag hat Erfolg, wenn „der Antragsteller in seinen Rechten verletzt ist" (§ 114 Abs. 1 S. 1 GWB). Aus der Formulierung des § 97 Abs. 7 GWB, nach der die „Unternehmen ... Anspruch darauf [haben], dass der Auftraggeber die Bestimmungen über das Vergabeverfahren einhält", darf nun aber nicht geschlossen werden, dass der Nachprüfungsantrag bereits bei jedwedem Verstoß gegen (bieterschützende) Vergabevorschriften begründet ist. Viel-

---

[628] Näher zu diesem Rechtsschutzmodell oben, 2. Teil, E.VII.1.
[629] Zum Antragsgegenstand bereits oben, 2. Teil, B.VII.3.a.
[630] Auch hierzu bereits oben, V.3.c., und 2. Teil, B.VII.3.b.
[631] Ausführlich dazu oben, 2. Teil, B.VII.3.b.

mehr ist darüber hinaus zu fordern, dass der Vergabeverstoß Auswirkungen auf die Zulassungschance des Antragstellers zeitigt.[632] Dies scheidet jedenfalls dann aus, wenn ein Zuschlag auf das Angebot nicht in Betracht kommt – etwa weil ein Ausschlussgrund oder (soweit das Gericht zu einer diesbezüglichen Entscheidung mit Blick auf administrative Spielräume befugt ist) bessere Angebote von Konkurrenten vorliegen – und wenigstens ein weiteres zuschlagfähiges Angebot vorhanden ist.[633]

Im Erfolgsfall obliegt es der Vergabekammer, „die geeigneten Maßnahmen [zu treffen], um eine Rechtsverletzung zu beseitigen und eine Schädigung der betroffenen Interessen zu verhindern" (§ 114 Abs. 1 S. 1 GWB); hierbei ist sie gemäß dem zweiten Satz der genannten Vorschrift nicht an die Anträge der Beteiligten gebunden. Dies ermöglicht eine flexible, allerdings durch den Verhältnismäßigkeitsgrundsatz mit Blick auf das zur Beseitigung der Rechtsverletzung Gebotene beschränkte[634] Reaktion auf den Vergabeverstoß. In Betracht kommen die Anordnungen, Teile des Vergabeverfahrens zu wiederholen oder bestimmte Ergebnisse nicht zu berücksichtigen, im Ausnahmefall auch einem bestimmten Bieter den Zuschlag zu erteilen oder die Ausschreibung insgesamt aufzuheben.[635]

Im Interesse einer effizienten Beschaffung prägt der Beschleunigungsgrundsatz das Nachprüfungsverfahren: So hat die Vergabekammer gemäß § 110 Abs. 1 S. 4 GWB „bei ihrer gesamten Tätigkeit darauf [zu achten], dass der Ablauf des Vergabeverfahrens nicht unangemessen beeinträchtigt wird." Seinen spezifischen Ausdruck findet dies etwa in Entscheidungsfristen (§ 113 Abs. 1 GWB: grundsätzlich fünf Wochen), einer Vorabprüfung des Antrags auf seine offensichtliche Unzulässigkeit oder Unbegründetheit hin, widrigenfalls er nicht zugestellt wird (§ 110 Abs. 2 S. 1 ff. GWB), oder einer Modifikation des Untersuchungsgrundsatzes auf das von den Beteiligten Vorgebrachte oder der Vergabekammer sonst Bekannte (§ 110 Abs. 1 S. 1 ff. GWB).

---

[632] Vgl. BGH, NZBau 2003, S. 293 (296); ferner NZBau 2004, S. 457 (458): Für die Zulässigkeit des Nachprüfungsantrags „nicht erforderlich ist, dass bereits festgestellt werden kann, dass der behauptete Verstoß gegen vergaberechtliche Vorschriften tatsächlich vorliegt und den behaupteten Schaden ausgelöst hat oder auszulösen droht, der Nachprüfungsantrag also in der Sache begründet ist"; OLG Celle, 13 Verg 3/10 – juris, Rn. 39.

[633] BGH, NZBau 2003, S. 293 (296). Zum Sonderfall, dass ein Zuschlag auf kein Angebot in Betracht kommt: BGH, NZBau 2006, S. 800.

[634] Siehe nur *M. Müller-Wrede*, in: ders., Kompendium Vergaberecht, Kap. 26, Rn. 54; *H.-J. Prieß*, Handbuch Vergaberecht, S. 382.

[635] *M. Müller-Wrede*, in: ders., Kompendium Vergaberecht, Kap. 26, Rn. 54; *H.-J. Prieß*, Handbuch Vergaberecht, S. 382 f.

b) Einstweiliger Rechtsschutz

Angesichts der Dringlichkeit zahlreicher Zuteilungsvorgänge kommt dem einstweiligen Rechtsschutz im Kontext von Verteilungsverfahren eine besondere Bedeutung zu.[636] Bereits systemimmanent ist dieser Befund in denjenigen Verfahren, in denen der repressive Primärrechtsschutz durch einen präventiven Eilrechtsschutz ersetzt wird.[637] Im Übrigen kommt er dort zum Tragen, wo entweder die aufschiebende Wirkung von Rechtsbehelfen durch kraft Gesetzes oder behördlicher Anordnung bestehenden Sofortvollzug entfällt (§ 80 Abs. 2 VwGO) oder aufgrund unmittelbar bevorstehenden, zeitlich gebundenen Verteilungsvorgängen eine Entscheidung in der Hauptsache zu spät käme. Der jeweils zu stellende Eilantrag hängt vom in der Hauptsache statthaften Rechtsbehelf ab. Näher in Blick genommen sei nun der Eilrechtsschutz im Rahmen der „klassischen" Konkurrentenverdrängungsklage (aa) sowie bei vertraglichen Zuteilungsvorgängen (bb).

aa) Eilrechtsschutz im Rahmen der „klassischen" Konkurrentenverdrängungsklage

Hat die Verwaltung gemäß § 80 Abs. 2 S. 1 Nr. 4 VwGO (ggf. i.V.m. § 80a Abs. 1 Nr. 1 VwGO auf Antrag des Begünstigten) die sofortige Vollziehung der positiven Auswahlentscheidung zugunsten des Konkurrenten im öffentlichen Interesse oder im überwiegenden Interesse eines Beteiligten angeordnet oder entfällt die aufschiebende Wirkung des Rechtsbehelfs gegen die Auswahlentscheidung kraft Gesetzes (§ 80 Abs. 2 S. 1 Nr. 3 VwGO), wie etwa bei der Vergabe von Rundfunk- (§ 51a Abs. 5 S. 3 RStV) und Telekommunikationsfrequenzen (§ 137 Abs. 1 TKG), so kann der Sofortvollzug durch einen Antrag auf Wiederherstellung bzw. Anordnung der aufschiebenden Wirkung gemäß § 80a Abs. 3 i.V.m. Abs. 1 Nr. 2, § 80 Abs. 5 VwGO verhindert werden.

Dieser hat Erfolg, wenn das Aussetzungs- das Vollziehungsinteresse überwiegt. Anders als im bipolaren Staat-Bürger-Verhältnis ist im in Konkurrenzsituationen zwischen mehreren Privaten und dem Staat bestehenden multipolaren Rechtsverhältnis allerdings kein überwiegendes öffentliches Interesse am Sofortvollzug erforderlich, wie das BVerfG kürzlich herausgestrichen hat: „Denn in dieser Situation stehen sich konkrete Rechtspositionen Privater gegenüber, die grundsätzlich gleichrangig sind. Die Frage, wer hier bis zur Hauptsacheentscheidung das Risiko der Herbeiführung vollendeter Tatsachen tragen muss, bestimmt sich nach dem materiellen Recht, also der Erfolgsaussicht des Hauptsacherechtsbehelfs ... Art. 19 IV GG lässt sich nicht entnehmen,

---

[636] Diese konstatieren auch *J.-D. Busch*, DVBl. 1990, S. 107 (108), und *J. Kühling*, NVwZ 2004, S. 656 (659).

[637] Dazu soeben, VI.1.a.cc.

dass hier eine der beiden Rechtspositionen bevorzugt wäre oder dass für ihre sofortige Ausnutzung zusätzlich ein besonderes öffentliches Interesse vorliegen müsse."[638] Bei gesetzlichem Ausschluss der aufschiebenden Wirkung kann diese Interessenbewertung zugunsten des ursprünglich erfolgreichen Bewerbers zusätzlich ins Gewicht fallen.[639] Auch gebiet die – das Bestehen subjektiver Rechte voraussetzende – Garantie effektiven Rechtsschutzes nicht, schon die objektive Rechtswidrigkeit der Auswahlentscheidung für den Erfolg des Eilrechtsbehelfs genügen zu lassen.[640]

Ist die Zuteilung des Guts für den zunächst unterlegenen Konkurrenten besonders dringlich, etwa bei sofortigem Bedarf oder zeitgebundenen Angeboten, wie Standplätzen auf Messen und Märkten, so kann dieser zusätzlich einen Antrag auf einstweilige Anordnung gemäß § 123 VwGO stellen und mit diesem die (vorläufige) Zuteilung bzw. eine Neubescheidung begehren. Hierin liegt dann eine Vorwegnahme der Hauptsache, wenn die Entscheidung in dieser die Schaffung vollendeter Tatsachen nicht mehr zu verhindern vermag, wie dies bei zeitgebundenen Auswahlvorgängen, etwa bei der Vergabe von Standplätzen für eine bestimmte Messe, der Fall ist. Diese Vorwegnahme der Hauptsache ist aber ausnahmsweise zulässig, da andernfalls keine Möglichkeit des Primärrechtsschutzes bestünde.

Der Eilantrag hat Erfolg, wenn u.a. ein Anordnungsanspruch auf Zuteilung respektive spielraumkonforme Neuentscheidung hierüber glaubhaft gemacht ist. Aus Gründen des effektiven Rechtsschutzes kann eine einstweilige Anordnung auch bei Ermessens- und Beurteilungsspielräumen der Verwaltung ergehen;[641] respektiert werden müssen diese aber dadurch, dass dann grundsätzlich nur eine Anordnung auf Verpflichtung zur Neubescheidung erfolgen darf. Ein derartiger Ausspruch wird allerdings im einstweiligen Rechtsschutz nach § 123 VwGO teils für unzulässig erachtet.[642] Denn dieses Verfahren ziele darauf, „eine Anordnung oder Regelung zu treffen, die geeignet ist, den Ast. vor Rechtsnachteilen zu schützen. Dies kann mit einer gerichtlichen Entscheidung des Inhalts, dass die Behörde zur nochmaligen Entscheidung verpflichtet wird,

---

[638] BVerfG, NVwZ 2009, S. 240 (242); ferner *M. Schmidt-Preuß*, Kollidierende Privatinteressen, S. 605 ff.; *F. Schoch*, in: *ders.* / Schmidt-Aßmann / Pietzner, VwGO, § 80a, Rn. 66.

[639] Siehe insoweit *M. Schmidt-Preuß*, Kollidierende Privatinteressen, S. 608 f.; nunmehr ablehnend aber ibid., S. 818 f.

[640] BVerfG, NVwZ 2009, S. 240 (242).

[641] OVG Koblenz, NVwZ 1990, S. 1087 (1088); *F. Kopp* / *W.-R. Schenke*, VwGO, § 123, Rn. 12.

[642] VGH München, NVwZ-RR 2002, S. 839 (841). Die hierfür mitunter (siehe etwa VGH München, a.a.O.) in Bezug genommene Entscheidung des BVerwG (E 63, 110 [112]) vermag diese Auffassung nicht unbedingt zu stützen, heißt es dort lediglich: „Liegt eine Ermessensentscheidung inmitten, so setzt die einstweilige Anordnung voraus, daß das Ermessen nurmehr in einer Richtung ausgeübt werden kann." Ob eine Anordnung der Neubescheidung in Betracht kommt, wird nicht thematisiert und musste auch nicht thematisiert werden, da kein Ermessensfehler vorlag.

nicht erreicht werden."[643] Diese Auffassung vermag in ihrer Pauschalität allerdings nicht zu überzeugen, steht doch außer Frage, dass eine Eilentscheidung auch bei Ermessensnormen aus Gründen des effektiven Rechtsschutzes geboten sein kann, und führt die Verpflichtung lediglich zur Neubescheidung diese Rechtsschutzinteressen und das Gebot der Achtung administrativer Entscheidungsspielräume einem schonenden Ausgleich zu.[644]

Dass dem grundsätzlich vorläufigen Eilrechtsschutz dann die Aufgabe zukommt, den Verteilungskonflikt endgültig zu klären, hat Konsequenzen für die Prüfungsintensität: Insbesondere bei gewichtigen Zugangsinteressen kann sich der Eilrechtsschutz nicht lediglich auf eine summarische Prüfung der Sach- und Rechtslage beschränken; vielmehr sind diese umfassend zu prüfen.[645]

Schließlich verbietet es sich aus den bereits im Kontext des Fehlerfolgenregimes dargelegten Gründen, bei qualitativen Verteilungsprogrammen eine besondere Erfolgswahrscheinlichkeit für das Obsiegen zu fordern;[646] vielmehr verbleibt es beim Erfordernis der Glaubhaftmachung des Anordnungsanspruchs, d.h. des Anspruchs auf Zuteilung bzw. wenigstens auf erneute spielraumkonforme Entscheidung.[647]

bb) Eilrechtsschutz im Kontext von vertraglichen Verteilungsvorgängen

Droht bei (einstufig) vertraglichen Verteilungsvorgängen eine Vereitelung des Primärrechtsschutzes durch Vertragsdurchführung, etwa mit Veranstaltung einer Messe, muss die Korrektur im Wege des Eilrechtsschutzes durchgesetzt werden. Im Rahmen des vor den Verwaltungs- bzw. ordentlichen Gerichten anhängigen Hauptsacheverfahrens[648] ist ein Antrag auf Erlass einer entsprechenden einstweiligen Anordnung (§ 123 VwGO) bzw. Verfügung (§§ 935 ff. ZPO)[649] zu stellen. Dieser hat, wie im Beamtenrecht, dann Erfolg, wenn eine Zulassungschance des nicht zum Zuge gekommenen Bewerbers besteht. Angesichts der – mit Blick auf das zeitliche Korsett – Endgültigkeit der vorläufigen Entscheidung ist eine intensive tatsächliche und rechtliche Prüfung des Streitgegenstands geboten. Um eine (positive) Eilentscheidung umsetzen zu können, empfiehlt es sich, für diesen Fall Rücktrittsklauseln in den Vertrag aufzunehmen.

---

[643] VGH München, NVwZ-RR 2002, S. 839 (841).

[644] Ebenso *R. Heine / A. Neun*, MMR 2001, S. 352 (357); *F. Kopp / W.-R. Schenke*, VwGO, § 123, Rn. 12; *F. Schoch*, in: *ders. /* Schmidt-Aßmann / Pietzner, VwGO, § 123, Rn. 158 ff.

[645] Siehe BVerfG, NVwZ 2004, S. 1112 (1113); *M. Schmidt-Preuß*, Kollidierende Privatinteressen, S. 603 f.; *F. Schoch*, GVwR III, § 50, Rn. 230.

[646] So aber *M. Schmidt-Preuß*, Kollidierende Privatinteressen, S. 599.

[647] Näher oben, V.2.a.bb.(2).

[648] Dazu oben, VI.1.a.bb.

[649] *C. Braun*, NVwZ 2009, S. 747 (752). Restriktiv OLG Zweibrücken, GewArch 2009, S. 362 (362 f.).

c) Zeitpunkt des Rechtsschutzes

Der Bedeutungszuwachs des Verfahrens für die Realisierung einer sachgerechten Verteilungsentscheidung manifestiert sich auch darin, dass die Verwaltung bereits vor Erlass der verfahrensbeendenden Sachentscheidung eine Vielzahl von Maßnahmen treffen muss, um diese vorzubereiten, etwa die Festlegung des Verteilungskonzepts oder die Ausschreibung. Dies wirft die Frage auf, ob diese Akte isoliert angefochten werden können bzw. sogar müssen oder Rechtsschutz erst im Zusammenhang mit der Verteilungsentscheidung zu suchen ist.

In den betrachteten Verteilungsverfahren finden sich beide Alternativen: Während im kartellvergaberechtlichen Nachprüfungsverfahren aufgrund seiner Präklusionsregelung der Nachprüfungsantrag dem Vergabeverstoß auf dem Fuße folgen muss, mithin verfahrensbegleitender Rechtsschutz stattfindet, schiebt das Grundmodell der VwGO den Angriff fehlerhafter Verfahrenshandlungen auf den Zeitpunkt der endgültigen Auswahlentscheidung hinaus. Denn nach § 44a S. 1 VwGO können „Rechtsbehelfe gegen behördliche Verfahrenshandlungen ... nur gleichzeitig mit den gegen die Sachentscheidung zulässigen Rechtsbehelfen geltend gemacht werden." Diese Regelung erfasst behördliche Maßnahmen jedweder Rechtsnatur[650], die „im Zusammenhang mit einem schon begonnenen und noch nicht abgeschlossenen Verwaltungsverfahren stehen und der Vorbereitung einer regelnden Sachentscheidung dienen ... Aus dem Gegensatz des Begriffs der Verfahrenshandlung zu dem in § 44a Satz 1 VwGO gleichfalls verwendeten Begriff der Sachentscheidung folgt, dass sich der Ausschluss selbstständiger Rechtsbehelfe grundsätzlich auf solche behördlichen Maßnahmen beschränkt, die Teil eines konkreten Verwaltungsverfahrens sind, ohne selbst Sachentscheidung zu sein, ohne also ihrerseits in materielle Rechtspositionen einzugreifen".[651] Da die im Laufe des Verfahrens getroffenen Maßnahmen, wie die Konzeptbestimmung oder die Ausschreibung, die Verteilungsentscheidung vorbereiten, mithin Zwischenschritte auf dem Weg zu dieser sind, geht die überwiegende Auffassung von deren Charakter als Verfahrenshandlungen i.S.d. § 44a S. 1 VwGO aus und hält demzufolge nur nachträglichen, nicht aber verfahrensbegleitenden Rechtsschutz für möglich.[652] Wenn § 44a S. 2 VwGO hiervon eine Ausnahme für gegenüber Nichtbeteiligten ergehende Verfahrenshandlungen anordnet, könnte dies zwar prima facie naheliegen, die vor Bewerbung der Interessenten getroffenen Verfahrensschritte, wie die Ausschreibung oder die Festlegung der Vergabemodalitäten, einer soforti-

---

[650] BVerwG, NVwZ 2009, S.1558 (1560f.); OVG Bautzen, NVwZ-RR 1999, S.209 (209f.); VG Köln, CR 2009, S.513 (515); *M. Sachs*, K&R 2001, S.13 (20); *J. Ziekow*, NVwZ 2005, S.263 (264). A.A. *H.A. Wolff*, Dienende Funktion, S.977 (983f.), der Verwaltungsakte um deren Bestandskraft willen ausklammern möchte.

[651] BVerwG, NVwZ 2009, S.1558 (1560); ferner OVG Bautzen, NVwZ-RR 1999, S.209 (209); *M. Sachs*, K&R 2001, S.13 (19f.); *J. Ziekow*, NVwZ 2005, S.263 (264).

[652] Siehe die Nachweise oben, 2. Teil, C.VII.1.b, G.VII.1.b., H.VII.1.

gen Kontrolle zu unterwerfen. Denn zu diesem Zeitpunkt sind noch keine Beteiligten i.S.d. § 13 VwVfG vorhanden. Berücksichtigt man jedoch die § 44a S. 1 und 2 VwGO zugrunde liegende Ausbalancierung von Verfahrensbeschleunigung und Rechtsschutzeffektivität, kann als nichtbeteiligt aber nur derjenige angesehen werden, der keine Möglichkeit hat, die Sachentscheidung anzufechten; eine solche besteht für die späteren Verfahrensbeteiligten jedoch stets.[653]

Im Telekommunikationsrecht ist das BVerwG der Anwendung des § 44a S. 1 VwGO auf die Anordnung, ein Verteilungsverfahren durchzuführen, und die Festlegung der Vergabemodalitäten in einem Urteil vom 1.9.2009 allerdings entgegengetreten. Denn Systematik und Normzweck der Regelungen des TKG, namentlich die für diese Akte vorgesehene Handlungsform des der Bestandskraft fähigen Verwaltungsakts (§ 132 Abs. 1 S. 2 TKG) und die Anordnung des Sofortvollzugs (§ 137 Abs. 1 TKG), deuteten „zwingend" darauf hin, dass diese Maßnahmen stabile Grundlage für das Verteilungsverfahren sein sollen und Einwände gegen deren Rechtmäßigkeit im Wege der isolierten Anfechtung unmittelbar zu klären sind.[654]

Freilich begrenzt diese Begründung zugleich die Verallgemeinerungsfähigkeit der Entscheidung, steht und fällt ihre Tragfähigkeit doch zum einen mit dem Vorliegen eines bestandskraftfähigen Verwaltungsakts. Zum anderen müssen im jeweiligen Verteilungsverfahren Anhaltspunkte dafür bestehen, dass der Verfahrensgestalter vom Regelmodell des § 44a VwGO abzuweichen bezweckte. Ein Weiteres ist zu berücksichtigen: Wird der Konzept-Verwaltungsakt öffentlich bekanntgegeben, was mangels feststehenden Teilnehmerkreises ohne Weiteres möglich ist (§ 41 Abs. 3 S. 2 VwVfG),[655] kann er unabhängig von der Kenntnis einzelner am Verteilungsobjekt interessierter Personen rasch, nämlich schon einen Monat nach Bekanntgabe (§ 41 Abs. 4 VwVfG; § 74 Abs. 1 VwGO), in Bestandskraft erwachsen, da § 44a S. 1 VwGO diese nun nicht mit der Entscheidung korreliert. Dies bedeutet, dass später hinzutretende Bewerber die bestandskräftig gewordenen Vergabemodalitäten hinnehmen müssen. Mit der Garantie effektiven Rechtsschutzes ist dies nur dann vereinbar, wenn eine hinreichende Publizität des Vergabevorgangs gewährleistet ist, so dass tatsächlich Anfechtungsmöglichkeiten bestehen.[656]

Zieht man schließlich eine Effizienzbilanz, so fällt diese ambivalent aus: Zweifelsohne schließt das Grundmodell der VwGO die Möglichkeit aus, die

---

[653] *M. Sachs*, K&R 2001, S. 13 (21); *ders.*, Bestandskraft, S. 152 (194). Vgl. auch OVG Bautzen, NVwZ-RR 1999, S. 209 (210). Siehe darüber hinaus auch VGH München, BayVBl. 2010, S. 115 (117), der § 44a S. 2 VwGO, um eine Privilegierung von nicht am Verfahren beteiligten Personen zu vermeiden, nicht auf Personen erstreckt, die sich am Verfahren hätten beteiligen können.

[654] BVerwG, NVwZ 2009, S. 1558 (1560 f.). Im Einzelnen oben, 2. Teil, G.VII.1.b.

[655] Siehe bereits oben, B.I.1.b.bb.(1).

[656] Zur Rechtsschutzfrage bereits oben, B.I.1.b.bb.(1) m. Fn. 52.

Rechtmäßigkeit von Verfahrenshandlungen zeitnah zu klären und damit auch das weitere Verfahren auf einer sicheren Grundlage durchzuführen. Die Kritik hieran[657] darf freilich nicht übersehen, dass auch von einem mitlaufenden Rechtsschutz Gefahren für einen effizienten Verwaltungsablauf ausgehen.[658] Ferner lässt sich die Relevanz von Verfahrensverstößen, die eine Auswirkung auf das Verfahrensergebnis voraussetzt, nur mit Blick auf die Sachentscheidung beurteilen;[659] dass im Übrigen auch der für besonders weitgehend erachtete Vergaberechtsschutz nicht ohne diese Perspektive auskommt, illustriert dessen Zulässigkeitserfordernis einer drohenden Verschlechterung der Zulassungschance durch den Vergabefehler. Schließlich kann die Endentscheidung Rechtsbehelfe entbehrlich machen.

Der mitunter mit dem Argument der Freiwilligkeit ihrer Eingehung vorgeschlagenen Ausklammerung öffentlich-rechtlicher Verträge aus § 44a VwGO[660] kann nicht gefolgt werden, da diese Auffassung die Möglichkeit einer Rechtsverletzung bei Dritten verkennt.

2. Sekundärrechtsschutz

Scheidet Primärrechtsschutz aus, verbleibt nur, die Rechtseinbuße im Wege des Sekundärrechtsschutzes zu kompensieren. Im Folgenden seien mögliche Anspruchsgrundlagen (a) sowie problematische Voraussetzungen des Haftungsanspruchs erörtert (b).

a) Anspruchsgrundlagen

Allein das Kartellvergaberecht kennt eine punktuelle, spezialgesetzliche Haftungsregelung, nämlich den Ausgleichsanspruch bei Chancenvereitelung gemäß § 126 S. 1 GWB. Im Übrigen bestimmt sich die Ersatzpflicht nach den allgemeinen Regeln. Die einschlägige Anspruchsgrundlage für Ersatzansprüche aufgrund von Vergabeverstößen hängt von der Rechtsnatur des Auswahlrechtsverhältnisses ab. Handelt der Staat hoheitlich, greift der Amtshaftungsanspruch gemäß § 839 BGB i.V.m. Art. 34 GG; daneben sind Ansprüche aufgrund von Pflichtverletzungen im Rahmen öffentlich-rechtlicher Sonderverbindungen, wie sie etwa für die Stellenvergabe im Beamtenrecht Anerkennung gefunden

---

[657] *V. Jenny*, CR 2009, S. 502 (504 ff.); *H. A. Wolff*, Dienende Funktion, S. 977 (983 f.). Dazu auch *W. Brohm*, Konkurrentenklage, S. 235 (255); *J. Pietzcker*, VVDStRL 41 (1983), S. 193 (227).

[658] Vgl. *P. M. Huber*, in: v. Mangoldt / Klein / Starck, GG, Art. 19, Rn. 465; *H.-J. Piepenbrock / U. Müller*, UMTS-Versteigerungsverfahren, S. 8 (31 f.).

[659] Vgl. auch VG Köln, CR 2009, S. 513 (516); *M. Geppert*, in: BeckTKG-Kommentar, § 61, Rn. 21.

[660] So *F. Kopp / W.-R. Schenke*, VwGO, § 44a, Rn. 3.

haben,[661] denkbar. Für den fiskalischen Bereich gelten demgegenüber[662] die allgemeinen vertraglichen und deliktischen Haftungsansprüche, mithin c.i.c. einerseits (§§ 280 Abs. 1, 241 Abs. 2, 311 Abs. 2 Nr. 1 und 2 BGB) und andererseits § 823 Abs. 2 BGB i.V.m. dem Teilhabeanspruch sowie, im Ausnahmefall eines kollusiven Zusammenwirkens zwischen öffentlicher Hand und erfolgreichem Bieter, § 826 BGB.[663] Im Anwendungsbereich des Wettbewerbs- und Kartellrechts[664] kommen darüber hinaus wettbewerbsrechtliche Schadensersatzansprüche (§ 33 Abs. 3–5 GWB; § 9 UWG) in Betracht. Unabhängig von der Rechtsnatur des Auswahlverhältnisses greift schließlich bei Verstößen gegen die unionsrechtlichen Vorgaben der unionsrechtliche Staatshaftungsanspruch.[665]

b) Voraussetzungen des Ersatzanspruchs

aa) Verschuldenszurechnung

Während Pflichtverletzungen[666] von Amtsträgern im Rahmen des Amtshaftungsanspruchs und vertraglicher Ansprüche ohne Weiteres dem Staat anzulasten sind (Art. 34 S. 1 GG bzw. § 278 BGB), besteht im Rahmen der allgemeinen deliktischen Haftung ein Zurechnungsproblem: Nur das Fehlverhalten leitender Beamter respektive Angestellter mit Organstellung kann nämlich dem Staat gemäß §§ 31, 89 BGB unmittelbar zugerechnet werden; im Übrigen greift lediglich die Haftung für Verrichtungsgehilfen gemäß § 831 BGB, die allerdings die Möglichkeit einer Exkulpation bei sorgfältiger Auswahl und Überwachung vorsieht;[667] abgemildert wird dies durch im Innenverhältnis bei geringem Verschulden bestehende Freistellungsansprüche, die dem Geschädigten abgetreten werden können.[668]

---

[661] Siehe insoweit BVerwGE 80, 123 (124 f.); ferner NVwZ 1999, S. 424 (424); NVwZ 2009, S. 787 (788), sowie oben, 2. Teil, C.VII.2.a.

[662] Teile der Literatur nehmen allerdings eine Geltung des Amtshaftungsanspruchs jedenfalls für den Bereich verwaltungsprivatrechtlichen Handelns an, so *F. Ossenbühl*, Staatshaftungsrecht, S. 27 f. Ablehnend aber BGH, NJW 2000, S. 2810 (2810 f.); OLG Zweibrücken, ZfBR 2009, S. 202 (203); *H. Maurer*, Allgemeines Verwaltungsrecht, § 26, Rn. 56; *P. Reinert*, in: Bamberger/Roth, § 839 BGB, Rn. 2, 15.

[663] Näher dazu bereits oben, 2. Teil, I.V.2.a.

[664] Dazu oben, 1. Teil, C.II.

[665] Zu diesem nur EuGH, verb. Rs. C-6 und C-9/90, Slg. 1991, I-5357, Rn. 31 ff. – Francovich; verb. Rs. C-46 und 48/93, Slg. 1996, I-1029, Rn. 51 – Brasserie du Pêcheur/Factortame.

[666] Zum Verschuldensmaßstab BVerwG, NVwZ 2009, S. 787 (788 f.).

[667] *H. Maurer*, Allgemeines Verwaltungsrecht, § 26, Rn. 58.

[668] *H. Maurer*, Allgemeines Verwaltungsrecht, § 26, Rn. 63.

bb) Kollegialgerichtsregel

Einem Amtshaftungsanspruch kann die sogenannte „Kollegialgerichtsregel" entgegenstehen, nach der der öffentlichen Hand dann kein Verschulden angelastet werden kann, „wenn ein rechtskundig besetztes Kollegialgericht das Verhalten der Behörde als rechtmäßig gebilligt hat".[669] Denn „von einem Beamten [kann] eine bessere Rechtseinsicht als von einem Kollegialgericht nicht erwartet und verlangt werden".[670] Mit Blick darauf kann diese Regel nicht für „grundlegende Maßnahmen oberster Dienststellen [gelten], die durch Auswertung allen einschlägigen Materials und erschöpfende Abwägung aller Gesichtspunkte vorbereitet werden".[671] Ihre Anwendung setzt eine umfassende und sorgfältige Prüfung der Sach- und Rechtslage voraus: „Daran fehlt es in tatsächlicher Hinsicht, wenn das Kollegialgericht seiner rechtlichen Würdigung einen unzureichend ermittelten Sachverhalt zugrunde gelegt oder den festgestellten Sachverhalt nicht sorgfältig und erschöpfend gewürdigt hat. In rechtlicher Hinsicht sind die Voraussetzungen für das Eingreifen der Regel nicht gegeben, wenn das Kollegialgericht bereits in seinem rechtlichen Ausgangspunkt von einer verfehlten Betrachtungsweise ausgegangen ist oder wesentliche rechtliche Gesichtspunkte unberücksichtigt gelassen hat",[672] die Entscheidung mithin als „handgreiflich falsch oder gar als unhaltbar anzusehen" ist[673].

cc) Das Kausalitätsproblem und seine Bewältigung

Möchte der unterlegene Bewerber die aus der Nichtzuteilung des begehrten Guts resultierende wirtschaftliche Einbuße, etwa nun nicht erzieltes Einkommen als Beamter oder den entgangenen Gewinn aus einem öffentlichen Auftrag, ersetzt bekommen, so obliegt es ihm insbesondere darzulegen und nachzuweisen, dass ihm aufgrund der Rechtsverletzung ein Schaden entstanden ist; dies setzt voraus, dass er bei ordnungsgemäßer Auswahl zum Zuge gekommen wäre.[674] Dieser Nachweis der haftungsausfüllenden Kausalität ist bei administrativen Entscheidungsspielräumen sowie in Konstellationen, in denen die Kausalität des Vergabefehlers weder festgestellt noch ausgeschlossen werden kann (z.B. verneinte Eignung mit der Konsequenz der Nichtzulassung zur Auslosung oder Versteigerung), kaum zu führen.

Hierin liegt das Dilemma des Sekundärrechtsschutzes. Anders als im Primärrechtsschutz besteht nämlich nicht die der Behebung derartiger Rechtsverlet-

---

[669] BVerwG, NVwZ 2003, S. 1397 (1398); ferner OLG Hamm, NVwZ 1993, S. 506 (507).
[670] BVerwGE 124, 99 (105 f.); 2 B 69/07 – juris, Rn. 20.
[671] BVerwGE 124, 99 (106); 2 B 69/07 – juris, Rn. 20.
[672] BVerwGE 124, 99 (106 f.); 2 B 69/07 – juris, Rn. 20.
[673] BVerwG, NVwZ 2003, S. 1397 (1398); ferner OLG Hamm, NVwZ 1993, S. 506 (507).
[674] BVerwGE 118, 370 (378 f.); E 124, 99 (108); NVwZ 2009, S. 787 (789); BGH, NJW 1995, S. 2344 (2345).

zungen adäquate Möglichkeit, die Auswahlentscheidung aufzuheben und deren Wiederholung anzuordnen; in diesem Rahmen zeigen sich dann die Erfolgsaussichten des (zunächst) nicht zum Zuge gekommenen Bewerbers.[675] Im Sekundärrechtsschutz dagegen kommt nur eine Zuerkennung oder Versagung von Ersatzansprüchen in Betracht, wobei bei seiner zu restriktiven Handhabung dessen Frustration, bei zu großzügiger eine ausufernde Haftung droht. Verschärft wird das Dilemma dadurch, dass in einigen Verteilungsverfahren ausschließlich Sekundärrechtsschutz in Betracht kommt und diesem damit – auch von Verfassungs wegen[676] – obliegt, nicht erreichbaren Primärrechtsschutz zu kompensieren. Damit stellt sich die Frage nach dem richtigen Umgang mit derartigen vereitelten Chancen.

Von vornherein scheiden Ersatzansprüche aus, so man den Nachweis der Kausalität des Rechtsverstoßes für den Schaden verlangt und diese dann verneint, wenn bei administrativen Entscheidungsspielräumen eine Entscheidung zugunsten des Anspruchstellers nicht feststellbar ist.[677] Diese Auffassung erscheint allerdings aus Gründen des effektiven Rechtsschutzes als zu restriktiv. Vielmehr wirkt diese Garantie mit dem BVerfG, jedenfalls wenn Primärrechtsschutz nicht erreichbar ist, „auf die Auslegung und Anwendung der privatrechtlichen und zivilprozessualen Normen ein, auf die sich ein erfolgloser Bieter stützen kann, um Rechtsschutz gegen eine rechtswidrige Übergehung … zu erlangen. Die Tatbestandsvoraussetzungen und Rechtsfolgen der Normen, aus denen sich ein Schadensersatzanspruch des erfolglosen Bieters ergeben kann, müssen in einer Weise bestimmt werden, die seinem auf die Beachtung des Art. 3 Abs. 1 GG gerichteten Rechtsschutzinteresse hinreichend Rechnung trägt."[678] Freilich kann es auch nicht angehen, die bloße Möglichkeit der Berücksichtigung für eine Totalkompensation genügen zu lassen, da dies zu einer uferlosen Haftung führte.[679]

Rechnung getragen werden kann legitimen Rechtsschutzinteressen allerdings, wie im Beamtenrecht anerkannt, mittels einer Umkehr der Darlegungs- und Be-

---

[675] Zutreffend hält das BVerfG (2 BvR 811/09 – juris, Rn. 8) insoweit fest: „Mit Blick auf die wegen des Grundsatzes der Ämterstabilität grundsätzlich irreversible Beförderungsentscheidung ist der verschuldensunabhängige Primäranspruch bereits im Vorfeld dieser Entscheidung darauf gerichtet, solche Bewerbungsverfahren anzuhalten, in denen Verfahrensverstöße vorgefallen sind und in denen sich in der Person des jeweiligen Klägers eine mögliche Entscheidungsalternative eröffnet. Der Primärrechtsschutz in Gestalt des Konkurrentenstreits ermöglicht vor diesem Hintergrund eine frühzeitige Schadensbegrenzung beziehungsweise Risikominimierung auf einer gegebenenfalls noch unsicheren Entscheidungsgrundlage."
[676] BVerfGE 116, 135 (159); ferner E 116, 1 (22), und näher oben, 1. Teil, A.I.2.c. Dass dies dann gilt, wenn adäquater Primärrechtsschutz erreichbar ist, verdeutlicht BVerfG, 2 BvR 811/09 – juris, Rn. 6 ff.
[677] So LG Berlin, NVwZ-RR 1997, S. 35 (36).
[678] BVerfGE 116, 135 (159).
[679] Vgl. auch BVerfG, 2 BvR 811/09 – juris, Rn. 6 ff.

weislast, so Rechtsverletzung und Schaden feststehen.[680] Zwar „hat der durch eine Amtspflichtverletzung Geschädigte grundsätzlich auch den Beweis zu führen, daß ihm hierdurch ein Schaden entstanden ist. Wenn allerdings die Amtspflichtverletzung und der zeitlich nachfolgende Schaden feststehen, so kann der Geschädigte der öffentlichen Körperschaft den Nachweis überlassen, daß der Schaden nicht auf die Amtspflichtverletzung zurückzuführen ist; das gilt jedoch nur, wenn nach der Lebenserfahrung eine tatsächliche Vermutung oder eine tatsächliche Wahrscheinlichkeit für den ursächlichen Zusammenhang besteht, andernfalls bleibt die Beweislast beim Geschädigten."[681] Auch greift die Beweiserleichterung des § 287 ZPO, wenn Aufklärungsschwierigkeiten aus einer Amtspflichtverletzung resultieren.[682] Gegen diese beweisrechtliche Lösung lässt sich freilich – einmal abgesehen von den mit ihr einhergehenden Unwägbarkeiten – einwenden, dass ihr lediglich die Alternative zwischen voller und versagter Haftung, mithin zwischen „Alles oder Nichts" zugrunde liegt.[683] Bedenklich hieran ist nicht nur der bei abgelehntem Ersatzanspruch leerlaufende Rechtsschutz; gerade in multipolaren Verteilungskonflikten fragwürdig ist vielmehr auch die drohende Überkompensation, sollte mehr als ein chancenreicher Bewerber vorhanden sein und damit Schadensersatz zuerkannt bekommen müssen, obgleich außer Frage steht, dass nur ein Bewerber zum Zuge kommen kann.

Vor diesem Hintergrund fragt sich, ob nicht die entgangene Chance selbst als ausgleichsfähiger Schaden anzusehen ist.[684] Eine scheinbar in diese Richtung gehende Regelung enthält eine Vorschrift des Kartellvergaberechts, § 126 S. 1 GWB, die aus dem Beweisdilemma dadurch hinausführt, dass sie einen Anspruch auf Ersatz der Aufwendungen für die Beteiligung am Verfahren einräumt, wenn das Angebot nicht von vornherein chancenlos war. § 126 S. 1 GWB bestimmt insoweit: „Hat der Auftraggeber gegen eine den Schutz von Unternehmen bezweckende Vorschrift verstoßen und hätte das Unternehmen ohne diesen Verstoß bei der Wertung der Angebote eine echte Chance gehabt, den Zuschlag zu erhalten, die aber durch den Rechtsverstoß beeinträchtigt wurde, so kann das Unternehmen Schadensersatz für die Kosten der Vorbereitung des Angebots oder der Teilnahme an einem Vergabeverfahren verlangen." Eine „echte Chance", und dies ist der im vorliegenden Zusammenhang entscheidende Punkt, hatte das Angebot, wenn „der Auftraggeber darauf im Rahmen des ihm zustehenden Wertungsspielraums den Zuschlag hätte erteilen dür-

---

[680] Siehe nur BGH, NJW 1982, S. 2241 (2242); NJW 1995, S. 2344 (2345); BVerwGE 124, 99 (108 f.); W. *Spoerr*, Treuhandanstalt, S. 187, sowie ausführlich oben, 2. Teil, C.VII.2.a. Im Überblick zur beweisrechtlichen Bewältigung frustrierter Chancen G. *Mäsch*, Chance und Schaden, S. 127 ff.

[681] BGH, NJW 1982, S. 2241 (2242).

[682] BGH, NJW 1995, S. 2344 (2345); ferner NJW 1986, S. 2829 (2832).

[683] Siehe G. *Mäsch*, Chance und Schaden, S. 143 ff.

[684] Umfassend dazu G. *Mäsch*, Chance und Schaden. Vgl. auch T. *Pollmann*, Gleichbehandlungsgrundsatz, S. 165.

fen."[685] Indes handelt es sich bei dieser spezialgesetzlichen Regelung, die im Ergebnis einen Ersatzanspruch mit einer Beweiserleichterung im Vergleich zum allgemeinen Schadensrecht vorsieht, um keinen Haftungsanspruch für entgangene Chancen, da sie diese aufgrund ihrer Beschränkung auf das negative Interesse nicht kompensiert.[686]

Ein solcher Anspruch erscheint aber angesichts des Umstands gerechtfertigt, dass der öffentlichen Hand kraft des verfassungsrechtlichen Teilhabeanspruchs obliegt, Chancen der verfahrensbeteiligten Bewerber nicht zu frustrieren.[687] Das Kausalitätsproblem wird bei der Haftung für entgangene Chancen zum Problem der Schadensbestimmung. Insoweit gilt, dass sich der Schaden aus der Gewinnerwartung multipliziert mit den Gewinnchancen ergibt.[688] Dies stellt auch sicher, dass keine Überkompensation stattfindet; zudem sind die Erfolgsaussichten einer Chance mit 0 % zu bewerten, wenn eine Berücksichtigung des Angebots nicht in Betracht kommt, etwa aufgrund des Vorliegens von Ausschlussgründen.

---

[685] BGH, WRP 2008, S. 370 (373).

[686] So auch *G. Mäsch*, Chance und Schaden, S. 153 ff.

[687] Vgl. *G. Mäsch*, Chance und Schaden, S. 145 f., 240 ff.; dort, S. 266 ff., auch zu den Einwänden. Angesichts des verfassungsrechtlichen Reaktionsanspruchs kann der von *G. Mäsch*, Chance und Schaden, S. 302 f., aus systematischen Gründen vertretenen Ausklammerung der Haftung für entgangene Chancen aus dem deliktischen Schutz des § 823 Abs. 2 BGB im hiesigen Kontext nicht gefolgt werden; im Übrigen besteht auch eine vertragsähnliche Sonderverbindung, die – auch nach *G. Mäsch*, Chance und Schaden, S. 312 ff. – eine Haftung zu rechtfertigen vermag.

[688] Ausführlich *G. Mäsch*, Chance und Schaden, S. 320 ff.; zu den prozessualen Implikationen ibid., S. 371 ff.

C. Das Verteilungsverfahren als bereichsspezifische Fortentwicklung des Standardverfahrens

Die Herausarbeitung des Typs „Verteilungsverfahren" ermöglicht, diesen abschließend als bereichsspezifische Fortentwicklung des Standardverfahrens zu reflektieren: Worin unterscheidet sich das Verteilungs- vom Standardverfahren des VwVfG (I.)? Welche Faktoren haben die Herausbildung dieses Verfahrenstyps befördert und inwieweit fanden seine Spezifika Niederschlag im Fachrecht (II.)?

I. Die Spezifika des Verteilungs- gegenüber dem Standardverfahren des VwVfG

Im Standardverfahren des VwVfG kommt das Modell der überkommenen gesetzesvollziehenden Verwaltung zum Ausdruck.[1] Als Charakteristika dieses Verfahrenskonzepts identifiziert *Schmidt-Aßmann* die Fokussierung auf den Typus Hoheitsverwaltung, seine Entscheidungs- und Einzelfallorientierung, die Dominanz einseitiger Regelungen, seine bipolare Beteiligtenstruktur, die nur dienende Funktion des Verfahrens (§ 46 VwVfG), eine feste Rollenverteilung zwischen Verwaltung und Bürger, nach der letzterer seine Interessen und erstere das Gemeinwohl wahrnimmt (§ 24 VwVfG), die Zentralität von Rechtssicherheit, Bestandskraft und Vertrauensschutz (§§ 43, 48, 59 VwVfG), die Vorstellung der Verwaltung als geschlossener Einheit und die Inlandszentriertheit.[2]

Mit dem Verteilungsverfahren scheint nunmehr ein Verfahrenstyp auf, der in zweierlei Hinsicht über dieses Standardverfahren hinausweist: Zum einen vollziehen sich einige Verteilungsverfahren schon außerhalb der Verwaltungsverfahrensgesetze von Bund und Ländern, ist deren Anwendungsbereich doch auf die „nach außen wirkende Tätigkeit der Behörden, die auf die Prüfung der

---

[1] *N. Malaviya*, Verteilungsentscheidungen, S. 253 f.; *H. C. Röhl*, GVwR II, § 30, Rn. 10; *E. Schmidt-Aßmann*, Ordnungsidee, S. 357; ferner *ders.*, GVwR II, § 27, Rn. 14; *ders.*, Verwaltungsverfahren, S. 429 (432); *ders.*, NVwZ 2007, S. 40 (41 f.); *J.-P. Schneider*, GVwR II, § 28, Rn. 14.

[2] *E. Schmidt-Aßmann*, Ordnungsidee, S. 356 f., 365; ferner *ders.*, GVwR II, § 27, Rn. 13; *ders.*, Verwaltungsverfahren, S. 429 (430 ff., 465 ff.); *ders.*, NVwZ 2007, S. 40 (41).

Voraussetzungen, die Vorbereitung und den Erlass eines Verwaltungsaktes oder auf den Abschluss eines öffentlich-rechtlichen Vertrags gerichtet ist", beschränkt (§ 9 VwVfG); von vornherein ausgeklammert bleiben damit auf den Abschluss zivilrechtlicher Verträge gerichtete Verfahren, wie Vergabe- oder Privatisierungsverfahren. Dies verweist nicht nur auf die Notwendigkeit einer Typen- und Systembildung jenseits des VwVfG; vielmehr stellt sich umgekehrt auch die Frage nach der Übertragbarkeit von in diesem enthaltenen prozeduralen Kautelen, etwa der Ausschluss- und Befangenheitsvorschriften (§§ 20 f. VwVfG), auf nicht erfasste Verwaltungsverfahren. Zum anderen, und dies stellt den interessanteren Aspekt dar, modifizieren – auch vom Anwendungsbereich des VwVfG erfasste – Verteilungsverfahren das einleitend skizzierte überkommene Verfahrenskonzept.[3]

So ist zunächst eine Ausdifferenzierung der Verfahrensphasen zu konstatieren, fächert sich die Einleitungsphase doch in eine Konzept-, Ausschreibungs- und Bewerbungsphase auf und manifestieren sich Stufungen sowohl im Entscheidungsfindungs- als auch im -darstellungsprozess. Insoweit scheinen auch dem Standardmodell unbekannte Verfahrenselemente auf, etwa die Konzeptgestaltung, die in diesem angesichts der Ausklammerung behördeninterner Vorgänge ausgeblendet bleibt;[4] Gleiches gilt für Regelungen zum Entscheidungsablauf wie Entscheidungsfristen. Im Ausschreibungsverfahren vermischen sich ferner Offizial- und Antragsverfahren (§ 22 VwVfG): Denn es wird zwar von Amts wegen eingeleitet, seine Fortsetzung setzt jedoch einen Teilnahmeantrag des Bewerbers voraus; zudem impliziert das Ausschreibungsmodell, dass sich nicht Behörde und bekannte Beteiligte gegenüberstehen, letztere vielmehr erst in einem ersten Verfahrensschritt ermittelt werden müssen[5].

Des Weiteren modifizieren Verteilungsverfahren die durch den Amtsermittlungsgrundsatz (§ 24 VwVfG), Beratungs- und Auskunftspflichten (§ 25 VwVfG), das Anhörungserfordernis (§ 28 VwVfG) und das Recht auf Akteneinsicht (§ 29 VwVfG) gekennzeichnete Kommunikationsstruktur des Standardverfahrens, indem sie Kommunikationsmöglichkeiten zwischen der Verwaltung und einzelnen Bewerbern einschränken respektive formalisieren. Derartige Regelungen, wie das vergaberechtliche Verbot selektiver Informationserteilung (§ 12a Abs. 2 Nr. 5, § 12 Abs. 7 VOB/A 2009) oder von Nachverhandlungen (§ 15 VOB/A 2009), sind dem Anliegen geschuldet, sachlich nicht zu rechtfertigen-

---

[3] Siehe für eine dementsprechende Differenzierung zwischen Verfahren, die das (anwendbare) Standardverfahren von innen heraus verändern, und schon jenseits dessen Anwendungsbereichs ablaufenden Verfahren auch *H. C. Röhl*, GVwR II, § 30, Rn. 3.

[4] Zu den Lücken des VwVfG *H. Pünder*, Verwaltungsverfahren, § 12, Rn. 6; *H. J. Wolff / O. Bachof / R. Stober / W. Kluth*, Verwaltungsrecht, Bd. 1, § 58, Rn. 2, 53 ff. Speziell mit Blick auf Verteilungsverfahren: *H. C. Röhl*, GVwR II, § 30, Rn. 17.

[5] *H. C. Röhl*, GVwR II, § 30, Rn. 10, 22. Dies entspricht freilich mitunter auch der Situation im Standardverfahren, wenn etwa erst der Störer im Polizeirecht ermittelt werden muss.

den Einflussmöglichkeiten und Wissensvorsprüngen einzelner Beteiligter entgegenzuwirken.[6] Freilich variiert der Grad an Formalisierung in den einzelnen
Verteilungsverfahren, die teils einen weit reichenden Ausschluss von Kommunikationsmöglichkeiten vorsehen, teils aber auch Verhandlungsoptionen kennen.

Anders als im weitgehend gesetzlich-inhaltlich gesteuerten Standardverfahren, das dem Verwaltungsverfahren und dem Verfahrensrecht eine nur „dienende Funktion" zuweist, kommt diesen in Verteilungsverfahren eine prominente Rolle zu. Dies stellt sich nicht nur als Konsequenz der lediglich beschränkt möglichen materiellen Steuerung der verteilenden Verwaltung durch
Gesetz dar, sondern resultiert auch aus dem Angewiesensein einer optimalen
und dem Teilhabeanspruch der Bewerber Rechnung tragenden Güterverteil-
lung auf prozedurale Arrangements und Einhegung, etwa auf Ausschreibungen oder chancengleichheitswahrende Kautelen. Im abschließenden Ausblick
sei dieser Aspekt, namentlich seine Konsequenzen für eine Stärkung des Verfahrensgedankens im deutschen Verwaltungsrecht, nochmals aufgegriffen.

Als charakteristisch für Verteilungsverfahren erweist sich schließlich die diesen zugrunde liegende multipolare Konfliktlage, die über das bipolar strukturierte Standardverfahren hinausweist. Während letzteres konkurrierende Interessen Einzelner in erster Linie als Interessenkonflikt zwischen verfahrensbetei-
ligtem Antragsteller bzw. Adressaten der Verwaltungsentscheidung und durch
den Verfahrensausgang nachteilig betroffene und daher hinzuzuziehende Dritte
sieht (vgl. § 13 Abs. 2 VwVfG), was auch in der Figur des Verwaltungsakts mit
Drittwirkung zum Ausdruck kommt, stehen sich in Verteilungsverfahren von
vornherein Bewerber mit einem gleichgerichteten, aber konkurrierenden Interesse, dem Erhalt des Guts, gegenüber. Diese Ausgangslage reflektieren manche
Verteilungsverfahren durch eine multipolare Beteiligtenstruktur, mitunter gar
durch eine multipolare Verteilungsentscheidung, die auch verfahrensrechtlich
einheitlich gegenüber allen Bewerbern ergeht. Wo dies nicht der Fall ist, mithin mehrere bipolare Verfahren zwischen der Verwaltung und jeweils einem Bewerber parallel nebeneinander ablaufen respektive sich die positive Auswahlentscheidung in Gestalt eines Verwaltungsakts mit Drittwirkung realisiert, stellt
wenigstens die aufgrund der Konkurrenznorm bestehende materiell-rechtliche
Verklammerung der einzelnen Verfahren die Rechtswahrung im Verfahren und
Rechtsschutzmöglichkeiten sicher. Darüber hinaus erfordert die Beteiligung
von Verfahrenssubjekten mit widerstreitenden Interessen dem VwVfG – mit
Ausnahme der Ausschluss- und Befangenheitsregelung (§§ 20 f. VwVfG) – unbekannte chancengleichheits- und neutralitätssichernde Kautelen. Neben der bereits erwähnten Formalisierung der Kommunikationsbeziehung zwischen Verwaltung und Bewerbern rechnen hierzu namentlich Mechanismen, die Raum

---

[6] *H. C. Röhl*, GVwR II, § 30, Rn. 22.

für willkürliche Entscheidungen zu reduzieren suchen, wie etwa die Konzept-pflicht oder das Verbot von auf bestimmte Personen zugeschnittenen Ausschreibungen sowie von Vorabfestlegungen auf bestimmte Kandidaten. Die multipolare Konfliktlage setzt sich auch in der Fehlerfolgenlehre und im Rechtsschutzsystem fort: So kann das Interesse des im Verteilungsverfahren (zunächst) zum Zuge gekommenen Bewerbers – ohnehin zu berücksichtigenden – Belangen des Bestandsschutzes besonderes Gewicht verleihen und Korrekturansprüche respektive deren gerichtliche Durchsetzung modifizieren, indem etwa, wie im Beamten- oder Kartellvergaberecht, der repressive Primärrechtsschutz durch einen vorbeugenden Eilrechtsschutz ersetzt wird, verfahrensbegleitende Rügeobliegenheiten statuiert werden oder, wie bei Auftragsvergaben unterhalb der Schwellenwerte nach Ansicht des BVerfG, nur Sekundärrechtsschutz zu ermöglichen ist. Diese Modifikationen des Rechtsschutzes strahlen angesichts der Vorwirkung der Rechtsschutzgarantie für das Verwaltungsverfahren mitunter auf dieses aus, indem die Verwaltung etwa Informations- und Wartepflichten zur Realisierung des präventiven Eilrechtsschutzes nachkommen muss.

Trotz der aufgezeigten Unterschiede im Verfahrenskonzept und der aus dem beschränkten Anwendungsbereich des VwVfG resultierenden Notwendigkeit einer dieses übergreifenden Typen- und Systembildung erscheint kein radikaler Bruch mit dem Standardverfahren angezeigt. Vielmehr erweist sich dieses, namentlich aufgrund seiner Nichtförmlichkeit und seiner Ausrichtung auf den Verfahrenszweck (§ 10 VwVfG), als entwicklungsoffen.[7] Damit bietet sich die Chance einer bereichsspezifischen Weiterentwicklung im Lichte der eben herausgearbeiteten Tendenzen, etwa durch eine Ausdifferenzierung der Verfahrensphasen, durch die Ergänzung um chancengleichheits- und neutralitätssichernde Kauteln oder durch die Anerkennung multipolarer Verfahrensstrukturen sowie Entscheidungsformen; und auch die Fehlerfolgenlehre lässt sich dem Bedeutungszuwachs des Verfahrens anpassen, indem dieser den Anwendungsbereich des § 46 VwVfG angesichts der Ergebnisrelevanz des Verfahrens zurückdrängt.

II. Faktoren für die Herausbildung des Verteilungsverfahrens

Die Begrenztheit des Standardverfahrens in konzeptioneller und gegenständlicher Hinsicht hat zur bereichsspezifischen Herausbildung des Verteilungsverfahrens geführt. Hinter dieser Entwicklung steht die Einsicht in die Abhän-

---

[7] Die Entwicklungsoffenheit des VwVfG über seine „Rezeptoren" Formenfreiheit und Zweckmäßigkeitsgebot (§ 10 VwVfG) betont ebenfalls *E. Schmidt-Aßmann*, Ordnungsidee, S. 365.

gigkeit einer optimalen Güterverteilung von einer entsprechenden Verfahrensgestaltung: So kann das materielle Recht zwar vorgeben, den Zuschlag auf das
wirtschaftlichste Angebot zu erteilen; die Realisierung dieses Ziels ist allerdings in Frage gestellt, solange das Verfahrensrecht nicht durch Ausschreibungserfordernisse eine hinreichend breite Beteiligung am Wettbewerb sicherstellt oder durch neutralitätswahrende Kautelen sachwidrige Einflüsse auf die
Vergabeentscheidung auszuschließen sucht. Mithin bedarf es einer „[p]rozedurale[n] Organisation der Konkurrenzsituation"[8] und damit entsprechenden
Verfahrensrechts. Entscheidender noch als die Einsicht des Verfahrensgestalters in diesen Zusammenhang war freilich die zunächst verfassungs- und später
dann auch zunehmend unionsrechtliche Inpflichtnahme von Gesetzgeber und
Verwaltung, sachgerechte Verteilungskriterien aufzustellen und eine deren
Umsetzung gewährleistende Verfahrensgestaltung vorzusehen („Grundrechtsschutz durch Verfahren" bzw. „Komplementärfunktion des Verfahrens für die
Durchsetzung der materiellen Rechte"[9]).[10] Die durch die Rechtsprechung des
BVerfG bewirkte Normierung der Anforderungen an die Bestellung von Notar(assessor)en oder an die Vergabe von Taxenkonzessionen zeugt hiervon genauso wie die Europäisierung des nationalen Vergaberechts sowohl aufgrund
der EU-Vergaberichtlinien als auch infolge des sich in der Rechtsprechung des
EuGH konturierenden primärrechtlichen Vergaberegimes.

Dieser Entwicklungsprozess lässt sich auch an der Normierung einzelner
Verteilungsverfahren ablesen. Erfahren haben diese nämlich oftmals zunächst
nur eine stiefmütterliche Behandlung:[11] Gesetzlich vorgesehen war mitunter
nur die Möglichkeit einer Verknappung, aber nicht der Umgang mit der Knappheit, operiert wurde mit nicht auf die Konkurrenzsituation zugeschnittenen
unbestimmten Rechtsbegriffen, die weite administrative Entscheidungsspielräume eröffneten, und es fehlten – in Verfahren, die immerhin materielle Vergabekriterien normierten – prozedurale Vorgaben.[12] Damit kam der Rechtsprechung und durch sie konkretisierten verfassungs- und unionsrechtlichen Vorgaben materieller und prozeduraler Natur eine große Bedeutung zu,[13] die, wie
erwähnt, zur Ausdifferenzierung von Verteilungsverfahren auch im einfachen
Recht führten.[14] Freilich entsprechen nach wie vor zahlreiche Verteilungsver

---

[8] *C. Fuchs*, Verteilungsverwaltung, S. 205 (212); ferner *H. C. Röhl*, GVwR II, § 30, Rn. 10.
[9] BVerfGE 73, 280 (296).
[10] Siehe auch *C. Fuchs*, Verteilungsverwaltung, S. 205 (211); *H. C. Röhl*, GVwR II, § 30,
Rn. 10.
[11] *A. Voßkuhle*, Strukturen und Bauformen, S. 277 (293 f.); ferner *C. Fuchs*, Verteilungsverwaltung, S. 205 (210); *C. Starck*, VerwArch 71 (1980), S. 1 (20): Gesetzgeber kümmert sich
„nur um die objektive Schrankenziehung ..., nicht aber um die daraus resultierenden Verteilungsprobleme."
[12] *C. Fuchs*, Verteilungsverwaltung, S. 205 (210).
[13] *C. Fuchs*, Verteilungsverwaltung, S. 205 (210 f.).
[14] *C. Fuchs*, Verteilungsverwaltung, S. 205 (211).

fahren nicht diesen Standards, wie etwa die Grundstücksveräußerungen durch die öffentliche Hand oder die erörterten Verteilungskonflikte im Sozialvergaberecht.

Zusammenfassung und Ausblick

Systembildung auf mittlerer, mithin bereichsspezifischer Ebene und der des allgemeinen Verwaltungsrechts schließen sich, wie einleitend betont, nicht aus. Vielmehr fördern beide Perspektiven Erkenntnisse zutage, die aus der jeweils anderen aufgrund ihrer zu geringen respektive zu hohen Abstraktion nicht gewonnen werden könnten. Nach der im Mittelpunkt der Arbeit stehenden typenspezifischen Systembildung, deren Ergebnisse im Folgenden zusammengefasst seien (I.), reflektiert ein abschließender Ausblick daher das Verteilungsverfahren mit Blick auf den Verfahrensgedanken im deutschen Verwaltungsrecht (II.).

I. Zusammenfassung

1. Das Verteilungsverfahren als Verfahrenstyp – zum Anliegen einer verwaltungsverfahrensrechtlichen Typenbildung

Zur Bewältigung der Aufgabe, knappe Güter in Konkurrenzsituationen zu verteilen, hat sich ein „Verteilungsverfahren" als eigenständiger Verfahrenstyp herausgebildet. Unter Verteilungsverfahren versteht die Arbeit Verwaltungsverfahren, mittels derer die Verwaltung aus einer Mehrzahl von Personen anhand bestimmter Kriterien eine oder mehrere Personen zu einem bestimmten Zweck auswählt, wobei die Berücksichtigung aller Bewerber aufgrund der aus welchem Grund auch immer bestehenden Knappheit des zu verteilenden Objekts ausgeschlossen ist. Damit scheiden insbesondere in der Leistungsverwaltung anzutreffende schlichte Zuteilungsverfahren, für das Gewerberecht charakteristische reine Genehmigungs- und Zulassungsverfahren und von Privaten – auch vor dem Hintergrund einer staatlichen Gewährleistungsverantwortung – durchgeführte Auswahlverfahren als Untersuchungsgegenstand aus, weil sich für diese eine von der Verwaltung zu bewältigende Knappheitssituation als nicht konstitutiv erweist.

Die hier vorgeschlagene verwaltungsverfahrensrechtliche Typenbildung fußt auf der im jeweiligen Verfahren zu bewältigenden und für das Verteilungsverfahren soeben eingegrenzten Aufgabe. Eine derart aufgabenbezogene Typenbildung vermittelt zwischen der Konkretion des Fachrechts und der Abstraktion des Allgemeinen Verwaltungsrechts und findet damit auf einer „mittleren Ebene der dogmatischen Systembildung" (*Rainer Wahl*) statt.[1] Dieser Ansatz erlaubt, spezialgesetzliche Regelungen abstrahierend zu reflektieren, ohne aufgrund eines zu hohen Abstraktionsniveaus Gefahr zu laufen, die den jeweiligen Sachbereich prägenden gemeinsamen Sachstrukturen und Herausforderungen, etwa Verfahrenselemente oder die materiell-rechtliche Interessenlage, aus dem Auge zu verlieren, und stellt damit „die für das Verwaltungsrecht unerläßliche Sach- und Wirklichkeitszugewandtheit"[2] sicher. Nichtsdestoweniger zielt die bereichsspezifische Typenbildung, wie das Allgemeine Verwaltungsrecht auch, auf vom Fachrecht abstrahierte Systembildung, und dürfen beide Ansätze wegen der durch sie ermöglichten abstraktionsniveauspezifischen Erkenntnisse nicht gegeneinander ausgespielt werden.

Vor diesem Hintergrund stellen Verfahrenstypen mit *Eberhard Schmidt-Aßmann* „verwaltungspraktisch bestimmte Konstrukte [dar], in denen bestimmte Verfahrenselemente im Blick auf eine bestimmte Verwaltungsaufgabe zu prozeduralen Arrangements zusammengesetzt sind."[3] Die Typenbildung beruht mithin auf der Annahme, dass die Einzelregelungen der einem Verfahrenstyp zugeordneten Verwaltungsverfahren nicht kontingent sind, sondern „ihre Berechtigung im übergreifenden Zusammenhang eines Verfahrenstyps finden und sich aus der Eigenart des jeweiligen Typs begründen".[4] Dementsprechend ist die Typenbildung als Verfahrenslehre einem Grundanliegen der Verwaltungsrechtswissenschaft verpflichtet, nämlich „die in der Gesetzes- und Verwaltungspraxis vorkommenden Verfahren zu analysieren und ihre Bestandteile zu einer systematischen Verwaltungsverfahrenslehre zusammenzufügen".[5] Methodisch liegen der Typenbildung zwei Ansätze zugrunde: Aus dem Verfassungs-, Unions- und einfachen Recht ist zum einen der übergreifende Rahmen für die staatliche Verteilungstätigkeit abzuleiten, der materielle und prozedurale Vorgaben für die Verfahrensgestaltung liefert; zum anderen ist das Fachrecht auf seine Grundstrukturen hin zu analysieren (zu beidem sogleich, II.1. und 2.). Die auf diese Weise deduktiv respektive induktiv gewonnenen Ergebnisse setzt der abschließende Akt der Systembildung schließlich zueinander in Bezug, indem er die im Besonderen Verwaltungsrecht identifizierten Verfahrenselemente verallgemeinert, fachrechtsübergreifend vergleicht und mit den Rahmenvorgaben einschließlich der Institute des Allgemeinen Verwaltungsrechts abgleicht. An dessen Ende steht die idealtypische Struktur des Verteilungsverfahrens (hierzu III.). Deren Herausarbeitung liegt nicht nur ein systematisch-ordnendes Interesse zugrunde; vielmehr erlaubt sie gleichzeitig, einer-

---

[1] Siehe nur *R. Wahl*, Vereinheitlichung, S. 19 (30 ff., insb. 42 ff.).
[2] Wiederum *R. Wahl*, Neues Verfahrensrecht, S. 83 (87).
[3] *E. Schmidt-Aßmann*, GVwR II, § 27, Rn. 77.
[4] *R. Wahl*, Neues Verfahrensrecht, S. 83 (90).
[5] *E. Schmidt-Aßmann*, GVwR II, § 27, Rn. 84.

seits die Konkretionen im Fachrecht aus einer allgemeinen Perspektive zu bewerten und andererseits nach Lehren für das Allgemeine Verwaltungsrecht zu fragen. Dabei gestattet die Modell- und Maßstabbildung nicht nur, Systemwidrigkeiten zu identifizieren und auf ihre Rechtfertigung hin zu befragen sowie Regelungsdefizite aufzuzeigen und Alternativlösungen zu unterbreiten, sondern auch, Gesetzgeber und Verwaltung Bausteine für die Verfahrensgestaltung bereitzustellen. Schließlich vermag die Typenbildung der nicht nur von *Rainer Wahl* beklagten „Typenarmut" des Verwaltungsverfahrensgesetzes[6] entgegenzuwirken und so die Verfahrenslehre bereichsspezifisch weiterzuentwickeln.

2. Rahmen- und Fachrechtsanalyse als Grundlagen der Typenbildung

a) Der verfassungs-, unions- und einfach-rechtliche Rahmen der staatlichen Verteilungstätigkeit

Als eine der beiden Grundlagen verwaltungsverfahrensrechtlicher Typenbildung vermisst die Arbeit in ihrem ersten Teil den verfassungs-, unions- und einfach-rechtlichen Rahmen der staatlichen Verteilungstätigkeit, formuliert dieser doch nicht nur Anforderungen an die Verteilungskriterien, sondern aufgrund der „Komplementärfunktion des Verfahrens für die Durchsetzung der materiellen Rechte"[7] auch an das Verteilungsverfahren. Diese fungieren nicht nur als Maßstab für existente Regelungen, sondern zeigen gleichzeitig Gestaltungsoptionen auf. Ihr Rahmencharakter impliziert freilich einen Konkretisierungsspielraum und verbietet umgekehrt, jedwede sekundär- und einfachrechtliche Ausprägung als zwingendes und damit unbedingt verallgemeinerbares Gebot der Rahmenordnung anzusehen. Bemerkenswert ist, dass sich trotz der Heterogenität der einzelnen Rechtsregimes, namentlich hinsichtlich Ursprung und Regelungsanliegen, ein weitgehend konvergenter Rechtsrahmen abzeichnet. Zudem sind „Spill-over"-Effekte zu erwarten, gerade vom Unionsrecht ausgehend, erscheint ein Nebeneinander verschiedener Verteilungsregimes doch unpraktikabel und rechtspolitisch fragwürdig.

aa) Der verfassungsrechtliche Rahmen der staatlichen Verteilungstätigkeit

Angesichts der umfassenden und damit auch im fiskalischen Bereich greifenden Grundrechtsbindung der öffentlichen Hand (Art. 1 Abs. 3 GG) unterliegt jedwedes verteilende Staatshandeln den Grundrechten des Grundgesetzes. Deren Vorgaben untersucht der erste Abschnitt des ersten Teils der Arbeit neben einer

---

[6] *R. Wahl*, NVwZ 2002, S. 1192 (1192).
[7] Siehe nur BVerfGE 73, 280 (296).

kursorischen Betrachtung des Rechtsstaatsprinzips, und zwar im Interesse der Verallgemeinerbarkeit aufbauend auf der Scheidung von Gleichheits- und Freiheitsrechten sowie ihren jeweiligen Funktionen; eine Analyse der Einzelgrundrechte erfolgt referenzgebietsbezogen im zweiten Teil. Bestimmt werden ferner die Tragweite der Rechtsschutzgarantie sowie der durch den Gesetzesvorbehalt determinierte Spielraum der verteilenden Verwaltung.

Stets einschlägig ist der allgemeine Gleichheitssatz (Art. 3 Abs. 1 GG), der, anders als teils vertreten, unabhängig von einer anderweitigen Rechtsbetroffenheit zum Tragen kommt. Er verlangt sachgerechte, mithin am Verteilungszweck orientierte Vergabekriterien, ohne bei entsprechender verfassungsrechtlicher Legitimation eine Verfolgung von Sekundärbelangen auszuschließen; diese Vorgabe ist bereichsspezifisch zu konkretisieren. Die Realisierung eines dem Gebot der Sachgerechtigkeit gemäßen Verfahrensergebnisses muss ferner eine adäquate Verfahrensgestaltung sicherstellen. In dieser seiner prozeduralen Dimension fordert der Gleichheitssatz namentlich die Entwicklung eines aussagekräftigen und für das weitere Verfahren grundsätzlich verbindlichen Verteilungskonzepts, eine hinreichende Publizität des Verteilungsvorgangs, die Begründung der Vergabeentscheidung sowie die Beachtung der Chancengleichheit im Auswahlverfahren. Neben diesen Vorgaben für die Verfahrensgestaltung vermittelt die Gleichheitsgarantie im Verfahren einen Anspruch auf eine ihren materiellen und prozeduralen Vorgaben entsprechende Verteilung, der im Rahmen bestehender Verteilungsregelungen normintern und im Übrigen verfassungsunmittelbar greift.

Die Relevanz der Freiheitsrechte für die staatliche Verteilungstätigkeit ist nach ihren verschiedenen Gewährleistungsdimensionen differenziert zu betrachten. Als vor ungerechtfertigten Eingriffen in individuelle Freiheitsräume schützende Abwehrrechte vermögen Freiheitsrechte regelmäßig keine Verteilungskonflikte zu bewältigen: Denn mit der Verteilung von Gütern eröffnet der Staat Freiheitsräume, beschneidet sie aber nicht; dies reflektiert die Struktur des Abwehrrechts als negatorisches Recht, das auf die Unterlassung bzw. Beseitigung freiheitsverkürzenden staatlichen Handelns zielt und dementsprechend nicht gegen Unterlassungen, wie die schlichte Nichtzuteilung eines knappen Guts, in Stellung gebracht werden kann. Jüngere abwehrrechtliche Rekonstruktionen der Freiheitsrechte, die sich als Alternative zu der vom BVerfG und der herrschenden Lehre betriebenen Pluralisierung der Grundrechtsfunktionen verstehen, vermögen diesen Befund nicht zu erschüttern. Diese Pluralisierung ist Konsequenz eines auch materialen Freiheitsverständnisses und hat zur Anerkennung von Einrichtungsgarantien, Schutzpflichten, Teilhabe- und Leistungsrechten sowie einer Verfahrensdimension geführt. Von besonderer Bedeutung für Verteilungsverfahren sind die (derivativen) Teilhaberechte, die auf die Partizipation an einem staatlicherseits vorgehaltenen Leistungsangebot zielen: Konstitutiv ist mithin ihr Bezug auf Bestehendes, der ihren nur derivativen

Charakter erklärt und sie von über den Status quo hinauszielenden, originären Leistungsrechten unterscheidet. Anders als dies ein Recht auf Teilhabe am Bestehenden prima facie nahelegen könnte, vermitteln sie allerdings nicht nur einen Anspruch auf Berücksichtigung bei der staatlichen Güterverteilung, sondern betreffen auch die Ausgestaltung des Verteilungsprogramms, indem sie sachgerechte Verteilungskriterien und eine deren Realisierung sicherstellende Verfahrensgestaltung fordern. Damit entspricht der Gewährleistungsgehalt des Teilhaberechts strukturell den auch aus dem allgemeinen Gleichheitssatz folgenden und soeben skizzierten Bindungen. Deren Radizierung in einem Freiheitsrecht und das damit einhergehende Mitbetroffensein freiheitsrechtlich geschützter Interessen erhöhen allerdings die Anforderungen sowohl an die Rechtfertigung von Vergabekriterien und Verfahrensgestaltung als auch an den Grad von deren gesetzgeberischer Determinierung.

Fraglich ist damit, wann das Gleichheitsrecht eine derartige Potenzierung zum Teilhaberecht erfährt: Dies kommt nicht bereits dann in Betracht, wenn die Verteilungssituation die Ausübung von Freiheitsrechten betrifft, da dies angesichts des lückenlosen Freiheitsschutzes stets der Fall ist und ein Teilhaberecht damit der Regelfall wäre. Vielmehr muss ein qualifizierter Zusammenhang zwischen der Zuteilung und der Grundrechtsausübung bestehen. Anzuerkennen ist ein solcher bei einem besonderen Angewiesensein des Grundrechtsträgers auf die staatliche Leistung, namentlich bei staatlicher Monopolstellung oder einer herausragenden Bedeutung des Guts für den Bewerber. Ein derartiges Verständnis des Teilhaberechts erlaubt auch dessen Rückkopplung an die Dogmatik des allgemeinen Gleichheitssatzes, der nach der „Neuen Formel" des BVerfG desto strengere Anforderungen an Differenzierungen aufstellt, „je stärker sich die Ungleichbehandlung von Personen oder Sachverhalten auf die Ausübung grundrechtlich geschützter Freiheiten nachteilig auswirken kann".[8] Darüber hinaus können so die wenigen Fallgruppen, in denen eine abwehrrechtliche Bewältigung von Verteilungssituationen (grundrechts-)theoretisch in Betracht kommt, einer teilhaberechtlichen Lösung zugeführt werden, namentlich die Kontingentierung der Freiheitsausübung durch aus Gemeinwohlgründen motivierte Kapazitätsgrenzen, etwa im Taxenverkehr oder bei der Frequenznutzung. In diesen Fällen zieht nämlich der in der Verknappung liegende Eingriff, der vor dem Abwehrrecht zu rechtfertigen ist, für die ihm nachgelagerte Bewältigung der Knappheitsproblematik die Geltung der strengen Anforderungen des Teilhaberechts nach sich.

Mitunter werden die bereits aus dem Teilhaberecht folgenden Vorgaben für das Verwaltungsverfahren auch als eigenständige freiheitsrechtliche Gewährleistungsdimension verstanden, deren prominenteste Formulierung sich in der Mülheim-Kärlich-Entscheidung des BVerfG findet; mit der Zuordnungsfrage

---

[8] Siehe nur BVerfGE 116, 135 (161).

sind allerdings keine Unterschiede im Gewährleistungsgehalt verbunden. Die nochmalige Erwähnung der Verfahrensdimension kann allerdings als Warnung vor zu viel Verfahrenseuphorie respektive vor Verfahrenshypertrophie genutzt werden: Geboten ist lediglich eine angemessene, nicht aber eine Verfahrensrechte verabsolutierende Verfahrensgestaltung; auch gegenläufigen Effizienzinteressen der Verwaltung und, was in multipolare Konflikte verarbeitenden Verteilungsverfahren von besonderer Bedeutung ist, Belangen von Konkurrenten muss Rechnung getragen werden.

Für das Verteilungsverfahren in grundrechtlicher Hinsicht von Bedeutung ist ferner die Garantie effektiven Rechtsschutzes. Verankert ist diese – über die dem materiellen Grundrecht inhärente Rechtsschutzdimension hinaus – für Maßnahmen der öffentlichen Gewalt in Art. 19 Abs. 4 GG und im Übrigen im allgemeinen Justizgewährleistungsanspruch (Art. 2 Abs. 1 GG i.V.m. dem Rechtsstaatsprinzip); mit der im Einzelnen umstrittenen Zuordnung sind jedenfalls hinsichtlich des hier interessierenden Kerngehalts keine Divergenzen verbunden. In der Sache zeitigt die Rechtsschutzgarantie zum einen Vorwirkungen für das Verwaltungsverfahren, dessen Ausgestaltung namentlich durch – auch aus der Verfahrensdimension folgende – Bekanntgabe-, Begründungs- und Dokumentationserfordernisse Rechtsschutz ermöglichen muss. Zum anderen gebietet sie eine möglichst wirksame und in tatsächlicher sowie rechtlicher Hinsicht umfassende Kontrolle des Endprodukts des Verteilungsverfahrens. Hieraus folgt namentlich ein Vorrang des Primärrechtsschutzes, der bei Vorliegen gewichtiger verfassungsrechtlicher Gründe allerdings Einschränkungen zugänglich ist: So verdeutlichen die Insolvenzverwalter- und Vergaberechtsschutzentscheidungen des BVerfG, dass aufgrund der multipolaren Konfliktlage in Verteilungsverfahren die Garantie effektiven Rechtsschutzes auch eine Einschränkung von Rechtsschutzmöglichkeiten einzelner Verfahrensbeteiligter und einen Verweis auf den Sekundärrechtsschutz legitimieren kann.

Grundrechtlich relevant ist schließlich das den einzelnen Verteilungsvorgang transzendierende Problem der gerechten Verteilung in der Zeit. Um den Zugangsanspruch später hinzutretender Bewerber nicht zu frustrieren und den Status quo nicht auf unabsehbare Zeit zu zementieren, ist eine angemessene Befristung der Zuteilung vorzusehen und setzt die Privilegierung von Altsassen bei der Neuzuteilung besonders gewichtige Bestandsinteressen voraus.

Im Anschluss an die Entfaltung der materiellen und prozeduralen Vorgaben für die staatliche Verteilungstätigkeit stellt sich abschließend die Frage, wer – Parlament oder Verwaltung – zu deren Festlegung berufen ist. Diese beantwortet die nunmehr zu erörternde Reichweite des Gesetzesvorbehalts. Ein solcher greift nicht nur bei ausnahmsweiser abwehrrechtlicher Relevanz des Verteilungsvorgangs, sondern auch darüber hinaus, so – insbesondere für die Grundrechtsausübung – wesentliche Regelungen inmitten stehen; insoweit lassen sich die für die Aktivierung des Teilhaberechts entwickelten Grundsätze fruchtbar machen. In diesen Fällen obliegt es dem parlamentarischen Gesetzgeber, Art und Gewichtung der heranzuziehenden Verteilungskriterien sowie das Auswahlverfahren jedenfalls in Grundzügen selbst zu bestimmen. Determinanten für den Grad der gebotenen Detailliertheit stellen Aspekte wie die sachgerechte Aufgabenverteilung zwischen Verwaltung und Parlament, insbesondere Möglichkeiten und Grenzen einer abstrakt-generellen Regelung, oder die Kompensationsfunktion von Konzeptpflichten dar. Das Erfordernis einer adäquaten parlamentsgesetzlichen Steuerung des Verteilungsverfahrens hat die Rechtsprechung für zahlreiche Sachbereiche ausbuchstabiert und oftmals angesichts von Regelungsdefiziten auch anmahnen müssen.

bb) Der unionsrechtliche Rahmen der staatlichen Verteilungstätigkeit

Angesichts der fortschreitenden Europäisierung des nationalen Rechts kann auch das die staatliche Verteilungstätigkeit steuernde Rechtsregime nicht mehr ohne Berücksichtung des Unionsrechts analysiert werden. Diesen supranationalen Rechtsrahmen speisen verschiedene Institute des Primärrechts: der unionsgrundrechtlich abgesicherte Freiheits- und Gleichheitsanspruch des Einzelnen, die auf den freien und gleichen Marktzugang für ausländische Erwerbstätige zielenden Marktfreiheiten, das den Wettbewerb vor Verfälschungen durch staatliche Intervention schützende Beihilfenrecht sowie das Marktmacht im Interesse der Wettbewerbsfreiheit eindämmende Kartell- und Wettbewerbsrecht. Ungeachtet ihrer heterogenen Regelungsanliegen und Anwendungsbereiche stellen diese primärrechtlichen Institute und Verbürgungen in der Sache weitgehend identische Vorgaben für die staatliche Verteilungstätigkeit auf, ein Befund, den mitunter explizit hergestellte Querbezüge bekräftigen.

Als am stärksten entwickelt erweist sich das marktfreiheitliche Vergaberegime, dessen Vorgaben in allen Marktzugangschancen verteilenden Verfahren mit Binnenmarktrelevanz – ein schillernder Begriff – Rechnung zu tragen ist und das auch in zahlreichen Sekundärrechtsakten, namentlich der Dienstleistungsrichtlinie, seinen Niederschlag gefunden hat. Unionsrechtlich rechtfertigungsbedürftig kann bereits die Knappheit als solche sein, so der Staat die Möglichkeit, sich erwerbswirtschaftlich zu betätigen, kontingentiert. Hierfür müssen gewichtige Gemeinwohlbelange streiten. Im Übrigen hat die Verteilung der Anforderung transparenter, objektiver, nichtdiskriminierender und angemessener Vergabekriterien sowie einer ebensolchen Verfahrensgestaltung zu genügen. Da erstere von der Art des zu verteilenden Gutes abhängen, kann in materieller Hinsicht in verallgemeinerungsfähiger Weise zunächst einmal nur das Gebot der Sachgerechtigkeit und Angemessenheit der Verteilungskriterien festgehalten werden. Diese müssen zudem klar gefasst und objektiv sowie nichtdiskriminierend formuliert, mithin nicht auf den Ausschluss bestimmter Interessenten gerichtet sein. Den Zugangschancen von Neubewerbern ist des

Weiteren hinreichend Rechnung zu tragen, namentlich durch eine Befristung der Zuteilung. Das auch auf prozedurale Richtigkeitsgewähr setzende Unionsrecht fordert ferner, Vergabekriterien und -verfahren vorab festzulegen und kundzutun sowie die Verteilungsentscheidung auf dieser Grundlage herzustellen. Dabei richtet sich die Art und Weise der Bekanntmachung nach den Umständen des Einzelfalls; so verlangen etwa gewichtige Vergaben von grenzüberschreitendem Interesse nach europaweiter Publizität. Besondere Bedeutung in Verteilungsverfahren kommt ferner der Neutralität gegenüber den einzelnen Bewerbern zu, etwa beim Zugang zu Informationen oder durch den Ausschluss befangener Entscheidungsträger. Um die vom Gebot effektiven Rechtsschutzes geforderte Nachprüfbarkeit zu ermöglichen, ist das Verfahren schließlich hinreichend zu dokumentieren und die Entscheidung mitzuteilen sowie zu begründen. Neben diesen Vorwirkungen für das Verwaltungsverfahren determiniert die Rechtsschutzgarantie ferner, inwieweit das Produkt des Verteilungsverfahrens einer gerichtlichen Kontrolle zugänglich sein muss; auch insoweit gilt ein Vorrang des Primärrechtsschutzes, der allerdings, wie im verfassungsrechtlichen Kontext auch, Modifikationen insbesondere aufgrund der multipolaren Konfliktlage zugänglich ist.

Keine wesentlich anderen Vorgaben folgen für unionsrechtlich determinierte, d.h. auf zwingenden Vorgaben des Sekundärrechts beruhende oder den grundfreiheitlich abgesicherten Marktzugang betreffende Verteilungsverfahren, und nur für diese, aus den Unionsgrundrechten, namentlich dem allgemeinen Gleichheitssatz (Art. 20 GRC). Dieser gebietet (sach-)gerechte Verteilungskriterien und eine deren Umsetzung im Verfahrensergebnis sicherstellende Gestaltung des Verteilungsverfahrens. Anders als die marktfreiheitlichen haben die unionsgrundrechtlichen Vorgaben, insbesondere aufgrund ihres beschränkten Anwendungsbereichs, bislang allerdings noch keine prominente Rolle gespielt; Selbiges gilt für die EMRK, die das Potential hat, Maßstäblichkeit für die Bewältigung von Verteilungskonflikten zu entfalten.

Werden die aufgezeigten Anforderungen eingehalten, kann bei auf die Begründung von Austauschverhältnissen gerichteten Verteilungsverfahren grundsätzlich von deren Konformität mit dem unionalen Beihilfenregime ausgegangen werden: Die Durchführung eines bedingungsfreien, transparenten und objektiven Auswahlverfahrens stellt nämlich nach der Kommissionspraxis, die sich insbesondere in Folge der in den 1980er Jahren einsetzenden Privatisierungswelle etabliert hat (siehe etwa die Mitteilung der Europäischen Kommission zu Grundstücksgeschäften der öffentlichen Hand[9]), einen prozeduralen Garant für die Marktkonformität des Austauschverhältnisses dar und vermag einen Beihilfenverdacht von vornherein auszuräumen.

---

[9] Nachweis oben, 1. Teil, B. Fn. 169.

Ein in Einklang mit den skizzierten Anforderungen durchgeführtes Verteilungsverfahren entspricht schließlich auch dem EU-wettbewerbsrechtlichen Gebot einer diskriminierungsfreien Vergabe (Art. 101 ff. AEUV), das entsprechende materielle und prozedurale Vorgaben umfasst. Dieses bindet den Staat als Güter anbietenden Unternehmer (und damit nicht im hoheitlichen Bereich), so ihm eine beherrschende Stellung auf dem Binnenmarkt oder einem wesentlichen Teil desselben zukommt.

Die eben aufgezeigten Vorgaben haben, wie erwähnt, auch Eingang in zahlreiche Sekundärrechtsakte gefunden, die, wie die Dienstleistungsrichtlinie oder das koordinierte EU-Vergaberecht, namentlich den Marktzugang ausländischer Unternehmer und damit die Verwirklichung der Grundfreiheiten betreffen. Jene für europäisierte Verteilungsverfahren geltende Verteilungsprinzipien arbeitet der zweite Abschnitt des ersten Teils abschließend heraus, nicht nur, weil diese den primärrechtlichen Befund einschließlich seiner Konvergenztendenz weiter illustrieren, sondern gerade weil diesen Maßstabsfunktion für die Ausgestaltung vieler nationaler Verteilungsverfahren zukommt.

cc) Der einfach-rechtliche Rahmen der staatlichen Verteilungstätigkeit

Wenn der dritte Abschnitt des ersten Teils das einfache Recht auf Rahmenvorgaben für die staatliche Verteilungstätigkeit hin untersucht, so gilt das Interesse (noch) nicht dem bereichsspezifischen Fachrecht; aufzuspüren sind vielmehr bereichsübergreifende Vorgaben.

Insoweit gilt ein erster Blick dem Vergaberecht, das nicht nur das wohl ausdifferenzierteste Verteilungsregime bereithält, sondern seinen Geltungsanspruch längst über herkömmliche Beschaffungsvorgänge, wie den nahezu sprichwörtlichen Bleistiftkauf der öffentlichen Hand, hinaus ausgedehnt hat. Hiervon zeugt etwa seine derzeit kontrovers diskutierte Erstreckung auf weite Teile der sozialrechtlichen Leistungserbringung, wie beispielsweise auf Rabattverträge zwischen der gesetzlichen Krankenversicherung und pharmazeutischen Unternehmen oder auf die Investorenauswahl im Kontext von städtebaulichen Verträgen. Trotz dieser Extensionen beschränkt die Notwendigkeit eines Beschaffungsbezugs, wie weit auch immer man diesen fassen mag, nach wie vor den Anwendungsbereich des Vergaberechts und zieht damit seiner Verallgemeinerung Grenzen. Ohnehin ist der Hypertrophie des Vergaberechts schon aus Gründen der Rechtssicherheit mit Zurückhaltung zu begegnen; vorzugswürdig erscheint der mit dieser Untersuchung beschrittene Weg, die Verteilungsproblematik mittels eines den skizzierten Rahmenvorgaben entsprechenden und auf den jeweiligen Sachbereich zugeschnittenen Verteilungsverfahrens in Griff zu bekommen.

Bereichsübergreifende Relevanz kommt zudem dem Kartell- und Wettbewerbsrecht mit seinem Missbrauchs- und Diskriminierungsverbot (§§ 19 Abs. 1, 20 Abs. 1 GWB) zu. Dieses verpflichtet den unternehmerisch handelnden Staat in Bereichen, in denen er eine marktbeherrschende Stellung innehat, zu einer wettbewerblichen Güterverteilung. Diese wiederum verlangt ein den bereits skizzierten materiellen und prozeduralen Rahmenvorgaben des Verfassungs- und Unionsrechts entsprechendes Verteilungsverfahren. Ferner bindet das Haushaltsrecht die öffentliche Hand bei der Verwertung öffentlichen Eigentums, indem es dem Wirtschaftlichkeitsgebot Rechnung tragende Anforderungen materieller und prozeduraler Natur aufstellt und damit Ansatzpunkte für ein strukturiertes Veräußerungsverfahren bereithält. Qualifiziert man schließlich ein auf einen privatrechtlichen Vertragsschluss zielendes Verteilungsverfahren als vorvertragliches Vertrauensverhältnis i.S.d. § 311 Abs. 2 Nr. 1 und 2 BGB, so ist die öffentliche Hand in diesem Rahmen gemäß § 241 Abs. 2 BGB zur „Rücksicht auf die Rechte, Rechtsgüter und Interessen des anderen Teils" und damit, so der BGH, auch „außerhalb des Anwendungsbereichs der allgemeinen Vergabevorschriften und Verdingungsordnungen ... zu[r] Gleichbehandlung der Teilnehmer, Transparenz und Rücksichtnahme" verpflichtet.[10] Dieser Rahmen lässt sich durch die skizzierten verfassungs- und unionsrechtlichen Bindungen näher ausfüllen.

b) Die Grundstrukturen ausgewählter Verteilungsverfahren

Als neben die im ersten Teil unternommene Deduktion des verfassungs-, unions- und einfach-rechtlichen Rahmens der staatlichen Verteilungstätigkeit tretende weitere Grundlage der angestrebten verwaltungsverfahrensrechtlichen Typenbildung müssen die im einfachen Recht und in der Verwaltungspraxis zu findenden Verteilungsverfahren auf ihre grundlegenden Ordnungselemente hin analysiert werden, um Bausteine für die Systembildung zu gewinnen. Dieses Anliegen verfolgt der zweite Teil der Arbeit anhand repräsentativer Referenzgebiete, der allerdings nicht nur für die Synthese essentielle Teilaspekte der einzelnen Verfahren herauszupräparieren sucht, sondern letztere im Interesse einer geschlossenen und (auch) für sich lesbaren Aufbereitung des jeweiligen Verteilungsregimes in ihrer Gesamtheit vorstellt.

Die Auswahl der Referenzgebiete erfolgte mit dem Ziel, über eine möglichst breite Grundlage für die verwaltungsverfahrensrechtliche Typenbildung zu verfügen. Damit maßgeblich war zum einen der aufgrund von ausdifferenzierter Normierung respektive fortgeschrittener Durchdringung in Wissenschaft, Rechtsprechung und Verwaltungspraxis zu erwartende Reichtum an Anschauungsmaterial. Zum anderen galt es, die Vielgestaltigkeit der verteilenden Verwaltung, etwa mit Blick auf Handlungsformen oder Verwaltungstyp, einzufangen. Vor diesem Hintergrund näher analysiert werden die öffentliche Auftragsvergabe, die Vergabe öffentlicher Ämter, von Studienplätzen, Taxen- und Linienver-

---

[10] Siehe nur BGH, NZBau 2008, S. 407 (408).

kehrskonzessionen, Standplätzen auf Messen und Märkten sowie von Telekommunikations- und Rundfunkfrequenzen, strukturierte Veräußerungsverfahren bei Unternehmens- und Immobilientransaktionen der öffentlichen Hand und das Sozialvergaberecht, namentlich die Krankenhausplanung und der Abschluss von Selektivverträgen durch gesetzliche Krankenkassen.

Die Analyse dieser Materien erfolgt auf der Grundlage eines Rasters, das auch der im dritten Teil unternommenen Typenbildung zugrunde liegt und in diesem Zusammenhang noch näher entfaltet wird; es schöpft aus den Ordnungsleistungen, die die verwaltungsrechtswissenschaftliche Verfahrenslehre erbracht hat. Diese interessiert sich für innere Organisation und Aufbau des Verwaltungsverfahrens sowie das Zusammenspiel seiner Einzelbestandteile im Ganzen[11] und wurde für die Zwecke dieser Arbeit wie folgt adaptiert: Den Schwerpunkt der Einzeluntersuchungen bildet eine Betrachtung des nach Verfahrensphasen gegliederten Ablaufs des Verteilungsverfahrens, für das eine Konzept-, Ausschreibungs-, Bewerbungs- und Entscheidungsfindungsphase identifiziert werden, die in die hinsichtlich Handlungsform und Darstellungsmodalitäten erörterte Vergabeentscheidung münden. Thematisiert werden ferner die Möglichkeit einer Einstellung des Verteilungsverfahrens, seine mit Blick auf Verfahrenssubjekte bi- oder multipolare Struktur, etwaige anlassunabhängige Verfahren sowie die sich als in Verteilungsverfahren von besonderer Bedeutung erweisenden Querschnittsthemen Transparenz und Neutralität. Ein abschließender Blick gilt der Fehlerfolgenlehre sowie ihrer Fortsetzung im Rechtsschutzsystem, und einleitend wird der für das jeweilige Verteilungsverfahren geltende verfassungs-, unions- und einfach-rechtliche Rahmen nunmehr hinsichtlich Einzelgrundrechten bzw. -normen konkretisiert sowie die teils komplexe, teils defizitäre Regelungsstruktur aufgezeigt.

3. Das Verteilungsverfahren als Verfahrenstyp: Synthese

Der dritte Teil der Arbeit zieht eine Ebene zwischen den im ersten Teil aus dem Verfassungs-, Unions- und einfachen Recht deduzierten bereichsübergreifenden Vorgaben für die staatliche Verteilungstätigkeit einerseits sowie den im zweiten Teil betrachteten Konkretionen des Verteilungsverfahrens im Fachrecht andererseits ein und weiß sich damit einer aufgabenbereichsbezogenen Systembildung auf mittlerer Abstraktionsebene verpflichtet. Orientiert am bereits auf das Besondere (Verteilungs-)Verwaltungsrecht angewandten Analyseraster entfaltet er die idealtypische Struktur des Verteilungsverfahrens, indem er die im Fachrecht identifizierten Verfahrenselemente verallgemeinert, fachrechtsübergreifend vergleicht und mit den Rahmenvorgaben einschließlich der

---

[11] Siehe nur *H. Hill*, Fehlerhafte Verfahren, S. 258; *E. Schmidt-Aßmann*, GVwR II, § 27, Rn. 84; *J.-P. Schneider*, GVwR II, § 28, Rn. 7.

Institute des Allgemeinen Verwaltungsrechts abgleicht. Es geht um Verfahrensphasen (1.), anlassunabhängige Verfahren (2.), verfahrensrechtliche Spezifika (3.), Verfahrenssubjekte (4.), Fehlerfolgen (5.) und Rechtsschutz (6.).

a) Verfahrensphasen

In Ausdifferenzierung des Standardmodells des VwVfG lassen sich für das Verteilungsverfahren eine Konzept-, Ausschreibungs-, Bewerbungs- und Entscheidungsfindungsphase unterscheiden, deren Ergebnis mittels der Vergabeentscheidung im Außenverhältnis dargestellt wird. Das Verfahren kann allerdings auch durch Einstellung enden.

In der *Konzeptphase* obliegt es der Verwaltung, für den Einzelfall Verteilungsobjekt, -kriterien und -verfahren insoweit näher zu konkretisieren, wie das gesetzliche Verteilungsprogramm angesichts der Grenzen seiner Steuerungsfähigkeit entsprechende Spielräume belassen musste, etwa aufgrund der Vielgestaltigkeit der Verteilungsvorgänge oder der Organisationshoheit der Verwaltung. Ein derartiges Verteilungskonzept als Grundlage für das weitere Verteilungsverfahren vorab festzulegen statt im Moment der Entscheidung die Bewerbungen anhand unbestimmter gesetzlicher Vorgaben zu bewerten, erhöht im Interesse von Verwaltung und Bewerbern Rationalität und Transparenz des Entscheidungsvorgangs, indem eine verlässliche, Raum für Willkür ausschließende und aus der Perspektive des Rechtsschutzes nachvollziehbare Entscheidungsbasis generiert wird. Diese Funktion erhellt, warum die Konzeptgestaltung eine wesentliche prozedurale Vorgabe des verfassungs-, unions- und einfach-rechtlichen Rahmens der staatlichen Verteilungstätigkeit darstellt, warum für diese ein Bestimmtheitsgebot gilt und warum sie auch im Fachrecht Anerkennung gefunden hat. Konzepte können in allen der Verwaltung zur Verfügung stehenden Handlungsformen fixiert werden, ein Befund, den die Verwaltungspraxis bestätigt. Unbeschadet der handlungsformspezifischen Bindungswirkung implizieren Sinn und Zweck der Pflicht zur Aufstellung eines Konzepts dessen grundsätzliche Verbindlichkeit für das weitere Verwaltungsverfahren; mit Blick auf die in Auswahlprozessen mitunter notwendige Flexibilität und zur Vermeidung des ineffizienten Umwegs über Abbruch und Neuausschreibung ist allerdings ein beschränktes Abweichungsrecht anzuerkennen, so die Änderung sachlich gerechtfertigt ist, insbesondere nicht zur Diskriminierung einzelner Bewerber erfolgt, vorhandene Bewerber auf sie reagieren können und sie aufgrund ihrer Wesentlichkeit den Bewerberkreis nicht zulasten potentieller, aber nicht informierter Interessenten erweitert.

Die sich an die Konzeptgestaltung anschließenden *Ausschreibungs- und Bewerbungsphasen* dienen der Ermittlung der Verfahrensbeteiligten. Im Interesse individueller Partizipationschancen und einer optimalen Ressourcenallokation hat eine dem Einzelfall hinsichtlich Art und Umfang gemäße Bekanntmachung zu erfolgen, was deren ausnahmsweise Entbehrlichkeit nicht ausschließt; die meisten Verteilungsverfahren kennen mehr oder weniger präzise gefasste Ausschreibungserfordernisse. Ebenso sind angemessene Bewerbungsfristen vorzusehen, die als Ausschluss- oder bloße Ordnungsfristen gestaltet werden (können).

In der *Entscheidungsfindungsphase* arbeitet die Verwaltung das gesetzlich vorgegebene und in der Konzeptphase regelmäßig weiter konkretisierte Entscheidungsprogramm ab. Ihren Kern bildet der auf die Vergabekriterien bezogene Vergleich der Bewerber; dem vorausgehen kann eine separate Überprüfung der Bewerbungen auf die Einhaltung von Mindestanforderungen hin, namentlich mit Blick auf generelle Eignung und Formalia. Zumeist finden sich im Fachrecht materiell-wertende Auswahlkriterien, wie das wirtschaftlichste Angebot bei der öffentlichen Auftragsvergabe oder die größte Programmvielfalt als Maßstab für die Zuteilung von Rundfunkfrequenzen, nur selten dagegen solche formaler Art, wie das für die Vergabe von Taxenkonzessionen maßgebliche Prioritätskriterium. Dieser Befund entspricht dem aus den Rahmenvorgaben, die auch hinsichtlich Einzelkriterien in der Untersuchung kleingearbeitet werden, folgenden grundsätzlichen Nachrang formaler Verteilungskriterien, ebnen diese doch die materiellen Unterschiede zwischen den Bewerbern ein und erweisen sich damit – trotz ihrer einfacheren und transparenteren Handhabbarkeit – regelmäßig als nicht sachgerecht. Statthaft erscheint ihre Heranziehung lediglich als Hilfskriterien, als Hauptkriterien dagegen nur, wenn eine wertende Auswahlentscheidung unmöglich, unstatthaft, mit unverhältnismäßigem Aufwand verbunden oder ausnahmsweise entbehrlich erscheint.

Die Prädominanz materiell-wertender und damit zwangsläufig eine gewisse Vagheit aufweisender Vergabekriterien wirft schließlich die Frage nach den dadurch eröffneten Entscheidungsspielräumen der Verwaltung auf. Solche folgen freilich noch nicht aus der Verwendung eines unbestimmten Rechtsbegriffs, wie dem den öffentlichen Verkehrsinteressen am besten entsprechenden Linienverkehrsangebot (§ 13 Abs. 2 Nr. 2 PBefG); nach der normativen Ermächtigungslehre erforderlich ist vielmehr eine Befugnis der Verwaltung zur letztverbindlichen Entscheidung, die zudem angesichts der mit ihr einhergehenden Reduktion der gerichtlichen Kontrolldichte vor der Rechtsschutzgarantie Bestand haben muss. Somit verbietet es sich, anders als oftmals für Verteilungsentscheidungen aufgrund ihrer Wertungsabhängigkeit angenommen, der Verwaltung unbesehen Beurteilungsspielräume zuzuerkennen; für solche können im Rahmen der anzustellenden Gesamtabwägung, insbesondere mit den inmitten stehenden grundrechtlichen Interessen, prognostische und planerische Momente, unwiederholbare, von persönlichen Eindrücken und Erfahrungen abhängige Leistungsbewertungen oder ein im Einzelfall bestehendes Organisationsermessen der Verwaltung streiten. Die Tragweite administrativer Entscheidungsspielräume erheblich mindert freilich die Konzeptpflicht, der insoweit eine kompensatorische Funktion zugesprochen werden kann. Denn diese verlangt, das offene gesetzliche Verteilungsprogramm für das jeweilige Verfahren kleinzuarbeiten, und reduziert damit Beurteilungsspielräume.

Am Ende der Entscheidungsfindungsphase steht die *Verteilungsentscheidung* inhaltlich fest, die nunmehr im Außenverhältnis darzustellen ist. Erfolgen kann dies in einem ein- oder zweistufigen Prozess, je nach dem, ob sich neben dem Akt der Zuteilung des Gutes auch die Auswahlentscheidung als solche im Außenverhältnis manifestiert.

Der stets erforderliche Zuteilungsakt selbst kann sich in den verschiedensten Handlungsformen vollziehen, wie etwa die Konzessionsvergabe durch Verwaltungsakt, die Auftragsvergabe durch Abschluss eines privatrechtlichen Beschaffungsvertrags oder die Befugnis zur sozialrechtlichen Leistungserbringung auf der Grundlage eines öffentlich-rechtlichen Versorgungsvertrags; spiegelbildlich hierzu zu qualifizieren ist die jeweilige Ablehnungsentscheidung. Die eigentliche Auswahlentscheidung stellt keinen Regelungsbestandteil respektive Vertragsinhalt des Zuteilungsakts dar, sondern fungiert lediglich als dessen Regelungs- bzw. Rechtmäßigkeitsvoraussetzung. Im einstufigen Modell, das weithin Anwendung findet, verbleibt es bei diesem Zuteilungsakt ohne ins Außenverhältnis gekehrte Auswahlentscheidung. Möglich ist aber auch eine zweistufige Konstruktion, bei der dem Zuteilungs- ein Auswahlakt vorgeschaltet ist, wie dies etwa bei einer Verteilung nach der überkommenen Zwei-Stufen-Theorie praktiziert wird. In diesen Fällen ist anhand des Regelungswillens der Behörde der Gehalt des Auswahlakts zu bestimmen, d.h. ob neben bzw. statt einer Feststellung des Auswahlergebnisses die Zuteilung zugesichert bzw. zugesagt wird. Zwischen diesen beiden Modellen steht die namentlich im Beamten- und Kartellvergaberecht Anwendung findende einstufige Zuteilung mit vorgeschalteter Information der unterlegenen Bewerber über ihre Nichtberücksichtigung, die als rein tatsächlicher Akt ohne Regelungswillen qualifiziert wird und die angesichts der in diesen Fällen angenommenen Stabilität der Zuteilungsentscheidung wenigstens präventiven (Primär-)Rechtsschutz ermöglichen soll. Eine etwaige Stufung des Auswahlverfahrens ist anhand der Verfahrensgestaltung im Einzelfall zu bestimmen und darf nicht, wie oftmals geschehen, fingiert werden; sie ist entgegen der überkommenen Zwei-Stufen-Theorie auch nicht aus Rechtsgründen bei privatrechtlichem Zuteilungsakt geboten, da auch dieser öffentlich-rechtlichen Bindungen und einer gerichtlichen Kontrolle unterliegt. Aus verwaltungspraktischen Gründen mag eine Stufung aber aufgrund der einem vorgeschalteten Auswahlverwaltungsakt zukommenden Bestandskraft und der damit einhergehenden Immunisierung eines vertraglichen Zuteilungsakts gegenüber Einwendungen aus dem Auswahlverfahren ratsam erscheinen.

Angesichts des der Auswahlentscheidung zugrunde liegenden Vergleichs der einzelnen Bewerber auf der Basis der Auswahlnorm stellt sich diese Entscheidung hinsichtlich aller Bewerber als materiell-rechtlich einheitliche dar. Dies gebietet aber keine verfahrensrechtliche Einheit; vielmehr bleibt es der Verwaltung unbenommen, die Auswahlentscheidung in separaten positiven bzw. negativen Verwaltungsakten umzusetzen, was auch der gängigen Praxis in zahlreichen Verteilungsverfahren entspricht. Die materiell-rechtliche Interdependenz tritt dann insofern zutage, als es sich beim positiven Zuteilungsakt um einen (Verwaltungs-)Akt mit Drittwirkung handelt. Als dem multipolaren Verteilungskonflikt im Vergleich zu dieser Konstruktion gemäßere Alternative wird auch ein „einheitlicher Verteilungsverwaltungsakt" vorgeschlagen, von dem sinnvollerweise nur dann die Rede sein kann, wenn man hierunter, wie etwa der BGH im Notarrecht oder eine starke Strömung im Rundfunkrecht, eine (auch verfahrensrechtlich) einheitliche Auswahlregelung hinsichtlich aller Bewerber versteht. Für diese rechtlich ohne Weiteres mögliche Konstruktion, die ein i.S.d. § 13 VwVfG einheitliches Verwaltungsverfahren und einen isolierten Angriff ermöglicht, muss es freilich hinreichende Anhaltspunkte in der Verfahrensgestaltung geben.

Bei zivilvertraglicher Zuteilung stellt sich ferner die Frage, ob das Auswahlrechtsverhältnis die privatrechtliche Natur des Zuteilungsakts teilt oder aber dem Öffentlichen Recht zuzuordnen ist. Angesichts der grundrechtlich-rechtsstaatlichen Bindungen jedweden Staatshandelns kommt letzteres nur dann in Betracht, wenn ein über diese hinausgehendes spezifisch öffentlich-rechtliches Gepräge des Auswahlrechtsverhältnisses, etwa aufgrund besonderer öffentlich-rechtlicher Vorgaben, vorliegt, wie dies etwa bei der Auftragsvergabe, nicht aber bei gewöhnlichen Veräußerungsvorgängen der Fall ist.

Ebenfalls die Darstellung der Verteilungsentscheidung betrifft das Erfordernis einer Begründung der Auswahl- bzw. Zuteilungsentscheidung, das § 39 VwVfG für Verwaltungsakte vorsieht und im Übrigen, wenn nicht aus Spezialregelungen, so doch angesichts seiner Informations-, Rechtsschutz- und Selbstkontrollfunktion aus der prozeduralen Dimension des Teilhabeanspruchs folgt. Geboten ist eine aussagekräftige, den Nachvollzug der Auswahlentscheidung ermöglichende Begründung. Die positive bzw. negative Verteilungsentscheidung ist schließlich ihren Adressaten bekanntzugeben (vgl. § 41 VwVfG), erstere in bipolar strukturierten Verteilungsverfahren zudem den unterlegenen Konkurrenten, um raschen Rechtsschutz auch im Interesse der Rechtssicherheit zu ermöglichen.

Als Alternative neben dem Abschluss des Verteilungsverfahrens durch Entscheidung steht dessen *Einstellung*, die zwar meist nicht näher geregelt ist, sich jedoch, wie die Verfahrenspraxis zeigt, oftmals als notwendig erweist, etwa wenn keine geeigneten Bewerber zur Verfügung stehen. Sie setzt eine entsprechende Dispositionsbefugnis der Verwaltung voraus, darf aber nicht zum diskriminierenden Ausschluss einzelner Bewerber erfolgen; das vielfach geforderte Vorliegen eines sachlichen Grundes für die Einstellung vermag keine darüber hinausgehenden Schranken zu ziehen.

b) Anlassunabhängige Verfahren

Auch im Kontext von „Verteilungsverfahren" finden sich anlassunabhängige, gegenüber der Auswahlentscheidung verselbstständigte Verfahren der Informationsgewinnung, wie die Präqualifizierung im Vergaberecht oder die Vorauswahl von Insolvenzverwaltern. Diese bezwecken, das spätere Vergabeverfahren zu entlasten und damit dessen Effizienz zu steigern bzw. bei Zeitdruck eine sachgerechte Vergabeentscheidung überhaupt erst zu ermöglichen. Die partielle Antizipation der Vergabeentscheidung zieht eine Geltung der materiellen und prozeduralen Vorgaben für das spätere Auswahlverfahren auch für das Vorauswahlverfahren nach sich.

c) Transparenz und Neutralität als verfahrensrechtliche Spezifika

Angesichts des zu bewältigenden Konkurrenzkonflikts kommt in Verteilungsverfahren den Grundsätzen der Transparenz und Neutralität eine besondere Bedeutung zu, die daher nicht nur eine Rahmenvorgabe darstellen, sondern sich vielfach auch im Fachrecht sowie zu diesem ergangenen Entscheidungen ausbuchstabiert finden. Das Neutralitätsgebot impliziert nicht nur die Unparteilichkeit des Amtswalters als Person und der Verwaltung als Institution, sondern auch eine neutralitätssichernde Verfahrensgestaltung: Letztere kommt insbesondere in Beschränkungen der Kommunikationsmöglichkeit zwischen Verwaltung und Bewerbern zum Ausdruck, etwa im Verbot einer selektiven Informationserteilung oder dem – mitunter vorgesehenen (§ 15 VOB/A 2009), im Interesse einer optimalen Allokation und bei Wahrung der Chancengleichheit aber nicht zwingend gebotenen – Ausschluss von Nachbesserungs- und Verhandlungsmöglichkeiten. Transparenz sichern ferner verteilungsverfahrensspezifische Dokumentationspflichten, die für das Vergabeverfahren normiert sind (§ 20 VOB/A 2009) und auch im Beamtenrecht Anerkennung gefunden haben; anders als das Begründungserfordernis beziehen sie sich nicht (nur) auf die Vergabeentscheidung, sondern verlangen, verfahrensbegleitend die wesentlichen Verfahrensschritte festzuhalten.

d) Verfahrenssubjekte (Beteiligte)

Genauso wie die Verteilungsentscheidung kann auch das Verteilungsverfahren multi- oder bipolar strukturiert werden, je nachdem, ob an diesem alle Bewerber beteiligt sind oder mehrere Verfahren zwischen Verwaltung und jeweils einem Bewerber parallel nebeneinander ablaufen. Beide Varianten finden sich in der Verfahrenspraxis. Obgleich das multipolare Modell der Bewältigung einer Konkurrenzsituation gemäßer erscheint, insbesondere eine einheitliche Beteiligtenstellung ermöglicht, stehen auch einer bipolaren Verfahrensstruktur keine rechtlichen Einwände entgegen, da auch in dieser aufgrund der materiell-rechtlichen Verklammerung der einzelnen Verfahren die Rechtsposition der einzelnen Bewerber hinreichend geschützt werden kann.

e) Fehlerfolgenregime

Die Fehlerfolgenlehre befasst sich mit den Konsequenzen von Verstößen gegen die materiellen und prozeduralen Vorgaben des Verteilungsprogramms, wobei angesichts des entscheidungsaktzentrierten Rechtsschutzsystems die Folgen des fehlerhaften Verwaltungshandelns für die Verteilungsentscheidung im Mittelpunkt der Untersuchung stehen. Im Fehlerfolgenregime auszubalancieren ist das grundrechtlich-rechtsstaatliche Gebot einer weitest möglichen Fehlerkorrektur mit dem durch Rechtssicherheit, Drittinteressen und Verwaltungseffizienz unterfütterten Bestandsinteresse. Vergegenwärtigt man sich auch vor diesem Hintergrund das Hauptanliegen des Verteilungsverfahrens, eine sachgerechte, mithin den bereichsspezifischen Vergabekriterien entsprechende Güterverteilung umzusetzen, wird deutlich, warum jeder materiell-rechtliche Fehler qua seiner Konsequenz eines inhaltlich unrichtigen Verfahrensergebnisses ohne Weiteres korrekturbedürftig ist, die Beachtlichkeit von lediglich den Weg der Entscheidungsfindung betreffenden Verfahrensfehlern demgegenüber von ihrer Auswirkung auf das Verfahrensergebnis abhängen muss, sieht man einmal von in Verteilungsverfahren nicht relevanten absoluten, da besonderen Partizipations-, Akzeptanz- oder Legitimationsinteressen Rechnung tragenden Verfahrensrechten ab. Diese abstrakten Vorgaben setzt das jeweils einschlägige, handlungsformspezifisch ausdifferenzierte Fehlerfolgenregime um: So besteht ein Anspruch auf Aufhebung rechtswidriger und den Teilhabeanspruch eines Mitbewerbers verletzender (Verteilungs-)Verwaltungsakte; Verwaltungsverträge, die knappe Güter zuteilen und jenes Drittrecht verletzen, unterliegen der Unwirksamkeitsfolge des § 58 Abs. 1 VwVfG, der als Element der verwaltungsprivatrechtlichen Bindungen der öffentlichen Hand auch bei zivilrechtlichem Handeln analog Anwendung findet. In beiden Fällen kann von einer korrekturbedürftigen Rechtsverletzung nur dann die Rede sein, wenn erstens eine Missachtung individualschützender Vergabevorschriften vorliegt, diese sich zweitens, im Fall von Verfahrensfehlern, auf das Verfahrensergebnis ausgewirkt, mithin die Zuteilungschance verschlechtert hat (für VA: § 46 VwVfG), und der übergangene Mitbewerber drittens entweder, bei gebundenen Entscheidungen, hätte berücksichtigt werden müssen, oder, im Falle administrativer Entscheidungsspielräume, bei einer spielraumkonformen Neuentscheidung zumindest zum Zuge kommen kann. Im zuletzt genannten Fall gebietet die Achtung der Einschätzungsprärogative der Verwaltung, den Korrekturanspruch, anders als teils vertreten, nicht durch Prognosen über die Zulassungschancen im Rahmen der Neuentscheidung zu relativieren.

Belange des Bestandsschutzes können das Korrekturinteresse überwiegen und eine Aufhebung der (den Teilhabeanspruch des übergangenen Mitbewerbers verletzenden) Verteilungsentscheidung sperren. Mit dem Institut der Bestandskraft auch rechtswidriger Verwaltungsakte kennt das Allgemeine Verwaltungsrecht eine derartige, das Korrekturinteresse aufgrund Zeitablaufs hintanstellende Regelung; gefordert wird eine solche auch für Verwaltungsverträge, die sich de lege lata nur über eine Beschränkung der Nichtigkeitsfolge realisieren lässt. Jenseits dessen greift in einigen Verteilungsverfahren ein jedenfalls den repressiven Primärrechtsschutz ausschließender Stabilitätsgrundsatz, etwa die Ämterstabilität im Beamtenrecht oder die Irreversibilität des Zuschlags im Vergaberecht, der eine nachträgliche Infragestellung der erfolgten Güterzuteilung ausschließt. Vor dem Hintergrund des unions- und verfassungsrechtlichen Korrekturanspruchs ist eine derartige Entscheidungsstabilität begründungs- und rechtfertigungsbedürftig und darf daher nicht vorschnell bejaht werden – anders als oftmals geschehen, zumal mit nicht tragfähigen Begründungen, wie einer Leugnung der materiell-rechtlichen Interdependenz von positiver und negativer Auswahlentscheidung oder dem schlichten Verweis auf den Grundsatz „pacta sunt servanda". Die Stabilität kann ausschließlich als materiell-rechtliche Beschränkung des Aufhebungsanspruchs respektive der Rechtsschutzgarantie verortet werden und setzt ein das (Primär-)Rechtsschutzinteresse unterlegener Konkurrenten überwiegendes Bestandsinteresse von Verwaltung und erfolgreichem Bewerber voraus, dessen Anerkennung sich nach den bereits aufgezeigten verfassungs- und unionsrechtlichen Vorgaben richtet. Neben einem gänzlichen Ausschluss des Primärrechtsschutzes unter Verweis auf den Sekundärrechtsschutz finden sich in der Verfahrenspraxis zwei weitere, den (nachträglichen) Primärrechtsschutz angesichts der Rechtsschutzgarantie lediglich modifizierende Stabilitätsmodelle: zum einen dessen Ersatz durch die Eröffnung präventiven (Eil-)Rechtsschutzes, den die Verwaltung durch Vorabinformation über die geplante Zuteilungsentscheidung ermöglichen muss, ein namentlich im Kartellvergabe- und Beamtenrecht anerkanntes Modell, das rasch endgültige Gewissheit über den Bestand der Zuteilungsentscheidung schafft; zum anderen der bei der Vergabe von Studienplätzen praktizierte Ersatz des repressiven Primärrechtsschutzes durch Folgenbeseitigung in einem späteren Verteilungsverfahren, mithin durch Berücksichtigung in diesem.

f) Rechtsschutz

Ihre Fortsetzung findet die Fehlerfolgenlehre im Rechtsschutzsystem, das unter den Aspekten Primär- und Sekundärrechtsschutz verhandelt wird, wobei das – durch die Rechtsschutzgarantie grundsätzlich gebotene – Offenstehen des ersteren letzteren ausschließt.

Abgesehen vom Kartellvergaberecht, das ein spezialgesetzliches, auf die Auswahlsituation insbesondere durch Flexibilitäts- und Beschleunigungsmomente zugeschnittenes Kontrollverfahren kennt, ist Primärrechtsschutz innerhalb des allgemeinen Systems der VwGO bzw. ZPO zu suchen. Den Rechtsweg determiniert damit die Rechtsnatur des Auswahlrechtsverhältnisses und die statthafte Klageart die jeweilige Handlungsform der Verteilungsentscheidung. Bei Zuteilung durch Verwaltungsakt und einer bipolaren Entscheidungsstruktur muss sowohl die gegenüber dem erfolgreichen Konkurrenten ergangene positive Zuteilungsentscheidung angefochten als auch die eigene Ablehnung im Wege der Verpflichtungsklage angegriffen werden; Ansichten, die letztere unter Verweis auf Rücknahmebefugnisse der Verwaltung für ausreichend erachten, vermögen insbesondere wegen ihrer minderen Rechtsschutzeffektivität nicht zu überzeugen. Gangbar ist jener Weg lediglich beim etwaigen Vorliegen eines einheitlichen Verteilungsverwaltungsakts, da hier der kassatorische Teil der Verpflichtungsklage die Gesamtregelung wegen des untrennbaren Zusammenhangs von positiver und negativer Vergabeentscheidung auf den Prüfstand stellt. Im Falle einer Verteilungsentscheidung auf vertraglicher Grundlage, die das Teilhaberecht eines Mitbewerbers verletzt, ist die Unwirksamkeitsfolge des § 58 Abs. 1 VwVfG (analog) durch (Dritt-)Feststellungsklage geltend zu machen. Ist, wie im Beamtenrecht, repressiver Primärrechtsschutz zwar ausgeschlossen, dies jedoch durch die Eröffnung präventiven Eilrechtsschutzes zu kompensieren, muss neben der Verpflichtungsklage in der Hauptsache ein Eilantrag mit dem Ziel, die Besetzung und damit die Hinfälligkeit des Primärrechtsschutzes zu verhindern, eingereicht werden; letzterer hat Erfolg, wenn die Auswahlchancen offen sind. Prospektiver, auf die Berücksichtigung in einem späteren Verteilungsverfahren zielender Primärrechtsschutz ist mittels der Verpflichtungsklage auf Folgenbeseitigung zu realisieren.

Die Dringlichkeit zahlreicher Verteilungsvorgänge erklärt, warum vielfach eine Rechtsschutzverlagerung in das Eilverfahren stattgefunden hat; fungiert dieses entgegen seinem vorläufigen Charakter als endgültiges, steigen die Anforderungen an die gerichtliche Kontrolldichte in tatsächlicher und rechtlicher Hinsicht. Was schließlich den Zeitpunkt des Primärrechtsschutzes betrifft, so kennt zwar das kartellvergaberechtliche Nachprüfungsverfahren eine verfahrensbegleitende Kontrolle, für den Verwaltungsprozess schließt § 44a S. 1 VwGO eine solche jedoch im Regelfall (anders das BVerwG nunmehr für die telekommunikationsrechtliche Frequenzvergabe) aus und suspendiert den Rechtsschutz bis zur Endentscheidung; die Effizienzbilanz beider Regelungen erscheint ambivalent.

Für den bei nicht eröffnetem Primärrechtsschutz zu verfolgenden Sekundärrechtsschutz greifen im hoheitlichen Bereich der Amtshaftungsanspruch und im fiskalischen § 823 Abs. 2 BGB i.V.m. dem Teilhabeanspruch sowie die culpa in contrahendo (§§ 280 Abs. 1, 241 Abs. 2, 311 Abs. 2 Nr. 1 und 2 BGB) als die zentralen Anspruchsgrundlagen; bei Verstößen gegen das Unionsrecht besteht zudem der unionsrechtliche Staatshaftungsanspruch. Das Hauptproblem aller Schadensersatzansprüche stellt der angesichts der regelmäßig bestehenden Entscheidungsspielräume der Verwaltung oftmals nicht mögliche Nachweis der Fehlerkausalität dar, obliegt es dem Ersatz des positiven Interesses begehrenden Anspruchsteller doch, darzulegen und zu beweisen, dass er bei ordnungsgemäßem Verfahren zum Zuge gekommen wäre. Demgegenüber bietet der Primärrechtsschutz in den Fällen spielraumwidriger Entscheidungen den Vorteil, diese aufzuheben und wiederholen zu lassen (Anspruch auf Neubescheidung); besonders fragwürdig erscheint diese „Alles oder Nichts"-Lösung des Sekundärrechtsschutzes, wenn dieser nicht erreichbaren Primärrechtsschutz kompensieren soll. Mögliche Auswege bieten Lösungen, die angesichts des in der Verantwortungssphäre der Verwaltung liegenden Fehlers die Darlegungs- und Beweislast zugunsten des nicht zum Zuge gekommenen Mitbewerbers zu modifizieren suchen, so Rechtsverletzung und Schaden feststehen; erwägenswert erscheint es darüber hinaus, die durch die Rechtsverletzung entgangene Chance selbst als Schaden zu begreifen. Schließlich hält die kartellvergaberechtliche Spezialregelung des § 126 S. 1 GWB ein Trostpflaster für zu Unrecht übergangene Bieter bereit: War ihr Angebot „chancenreich", hätte der Zuschlag mithin auf ihr Angebot erfolgen können, so besteht wenigstens ein Anspruch auf Ersatz der Aufwendungen für die Beteiligung am Verfahren.

III. Ausblick: Verteilungsverfahren und der Verfahrensgedanke im deutschen Verwaltungsrecht

Gerade vor dem Hintergrund des vornehmlich dem Modell der gesetzesvollziehenden Hoheitsverwaltung verpflichteten Standardverfahrens des VwVfG[12] wird dem Verwaltungsverfahren gemeinhin eine nur „dienende Funktion" gegenüber dem mit ihm zu realisierenden Verfahrensziel zugesprochen:[13] „Das Verfahren ist nur der Weg zur Erreichung eines durch andere Regelungen bestimmten Zieles";[14] demnach zielt „Verfahrensrecht ... auf die Verwirklichung

---

[12] Zu dieser Ausrichtung des VwVfG bereits oben, 3. Teil, C.; ferner *H. C. Röhl*, GVwR II, § 30, Rn. 10; *E. Schmidt-Aßmann*, Ordnungsidee, S. 357; *ders.*, GVwR II, § 27, Rn. 14; *ders.*, Verwaltungsverfahren, S. 429 (451); *J.-P. Schneider*, GVwR II, § 28, Rn. 14.

[13] BVerwGE 92, 258 (261); ferner NVwZ-RR 1998, S. 22 (23); E 105, 348 (354); *H. A. Wolff*, Dienende Funktion, S. 977 (979 ff.). Umfassend zum Konzept einer nur dienenden Funktion des Verwaltungsverfahrens *C. Quabeck*, Dienende Funktion, S. 8 ff. Differenziert zum Zusammenhang von materiellem und Verfahrensrecht *C. Möllers*, Materielles Recht – Verfahrensrecht – Organisationsrecht, S. 489 (493 ff., 502).

[14] *E. Schmidt-Aßmann*, Verwaltungsverfahren, S. 429 (451), der dieses Konzept freilich nur für das Modell der gesetzesvollziehenden Hoheitsverwaltung identifiziert (§ 46 VwVfG).

materiellen Rechts"[15]. Ablesen lässt sich diese zurückhaltende Bewertung des Verfahrens namentlich an der nur ausnahmsweisen Ahndung von Verfahrensfehlern und, damit einhergehend, einer auf die inhaltliche Richtigkeit der Verwaltungsentscheidung fokussierten gerichtlichen Kontrolle. So hielt etwa die Bundesregierung einen Verstoß gegen die vergaberechtliche Ausschreibungspflicht in einem sich an diesen anschließenden Vertragsverletzungsverfahren vor dem EuGH mit dem Argument für unbeachtlich, dass es „an einer vom beklagten Mitgliedstaat abzustellenden fortdauernden Vertragsverletzung fehle. Das gemeinschaftliche Vergaberecht sei nämlich lediglich Verfahrensrecht. Alle Wirkungen des Verstoßes gegen diese Vorschriften seien mit dessen Begehung bereits erschöpft."[16] Indes verkennt diese Auffassung die Bedeutung des verfahrensrechtlichen Publizitätsgebots für die Ermittlung des wirtschaftlichsten Angebots, setzt die Realisierung dieses Ziels des Vergaberechts doch eine breitestmögliche Bewerbergrundlage voraus; zu Recht ist der Gerichtshof ihr daher nicht gefolgt[17].

Allgemeiner noch lässt sich festhalten, dass mit dem in dieser Arbeit entfalteten Verteilungsverfahren ein Verfahrenstyp aufscheint, der angesichts der Grenzen einer gesetzlich-inhaltlichen Steuerung der staatlichen Verteilungstätigkeit die Bedeutung des Verwaltungsverfahrens für die Herstellung einer sachgerechten Verteilungsentscheidung illustriert. Dieser Befund entspricht einer generellen Tendenz, das Verwaltungsverfahren aufzuwerten. So unterstrich bereits *Hans F. Zacher* in seinem Referat auf der Staatsrechtslehrertagung 1966: „Wo das materielle Recht nicht unmittelbar gewährt werden kann, muß ihm das formelle vorauseilen".[18] Und kürzlich bemerkte *Wolfgang Hoffmann-Riem*:

Je weniger Ergebnisse durch den Gesetzgeber inhaltlich vorgegeben werden und je mehr sie erst im Rechtsanwendungsprozess gefunden werden können, umso wichtiger ist der Weg[,] auf dem sie erarbeitet werden – also die ‚Herstellung' der Entscheidung. Das verwaltungsrechtliche Verfahren wird daher zum eigenständigen Garanten der Richtigkeit einer Entscheidung. Hier hat das deutsche Recht noch erheblichen Nachholbedarf – etwa im Vergleich zum englischen oder französischen Recht, das die Bedeutung von Verfahren mehr betont und Verfahrensfehler stärker sanktioniert als das deutsche. Auch die Europäisierung des Rechts bewirkt eine Aufwertung des Verfahrens.[19]

Vor diesem Hintergrund erscheint es lohnend, abschließend *Hans Christian Röhls* Frage aufzugreifen, inwieweit Verteilungsverfahren einen „Ansatz zur Weiterentwicklung des verfahrensrechtlichen Denkens", mithin zu einer Stär-

---

[15] *M. Schmidt-Preuß*, Kollidierende Privatinteressen, S. 803.
[16] Vgl. EuGH, verb. Rs. C-20 und 28/01, Slg. 2003, I-3609, Rn. 21 – EK / Deutschland.
[17] EuGH, verb. Rs. C-20 und 28/01, Slg. 2003, I-3609, Rn. 35 ff. – EK / Deutschland.
[18] *H. F. Zacher*, VVDStRL 25 (1967), S. 308 (361).
[19] *W. Hoffmann-Riem*, ZRP 2007, S. 101 (102); ferner *M. Burgi*, JZ 2010, S. 105 (107 ff.). Umfassend zur Dynamik des Unionsrechts insoweit *C. Quabeck*, Dienende Funktion, S. 103 ff.

kung des Verfahrensgedankens, bieten können.[20] Deren Beantwortung setzt zunächst eine Reflexion der Ursachen für den Bedeutungszuwachs des (Verteilungs-)Verwaltungsverfahrens voraus (1.), bevor dessen Konsequenzen, namentlich hinsichtlich der Fehlerfolgen, in den Blick genommen werden (2.).

1. Die Ursachen für den Bedeutungszuwachs von Verwaltungsverfahren und Verwaltungsverfahrensrecht

Der Bedeutungszuwachs des Verwaltungsverfahrens resultiert in erster Linie aus den Grenzen der gesetzlichen Programmierbarkeit der verteilenden Verwaltung und der Abhängigkeit einer optimalen Güterverteilung von einer entsprechenden verfahrensmäßigen Flankierung, womit sich die Lösung des Verteilungskonflikts in das Verwaltungsverfahren verlagert. Zugleich zieht dieser Bedeutungszuwachs seinerseits eine weitere Aufwertung des Verwaltungsverfahrensrechts nach sich, verlangt er doch – gerade vor dem Hintergrund administrativer Spielräume – nach prozeduralen Kautelen.

In den die Verteilungstätigkeit der Verwaltung steuernden Normen finden sich regelmäßig nur unbestimmte, auf weitere Konkretisierung hin angelegte materielle Vorgaben: So ist die Beschaffungsverwaltung gehalten, nur geeignete, d.h. zuverlässige, fachkundige, leistungsfähige sowie gesetzestreue Bieter zu berücksichtigen (§ 97 Abs. 4 S. 1 GWB) und den Zuschlag auf das wirtschaftlichste Angebot zu erteilen (§ 97 Abs. 5 GWB), oder es sind Linienverkehrsangebote nach Maßgabe der öffentlichen Verkehrsinteressen i.S.d. § 13 Abs. 2 PBefG auszuwählen.[21] Geschuldet ist der hierin zum Ausdruck kommende Verzicht auf gesetzliche Feinsteuerung ihrer Unstatthaftigkeit, Unmöglichkeit oder Unpraktikabilität: So darf die – namentlich bei der Beschaffung von Verwaltungsressourcen einschließlich Personal, aber auch bei der Ausgestaltung öffentlicher Einrichtungen zu berücksichtigende – Organisationshoheit der Verwaltung nicht beschnitten werden und stehen Vielzahl, Vielgestaltigkeit respektive Unvorhersehbarkeit der einzelnen Verteilungsvorgänge – man denke nur an die öffentliche Auftragsvergabe – detaillierten gesetzlichen Vorgaben entgegen. Vor diesem Hintergrund verlagert sich Entscheidungsmacht in das Verwaltungsverfahren, kann und muss die Verwaltung doch ein offenes Gesetzesprogramm konkretisieren.

Des Weiteren lässt sich eine den materiellen Vorgaben entsprechende Güterverteilung oftmals ohne eine verfahrensmäßige Flankierung nicht realisieren. So mag zwar das Beamtenrecht eine Bestenauslese nach Eignung, Befähigung

---

[20] *H. C. Röhl*, GVwR II, § 30, Rn. 3, 8.

[21] Siehe auch *C. Fuchs*, Verteilungsverwaltung, S. 205 (223), nach der sich „die Kombination von grober materieller Programmierung auf Gesetzgebungsebene und gestärkter verfahrensrechtlicher Steuerung von Verteilungsentscheidungen bereits nahezu als Konstante" erweist; ferner *H. C. Röhl*, GVwR II, § 30, Rn. 3, 18.

und fachlicher Leistung (Art. 33 Abs. 2 GG; § 9 BeamtStG) vorgeben; ohne die Ansprache eines breiten Interessentenkreises durch öffentliche Ausschreibung der zu besetzenden Stelle oder die Einräumung angemessener Bewerbungsfristen muss eine optimale Besetzung allerdings scheitern. Nichts anderes gilt für die den telekommunikationsrechtlichen Regulierungszielen, namentlich einer effizienten Frequenznutzung (§ 2 Abs. 2 TKG), verpflichtete Vergabe von Telekommunikationsfrequenzen, die auf die Durchführung einer Versteigerung in einem adäquaten Auktionsdesign angewiesen ist.[22] Diese Verfahrensabhängigkeit der sachgerechten Güterverteilung lässt sich nicht nur aus der Perspektive einer im öffentlichen Interesse liegenden optimalen Ressourcenallokation betrachten, sondern auch aus der des Einzelnen, dessen unions- und verfassungsrechtlicher Anspruch auf Teilhabe gemäß den Vergabebedingungen ebenfalls von einer dementsprechenden Verfahrensgestaltung abhängig ist („Grundrechtsschutz durch Verfahren"). Das BVerfG spricht insoweit treffend von der „Komplementärfunktion des Verfahrens für die Durchsetzung der materiellen Rechte"[23] und hebt im Kontext des Zugangs zum Notarberuf hervor, dass „[d]urch die Gestaltung des Auswahlverfahrens … unmittelbar Einfluß auf die Konkurrenzsituation und damit auf das Ergebnis der Auswahlentscheidung genommen [wird]. Insbesondere durch die Art der Bekanntgabe der offenen Stellen und die Terminierung von Bewerbungen und Stellenbesetzungen läßt sich die Zusammensetzung des Bewerberkreises steuern. Deshalb muß das Verfahren, soll es den Anforderungen des Art. 12 Abs. 1 GG genügen, gewährleisten, daß tatsächlich von allen potentiellen Bewerbern derjenige gefunden wird, der am ehesten den gesetzten Anforderungen entspricht"[24]. Nichts anderes gilt für das Unionsrecht, für das Gerichtshof wie Unionsgesetzgeber schon oftmals die Bedeutung des Verfahrensrechts für die Verwirklichung der materiellen Vorgaben, etwa der Marktfreiheiten, betont haben.[25]

Der eben skizzierte, einer nur begrenzten inhaltlich-gesetzlichen Programmierbarkeit der verteilenden Verwaltung geschuldete Bedeutungszuwachs des Verfahrens zieht seinerseits eine weitere Aufwertung des Verfahrensrechts nach sich: Denn gewinnt das Verwaltungsverfahren an Gewicht, nimmt auch die Notwendigkeit zu, dessen – mit Blick auf das Verfahrensziel einer sachgerechten Güterverteilung – korrekten Ablauf sicherzustellen, was wiederum Verfahrensrecht verlangt. Dies gilt namentlich angesichts eines zunehmenden Spielraums der Verwaltung bei der Herstellung der Verteilungsentscheidung, der

---

[22] Siehe auch *M. Schmidt-Preuß*, NVwZ 2005, S. 489 (490).

[23] BVerfGE 73, 280 (296).

[24] BVerfGE 73, 280 (296). Siehe auch *N. Malaviya*, Verteilungsentscheidungen, S. 257 f. Zurückhaltend in der Bewertung *C. Quabeck*, Dienende Funktion, S. 146 ff.

[25] Siehe für Transparenz- und Ausschreibungspflichten nur EuGH, Rs. C-324/98, Slg. 2000, I-10745, Rn. 62 – Telaustria; Rs. C-458/03, Slg. 2005, I-8612, Rn. 49 f. – Parking Brixen; ferner den zweiten Erwägungsgrund der EU-Vergaberichtlinie 2004/18/EG.

prozedural einzuhegen ist, gerade wenn und weil materielle Steuerungsdefizite auch gerichtliche Kontrollmöglichkeiten reduzieren.[26] Vor diesem Hintergrund kommt dem Verwaltungsverfahren nicht nur eine Komplementär-, sondern auch eine kompensatorische Funktion zu, muss es doch ein transparentes, rationales, kontrollierbares und gleichheitskonformes Handeln auch jenseits parlamentsgesetzlicher Steuerung gewährleisten.[27] Dass in diesem Zusammenhang die Chancengleichheit der Bewerber und die Neutralität der Verwaltung sichernden Kauteln besondere Bedeutung zukommt, liegt aufgrund der im Verteilungsverfahren zu bewältigenden multipolaren Konkurrenzsituation auf der Hand.

Drei Beispiele für diese Entwicklung mögen genügen: Verwiesen sei zunächst auf die Konzeptpflicht, die die Verwaltung anhält, statt unmittelbar auf der Basis der unbestimmten Rechtsbegriffe des Gesetzesprogramms zu entscheiden, jene zu Beginn des Verteilungsverfahrens erst einmal in einem Konzept zu konkretisieren und dieses dann dem weiteren Vergabeverfahren zugrunde zu legen. So werden nicht nur Raum für Willkür eröffnende Entscheidungsspielräume reduziert und eine Grundlage für die nachvollziehende gerichtliche Kontrolle geschaffen, sondern auch im Interesse von Verwaltung und Verfahrensbeteiligten Rationalität und Transparenz des Auswahlvorgangs gefördert.[28] In diesem Zusammenhang des Weiteren zu nennen sind verschiedene Neutralität und Chancengleichheit gewährleistende verfahrensrechtliche Kauteln, die sachwidrige Einflüsse auf den Entscheidungsablauf auszuschließen suchen: So kommt den Anforderungen der Unparteilichkeit des Amtswalters als Person und der Verwaltung als Institution sowie dem Gebot einer neutralitätswahrenden Verfahrensgestaltung in Verteilungsverfahren eine besondere Bedeutung zu. Ablesen lässt sich diese nicht nur an vereinzelten Regelungen im Fachrecht, sondern auch an der Dominanz dieser Themen in der Verwaltungs- und Gerichtspraxis, die bei lückenhafter Normierung auf die verfahrensrechtliche Dimension des Teilhabeanspruchs rekurriert. So müssen Interessenkonflikte durch Befangenheitsvorschriften und eine ungerechtfertigte Bevorzugung einzelner Bewerber durch die Beschränkung der Kommunikationsmöglichkeit mit der Verwaltung (etwa Verbot der selektiven Informationserteilung oder Ausschluss von Nachbesserungsmöglichkeiten) verhindert werden. Als letztes Beispiel der prozeduralen Einhegung der verteilenden Verwaltung seien schließlich die zunehmend Anerkennung findenden Dokumentationspflichten genannt: So hält etwa § 20 VOB/A 2009 den öffentlichen Auftraggeber dazu an, verfahrensbegleitend ei-

---

[26] Siehe auch *M. Burgi*, NZBau 2003, S. 16 (19); *H. C. Röhl*, GVwR II, § 30, Rn. 10; *M. Schmidt-Preuß*, NVwZ 2005, S. 489 (490); *A. Voßkuhle*, Strukturen und Bauformen, S. 277 (343 f.); *H. A. Wolff*, Dienende Funktion, S. 977 (977).

[27] Ausführlich zu dieser kompensatorischen Funktion des Verwaltungsverfahrens oben, 1. Teil, A.I.2.b.cc.

[28] Zur Konzeptpflicht näher oben, 3. Teil, B.I.1.

nen Vergabevermerk zu erstellen, der die wesentlichen Eckpunkte des Vergabeverfahrens (Stufen, maßgebende Feststellungen und Begründung der einzelnen
Entscheidungen) jeweils zeitnah festhält; und auch im Beamtenrecht gewinnt
die Einsicht an Boden, dass eine entsprechende Dokumentation des Verfahrens
den Zugangsanspruch des Art. 33 Abs. 2 GG abzusichern hilft.[29] Derartige Dokumentationspflichten ziehen die Konsequenz aus einer gesteigerten Bedeutung
des Verfahrens für die Realisierung einer sachgerechten Güterverteilung, indem sie das überkommene, auf das Verfahrensergebnis und den Entscheidungsakt bezogene Begründungserfordernis auf den Verfahrensgang erweitern und
so den Bedeutungszuwachs des Verfahrens unterstreichen. Ihre Notwendigkeit
unmittelbar erhellt etwa das Beispiel einer Integration von Vorstellungsgesprä-
chen in das Auswahlverfahren: Werden diese nicht (zeitnah) dokumentiert, so
steht die Sachgerechtigkeit der späteren Auswahlentscheidung wegen des zwischenzeitlich verblassten Eindrucks in Frage.

2. Die Konsequenzen des Bedeutungszuwachses des Verwaltungsverfahrens

Ist demnach ein Bedeutungszuwachs des Verwaltungsverfahrens nicht von der
Hand zu weisen, so kommt es freilich erst dann zum Schwur, wenn die Stärkung des Verfahrensgedankens im Fehlerfolgenregime praktisch werden soll.
Hierin spiegelt sich nach *Jost Pietzcker* „wohl am deutlichsten das Dilemma der
Verfahrensaufwertung. Wäre Verfahrensrecht von gleicher Dignität wie das
Sachrecht, müßte seine Verletzung zur Aufhebung der Sachentscheidung führen; subjektive Verfahrensrechte müßten einklagbar sein."[30] Im zuletzt genannten Sinne deutet etwa *Hans Christian Röhl* angesichts des Bedeutungsgewinns
des Verfahrens Konsequenzen für die Fehlerfolgenlehre, insbesondere hinsichtlich Heilungs- und Unbeachtlichkeitsregelungen, und für die Möglichkeit,
Verfahrensverstöße eigenständig durchsetzen zu können, an.[31] Wenn *Röhl* als
„[s]innfällige[n] Ausdruck" der gebotenen Neubewertung allerdings das kartellvergaberechtliche Rechtsschutzsystem der §§ 107 ff. GWB anführt, „das gerade zur Durchsetzung von Verfahrensrechten (§ 97 Abs. 7 GWB) vorgesehen
und mit einer rigiden Nichtigkeitsfolge bewehrt" sei,[32] so mahnt bereits dieses
Beispiel zu Zurückhaltung, kennt doch auch das in besonderem Maße auf Richtigkeitsgewähr durch Verfahren setzende Kartellvergaberecht keinen absoluten
Reaktionsanspruch auf Verfahrensfehler – anders als dies im Übrigen die Formulierung des § 97 Abs. 7 GWB nahelegen könnte, nach dem die „Unterneh-

---

[29] Zu Dokumentationspflichten im Vergaberecht oben, 2. Teil, B.IV.1.; im Beamtenrecht,
oben, 2. Teil, C.IV.1.; allgemein oben, 3. Teil, B.III.1.
[30] *J. Pietzcker*, VVDStRL 41 (1983), S. 193 (221).
[31] *H. C. Röhl*, GVwR II, § 30, Rn. 8.
[32] Ibid.

men ... Anspruch darauf [haben], dass der Auftraggeber die Bestimmungen über das Vergabeverfahren einhält". Denn Erfolg hat der Nachprüfungsantrag nur, wenn der Verstoß gegen – freilich nur individualschützendes – Verfahrensrecht die Aussichten auf den Zuschlag verschlechtert hat bzw. zu verschlechtern droht (vgl. auch § 107 Abs. 2 GWB).[33] Steht mithin fest, dass sich der Verfahrensfehler nicht auf das Verfahrensergebnis ausgewirkt hat, etwa weil der rechtsschutzsuchende Bieter mangels Eignung ohnehin nicht zum Zuge gekommen wäre, bleibt der Verfahrensfehler folgenlos.

Dieser Befund entspricht dem Ergebnis der in der vorliegenden Arbeit angestellten grundsätzlichen Überlegungen zu den Konsequenzen von Verfahrensfehlern, das sogleich nochmals kurz in Erinnerung gerufen sei;[34] gleichwohl erschließt die Aufwertung des Verwaltungsverfahrens dem aus der gesetzesvollziehenden Hoheitsverwaltung stammenden Konzept einer dienenden Funktion des Verwaltungsverfahrens eine neue Bedeutungsschicht.

Das Anliegen des Verteilungsverfahrens, eine sachgerechte, mithin den bereichsspezifischen Vergabekriterien entsprechende Güterzuteilung herzustellen, legt hinsichtlich der Fehlerfolgen eine Differenzierung zwischen Verstößen gegen materielle Vorgaben des Verteilungsprogramms einerseits und gegen Verfahrens- und Formvorschriften andererseits nahe. Denn im zuerst genannten Fall ist das Verfahrensziel ohne Weiteres frustriert, hat doch die falsche Person das zuzuteilende Gut erhalten, und eine Korrektur damit gerechtfertigt. Demgegenüber betreffen Verfahrensfehler zunächst einmal nur den Weg der Entscheidungsfindung, und Formfehler lediglich die Darstellung des gefundenen Ergebnisses; dies schließt ihre generelle Beachtlichkeit aus, stellte Gegenteiliges doch gerade vor dem Hintergrund der im Verfahren zu realisierenden Rechtsverwirklichung eine unverhältnismäßige, da grundrechtlich abgesicherte und im öffentlichen Interesse liegende Belange des Bestandsschutzes ignorierende Rechtsfolge dar.[35] So erschiene es etwa ungerechtfertigt, eine nach dem Prioritätsgrundsatz zu vergebende und auch vergebene Taxenkonzession aufzuheben (und anschließend mit identischem Inhalt erneut zu erteilen), weil eine befangene Person am Verwaltungsverfahren mitgewirkt hat. Vielmehr bedarf die Relevanz von Verfahrens- und Formfehlern einer besonderen Begründung. Da in Verteilungsverfahren absolute, weil besonderen Partizipations-, Akzeptanz- oder Legitimationsinteressen Rechnung tragende Verfahrensrechte regelmäßig keine Rolle spielen, kann die Beachtlichkeit eines Verfahrens- oder Formfehlers ihre Rechtfertigung nur in deren Auswirkung auf das Verfahrensergebnis

---

[33] Siehe im Einzelnen bereits oben, 2. Teil, B.VII.3.b. und c.

[34] Ausführlich oben, 3. Teil, B.V.1.b.

[35] Siehe nur BVerfG, NVwZ-RR 2000, S. 487 (488); *M. Morlok*, Folgen von Verfahrensfehlern, S. 20 f., 90 ff.; *E. Schmidt-Aßmann*, in: Maunz / Dürig, GG, Art. 19 IV, Rn. 158; *M. Schmidt-Preuß*, Kollidierende Privatinteressen, S. 807 f.; *ders.*, Das Allgemeine des Verwaltungsrechts, S. 777 (786); *F. Schoch*, GVwR III, § 50, Rn. 298.

finden. Anders gewendet kommt eine Korrektur der Vergabeentscheidung nur dann in Betracht, wenn diese bei ordnungsgemäßem Prozedere für den abgelehnten Bewerber möglicherweise günstiger ausgefallen wäre.

Demnach hat sich an der einleitend skizzierten Abhängigkeit von Verfahrensziel und Verfahrensrecht und der damit einhergehenden dienenden Funktion des Verwaltungsverfahrens scheinbar nichts geändert. Dies trifft allerdings nur in einem sehr formalen Sinne zu; nicht übersehen werden darf nämlich, dass mit dem Bedeutungszuwachs des Verwaltungsverfahrens gleichzeitig die Bedeutung der Verfahrensregelungen für das Verfahrensergebnis zunimmt und damit auch die Ergebnisrelevanz von Verfahrensverstößen zur Regel wird. Nur bei einer inhaltlich weitgehend programmierten gesetzesvollziehenden Hoheitsverwaltung lässt sich sagen, dass Verfahrensverstöße regelmäßig nichts am Verfahrensergebnis ändern; anderes gilt aber in Verfahren wie dem Verteilungsverfahren, das gerade auf das Verwaltungsverfahren setzt, um eine sachgerechte Verteilungsentscheidung herzustellen. Eine Unbeachtlichkeit von Verfahrensverstößen scheidet daher regelmäßig aus. Mithin hat der Verfahrensgedanke aufgrund der Aufwertung des Verwaltungsverfahrens eine beträchtliche Stärkung erfahren.[36]

Dieser Befund verleiht auch der Vorstellung einer dienenden Funktion des Verwaltungsverfahrens eine neue Bedeutung.[37] Versteht man sie im überkommenen Sinne als Unterordnung des Verfahrensrechts unter das materielle Recht, gar als Ausdruck der Bedeutungslosigkeit des ersteren,[38] so liegt auf der Hand, dass dieses Konzept dann nicht passt, wenn, wie im hiesigen Kontext, auch und gerade dem Verfahren die Aufgabe der Richtigkeitsgewähr zukommt.[39] Dienend muss aber nicht notwendigerweise abwertend im Sinne einer minderen Bedeutung des Verfahrens- gegenüber dem materiellen Recht verstanden werden; vielmehr kann es auch positiv die Bedeutung des Verfahrensrechts für die Verwirklichung des Verfahrensziels zum Ausdruck bringen, hier: eine sachgerechte Güterverteilung zu realisieren.[40]

Die Rede von einer im zuletzt genannten Sinne dienenden Funktion des Verfahrens hat schließlich den Vorteil zu verdeutlichen, dass dieses jedenfalls in den hier untersuchten Verteilungsverfahren trotz seiner Aufwertung stets mit Blick auf das Verfahrensziel zu sehen ist und nicht verabsolutiert werden darf. Der Bedeutungszuwachs des Verfahrens bewirkte nämlich gerade keine Proze-

---

[36] Siehe auch *C. Quabeck*, Dienende Funktion, S. 281 ff., insb. 286 f.

[37] So zu Recht *M. Burgi*, NZBau 2003, S. 16 (19); *H. C. Röhl*, GVwR II, § 30, Rn. 8. Kritisch zu einer eindimensionalen Betrachtung auch *C. Möllers*, Materielles Recht – Verfahrensrecht – Organisationsrecht, S. 489 (491).

[38] Siehe etwa *K.-P. Dolde*, NVwZ 2006, S. 857 (858).

[39] *E. Schmidt-Aßmann*, Verwaltungsverfahren, S. 429 (451); *ders.*, GVwR II, § 27, Rn. 64 f.

[40] *M. Morlok*, Folgen von Verfahrensfehlern, S. 92; *M. Schmidt-Preuß*, NVwZ 2005, S. 489 (490); *H. A. Wolff*, Dienende Funktion, S. 977 (979 ff.).

duralisierung des Verteilungskonflikts, verstanden als das Phänomen, „mittels Verfahren, mit verringerten inhaltlichen Vorgaben oder gänzlich ohne Vorgaben Entscheidungen zu konstituieren und dabei die Inhalte der Entscheidung mit zu determinieren"[41]. Vielmehr geht es hier um die prozedurale Flankierung des Verfahrensziels, was die bereits zitierte Formel von der „Komplementärfunktion des Verfahrens für die Durchsetzung der materiellen Rechte"[42] unterstreicht.[43] Als symptomatisch erweist sich insofern auch die Idee der Konzeptpflicht, die die materielle Unterdeterminierung des Verwaltungsverfahrens nicht prozedural aufzufangen sucht, sondern die fehlende gesetzliche Feinsteuerung durch die Generierung materieller Standards durch die Verwaltung nachholt.

---

[41] *E. Hagenah*, Neue Instrumente, S. 487 (492), unter ausdrücklicher Abgrenzung vom „Verfahrensrecht im traditionellen Sinne", das „auf die Durchsetzung des materiellen Rechts gerichtet ist ... [und] die Verwirklichung abstrakt formulierter inhaltlicher Vorgaben für den Einzelfall sicher[stellen]" soll. Zu Recht kritisch angesichts der Unschärfe des Prozeduralisierungsbegriffs und seiner begrenzten Tragweite für das Verwaltungsverfahren *C. Möllers*, Materielles Recht – Verfahrensrecht – Organisationsrecht, S. 489 (495 ff.).

[42] BVerfGE 73, 280 (296).

[43] Differenzierend auch *C. Möllers*, Materielles Recht – Verfahrensrecht – Organisationsrecht, S. 489 (495 ff.). Weitergehend *C. Quabeck*, Dienende Funktion, S. 240 ff.

Literaturverzeichnis

Alexander, Christian: Vergaberechtlicher Schadensersatz gemäß § 126 GWB. Zugleich eine Anmerkung zu den Entscheidungen BGH vom 1.8.2006 – X ZR 146/03, WRP 2006, 1531 und BGH vom 27.11.2007 – X ZR 18/07, WRP 2008, 370, WRP 2009, S. 28

Alexy, Robert: Theorie der Grundrechte, 3. Aufl. 1996 (*R. Alexy,* Theorie der Grundrechte)

Altmeppen, Holger und *Bunte, Hermann-Josef*: Kartellrechtliche Probleme des deutschen UMTS-Versteigerungsverfahrens, in: Hermann-Josef Piepenbrock und Fabian Schuster (Hrsg.), UMTS-Lizenzvergabe. Rechtsfragen der staatlichen Versteigerung knapper Ressourcen, Baden-Baden 2001, S. 443 (*H. Altmeppen/H.-J. Bunte,* Kartellrechtliche Probleme)

Antweiler, Clemens: Vergaberechtsverstöße und Vertragsnichtigkeit – Bedeutung des § 13 Vergabeverordnung für die Folgen von Fehlern im Vergabeverfahren –, DB 2001, S. 1975

von Arnauld, Andreas: Die Freiheitsrechte und ihre Schranken, Baden-Baden 1999 (*A. von Arnauld,* Freiheitsrechte)

Arndt, Hans-Wolfgang: Finanzverfassungsrechtliche Zulässigkeit der Versteigerung der UMTS-Lizenzen durch die RegTP, in: Hermann-Josef Piepenbrock und Fabian Schuster (Hrsg.), UMTS-Lizenzvergabe. Rechtsfragen der staatlichen Versteigerung knapper Ressourcen, Baden-Baden 2001, S. 207 (*H.-W. Arndt,* Versteigerung)

–: Versteigerung der UMTS-Lizenzen – ein Plädoyer für die verfassungsrechtliche Unzulässigkeit, K&R 2001, S. 23

Arndt, Hans-Wolfgang, Fetzer, Thomas und *Scherer, Joachim* (Hrsg.): Telekommunikationsgesetz. Kommentar, Berlin 2008 (Arndt/Fetzer/Scherer, TKG)

Arndt, Herbert, Lerch, Klaus und *Sandkühler, Gerd*: Bundesnotarordnung, 6. Aufl. Köln 2008 (*Arndt/Lerch/Sandkühler,* BNotO)

Aron, Raymond: Essai sur les libertés, Paris 1965 (*R. Aron,* Essai sur les libertés)

Augsberg, Ino und *Augsberg, Steffen*: Kombinationsgrundrechte. Die Verkoppelung von Grundrechtstatbeständen als Herausforderung für die Grundrechtsdogmatik, AöR 132 (2007), S. 539

Bader, Mathis: Organmangel und Organverteilung. Das Allokationsdilemma der Transplantationsmedizin aus juristischer Sicht, Tübingen 2010 (*M. Bader,* Organverteilung)

Badura, Peter: Verteilungsordnung und Zuteilungsverfahren bei der Bewirtschaftung knapper Güter durch die öffentliche Verwaltung, in: Rudolf Wendt (Hrsg.), Staat, Wirtschaft, Steuern. Festschrift für Karl Heinrich Friauf zum 65. Geburtstag, Heidelberg 1996, S. 529 (*P. Badura,* Verteilungsordnung und Zuteilungsverfahren)

–: Verwaltungsrecht im liberalen und im sozialen Rechtsstaat, Tübingen 1966 (*P. Badura,* Verwaltungsrecht)

Baer, Susanne: Verwaltungsaufgaben, in: Wolfgang Hoffmann-Riem, Eberhard Schmidt-Aßmann und Andreas Voßkuhle (Hrsg.): Grundlagen des Verwaltungsrechts, Bd. 1.

Methoden · Maßstäbe · Aufgaben · Organisation, München 2006, § 11 (*S. Baer,* GVwR I, § 11)

Bahro, Horst und *Berlin, Henning*: Das Hochschulzulassungsrecht in der Bundesrepublik Deutschland. Kommentar, 4. Aufl. Köln 2003 (*H. Bahro / H. Berlin,* Hochschulzulassungsrecht)

Bamberger, Christian: Zulassung zum Rundfunk in Bayern, ZUM 2000, S. 284

Bamberger, Heinz Georg und *Roth, Herbert* (Hrsg.): BGB. Beck'scher Online-Kommentar, 16. Edition, Stand: 1.2.2010 (Bamberger / Roth)

Bardarsky, Alexander: Objektive Marktzugangsbeschränkungen im Taxengewerbe aus verfassungs- und europarechtlicher Sicht. Eine rechtliche Untersuchung auf der Grundlage wirtschaftswissenschaftlicher, empirischer und historischer Erkenntnisse, Berlin 1998 (*A. Bardarsky,* Marktzugangsbeschränkungen)

Barnard, Catherine: Fitting the remaining pieces into the goods and persons jigsaw?, EL Rev. 26 (2001), S. 35

Bartosch, Andreas: EU-Beihilfenrecht. Kommentar, München 2009 (*A. Bartosch,* EU-Beihilfenrecht)

Battis, Ulrich: Bundesbeamtengesetz, 4. Aufl. München 2009 (*U. Battis,* BBG)

Bauer, Kilian: Das Bietverfahren im EG-Beihilfenrecht bei der übertragenden Sanierung rechtswidrig begünstigter Unternehmen, EuZW 2001, S. 748

Baumeister, Hubertus: Erteilung von Linienverkehrsgenehmigungen, LKV 1999, S. 12

Baumeister, Peter: Der Beseitigungsanspruch als Fehlerfolge des rechtswidrigen Verwaltungsakts, Tübingen 2006 (*P. Baumeister,* Beseitigungsanspruch)

Baumeister, Peter und *Budroweit, Andreas*: Konkurrentenrechtsschutz im Gesundheitsdienstleistungsrecht, WiVerw 2006, S. 1

Bayreuther, Frank: Inländerdiskriminierung bei Tariftreueerklärungen im Vergaberecht, EuZW 2009, S. 102

Becker, Florian: Die Versteigerung der UMTS-Lizenzen: Eine neuartige Form der Allokation von Rechten, DV 35 (2002), S. 1

Becker, Joachim: Verwaltungsprivatrecht und Verwaltungsgesellschaftsrecht. Am Beispiel des Rechtsschutzes bei Entscheidungen der Treuhandanstalt, Baden-Baden 1994 (*J. Becker,* Verwaltungsprivatrecht)

Becker, Peter: Die Entwicklung des Hochschulzulassungsrechts in den Jahren 1985 und 1986, NVwZ 1987, S. 653

Becker, Peter und *Brehm, Robert*: Die Entwicklung des Hochschulzulassungsrechts in den Jahren 1989 bis 1993, NVwZ 1994, S. 750

Becker, Ulrich: Arbeitnehmerfreizügigkeit, in: Dirk Ehlers (Hrsg.), Europäische Grundrechte und Grundfreiheiten, 3. Aufl. Berlin 2009, S. 305, § 9 (*U. Becker,* Arbeitnehmerfreizügigkeit)

Beckmann, Martin: Die Verfolgung ökologischer Zwecke bei der Vergabe öffentlicher Aufträge, NZBau 2004, S. 600

Beenen, Jolanda Emmilien: Citizenship, Nationality and Access to Public Service Employment. The Impact of European Community Law, Groningen 2001 (*J. E. Beenen,* Access to Public Service Employment)

Benedict, Christoph: Sekundärzwecke im Vergabeverfahren. Öffentliches Auftragswesen, seine teilweise Harmonisierung im EG- / EU-Binnenmarkt und die Instrumentalisierung von Vergaberecht durch vergabefremde Aspekte, Berlin 2000 (*C. Benedict,* Sekundärzwecke)

Berg, Wilfried: Die Verwaltung des Mangels. Verfassungsrechtliche Determinanten für Zuteilungskriterien bei knappen Ressourcen, Der Staat 15 (1976), S. 1

Berger, Henning: Die Ausschreibungspflicht bei der Veräußerung von Unternehmensanteilen durch kommunale Körperschaften, ZfBR 2002, S. 134

Berschin, Felix und *Fehling, Michael*: Beihilfenrecht und Grundrechte als Motor für Wettbewerb im ÖPNV? Kritische Anmerkungen zum Urteil des BVerwG vom 19. 10. 2006 – 3 C 33/05, EuZW 2007, S. 263

Bethge, Herbert: Der Grundrechtseingriff, VVDStRL 57 (1998), S. 7

–: Der Grundrechtsstatus privater Rundfunkveranstalter, NVwZ 1997, S. 1

Bettermann, Karl August: Anmerkung zu BayVGH, Urt. v. 15.2.1974, Nr. 239 I 72, DVBl. 1975, S. 548

–: Das Verwaltungsverfahren, VVDStRL 17 (1959), S. 118

Bidinger, Helmuth und *Bidinger, Rita*: Personenbeförderungsrecht. Kommentar zum Personenbeförderungsgesetz nebst sonstigen einschlägigen Vorschriften, Loseblatt-Kommentar, Stand: EL 2/08 Dezember 2008, 2. Aufl. Berlin 2006 (Bidinger, PBefG)

Bieback, Karl-Jürgen: Leistungserbringungsrecht im SGB II sowie SGB III und XII – Insbesondere die Verpflichtung zum Einsatz des Vergaberechts –, NZS 2007, S. 505

Binder, Jens-Hinrich: Effektiver Rechtsschutz und neues Vergaberecht – Überlegungen zur Verfassungsmäßigkeit der Differenzierung nach Schwellenwerten in §§ 97 ff. GWB, ZZP 113 (2000), S. 195

Biondi, Andrea: In and Out of the Internal Market – Recent Developments on the Principle of Free Movement, 19 YEL (1999/2000), S. 469

Birnbaum, Christian: Die Rügepflicht des Prüflings, NVwZ 2006, S. 286

Bitterich, Klaus: Das grenzüberschreitende Interesse am Auftrag im primären Gemeinschaftsvergaberecht. Anm. zu EuGH, Urt. v. 13. 11. 2007 – C-507/03 – Kommission/Irland („An Post"), EuZW 2008, S. 14

–: Kein „Bestandsschutz" für vergaberechtswidrige Verträge gegenüber Aufsichtsmaßnahmen nach Artikel 226 EG. Zugleich Anmerkung zum EuGH-Urteil vom 9.9.2004, Rs. C-125/03, Kommission/Bundesrepublik Deutschland, EWS 2005, S. 162

–: Kündigung vergaberechtswidrig zu Stande gekommener Verträge durch öffentliche Auftraggeber, NJW 2006, S. 1845

–: Rechtsschutz bei Verletzung aus dem EG-Vertrag abgeleiteter „Grundanforderungen" an die Vergabe öffentlicher Aufträge, NVwZ 2007, S. 890

Bleckmann, Albert: Ordnungsrahmen für das Recht der Subventionen, in: Verhandlungen des fünfundfünfzigsten Deutschen Juristentages Hamburg 1984, Bd. I. Gutachten, München 1984, S. D 1

Bleckmann, Albert und *Eckhoff, Rolf*: Der „mittelbare" Grundrechtseingriff, DVBl. 1988, S. 373

Bloch, Eckhard und *Pruns, Katrin*: Ausschreibungspflichten bei der Leistungserbringung in der GKV, SGb 2007, S. 645

Böckenförde, Ernst-Wolfgang: Grundrechtstheorie und Grundrechtsinterpretation, NJW 1974, S. 1529

–: Schutzbereich, Eingriff, verfassungsimmanente Schranken. Zur Kritik gegenwärtiger Grundrechtsdogmatik, Der Staat 42 (2003), S. 165

Bode, Stephanie: Von der Freizügigkeit zur sozialen Gleichstellung aller Unionsbürger. Zur Wirkung und Reichweite von Art. 18 EG in der Rechtsprechung des EuGH, EuZW 2003, S. 552

Boldt, Gerhard und *Weller, Herbert*: Bundesberggesetz. Vom 13. August 1980 (BGBl. I S. 1310); nebst Durchführungsbestimmungen des Bundes und der Länder sowie Gesetz zur vorläufigen Regelung des Tiefseebergbaus vom 16. August 1980 (BGBl. I S. 1457); Kommentar, Berlin 1984 (*Boldt / Weller,* BBergG)

Bonk, Heinz Joachim: 25 Jahre Verwaltungsverfahrensgesetz, NVwZ 2001, S. 636

Borchardt, Klaus-Dieter: Der sozialrechtliche Gehalt der Unionsbürgerschaft, NJW 2000, S. 2057

Bornemann, Roland: Anmerkung zu BayVGH, Beschl. v. 14.8.1996 – 7 CS 96.1589, BayVBl. 1997, S. 148

Bornemann, Roland und *Lörz, Nikolaus* (Hrsg.): Bayerisches Mediengesetz. Kommentar und Textsammlung, Loseblatt-Kommentar, Stand: 26. EL Juni 2009, Baden-Baden 2009 (Bornemann / Lörz, BayMG)

Bracher, Christian-Dietrich: Anmerkung zu BVerwG, Urt. v. 25.9.2008 – 3 C 35.07, DVBl. 2009, S. 49

–: Vorläufiger Rechtsschutz im Streit um Beförderungsplanstellen und Beförderungsdienstposten, ZBR 1989, S. 139

Bracker, Ulrich (Hrsg.): Bundesnotarordnung. Kommentar, 8. Aufl. München 2006 (Schippel / Bracker, BNotO)

Brambring, Jens und *Vogt, Matthias*: Ausschreibungspflicht kommunaler Grundstückskaufverträge, NJW 2008, S. 1855

Braun, Christian: Anmerkung zu BVerfG, Beschl. v. 27.2.2008 – 1 BvR 437/08, VergabeR 2008, S. 924

–: Anmerkung zu OLG Thüringen, Urt. v. 8.12.2008 – 9 U 431/08, VergabeR 2009, S. 528

–: Ausschreibungspflichtigkeit des Verkaufs von Gesellschaftsanteilen, VergabeR 2006, S. 657

–: Europarechtlicher Vergaberechtsschutz unterhalb der Schwellenwerte, VergabeR 2007, S. 17

–: Verwaltungsrechtlicher Rechtsschutz bei Vergaben unterhalb der Schwellenwerte, SächsVBl. 2006, S. 249

–: Zivilrechtlicher Rechtsschutz bei Vergaben unterhalb der Schwellenwerte, NZBau 2008, S. 160

–: Zulassung auf Märkten und Veranstaltungen, NVwZ 2009, S. 747

Braun, Christian und *Hauswaldt, Christian*: Vergaberechtliche Wirkung der Grundfreiheiten und das Ende der Inländerdiskriminierung? – Zugleich eine Anmerkung zum EuGH-Urteil Coname, EuZW 2006, S. 176

Braun, Peter: A Matter of Principle(s). The Treatment of Contracts Falling Outside the Scope of the European Public Procurement Directives, PPLR 9 (2000), S. 39

Brehm, Robert und *Zimmerling, Wolfgang*: Abbau von Hochschulkapazitäten unter Berücksichtigung von Art. 12 GG, WissR 2000, S. 22

–: Die Entwicklung des Hochschulzulassungsrechts seit 1996, NVwZ 2008, S. 1303

Brenner, Michael: Der Gestaltungsauftrag der Verwaltung in der Europäischen Union, Tübingen 1996 (*M. Brenner,* Gestaltungsauftrag der Verwaltung in der EU)

–: Umweltschutz als Zuschlagskriterium im Verfahren der öffentlichen Auftragsvergabe, JUTR 1997, S. 141

Breuer, Rüdiger: Die staatliche Berufsregelung und Wirtschaftslenkung, in: Josef Isensee und Paul Kirchhof (Hrsg.), Handbuch des Staatsrechts der Bundesrepublik Deutschland, Bd. VI. Freiheitsrechte, 2. Aufl. Heidelberg 2001, § 148 (*R. Breuer,* HStR VI, § 148)

–: Freiheit des Berufs, in: Josef Isensee und Paul Kirchhof (Hrsg.), Handbuch des Staatsrechts der Bundesrepublik Deutschland, Bd. VI. Freiheitsrechte, 2. Aufl. Heidelberg 2001, § 147 (*R. Breuer*, HStR VI, § 147)

–: Grundrechte als Anspruchsnormen, in: Otto Bachof, Ludwig Heigl und Konrad Redeker (Hrsg.), Verwaltungsrecht zwischen Freiheit, Teilhabe und Bindung. Festgabe aus Anlaß des 25jährigen Bestehens des Bundesverwaltungsgerichts, München 1978, S. 89 (*R. Breuer*, Grundrechte als Anspruchsnormen)

–: Grundrechte als Quelle positiver Ansprüche, Jura 1979, S. 401

–: Verfassungsrecht und Versteigerungsverfahren nach § 11 Telekommunikationsgesetz, in: Max-Emanuel Geis und Dieter Lorenz (Hrsg.), Staat, Kirche, Verwaltung. Festschrift für Hartmut Maurer zum 70. Geburtstag, München 2001, S. 25 (*R. Breuer*, Versteigerungsverfahren)

Breunig, Günter: Konkurrenzverhältnis im Rundfunkrecht. Zulassung zum privaten Rundfunk in Baden-Württemberg, VBlBW 1993, S. 45

Brinker, Ingo: Anmerkung [zu EuGH, Rs. C-81/98 – Alcatel Austria], JZ 1999, S. 462

Brock, Patrick: Die zivilrechtlichen Auswirkungen der „Ahlhorn"-Rechtsprechung – eine rechtliche Analyse aus Investorenperspektive, ZfIR 2008, S. 445

Brohm, Winfried: Die Konkurrentenklage, in: Hans-Uwe Erichsen, Werner Hoppe und Albert von Mutius (Hrsg.), System des verwaltungsgerichtlichen Rechtsschutzes. Festschrift für Christian-Friedrich Menger, Köln 1985, S. 235 (*W. Brohm*, Konkurrentenklage)

Broß, Siegfried: Vergaberechtlicher Rechtsschutz unterhalb der Schwellenwerte, ZWeR 2003, S. 270

Bülow, Elena: Die Relativierung von Verfahrensfehlern im Europäischen Verwaltungsverfahren und nach §§ 45, 46 VwVfG, Baden-Baden 2007 (*E. Bülow*, Verfahrensfehler)

Bultmann, Peter Friedrich: Beihilfenrecht und Vergaberecht. Beihilfen und öffentliche Aufträge als funktional äquivalente Instrumente der Wirtschaftslenkung – ein Leistungsvergleich, Tübingen 2004 (*P. F. Bultmann*, Beihilfenrecht und Vergaberecht)

Bumke, Christian: Relative Rechtswidrigkeit. Systembildung und Binnendifferenzierung im Öffentlichen Recht, Tübingen 2004 (*C. Bumke*, Relative Rechtswidrigkeit)

–: Verwaltungsakte, in: Wolfgang Hoffmann-Riem, Eberhard Schmidt-Aßmann und Andreas Voßkuhle (Hrsg.), Grundlagen des Verwaltungsrechts, Bd. 2. Informationsordnung · Verwaltungsverfahren · Handlungsformen, München 2008, § 35 (*C. Bumke*, GVwR II, § 35)

Bumke, Susanne: Frequenzvergabe nach dem Telekommunikationsgesetz. Unter besonderer Berücksichtigung der Integration ökonomischer Handlungsrationalität in das Verwaltungsverfahren, Berlin 2006 (*S. Bumke*, Frequenzvergabe)

Bumke, Ulrike: Die öffentliche Aufgabe der Landesmedienanstalten. Verfassungs- und organisationsrechtliche Überlegungen zur Rechtsstellung einer verselbständigten Verwaltungseinheit, München 1995 (*U. Bumke*, Landesmedienanstalten)

Bundesrechnungshof, Bemerkungen 2001 zur Haushalts- und Wirtschaftsführung des Bundes, Bonn 2001 (http://www.bundesrechnungshof.de/veroeffentlichungen/bemerkungen-jahresberichte/bemerkungen-2001.pdf)

Bungenberg, Marc: Die Berücksichtigung des Umweltschutzes bei der Vergabe öffentlicher Aufträge, NVwZ 2003, S. 314

–: Rechtsschutz im Vergabeverfahren und Einsichtnahme in Vergabeakten, SächsVBl. 2008, S. 53

–: Vergaberecht im Wettbewerb der Systeme. Eine rechtsebenenübergreifende Analyse des Vergaberechts, Tübingen 2007 (*M. Bungenberg*, Vergaberecht)

Burgi, Martin: BauGB-Verträge und Vergaberecht, NVwZ 2008, S. 929

–: Die Ausschreibungsverwaltung. Dogmatische Herausforderungen des Verwaltens mit Dienstleistungskonzessionen, DVBl. 2003, S. 949

–: Die Bedeutung der allgemeinen Vergabegrundsätze Wettbewerb, Transparenz und Gleichbehandlung, NZBau 2008, S. 29

–: Die künftige Bedeutung der Freiheitsgrundrechte für staatliche Verteilungsentscheidungen, WiVerw 2007, S. 173

–: Die Legitimität von Einheimischenprivilegierungen im globalen Dorf, JZ 1999, S. 873

–: Die Umsetzungsebene der Gewährleistungsverantwortung: Leistungsbeschreibung und Qualitätsprüfung, ZSE 2007, S. 46

–: Die Vergabe von Dienstleistungskonzessionen: Verfahren, Vergabekriterien, Rechtsschutz, NZBau 2005, S. 610

–: Die Zukunft des Vergaberechts, NZBau 2009, S. 609

–: Hilfsmittelverträge und Arzneimittel-Rabattverträge als öffentliche Lieferaufträge?, NZBau 2008, S. 480

–: Konkurrentenschutz in der Krankenhausplanung, NZS 2005, S. 169

–: Kriterien für die Vergabe von Postdienstleistungen im Gewährleistungsstaat. Zugleich ein Beitrag zum Regime von Leistungsbeschreibung, Eignungs- und Zuschlagskriterien, VergabeR 2007, S. 457

–: Moderne Krankenhausplanung zwischen staatlicher Gesundheitsverantwortung und individuellen Trägerinteressen, NVwZ 2010, S. 601

–: Rechtsregime, in: Wolfgang Hoffmann-Riem, Eberhard Schmidt-Aßmann und Andreas Voßkuhle (Hrsg.), Grundlagen des Verwaltungsrechts, Bd. 1. Methoden · Maßstäbe · Aufgaben · Organisation, München 2006, § 18 (*M. Burgi*, GVwR I, § 18)

–: Rechtsschutz ohne Vergabeverfahren?, NZBau 2003, S. 16

–: Vergabefremde Zwecke und Verfassungsrecht, NZBau 2001, S. 64

–: Verwaltungsverfahrensrecht zwischen europäischem Umsetzungsdruck und nationalem Gestaltungsunwillen, JZ 2010, S. 105

–: Von der Zweistufenlehre zur Dreiteilung des Rechtsschutzes im Vergaberecht, NVwZ 2007, S. 737

Burgi, Martin und *Brohm, Markus U.*: Krankenhausplanung und Kartellvergaberecht, MedR 2005, S. 74

Burgi, Martin und *Selmer, Peter*: Verfassungswidrigkeit einer entgeltlichen Zuteilung von Emissionszertifikaten, Stuttgart 2007 (*M. Burgi / P. Selmer*, Zuteilung)

Busch, Jost-Dietrich: Anmerkung zu BVerfG, Beschl. v. 19.9.1989 – 2 BvR 1576/88, DVBl. 1990, S. 107

Byok, Jan und *Csaki, Alexander*: Aktuelle Entwicklungen bei dem Abschluss von Arzneimittelrabattverträgen, NZS 2008, S. 402

Byok, Jan, Dissmann, Richard und *Müller-Kabisch, Susanne*: Wettbewerbsrechtliche Rechtsschutzmöglichkeiten des Bieters bei Auftragsvergaben der öffentlichen Hand, WuW 2009, S. 269

Byok, Jan und *Jaeger, Wolfgang* (Hrsg.): Kommentar zum Vergaberecht. Erläuterungen zu den vergaberechtlichen Vorschriften des GWB und der VgV, 2. Aufl. Frankfurt am Main 2005 (Byok / Jaeger)

Calliess, Christian: Schutzpflichten, in: Detlef Merten und Hans-Jürgen Papier (Hrsg.), Handbuch der Grundrechte in Deutschland und Europa, Bd. II. Grundrechte in

Deutschland: Allgemeine Lehren I, Heidelberg 2006, § 44 (*C. Calliess*, Schutzpflichten)

Calliess, Christian und *Ruffert, Matthias* (Hrsg.): EUV / EGV. Das Verfassungsrecht der Europäischen Union mit Europäischer Grundrechtecharta. Kommentar, 3. Aufl. München 2007 (Calliess / Ruffert, EUV / EGV)

Clemens, Thomas: Die Verweisung von einer Rechtsnorm auf andere Vorschriften, AöR 111 (1986), S. 63

Cremer, Hans-Joachim: Eigentumsschutz, in: Rainer Grote und Thilo Marauhn, EMRK / GG. Konkordanzkommentar zum europäischen und deutschen Grundrechtsschutz, Tübingen 2006, Kap. 22 (*H.-J. Cremer*, Eigentumsschutz)

Cremer, Wolfram: Freiheitsgrundrechte. Funktionen und Strukturen, Tübingen 2003 (*W. Cremer*, Freiheitsgrundrechte)

–: Rechtsstaatliche Vorgaben für die Normsetzung im Vergaberecht – insbesondere zur Bedeutung der Freiheitsgrundrechte, in: Hermann Pünder und Hans-Joachim Prieß (Hrsg.), Vergaberecht im Umbruch. Hamburger Kolloquium zum Öffentlichen Wirtschaftsrecht in der Bucerius Law School am 30. September 2004, S. 29 (*W. Cremer*, Rechtsstaatliche Vorgaben)

Czermak, Fritz: Verfahrensfragen zur Studienzulassung bei Zugangsbeschränkungen, NJW 1973, S. 1783

Czybulka, Detlef und *Biermann, Henning*: Amtshaftung des Dienstherrn bei voreiliger Stellenbesetzung, JuS 1998, S. 601

Dabringhausen, Gerhard und *Sroka, Patricia*: Vergaberechtlicher Primärrechtsschutz auch unterhalb der EU-Schwellenwerte durch Eröffnung des Verwaltungsrechtsweges?, VergabeR 2006, S. 462

Dageförde-Reuter, Angela: Umweltschutz durch öffentliche Auftragsvergabe. Die rechtliche Zulässigkeit der Einbeziehung von Umweltschutzkriterien in das Vergabeverfahren, insbesondere der Bevorzugung von Unternehmen mit zertifiziertem Umweltmanagementsystem, Berlin 2004 (*A. Dageförde-Reuter*, Umweltschutz durch öffentliche Auftragsvergabe)

Danckwerts, Rolf Nikolas: Widerlegbarkeit der Befangenheitsvermutung: Hat der Bundesrat bei der letzten Änderung des § 16 VgV die Lehren aus der „Flughafen Berlin-Schönefeld"-Entscheidung des OLG Brandenburg schon wieder vergessen?, NZBau 2001, S. 242

von Danwitz, Thomas: Europäisches Verwaltungsrecht, Berlin 2008 (*T. von Danwitz*, Europäisches Verwaltungsrecht)

–: Verwaltungsrechtliches System und europäische Integration, Tübingen 1996 (*T. von Danwitz*, Verwaltungsrechtliches System und europäische Integration)

Davies, Gareth: Nationality Discrimination in the European Internal Market, Den Haag 2003 (*G. Davies*, Nationality Discrimination in the Internal Market)

Degenhart, Christoph: Verfassungs- und verwaltungsrechtliche Rechtsfragen der Versteigerung der UMTS-Lizenzen, in: Hermann-Josef Piepenbrock und Fabian Schuster (Hrsg.), UMTS-Lizenzvergabe. Rechtsfragen der staatlichen Versteigerung knapper Ressourcen, Baden-Baden 2001, S. 259 (*C. Degenhart*, Versteigerung)

–: Versteigerung der UMTS-Lizenzen: Telekommunikationsrecht und Telekommunikationsverfassungsrecht, K&R 2001, S. 32

Denninger, Erhard, Hoffmann-Riem, Wolfgang, Schneider, Hans-Peter und *Stein, Ekkehart* (Hrsg.): Kommentar zum Grundgesetz für die Bundesrepublik Deutschland (AK-GG), Loseblatt-Kommentar, Stand: 2. EL 2002, 3. Aufl. Köln 2001 (AK-GG)

Depenheuer, Otto: Staatliche Finanzierung und Planung im Krankenhauswesen. Eine verfassungsrechtliche Studie über die Grenzen sozialstaatlicher Ingerenz gegenüber freigemeinnützigen Krankenhäusern, Berlin 1986 (*O. Depenheuer*, Krankenhauswesen)

–: Zufall als Rechtsprinzip? Der Losentscheid im Rechtsstaat, JZ 1993, S. 171

Desolre, Guy: Le Principe de Non-discrimination, la Liberté de Circulation et les Facilités Linguistiques en Matière Judiciaire, CDE 2000, S. 311

Detterbeck, Steffen: Rechtswegprobleme im Wirtschaftsverwaltungsrecht, in: Gilbert H. Gornig, Urs Kramer und Uwe Volkmann (Hrsg.), Staat, Wirtschaft, Gemeinde. Festschrift für Werner Frotscher zum 70. Geburtstag, Berlin 2007, S. 399 (*S. Detterbeck*, Rechtswegprobleme)

Deuster, Jan: Endspurt zur VO (EG) Nr. 1370/2007: Handlungsbedarf für die Liniengenehmigung, IR 2009, S. 202

Deutsch, Markus: Planung und Abwägung im Kapazitätsrecht, in: Wilfried Erbguth, Janbernd Oebbecke, Hans-Werner Rengeling und Martin Schulte (Hrsg.), Planung. Festschrift für Werner Hoppe zum 70. Geburtstag, München 2000, S. 813 (*M. Deutsch*, Planung und Abwägung im Kapazitätsrecht)

Diehr, Matthias: „Vergabeprimärrecht" nach der An-Post-Rechtsprechung des EuGH, VergabeR 2009, S. 719

Dietlein, Johannes: Anteils- und Grundstücksveräußerungen als Herausforderung für das Vergaberecht, NZBau 2004, S. 472

–: Die Lehre von den grundrechtlichen Schutzpflichten, 2. Aufl. Berlin 2005 (*J. Dietlein*, Schutzpflichten)

Dietz, Andreas: Grundrechtskollisionen im öffentlichen Raum – Gemeingebrauch, Anliegergebrauch und Sondernutzung als Beispiele grundrechtsgeprägter Erlaubnisverfahren, AöR 133 (2008), S. 557

Di Fabio, Udo: Grundrechte im präzeptoralen Staat am Beispiel hoheitlicher Informationstätigkeit, JZ 1993, S. 689

Dittrich, Norbert: Bundeshaushaltsordnung (BHO). Kommentar, Loseblatt-Kommentar, Stand: 40. EL Januar 2010, Heidelberg 1999 (*N. Dittrich*, BHO)

Dolde, Klaus-Peter: Verwaltungsverfahren und Deregulierung, NVwZ 2006, S. 857

Dolzer, Rudolf, Vogel, Klaus und *Graßhof, Karin* (Hrsg.): Bonner Kommentar zum Grundgesetz, Loseblatt-Kommentar, Stand: 143. EL Dezember 2009, Heidelberg 2009 (BK)

Dörr, Oliver: Das deutsche Vergaberecht unter dem Einfluß von Art. 19 Abs. 4 GG, DÖV 2001, S. 1014

–: Die Gewährleistung von Gerichtsschutz als menschenrechtliche Verpflichtung, in: Eckart Klein (Hrsg.), Gewaltenteilung und Menschenrechte, Berlin 2006, S. 129 (*O. Dörr*, Gerichtsschutz)

–: Die vergaberechtliche Einbindung der freien Wohlfahrtspflege, RdJB 2002, S. 349

Dreher, Meinrad: Die beihilferechtliche PPP-Ausschreibung. Wahl und Organisation begünstigungsausschließender Ausschreibungsverfahren, ZWeR 2005, S. 121

–: Public Private Partnerships und Kartellvergaberecht. Gemischtwirtschaftliche Gesellschaften, In-house-Vergabe, Betreibermodell und Beleihung Privater, NZBau 2002, S. 245

–: Vergaberechtsschutz unterhalb der Schwellenwerte, NZBau 2002, S. 419

Dreher, Meinrad und *Hoffmann, Jens*: Der Auftragsbegriff nach § 99 GWB und die Tätigkeit der gesetzlichen Krankenkassen, NZBau 2009, S. 273

Dreier, Horst: Dimensionen der Grundrechte. Von der Wertordnungsjudikatur zu den objektiv-rechtlichen Grundrechtsgehalten, Hannover 1993 (*H. Dreier,* Dimensionen der Grundrechte)

–: Grundgesetz-Kommentar, Bd. 1, 2. Aufl. Tübingen 2004; Bd. 2, 2. Aufl. Tübingen 2006 (Dreier, GG)

–: Grundlagen und Grundzüge des staatlichen Verfassungsrechts: Deutschland, in: Armin von Bogdandy, Pedro Cruz Villalón und Peter M. Huber (Hrsg.), Handbuch Ius Publicum Europaeum, Bd. I. Grundlagen und Grundzüge staatlichen Verfassungsrechts, § 1 (*H. Dreier,* IPE I, § 1)

–: Grundrechtsdurchgriff contra Gesetzesbindung? Exemplarische Betrachtungen zum Verhältnis von Verfassungs- und Verwaltungsrecht anhand der Rechtsprechung des Bundesverwaltungsgerichts, DV 36 (2003), S. 105

Drügemöller, Albert und *Conrad, Sebastian*: Anteilsverkauf und De-facto-Vergabe öffentlicher Aufträge, ZfBR 2008, S. 651

Due, Ole und *Gulmann, Claus*: Restrictions à la libre circulation intracommunautaire et situations purement internes, in: Ninon Colneric, David Edward, Jean-Pierre Puissochet und Dámaso Ruiz-Jarabo Colomer (Hrsg.), Une communauté de droit. Festschrift für Gil Carlos Rodríguez Iglesias, Berlin 2003, S. 377 (*O. Due / C. Gulmann,* Restrictions à la libre circulation intracommunautaire)

Düring, Ruth: Konkurrentenrechtsschutz im Vertragsarztrecht, in: Hermann Butzer, Markus Kaltenborn und Wolfgang Meyer (Hrsg.), Organisation und Verfahren im sozialen Rechtsstaat. Festschrift für Friedrich E. Schnapp zum 70. Geburtstag, Berlin 2008, S. 390 (*R. Düring,* Konkurrentenrechtsschutz)

Ebbing, Frank: Die Verkaufspraxis der Treuhandanstalt. Rechtliche Grundlagen der Unternehmens- und Grundstücksverkäufe, Vertragsgestaltungen, Nachverhandlungen, Köln 1995 (*F. Ebbing,* Verkaufspraxis der Treuhandanstalt)

Eberle, Carl-Eugen: Rundfunkübertragung. Rechtsfragen der Nutzung terrestrischer Rundfunkfrequenzen, Berlin 1989 (*C.-E. Eberle,* Rundfunkübertragung)

Eckhoff, Rolf: Der Grundrechtseingriff, Köln 1992 (*R. Eckhoff,* Grundrechtseingriff)

Eckstein, Christoph: Der Grundsatz der Bestenauslese nach Art. 33 Abs. 2 GG in der neuesten verfassungs- und verwaltungsgerichtlichen Rechtsprechung, ZBR 2009, S. 86

Eeckhout, Piet: The EU Charter of Fundamental Rights and the federal question, CML Rev. 39 (2002), S. 945

Egerland, Thomas: Die Notarbestellung im hauptberuflichen Notariat, Baden-Baden 2009 (*T. Egerland,* Notarbestellung)

Egger, Alexander: Europäisches Vergaberecht, Baden-Baden 2008 (*A. Egger,* Europäisches Vergaberecht)

–: Vergabe- und Privatisierungsmaßnahmen der Kommunen unter den Anforderungen des EG-Vertrags, Wien 2007 (*A. Egger,* Vergabe- und Privatisierungsmaßnahmen)

Eggers, Carsten R. und *Malmendier, Bertrand*: Strukturierte Bieterverfahren der öffentlichen Hand – Rechtliche Grundlagen, Vorgaben an Verfahren und Zuschlag, Rechtsschutz, NJW 2003, S. 780

Ehlers, Dirk: Allgemeine Lehren, in: ders. (Hrsg.), Europäische Grundrechte und Grundfreiheiten, 3. Aufl. Berlin 2009, S. 209 (*D. Ehlers,* Allgemeine Lehren)

–: Bestandskraft von vor Vergabe der UMTS-Lizenzen erlassenen verfahrensleitenden Verfügungen der RegTP, K&R 2001, S. 1

–: Die Bestandskraft der von der RegTP vor der Vergabe der UMTS-Lizenzen erlassenen verfahrensleitenden Verfügungen, in: Hermann-Josef Piepenbrock und Fabian Schuster (Hrsg.), UMTS-Lizenzvergabe. Rechtsfragen der staatlichen Versteigerung knapper Ressourcen, Baden-Baden 2001, S. 114 (*D. Ehlers*, Bestandskraft)

–: Die Grundfreiheiten des europäischen Gemeinschaftsrechts (Teil I), Jura 2001, S. 266

–: Gewerbe-, Handwerks- und Gaststättenrecht, in: Norbert Achterberg, Günter Püttner und Thomas Würtenberger (Hrsg.), Besonderes Verwaltungsrecht. Ein Lehr- und Handbuch, Bd. I. Wirtschafts-, Umwelt-, Bau-, Kultusrecht, 2. Aufl. Heidelberg 2000, S. 96, § 2 (*D. Ehlers*, Gewerberecht)

–: Rechtsprobleme bei der Rückforderung von Subventionen, GewArch 1999, S. 305

–: Verwaltung in Privatrechtsform, Berlin 1984 (*D. Ehlers*, Verwaltung in Privatrechtsform)

–: Verwaltung und Verwaltungsrecht im demokratischen und sozialen Rechtsstaat, in: Hans-Uwe Erichsen und ders. (Hrsg.), Allgemeines Verwaltungsrecht, 13. Aufl. Berlin 2006, §§ 1 ff. (*D. Ehlers*, Verwaltung und Verwaltungsrecht)

–: Verwaltungsgerichtliche Verpflichtungsklage, in: ders./Friedrich Schoch (Hrsg.), Rechtsschutz im Öffentlichen Recht, Berlin 2009, § 23 (*D. Ehlers*, Verpflichtungsklage, § 23)

Eiden, Karin und *Bornemann, Roland*: Die Rechtsprechung der Verfassungs- und Verwaltungsgerichte zum Bayerischen Medienerprobungs- und -entwicklungsgesetz (MEG), ZUM 1995, S. 475

Eifert, Martin: Klassisches Verwaltungsrecht und Steuerungswissenschaft, VVDStRL 67 (2008), S. 286

Eisenreich, Klaus und *Barth, Karl-Heinz*: Vergaberechtspflichtigkeit von Grundstücksgeschäften der öffentlichen Hand, NVwZ 2008, S. 635

Engelmann, Klaus: Keine Geltung des Kartellvergaberechts für Selektivverträge der Krankenkassen mit Leistungserbringern, SGb 2008, S. 133

Engels, Dieter und *Eibelshäuser, Manfred* (Hrsg.): Kommentar zum Haushaltsrecht des Bundes und der Länder sowie der Vorschriften zur Finanzkontrolle, Stand: 48. EL September 2009, Köln 2008 (Engels/Eibelshäuser, Haushaltsrecht)

Englisch, Joachim: Effektiver Primärrechtsschutz bei Vergabe öffentlicher Aufträge, VerwArch 98 (2007), S. 410

Epping, Volker: Die Rechtsstellung des Berufenen, WissR 1995, S. 211

Erbguth, Wilfried: Primär- und Sekundärrechtsschutz im Öffentlichen Recht, VVDStRL 61 (2002), S. 221

Erichsen, Hans-Uwe: Allgemeine Handlungsfreiheit, in: Josef Isensee und Paul Kirchhof (Hrsg.), Handbuch des Staatsrechts der Bundesrepublik Deutschland, Bd. VI. Freiheitsrechte, 2. Aufl. Heidelberg 2001, § 152 (*H.-U. Erichsen*, HStR VI, § 152)

–: Art. 3 Abs. 1 als Grundlage von Ansprüchen des Bürgers gegen die Verwaltung, VerwArch 71 (1980), S. 289

–: Freiheit – Gleichheit – Teilhabe. Prolegomena zu einem Verwaltungsrecht des Leistungsstaates, DVBl. 1983, S. 289

–: Grundrechte und Anstaltsnutzung, VerwArch 64 (1973), S. 299

–: Konkurrentenklagen im Öffentlichen Recht, Jura 1994, S. 385

Europäische Kommission, XXIII. Bericht über die Wettbewerbspolitik. 1993, Luxemburg 1994 (XXIII. Wettbewerbsbericht der EK)

–: XXIX. Bericht über die Wettbewerbspolitik. 1999, Luxemburg 2000 (XXIX. Wettbewerbsbericht der EK)

–: XXX. Bericht über die Wettbewerbspolitik. 2000, Luxemburg 2001 (XXX. Wettbewerbsbericht der EK)

Eyermann, Erich, Fröhler, Ludwig und *Kormann, Joachim*: Verwaltungsgerichtsordnung. Kommentar, 9. Aufl. München 1988 (*Eyermann/Fröhler*, VwGO)

Faber, Angela: Drittschutz bei der Vergabe öffentlicher Aufträge, DÖV 1995, S. 403

–: Öffentliche Aufträge an kommunalbeherrschte Unternehmen – in-house-Geschäfte oder Vergabe im Wettbewerb?, DVBl. 2001, S. 249

Faber, Markus: Die Verteilung knapper öffentlicher Güter durch Höchstgebot – Eine verfassungsrechtliche Untersuchung unter Berücksichtigung der UMTS-Versteigerung –, GewArch 2002, S. 264

Fahrenbach, Ralf-Friedrich: Das Privatisierungsverfahren nach dem Treuhandgesetz, DtZ 1990, S. 268

Fastenrath, Ulrich: Die Zulassung ortsfremder (einschließlich EG-ausländischer) Schausteller und Anbieter zu Volksfesten und Märkten, NWVBl. 1992, S. 51

Fehling, Michael: Die Konkurrentenklage bei der Zulassung privater Rundfunkveranstalter. Eine Untersuchung zu materiell-rechtlichen Grundlagen, zur gerichtlichen Kontrolldichte und zum prozessualen Rahmen von Konkurrenzschutzbegehren, Berlin 1994 (*M. Fehling*, Konkurrentenklage)

–: Hochschule, in: ders. und Matthias Ruffert (Hrsg.), Regulierungsrecht, Tübingen 2010, § 17 (*M. Fehling*, Hochschule, § 17)

–: Öffentlicher Verkehr (Bahn, ÖPNV), in: ders. und Matthias Ruffert (Hrsg.), Regulierungsrecht, Tübingen 2010, § 10 (*M. Fehling*, Öffentlicher Verkehr, § 10)

–: Verwaltung zwischen Unparteilichkeit und Gestaltungsaufgabe, Tübingen 2001 (*M. Fehling*, Unparteilichkeit)

–: Zur Reform der Daseinsvorsorge am Beispiel des Öffentlichen Personennahverkehrs, DV 34 (2001), S. 25

Fehling, Michael und *Niehnus, Katja M.*: Der europäische Fahrplan für einen kontrollierten Ausschreibungswettbewerb im ÖPNV. Zündfunke für eine Modernisierung des PBefG und neues Vergabemodell für Dienstleistungskonzessionen, DÖV 2008, S. 662

Fehr, Hans-Peter und *Wichardt, Hans-Jürgen*: Irrt das OLG Düsseldorf? Zugleich Besprechung von OLG Düsseldorf, Beschl. v. 13.06.2007 – VII-Verg 2/07, ZfIR 2008, S. 221

Felder, Stefan: Frequenzallokation in der Telekommunikation. Ökonomische Analyse der Vergabe von Frequenzen unter besonderer Berücksichtigung der UMTS-Auktionen, Frankfurt am Main 2004 (*S. Felder*, Frequenzallokation)

Finger, Werner: Europäische Zertifikatmärkte und Gemeinschaftsrecht. Rechtsfragen zur Europarechtskonformität von Zertifikatmärkten am Beispiel eines Zertifikatmarktes im Straßengüterverkehr, Berlin 2004 (*W. Finger*, Zertifikatmärkte)

Finkelnburg, Klaus: Über die Konkurrentenklage im Beamtenrecht, DVBl. 1980, S. 809

Fischer, Hans Georg: Zur Durchsetzbarkeit des gemeinschaftsrechtlichen Diskriminierungsverbots vor nationalen Gerichten, EuZW 2009, S. 208

Forsthoff, Ernst: Begriff und Wesen des sozialen Rechtsstaats, VVDStRL 12 (1954), S. 8

–: Der Staat als Auftraggeber. Unter bes. Berücks. d. Bauauftragswesens, Stuttgart 1963 (*E. Forsthoff*, Staat als Auftraggeber)

–: Die Verwaltung als Leistungsträger, Stuttgart 1938 (*E. Forsthoff*, Die Verwaltung als Leistungsträger)

–: Lehrbuch des Verwaltungsrechts, Bd. I. Allgemeiner Teil, 10. Aufl. München 1973 (*E. Forsthoff*, Verwaltungsrecht)

–: Rechtsfragen der leistenden Verwaltung, Stuttgart 1959 (*E. Forsthoff,* Rechtsfragen der leistenden Verwaltung)

Franzius, Claudio: Gewährleistung im Recht. Grundlagen eines europäischen Regelungsmodells öffentlicher Dienstleistungen, Tübingen 2009 (*C. Franzius,* Gewährleistung)

Frenz, Walter: Allgemeine Grundsätze des Vergaberechts. Das EuGH-Urteil ANAV/Comune di Bari, EWS 2006, S. 347

–: Erweiterung der Berufsfreiheit – bei gleichzeitiger Aushöhlung? Am Beispiel der erhöhten Besteuerung von Biokraftstoffen, in: Winfried Kluth, Martin Müller und Andreas Peilert (Hrsg.), Wirtschaft – Verwaltung – Recht. Festschrift für Rolf Stober, Köln 2008, S. 243 (*W. Frenz,* Erweiterung der Berufsfreiheit)

–: Handbuch Europarecht, Bd. 1. Europäische Grundfreiheiten, Berlin 2004 (*W. Frenz,* Europäische Grundfreiheiten)

–: Handbuch Europarecht, Bd. 3. Beihilfe- und Vergaberecht, Berlin 2007 (*W. Frenz,* Beihilfe- und Vergaberecht)

–: Unterschwellenvergaben, VergabeR 2007, S. 1

–: Verwaltungsgerichtlicher Rechtsschutz in Konkurrenzsituationen, Berlin 1999 (*W. Frenz,* Konkurrenzsituationen)

Frers, Dirk: Die Klagebefugnis des Dritten im Gewerberecht. Dargestellt am Beispiel der Standardmaßnahmen der GewO, des GastG, der HwO, des PBefG und des GüKG, Frankfurt am Main 1988 (*D. Frers,* Klagebefugnis des Dritten)

–: Die Konkurrentenklage im Gewerberecht, DÖV 1988, S. 670

Friauf, Karl Heinrich: Ordnungsrahmen für das Recht der Subventionen, in: Verhandlungen des fünfundfünfzigsten Deutschen Juristentages Hamburg 1984, Bd. II. Sitzungsbericht, München 1984, S. M 8

–: Zur Rolle der Grundrechte im Interventions- und Leistungsstaat, DVBl. 1971, S. 674

Friauf, Karl Heinrich und *Höfling, Wolfram* (Hrsg.): Berliner Kommentar zum Grundgesetz, Loseblatt-Kommentar, Stand: 29. EL Dezember 2009, Berlin 2010 (Friauf/Höfling, GG)

Friehe, Heinz-Josef: Die Konkurrentenklage gegen einen öffentlich-rechtlichen Subventionsvertrag, DÖV 1980, S. 673

Friesenhahn, Ernst: Der Wandel des Grundrechtsverständnisses, in: Verhandlungen des 50. Deutschen Juristentags, Bd. II, München 1974, S. G 1 (*E. Friesenhahn,* Wandel des Grundrechtsverständnisses)

Fromm, Günter: Die Entwicklung des öffentlichen Verkehrsrechts, NVwZ 1984, S. 348

–: Zur Konkurrentenklage im Personenbeförderungs- und Güterkraftverkehrsrecht, WiVerw 1989, S. 26

Fromm, Günter, Fey, Michael, Sellmann, Klaus-Albrecht und *Zuck, Holger*: Personenbeförderungsrecht. Personenbeförderungsgesetz mit Freistellungs-Verordnung, BOKraft, Berufszugangsverordnung sowie EU-Vorschriften, Regionalisierungsgesetz und sonstigen nationalen Nebenbestimmungen, 3. Aufl. München 2001 (*G. Fromm/M. Fey/K.-A. Sellmann/H. Zuck,* Personenbeförderungsrecht)

Frotscher, Werner: Gewerberecht, in: Reiner Schmidt (Hrsg.), Öffentliches Wirtschaftsrecht. Besonderer Teil 1, Berlin 1995, S. 1, § 1 (*W. Frotscher,* Gewerberecht)

Frotscher, Werner und *Becht, Ernst*: Verfassungsrecht und Handel mit Taxikonzessionen, NVwZ 1986, S. 81

Frotscher, Werner und *Kramer, Urs*: Wirtschaftsverfassungs- und Wirtschaftsverwaltungsrecht, 5. Aufl. München 2008 (*W. Frotscher/U. Kramer,* Wirtschaftsverfassungs- und Wirtschaftsverwaltungsrecht)

Fruhmann, Michael: Das Vergaberegime des EG-Vertrags, ZVB 2006, S. 261

Fuchs, Claudia: Instrumente und Verfahren staatlicher Verteilungsverwaltung, in: Emanuel V. Towfigh u.a. (Hrsg.), Recht und Markt. Wechselbeziehungen zweier Ordnungen. 49. Assistententagung Öffentliches Recht, Baden-Baden 2009, S. 205 (*C. Fuchs,* Verteilungsverwaltung)

–: Strukturen und Merkmale neuer Verwaltungsverfahren. Auswahl-, Qualitätssicherungs- und Verwaltungskontrollverfahren als Beispiele neuerer Entwicklungen im Verwaltungsverfahrensrecht, Diss. Univ. Wien 2007 (*C. Fuchs,* Strukturen und Merkmale)

Funke, Andreas: Gleichbehandlungsgrundsatz und Verwaltungsverfahren. Die Rechtsprechung des BVerfG zu strukturell bedingten Vollzugsdefiziten, AöR 132 (2007), S. 168

Fürst, Walther (Hrsg.), Gesamtkommentar Öffentliches Dienstrecht. GKÖD, Loseblatt-Kommentar, Stand: EL 02/10, Berlin 2010 (GKÖD)

Füßer, Klaus: Kupierter Rechtsschutz und Nichtigkeit als Folge doloser Rechtsschutzvereitelung. Das Beispiel des beamtenrechtlichen Konkurrentenstreits, DÖV 1997, S. 816

Gabriel, Marc: Die Kommissionsmitteilung zur öffentlichen Auftragsvergabe außerhalb der EG-Vergaberichtlinien, NVwZ 2006, S. 1262

Gaier, Reinhard: Verfassungsrecht – Fesseln und Freiheiten für das (Kartell-)Vergaberecht, NZBau 2008, S. 289

Gallwas, Hans-Ullrich: Faktische Beeinträchtigungen im Bereich der Grundrechte. Ein Beitrag zum Begriff der Nebenwirkungen, Berlin 1970 (*H.-U. Gallwas,* Faktische Beeinträchtigungen)

Gärditz, Klaus Ferdinand: „Regulierungsermessen" und verwaltungsgerichtliche Kontrolle, NVwZ 2009, S. 1005

Gartz, Benjamin: „Ahlhorn" und (k)ein Ende?, NZBau 2008, S. 473

von Gehlen, Hans: Neues zur Vertragsnichtigkeit bei unzulässiger De-facto-Vergabe, NZBau 2007, S. 358

–: Vertragsnichtigkeit bei unzulässiger De-facto-Vergabe, NZBau 2005, S. 503

Gehrlein, Markus: Kein präventiver Rechtsschutz durch einstweilige Verfügung in Vergabeverfahren unterhalb der Schwellenwerte, NZBau 2001, S. 483

Geis, Max-Emanuel: Die Rechtsprechung des Bundesverfassungsgerichts zum „Recht auf Bildung" in den Jahren 1972–1977, in: Peter Hommelhoff und Wilfried Müller (Hrsg.), Plädoyer für ein neues Kapazitätsrecht. Vorträge und Thesen der Heidelberger Symposien zum Kapazitätsrecht am 25./26.11.2005 und 14./15.07.2006, WissR 2007, Beih. 18, S. 9

Geppert, Martin, Piepenbrock, Hermann-Josef, Schütz, Raimund und *Schuster, Fabian* (Hrsg.): Beck'scher TKG-Kommentar, 3. Aufl. München 2006 (BeckTKG-Kommentar)

Gers-Grapperhaus, Stefan: Das Auswahlrechtsverhältnis bei Auftragsvergaben unterhalb der Schwellenwerte, Baden-Baden 2009 (*S. Gers-Grapperhaus,* Auswahlrechtsverhältnis)

Goede, Matthias: Nachprüfung der Wiederholungswertung – Kontrolldichte und maßgeblicher Zeitpunkt –, VergabeR 2002, S. 347

von Golitschek, Herbert: Einstweiliger Rechtsschutz bei beamtenrechtlichen Auswahlentscheidungen, ThürVBl. 1996, S. 1

Goodarzi, Ramin und *Schmid, Karsten*: Die Ausschreibung vertragsärztlicher Leistungen nach dem SGB V, NZS 2008, S. 518

Görlitz, Niklas: Struktur und Bedeutung der Rechtsfigur der mittelbaren Diskriminierung im System der Grundfreiheiten. Zugleich der Versuch einer Abgrenzung zwischen mittelbaren Diskriminierungen und allgemeinen Beschränkungen, Baden-Baden 2003 (*N. Görlitz*, Rechtsfigur der mittelbaren Diskriminierung)

Götz, Volkmar: Recht der Wirtschaftssubventionen, München 1966 (*V. Götz*, Wirtschaftssubventionen)

Grabenwarter, Christoph: Europäische Menschenrechtskonvention, 4. Aufl. München 2009 (*C. Grabenwarter*, EMRK)

Gramlich, Ludwig: Versteigerung von Telekommunikations-Lizenzen und -Frequenzen aus verfassungs- und EG-rechtlicher Perspektive, CR 2000, S. 101

Grams, Hartmut A.: Anmerkung zu LG Cottbus, Urt. v. 10.9.2007 – 5 O 99/07, VergabeR 2008, S. 130

–: Glaubhaftmachung des Anordnungsanspruches im einstweiligen Verfügungsverfahren bei unterschwelligen Vergaben, VergabeR 2008, S. 474

Greb, Klaus und *Rolshoven, Michael*: Die „Ahlhorn"-Linie. Grundstücksverkauf, Planungs- und Vergaberecht, NZBau 2008, S. 163

von der Groeben, Hans und *Schwarze, Jürgen* (Hrsg.): Kommentar zum Vertrag über die Europäische Union und zur Gründung der Europäischen Gemeinschaft, 6. Aufl. Baden-Baden 2003 (von der Groeben / Schwarze)

Gröning, Jochem: Die VOB / A 2009 – ein erster Überblick, VergabeR 2009, S. 117

–: Primärer Vergaberechtsschutz außerhalb des Vierten Teils des GWB auf dem Verwaltungsrechtsweg? Die Rechtswegentscheidungen des VG Koblenz und OVG Rheinland-Pfalz vom 31. Januar bzw. 25. Mai 2005, ZWeR 2005, S. 276

Groß, Thomas: Die Beziehungen zwischen dem Allgemeinen und dem Besonderen Verwaltungsrecht, DV Beih. 2/1999, S. 57

Grotelüschen, Henning und *Lübben, Natalie*: Einheitliche Maßstäbe für die vergaberechtliche Infizierung von Veräußerungsgeschäften der öffentlichen Hand, VergabeR 2008, S. 169

Grzeszick, Bernd: Lizenzvergabe nach dem Telekommunikationsgesetz, ZUM 1997, S. 911

Grziwotz, Herbert: Notar – öffentliches Amt oder Ämterkauf, DVBl. 2008, S. 1159

–: Risiken für Einheimischenmodelle und Gestaltungsvorschläge, KommJur 2007, S. 450

–: Vergaberecht contra städtebauliche Verträge, NotBZ 2008, S. 85

Gundel, Jörg: Neue Entwicklungen beim Konkurrentenstreit im öffentlichen Dienst – Perfektionierung des bestehenden Systems statt grundsätzlicher Überprüfung, DV 37 (2004), S. 401

–: Rechtsschutz und Rechtsweg bei der Vergabe öffentlicher Aufträge unterhalb der „Schwellenwerte", Jura 2008, S. 288

Günther, Hellmuth: Alte und neue Bedeutung von Schadensersatz zur Gewähr des Leistungsprinzips bei Beförderung, in: Ingeborg Franke, Rudolf Summer und Hans-Dietrich Weiß (Hrsg.), Öffentliches Dienstrecht im Wandel. Festschrift für Walther Fürst, Präsident des Bundesverwaltungsgerichts a.D. zum 90. Geburtstag am 10. Februar 2002, Berlin 2002, S. 141 (*H. Günther*, Schadensersatz)

–: Ausschreibung, ZBR 1987, S. 321

–: Einstweiliger Rechtsschutz im Vorfeld der Beförderung, NVwZ 1986, S. 697

–: Konkurrentenstreit und kein Ende? – Bestandsaufnahme zur Personalmaßnahme Beförderung –, ZBR 1990, S. 284

–: Scheinbare Ausnahmen von der Ämterstabilität. Zur neueren Konkurrentenrechtsprechung des BVerwG, ZBR 2007, S. 195

Gurlit, Elke: Verwaltungsvertrag und Gesetz. Eine vergleichende Untersuchung zum Verhältnis von vertraglicher Bindung und staatlicher Normsetzungsautorität, Tübingen 2000 (*E. Gurlit*, Verwaltungsvertrag)

Gusy, Christoph: Der Gleichheitssatz, NJW 1988, S. 2505

Haas, Klaus: Zur Rangfrage in Numerus-clausus-Prozessen, DVBl. 1974, S. 22

Häberle, Peter: Das Bundesverfassungsgericht im Leistungsstaat. Die Numerus-clausus-Entscheidung vom 18.7.1972, DÖV 1972, S. 729

–: Grundrechte im Leistungsstaat, VVDStRL 30 (1972), S. 43

Hagenah, Evelyn: Neue Instrumente für eine neue Staatsaufgabe: Zur Leistungsfähigkeit prozeduralen Rechts im Umweltschutz, in: Dieter Grimm (Hrsg.), Staatsaufgaben, Frankfurt am Main 1996, S. 487 (*E. Hagenah*, Neue Instrumente)

Hahn, Anke-Sigrid: Anmerkung zu VG Regensburg, Urt. v. 23.3.1998 – RN 5 K 96.01299, ZUM 1998, S. 682

Hahn, Werner und *Vesting, Thomas* (Hrsg.): Beck'scher Kommentar zum Rundfunkrecht, 2. Aufl. München 2008 (Hahn/Vesting, Rundfunkrecht)

Hailbronner, Kay: Hochschulzugang, zentrale Studienplatzvergabe und Hochschulauswahlverfahren, WissR 2002, S. 209

–: Rechtsfolgen fehlender Information oder unterlassener Ausschreibung bei Vergabe öffentlicher Aufträge (§ 13 VgV), NZBau 2002, S. 474

–: Verfassungsrechtliche Fragen des Hochschulzugangs, WissR 1996, S. 1

Hänsel, Tobias und *Flache, Christian*: Primärrechtsschutz bei Vergaben unterhalb der Schwellenwerte, NJW-Spezial 2010, S. 172

Harke, Jan Dirk: Vergabeverfahren und culpa in contrahendo, in: Ingo Brinker, Dieter H. Scheuing und Kurt Stockmann (Hrsg.), Recht und Wettbewerb. Festschrift für Rainer Bechtold zum 65. Geburtstag, München 2006, S. 139 (*J. D. Harke*, Vergabeverfahren)

Hartmann, Bernd J. und *Nöllenburg, Niklas*: Die elektronische Bewerbung im öffentlichen Dienst, ZBR 2007, S. 242

Hartstein, Reinhard, Ring, Wolf-Dieter, Kreile, Johannes, Dörr, Dieter und *Stettner, Rupert*: Rundfunkstaatsvertrag. Kommentar, Loseblatt-Kommentar, Stand: 41. EL August 2009, Heidelberg 2009 (*R. Hartstein/W.-D. Ring/J. Kreile/D. Dörr/R. Stettner*, RStV)

Haselau, Klaus: Fünftes Gesetz zur Änderung des Personenbeförderungsgesetzes – Taxinovelle –, GewArch 1983, S. 113

Hauck-Scholz, Peter und *Brauhardt, Beate*: Verfassungsrechtliche Aspekte des neuen Studienplatzvergaberechts, WissR 2008, S. 307

Haverkate, Görg: Rechtsfragen des Leistungsstaats. Verhältnismäßigkeitsgebot und Freiheitsschutz im leistenden Staatshandeln, Tübingen 1983 (*G. Haverkate*, Rechtsfragen des Leistungsstaats)

–: Subventionsrecht, in: Reiner Schmidt (Hrsg.), Öffentliches Wirtschaftsrecht. Besonderer Teil 1, Berlin 1995 (*G. Haverkate*, Subventionsrecht)

Hebeler, Timo: Verwaltungspersonal. Eine rechts- und verwaltungswissenschaftliche Strukturierung, Baden-Baden 2008 (*T. Hebeler*, Verwaltungspersonal)

Heidenhain, Martin (Hrsg.): Handbuch des Europäischen Beihilfenrechts, München 2003 (Heidenhain, Hdb. Beihilfenrecht)

Heilshorn, Torsten und *Mock, Darío*: Die Pflicht zur Ausschreibung städtebaulicher Verträge. Zur Einordnung von kommunalen Grundstückskaufverträgen und Erschließungsverträgen als ausschreibungspflichtige öffentliche Bauaufträge, VBlBW 2008, S. 328

Heine, Robert und *Neun, Andreas*: Konkurrentenklagen im Telekommunikationsrecht. Die gerichtliche Kontrolle von Entscheidungen der Reg TP, MMR 2001, S. 352

Heinig, Hans Michael: Der Sozialstaat im Dienst der Freiheit. Studien zur Formel vom „sozialen" Staat in Art. 20 Abs. 1 GG und seiner Bedeutung im Verfassungsgefüge, Tübingen 2008 (*H. M. Heinig*, Sozialstaat)

Heintzen, Markus: Vergabefremde Ziele im Vergaberecht, ZHR 165 (2001), S. 62

Heinze, Christian: Personenbeförderungsrecht. Handkommentar, Baden-Baden 2007 (*C. Heinze*, Personenbeförderungsrecht)

–: Unzulängliche Rechtsverwirklichung im Linienverkehr mit Kraftfahrzeugen, DVBl. 2005, S. 946

Heiß, Andreas: Die neue EG-Verordnung für den öffentlichen Personenverkehr – ein Überblick unter Berücksichtigung der Situation in Deutschland, VerwArch 100 (2009), S. 113

Heitsch, Christian: Der gewerberechtliche Zulassungsanspruch zu Volksfesten, GewArch 2004, S. 225

Hellriegel, Mathias: Wirksamkeit drittbelastender öffentlich-rechtlicher Verträge ohne Zustimmung des Dritten (§ 58 Abs. 1 VwVfG). Ein Praxisbeitrag zur Stärkung des öffentlich-rechtlichen Vertrages im Bau- und Umweltrecht, DVBl. 2007, S. 1211

Henke, Wilhelm: Das Recht der Wirtschaftssubventionen als öffentliches Vertragsrecht, Tübingen 1979 (*W. Henke*, Wirtschaftssubventionen)

Hense, Ansgar: Soziale Infrastruktur im Gesundheitswesen – der stationäre Sektor (am Beispiel Krankenhäuser und Pflegeeinrichtungen), in: Michael Fehling und Matthias Ruffert (Hrsg.), Regulierungsrecht, Tübingen 2010, § 16 (*A. Hense*, Soziale Infrastruktur – der stationäre Sektor, § 16)

Henseler, Paul: Staatliche Verhaltenslenkung durch Subventionen im Spannungsfeld zur Unternehmerfreiheit des Begünstigten, VerwArch 77 (1986), S. 249

Henssler, Martin und *Kilian, Matthias*: Die Ausübung hoheitlicher Gewalt i.S.d. Art. 45 EG, EuR 2005, S. 192

Herbst, Tobias: Anmerkung zu BVerfG, Beschl. v. 15.8.2002 – 1 BvR 1790/00, NJ 2003, S. 81

Hermanns, Caspar David und *Hönig, Dietmar*: Aktuelle Entwicklungen im Öffentlichen Personennahverkehr in den neuen Ländern, LKV 2002, S. 206

Hermes, Georg: Gleichheit durch Verfahren bei der staatlichen Auftragsvergabe, JZ 1997, S. 909

Herrmann, Alexander: Begrenzung der Aufhebungsbedürftigkeit vergaberechtswidriger Verträge, VergabeR 2009, S. 249

Hertwig, Stefan: Ist der Zuschlag ohne Vergabeverfahren nichtig?, NZBau 2001, S. 241

–: Praxis der öffentlichen Auftragsvergabe, 4. Aufl. München 2009 (*S. Hertwig*, Praxis der öffentlichen Auftragsvergabe)

Hertwig, Stefan und *Öynhausen, Regina*: Grundstücksgeschäfte der öffentlichen Hände im Blickwinkel des Vergaberechts, KommJur 2008, S. 121

Hess, Philipp: Das Versteigerungsverfahren nach dem Telekommunikationsrecht. Studie unter Einbeziehung der Erfahrungen der USA, Frankfurt am Main 2003 (*P. Hess*, Versteigerungsverfahren)

Hesse, Konrad: Bestand und Bedeutung der Grundrechte in der Bundesrepublik Deutschland, EuGRZ 1978, S. 427

Heuvels, Klaus: Fortwirkender Richtlinienverstoß nach De-facto-Vergaben, NZBau 2005, S. 32

Heuvels, Klaus und *Kaiser, Christoph*: Die Nichtigkeit des Zuschlags ohne Vergabeverfahren, NZBau 2001, S. 479

Hilderscheid, Heinrich: Die Zulassung zu Messen und Ausstellungen, München 1999 (*H. Hilderscheid*, Zulassung)

–: Erzwungene Doppelvergabe von Standflächen auf festgesetzten Veranstaltungen, GewArch 2007, S. 129

–: Passivlegitimation und Rechtsweg bei Klagen auf Zulassung zu festgesetzten Veranstaltungen, GewArch 2008, S. 54

Hill, Hermann: Das fehlerhafte Verfahren und seine Folgen im Verwaltungsrecht, Heidelberg 1986 (*H. Hill*, Fehlerhafte Verfahren)

–: Normsetzung und andere Formen exekutivischer Selbstprogrammierung, in: Wolfgang Hoffmann-*Riem*, Eberhard Schmidt-Aßmann und Andreas Voßkuhle (Hrsg.), Grundlagen des Verwaltungsrechts, Bd. 2. Informationsordnung · Verwaltungsverfahren · Handlungsformen, München 2008, § 34 (*H. Hill*, GVwR II, § 34)

von Hippel, Mila: Gleicher Zugang zu öffentlichen Ämtern, Bonn 1972 (*M. v. Hippel*, Gleicher Zugang)

Hissnauer, Daniel: Auswirkungen der Dienstleistungsrichtlinie auf das deutsche Genehmigungsverfahrensrecht, Baden-Baden 2009 (*D. Hissnauer*, Dienstleistungsrichtlinie)

Hitzler, Gerhard: Die Vergabe von Standplätzen auf Märkten und Volksfesten durch Gemeinden – Eine Frage des Verwaltungsrechts oder des Kartellrechts?, GewArch 1981, S. 360

Hobe, Stephan: Gibt es ein Grundrecht auf begabtengerechte Einschulung? Zur Verfassungsmäßigkeit der Stichtagsregelung des § 42 Abs. 2 des Schulgesetzes Schleswig-Holstein (SchulG SH), DÖV 1996, S. 190

Hobe, Stephan und *Weiner, Philipp*: Die Slotvergabe im Lichte des Wirtschaftsverwaltungsrechts, in: Jörg Ennuschat, Jörg Geerlings, Thomas Mann und Johann-Christian Pielow in Verbindung mit Klaus Stern (Hrsg.), Wirtschaft und Gesellschaft im Staat der Gegenwart. Gedächtnisschrift für Peter J. Tettinger, Köln 2007, S. 57 (*S. Hobe / P. Weiner*, Slotvergabe)

Hoffmann-Becking, Michael: Der Anspruch auf fehlerfreie Ermessensentscheidung – BVerwGE 39, 235, JuS 1973, S. 615

Hoffmann-Riem, Wolfgang: Eigenständigkeit der Verwaltung, in: ders., Eberhard Schmidt-Aßmann und Andreas Voßkuhle (Hrsg.), Grundlagen des Verwaltungsrechts, Bd. 1. Methoden · Maßstäbe · Aufgaben · Organisation, München 2006, § 10 (*W. Hoffmann-Riem*, GVwR I, § 10)

–: Enge oder weite Gewährleistungsgehalte der Grundrechte?, in: Michael Bäuerle u.a. (Hrsg.), Haben wir wirklich Recht? Zum Verhältnis von Recht und Wirklichkeit. Beiträge zum Kolloquium anlässlich des 60. Geburtstags von Brun-Otto Bryde, Baden-Baden 2004, S. 53 (*W. Hoffmann-Riem*, Gewährleistungsgehalte)

–: Ermöglichung von Flexibilität und Innovationsoffenheit im Verwaltungsrecht – Einleitende Problemskizze –, in: ders. und Eberhard Schmidt-Aßmann (Hrsg.), Innovation und Flexibilität des Verwaltungshandelns, Baden-Baden 1994, S. 9 (*W. Hoffmann-Riem*, Flexibilität)

–: Grundrechtsanwendung unter Rationalitätsanspruch. Eine Erwiderung auf Kahls Kritik an neueren Ansätzen in der Grundrechtsdogmatik, Der Staat 43 (2004), S. 203

–: Verwaltungsverfahren und Verwaltungsverfahrensgesetz – Einleitende Problemskizze, in: ders. und Eberhard Schmidt-Aßmann (Hrsg.), Verwaltungsverfahren und Verwaltungsverfahrensgesetz, Baden-Baden 2002, S. 9 (*W. Hoffmann-Riem,* Verwaltungsverfahren)

Höfler, Heiko: Transparenz bei der Vergabe öffentlicher Aufträge, NZBau 2010, S. 73

Höfling, Wolfram: Freiheit und Regulierung der Insolvenzverwaltertätigkeit aus verfassungsrechtlicher Perspektive, JZ 2009, S. 339

–: Primär- und Sekundärrechtsschutz im Öffentlichen Recht, VVDStRL 61 (2002), S. 260

–: Verfahrensrechtliche Garantien des Art. 33 II GG, ZBR 1999, S. 73

Holoubek, Michael: Grundrechtsschutz im österreichischen Beschaffungswesen unter besonderer Berücksichtigung der EMRK, WiVerw 2008, S. 273

Holznagel, Bernd: Frequenzplanung im Telekommunikationsrecht, in: Wilfried Erbguth, Janbernd Oebbecke, Hans-Werner Rengeling und Martin Schulte (Hrsg.), Planung. Festschrift für Werner Hoppe zum 70. Geburtstag, München 2000, S. 767 (*B. Holznagel,* Frequenzplanung)

Hoof, Karsten: Die Freihaltung bzw. Schaffung sogenannter dritter, streitunbefangener Stellen im beamtenrechtlichen Konkurrentenstreit, ZBR 2007, S. 156

Horn, Lutz: Ausschreibungspflichten bei Grundstücksgeschäften der öffentlichen Hand (Zugleich Anmerkung zu OLG Düsseldorf, B. v. 13.06.2007 – VII-Verg 02/07 – und OLG Düsseldorf, B. v. 12.12.2007 – VII-Verg 30/07 –), VergabeR 2008, S. 158

Horn, Norbert: Das Zivil- und Wirtschaftsrecht im neuen Bundesgebiet. Eine systematische Darstellung für Praxis und Wissenschaft, 2. Aufl. Köln 1993 (*N. Horn,* Zivil- und Wirtschaftsrecht im neuen Bundesgebiet)

Horn, Thomas J.: Der Aufhebungsanspruch beim Verwaltungsakt mit Drittwirkung, DÖV 1990, S. 864

–: Die Genehmigung für den allgemeinen Güterfernverkehr und ihre prozessuale Behandlung, GewArch 1985, S. 73

Hösch, Ulrich: Rechtsschutz gegen die Nichtzulassung zu festgesetzten Märkten, GewArch 1996, S. 402

Huber, Peter M.: Anmerkung zu BGH, Urt. v. 6.4.1995 – III ZR 183/94, JZ 1996, S. 149

–: Das öffentliche Auftragswesen als Beschaffungsvorgang oder Instrument der Wirtschaftslenkung und der Sozialgestaltung. Zum Umgang mit sog. beschaffungsfremden Vergabekriterien, ThürVBl. 2000, S. 193

–: Der Schutz des Bieters im öffentlichen Auftragswesen unterhalb der sog. Schwellenwerte, JZ 2000, S. 877

–: Die Demontage des Öffentlichen Rechts, in: Winfried Kluth, Martin Müller und Andreas Peilert (Hrsg.), Wirtschaft – Verwaltung – Recht, Festschrift für Rolf Stober zum 65. Geburtstag am 11. Juni 2008, S. 547 (*P. M. Huber,* Demontage)

–: Die Informationstätigkeit der öffentlichen Hand – ein grundrechtliches Sonderregime aus Karlsruhe?, JZ 2003, S. 290

–: Die unternehmerische Betätigung der öffentlichen Hand. Ein verwaltungsrechtliches Phänomen vor der Neubewertung, in: ders., Michael Brenner und Markus Möstl (Hrsg.), Der Staat des Grundgesetzes – Kontinuität und Wandel. Festschrift für Peter Badura zum siebzigsten Geburtstag, Tübingen 2004, S. 897 (*P. M. Huber,* Unternehmerische Betätigung)

–: Gemeinschaftsrechtlicher Schutz vor einer Verteilungslenkung durch deutsche Behörden. Europarechtliche Grundlagen des Konkurrenzschutzes, EuR 1991, S. 31

–: Grundrechtsschutz durch Organisation und Verfahren als Kompetenzproblem in der Gewaltenteilung und im Bundesstaat, München 1988 (*P. M. Huber,* Grundrechtsschutz)

–: Kampf um den öffentlichen Auftrag. Vom Hoflieferantenprivileg zum europäischen Auftragsvergaberecht, Berlin 2002 (*P. M. Huber,* Kampf um den öffentlichen Auftrag)

–: Konkurrenzschutz im Verwaltungsrecht. Schutzanspruch und Rechtsschutz bei Lenkungs- und Verteilungsentscheidungen der öffentlichen Verwaltung, Tübingen 1991 (*P. M. Huber,* Konkurrenzschutz)

–: Offene Staatlichkeit. Vergleich, in: Armin von Bogdandy, Pedro Cruz Villalón und ders. (Hrsg.), Handbuch Ius Publicum Europaeum, Bd. 2. Offene Staatlichkeit. Wissenschaft vom Verfassungsrecht, Heidelberg 2008, § 26 (*P. M. Huber,* IPE II, § 26)

–: Recht der Europäischen Integration, 2. Aufl. München 2002 (*P. M. Huber,* Recht der Europäischen Integration)

–: Unitarisierung durch Gemeinschaftsgrundrechte. Zur Überprüfungsbedürftigkeit der ERT-Rechtsprechung, EuR 2008, S. 190

Huber, Peter M. und *Wollenschläger, Ferdinand*: Einheimischenmodelle. Städtebauliche Zielverwirklichung an der Schnittstelle von europäischem und nationalem, öffentlichem und privatem Recht, Berlin 2008 (*P. M. Huber / F. Wollenschläger,* Einheimischenmodelle)

–: EMAS und Vergaberecht – Berücksichtigung ökologischer Belange bei öffentlichen Aufträgen, in: WiVerw 2005, S. 212

Hübner, Alexander: Anmerkung zu EuGH, Urt. v. 13.11.2007 – Rs. C-507/03, VergabeR 2008, S. 58

Huerkamp, Florian: Die grundfreiheitlichen Beschränkungsverbote und die Beschaffungstätigkeit des Staates, EuR 2009, S. 563

–: Gleichbehandlung und Transparenz als gemeinschaftsrechtliche Prinzipien der staatlichen Auftragsvergabe, Tübingen 2010 (*F. Huerkamp,* Gleichbehandlung und Transparenz)

Hufeld, Ulrich: Die Versteigerung der UMTS-Lizenzen zwischen Telekommunikations- und Finanzverfassungsrecht, JZ 2002, S. 871

Hufen, Friedhelm: Anmerkung zu BVerwG, Urt. v. 25.9.2009 – 3 C 35/07, JuS 2009, S. 1140

–: Fehler im Verwaltungsverfahren: Ein Handbuch für Ausbildung und Praxis, 4. Aufl. Baden-Baden 2002 (*F. Hufen,* Fehler)

–: Heilung und Unbeachtlichkeit grundrechtsrelevanter Verfahrensfehler? Zur verfassungskonformen Auslegung der §§ 45 und 46 VwVfG, NJW 1982, S. 2160

–: Verwaltungsprozessrecht, 7. Aufl. München 2008 (*F. Hufen,* Verwaltungsprozessrecht)

Huster, Stefan: Rechte und Ziele. Zur Dogmatik des allgemeinen Gleichheitssatzes, Berlin 1993 (*S. Huster,* Rechte und Ziele)

Iliopoulos-Strangas, Julia (Hrsg.): Soziale Grundrechte in Europa nach Lissabon. Eine rechtsvergleichende Untersuchung der nationalen Rechtsordnungen und des Europäischen Rechts, Baden-Baden 2010 (*J. Iliopoulos-Strangas,* Soziale Grundrechte)

Immenga, Ulrich: Bietergemeinschaften im Kartellrecht – ein Problem potentiellen Wettbewerbs, DB 1984, S. 385

–: Wettbewerbsrechtliche Grenzen von Standortvorteilen der öffentlichen Hand. Dargestellt anhand der Abgabe von Kfz-Kennzeichen durch Gebietskörperschaften, NJW 1995, S. 1921

Immenga, Ulrich und *Mestmäcker, Ernst-Joachim* (Hrsg.): Wettbewerbsrecht, Bd. 2. GWB. Kommentar zum Europäischen Kartellrecht, 4. Aufl. 2007 (Immenga/Mestmäcker)

Ipsen, Hans Peter: Öffentliche Subventionierung Privater, Berlin 1956 (*H. P. Ipsen*, Öffentliche Subventionierung Privater)

–: Verwaltung durch Subventionen, VVDStRL 25 (1967), S. 257

Irmer, Wolfram: Eröffnung des Verwaltungsrechtswegs bei Vergaben außerhalb des Anwendungsbereichs von § 100 GWB oder Aufgabe der Zweiteilung und Neuordnung des Vergaberechts, VergabeR 2006, S. 159 (Teil I: Eröffnung des Verwaltungsrechtswegs bei Vergabeverfahren außerhalb des Anwendungsbereichs des GWB – Besprechung der Entscheidungen des VG Koblenz und des OVG Rheinland-Pfalz), S. 308 (Teil II: Verfassungsmäßigkeit der Zweiteilung des Vergaberechts und Vorschläge zur Überarbeitung des Primärrechtsschutzes)

Isensee, Josef: Der Zugang zum öffentlichen Dienst. Objektive Erfordernisse des öffentlichen Amtes und subjektiver Rechtsstatus des Bewerbers, in: Otto Bachof, Ludwig Heigl und Konrad Redeker (Hrsg.), Verwaltungsrecht zwischen Freiheit, Teilhabe und Bindung. Festgabe aus Anlaß des 25jährigen Bestehens des Bundesverwaltungsgerichts, München 1978, S. 337 (*J. Isensee,* Zugang)

Iwers, Steffen Johann: Ausschreibung kommunaler Eingliederungsleistungen des SGB II und institutionelle Förderung der Leistungserbringer, LKV 2008, S. 1

Jäde, Henning: Anmerkung zu BayVGH, Beschl. v. 29.11.1989 – CS 89.3171, BayVBl. 1990, S. 183

Jaeger, Thomas: Gemeinschaftsrechtliche Probleme einer Privatisierung, EuZW 2007, S. 499

–: Neue Parameter für Privatisierungen? Die Entscheidung Bank Burgenland der Kommission, EuZW 2008, S. 686

Jaeger, Wolfgang: Public Private Partnership und Vergaberecht, NZBau 2001, S. 6

–: Vergaberechtsschutz bei der De-facto-Vergabe, ZWeR 2006, S. 366

Jarass, Hans D.: A Unified Approach to the Fundamental Freedoms, in: Mads Andenas und Wulf-Henning Roth (Hrsg.), Services and free movement in EU law, Oxford 2002, S. 141 (*H. D. Jarass*, Unified Approach)

–: Bausteine einer umfassenden Grundrechtsdogmatik, AöR 120 (1995), S. 345

–: Der Vorbehalt des Gesetzes bei Subventionen, NVwZ 1984, S. 473

–: Elemente einer Dogmatik der Grundfreiheiten II, EuR 2000, S. 705

–: Funktionen und Dimensionen der Grundrechte, in: Detlef Merten und Hans-Jürgen Papier (Hrsg.), Handbuch der Grundrechte in Deutschland und Europa, Bd. 2. Grundrechte in Deutschland: Allgemeine Lehren I, Heidelberg 2006, § 38 (*H. D. Jarass*, HGR II, § 38)

Jarass, Hans D. und *Pieroth, Bodo*: Grundgesetz für die Bundesrepublik Deutschland: GG. Kommentar, 10. Aufl. München 2009 (*Jarass/Pieroth*, GG)

Jasper, Ute und *Arnold, Hans*: Die Ausschreibungspflicht im Fall der „Stadt Mödling", NZBau 2006, S. 24

Jasper, Ute und *Pooth, Stefan*: Rechtsschutz gegen die Aufhebung einer Ausschreibung, NZBau 2003, S. 261

Jasper, Ute und *Seidel, Jan*: Neue Dissonanzen beim Verkauf kommunaler Grundstücke, NZBau 2008, S. 427

Jellinek, Georg: Die Erklärung der Menschen- und Bürgerrechte. Ein Beitrag zur modernen Verfassungsgeschichte, 2. Aufl. Leipzig 1904 (*G. Jellinek,* Die Erklärung der Menschen- und Bürgerrechte)

–: System der subjektiven öffentlichen Rechte, 2. unveränderter Nachdruck Darmstadt 1963 (*G. Jellinek,* System)

Jennert, Carsten: Das Urteil „Parking Brixen": Übernahme des Betriebsrisikos als rechtssicheres Abgrenzungsmerkmal für die Dienstleistungskonzession? Der EuGH stellt die Kommunen vor die Entscheidung für In-house-Privilegierung oder Beteiligung am Wettbewerb, NZBau 2005, S. 623

Jenny, Valerian: Rechtsschutz gegen die Anordnung eines Vergabeverfahrens nach § 55 Abs. 9 TKG. Ein Plädoyer für einen direkten Rechtsschutz gegen die Anordnung des Vergabeverfahrens, CR 2009, S. 502

Jochum, Heike: Verwaltungsverfahrensrecht und Verwaltungsprozeßrecht. Die normative Konnexität von Verwaltungsverfahrens- und Verwaltungsprozeßrecht und die Steuerungsleistung des materiellen Verwaltungsrechts, Tübingen 2004 (*H. Jochum,* Verwaltungsverfahrensrecht)

Joerger, Gernot und *Geppert, Manfred* (Hrsg.): Grundzüge der Verwaltungslehre, Bd. 2, 3. Aufl. Stuttgart 1983 (Joerger / Geppert, Verwaltungslehre)

Jung, Werner: Der Zugang zum öffentlichen Dienst nach Art. 33 II GG. Eine Untersuchung der verfassungsrechtlichen Grundlagen der Ernennung zum Beamten, ihrer Regeln und deren Durchsetzbarkeit, Saarbrücken 1978 (*W. Jung,* Zugang zum öffentlichen Dienst)

Jürgensen, Thomas und *Schlünder, Irene*: EG-Grundrechtsschutz gegenüber Maßnahmen der Mitgliedstaaten, AöR 121 (1996), S. 201

Kadelbach, Stefan: Allgemeines Verwaltungsrecht unter europäischem Einfluß, Tübingen 1999 (*S. Kadelbach,* Allgemeines Verwaltungsrecht unter europäischem Einfluß)

Kaelble, Hendrik: Anspruch auf Zuschlag und Kontrahierungszwang im Vergabeverfahren, ZfBR 2003, S. 657

–: Vergabeentscheidung und Verfahrensgerechtigkeit. Zur wirtschaftslenkenden Auftragsvergabe gemessen an der Berufsfreiheit, den Grundfreiheiten und dem Beihilfeverbot, Berlin 2008 (*H. Kaelble,* Vergabeentscheidung)

Kahl, Wolfgang: Abfall, in: Michael Fehling und Matthias Ruffert (Hrsg.), Regulierungsrecht, Tübingen 2010, § 13 (*W. Kahl,* Abfall, § 13)

–: Das Verwaltungsverfahrensgesetz zwischen Kodifikationsidee und Sonderrechtsentwicklung, in: Wolfgang Hoffmann-Riem und Eberhard Schmidt-Aßmann (Hrsg.), Verwaltungsverfahren und Verwaltungsverfahrensgesetz, Baden-Baden 2002, S. 67 (*W. Kahl,* Kodifikationsidee)

–: Begriff, Funktionen und Konzepte von Kontrolle, in: Wolfgang Hoffmann-Riem, Eberhard Schmidt-Aßmann und Andreas Voßkuhle (Hrsg.), Grundlagen des Verwaltungsrechts, Bd. 3. Personal · Finanzen · Kontrolle · Sanktionen · Staatliche Einstandspflichten, München 2009, § 47 (*W. Kahl,* GVwR III, § 47)

–: Grundrechtsschutz durch Verfahren in Deutschland und in der EU, VerwArch 95 (2004), S. 1

–: Neuere Entwicklungslinien der Grundrechtsdogmatik, AöR 131 (2006), S. 579

–: Privatrechtliches Verwaltungshandeln und Verwaltungsverfahrensgesetz am Beispiel des Vergaberechts, in: Manfred Aschke, Friedhelm Hase und Raimund Schmidt-De Caluwe (Hrsg.), Selbstbestimmung und Gemeinwohl. Festschrift zum 70. Geburtstag von Professor Dr. Friedrich von Zezschwitz, Baden-Baden 2005, S. 151 (*W. Kahl*, Privatrechtliches Verwaltungshandeln)

–: Vom weiten Schutzbereich zum engen Gewährleistungsgehalt. Zur Kritik einer neuen Richtung der deutschen Grundrechtsdogmatik, Der Staat 43 (2004), S. 167

Kaiser, Christoph: Die Nichtigkeit so genannter De-facto-Verträge oder: „In dubio pro submissione publica", NZBau 2005, S. 311

Kallerhoff, Dieter: Zur Begründetheit von Rechtsschutzbegehren unterhalb der vergaberechtlichen Schwellenwerte, NZBau 2008, S. 97

Kaltenborn, Markus: Vergaberechtliche Strukturen im Recht der Gesetzlichen Krankenversicherung. Zur rechtlichen Umsetzung der Reformoption „Vertragswettbewerb" in der Gesundheitsversorgung, VSSR 2006, S. 357

Kalz, Wolfgang: Anmerkung zu BVerwG, Urt. v. 7.10.1988 – 7 C 65.87, DVBl. 1989, S. 561

Kämmerer, Jörn Axel: Gemeingüter unter dem Hammer? – Die Versteigerung von Lizenzen für die Nutzung knapper Ressourcen im Lichte des Verfassungs- und Gemeinschaftsrechts, NVwZ 2002, S. 161

–: Inländer im Europarecht – Obsoleszenz oder Renaissance eines Rechtsbegriffs?, EuR 2008, S. 45

Karpen, Hans-Ulrich: Die Verweisung als Mittel der Gesetzgebungstechnik, Berlin 1970 (*H.-U. Karpen*, Verweisung)

Kau, Wolfgang G.: Die Nichtigkeit öffentlicher Aufträge nach § 13 S. 6 VgV – ein Fehlgriff?, NZBau 2003, S. 310

Kellner, Hugo: Der sogenannte Beurteilungsspielraum in der verwaltungsgerichtlichen Prozesspraxis, NJW 1966, S. 857

Kerssenbrock, Trutz Graf: Ist der Verkauf von Geschäftsanteilen oder Aktienmehrheiten kommunaler Stromversorger einem Vergabeverfahren gemäß §§ 97 ff. GWB zu unterziehen?, WuW 1991, S. 122

Kersten, Jens: Die Herstellung von Wettbewerb als Verwaltungsaufgabe, VVDStRL 69 (2009), S. 288

Keuter, Alfons, Nett, Lorenz und *Stumpf, Ulrich*: Regeln für das Verfahren zur Versteigerung von ERMES-Lizenzen, -Frequenzen sowie regionaler ERMES-Frequenzen, Wissenschaftliches Institut für Kommunikationsdienste. Diskussionspapier Nr. 165, Bad Honnef 1996 (*A. Keuter / L. Nett / U. Stumpf*, Versteigerung)

Kiepe, Folkert und *Mietzsch, Oliver*: Die neue ÖPNV-Verordnung der EU und die Auswirkungen auf das Personenbeförderungsgesetz, IR 2008, S. 56

Kiethe, Kurt: Nachträgliche Korrektur von Vertragsklauseln in Treuhandmusterverträgen. Möglichkeiten für den Investor?, BB 1994, S. 7

Kimminich, Otto: Anmerkung zu BVerfG, Urt. v. 18.7.1972, 1 BvL 32/70 und 1 BvL 25/71, JZ 1972, S. 696

Kingreen, Thorsten: Das Sozialvergaberecht, SGb 2008, S. 437

–: Die Struktur der Grundfreiheiten des europäischen Gemeinschaftsrechts, Berlin 1999 (*T. Kingreen*, Struktur der Grundfreiheiten)

–: Governance im Gesundheitsrecht. Zur Bedeutung der Referenzgebiete für die verwaltungsrechtswissenschaftliche Methodendiskussion, DV 42 (2009), S. 339

–: Grundfreiheiten, in: Armin von Bogdandy und Jürgen Bast (Hrsg.), Europäisches Verfassungsrecht, 2. Aufl. Berlin 2009, S. 705 (*T. Kingreen*, Grundfreiheiten)

–: Konkurrenzschutz im vertragsärztlichen Zulassungsrecht. Ein Beitrag zur Reise nach Jerusalem im Gesundheitswesen, DV 36 (2003), S. 33

–: Sozialrechtliche Leistungserbringung durch öffentliche Ausschreibungen, VergabeR 2007, S. 355

Kirch, Thomas: Zwingender Ausschluss? § 16 VgV und Gesellschaftsorganmitglieder kommunaler Unternehmen, ZfBR 2004, S. 769

Kirchhof, Paul: Der allgemeine Gleichheitssatz, in: Josef Isensee und ders. (Hrsg.), Handbuch des Staatsrechts der Bundesrepublik Deutschland, Bd. V. Allgemeine Grundrechtslehren, 2. Aufl. Heidelberg 2000, § 124 (*P. Kirchhof*, HStR V, § 124)

Kischel, Uwe: Die Begründung. Zur Erläuterung staatlicher Entscheidungen gegenüber dem Bürger, Tübingen 2003 (*U. Kischel*, Begründung)

Klein, Hans H.: Die Grundrechte im demokratischen Staat. Kritische Bemerkungen zur Auslegung der Grundrechte in der deutschen Staatsrechtslehre der Gegenwart, Stuttgart 1974 (*H. H. Klein*, Grundrechte)

Klein, Sebastian: Veräußerung öffentlichen Anteils- und Grundstücksvermögen[s] nach dem Vergaberecht, VergabeR 2005, S. 22

Kleine, Wolfgang, Flöther, Lucas und *Bräuer, Gregor*: Die Reorganisation der kommunalen Immobilienwirtschaft – Privatisierung aus vergaberechtlicher Sicht, NVwZ 2002, S. 1046

Kleinschmidt, Andreas: Die Versteigerung von Telekommunikationslizenzen. Verfassungsrechtliche Beurteilung am Beispiel der UMTS-Mobilfunklizenzversteigerung, Frankfurt am Main 2004 (*A. Kleinschmidt*, Versteigerung)

Kloepfer, Michael: Der Vorbehalt des Gesetzes im Wandel, JZ 1984, S. 685

–: Gleichheit als Verfassungsfrage, Berlin 1980 (*M. Kloepfer*, Gleichheit)

Kloepfer, Michael und *Reinert, Sigrid*: Zuteilungsgerechtigkeit im Umweltstaat aus juristischer Sicht, in: Carl Friedrich Gethmann und dieselben (Hrsg.), Verteilungsgerechtigkeit im Umweltstaat, Bonn 1995, S. 47 (*M. Kloepfer / S. Reinert*, Zuteilungsgerechtigkeit)

Kluth, Winfried: Verfassungsrechtliche Anforderungen an ein modernisiertes Kapazitätsrecht, in: Peter Hommelhoff und Wilfried Müller (Hrsg.), Plädoyer für ein neues Kapazitätsrecht. Vorträge und Thesen der Heidelberger Symposien zum Kapazitätsrecht am 25./26.11.2005 und 14./15.07.2006, WissR 2007, Beih. 18, S. 60

Kment, Martin: Die Stellung nationaler Unbeachtlichkeits-, Heilungs- und Präklusionsvorschriften im europäischen Recht, EuR 2006, S. 201

Knauff, Matthias: Das System des Vergaberechts zwischen Verfassungs-, Wirtschafts- und Haushaltsrecht, VergabeR 2008, S. 312

–: Der Gewährleistungsstaat: Reform der Daseinsvorsorge. Eine rechtswissenschaftliche Untersuchung unter besonderer Berücksichtigung des ÖPNV, Berlin 2004 (*M. Knauff*, Gewährleistungsstaat)

–: Der Kommissionsvorschlag für eine Novelle der VO 1191/69, DVBl. 2006, S. 339

–: Neues europäisches Vergabeverfahrensrecht: Der wettbewerbliche Dialog, VergabeR 2004, S. 287

–: Vertragsschließende Verwaltung und verfassungsrechtliche Rechtsschutzgarantie, NVwZ 2007, S. 546

Knirsch, Hanspeter: Gestaltungsfreiräume kommunaler Subventionsgewährung, NVwZ 1984, S. 495

Knöbl, Jan: Rechtsschutz bei der Vergabe von Aufträgen unterhalb der Schwellenwerte, Berlin 2009 (*J. Knöbl*, Rechtsschutz)

Knuth, Andreas: Konkurrentenklage gegen einen öffentlichrechtlichen Subventionsvertrag – OVG Münster, NVwZ 1984, 522, JuS 1986, S. 523

Koenig, Christian: Anforderungen des deutschen Telekommunikationsrechts und des europäischen Gemeinschaftsrechts an die Vergabe von UMTS-Lizenzen und die Aufhebung rechtswidriger Zuschlags- und Zahlungsbescheide, in: Hermann-Josef Piepenbrock und Fabian Schuster (Hrsg.), UMTS-Lizenzvergabe. Rechtsfragen der staatlichen Versteigerung knapper Ressourcen, Baden-Baden 2001, S. 318 (*C. Koenig*, UMTS-Lizenzen)

–: Die öffentlich-rechtliche Verteilungslenkung. Grund und Grenzen einer Deregulierung am Beispiel der Vergabe von Konzessionen, Kontingenten und Genehmigungen zur unternehmerischen Nutzung öffentlich verwalteter Güter, Berlin 1994 (*C. Koenig*, Verteilungslenkung)

–: Die Versteigerung der UMTS-Lizenzen auf dem Prüfstand des deutschen und europäischen Telekommunikationsrechts, K&R 2001, S. 41

–: EG-beihilfenrechtskonforme Beteiligung privater Gesellschaften an gemischt öffentlich-privaten Gemeinschaftsunternehmen, EuZW 2006, S. 203

–: Funktionen des Bietverfahrens im EG-Beihilfenrecht, EuZW 2001, S. 741

–: Werner Frotschers Lehren zur Gewerbefreiheit und Marktplatzvergabe helfen auch bei der Auswahl des richtigen Insolvenzverwalters, in: Gilbert H. Gornig, Urs Kramer und Uwe Volkmann (Hrsg.), Staat, Wirtschaft, Gemeinde. Festschrift für Werner Frotscher zum 70. Geburtstag, Berlin 2007, S. 449 (*C. Koenig*, Insolvenzverwalter)

Koenig, Christian, Fechtner, Sonja und *Paul, Julia*: Neuere Tendenzen zu den EG-beihilfenrechtlichen Anforderungen an Grundstücks- und Anlagentransaktionen, BRZ 2009, S. 52

Koenig, Christian und *Hasenkamp, Christopher*: EG-beihilfenrechtskonforme Unternehmensbewertung im Rahmen der Veräußerung von Unternehmensanteilen durch kommunale Körperschaften, DVBl. 2008, S. 1340

Koenig, Christian und *Hentschel, Kristin*: Die Auswahl des Insolvenzverwalters – nationale und EG-vergaberechtliche Vorgaben, ZIP 2005, S. 1937

Koenig, Christian und *Kühling, Jürgen*: Diskriminierungsfreiheit, Transparenz und Wettbewerbsoffenheit des Ausschreibungsverfahrens – Konvergenz von EG-Beihilfenrecht und Vergaberecht, NVwZ 2003, S. 779

–: Grundstücksveräußerungen der öffentlichen Hand, planerischer Wandel und EG-Beihilfenrecht, NZBau 2001, S. 409

–: Infrastrukturförderung im Ausschreibungsverfahren. EG-beihilfenrechtlicher Königsweg der Kompensation von gemeinwirtschaftlichen Pflichten, DVBl. 2003, S. 289

Koenig, Christian und *Neumann, Andreas*: Telekommunikationsrechtliche Optimierung künftiger Lizenz- und Frequenz-Versteigerungen, ZRP 2001, S. 252

Koenig, Christian und *Pfromm, René*: Die Förderlogik des EG-beihilfenrechtlichen Ausschreibungsverfahrens bei PPP-Daseinsvorsorge-Infrastrukturen, NZBau 2004, S. 375

Koenig, Christian und *Wetzel, Julia*: EG-beihilfenrechtliche Bewertung nachträglicher Änderungen an den Leistungs-/Gegenleistungselementen einer Infrastrukturausschreibung, EWS 2006, S. 145

Koll, Jürgen Th.: Verfassungsrechtliches Leistungsprinzip und Ausschreibung, LKV 2001, S. 394

König, Doris und *Peters, Anne*: Das Diskriminierungsverbot, in: Rainer Grote und Thilo Marauhn, EMRK/GG. Konkordanzkommentar zum europäischen und deutschen

Grundrechtsschutz, Tübingen 2006, Kap. 21 (*D. König/A. Peters*, Diskriminierungs-verbot)

Kopp, Ferdinand: Die Entscheidung über die Vergabe öffentlicher Aufträge und über den Abschluß öffentlichrechtlicher Verträge als Verwaltungsakte?, BayVBl. 1980, S. 609

Kopp, Ferdinand und *Ramsauer, Ulrich*: Verwaltungsverfahrensgesetz. Kommentar, 11. Aufl. München 2010 (*F. Kopp/U. Ramsauer,* VwVfG)

Kopp, Ferdinand und *Schenke, Wolf-Rüdiger*: Verwaltungsgerichtsordnung. Kommentar, 16. Aufl. München 2009 (*F. Kopp/W.-R. Schenke,* VwGO)

Köpp, Klaus: Öffentliches Dienstrecht, in: Udo Steiner (Hrsg.), Besonderes Verwaltungs-recht, 7. Aufl. Heidelberg 2003, S. 407 (*K. Köpp,* Öffentliches Dienstrecht)

Korioth, Stefan: Finanzen, in: Wolfgang Hoffmann-Riem, Eberhard Schmidt-Aßmann und Andreas Voßkuhle (Hrsg.), Grundlagen des Verwaltungsrechts, Bd. 3. Personal · Finanzen · Kontrolle · Sanktionen · Staatliche Einstandspflichten, München 2009, § 44 (*S. Korioth,* GVwR III, § 44)

Kösling, Stefan: Verwaltungsverfahren und verwaltungsgerichtlicher Rechtsschutz bei der Lizenzierung und der Frequenzzuteilung nach dem Telekommunikationsgesetz, Berlin 2005 (*S. Kösling,* Lizenzierung)

Köster, Bernd: Primärrechtsschutzschwellen und Rechtswegwirrwarr, NZBau 2006, S. 540

–: Private Initiativen zur Stadtentwicklung und Vergaberecht, NZBau 2008, S. 300

Krajewski, Markus: Anforderungen der Dienstleistungsrichtlinie an Genehmigungsrege-lungen und ihre Umsetzung im deutschen Recht, NVwZ 2009, S. 929

Krause, Peter: Das neue Sozialgesetzbuch: Verwaltungsverfahren, NJW 1981, S. 81

Krebs, Walter: Grundrechtsschutz für Gemeingebrauch an öffentlichen Straßen und We-gen?, VerwArch 67 (1976), S. 329

–: Rechtsschutzprobleme bei Entscheidungen der Treuhandanstalt, ZIP 1990, S. 1513

–: Verträge und Absprachen zwischen der Verwaltung und Privaten, VVDStRL 52 (1993), S. 248

–: Zur Rechtsetzung der Exekutive durch Verwaltungsvorschriften, VerwArch 70 (1979), S. 259

Krist, Matthias und *Kerkmann, Anja*: Anmerkung zu OLG Brandenburg, Beschl. v. 17.12.2008 – 13 W 79/07, VergabeR 2008, S. 297

Kristoferitsch, Hans: Eine „vergaberechtliche Interpretation" des Bietverfahrens bei Pri-vatisierungen? – Zum Rechtsschutz für unterlegene Bieter in Privatisierungsverfahren, EuZW 2006, S. 428

Krohn, Wolfram: Ende des Rechtswegwirrwarrs: Kein Verwaltungsrechtsschutz unter-halb der Schwellenwerte, NZBau 2007, S. 493

–: „Flugplatz Ahlhorn": Ausschreibungspflicht für Grundstücksgeschäfte der öffent-lichen Hand?, ZfBR 2008, S. 27

Krügner, Matthias: The Principles of Equal Treatment and Transparency and the Com-mission Interpretative Communication on Concessions, PPLR 12 (2003), S. 181

Kruhl, Klaas: Die Versteigerung knapper Frequenzen. Verfassungs- und europarechtliche Aspekte von Versteigerungen nach § 11 Abs. 4 TKG, Baden-Baden 2003 (*K. Kruhl,* Versteigerung)

Kuhla, Wolfgang: Zugang zum Krankenhausmarkt und Konkurrentenschutz, NZS 2007, S. 567

Kühling, Jürgen: Ausschreibungszwänge bei der Gründung gemischtwirtschaftlicher Gesellschaften, ZfBR 2006, S. 661

–: Europaweite Ausschreibungspflichten bei kommunalen Grundstücksgeschäften – Chance für den Wettbewerb oder Fessel kommunaler Planungshoheit?, JZ 2008, S. 1117

–: Möglichkeiten und Grenzen effizienter Daseinsvorsorge durch externe Auftragsvergabe im Gemeinschaftsrecht, WiVerw 2008, S. 239

–: Rechtliche Grenzen der Ökologisierung des öffentlichen Beschaffungswesens. Transparenz- und Gleichbehandlungsgebote als Leitplanken bei der Beachtung von Umweltschutzbelangen, VerwArch 95 (2004), S. 337

–: Sektorspezifische Regulierung in den Netzwirtschaften. Typologie, Wirtschaftsverwaltungsrecht, Wirtschaftsverfassungsrecht, München 2004 (*J. Kühling*, Sektorspezifische Regulierung)

Kühling, Jürgen und *Elbracht, Alexander*: Telekommunikationsrecht, Heidelberg 2008 (*J. Kühling / A. Elbracht*, Telekommunikationsrecht)

Kühling, Jürgen und *Huerkamp, Florian*: Ausschreibungsverzicht und Europäische Grundfreiheiten – Das Vergaberecht in der (Wirtschafts-)Krise, NVwZ 2009, S. 557

Kunig, Philip: Das Recht des öffentlichen Dienstes, in: Eberhard Schmidt-Aßmann und Friedrich Schoch (Hrsg.), Besonderes Verwaltungsrecht, 14. Aufl. Berlin 2008, S. 775 (*P. Kunig*, Recht des öffentlichen Dienstes)

Kunz, Daniel: Verfahren und Rechtsschutz bei der Vergabe von Konzessionen. Eine Analyse der Anforderungen an eine rechtsstaatliche Verteilungslenkung bei begrenzten wirtschaftlichen Berechtigungen, Bern 2004 (*D. Kunz*, Konzessionen)

Kupfer, Dominik: Die Verpflichtung des Betreibers eines koordinierten Flughafens zur effizienten Nutzung von Start- und Landekapazitäten, ZLW 2005, S. 386 (Teil I), S. 513 (Teil II)

–: Die Verteilung knapper Ressourcen im Wirtschaftsverwaltungsrecht, Baden-Baden 2005 (*D. Kupfer*, Verteilung)

Kus, Alexander: Auswirkungen der EuGH-Entscheidung „Alcatel Austria AG“ auf das deutsche Vergaberecht, NJW 2000, S. 544

Ladenburger, Clemens: Verfahrensfehlerfolgen im französischen und im deutschen Verwaltungsrecht. Die Auswirkung von Fehlern des Verwaltungsverfahrens auf die Sachentscheidung, Berlin 1999 (*C. Ladenburger*, Verfahrensfehlerfolgen)

Ladeur, Karl-Heinz: Frequenzverwaltung und Planungsrecht. Zugleich ein Beitrag zum Verhältnis von TKG und allgemeinem Verwaltungsrecht, CR 2002, S. 181

–: Öffentliche Stellenausschreibung als Gewährleistung des Rechts auf gleichen Zugang zum öffentlichen Dienst, Jura 1992, S. 77

von Landmann, Robert und *Rohmer, Gustav* (Hrsg.): Gewerbeordnung und ergänzende Vorschriften, Loseblatt-Kommentar, Stand: 55. EL August 2009, München 2009 (Landmann / Rohmer, GewO)

Lange, Knut Werner: Die Anwendung des europäischen Kartellverbots, EuR 2008, S. 3

Langer, Stefan: Ansprüche aus Freiheitsrechten als Appell zur politischen Verantwortung?, NJW 1990, S. 1328

Lansnicker, Frank und *Schwirtzek, Thomas*: Die Konkurrentenklage im Arbeitsrecht – Nur noch Schadensersatz nach endgültiger Stellenbesetzung?, NJW 2003, S. 2481

Lässig, Curt Lutz: Die Vergabe von Standplätzen auf kommunalen Volksfesten, NVwZ 1983, S. 18

Laubinger, Hans-Werner: Der Verwaltungsakt mit Doppelwirkung, Göttingen 1967 (*H.-W. Laubinger*, Verwaltungsakt mit Doppelwirkung)

–: Gedanken zum Inhalt und zur Verwirklichung des Leistungsprinzips bei der Beförderung von Beamten, VerwArch 83 (1992), S. 246

Leisner, Walter: Öffentliches Amt und Berufsfreiheit, AöR 93 (1968), S. 161

Leitherer, Stephan (Hrsg.): Kasseler Kommentar. Sozialversicherungsrecht, Loseblatt-Kommentar, Stand: 63. EL Oktober 2009, München 2009 (Kasseler Kommentar)

Lemhöfer, Bernt: Rechtsschutz im Beförderungsstreit: Systematik und Praxistauglichkeit, ZBR 2003, S. 14

Lenz, Sebastian: Vorbehaltlose Freiheitsrechte. Stellung und Funktion vorbehaltloser Freiheitsrechte in der Verfassungsordnung, Tübingen 2006 (*S. Lenz*, Vorbehaltlose Freiheitsrechte)

Lerche, Peter: Grundrechtlicher Schutzbereich, Grundrechtsprägung und Grundrechtseingriff, in: Josef Isensee und Paul Kirchhof (Hrsg.), Handbuch des Staatsrechts der Bundesrepublik Deutschland, Bd. V. Allgemeine Grundrechtslehren, 2. Aufl. Heidelberg 2000, § 121 (*P. Lerche*, HStR V, § 121)

–: Übermaß und Verfassungsrecht. Zur Bindung des Gesetzgebers an die Grundsätze der Verhältnismäßigkeit und der Erforderlichkeit, 2. Aufl. Goldbach 1999 (*P. Lerche*, Übermaß)

Ley, Frauke: Rechtshandbuch der Märkte und Volksfeste, Münster 2008 (*F. Ley*, Märkte)

Lindner, Josef Franz: Aktuelle Entwicklungen im Hochschulzugangsrecht, NVwZ extra 2010, Heft 6

–: Theorie der Grundrechtsdogmatik, Tübingen 2005 (*J. F. Lindner*, Theorie der Grundrechtsdogmatik)

–: Zur grundrechtsdogmatischen Struktur der Wettbewerbsfreiheit, DÖV 2003, S. 185

Linke, Tobias: Ausschreibungsabbruch und Berufsfreiheit. Anmerkungen zum Beschl. der 2. Kammer des Ersten Senats des BVerfG v. 20. 9. 2002 – 1 BvR 819/01 und 1 BvR 826/01, DNotZ 2005, S. 411

Loewenheim, Ulrich, Meesen, Karl M. und *Riesenkampff, Alexander* (Hrsg.): Kartellrecht. Kommentar, 2. Aufl. München 2009 (Loewenheim / Meesen / Riesenkampff, Kartellrecht)

Losch, Alexandra: A neverending story? Zur Reichweite der Ausschreibungspflicht von Grundstücksgeschäften, ZfBR 2008, S. 341

–: Anmerkung zu OLG Düsseldorf, Beschluss vom 6.2.2008, VII-Verg 37/07, VergabeR 2008, S. 239

–: Brennpunkt Rechtsschutz unterhalb der Schwellenwerte – Der status quo, VergabeR 2006, S. 298

Lübbe-Wolff, Gertrude: Die Grundrechte als Eingriffsabwehrrechte. Struktur und Reichweite der Eingriffsdogmatik im Bereich staatlicher Leistungen, Baden-Baden 1988 (*G. Lübbe-Wolff*, Grundrechte)

Lübbig, Thomas: Grundsätze des Beihilfenrechts in der Anwendung auf Privatisierungen, http://www.berliner-gespraechskreis.eu/Veranstaltungen/Dokument_zum_Download11/Vortrag_Lubbig.pdf (30.11.2009) (*T. Lübbig*, Grundsätze des Beihilfenrechts)

Maaß, Roland: Der Wettbewerb im örtlichen Personenbeförderungswesen. Möglichkeiten und Notwendigkeiten im Bereich straßengebundener Beförderung, Berlin 1998 (*R. Maaß*, Wettbewerb)

Maduro, Miguel Poiares: Harmony and Dissonance in Free Movement, in: Mads Andenas und Wulf-Henning Roth (Hrsg.), Services and free movement in EU law, Oxford 2002, S. 41 (*M. P. Maduro*, Harmony and Dissonance in Free Movement)

Malaviya, Nina: Verteilungsentscheidungen und Verteilungsverfahren. Zur staatlichen Güterverteilung in Konkurrenzsituationen, Tübingen 2009 (*N. Malaviya*, Verteilungsentscheidungen)

Malmendier, Bertrand: Vergaberecht, quo vadis? Ausblicke nach der „Alcatel-Entscheidung" des EuGH und der „Flughafen-Entscheidung" des OLG Brandenburg, DVBl. 2000, S. 963

von Mangoldt, Hermann, Klein, Friedrich und *Starck, Christian* (Hrsg.): Kommentar zum Grundgesetz, Bd. 1, 6. Aufl. München 2010; Bd. 2, 5. Aufl. München 2005 (v. Mangoldt / Klein / Starck, GG)

Manssen, Gerrit: Das Telekommunikationsgesetz (TKG) als Herausforderung für die Verfassungs- und Verwaltungsrechtsdogmatik, ArchPT 1998, S. 236

–: (Hrsg.), Telekommunikations- und Multimediarecht, Loseblatt-Kommentar, Stand: 24. EL Dezember 2009, Berlin 2009 (Manssen, Telekommunikationsrecht)

Mantler, Mathias: Die Nachprüfung der Aufhebung. Zum Verständnis des § 26 VOB / A (VOL / A) vor dem Hintergrund der Divergenzvorlage des OLG Dresden, VergabeR 2003, S. 119

Marenco, Giuliano: Pour une interpretation traditionelle de la notion de mesure d'effet équivalent à une restriction quantitative, CDE 1984, S. 291

Martens, Jens: Wettbewerb bei Beförderungen, ZBR 1992, S. 129

Martens, Wolfgang: Grundrechte im Leistungsstaat, VVDStRL 30 (1972), S. 7

Martin-Ehlers, Andrés: Die Unterscheidung zwischen Zuschlag und Vertragsschluss im europäischen Vergaberecht, EuZW 2000, S. 101

Martini, Mario: Der Markt als Instrument hoheitlicher Verteilungslenkung. Möglichkeiten und Grenzen einer staatlichen Verwaltung des Mangels durch Marktmechanismen, Tübingen 2008 (*M. Martini*, Der Markt als Instrument hoheitlicher Verteilungslenkung)

Marx, Fridhelm: Vergaberecht – Was ist das? Überlegungen zu einem neuen Verständnis des Vergaberechts, in: Ingo Brinker, Dieter H. Scheuing und Kurt Stockmann (Hrsg.), Recht und Wettbewerb. Festschrift für Rainer Bechtold zum 65. Geburtstag, München 2006, S. 305 (*F. Marx*, Vergaberecht)

–: Zur Frage des Rechtsschutzes gegen Vergabeentscheidungen der öffentlichen Hand bei Vergabeverfahren unterhalb der Schwellenwerte, VergabeR 2005, S. 763

Mäsch, Gerald: Chance und Schaden. Zur Dienstleisterhaftung bei unaufklärbaren Kausalverläufen, Tübingen 2004 (*G. Mäsch*, Chance und Schaden)

Maunz, Theodor und *Dürig, Günter* (Hrsg.): Grundgesetz. Loseblatt-Kommentar, Stand: Oktober 2009, 53. Aufl. München 2009 (Maunz / Dürig, GG)

Maurer, Hartmut: Allgemeines Verwaltungsrecht, 17. Aufl. München 2009 (*H. Maurer*, Allgemeines Verwaltungsrecht)

Mehlitz, Jenny: Der Verkauf von Gesellschaftsanteilen durch öffentliche Auftraggeber unterliegt nicht dem Vergaberecht!, WuW 2001, S. 569

Meinke, Monika M.: In Verbindung mit. Die Verbindung von Grundrechten miteinander und mit anderen Bestimmungen des Grundgesetzes in der Rechtsprechung des Bundesverfassungsgerichts, Berlin 2006 (*M. M. Meinke*, In Verbindung mit)

Menger, Christian-Friedrich: Höchstrichterliche Rechtsprechung zum Verwaltungsrecht, VerwArch 55 (1964), S. 175

–: Zu ungelösten Rechtsproblemen des Hochschulzugangs nach der Numerus-clausus-Entscheidung des Bundesverfassungsgerichts, VerwArch 67 (1976), S. 419

Meyer, Nina: Die Einbeziehung politischer Zielsetzungen bei der öffentlichen Beschaffung. Zur Zulässigkeit der Verwendung sogenannter „beschaffungsfremder Kriterien" unter besonderer Berücksichtigung der Tariftreueerklärungen, Berlin 2002 (*N. Meyer, Beschaffung*)

Meyer-Ladewig, Jens: Europäische Menschenrechtskonvention. Handkommentar, 2. Aufl. Baden-Baden 2006 (*J. Meyer-Ladewig, EMRK*)

Mohr, Jochen: Ein soziales Vergaberecht? Soziale Zwecke im Recht der öffentlichen Auftragsvergabe zwischen freiem Wettbewerb im Binnenmarkt und Schutz inländischer Arbeitsplätze, VergabeR 2009, S. 543

Möllers, Christoph: Materielles Recht – Verfahrensrecht – Organisationsrecht. Zu Theorie und Dogmatik dreier Dimensionen des Verwaltungsrechts, in: Hans-Heinrich Trute, Thomas Groß, Hans Christian Röhl und ders. (Hrsg.), Allgemeines Verwaltungsrecht – zur Tragfähigkeit eines Konzepts, Tübingen 2008, S. 489 (*C. Möllers, Materielles Recht – Verfahrensrecht – Organisationsrecht*)

Morlok, Martin: Allgemeine Elemente der Einstandspflichten für rechtswidriges Staatshandeln, in: Wolfgang Hoffmann-Riem, Eberhard Schmidt-Aßmann und Andreas Voßkuhle (Hrsg.), Grundlagen des Verwaltungsrechts, Bd. 3. Personal · Finanzen · Kontrolle · Sanktionen · Staatliche Einstandspflichten, München 2009, § 52 (*M. Morlok, GVwR III, § 52*)

–: Die Folgen von Verfahrensfehlern am Beispiel von kommunalen Satzungen, Berlin 1988 (*M. Morlok, Folgen von Verfahrensfehlern*)

Möstl, Markus: Grundrechtsbindung öffentlicher Wirtschaftstätigkeit – insbesondere die Bindung der Nachfolgeunternehmen der Deutschen Bundespost an Art. 10 GG nach der Postreform II, München 1999 (*M. Möstl, Grundrechtsbindung*)

Motz, Thomas: Rechtsschutz gegen Handlungen der Landesmedienanstalten. Prozessuale und materiellrechtliche Rahmenbedingungen für den Rechtsschutz gegen Zulassungs- und Aufsichtshandlungen der Landesmedienanstalten, Frankfurt am Main 1999 (*T. Motz, Rechtsschutz*)

Mühl, Alexander: Diskriminierung und Beschränkung. Grundansätze einer einheitlichen Dogmatik der wirtschaftlichen Grundfreiheiten des EG-Vertrages, Berlin 2004 (*A. Mühl, Diskriminierung und Beschränkung*)

Müller, Andreas: Konzeptbezogenes Verwaltungshandeln. Eine Untersuchung planerischer Handlungsformen der Exekutive im Bereich sich wandelnder Querschnittsaufgaben, Baden-Baden 1992 (*A. Müller, Konzeptbezogenes Verwaltungshandeln*)

Müller, Friedrich, Pieroth, Bodo und *Fohmann, Lothar*: Leistungsrechte im Normbereich einer Freiheitsgarantie untersucht an der staatlichen Förderung Freier Schulen, Berlin 1982 (*F. Müller / B. Pieroth / L. Fohmann, Leistungsrechte*)

Müller, Ulrich: Personalauswahl in öffentlichen Verwaltungen. Rechtliche, betriebswirtschaftliche und verhaltenswissenschaftliche Faktoren für die Praxis, VR 2009, S. 145

Müller-Terpitz, Ralf: Verwaltungsrechtliche Aspekte des Vergabeverfahrens nach § 11 TKG, K&R 2002, S. 75

Müller-Wrede, Malte (Hrsg.): Kompendium des Vergaberechts. Systematische Darstellung unter Berücksichtigung des EU-Vergaberechts, Köln 2008 (Müller-Wrede, Kompendium Vergaberecht)

Müller-Wrede, Malte und *Kaelble, Hendrik*: Primärrechtsschutz, Vorabinformation und die Rechtsfolgen einer De-facto-Vergabe, VergabeR 2002, S. 1

von Münch, Ingo und *Kunig, Philip* (Hrsg.): Grundgesetz-Kommentar, Bd. 2, 4. / 5. Aufl. München 2001 (v. Münch / Kunig, GG)

Murswiek, Dietrich: Das Bundesverfassungsgericht und die Dogmatik mittelbarer Grundrechtseingriffe – Zu der Glykol- und der Osho-Entscheidung vom 26. 6. 2002, NVwZ 2003, S. 1

–: Die staatliche Verantwortung für die Risiken der Technik. Verfassungsrechtliche Grundlagen und immissionsschutzrechtliche Ausformung, Berlin 1985 (*D. Murswiek, Staatliche Verantwortung*)

–: Freiheit und Freiwilligkeit im Umweltrecht. Mehr Umweltschutz durch weniger Reglementierung?, JZ 1988, S. 985

–: Grundrechte als Teilhaberechte, soziale Grundrechte, in: Josef Isensee und Paul Kirchhof (Hrsg.), Handbuch des Staatsrechts der Bundesrepublik Deutschland, Bd. V. Allgemeine Grundrechtslehren, 2. Aufl. Heidelberg 2000, § 112 (*D. Murswiek, HStR V, § 112*)

–: Grundrechtsdogmatische Fragen gestufter Teilhabe-/Freiheitsverhältnisse, in: Kay Hailbronner, Georg Ress und Torsten Stein (Hrsg.), Staat und Völkerrechtsordnung. Festschrift für Karl Doehring, Berlin 1989, S. 647 (*D. Murswiek, Gestufte Teilhabe-/Freiheitsverhältnisse*)

–: Privater Nutzen und Gemeinwohl im Umweltrecht. Zu den überindividuellen Voraussetzungen der individuellen Freiheit, DVBl. 1994, S. 77

–: Staatliche Warnungen, Wertungen, Kritik als Grundrechtseingriffe. Zur Wirtschafts- und Meinungslenkung durch staatliches Informationshandeln, DVBl. 1997, S. 1021

Musielak, Hans-Joachim: Kommentar zur Zivilprozessordnung mit Gerichtsverfassungsgesetz, 7. Aufl. München 2009 (Musielak, ZPO)

von Mutius, Albert: Grundrechte als „Teilhaberechte" – zu den verfassungsrechtlichen Aspekten des „numerus clausus", VerwArch 64 (1973), S. 183

–: Konkurrentenklage im Beamtenrecht?, VerwArch 69 (1978), S. 103

Neßler, Volker: Der Neutralitätsgrundsatz im Vergaberecht, NVwZ 1999, S. 1081

Nettesheim, Martin: Das neue Dienstleistungsrecht des ÖPNV – Die Verordnung (EG) Nr. 1370/2007, NVwZ 2009, S. 1449

–: Die europarechtlichen Grundrechte auf wirtschaftliche Mobilität, NVwZ 1996, S. 342

Neumann, Volker: Sozialrecht oder Vergaberecht? Zur Erbringung von Rehabilitationsleistungen in der gesetzlichen Rentenversicherung, VSSR 2005, S. 212

–: Wettbewerb bei der Erbringung von Pflegeleistungen, SGb 2007, S. 521

Neumayr, Florian: Value for Money v. Equal Treatment: The Relationship between the Seemingly Overriding National Rationale for Regulating Public Procurement and the Fundamental E.C. Principle of Equal Treatment, PPLR 11 (2002), S. 215

Nielandt, Dörte: Die Beteiligung Freier Träger bei der Vergabe von Sozialleistungen, RsDE 57 (2005), S. 44

Niestedt, Marian und *Hölzl, Franz Josef*: Zurück aus der Zukunft? Verfassungsmäßigkeit der Primärrechtsschutzbeschränkung im Vergaberecht oberhalb bestimmter Schwellenwerte, NJW 2006, S. 3680

Noch, Rainer: Vergaberecht kompakt. Verfahrensablauf und Entscheidungspraxis, 3. Aufl. München 2005 (*R. Noch*, Vergaberecht kompakt)

Noelle, Thomas: Anmerkung [zu OLG Brandenburg, Verg W 8/05], VergabeR 2006, S. 266

Nowosadtko, Volker: Frequenzplanungsrecht. Nutzung terrestrischer Rundfunkfrequenzen durch öffentlich-rechtliche Rundfunkanstalten, Baden-Baden 1999 (*V. Nowosadtko*, Frequenzplanungsrecht)

Obermayer, Klaus: Das Dilemma der Regelung eines Einzelfalles nach dem Verwaltungsverfahrensgesetz, NJW 1980, S. 2386

Oldiges, Martin: Richtlinien als Ordnungsrahmen der Subventionsverwaltung, NJW 1984, S. 1927

Oliver, Peter und *Roth, Wulf-Henning*: The Internal Market and The Four Freedoms, CML Rev. 41 (2004), S. 407

Opitz, Marc: Ermessen, Beurteilungsspielraum und Vertragsfreiheit bei der Zuschlagserteilung nach § 97 Abs. 5 GWB, BauR 2000, S. 1564

–: Marktabgrenzung und Vergabeverfahren – Bildet die Ausschreibung einen relevanten Markt?, WuW 2003, S. 37

Ortner, Roderic: Vergabe von Dienstleistungskonzessionen. Unter besonderer Berücksichtigung der Entsorgungs- und Verkehrswirtschaft, Köln 2007 (*R. Ortner*, Dienstleistungskonzessionen)

Ossenbühl, Fritz: Autonome Rechtsetzung der Verwaltung, in: Josef Isensee und Paul Kirchhof (Hrsg.), Handbuch des Staatsrechts der Bundesrepublik Deutschland, Bd. III. Das Handeln des Staates, 2. Aufl. Heidelberg 1996, § 65 (*F. Ossenbühl*, HStR III, § 65)

–: Die Interpretation der Grundrechte in der Rechtsprechung des Bundesverfassungsgerichts, NJW 1976, S. 2100

–: Gedanken zur Kontrolldichte in der verwaltungsgerichtlichen Rechtsprechung, in: Bernd Bender, Rüdiger Breuer, ders. und Horst Sendler (Hrsg.), Rechtsstaat zwischen Sozialgestaltung und Rechtsschutz. Festschrift für Konrad Redeker zum 70. Geburtstag, München 1993, S. 55 (*F. Ossenbühl*, Kontrolldichte)

–: Rechtliche Probleme der Zulassung zu öffentlichen Stadthallen – Zur Dogmatik der Gewährleistung öffentlicher Leistungen –, DVBl. 1973, S. 289

–: Staatshaftungsrecht, 5. Aufl. 1998

Otting, Olaf und *Olgemöller, Udo H.*: Verfassungsrechtliche Rahmenbedingungen für Direktvergaben im Verkehrssektor nach Inkrafttreten der Verordnung (EG) Nr. 1370/2007, DÖV 2009, S. 364

Pache, Eckhard: Der Staat als Kunde – System und Defizite des neuen deutschen Vergaberechts, DVBl. 2001, S. 1781

Papier, Hans-Jürgen: Art. 12 GG – Freiheit des Berufs und Grundrecht der Arbeit, DVBl. 1984, S. 801

–: Recht der öffentlichen Sachen, in: Hans-Uwe Erichsen und Dirk Ehlers (Hrsg.), Allgemeines Verwaltungsrecht, 13. Aufl. Berlin 2006, §§ 37 ff., S. 782 (*H.-J. Papier*, Recht der öffentlichen Sachen)

Pernice, Ingolf und *Kadelbach, Stefan*: Verfahren und Sanktionen im Wirtschaftsverwaltungsrecht, DVBl. 1996, S. 1100 (1106)

Peter, Christoph: Konkurrentenrechtsschutz im Beamtenrecht, JuS 1992, S. 1042

Piduch, Erwin Adolf (Hrsg.): Bundeshaushaltsrecht. Kommentar zu den Artikeln 91a, 91b, 104a, 109 bis 115 des Grundgesetzes und zur Bundeshaushaltsordnung mit rechtsvergleichenden Hinweisen auf das Haushaltsrecht der Bundesländer und ihrer Gemeinden, Stand: 43. EL Dezember 2008, 2. Aufl. Stuttgart 2008 (Piduch, Bundeshaushaltsrecht)

Piepenbrock, Hermann-Josef und *Müller, Ulf*: Rechtsprobleme des UMTS-Versteigerungsverfahrens, in: Hermann-Josef Piepenbrock und Fabian Schuster (Hrsg.), UMTS-Lizenzvergabe. Rechtsfragen der staatlichen Versteigerung knapper Ressour-

cen, Baden-Baden 2001, S. 8 (*H.-J. Piepenbrock / U. Müller,* UMTS-Versteigerungsverfahren)

Pietzcker, Jost: Das Verwaltungsverfahren zwischen Verwaltungseffizienz und Rechtsschutzauftrag, VVDStRL 41 (1983), S. 193

–: Defizite beim Vergaberechtsschutz unterhalb der Schwellenwerte?, NJW 2005, S. 2881

–: Der Staatsauftrag als Instrument des Verwaltungshandelns. Recht und Praxis der Beschaffungsverträge in den Vereinigten Staaten von Amerika und der Bundesrepublik
Deutschland, Tübingen 1978 (*J. Pietzcker,* Staatsauftrag)

–: Die neue Gestalt des Vergaberechts, ZHR 162 (1998), S. 427

–: Die Zweiteilung des Vergaberechts. Subjektive Rechte – Rechtsschutz – Reform, Baden-Baden 2001 (*J. Pietzcker,* Zweiteilung)

–: Grundstücksverkäufe, städtebauliche Verträge und Vergaberecht, NZBau 2008, S. 293

–: Vergaberechtliche Sanktionen und Grundrechte, NZBau 2003, S. 242

–: Zuteilung von Aktienskontren im Lichte der Grundrechte, ZBB 2007, S. 295

Pitschas, Rainer: Anmerkung zu BayVGH, Beschl. v. 11.9.1981 – 4 CE 81 A.1921, JA 1982,
S. 362

–: Die Zulassung von Schaustellern zu Volksfesten nach Gewerbe- und bayerischem Ge-
meinderecht, BayVBl. 1982, S. 641

–: Verwaltungsgerichtlicher Erwerbsschutz im Personenbeförderungsrecht durch Konkurrentenklage?, GewArch 1981, S. 216

–: Verwaltungsverantwortung und Verwaltungsverfahren. Strukturprobleme, Funktionsbedingungen und Entwicklungsperspektiven eines konsensualen Verwaltungsrechts, München 1990 (*R. Pitschas,* Verwaltungsverantwortung)

Plog, Ernst, Wiedow, Alexander, Lemhöfer, Bernt, Groepper Michael und *Tegethoff,
Carsten:* Bundesbeamtengesetz mit Beamtenstatusgesetz, Beamtenversorgungsgesetz,
Bundesbesoldungsgesetz. Kommentar, Loseblatt-Kommentar, Stand: 293. EL No-
vember 2009, Köln 1958 (*Plog,* BBG)

Plötscher, Stefan: Der Begriff der Diskriminierung im Europäischen Gemeinschaftsrecht.
Zugleich ein Beitrag zur einheitlichen Dogmatik der Grundfreiheiten, Berlin 2003
(*S. Plötscher,* Begriff der Diskriminierung)

Pöcker, Markus: Das Verfahrensrecht wirtschaftsverwaltungsrechtlicher Verteilungsentscheidungen – Der einheitliche Verteilungsverwaltungsakt, DÖV 2003, S. 193

–: Der EuGH, das Beihilferecht und die Prozeduralisierung, EuZW 2007, S. 167

–: Rechtsschutzfragen bei Verteilungsentscheidungen der öffentlichen Hand, NVwZ
2003, S. 688

Pollmann, Tobias: Der verfassungsrechtliche Gleichbehandlungsgrundsatz im öffentlichen Vergaberecht, Berlin 2009 (*T. Pollmann,* Gleichbehandlungsgrundsatz)

Poscher, Ralf: Grundrechte als Abwehrrechte. Reflexive Regelung rechtlich geordneter
Freiheit, Tübingen 2003 (*R. Poscher,* Abwehrrechte)

Preu, Peter: Konflikte zwischen Treuhandanstalt und Investoren aus Privatisierungsverträgen. Teil 1: Öffentlich-rechtliche Pflichtenbindungen der THA und Inhaltskon-
trolle von Privatisierungsverträgen, DStR 1994, S. 1265

Prieß, Hans-Joachim: Auswirkungen der Schwellenwertentscheidungen des Bundesver-
fassungs- und Bundesverwaltungsgerichts auf die Rechtsschutzdiskussion, WiVerw
2007, S. 221

–: Die Leistungsbeschreibung – Kernstück des Vergabeverfahrens, NZBau 2004, S. 20
(Teil 1), S. 87 (Teil 2)

–: Handbuch des europäischen Vergaberechts. Gesamtdarstellung der EU / EWR-Vergaberegeln mit Textausgabe, 3. Aufl. Köln 2005 (*H.-J. Prieß,* Handbuch Vergaberecht)

Prieß, Hans-Joachim und *Gabriel, Marc*: Beendigung des Dogmas durch Kündigung: Keine Bestandsgarantie für vergaberechtswidrige Verträge, NZBau 2006, S. 219

–: M&A-Verfahrensrecht: EG-rechtliche Verfahrensvorgaben bei staatlichen Beteiligungsveräußerungen, NZBau 2007, S. 617

Prieß, Hans-Joachim und *Hölzl, Franz Josef*: Das Ende des rechtsfreien Raumes: Der verwaltungsgerichtliche Rechtsschutz bei der Rüstungsbeschaffung, NZBau 2005, S. 367

Prieß, Hans-Joachim und *Niestedt, Marian*: Rechtsschutz im Vergaberecht. Praxishandbuch für den Rechtsschutz bei der Vergabe öffentlicher Aufträge oberhalb und unterhalb der EG-Schwellenwerte, Köln 2006 (*H.-J. Prieß / M. Niestedt,* Rechtsschutz)

Puhl, Thomas: Der Staat als Wirtschaftssubjekt und Auftraggeber, VVDStRL 60 (2001), S. 456

Pünder, Hermann: Die Vergabe von Personenverkehrsdienstleistungen in Europa und die völkerrechtlichen Vorgaben des WTO-Beschaffungsübereinkommens, EuR 2007, S. 564

–: Verwaltungsverfahren, in: Hans-Uwe Erichsen und Dirk Ehlers (Hrsg.), Allgemeines Verwaltungsrecht, 13. Aufl. Berlin 2006, §§ 12 ff. (*H. Pünder,* Verwaltungsverfahren)

–: Zu den Vorgaben des grundgesetzlichen Gleichheitssatzes für die Vergabe öffentlicher Aufträge, VerwArch 95 (2004), S. 38

Pünder, Hermann und *Franzius, Ingo*: Auftragsvergabe im wettbewerblichen Dialog, ZfBR 2006, S. 20

Quaas, Michael: Rechtsfragen der Kontingentgenehmigung im Güterfernverkehr, DÖV 1982, S. 434

Quabeck, Christian: Dienende Funktion des Verwaltungsverfahrens und Prozeduralisierung, Tübingen 2010 (*C. Quabeck,* Dienende Funktion)

Quaritsch, Helmut: Neues und Altes über das Verhältnis von Kirche und Staat, Der Staat 5 (1966), S. 451

Raabe, Marius: Verbindlichkeit „faktisch" vergebener öffentlicher Aufträge? – Zum Müllverbrennungs-Beschluss des OLG Düsseldorf, NJW 2004, S. 1284

Ramsauer, Ulrich: Die faktischen Beeinträchtigungen des Eigentums, Berlin 1980 (*U. Ramsauer,* Die faktischen Beeinträchtigungen)

Rauscher, Thomas, Wax, Peter und *Wenzel, Joachim* (Hrsg.): Münchener Kommentar zur Zivilprozessordnung mit Gerichtsverfassungsgesetz und Nebengesetzen, 3. Aufl. München 2008 (MüKo-ZPO)

Rebentisch, Manfred: Rechtsfragen der kostenlosen Zuteilung von Berechtigungen im Rahmen des Emissionshandelsrechts, NVwZ 2006, S. 747

Redeker, Konrad: Zur Ausgleichsfunktion von Teilhaberechten zwischen Freiheit und Bindung, in: Otto Bachof, Ludwig Heigl und ders. (Hrsg.), Verwaltungsrecht zwischen Freiheit, Teilhabe und Bindung. Festgabe aus Anlaß des 25jährigen Bestehens des Bundesverwaltungsgerichts, München 1978, S. 511 (*K. Redeker,* Teilhaberechte)

Regler, Rainer: Anmerkung zu BGH, Urt. v. 22.02.2008 – V ZR 56/07, MittBayNot 2008, S. 477

–: Die vergaberechtliche Relevanz von Grundstückskaufverträgen, MittBayNot 2008, S. 253

Reich, Andreas: Hochschulrahmengesetz mit Wissenschaftszeitvertragsgesetz. Kommentar, 10. Aufl. Bad Honnef 2007 (*A. Reich,* HRG)

Reich, Norbert und *Harbacevica, Solvita*: Citizenship and family on trial: A fairly optimistic overview of recent court practice with regard to free movement of persons, CML Rev. 40 (2003), S. 615

Reidt, Olaf: Die Konkurrenz im Anlagenzulassungsrecht – Gilt für Industrieanlagen das ›Windhundprinzip‹?, DVBl. 2009, S. 274

–: Grundstücksveräußerungen der öffentlichen Hand und städtebauliche Verträge als ausschreibungspflichtige Baukonzession? Zugleich Anmerkung zu OLG Düsseldorf, B. v. 13.06.2007 – Verg 2/07 – („Fliegerhorst Ahlhorn"), BauR 2007, S. 1664

–: Grundstücksveräußerungen und städtebauliche Verträge außerhalb des Kartellvergaberechts. Welche Spielräume verbleiben noch für Kommunen?, VergabeR 2008, S. 11

Remmert, Barbara: Die nationale Ausgestaltung richtlinienrechtlich geforderter subjektiver Rechtsstellungen. Am Beispiel der Umweltinformationsrichtlinie und der Richtlinien zur Vergabe öffentlicher Liefer- und Bauaufträge, DV 26 (1996), S. 465

–: Verwaltungshandeln und Verwaltungsrechtsverhältnis im Überblick, in: Hans-Uwe Erichsen und Dirk Ehlers (Hrsg.), Allgemeines Verwaltungsrecht, 13. Aufl. Berlin 2006, §§ 16 f. (*B. Remmert*, Verwaltungshandeln)

Rennert, Klaus: Anmerkung zu den Beschlüssen des BVerwG vom 08.08.2006, Az.: 6 B 65.06, und des OVG Berlin-Brandenburg vom 28.07.2006, Az.: OVG 1 L 59.06 (Zulassung der weiteren Beschwerde), DVBl. 2006, S. 1252

–: Konkurrentenklagen bei begrenztem Kontingent, DVBl. 2009, S. 1333

–: Konkurrentenschutz im Krankenhauswesen, GesR 2008, S. 344

–: Planung und Planvollzug im Krankenhausrecht, DVBl. 2010, S. 936

Resch, Hubert: Direktvergabe an kommunale ÖPNV-Unternehmen effektiver als Ausschreibungen, IR 2008, S. 271

Riese, Christoph und *Schimanek, Peter*: Die Vereinbarkeit von Direktvergaben für Schienenpersonennahverkehrsleistungen mit den Grundrechten, DVBl. 2009, S. 1486

Ritgen, Klaus: Versteigerung von Funkfrequenzen und Vergabe von Telekommunikationslizenzen. Verfassungsfragen einer effizienzorientierten Verteilungslenkung, AöR 127 (2002), S. 351

Rittwage, Ralf: Vergleichsvereinbarungen bei der Vergabe öffentlicher Aufträge, NZBau 2007, S. 484

Rixen, Stephan: Personal-Service-Agenturen im Schnittfeld von Sozial-, Haushalts- und Vergaberecht – Strukturen des Arbeitsvermittlungsrechts der §§ 37c, 434 V SGB III –, NZS 2003, S. 401

–: Sozialrecht als öffentliches Wirtschaftsrecht. Am Beispiel des Leistungserbringungsrechts der gesetzlichen Krankenversicherung, Tübingen 2005 (*S. Rixen*, Sozialrecht als öffentliches Wirtschaftsrecht)

–: Sozialvergaberecht ante portas? Vergaberechtliche Probleme im Sozialrecht der Arbeitsmarktsteuerung (SGB II und SGB III), VSSR 2005, S. 225

Rodi, Michael: Die Subventionsrechtsordnung. Die Subvention als Instrument öffentlicher Zweckverwirklichung nach Völkerrecht, Europarecht und deutschem innerstaatlichen Recht, Tübingen 2000

Roeßing, Andrea: Einheimischenprivilegierungen und EG-Recht, Berlin 2008 (*A. Roeßing*, Einheimischenprivilegierungen)

von Roetteken, Torsten: Neuere Entwicklung in der Rechtsprechung zur Konkurrentenklage, DRiZ 2008, S. 294

Rogmann, Achim: Die Bindungswirkung von Verwaltungsvorschriften. Zur Rechtslage insbesondere im Wirtschafts-, Umwelt- und Steuerrecht, Köln 1998 (*A. Rogmann,* Die Bindungswirkung von Verwaltungsvorschriften)

Röhl, Hans Christian: Ausgewählte Verwaltungsverfahren, in: Wolfgang Hoffmann-Riem, Eberhard Schmidt-Aßmann und Andreas Voßkuhle (Hrsg.), Grundlagen des Verwaltungsrechts, Bd. 2. Informationsordnung · Verwaltungsverfahren · Handlungsformen, München 2008, § 30 (*H. C. Röhl,* GVwR II, § 30)

–: Verwaltung und Privatrecht – Verwaltungsprivatrecht?, VerwArch 86 (1995), S. 531

Rolfs, Christian, Giesen, Richard, Kreikebohm, Ralf und *Udsching, Peter* (Hrsg.): Sozialrecht. Beck'scher Online-Kommentar, 17. Edition, Stand 1.3.2010 (BeckOK-SGB)

Rolshoven, Michael: Wer zuerst kommt, mahlt zuerst? – Zum Prioritätsprinzip bei konkurrierenden Genehmigungsanträgen – dargestellt anhand aktueller Windkraftfälle, NVwZ 2006, S. 516

Ronellenfitsch, Michael: Der ÖPNV im europäischen Binnenmarkt, VerwArch 92 (2001), S. 131 (1. Teil), S. 293 (2. Teil)

–: Der vorläufige Rechtsschutz im beamtenrechtlichen Konkurrentenstreit, VerwArch 82 (1991), S. 121

–: Die Verkehrsmobilität als Grund- und Menschenrecht. Betrachtungen zur „zirkulären Mobilität" in der Europäischen Union, JöR nF 44 (1996), S. 167

Rosenkötter, Annette und *Fritz, Aline*: Investorenauswahlverfahren im Fokus des Vergaberechts, NZBau 2007, S. 559

Roth, Andreas: Verwaltungshandeln mit Drittbetroffenheit und Gesetzesvorbehalt, Berlin 1991 (*A. Roth,* Drittbetroffenheit)

Roth, Hans-Achim: Rechtliche Probleme der Zulassung von Schaustellern zu Volksfesten, Spezialmärkten und Jahrmärkten, WiVerw 1985, S. 46

Roth, Wolfgang: Die Obliegenheit zur Inanspruchnahme primären Rechtsschutzes, ZBR 2001, S. 14

–: Faktische Eingriffe in Freiheit und Eigentum. Struktur und Dogmatik des Grundrechtstatbestandes und der Eingriffsrechtfertigung, Berlin 1994 (*W. Roth,* Faktische Eingriffe)

Rottmann, Frank und *Breinersdorfer, Alfred W.*: Neues zur Kontrolle zahlenförmiger Normen des Kapazitätsverordnungsrechts, NVwZ 1987, S. 666

Rottmann, Frank und *Breinersdorfer, Stefan*: Das Auswahlgespräch im Hochschulzulassungsrecht – Erste Erfahrungen – Rechtliche und rechtspolitische Bewertung, NVwZ 1988, S. 879

Rudek, Michael: Schadensersatz für den Beigeladenen nach erfolglosem Antrag des Mitbewerbers auf einstweilige Anordnung im beamtenrechtlichen Konkurrentenverfahren?, NJW 2003, S. 3531

Ruffert, Matthias: Rechtsquellen und Rechtsschichten des Verwaltungsrechts, in: Wolfgang Hoffmann-Riem, Eberhard Schmidt-Aßmann und Andreas Voßkuhle (Hrsg.), Grundlagen des Verwaltungsrechts, Bd. 1. Methoden · Maßstäbe · Aufgaben · Organisation, München 2006, § 17 (*M. Ruffert,* GVwR I, § 17)

–: Regulierung im System des Verwaltungsrechts – Grundstrukturen des Privatisierungsfolgerechts der Post und Telekommunikation, AöR 124 (1999), S. 237

–: Verwaltungsakt, in: Hans-Uwe Erichsen und Dirk Ehlers (Hrsg.), Allgemeines Verwaltungsrecht, 13. Aufl. Berlin 2006, §§ 20 ff. (*M. Ruffert,* Verwaltungsakt)

–: Vorrang der Verfassung und Eigenständigkeit des Privatrechts. Eine verfassungsrechtliche Untersuchung zur Privatrechtswirkung des Grundgesetzes, Tübingen 2001 (*M. Ruffert,* Vorrang der Verfassung)

Rüfner, Wolfgang: Grundrechtliche Leistungsansprüche, in: Wolfgang Gitter, Werner Thieme und Hans F. Zacher (Hrsg.), Im Dienst des Sozialrechts. Festschrift für Georg Wannagat zum 65. Geburtstag am 26. Juni 1981, Köln 1981, S. 379 (*W. Rüfner,* Grundrechtliche Leistungsansprüche)

Ruhland, Bettina: Dienstleistungskonzessionsvergabe – Verfahren und Rechtsschutz, ThürVBl. 2008, S. 198

Ruhle, Ernst-Olav und *Geppert, Martin:* Versteigerungsverfahren für Frequenzen und Lizenzen, MMR 1998, S. 175

Rummer, Hans: Die Verteilung bei knappen Kontingenten, NJW 1988, S. 225

Rupp, Hans Heinrich: Die verfassungsrechtliche Seite des Umweltschutzes, JZ 1971, S. 401

–: Vom Wandel der Grundrechte, AöR 101 (1976), S. 161

Ruthig, Josef: Notfallrettung zwischen öffentlicher Aufgabe und öffentlichem Auftrag – Zum Recht des Rettungsdienstes nach der Entscheidung des BGH v. 1.12.2008 –, DVBl. 2010, S. 12

–: Verwaltungsrechtsschutz bei der staatlichen Auftragsvergabe? Eine verwaltungsrechtliche Kritik der Lenkwaffen-Entscheidung des OVG Koblenz, NZBau 2005, S. 497

Ruthig, Josef und *Storr, Stefan:* Öffentliches Wirtschaftsrecht, 2. Aufl. Heidelberg 2008 (*J. Ruthig / S. Storr,* Öffentliches Wirtschaftsrecht)

Sachs, Michael: Abwehrrechte, in: Detlef Merten und Hans-Jürgen Papier (Hrsg.), Handbuch der Grundrechte in Deutschland und Europa, Bd. 2. Grundrechte in Deutschland: Allgemeine Lehren I, Heidelberg 2006, § 39 (*M. Sachs,* HGR II, § 39)

–: Abwehrrechte, in: *Klaus Stern,* Das Staatsrecht der Bundesrepublik Deutschland, Bd. III/1. Allgemeine Lehren der Grundrechte, München 1988, § 66, S. 619 (*M. Sachs,* Abwehrrechte)

–: Bestandskraft der RegTP-Entscheidungen im Versteigerungsverfahren der UMTS-Lizenzen?, K&R 2001, S. 13

–: Der Gleichheitssatz als eigenständiges subjektives Grundrecht, in: Rudolf Wendt, Wolfram Höfling und Ulrich Karpen (Hrsg.), Staat, Wirtschaftsrecht, Steuern. Festschrift für Karl Heinrich Friauf zum 65. Geburtstag, Heidelberg 1996, S. 309 (*M. Sachs,* Gleichheitssatz als Grundrecht)

–: Die Grundrechte als objektives Recht und als subjektive Rechte, in: *Klaus Stern,* Das Staatsrecht der Bundesrepublik Deutschland, Bd. III/1. Allgemeine Lehren der Grundrechte, München 1988, § 65, S. 473 (*M. Sachs,* Grundrechte)

–: Fragen der Gleichheitsgrundrechte im Recht der Wirtschaft, in: Jörg Ennuschat, Jörg Geerlings, Thomas Mann und Johann-Christian Pielow in Verbindung mit Klaus Stern (Hrsg.), Wirtschaft und Gesellschaft im Staat der Gegenwart. Gedächtnisschrift für Peter J. Tettinger, Köln 2007, S. 137 (*M. Sachs,* Fragen der Gleichheitsgrundrechte)

–: Grenzen des Diskriminierungsverbots. Eine Untersuchung zur Reichweite des Unterscheidungsverbots nach Artikel 3 Abs. 2 und 3 Grundgesetz, München 1987 (*M. Sachs,* Grenzen des Diskriminierungsverbots)

–: (Hrsg.), Grundgesetz. Kommentar, 5. Aufl. München 2009 (*Sachs,* GG)

–: Grundrechtseingriff und Grundrechtsbetroffenheit, in: *Klaus Stern* und *ders.,* Das Staatsrecht der Bundesrepublik Deutschland, Bd. III/2. Allgemeine Lehren der Grundrechte, München 1994, § 78, S. 75 (*M. Sachs,* Grundrechtseingriff)

–: Leistungsrechte, in: *Klaus Stern*, Das Staatsrecht der Bundesrepublik Deutschland, Bd. III / 1. Allgemeine Lehren der Grundrechte, München 1988, § 67, S. 687 (*M. Sachs,* Leistungsrechte)

–: Verfahrensfehler im Verwaltungsverfahren, in: Wolfgang Hoffmann-Riem, Eberhard Schmidt-Aßmann und Andreas Voßkuhle (Hrsg.), Grundlagen des Verwaltungsrechts, Bd. 2. Informationsordnung · Verwaltungsverfahren · Handlungsformen, München 2008, § 31 (*M. Sachs,* GVwR II, § 31)

–: Zur Frage der Bestandskraft der Entscheidungen der RegTP zur Vergabe der UMTS-Lizenzen im Versteigerungsverfahren, in: Hermann-Josef Piepenbrock und Fabian Schuster (Hrsg.), UMTS-Lizenzvergabe. Rechtsfragen der staatlichen Versteigerung knapper Ressourcen, Baden-Baden 2001, S. 152 (*M. Sachs,* Bestandskraft)

Säcker, Franz Jürgen und *Rixecker, Roland* (Hrsg.): Münchener Kommentar zum Bürgerlichen Gesetzbuch, Bd. 1. Allgemeiner Teil. 1. Halbbd.: §§ 1–240, ProstG, 5. Aufl. München 2006; Bd. 6. Sachenrecht (§§ 854–1296), 5. Aufl. München 2009 (MüKo)

Sauerland, Thomas: Die Verwaltungsvorschrift im System der Rechtsquellen, Berlin 2005 (*T. Sauerland,* Verwaltungsvorschrift)

Saurer, Johannes: Die neueren Theorien zur Normkategorie der Verwaltungsvorschriften, VerwArch 97 (2006), S. 249

Saxinger, Andreas: Das Verhältnis der Verordnung (EG) Nr. 1370/2007 zum nicht an sie angepassten deutschen Personenbeförderungsrecht, GewArch 2009, S. 350

–: Genehmigungen und Ausgleichsleistungen im Personenbeförderungsrecht vor dem Hintergrund der neuen Verordnung (EG) Nr. 1370/2007, DVBl. 2008, S. 688

Schabel, Thomas: Anmerkung zu OLG Düsseldorf, Beschl. v. 12.12.2007 – VII Verg 30/07, VergabeR 2008, S. 103

Schacht, Ulrich: Verkauf von Wohnimmobilien durch die öffentliche Hand. Analyse von Veräußerungsoptionen und Wertsteigerungshebeln, ZögU 2008, S. 21

Schalt, Thomas: Der Zulassungsanspruch des Schaustellers zu Volksfesten und Märkten in der verwaltungsgerichtlichen Rechtsprechung, GewArch 1981, S. 150

Scharen, Uwe: Aufhebung der Ausschreibung und Vergaberechtsschutz, NZBau 2003, S. 585

Scheffczyk, Fabian und *Wolff, Heinrich Amadeus:* Kaufverträge der Gemeinde in der Gestalt von städtebaulichen Verträgen ohne vergaberechtliches Regime?, KommJur 2008, S. 408

Scheffer, Markus: Begründungspflicht bei Personalentscheidungen, NVwZ 2007, S. 779

Scheffler, Arndt: Anmerkung zu EuGH, Urt. v. 11.7.2006 – Rs. C-205/03 P, EuZW 2006, S. 601

Schenke, Wolf-Rüdiger: Anmerkung zu OVG Magdeburg, Urt. v. 22.2.1995 – 4 L 382/94, DVBl. 1996, S. 388

–: Der Anspruch des Verletzten auf Rücknahme des Verwaltungsakts vor Ablauf der Anfechtungsfristen, in: Max-Emanuel Geis und Dieter Lorenz (Hrsg.), Staat, Kirche, Verwaltung. Festschrift für Hartmut Maurer zum 70. Geburtstag, München 2001, S. 723 (*W.-R. Schenke,* Rücknahme)

–: Die Auswahlentscheidung bei der Besetzung von Stellen im öffentlichen Dienst, in: Winfried Kluth, Martin Müller und Andreas Peilert (Hrsg.), Wirtschaft – Verwaltung – Recht. Festschrift für Rolf Stober, Köln 2008, S. 221 (*W.-R. Schenke,* Auswahlentscheidung)

–: Die Konkurrentenklage im Beamtenrecht, in: Jürgen Damrau, Walter Fürst und Alfons Kraft (Hrsg.), Festschrift für Otto Mühl, Stuttgart 1981, S. 571 (*W.-R. Schenke*, Konkurrentenklage im Beamtenrecht)

–: Neuere Rechtsprechung zum Verwaltungsprozessrecht (1996–2009), Tübingen 2009 (*W.-R. Schenke*, Neuere Rechtsprechung)

–: Neues und Altes zur beamtenrechtlichen Konkurrentenklage, in: Hermann Butzer, Markus Kaltenborn und Wolfgang Meyer (Hrsg.), Organisation und Verfahren im sozialen Rechtsstaat. Festschrift für Friedrich E. Schnapp zum 70. Geburtstag, Berlin 2008, S. 655 (*W.-R. Schenke*, Konkurrentenklage)

–: Rechtsprobleme des Konkurrentenrechtsschutzes im Wirtschaftsverwaltungsrecht, NVwZ 1993, S. 718

Scherer, Joachim: Frequenzverwaltung zwischen Bund und Ländern. Rechtsgutachten, Frankfurt am Main 1987 (*J. Scherer*, Frequenzverwaltung)

–: Öffentlich-rechtliche Konkurrentenklagen im Wirtschafts- und Beamtenrecht, Jura 1985, S. 11

Scheuing, Dieter H.: Selbstbindungen der Verwaltung, VVDStRL 40 (1982), S. 153

–: Zur Grundrechtsbindung der EU-Mitgliedstaaten, EuR 2005, S. 162

Scheurle, Klaus-Dieter und *Mayen, Thomas* (Hrsg.): Telekommunikationsgesetz. Kommentar, 3. Aufl. München 2008 (Scheurle/Mayen, TKG)

Schillhorn, Kerrin: Konkurrentenklage im Krankenhausrecht – Klarheit oder Konfusion?, MedR 2009, S. 639

Schimanek, Peter: Die Ausschreibungspflicht von Privatisierungen, NZBau 2005, S. 304

Schlachter, Monika und *Ohler, Christoph* (Hrsg.): Europäische Dienstleistungsrichtlinie. Handkommentar, Baden-Baden 2008 (Schlachter/Ohler, Dienstleistungsrichtlinie)

Schlette, Volker: Die Verwaltung als Vertragspartner. Empirie und Dogmatik verwaltungsrechtlicher Vereinbarungen zwischen Behörde und Bürger, Tübingen 2000 (*V. Schlette*, Verwaltung als Vertragspartner)

Schliesky, Utz: Die Verdrängung der Verwaltungsgerichtsbarkeit aus dem Öffentlichen Wirtschaftsrecht, in: Winfried Kluth, Martin Müller und Andreas Peilert (Hrsg.), Wirtschaft – Verwaltung – Recht. Festschrift für Rolf Stober, Köln 2008, S. 523 (*U. Schliesky*, Verdrängung)

–: Über Notwendigkeit und Gestalt eines Öffentlichen Wettbewerbsrechts, DVBl. 1999, S. 78

Schliesky, Utz, Luch, Anika D. und *Schulz, Sönke E.*: Überlegungen zum Anwendungsbereich der Dienstleistungsrichtlinie, WiVerw 2008, S. 151

Schlink, Bernhard: Freiheit durch Eingriffsabwehr – Rekonstruktion der klassischen Grundrechtsfunktion, EuGRZ 1984, S. 457

Schmahl, Stefanie: Grundrechtsschutz im Dreieck von EU, EMRK und nationalem Verfassungsrecht, EuR Beih. 1/2008, S. 7

Schmidt, Reiner: Aufgaben und Struktur der Treuhandanstalt im Wandel der Wirtschaftslage, in: Peter Hommelhoff (Hrsg.), Treuhandunternehmen im Umbruch. Recht und Rechtswirklichkeit beim Übergang in die Marktwirtschaft, Köln 1991, S. 17 (*R. Schmidt*, Treuhandanstalt)

Schmidt-Aßmann, Eberhard: Das allgemeine Verwaltungsrecht als Ordnungsidee. Grundlagen und Aufgaben der verwaltungsrechtlichen Systembildung, 2. Aufl. Berlin 2004 (*E. Schmidt-Aßmann*, Ordnungsidee)

–: Der Verfahrensgedanke im deutschen und europäischen Verwaltungsrecht, in: Wolfgang Hoffmann-Riem, ders. und Andreas Voßkuhle (Hrsg.), Grundlagen des Verwaltungsrechts, Bd. 2. Informationsordnung · Verwaltungsverfahren · Handlungsformen, München 2008, § 27 (*E. Schmidt-Aßmann,* GVwR II, § 27)

–: Grundrechte als Organisations- und Verfahrensgarantien, in: Detlef Merten und Hans-Jürgen Papier (Hrsg.), Handbuch der Grundrechte in Deutschland und Europa, Bd. II. Grundrechte in Deutschland: Allgemeine Lehren I, Heidelberg 2006, § 45 (*E. Schmidt-Aßmann,* Organisations- und Verfahrensgarantien)

–: Grundrechtspositionen und Legitimationsfragen im öffentlichen Gesundheitswesen. Verfassungsrechtliche Anforderungen an Entscheidungsgremien in der gesetzlichen Krankenversicherung und im Transplantationswesen, Berlin 2001 (*E. Schmidt-Aßmann,* Gesundheitswesen)

–: Grundrechtswirkungen im Verwaltungsrecht, in: Bernd Bender, Rüdiger Breuer, Fritz Ossenbühl und Horst Sendler (Hrsg.), Rechtsstaat zwischen Sozialgestaltung und Rechtsschutz. Festschrift für Konrad Redeker zum 70. Geburtstag, München 1993, S. 225 (*E. Schmidt-Aßmann,* Grundrechtswirkungen im Verwaltungsrecht)

–: Verwaltungsverantwortung und Verwaltungsgerichtsbarkeit, VVDStRL 34 (1976), S. 221

–: Verwaltungsverfahren und Verwaltungskultur, NVwZ 2007, S. 40

–: Verwaltungsverfahren und Verwaltungsverfahrensgesetz: Perspektiven der Systembildung, in: Wolfgang Hoffmann-Riem und ders. (Hrsg.), Verwaltungsverfahren und Verwaltungsverfahrensgesetz, Baden-Baden 2002, S. 429 (*E. Schmidt-Aßmann,* Verwaltungsverfahren)

–: Zur Reform des Allgemeinen Verwaltungsrechts. Reformbedarf und Reformansätze, in: Wolfgang Hoffmann-Riem, ders. und Gunnar Folke Schuppert (Hrsg.), Reform des Allgemeinen Verwaltungsrechts. Grundfragen, Baden-Baden 1993, S. 11 (*E. Schmidt-Aßmann,* Reform)

Schmidt-Aßmann, Eberhard und *Krebs, Walter*: Rechtsfragen städtebaulicher Verträge. Vertragstypen und Vertragsrechtslehren, 2. Aufl. Köln 1992 (*E. Schmidt-Aßmann / W. Krebs,* Rechtsfragen)

Schmidt-Bleibtreu, Bruno, Hofmann, Hans und *Hopfauf, Axel* (Hrsg.): Kommentar zum Grundgesetz, 11. Aufl. Köln 2008 (Schmidt-Bleibtreu / Hofmann / Hopfauf, GG)

Schmidt-Preuß, Matthias: Das Allgemeine des Verwaltungsrechts, in: Max-Emanuel Geis und Dieter Lorenz (Hrsg.), Staat, Kirche, Verwaltung. Festschrift für Hartmut Maurer zum 70. Geburtstag, München 2001, S. 777 (*M. Schmidt-Preuß,* Das Allgemeine des Verwaltungsrechts)

–: Gegenwart und Zukunft des Verfahrensrechts, NVwZ 2005, S. 489

–: Kollidierende Privatinteressen im Verwaltungsrecht. Das subjektive öffentliche Recht im multipolaren Verwaltungsrechtsverhältnis, 2. Aufl. Berlin 2005 (*M. Schmidt-Preuß,* Kollidierende Privatinteressen)

–: Multipolarität und subjektives öffentliches Recht, in: Otto Depenheuer, Markus Heintzen, Matthias Jestaedt und Peter Axer (Hrsg.), Staat im Wort. Festschrift für Josef Isensee, Heidelberg 2007, S. 597 (*M. Schmidt-Preuß,* Multipolarität)

Schmitt, Carl: Verfassungslehre, München 1928 (*C. Schmitt,* Verfassungslehre)

Schmitt, Jürgen: Aktuelle Probleme der Zulassungsbeschränkungen an Hochschulen, NJW 1974, S. 773

Schmitt, Thomas und *Staebe, Erik*: Instrumente der Marktregulierung im Eisenbahnrecht, VerwArch 100 (2009), S. 228

Schmitt-Kammler, Arnulf: Konkurrentenklage im Beamtenrecht?, DÖV 1987, S. 285

Schmitz, Werner: Marktfreiheit bei Messen und Ausstellungen und ihre Grenzen, GewArch 1977, S. 76

Schneider, Jens-Peter: Strukturen und Typen von Verwaltungsverfahren, in: Wolfgang Hoffmann-Riem, Eberhard Schmidt-Aßmann und Andreas Voßkuhle (Hrsg.), Grundlagen des Verwaltungsrechts, Bd. 2. Informationsordnung · Verwaltungsverfahren · Handlungsformen, München 2008, § 28 (*J.-P. Schneider*, GVwR II, § 28)

–: Telekommunikation, in: Michael Fehling und Matthias Ruffert (Hrsg.), Regulierungsrecht, Tübingen 2010, § 8 (*J.-P. Schneider*, Telekommunikation, § 8)

–: Umweltschutz im Vergaberecht, NVwZ 2009, S. 1057

Schnellenbach, Helmut: Anmerkung zu BVerwG, Urt. v. 13.9.2001 – Az. 2 C 39.00, ZBR 2002, S. 180

–: Beamtenrecht in der Praxis, 6. Aufl. München 2005 (*H. Schnellenbach*, Beamtenrecht)

–: Konkurrenz um Beförderungsämter – geklärte und ungeklärte Fragen, ZBR 1997, S. 169

–: Zum vorläufigen Rechtsschutz bei der Einstellungs- und Beförderungsamts-Konkurrenz, NVwZ 1990, S. 637

Schöbener, Burkhard: Die unternehmerische Freiheit in der Europäischen Grundrechtecharta – ein Wirtschaftsgrundrecht zwischen Formelkompromiss und Gewährleistungseffizienz, in: Jörg Ennuschat, Jörg Geerlings, Thomas Mann und Johann-Christian Pielow in Verbindung mit Klaus Stern (Hrsg.), Wirtschaft und Gesellschaft im Staat der Gegenwart. Gedächtnisschrift für Peter J. Tettinger, Köln 2007, S. 159 (*B. Schöbener*, Die unternehmerische Freiheit)

–: Verwaltungsgerichtlicher Rechtsschutz in beamtenrechtlichen Konkurrenzsituationen – unter besonderer Berücksichtigung der Konkurrenz um sog. Beförderungsämter –, BayVBl. 2001, S. 321

Schoch, Friedrich: Der Gleichheitssatz, DVBl. 1988, S. 863

–: Gerichtliche Verwaltungskontrollen, in: Wolfgang Hoffmann-Riem, Eberhard Schmidt-Aßmann und Andreas Voßkuhle (Hrsg.), Grundlagen des Verwaltungsrechts, Bd. 3. Personal · Finanzen · Kontrolle · Sanktionen · Staatliche Einstandspflichten, München 2009, § 50 (*F. Schoch*, GVwR III, § 50)

–: Vorläufiger Rechtsschutz und Risikoverteilung im Verwaltungsrecht, Heidelberg 1988 (*F. Schoch*, Vorläufiger Rechtsschutz)

Schoch, Friedrich, *Schmidt-Aßmann, Eberhard* und *Pietzner, Rainer* (Hrsg.), Verwaltungsgerichtsordnung. Kommentar, Loseblatt-Kommentar, Stand: 18. EL Juli 2009, München 2009 (Schoch / Schmidt-Aßmann / Pietzner, VwGO)

Scholler, Heinrich: Die Interpretation des Gleichheitssatzes als Willkürverbot oder als Gebot der Chancengleichheit, Berlin 1969 (*H. Scholler*, Gleichheitssatz)

Scholz, Rupert: Das Wesen und die Entwicklung der gemeindlichen öffentlichen Einrichtungen. Zugleich ein Beitrag zur Lehre von der Garantie der kommunalen Selbstverwaltung (Art. 28 Abs. 2 GG), Berlin 1967 (*R. Scholz*, Gemeindliche öffentliche Einrichtungen)

Schönberger, Christoph: Unionsbürger. Europas föderales Bürgerrecht in vergleichender Sicht, Tübingen 2005 (*C. Schönberger*, Unionsbürger)

Schotten, Thomas: Die Vergabepflicht bei Grundstücksverkäufen der öffentlichen Hand – eine europarechtliche Notwendigkeit, NZBau 2008, S. 741

Schröder, Holger: Die elektronische Auktion nach § 101 [VI] 1 GWB – Rückkehr des Lizitationsverfahrens?, NZBau 2010, S. 411

–: Inhalt, Gestaltung und Praxisfragen des wettbewerblichen Vergabeverfahrens nach der neuen ÖPNV-Verordnung, NVwZ 2008, S. 1288

–: Voraussetzungen, Strukturen und Verfahrensabläufe des Wettbewerblichen Dialogs in der Vergabepraxis, NZBau 2007, S. 216

Schröder, Rainer: Verwaltungsrechtsdogmatik im Wandel, Tübingen 2007 (*R. Schröder*, Verwaltungsrechtsdogmatik)

Schuler-Harms, Margarete: Einbindung Dritter in die Sozialleistungsgewährung, VSSR 2005, S. 135

–: Soziale Infrastruktur im Gesundheitswesen – der ambulante Sektor, in: Michael Fehling und Matthias Ruffert (Hrsg.), Regulierungsrecht, Tübingen 2010, § 15 (*M. Schuler-Harms*, Soziale Infrastruktur – der ambulante Sektor, § 15)

Schulz, Christian: Lizenzvergabe bei Frequenzknappheit. Verwaltungsrechtliche Aspekte und Rechtsschutz bei telekommunikationsrechtlichen Versteigerungsverfahren am Beispiel der UMTS-Auktion, Münster 2003 (*C. Schulz*, Lizenzvergabe)

Schulze-Fielitz, Helmuth: Grundmodi der Aufgabenwahrnehmung, in: Wolfgang Hoffmann-Riem, Eberhard Schmidt-Aßmann und Andreas Voßkuhle (Hrsg.), Grundlagen des Verwaltungsrechts, Bd. 1. Methoden · Maßstäbe · Aufgaben · Organisation, München 2006, § 12 (*H. Schulze-Fielitz*, GVwR I, § 12)

–: Neue Kriterien für die verwaltungsgerichtliche Kontrolldichte bei der Anwendung unbestimmter Rechtsbegriffe, JZ 1993, S. 772

Schuppert, Gunnar Folke: Der Zugang zu den Universitäten – eine Bilanz der Rechtsprechung des Bundesverfassungsgerichts zum numerus clausus, in: Hans-Jochen Vogel, Helmut Simon und Adalbert Podlech (Hrsg.), Die Freiheit des Anderen. Festschrift für Martin Hirsch, Baden-Baden 1981, S. 567 (*G. F. Schuppert*, Zugang zu den Universitäten)

–: Funktionell-rechtliche Grenzen der Verfassungsinterpretation, Königstein 1980 (*G. F. Schuppert*, Verfassungsinterpretation)

–: Öffentlich-rechtliche Vorgaben für die Treuhandanstalt bei der Leitung der Treuhandunternehmen, ZGR 1992, S. 454

Seiler, Christoph und *Vollmöller, Thomas*: Die Konkurrentenklage im Krankenhausrecht, DVBl. 2003, S. 235

Seitz, Stefan: Die arbeitsrechtliche Konkurrentenklage und das Rangfolgenproblem im öffentlichen Dienst, RdA 1996, S. 40

Selbmann, Frank und *Kiebs, Katja*: Rechtsprobleme des neuen Auswahlverfahrens der Hochschule, DÖV 2006, S. 816

Selmer, Peter: Die UMTS-Versteigerung vor dem BVerfG: Alle Fragen bleiben offen, NVwZ 2003, S. 1304

Sendler, Horst: Teilhaberechte in der Rechtsprechung des Bundesverwaltungsgerichts, DÖV 1978, S. 581

Siegel, Thorsten: Die Grundfreiheiten als Auffangordnung im europäischen und nationalen Vergaberecht, EWS 2008, S. 66

–: Die Zwei-Stufen-Theorie auf dem Rückzug – zum Beschluss des Bundesverwaltungsgerichts vom 2.5.2007 über den Rechtsweg in Vergabestreitigkeiten –, DVBl. 2007, S. 942

Siegmund-Schulze, Gerhard: Zur Konkurrentenklage im Beamtenrecht aus der Sicht der Verwaltungspraxis, VerwArch 73 (1982), S. 137

Snell, Jukka: Goods and Services in EC Law. A study of the relationship between the freedoms, Oxford 2002 (*J. Snell*, Goods and Services)

Sodan, Helge und *Ziekow, Jan* (Hrsg.): Verwaltungsgerichtsordnung, 3. Aufl. Baden-Baden 2010 (Sodan / Ziekow, VwGO)

Solte, Ernst Ludwig: Der Rechtsschutz des unterlegenen Bewerbers bei beamtenrechtlichen Ernennungen, ZBR 1972, S. 109

–: Zur Konkurrentenklage im Beamtenrecht, NJW 1980, S. 1027

Spannowsky, Willy: Vergabe von Standplätzen auf Volksfesten, Messen und Märkten an EU-ausländische Anbieter, GewArch 1995, S. 265

Spoerr, Wolfgang: Treuhandanstalt und Treuhandunternehmen zwischen Verfassungs-, Verwaltungs- und Gesellschaftsrecht, Köln 1993 (*W. Spoerr*, Treuhandanstalt)

Starck, Christian: Rechtliche Konsequenzen einer Niederlassungsbeschränkung für Apotheken, VerwArch 71 (1980), S. 1

–: Staatliche Organisation und staatliche Finanzierung als Hilfen zu Grundrechtsverwirklichungen?, in: Martin Drath und ders. (Hrsg.), Bundesverfassungsgericht und Grundgesetz. Festgabe aus Anlaß des 25jährigen Bestehens des Bundesverfassungsgerichts, Zweiter Band, Tübingen 1976, S. 480 (*C. Starck*, Hilfen zu Grundrechtsverwirklichungen)

–: Teilnahmerechte, in: Detlef Merten und Hans-Jürgen Papier (Hrsg.), Handbuch der Grundrechte in Deutschland und Europa, Bd. 2. Grundrechte in Deutschland: Allgemeine Lehren I, Heidelberg 2006, § 41 (*C. Starck*, HGR II, § 42)

Starke, Timm: Zugang zum Notariat: Das Organisationsermessen der Justizverwaltung und seine Grenzen – Zugleich Anmerkungen zu den Beschlüssen des BVerfG v. 1. 7. 2002 – 1 BvR 152/02 sowie v. 20. 9. 2002 – 1 BvR 819/01 und 1 BvR 826/01, DNotZ 2002, S. 831

Staudenmayer, Cornelia: Der Verwaltungsvertrag mit Drittwirkung, Konstanz 1997 (*C. Staudenmayer*, Verwaltungsvertrag)

von Staudinger, Julius: Kommentar zum Bürgerlichen Gesetzbuch mit Einführungsgesetz und Nebengesetzen, Buch 1. Allgemeiner Teil. §§ 134–163 (Allgemeiner Teil 4), Berlin 2003 (Staudinger, BGB)

von Stein, Lorenz: Geschichte der sozialen Bewegung in Frankreich von 1789 bis auf unsere Tage, Bd. 3. Das Königtum, die Republik und die Souveränität der französischen Gesellschaft seit der Februarevolution 1848 (hrsg. von Gottfried Salomon), München 1921 (*L. von Stein*, Soziale Bewegung III)

Steinberg, Philipp: Die Flexibilisierung des neuen europäischen Vergaberechts, NZBau 2005, S. 85

–: Die neue Vergabe- und Vertragsordnung für Bauleistungen – europarechtliche Genese und nationale Umsetzung, NVwZ 2006, S. 1349

Steinberg, Rudolf und *Müller, Henrik*: Art. 12 GG, Numerus Clausus und die neue Hochschule, NVwZ 2006, S. 1113

Steiner, Udo: Höchstrichterliche Rechtsprechung zur Krankenhausplanung, NVwZ 2009, S. 486

–: Recht der Verkehrswirtschaft, in: Reiner Schmidt (Hrsg.), Öffentliches Wirtschaftsrecht. Besonderer Teil 2, Berlin 1996, S. 127, § 10 (*U. Steiner*, Recht der Verkehrswirtschaft)

Stelkens, Paul, Bonk, Heinz Joachim und *Sachs, Michael* (Hrsg.), Verwaltungsverfahrensgesetz. Kommentar, 7. Aufl. München 2008 (Stelkens / Bonk / Sachs, VwVfG)

Stelkens, Ulrich: Das Verkehrsschild, die öffentliche Bekanntgabe, das BVerfG und der VGH Mannheim, NJW 2010, S. 1184

–: Europäische Rechtsakte als „Fundgrube" für allgemeine Grundsätze des deutschen Verwaltungsverfahrensrechts, ZEuS 2004, S. 129

–: Primärrechtsschutz trotz Zuschlagserteilung? – oder: Warum nach wirksamer Zuschlagserteilung trotz § 114 II 1 GWB ein Nachprüfungsverfahren möglich sein kann, NZBau 2003, S. 654

–: Verwaltungsprivatrecht. Zur Privatrechtsbindung der Verwaltung, deren Reichweite und Konsequenzen, Berlin 2005 (*U. Stelkens*, Verwaltungsprivatrecht)

Stettner, Rupert: Die Rechtsprechung der Verfassungs- und Verwaltungsgerichte zum Bayerischen Medienerprobungs- und -entwicklungsgesetz (MEG). Bestandsaufnahme und kritische Würdigung, ZUM 1992, S. 456

Stober, Rolf: Der Vorbehalt des Gesetzes und Verwaltungsvorschriften im Subventionsrecht, GewArch 1993, S. 136 (Teil 1), S. 187 (Teil 2)

Stollmann, Frank: § 116b SGB V im Kontext des Konkurrentenschutzes – eine Annäherung in Thesen, NZS 2009, S. 248

–: Krankenhausplanung, in: Stefan Huster und Markus Kaltenborn (Hrsg.), Krankenhausrecht, München 2010, § 4 (*F. Stollmann*, Krankenhausplanung, § 4)

–: Vorläufiger Rechtsschutz von Konkurrenten im Krankenhausrecht, NVwZ 2006, S. 425

Stollmann, Frank und *Hermanns, Caspar David*: Die jüngere Rechtsprechung zum Krankenhausrecht, DVBl. 2007, S. 475

Stolz, Bernhard und *Kraus, Philipp*: Ausschreibungspflichtigkeit von Verträgen zur Hausarztzentrierten Versorgung nach § 73b Abs. 4 S. 1 SGB V, MedR 2010, S. 86

Storr, Stefan: Die Versteigerung von Telekommunikationslizenzen – sachgerechtes Verteilungsverfahren oder neue Einnahmequelle für den Staat?, K&R 2002, S. 67

–: Fehlerfolgenlehre im Vergaberecht, SächsVBl. 2008, S. 60

Störr, André: Die Frequenzvergabe nach dem Thüringer Landesmediengesetz. Zugleich Anmerkung zum Beschluss des ThürOVG vom 18.12.2001 (ThürVBl. 2002, 156), ThürVBl. 2003, S. 224

Streinz, Rudolf: Europarecht, 8. Aufl. Heidelberg 2008 (*R. Streinz*, Europarecht)

–: (Hrsg.), EUV/EGV. Vertrag über die Europäische Union und Vertrag zur Gründung der Europäischen Gemeinschaft, München 2003 (Streinz)

–: Konvergenz der Grundfreiheiten. Aufbau der Differenzierungen des EG-Vertrags und der Unterscheidung zwischen unterschiedlichen und unterschiedslosen Maßnahmen? Zu Tendenzen der Rechtsprechung des EuGH, in: Hans-Wolfgang Arndt (Hrsg.), Völkerrecht und deutsches Recht. Festschrift für Walter Rudolf zum 70. Geburtstag, München 2001, S. 199 (*R. Streinz*, Konvergenz)

–: Primär- und Sekundärrechtsschutz im Öffentlichen Recht, VVDStRL 61 (2002), S. 300

Sydow, Maren: Die Neuregelung des Schornsteinfegerrechts, GewArch 2009, S. 14

Szabados, Tibor: Konkurrenzschutz im Krankenhausrecht, KHR 2009, S. 37

–: Krankenhäuser als Leistungserbringer in der gesetzlichen Krankenversicherung, Berlin 2009 (*T. Szabados*, Krankenhäuser als Leistungserbringer)

Szczekalla, Peter: Die sogenannten grundrechtlichen Schutzpflichten im deutschen und europäischen Recht. Inhalt und Reichweite einer „gemeineuropäischen Grundrechtsfunktion", Berlin 2002 (*P. Szczekalla*, Schutzpflichten)

Tegethoff, Carsten: Zulässigkeit und Erforderlichkeit der beamtenrechtlichen Konkurrentenklage, ZBR 2004, S. 341

Terhechte, Jörg Philipp (Hrsg.): Internationales Kartell- und Fusionskontrollverfahrensrecht, Bielefeld 2008 (Terhechte, Kartellrecht)

Tettinger, Peter J. und *Wank, Rolf*: Gewerbeordnung. Kommentar, 7. Aufl. München 2004 (*Tettinger/Wank*, GewO)

Theobald, Christian: Aktuelle Entwicklungen des Infrastrukturrechts, NJW 2003, S. 324

Thomae, Heike: Krankenhausplanungsrecht, Köln 2006 (*H. Thomae*, Krankenhausplanungsrecht)

Tödtmann, Ulrich und *Schauer, Michael*: Aktuelle Rechtsfragen zum öffentlichen Personennahverkehr – Nationale und europäische Rechtsentwicklung sowie Konsequenzen für die Praxis, NVwZ 2008, S. 1

Tomerius, Stephan: Kommunale Abfallwirtschaft und Vergaberecht, NVwZ 2000, S. 727

Tomerius, Stephan und *Kiser, Folma*: Verwaltungsgerichtlicher Rechtsschutz bei nationalen Auftragsvergaben – auf dem Weg zur unterschwelligen Rechtswegspaltung?, VergabeR 2005, S. 551

Tomuschat, Christian: Güterverteilung als rechtliches Problem, Der Staat 12 (1973), S. 433

Triantafyllou, Dimitris: Europäisierungsprobleme des Verwaltungsprivatrechts am Beispiel des öffentlichen Auftragsrechts, NVwZ 1994, S. 943

Ule, Carl Hermann und *Laubinger, Hans-Werner*: Empfehlen sich unter dem Gesichtspunkt der Gewährleistung notwendigen Umweltschutzes ergänzende Regelungen im Verwaltungsverfahrens- und Verwaltungsprozeßrecht?, in: Verhandlungen des zweiundfünfzigsten Deutschen Juristentages Wiesbaden 1978, Bd. I. Gutachten, München 1978, S. B 1 (*C. H. Ule/H.-W. Laubinger*, Umweltschutz)

Unger, Sebastian: Das Verfassungsprinzip der Demokratie. Normstruktur und Norminhalt des grundgesetzlichen Demokratieprinzips, Tübingen 2008 (*S. Unger*, Demokratie)

Varadinek, Brigitta: Rechtmäßigkeit des UMTS-Lizenzvergabeverfahrens im Hinblick auf das TKG und Art. 12 GG, CR 2001, S. 17

Vetter, Andrea und *Bergmann, Tina*: Investorenwettbewerbe und Vergaberecht. Eine kritische Auseinandersetzung mit der Ahlhorn-Entscheidung des OLG Düsseldorf, NVwZ 2008, S. 133

Völlink, Uwe Carsten und *Winterer, Marco*: Anmerkung zu BGH, Urt. v. 22.02.2008 – V ZR 56/07, VergabeR 2008, S. 651

Vollmer, Silke: Inhalt und Umfang des Zulassungsanspruchs politischer Parteien zu den kommunalen öffentlichen Einrichtungen, DVBl. 1989, S. 1087

Vollmöller, Thomas: Anmerkung zu BVerfG, Beschl. v. 14.1.2004, DVBl. 2004, S. 433

Voßkuhle, Andreas: Beteiligung Privater an der Wahrnehmung öffentlicher Aufgaben und staatliche Verantwortung, VVDStRL 62 (2003), S. 266

–: Neue Verwaltungsrechtswissenschaft, in: Wolfgang Hoffmann-Riem, Eberhard Schmidt-Aßmann und ders. (Hrsg.), Grundlagen des Verwaltungsrechts, Bd. 1. Methoden · Maßstäbe · Aufgaben · Organisation, München 2006, § 1 (*A. Voßkuhle*, GVwR I, § 1)

–: Strukturen und Bauformen neuer Verwaltungsverfahren, in: Wolfgang Hoffmann-Riem und Eberhard Schmidt-Aßmann (Hrsg.), Verwaltungsverfahren und Verwaltungsverfahrensgesetz, Baden-Baden 2002, S. 277 (*A. Voßkuhle*, Strukturen und Bauformen)

–: „Wer zuerst kommt, mahlt zuerst!" – Das Prioritätsprinzip als antiquierter Verteilungsmodus einer modernen Rechtsordnung, DV 32 (1999), S. 21

Wacke, Andreas: Wer zuerst kommt, mahlt zuerst – Prior tempore potior iure, JA 1981, S. 94

Wagner, Erwin: Die Beförderung in der aktuellen Rechtsprechung, unter besonderer Berücksichtigung der sächsischen Verwaltungsgerichte, ZBR 2007, S. 249

Wagner, Olav und *Görs, Benjamin*: Ausschreibungspflichtigkeit von Investorenwettbe-
werben, NVwZ 2007, S. 900

Wahl, Rainer: Das Verhältnis von Verwaltungsverfahren und Verwaltungsprozessrecht
in europäischer Sicht, DVBl. 2003, S. 1285

–: Die Aufgabenabhängigkeit von Verwaltung und Verwaltungsrecht, in: Wolfgang
Hoffmann-Riem, Eberhard Schmidt-Aßmann und Gunnar Folke Schuppert (Hrsg.),
Reform des Allgemeinen Verwaltungsrechts, Baden-Baden 1993, S. 177 (*R. Wahl*, Auf-
gabenabhängigkeit)

–: Entwicklung des Fachplanungsrechts, NVwZ 1990, S. 426

–: Fehlende Kodifizierung der förmlichen Genehmigungsverfahren im Verwaltungsverfahrensgesetz, NVwZ 2002, S. 1192

–: Herausforderungen und Antworten: Das Öffentliche Recht der letzten fünf Jahr-
zehnte, Berlin 2006 (*R. Wahl*, Herausforderungen)

–: Neues Verfahrensrecht für Planfeststellung und Anlagengenehmigung – Vereinheitlichung des Verwaltungsverfahrens oder bereichsspezifische Sonderordnung, in: Willi
Blümel und Rainer Pitschas (Hrsg.), Reform des Verwaltungsverfahrensrechts, Berlin
1994, S. 83 (*R. Wahl*, Neues Verfahrensrecht)

–: Vereinheitlichung oder bereichsspezifisches Verwaltungsverfahrensrecht?, in: Willi
Blümel (Hrsg.), Die Vereinheitlichung des Verwaltungsverfahrensrechts. Vorträge und
Diskussionsbeiträge der 10. Verwaltungswissenschaftlichen Arbeitstagung 1983 des
Forschungsinstituts für öffentliche Verwaltung bei der Hochschule für Verwaltungs-
wissenschaften Speyer, Berlin 1994, S. 19 (*R. Wahl*, Vereinheitlichung)

–: Verwaltungsverfahren zwischen Verwaltungseffizienz und Rechtsschutzauftrag,
VVDStRL 41 (1983), S. 151

Wallerath, Maximilian: Öffentliche Bedarfsdeckung und Verfassungsrecht. Beschaffung
und Leistungserstellung im Staat der Gegenwart, Baden-Baden 1988 (*M. Wallerath*,
Bedarfsdeckung)

Weatherill, Stephen: After Keck: Some thoughts on how to clarify the clarification,
CML Rev. 33 (1996), S. 885

Weber-Dürler, Beatrice: Der Grundrechtseingriff, VVDStRL 57 (1998), S. 57

Wegener, Bernhard W.: Die Novelle des EU-Emissionshandelssystems, ZUR 2009, S. 283

Wegmann, Winfried: Die Vorabinformation über den Zuschlag bei der öffentlichen Auftragsvergabe, NZBau 2001, S. 475

–: Multipolare Marktzugangskonflikte im Telekommunikationsrecht. Zum Drittschutz
bei der Lizenzierung von Telekommunikationsunternehmen, DVBl. 2002, S. 1446

–: Nutzungsrechte an Funkfrequenzen und Rufnummern, K&R 2003, S. 448

–: Regulierte Marktöffnung in der Telekommunikation. Die Steuerungsinstrumente des
Telekommunikationsgesetzes (TKG) im Lichte „regulierter Selbstregulierung", Baden-Baden 2001 (*W. Wegmann*, Regulierte Marktöffnung)

Weides, Peter: Rechtsweg bei Streitigkeiten über die Veräußerung von Geschäftsanteilen
einer GmbH durch die Treuhandanstalt – OVG Berlin, NJW 1991, 715 f, und VG Berlin, NJW 1991, 1969 f, JuS 1991, S. 818

Weimar, Robert: Die Treuhandanstalt im Verwaltungsprivatrecht, ZIP 1993, S. 1

–: Handlungsformen und Handlungsfelder der Treuhandanstalt – öffentlich-rechtlich
oder privatrechtlich?, DÖV 1991, S. 813

–: Treuhandgesetz. Kommentar, Stuttgart 1993 (*R. Weimar*, Treuhandgesetz)

Weiß, Richard: Erwerb, Veräußerung und Verwaltung von Vermögensgegenständen durch die Gemeinden, Köln 1991 (*R. Weiß*, Veräußerung)

Weißenberger, Christian: Die Zweistufentheorie im Wirtschaftsverwaltungsrecht, GewArch 2009, S. 417 (Teil 1), S. 465 (Teil 2)

Werner, Fritz: Verwaltungsrecht als konkretisiertes Verfassungsrecht, DVBl. 1959, S. 527

Werner, Jan: Der Zugang zum Personenbeförderungsgewerbe im Lichte aktueller Entwicklungen in der Rechtsprechung, GewArch 2004, S. 89

Werner, Michael: Einführung eines nationalen Präqualifizierungssystems am deutschen Baumarkt, NZBau 2006, S. 12

Wernsmann, Rainer: Die beamtenrechtliche Konkurrentenklage. Zum Ausgleich von Ämterstabilität und effektivem Rechtsschutz, DVBl. 2005, S. 276

–: Klagearten und Klagebefugnis im Konkurrentenrechtsstreit, DV 36 (2003), S. 67

Werres, Stefan: Grundrechtliche Vorgaben für die Auswahl des Insolvenzverwalters, BayVBl. 2008, S. 134

Weyreuther, Felix: Probleme der Rechtsprechung zum Enteignungsverfahren, DVBl. 1972, S. 93

White, Robin C. A.: Free Movement, Equal Treatment, and Citizenship of the Union, ICLQ 54 (2005), S. 885

Wichmann, Manfred und *Langer, Karl-Ulrich*: Öffentliches Dienstrecht. Das Beamten- und Arbeitsrecht für den öffentlichen Dienst, 6. Aufl. Stuttgart 2007 (*M. Wichmann / K.-U. Langer*, Öffentliches Dienstrecht)

Widera, Bernd: Zur Bewerberauswahl der Gemeinden bei der Veranstaltung von Märkten und Volksfesten, VR 1986, S. 17

Wiederin, Ewald: Allgemeines Verwaltungsrecht: Auf der Suche nach dem Sinn, in: Daniel Ennöckl, Nicolas Raschauer, Eva Schulev-Steindl und Wolfgang Wessely (Hrsg.), Über Struktur und Vielfalt im Öffentlichen Recht: Festgabe für Bernhard Raschauer, Wien 2008, S. 281 (*E. Wiederin*, Allgemeines Verwaltungsrecht)

Wiedmann, Ariane: Die Zulässigkeit sozialer Vergabekriterien im Lichte des Gemeinschaftsrechts, Baden-Baden 2007 (*A. Wiedmann*, Soziale Vergabekriterien)

Wiegand, Dietrich: Sozialstaatsklausel und soziale Teilhaberechte, DVBl. 1974, S. 657

Wieland, Joachim: Konkurrentenschutz bei Beamtenernennungen, in: Klaus Grupp und Michael Ronellenfitsch (Hrsg.), Planung – Recht – Rechtsschutz. Festschrift für Willi Blümel zum 70. Geburtstag am 6. Januar 1999, Berlin 1999, S. 647 (*J. Wieland*, Konkurrentenschutz bei Beamtenernennungen)

–: Konkurrentenschutz in der neueren Rechtsprechung zum Wirtschaftsverwaltungsrecht. Rechtsprechungsanalyse, DV 32 (1999), S. 217

–: Verfassungsrechtliche Fragen der Auswahl des Insolvenzverwalters. Zugleich Besprechung BVerfG v 3-8-2004 – 1 BvR 135/00 und 1086/01, ZIP 2004, 1649, ZIP 2005, S. 233

Wilhelmi, Martin: Vorläufiger Rechtsschutz eines nicht berücksichtigten Programmanbieters gegen die Entscheidung der Bayerischen Landeszentrale für neue Medien, ZUM 1992, S. 229

Willke, Helmut: Stand und Kritik der neueren Grundrechtstheorie. Schritte zu einer normativen Systemtheorie, Berlin 1975 (*H. Willke*, Grundrechtstheorie)

Willke, Martin: Effektiver Rechtsschutz beim Zugang zu öffentlichen Ämtern, JZ 1980, S. 440

Winnes, Michael, Schwarz, Andreas und *Mietzsch, Oliver*: Zu den Auswirkungen der VO 1370/07 für den öffentlichen Nahverkehr in Deutschland, EuR 2009, S. 290

Wirner, Helmut: Die Eignung von Bewerbern und Bietern bei der Vergabe öffentlicher Bauaufträge, ZfBR 2003, S. 545

–: Nachprüfung von de-facto-Vergaben und In-house-Vergaben, LKV 2005, S. 293

Wirth, Karl-Ludger: Marktverkehr, Marktfestsetzung, Marktfreiheit. Rechtsprobleme der Veranstaltung, Festsetzung und Beschickung von Messen, Ausstellungen, Märkten und Volksfesten in privater und kommunaler Trägerschaft, Berlin 1985 (*K.-L. Wirth*, Marktverkehr)

Wittig, Oliver und *Schimanek, Peter*: Sondervergaberecht für Verkehrsdienstleistungen. Die neue EU-Verordnung über öffentliche Personenverkehrsdienste auf Schiene und Straße, NZBau 2008, S. 222

Wolff, Hans J., Bachof, Otto, Stober, Rolf und *Kluth, Winfried*: Verwaltungsrecht, Bd. 1, 12. Aufl. München 2007 (*H. J. Wolff / O. Bachof / R. Stober / W. Kluth*, Verwaltungsrecht, Bd. 1)

Wolff, Heinrich Amadeus: Die behördliche Auswahl zwischen mehreren Bewerbern um eine bergrechtliche Berechtigung, UPR 2005, S. 409

–: Die dienende Funktion der Verfahrensrechte – eine dogmatische Figur mit Aussagekraft und Entwicklungspotential, in: Rainer Pitschas und Arnd Uhle (Hrsg.), Wege gelebter Verfassung in Recht und Politik. Festschrift für Rupert Scholz zum 70. Geburtstag, Berlin 2007, S. 977 (*H. A. Wolff*, Dienende Funktion)

Wollenschläger, Bernward: Effektive staatliche Rückholoptionen bei gesellschaftlicher Schlechterfüllung, Baden-Baden 2006 (*Be. Wollenschläger*, Rückholoptionen)

Wollenschläger, Burkard: Wissensgenerierung im Verfahren, Tübingen 2009 (*Bu. Wollenschläger*, Wissensgenerierung)

Wollenschläger, Ferdinand: Das EU-Vergaberegime für Aufträge unterhalb der Schwellenwerte, NVwZ 2007, S. 388

–: Der Begriff des „öffentlichen Auftraggebers" im Lichte der neuesten Rechtsprechung des Europäischen Gerichtshofes, EWS 2005, S. 343

–: Die Bindung gesetzlicher Krankenkassen an das Vergaberecht, in: NZBau 2004, S. 655

–: Die Föderalismusreform: Genese, Grundlinien und Auswirkungen auf die Bereiche Bildung und Wissenschaft, in: RdJB 2007, S. 8

–: Die Gewährleistung von Sicherheit im Spannungsfeld der nationalen, unionalen und EMRK-Grundrechtsordnungen: Überlegungen zu Grundrechtsregimekonkurrenzen und ihrer Bewältigung im Europäischen Mehrebenensystem, in: Julia Iliopoulos-Strangas (Hrsg.), Rechtsstaat, Freiheit und Sicherheit in Europa. Sechste Tagung der Societas Iuris Publici Europaei, SIPE 6 (2009), Athen / Baden-Baden / Brüssel 2010, i.E. (*F. Wollenschläger*, Konkurrierende Grundrechtsregimes)

–: Die Unionsbürgerschaft und ihre Dynamik für den Integrationsprozess jenseits des Marktes, ZEuS 2009, S. 1

–: Europäisches Vergabeverwaltungsrecht, in: Jörg Philipp Terhechte (Hrsg.), Verwaltungsrecht in der Europäischen Union, Baden-Baden 2010, i.E., § 19 (*F. Wollenschläger*, Europäisches Vergabeverwaltungsrecht)

–: Grundfreiheit ohne Markt. Die Herausbildung der Unionsbürgerschaft im unionsrechtlichen Freizügigkeitsregime, Tübingen 2007 (*F. Wollenschläger*, Grundfreiheit ohne Markt)

–: Kommunalabgabenrecht unter europäischem Einfluss: Die Zweitwohnungsteuer auf dem Prüfstand des Gemeinschaftsrechts, in: NVwZ 2008, S. 506

–: Vergaberechtsschutz unterhalb der Schwellenwerte nach der Entscheidung des Bundesverfassungsgerichts vom 13.6.2006: Verfassungs- und verwaltungsrechtliche Determinanten, DVBl. 2007, S. 589

Wollenschläger, Michael: Arbeitsrecht, 3. Aufl. Köln 2010 (*M. Wollenschläger*, Arbeitsrecht)

Wolswinkel, Johan: The Allocation of a Limited Number of Authorisations. Some General Requirements from European Law, REALaw 2 (2009), S. 61

Zacher, Hans F.: Verwaltung durch Subventionen, VVDStRL 25 (1967), S. 308

Ziegler, Andreas R.: Die Bedeutung von Art. 6 Abs. 1 EMRK für das Rechtsmittelverfahren im Rahmen des öffentlichen Beschaffungswesens in der Schweiz, WiVerw 2008, S. 285

Ziekow, Jan: Die Auswirkungen der Dienstleistungsrichtlinie auf das deutsche Genehmigungsverfahrensrecht, GewArch 2007, S. 179 (Teil 1), S. 217 (Teil 2)

–: Die Direktvergabe von Personenverkehrsdiensten nach der Verordnung (EG) Nr. 1370/2007 und die Zukunft eigenwirtschaftlicher Verkehre, NVwZ 2009, S. 865

–: Die vergaberechtliche Bewertung von Grundstücksveräußerungen durch die öffentliche Hand. Vom Flughafen auf den Kirmesplatz? (Zugleich Anmerkung zu OLG Düsseldorf, B. v. 06.02.2008 – VII-Verg 37/07 –), VergabeR 2008, S. 151

–: Öffentliches Wirtschaftsrecht, München 2007

–: Städtebauliche Verträge zwischen Bauauftrag und Baukonzession, DVBl. 2008, S. 137

–: Verankerung verwaltungsrechtlicher Kooperationsverhältnisse, in: ders. (Hrsg.), Public Private Partnership – Projekte, Probleme, Perspektiven –, Speyer 2003, S. 25 (*J. Ziekow*, Verankerung)

–: Verankerung verwaltungsrechtlicher Kooperationsverhältnisse (Public Private Partnership) im Verwaltungsverfahrensgesetz, Berlin 2001 (*J. Ziekow*, Kooperationsverhältnisse)

–: Von der Reanimation des Verfahrensrechts, NVwZ 2005, S. 263

Ziekow, Jan und *Siegel, Thorsten*: Das Vergabeverfahren als Verwaltungsverfahren, ZfBR 2004, S. 30

Zimmerling, Wolfgang und *Brehm, Robert*: Hochschulkapazitätsrecht. Verfassungsrechtliche Grundlagen. Kapazitätsverordnung. Kapazitätsprozess, Köln 2003 (*W. Zimmerling / R. Brehm*, Hochschulkapazitätsrecht)

Zippelius, Reinhold: Der Gleichheitssatz, VVDStRL 47 (1989), S. 7

Zuck, Holger: Auswahl- und Verteilungsentscheidungen beim Bewerberüberhang am Beispiel des Gewerbe-, Schornsteinfeger-, Personenbeförderungs-, Güterkraftverkehrs-, Außenwirtschafts- und Privatrundfunkrechts, Diss. Univ. Tübingen 1994 (*H. Zuck*, Verteilungsentscheidungen)

Zuleeg, Manfred: Rechtsschutz und Grundrechtsbindung bei der Vergabe öffentlicher Aufträge, WiVerw 1984, S. 112

Register

Jus Publicum

Beiträge zum Öffentlichen Recht – Alphabetische Übersicht

Alleweldt, Ralf: Bundesverfassungsgericht und Fachgerichtsbarkeit. 2006. *Band 151.*

Anderheiden, Michael: Gemeinwohl in Republik und Union. 2006. *Band 152.*

Appel, Ivo: Staatliche Zukunfts- und Entwicklungsvorsorge. 2005. *Band 125.*

Arnauld, Andreas von: Rechtssicherheit. 2006. *Band 148.*

Axer, Peter: Normsetzung der Exekutive in der Sozialversicherung. 2000. *Band 49.*

Baer, Susanne: „Der Bürger" im Verwaltungsrecht. 2006. *Band 146.*

Bauer, Hartmut: Die Bundestreue. 1992. *Band 3.*

Baumeister, Peter: Der Beseitigungsanspruch als Fehlerfolge des rechtswidrigen Verwaltungsakts. 2006. *Band 142.*

Beaucamp, Guy: Das Konzept der zukunftsfähigen Entwicklung im Recht. 2002. *Band 85.*

Becker, Florian: Kooperative und konsensuale Strukturen in der Normsetzung. 2005. *Band 129.*

Becker, Joachim: Transfergerechtigkeit und Verfassung. 2001. *Band 68.*

Biehler, Gernot: Auswärtige Gewalt. 2005. *Band 128.*

Blanke, Hermann-Josef: Vertrauensschutz im deutschen und europäischen Verwaltungsrecht. 2000. *Band 57.*

Böhm, Monika: Der Normmensch. 1996. *Band 16.*

Böse, Martin: Wirtschaftsaufsicht und Strafverfolgung. 2005. *Band 127.*

Bogdandy, Armin von: Gubernative Rechtsetzung. 2000. *Band 48.*

Borowski, Martin: Die Glaubens- und Gewissensfreiheit des Grundgesetzes. 2005. *Band 144.*

Brenner, Michael: Der Gestaltungsauftrag der Verwaltung in der Europäischen Union. 1996. *Band 14.*

Britz, Gabriele: Kulturelle Rechte und Verfassung. 2000. *Band 60.*

Bröhmer, Jürgen: Transparenz als Verfassungsprinzip. 2004. *Band 106.*

Brüning, Christoph: Einstweilige Verwaltungsführung. 2003. *Band 103.*

Burgi, Martin: Funktionale Privatisierung und Verwaltungshilfe. 1999. *Band 37.*

Bultmann, Peter Friedrich: Beihilfenrecht und Vergaberecht. 2004. *Band 109.*

Bumke, Christian: Relative Rechtswidrigkeit. 2004. *Band 117.*

Bungenberg, Marc: Vergaberecht im Wettbewerb der Systeme. 2007. *Band 163.*

Butzer, Hermann: Fremdlasten in der Sozialversicherung. 2001. *Band 72.*

Calliess, Christian: Rechtsstaat und Umweltstaat. 2001. *Band 71.*

Cancik, Pascale M.: Verwaltung und Öffentlichkeit in Preußen. 2007. *Band 171.*

Classen, Claus Dieter: Die Europäisierung der Verwaltungsgerichtsbarkeit. 1996. *Band 13.*

– Religionsfreiheit und Staatskirchenrecht in der Grundrechtsordnung. 2003. *Band 100.*

Coelln, Christian von: Zur Medienöffentlichkeit der Dritten Gewalt. 2005. *Band 138.*

Cornils, Matthias: Die Ausgestaltung der Grundrechte. 2005. *Band 126.*

Jus Publicum – Beiträge zum Öffentlichen Recht

Cremer, Wolfram: Freiheitsgrundrechte. 2003. *Band 104.*
Dammann, Jens: Materielles Recht und Beweisrecht im System der Grundfreiheiten. 2007. *Band 162.*
Danwitz, Thomas von: Verwaltungsrechtliches System und Europäische Integration. 1996. *Band 17.*
Dederer, Hans-Georg: Korporative Staatsgewalt. 2004. *Band 107.*
Detterbeck, Steffen: Streitgegenstand und Entscheidungswirkungen im Öffentlichen Recht. 1995. *Band 11.*
Di Fabio, Udo: Risikoentscheidungen im Rechtsstaat. 1994. *Band 8.*
Dörr, Oliver: Der europäisierte Rechtsschutzauftrag deutscher Gerichte. 2003. *Band 96.*
Droege, Michael: Gemeinnützigkeit im offenen Steuerstaat. 2010. *Band 191.*
Durner, Wolfgang: Konflikte räumlicher Planungen. 2005. *Band 119.*
Enders, Christoph: Die Menschenwürde in der Verfassungsordnung. 1997. *Band 27.*
Englisch, Joachim: Wettbewerbsgleichheit im grenzüberschreitenden Handel. 2008. *Band 174.*
Epping, Volker: Die Außenwirtschaftsfreiheit. 1998. *Band 32.*
Fassbender, Bardo: Der offene Bundesstaat. 2007. *Band 161.*
Fehling, Michael: Verwaltung zwischen Unparteilichkeit und Gestaltungsaufgabe. 2001. *Band 79.*
Felix, Dagmar: Einheit der Rechtsordnung. 1998. *Band 34.*
Fisahn, Andreas: Demokratie und Öffentlichkeitsbeteiligung. 2002. *Band 84.*
Franz, Thorsten: Gewinnerzielung durch kommunale Daseinsvorsorge. 2005. *Band 123.*
Franzius, Claudio: Gewährleistung im Recht. 2009. *Band 177.*
Frenz, Walter: Selbstverpflichtungen der Wirtschaft. 2001. *Band 75.*
Gärditz, Klaus Ferdinand: Hochschulorganisation und verwaltungsrechtliche Systembildung. 2009. *Band 182.*
Gaitanides, Charlotte: Das Recht der Europäischen Zentralbank. 2005. *Band 132.*
Gellermann, Martin: Grundrechte im einfachgesetzlichen Gewande. 2000. *Band 61.*
Graser, Alexander: Gemeinschaften ohne Grenzen? 2008. *Band 178.*
Grigoleit, Klaus Joachim: Bundesverfassungsgericht und deutsche Frage. 2004. *Band 108.*
Gröpl, Christoph: Haushaltsrecht und Reform. *2001. Band 67.*
Gröschner, Rolf: Das Überwachungsrechtsverhältnis. 1992. *Band 4.*
Groh, Kathrin: Demokratische Staatsrechtslehrer in der Weimarer Republik. 2010. *Band 197.*
Groß, Thomas: Das Kollegialprinzip in der Verwaltungsorganisation. 1999. *Band 45.*
Grote, Rainer: Der Verfassungsorganstreit. 2010. *Band 192.*
Grzeszick, Bernd: Rechte und Ansprüche. 2002. *Band 92.*
Guckelberger, Annette: Die Verjährung im Öffentlichen Recht. 2004. *Band 111.*
Gurlit, Elke: Verwaltungsvertrag und Gesetz. 2000. *Band 63.*
Haack, Stefan: Verlust der Staatlichkeit. 2007. *Band 164.*
Häde, Ulrich: Finanzausgleich. 1996. *Band 19.*
Haltern, Ulrich: Europarecht und das Politische. 2005. *Band 136.*
Hase, Friedhelm: Versicherungsprinzip und sozialer Ausgleich. 2000. *Band 64.*
Hecker, Jan: Marktoptimierende Wirtschaftsaufsicht. 2007. *Band 172.*
Heckmann, Dirk: Geltungskraft und Geltungsverlust von Rechtsnormen. 1997. *Band 28.*
Heinig, Hans Michael: Der Sozialstaat im Dienst der Freiheit. 2008. *Band 175.*
Heitsch, Christian: Die Ausführung der Bundesgesetze durch die Länder. 2001. *Band 77.*

Hellermann, Johannes: Örtliche Daseinsvorsorge und gemeindliche Selbstverwaltung. 2000. Band 54.

Hermes, Georg: Staatliche Infrastrukturverantwortung. 1998. Band 29.

Herrmann, Christoph: Währungshoheit, Währungsverfassung und subjektive Rechte. 2010. Band 187.

Hochhuth, Martin: Die Meinungsfreiheit im System des Grundgesetzes. 2007. Band 153.

Hösch, Ulrich: Eigentum und Freiheit. 2000. Band 56.

Hofmann, Ekkehard: Abwägung im Recht. 2007. Band 158.

Hohmann, Harald: Angemessene Außenhandelsfreiheit im Vergleich. 2002. Band 89.

Holznagel, Bernd: Rundfunkrecht in Europa. 1996. Band 18.

Horn, Hans-Detlef: Die grundrechtsunmittelbare Verwaltung. 1999. Band 42.

Huber, Peter-Michael: Konkurrenzschutz im Verwaltungsrecht. 1991. Band 1.

Hufeld, Ulrich: Die Vertretung der Behörde. 2003. Band 102.

Huster, Stefan: Die ethische Neutralität des Staates. 2002. Band 90.

Ibler, Martin: Rechtspflegender Rechtsschutz im Verwaltungsrecht. 1999. Band 43.

Jaeckel, Liv: Gefahrenabwehrrecht und Risikodogmatik. 2010. Band 189.

Jestaedt, Matthias: Grundrechtsentfaltung im Gesetz. 1999. Band 50.

Jochum, Heike: Verwaltungsverfahrensrecht und Verwaltungsprozeßrecht. 2004. Band 116.

Kadelbach, Stefan: Allgemeines Verwaltungsrecht unter europäischem Einfluß. 1999. Band 36.

Kämmerer, Jörn Axel: Privatisierung. 2001. Band 73.

Kahl, Wolfgang: Die Staatsaufsicht. 2000. Band 59.

Kaufmann, Marcel: Untersuchungsgrundsatz und Verwaltungsgerichtsbarkeit. 2002. Band 91.

Kersten, Jens: Das Klonen von Menschen. 2004. Band 115.

Khan, Daniel-Erasmus: Die deutschen Staatsgrenzen. 2004. Band 114.

Kingreen, Thorsten: Das Sozialstaatsprinzip im europäischen Verfassungsbund. 2003. Band 97.

Kirchhof, Gregor: Die Allgemeinheit des Gesetzes. 2009. Band 184.

Kischel, Uwe: Die Begründung. 2002. Band 94.

Kluth, Winfried: Funktionale Selbstverwaltung. 1997. Band 26.

Kment, Martin: Grenzüberschreitendes Verwaltungshandeln. 2010. Band 194.

Knauff, Matthias: Der Regelungsverbund: Recht und Soft Law im Mehrebenensystem. 2010. Band 193.

Koch, Thorsten: Der Grundrechtsschutz des Drittbetroffenen. 2000. Band 62.

Korioth, Stefan: Der Finanzausgleich zwischen Bund und Ländern. 1997. Band 23.

Kube, Hanno: Finanzgewalt in der Kompetenzordnung. 2004. Band 110.

Kugelmann, Dieter: Die informatorische Rechtsstellung des Bürgers. 2001. Band 65.

Lang, Heinrich: Gesetzgebung in eigener Sache. 2007. Band 159.

Langenfeld, Christine: Integration und kulturelle Identität zugewanderter Minderheiten. 2001. Band 80.

Lehner, Moris: Einkommensteuerrecht und Sozialhilferecht. 1993. Band 5.

Leisner, Anna: Kontinuität als Verfassungsprinzip. 2002. Band 83.

Leisner, Walter Georg: Existenzsicherung im Öffentlichen Recht. 2007. Band 157.

Lenze, Anne: Staatsbürgerversicherung und Verfassung. 2005. Band 133.

Lepsius, Oliver: Besitz und Sachherrschaft im öffentlichen Recht. 2002. Band 81.

Lindner, Josef Franz: Theorie der Grundrechtsdogmatik. 2005. *Band 120.*

Lorz, Ralph Alexander: Interorganrespekt im Verfassungsrecht. 2001. *Band 70.*

Lücke, Jörg: Vorläufige Staatsakte. 1991. *Band 2.*

Luthe, Ernst-Wilhelm: Optimierende Sozialgestaltung. 2001. *Band 69.*

Mager, Ute: Einrichtungsgarantien. 2003. *Band 99.*

Mann, Thomas: Die öffentlich-rechtliche Gesellschaft. 2002. *Band 93.*

Manssen, Gerrit: Privatrechtsgestaltung durch Hoheitsakt. 1994. *Band 9.*

Martini, Mario: Der Markt als Instrument hoheitlicher Verteilungslenkung. 2008. *Band 176.*

Masing, Johannes: Parlamentarische Untersuchungen privater Sachverhalte. 1998.
Band 30.

Möstl, Markus: Die staatliche Garantie für die öffentliche Sicherheit und Ordnung. 2002.
Band 87.

Möllers, Christoph: Gewaltengliederung. 2005. *Band 141.*

Morgenthaler, Gerd: Freiheit durch Gesetz. 1999. *Band 40.*

Morlok, Martin: Selbstverständnis als Rechtskriterium. 1993. *Band 6.*

Müller-Franken, Sebastian: Maßvolles Verwalten. 2004. *Band 105.*

Müller-Terpitz , Ralf: Der Schutz des pränatalen Lebens. 2007. *Band 165.*

Musil, Andreas: Wettbewerb in der staatlichen Verwaltung. 2005. *Band 134.*

Niedobitek, Matthias: Das Recht der grenzüberschreitenden Verträge. 2001.
Band 66.

Odendahl, Kerstin: Kulturgüterschutz. 2005. *Band 140.*

Oeter, Stefan: Integration und Subsidiarität im deutschen Bundesstaatsrecht. 1998.
Band 33.

Ohler, Christoph: Die Kollisionsordnung des Allgemeinen Verwaltungsrechts. 2005.
Band 131.

Pache, Eckhard: Tatbestandliche Abwägung und Beurteilungsspielraum. 2001.
Band 76.

Pauly, Walter: Der Methodenwandel im deutschen Spätkonstitutionalismus. 1993. *Band 7.*

Pielow, Johann-Christian: Grundstrukturen öffentlicher Versorgung. 2001.
Band 58.

Pöcker, Markus: Stasis und Wandel der Rechtsdogmatik. 2007. *Band 170.*

Poscher, Ralf: Grundrechte als Abwehrrechte. 2003. *Band 98.*

Puhl, Thomas: Budgetflucht und Haushaltsverfassung. 1996. *Band 15.*

Reinhardt, Michael: Konsistente Jurisdiktion. 1997. *Band 24.*

Remmert, Barbara: Private Dienstleistungen in staatlichen Verwaltungsverfahren. 2003.
Band 95.

Rensmann, Thilo: Wertordnung und Verfassung. 2007. *Band 156.*

Rixen, Stephan: Sozialrecht als öffentliches Wirtschaftsrecht. 2005. *Band 130.*

Rodi, Michael: Die Subventionsrechtsordnung. 2000. *Band 52.*

Röben, Volker: Außenverfassungsrecht. 2007. *Band 160.*

Rossen, Helge: Vollzug und Verhandlung. 1999. *Band 39.*

Rozek, Jochen: Die Unterscheidung von Eigentumsbindung und Enteignung. 1998.
Band 31.

Ruffert, Matthias: Vorrang der Verfassung und Eigenständigkeit des Privatrechts. 2001.
Band 74.

Sacksofsky, Ute: Umweltschutz durch nicht-steuerliche Abgaben. 2000. *Band 53.*

Šarčević, Edin: Das Bundesstaatsprinzip. 2000. *Band 55.*

Schenke, Ralf P.: Die Rechtsfindung im Steuerrecht. 2007. *Band 169.*

Schlacke, Sabine: Überindividueller Rechtsschutz. 2008. *Band 179.*

Schlette, Volker: Die Verwaltung als Vertragspartner. 2000. *Band 51.*

Schliesky, Utz: Souveränität und Legitimtät von Herrschaftsgewalt. 2004. *Band 112.*

Schmehl, Arndt: Das Äquivalenzprinzip im Recht der Staatsfinanzierung. 2004. *Band 113.*

Schmidt, Thorsten I.: Kommunale Kooperation. 2005. *Band 137.*

Schmidt am Busch, Birgit: Die Gesundheitssicherung im Mehrebenensystem. 2007. *Band 168.*

Schmidt-De Caluwe, Reimund: Der Verwaltungsakt in der Lehre Otto Mayers. 1999. *Band 38.*

Schönberger, Christoph: Unionsbürger. 2006. *Band 145.*

Schorkopf, Frank: Grundgesetz und Überstaatlichkeit. 2007. *Band 167.*

Schröder, Rainer: Verwaltungsrechtsdogmatik im Wandel. 2007. *Band 166.*

Schroeder, Werner: Das Gemeinschaftrechtssystem. 2002. *Band 86.*

Schulte, Martin: Schlichtes Verwaltungshandeln. 1995. *Band 12.*

Schwartmann, Rolf: Private im Wirtschaftsvölkerrecht. 2005. *Band 122.*

Seiler, Christian: Der souveräne Verfassungsstaat zwischen demokratischer Rückbindung und überstaatlicher Einbindung. 2005. *Band 124.*

Siegel, Thorsten: Entscheidungsfindung im Verwaltungsverbund. 2008. *Band 180.*

Sobota, Katharina: Das Prinzip Rechtsstaat. 1997. *Band 22.*

Sodan, Helge: Freie Berufe als Leistungserbringer im Recht der gesetzlichen Krankenversicherung. 1997. *Band 20.*

Sommermann, Karl-Peter: Staatsziele und Staatszielbestimmungen. 1997. *Band 25.*

Spranger, Tade M.: Recht und Bioethik. 2010. *Band 190.*

Stein, Katrin: Die Verantwortlichkeit politischer Akteure. 2009. *Band 181.*

Stoll, Peter-Tobias: Sicherheit als Aufgabe von Staat und Gesellschaft. 2003. *Band 101.*

Storr, Stefan: Der Staat als Unternehmer. 2001. *Band 78.*

Stumpf, Christoph A.: Alternative Streitbeilegung im Verwaltungsrecht. 2006. *Band 149.*

Sydow, Gernot: Verwaltungskooperation in der Europäischen Union. 2004. *Band 118.*

Talmon, Stefan: Kollektive Nichtanerkennung illegaler Staaten. 2006. *Band 154.*

Thym, Daniel: Migrationsverwaltungsrecht. 2010. *Band 188.*

Trute, Hans-Heinrich: Die Forschung zwischen grundrechtlicher Freiheit und staatlicher Institutionalisierung. 1994. *Band 10.*

Tschentscher, Axel: Demokratische Legitimation der dritten Gewalt. 2006. *Band 147.*

Uerpmann, Robert: Das öffentliche Interesse. 1999. *Band 47.*

Uhle, Arnd: Freiheitlicher Verfassungsstaat und kulturelle Identität. 2004. *Band 121.*

Unruh, Peter: Der Verfassungsbegriff des Grundgesetzes. 2002. *Band 82.*

Volkmann, Uwe: Solidarität – Programm und Prinzip der Verfassung. 1998. *Band 35.*

Voßkuhle, Andreas: Das Kompensationsprinzip. 1999. *Band 41.*

Wall, Heinrich de: Die Anwendbarkeit privatrechtlicher Vorschriften im Verwaltungsrecht. 1999. *Band 46.*

Wallrabenstein, Astrid: Versicherung im Sozialstaat. 2009. *Band 186.*

Walter, Christian: Religionsverfassungsrecht in vergleichender und internationaler Perspektive. 2006. *Band 150.*

Weiß, Wolfgang: Privatisierung und Staatsaufgaben. 2002. *Band 88.*

Welti, Felix: Behinderung und Rehabilitation im sozialen Rechtsstaat. 2005. *Band 139.*

Wernsmann, Rainer: Verhaltenslenkung in einem rationalen Steuersystem. 2005. *Band 135.*
Windthorst, Kay: Der verwaltungsgerichtliche einstweilige Rechtsschutz. 2009. *Band 183.*
Winkler, Markus: Verwaltungsträger im Kompetenzverbund. 2009. *Band 185.*
Winterhoff, Christian: Verfassung – Verfassunggebung – Verfassungsänderung. 2007.
   Band 155.
Wißmann, Hinnerk: Generalklauseln. 2008. *Band 173.*
Wittreck, Fabian: Die Verwaltung der Dritten Gewalt. 2006. *Band 143.*
Wolff, Heinrich Amadeus: Ungeschriebenes Verfassungsrecht unter dem Grundgesetz. 2000.
   Band 44.
Wollenschläger, Ferdinand: Verteilungsverfahren. 2010. *Band 196.*
Ziekow, Jan: Über Freizügigkeit und Aufenthalt. 1997. *Band 21.*

Einen Gesamtkatalog erhalten Sie gerne vom Verlag
Mohr Siebeck, Postfach 2040, D–72010 Tübingen.
Aktuelle Informationen im Internet unter www.mohr.de